DICIONÁRIO DE FALARES DOS AÇORES

Vocabulário regional de todas as ilhas

J. M. SOARES DE BARCELOS
Médico – Chefe de Serviço de Medicina Interna

DICIONÁRIO DE FALARES DOS AÇORES

Vocabulário regional de todas as ilhas

ALMEDINA

DICIONÁRIO DE FALARES DOS AÇORES
VOCABULÁRIO REGIONAL DE TODAS AS ILHAS

AUTOR
J. M. SOARES DE BARCELOS

EDITOR
EDIÇÕES ALMEDINA, SA
Avenida Fernão de Magalhães, n.° 584, 5.° Andar
3000-174 Coimbra
Tel.: 239 851 904
Fax: 239 851 901
www.almedina.net
editora@almedina.net

PRÉ-IMPRESSÃO • IMPRESSÃO • ACABAMENTO
G.C. – GRÁFICA DE COIMBRA, LDA.
Palheira – Assafarge
3001-453 Coimbra
producao@graficadecoimbra.pt

Fevereiro, 2008

DEPÓSITO LEGAL
269822/08

à memória de
Luís da Silva Ribeiro,
de
Luís Bernardo Leite de Ataíde,
de
João Ilhéu (Frederico Lopes)
e dos nossos
heróicos povoadores quinhentistas.

à memória de meu pai
que teimava em conservar os ditos da nossa terra.

a minha mãe,
que me ensinou a juntar as primeiras letras,
a minha esposa e filhas,
por toda a ajuda e compreensão ao longo deste tempo.

Agradecimentos

a Cristóvão de Aguiar,
pelo estímulo e ajuda prestados na elaboração deste trabalho
a João A. Gomes Vieira, pela ajuda prestada quanto a termos da baleação,
nomeadamente na cedência do seu vasto glossário, nessa altura ainda inédito
a João Saramago pelos esclarecimentos prestados quanto a dúvidas sobre
vocábulos da Ilha do Corvo
ao Eng.° Paulo Faria, pelos esclarecimentos prestados sobre
as plantas endémicas dos Açores
ao Dr. Ricardo Cordeiro, pelo esclarecimento de dúvidas sobre
a fauna marinha dos Açores
a Rufino Joaquim da Silva, pelos esclarecimentos sobre
a vida e a pesca nos tempos de antigamente
um agradecimento muito especial ao Dr. J. M. Mota de Sousa,
pela prestimosa ajuda na elaboração da Bibliografia Geral.

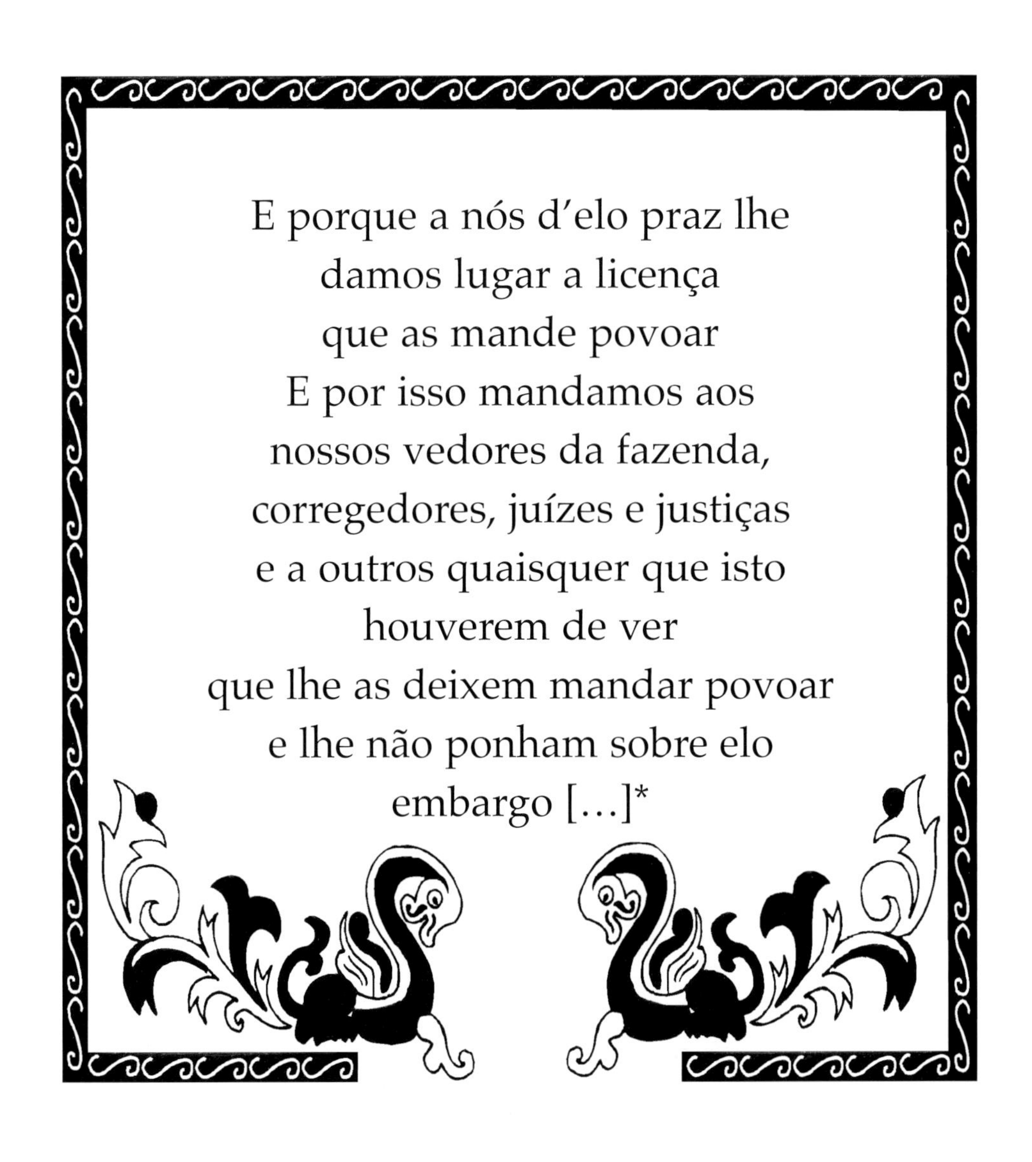

E porque a nós d'elo praz lhe
damos lugar a licença
que as mande povoar
E por isso mandamos aos
nossos vedores da fazenda,
corregedores, juízes e justiças
e a outros quaisquer que isto
houverem de ver
que lhe as deixem mandar povoar
e lhe não ponham sobre elo
embargo [...]*

* *Carta Régia de 2 de Julho de 1439 passada por D. Pedro ao Infante Dom Henrique, o mais antigo documento existente sobre o povoamento dos Açores.*

PREFÁCIO

Não sendo um linguista de formação académica, aceitei de bom grado o desafio de prefaciar este trabalho que agora se apresenta ao leitor menos como um livro no sentido tradicional do que como um glossário de termos portugueses antigos, em parte ainda utilizados pelos falantes das Ilhas do Arquipélago dos Açores. A um escritor empenhado, como sempre procurei ser, nada é defeso. Principalmente, e neste caso em particular, se é da linguagem das Ilhas que se trata. Os livros de ficção que tenho vindo a publicar ao longo das últimas três décadas são testemunho do meu empenhamento em dar à linguagem popular micaelense o estatuto literário que ela merece pela sua expressividade e riqueza semântica. Propositadamente, não escrevi linguagem açoriana, visto que *açoriano* é um adjectivo que pouco ou nada qualifica em relação à realidade cultural do Arquipélago – nove Ilhas diversificadas entre si pelo modo de estar e de conceber o mundo e a vida. Deixo-o, por isso, atido apenas à sua significação estritamente gramatical. As próprias aves que deram o nome ao Arquipélago nem sequer são oriundas destas paragens, pelo que, à partida, houve confusão entre milhafres e açores. Dir-se-ia que os Açores receberam no baptistério águas equivocadas!

O valiosíssimo tesouro linguístico ainda em vigor nos Açores terá sido transferido para as Ilhas ao longo do século XV a bordo das naus que delas fizeram achamento e que transportavam marinheiros, navegantes e os seus futuros povoadores. Toda essa gente provinha de diversas províncias portuguesas do Continente e trazia consigo a recordação de hábitos e costumes que em suas terras de origem se praticavam, e que tentou reproduzir na nova *pátria* adoptiva. É natural que essa *cultura* transportada na memória afectiva se moldasse e adaptasse às novas condições geográficas, climatéricas e sociais das Ilhas, na altura em acentuado processo de povoamento, ganhando uma especificidade a que mais tarde Vitorino Nemésio haveria de chamar *açorianidade*, tal como Unamuno o fizera em relação à *sua* Espanha, ao inventar *hispanidad*. Porém, e devido à lonjura que aparta as Ilhas entre si e o Continente – e mais extensa seria a distância nesse tempo longínquo – o português arcaico ficou preservado como se houvesse sido posto numa cova de gelo muito semelhante às covas cavadas em plena serra da Lousã com o intuito de nelas se armazenar enormes porções de neve, conduzida depois para Lisboa, a fim de ser utilizada na Corte na refrigeração de bebidas e no fabrico de gelados (denominados neve) tão em moda e do agrado dos cortesãos e cortesãs do século XVIII.

A matriz dessa cultura trazida ficou na terra de origem onde evoluiu independentemente da que tinha sido transportada nos porões das caravelas. Na maior parte dos casos, nem esta teve forças para cortar o cordão umbilical que a ligava ao útero materno. O próprio Culto do Divino Espírito Santo, que, nas Ilhas dos Açores, obteve ressonâncias muito intensas e particulares, diferentes no entanto de Ilha para Ilha – foi trazido do Continente português, onde, até ao século XVII, esteve em pleno vigor, havendo dele ainda alguns resquícios em certas localidades. A feição específica que viria a tomar no Arquipélago deve-se a fenómenos de natureza telúrica, tipicamente ilhéus, como seja a sismicidade e tantas outras calamidades vulcânicas, que fizeram com que as populações atingidas se agarrassem ao bordão do Divino Espírito como refúgio e refrigério de suas angústias e desgraças. O culto trazido do reino ganhou assim uma nova e intensíssima dimensão religiosa e cultural. Existe apenas uma manifestação religioso-cultural, autóctone, não herdada, pelo menos directamente da cultura nacional: a dos romeiros da Ilha de São Miguel. Ao invés das romarias continentais, ostenta apenas um carácter penitencial e nunca lúdico. Natália Correia, contudo, sustenta que a origem da romaria micaelense, com seu carácter de maceração, vai entroncar num velho costume da tradição hebraica. De qualquer modo, concedamos que esta seja uma especificidade cultural ilhoa, restringida no entanto a só duas Ilhas do Arquipélago.

Não pretendo significar que não exista uma especificidade cultural açoriana. De facto existe. Na língua falada, a que foi trazida nos séculos XV e XVI, e que manteve, durante séculos, o seu sabor castiço e uma riqueza lexical invejável – não confundir com a pronúncia, por vezes áspera e comedora de sílabas finais e de ditongos. O Doutor Paiva Boléo, linguista da Universidade de Coimbra, escreveu, numa das suas obras, que quem porventura quisesse ouvir falar o português dos séculos XV e XVI se tirasse de cuidados e fosse à Ilha de São Miguel! É evidente que o livro foi publicado muito antes da praga televisiva ter invadido as Ilhas e anavalhado a grande arte que quase todo o ilhéu, que se prezava, praticava: a conversa por amor da conversa... Nas diversas áreas e modos por que a cultura se vai manifestando, da música à literatura, passando pelo folclore e pelas danças, pressente-se a marca de origem. Seria estulto não reconhecer esse selo distintivo, como insensatez seria afirmar e sustentar que tal característica seria suficiente para autonomizar a cultura açoriana do todo matricial a que pertence por direito de nascença. Essa especificidade caracteriza-se pelas particulares condições ambientais para onde foi transplantada a cultura original.

Assim sendo, e dando alguns exemplos, dir-se-ia que *Almas Cativas*, do florentino Roberto de Mesquita, só poderia ter sido escrito por um ilhéu das Flores, minúscula Ilha então isolada do mundo e das outras suas companheiras de destino. O mesmo se poderia dizer em relação a *Mau Tempo no Canal*, de Vitorino Nemésio. Nada se retira, com isso, à universalidade de ambas as obras e de muitas outras em que o ferrete da açorianidade é por demais evidente e relevante. Já o mesmo se não poderá afirmar do nosso poeta-filósofo Antero de Quental. Nado e em parte criado na Ilha de São Miguel, não reflectiu de um modo tão profundo nem o peso da insularidade do florentino, nem o pitoresco da linguagem do terceirense. Exprimiu, isso sim, a angústia universal do Homem perante a morte, perante Deus, perante o Universo, perante a vida... Será que Antero de Quental fica diminuído em face dos outros, ou os outros perante ele? É evidente que não. A altura ou a profundidade da arte inerente aos três poetas, e embora haja a tentação de graduar a própria grandeza, advém-lhes, não do invólucro com que cobriram as respectivas criações poéticas, mas, sim, do modo genial com que revestiram de arte os seus mais íntimos desejos, dando-lhes voz e aspirações, angústias, sentimentos... A especificidade que existe na cultura açoriana, e nos artistas que nas Ilhas edificaram a sua sensibilidade, vem de facto enriquecer a cultura portuguesa em sentido lato, cunhando-a na sua diversidade com uma mais funda unidade.

Deslocando a metáfora do congelamento para o português do século XV, então teremos que as Ilhas foram o covão de gelo, ficando o léxico logo defendido dos ventos de inovação a que o irmão colaço do Continente ficou exposto, especialmente nos grandes centros e evoluído aos poucos para significações divergentes. Estou a lembrar-me, por exemplo, do adjectivo *vexado*, que outrora era tomado numa acepção física, significando enfartado, cheio, repleto, e com este significado deve ter sido levado para as Ilhas, tendo depois evoluído, no Continente, para *humilhado, envergonhado, afrontado, oprimido, molestado* (acepção psicológica). Em São Miguel, porém, e durante o tempo em que lá vivi, ouvia-se todos os dias esta frase: "Comi tanto que fiquei *vexado*!" Por outro lado, o substantivo *vexame* já nessa altura se utilizava na verdadeira acepção: *vergonha, afronta, vexação* – "Aquele meu *home* só me dá *vexames* por via das bebedeiras e dos *alevantes* que faz!"

Mas o fenómeno do congelamento linguístico não será tão-só privilégio das Ilhas Açorianas. Sê-lo-á também, mas por outras razões, do Brasil, que recebeu levas de emigrantes das Ilhas a partir dos finais do século XVII e durante os séculos XVIII e XIX, e onde o Português se mantém próximo da matriz do século XVI. O mesmo acontece nas províncias continentais menos acessíveis, isto é, mais fechadas sobre si e menos atreitas a influências exteriores: Trás-os-Montes, Beira Alta e Alentejo, entre quais se podem encontrar traços comuns tanto no vocabulário como em expressões idiomáticas.

Nas Ilhas, por razões que só o mar e a bruma poderão deslindar, o isolamento foi permanecendo no espaço e na alma do ilhéu durante muito mais tempo, o que fez com que certo vocabulário castiço fosse ainda moeda corrente até há bem poucos anos. E persiste de certa forma. Todavia, a partir do 25 de Abril, a televisão, que chegou a algumas Ilhas dos Açores logo em 1976, tem vindo a rasourar por baixo a riqueza vocabular que faz(ia) parte integrante do património cultural do Arquipélago. Essa riqueza lexical das Ilhas ficou bem patente neste livro que ora nos ocupa, *Dicionário de Falas dos Açores, Vocabulário Regional*, cujo autor, João M. Soares de Barcelos, médico nado e criado na Ilha das Flores, não é exactamente um debutante nesta matéria, uma vez que, em 2001, publicou, em edição publicada a expensas suas, um livrinho a que deu o título de *Falas da Ilha das Flores, Vocabulário Regional*. Estudioso infatigável do fenómeno linguístico açoriano, pode-se afirmar sem receio de exageração que, de todos os estudiosos e académicos que têm ultimamente publicado sobre tão aliciante matéria, João Barcelos é decerto o mais completo, o mais seguro e o mais preciso. Não seria curial nem avisado fazer aqui comparações com trabalhos recentes, mas seria útil fazer-se um dia um cotejo cuidado, até porque se cometeram muitos erros que nunca foram corrigidos. O vocabulário que o autor recolheu no seu imenso glossário está criteriosamente abonado quer em citações de obras de escritores açorianos e continentais, como Gil Vicente, Aquilino Ribeiro, e outros, quer em saborosas frases da sua própria lavra, nas quais contextualiza as palavras ou as expressões para que pretende chamar a atenção. Saúda-se vivamente mais este sério contributo para o estudo do português que durante séculos se falou nas Ilhas do Arquipélago dos Açores e em alguns casos ainda vai perdurando, abrigado das marés vivas das novas tecnologias da informação e da informática.

Cristóvão de Aguiar

Ilha do Pico, Maio de 2007

O Arquipélago dos Açores deve ser
a porção de território nacional
onde melhor se poderá encontrar
a terra portuguesa na sua constante histórica.
As Ilhas são como que um acumulador,
onde se concentram,
juntamente com a linguagem,
as energias físicas e espirituais da Raça.

M. de Paiva Boléo

ALGUMAS GENERALIDADES NAS FALAS AÇORIANAS

A contracção da preposição [a] e do artigo definido [o] não constitui, muitas vezes, um ditongo, verificando-se um fenómeno de diérese, havendo a tendência para pronunciar separadamente os dois elementos: *[a o]*, em vez de [ao]: *muito gostava de ir a o Farol*. O mesmo acontece na pronunciação de [saudade], *sa-u-dade*, ou, usando o trema que nos foi tirado, *saüdade*.

O [e] da sílaba pretónica, em palavras com [i] na tónica, às vezes, por assimilação, adapta-se a esta vogal fechando-se em [i], tal como se ouve nos falares meridionais do Continente: *pichinchinho, piquinino*, em lugar de pechinchinho e pequenino. Outras vezes, se seguido de [r], muda o seu timbre para *[a]*: *çarrado, farramenta, sará, sarralha*, em vez de cerrado, ferramenta, será, serralha, tal como se ouve muitas vezes nas falas algarvias e era frequente no português arcaico.

O [i] átono muitas vezes fica obscurecido, dissimilado em [e]: *dezer* em vez de dizer, *deferente* em vez de diferente – na Terceira pode soar como um [u], *alumento* em vez de alimento. Esta dissimilação – característica dos falares quinhentistas – também é muito frequente em todo o falar meridional do país, e no do Brasil, provavelmente para lá levada pela enorme quantidade de emigrantes açorianos aí radicada. Nalguns lugares das Flores (Ponta Delgada) e de S. Miguel (Pico da Pedra, p. ex.) o [i] soa com ditongação *[ei]*; *fateia*^{F}, *feilho*^{SM}, *porcareia*^{SM}, em vez de fatia, filho, porcaria[1].

Não sendo generalizado, em algumas ilhas, nomeadamente S. Miguel e Terceira, à semelhança de muitas regiões do Continente, a semivogal [i] aparece em posição intervocálica para suprimir o hiato – *a-i-água*, por exemplo: *Mas sempre procatado pra nã fervê em pouca-i-água*[2]. Contudo, mesmo nestas ilhas, a iotização é rara. Aos Açorianos não repugnam os hiatos, há é grande inclinação para elidir a vogal do encontro quando átona.

Em todas as ilhas, o [o] tónico fechado soa como [o] aberto na palavra senhora – *senhòra*. Nas freguesias rurais do Faial tem o mesmo som em outras palavras tais como ganhoa, molha, sopa, ouvindo-se *ganhòa, mòlha, sòpa*. Nalgumas freguesias desta Ilha, tal como no Norte do país, pode tb. soar *[ou]*: *pessoua*, em vez de pessoa.

---

[1] M. Paiva Boléo regista o mesmo traço na palavra tosquia → 'tosqueia', no falar minhoto e trasmontano ocidental.

[2] Vitorino Nemésio – *O Mistério do Paço do Milhafre*.

Em muitas das ilhas, o artigo desaparece muitas vezes: *não vi teu pai, José é que sabe, diz a Manuel...,* tal como era frequente no português arcaico.

Em todas as ilhas, o artigo indefinido no género feminino, tanto no singular como no plural, mantem a sua forma arcaizante: *ũa, ũas.* O mesmo se passa com o adjectivo e pronome indefinido: *nenhũa, nenhũas.*

Nas *ilhas-de-baixo* usa-se muitas vezes o ditongo [oi] em vez de [ou][3], tal como no Sul de Portugal, e não [ou] como se ouve nas províncias do Norte. O ditongo [ai] é quase sempre reduzido a *[á]* – *más* por mais, *vás* por vais –, tal como escreviam os clássicos quinhentistas[4] e como também ainda se ouve na parte ocidental do Algarve. O ditongo [ão], nas Flores e em algumas freguesias rurais do Faial, é pronunciado *[om], Joom* por João, *fogom* por fogão, *antom* por então[5], em S. Miguel, reduz-se a *[an], dã* por dão, *pã* por pão, com entoação francesa do [an] como em 'pendant'. Em certas freguesias rurais do Faial, o ditongo [ão] é pronunciado com um [a] paragógico: *mãoa, pãoa,* em vez de mão, pão e o ditongo [ei] soa *[ai]*: *sais* em lugar de seis. Particularmente em S. Miguel, não existe o ditongo [eu], identificando-se com [e] aberto *[é],* ou [e] fechado, *[ê]*[6]: *[chapé]* por [chapéu], *[ê]* por [eu], e o ditongo [ei] é pronunciado como no falar meridional de Portugal, *[ê]*[7]. O ditongo [oi], em sílaba tónica final de uma forma nominal do plural ou em palavras terminadas em [s], é frequentemente substituído por *[ó]– lençós* por lençóis –, ou por *[ou]* – *pous* por pois, *depous* por depois–, e o ditongo [ui] substituído por *[u]: cudei* por cuidei, *fu* por fui. Nas *ilhas-de-baixo,* com excepção do Corvo, o ditongo [ou] aparece às vezes diferenciado em *[oi]: froiva, moico, oirina, roipa.*

É muito frequente a atracção do [i] da sílaba postónica, formando um ditongo decrescente quando se junta com a vogal da sílaba tónica, tal como acontece nos falares da Estremadura, Alentejo e Algarve: *armairo, corsairo, demóino, próipo, vigairo,* em vez de armário, corsário, demónio, próprio[8]. Também em muitas ilhas é frequente a epêntese do [i] em palavras como *albacória, ciclónio, pélia, pevídia, tolícia,* em vez de albacora, ciclone, pele, pevide, tolice.

Há redução dos pronomes possessivos [meu], [teu] e [seu], de forma semelhante ao Alentejo e ao Algarve – embora também ouvido no resto do país –, no que respeita à sua perda. Assim, em quase todas as ilhas, tal como acontece nas províncias meridionais do país, o pronome possessivo [meu], quando em posição proclítica, perde o segundo elemento do ditongo, reduzindo-se a *[mê].* E é vulgar, mesmo em tratamento directo, o uso do possessivo: *mê pai venha comer; mê pai a sua bença.* Nas Flores e nalgu-

---

[3] Excepto no Corvo.

[4] *Se tu, que livre vás, vás murmurando [...]* (Diogo Bernardes, séc. XVI).

[5] Esta pronúncia do ditongo [ão] poder-se-á considerar reminiscência de um passado longínquo, dado que em documentos do século XIV essa ditongação se grafava com a f. [om]: 'gouernaçom', p. ex. Só mais tarde a grafia das palavras terminadas em [-om] evolucionou para [-ão]. Essa manutenção da pronúncia antiga *-om* em vez do ditongo nasal *-ão* também persiste nas falas minhotas.

[6] O Prof. M. Paiva Boléo considerou a monotongação de [ei] em [ê] como um dos traços mais típicos do falar meridional do Continente.

[7] Nalguns lugares de S. Miguel é pronunciado como nas Flores, [*ei*].

[8] Algumas destas palavras são arcaísmos aqui conservados.

mas regiões de S. Miguel, pelo contrário, o ditongo [eu] passou a *[ei]: mei pai, o mei caniço*[9]. O mesmo se passa em relação à segunda e terceira pessoas – [teu], [seu] –, que passam a *[tei], [sei]*: *tei pai que te dê, pegue no sei casaco...*

Tal como se ouve por todo o Algarve, nos Açores usam-se as formas [cada um] e [cada uma] seguidas de substantivo, tal como acontecia com frequência no português arcaico: *cada uma vez, cada uma pessoa, cada um dia, cada um ano...*

Também, certamente herdado dos povoadores vindos do Sul do país, é muito comum o desaparecimento do [i] da sílaba postónica: *familha*[10], *misera, remédo,* em lugar de família, miséria, remédio, embora se conserve na maioria das palavras: matéria, presépio, sério, etc.

O pronome pessoal da 1.ª pessoa perde também o segundo elemento do ditongo, passando de [eu] para *[ê], ê nã sei,* ou altera-o para *[ei],* como nas Flores e em parte de S. Miguel: *ei nã vou, ei nã sei...*

É muito frequente o emprego de *[seu]* em vez [dele]: *estava em sua casa,* em vez de 'estava em casa dele'.

As nasais [em] e [en], em início da palavra, são quase sempre pronunciados *[im]* e *[in]*: *imbora, infermidade, imprego, cinteio, incontrar* (arc.).

Nas Flores, por exemplo, a terminação gráfica [-em] corresponde na pronúncia um [e] fechado: *Ben, tamen, ten...* Em S. Miguel ouve-se *[am]*[11].

Assim, também, a desinência da terceira pessoa do plural dos verbos pronuncia-se *[im]*: *falarim, disserim*[12] ou, nalguns lugares, *[um]*: *estiverum, disserum*[13], e, outrora, frequentemente, *[o]*: *dissero, mandaro, ouviro, sabio*[14], tal como acontecia muito no Minho e na Beira Alta e ainda há poucos anos frequentemente se ouvia e ainda se ouve no Algarve central e setentrional[15] e no Baixo-Alentejo[16].

Por todas as ilhas, aparece frequentemente mudança de timbre vocálico em certos tempos verbais, nomeadamente *asseste* (assiste), *devede* (divide), *deseste* (desiste), etc., tal como acontece no falar meridional do Continente.

O [om] ou o [on] átonos são muitas vezes pronunciados *[um]*: *Munchique, pumbinha, puntinha...*

---

[9] Leite de Vasconcelos regista um som semelhante (mei filho, tei pai) na região de Moncorvo e em certos lugares do Alentejo. Nas Flores (tb. nos seus emigrantes) esta pronúncia mantem-se para novas palavras – actualmente diz-se *eiro* em vez de euro.

[10] Nesta palavra, além da síncope do [i], há também a palatalização do [l] por influência do [i] precedente.

[11] *– O Mr. Doctar [...] é um boia, filha da mã, ningam diz a idade que tam!*

[12] Os porcos comiim lavazes [...] (Maria Clara Rolão Bernardo – *O Falar Micaelense* (Fonética).

[13] Quadra recolhida em S. Jorge: *Saudades te persigum, / Que nã te possa valer, / Que é pra que saibas, ingrata, / Canto custa o bem querer.*

[14] *Nem a sinhora nem os criados sabio adonde se miter* (Nemésio – *"Mau tempo no Canal"*).

[15] Clarinda de Azevedo Maia – *Os Falares do Algarve.*

[16] M. Paiva Boléo – *O Mapa dos Dialectos e Falares de Portugal.*

Em S. Miguel, [al] é muitas vezes pronunciado *[ar]*: *argum* em vez de algum, *argam* em vez de alguém[17].

Há o hábito, quase generalizado, de não pronunciar os *rr* das últimas sílabas: *qués* em vez de queres, *colhés* por colheres (evolução da terminação: -eres → -er's → *-és*).

O advérbio [não], quando isolado ou final é sempre pronunciado *[não]*, em posição proclítica reduz-se quase sempre a *[nã]*, tal como acontece no falar meridional do país: *nã sinhô, nã quero, nã senhô, não!* Usa-se muito o advérbio [tão-pouco] – quase sempre pronunciado *[tã-pouco]* – em frases negativas com o sentido de 'nem sequer': *passou por mim e nim tã-pouco m'abanou, est'ano nim criaram um porco tã-pouco, nim tã-pouco deu um ai...*

A forma [qual], tanto relativa como interrogativa, passa, em certas ilhas, a *[q'al]*, no pl. *[q'ales]*: *nã sei q'al foi o dial..., q'ales forim os vapores que vinherim?*

As palavras terminadas em [vel] sofrem a apócope do [l] final ou transformam-se, por metátese, em [vle]: *automóve, prováve, horríve* ou *automóvle, provávle, horrívle.*

Verifica-se muitas vezes a redução do adjectivo [mau] para *[má]*, aparecendo, de uma forma generalizada, invariável em expressões como: *não é má moço, é má hábito, é má sinal, má fogo te abrase.*

As consoantes nasais nasalizam, em muitos casos, as vogais próximas; o adj. [muito] pronuncia-se, em muitos lados, *[munto]* e noutros *[monto]*, sendo reduzido nas ilhas ocidentais a [mui], pronunciado *[mun]*: *munto frio tem feito hoje, monto m'ademiro de te ver, tu és mun tolo...*

Por vezes, e sempre que há repetição de uma sílaba, uma delas é suprimida: *enganaste* por enganaste-te: *enganaste hoje no caminho, vê se nã t'enganas amanhã...*

Os diminutivos que têm um [o] aberto tónico na palavra derivada são, em geral, pronunciados como no Sul do Continente: *curdinha, rusinha, purtinha* e não còrdinha, ròsinha, pòrtinha; o mesmo se passa com o [e]: *certinha, perninha, pedrinha.* Certos deles são formados com o sufixo *[-oto]* ou *[-ota]*: *Feoto, mazota, meote, tolota,* o que é muito ouvido, particularmente na Terceira. Muitos dos diminutivos terminados em [-inha] ou [-inho] são pronunciados *[ina]* ou *[ino]*: *atafonina, canina, tonina, estornino, finino...* O inverso também acontece às vezes: *pequeninho*, por exemplo.

Quanto aos aumentativos, em certas ilhas do Grupo Central, nomeadamente no Faial, S. Jorge e Terceira, usa-se a sufixação *[-aredo]* para designar grande quantidade. Ex: *Escumaredo* (muita escuma)[T], *fomaredo* (muita fome)[T], *fumaredo* (muito fumo)[Sj,T], *moscaredo* (muitas moscas)[Fl], *pombaredo* (muitas pombas)[Fl], *povaredo* (muito povo)[Fl], *terraredo* (muitas terras)[Fl]. Esta sufixação também se usa no feminino – *[-areda]*: *bolareda* (muitos bolos)[Fl], *gadareda* (muito gado)[Fl], *sopareda* (muitas sopas)[Fl]...

---

[17] *Well, um fogo mabrase se ei disser arguma cousa a argam, antes do tempo* (Urbano de Mendonça Dias – "*O Mr. Jó*")

Como em toda a parte, aparecem muitos metaplasmos como, por exemplo, a prótese, quase sempre vocálica[18]: *alambrança, assubir, alagoa, ateimar, anadar,* etc., a epêntese: *saragaço, desgrácia,* a paragoge: *estimávele, miserávele, possívele,* a aférese: *maginação, casião, ponião, veia*[19] a síncope: *Catrina, cranguejo, distança, espece,* a apócope: *bença, petrol,* a metátese, *crongo, drumir, estrovar, fremento,* a interversão: *almairo* em vez de armário, *salairo, calvairo,* a assimilação: *padaço, pastana, valhaco,* a dissimilação: *chemar* ou *chomar, fermoso, gruvata, marmurar.*

É raríssima a alteração na acentuação, embora possa ocorrer hiperbibasmo em: *cocegas, benção, nevoa, pessêgo* (diástole) e *queiro* (sístole), em vez de cócegas, bênção, névoa, pêssego e queiró.

Em certas palavras, a bilabial sonora [b], transforma-se na lábio-dental fricativa sonora [v]: *gavar* em vez de gabar, *aldravar* em vez de aldrabar, tal como também acontece nalguns lugares do Continente, nomeadamente na região de Cantanhede, onde é muito frequente. Esta transformação é mais frequente nas freguesias rurais do Faial, aparecendo também em palavras como *verço, livra, movila, seve, valdio,* em vez de berço, libra, mobília, sebe, baldio.

O contrário não é frequente na maioria das ilhas, ou seja, a substituição do [v] pelo [b] – excepto nas freguesias rurais do Faial que, aí sim, é muito frequente –, salvo quando o [b] é etimológico como, por exemplo, em *brabo* por bravo[20]. Assim, em poucos vocábulos, o [v] lábio-dental passa à labial sonora [b]: *barredura, bassoura, bartedoiro* e poucas mais.

A vibrante final de palavra geralmente é elidida, desaparecendo o [r] nessa posição tanto nos substantivos como nos verbos: *senhô* em vez de senhor, *mulhé* em vez de mulher, *comê* em vez de comer, *tremê* em vez de tremer, *rezá* por rezar, etc. Esta apócope é generalizada, excepto em certos lugares de S. Jorge, onde, como em muitos lugares do Continente, ainda se acrescenta um [e] paragógico ao infinito dos verbos: *andare, comere, dizere…* Nas freguesias rurais do Faial acontece fenómeno semelhante em certas palavras, mas com a terminação em [i]: *afinali, capoti, doenti, filmi, onti, quenti,* etc.

A elisão do [r] final das palavras foi levada pelos Açorianos para o Brasil, onde é bem patente ainda nos dias de hoje.

O grupo consonântico [cl] passa a [cr] na palavra *cramar* e suas derivadas, usadas em todas as ilhas. Ao contrário do que acontece em algumas regiões do país, é muito rara a pronúncia castelhana do grupo consonântico [ch] – *[tche]* –, embora se ouça em S. Miguel, p. ex., nas palavras *petcheno* e *pintcha,* talvez por influência dos povoadores oriundos da Beira Baixa[21].

---

[18] A prótese do [a-] é, aliás, um traço extremamente frequente na linguagem popular de todo o país, talvez com mais frequência no falar meridional.

[19] Neste caso trata-se de uma deglutinação: a aveia → *a veia.*

[20] Bravo vem do lat. *barbăru-.*

[21] Esta pronúncia da africada [č] neste grupo consonântico – *tch* – era frequente em muitas regiões do Centro e Norte do país, mesmo longe de Espanha (distrito de Aveiro, Coimbra, Porto, etc.), ouvindo-se muito ainda actualmente na região de Castelo Branco e prolongando-se até Nisa, região donde partiram muitos dos povoadores da Ilha do Arcanjo.

Ao contrário de certas regiões do Continente, nunca se usa nos Açores o pronome de tratamento [você], que é sempre substituído por *[vossemecê]* ou a sua contracção *[vomecê]*; o pronome sujeito [tu] é usado como forma própria da intimidade, entre amigos, colegas de trabalho, de pais para filhos, mas nunca de filhos para pais como acontece frequentemente na linguagem recente do Continente[22]. O filho trata o pai, como forma de respeito, por *[senhor]* ou *[meu pai]*: *o senhor é que sabe* ou *meu pai é que sabe, meu pai a sua bênção...*

Quanto à 3.ª pessoa do pronome pessoal complemento, em todo o arquipélago, em posição proclítica ou apoclítica, as formas [lhe] e [lhes] mantém a forma despalatalizada, arcaica *[le]*: *deu-le ũa alambrança; diz-le qu'ê depois apareço; eu logo le digo*, como escreve Nemésio *(Paço do Milhafre)*: "Fomos p'ró bangali e demos-le p'ra capote". Na Terceira, o pronome pessoal oblíquo [no] assume frequentemente a forma [se]: *Vamos-se embora, metemos-se por um atalho, consolamos-se a comer, sentamos-se a descansar*, ou a forma [lhe]: *meteram-lhe numa pipa e mandaram-lhe pra fora*[23].

O pronome sujeito da terceira pessoa emprega-se muitas vezes como sujeito dos verbos que indicam fenómenos atmosféricos, p. ex.: *ele de noite choveu c'mo diabo; ele 'tá frio cma burro, ele 'tá sol que parece que quer queimar a gente*, mas também em frases de comunicação corrente: *Eu..., matar um porco? Ele até nim gosto d'os ver matar! Ele aconteceu a mim cma podia ter acontecido a qualquer outro...*

Em quase todas as ilhas, o pronome indefinido [nenhuma] perde o [m], compensando a desnasalização com a nasalação do [u] precedente: *nã vi nenhũa alvacória im toda a tarde..., nenhũas delas me cabiam...*

Tal como acontece na Madeira, é muito frequente a palatalização do [l] quando precedido de [e]: *elhéctrico*, ou, mais vezes ouvido, de [i]: *familha* por família, *filhete* por filete, *grilho* por grilo, *pilhar* por pilar, *Marilha* por Marília, *milhagre* por milagre, *quilhómetro* por quilómetro, mesmo nas *ilhas-de-baixo*.

A formação do plural é frequentemente mal elaborada, sendo mais notada em certas ilhas: *alviães, aneles, badais, cagães, capitões, coraçães, funçães, ladrães, lampiães, medicaçães, melães, papeles, razães, valentães*[24]. Os nomes terminados em [l] formam às vezes o plural em *[-les]*: *animales, caracoles, funiles, lençoles...* Os substantivos terminados em [ão], que no português padrão terminam em [ões], apresentam – tal como no Baixo Alentejo e Algarve – em muitas das ilhas a forma *[ons]*, certamente com maior intensidade na Ilha de S. Miguel: *calçons, garrafons, limons, varons*, em vez de calções, garrafões, varões. Esta terminação também se ouve muito na Madeira e na parte sul-ocidental da Galiza.

---

22 Actualmente, isto já não é regra generalizada.

23 J. H. Borges Martins – *A Justiça da Noite na Ilha Terceira.*

24 Sextilha recolhida na Terceira: *Lá vem e Lua saindo / Na cafua dos melães, / Uma cadela com pintos / E uma galinha com cães, / Uma porca com bezerros / E uma vaca com leitães.* Quadra recolhida em S. Jorge: *Os olhos requerem olhos, / Os coraçães, coraçães, / Também as doces laranjas / Requerem os seus limães.*

Alguns substantivos, invariáveis no género, mudam na linguagem popular das ilhas: *crianço, melra* ou *mélroa, estudanta,* e o feminino de outros é alterado como o caso de *ladroa*[25] em vez de ladra, *sacristoa* em vez de sacristã.

A palavra [fim] adopta quase sempre o género feminino, *a fim*[26], tal como era usada no séc. XV[27]. Outra palavra em que o género muda é a palavra [cal] que, nas Flores, por exemplo, é usada sempre no masculino –, *o cal.* No Algarve também se ouvem muitas palavras com género diferente do que têm na língua nacional: 'o acidez', 'o despenso', em vez de a dispensa, 'o fome', 'o raiz', 'a jum', em vez de o jejum, etc.[28]. A mudança de género é mais frequente nas freguesias rurais do Faial – do masc. para o fem.: *gasas* (gases), *plástica* (saco de plástico), *reumatisma,*– do fem. para o masc.: *alcunho, bronquite, febre, gripe,* etc.

Em posição proclítica a forma feminina [minha] reduz-se a *[inha],* como acontece muito no sul do país, nomeadamente no Alentejo: *inha mãe, inha tia, inha irmã,* com maior notoriedade em certas ilhas.

Ao contrário de muitas regiões do Cont., no colóquio normal, [a gente], em vez de [nós], leva o verbo para a 3.ª pessoa do singular: *a gente sabe falar bem amar'cano; a gente pouco se demorou,* embora também se ouça no plural, p. ex., na forma seguinte ouvida em S. Miguel: – *À batatinha mais miudinha, a gente tratam grelo.*

A conj. [como] é substituída às vezes por *[nem]*: *gente nem bicho.*
A prep. [pelo] é usada na sua forma antiga *polo, pola, polos, polas,* notando-se particularmente na linguagem terceirense das pessoas idosas.

Por todas as ilhas, aparecem alguns verbos seguidos de preposição: *pegar de sentir, pegar de beber, pegou de si e foi-s'imbora,* ou antecedidos dela: *vou-me d'indo imbora, deve de ser penoso, dever de estar...* Esta preposição pode também anteceder adjectivos: *Ai que mulher de mentirosa... ai que rapariga de linda...,* neste caso mais frequentemente ouvido na Ilha Terceira. Este tipo de construção, muito frequente no português antigo, também ainda se ouve nos falares populares de outras zonas do resto país.

O verbo [ter] é usado muitas vezes em lugar de haver ou de estar: *tinha ali um coelho mas fugiu mal cheguei; tinha lá tanta gente que ninguém se conseguia mexer; quando começava a novela Gabriela nã tinha uma pessoa na rua...*

Tal como no Algarve, é muito frequente o uso do verbo [fazer] como verbo impessoal, quando usado para designar estados atmosféricos: *cando troveja faz muita chuva, hoje 'tá fazendo munto frio, onte fazia más vento...*

---

[25] Esta f. também aparece nos falares da Galiza.
[26] No séc. XIX, essa alt. do género na palavra fim também ainda era bem patente no falar minhoto (Comunicação de M. Paiva Boléo feita em 1957 sobre o estudo dos falares portugueses).
[27] A palavra fim vem do lat. *finis,* masculino e feminino. No português arcaico, tal como no latim, o género oscilava, só se fixando no masculino no português moderno.
[28] Clarinda de Azevedo Maia – *Os Falares do Algarve.*

Em todas as ilhas estão ausentes, ou quase ausentes, as formas verbais do futuro e do condicional dos verbos; nunca se diz 'eu irei' mas *eu vou ir, eu vou pensar...*

Como acontece com grande frequência no Algarve, ocorre frequentemente nos Açores a formação de palavras deverbais não registadas nos dicionários da língua portuguesa, tais como: *contrareia, falquejo, juntalho...*

O uso e abuso do gerúndio, em vez do infinito precedido de [a], tal como em todo o Alentejo e Algarve, é notório e comum a todas as ilhas, p. ex., nas seguintes construções perifrásticas: *estou descansando, estou comendo, vou andando, estava dando um pulo, andam apanhando saragaço.* Nalgumas ilhas, com muita frequência em S. Miguel, talvez menos frequentemente nas outras ilhas, esta tendência para o emprego do gerúndio é também manifestada no emprego de orações gerundivas temporais e condicionais do género *em chegando, em começando, em vindo, em eles aparecendo,* trazidas do falar meridional do Continente. Este tipo de construção era frequente no português arcaico e ainda se ouve muito também nas aldeias de Castelo Branco, Beira Baixa.

Nas ilhas, numas mais do que noutras, o discurso é lento, pausado, *descansado,* como se costuma dizer.

Na Terceira, para dar ênfase a uma frase, para intensificá-la, é muito frequente repetir-se uma palavra ou uma frase várias vezes: *veio rico, rico d'Amerca; chuva, chuva cma Deus a dava; andava muito consumida, muito consumida; ia muito depressa, muito depressa; olha, vai-te lá embora, vai-te lá embora; é linda, linda, linda...,* não querendo dizer que isto seja exclusivo da ilha ou mesmo do Arquipélago.

Como em todo o lado, empregam-se frequentemente pleonasmos: *entrar pra dentro; sair pra fora; subir pra cima; descer pra baixo* e aparecem formas apocopadas do verbo estar, *'tá, 'tava,* abundando também exemplos de construções gramaticais populares como *vou ir* e *vou d'ir.* Aparecem também pleonasmos como o seguinte, efectuados com a repetição da integrante, como se vê nesta quadra do folclore micaelense: *Dizem que o amor que mata, / Ai quem me dera morrer; / Vale mais morrer de amores / Do que sem eles viver.*

Aparecem também formas nasaladas tais como *bõa* (arc.), *pessõa, inzame,* e, como em todo o país, *inté* em vez de até.

É muito usada por todo o lado a saudação *haja saúde!* em vez de 'bom dia!' ou 'boa tarde!' – quando dirigida a crianças é muitas vezes referida como *adeus!*

Há uma construção gramatical muito frequente nos Açores, seja em iletrados ou em pessoas cultas: *muito gostas tu de estudar; muito gostas de me atentar, muito trabalhas tu pra fazeres dinheiro.* Esta anástrofe aparece também noutras frases como, por exemplo, *adiente vais tu,* muito usada nas Flores numa forma interjeccional, e *espere o senhor,* em vez de 'o senhor espere', muito ouvida na Terceira, embora se ouça mais frequentemente o *senhor qu'espere...*

Aparecem também palavras idênticas às do português padrão, mas com desvio semântico –, apresentando significado diferente ou mesmo antónimo: *apelido* com significado de alcunha, em vez de sobrenome, *galante* com significado de insignificante, esquisito, *dormente* com o sentido de ansioso, *moscão* designando uma pequenina mosca, etc.

Tal como no Algarve – onde este descuido é muito característico –, em muitas ilhas é frequente a omissão ou escurecimento da última sílaba átona de certas palavras, nomeadamente a perda do [o] final das palavras[29]: *médic', paninh'...*

Na Terceira, as suas falas são bem características, diferenciando-se das outras ilhas por uma palatalização e velarização das consoantes quando precedidas respectivamente de um som palatal ou velar, resultando no aparecimento de um [i] ou de um [u] epênticos nos vocábulos, como, por exemplo, *pinguiando* em vez de pingando, *biaixo* em vez de baixo, *estiúpido, hospitial,* etc., ou *luguar* em vez de lugar, *bocuado* em vez de bocado, *guato* por gato, etc.[30]. A epêntese do [i] em certas palavras também aparece ocasionalmente noutras ilhas, como se pode constatar nesta quadra recolhida no Faial: *Matriz negociantes, / Angústias amancebados, / Feiteira ambeciosos, / Castel-Branco pintiados*[31]. Na Terceira, nomeadamente em Angra, também é muito característica a terminação *[e]* em vez de [o]: *engraçade* por engraçado, *deliquiade* por delicado[32].

Por estranho que pareça, aqui é raríssima a substituição do som [v] por [b][33].

Tratando-se de uma grande comunidade insular, S. Miguel tem um dos falares mais diferenciados do português falado no resto do país, mas apenas em relação ao aspecto fonético. Aliás, só acreditaria nisto quem nunca tivesse ouvido falar a gente de algumas freguesias da Terceira ou, por exemplo, da freguesia da Piedade, da Ilha do Pico, se fossem considerados pequenos grupos populacionais! Na maior ilha, que abrange quase metade da população dos Açores, sem querer entrar em pormenores, diremos apenas que é característico o uso de vogais palatais, por exemplo, o [u] mais labializado, semelhante ao [u] francês – [ü] –, tal e qual ao que se pronuncia entre Castelo Branco e Alto Alentejo interior e até mesmo um pouco na Covilhã, e até em certos lugares do Algarve ocidental (Lagos, Vila do Bispo)[34] – que também foi levado para

---

29 Trata-se de uma influência árabe no domínio do léxico algarvio. É característico dos idiomas moçárabes a apócope das vogais finais das palavras românicas que aqui entravam na língua. Recorde-se que no século XI, os árabes são expulsos para o sul da península, onde surgem os dialectos moçárabes, a partir do contacto do árabe com o latim.

30 Leite de Vasconcelos regista essa epêntese nas falas de Avelanoso, freguesia do concelho de Vimioso (cumpuadre, puasso, puata, çapuato...), de Vale de Frades (fuato, compuadre, muata, sapuato...) e de Buarcos, Figueira da Foz (capiela, aquiela...). Esta epêntese também se nota nas falas da parte sudeste de S. Jorge, certamente pela migração que no passado se fez da Terceira para esta região da Ilha.

31 Maria de Fátima F. Baptista – *Ilha do Faial. Contribuição para o Estudo da sua Linguagem, Etnografia e Folclore.*

32 Este traço, embora presente noutras regiões do país, nomeadamente na região de Castelo Branco (Beira Baixa), é muito frequente no falar minhoto central, como demonstrou M. Paiva Boléo através dos seus inquéritos linguísticos efectuados em meados do séc. XX. Refere-se o facto apenas pela grande quantidade de famílias nortenhas que iniciaram o povoamento desta Ilha. No Faial, pelo mesmo motivo, também é de uso frequente.

33 No início do povoamento desta Ilha, Jácome de Bruges, um flamengo que residira cerca de vinte anos no Porto, levou muita gente do Norte de Portugal, nomeadamente de Entre-Douro e Minho, onde essa troca é corrente.

34 Leite de Vasconcelos regista-o com o mesmo som também no Norte do país, nomeadamente na região de Chaves, em Moimenta (raia transmontana), no concelho de Mirandela e no concelho de Macedo de Cavaleiros.

a Madeira –, o mesmo [ü], talvez mais moderado, que se pronuncia no Corvo[35]: *tü, escüdos, canüdo, rüa,* em lugar de tu, escudos, canudo, rua. É também característico o emprego de vogais muito fechadas como o [a] e o [o], e há monotongação do ditongo [ei] em [*ê*], tal como em todo o falar meridional do Continente. Tal como no Minho e no Algarve[36], mais acentuadamente da zona central e ocidental desta última província[37], é frequente a ditongação de [ã]: manhã → *manhão.* Há também uma pronúncia mais doce e com menor ressonância do [l], transformando-o quase em *[lhe]*: *cavalho, falhar,* em vez de cavalo, falar, e a pronunciação dos ditongos nasais [ão] e [ães] em *[ã]* e *[ons].* É característica a mudança de [e] tónico, quando nasal, em [*a*]: *cante* por quente, *jante* por gente, *quaranta* por quarenta, *mãnus* por menos, tal como acontece ainda hoje no Algarve[38]. E também como se ouve nalguns lugares do Algarve, o pronome da primeira pessoa [eu] passa a *[mim],* sendo extremamente frequente nesta Ilha: *pra mim comê, pra mim trabalhá na terra...*[39].

Isto faz, pela sua grandeza dentro do arquipélago, que as falas de S. Miguel sejam aceites no Continente como sendo as falas dos Açores e quando outro ilhéu aí se apresenta como açoriano causa espanto pela diferença na pronúncia. Em S. Miguel há também um fenómeno linguístico curioso, muito usual também no Brasil[40], que consiste em tratar, na mesma frase, o interlocutor por senhor e por tu: *o sinhô nã acardita no que eu te estou dezando?*

Sempre ouvi dizer que o Faial era a ilha cujas falas mais se aproximavam do falar continental sem sotaque, como o que é falado, por exemplo, em Coimbra. Quando falavam do Faial quereriam referir-se certamente à Horta, outrora cosmopolita, porque, se ouvirmos as falas das suas freguesias, facilmente constatamos que é uma das ilhas que mais corruptelas apresenta, nomeadamente na troca frequente do [v] pelo [b], como no Centro e Norte do país, na pronúncia alterada dos ditongos e numa quantidade enorme de corruptelas, como se pode constatar no desenvolver deste trabalho.

---

[35] Nos Açores, houve alguma migração interna de S. Miguel para o Corvo nos primórdios do povoamento (o Corvo foi povoado muitos anos depois das ilhas do Grupo Oriental e do Grupo Central).

[36] Para o Algarve, no início do repovoamento, deslocou-se muita gente do Norte do país, nomeadamente da região de Entre-Douro-e-Minho, que muito influenciou os falares desta província (*in* referência seguinte).

[37] Clarinda de Azevedo Maia – *Os Falares do Algarve.*

[38] Leite de Vasconcelos regista esta mudança no Norte do país, nomeadamente em Pedras Salgadas: 'randa' (renda), 'tanda' (tenda), 'antra' (entra), 'banto' (vento), no concelho de Alijó: 'tampo' (tempo), 'rumando' (remendo), 'lanço (lenço), em S. Mamede de Ribatua: 'vanto' (vento), 'pana' (pena), 'vander' (vender), no concelho de Santa Marta de Penaguião: 'sampre' (sempre), 'istander' (estender), 'pante' (pente), no concelho de Estarreja: 'banto' (vento), 'dantro' (dentro). M. Paiva Boléo regista-o também nos falares da Beira Ocidental: Setambro (Setembro).

[39] Para um maior aprofundamento deste tema, recomenda-se a leitura do excelente trabalho de Maria Clara Rolão Bernardo referido na bibliografia deste livro.

[40] Para o Brasil foi a primeira emigração açoriana, iniciada no 1.° quartel do séc. XVII, com um carácter colectivo, constituída por casais que se fixaram, no começo, em Santa Catarina e em Rio Grande do Sul, estendendo-se depois a São Paulo e Minas Gerais, nos começos do séc. XIX. Mais tarde, só entre 1877 e 1881, segundo refere Raquel de Brito, chegaram ao Brasil 3676 emigrantes. Toda esta emigração deixou grandes marcas na linguagem do Brasil, havendo mesmo termos e construções gramaticais apenas comuns aos Açores e àquele país (inadequadamente registados nos dicionários de língua portuguesa apenas como brasileirismos), como se revela em outros pontos deste trabalho. Este facto, aliás, já fora notado em 1942 pelo Prof. Paiva Boléo, nos seus famosos inquéritos linguísticos efectuados por correspondência no Brasil, nomeadamente em Santa Catarina e Rio Grande do Sul.

Onde se fala com menores desvios de pronúncia, penso eu, é, sim, na Horta e nalguns lugares do Pico[41], só se notando alterações apenas no timbre da voz[42].

É de salientar a introdução de léxico da língua inglesa, da sua variedade americana, com fenómenos de acomodação morfofonológica à língua portuguesa; no início da emigração para a América, as pessoas eram quase todas analfabetas[43] e, por isso, aprendiam a língua americana como a ouviam e percebiam, estropiando as palavras, tanto foneticamente como na sua semântica. Assim, trouxeram muitos neologismos para as ilhas. E, se uma grande maioria era apenas usada pelos emigrantes no regresso ou se foi esquecendo com o tempo, como, por exemplo, *alvacoto* (sobretudo, casaco comprido), que ouvíamos usar diariamente na infância, outros fixaram-se definitivamente no nosso vocabulário corrente e são usados, até por pessoas diferenciadas na cultura, como fazendo parte do léxico julgado nacional, como é o caso das palavras *alvarozes, caliveira, friza, froca, mexim, pana, pinotes, sanababicha, selipas, suera,* e dos decalques semânticos *dar pra trás, mandar pra trás, sangue alto,* etc., etc. De realçar também que alguns destes neologismos vieram mesmo destronar os termos vernáculos até então usados, passando a fazer parte da linguagem diária dos Açorianos. É de salientar aqui também a enormíssima influência da língua inglesa (americana) na linguagem dos baleeiros açorianos, com termos como: *ampo, bajaneque, blous, cafre, drogue, espato, fatelingue, graplim, janco, lògaéte, maciar, nêpa, pèguim* ou *peguinho, queisse, raituel, speire, tofe, etc., etc.*

Dado o grande isolamento das ilhas até há relativamente poucos anos, é comum também a todo o arquipélago a conservação de numerosos vocábulos já desaparecidos no Continente, às vezes apresentando algum ou grande desvio semântico, p. ex., *coitar* com o significado de acariciar, fazer festas[44]... Estes arcaísmos, fazendo lembrar as falas de Gil Vicente, permanecem ainda hoje largamente na linguagem corrente da gente destas ilhas. As reminiscências arcaicas são também presentes na persistência de [*ũa*] em vez de [uma], [*nenhũa*] em vez de [nenhuma] e na desnasalação do [e] final, como, por exemplo, em *home,* como ainda acontece também na linguagem popular de quase todo o Continente.

Essa desnasalação estende-se também a todas as palavras terminadas em [agem], sempre que o [m] está em sílaba final átona, como, por exemplo, *image, passage, bagage, corage*[45], etc.

A supressão da nasalação aparece também nas palavras terminadas em [ugem], tais como nuvem, que se pronuncia *nuve, ferruge* por ferrugem, *rabuge* por rabugem, etc, etc.

---

[41] Curiosamente, é numa das freguesias do Pico – a Piedade – que se pode ouvir um dos falares mais distanciados do português padrão, chegando em algumas pessoas a ser quase impercebível.

[42] O açoriano apresenta, em geral, além da pronúncia, um timbre de voz característico; pessoas que no Continente permaneceram longos anos, perdendo quase por completo a pronúncia de origem, são, num ouvido musical atento, denunciadas pelo seu timbre de voz. Há muitos anos, no meio musical erudito de Lisboa, foi muito apreciada a voz de certo tenor, precisamente pelo seu timbre ilhéu.

[43] Só muito tarde foi obrigatória a 4.ª classe para se emigrar.

[44] *Coitar* é termo antigo (de *coita,* do cast. *cuita,* desgraça) que significava desgraçar, magoar.

[45] Há a tendência para pronunciar esta palavra como *coarage,* como já notei também nas falas dos países africanos de expressão portuguesa.

As mesmas reminiscências aparecem em palavras como *emprevisto, emproviso, enveja,* em vez de imprevisto, improviso e inveja, e, por exemplo, *vertude* e *tevera,* em vez de virtude e tivera, *esprito* em vez de espírito e *despois* em vez de depois.

Este trabalho, porém, não se destina, nem poderia incidir no estudo da Fonética. Está antes orientado fundamentalmente para o léxico de que, a seguir, se vai tratar. Antes disso, apenas se referem algumas conclusões extraídas numa breve análise.

BREVES CONCLUSÕES

Deste trabalho sobre o léxico das Ilhas dos Açores, podem extrair-se as seguintes conclusões:

Muitas das palavras referidas pelos dicionaristas como brasileirismos são termos ainda hoje usados nestas ilhas, levados pelos emigrantes açorianos na primeira emigração para o Brasil, sobretudo para a região de Santa Catarina e do Rio Grande do Sul, iniciada no séc. XVII, por volta de 1617, mais tarde reforçada pelo violento terramoto que abalou o Faial e o Pico em 1677 e depois mantida durante todo o séc. XVIII. Referem-se apenas algumas como: *arengada, baetão, barrigada* (gravidez), *broco, cacete* (maçador), *carrega* (gramínea), *casião, causo, coarar, decomer, desgraceira, desmentir* (luxar uma articulação), *empalamado, encaranguejar, enchiqueirar, encoirado, escalvado, estrelo* (bovino com mancha), *estrompar, gruvata, inchume, janeleira* (adj), *lambuzão, lebrina, malacafento, maldar, mamãe, mandarina* (citrino), *mazanza, papai, parada* (parte terminal da linha de pesca), *pelego, peneirar* (orvalhar), *perneta, piteira* (boquilha), *prantina, queiro, saçaricar*[46], *sacotear, sequista, socado* (adj), *titio, torquês, traçalho, tragada, trompaço, varejar, xaveco, xingar,* etc., etc.

Na linguagem do Corvo, e devido à pequena dimensão da ilha e da sua população, nota-se uma acentuada influência de antiga migração interna constituída por famílias micaelenses que se deslocaram para aquela ilha[47]. Essa influência traduz-se na pronúncia do [ü] 'francês', no ditongo [ou], igual a muitos lugares de S. Miguel, nunca ouvido como [oi], como acontece muito frequentemente nas restantes ilhas, e no próprio léxico em que há termos comuns apenas às duas ilhas, tais como *bouceiro, cisqueira, despensal, escandelecer, escoumado, França* (lenha miúda), *machinho* (unha da vaca), *mourisca* (nas outras ilhas, *moirisca*), *palaio* (paio), *tassalho* (tanto com o significado de toucinho de porco, como de apalermado), etc.

De modo semelhante, a migração interna da Terceira para uma parte de S. Jorge nota-se pelos inúmeros vocábulos e expressões comuns às duas ilhas, tais como: *Aqui atrás* (aqui atrasado), *ai tal esmola, baforedo, brejo, crescença, desbancar, esmichar, faia-do-Norte* (significando *incenso*[48]), *ganipa, ir para o monte, labutação* (no sentido de convívio),

---

[46] A grafia correcta desta palavra será *sassaricar* (de *sassar* + *-icar*).

[47] Como as ilhas do Grupo Ocidental foram povoadas muitos anos depois das outras – mais de 60 anos –, para lá se dirigiram, não só gente do Continente mas também famílias fixadas anteriormente noutras ilhas, nomeadamente em S. Miguel, a mais densamente povoada na altura. Nas Flores, por exemplo, há muitíssimos topónimos micaelenses. O Corvo, pela sua dimensão e isolamento, sentiu deveras a sua influência, nomeadamente na sua linguagem, tanto no léxico como na fonética. Nota: Esta hipótese é baseada apenas no estudo comparativo dos falares destas duas ilhas, dado não existirem registos concretos da gente entrada no Corvo por essa altura.

[48] *Pittosporum undulatum*, no Cont. conhecido pelo nome de 'pitósporo-ondulado'.

misarento, picardo, remanchear, sueta, tarraçada, ubei credo, zangalhar, isto para não falar também da presença de vogais epênticas dentro de algumas palavras como, p. ex., *buscuar* (buscar), *cuampo* (campo), *comuída* (comida), etc., tão característica da Ilha de Jesus Cristo.

No povoamento do Arquipélago há uma participação de quase todas as províncias portuguesas, embora, e dependendo de cada ilha, haja predomínio de uma ou de outra. Santa Maria apresenta na sua linguagem uma grande influência do falar algarvio e dos mouros, vindos como primeiros povoadores da primeira ilha a ser descoberta. S. Miguel, além do Algarve, manifesta uma notória influência das gentes da Beira Baixa e Alto Alentejo, para não mencionar a pronúncia, nomeadamente do [u], característica do Alto Alentejo interior e da Beira Baixa. A Terceira, o Faial, o Pico e parte da Ilha de S. Jorge reflectem, na sua linguagem popular, uma grande influência das gentes do Norte do país.

A presença do Alentejo é constante em todas as ilhas: o uso e abuso generalizado do gerúndio[49] e muitos termos apenas comuns às ilhas dos Açores e ao Alentejo, a saber: *abeiro* (chapéu), *cocho* e *corcho, piquete* (chocalho), *entregosto* (em vez de entrecosto), *emarouviado, estrepe, mangação, tarouco*, etc.

Na Terceira, a gíria tauromáquica tem uma enorme influência espanhola, com termos tais como: *capirote, ganadero, ganaderia, sardo, tentadero, utrero*, etc.

Nas freguesias rurais do Faial, mais do que em qualquer lugar, nota-se a substituição do [v] pelo [b][50], como, p. ex., nas seguintes palavras: *abarento* (avarento), *aboar* (voar), *bage* ou *baja* (vagem), *balhaco* (velhaco), *belha* (velha), *benanoso* (venenoso), *bô* (avô), *gabela* (gavela) *nubueiro* (nevoeiro), etc. O inverso também acontece aí e noutras ilhas, *povre* (pobre), *povreza* (pobreza)[51].

Apesar de por alguns ser afirmado terem vindo milhares de Flamengos para ilhas do Grupo Central[52], os que vieram não deixaram grandes marcas visíveis na sua linguagem, excepto vagamente na antroponímia e toponímia dessas ilhas, no primeiro caso os nomes Dutra, Silveira (não todos), Matos e Ávila, no segundo caso, p. ex., Espalamaca (*spaldemaker*, ponta aguda), nome de uma Ponta do Faial.

A maioria dos 'americanismos' desapareceram com o tempo, embora muitos tenham sido aculturados, fazendo parte integrante da linguagem de todas as ilhas. Exemplos: *alvarozes, belte, caliveira ou calaveira, friza, fruta encanada, loca, mecha, mechim, nailho, pinote, rofe, suera, trólei, sanababicha, sanabagana, talaveijo*, e tantas outras ainda presentes, isto já sem falar na terminologia baleeira que perdurou até ao final da baleação, numa enormíssima influência da linguagem americana, com termos como os seguintes: *blèsequine, cafre, esparto, fàtelingue, graplim, lançuope, maciar, nepa, pèguim* ou *peguinho, quilha, raituel, tofe*, etc., etc.

---

49 O uso abusivo do gerúndio faz parte também do falar algarvio.

50 Segundo o Prof. Lindley Cintra, a sua fusão num único fonema [b] é um traço caracterizador da fala dos portugueses do Norte.

51 Quadra recolhida em S. Jorge: *Sou filha de gente povre, / Povreza não é afronta, / Este mimo que aqui vedes / De rica nunca fez conta.*

52 Na segunda metade do séc. XV, trazidos por Josse van Huerter, donatário do Pico o do Faial, vieram para os Açores, segundo alguns autores (Martim Behaim, p. ex.), cerca de 2000 flamengos, número este contestado – com alguma razão – por muitos.

METODOLOGIA

Este trabalho mais não é do que a ampliação de outro por nós há anos elaborado sobre a linguagem da Ilha das Flores –, efectuado 'no campo', tendo sido o léxico quase tão-só aí recolhido. Vai agora muito acrescentado, após uma longa pesquisa bibliográfica de obras que registam o léxico das ilhas dos Açores.

Além da definição dos lexemas, procurou determinar-se a sua etimologia sempre que pudessem surgir dúvidas quanto à sua origem. Neste caso foi nalguns deles apenas registado o étimo, quando houve dificuldade nas sua construção morfológica[53]. De resto, em alguns termos, fizeram-se considerações mais alongadas com o intuito deste trabalho se tornar num veículo de informação sobre o Arquipélago. A etimologia dos nomes vem quase sempre no final da definição do lexema, excepto quando este tem mais do que um significado, sendo aí grafada no seu início se for comum a todos eles; é grafada entre chavetas se o étimo pertence apenas ao léxico das ilhas.

São registados alguns vocábulos, não por serem exclusivos da linguagem regional, mas pela sua frequência, ao contrário do que acontece no Continente, ou por assumirem significados diferentes.

Embora afastando muitas corruptelas, foram registadas algumas por se considerarem de interesse na identificação da sua origem, tentando registar-se a província do Continente onde também se usam. Quanto às estropiações, tornou-se absolutamente necessário o seu registo, particularmente quando se referem aos americanismos (inglês americano).

Sempre que se referem animais e plantas, menciona-se quase sempre a sua denominação científica, para que não haja dúvidas quanto à identificação, dado que o seu nome vulgar varia não só de ilha para ilha, mas também, e dentro da mesma ilha, de um lugar para o outro. Como exemplo, refere-se o *Pittosporum tobira*, nas Flores chamado 'faia-do-Norte', noutras ilhas denominado 'faia-de-Holanda'. Na Terceira, por exemplo, chama-se 'faia-do-Norte' à árvore que noutras ilhas se chama 'incenso' ou 'incenseiro', o *Pittosporum undulatum*. Dos peixes, por exemplo, a *Mobula tarapacana*, tal como no Continente, tem vários nomes: *Jamanta, manta, maromba, tisoira...*

---

[53] Na linguagem popular, neste caso das ilhas dos Açores, muitas palavras, na sua construção morfológica, possuem sufixação que foge às regras gerais do português padrão, como, p. ex., *[-aredo]*, sufixo aumentativo.

Sempre que se não trate de uma palavra ou expressão de uso generalizado em todas as ilhas, ou para referir o local da sua recolha, menciona-se no final da definição o local ou os locais da sua recolha com uma abreviatura (F,Fl,T,SM...), não significando, porém, que seja exclusiva daí. Quando isso acontece, é referida a seguir à definição, como, por exemplo, na palavra 'peluei', apenas usada em S. Miguel. Quando no final da definição não está registada nenhuma abreviatura, trata-se de uma palavra de uso generalizado em todas as ilhas.

As abonações seguem a definição em itálico com frases imaginárias cujos nomes não têm qualquer relação com a realidade; se retiradas de textos literários, são sempre assinaladas em notas de rodapé com o nome do autor seguido da obra citada.

Os nomes definidos são grafados a negrito, seguindo-se a itálico a sua classificação gramatical.

ABREVIATURAS

abrev. .... abreviatura
absol. .... absoluto
açor .... açorianismo
adj. .... adjectivo
afer. .... aferético
afér. .... aférese
Aglut. .... aglutinação
alem. .... alemão
alent. .... alentejano
alg. .... algarvio
alt. .... alteração, alterado
am .... anglo-americano
Anal. .... analogia
ant. .... antigo/a
apóc. .... apócope
ár. .... árabe
arc. .... arcaísmo; arcaico
(arc.) .... arcaísmo aqui presente
art. .... artigo
assimil. .... assimilação
aten. .... atenuação
b. .... baixo
Bal. .... termo baleeiro
Bot. .... termo de botânica
Bras. .... Brasil
bras. .... brasileirismo
C .... t. recolhido no Corvo
cal. .... calão
cast. .... castelhano
cat. .... catalão
CF .... Cândido de Figueiredo
(CF) .... Retirado de CF (açor.)
chul. .... chulo
cl. .... clássico
Cont. .... Continente
contrac. .... contracção
contrv. .... controverso/a
corrupt. .... corruptela
cp. .... comparar com
deprec. .... depreciativo
der. .... derivado
deriv. .... derivação
des. .... desuso
det. .... determinante
deturp. .... deturpação
dic. .... dicionário
dim. .... diminutivo
divg. .... divergente
duv. .... duvidoso
Ed. .... edição
Enc. Port. Bras. .... Enciclopédia Port. e Brasileira
epênt. .... epêntese
escand. .... escandinavo
esp. .... espanhol
estrop. .... estropiação
etim. .... etimologia, etimológico
ex. .... exemplo
exp. .... expressão
expres. .... expressivo
ext. .... extensão
F .... t. recolhido nas Flores
f. .... forma
f. .... feminino
fem. .... feminino
fam. .... família
fig. .... em sentido figurado
Fl .... t. recolhido no Faial
fon. .... fonética
fr. .... francês
freq. .... frequente
G .... t. recolhido na Graciosa
gén. .... género
gener. .... generalizado
gír. .... gíria
gr. .... grego
hisp. .... hispânico
imper. .... Imperativo (modo)
incom. .... incomum
ind. .... indicativo

indef. .... Indefinido
infl. .... influência
ingl .... inglês
interj. .... interjeição
interjec .... interjectiva
intr. .... intransitivo
irreg. .... irregular
it. .... italiano
JPM .... José Pedro Machado
(JPM) .... Retirado de JPM (açor.)
lat. .... latim
loc. .... locução
loc. adj. .... locução adjectival
loc. adv. .... locução adverbial
loc. conj. .... locução conjuncional
loc. interjec. .... locução interjectiva
loc. prep. .... locução prepositiva
LSR. .... Luís da Silva Ribeiro
m. .... masculino
mal. .... malaio
masc. .... masculino
medv. .... medieval
metát. .... metátese
minh. .... minhoto
Mod. .... moderno
m.q. .... mesmo que
Náut. .... náutico
n. .... nome, masc. e fem.
n.f. .... nome feminino
n.m. .... nome masculino
nasc. .... nascido
num. .... número
obsc. .... obscuro(a)
onom. .... onomatopeico(a)
orig. .... origem
P .... termo recolhido no Pico
p. .... página
palat. .... palatalização
parag. .... paragoge
par. .... parónimo
part. .... particípio
pas. .... passado
p. ex. .... por exemplo
pej. .... Pejorativo
perf. .... perfeito
pes. .... pessoal
pl. .... plural
pleon. .... pleonasmo
pop. .... popular; popularmente
port. .... português
poss. .... possessivo
pref. .... prefixo
prep. .... preposição
pres. .... presente
pret. .... pretérito
pr. .... próprio
pron. .... pronunciação
pron. .... pronome, pronominal
pronun. .... pronúncia
prot. .... prótese
prov. .... provavelmente
provinc. .... provincianismo
qd. .... quando
quimb. .... quimbundo
rad. .... radical
reg. .... regionalismo.
regres. .... regressiva
s .... século (ex.: sXV)
s.c. .... subcutâneo
séc. .... século
s. .... subst., dois géneros
sent. .... sentido
n.p. .... substantivo próprio
R: .... resposta
sig. .... significado
sing. .... singular
sin. .... sinónimo
sínc. .... síncope
sintét. .... sintético
SJ .... t. recolhido em S. Jorge
SM .... t. recolhido em S. Miguel
StM .... t. recolhido em St. Maria
subst. .... substantivado
suf. .... sufixo
superl. .... superlativo
T .... t. recolhido na Terceira
t. .... termo
tard. .... tardio
Taur. .... tauromáquico
tb. .... também
TB .... Teófilo Braga
term. .... terminação
top. .... topónimo
trasm. .... trasmontano
transf. .... transferência
tv. .... talvez
v. .... verbo, verbal
v.i. .... verbo intransitivo
v. pron. .... verbo pronominal
v. refl. .... verbo reflexo
v.t. .... verbo transitivo
Var. .... variante(s)
vulg. .... vulgar
→ .... de que resultou

... é das ilhas
e conta maravilhas;
come favas
e diz que são ervilhas!...

(rima açorense)

Á, *interj.* Vocativo muito usado nas Flores, igual a Ó: – *Á Jesé, chega aqui! – Á querido, alcança-me aquela faca! Á pai, compre-me uma gama!* Moisés Pires[54] regista-o também na linguagem mirandesa.

Abafada, *adj.* Diz-se da terra de *oitono* depois da planta do tremoço ser enterrada para estrume[Sj].

Abafo, *n.m.* O m.q. vapor de água quente (deriv. regr. de *abafar*)[Fl].

Abaixar, (de *a-* + *baixar*) **1.** *v.t.* Diz-se no jogo do pião quando o jogador tem que deitar o pião no chão por ter perdido uma jogada. Abaixar a barba ou abaixar a crista: o m.q. acalmar-se, dominar-se: – *Vamos lá a abaixar a barba!* Pião de abaixar: O m.q. *pião dos nicos* ou *pião das nicas.* **2.** *v. refl.* Evacuar ao ar livre: – *Estava tã apertadinho que nã teve tempo de chegá ao çarrado do milho...; abaixou-se atrás da parede e ali se livrou do presente!* **3.** *v. refl. fig.* Diz-se do indivíduo que leva pancadaria, seja fisicamente ou em sentido figurado, como o *pião de abaixar,* ou daquele que é mandado por todos[T].

Abaixar a proa, *exp.* Acalmar-se; dominar-se[T]: *Vem p'ra mim mais devagar, / Abaixa-me aí essa proa; / Tu não vales um seicinco / Que fará meia coroa*[55].

Abaixo-e-acima, *exp.* Uma das várias formações das *Danças do Entrudo.*

Abalado, *adj.* Comovido (part. pas. de *abalar*): – *Quando mê Jesé embarcou pr'Amerca, fiquei tã abalada que só m'apetecia era chorar!*

Abalar, (tv. do lat. *advallāre*) *v.* Comover: – *Aquilho foi uma notícia de abalar o demóino!* Mantem aqui o seu significado antigo.

Abanar, *v.* O m.q. acenar (do lat. *evannāre*)[F]: – *João Claudino passou por mim na Praça e abanou-me!* Var.: *Abanear.*

Abanazado, *adj.* Estupefacto; perplexo (part. pas. de {*abanazar*}): – *Quando encarou com ele, nã o esperava ali àquela hora, ficou abanazado mas depressa se recompôs e fez de conta que não era nada consigo!* Corrupt. de *banzado* por prótese e epêntese.

Abanazar, *v.* Causar admiração; surpreender (corrupt. de *banzar* por prótese e epêntese).

Abancar, *v.* Arremessar; atirar; deitar fora[P]: – *Quando o freguês le disse que o bife era duro cma corno, Alberto ficou tã zangado que abancou c'o prato pla genela fora!* Na Beira Baixa e Alentejo diz-se, com o mesmo sentido, 'aventar'.

Abanear, 1. *v.* Abanar, sua corruptela; acenar[F,Fl]: *Veio de lá a abanear... Mais topou ũa furna grande... ũa abrigada bũa*[56]. **2.** *v.* Atirar; enviar[Fl].

[54] Moisés Pires – *Pequeno Vocabulário Mirandês – Português.*

[55] Quadra de José Patrício da Silva (o José Patrício), in *Improvisadores da Ilha Terceira.*

[56] Vitorino Nemésio – *Mau Tempo no Canal.*

Abarbadeira, *n.f.* Sacho que se aplica na *caliveira* para o acto de *abarbar* (de *{abarbar}* + *-deira*).

Abarbado, (part. pas. de *{abarbar}*) **1.** *adj.* Diz-se da planta (p. ex. do milho) depois de se *abarbar*. Nas Flores diz-se *calçado*. **2.** *adj.* Assanhado; encolerizado; zangado[SM]. **3.** *adj.* Apaixonado; embeiçado; enamorado[SM]: *[...] segue-se que ele ficou abarbado pela filha mais velha do Carreira da Lomba, inté lhe chamavam o Rei da Lomba e do Cascalho*[57]. **4.** *adj.* Cheio; sobrecarregado: – *Tenho andado abarbado com serviço que nã sei pra que lado m'hei-de virar!*

Abarbar, (de *a-* + *barba* + -ar) **1.** *v.* Ligar; prender. **2.** *v.* Aconchegar a terra ao pé da planta em crescimento. Nas Flores nunca se usa este termo, mas sim *calçar*, falando--se geralmente da planta do milho; usa-se, sim, quando essa tarefa é feita com a ajuda da *caliveira*. Em S. Jorge, à segunda sachadura do milho chama-se *abarbar* ou *aterrar*.

Abarbelado, *n.m.* Nome de touro com papada pendente (part. pas. subst. de *abarbelar* < *a-* + *barbela* + *-ar*)[T].

Abarracada, *adj.* Diz-se da casa de um só piso[T], ao contrário da *casa-de-alto-e-baixo* que, p. ex., nas Flores, se chama à casa com dois pisos (de *a* – + *barraca* + *-ada*).

Abater, (do lat. tard. *abbatt[u]ĕre*) **1.** *v.* Abaixar e amarrar as varas da videira[SM]. **2.** *v.* Cair; prostrar. Abater à cama: ficar acamado devido a doença.

Abeiro *(à)*, *n.m.* Chapéu feito de palha de trigo, mais recentemente de feltro, de abas largas (de *aba* + *-eiro*): *Homens da música, de camisolas brancas e abeiros de palha grossa, reúnem-se já à porta do Clube*[58]. Registado nos dicionários como açorianismo, é, todavia, termo usado no Alentejo, onde também se chama 'abeirão', pronunciado com [a] aberto – 'àbeirão'[59].

Abelheiro, *n.m.* O m.q. enxame (de *abelha* + *-eiro*)[Fl].

Aberrunto, *n.m.* Aborrecimento (de *aberrar* + *-unto*)[SM]: – *Aquele rapaz só me traz aberruntos pra casa!*

Aberto, (do lat. *apertu-*) **1.** *adj.* Diz-se do gado com os cornos afastados[SM,T]. **2.** *adj.* Diz-se do cavalo que foi muito forçado[SM]. **3.** *adj.* Diz-se do pulso, depois de esforço não habituado, como, por exemplo, após ordenhar uma vaca *dureira* pela primeira vez. **3.** *adj.* Diz-se do que sofre de *abertura*, de hérnia. Mulher aberta: o m.q. *mulher de virtude*.

Abertura, *n.f.* O m.q. hérnia (ext. de *abertura*)[C].

Abertura da mesa, *exp.* Espécie de cerimónia feita pelos *Foliões* antes do *jantar* do Espírito Santo[StM].

Abiscoitar, *v.* Conseguir alguma coisa sob o ponto de vista económico (de *a-* + *biscoito* + *-ar*)[T].

Abismo, *n.m.* Grande quantidade; coisa desmedida; o m.q. que *poderes* e *poderios* (do lat. *abismu-*): – *Aquilho era um abismo de gente naquela festa!*

Abitrécola, *n.* Pessoa de fraca personalidade[P]: – *Aquilho é um abitrécola..., cada vez que mija dá nova sentença!*

Abobra-bacia. *n.f. Bot.* Variedade de abóbora que atinge um tamanho grande (*Cucurbita maxima*), rudemente semelhante a uma bacia, daí o nome[SM]. No Continente e nalgumas ilhas, é chamada 'abóbora-menina'.

Abobrado, *adj.* Diz-se do tremoço germinado, antes de deitar folha (alt. de *abeberar*)[SM].

Abobra-menina, *n.f. Bot.* O m.q. *abobra-bacia* (*Cucurbita maxima*)[F].

Abogangado, *adj.* Diz-se do indivíduo grosso e baixo, com tronco semelhante ao *bogango* (de *a-* + *bogango* + *-ado*).

Aboiar, (de *a-* + *bóia* + *-ar*) **1.** *v.* Andar à tona de água; boiar[F,Fl,T]. **2.** *v.* Arremessar para longe; *arrejeitar*; sacudir; abanar[SM]: *O que é que tens, amigo, que pareces aboiado*

---

57 Cristóvão de Aguiar – *Raiz Comovida*.

58 Frederico Lopes – *Touradas e Romarias*.

59 Vítor Barros e Lourivaldo Guerreiro – *Dicionário de Falares do Alentejo*.

por uma grande ventaneira?[60]; Aboiar pedras *fig.*: Dizer mal de alguém[SM]. Var.: *Abouiar.*
Aboio, *n.m.* Acto de arremessar (deriv. regres. de *{aboiar}*)[SM].
Abolorado, *adj.*; bolorento; com bolor[F]; o m.q. abolorecido (part. pas. de *{abolorar}*).
Abolorar, *v.* Criar bolor; o m.q. abolorecer (de *a-* + *bolor* + *-ar*)[F,Fl]: – *Já ninguém consegue comer este pão... Está a começar a abolorar!*
Abondança, *n.f.* Abundância, sua f. arcaica (sXV). Camões[61] escreve: *[...] Encheram-me com grandes abondanças, / O peito de desejos e esperanças.*
Aborrecido, *adj.* Adoentado; impaciente (part. pas. de *aborrecer*)[SM,T]: *[...] a neta deu em não comer, não brincava e ficou muito aborrecidinha*[62]. Esta palavra mantém aqui o seu significado antigo.
Abranger, *v.* Ter tempo para fazer algo[StM]: – *Ainda não abrangi, volta cá amanhã.*
Abrás, *n.m.* O m.q. Diabo[T].
Abrasão, *n.m.* Na parte Leste da Terceira chama-se *abrasão* à alcunha, enquanto que no resto da ilha lhe dão o mesmo nome que é usado nas outras ilhas, *apelido* (prótese de *brasão*): *Não há terra como a Praia, / Nem abrasão como o seu, / Não há gente como aquela, / Não há amor como o meu!*[63].
Abrasar, *v.* Dar um raspanete, uma descompostura (de *a-* + *brasa* + *-ar*)[Sj].
Abrasiado, *adj.* Ruborizado[Sj,T]. Arc. aqui presente: *Oh vergonhosa de mi, / Como vou abrasiada / Amara, corrida e turvada*[64].
Abregoaria, *n.f.* Pequena construção coberta de palha, antigamente utilizada para guardar alfaias agrícolas (de *abrego*[65] + *-aria*)[Sj]: *Com cobertura de palha só perduram algumas* adegas *nas* rochas *e algumas* abregoarias *e* palheiros[66].
Abremim, *n.m. Bot.* Planta medicinal (*Silene vulgaris*) apenas encontrada no Corvo, Pico e S. Miguel[67], noutros lugares conhecida por 'orelha-de-boi'.
Abrenúncio, cão tinhoso, *loc. interjec.* O m.q. 'te arrenego satanás'[T].
Abrigar, *v.* Construir *abrigos* (do lat. *aprĭcāri*)[P]. Os *abrigos* são feitos para proteger as plantas do vento e da *salmoira* do mar, da *ressalga.*
Abrigo, (deriv. regr. de *abrigar*) **1.** *n.m.* Nos terrenos desabrigados, divisão alta de *Faia-do-Norte*, destinada à protecção dos pomares dos ventos fortes: *As brisas do Mar Alto queimam as sementeiras. As ventanias derrubam as searas e despem os pomares floridos. E o Açoreano levanta abrigos e paredes, dividindo a Terra em pequenos tratos de palmo e meio*[68]. **2.** *n.m.* Muro de pedra solta de que são construídos os currais das vinhas[P,T]. **3.** *n.m.* Pequena construção utilitária, agrária, piscatória ou de produção artesanal, geralmente feita de pedra seca, com cobertura de uma só água em telha de meia cana tradicional[P].
Abrigo da terra, *exp. Náut.* Local junto à costa defendido dos ventos pela ilha: *Durante o Inverno [...] ficavam pela costa sul em águas menos profundas, beneficiando do abrigo da linha da costa que na gíria marítima se designa por "abrigo da terra"*[69].
Abrigo de maroiço, *n.m.* Pequena construção da Ilha do Pico, no interior dos grandes amontoados de pedra – os *maroiços* – que comunicam directamente com o terreno de cultivo, utilizadas para o abrigo de trabalhadores e alfaias agrí-

---

60 Cristóvão de Aguiar – *Raiz Comovida.*
61 Luís de Camões – *Os Lusíadas.*
62 J. H. Borges Martins – *Crenças Populares da Ilha Terceira I.*
63 Vitorino Nemésio – *Festa Redonda.*
64 Gil Vicente – *Auto das Fadas.*
65 Abrego é termo antigo, derivado do lat. *afrĭcu-*, que significava vento do sudoeste (que soprava de África). Mais tarde convertido em palavra esdrúxula – *ábrego* –, segundo Viterbo, foi muito usado nas demarcações e confrontações feitas nos séculos XV e XVI.
66 Elsa Mendonça – *Ilha de S. Jorge.*
67 Paulo A. V. Borges e col. – *Listagem da Fauna e Flora Terrestre dos Açores.*
68 Armando Narciso – *Terra Açoreana.*
69 João A. Gomes Vieira – *Os Açorianos e as Pescas 500 Anos de Memória.*

colas. Nesses *abrigos de maroiço* também se guardavam as estacas de cana utilizadas para amarrar a vinha.

Abrigueiro, *n.m.* O m.q. *abrigo* (de *abrigar* + *-eiro*)[SM].

Abrir, *v.* Lavrar um terreno pela primeira vez[C].

Abrir a Bandeira, *exp.* Ter o Espírito Santo em casa[SM].

Abrir o fastio, *exp.* O m.q. abrir o apetite: – *Home, não há nada que aibra o fastio a este rapaz!*

Abrir o pão, *exp.* Abrir fendas na massa do pão após levedar[SM].

Abrolhar, *v.* Diz-se do peixe que brilha no fundo do mar quando se volta e reflecte a luz solar[F].

Abronzeado, *adj.* O m.q. *bacento* (part. pas. de *abronzear*)[C]: – *Á querida, hoje nã vai dar pra secar roipa, 'tá o céu todo abronzeado!*

Abroquilhado, *adj.* Curvado para a frente: *[...] co as mangas arregaçadas e co a caixa de palhitos na mão, abroquilhado prà frente, a dar uns passos a modo coma quem quer valsar*[70].

Abuanar, *v.* Estrumar a terra (de *a-* + *{buana}* + *-ar*)[SM,T]. Nalgumas ilhas chama-se *buana* ao adubo.

Acabar com alguém, *exp.* Matar alguém: *Sai cá pra fora se és home! Mata a gente home! Senão a gente acaba aqui contigo*[71].

Acabar os anos, *exp.* Fazer anos; fazer aniversário[SM].

Acaculado, *adj.* Cheio até acima (part. pas. de *{acacular}*).

Acacular, *v.* Encher um recipiente acima das bordas, por ex., encher a rasoira sem depois a rasoirar (corruptela de *acogular*): – *Ti João Travassos, sempre que me vende farinha, enche a meia-quarta sempre bem acaculada.*

A cada canto, seu Esprito Santo, *exp.* Anexim conhecido em todas as ilhas pelo facto de o Espírito Santo ser a festa mais característica das suas gentes.

Acadelado, (de *a-* + *{cadelo}* + *-ado*) **1.** *adj.* Comprometido[SM]. **2.** *adj.* Diz-se do tempo mau: *'Tá um tempo acadelado!*

Açafate, *n.m.* Penteado das raparigas casadoiras, com certa semelhança ao *Cocó*, diferindo deste por ser formado por duas tranças seguras com ganchos de arame[F].

Açafra, (deriv. regres. de *açafrar*) *n.f.* Trabalho árduo[SM].

Açafrar, *v.* O m.q. ofegar[SM]: – *Isto a subir pra cima custa munto, ainda vens a açafrar!*

Acajado, *adj.* Aleijado; impossibilitado de andar sem o auxílio de um cajado, daí o nome (de *a-* + *cajado*).

Acamar, *v. Náut.* Meter o peixe seco entre camadas de palha de cereais ou de folhas de milho, para o proteger da humidade.

A-caminho, *loc. adv.* Depressa; muito rápido; imediatamente[F,Sj,T]: *A mãe do pequeno deu em cismar naquilo, foi-se consumindo, consumindo e morreu a caminho*[72].

Acanaveado, *adj.* Adoentado; enfraquecido (part. pas. de *acanavear*, por sua vez de *a-* + *canavea*, cana de aveia, + *-ar*)[SM].

Dia de Vapor nos anos 60 do séc. XX (Flores). Vê-se o Carvalho Araújo ancorado ao largo.

Acarado, *adj.* De bom aspecto; bem encarado (de *a-* + *cara* + *-ado*)[Sj,T]: – *Ainda bem*

---

[70] Vitorino Nemésio – *Mau Tempo no Canal.*

[71] J. H. Borges Martins – *A Justiça da Noite na Ilha Terceira.*

[72] J. H. Borges Martins – *Crenças Populares da Ilha Terceira II.*

que o tempo está bem acarado p'ro dia de Vapor!

Açarelar-se, *v. pron.* Precipitar-se numa decisão[P]: – *Ele açarelou-se no negócio com o Travassos, mas manteve sempre até ao fim a sua palavra!*

Acarneirado, *adj.* Diz-se do gado de focinho largo (part. pas. de *acarneirar*)[T].

Acarrear, *v.* Levar para casa tudo o necessário, de forma a que não falte nada (de *a-* + *carro* + *-ear*): *Sem vinho, porém, o Matesinho era o rei dos bensinados e amigo de acarrear*[73].

Acasalar, *v.* Enxertar, falando das árvores de fruta – *acasalar a fruta* (ext. de *acasalar*, de *a* + *casal* + *-ar*)[Fl].

Acauso, *n.m.* e *adv.* Acaso, sua f. antiga[Fl]: – *Por acauso acabou tudo em bem*[74]. É palavra antiga aqui mantida.

Acendalha, *n.f.* Torcida feita de algodão ou de linho, geralmente metida num troço de cana, que ao receber as faíscas da pederneira percutida pelo fuzil, facilmente se incendiava, dando lume para acender o cigarro (de *acender* + *-alha*). Também era usado como acendalha, muito combustível, o miolo da cana do milho depois de seco.

Acendedor, *n.m.* Isqueiro (de *acender* + *-dor*).

Acervar, *v.* O m.q. sossegar (ext. de *acervar*, do lat. *acervāre*)[P]: – *Depois de muito pular, lá se acervou a um canto!*

Aceso, *adj.* Desejoso; inquieto; o m.q. *ardido*. (do lat. vulg. *accēsu-*)[T]: –*Aquele rapaz anda aceso pra que chegue o Natal!*

Achada, 1. *n.f.* Planície; planalto; zona plana entre montes (do lat. *aplanāta-*)[75]. Na toponímia da Terceira existe a *Achada*, entre a Praia da Vitória e Angra, antigamente célebre pela sua grande recta de estrada[76], em S. Miguel a *Achada das Furnas*, etc. **2.** *n.f.* O m.q. *achado* (part. pas. fem. subst. de *achar*)[StM]: – *Com esta ressaca, vieram dar à costa muitas achadas!*

Achado, (part. pas. subst. de *achar*) **1.** *n.m.* Aquilo que se encontra dado à costa nos *rolos*[F]: *Antigamente, noutras eras, o mar arrojava a terra, madeiras e barcos, pranchas e arcas, ricas pechinchas e verdadeiros achados*[77]. Em Santa Maria chamam-lhe *achada*. **2.** *n.m.* Objecto flutuante encontrado no mar. Os achados podem ser paus, barris, caixas, bóias, etc. Devido à longa permanência no mar, quase sempre têm à sua volta percebes (*busão*) e pequenos crustáceos pelo que são muitas vezes observados à sua volta ou por debaixo várias espécies de peixes, às vezes em grandes cardumes, como sejam dourados, *iros* e chernes, estes últimos geralmente ainda jovens.

Achar a forma do pé, *exp.* Encontrar a noiva ou o noivo do agrado[T].

Ache, *interj.* O m.q. arre, basta, poça: – *Ache! Vá-se deitar, Açor! Vá-se deitar!*[78].

Achê, *interj.* Ver *axê*. Cp.: Os Cubanos chamam 'achê' à força espiritual usada para ultrapassar os seus problemas.

Achegar terra, *exp.* O m.q. *calçar*, falando da cultura do milho[C].

Ache-lá, *loc. interjec.* Exprime o mesmo sentido de *ache*, mas em grau mais intenso[F,Fl]: – *Ó pequeno, vai-te embora d'aqui pra fora, qu'eu já nã te estou vendo munto bem! Ache-lá!!!*

Acintar, *v.* Provocar; teimar (de *acinte* + *-ar*). F. verbal não registada nos dicionários consultados.

Acintece, *n.f.* O m.q. acinte, algo que se faz para arreliar alguém[Sj].

---

[73] Vitorino Nemésio – *O Mistério do Paço do Milhafre.*

[74] J. H. Borges Martins – *A Justiça da Noite na Ilha Terceira.*

[75] O termo *achada* resulta do seu interesse como local de cultivo, no início do povoamento das ilhas preferido pelos povoadores quando os encontravam – *achavam* – no seu desbravar intensivo.

[76] Era aí que aterrava o primeiro avião da carreira nos anos 40 do séc. XX. Ver também SATA.

[77] Manuel Ferreira – *O Morro e o Gigante.*

[78] Vitorino Nemésio – *Mau Tempo no Canal.*

Acinteiro, *adj.* O m.q. acintoso; apoquentador; arreliador (de *acintar* + *-eiro*)[Sj].

Acmadar, 1. *v.t.* Acomodar, no sentido de guardar[F]. **2.** *v. refl.* Aquietar-se[F]: – *Ó depous, o bom do animal, cum a barriguinha bem cheia, deu-le uma tã grande moleza e acmadou-se no tapete a dormir.*

Acocar-se, *v. refl.* O m.q. q. acocorar-se[Fl]: – *Acocou-se atrás da parede e, mal o outro se aproximou, saltou-le im cima!*

Açodado, (part. pas. de *açodar*) **1.** *adj.* Além de apressado, de significado generalizado, diz-se também da pessoa que se irrita facilmente[P,T]: – *Tens que ter cuidado com o que le dizes que aquilho é uma pessoa muito açodada!* **2.** *adj.* Distraído; entusiasmado (ext. de *açodado*)[Sj].

Acoitar, *v.* Afagar; tratar com meiguices e carinho (corrupt. de *acoitadar*)[T]: – *Ela anda sempre a acoitar o gatinho!*

Acomedado, *adj.* Calmo; sensato.; o m.q. comedido. Nas Flores pronuncia-se *acmadado*: – *O monço de Jesé Nóia Novo é um rapaz munt' acomedado*[79]. Nas Flores também se usa com o significado de guardado, pronunciado *acmadado*, de *acmadar*.

Acoitecer, *v.* Agasalhar; mostrar piedade ou cuidado; proteger (corrupt. de *acoitar*)[SM].

Acompanhado, *n.m.* Pessoa que acompanha, juntamente com outra, os noivos à igreja (part. pas. subst. de *acompanhar*)[Fl].

Acoquinhar, *v.* Bajular; lisonjear[Sj]: – *O velho anda sempre a acoquinhar a pequena, cheio de salameques..., olha, pró qu'havia de le dar!*

Açorda de castigo, *n.f.* Variedade de açorda antigamente feita pelos mais pobres apenas com pão duro água a ferver e sal, pouco saborosa – daí o nome[StM].

Açorda de vinho de cheiro, *n.f.* Açorda que, além do pão e dos ovos escalfados, leva também vinho de cheiro[StM,T].

[79] Entenda -se: O filho de José Nóia Júnior é um rapaz muito calmo.

Acordeano, *n.m.* O m.q. acordeão[Fl,T]. Nas Flores diz-se *còriano*. Por influência do am. *accordion*.

Açorianidade, *n.f.* Conjunto de características que tornam peculiar as gentes dos Açores (de *açoriano* + *-i-* + *-dade*). Palavra criada por Vitorino Nemésio em 1932, provavelmente influenciado pela 'hispanidad' de Unamuno: *Um dia se me puder fechar nas minhas quatro paredes da Terceira, sem obrigações para com o mundo e com a vida civil já cumprida, tentarei um ensaio sobre a minha açorianidade subjacente que o desterro afina e exacerba.*

Acotar, *v.* Vergar sem partir[Sj].

Acuar, *v.* Descansar; parar (de *a-* + *cu* + *-ar* ou do lat. *aculāre*, de *culu-*, ânus)[Sj].

Açúcar-de-lasca, *n.m.* Açúcar que forma lascas antes de ser purificado, tal como o açúcar de cana[P,T].

Açúcar queimado, *n.m.* Açúcar queimado com álcool, antigamente usado como meio de desinfectar e perfumar a casa, para lhe retirar os maus cheiros[F]. O mesmo se fazia queimando folhas de louro.

Açucre, *n.m.* Açúcar, sua corruptela: – *Isso foi há tanto ano, / dantes do navio do açucre... / A barca do capitão Fidalgo chegou / e os verdes imbarcaro*[80].

Açucrim, *n.m.* Gelado (do am. *ice-cream*)[SM]. Também se pronuncia *açucrinho.*

Açucrinho, *n.m.* O m.q. *açucrim*[SM].

Acupado. *adj.* Atarefado; ocupado (part. pas. de {*acupar*})[Fl,T].

Acupar, *v.* Ocupar, sua f. arcaica[Fl,Sj,T].

Adagada, *n.f.* Enquanto no Faial se entende como um susto valente, noutras ilhas significa dor profunda (de *adaga* + *-ada*): *[...] quando puxo por ela é ainda penar com um reperto de adagadas nestes tindães*[81].

Adanar, *v.* Nadar, sua corrupt. por prótese e metátese: *Ó mar de S. Caetano / Onde*

[80] Do poema *Romance* de Pedro da Silveira, dedicado a Vitorino Nemésio.

[81] Luís Bernardo Leite de Ataíde – *Etnografia Arte e Vida Antiga dos Açores.*

adanam as baleias; / O amor é como o sangue / Percorre todas as veias.[82] CF regista-o como açorianismo, mas E. Gonçalves[83] também o regista no Algarve.

Adano, *n.m.* Nado (deriv. regr. de *{adanar}*): *Vosso par não me queria, / Eu botei-me ao mar de adano; / Olha o que foste fazer, / Oh que corpo tão tyrano*[84].

Adelo, *n.m.* No Faial chama-se *adelo* ao Amola-tesouras (do ár. *ad-dallâl*, leiloeiro). Cp.: No Cont., nomeadamente na região do Porto, significava o homem que comprava coisas usadas, nomeadamente roupas, e tenho ideia que, às vezes, percorrendo as casas em busca de negócio – daí a analogia com o amola-tesouras.

Ademenos, *adv.* Ao menos; pelo menos (corrupt. do *adv.* ant. *aldemenos*): – *Ademenos nã se quebrou na viagem!*

À'depois, *loc. adv.* Depois[F]. Ainda hoje se diz, p. ex., *à'depois d'amanhã*.

Adereços, *n.m. pl.* Conjunto de elementos de apoio à acção, nas *Danças do Entrudo* (deriv. regr. de *adereçar*)[T].

ADeus, aDeus, Era modo habitual de terminar uma carta: *[...] E para não te incomodar mais meu rico filho por aqui me fico aDeus aDeus tua mãe....*

Adeus minhas encomendas, *exp.* Expressão de desânimo, de perda[Sj].

Adiafa, (do ár. *ad-diâfâ*, banquete) **1.** *n.f.* Azáfama; diligência; lida[SM,T]: – *Ela anda sempre numa adiafa, pra cá e pra lá, e parece que nã se cansa!* **2.** *n.f.* Em S. Miguel também é a festa no último dia da vindima, que assim se chama *dia da adiafa*.

Adiente, *adv.* Adiante, sua corruptela[F,T]. Às vozes do mandador da chamarrita: – *Um senhor adiente!* No Baixo Alentejo e Algarve também se ouve esta pronunciação da palavra.

Adiente vás tu, *exp.* Expressão utilizada para exprimir concordância e aplauso com atitudes do próximo[F]: – *Conseguiste arranjar muitas dolas na Amerca..., adiente vais tu!*

Adoencer *(in)*, *v.* Adoecer, sua corruptela por epêntese (por infl. de doença)[F,Fl].

Adorna, *n.f.* Dorna, barrica onde se salga o peixe (de *a-* + *dorna*)[Fl,Sj,T].

Adornado, *adj.* Tombado para um dos lados, falando de um navio ou qualquer outra embarcação marítima (part. pas. de *{adornar}*).

Adornar, (de *a-* + *{dorno}* + *-ar*) **1.** *v.* Abaular; dar curvatura a uma coisa[Fl]. **2.** *v. Náut.* Tombar para um dos lados, falando de uma embarcação.

Adraga, *n.f. Náut.* Cada uma das tiras de madeira pregadas nas cavernas dos barcos e sobre as quais assentam os bancos (de *a-* + *draga*, draga, do ingl. *drag*, pelo it. *draga*)[Sj].

Adregar, *v.* Conseguir (do lat. *addirigĕre*): *A tia Pacheca calou-se muito bem calada, e voltou a ir ao funcho como antigamente, a ver se adregava a topar o Chico no areal*[85].

Adubado, *adj.* Temperado com *adubo* (part. pas. de *{adubar}*)[F].

Adubar, *v.* Temperar a comida (tv. do lat. *addubāre*)[F]: – *Ê cá gosto da comidinha bem adubada, coisas insonsas não é cá comigo, e antão sendo bacalhau – nã me diguim nada! – tem que sê bem salgadinho e com munto azeite!*

Adubo, *n.m.* Condimento (deriv. regr. de *{adubar}*)[F]: – *A gente, prá linguiça ficar sabrosa, bota adubo: cominhos, jamaíca, colorau...*

Aduela, (do fr. *duelle*) **1.** *n.f.* Caverna, falando das embarcações marítimas. **2.** *n.f.* Pedaços de madeira que constituem as selhas. **2.** *n.f. fig.* Costela de animal ou humana: – *Quim fou que lha matou?, – Fou*

---

[82] Quadra do folclore açoriano, recolhida pelo Autor nas Flores.

[83] Eduardo Brazão Gonçalves – *Dicionário do Falar Algarvio.*

[84] Teófilo Braga – *Cantos Populares do Arquipélago Açoriano.*

[85] João Ilhéu – *Gente do Monte.*

Pacheco!, cum três facadelas entre meio das aduelas![86].

Aerovacas, *n.m.* Nome que por graça se dava há anos à pista de Santana, em S. Miguel (de *aero* + *vacas*)[87]: *[...] no exíguo campo arrelvado de Santana, a alguns quilómetros da cidade, que já mereceu aos próprios micaelenses o patusco epíteto de aero-vaca*[88].

Afeituoso, *adj.* Perfeito[Sj]: – *A rapariga é muito afeituosa..., parece uma pistla!* Nota: 'Afeitar' é termo antigo, também ainda usado na Galiza, derivado do lat. *affectāre,* que significava tornar-se belo, enfeitar-se.

Afeixado, *adj.* Agoniado; envergonhado (part. pas. de *{afeixar}*)[Sj].

Afeixar-se, *v. pron.* Envergonhar-se (de *a-* + *feixe* + *-ar,* com sent. fig.)[Sj].

Aferradela, (de *aferrar* + *-dela*) **1.** *n.f.* Acto de *aferrar* o peixe. **2.** *n.f. fig.* Dentada de animal[F]: – *Ó raça do gato deu-me ũa aferradela na mão qu'até vi estrelas ao mei'-dia!*

Aferrado, *adj.* Preso ao anzol (part. pas. de *aferrar*).

Aferrar, (de *a- ferro* + *-ar*) **1.** *v.* Prender o peixe com o anzol: – *A filha-da-puta da veja marralheira..., só a consegui aferrar c'o a moira descascada!* **2.** *v. fig.* Apanhar; conseguir; obter;: – *Só onte é que consegui aferrar os papeles da casa que comprei há quaise dez anos.*

Aferroadela, (de *aferroar* + *-dela*) **1.** *n.f. fig.* Dor aguda; pontada; o m.q. *fortuadela*[F]: – *Sinti uma aferroadela nas aduelas do lado direito logo a seguir ao esforço!* **2.** *n.f.* O m.q. *ferroada.*

Aferropeado, *adj.* Apertado[StM]: *As curvas das nossas estradas são só voltas aferropeadas...*

Aferropear, *v.* Amarrar; apertar; cercar; prender[StM]: – *Devagar, não se aferropia o animal, vamos com calma!*

Aferventar, (de *a-* + *fervente* + *-ar*) **1.** *v.t.* Cozer em água e sal. **2.** *v. pron.* Ficar nervoso; zangar-se[SM]: *Não te aferventes, que as mais das vezes são apenas rimas, não se devem levar muito a sério*[89].

Afidalgado, *adj.* Fino, em referência ao nariz afilado e bem talhado (part. pas. de *afidalgar*)[T].

Afinar à moda de S. Miguel, *exp.* Afinar a viola da terra como se afina em S. Miguel, ou seja, baixar um tom às *primas,* às duas primeiras cordas de aço, passando-as de Mi$_4$ para Ré$_4$. É o que se faz nas *ilhas-de-baixo* para tocar certas modas antigas.

Afinar a farinha, *exp.* Levantar ou baixar a pedra do moinho com as *cunhas,* para regular a qualidade da farinha[SM].

Afinetado, *adj.* Angustiado; torturado (corrupt. de *alfinetado*). Entra muito na expressão *estar com a alma afinetada.*

Aflatado, *adj.* O m.q. cismado (de *a-* + *flato* + *-ado*)[SM].

Afogação, (de *afogar* + *-ção*) **1.** *n.f.* Dispneia por esganação: *[...] ele já estava a dormir e acordou com uma afogação no pescoço que parecia que morria*[90]. **2.** *n.f.* Acto de apertar o pescoço: *Se eu ficar sem a minha Conceição, / Nunca mais vais ao bodo; / Eu dou-te uma afogação / Que te mijas todo*[91].

Afogadinha, *adj.* Diz-se de uma blusa bem chegada ao pescoço, isto é, sem qualquer decote[Fl]: – *Á menina, antigamente n'havia vestidos e as blúsias erim afogadinhas, não é cm'àgora... q'andum com o peito todo à mostra... Santo nome de Jasus, ond'é qu'isto há-d'ir parar?!*

Afogalaça, *n.f.* O m.q. afogadilho; precipitação; pressa (de rad. de *afogado* + <-l-> +

[86] Ouvido no Teatro Angrense na Comédia D. Inês de Castro, representada há muitos anos por um grupo de S. Miguel.

[87] Este nome era motivado pelo facto de na sua relva às vezes andarem vacas a pastar.

[88] Vitorino Nemésio – *Corsário das Ilhas.*

[89] Cristóvão de Aguiar – *Passageiro em Trânsito.*

[90] J. H. Borges Martins – *Crenças Populares da Ilha Terceira I.*

[91] Da dança de pandeiro *O Muro da Vergonha,* de Hélio Costa.

-aça)SM. De afogalaça: precipitadamente, com precipitação: *Não vim por aí fora de afogalaça*[92].

Afogar, *v.* O m.q. engasgar (do lat. *offocāre,* sufocar)F,Fl: – *Norberto, coitado, com a sofreguidão de comer, afogou-se com um osso de galinha!*

Afogueado, *adj.* Diz-se do tempo húmido e abafado (part. pas. de *afoguear*). Também se diz *afrontado, agoniado, agoniento* e *atabafado.*

Afonso de lapas, *n.m.* Guisado de lapas tradicional de todas as ilhas; o m.q. *Lapas d'Afonso* e *Lapas de molho Afonso.*

Afreimado, *adj.* Aflito; desgostoso (part. pas. de *afreimar*)T: – *Coitado, ele anda munt' afreimado por via da doença da mulher!*

Afreimar, (de *a-* + *freima* + *-ar*) **1.** *v.t.* Afligir; causar desgostos. **2.** *v. pron.* Impacientar-se; zangar-se: *Nã s'afreime...! O sr. Robertinho tá caise a chigar à fala*[93].

Africanada, *n.f.* Fanfarronada, proeza pouco acreditável: – *Ele, ó depois de vir d'Amerca, conta cada africanada cma s'a gente acarditasse im tudo o que diz!* CF já na 1.ª Ed. de 1899 o regista como açorianismo.

Afromentar, *v.* Inquietar; apoquentarT: – *Não m' afromentes más com essa histiória, que nã levas nada d'aqui!* Na Terceira também se diz: Que se afromente! com o sentido de 'que se conforme com a sua sorte!'

Afrontado, *adj.* O m.q. *afogueado,* falando do tempo (part. pas. de *afrontar,* sua ext.)SM.

Afrontar-se, *v. pron.* Envergonhar-se (de *a-* + *fronte* + *-ar*)Sj: – *O miúdo foi criado no farol, lonje da gente da freguesia; tem munta vergonha..., quando vê alguém afronta-se logo, coitadinho!*

Agaichado, *adj.* Agachado, sua corruptela por epêntese.

Agardar, *v.* Parar; permanecer (de *a-* + *gardar*)Sj: – *O rapaz não agarda quieto um minuto!* Termo antigo, há muito em des. no Continente, em uso corrente na Galiza.

Agardecer, *v.* O m.q. agradecer. Termo antigo, registado pelos escritores quinhentistas: *Às musas agardeça o nosso Gama [...]* (Lusíadas).

Agardecido, *adj.* Agradecido (part. pas. de *agardecer*). Tal como o verbo, era frequente nos escritos do séc. XV: *Mas neste passo a Ninfa, o som canoro / Abaxando, fez ronco e entristecido, / Cantando em baxa voz, envolta em choro / O grande esforço mal agardecido*[94].

Agarrado que nem lapa à pedra, *exp.* Muito agarrado a uma coisa. Refere-se muitas vezes em relação a alguém que não quer deixar um lugar vantajoso. Na Terceira também se ouve muitas vezes dizer *apegado nem craca à rocha.*

Agarrador, *n.m.* Em Santa Maria, a alguns dos *Serventes,* ou seja, os indivíduos que servem à mesa na *Copeira* pelas festas do Espírito Santo, dão-lhes jocosamente o nome de *agarradores* porque andam nas proximidades do *Império* convidando amavelmente os que por ali param ou os transeuntes para *comer umas sopas em louvor do Senhor Esprito Santo* (de *agarrar* + *-dor*)[95].

---

92 Cristóvão de Aguiar – *Um Grito em Chamas.*

93 Vitorino Nemésio – *Mau Tempo no Canal.*

94 Luís de Camões – *Os Lusíadas.*

95 Padre Joaquim Chaves Real – *Espírito Santo na Ilha de Santa Maria.*

Agasalhar o milho, *exp.* Cobrir a semente do milho espalhada sobre a terra, antigamente usando a grade da lavoura[Sj].
Agasalhar o trigo, *exp.* Cobrir a semente do trigo lançada à terra, antigamente usando a grade da lavoura[Sj].
Agasturas, *n.f. pl.* Ânsias; fome; necessidade urgente de comer (de *agastar* + *-ura*)[SM]: *[...] até sinto agasturas de não la comer*[96].
Agencia, *n.f.* Ardentia, sua corruptela; brilho; fosforescência[T].
Agomado, *adj.* Diz-se do tempo calmo e de chuva miúda (de *a-* + *goma* + *-ado*)[SM].
Agoniação, *n.f.* Aflição; agonia; sofrimento angustiante (de *agoniar* + *-ção*): – *Desde que mê Francisco embarcou pr'Amerca sint'ũa agoniação no mê peito por nã sabê nada dele, nunca más chega a carta da viage!*
Agoniento, *adj.* O m.q. *afogueado* (de *agoniar* + *-ento*): – *Ai Jasus do Céu, valei-nos, qu'a gente morre cum este temp'agoniento!*
Agora bau-bau galheta, *exp.* Expressão exclusiva do Corvo, dita quando se perde alguma coisa: – *E agora bau-bau galheta!*
Àgora, *interj.* O m.q. agora cá: – *Tu achas que o Partido vai ganhar as eleições?,* – *Àgora! Vai ganhá mas é juízo!* Aquilino Ribeiro regista-o também na linguagem da Beira: *Àgora! O Javardo não é homem que coma outro*[97].
Agragojar, *v.* O m.q. amesendar[T].
Agreiro, (corrupt. de *argueiro*) **1.** *n.m.* Em Santa Maria, dá-se o nome de *agreiro* à hortelã e ao endro, com que se aromatiza as *sopas* do Espírito Santo. **2.** *n.m.* Cisco; pequena faúlha; pequeno corpo estranho no olho. Para tirar um *agreiro*, usa-se a pontinha do lenço ao mesmo tempo que se diz: *Passa, passa, cavaleiro, / Lá pra riba do outeiro; / Vai dizer a Nossa Senhora / Que me tire este agreiro.*
Agrião-da-água, *n.m.* Variedade de agrião frequente nas ribeiras e regatos de água, cientificamente denominado *Nasturtium officinale*. Além de ser usado para sopa e saladas, picado e misturado com açúcar, cria um sumo que é utilizado como expectorante ou como antianémico (por conter ferro na sua composição) e antiescorbútico (por conter ác. ascórbico)[F].
Aguaceira, *n.f.* Chuva forte (de *aguaça* + *-eira*)[Fl]. Também usado no Alentejo. Na Terceira, usa-se também este termo, em sentido figurado, muitas vezes na loc. interj. *Ai aguaceira!*, para assinalar uma forte mentira: – *Ai aguaceira! Arregacem as calças que a ribeira está a encher*[98].
Aguaceiras, *n.f. pl.* O m.q. chuva grossa (de *aguaça* + *-eira*, pl.)[Sj].
Água-de-cheiro, *n.f.* O m.q. perfume, qualquer perfume: *Só Vavó Arminda continuava aspergindo o cadáver com um frasco de água-de-cheiro, pensando que era água benta*[99].
Água-de-enchente, *n.f.* Chuva torrencial[SM]. Tem este nome pelas enchentes que pode originar.
Água de mãopatia, *n.f.* Água de homeopatia, com corruptela: *Ele foi buscar uma garrafa com água de mãopatia para ela tomar todos os dias de manhã [...]*[100].
Água desamarrada, *exp.* O m.q. chuva torrencial[Sj].
Aguado, *adj.* Raso com o horizonte (de *água* + *-ado*)[SM]: *[...] os pescadores michaelenses [...] às vezes distanciam-se tanto da costa que avistam as cumieiras das Sete Cidades e a serra da Agoa de Pau «quasi aguadas», isto é quasi rasas com o horisonte*[101].
Água duro, *loc. interj. Bal.* Incitação do *oficial baleeiro* para que os remadores se entusiasmassem na remada[Sj]. À popa, um pé fincado em cada lado do costado, agar-

[96] Cristóvão de Aguiar – *Raiz Comovida.*
[97] Aquilino Ribeiro – *Terras do Demo.*
[98] Carlos Enes – *Terra do Bravo.*
[99] Cristóvão de Aguiar – *Raiz Comovida.*
[100] J. H. Borges Martins – *Crenças Populares da Ilha Terceira II.*
[101] Armando Silva – *Ethnographia Açoriana.*

rado ao remo da esparrela, o corpo acompanhando o ritmo da remada, o oficial grita para os remadores: – *Água duro! Água duro! Já 'tamos quaise im cima dela!*
Água encanada *(in), n.f.* O m.q. água canalizada (encanada, do am. *canned*)[F].
Água fora, *loc. interj.* Exclamação dos presentes quando, num *balho* da *Chamarrita*, um dos bailarinos se engana num dos passos, às vezes seguida de *olé*[F]: – *Água fora!!! Olé!!* Nota: Esta expressão tem uma ligação apertada com as embarcações quando, por mau governo do mestre, metem água por cima da borda.
Água-forte, *n.f.* Solução aquosa de ácido sulfúrico, o líquido das baterias[F].
Água mansa, *n.f.* Água que, por ser pouca, faz com que o moinho deixe de funcionar[SM].
Água mole, *exp.* Diz-se da água que não está fresca, que está choca. É expressão também usada no Algarve.
Água-sedativa, *n.f.* Loção amoniacal canforada, usada como antinevrálgico[SM].
Água estopa, *exp.* O m.q. água parada, falando em água do mar.
Agualha, *n.f.* Pedra miúda, antigamente usada na construção civil[SM].
Água-morna, *loc. adj.* Diz-se da pessoa com pouca actividade ou exageradamente submissa[T].
Água pela borda, *exp. Náut.* Diz-se de uma embarcação muito carregada, afundada pelo peso, com a água do mar quase a entrar pela borda adentro. Fig.: Diz-se da pessoa em dificuldades na vida.
Aguar, *v.* Regar, mesmo que não seja com água: – *lé que quis aguá-lo munto bem com petróleo e ó depois largou-le um palhito*[102].
Aguardente-da-terra, *n.f.* Aguardente feita a partir da uva, em oposição à *aguardente-de-barqueiro*, esta feita a partir da batata-doce ou de outros produtos[SM].
Aguardente de amora, *n.f.* Infusão de aguardente, amoras e açúcar, dando um delicioso licor que, além de digestivo, pelas suas propriedades adstringentes, é um óptimo medicamento antidiarreico. Tecnicamente, dever-se-ia talvez melhor denominar 'licor de amora'.
Aguardente de barqueiro, *n.f.* Aguardente obtida a partir da batata-doce ou de outros produtos agrícolas[SM].
Aguardente de nêspera, *n.f.* Aguardente feita a partir da destilação de sumo de nêsperas bem maduras, que atinge uma graduação entre 40 e 45 graus e é incolor, sendo costume servir-se gelada. Quando envelhecida em casco de carvalho, tal como a aguardente de uva, adquire uma coloração alourada. É feita na Terceira e alguns lugares de S. Jorge. Considerada por alguns uma das melhores aguardentes dos Açores.
Aguareira *(Àgu), n.f.* Espécie de gaivota. Muitas vezes ouve-se pronunciar *Auguareira*.
Aguaria, *n.f.* Chuva torrencial[SM]; o m.q. *agueira* (de *água* + *-aria*).
Aguar o caminho, *exp.* Operação feita antes das touradas à corda nos caminhos de terra para que a passagem das pessoas e do touro não levantem muito pó[T].
Água-viva, *n.f.* O m.q. alforreca; medusa; urtiga-do-mar (*Pelagia noctiluca*)[F,T].
Aguçadura, *n.f. Náut.* Alça que é feita na parte terminal das linhas de pesca, onde se prende a linha de arame (de *{aguçar}* + *-dura*).
Aguçar, (do lat. *acutiāre*) **1.** *v. Náut.* Ligar uma ponta à outra num cabo[Fl]. **2.** *v. Bal.* Prender o arpão à *linha* ou a lança ao *lançuope*[Sj].

[102] Vitorino Nemésio – *Mau Tempo no Canal.*

Aguçoso, *adj.* Activo; ágil; apressado; diligente; ligeiro (de *aguço* + *-oso*)SJ. É um arc. aqui conservado. Gil Vicente enversava: *Mas eu, mãi, sam aguçosa / e vós dai-vos de vagar.*

Águedo, *adj.* Discreto; inteligente; sagaz (corrupt. de *agudo*)SM.: – *É um rapaz águedo cma deve de ser, sai a o avô, já se sabe!*

Aguentar-se nas canetas, *exp.* Ter força nas pernas; ter força muscular: – *Aguenta-te aí nas canetas!*; – *Coitado, está mun fraquinho, nã s'aguenta nas canetas!*

Aguenta-te sempre, *exp.* Saudação de despedida muito usada em Santa Maria.

Aguerrar, *v.* Morder (corrupt. de *agarrar*)SM: – *Cuidado que o cão aguerra!* É termo de S. Miguel, onde também se diz *guerrar.*

Águia, *n.f.* Moeda americana, de ouro, equivalente a vinte dólares, gravada com símbolo da águia imperial do 'Novo Mundo' (do lat. *aquĭla-*). A partir de finais do séc. XIX começaram a chegar aos Açores as *águias* de ouro, vindo revolucionar a precária economia local ao proporcionar um excepcional poder de compra para os emigrantes e suas famílias. *[...] cotavam-se as terras e os gados nas Flores, não em réis ou, depois em escudos republicanos, mas em águias*[103].

Aguilhada, (do lat. *aculeāta-*, de *aculeātu-*, que tem aguilhão) **1.** *n.f.* Vara comprida, de cerca de 2 metros de comprimento, munida de um *aguilhão* na ponta[104] e destinada a tanger os bois, picando-os quando se fazem rogados: *Não quero que à minha porta / Ponhais o pé da aguilhada; / Eu sou mulher, perco muito, / Vós homem, não perdeis nada*[105]. **2.** *n.f. Náut.* Aparelho de pesca feito de cana de bambu, linha de arame e anzol, sem chumbadaT. **3.** *n.f. fig.* Pessoa alta e magra. **4.** *n.f. pl.* Com o significado de 'pernas', vários dicionaristas registam-no como açorianismo.

Aguilhada enconteirada, *n.f.* Aguilhada com *conteira*, apenas usada pelas festas do Espírito Santo durante a *bezerrada*T: *Os bois são jungidos a capricho [...], levando os tangedores aguilhadas enconteiradas, que depois dos bodos são guardadas cuidadosamente até ao ano seguinte e transmitidas de pais para filhos como jóia de alto preço*[106].

Aguilhão, (do lat. *aculeōne-*) **1.** *n.m.* Espeto de ferro enfiado na ponta da *aguilhada* para espicaçar os bovinos. Na prática, metia-se o *aguilhão* na ponta da aguilhada pregando um prego pequeno (de 1 polegada) até mais ou menos a meio e depois afiando-se-lhe a cabeça. **2.** *n.m.* Peça do moinho de rodízio e da atafona. **3.** *n.m.* O m.q. espinho: *As árvores conhecem-se pelos frutos, / E as roseiras pelos aguilhões, / E o jardim pelas flores, / E os homens pelas acções*[107]. Verga-de-aguilhão: o m.q. arame farpado. Pedra-de-aguilhão: Pedra basáltica, rija e que, devido à textura, ao partir-se fica com pontas como agulhasF.

Aguindar, 1. *v.* Atirar; expelir (de *a-* + *guindar*)T: *[...] a besta dava em disparar muito e aguindava com ele para o chão*[108]. **2.** *v.* SaltarT: *Aguindou-se pra riba dela e a burra arrancou por ali fora a toda a força*[109].

Aguinha-morta, *n.f.*. Pessoa mole, pouco activaSM; o m.q. *água-morna*.

[103] Francisco Nunes – *Ilha das Flores: da Redescoberta à Actualidade.*

[104] Na crença popular, a aguilhada é um dos instrumentos mais utilizados para picar o lobisomem.

[105] Teófilo Braga – *Cantos Populares do Arquipélago Açoriano.*

[106] João Ilhéu – *Notas Etnográficas.*

[107] Quadra de José Cardoso Pires (o *Cardoso Rato*), in *Improvisadores da Ilha Terceira.*

[108] J. H. Borges Martins – *Crenças Populares da Ilha Terceira I.*

[109] J. H. Borges Martins – *Crenças Populares da Ilha Terceira I.*

Aguinhas, *n.f. pl.* Época da chuva[SM]: *É uma erva muito verde que é o que está a nascer agora neste momento depois das aguinhas*[110].

Agulha, (do lat. *acucŭla-*) **1.** *n.f.* Parafuso de ferro, assente na mó inferior da atafona, que aproxima ou afasta as mós, para afinar a farinha. Também se chama *aguilha*[SM] e *registo*[T]. **2.** *n.f. fig.* Pessoa alta e magra[T].

Agulha-de-marear, *n.f.* O m.q. bússola[F]. Também pode apenas ser chamada *agulha*. Há a crença de que as mulheres que estão no período menstrual não podem tocar na *agulha-de-marear* porque lhe retiram as funções, avariando-a. Esta crença era comum nas ilhas e é também referida por outros autores.

Agulha-do-leme, *n.f. Náut.* Cada uma das peças de ferro ligadas ao leme que vai entrar noutra que a recebe no cadaste da embarcação, servindo este conjunto de dobradiça para a movimentação daquele.

Agulha-do-cadastre, *n.f.* O m.q. *agulhas-do-leme*.

Agulheira, *n.f.* Linha geralmente enrolada num pedaço de madeira, destina à pesca, geralmente *ao corrico* ou *ao fundo* (de *agulha* + *-eira*)[F]. Hoje é usado o fio de *nailho* – antigamente era uma fieira semelhante à linha de fazer girar os piões. A madeira de suporte é geralmente feita de criptoméria, ou de outra madeira qualquer, de forma rectangular e com duas chanfraduras nas extremidades mais finas para poder guardar a linha; quando se guarda finalmente o aparelho, o próprio anzol da ponta é fincado na madeira para segurar a linha e não ferir ninguém: *Também usam nas Flores e no Corvo a agulheira, a barqueira, a entorta...*[111].

Ah mestre, *loc. interjec.* O m.q. grande proeza, sou (ou és) o maior! É muito usado na Terceira: *Ah mestre!!! Isso é que era deixar o pessoal feliz e nem precisava mentir!*[112].

Ai tal...!, Na Terceira emprega-se correntemente esta construção gramatical, como se mostra a seguir: *Ai tal desgráçia!*: oh, que desgraça! *Ai tal esmola!*: ainda bem!; bem o merece! *Ai tal freima!*: que grande pena! *Ai tal mistério!*: que coisa desconforme! *Ai tal pachorra!*: oh, que pachorra! *Ai tal pena!*: oh, que pena! *Ai tal reinaço!*: que grande desespero!

Ai-ai, *loc. interjec.* Tal qual; Isso mesmo. *Cantar o ai-ai*: lamentar-se, carpir com dores[T]. Noutras bandas é exclamação de incredibilidade no que se está ouvindo, semelhante a 'Oh!, não me digas!' – *O parente José Loirenço do Portinho caiu outra vez na Quebrada Nova!, – Ai-ai!! Nã me digas, coitado! Hão-de-le ter rogado alguma praga, o desgraçado!*

Ai-ai, ai-ai, *loc. interjec.* O m.q. mau-mau! Geralmente dirigido a crianças[F].

Ailhou, *exp. Mús.* Palavra repetidamente usada no início das quadras das *Alvoradas* de certas freguesias das Flores: *Ailhou, casa tão linda / Ailhou, casa tão bela, / Ailhou, o Esprito Santo / Vai voando por ela.*

Ainda ter tabaco no imbigo, *exp.* Ser um fedelho; ser inexperiente: *Isso sabia eu muito bem, que o senhor havia de ser um fedelho ainda com tabaco no umbigo quando eu já entendia estas coisas*[113].

Aipó, *n.m.* Fazer o *aipó* é esfregar; limpar (do am. *to wipe*). É calafonismo.

Aipo-macho, *n.m. Bot.* Planta muito usada na feitiçaria, em defumadouros, cientificamente denominada (*Aipium gra-*

---

110 Maria Clara Rolão Bernardo – *O Falar Micaelense* (Fonética).

111 Raul Brandão – *As Ilhas Desconhecidas*.

112 Henrique Dédalo – *Crónicas Ímpares* (Diário Insular de 3/03/2006)

113 Onésimo Teotónio Almeida – *Sapateia Americana*.

veolens)[114]. Assim como no Continente, nalguns lugares chamam-lhe *salsão*.

Aiveca, (tv. do lat. vulg. *alĭpa-*, por *alăpa-*, asa, + *-eca*) *n.f. fig.* Membro superior[F]. *Abaixar as aivecas:* baixar as mãos e os braços. *Botar uma aiveca em baixo!:* desancar – forma de ameaço com castigos corporais.

Ajouje, *n.m.* Correia de couro que liga os chifres de dentro da junta de bois quando está na canga, para evitar que puxem em direcções diferentes (do lat. *adjugiu-*, ligação a)[Fl].

Ajudante, (de *ajudar* + *-ante*) **1.** *n.m.* Coadjuvante do Imperador nas festas do Espírito Santo[StM]. **2.** *n.m.* Cada um dos dois indivíduos que, situados uma a cada lado do *Cavaleiro*, o acompanha nos Domingos de Pentecostes e da Santíssima Trindade, coadjuvando no serviço do *Império*[Sj].

Ajudar-se, *v. refl.* Aproveitar; servir-se[Fl]. Em S. Miguel tem o significado de auxiliar-se: – *Ajudou-se sozinho a um cesto cheio de uvas! Nã foi preciso pedir ajuda a ninguém.*

Ajudiar-se, *v. pron.* Zangar-se (de *a-* + *judio*[115] + *-ar*)[Sj]. Termo não registado nos dicionários consultados, usado no Brasil com significado semelhante.

Ajumbado, *adj.* Muito carregado[Sj].: – *A camionete ia tão ajumbada que as taias iam roçando na caixa!* Corrupt. de *achumbado*, part. pas. de *achumbar* (de *a-* + *chumbo* + *-ar*).

Ajuntar, (de *a-* + *junto* + *-ar*) **1.** *v.* O m.q. apanhar, do chão. Não tem o significado de reunir: *...reuniu forças bastantes para ajuntar do chão do pátio um burgalhau esquinado*[116]. Na Madeira tem o mesmo significado. **2.** *v.* Também pode ter o significado de reunir, acumular recordações, como se vê na expressão frequentemente usada, "cabeça que tanto ajunta": *Tanta trapalhada ajuntas tu nessa cabecinha!*[117]; *Quem tanto ajunta! ... graces a Deus! ... O que aquilho vai buscar!*[118].

Ajuste, *n.m.* Nome de boi de estimação – na junta, o outro chama-se *Contrato*[T].

Ala, 1. *interj.* Vai-te! Põe-te a andar! Desaparece! Vamos embora! Anda! (imper. do v. *alar*). Nas Flores diz-se muito frequentemente: *Ala monço!*[119] Também se diz *ala bote*: – *Im chegando às cinco, ala bote antes que o vento mude e o mar ingrosse!* **2.** *interj.* Forma de saudação[SM]: – *Ala, senhor Joaquim, cma tem passado?* **3.** *n.f.* Cada uma das filas de dançarinos nas *Danças do Entrudo*, geralmente oito em cada lado (do lat. *ala-*, asa).

Ala bote, *loc. interjec.* O m.q. *ala*, põe-te a andar: *Por volta das duas, duas e um quarto, ala bote*[120]. Tem origem na loc. anglo-americana *all aboard*.

Ala-dobrada, *n.f.* Uma das *marcas* das *Danças de Entrudo* da Terceira.

Ala moleiro, *exp.* O m.q. ala, toca a andar[T]: *Eles chamaram por eles, e ala moleiro pori abaixo! Deixaram as enxadas atrás e fugiram...*[121].

Alagado, *adj.* Molhado, quase sempre usado em vez deste (part. pas. de *alagar*). Na Terceira diz-se alagado-pingando, pronunciado *alagado-pinguiando,* quando estão completamente molhados até aos ossos. Em S. Miguel diz-se *alagado-pingado*.

---

114 O aipo é conhecido desde a antiguidade. Os Romanos utilizavam-no muito como coroas nos banquetes e como planta funerária. Na Idade Média as suas qualidades terapêuticas foram exploradas. O cultivo do aipo começou a partir do século XVI, mencionado pela primeira vez pelo agrónomo francês Olivier de Serres, como planta aromática.

115 *Judio*, do cast. judeu.

116 Cristóvão de Aguiar – *Um Grito em Chamas.*

117 Cristóvão de Aguiar – *Um Grito em Chamas.*

118 Vitorino Nemésio – *O Mistério do Paço do Milhafre.*

119 Nas Flores pronuncia-se *monço* em vez de moço.

120 Cristóvão de Aguiar – *Marilha.*

121 J. H. Borges Martins – *A Justiça da Noite na Ilha Terceira.*

Alagado-pingando, *exp.* É expressão muito frequente na Terceira e só usada também em certos lugares de S. Jorge[122]: *Home cmaié que esta égua está aí alagada pingando de suor?*[123].

Alagar, 1. *v.* Molhar, como em todo o lado (de *a-* + *lago* + *-ar*). Mas, nos seguintes contextos tem os significados apontados: Alagar os pés ou cagar os pés: apanhar uma bebedeira[T]. *Vai ver se me estou alagando!*: Desaparece-me da vista![F]. Este último geralmente quando se relaciona com crianças. **2.** *n.m.* Lagar, sua corrupt. por prótese[SM]: – *Hoje é dia de espremer a uva no alagar!*

Alago, *n.m.* Acto que consistia em mergulhar o linho em água durante algum tempo para o curtir (deriv. regres. de *alagar*)[SM].

Alagoa, *n.f.* O m.q. lagoa; caldeira (de *a-* + *lagoa*): *Gira o fado, gira o fado / Para o lado da alagoa; / Vi um padre a dizer missa / Com um piolho na coroa*[124].

Alagosta, *n.f.* O m.q. lagosta (de *a-* + *lagosta*)[Fl,Sj]: – *Tu queres crer qu'ei gosto más de cavaco do que d'alagosta?!* Nota: A aglutinação nesta palavra é quase generalizada na linguagem popular das ilhas.

Alambrança, *n.f.* Corrupt. de *alembrança*, f. ant. de lembrança; presente; recordação[F]: – *Aquele João Dias é mun respeitoso, plo Natal manda sempre um'alambrança à gente!*

Alambuzar, *v.* Comer muito (de *a-* + *lambuzar*[125])[F]: – *Aquilho, no casamento de Eduardo Silva, foi um tal alambuzar... Tirar a barriguinha da miséria, pous antão!*

Alamento, *n.m.* Temperamento; tratamento (de *alar* + *-mento*)[Sj].

[122] Houve noutros tempos migração de gentes da Terceira para S. Jorge, que deixou muitas marcas nas suas falas.

[123] J. H. Borges Martins – *A Justiça da Noite na Ilha Terceira.*

[124] Quadra recolhida pelo Autor na Ilha das Flores.

[125] Lambuzar é palavra derivada de *lambujar* que, entre outros significados, significa comer guloseimas.

Álamo-da-terra, *n.m.* Árvore, no Continente também chamada 'Álamo-negro' e 'Choupo-negro' (*Populus nigra*), as suas hastes são aproveitadas para o fabrico de cestos.

Alâmpada, (de *a-* + *lãmpada*) **1.** *n.f.* Lâmpada, sua f. arcaica. **2.** *n.f.* Arranjos de flores naturais (hortênsias, agapantos e rosas-de-cacho) misturadas com as "novidades" de cultivo: cereais, legumes e frutos da época (maçarocas, pepinos, ananases, peras, etc.)[126] que a gente de S. Miguel enfeita as varandas, as ruas e a igreja de S. Pedro da Ribeira Seca durante as *Cavalhadas*. Da fruta lampa e pela aparência de lampadário lhe terá vindo o nome. Estar no descanso da alâmpada: não se ralar[T].

Alamparina, (de *a-* + *lamparina*) *n.f. fig.* Bofetada[T]: – *Ó rapaz, 'tás mesmo pedindo uma alamparina no focinho, ache-lá!!!*

Alamparinha, *n.f.* Lamparina a petróleo antigamente usada nas cozinhas, também chamada *anica*, *griseta* ou *jacinta*[Sj].

Alampião, (de *a-* + *lampião*) **1.** *n.m.* Laterna a petróleo, modelo antigamente trazido da América[Sj]. **2.** *n.m.* No Faial chamava-se *alampião* a uma variedade de lanterna, comprida e arredondada, que funcionava sempre com uma vela.

Alantado, *adj.* Forte; robusto (corrupt. de *alentado*)[F]: – *Isto é que é uma criança alantada – são eles crescendo pra riba e a gente mingando pra baixo!* Gabriel Frada[127] regista-o também com esta grafia na linguagem popular da Gândara.

Alanzado, *adj.* Cansado[SM]: – *Sinto-me às vezes alanzado do corpo*[128].

Alanzoado, *n.m.* Bazófio; fanfarrão (part. pas. subst. de *alanzoar*)[T].

Alapado, *adj.* Escondido (part. pas. de *alapar*).

[126] Jorge Barros e Soledade M. Costa – *Cavalhadas de S. Pedro.*

[127] Gabriel Frada – *Namoro à Moda Antiga.*

[128] Urbano de Mendonça Dias – *"O Mr. Jó"*

Alapar-se, *v. refl.* Esconder-se; ocultar-se (de *a-* + *lapa* + *-ar*). Usado um pouco por todo o país.
Alar, *v.* Apressar; desandar; pôr-se a andar (do fr. ant. *haler*, pelo it. *alare*)[SM]: – *Toca a alar daqui pra fora antes que mude o vento e seja tarde!* Usa-se também em forma de interjeição: *Alar!*
Alaricado, *adj.* Adamado; dengoso; efeminado (alt. de *amaricado*)[T]. Diz-se também daquele que tem requintes no trajar[T].
Alastrar, *v.* Comer bem (de *a-* + *lastro* + *-ar*).
Alavancada. *n.f.* Grande quantidade (de *alavanca* + *-ada*)[Sj].
Albacória, *n.f.* Albacora, sua corruptela por epêntese (ver *alvacória*).
Albaçude, *n.m.* O m.q. *alvaçuz*.
Albafaz, *n.m.* Peixe seláquio da Família dos Notidanídeos, no *Cont.* também chamado 'albafora', 'albafar', 'albafore', 'tubarão-albafar' e 'olho-verde', cientificamente denominado *Hexanchus griseus* (do ár. *al-bahar*). Devido a lendas relatadas pelos mais velhos, é muito temido por alguns, considerado um predador perigoso! Os pescadores dos Açores distinguem duas variedades: o *Albafaz-manso* e o *Albafaz-bravo*, este último também chamado, tal como no Cont., 'bico-doce'. Antigamente, derretiam-se os seus fígados para fornecer gordura destinada à iluminação e, na Terceira (S. Mateus), chegavam a curar o *albafaz* no fumeiro[129].
Albarca, (corrupt. de *alparca*, do ár. *al-parkâ*) **1.** *n.f.* Espécie de sandália feita com pele de vaca, resguardando apenas a planta do pé, segura com tiras de couro. *Todos eles usam [...] albarcas nos pés – um pedaço de sola grossa, segura por tiras de couro, uma presa aos dedos e a outra dando a volta ao tornozelo*[130]. Na Terceira também se chamava *sapata*. Em meados do século passado, para a sua sola já se usavam bocados de pneus dos automóveis. **2.** *n.f.* Calçado velho e estragado[SM]. No Alentejo pronuncia-se 'alabarca'.
Albardado, *adj. Taur.* Diz-se do touro de cor castanha, com o pescoço e os membros mais escuros, quase negros; o m.q. *retinto* (part. pas. de *albardar*)[T].
Albardar, (ext. de *albardar*) **1.** *v.* Bater com violência[SM]. **2.** *v.* Pôr às costas: *E albardaram-lhe as costas, quero dizer, meteram a mala às costas do rapaz!*[131].
Albardote, *n.m.* Albarda pequena (de *albarda* + *-ote*)[Fl].
Alboio, (corrupt. de *albói*) **1.** *n.m.* Abertura ou janela envidraçada no telhado das casas; clarabóia[T]. **2.** *n.m.* Janela de vidro situada na parte superior das estufas de ananases que se abrem ou fecham para regular a temperatura interior, servindo também para ventilar no final da cultura[SM].
Alcacel, *n.m.* O m.q. *alcacer*, terreno com centeio, cevada ou trigo (do ár. *al-qasîl*, cevada)[F]: *Que andavam na Horta do Sinal a pastorar a vaca, não saltasse ao alcacel*[132].
Alcacer, (do ár. *al-qasîl*, cevada) **1.** *n.m.* Terreno em que cresce centeio, cevada ou trigo[G]. **2.** *n.m.* Terra húmida, com ervas para forragem[G]. Indevidamente registado por CF, com os dois significados, como açorianismo. Moisés Pires[133] regista-o, assim como o anterior (alcacel), com sentido semelhante na linguagem mirandesa.
Alcadefe, *n.f.* Antiga colecção de medidas de barro, para líquidos (do ár. *al-qadâf*, bilha de barro)[P,T].
Alcaide, *n.m.* Velharia; coisa sem valor[SM,T].
Alcaiota, *n.f.* O m.q. *caiota* (de *al-* + *caiota*)[SM].

---

129 João A. Gomes Vieira – *Os Açorianos e as Pescas 500 Anos de Memória.*
130 Raul Brandão – *As Ilhas Desconhecidas.*
131 J. H. Borges Martins – *A Justiça da Noite na Ilha Terceira.*
132 P.e Nunes da Rosa – *Pastorais do Mosteiro.*
133 Moisés Pires – *Pequeno Vocabulário Mirandês – Português.*

Alcançado, 1. *adj.* Envergonhado; ofendido[T]: *Eu até me sinto alcançada, / Ai meu Deus, que vergonheira!*[134]. Arcaísmo aqui presente: *...Viram o mestre alcançado e confuso*[135]. Também ainda é usado na Madeira. **2.** *adj.* O m.q. ofegante[SM]. **3.** *adj.* Espantado[SJ]: – *Ficou alcançado quando ouviu a notícia pla primeira vez!*

Alcançar, (do lat. *incalciāre*, pelo cast. *alcanzar*) **1.** *v.* Pôr ao alcance de; apanhar: – *Alcança-me esse martelo qu'ei nã chego daqui de baixo!* É um termo frequentemente utilizado nos Açores. E. Gonçalves[136] regista o mesmo no Algarve. **2.** *v.* Lembrar-se[Fl]: – *Eu ainda alcanço isso....*

Alcatra, (do ár. *al-qatrâ*) **1.** *n.f.* Prato tradicional da Terceira, obrigatório na ementa das *Funções* do Espírito Santo. Segundo João Lacerda, filho do ilustre músico e compositor Francisco de Lacerda, citado por Augusto Gomes, a receita de *alcatra* terá sido trazida pelo 1.° Regimento dos Castelhanos que tinha estado aquartelado em Alcântara, daí o ser conhecida pelo *pitéu dos de Alcântara*, caindo na corruptela *alcatra*. Outra versão da sua origem tem por base a rota das especiarias – sabendo-se que alcatra, em árabe *al qatrâ*, significa 'parcela', 'pedaço', 'talhada' e que as palavras portuguesas antecedidas do prefixo [al] são de origem árabe, fácil se torna relacioná-la com a cozinha árabe. Acresce ainda o pormenor de ser cozinhada em alguidar de barro, costume ainda hoje seguido por aquele povo[137]. Havendo variadas maneiras de cozinhar a alcatra, diferindo de uma freguesia para outra, todas têm em comum o recipiente de barro, o vinho em quantidade e ser cozinhada no forno, de preferência aquecido a lenha. Na Terceira é presença 'obrigatória' nas Funções do Espírito Santo. No Continente, na região Centro, há um prato muito semelhante, a 'chanfana' ou 'lampantana', também cozinhado no forno de lenha, em alguidar de barro preto, com ingredientes semelhantes, diferindo apenas na carne que aqui é de cabra velha ou de carneiro e o vinho é tinto. **2.** *s. fig.* Pessoa velha e doente[T].

Alcatra de cabeça de porco, *n.f.* Prato que se fazia antigamente em Ponta Delgada das Flores, para aproveitamento das carnes da cabeça do porco.

Alcatra de coelho, *n.f.* Prato de confecção semelhante à *alcatra*, mas levando carne de coelho.

Alcatra de peixe, *n.f.* Prato confeccionado de maneira semelhante à da alcatra – aqui o vinho pode ser *de cheiro* ou branco. Qualquer uma das alcatras é servida à mesa no próprio alguidar de barro, que tem a particularidade de mantê-la bem quente durante muito tempo.

Alcavaço, *n.m.* Alcunha que no Faial se dá ao indivíduo da Graciosa: *Do Pico são picarotos / Da Graciosa alcavaços / Da Terceira rabos-tortos / S. Jorge falsos patacos.*

Alcavãi, *n.m.* Leito do carro de bois[T]. M. Paiva Boléo[138], ao falar de alcavãi, termo terceirense, escreve: *Curiosa também a palavra acavem*[139], *que ouvi em Rio Vermelho para designar a tábua ao fundo do chedeiro do carro de bois.*

Alcofa, *n.f.* Nome que nas Flores se dá a um nicho feito num lugar do campo, destinado a guardar a *Coroa* do Espírito Santo enquanto se está abatendo o gado na sexta-feira de Espírito Santo (do ár. *al-kuffâ*).

Alcovite, *n.m.* Enredo; mexerico (deriv. regres. de *alcovitar*)[SM]: – *Passa a vida no alcovite... e tem a casa qu'é um nojo!*

---

134 Do bailinho carnavalesco *Os Excesso na Terceira*, de Hélio Costa.

135 Frei Luís de Sousa – História de S. Domingos.

136 Eduardo Brazão Gonçalves – *Dicionário do Falar Algarvio.*

137 Retirado e modificado de *Cozinha Tradicional da Ilha Terceira* de Augusto Gomes.

138 Manuel de Paiva Boléo – *A Língua Portuguesa do Continente, dos Açores e do Brasil.*

139 Grafada com *e* tilado.

Alcunho, *n.m.* O m.q. alcunha; *abrasão; apelido* (de *alcunha*, do ár. *al-kuniâ*, sobrenome)[Fl,StM]: – *Por ele ter uma perna muito mais curta do que a outra, deram-le o alcunho de salta-poças!*[140].

Navio da emigração para a América (início sXX)

Aldância, *n.f.* Ânimo; arrojo; valentia; valor (corrupt. de *audácia*, ou de *ardência*?)[F,Fl,Sj,P]: *A nora era uma mulher de aldância, que tratava bem da casa e tratava bem do sogro*[141]. Nas Flores, cheguei a ouvir dizer: – *Ele teve a aldância de embarcar de salto prá Amerca, ind'era um rapaz ben novo!*

Aldracema *(cê)*, *n.f.* CF regista-o como açor. com o significado de graça, atractivo. Com o mesmo significado Lello e a Enc. Port. e Bras. registam-no como sendo termo da Ilha das Flores. Em S. Miguel, com o significado de jeito, habilidade, usa-se o termo *aldrácema*, seu homógrafo.

Aldrácema, *n.f.* Habilidade; jeito[SM].

Aldrágena, *n.f.* Audácia; habilidade; jeito[SM].

Alegra-cão, n.f. Nome comum da *Smilax excelsa*, também chamada *legacão*, certamente corruptela de alegra-campos[G].

Aleitoada, *adj.* O m.q. aleitada, referindo-se a vacas e porcas[SM].

Aleitoadinho, *n.m.* Variedade de caramelo antigamente vendido em Angra[F] do Heroísmo.

Alembração, *n.f.* O m.q. *alembrança* (de *alembrança + ção*)[SM].

Alembrador das almas, *n.m.* Romeiro com funções de ordem cerimonial, nomeadamente fazer o *pregão* ou *salva*[SM].

Alembrança, 1. *n.f.* O m.q. lembrança (arc.): *Ó Estrela Matutina, / És a Arca da Aliança; / És a pessoa do Céu / Que mais trago na alembrança*[142]. **2.** *n.f.* Oferta de pequeno valor: – *Quando ê chegá às terras d'Amerca, hei-de mandar ũa incomenda com alembranças pra vocês todos, nã me vou esquecê, nã sinhô!*

Alevá, *interj.* Paciência; deixá-lo. É quase sempre antecedido de 'pois'. (de *é levar*)[SM]: – *Pois alevá, nha mãe!* – *respondi, emproado e fazendo-me de mistérios; [...] – Ai filho, pois alevá! É ir padecendo à conta de Deus Nosso Senhor!*[143] Leite de Ataíde[144] regista-o com a grafia 'é levá' – *mas isto passa já! Pous é levá!* – que se aproxima mais da sua origem etimológica e soa de modo muito semelhante a *alevá* na pronúncia de S. Miguel. É expressão exclusiva desta Ilha.

Alevantação do sangue, *exp.* O m.q. urticária, provocada geralmente por alergia alimentar[145].

Alevantado, *adj.* Doidivanas; estouvado; levantado; leviano (part. pas. de *alevantar*): *Alevantado do génio e de paixão,*

---

140 Segundo Isabel P. da Costa, serão raras as pessoas de Santa Maria que não têm *alcunho*, revelando-se alguns deles grande sentido crítico e humorístico. Sendo frequente por todo o lado, em S. Mateus, na Terceira, assumem formas 'picantes', tais como as seguintes: *cagalhão-im-pé, espalha-merda, fralda-cagada, merda-seca...*

141 Ângela Furtado Brum – *Contos Tradicionais Açorianos.*

142 Quadra do folclore das Flores.

143 João de Melo – *Gente Feliz com Lágrimas.*

144 Luís Bernardo Leite de Ataíde – *Etnografia Arte e Vida Antiga dos Açores.*

145 Geralmente por ingestão de *peixe bravo* como, p. ex., a albacora, o bonito, a cavala... Ver também *peixe bravo.*

Vavô desapegou-se, aos coriscos, pela porta fora[146].

Alevantar, (de *a-* + *levantar*) **1.** *v.* Levantar, sua forma antiga. **2.** *v.* Melhorar, falando do tempo: *Se o achares a dormir, / Deixa-lo--ás acordar; / Se o achares a jantar, / Deixa-lo--ás alevantar*[147].

Alfacinha, *n.f. Bot.* Planta herbácea perene que chega a atingir os dois metros de altura, endémica dos Açores surgindo nas ilhas de S. Miguel, Terceira, S. Jorge, Pico e Faial, cientificamente denominada *Lactuca watsoniana*[148]. Nota: Nalgumas ilhas também se dá este nome à *Picris fillii*, também chamada *patalugo-maior*[149].

Alfaia do Esprito Santo, *n.f.* Cada uma das insígnias do Espírito Santo, como a *Coroa*, as Bandeiras e as Varas.

Alfeira, (de *alfeire*, do ár. *al-hair*) **1.** *adj.* Diz-se da fêmea com o cio, saída. O m.q. *maniada*[SM]. **2.** *adj.* Diz-se da vaca que não ficou prenhe, que não dá leite[C,F,SM,T].

Alfeirio, *adj.* O m.q. alfeiro (de *alfeire* + *-io*)[T].

Alfeiro, (de *alfeire*, do ár. *al-hair*) **1.** *adj.* Diz-se do gado bovino que não dá leite, por exemplo de uma vaca que não *apanhou boi* e que por isso não dá leite. **2.** *adj.* Arrebitado; atrevido; irrequieto, quando se fala de rapazes[SM]. Na Terceira também se chama *alfeiro* ao animal que é novo e brincalhão!

Alfeni, *n.m.* O m.q. *alfenim*. No Cont. também se lhe chama 'alfenique'.

Alfenim, (do *ár. al-fānīd*) **1.** *n.m.* Guloseima da Terceira[150], é uma massa feita de açúcar, água e um pouco de vinagre de vinho branco e manteiga, que é levada ao ponto em que se torna branca, a poder de fortes braços, e com a qual se fazem diferentes figuras[151]. O *alfenim*, provavelmente devido à sua brancura, símbolo da pureza, é muito utilizado para pagar as promessas ao Espírito Santo, a Santo Amaro e a S. João, assumindo figuras com o feitio dos orgãos atingidos. Actualmente vende-se diariamente nas pastelarias da Ilha. Sempre foi oferta de luxo para pessoas distintas, e imperscindível na ornamentação da mesa dos noivos. Santos Graça[152], refere-o na Póvoa de Varzim com o significado de coisa muito fina.

Branquinho como pomba de alfenim: o m.q. alvo.

Dito dos rapazes nos preliminares do namoro: – *És um alfenim, boca da minh'alma!*[T]. O *alfenim* chegou a ser fabricado antigamente em certas ilhas, nomeadamente na Ilha do Faial. Francisco Afonso Chaves (1857-1926)[153], ao falar nas festas de S. Marcos refere: *Na Horta, até 1870, as freiras do convento da Glória mandavam no dia de S. Marcos, aos membros da colegiada da igreja da matriz, antes da hora das Ladainhas Maiores, que se celebram em tal dia, uma bandeja com uma coroa formada por pequenos cornos de alfenim [...].* Na Terceira há um provérbio engraçado que diz: *Sogra, / nem de alfenim é gostosa*[154]. Levado para o Brasil, certamente por terceirenses, ainda hoje se comercializa nas pastelarias desse país. **2.** *n.m.* Nome que no Faial se dá ao

146 Cristóvão de Aguiar – *Raiz Comovida*.

147 Do *Romance Dom Claros d'Além-Mar*, uma das versões açorianas.

148 Erik Sjögren – *"Plantas e Flores dos Açores"*.

149 Ruy Telles Palhinha – *Catálogo das Plantas Vasculares dos Açores*.

150 Há referência ao seu fabrico também na Graciosa, S. Jorge e Faial; tem origem mourisca.

151 O alfenim terá sido trazido para Portugal pelos Árabes, ao invadirem a Península Ibérica no séc. VIII, que o confeccionavam com açúcar ou melaço de cana. No reinado de D. João I, foi iniciada a cultura da cana do açúcar no Algarve, tendo-se tornado habitual a partir daí o uso do alfenim na doçaria algarvia. Terão sido povoadores algarvios que terão trazido para os Açores essa maneira de confeccionar o açúcar.

152 A. Santos Graça – *O Poveiro*.

153 Coronel Francisco Afonso Chaves – *As Festas de S. Marcos nalgumas Ilhas dos Açores*.

154 Armando Cortes-Rodrigues – *Adagiário Popular Açoriano*.

palmito (*Ixia paniculata*), no Pico chamado *jacinto*.

Alféola, *n.f.* Massa de melaço em ponto forte, de maneira que fica alva depois de manipulada (corrupt., por metát., de *alféloa*). Cp.: No Norte do país, chama-se 'alféloa' a um rebuçado comprido, em forma de saca-rolhas.

Alferes, *n.m.* Alcunha do natural da Terceira: *Na Terceira são alferes, / em S. Jorge capitães, / no Pico são picarotos, no Faial finos ladrães*[155].

Alferes da Bandeira, *n.m.* Aquele que leva o estandarte de seda vermelha do *Espírito Santo*, geralmente um rapaz nomeado previamente, bem vestido e, de preferência, calçado e com gravata. A Bandeira branca dos Foliões é levada por um moço qualquer, escolhido na altura entre os que se chegam como voluntários, vestido vulgarmente e, noutros tempos, quase sempre descalço[F]: *O Alferes da Bandeira desfralda o estandarte de uma realeza de sonho, império de pão dourado*[156]. No Brasil, onde também se faz a festa do Espírito Santo, o Alferes da Bandeira é a figura mais importante da *Folia*, no passado incumbido de angariar as esmolas para a festa. Em certas freguesias da Terceira era o *Alferes da Bandeira* que trinchava a carne no *Jantar* do *Imperador*.

Alfinete, *n.m.* O m.q. mola da roupa; o m.q. *pinho* e *prisão*[C].

Alforra, *n.f.* Doença das searas provocada por um fungo; o m.q. ferrugem (do ár. *al-hurr*). Nos Açores, em vez de *Deus o ajude*, nalguns lugares, quando alguém espirra, diz-se: *Viva até que morra, / Com a barriga cheia de alforra*.

Aforrado, (part. pas. de *alforrar*) **1.** *adj.* Diz-se do cereal ou planta que teve alforra[SM]. **2.** *adj. fig.* Diz-se da pessoa magra e envelhecida[SM]. **3.** *adj.* Diz-se do tempo coberto com nuvens escuras, por onde passam alguns raios de sol[SM].

Alforrar, *v.* Chover e fazer sol ao mesmo tempo, o que é muito frequente nas ilhas dos Açores (de *alforra* + *-ar*). E, deverá haver muitas feiticeiras porque diz o povo: *Tempo a alforrar, feiticeira a se casar*. Nas Flores lembro-me de ouvir: *Quando chove e faz sol estão-se casando as Feiticeiras*. Na Terceira diz-se: *A chover e a fazer sol, é uma feiticeira que se vai casar*, e em S. Miguel: *Tempo de bruxas penteando-se e feiticeiras casando-se*.

Alforrecas, *n.f. pl. fig.* Hemorróidas[F]. Certamente pela sua semelhança anatómica.

Alforrento, *adj.* Diz-se do tempo húmido, que pode trazer alforra (de *{alforrar}* + *-ento*).

Alforro, *n.m.* O m.q. *alforra*[SJ].

Algarabia, *n.f.* O m.q. *aravia* ou *oravia* (do ár. *al-arabyya*, linguagem confusa)[SJ].

Algoziar, *v.* Massacrar; torturar[SM]. Corrupt. de *algozar* ('algozar' deriva de *algoz*, carrasco, + *-ar*).

Algravitado, *adj.* Alvoroçado (part. pas. de *{algravitar}*): *Anda muito algravitada daquele juízo. Pelo bater da asa, galinha que cacareja daquela maneira anda necessitada de galo*[157].

---

[155] Teófilo Braga – *Cantos Populares do Arquipélago Açoriano*.

[156] Vitorino Nemésio – *Mau Tempo no Canal*.

[157] Carlos Enes – *Terra do Bravo*.

Algravitar-se, *v. pron.* Impor-se numa discussão com palavras sem nexo (corrupt. de *algaraviar*)[T].

Algũa, *pron. indef.* Feminino de [algum], sua f. arcaica, generalizado em todas as ilhas. Em *Fenix Angrence* pode ler-se: *Sabereis se ha hi algũas minas, ou uiteiros de ouro, ou prata cobre, e se as ahi ouuer todo se arecadará pera mi, e pessoa algũa não meterá nisso mão*[158].

Alguidar da alcatra, *n.m.* Como o próprio nome o indica, é o alguidar onde se cozinha a *alcatra*, feito de barro escuro, não vidrado, tendo apenas essa função. Antes de ser usado pela primeira vez, deve cozer cascas de batatas, de cebola e folhas de couve, para retirar o gosto ao barro[159].

Alheira, *n.f.* Variedade de enchido exclusivo da Ilha de Santa Maria, confeccionado duma maneira semelhante à do Continente, com a diferença de ser feito com carne de porco, para aproveitamento da cabeça do animal[160]. As alheiras de Santa Maria, depois de serem retiradas do fumeiro, eram antigamente conservadas em banha, hoje em dia podem ser congeladas, e comidas depois de fritas.

Alheta, *n.f.* Persilha que prende o cinto às calças[Fl,Sj].

Alho-bravo, *n.m. Bot.* O m.q. alho-francês, alho-porro *(Allium porrum).*

Alhora, *interj.* O m.q. *àgora* e *agora cá!*; não pode ser!; não acredito! (de *olhe ora*): – *Depois do que a terra tremeu naquela ilha, ainda 'tás pensando im ir pra lá?, – Alhora!, gosto de ter os pés de trás bem assentes na terra!* Raul Brandão[161] regista-o, da linguagem corvina, com a grafia 'alhore'. CF regista-o como vulgar nos Açores e ouvido também em Ílhavo (Aveiro).

Alibar, *n.m.* Carrinho de mão (do am. *wheelbarrow*)[162].

Aligar, *v.* Encher (de *a-* + *ligar*)[SM]: – *Aligas esse alguidar cum água bem quente.*

Alimal, *n.m.* O m.q. animal, sua corrupt. por infl. de *alimária*[T].

Alimar, *v.* Amolar uma ferramenta com lima (de *a-* + *limar*)[Fl].

Alinhavão, *n.m. Náut.* Corda grossa com um anzol na ponta, presa ao interior da traineira, destinada à pesca grossa. Var.: *Alinhavom; linhavão*[Fl].

Alinheirar, *v.* Fazer ninho (de *a-* + *{linheiro}* + *-ar*)[P,SM]: – *É preciso alinheirar as galinhas!*

Alivere, *n.m.* Cada uma das travessas de madeira que ligam as pernas do *cafuão*, duas a duas[SM].

Aliviar, *v.* Defecar (ext. de *aliviar*)[T]. Também se diz *aliviar o corpo.*

Aliviar o corpo, *exp.* O m.q. defecar[T].

Aliviar o luto, *exp.* Começar a usar roupas sem ser o preto, primeiro o cinzento e só depois as cores mais claras. Quando os homens não tinham possibilidade de ter roupa preta, usavam na manga esquerda uma tira de fazenda preta, no Faial chamada *pfumo.*

Alizar, *n.m.* Guarnição de madeira nas paredes interiores das casas, junto ao chão; o m.q. rodapé (do ár. *al-izār*)[F,Fl,Sj].

Aljabre, *n.m.* Caixa cilíndrica para transportar o furão para a caça (corrupt. de *aljava*)[T]. Aljava é termo ant. que designava um coldre ou carcás sem tampa em

158 P.e Manuel Luís Maldonado – *Fenix Angrence.*

159 Versão de Augusto Gomes. Há muitas maneiras de preparar pela 1.ª vez o alguidar da alcatra. Além da citada apenas esta: deixá-lo ficar durante uma semana cheio de água, que se muda duas vezes, com um molho de hortelã e cinco dentes de alho esmagados, uma cebola aos quartos e duas folhas de louro (segundo o Prof. João Vasconcelos Costa).

160 As alheiras do Continente, aqui introduzidas pelos judeus, são feitas com carne de galinha ou de coelho, à mistura com pão de trigo, sendo o único enchido de Portugal que não leva carne de porco. O seu nome tem origem na planta que as aromatiza, a erva-alheira (*Alliaria petiolata*), que tem um sabor semelhante ao alho.

161 Raul Brandão – *As Ilhas Desconhecidas.*

162 Termo recolhido pelo Autor nas Lajes das Flores, não sendo de uso generalizado. J. Saramago regista-o também no Corvo.

que se metiam as setas e deriva do ár. *al-ja'abâ*, que significa o mesmo.

Alma coitadinha, *n.f.* Pessoa simples; servo de Deus; o que não capaz de fazer mal a uma mosca[SM].

Alma justa, *n.f.* Pessoa sem pecados: *Só há aqui uma alma justa / Os outros não posso perdoá-los / Fazer pecados não custa / O que custa é pagá-los*[163].

Alma da viola, O m.q. caixa de ressonância, falando da *viola da terra*[T].

Alma de pau, 1. *loc. adj.* Desapiedado; gélido; impassível; insensitivo[SM]: – *Eh alma de pau! Deixa-me passá esta alminha de Dês!* **2.** *loc. adj.* Alma de pau era também uma das alcunhas que na Terceira se dava aos de S. Miguel.

Alma do corisco, *n.f.* O m.q. alma do diabo[SM].

Alma do diabo, *loc. adj.* Maldito; safado[F]: – *O monço é um alma do diabo que me dá cabo do juízo!* Utilizado rotineiramente por todas as ilhas sem carga pejorativa. Usado no Algarve com o mesmo sentido. Aquilino regista-o também na linguagem beirã: *O alma do Diabo furtar-me o vinho e virá-lo de um trago*[164].

Alma dum instante, *loc. adv.* Depressa; rapidamente[SM]: – *E, na frente do bossa, o trabalho ficou pronto na alma dum instante!*

Alma lavada, *n.f.* Pessoa leal, frontal, verdadeira.

Alma-de-mestre, *n.f. Bal.* O m.q. *melro* ou *melrinho da baleia.* Segundo Teófilo Braga[165] as *almas-de-mestre* que acompanham os navios têm este nome resultante de uma crença animista baseada na 'zorra da Odeloca', também chamada 'berradeira', que pertence às almas errantes de finados em pena e que aparece na Ribeira de Odeloca, no Algarve. Quando se escarnece os berros que a zorra dá depois da meia-noite, ela persegue essa pessoa até à morte!

Almado, *adj.* Apalermado (de *alma* + *-ado*)[SM].

Almairo, *n.m.* O m.q. *almário,* armário. Nota: *Almário* era f. usada no séc. XV, tendo aqui permanecido durante séculos, embora com corruptela (metátese do [i]).

Almanjarra, *n.f.* Peça curva de madeira que liga o pião à canga, na atafona (do ár. *al-majarra,* com epêntese do [n]).

Almarado, *n.m.* Nome de bovino que apresenta à volta dos olhos uma cor diferente do resto do corpo[T]. Usado um pouco por todo o país.

Almareado, *adj.* Enjoado; ligeiramente enjoado; embriagado; pouco lúcido[T]: *Ti Jerónimo, almariado com o acontecimento, adormeceu exausto sobre os folhos da coberta do rádio*[166]. É de muito pouco uso no Arquipélago, onde se usa quase sempre, em seu lugar, o termo *mareado.* Com o mesmo significado é ouvido no Baixo Alentejo, sendo muito frequente no Algarve.

Almário, *n.m.* Armário sua f. antiga[Fl,P,T]. Do português arcaico, aparece, p. ex., em Gil Vicente[167]: *Três almarios de mentira / E cinco cofres de enleios [...] E o cales achará / no almário de cá.*

Almece, (do ár. *al-mīs*) **1.** *n.m.* Soro que vai saindo durante a cura do queijo[SM]. CF (Ed. de 1889 e de 1925) regista-o com o mesmo significado, como termo dos Açores e do Alentejo. **2.** *n.f.* Secreção leitosa que emerge do teto da vaca, sinal de prenhez[C].

Almeice, *n.m.* O m.q. almece (do ár. *al-mīs,* soro de leite)[Sj]. Termo trazido do Alentejo, onde ainda se usa actualmente.

Almiada, *n.f.* Alumiada, sua corruptela por síncope; fogueira[F]. Era tradicional a *almiada de S. João,* em que os rapazes saltavam por cima das labaredas, costume

[163] Da *dança* carnavalesca (Terceira) *O Juízo Final,* da autoria de Hélio Costa.

[164] Aquilino Ribeiro – *O Malhadinhas.*

[165] Teófilo Braga – *O Povo Português nos Seus Costumes, Crenças e Tradições.*

[166] Carlos Enes – *Terra do Bravo.*

[167] Gil Vicente – *Auto da Barca do Inferno.*

de todas as ilhas, assim como do Alentejo e do Algarve:. Ao saltarem as fogueiras gritavam: *Fogo no saragaço, / Sande no meu braço! / Fogo no feito, / Saúde em meu peito!*

Alminha do escuro, *n.f.* O m.q. alma do purgatório[SM]: – *Seja tudo pelas alminhas do escuro!*

Almo, *n.m.* Pessoa rude e intransigente; indivíduo bronco[SM].

Almonço, *n.m.* Almoço, sua corruptela por epêntese; a primeira refeição do dia, o 'pequeno almoço' no falar das cidades[F].

Almorróida, *n.f.* O m.q. hemorróida (de *almorreima x hemorróida*).

Alo, *n.m.* Fio que se tira, na vagem do feijão verde[F,Fl].

Alomeança, *n.f.* Boa fama; nomeada (de *alomear + -ança*)[SM]: – *É gente de grande alomeança!*

Alomear, *v.* Nomear, dizer o nome de alguém; citar; referir (do arc. *lomear*, do lat. *nominãre*): *[...] metia a mão numa saquinha e tirava um papelinho onde estava escrito um nome, depois alomeava de rijo, José Machado*[168].

Alpantesma, *n.f.* O m.q. *abantesma, abentesma* ou *aventesma*; fantasma; monstro (do lat. *phantasma*).

Alpardecer, *v.* Entardecer; tornar-se lusco-fusco (de *{alpardo}* + *-ecer*): – *O alpardecer traz-m'às vezes uma tal tristeza que parece que o manto negro da noite s'abate sobre o meu coração!*

Alpardinho, *n.m.* O m.q. *alpardusco* (de *{alpardo}* + *inho*): *Recolhida a coroação, já alpardinho [...]*[169]. No Faial, com o mesmo sentido, usa-se muito o dim. *tardechinha.*

Alpardo, *adv.* Crepúsculo; lusco-fusco. Tem origem em 'ar pardo', formando uma só palavra, com dissimilação do [r]. Numa poesia do cancioneiro de Resende lê-se: *Como vires o ar pardo / que já quer anoutecer.* Os Cabo-verdianos dão-lhe o nome de 'desamparinho do dia'[170].

Alpardusco, *adv.* O m.q. *alpardo* (de *{alpardo}* + *-usco*)[SM]: *[...] até se vêem, ao alpardusco, as luzinhas das almas dançando nos covais*[171].

Alpendre do carro, *n.m.* Pequena edificação rectangular destinada a abrigar o carro de bois[T].

Alqueire, 1/2 alqueire e quarta (Museu das Flores). No alqueire, o pau da rasoira.

Alqueire, (do ár. *al-kail*) **1.** *n.m.* Medida agrária, equivalente a cerca 1000 metros quadrados[172]. **2.** *n.m.* Medida de capacidade, para secos, numas ilhas equivalente a 12 litros[F], noutras a 16[SM]. C'o pé no meio do alqueire: diz-se da mancebia: *Aquela casou c'o pé no meio do alqueire*, quer dizer, aquela vive casada apenas 'de facto'. Não ter os sete alqueires bem medidos: ser pouco

[168] Cristóvão de Aguiar – *Raiz Comovida.*

[169] Manuel Ferreira – *O Morro e o Gigante.*

[170] Do crioulo cabo-verdiano *desamparim.*

[171] Cristóvão de Aguiar – *Trasfega.*

[172] A sua área varia de ilha para ilha.

inteligente, talvez mesmo um pouco atrasado mental[T].

Alqueire de vara grande, *n.m.* Apenas usado em S. Miguel, corresponde a 1393 m^2. Nota: Em todas as ilhas da região é utilizado o *alqueire de vara pequena,* à excepção de S. Miguel que também utiliza o *alqueire de vara grande.*

Alqueire de vara pequena, *n.m.* Também chamado apenas alqueire, tem em todas as ilhas a medida de 968 m^2.

Altar, *v.* Tornar alto; crescer; dar mais altura; elevar (corrupt. de *altear*)[SM]: – *Vou altar o rádio pra gente ouvir as notícias.*

Altar do Esprito Santo, *n.m.* Pequena mesa sobre a qual é colocada uma estrutura de madeira com 4 degraus, tudo coberto por toalhas brancas rendadas, destinado a ser instalada a *Coroa* do Espírito Santo nas casas particulares[173]. Em alguns lugares é chamado *altarinho* ou *trono.*

Altura da conjunção, *exp.* Três dias depois da Lua Nova[StM]: – *Os pinheiros devem ser cortados na altura da conjunção!*[174].

Aluado, *adj.* Alucinado; amalucado; sem juízo (part. pas. de *aluar*): *Era um home sério, mas amodes que meio aluado*[175]. Na Terceira, segundo a crendice popular, quem dorme à luz da Lua fica aluado[176].

Alumbramento, *n.m.* O m.q. deslumbramento; ilusão (arc.)[SM].

Alumiação, (de *alumiar* + *-ção*) **1.** *n.f.* Cerimónia religiosa das festas do Espírito Santo, baseada num conjunto de cantares entoados pela *Folia* junto ao *altarinho do Esprito Santo,* na casa do *Imperador*[177]: *[...] As allumiações geralmente são aos sabbados e domingos á noite*[178]. **2.** *n.f.* Nome que também se dá ao acto de se ter em casa a *Coroa* do Espírito Santo, geralmente durante uma semana, entre o dia de Pentecostes e o dia de Páscoa.

Alumiar o Esprito Santo, *exp.* Ter em casa a *Coroa* e as *Bandeiras* do Espírito Santo[F]: *Algumas vezes a coroa e a bandeira vão alguns dias para casa de pessoas que, por especial devoção, prometeram alluminar o Espírito Santo*[179].

Aluminar, v. O m.q. alumiar (do lat. vulg. *alluminãre*). Arcaísmo ainda aqui presente.

Alunarado, *adj. Taur.* Diz-se do touro com pequenas manchas de duas cores[T].

À luz da Lua, *exp.* Com a claridade da Lua: *Uma mulher estava a fiar à claridade da lua (antigamente fiava-se muito à luz da lua)*[180].

Alva, *n.f.* Peneira fina destinada a peneirar a farinha de trigo (do lat. *alba-*)[SM].

Alvacória, *n.f.* Albacora, sua corruptela. Peixe teleósteo também conhecido em certas regiões pelo nome de 'albacor' (*n.m.*), da subordem dos acantópteros, Família dos Escombrídeos. Nos Açores, distinguem-se quatro espécies de albacora: 1. O Galho-à-ré ou Galha-à-ré *(Thunnus albacares),* espécie esguia e comprida, embora de peso moderado, pela sua forma que se adelgaça do umbigo para a cauda e com a segunda barbatana dorsal e anal muito compridas, de onde lhe vem o nome – chega a atingir 2 m de comprimento. No Cont. também lhe chamam 'Albacora-de--laje'. 2. O Patudo *(Thunnus obesus),* com o dorso cinzento-azulado e o ventre branco acinzentado, com as barbatanas caudais e peitorais de coloração negro-avermelhada, as pontas da 2ª dorsal e caudal rosadas e as dorsais e anal amarelas. Chega a atingir 2. 40 m de comprimento e um

[173] João Leal – *As Festas do Espírito Santo nos Açores.*
[174] A Lua está em conjunção com o Sol, na fase de Lua Nova, quando passa entre a Terra e o Sol.
[175] Augusto Gomes – *O Peixe na Cozinha Açoriana e Outras Coisas Mais.*
[176] J. H. Borges Martins – *Crenças Populares da Ilha Terceira II.*
[177] João Leal – *As Festas do Espírito Santo nos Açores.*
[178] Padre Joaquim Chaves Real – *Espírito Santo na Ilha de Santa Maria.*
[179] F. Afonso Chaves – *Espírito Santo nas Flores e Corvo.*
[180] J. H. Borges Martins – *Crenças Populares da Ilha Terceira II.*

peso de 200 kg. No Cont. também é chamado 'Albacora-cachorra' e 'Albacora-de--olho-grande'. 3. O Voador *(Thunnus alalunga)*, de forma semelhante à do *galho-à--ré* mas diferenciando-se deste por ter as barbatanas peitorais muito longas, ultrapassando bastante a origem da 2ª dorsal, o dorso azul-escuro e o ventre cinzento--prateado, não ultrapassa 1.30 m. No Cont. também é chamado 'Albacora-branca'. 4. O Rabilho, também pronunciado Rabilo (*Thunnus thynnus*), no Cont. também chamado 'Albacora-azul', tem realmente o dorso azul-escuro, passando a cinzento nos flancos e a branco no ventre, com barbatanas peitorais mais curtas do que a cabeça e bandas prateadas transversais nos flancos; chega a atingir mais de 3 m de comprimento e um peso superior a 500 kg[181]. A pesca da albacora nos Açores, começou depois do fim da 2ª Guerra Mundial, sendo pioneiros, neste tipo de pesca, dois barcos, a *'Garça'*, do Faial e o *'Salazar'*, do Pico, seguindo-se depois outras lanchas com o desenvolvimento da técnica de conservação. Nessa altura, de grande abundância de peixe, havia uma outra espécie, pescada em menores quantidades e poucos anos depois desaparecida, popularmente chamada *charoleta*, com o corpo semelhante ao do *Patudo*, com riscas ao comprido, mais claro e pesando apenas cerca de 5 a 6 kg[182].

Alvacôto. *n.m.* Casaco comprido; sobretudo (do. am. *overcoat*). Hoje em desuso, ainda me lembro de fazer parte do vocabulário corrente dos Açorianos, utilizado sempre em lugar do vocábulo nacional.

Alvadio, *adj.* De cor cinzento-claro, a puxar para o branco (do lat. *albātu-*, vestido de branco, + *-io*)[SM].

Alvado, (do lat. *alveātu-*) **1.** *n.m.* Papo das aves[SM]: – *Aquele galo tem um lindo alvado!*

[181] Luiz Saldanha – *Fauna Marítima Atlântica.*

[182] Humberto Rosa Garcia – Tardes de amena cavaqueira.

2. *n.m.* Orifício do sacho e da enxada onde é enfiado o cabo de madeira, também chamado *olho*. **3.** *n.m. Bal.* Parte do *arpão da baleia* que fica situada entre o ferro e o cabo de madeira[Fl].

Alva Pomba, *exp.* Nome que também se dá ao Hino do Espírito Santo, por assim iniciar a sua letra: *Alva Pomba, que meiga aparecestes / Ao Messias, no Rio Jordão, / Estendei Vossas asas celestes / Sobre os povos do orbe cristão.*

Alva-rala, *n.f.* Peneira grossa destinada a separar a sêmea da farinha do trigo[SM].

Alvarol, *n.m.* O m.q. *alvarozes*, muito raramente ouvido (do am. *overall*)[F].

Alvaroz, *n.m.* O m.q. *alvarozes*[T].

Primeiro plano – homem de alvarozes

Alvarozes, *n.m. pl.* Espécie de calças de ganga largas com peitilho e suspensórios (do am. *overalls*). No Cont. dá-se-lhes o nome de 'jardineiras'. Os emigrantes dos Açores que foram trabalhar para os ranchos da Califórnia usavam-nos para ir tratar das vacas sem sujar a roupa de baixo. Era costume os emigrantes trazerem *alvarozes* como uma boa oferta aos seus conterrâneos, que eram usados servindo como calças: *[...] um dia voltavas à terra velha / a deslumbrar toda a gente com histórias do que viste, / e havias de trazer navalhas e alvaroses para todos / e a promessa de um jantar de Esprito Santo à freguesia*[183].

[183] Pedro da Silveira – *Para Ti que Ficas Parado.*

Alvejinhado, *adj.* Alvo; brando (de *alvejar,* branquear)SM.

Alvião-da-Amerca, *n.m.* Também chamado *alvião-de-arrencar-lenha* ou *márica,* é uma espécie de alvião, como o nome o diz, trazido pelos emigrantes da AméricaSj.

Alvião-de-arrencar-lenha, *n.m.* O m.q. *alvião-da-Amerca* (*arrencar,* corrupt. de *arrancar*)Sj.

Alvidrar, *v.* O m.q. inventar (do lat. *arbitrāre*)Sj. Nota: O termo adquiriu aqui um significado divergente.

Alvorada, (de *alvorar + -ada*) **1.** *n.f.* Cada um do conjunto de cantares das festas do Espírito Santo, versando temas de natureza religiosa, entoados pela *Folia* à porta da *Casa do Esprito Santo*[184] e depois junto ao altar do *Império,* compostos por poemas religiosos populares, em forma de quadra. Tal como os cantos do Alentejo, são cantados apenas por vozes graves, masculinas[185], com linhas melódicas diversas, tendo em comum a lentidão das suas notas e a presença de numerosos ornamentos de ligação entre si (lembrando a música árabe antiga), acompanhado ritmicamente pelo *tambor* e pelos *pratos*F: *Levanta-te garça / Do teu doce estar, / Pois el-rei vai à la caça, / Já o Sol quer raiar [...]*[186]. **2.** *n.f.* Manifestação tradicional feita à noitinha, no *Império* do Espírito Santo, às terças, quintas e sábados que antecedem a coroação, onde são cantadas as *alvoradas* atrás referidas e onde se juntam as pessoas da freguesia. Recentemente, desde há uns 30 a 40 anos, prolongam-se, particularmente a Alvorada do Sábado, com serão musicalF. Nota: Embora as *Alvoradas* sejam efectuadas sempre à noite, depois da *ceia,* antigamente eram *deitadas* de madrugada, ao despontar do dia, costume ainda conservado nas Lajes das Flores[187].

Alvorada da Despedida, *n.f.* Última *alvorada* cantada em casa de quem saiu a sorte para a *alumiação* do Espírito SantoF.

Alvorada da Entrada, *n.f.* Alvorada cantada no final da tarde do Domingo de Páscoa, na 1ª casa a quem saiu a sorte de *alumiar o Esprito Santo*F.

Alvorada de S. Pedro, *exp.* Nome que se dá em S. Miguel, na Ribeira Seca, ao tradicional acto de um bando de homens percorrer as ruas da vila, ao raiar da aurora do dia de S. João, tangendo vários instrumentos, com o fim de advertir os que 5 dias depois, dia 29, têm que fazer parte da *Cavalhada.*

Alvorada Foliada, *n.f.* *Alvorada* cantada e *balhada* pelos Foliões, também chamada *Alvorada Pulada*F: *É uma espécie de dança pulada num só pé, alternando a elevação dos pés, o que muito atraía as nossas atenções, puxando-nos ao divertimento e ao riso, pelo espectáculo cómico que se nos oferecia*[188]. Antigamente, na Terceira, os Foliões dançavam – *foliavam* – mesmo dentro da igreja, em frente ao altar-mor, tendo sido depois proibido pelas Constituições do Bispado de Angra. Nas Flores, antigamente os Foliões também dançavam (foliavam) nos cortejos do Espírito Santo em cantorias como, p. ex., a *Alvorada Pulada* ou *Alvorada Foliada* (Lajes), o *Juliano Mano* (Fajã Grande) e a *Juliana* (Ponta Delgada).

Alvorado, *adj.* Arvorado; erguido; levantado (part. pas. de *{alvorar}*)F: *A bandeira alvorada*[189].

---

[184] Ao cântico preparatório efectuado na rua chama-se *Romance* e antecede a Alvorada propriamente dita.

[185] Lembro-me de na minha juventude ouvir uma Alvorada em que um mulher presente, familiar de um dos Foliões, cantou em coro com eles algumas das cantigas e sentir que, com a sua voz feminina, toda a gravidade do cântico se ter perdido.

[186] Excerto de uma Alvorada das Flores.

[187] Lino Santos e José Trigueiro – *Espírito Santo na Ilha das Flores.*

[188] Aurélia Armas Fernandes e Manuel Fernandes – *Espírito Santo em Festa.*

[189] P.e Nunes da Rosa – *Pastorais do Mosteiro.*

Alvorar, 1. *v.* Arvorar, sua corruptela por dissimilação: *[...] passei a pronto como soldado raso, porque mal sabia ler e escrever, senão tinha ficado primeiro-cabo ou soldado alvorado*[190].

Alvorar do rancho, *exp.* Parte final dos *Ranchos dos Reises*, que consistia, antes de se retirarem da casa visitada, em cantar uma ou duas cantigas que tinham cantado à porta fechada antes de entrarem; também lhe chamavam o *levantar do Rancho*[T].

Ama da roupa, *n.f.* O m.q. lavadeira[P].

Amachucar, (de *a-* + *machucar*) **1.** *v.* Contundir; magoar: *[...] deu-lhe uma pancada e espadaçou-lhe a cara. Ele amachucou bem a cara do tal home*[191]. **2.** *v.* Acabrunhar; entristecer[T]. É usado também em certas regiões do Continente: *Uma destas palavras que amachucam*[192].

Amaciadeira, *n.f.* O m.q. *faca de maciar* (de *a-* + *{maciar}* + *-deira*)[P].

Amajoa, *n.f.* Variedade de rede de pesca[T].

Amajoar, (de *a-* + *{majoa}* + *-ar*) **1.** *v. Náut.* Deixar a rede de pesca durante a noite para o peixe malhar[T]. **2.** *v. Náut.* Pescar com a *amajoa*[T].

Amanhação, (de *amanhar* + *-ção*) **1.** *n.f.* Conciliação; composição; contrato[T]: *– Foi uma amanhação entre os dois, ninguém sabe porquê.* **2.** *n.f.* O m.q. amanho; remedeio[SM]: *– Isto é só uma amanhação inquanto nã s'arranja milhor!*

Amanhadeira, *n.f.* Mulher conformista, que tudo aceita (de *amanhar* + *-deira*)[SM].

Amanhado, (part. pas. de *amanhar*) **1.** *adj. fig.* Tramado[F,P]: *– 'tás bem amanhado, se tei pai sabe!* Usado no Algarve com o mesmo sentido. **2.** *adj.* Saciado[SM]: *Consolei-me com esta tigela de sopas de leite, estou bem amanhado!* **3.** *n.m.* Pessoa conformista, que não se revolta com nada (part. pas. subst. de *amanhar*)[SM].

[190] Cristóvão de Aguiar – *Raiz Comovida.*

[191] J. H. Borges Martins – *A Justiça da Noite na Ilha Terceira.*

[192] Aquilino Ribeiro – *Terras do Demo.*

Amanhar, (do lat. *admaniāre*) **1.** *v.* Arranjar; compor; consertar; fazer: *amanhar a terra; amanhar o peixe; amanhar a casa; amanhar o de-comer; amanhar a roupa.* **2.** *v. refl.* Defecar: *Os homens correm a cara por água na pia, e vão amanhar-se para o quintal*[193]. **3.** *v.* É a função daquele que, num jogo, por exemplo das escondidas, é encarregado de procurar os outros[Fl]. **4.** *v.* Acostumar; habituar;: *– Ele lá se vai amanhando nas terras d'Amerca – o pió é a comida, quaise sempre encanada!* Provérbio recolhido em S. Miguel: *Quem anda depressa, / não se amanha a andar devagar*[194]. **5.** *v.* Buscar; descobrir: *– Onde será que a gente vai amanhar uma coisinha de salsa para cozer este peixe?*[195]. **6.** *v. pron.* Entender-se; tolerar-se: *Ele furtou aquela mulher ao pai! E depois, o senhor sabe, nunca se amanharam. Nunca se amanharam*[196]. **7.** *v.* Engendrar; planear: *O dos principais disso, era o Manuel Má Cabelo [...] Ele é que amanhou isso tudo!*[197]. **8.** *v. pron.* Ajeitar-se; amoldar-se: *– Mas eu não me amanho a dançar com este no ar [...]*[198]. **9.** *v. pron.* Chegar a acordo[Sj]: *Eles amanharam-se quanto ao preço da propriedade..., bem bom!* **10.** *v. pron.* Desembaraçar-se; desenrascar-se[Sj]: *– Que tal te amanhaste no exame de condução?* **11.** *v. pron.* Aviar-se[Sj]; despachar-se[F]: *– Avia-te depressa ou ainda vais perder a urbana!* **12.** *v. pron.* Contentar-se; satisfazer-se: *– José é de boa boca..., amanha-se com qualquer coisa!* **13.** *v. pron.* Trajar-se; vestir-se: *– Ele amanha-se muito mal, anda sem mal amanhado, coitado!* **14.** *v.* Ceder; emprestar[Sj]: *– A vizinha pode-me amanhar meio quilhinho d'açucre?*

[193] Manuel Ferreira – *O Barco e o Sonho.*

[194] Armando Cortes-Rodrigues – *Adagiário Popular Açoriano.*

[195] J. H. Borges Martins – *Crenças Populares da Ilha Terceira I.*

[196] J. H. Borges Martins – *A Justiça da Noite na Ilha Terceira.*

[197] J. H. Borges Martins – *A Justiça da Noite na Ilha Terceira.*

[198] Carlos Enes – *Terra do Bravo.*

Amanhecente, *adv.* Ao amanhecer (de *amanhecer + -nte*)[Sj,T]: –

Amanho, (deriv. regr. de *amanhar*) **1.** *n.m.* Roupas e utensílios de casa ou da lavoura. **2.** *n.m. pl.* Haveres[SM,T]. **3.** *n.m.* Algo que serve para remediar[StM].

Amarelo, *adj.* Pálido; de más cores; anemiado[F].

Amarelo-lavrado, *exp.* Nome de gado bovino de cor amarela, com malhas brancas.

Amaricado, *adj.* Efeminado; com jeitos de maricas (de *a- + maricas + -ado*)[F].

Amar'icano, 1. *n.m.* Americano, sua corruptela; o emigrante da América. **2.** *adj.* Bom; *asseado*[F]: – *Agarrámos um dia amar'icano pra d'ir bordejar!*

Amarradeira, *n.f.* O m.q. *espadana* (*Phormium tenax*), cujas folhas servem para amarrar gavelas e molhos, daí o nome (de *amarrar + -deira*)[SM].

Amarrar o génio, *exp.* Conter-se; dominar-se[Sj,T].

Amarroado, *adj.* Diz-se daquele que nunca sai de casa (part. pas. de *amarroar*)[Sj].

Amassadeira, (de *amassar + -deira*) **1.** *n.f.* Bancada feita de pedra onde se amassa o pão; mesa da cozinha, com armário na parte inferior, onde se tende o pão; o m.q. *amassaria* e *massadeira*. **2.** *n.f.* Mulher que amassa o pão nas festas do Espírito Santo.

Amassado, (part. pas. de *amassar*) **1.** *adj.* Acachapado; agachado; *amurganhado*; escondido. **2.** *adj.* Abatido; combalido; definhado: *Uma criança estava muito amassada, mal disposta. cheia de fastio, tanto mal que parecia que ia morrer*[199].

Amassadura, (de *amassar + -dura*) **1.** *n.f.* Farinha de milho para o pão da semana[T]. **2.** *n.f.* Acto de amassar o pão[StM].

[199] J. H. Borges Martins – *Crenças Populares da Ilha Terceira I.*

Amassagado, *adj.* Diz-se do tempo nublado e húmido, a ameaçar chuva (corrupt. e ext. de *amassado*)[SM].

Amassar, 1. *v.* Cair; desmoronar (de *a- + massa + -ar*)[T]: *Os outros vieram atrás e amassaram tudo, que essa esborralhada foi aqui neste nosso vadio [...]*[200]. **2.** *v. refl.* Esconder-se, agachar-se: *Tolo igual eu nunca vi, / Ei pá, tu não vales um pataco. / Amassa-te aí, / Que o teu papel é de macaco*[201]. **3.** *v. refl.* Abater-se com a fraqueza[SM]: – *O pobre do cão 'tá-se amassando de dia para dia... É munta a idade!*

Amassar a rir, *exp.* Rir muito, sem poder de controlo: – *E se tu ouvisses o ratão! É de amassar a rir!*[202].

Cozinha rural de S. Miguel (Museu Carlos Machado)

Amassaria, (de *amassar + -ia*) **1.** *n.f.* Armário de cozinha onde se guarda a loiça, talheres e pão, com tampo largo onde se amassa o pão, daí o nome: *[...] Se com paixão gritei, foi por via de uma ratazana que se passeou por riba da amassaria*[203]. No Corvo também se chama *prateleira*. **2.** *n.f.*

[200] J. H. Borges Martins – *A Justiça da Noite na Ilha Terceira.*

[201] Da dança de pandeiro *O Grito do Tarzan*, de Hélio Costa.

[202] José Noronha Bretão – *As Danças do Entrudo – Uma Festa do Povo.*

[203] Cristóvão de Aguiar – *Um Grito em Chamas.*

Mesa oca por baixo, no moinho de rodízio, onde assenta a mó fixa[SM].

Amatade, *n.f.* Ametade, sua corruptela por assimilação: *[...] empaviaram o caldo com a amatade dum pão de milho e um canjirão de vinho p'ra ajudar a esmoer*[204].

Ambaque, *n.m.* Baleia grande, de bossa; o m.q. *Ampebeque* (do am. *Humpback*). *[...] chegando o ambaque (baleia preta) a deixar-se matar quando lhe apanham o pequeno [...]*[205].

Ambeque, *n.m.* O m.q. *ampebeque*[SM].

Ambos dois, *pleon.* Ver *ambos os dois*. De S. Miguel, o provérbio: *Se vendermos os bois, / vendemos ambos dois*[206].

Ambre-pardo, *n.m. Bal.* Também conhecido por *ambre-cinzento*, é a massa gordurosa segregada pela mucosa intestinal de certos cachalotes velhos, resultado de doença intestinal, que antigamente era muito valioso, usado como fixador de perfumes de alta qualidade (*ambre*, corrupt. de *âmbar*). Os Americanos chamavam-lhe 'foating gold'.

Ameço, (corrupt. de *ameaço*) **1.** *n.m.* Aceno; gesto significativo; trejeito[SM].: *Vossa incelência, meu major, dá-me licença?, ele lá fez um ameço que sim [...]*[207]. **2.** *n.m.* Aviso; ameaça: – *Por enquanto isto é só um ameço!* **3.** *n.m.* O m.q. rajada, falando do vento.

Ameias, *n.f. pl. Sinal* de marcação do gado[F]. Os Corvinos chamavam-lhe *três ameias*.

Ameigado, *adj.* Amancebado (partr. pas. de *{ameigar}*)[SM].

Ameigar-se, *v. pron.* Amantizar-se; amancebar-se[SM]: – *Ele ameigou-se com a rapariga e 'tão vivendo juntos!* (corrupt. de *amigar*, por infl. de *meigo*).

Amêijoa, *n.f.* Molusco acéfalo, comestível, cientificamente denominado *Tapes decussatus*, existente nos Açores apenas em S. Jorge, na Lagoa de Santo Cristo, para aí levado do Continente. Nesta ilha, também lhe chamam *clame*, aportuguesamento de 'clam', por ser muito parecido com a amêijoa americana, *Mya arenaria*.

Ameitada, *n.f.* Ametade, sua corruptela por epêntese e assimilação[SM]: *Ela bota logo de lá a sua propósita que dece prá ameitada*[208].

Amela, *n.m.* O m.q. *zabela*[SM].

Amentar as almas, *exp.* O m.q. rezar pelas almas dos defuntos (amentar, de *a-* + *mente* + *-ar*)[SM].

Amerca, 1. *n.p. f.* América, sua corruptela por síncope[209]: *Não sei que me quer a Amerca, / Que pra lá me está chamando; / Hei-de me deitar ao mar / E as ôndias me irão levando!*[210]. **2.** *n.m.* Um *amerca* é um emprego bom, que dá bons rendimentos, tal como se ganha na América[F]. Antes da emigração para a América, nos tempos da emigração para o Brasil, dizia-se, com o mesmo sentido, um *brasil, aquilo é um brasil!* (ver *brasil*).

Ponta Delgada – Embarque para a América

[204] Augusto Gomes – *Cozinha Tradicional da Ilha Terceira* (Falas da Tia Gertrudes).

[205] Luís Bernardo Leite de Ataíde – *Etnografia Arte e Vida Antiga dos Açores.*

[206] Armando Cortes-Rodrigues – *Adagiário Popular Açoriano.*

[207] Cristóvão de Aguiar – *Raiz Comovida.*

[208] Luís Bernardo Leite de Ataíde – *Etnografia, Arte e Vida Antiga nos Açores.*

[209] Pode também significar somente a Nova Inglaterra por oposição ao outro grande polo de emigração, a Califórnia – *O senhor está na Amerca ou na Califórnia?*

América pequenina, A parte americana da Base aérea das Lajes, na Terceira[SM,T]. Tinha este nome pelo facto de ser americana e de empregar muitos Açorianos, como se de uma América, em ponto pequeno, se tratasse. *Esta nossa base é coisa fina; / De Portugal a primeira! / Parece uma América pequenina / Dentro da ilha Terceira*[211].

América de Baixo, A Nova Inglaterra: *[...] embarcado já há tempo para a Califórnia, a América de Cima, por oposição à América de Baixo, na costa leste, banhada pelo nosso Atlântico*[212].

América de Cima, Os *amar'canos* chamam *América de Cima* à Califórnia.

Americano, *n.m.* Todo aquele que esteve emigrado na América. É quase sempre pronunciado *amar'icano.*

Ametade, *n.f.* O m.q. metade (de *a-* + *metade*). Muito ouvido na linguagem dos idosos nomeadamente nas corruptelas *amatade* e *ameitade.*

Amezidade, *n.f.* O m.q. amizade[Fl,SM,T]: *O senhor que quere!? Criei-lhe amezidade! Que era mesmo como se fosse gente! Que Deus me perdoe!*[213]. Amizidade é f. arcaica de amizade.

Amigo de tu, *loc. adj.* Amigo íntimo[T].

Amigo nã empata amigo, *exp.* Forma de despachar uma conversa com um amigo e avançar caminho, geralmente acrescentando *vá cum Dês à sua vida*[F]. Em Castelo Branco e arredores resumem a coisa dizendo *Vá atão!*, e cada um vai à sua vida.

Amigos cma marrães, *exp.* O m.q. *amigos cma porcos*[F].

Amigos cma porcos, *exp.* Amigos íntimos, inseparáveis[F].

Amizade porca, *exp.* Grande amizade[F]: *– Aquilho agora é uma amizade porca, mas vai durar pouco tempo...*

À moda amar'cana, *exp.* Expressão muito usada em todas as ilhas sempre que se refere à terra da *Amerca,* nomeadamente quanto à sua fartura, isto em tempos passados.

À moda velha, *exp.* O m.q. à moda antiga; como se fazia antigamente[F]: – *Ainda gosto de pescar ao charro à moda velha, c'uma carnadinha de garapau a servir d'isca!*

A modo cma tolo, *exp.* O m.q. atoleimado[T].

Amoitar, *v.* Esconder; reunir em grupo (de *a-* + *moita* + *-ar*)[F].

Amojamento, *n.m.* O m.q. amojo; apojadura, intumescimento produzido pelo leite nos mamíferos (de *amojar* + *-mento*).

Amojar, *v.* O m.q. apojar; intumescer-se, falando do *mojo* das gueixas (*a-* + *{mojo}* + *-ar*)[F].

Amolha, (deriv. regr. de *amolhar*) **1.** *n.f.* Termo do jogo do pião e uma das suas maneiras de jogar. Na *amolha,* um dos jogadores cospe no chão; depois, cada um dos jogadores deita o pião, tentando acertar no lugar onde ficou o cuspo ou, pelo menos aproximar-se o mais possível. Os que ficam mais longe põem os seus piões no chão – *abaixam* – encostados uns aos outros – *amolha.* Os que jogam procuram desmanchar a *amolha,* ou seja, separar os piões, e quem não o consegue *abaixa*[T]. 'Amolhar' era verbo antigo que significava amolgar[214]. **2.** *n.f.* Ajuntamento de pessoas (ext. de *amolha*)[T]: – *Com o desastre no Alto das Covas, juntou-se prá'li uma amolha de gente que foi feio!*

Cortar a amolha: passar ostensivamente pelo meio de um grupo ou de uma dança, o que é, neste caso, uma provocação grave.

Rachar a amolha: acertar em cheio[T].

---

210 Quadra do folclore de S. Jorge.

211 Hélio Costa – *Entrada Geral na Base das Lajes* (bailinho), in *O Carnaval dos Bravos.*

212 Cristóvão de Aguiar – *Marilha.*

213 Luís Bernardo Leite de Ataíde – *Etnografia Arte e Vida Antiga dos Açores.*

214 José Pedro Machado ainda o regista com este significado, sem referência especial quanto ao seu uso actual.

Amora-americana, *n.f.* Variedade de amora grada, fruto da *silva-mansa* (*Rubus hochstetterorum*)[F].
Amora-do-Brasil, *n.f.* O m.q. groselha[SM], também chamada *baga* e *baguinha (Ribes grossularia).*
Amoranhar-se, *v. refl.* O m.q. aninhar-se[Fl]: – *Amoranhou-se atrás da parede a ver se passava despercebido!*
Amoroso, (do lat. *amorōsu-*) **1.** *adj.* Fino[Fl,T]: – *É um doce amoroso ma não é pr'algibeira de qu'alquer um!* **2.** *adj.* Ameno, falando do tempo[F,T]. É usado com o mesmo sentido no Alentejo. No Algarve diz-se 'estar amoroso' quando a noite está calma, mais para quente do que para fria. **3.** *adj.* Macio[SM]: – *Tens um casaco tão amoroso!*
Amorraçar, (de *a-* + *morraça* + *-ar*) **1.** *v.* O m.q. *peneirar*. **2.** *v.* Chuviscar. Nota: No Alentejo usa-se o verbo 'morraçar' com o sentido de chuviscar.
Amoscado, *adj.* Diz-se do tecido estampado, com marcas semelhantes a moscas (corrupt. de *mosqueado*)[SM].
Amostra, (deriv. regr. de *amostrar*) **1.** *n.f.* Nome que na Terceira os rapazes dão ao acto de tirar as calças a um deles para lhe por à mostra as partes pudendas. Chamam-lhe *fazer uma amostra*: *Agarraram-no e fizeram-lhe uma amostra. Bem podia espernear como um porco*[215]. **2.** *n.f.* Peixe ou outro atractivo que é posto dentro do *cofre* para atrair a lagosta, ou o que se deseja pescar[Sj].
Amostração, *n.f.* Acontecimento raro (de *amostrar* + *-ção*)[SM].
Amostração do Senhor, *n.f.* Diz-se da pessoa ou animal disforme, anormal[F].
Amouchado, *adj.* Abatido; abaixado (part. pas. de *{amouchar}*)[F]: – *Passou e nã o viu porque ele estava amouchado atr´s de uma hortense!*
Amouchar, (corrupt. de *amochar*) **1.** *v.* Deitar o pião no chão para os outros o tentarem picar. **2.** *v.* Baixar-se para o outro lhe saltar para as costas no jogo das cavalitas: – *Eu já amouchei; agora amouchas tu!*[F]. **3.** *v.* Abaixar-se. **3.** *v.* Acobardar-se. **4.** *v. pron.* Deixar-se convencer por melhor opinião de outrem.
Ampebeque, *n.m. Bal.* Baleia grande de bossa, cientificamente denominada *Megaptera novaeanglie* (do am. *humpback*).
Ampo, *n.m. Bal.* Protuberância (*bossa*) de alguns cetáceos, como o cachalote e o 'Humpback' (do am. *hump*).
Amuar, *v.* Diz-se da cal quando pára subitamente o processo de hidratação (de *a-* + *mu* + *-ar*)[F].
Amurganhado, *adj.* Amassado; aninhado; encolhido (part. pas. de *amurganhar*).
Amurganhar-se, *v. pron.* Aninhar-se; encolher-se (de *a-* + *murganho* + *-ar*).
Anaçoado, *adj.* Bondoso; obediente (de *a-* + *nação*, na f. rad. desnasalizada *naço* + *-ado*)[F]. Registado nos dicionários como provinc. transm. com significado semelhante.
Anchouva, *n.f.* Anchova, sua corruptela por epêntese[F]. Var.: *Enchouva*.
Anchouveta, *n.f.* Anchova pequena (de *{anchouva}* + *-eta*)[F].
Andaço, (de *andar* + *-aço*) **1.** *n.m.* Doença contagiosa; doença epidémica: *Muita estragação fez o andaço na Ilha*[216]. **2.** *n.m. fig.* Moda. Andaço que anda: epidemia benigna, doença que se propaga rapidamente, mas sem efeitos graves.
Andaço era nome usado antigamente por todo o país. Chernoviz[217] define-o assim: *Assim se chama vulgarmente toda a moléstia que ataca ao mesmo tempo e no mesmo lugar grande numero de pessoas. É uma epidemia, em ponto pequeno.*
Viterbo[218] regista o termo, citando Bluteau, definindo-o como palavra antiquada e vulgar.

---

215 Carlos Enes – *Terra do Bravo.*

216 Cristóvão de Aguiar – *Um Grito em Chamas.*

217 Pedro L. N. Chernoviz – *Diccionario de Medicina Popular.*

218 Frei Joaquim de Santa Rosa de Viterbo – *Elucidário das Palavras.*

Andadeira, *n.f.* A mó superior dos moinhos que se move, que anda à roda, daí o nome (de *andar* + *-eira*)SM.
Andador, *n.m.* Mancebo que, nas festas do Espírito Santo, anda a distribuir pratos de doce pelos presentes (de *andar* + *-dor*)Sj: *[...] espalham-se pelo arraial oferecendo um prato de doce a cada cabeça-de-casal ou chefe de família*[219]. Em S. Jorge também lhe chamam *passeador*.
Andaia, *n.f.* Bebida espirituosa, obtida por destilação do vinho e aromatizada com casca de laranja, canela e erva doce[220]. Segundo o Tenente-coronel Lacerda Machado[221], é feito com vinho branco e leva também casca de cidra e açúcar.
Andaime, *n.m.* Espécie de prateleira da oficina do oleiro onde são colocadas as peças de barro para secarem à sombraT.
Andaimo, *n.m.* Nome que se dava ao lugar onde o gado punha os pés quando andava à volta na atafona (de *andar*)Sj.
Andando e cagando, *exp.* Expressão utilizada para indicar indiferença quanto a qualquer assunto; o m.q. 'estou-me nas tintas' ou 'deixa andar'F.
Andar ao lé-lé, *exp.* Andar ao colo, falando de criançasSj.
Andar ao pulinho, *exp.* O m.q. andar ao pé-coxinhoFl.
Andar apegadinho, *exp.* Diz-se da criança que ainda não consegue andar sozinhaFl.
Andar à Senhora de Lourdes, *exp.* No Faial usa-se esta expressão para designar o facto de algumas mulheres, por promessa, se vestirem com um traje semelhante ao desta santa colocada na igreja da freguesia da Feteira, no dia da sua festa, realizada no último domingo de Agosto e uma das mais concorridas da Ilha.
Andar às malhetas, *exp.* Expressão antiga que significava andar a apanhar *rapa* para vender na cidade de Angra, sendo usada para acender as lareiras. Em sentido figurado, significa não ter emprego certo: *Segundo consta, andou lá por fora poderes de tempo às malhetas, sem conseguir cheta para pagar as dívidas que tinha levado daqui*[222].
Andar a trânsio, *exp.* Ser usado diariamenteSj.
Andar com o grelo no ar, *exp.* Andar desassossegadoSj.
Andar de alcateia, *exp.* Estar de sobreavisoSj.
Andar de beiças, *exp.* Andar amuado. Exp. também usada na Madeira.
Andar de cu para trás, *exp.* O m.q. recuar.
Andar de olho rasgado, *exp.* Andar atentoT: *É que hoje recebeu o ordenado / E se eu não andar de olho rasgado, / Ele gasta tudo na bebida*[223].
Andar de roda, *exp.* O m.q. andar de bicicletaFl. Repare-se que, no Faial, também se chama *roda* à bicicleta, um caso de sinédoque apenas usado nessa Ilha.
Andar na cola de, *exp.* Andar no rasto deT.
Andar na pedra mestra, *exp.* Encontrar-se numa situação boa, estávelSM.
Andar nu no Céu, *exp.* Na Terceira é hábito oferecer aos pobres uma *roupa d'alma* – nalgumas freguesias essa oferta é feita com o sentido de o defunto não aparecer despido perante Deus, não andar nu no Céu[224].
Andar o Diabo desamarrado, *exp.* Expressão proferida em alturas de desgraça, de grande confusão, de tempestade: *[...] Andou o diabo desamarrado nesse dia. Mas nã cu'de vossemecê que foi o mais mau de todos*[225].

---

[219] P.e Manuel de Azevedo da Cunha – *Festas do Espírito Santo na Ilha de S. Jorge.*
[220] Definição de Luís da Silva Ribeiro.
[221] F. S. de Lacerda Machado – *Vocabulário Regional das Lajes do Pico.*
[222] Carlos Enes – *Terra do Bravo.*
[223] Da dança de pandeiro *O Benjamim e a Santa do Facho,* de Hélio Costa.
[224] J. H. Borges Martins – *Crenças Populares da Ilha Terceira II.*
[225] João Ilhéu – *Gente do Monte.*

Andar por fora, *exp.* Manter relações sexuais além do casamento[F].

Artesanato: Latas do leite em miniatura

Andilha, *n.f.* Armação de madeira usada nos equídeos para o transporte de latas de leite (de *anda* + *-ilha*)[Sj].

Aneiro, *adj.* Diz-se do arbusto ou qualquer outra planta que tem dificuldade em sobreviver depois de transplantada, dependendo muito das condições ambientais e dos cuidados prestados (de *ano* + *-eiro*)[F].

Anejo, *n.m. Taur.* Denominação do touro quando tem cerca de um ano de idade (de *ano* + *-ejo*)[T].

Anel, (do lat. *anellu-*) **1.** *n.m.* Espécie de argola de arame que é enfiada no focinho do porco para que não possa foçar e, assim, não destruir o chão do curral[T]. Em S. Miguel chama-se *garnel* e, nas Flores, *arcada.* **2.** *n.m.* Local na Mãe d'Água que controla a entrada de água na levada[SM].

Aneto, *n.m.* Nome que também se dá ao endro, em Santa Maria (do gr. *ánethon,* pelo lat. *anēthu,* endro).

Angelica, *n.f.* Bebida licorosa com um modo de fabrico semelhante à jeropiga[226], diferindo no gosto pela qualidade das uvas utilizadas actualmente nos Açores (do lat. *angelĭcu-*).

Angelito, n.m. O m.q. *paínho-da-Madeira* (*Oceanodroma castro*). Diogo das Chagas[227] fala nele referindo-se ao Corvo: *Há na Ilha. [...] uns passarinhos, a que chamam angelitos, que são de tamanho de melroa, e da mesma côr, com uma malhazinha branca na arreigada do rabo.*

Angrim, *n.m.* Espécie de ganga azul, muito usada em todas as ilhas, com que se fazia antigamente o vestuário para o uso diário (do am. *dungaree*).

Anica, *n.f.* Nome que também se dava a uma lamparina a petróleo[Sj].

Anjó, *adj.* Pateta; toleirão; o m.q. anjinho (de *anjo*)[P]. Em calão continental, ao ingénuo, além de 'anjinho', também se dá o nome de 'anjo' e 'anjola'[228].

Anjo-de-Deus, *n.m.* Inocente, referindo geralmente a uma criança de tenra idade[F,Sj]. Minha avó paterna – *que Deus lhe dê Céu!* – quando via um bebé assim pequenino exclamava sempre: – *Quem nã tivesse mais, meu anjinho-de-Deus!* – nunca soube ao certo se se referia ao pecado venial ou se à capacidade de compreender as misérias do mundo! Eu entendia-lhe a doçura.

Ano da caída, *n.m.* Nome que a gente do Pico dava ao ano de 1757, altura em que ocorreu um violento sismo na vizinha Ilha de S. Jorge, que vitimou cerca de 20% da população desta Ilha.

Ano da fome, *n.m.* Ano a seguir ao ciclone de 1893[P].

Ano do barulho, *n.m.* Para a gente do Pico, é o ano de 1862, ano em deflagrou

226 Ao mosto da uva, para que se mantenha doce, sem fermentação, é-lhe misturado aguardente. Também se pode fazer com o sumo da uva acabada de espremer, a que se adiciona aguardente, na proporção de 3 para 1. Há lugares em que a fazem mais forte, na proporção de 3 para 2.

227 O P.e Mestre Frei Diogo das Chagas (1584-1661), natural de Santa Cruz das Flores, foi o grande cronista que se seguiu ao Doutor Gaspar Frutuoso e deixou uma Obra exemplar intitulada *Espelho Cristalino em Jardim de Várias Flores.*

228 Afonso Praça – *Novo Dicionário do Calão.*

um violento terramoto no Faial que chegou a durar meses, obrigando os Faialenses a fazer barracas em madeira para dormirem pelo medo que tinham das casas caírem.

Ano do ciclone, *n.m.* Nome que dão no Pico ao ano de 1893: *O ciclone foi em 1893, a 28 de Agosto [...]*[229].

Anos-bons, *n.m. pl.* Cânticos do fim do Ano, pela porta das casas, correspondentes às Janeiras[F].

Antances, *adv.* Então, sua forma arcaica com corruptela por assimilação; o m.q. *entances*.

Antão, *adv.* Então, sua forma antiga. Na Terceira quando perguntam – *E antão?*, respondem: *Antão? Vigiava porcos!* Nas Flores diz-se: *Antão? Era pastor de ovelhas, guardava as suas e comia a alheias*.

Selo com o Brasão de Armas da Região Autónoma[230]

Antes morrer livres que em paz sujeitos, *exp.* Divisa retirada de uma carta escrita a 13 de Fevereiro de 1582 por Ciprião de Figueiredo[231] a Filipe II de Castela, recusando-lhe a sujeição da Ilha Terceira: *As couzas que padecem os moradores desse afligido reyno, bastarão para vos desenganar que os que estão fora desse pezado jugo, quererião antes morrer livres, que em paz sujeitos.* A frase foi adoptada pelo Parlamento Açoriano como divisa da Região Autónoma, mas já era utilizada anteriormente como moto das Unidades Militares do Castelo de S. João Baptista na Terceira.

Anzolado, *adj.* Preso no anzol (part. pas. de *{anzolar}*)[SM]: *O peixe miudo, vivo, que serve de isca, é anzolado pelo lombo*[232].

Anzolar, *v.* Prender no anzol[SM].

Anzol-mosca, *n.m.* O anzol mais pequenino, com que se pesca o carapau miúdo[F]. Tem este nome por ser do tamanho de uma mosca.

Ao centro e atrás, *exp.* Uma das *marcas* das *Danças de Entrudo* da Terceira.

Ao centro e voltar, *exp.* Uma das marcações das *Danças de Entrudo* da Terceira.

Apanhadeira, (de *apanhar* + *-deira*) **1.** *n.f.* Caixa que, nos moinhos, recebe a farinha saída de entre as mós; o m.q. *traminhal*. **2.** *n.f.* O m.q. *tramonhado*[T]. **3.** *n.f.* Pá do lixo[F,Fl,P,Sj,T].

Ter apanhadeiras: ter artes, ideias, para se governar[P].

Apanhadiço, *n.m.* Filho de mulher solteira (de *apanhar* + *-diço*)[Fl,Sj,SM,T]. Usado com o mesmo significado no Algarve.

Apanhar, (do cast. *apañar*) **1.** *v.* Colher[F]. Diz-se, por exemplo, *apanhar* batatas, *apanhar* inhames, *apanhar* incensos –ninguém diz, p. ex., colher laranjas. **2.** *v.* Descobrir[T]: *[...] pela salsa é que a mãe apanhou que ela andava a ensinar aquilo à filha*[233].

Apanhar a corda por cima do lombo, *exp.* Abusar; ter confiança a mais[Sj].

---

[229] Dias de Melo – *Vida Vivida em Terras de Baleeiros*.

[230] O *Brasão de Armas* da Região Autónoma dos Açores foi aprovado pelo art. 3.° do Decreto Regional n.° 4/79/A, de 10 de Abril.

[231] Nomeado em 1576 por D. Sebastião Corregedor dos Açores. A ele se deve a fortificação e organização da defesa da Ilha Terceira que levou à vitória na batalha da Salga

[232] Armando Silva – *Ethnographia Açoriana*.

[233] J. H. Borges Martins – *Crenças Populares da Ilha Terceira I*.

Apanhar à unha, *exp.* Diz-se do acto de apanhar os caranguejos à mão. Os caranguejos grandes apanham-se bem nas noites escuras, com o auxílio de uma luz intensa[234] que os imobiliza e é só deitar-lhes a mão. Claro que é preciso saber como pegar-lhes, para não ser mordido pelas suas fortes tenazes: com a eminência tenar da mão virada para as bocas, num gesto rápido, abarca-se o corpo do caranguejo apertando-o bem – assim, com as *bocas* encolhidas, nenhum é capaz de ferrar.
Apanhar boi, *exp.* Ficar prenha depois de ser coberta pelo boi, falando da vaca.
Apanhar o fôlego, *exp.* O m.q. respirar[Sj]: – *Quando chegou ao cabo de cima do arrebentão mal podia apanhar o fôlego, tal era a canseira!*
Apanhar o pião à unha, *exp. fig.* Perceber a malícia; compreender segundas intenções[Sj].
Apanhar uma ameixa, *exp. fig.* Fazer um mau negócio[Sj].
Apanhar uma beiça, 1. *exp.* Ficar descontente, derrotado, de *beiço caído*[F]. **2.** *exp.* Perder a manilha de trunfo no jogo da sueca[Sj].
Apanhar uma friage, *exp.* Apanhar uma constipação (friage, apóc. de *friagem*).
Apanhar uma pianola, *exp. fig.* O m.q. apanhar uma bebedeira[Fl]. Ver *piano*.
Apanhar um frio, *exp.* Apanhar uma constipação. Nota-se aqui a influência da construção gramatical anglo-americana *to get a cold*.
Apanhar um pilão, *exp.* Apanhar uma estafa[Sj].
Aparada, *n.f.* Conjunto dos anzóis e da *chumbada* dum aparelho de pesca[F]. Ver também *baixada*.
Aparejado, *adj. Taur.* Diz-se do touro berrendo com uma mancha branca no lombo[T].

[234] Antigamente usávamos o chamado *facho*, que consistia numa lata de tinta de litro cheia de petróleo ou gasóleo, com um pavio de pano atravessando a tampa, presa a um cabo que se transportava na mão.

Aparelhação, *n.f.* Acto de aparelhar; aparelhamento (de *aparelhar* + *-ção*).
Aparelhage, *n.f.* O m.q. palamenta, falando das embarcações marítimas (de *aparelhar* + *-agem*, com apócope)[Sj].
Aparelhar, *v.* Preparar (do lat. *appariculāre*, de *apparāre*, preparar). Com este significado, poder-se-á considerar um arcaísmo: *[...] já o Príncipe Afonso aparelhava o lusitano exército contra o Mouro*[235].
Aparelhar de vela, *exp. Náut.* Içar mastros, vergas e cordame, necessários para que uma embarcação se possa mover à vela.
Aparelhar os caniços, *exp. Náut.* Apetrechar as canas de pesca, guarnecê-las com *ponteira, fio, chumbada* e anzol.
Aparelhar madeira, *exp.* Desbastar a madeira com a plaina, dando-lhe a forma desejada[F].
Aparelhar uma embarcação, *exp. Náut.* Prover uma embarcação com toda a palamenta e aparelhos de pesca para uma determinada faina de mar.
Aparelho, *n.m. fig.* Pénis[F,T].
Aparelho de arame, *n.m. Náut.* Aparelho de pesca feito de arame zincado, actualmente quase sempre de arame de aço inox, enrolado na *roda da pesca*, destinado à pesca de fundo, nomeadamente à pesca dos chernes[F].
Aparrear, (corrupt. de *aperrear* por dissimil.) **1.** *v.* Apertar; constranger[F,SM]: – *Sinto-me aparreado com esta roupa apertada!* **2.** *v.* Preocupar-se com alguma coisa[SM]: – *Aquela história da rapariga está-m' aparreando o juízo!*
Aparvoado, *adj.* Atoleimado; pateta; tanso (part. pas. de *aparvoar*)[T]: *Agora cá... ela é uma atoleimada, / Uma burra, uma aparvoada; É uma tola que anda para aí*[236].
Apastar, *v.* Apascentar; *apastorar*; pastorear (de *a-* + *pastar*). Do 'Romance' *Deus te*

[235] Luís de Camões – *Os Lusíadas*.
[236] Do bailinho carnavalesco As *Paixões do Tio Miguel*, de Hélio Costa.

salve, Rosa, recolhido em 1977: – *Que linda pastora para apastar gado! / – Sim, senhor, nasci para este fado*[237].

Pastor da Terceira em meados séc. XX (Foto Lilaz)

Apastorar, *v.* Apascentar; pastorear. Também se dizia do trabalho infantil de afugentar os pássaros na altura da sementeira dos *outonos*[F].

Apastorar tentilhão, *exp.* O m.q. *apastorar*, afugentar a *praga* dos campos cultivados, o que geralmente era feito por uma criança[F]. Esta expressão deve-se à grande quantidade de tentilhões habitualmente presente.

Apegadeira, *adj.* Diz-se da doença infecto-contagiosa, que facilmente se apega (de *apegar* + *-deira*).

Apegado, *adj.* Agarrado ao dinheiro; avarento[F].

[237] Manuel da Costa Fontes – *Romanceiro da Ilha de S. Jorge*.

Apegado nem craca à rocha, *exp.* Completamente preso; muito ligado a uma coisa: *[...] ensinava-lhe as rezas requeridas para que o mal desejado se apegasse ao homem, nem craca à rocha do mar*[238].

Apegar, (do lat. vulg. *appicāre*) **1.** *v.t.* Contagiar: – *Nã me chego ao pé de ti, nã te quero apegar esta gripe.* **2.** *v. pron.* Dirigir-se ao Alto, pedindo auxílio em momento de aflição[SM]: – *Quando estou aflita, apego-me ao senhor Santo Cristo dos Milhagres!*

Apelidar, *v.* O m.q. alcunhar, sempre usado em vez deste (do lat. *appellitāre*, chamar repetidamente)[F]: – *Ó mãe, o monço 'tá-m'apelidando!*

Apelido, *n.m.* O m.q. alcunha (deriv. regr. de *apelidar*). Nada tem a ver com o sobrenome de registo civil. E. Gonçalves[239] regista-o com o mesmo significado no Algarve.

Apensionado, *adj.* Aleijado devido a traumatismo; doente[240] (part. pas. de *{apensionar}*)[C,F].

Apensionar, *v.* Magoar; ficar doente (de *a-* + *pensionar*)[F].

Apercatar, *v.* Aperceber; dar conta; o m.q. *porcatar* (corrupt. de *precatar*)[T]: *Quando me apercatava/ Ele já tinha fugido da algibeira*[241].

Apernar, *v.* Reprimir; segurar (ext. de *apernar*)[Fl].

Aperreação, *n.f.* Apoquentação; preocupação (de *aperrear* + *-ção*)[SM].

Aperrear, *v.* Apoquentar (do esp. *aperrear*).

Apertado, *adj.* Aflito para fazer uma necessidade fisiológica (com o esfíncter apertado, daí o termo)[F,T]: *Foi lá uma senhora pedir-me para ir à casa de banho, / Dizendo que estava muito apertada*[242].

[238] João Ilhéu – *Gente do Monte*.

[239] Eduardo Brazão Gonçalves – *Dicionário do Falar Algarvio*.

[240] O termo terá origem nas pensões que recebiam os aleijados da guerra.

[241] Da dança de pandeiro *O Funeral do Escudo*, de Hélio Costa.

[242] Do bailinho carnavalesco *A Genica da Velhice*, de Hélio Costa.

Apertado dos eixos, *loc. adj.* Diz-se do indivíduo que é muito poupado, forreta, somítico[F].

Aperto, *n.m.* Corda que se usava para amarrar a lenha no carro de bois (deriv. regr. de *apertar*)[Sj].

Apertura, *n.f.* Aperto (de *aperto* + *-ura*)[SM]: *Só em caso de grande apertura é que se ia ao médico*[243].

Àpester, *n.m.* Cimo, p. ex., duma escada; sótão não habitável e que serve apenas de arrumação; andar superior; qualquer ponto alto (do am. *upstairs*). Var.: *Àpesteres, alpester, alpesteres, apestés, apestéques, apister, apistérios.*

Apilhado, *adj.* Preparado; prevenido (part. pas. de *apilhar*): – *Não há nada cma gente estar apilhada p'ró que der e vinher!*

Apilhar, (de *a-* + *pilhar*) **1.** *v.* Apanhar[Fl,T]. **2.** *v.* Preparar-se; prevenir-se[SM].

Aplacar, *v.* Diminuir de intensidade; melhorar de saúde (do lat. *applacāre*, de *placāre*, acalmar)[Sj].

Apodrecer, *v.* Diz-se da terra que fica a descansar, depois de lavrada e estrumada (do lat. *putrescĕre*, com prót. de *a-*)[Fl].

Apoio-da-raloca, *n.m. Náut.* O m.q. *chumaceira*[Fl].

Apoita, (de *a-* + *poita*) **1.** *n.f. Náut.* O m.q. pouta[F]. Peso amarrado a um cabo, geralmente uma grande pedra ou, mais modernamente, uma verdadeira âncora de ferro, que serve para segurar as embarcações nos portos ou durante a pesca[C,F]. **2.** *n.f. fig.* Pessoa grossa e baixa, que anda com dificuldade (ext. de *apoita*).

Apoitado, *adj. Náut.* O m.q. fundeado (part. pas. de *{apoitar}*).

Apoitar, (de *a-* + *poita* + *-ar*) **1.** *v.* O m.q. ancorar; lançar a *apoita* para o fundo. **2.** *v. fig.* Sentar-se com pouca intenção de se levantar; parar com demora, à semelhança das lanchas ancoradas, *apoitadas* como se diz nos Açores.

[243] Cristóvão de Aguiar – *Raiz Comovida.*

A porca comeu a dança, *exp. fig.* Diz-se quando uma dança do Entrudo, em ensaios, não chega a sair ou porque os seus elementos brigaram, ou por outra razão impeditiva da sua realização[244].

Aporrinhamento. *n.m.* Entorpecimento; moleza; prostração[F] (de *aporrinhar* + *-mento*, de porrinha, dim. de *porra*).

À porta da casa, *exp.* Nos arredores da casa, no terreno que lhe é adjacente, por exemplo.

Apostólica, *n.f. fig.* Saúde: – *Home e antão, com' é que vai essa apostólica?*

Igreja de Nossa Senhora da Conceição (Flores)

Apregoado, *adj.* Rapaz ou rapariga que haja recebido os pregões da igreja para o casamento (part. pas. de *apregoar*)[T]: *A noiva, desde que era apregoada para casar, não saía de casa*[245].

Aprochegar-se, *v. pron.* Aproximar-se; chegar-se (de *aproximar* + *chegar*): – *Nã t'aprochegues munto do cão qu'ele não é de confiança!* Usado no Algarve com o mesmo significado.

Aprofiadeiro, *adj.* Insistente; obstinado; persistente; o m.q. porfiador; porfiante (de *{aprofiar}* + *-deiro*).

[244] José Noronha Bretão – *As Danças do Entrudo – Uma Festa do Povo.*

[245] João Ilhéu – *Notas Etnográficas.*

Aprouvela, *n.f.* Dito espirituoso e malévolo (corrupt. de *parouvela* por metátese)SM: *Agradece o trução com seus motetes, e gracejos atira, e aprouvelas, alguns deles pesados como chumbo*[246].

Aprumado, *adj.* Bem comportado; educado; correcto (part. pas. de *aprumar*, sua ext.)F,T.

Apunhadeira, *n.f. Bal.* Cada um dos orifícios feitos num bloco de madeira preso ao forramento do lado oposto às respectivas forquetas para aí se enfiar o remo (de {*apunhar*} + *-deira*). Os remos eram *apunhados* quando a baleia já estava muito perto e o percurso restante era feito com a ajuda das *pagaias*.

Apunhado, *adj. Bal.* Dizia-se dos remos do bote baleeiro quando eram colocados ao alto, enfiados nas *apunhadeiras*, altura em que eram usadas as *pagaias* (part. pas. de {*apunhar*}).

Apunhar, *v. Bal.* Colocar o remo na *apunhadeira* (de *a-* + *punho* + *-ar*).

Apuxar, (de *a-* + *puxar*) **1.** *v.* Tentar falar à moda do ContinenteSM. **2.** *v.* Parecer-se com alguémSM: – *Ele apuxa pro tio!*

Aquase, *adv.* O m.q. quaseSM: – *Já tinha aquase vinte anos quando vi talavisão pla primeira vez!* Sua grafia no sXV = *acaise*.

Aquecer as costas, *exp.* Bater; dar porrada: *Uns dez ou doze homens encapuchados e com bordães pra aquecer as costas a algum*[247].

Aquecer a mala, *exp. fig.* Dar porradaT: *E vinham andando pra baixo, que era pra nos aquecer a mala!*[248].

Aquecer o lombo, *exp.* Bater com intensidade: *[...] e correram atrás dele com bordães para lhe aquecerem o lombo*[249].

[246] Luís Bernardo Leite de Ataíde – *Etnografia Arte e Vida Antiga dos Açores.*

[247] J. H. Borges Martins – *A Justiça da Noite na Ilha Terceira.*

[248] J. H. Borges Martins – *A Justiça da Noite na Ilha Terceira.*

[249] J. H. Borges Martins – *A Justiça da Noite na Ilha Terceira.*

Aquecer a pélia, *exp. fig.* O m.q. aquecer o lombo (*pélia*, corrupt. de *pele*)F.

Àque-d'el-rei, *loc. interjec.* O m.q. 'aqui-d'el-rei'[250]: – *Àque-d'el-rei quim m'acode que 'tá um grandessíssimo rato im cima da amassaria!!* Na Terceira diz-se também: *Àque-d'el-rei peixe frito!* Moisés Pires[251] regista-o com a mesma grafia.

Aquederrei, *interj.* Aqui-d'el-rei, na pronúncia de S. Miguel: *[...]* Aquederrei, aquederrei, *que o Ti Rosado vem morto,* peluei, *meu Deus,* peluei, peluei, *[...]*[252].

Aquecer o pêlo, *exp.* O m.q. *aquecer a mala*F.

Aquecido, *adj.* O m.q. inflamado (pert. pas. de *aquecer*)SM. Note-se que o calor é um dos sinais da inflamação.

Aqueixa, *n.f.* Queixume (deriv. regr. de *aqueixar*). 'Aqueixar-se' é verbo antigo. Nas *Lendas da Índia*[253] lê-se: *[...] homem de forte condição pêra gente, que se dele muito aqueixava.*

Aqueixar, *v.* QueixarT: – *Isso agora é cá comigo, que me aqueixo...*[254]. Nota: Verbo usada quase sempre na f. pronominal.

Àquela, *exp.* Forma de chamamento entre as mulheres (de *á* + *aquela*)T: – *Àquela, também vais à festa? – virou-se para a comadre Guadalupe*[255].

Aquele, 1. *pron.* Forma de chamamento em S. Miguel: – *Ó aquele, vem cá!* Na Terceira só se usa no fem. e entre mulheres. Perdão! Os invertidos, na Terceira, adoram provocar a sensibilidade dos que os rodeiam tratando-se entre si por *àquela*: – *Àquela, 'tás*

[250] Esta exclamação era, no tempo de D. Manuel, uma imposição legal (o poder judicial era nesse tempo dependente da realeza). Mandava o Rei que nenhuma outra frase fosse bradada, aquando de angústia extrema, que não fosse 'Aque d'El-Rey', sob pena de se ser degradado por 5 anos! A loc. 'aqui d'el-rei' é contracção de 'aqui justiça de El.rei'.

[251] Moisés Pires – *Pequeno Vocabulário Mirandês – Português.*

[252] Cristóvão de Aguiar – *Raiz Comovida.*

[253] Gaspar Correia – *Lendas da Índia.*

[254] João Ilhéu – *Gente do Monte.*

[255] Carlos Enes – *Terra do Bravo.*

boa cma milho! **2.** Insulto ou depreciação[SM]: *Tão aquele:* tão soberbo. *Sem mais aquele:* Sem qualquer razão[SM]: – *Sem mais aquele, pregou-le duas taponas no focinho!*

Aqui atrás, *loc. adv.* Há algum tempo[Sj,T]. Nas Flores diz-se sempre *aqui atrasado.*

Aqui atrasado, *loc. adv.* Aqui há tempos; há um certo tempo[F]. É de uso corrente nas Flores e no Corvo. No Cont. ouve-se também muito no Norte do país, no falar dos mais idosos.

Aquidade, *n.f.* Auxílio; benefício[P,Sj]: – *Aquilho é um ingrato...; já le fiz tantas aquidades e agora é asim a sua paga!*

Aquilho, *Pron.* Aquilo, sua corruptela. É usado em todas as ilhas (e em todas se pronuncia com o [l] 'molhado') como pron. pessoal neutro. Na pena de V. Nemésio: *Aquilho é qu'era tempo!, e um respeito...!*[256]. Moisés Pires[257] regista-o com a mesma grafia. Também usado na Madeira com a mesma pronunciação.

Aqui não se dá Bodo, *exp.* Expressão empregada para se dar a entender a alguém que a sua presença não é desejada[T].

Ar, 1. *n.m.* Ataque, falando de doença[F,T]. **2.** *n.m.* Ápice; instante; o m.q. *arage: [...] foi num ar bater ao pica-porte do Guilhermino do Rego*[258].

O termo *ar,* no sentido de doença, terá certamente origem na crença de que a doença poderá ter sido causada por uma corrente de ar.

Ara, 1. *conj.* O m.q. ora: *Ara o marido não esperou por mais nada, saiu dentro do saco, e deu pancadaria à mulher e ao amante [...]*[259]. **2.** *interj.* Expressão que denota concordância com o que o interlocutor diz[Fl].

Arabisa, *n.f.* O m.q. Ursa aior [260].

[256] Vitorino Nemésio – *Mau Tempo no Canal.*

[257] Moisés Pires – *Pequeno Vocabulário Mirandês – Português.*

[258] Cristóvão de Aguiar – *Raiz Comovida.*

[259] Ângela Furtado Brum – *Contos Tradicionais Açorianos.*

[260] Registado por Elsa Mendonça, recolhido na freguesia da Beira – S. Jorge.

Araçá, *n.m. Bot.* Fruto do *araçaleiro,* muitas vezes pronunciado *oraçá* (do tupi *ara'sa*). No Brasil existem muitas variedades deste fruto, nos Açores apenas o vermelho e, em menor quantidade, o amarelo. Aliás, nas Flores há uma outra espécie de araçá, em muito pequena quantidade, provavelmente híbrida, de cor avermelhada salpicada de amarelo. Em S. Miguel também se chama *goiavo*[261].

Araçaleiro (Psidium cattleyanum)

Araçaleiro. *n.m. Bot.* Pequena árvore da Família das Mirtáceas, do género *Psidium (Psidium cattleyanum),* que dá frutos comestíveis, muito abundante nas ilhas dos Açores, na Madeira e no Brasil, donde foi trazido inicialmente por emigrantes vindos da Amazónia. Devido às suas propriedades adstringentes, pode ser usado para tratar a diarreia. Em S. Miguel também se chama *goiaveiro.*

Aracária, *n.f.* O m.q. centopeia[T].

Araçazeiro, *n.m. Bot.* O m.q. *araçaleiro*[Fl]. Sendo talvez o nome mais adequado a este arbusto, é o menos corrente.

Aradinho, *n.m.* O m.q. Ursa Maior[Sj].

Arado americano, n.m. O m.q. arado de ferro[C,Sj]. Tem este nome pelo facto de os

[261] Cp.: Os franceses chamam-lhe 'goyave de chine' e os ingleses 'chinese guave'.

primeiros arados de ferro terem sido trazidos da América pelos emigrantes aí radicados.

Arado da Amerca, *n.m.* O m.q. *arado americano*[Sj].

Arado da Junta, *n.m.* O m.q. *arado americano*[C]. Como os lavradores do Corvo possuíam apenas o *arado de pau* ou *arado de madeira*, feito artesanalmente pelos carpinteiros e ferreiros locais, usavam comunitariamente um arado de ferro adquirido pela Junta de Geral, daí o nome então dado.

Arado de marcar, *n.m.* O m.q. arado de pau[Sj]. Tem este nome porque é ele que marca o rego em que as sementes são lançadas.

Arado de ferro, *n.m.* Nalgumas ilhas também chamado *arado de gancho* ou simplesmente *gancho*, é um dos mais recentes arados, tendo este nome por ser todo feito de ferro, excepto os *rabos* e a *roda*.

Arado de gancho, *n.m.* O m.q. *arado de ferro*[Sj].

Aragem, (de *ar* + *-agem*) **1.** *n.f.* Ápice; *ar*; instante: *[...] ia numa aragem a casa da Ti Filomena das Areias buscar a meia canada de leite do costume.* **2.** *n.f.* Ligeiro estado de embriaguês[SM].

Aranha, *n.f.* Armação de ferro que suporta o bacia e o jarro, antigamente usados para lavar as mãos (do lat. *aranĕa-*)[SM].

Aranha-do-mar, *n.f.* O m.q. santola (*Maja* spp.)[SM].

Aranha morta, prenda à porta, *exp.* Expressão dita quando aparece uma aranha numa pessoa, o que é sinal de receber uma prenda[T].

Aranzelar, *v.* Dizer coisas à toa; troçar (de *aranzel* + *-ar*)[Sj].

Ararice, *n.f.* Parvoíce (de *arara* + *-ice*)[SM]: *[...]a D. Josefina [...] tão entretida estava com as ararices de Mr. Jó*[262].

Aravia, *n.f.* Em S. Jorge chama-se *aravias*, *algarabias* ou *oravias* aos 'Romances' populares da tradição oral (do lat. *arabiia*, linguagem arábica): *a designação é nada menos do que uma revelação histórica: a origem árabe dos romances populares da península*[263].

Arca, (do lat. *arca-*) **1.** *n.f.* Caixa de madeira onde se arrumava a roupa de casa[264]. **2.** *n.f.* Costela[C,F,P,Sj,T]. As *arcas do peito* são as costelas. **3.** *n.f.* Mãe d'água[SM]. **4.** *n.f.* Vigia de canalização[SM].

Arça, (corrupt. de *alça* por rotacismo do [l]) **1.** *n.f.* Argola feita no extremo de um fio ou de uma corda, às vezes feita de madeira ou de osso, que serve para enfiar a outra extremidade quando se quer apertar uma carga. **2.** *n.f.* Asa de um brinco[SM]. **3.** *n.f.* Suporte de lanterna[SM].

Arcaboiço, *n.m. Bal.* Carcaça da *baleia* ou de outro mamífero marinho depois de retirados os produtos aproveitados para fins industriais (de *arca*, com formação estranha).

Arcada, 1. *n.f.* Dispositivo feito com arame de cobre ou de ferro e espetado com várias voltas no focinho do porco, dobrado várias vezes nas pontas restantes para, devido ao desconforto e à dor que provoca, impedir que o animal possa foçar no chão térreo do curral e o danifique (do it. *arcata*)[C,F]. **2.** *n.f.* O m.q. corcunda (part. pas. fem. subst. de *arcar*)[Fl]. **3.** *n.f.* O m.q. *arrecada*, falando dos brincos.

Arcada de ouro, *n.f.* Antigamente alguns homens furavam as orelhas e usavam *arcadas* de ouro, sendo este uso particularmente frequente entre os baleeiros.

Arcado, *adj.* Arqueado; que tem as pernas arqueadas (do lat. *arcuātu-*)[F,Fl]. Arcado das costas: corcovado.

Arca do peito, *n.f.* *Aduela*; costela[T]: *Nas arcas do peito ouvia-se o resfôlgadoiro apres-*

---

262 Urbano de Mendonça Dias – *"O Mr. Jó"*

263 Teófilo Braga – *Cantos Populares do Arquipélago Açoriano.*

264 As *Arcas* de qualidade eram feitas de madeira de cedro do mato, que dá um cheiro característico à roupa e não deixa a traça entrar.

sado que um guincho sublinhava ao fim da inspiração[265].

Arcadura, *n.f.* Arco, de madeira ou de ferro, do *enchelavar* (do lat. *arcuatūra-*).

Arcavém, *n.m.* Peça grossa que une as chedas na traseira, falando do carro de bois[C].

Arco, (do lat. *arcu-*) **1.** *n.m.* Filete de ferro com que reforçavam antigamente o calçado de sola de madeira (ver *Caturno*). **2.** *n.m.* Pau encurvado em arco e enfeitado de fitas, usado nas *danças* das ilhas. **3.** *n.m.* Primeiro e mais pequeno arco de um barril[SM].

Arco-celeste, *n.m.* O m.q. arco-íris[Sj].

Arco-da-aliança, *n.m.* O m.q. arco-íris[C,Sj].

Arco-da-cabeça, *n.m.* Arco de cada extremidade do barril.

Arco-da-Santíssima-Trindade, O m.q. arco-íris[Fl,Sj].

Arco-da-velha, *n.m.* O m.q. arco-íris[C,F,Sj].

Arco-da-Virgem, *n.m.* O m.q. arco-íris[Sj].

Arco-de-noé, *n.m.* O m.q. arco-íris[Fl].

Arco-do-cabouco, *n.m.* Parte da frente do moinho de rodízio[SM].

Arco-do-colete, *n.m.* Um dos arcos do barril que fica entre o *arco da cabeça* e o *arco meão*.

Arco-meão, *n.m.* O arco do meio e o maior do arco dos barris.

Ar de Abrás, n.m. O m.q. cobranto (na Terceira, Abrás é aten. de Diabo)[T]. *O quebranto é conhecido também por [...] ar de abrás, cuja acção maléfica se manifesta nas pessoas, animais, vegetais e até nas coisas inanimadas*[266].

Ar de bruxaria, *n.m.* O m.q. *cobranto*[T].

Ar de defunto, *n.m.* O m.q. *cobranto*[T].

Ar-de-dia, *n.m.* O m.q. *alpardo*[SM].

Ar de feitiçaria, *n.m.* O m.q. *cobranto*[T].

Ar de invejidade, *n.m.* O m.q. *cobranto*[T].

Ar diabólico, *n.m.* O m.q. *cobranto*[T].

Ardido, *adj.* O m.q. *aceso*; ansioso; impaciente (ext. de *ardido*)[SM]: *Não sejas ardido, rapazinho, e toma-me assento nessa cabeça, que hoje não é a fim do mundo*[267].

Areado *(i)*, *adj. Alevantado*; maníaco; *destravado do juízo* (do lat. *arenātu-*).

Areado da cabeça, *exp.* O m.q. *areado*: *O Luís era meio areado da cabeça, vai pra lhe dar um soco, mas o tal amigado desviou-se [...]*[268].

Areia, *n.f. fig.* Maluquice; tara mental: – *Ele tem munta areia naquela cabeça!*

Areias, *n.f. pl.* Ramos da planta chamada incenso (*Pittosporum undulatum*)[StM].

Arear tripas, *exp.* Antigamente, como não havia água canalizada, no dia da matança do porco, as mulheres levavam as tripas do porco para uma ribeira e aí as lavavam usando sumo de laranjas azedas, sal, rama de cebola e farinha. A este acto chamava-se arear tripas.

Arejar, *v.* Mirrar; secar (ext. de *arejar*)[SM]. Diz-se, p. ex., da vaca que deixa de dar leite por causa de uma inflamação do úbere[SM].

Arelo *(ê)*, *n.m.* Tecido grosso e entrançado que servia para o fabrico de chinelos, os *chinelos de arelo* (corrupt. de *ourelo*).

Ar-encanado, *n.m.* O m.q. *vento-encanado.*

Arenga, *n.f.* Discórdia; questão (ext. de *arenga*)[SM,T]: – *Teve uma arenga com o irmão só por via duma nisquinha de terra sim valor!*

Arengada, *n.f.* Frase mal pronunciada ou confusa, como falam as crianças pequenas; conversa longa e aborrecida (de *arenga* + *-ada*). CF regista-o apenas como brasileirismo. É de uso corrente.

Arengar, (de *arenga* + *-ar*) **1.** *v.* Pronunciar mal as palavras numa frase longa. **2.** *v.* Resmungar em surdina.

Areúsco, *adj.* Diz-se do terreno de consistência arenosa (de *areia* + *-usco*)[Fl,T].

Ar excomungado, *n.m.* O m.q. *cobranto*[T].

---

265 João Ilhéu – *Gente do Monte.*

266 J. H. Borges Martins – *Crenças Populares da Ilha Terceira I.*

267 Cristóvão de Aguiar – *Raiz Comovida.*

268 J. H. Borges Martins – *A Justiça da Noite na Ilha Terceira.*

Arganel, *n.m.* O m.q. *arcada* 1 (do cast. *arganel*)[SM]: *[...] meteu o focinho com o arganel e sorveu a lavagem em insofridos gorgolejos*[269].

Argola, *n.f.* Grande bolo de *massa-sovada* com o formato de uma rosquilha distribuído pelas festas do Espírito Santo e, nalgumas ilhas, oferecidas aos convidados nos casamentos (do ár. *al-gullâ*, colar).

Arichana, *n.m.* O m.q. *Ariôche*, corrupt. de Artic Ocean: *Nas suas histórias narram aventuras no «Arichana» (Artic Ocean)*[270].

Ariôche, *n.m.* Oceano Árctico (do am. *Arctic Ocean*): *A mim, qu'andei um ano no Ariôche, três no Oeste Negrão e dois nos Japanis!*[271].

À risca da manhã, *exp.* Muito cedo[Sj].

Ariusco, *adj.* Diz-se do terreno arenoso (de *areia* + *-usco*, com sínc.)[Fl].

Armada, *n.f.* Nome de vaca com os cornos levantados (part. pas. fem. subst. de *armar*)[T].

Armado, *n.m.* Nome de bovino de cornos levantados (part. pas. subst. de *armar*)[T].

Armador do Teatro, *n.m.* Nome que antigamente se dava ao indivíduo que armava o *Teatro* móvel, de madeira, para as festas do Espírito Santo[SM].

Ar malino, *n.m.* O m.q. *cobranto*[T].

Armar cantiga, *exp.* Cantar os versos de uma cantiga, que os outros vão repetindo em coro[G]. É exp. muito usada na *Folia* do Espírito Santo: *O mestre – aquele que arma as cantigas que os outros vão repetindo – toca um tambor [...]*[272].

Armar um balho, *exp.* Iniciar uma dança, um baile tradicional.

Armas de S. Francisco, Fazer as armas de S. Francisco é fazer o gesto simbólico mais conhecido por manguito[T].

Ar mau, *n.m.* O m.q. *cobranto*[T].

Armela, *n.f.* Argola (do lat. *armilla-*, anel de ferro)[T]: *[...] admirada sem saber como foi que ele conseguiu tirar a cruz sem desamarrar o atilo nem atorar a arméla*[273].

Armo, *n.m.* Porção de estopa que se punha na roca (corrupt. de *arméu*)[T].

Arnel, *n.m.* O m.q. *arcada* (contrac. de *arganel*)[T].

Aro do forno, Abóbada dos fornos de parede[T].

Aroa, *n.f.* O m.q. *arrã*[SM]: *Cando olho prá patroa / Gorda que nem um texugo / Faz-m'a-lambrar uma aroa / Vestida de verde e tudo.*

Arpão-da-baleia, *n.m. Bal.* Também chamado *arpão-de-caixa*, é um instrumento de arremesso manual constituído por um cabo de madeira com cerca de dois metros, encaixado numa haste de aço com perto de sessenta centímetros e que termina numa farpa, que se abre depois de introduzida no corpo da *baleia*. Ficava ligado ao bote por um cabo – a *linha-do-bote* – com cerca 300 braças, cuidadosamente enrolada em duas selhas.

Arpão-para-peixes-maus, *n.m.* Arpão usado nas lanchas de pesca destinado a afastar os predadores indesejáveis ou para a sua captura, quando considerados úteis.

Arpoador, *n.m.* Bal. O m.q. *trancador*[Fl].

Arpoando a baleia no mar das Flores

---

269 Cristóvão de Aguiar – *Raiz Comovida.*

270 M. M. Sarmento Rodrigues – *Ancoradouros das Ilhas dos Açores.*

271 Vitorino Nemésio – *Mau Tempo no Canal.*

272 Carreiro da Costa – *Espírito Santo na Ilha Graciosa.*

273 J. H. Borges Martins – *Crenças Populares da Ilha Terceira II.*

Arpoar a baleia, *exp. Bal.* Atirar o arpão na caça do cachalote, o que era feito pelo *trancador*; o m.q. *trancar a baleia.*

Arqueado, *adj.* Aquele que tem as pernas tortas, arqueadas; o m.q. *arcado* (part. pas. de *arquear*)[Fl].

Arquinha, *n.f.* Mãe-d'água; pequeno reservatório para distribuição de água nas canalizações (de *arca* + *-inha*)[SM,T]. Num registo da Câmara de Vila Franca do Campo datado de 1677, onde se fala do encanamento da água, pode ler-se: *Disseram que o nascimento da água, aonde se chama a Arquinha [...]*[274].

Arralear, *v.* Tornar ralo (de *a-* + *ralo* + *-ear*)[Fl].

Arramada, *n.f.* Antigamente fazia-se uma *arramada*[275] no meio da rua (posteriormente substituída pelo *Império*) e no *Teatro* (tablado abrigado do sol por uma cobertura de ramagens), onde se expunha a *Coroa,* oferecendo o *Imperador* um jantar aos *Irmãos* (de *a-* + *ramo* + *-ada*)[Fl]. Debaixo dessa *arramada* fazia-se a distribuição das esmolas, o chamado *serviço do Imperador.* No Pico era chamada *Ramada.*

Arrã-miúda, *n.f.* O m.q. *bicho-martelo*[C].

Arrabalde, *n.m.* Lugar fora da freguesia, mas a ela pertencendo (do ár. *ar-rabad,* subúrbios)[SJ].

Arralado, (de *a-* + *ralo* + *-ado*) **1.** *adj.* Que não produz, falando das videiras[Fl]. **2.** *adj.* Diz-se do milho que pouco se desenvolveu[SM].

Arralampar, *v.* Assombrar; pasmar (corrupt. por assimilação e ext. de *arrelampar*)[T].

Arrandar, *v.* Arrendar, sua corrupt. por assimilação[F,Fl]. Nota: Há escritos do séc. XIII com a grafia *arandar.*

Arranjar uma quinta, *exp.* Conseguir alcançar bons meios de fortuna[SM].

Arranjar-se, *v. refl.* *Abaixar-se*; defecar[SM]. Este eufemismo poderá ter a sua razão – não existem os desarranjos intestinais?

Arrastado, *adj.* Atrasado (part. pas. de *arrastar*): *Ir na semana dos arrastados*, diz-se daqueles que se vão confessar com atraso, depois da Quaresma[SM].

Arrastadouro, *n.m.* O m.q. *arrasto* (de *arrastar* + *-douro*)[SM].

Arrastão, *n.m.* O m.q. *rede de arrastar* (de *arrastar* + *-ão*)[T].

Arrasto, *n.m.* Espécie de estrado que servia para transportar lenha, arrastado por uma junta de bois; o m.q. *arrastadouro* (deriv. regr. de *arrastar*).

Arreado, *adj.* Vestido (part. pas. de *arrear*). Bem arreado: diz-se do indivíduo bem vestido: *Donde vindes mulher minha / Que vindes tão arreada? / Eu vim da missa nova / Minh'alma vem consolada*[276].

Arrear, (do lat. vulg. *arredāre*) **1.** *v.* Vestir. **2.** *v.* Equipar uma embarcação com toda a palamenta.

Arreata *(i),* (de *a reata,* com aglut. do art.) **1.** *n.f.* Nastro de algodão que se emprega na roupa branca[Fl,P]. **2.** *n.f.* Presilha da sandália ou do sapato[SJ]. Com o 1.° significado, o *Dicionário da Academia* regista-o como açorianismo.

Arrebentado da cachola, *loc. adj.* O m.q. *arrebentado do juízo*: *Mas não te fies na fartura. Ele é meio arrebentado da cachola*[277].

Arrebentado do juízo, *loc. adj.* Amalucado; o m.q. *arrelampado* e *arrebentado da cachola.*

Arrebentão, *n.m. fig.* Ladeira muito íngreme[SJ,SM,T], que *arrebenta* com qualquer um ao subi-la; o m.q. *rebentão* (de *arrebentar* + *-ão*). Em S. Miguel também lhe chamam *calço.*

---

274 Maria Margarida de Sá Nogueira – *A Administração do Concelho de Vila Franca do Campo nos Anos de 1683-1686* (in *Os Açores e o Atlântico*).

275 *Arramada* ou *Ramada* era uma espécie de capela feita com ramos de árvores.

276 Quadra da moda *Limão Verde* recolhida pelo Autor nas Flores.

277 Cristóvão de Aguiar – *Um Grito em Chamas.*

Arrebentar, (de *a-* + *rebentar*) **1.** *v.* Dar cabo; destruir. Nos Açores é frequentemente usado com estes significados. Repare-se neste exemplo: – *Se a tia não me puser a vaca a dar leite bom como estava, eu arrebento com a tia*[278]. **2.** *v.* Brotar; dar rebento.

Arrebento, *n.m.* O m.q. pústula (de *a-* + *rebento*)[SM]: – *A desgraçada tem o corpo cheio de arrebentos!*

Arrebita, *adj.* Diz-se do indivíduo irascível, respondão (deriv. regr. de *arrebitar*)[T].

Arrecada, *n.f.* Brinco com a forma de argola[F,Fl,T]: *Essas vossas orelhinhas, / Vermelhas assignaladas, / Tem differença das minhas / Só por terem arrecadas*[279]. Sendo de orig. duv., alguns autores relacionam este termo com o cast. *arracada.* Os galegos também o usam na f. 'arracada', com o significado de aro pendente.

Arrecua, *n.f.* Passo à retaguarda; mesura (deriv. regr. de *arrecuar*)[T].

Arreda, vaz, Satanás, *loc. interjec.* O m.q. 'vade-retro Satanás'[T].

Arredoiça, *n.f.* O m.q. *redoiça; arredouça.* No Cont. é mais ouvida a f. 'retoiça', regr. de *retoiçar,* do cast. *retozar.*

Arredouça, (de *a-* + *redouça,* alt. de *retouça*) **1.** *n.f.* Baloiço de corda, também chamado *redouço*[SM]. **2.** *n.f.* Confusão; desordem.

Arredores, *n.m. pl.* O conjunto das orelhas, do focinho e dos chispes que se conservam na salgadeira[C]; o m.q. *arruamas.*

Arrefentar, *v.* Arrefecer (de *arrefecer* x *aquentar*).

Arrefiadela, *n.f.* Piscadela de olhos (de *{arrefiar}* + *-dela*): *Estavas linda à janela, / Pra mim olhaste, e eu, / Numa arrefiadela, / Senti-te a corar, Deus meu!*

Arrefiar, *v.* Piscar o olho (de *a-* + *{refiar}*). Quando me criava, *arrefiar* o olho a uma rapariga era demonstração de amor, de paixão, de interesse em conhecê-la, ou simplesmente brincadeira de pura cortesia.

Arrefinado, *adj.* Esperto; finório; perspicaz (de *a-* + *refinado*)[Sj].

Arregaço, *n.m.* Fio do gume do sacho (deriv. regr. de *arregaçar*)[SM].

Arregalado, 1. *n.m.* Peixe (*Beryx decadactylus*) vulgarmente conhecido pelo nome de *Imperador,* nas Flores também chamado *folião* (part. pas. subst. de *arregalar*).

Arregalar, *v. fig.* Melhorar o tempo; descobrir-se o Sol (ext. de *arregalar*)[Sj,T].

Arreganhado, *n.m. fig.* O castanheiro, pelo facto dos ouriços se abrirem, como que arreganhados, e porem à mostra as castanhas.

Arreganhar-se, (do cast. *regañar*) *v. pron.* Zangar-se[Fl].

Arregoa *(ô),* (deriv. regr. de *arregoar*) **1.** *n.f.* Fenda na terra ou numa parede[F,Fl,Sj]. **2.** *n.f.* Greta; fissura, geralmente, nos pés[F].

Arregoado, *adj.* Fendido; gretado (part. pas. de *arregoar*)[F].

Arregoar em cruz, *exp.* Diz-se da massa do pão depois de estar levedada: *A gente sabe quando a massa está em condições, quando ela arregoa em cruz*[280].

Arreiado, *adj.* Bem vestido; o m.q. *arreado*[F]. Os 'arreios' eram vestidos vaidosos.

Arreitado, *adj.* Esperto; propenso (part. pas. de *arreitar,* sua ext.)[SM]: – *Sempre foi muito arreitado pr'às contas!*

Arrejeito, *n.m.* Acto de *arrejeitar* (deriv. regres. de *{arrejeitar}*).

Arrelampado, *adj.* Aluado; amalucado; chanfrado (de *a-* + *relâmpado* + *-ado* – relâmpado, f. ant. de relâmpago)[F].

Arrelica, *n.f.* Jóia de pequeno valor; o m.q. *arrelique* (corrupt. de *relíquia*)[T].

[278] J. H. Borges Martins – *Crenças Populares da Ilha Terceira I.*

[279] Teófilo Braga – *Cantos Populares do Arquipélago Açoriano.*

[280] Augusto Gomes – *Cozinha Tradicional da Ilha Terceira.*

Arrelicado, *adj.* Achacadiço; enfermiço; valetudinário; que anda sempre doente (alt. de *arreliado*)[SM].

Arrelique, (corrupt. de *relíquia*) **1.** *n.m.* Bugiganga; jóia de pequeno valor; objecto devoto, tal como uma cruz, uma medalha milagrosa; recordação[Sj,T]: – *Tome lá este arrelique, e, se le prèguntarem quem foi que lo deu, diga que foi o sòldado mais duro e mai' ruim que de Elvas passou para Badajoz...*[281]. **2.** *n.m.* Espécie de biscoito grande feito à base de farinha, ovos, manteiga, leite, açúcar, e raspa de limão[F]. **3.** *n.m.* Pedaço de fita de seda de cor viva que as pessoas devotas, que fazem promessas, prendem na na lapela durante as festas[F,P,Sj,T]: *Puxou d'um arrelique que trazia sempre pregado ò cós da camisa, e botou-mo ò piscoço*[282].

Arrematado, *adj.* Prendado; que recebeu educação esmerada; muito minucioso no que faz (de *{arremate}* + *-ado)*.

Arrematar, *v.* Executar; tratar de; dar por concluído: – *Larga isso da mão e vamos mas é apanhar os caranguejos, que é para a gente arrematar a nossa vida*[283].

Arremate, *n.m.* Compostura; governo; propósito. Uma rapariga *de arremate* ou *arrematada* é uma rapariga que sabe fazer toda a lida da casa, que costura bem, etc., etc., a mulher ideal para futura companheira de um rapaz trabalhador.

Arremedeio, *n.m.* Arranjo (de *a-* + *remedeio*)[SM,T]. Dar arremedeio: fazer arranjo.

Arremetão, *adj.* Diz-se do gado bovino que arremete (de *arremeter* + *-ão*)[F].

Arrepiado, *adj.* Amuado e desconfiado; o m.q. *oiriçado* (ext. de *arrepiado*).

Arreque, *interj.* O m.q. *retro*, na *loc.* vade-retro[SM]: *Vai-t'arreque, home! Qu'até me pareces um vagabundo...*[284].

Arressaca, *n.f.* Briga; questão (corrupt. de *ressaca*)[SM].

Arretenida, (de *a-* + *retenida*) **1.** *n.f.* Cabo que fecha a rede de pescar ao chicharro quando está cheia de peixe[Fl]. **2.** *n.f.* Cabo que segura o cofre das lagostas, assinalado por um bocado de cortiça ou uma bóia[Fl].

Arrezeimado, *adj.* Temperado de mais, salgado: *Prova-se o molho. Se tiver muito arrezeimado, deita-se mais uma coisinha de água...*[285].

Arriada, 1. *n.f. Bal.* Saída para a caça da baleia (part. pas. fem. subst. de *arriar*): *Cada arriada era uma história que ficava...*[286]. **2.** *n.f.* Caminhada *direito-a-baixo*[F].

Arriar à baleia, *exp.* Partir para a caça do cachalote. Quando ouviam o *estralar* do foguete, todos deixavam o que estavam fazendo, o arado, a enxó ou o corte de cabelo a meio. Conta Raul Brandão que no Pico chegaram a largar no meio da rua um morto que ia a enterrar! No cais ficavam as mulheres, com a lágrima no olho, rezando para que o 'Leviatã' não lhes levasse a sua companhia.

Arriar as latas, *exp.* Retirar as latas do leite de dentro das seiras dos burros[Sj].

Arribana, (de *arribar* + *-ana*) **1.** *n.f.* Casa coberta de colmo; abrigo para animais (de *arribar* e term. com provável infl. de *cabana* ou *choupana*)[SM,T]: *[...] com a ajuda dos cabos de polícia, lá se conseguiu fechá-los numa arribana até chegar a autoridade de Vila Franca do Campo*[287]. **2.** *n.f.* Nos Cedros das Flores chama-se *arribana* ao *estaleiro* do milho.

Arriel, *n.m.* Variedade de *arrecada,* com a forma de uma fina cobrinha, também chamado *bicha* (do cast. *riel,* barra de metal)[SM].

---

[281] Vitorino Nemésio – *O Mistério do Paço do Milhafre.*

[282] Vitorino Nemésio – *Mau Tempo no Canal.*

[283] J. H. Borges Martins – *Crenças Populares da Ilha Terceira I.*

[284] Manuel Ferreira – *O Morro e o Gigante.*

[285] Augusto Gomes – *Cozinha Tradicional da Ilha Terceira* (A Tia Gertrudes ensina-nos a fazer alcatra).

[286] Dias de Melo – *Vida Vivida em Terras de Baleeiros.*

[287] Cristóvão de Aguiar – *Trasfega.*

Arrife, (do ár. *ar-rīf*, recife) **1** *n.m.* Camada ténue de terreno em que aparecem pequenos cabeços de rocha subjacente acima da superfície do solo. **2.** *n.m.* Terreno de cultivo em socalcos numa encosta.

Arrifeiro, *adj.* Boçal; grosseirão; rude (de *arrife* + *-eiro*)[SM].

Arrincar, *v.* O m.q arrancar, sua f. antiga[T].

Arroba, *n.f.* Antiga medida de peso, equivalente à quarta parte do quintal, hoje arredondada para 15 kg (do ár. *ar-ruba'a*, um quarto). Nota: Ao contrário de outras ilhas, nas Flores e no Corvo uma arroba equivale a 20 kg.

Arrobe de amora, *n.m.* Medicamento caseiro feito quando se faz o doce de amora, retirando a porção julgada necessária ainda na fase da calda[T]. É engarrafado e usado nas faringites. Nota: Arrobe é palavra derivada do ár. *ar-rubb*, que significa xarope.

Arrochar o coração, *exp.* Trazer profunda tristeza.

Arrocho, (deriv. regres. de *arrochar*) **1.** *n.m.* Aperto. *Arrocho no estômago*: 'nó' no estômago; cólica dos espasmos do cárdia. *Arrocho de tripas*: Cólicas intestinais, muitas vezes acompanhadas de diarreia. **2.** *n.m.* Corda com que eram atados os troncos das árvores para serem serrados[SM]. **3.** *n.m.* Pequeno pau delgado e curvo, muitas vezes feito de um ramo de urze, com um furo numa das pontas onde leva uma corda para ser dependurado, e antigamente destinado a apertar – arrochar – as carradas de lenha ou de outra coisa qualquer[F,Sj].

Arrodear, (de *a-* + *rodear*) *v.* Manipular o carro de bois pelo *timão* para o virar[C].

Arrodeio, *n.m.* Curva marcada; volta (de *a-* + *rodeio*, ou deriv. regr. de *{arrodear}*)[Fl,Sj].

Arroicar, (de *a-* + *{roico}* + *-ar*) **1.** *v.* Enrouquecer. **2.** *v.* Falar baixo e grosso[T].

Arrojo de febre, *n.m.* O m.q. fleimão, em fase aguda, ruborescida (arrojo: de *a-* + *rojo*, do lat. *rosĕu-*, vermelho)[Sj].

Arruaça, *n.f.* O m.q. *chocalhada* e *bater latas* (ext. de *arruaça*)[T].

Arruama, *n.f.* O m.q. *ruama* (ver *ruama*).

Arruamas, *n.f. pl.* O m.q. *arredores*[C].

Arruçado, *adj.* Instigado; o m.q. açulado (part. pas. de *{arruçar}*)[SM].

Arruçar, *v.* Açular; atiçar os cães.

Arrudo, *adj.* Estúpido; que não aprende (de *a-* + *rudo*, rude)[SM,T].

Ar ruim, *n.m.* O m.q. *cobranto*[T].

Arrumado, *adj. fig.* Sem conserto; sem cura (part. pas. de *arrumar*)[F].

Arrumar, (do fr. ant. *arrumer*, hoje *arrimer*) **1.** *v.t.* O m.q. acabar[F]: – *Hoje é começar às sete da manhã e d'ir pla noite dentro até arrumar de vez cum este trabalho!* **2.** *v. pron.* Arranjar lugar seguro; desimpedir a passagem[T]. **3.** *v.* Deitar; descansar[T]: – *Eu agora vou-me é arrumar, e só de manhã é que sigo viage*[288].

Arselha, *n.f.* Barbatana peitoral de peixe (corrupt. de *aselha* por epêntese)[F].

Arte de carpinha, *n.f.* Arte de carpinteirar[T].

Arzinho, *n.m.* Uma pequena quantidade (de *ar* + *-z-* + *-inho*)[SM].

Aselha, *n.f.* Barbatana, membro anterior da *baleia* (de *asa* + *-elha*)[SM].

Aspra, *n.f.* Cada uma das réguas de madeira em cruz dispostas no sentido do diâmetro da roda dentada da atafona[T].

Assabugado, *adj.* Diz-se do cesto cheio de milho em cone, até dois ou três palmos acima da borda (part. pas. de *assabugar*)[P].

Assabugar, *v.* Encher um cesto com milho, muito acima da borda (de *a-* + *sabugo* + *-ar*)[P].

Assacornada, *n.f.* Triz; tudo-nada. *Por uma assacornada.*: por um triz.

Assalapado, *adj.* Encoberto; escondido (de *assapar* x *alapado*).

Assalto, *n.m.* Espécie de convívio feito por altura do Carnaval (deriv. regr. de *assaltar*)[Fl,T].

---

288 João Ilhéu – *Gente do Monte.*

Asseado, *adj.* Muito bom (part. pas. de *assear*)F. – *O nosso porco este ano era asseado;* – *Esta linguiça é asseada.* Como se nota nos exemplos, nada tem a ver directamente com asseio, limpeza. É usado com este sentido em todas as ilhas: *[...] a de Santa Genoveva era uma peça asseada, até vinham as lágrimas aos olhos [...]*[289]. Obra asseada: coisa muito boa. 'Asseado' pode também significar bonito: *É um rapaz asseado, que Nosso senhor o guarde!*

Asseirado, *adj.* Avezado; diz-se da pessoa ou animal que frequenta muito o mesmo lugar (part. pas. de *{asseirar}*)Sj.

Asseirar, *v.* O m.q. avezar (de *a-* + *seira* + *-ar*)Sj.

Asseivar, *v.* Acalmar; assentar (de *a-* + *seiva* + *-ar*)F: – *Ele era mun alevantado mas depois de casar parece que asseivou!*

Assentar a irmandade, *exp.* Nome que nas Flores se dá ao acto de arrolar a quantidade de carne que cada *Irmão* do Esprito Santo deseja receber no sábado de Espírito Santo.

Assentar por irmão, *exp.* Registar o nome para ser considerado *Irmão* de uma *Irmandade* do Espírito SantoT.

Assento, *n.m.* Mó inferior, fixa, da azenha (deriv. regr. de *assentar*)SM.

Asserenado, *adj.* Diz-se do cabelo grisalho (part. pas. de *asserenar*)Sj.

Asservado, (part. pas. de *{asservar}*) **1.** *n.m.* Indivíduo contratado para trabalhar durante um ano na lavoura das terrasP: *Tenho-o um ano asservado para me tratar do quintal.* Em S. Miguel chamam-lhe *assistente.* **2.** *adj.* Em Santa Maria tem o significado de ajuizado, calmo, usando-se muitas vezes o seu diminutivo: – *Aquele homem era muito aservadinho!* **3.** *adj.* Conformado; resignadoP.

Asservar-se, *v. refl.* Aguentar; suportar (de *a-* + *servo* + *-ar*): *As banhas da baleia mitio ânsias de lançar... Aquêl fartume a torresmo! Lá me asservei...*[290].

Assességo, *n.m.* SossegoP. 'Assessego' é palavra antiga, deriv. regr. de *assessegar,* aqui conservada com corrupt. fonética.

Assilgra, *n.f.* Corda ligada à canga de uma junta de bois que ajudava a puxar outro carro de bois quando vinha muito carregado ou quando o caminho era mau (corrupt. de *sirga*)Fl.

Assim com'assim, *exp.* O m.q. 'de qualquer forma': *Pois, assim com'assim, mais excomunhão, menos excomunhão!*[291].

Assim e assim, *exp.* Mais ou menos: – *Como é que tens passado?* – *Assim e assim, e tu?* Na Terceira diz-se *tenteado* com o mesmo sentido.

Assinar, *v.* Marcar o gado com um *sinal* (do lat. *assignāre,* pôr um sinal em).

Assistente, *n.m.* Indivíduo que trabalha todo o ano para um patrão (de *assistir* + *-ente*)SM. No Pico chama-se *asservado.*

Assistir-se, *v. pron.* Residir; ser hóspede (do lat. *assistěre*)T: – *Ele está-se assistindo na Pensão do Braguinha!*

Assobio, (deriv. regr. de *assobiar*) **1.** *n.m.* Instrumento de sopro, artesanalmente feito pelos miúdos a partir de um troço de *cana-vial,* medindo mais ou menos 1 palmo de comprimento e com o diâmetro de cerca de meia polegadaF. **2.** *n.m. fig.* Nome que se dá à bicuda pequena; o m.q. *charuto*F.

Assoluto, *adj.* Absoluto; autoritárioT. Arcaísmo aqui conservado.

Assoprado, *adj. fig.* Fanfarrão; farsola (part. pas. de *assoprar*): *Já desde muito novo se comportava como assopradinho*[292].

Assuã, *n.f.* Carne de porco da parte da espinha dorsal do porco (corrupt. de *suã,* do lat. *suana-,* de *sus,* porco).

Assubedouro, *n.m.* O m.q. *subedouro*C.

---

289 Cristóvão de Aguiar – *Raiz Comovida.*

290 Vitorino Nemésio – *Mau Tempo no Canal.*

291 Manuel Ferreira – *O Morro e o Gigante.*

292 Cristóvão de Aguiar – *Um Grito em Chamas.*

Assunto, *n.m.* Designação dada, nas *Danças do Entrudo,* à pequena parte cantada pelo *Mestre,* logo a seguir ao termo da 1ª moda[T]. *No Assunto faz-se um resumo do enredo ou, pelo menos, a indicação daquilo que se vai contar*[293].

Astigordo, *adj. Taur.* Diz-se do touro que tem os chifres grossos desde a base (do cast. *astigordo,* idem)[T].

Astrever, *v.* Atrever, sua f. arcaica: *[...] tempo que se não hauiam os os homeñs astreuer buscar hũa terra inhabitavel*[294].

Astrevido, *adj.* Atrevido (part. pas. de *{astrever}*).

As tripas estão secas, *loc. interjec.* Expressão das mulheres que antigamente estavam lavando as tripas do porco, no dia da matança, para que lhes fosse servida uma bebida espirituosa[T].

Astúcia, *n.f.* Alento; espírito; força (do lat. *astutĭa-*)[SM]: – *Estou sem astúcia nenhuma pra fazer tã grande viage!* Usado com o mesmo significado no Alentejo[295].

Atabafado, *adj.* Diz-se do tempo húmido e quente[F], o *bafão* característico das nossas ilhas (part pas. de *atabafar*). Também se diz de um espaço mal arejado e quente ou de quem está com falta de ar.

Atabafar o leite, *exp.* Ferver o leite para não talhar[P,Sj,T].

Ataca, (deriv. regres. de *atacar*) **1.** *n.f.* Tira de couro com cerca de três centímetros de largura que era pregada longitudinalmente ao longo do *soco* da *galocha* sob a pala[T]. **2.** *n.f.* Correia de couro que liga os chifres dos bois quando estão na canga[C].

Ataçoar *(tà), v.* Dizer mal dos outros[P]. Var.: *Atauçoar*[P].

Atadeira, *n.f.* O m.q. *Espadana –Phormium tenax* (de *atar* + *-deira*)[SM].

Atafalo, *n.m.* O m.q. *atarelo;* adorno; enfeite (de *atafal,* do ár. clás. *at-thafr*)[P,SM].

[293] José Noronha Bretão – *As Danças do Entrudo – Uma Festa do Povo.*

[294] P.e Manuel Luís Maldonado – *Fenix Angrence.*

[295] Vítor Barros e Lourivaldo Guerreiro – *Dicionário de Falares do Alentejo.*

Atafona, *n.f.* Edifício de apoio à actividade agrícola, com dois pisos, cujo nome se deve ao engenho de moer cereais, de tracção animal, a atafona propriamente dita (do ár. *tahūnâ,* moinho). A designação estendeu-se às construções cuja função se limita ao armazenamento de alfaias, de produtos agrícolas e de comida para os animais[296]. Andar como boi na atafona: o m.q. andar às voltas sem nada resolver.

Atáfona, *n.f.* Agitação; roda-viva (ext. de *atafona*)[SM]: – *Andas sempre numa atáfona, nã páras nim um poucachinho!*

Atafona-de-mão, *n.f.* Nome que também se dá ao *moinho-de-mão*[Fl].

Atafonar, (de *atafona* + *-ar*) **1.** *v.* Apertar; estrangular[SM]. **2.** *v.* Fazer as coisas depressa[SM]: – *Muito gostas tu de atafonar tudo!*

Atafonina-de-mão, *n.f.* O m.q. *atafona-de--mão;* moinho-de-mão[Fl].

Atafulhar, (de *a-* + *tafulho* + *-ar*) **1.** *v.* O m.q. tafulhar; encher até acima, até não poder mais, mas mal arrumado. **2.** *v. fig.* Comer desmesuradamente[F].

Atalávios do campo, *n.m. pl.* Conjunto das alfaias agrícolas[Sj]. Var.: *Atalavres do campo*[Sj].

Ataleigar, (de *a-* + *taleiga* + *-ar*) **1.** *v.* Encher. **2.** *v. fig.* Comer bem[T]. No Minho significa encher muito[297].

Atalhada, *n.f.* Estreito atalho feito nas relvas pelo passar repetido do coelho[298] (de *atalho* + *-ada*)[F].

Atalhar a terra, *exp.* Diz-se da lavoura que se segue ao alqueive[Fl,Sj]. Antigamente era feito quase sempre com o arado de pau.

Atalho da estufa, *n.m.* Passagem com cerca de 50 centímetros de largura situada

[296] Madalena Pico – *Inventário do Património Imóvel dos Açores* (Glossário).

[297] Guilherme Augusto Simões – *Dicionário de Expressões.*

[298] O coelho, quando sai da lura, à procura de comida, percorre quase sempre o mesmo trajecto, ficando a marca da sua passagem como um estreito atalho onde antigamente se colocavam os *laços* (ver *laço*).

longitudinalmente no meio da estufa de ananases que serve também para colocar os *fumos* na altura própria de fazê-los[SM].

Atambique, *n.m. Náut.* Espécie de *jogada* pequena, para a pesca dos peixes pequenos como o peixe-rei, o bodião, o verdugo, etc.[T].

Atampado, *adj.* Adoentado (corrupt. de *atempado*)[Sj].

Atanado, *n.m.* Nome que nas Flores se dava a toda a espécie de couro grosso. Cp.: Atanado é casca de carvalho e de outras árvores, que, reduzida a pó, para se lhe extrair o tanino, serve no curtimento dos couros.

Atansado, *adj.* Simplório; tanso (de *a-* + *tanso* + *-ado*)[Fl].

Atantado, *adj.* Aventureiro; atiradiço (part. pas. de *{atantar}*)[T].

Atantadouro, *n.m.* Tentador (de *{atantar}* + *-douro*)[SM]: *– Este rapaz é um atantadouro!*

Atarelar, *v.* Tomar juízo (de *a-* + *tarelo* + *-ar*).

Atarelo, *n.m.* O m.q. *atafalo*[SM].

Atarradeira, *n.f.* Sacho leve, usado para sachar (de *aterrar* + *-deira*, com assimilação)[Sj].

Ataranhar, *v.* Trabalhar vagarosamente[Sj].

Atarraxado, (part. pas. de *atarraxar*) **1.** *adj.* Aparafusado; apertado. **2.** *adj.* Atacado por uma grande constipação[SM].

Atarraxador, *n.m.* O m.q. chave de fendas (de *atarraxar* + *-dor*)[F].

Atarraxar, *v.* Aparafusar; apertar, p. ex., um nó numa corda, ou um parafuso (de *a-* + *tarraxa* + *-ar*)[F].

Atazanar, *v.* O m.q. aborrecer; afligir; importunar; inquietar (metát. de *atanazar*, de *atenazar*, deriv. de *a-* + *tenaz* + *-ar*): *– Pedaço de garotos! A atazanar o animal! Gira já daqui!*[299].

Atègora, *adv.* Ainda agora; há pouco tempo[F,Sj]: *Mas peço-lhe que não conte a minha mãe o que lhe disse atégora*[300].

[299] Vitorino Nemésio – *Corsário das Ilhas.*

[300] P.e Nunes da Rosa – *Pastorais do Mosteiro.*

Ateiro, *n.m.* Pedal da roda de fiar[Sj].

Atempado, *adj.* Adoentado (part. pas. de *atempar*)[P,T].

Atempar, (de *a-* + *tempo* + *-ar*) **1.** *v.* Diz-se dos frutos quando amarelecem e caem antes de amadurecer[P,T]: *A coivinha atempou*[301]. **2.** *v.* Adoecer[P].

Atentador, *adj.* Provocador (de *{atentar}* + *-dor*)[T].

Atentar, *v.* Importunar; provocar; o m.q. tentar, sua f. protética.

Aterradeira, *n.f.* Prato da *claveira* destinado a *aterrar* o milho; o m.q. *prato de abarbar* (de *{aterrar}* + *-deira*)[Sj].

Aterrar, (de *a-* + *terra* + *-ar*) **1.** *v. fig.* Cair desamparado numa corrida; 'espalhar-se'. **2.** *v. fig.* Ficar completamente sem forças devido, por exemplo, a uma gripe – *aterrado* na cama! **3.** *v.* Sachar o milho pela segunda vez[Sj]. Também se chama *abarbar.*

Atiçar, *v.* O m.q. açular (do lat. *attitiāre*): *– 'Tás prá i a atiçar esse cão! Depous nã te queixes!*

Atilho, (*de atar* + *-ilho*) **1.** *n.m.* Nastro que amarrava as ceroulas. **2.** *n.m. fig.* Pessoa velha[T].

Atilho do sapato, *n.m.* O m.q. atacador[F].

Atimado, (apart. pas. de *{atimar}*) **1.** *adj.* Diz-se daquele que faz tudo com muita minúcia; esmerado[F]. **2.** *adj.* Arranjado; acabado; pronto: *– 'tá tudo atimado, podem-se ir imbora!* Provérbio recolhido nas Flores: *Riqueza atimada, / amizade terminada*[302].

Atimar, *v.* Alcançar; arrumar; fazer; ordenar; resolver (alt. de *ultimar*): *Já atimei tudo; já atimei o negócio; ele não atima nada.*

Atira burro que o çarrado é grande, *exp.* Diz-se de alguém muito malcriado, significando o mesmo que 'podes escoicear à vontade'.

[301] Vitorino Nemésio – *O Mistério do Paço do Milhafre.*

[302] Armando Cortes-Rodrigues – *Adagiário Popular Açoriano.*

Atiradeira, *n.f.* Corda que mantém os bois junto do arado (de *a-* + *tiradeira*)F.

Atirar-se da rocha abaixo, *exp.* Uma das maneiras escolhidas para o suicídio nas ilhas: *[...] veio a saber que ele tinha-se atirado da rocha abaixo e, quando deram por ele, o corpo já cheirava mal [...]*[303].

Atirar trigo aos noivos, *exp.* Por todo o lado sempre foi costume atirar trigo aos noivos como sinal de desejo de fartura para o futuro casal. No Faial, quando o botavam por cima dos nubentes diziam: *Viva os senhores noivos e seus acompanhantes! Que Nosso Senhor les dê muntos anos de vida e os faça bem casados!*[304].

Atolangado, *adj.* Atoleimado; pateta (de *tolo*, com construção morfológica irreg.)T: *Mas os frades que eram uns bons pilhascas, viram logo que a rapariga era meia atolangada*[305].

Atoleimadice, *n.f.* Tolice (de *atoleimado* + *-ice*)SM: – *Ó miúdo, só fazes atoleimadices!*

Atolhado *(tô), adj.* AtabalhoadoT; bruto; desajeitadoFl; distraído; precipitadoSM. Var.: *Atoulhado.*

Atornar-se, *v. pron.* Deitar as culpas a outremSj: – *Nã te atornes a mim!*

Atracador, (de *{atracar}* + *-dor*) **1.** *n.m. Náut.* Espécie de *pexeiro*, mas maior e mais forte, utilizado na pesca da albacoraFl. **2.** *n.m. Náut.* Gancho preso a um forte cabo usado nas embarcações de pesca para rebocar grandes peixesSj.

Atracar, (ext. de *atracar*) **1.** *v.* AgarrarF: – *Foge depressa que eu vou-t'atracar!* Nas brincadeiras de infância, os miúdos utilizam vulgarmente este termo. **2.** *v.* Dirigir-se a alguémT. **3.** *v. pron.* Atirar-se a alguém com violênciaF: –*Atracou-se ao monço e botou-le o gadanho às goelas que o ia matando!*

Atrambolhado, *adj.* Emperrado dos membros (de *a-* + *trambolho* + *-ado*)T. Nota: 'Trambolho', entre outras coisas, é uma peça de madeira usada nas patas dos animais domésticos para impedir que se afastem para longe.

Atramoçado, (de *a-* + *{tramoço}* + *-ado*) **1.** *adj.* Diz-se do terreno estrumado com tremoço. **2.** *adj. fig.* Feito de uma maneira imperfeitaSj: – *Dessa estória, só sei estes versos atramoçados!*

Atramoçadura, *n.f.* Sementeira de tremoço ou de favas que se faz pelo Outono (de *{atramoçar}* + *-dura*).

Atramoçar, (de *a-* + *{tramoço}* + *-ar*) *v.* **1.** Lançar o tremoço à terra, para os *outonos*. **2.** *v.* Aborrecer; maçarSM: *[...] da chuvinha que já começava a atramoçar os milhos...*[306]. **3.** *v. fig.* Aldrabar; provocar confusãoT: – *Nã me venhas pra cá atramoçar a conversa!* **4.** *v. fig.* Meter-se no meio de uma conversaSj.

Atravessado, (part. pas. de *atravessar*) **1.** *adj.* Oblíquo ou perpendicularF. Este termo refere-se frequentemente à direcção do vento em relação à pista do aeroporto: – *Com o vento cma está e ainda por cima atravessado na pista, a SATA decerto nã virá!* **2.** *adj.* Diz-se também do avião que não aterra no alinhamento da pista, que poisa *atravessado.*

Atravessar uma conversa, *exp.* Falar no meio duma frase pronunciada pelo interlocutor: – *Home, aquele gajo até é malcriado, sempre a atravessar as conversas sim siqué pedi lecença!*

Atrelar, (de *a-* + *trela* + *-ar*) **1.** *v.* Prender com ferrosF. **2.** *v.* Prender o cavalo ao carroT.

Atremar, *v.* Atinar; dar atenção; entender; prestar ouvidosSM. É um termo também muito utilizado na Madeira com o mesmo

---

303 J. H. Borges Martins – *Crenças Populares da Ilha Terceira II.*

304 Maria de Fátima F. Baptista – *Ilha do Faial. Contribuição para o Estudo da sua Linguagem, Etnografia e Folclore.*

305 Augusto Gomes – *Cozinha Tradicional da Ilha Terceira* (Falas da Tia Gertrudes).

306 Cristóvão de Aguiar – *Raiz Comovida.*

sentido. De origem duv., segundo alguns autores será f. metatética de *atermar* (< *termo*).

Atrepar, *v.* O m.q. trepar (de *a-* + *trepar*)Fl,T,SM: *Quem tiver unhas é que atrepa ao castanheiro...*[307].

Atrevado, *n.m.* Terra de pasto onde são semeadas ervas, geralmente trevina (*Lotus glaucus*), que volta a crescer depois de comida pelos animais (de *a-* + *trevo* + *-ado*)Sj.

Au, *interj.* É empregada como ordem para as reses beberem água (corrupt. de *água*)T.

Aú, *n.m.* Também chamado *cavala-da-Índia*, é um peixe pertencente à família Scombridae, de nome científico *Acanthocybium solandri*. É apanhado quase sempre *de lancha*, na modalidade de corrico (do am. *Wahoo*).

Aua, *n.f.* Água, sua corruptela por síncope: – *Ó meu paizinho da minh'alma, / nem já quero a voss'aua / a mih'alma está no céu, / dũa rosa incantada*[308]. Var.: *Auga* e *áugua*. Moisés Pires[309] regista-o também.

Audiências, *n.f. pl.* Capacidade mentalF: – *Ele faz tudo malfeito porque nã tem audiências pra mais!*

Augas desmanadas, O m.q. chuva grossa; grande quantidade de chuvaFl: – *Aquilho foi pouco tempo mas fôrim augas desmanadas que a gente ficou num instante toda alagada!*

Áugua, *n.f.* Água, sua f. arcaica: – *O poço parece que tem munta áugua, mas no fundo é só lodo!*

Auguador, *n.m.* Aguador; regador. (de *{auguar}* + *-dor*).

Auguar, *v.* Nos Açores, pela pluviosidade do clima, pouco ou nada se rega. Nos raros casos em que é necessário a rega, por exemplo quando se planta alguma coisa na terra, por todos os lados onde passei, sempre ouvi dizer aguar, nos iletrados, *auguar* (conservação do arcaísmo no tempo), nunca regar.

Auguareira, *n.f.* Espécie de gaivota (corrupt. de *aguareira*).

Augueiro, *n.m.* Sargeta (de *{áugua}* + *-eiro*). Rato do augueiro: pessoa andrajosa ou envelhecida precocementeT.

Aumentar, *v.* Crescer; ganhar peso (do lat. *augmentāre*)F. Usa-se muito este termo em relação ao gado bovino: – *Com a falta de erva que vai por i, este gado nã pode aumentar!*

Aústia, *n.f.* O m.q. ústia, termo beirão que entra na expressão 'ficar à ústia' e que significa ficar sem nada (do lat. *ustu-*, queimado).

Autorizado, *adj.* Aquele que tem *autorizo*, autoridade: *E quem é autorizado, / Seja quem for a pessoa, / Cumpra o que lhe é mandado, / Aceitando a santa coroa*[310].

Austinado, *adj.* Impenitente; obstinado; teimoso (do lat. *obstunātu-*, part. pas. de *obstināre*)Sj,T. Arcaísmo aqui presente. Gil Vicente escreve: *Pode ser mui austinado e não querer-se arrepender*[311].

Autorizar-se, *v. refl.* Servir-seSM: *Ti Maria, autorize-se daquele calzins de cachaça que está em riba do mostrador*[312].

Autorizo, *n.m.* Autoridade; dignidade; posição social destacada (deriv. regr. de *autorizar*)T. Ter *autorizo* é o m.q. ter autoridade: *[...] vossoria agora, que me tirou o autorizo, la que se amanhe co êle!*[313]. Pessoa de autorizo: pessoa de consideraçãoT.

Avagar, *v.* Amainar; serenar, falando do tempo (do lat. *vacare*, estar desocupado)SM. Termo antigo, há muito em des. na maior parte do país. Gaspar Correia[314] (séc. XVI) escreve: *Era mui certo que, avagando suas*

307 Manuel Ferreira – *O Morro e o Gigante.*

308 Manuel da Costa Fontes – *Romanceiro da Ilha de S. Jorge.*

309 Moisés Pires – *Pequeno Vocabulário Mirandês – Português.*

310 Versos da folia do Espírito Santo de S. Miguel.

311 Gil Vicente – *Auto da Barca do Purgatório.*

312 Cristóvão de Aguiar – *Raiz Comovida.*

313 Luís Bernardo Leite de Ataíde – *Etnografia Arte e Vida Antiga dos Açores.*

314 Gaspar Correia – *Lendas Da Índia.*

terras, havia de vir sobre Goa. Termo usado na linguagem actual de S. Miguel: *Trazem--me novas das Trindades acabadas de cair no bojo da tardinha, o calor avagando-se ao pôr-do-sol na cumieira da serra de Santo António*[315].

Avaluar, *v.* O m.q. avaliar. Termo antigo – alt. de *avaliar* – em desuso na maior parte do Continente, embora se ouça ainda na linguagem pop. do Algarve. I. Cação[316] regista-o também na linguagem gandareza dos nossos dias.

Avantage, *n.f.* Façanha; proeza (apócope de *avantagem*): – *Ele nã faz nenhum' avantage – já o irmão o mêmo fazia e era mai novo!* Almeida Pavão[317] regista-o como sendo masculino na linguagem micaelense. Nota: Grafia no sXIV= *aavantage*.

Avantal, *n.m.* Avental, sua corruptela por assimilação (por infl. de *avante*)[F,Fl,Sj]. Nas Flores, em pequeno, ouvia esta rima: *Basta só um avantal / Pra tapar o principal...*

Avantejar, *v.* O m.q. *aventejar*[C,Sj].

Avarejar, *v.* Arremessar; atirar (de *a-* + *varejar*)[Sj].

Avaria, *n.f.* Coisa extraordinária, fora do vulgar; habilidade (em sentido jocoso); proeza ; valentia (de *a-* + *variar*, ser diferente, sua deriv. regr.).

Avariado da cabeça, *loc. adj.* Maluco; amnésico; sem tino[F].

Ave-de-Nosso-Senhor, *n.f.* O m.q. joaninha *(Coccinella septempunctata)*[C].

Ave estrangeira, *n.f.* Ave de arribação[Sj].

Ave-mestre, *n.f.* Um dos vários nomes que nos Açores se dá ao *Oceanodroma castro*, a ave marinha mais pequena do Arquipélago.

Ave-negreira, *n.f.* O m.q. *vinagreira*: *[...] Dizem os rapazes, que, quando a toutinegra, que em geral põe seis ovos, chega aos sete, do último sai sempre ave-negreira*[318].

Aventejar, *v.* Diz-se quando se põem as sementes dos cereais ao vento, deixando--as cair para separá-las das cascas (de *a-* + *vento* + *-ejar*)[F]: Provérbio das Flores: *Quando há vento é que se aventeja*[319]. Var.: *Avantejar*[C].

Aventureiro, *n.m.* Navegador dos iates que passam pelos Açores (de *aventura* + *-eiro*). Quando viaja sozinho, é chamado *aventureiro-solitário*.

A verdade anda em cima d'água como o azeite, *exp.* O m.q. 'a verdade vem sempre ao de cima[F].

Avermelhar o bufo, *exp. Bal.* Expressão usada pelos baleeiros quando, no acto de matar a *baleia*, a *lança* lhe penetrava nos pulmões causando abundante hemorragia interna que tingia de vermelho os gases expelidos na expiração ofegante.

Avezinha-da-boa-nova, *n.f.* O m.q. *Labandeira*[Fl].

Aviar peixe, *exp.* Preparar o peixe, escamando-o e retirando-lhe as tripas[F]. Também se diz, com o mesmo sentido, *consertar peixe*.

Avinagreira, *n.f.* Nome que no Faial se dá à toutinegra, cientificamente denominada *Sylvia atricapilla atlantis* (de *a-* + *vinagreira*)[320].

Avinha, *n.f.* O m.q. pintainho (de *ave* + *-inha*)[C]: – *Da nossa galinha-criqui nasceram 10 lindas avinhas!*

Avinha-de-Nosso-Senhor, *n.f.* O m.q. *ave--de-Nosso-Senhor*[C].

Avio do caniço, *n.m.* O conjunto das linhas, da chumbada e do anzol nos *caniços* de pesca[T].

Avisador, *n.m.* Aquele que é encarregado de avisar da morte de um *Irmão* aos outros membros da Irmandade (de *avisar* + *-dor*)[Fl].

---

315 Cristóvão de Aguiar – *Marilha*.

316 Idalécio Cação – *Glossário de Termos Gandarezes*.

317 J. Almeida Pavão – *Aspectos Populares Micaelenses no Povoamento e na Linguagem*.

318 Raul Brandão – *As Ilhas Desconhecidas*, falando do Faial.

319 Armando Cortes-Rodrigues – *Adagiário Popular Açoriano*.

320 R. Martins, A. Rodrigues e R. Cunha – *Aves Nativas dos Açores*.

Aviso, *n.m.* O *Aviso* fazia parte das manifestações teatrais populares de S. Miguel (deriv. regr. de *avisar*). Nem sempre era feito, e ultimamente já tinha desaparecido – quando se fazia, consistia na apresentação de três homens, vestidos de cavaleiros, que, à porta da igreja, no domingo que antecedia a exibição da *Comédia*, anunciavam a 'todo o mundo' a data, o local, a hora e o nome da representação.
Axe, (de origem onom.) **1.** *n.m.* Pequeno golpe ou ferida[F]. Este termo é geralmente empregado quando se trata de uma criança: – *Fizeste um axe, meu meni no?* **2.** *interj.* Basta! Muitas vezes vem reforçada com *lá*, como se regista adiante. **3.** *n.m.* Defeito; deficiência[StM]: – *Esta comida tem um axe, terá sido de ter posto muitos cominhos?* Muita vezes é usado o seu diminutivo: *Este vinho tem um axezinho, nã se devia ter deixado no garrafão!*
Axê, *interj.* Expressão de agrado[C]: – *Emprestas-me uma carrada de lenha? [...] – Duas até. / – Axê! (inda melhor)*[321]. Ver tb. *achê*. Nota: Usado na linguagem actual do Corvo.
Axezinho, *n.m.* Diminutivo de *axe* – pequeno golpe, ferida –, muito usado em Santa Maria.
Azabelado, *adj.* Efeminado; maricas (de *a-* + *{Zabela}* + *-ado*)[SM].
Azedume, *n.m.* Aborrecimento; contrariedade (de *azedo* + *-ume*)[SM]: – *Neste emprego, agora a mandar nos outros, é só azedumes e nã se ganha más por isso!*
Azeitado, *adj.* O m.q. rançoso (part. pas. de *{azeitar}*)[F].
Azeitamento, *n.m.* Efeito de *azeitar* (de *{azeitar}* + *-mento*)[F].
Azeitar, *v.* Rançar (de *azeite* + *-ar*)[F]. Nada tem a ver com o significado de embeber em azeite ou temperar com azeite: – *O cherne é um peixe que nã pode estar muito tempo na frisa porque azeita logo.* É termo muito usado nas Flores, sempre em vez de rançar.
Azeite-da-cabeça, *n.m. Bal.* O m.q. espermacete – cera que solidifica em contacto com o ar e à temperatura ambiente –, com que antigamente se fabricavam as velas para iluminação. Ver *Espermacete*.
Azeite-de-baleia, *n.m.* Designação antiga do óleo retirado do toucinho do cachalote. O *azeite-de-baleia*, apesar de exalar um cheiro nauseabundo, era antigamente muito utilizado na iluminação das casas, antes do aparecimento do petróleo.
Azeite-de-cagarro, *n.m.* Espécie de óleo extraído do cagarro, usado pelas suas propriedades medicinais. *As pessoas iam aos ninhos, retiravam as crias em fase de crescimento, viravam-nas para baixo e o óleo estomacal das crias era derramado num recipiente. Esse óleo tinha qualidades medicinais e era considerado milagroso. [...] Claro que, no caso da recolha do óleo, as pessoas recolocavam as crias nos ninhos, voltando quatro ou cinco dias depois para nova recolha"*[322].
Azeite-de-gata, *n.m.* Óleo extraído dos fígados dos peixes chamados gatas (*Dalatias licha*), antigamente muito usado na iluminação.
Azeite-de-louro, *n.m.* Nome que antigamente se dava ao óleo extraído da baga do *loureiro-da-terra* (*Laurus azorica*), utilizado na iluminação. O *azeite-de-louro*, era também conhecido antigamente como um remédio milagroso para muitas doenças, usado para tratar as dores reumáticas, como depurativo e cicatrizante, contra males do fígado, da garganta, etc.
Azeite-de-peixe, **1.** *n.m. Bal.* O óleo do cachalote, também chamado *azeite-de-baleia*. **2.** *n.m.* Óleo antigamente retirado de variados peixes, para serem utilizados na iluminação[323].

321 Raul Brandão – *As Ilhas Desconhecidas*.

322 Rui Messias –*Fascínio pelas Cagarras*.

323 Os *azeites-de-peixe* eram também muito usados no tratamento de feridas, pelo seu poder cicatrizante, provavelmente devido à sua riqueza em

Azeite-de-prato, *n.m.* Azeite de oliveira; o m.q. *azeite-doce*[F,Fl].
Azeite-de-toninha, *n.m.* Óleo extraído da gordura da toninha, antigamente muito usado na iluminação.
Azeite-doce, *n.m.* O azeite de oliveira, também chamado *azeite-de-prato,* para se distinguir do *azeite-de-peixe*[F]. É nome muito referido na cozinha brasileira – para o Brasil levado pelos portugueses –, e na ex-colónias portuguesas.
Azeiteiro, *adj.* Alcunha que em S. Miguel davam ao natural de Ponta Delgada, local de antigos fabricantes de *azeite-de-peixe*.
Azevim, *n.m. Bot.* O m.q. azevém ou erva-castelhana, planta gramínea utilizada para forragem (*Lolium multiflorum*)[SM]. Nalgumas ilhas também lhe chamam *azevão*[324].
Azipla, *n.f.* O m.q. *zirplela*[SM].
Ázipla, *n.f.* O m.q. *zirplela*[T].
Azoigar, *v.* O m.q. *azougar*[Sj].
Azougado, (part. pas. de *{azougar}*) **1.** *adj.* Apodrecido; estragado; murcho, referindo-se a frutos e tubérculos[SM]. **2.** *adj. Alevantado;* doidivanas[F].
Azougar, *v.* Apodrecer; estragar-se; secar, falando de frutos e tubérculos (de *azougue* + *-ar*)[SM]: *As maçãs 'tão-se azougando todas.* Var.: *Azoigar*[Sj]. Na Madeira é usado com o significado de morrer. No falar madeirense: 'o grade azoigou e eu atupi-o no poio das tanarifas', que significa 'o cachorro morreu e eu enterrei-o no socalco das bananeiras'[325].
Azougue, (do ár. *az-zâuq*, mercúrio) **1.** *n.m.* O m.q. magnetismo[F]; que atrai os metais; íman: – *A chave de fendas tem azougue, não a encostes ao relógio!* **2.** *n.m. fig.* Vivacidade; irrequietismo, geralmente em relação a crianças: – O *rapaz parece que tem azougue no rabo, nã pára quieto!*
Azulador, *n.m.* Denominação dada aos oleiros que aplicavam nos objectos de barro os desenhos em azul (de *azular* + *-dor*)[SM].
Azularate, *n.f.* Nome dado à antiga nota de 50$000 réis, por ser de cor azulada[T].

---

retinol (fonte animal da vitamina A), e na construção civil, pelo seu poder impermeabilizante.
324 Ruy Telles Palhinha – *Catálogo das Plantas Vasculares dos Açores.*

325 António Gomes – Comunicação pessoal.

B

Babar, (de *baba* + *-ar*) **1.** *v.t.* Agredir física ou moralmente[SM]: – *Olha que te babo todo com este fueiro!* **2.** *v. pron.* Estafar-se: – *Ele babou-se para conseguir acabar o trabalho!*[T].

Babo, *n.m.* Pápula eritematosa e pruriginosa, geralmente devida a picada de insecto ou ao contacto de certas ervas como a urtiga (do ár. *bab*, que significa porta)[F]. No Algarve chama-se 'baba' e na Madeira 'bábada'.

Baboca, *adj.* Toleirão; o m.q. babão (de *baba* + *-oca*)[T].

Babosa. 1. *n.f.* Material sintético, rudemente semelhante a esferovite, de que são feitas as bóias usadas na pesca e que dão à costa nos *rolos*, aproveitando-se, aliás, para diversos fins (de *baboso*)[F]. É a apropriação do termo *babosa* ou *erva-babosa*, designação vulgar duma planta xerófila, *agava*, introduzida nos Açores. Esse caule lenhoso é muito leve, com grande poder de flutuação, tendo sido utilizado antigamente no fabrico de bóias e balsas de salvação. **2.** *n.f.* O m.q. *figueira-babosa* (*Opuntia ficus-indica*)[SM].

Babou, *adj.* Aparvalhado; asno; baboso; imbecil; lorpa; o m.q. babão e *baboca* (de *baba*)[SM]: *[...] sempre num pegamento de cabeça, o olhar parado, como um babou, no endireito do mar das Calhetas*[326]. Andar, estar ou ficar babou: estar perdido de amores[SM]: – *Anda babou por aquela pequena!*

Bacalhau, *n.m.* Alcunha, *apelido* de homem muito magro[F].

Bacalhau-dos-Açores, *n.m.* Peixe de nome científico *Gaidropsarus guttatus*, também conhecido por *Aranha-da-pedra* e *Viúva-da-pedra*.

Bacento, *adj.* Diz-se do céu enevoado, carregado (de *baço* + *-ento*)[C].

Bacorinha, *n.f. fig.* Mulher pequenina e grossa[F].

Bacorinho, (de *bácoro* + *-inho*) **1.** *n.m.* Porco pequeno; leitão[327]. Também utilizado na Madeira. **2.** *adj.* Diz-se duma variedade de figo que aparece primeiro e é mais pequeno[P]. É termo, com o mesmo significado, também usado no Minho. **3.** *n.m.* *Apelido* de homem gordo e pequenino[F].

Badalhoca, (*de badal[h]o* + *-oca*) **1.** *n.f.* Caganita presa aos pêlos da traseira dos animais[SM]. **2.** *n.f. fig.* Muito dinheiro; riqueza.

Badeja, *n.m.* Pessoa trapalhona no falar[SM]: – *Aquele badeja nim falar sabe!*

Badejo, (f. afer. do esp. *abadejo*) **1.** *n.m.* Mero pequeno, até 2, 3 quilos[F]. Na realidade, para os mais entendidos, o 'badejo' é um peixe diferente do mero, existente nas águas do arquipélago e cientificamente denominado *Mycteroperca fusca*. **2.** *n.m.* No Faial e no Pico chama-se *badejo* a uma espécie de bodião.

Badofa, (de *badofe*) **1.** *n.f.* Guisado feito com as miudezas do porco ou da vaca[SM]. **2.** *n.f.* Nome dado aos miúdos do porco[SM].

---

[326] Cristóvão de Aguiar – *Raiz Comovida*.

[327] Nos Açores quase não se ouve o termo 'leitão', sempre bácoro ou bacorinho.

Cp.: 'Badofe' é uma iguaria da culinária afro-baiana feita com vísceras de boi, linguiça e toucinho.
Badouco, *adj.* Acanhado; indeciso; receoso; o m.q. *pogenca*[SM].
Baeta, (do ant. picardo *bayette,* do lat. *badĭu-*) **1.** *n.f.* Tecido de lã de fabrico caseiro, mais usado em fatos de homem. **2.** *adj. fig.* Pateta[T]: – *O baeta do Balha-Bem de S. Mateus já nã diz coisa com coisa!*
Baetão, n.m. Baeta grossa (de *baeta* + *-ão*)[T]. CF regista-o com o mesmo significado apenas como brasileirismo.
Bafão, *n.m.* Grande calor; diz-se daqueles dias de grande calor e muita humidade (de *bafo* + *-ão*)[F].
Bafarela, *n.f.* O m.q. sopro (de *bafar* + *-ela*)[SM]: – *Como ele está, basta uma bafarela pra o botar no chão!*
Bafo, *n.m.* Fedor; fedentina; mau cheiro (corrupt. de *bafio*): – *Mal se tinha antrado im casa da Cat'rina da Grota era um bafo que tresandava..., tal porquidade!*
Baforeda, *n.f.* Vapor de água quente (de *bafo* + <r> + *-edo,* com alt. da volgal temática de *–o* para *–a*)[Fl].
Baforedo, *n.m.* Cheiro nauseabundo (de *baforar* + *-edo*)[Sj,T]: – *Nã se pode passá no luguá onde morreu a gueixa de José Belo, é um baforedo de fugir!*
Bafuja, *n.f.* Bafagem; bafugem, sua corruptela por apócope e assimilação[F].
Baga, *n.f. Bot.* O m.q. groselha, fruto da groselheira (*Ribes grossularia*)[SM], também chamada *baguinha* e *amora-do-Brasil.*
Bagaça, *n.f.* O m.q. *bagacina*[F]; rocha vulcânica porosa e leve, muito abundante nas nossas ilhas (de *bagaço*).
Bagacina, *n.f.* Pedra queimada, solta, de origem vulcânica; magma vulcânico, constituído por escórias basálticas, geralmente de cor negra, às vezes vitrificadas e esmaltadas (de *{bagaça}* + *-ina*). A *bagacina* é utilizada nos caminhos[328], aplicada como camada de desgaste, no fabrico de 'blocos' e ainda como solos artificiais, particularmente no Pico, servindo para recobrir os terrenos de *lajido* e de *biscoito* para a constituição de novas hortas, quintas e vinhedos[329].
Bagaço, (de *baga* + *-aço*) **1.** *n.m.* Restos de qualquer coisa já sem utilidade[F]. **2.** *n.m. fig.* Gente ordinária[F].
Bagagem, *n.f.* Grande quantidade (do fr. *bagage*)[SM]: *Poderios de figuras do demónio, abundança, bagagem de abantesmas, andam nelas sumidas, diz o povo*[330].
Bagalhoiço, (de *bagalho* + *-oiço*) **1.** *adj.* Variedade de figo serôdio, miúdo e redondo[P]. **2.** *n.m.* Muito dinheiro[F].
Bagalhoteira, (de *bagalho* + *<t>* + *-eira*) **1.** *adj.* Desarrematada; trapalhona[Sj]. **2.** *adj.* Divertida[Sj]. Nota: Termo usado sempre em relação a mulheres. O masc. não é usado.
Baga-moira, *n.f. Bot.* Planta vascular de cujos frutos se extrai uma tinta roxa, no Continente chamada 'tintureira', cientificamente denominada *Phytolacca americana*[SM].
Baganha, (de *bago* + *-anha*) **1.** *n.f.* Brinco de orelha[SM]. **2.** *n.f.* Peça de dar corda no relógio de pulso[F].
Bagoiço, *n.m.* Dinheiro (de *bago* + *-oiço*)[T]: *É um rico rapaz, filho de gente séria e cheia de bagoiço*[331].
Bague, *n.m.* Espécie de peixe da Família dos Silurídeos, cientificamente chamado *Bagre* spp. (corrupt. de *bagre*)[Fl].
Baguinha, *n.f. Bot.* O m.q. *baga* e *amora-do-Brasil.*
Bagulho, *n.m.* Grainha da uva (de *bago* + *-ulho*)[Fl]. Em Trás-os-Montes é a semente da romã. No Douro Litoral dão o nome de 'bagulho' aos bagos de uva pisados. Na Madeira, é um pequeno recipiente de madeira que serve na adega para provar o mosto. No Algarve chama-se 'bagulho' à própria uva.

---

328 Depois de cilindrados, esses pisos têm a particularidade de não produzirem pó.

329 João Carlos Nunes e Victor Forjaz – *Rochas da Ilha do Pico.*

330 Luís Bernardo Leite de Ataíde – *Etnografia Arte e Vida Antiga dos Açores.*

331 Carlos Enes – *Terra do Bravo.*

Baiciclete, *n.f.* Bicicleta (influência do am. *bicycle*).

Baila, *n.f. Bal.* Balde de cobre com a capacidade de um galão americano destinado a medir o *azeite-de-baleia* (do am. *bailer, handle bailer*): o m.q. *bêla. O Intavante chegou com uma grande baila de água salgada na mão*[332].

Bailinho, *n.m. Dança* de Carnaval aligeirada que surgiu na Terceira no último quartel do século passado, tendo a sua origem máxima nas festas de pandeiro (de *baile* + *-inho*): *O bailinho integra menos gente, é sempre de assunto marcadamente crítico/ /jocoso, por vezes picante, com (depois do 25 de Abril) forte pendor para a crítica político--partidária*[333]. Um *Bailinho* é composto das seguintes partes: *marcha inicial, saudação, introdução, enredo* ou *assunto, despedida* e *marcha final*. No ano de 2007 foram registados na Terceira 52 bailinhos, 37 nos Estados Unidos da América e 10 no Canadá[334].

Bailinho de pandeiro, *n.m.* Bailinho de Carnaval semelhante à *Dança de Pandeiro*, mais aligeirado.

Bainho, *n.m.* O m.q. bainha, falando da dobra que é feita nos tecidos para não se desfiarem (de *bainha*, do lat. *vagīna-*)[SM].

Baixas e parte do rolo de Parrogil (Flores) vistos de cima da rocha

[332] Vitorino Nemésio – *Mau Tempo no Canal.*

[333] José Noronha Bretão – *As Danças do Entrudo – Uma Festa do Povo.*

[334] *Estrutura do bailinho de Carnaval em debate na rádio pública* (Diário Insular, Ano LXI, n.° 18635, de 17/02/2007).

Baixa, *n.f.* Rochedo junto à costa (fem. subst. de *baixo*)[F]. Ex.: a *Baixa Redonda*, a *Baixa Rasa*. Quando é maior chama-se *ilhéu*. Nas Flores, reza o provérbio: *Perca--se o navio / mas conheça-se a baixa*[335].

Baixada, *n.f.* O m.q. *aparada* (fem. subst. de *baixado*)[F]. Refere-se aos fios de pesca, à sua parte terminal, geralmente de menor resistência, onde se prendem os anzóis e as chumbadas.

Baixar à campa do cemitério, *exp.* O m.q. *baixar à campa fria*[T].

Baixar à campa fria, *exp.* Morrer; o m.q. *baixar à campa do cemitério*[T]: *Quando baixares à campa fria, / Entregues a alma a Jesus, / Eu creio que nesse dia / O Sol vai negar a sua luz*[336].

Baixo, (do lat. vulg. *bassu-*) **1.** *adj.* Diz-se do gado com os cornos descaídos[T]. **2.** *n.m.* O m.q. baixio.

Bajana, 1. *adj.* Estúpido; parvo; simplório[SM]: *Bajanas! Mal empregado leite que mamaram em crianças*[337]. **2.** *n.f.* Tanque de lavar roupa[SM].

Bajaneque, *n.m. Bal.* Osso do pescoço, côndilo occipital. Quando separada a cabeça do corpo do cachalote, fica exposto em forma de calote esférica (do am. *bone of the neck*).

Bajo, *n.m.* Os *bajos* são os grãos vermelhos que aparecem misturados com os brancos, na maçaroca-de-milho – e esta é chamada, quando isso acontece, *maçaroca-de-bajos*[Fl].

Balacaio, (do am. *black-eye*) **1.** *n.m.* Olho negro; olho pisado. **2.** *n.m.* Soco, por evolução semântica.

Balaia, (de *balaio*) **1.** *n.f.* Cesto grande fechado[T]. **2.** *n.f. fig.* Mulher baixa e gorda.

Balaio, (do fr. *balai*, vassoura) **1.** *n.m.* Variedade de cesto[338], feito com junco e

[335] Armando Cortes-Rodrigues – *Adagiário Popular Açoriano.*

[336] Quadra de Abel Linhares Barcelos (o *Abel*), in *Improvisadores da Ilha Terceira.*

[337] Manuel Ferreira – *O Morro e o Gigante.*

[338] Segundo João A. Gomes Vieira, os *balaios* antigos eram construídos com palha de centeio e apertados

vime ou palha de trigo[C,F,Fl,SJ]. **2.** *n.f.* Cesto grande, de junco, geralmente com tampa, para guardar alimentos[SM]. **3.** *n.m. fig.* Mulher gorda e baixa[F,T]. Ir debaixo dum balaio significa ir bem escondido, em segredo[T].

Balancéu, *n.m.* O m.q. baloiço (corrupt. de *balancé* por paragoge)[Fl].

Balancim, (do cast. *balancin*) **1.** *n.m.* Alavanca de madeira que, na *Roda de Fiar*, liga a roda de balanço ao pedal[SJ]. **2.** *n.m.* Tábua, com uma argola no meio, que faz a ligação da *cangalha* com a *caliveira*[Fl].

Balanço, *n.m.* O m.q. tremor de terra (deriv. regr. de *balançar*)[Fl].

Casa com balcão

Balcão, (do it. *balcone*) **1.** *n.m.* Espécie de varanda com escadaria para o exterior, sendo geralmente a entrada principal das casas de *alto-e-baixo*[C,F,T,T]. No Corvo também é chamado *patamar*. **2.** *n.m.* LSR[339] define-o, na Terceira, como sendo uma estreita faixa de terreno com flores na frente de algumas casas.

Balde, *n.m. Náut.* Recipiente feito de madeira, construído em aduelas seguras por arcos de ferro – tal como as pipas –, com uma asa feita de madeira, de corda ou de ferro, destinado a transportar o engodo ou as iscas, a baldear a água das embarcações e ao transporte do peixe mais pequeno.

Baldear, (de *balde* + *-ear*) **1.** *v.* Cair; tombar[T]. **2.** *v.* Misturar a farinha com água para fazer o pão[SM]. **3.** *v. fig.* Cogitar; matutar[F]: – *Toda a noite baldeei sobre o que onte se passou!*

Baldejar, *v.* Despejar aos baldes: o m.q. baldear (de *balde* + *-ejar*)[F].

Baleação, *n.f.* Nome genérico dado à caça da *baleia*, incluindo as tecnologias, as tradições e as formas sociais de organização dos baleeiros (de *{baleia}* + *-ção*). A *baleação* teve grande expressão em diversas regiões costeiras e insulares do mundo, com grande relevo para New Bedford e a Ilha de Nantucked na América[340], para os Açores e para a Islândia, salientando só os mais importantes.

Balear, *v.* Andar na caça da *baleia* (de *{baleia}* + *-ar*). A caça à baleia começou na segunda metade do séc. XIX, quando o oídio arrasou os vinhedos da ilhas e os seus homens tiveram que se virar para o mar, passando a caçar *baleias* como forma de subsistência. De uma forma restrita, também se chamava *balear* ao acto de perseguir e matar a *baleia*, o que era feito

com vime, em forma tronco-cónica. Em certos lugares das Flores eram muito usados para peneirar farinha, servindo depois também para guardar o pão. No passado, serviam também para colocar as crianças pequenas, que ainda não andavam, para que os pais pudessem trabalhar em paz.

339 Luís da Silva Ribeiro – *A Paisagem e o Folclore Açoriano.*

340 Foi com os Americanos que caçavam nas águas dos Açores que os Açorianos aprenderam a arte de balear, notando-se uma forte influência da sua língua na linguagem baleeira. A caça da baleia é antiga. Já no séc. XIII os portugueses caçavam baleias na costa do Algarve.

dentro dos botes baleeiros quando eram largados no local pelos *gasolinas*.

Balear em terra, *exp. fig.* Diz-se do homem que corteja uma mulher para a 'trancar'[F]. No tempo da caça à *baleia*, enquanto o *vigia* esperava que o animal voltasse à superfície, o que podia chegar aos 45 minutos ou mais, ia-se entretendo a procurar com o seu longo binóculo, por entre os milhos altos, algum acasalamento ilegal, algum *balear em terra!*

Baleato, *n.m.* Nuvem comprida e escura sobre a linha do *pego*, anunciadora de chuva (de *baleia* + *-ato*)[C]. Em S. Miguel chamam-lhe *baleoto*.

Baleeira, *n.f.* O m.q. canoa baleeira.

Baleeiro, (de *baleia* + *-eiro*) **1.** *n.m.* Aquele que ia à caça da *baleia*, na época do verão. No restante tempo, e quando não havia sinal de *baleia à vista*, cada um tinha o seu trabalho na agricultura e na pesca. A caça da baleia foi a salvação para muitos lares, nomeadamente no Pico quando as videiras foram atacadas por um oídio e os homens tiveram que se virar para o mar. Recorde-se que os baleeiros eram muito bem pagos em relação aos diferentes empregos: quando um dia de trabalho era pago a 8$00 e um funcionário público ganhava cerca de 500$00 por mês, um trancador ou um arrais chegava a trazer para casa mais de 30.000$00 ganhos na campanha de 6 meses. **2.** *adj.* Que é relativo a baleia. **3.** *n.m. fig.* Emigrante[Sj]: *[...] aos que conseguiam partir em navios baleeiros que demandavam a ilha para refrescar, daí advindo de certo o emprego, ainda hoje usual na linguagem popular jorgense, do vocábulo «baleeiro» no sentido de «emigrante»*[341]. Nota: Esta designação também era dada, por ext., à pessoa que regressava de qualquer outro lugar depois de uma ausência prolongada.

Baleia, (do lat. *balaena-*) **1.** *n.f.* Designação açoriana do cachalote-comum, cientificamente denominado *Physeter macrocephalus*. **2.** *n.f.* Esticador do colarinho das camisas, antigamente feitos de barba de *baleia*. **3.** *n.f.* Nuvem comprida e larga acompanhada de vento que, quando tem um tom azul e branco, anuncia tempo de chuva[SM]; o m.q. *baleoto*. **4.** *n.f. fig.* Mulher muito gorda.

Baleia à vista, *loc interj.* Exclamação proferida quando se avista uma baleia: *Ao grito de "Baleia à Vista", os novos baleeiros saltam para as canoas munidos das suas armas, prontas a disparar ao menor movimento das águas*[342].

Baleia-esparmecete, *n.f.* Designação antiga do cachalote, certamente para distinguir das baleias de barbas que, embora passassem pelos mares locais, não eram caçadas[F].

Baleoto *(ô)*, (corrupt. de *baleote*) **1.** *n.m.* Cetáceo de pequeno porte. **2.** *n.m.* Nuvem comprida e larga anunciadora de chuva[SM]; o m.q. *baleia* 3. **3.** *n.m. fig.* Indivíduo sem importância, fraco, insignificante.

Balhão *(à)*, *adj.* Que gosta de *balhar* – o *fem.* é *bàlhoa* (de *{balhar}* + *-ão*)[T].

Balhar *(Bà)*, *v.* Bailar; dançar. Arcaísmo aqui mantido. Manuel Ribeiro (1878-1941) escreve: *[...] ia tudo balhando no ar que se lhe não aproveitava nada*[343].

Balho, *n.m.* Baile; dança: – *No balho da Chamarrita não há outra ilha com' à do Pico – a sua gente tem o sangue minhoto nas veias!* Var.: *Bailho, bailo*. Penso que o termo mais generalizado é *balho*.

Balho-Furado, *n.m.* *Moda* tradicional de S. Miguel, onde também é conhecida pelo nome de 'Fado'.

Balho-da-Povoação, *n.m.* *Moda* tradicional de S. Miguel, cantada antigamente em alternância com a melodia do *Balho-Furado*.

Balho de virar, *n.m.* *Balho* de coreografia muito lenta, como os que fazem parte do rico folclore terceirense.

---

341 Elsa Mendonça – *Ilha de S. Jorge*.

342 José Carlos Garcia – *Semana dos Baleeiros*.

343 Manuel Ribeiro – *A planície Heróica*.

Balho Direito, *n.m.* O *balho* que se armava antigamente quase sempre nas casas onde havia terços do Espírito Santo, também chamado *balho à antiga* ou *balho antigo*T. A Terceira é riquíssima neste tipo de *balho,* possuindo certamente o folclore musical mais rico de todo o arquipélago. O *Balho Direito* era normalmente dividido em duas partes: na 1.ª dançava-se a *Charamba,* sempre a primeira[344], o *S. Miguel* ou *Virar do Balho,* a *Tirana,* o *S. Macaio* e a *Chamarrita;* a 2.ª parte era iniciada pelo *Pezinho,* seguindo-se a *Praia,* a *Saudade,* o *Bravo,* o *Meu Bem,* a *Lira,* os *Olhos Pretos,* os *Braços,* o *Casaco* ou *Cá Sei* e, sempre à despedida[345], a *Sapateia.*

Balião, *n.m.* Corrupt. de EmilianoSj,T. Usado em frases em que entra o nome de Santo Emiliano, *São Balião.*

Balonfeiro, *adj.* Diz-se daquele que tem carnes flácidas (de *balofo* + *-eiro,* com epêntese do *n*).

Balsa, 1. *n.f.* Vasilha de madeira que os pescadores levavam com água doce para beberem durante a pesca. **2.** *n.f.* Recipiente de barro destinado à conservação das carnes de porco salgadas. Var.: *Barsa.*

Balseiro-do-bucho, *n.m.* O m.q. estômago.

Balsema, *n.f.* Erva, junco ou feto secos que se metem na pocilga para maior conforto do animal e para fazer estrumeC. Fazer balsema: Diz-se do acto de cortar essas ervasC.

Bambeiro, *adj.* Bambo; muito maleável (de *bambo* + *-eiro*)F. Este termo é muito utilizado em referência à cana de pesca de bambu, ao *caniço,* que não se afila progressivamente e cede muito, não tendo firmeza suficiente para aferrar bem o peixe ou para retirá-lo da água.

[344] Até pela própria letra se torna imperioso ser a primeira do *balho*: *Esta é a vez primeira / Que neste auditório canto / Em nome de Deus começo / Padre filho Espírito Santo.*

[345] *Idem* para a *Sapateia*: *Aqui vai a Sapateia / Para o balho se acabar / Menina com quem balhei / Bem me queira desculpar.*

Bambo, (de orig. onom.) **1.** *adj.* Pouco firme; maleável. **2.** *n.m. fig.* Malandro; pelintra; vadio.

Banazão, *n.m.* O m.q. *banazo...,* mas dos grandes (de *{banazo}* + *-ão*).

Banázio, *n.m.* Imbecil; tolo; o m.q. banazola. Cp.: 'Banaza' é um quadrúpede de três cornos que Fernão Mendes Pinto afirmava ter visto na Ásia.

Banazo, *n.m.* Parvo; toleirão (de *banana,* com o sentido de tolo, com term. irregular e haplologia). Também se ouve dizer *banázio* e *banazão*SM.

Banca, *n.f.* (de *banco*) **1.** Mesa de salaC. **2.** *n.f.* Banco tosco, de 3 ou 4 pés, em tempos passados geralmente presente na cozinhaSj. **3.** *n.f.* Pequeno banco, geralmente som um só pé, usado pelos pastores quando estão ordenhando as vacasFl.

Banca de cabeceira, *n.f.* O m.q. mesa de cabeceiraFl.

Bancos em alinhamento no varadouro

Banco, (do germ. *bank*) **1.** *n.m. Náut.* Nas Flores chama-se *banco* a uma peça de madeira rija, com entalhe na parte central, que serve para facilitar o deslize e conter a quilha das embarcações, impedindo que esta se gaste em contacto com a superfície áspera do varadouro. Para melhor escorregarem, são untadas com sebo. Noutras ilhas chama-se *pau-de-varar.* **2.** *n.m. Náut.* Bancada de uma embarcação de boca aberta. As pequenas embarcações de pesca geralmente têm três bancos: o da frente ou de vante, o do meio – nas Flores também chamado *banco de alvorada* – e o da ré. **3.** *n.m.* Assento tosco semelhante à *banca* (ver *banca* 2) mas muito mais comprido, cabendo nele duas ou mais pessoas[Sj].

Banco da matança, *n.m.* Espécie de estrado ou banco estreito e comprido com quatro pés, feito de madeira grossa e resistente, destinado a colocar o porco no dia da matança.

Banco da ordenha, *n.m.* Assento simples, constituído por uma pequena tábua pregada a um só pé, que o pastor enfia na terra para se sentar enquanto ordenha a vaca[Sj].

Banco de alvorada, *n.m. Náut.* Banco do meio das embarcações de pesca[F].

Banco de antarré, *n.m.* Último banco de uma embarcação a seguir à popa; o m.q. *banco de boga.*

Banco de boga, *n.m.* Último banco de uma embarcação a seguir à popa. Em S. Jorge também se chama *banco de antarré. Boga* é corruptela de *voga.*

Banco de carpina, *n.m.* O m.q. banco de carpinteiro[F].

Banco de antavante, *n.m.* Primeiro banco de uma embarcação a seguir ao *banco de vante.*

Banco de entremeio, *n.m. Náut.* Banco do meio de uma embarcação[T]: *[...] o Mata-a-Burra foi malhar co'o costado no banco de entremeio, que nem sei como não arrebentou as aduelas*[346].

Banco de sovar, *n.m.* Banco onde é amassado o barro[T]. Em S. Miguel chama-se *sovadeira.*

Banco de vante, *n.m. Náut.* A bancada da frente das embarcações de pesca.

Banda, (do fr. ant. *bande,* faixa) *n.f.* O m.q. horta; campo[Sj]. Estar de boa banda é estar bem disposto[T]. Ser de banda[T]: ser obstinado, renitente.

Banda de toucinho, *n.f.* Tiras de toucinho que eram postas no fumeiro para serem consumidas durante o ano[C].

Banda do rodeiro, *n.f.* Chapa de ferro que circunda a roda do carro de bois[C].

Bandarrista, *n.* Epíteto do habitante dos Altares, Ilha Terceira, antigamente atribuída pelos seus vizinhos raminhenses (de *Bandarra,* antropónimo, + *-ista*).

Bandeira, *n.f.* Nome que na Terceira se dá a uma vaca quase cinzenta (de *banda* + *-eira*).

Bandeira azul, *n.f. Bal.* Bandeira antigamente usada no *bote baleeiro* para chamar uma embarcação da mesma armação[Sj].

Bandeira branca, 1. *n.f. Bal.* Bandeira que o vigia da baleia colocava para indicar que havia também botes de outros portos a balear[P]. **2.** *n.f. Bal.* Bandeira antigamente usada no *bote baleeiro* para solicitar auxílio de embarcação doutra armação, concedendo a este sociedade no produto da caça[Sj].

Bandeira branca do Esprito Santo, *n.f.* Uma das Bandeiras da festa do Espírito Santo, em alguns lugares também chamada *Bandeira dos Foliões.* Tem um bordado muito semelhante à Bandeira vermelha, a chamada *Bandeira da Coroa.*

Bandeira do Alferes, *n.f.* Nome que é dado à Bandeira vermelha do Espírito Santo, também chamada *Bandeira da Coroa.*

Bandeira do Esprito Santo, *n.f.* Uma das insígnias do Espírito Santo feita de seda adamascada vermelha, de forma quadrangular com cerca de 5 palmos de lado, orlada de uma franja dourada, com uma pomba no centro, bordada em relevo.

Bandeira preta, *n.f. Bal.* Bandeira que o vigia da baleia colocava para indicar baleia à vista[P].

Bandeira preta e branca, *n.f. Bal.* Bandeira que o vigia da baleia colocava para indicar que havia baleia à vista e botes baleeiros fora[P].

Bandeira vermelha, 1. *n.f.* O m.q. *Bandeira do Esprito Santo.* **2.** *n.f. Bal.* Bandeira anti-

---

346 João Ilhéu – *Gente do Monte.*

gamente usada no *bote baleeiro* como sinal de perigo e pedido de socorro urgente[Sj].
Bandeja, 1. *n.f.* Também chamada *salva*, é um suporte de pé alto, feito de prata, destinado a receber a *Coroa* do Espírito Santo quando está depositada ou para o seu transporte. **2.** *n.f.* Oferta do Espírito Santo, constituída por uma posta de carne, uma *rosquilha* de *massa-sovada* e um *brindeiro*[StM].
Bandejo, 1. *n.m.* Festa; exposição[SM]. **2.** *n.m.* Vida airada[SM]: – *Andas sempre num bandejo!*
Bando, *n.m.* Anúncio feito por um grupo de pessoas, por ocasião das festas de maior nomeada (do it. *bando*). Em S. Jorge, era constituído por um indivíduo mascarado de *velho*, que ia num carro de bois, acompanhado de outros homens, percorrer o povoado a anunciar a realização da principal festa religiosa local ou da festa do Espírito Santo, e recitava aqui e ali versos de cariz popular, recheados de alusões malévolas a factos e pessoas e que os companheiros sublinhavam com chufas. Dos *bandos* do Faial e Pico, recitados por um *mascarado* no Carnaval, sobre um muro ou balcão, diz Manuel Dionísio[347]: *O bando é a revista do ano, a crítica engraçada um tanto humorística e burlesca de qualquer facto retumbante na vida popular aldeã, ocorrido durante o ano. Umas vezes são alusões bem achadas, em verso e numa linguagem nivelada pela intelectualidade do meio, a alguma personalidade regional. A morte de um burro dá quase sempre lugar a um bando com alusões relativas à doença e sua origem, cuidado dos tratadores e ao testamento em que o animal reparte os órgãos por diversos burros e habitantes da localidade, conforme supostas necessidades*. Segundo refere Luís da Silva Ribeiro, na Terceira, as festas de S. João e do Carnaval anunciavam-se pelo mesmo modo, bem como algumas touradas de maior fama – aqui, quem recitava o *bando* ia num carro enfeitado com ramos de faia – o *carro das faias* –, ladeado por outros homens que seguiam a cavalo.
Bandola, 1. *adj.* Folgazão e gabarola (do it. *mandola*)[T]. **2.** *n.m.* Copo de vinho de 1 quartilho (de *banda* + *-ola*)[T]: *Eu disse ao Jé Cardoso que lhe enchesse um copo de vinho – mas o "bandola", o grande, que levava um quartilho*[348].
Bandoleiro, *n.m.* Gabarola; o m.q. *bandola* (de *{bandola}* + *-eiro*)[T].
Bandolim, *n.m.* Mucilagem que se extrai das pevides do marmelo[SM] (corrupt. de *bandolina*).
Banha de vaca, *n.f.* O m.q. manteiga[StM].
Banho geral, *n.m.* Banho de imersão, antigamente tomado uma vez por semana, geralmente nos sábados à tarde ou nos domingos de manhã, numa grande selha – a *selha do banho geral* – com água aquecida num grande caldeirão, ao lume de lenha, cheirando ainda ao fumo da lareira[F]: *[...] que vai ser de mim, que nunca mais te lavo as costas no dia do banho geral?*[349].
Bano, *n.m.* Arribana; celeiro (do am. *barn*).
Banqueta, (de *banco* + *-eta*) **1.** *n.f.* Banco de pedra, fora da porta das casas[Fl]. **2.** *n.f.* Superfície inferior do forno de cozer o barro[T].
Banzo, *n.m.* Cada uma das travessas da *grade* da lavoura, em número de quatro, onde estão implantados os dentes (do céltico *wankjo*, travessa)[Fl,SM].
Baptizado de cinza, *exp.* Cerimónia antigamente feita em S. Miguel no decurso dos funerais com a intenção de fazer com que o morto não voltasse mais a este mundo. Ver também *semear o morto*.
Baque, (de orig. onom.) **1.** *n.m.* *fig.* Choque emocional: – *Cand' ele me deu a notícia da morte de meu irmão sofri um baque tã grande que ia caindo desanimada.* **2.** *n.m.* Pancada[F]: *[...] e, nisto, o porco deu uns ba-*

347 Manuel Dionísio – *Costumes Açoreanos*.

348 Vitorino Nemésio – *O Mistério do Paço do Milhafre*.

349 Cristóvão de Aguiar – *Passageiro em Trânsito*.

ques com o focinho [...][350]. **3.** *n.m.* Extrassístole cardíaca – *sentir um baque no coração*[351]. **4.** *n.m.* Palpite; pressentimento: – *Deu-me um baque que aquilho qu'havera d'acontecer.* **5.** *n.m.* Queda. Com este sentido também é usado no Continente, no Alentejo pronunciado 'baique'[352]. *Ouviu-se um baque de maré lançada com a certeza de mil homens que rolassem um madeiro à alavanca*[353].

Baquear, (de *baque* + *-ear*) **1.** *v.* Bater com força; sofrer movimentos súbitos, repetidos e intensos. Refere-se, por exemplo, aos movimentos de um automóvel em mau terreno ou aos movimentos de uma lancha em mar agreste. **2.** *v. fig.* Morrer[F].

Baraceira, *n.f.* Toda a planta que dá *baraço* como, p. ex., o melão, a melancia e a planta da batata-doce (de *baraço* + *-eira*)[SM].

Baracejo, *n.m.* Nome que também se dá ao *bracéu* (de *baraço* + *-ejo*)[SM].

Baraço, (do ár. *maraç,* corda) **1.** *n.m. Bot.* Ramo de videira ou pernada de uma planta[SM,T]. **2.** *n.m. Bot.* Ramo de batateira-doce ou a plantinha de batateira-doce destinada a plantação definitiva[F,Fl].

Baralha, *n.f.* Pau transversal dentro da chaminé onde se dependuram os enchidos para o fumeiro (deriv. regr. de *baralhar*)[C].

Barba, *n.f.* O m.q. barbela, saliência aguçada na parte interna e terminal do anzol, que permite retê-lo depois de aferrado no peixe (do lat. *barba*). À-*barba*: rasante (emprega-se sempre que são referidas as *marcas* das *pedras* de pesca. Por exemplo, a *Pedrinha,* nas Flores, é assim localizada: barro branco da Empena junto à Fajã do Conde e a última casa da Lomba *à-barba* pela rocha[F]; *Abaixar a barba*: abater a fúria, dominar-se: *Abaixa a barba que estás fora da tua freguesia!*[T].

Barbada, *adj.* Diz-se da mulher com hipertricose na cara (de *barba* + *-ada*): *A homem calado e a mulher barbada / em tua casa não dês pousada*[354].

Barbado, *n.m.* Pé de videira para enxertar (do lat. *barbātu-)*[T].

Barba-do-mato, *n.f. Bot.* O m.q. *urze (Erica scoparia azorica)*[SM]. Var.: *Barba-de-mato.*

Barbadura, *n.f.* Primeira barba do milho (de *barba* + *-dura*).

Barbas de rato, *n.f.* Denominação genérica dada antigamente aos pescadores[SM].

Barbela, *n.f.* O m.q. vexame (do lat. *barbella)*[SM]: – *Passei cá uma barbela que 'inda agora m'invergonho!* Var.: *brabela.*

Barbetão, de, *loc. adv.* O m.q. 'de roldão', 'de arremessão'[SM]: – *Nã tens calma nenhũa, fazes tudo de barbetão!*

Barbilha, (do cast. *barbilla*) **1.** *n.f.* Parte pendente do pescoço dos bovinos; o m.q. barbela[Fl]. **2.** *n.f.* Tira de couro que liga os *canzis* por baixo do pescoço dos bois na canga[SM]; o m.q. *barbilho.*

Barbilho, 1. *n.m.* Atilho ou elástico que segura o chapéu para não voar com o vento (ext. de *barbilho*)[F]. **2.** *n.m.* O m.q. *barbilha.*

Barbuda, (de *barba* + *-udo,* com alt. da vogal temática de *–o* para *–a*) **1.** *n.f.* Alhada; caso complicado; situação embaraçosa[F]: – *Meteste-te cá numa barbuda!* **2.** *adj.* Diz-se da mulher com hipertricose. Provérbio das Flores: *Mulher barbuda, vaca imbiguda e homem cortês – é livrar dos três.*

Barbudo, *n.m.* Nevoeiro denso, geralmente acompanhado de orvalho miudinho (ext. de *barbudo*)[T]: *É o barbudo, propício à trevinha e à erva-da-casta que enchem os amojos às vacas, mas desfavorável ao homem, a quem não deixa ver um palmo adiante do nariz*[355].

---

[350] J. H. Borges Martins – *Crenças Populares da Ilha Terceira I.*

[351] A extrassístole cardíaca é um batimento anormal do coração, que muitas vezes é sentido repentinamente, dando às vezes alguma ansiedade.

[352] Vítor Barros e Lourivaldo Guerreiro – *Dicionário de Falares do Alentejo.*

[353] Vitorino Nemésio – *Mau Tempo no Canal.*

[354] Armando Cortes-Rodrigues – *Adagiário Popular Açoriano.*

[355] Vitorino Nemésio – *Corsário das Ilhas.*

Barbuncário, *interj.* Exclamação de admiração, usada em S. Jorge.

Barca, (do lat. *barca-*, sua ext.) **1.** *n.f.* Depressão de terreno entre colinas ou montes, onde se acumula a água da chuva[SJ]. **2.** *n.f.* Pastagem pouco extensa, de configuração e situação semelhantes à registada em 1.

Barco, *n.m.* Embarcação de duas 'proas'[F,Fl].

Barco da cidade, *n.m.* No Pico chamava-se *Barco da cidade* ao barco que fazia a ligação da Ilha com Angra do Heroísmo.

Barco da Vila – Desenho de Augusto Cabral

Barco da Vila, *n.m.* Embarcação que fazia a ligação entre Vila Franca do Campo e Ponta Delgada até às primeiras décadas do séc. XX, com velame semelhante ao dos *Barcos do Pico*[356]: *O barco da Vila apresenta uma íntima relação com as antigas caravelas portugueses, embarcações originárias de Portugal*[357].

Barco de pesca do carapau, *n.m.* Antiga embarcação de boca aberta, com a popa semelhante à proa, fazendo lembrar as canos baleeiras, com 2 mastros, o de vante mais curto, que armava uma vela latina triangular e 4 remos, tendo capacidade para levar 8 a 10 pescadores. Na proa tinha uma malagueta saliente e uma roldana de esforço que facilitavam a recolha do pescado[358].

Barco de popa, *n.m.* O m.q. *lancha,* barco de popa traçada[SM].

Barco do Pico, *n.m.* Barco que fazia, até meados do séc. XX, a ligação entre o Pico e o Faial, no verão entre as ilhas do Grupo Central. Os *Barcos do Pico* eram embarcações aparelhadas em caíque com pano latino montado em verga bastarda, idênticos às caravelas[359].

Barco grande, *n.m.* Antigo barco de viagem, descoberto, de popa traçada e com dois mastros, com velas latinas e giba[P].

Barco pequeno, *n.m.* Barco de pesca, de duas proas[P].

Barco vermelho, *n.m.* Nome que em Santa Maria antigamente se dava ao batelão que transportava os barris de óleo de baleia.

Bardo, *n.m.* Vedação feita com certos arbustos ou árvores alinhadas nos limites das hortas para as proteger do vento, um *abrigo* (de *barda*). São comuns os bardos de *faia-do-Norte* ou *faia-da-Holanda (Pittosporum tobira),* a proteger os pomares e os bardos de hortênsias a proteger as pastagens mais altas[F]: *A Luísa lá ao fundo junto do bardo sentada sobre a sua esteira*[360].

Bardo do Concelho, *n.m.* Fronteira entre as terras mansas e o baldio[F]. No Corvo chama-se *bardo do rei.* Era da obrigação do povo zelar pelo *bardo do concelho.* Na Madeira também se dá este nome a essa fronteira.

Bardo do rei, *n.m.* Nome dado no Corvo ao *bardo do concelho.*

Bardume, *n.m.* Montão; grande quantidade[SM].

[356] João A. Gomes Vieira – *O Homem e o Mar – Embarcações dos Açores.*

[357] Luís Bernardo Leite de Ataíde – *Etnografia, Arte e Vida Antiga nos Açores.*

[358] Associação Nacional de Cruzeiros – *Embarcações Tradicionais (Ilhas).*

[359] João A. Gomes Vieira – *O Homem e o Mar – Embarcações dos Açores.*

[360] P.e Nunes da Rosa – *Pastorais do Mosteiro.*

Bargado, 1. *n.m.* Indivíduo sem importância[F]: *Aquela bargada, bem sabe, não podia passar sem o seu vestido de visita*[361]. **2.** *n.m.* Espertalhão; finório[SM]. **3.** *n.m.* Animal esperto que não se deixa apanhar[SM]. No Brasil, também é utilizado com o significado de esperto, finório, quando se refere a gado. **4.** *n.m.* Animal com o ventre branco ou malhado da mesma cor[SM]. Com esta acepção, é corrupt. de *bragado.*
Barqueira, *n.f. Náut.* Vara de madeira muito delgada, com uma alça no meio chamada *pandulheira* e um peso de chumbo nela pendurado, antigamente destinada à pesca (de *barco* + *-eira*)[T]. Em cada um dos extremos da vara havia uma linha, chamada *arame da parada,* a que se ligavam com um nó *(estrevadura)* dois fios de algodão ou de linho *(estrovo)* com os anzóis[362]. Em S. Miguel chamava-se *besta* e era construído com duas varas de marmeleiro.
Barquinha Feiticeira, *n.f.* Canção do Faial que, embora não seja de criação popular, já faz parte do seu folclore: *A Barquinha Feiticeira / Vai sulcando o mar irado, / Enquanto as ondas da praia / Nos trazem saudades / Do ente adorado.*
Barra, (do lat. vulg. *barra-*) **1.** *n.f.* Cama de ferro[C,F,Sj,T]. Também se diz *barra da cama.* **2.** *n.f.* Ferramenta de ferro, espécie de cajado em ferro, aguçado numa das pontas e espalmada na outra que se utiliza muitas vezes como alavanca para retirar, p. ex., pedras de difícil remoção. **3.** *n.f.* As cores do céu a partir da linha do *pego* quando estão avermelhadas no poente ou ao nascer do sol. Nas Flores diz-se: *Barra vermelha, / água na orelha*[363], no Corvo: *De manhã barra vermelha, / água na orelha.* **4.** *n.f.* Bar (Do am. *bar*).
Barra à barra, *exp. Náut.* Navegação entre duas barras de portos.
Barra a romper, *exp.* O m.q. amanhecer[C]: *– Toca a saltar da cama, já 'tá a barra a romper!*
Barraca, (do it. *barraca,* do céltico *barr,* tábua) **1.** *n.f.* Tasca improvisada por altura das festas populares, do Espírito Santo, destinada a vender petiscos e bebidas[F]. **2.** *n.f.* Armação para pendurar o milho; o m.q. *cafua*[SM].
Barra da cama, *n.f.* Cama de ferro; cama[T]: *Encostado à barra da cama, tio Jerónimo ouviu-a em silêncio [...]*[364].
Barras da casa, *n.f.* Frisos pintados ao longo das esquinas, das portas e janelas e paralelamente junto ao chão das casas, variando de cor consoante o gosto de cada um[365], presente nas casas tradicionais, de modo semelhante às casas do sul de Portugal continental. Em Santa Maria dão-lhe o nome *vistas.*
Barranceira, *n.f.* O m.q. ribanceira, sua alt. por infl. de *barranco*[Sj]: *– Rolou pla barranceira abaixo, nã sei cma nã quebrou algũa coisa!*
Barranha, *n.f.* Grande pote de barro, existente nas cozinhas, onde se ia despejando a água que se transportava da fonte mais próxima (de *barro* + *-anha*)[C,F].
Barranho, *n.m.* Vasilha de barro, com asa, usada antigamente junto ao lume para ter sempre água quente (de *barro* + *-anho*)[Fl]. Nas Flores é referida no fem., *barranha.*
Barredoiro, *n.m.* Vassoura de cabo comprido usada para varrer o forno (corrupt. de *varredouro*)[Fl]. No Algarve também lhe dão o mesmo nome[366]. Var.: *Barridoiro*[Sj], *barredouro*[SM].
Barredor, *n.m.* Vassoura de varrer o forno; o m.q. *barredoiro*[T].

---

361 P.e Nunes da Rosa – *Pastorais do Mosteiro.*
362 Luís da Silva Ribeiro – *Notas Sobre a Pesca e os Pescadores na Ilha Terceira.*
363 Armando Cortes-Rodrigues – *Adagiário Popular Açoriano.*
364 Carlos Enes – *Terra do Bravo.*
365 As cores mais frequentes são o azul-escuro, o verde, o amarelo-torrado e o vermelho-alaranjado.
366 Eduardo Brazão Gonçalves – *Dicionário do Falar Algarvio.*

Barregão, *adj.* Comilão (de *barriga* + *-ão,* com dissimil.)[Fl].

Barreiro, *n.m.* Recipiente onde se guardava o barro, situado num barracão junto à oficina (de *barro* + *-eiro*)[T].

Barrela, *n.m.* Homem frouxo e mole (ext. de *barrela*)[SM]: – *Aquilho é um mamão, nã passa dum barrela... Só faz o que a mulher le manda!*

Barrelada, *n.f.* Mau tempo; tempestade (de *barrela* + *-ada*)[Fl].

Barrer, *v.* Varrer. À primeira vista, pareceria a troca habitual do [v] pelo [b], como ocorre no Centro e Norte do país. É, contudo, um arcaísmo, ainda presente também no falar do Algarve.

Barreta *(ê),* *n.f.* O m.q. boina (de *barrete*)[C,F].

Barreta de grelo, *n.f.* Antiga barreta geralmente feita de lã e usada apenas pelos homens[Fl].

Barrete, *n.m.* O m.q. boné (do lat. tard. *birru-,* pelo fr. *barrette,* boné)[Sj].

Barrete de borla, *n.m.* Barrete de lã, inicialmente de cor castanha ou preta, mais modernamente vermelha, em forma de calote, que tem uma borla suspensa por um cordão[T].

Barrete de orelhas, *n.m.* Carapuça em pirâmide assente sobre uma orla de lã preta, com dois tufos vermelhos sobre as orelhas [T].

Barrica, (do fr. *barrique,* com orig. prov. no gaulês *barrica,* donde se originou também as palavras 'barriga' e 'barril') **1.** *n.f.* Embalagem de cartão e em forma de barril antigamente enviada como encomenda da América[SM]. **2.** *n.f.* Espécie de caixa de madeira com tampa para guardar os cereais[Sj].

Barrigada, *n.f.* O m.q. gravidez (de *barriga* + *-ada*)[SM]: *Só meu irmão da América, duas barrigadas mais velho do que eu, é que enfim. Sempre deu ares de grande farsolice*[367]. Registado nos dicionários apenas como brasileirismo.

[367] Cristóvão de Aguiar – *Um Grito em Chamas.*

Barriga da canga, *n.f.* Bordo inferior arredondado do *camalhão* da canga de bois[F,SM,T]; o m.q. *peito-da-canga.*

Barriga de bichas, *loc. adj.* Barrigudo; pançudo[F].

Barriga de caboz, *loc. adj.* O m.q. *barriga de bichas;* barrigudo, tal como o pequeno peixe do mesmo nome e de grande barriga em relação ao tamanho do corpo[F].

Barrigueiro, *adj.* Comilão (de *barriga* + *-eiro*)[T]: *Era um padre bom. Mas um demónio dum esp'rito duma vez apontou-lhe dois defeitos: mexeriqueiro e barrigueiro*[368].

Barril, *n.m.* O *barril,* como unidade, leva 5 *potes,* como medida de vinho, aguardente ou vinagre; como medida de *azeite-de-baleia* levava 31 1/2 galões[P].

Barril e latas do leite (Foto: Elsa Mendonça)

Barril do leite, *n.m.* Reservatório em forma de barril outrora destinado ao transporte do leite desde as pastagens até à fábrica de lacticínios[Sj].

Barril do vinho, *n.m.* Reservatório feito de aduelas de madeira, comprido e de reduzido diâmetro, com asa lateral, antigamente empregado no transporte do vinho

[368] J. H. Borges Martins – *Crenças Populares da Ilha Terceira II.*

vindo das Rochas, transporte esse nesse tempo feito às costas[Sj].

Barrileiro, *n.m. Bot.* Árvore da Família das Carynocarpaceae, originária da Nova Zelândia, antigamente muito usada nos bardos das quintas, de nome científico *Corynocarpus laevigata*[SM]. É tóxica se ingerida, provocando vómitos e diarreia. Também chamada *Loureira.*

Barrinha, *n.f.* Cama de madeira, geralmente co grades, destinada às crianças pequenas (de *{barra}* + *-inha*)[Fl].

Barroca, *n.f.* Encosta íngreme e perigosa; o m.q. barranco; o m.q. *rampa* (de *barro* + *-oca*)[C,F,Sj].

Barroqueiro, *n.m.* O m.q. *leiveiro* (de *barroca* + *-eiro*)[SM].

Barroso, *adj. Taur.* Diz-se do touro de cor uniforme, castanho-escuro, cor de terra (de *barro* + *-oso*)[T].

Barrume *(à),* *n.m.* Botequim; cervejaria (do am. *bar-room*). Não é de uso generalizado.

Barruntar, *v.* Embirrar; implicar (do cast. *barruntar*). Usado no Continente com o mesmo significado de Espanha, desconfiar.

Barsa, (corrupt. de *balsa*) **1.** *n.f.* Vasilha onde se salga e é conservada a carne de porco, geralmente feita de barro[F,Sj]: *A carne de porco, conservada salgada em* barsas, *é o conduto mais usado e apreciado*[369]. Também se usava a *barsa* para se salgar o peixe. No Corvo dão este nome apenas à vasilha feita de madeira[370]. **2.** *n.f. Náut.* Antiga vasilha de aduelas, tronco cónica, com duas argolas para se pegar, onde era guardada a carne salgada para o rancho das tripulações dos navios no tempo da navegação à vela.

Barsa dá o nome ao toucinho dentro dela guardado: *toucinho* ou *conduto da barsa.*

Bartador, *n.m.* Espécie de pá profunda que serve para esgotar as águas das embarcações marítimas (corrupt. de *brotador*)[T]. Nas Flores chama-se *batedor* e no Faial *brotador.*

Bartadouro, *n.m.* O m.q. *bartador*[Sj]. Var.: *Bartadoura*[Sj].

Barulhada, *n.f.* Grande barulho (de *barulho* + *-ada*): *Caiu tudo no chão / Fazendo grande barulhada / A mim fez-me aqui um rasgão / E ele ficou com a cabeça furada*[371]. CF regista-o apenas como brasileirismo.

Bás de virtude, *loc. adj.* Santa criatura[C]: *[...] Um a quem falo do padre explica: / – É um bás de virtude!*[372].

Basquete, *n.m.* Cesta (do am. *basket*).

Bassoira, *n.f.* Vassoura, sua corruptela[F,Fl,Sj]. Também se dá o nome de *bassoira* à urze, nas Flores chamada queiró *(Erica scoparia azorica),* porque antigamente se faziam vassouras com os seus ramos.

Basta que sim, *loc. interjec.* O m.q. 'com que então!'[Sj,SM]. Exprime admiração ou é usado como início de uma conversa: – *Basta que sim! Isso é que foi apanhar peixe!!*

Bastanta, *adv.* Bastante, sua corruptela quando usado no gén. feminino.

Bastas vezes, *exp.* Amiúde; frequentemente.

Bastião, *n.p.* Sebastião, sua contracção[T]. Sendo nome muito usado antigamente, é termo também ouvido no Brasil.

Basto, *n.m..* Uma das malhagens das linhas de pesca, equivalente a metade de *meio-ralo* (do lat. *bastu-*, tapado)[T].

Bás-trás, *loc. prep.* Ordem do lavrador incitando os bois a recuarem durante a lavoura (corrupt. de *para trás*)[F,Sj]: – *Anda pra diente Damasco, bás-trás Gigante!*[373].

Batacoral, *n.f. Gota-coral,* sua corruptela profunda[T]: *O umbigo [...] enterram-no numa cova profunda [...] a fim de livrar a criança de ataques de 'batacoral'*[374].

---

369 Elsa Mendonça – *Ilha de S. Jorge.*

370 João Saramago – *Le Parler de l'Île de Corvo.*

371 Da *dança* carnavalesca (Terceira) *O Juízo Final,* da autoria de Hélio Costa.

372 Raul Brandão – *As Ilhas Desconhecidas.*

373 Damasco e Gigante eram nomes frequentemente dados aos bois de trabalho.

374 J. H. Borges Martins – *Crenças Populares da Ilha Terceira II.*

Batalha de Flores, *n.f.* Desfile feito por altura do Carnaval[T]: *Nas cidades e Vilas realizavam-se as célebres Batalhas de Flores, onde os intervenientes se degladiavam [...]*[375].

Batarrolo, *n.m.* Abalo; agitação; balanço; trambolhão (do v. *bater* + *rolo*)[Sj,SM]: *[...] andei por estes mares mais de sessenta anos, noite e dia, aos batarrolos [...]*[376].

Batata, 1. *adj.* e *n.m. fig.* Mentiroso; alcunha do que é mentiroso. **2.** *n.f. fig.* Mentira. **3.** *n.f.* Diz-se do queijo de má qualidade: – *Este queijo nim parece do Corvo, parece batata, nã sabe a nada!*

Batata-abóbora, *n.f. Bot.* Nome que se dá em Santa Maria à batata-doce.

Batata-alemoa, *n.f.* Variedade de *batata-branca*[Sj].

Batata-branca, *n.f. Bot.* Batata comum, para distinguir da *batata-doce*. Nalgumas ilhas é chamada *batata-da-terra* e *batata-inglesa*. Só foi trazida para as ilhas dos Açores na segunda metade do séc. XVIII e no início houve alguma dificuldade na sua aceitação. Cook, que estivera no Faial em 1775, deixou escrito mais tarde que os Faialenses semeavam, por ordem do governador, grande quantidade de batata mas vendiam-na barata, por não gostarem dela.

Batata-caneca, *n.f. Bot.* Nome que antigamente se dava nas Flores à batata-doce: *Ainda há cerca de 70 anos a batata-doce era conhecida nas Flores pelo nome de batata-caneca por a julgarem oriunda das ilhas Canecas [...]*[377].

Batata-da-terra, *n.f. Bot.* Batata comum *(Solanum tuberosum)*, também chamada *batata-branca*.

Batata-doce, 1. *n.f. Bot.* Planta herbácea, da Família das Convolvuláceas, cientificamente denominada *Ipomea batatas*, originária da América do Sul, muito cultivada nas ilhas[378], cujas raízes tuberculosas são comestíveis[379]. Foi introduzida nas ilhas, pelo menos em S. Miguel, no séc. XVI, segundo relata Gaspar Frutuoso. Segundo este cronista, terá sido trazida por um indivíduo desembarcado numa nau das Índias de Castela, explicando a forma como era cultivada e acrescentando que, uma vez assada ou cozida, servia de "mantimento à gente pobre e de gulodice à gente rica". **2.** *n.f.* Alcunha dada na Terceira a um indivíduo branco e louro.

Batata-do-olho-vermelho, *n.f. Bot.* Variedade de *batata-branca* que apresenta os brotos avermelhados (arroxeados) e que é geralmente mais rija, não se desfazendo ao cozer[F].

Batata do tarde, *n.f.* Batata do fim da época, serôdia.

Batata escoada, *n.f.* Batata cozida com alho, pimenta e sal, retirada da água de cozedura imediatamente antes da refeição[SM].

Batata-inglesa, *n.f. Bot.* O m.q. *Batata-branca* ou *batata-da-terra (Solanum tuberosum)*. Tem este nome pelo facto de as primeiras sementes terem vindo da Inglaterra, na Terceira mandadas buscar as suas sementes em 1789 pelo capitão general Diniz Gregório de Melo, então governador da Ilha[380]. Pelo facto de ter vindo solucionar o problema da fome que ameaçava muita gente, foi baptizada com o nome de *Pão dos Pobres*.

Batata-rabiça, *n.f. Bot.* batata-doce de inferior qualidade, que se aproveita para deitar aos porcos[T].

Batata-rata, *n.f.* Variedade de *batata-doce*[Sj].

Batata retalhada, *n.f.* Batata que sofreu um retalho acidental pela lâmina da enxada aquando da colheita[F]. Ao escolher a batata é atirada para o monte do *reboitalho*.

375 Augusto Gomes – *Danças de Entrudo nos Açores*.
376 Luís Bernardo Leite de Ataíde – *Etnografia Arte e Vida Antiga dos Açores*.
377 Carreiro da Costa – *Esboço Histórico dos Açores*.
378 No Cont. também lhe chamam batata-da-ilha.
379 Dever-se-ia melhor chamar-lhe batateira-doce.
380 Determinou o general: "O lavrador que cultivar 5 alqueires de terra, será obrigado a semear uma quarta de terra de batatas; o que cultivar 10 alqueires, semeará meio alqueire e assim em proporção".

Batata-rosa, *n.f. Bot.* Variedade de batata-doce apenas cultivada em Santa Maria. Nesta ilha chama-se *batata-abóbora* à batata-doce igual à cultivada nas outras as ilhas.
Batata-roxa, *n.f.* O m.q. *batata-do-olho-vermelho*[Sj].
Batatada, *n.f.* Doce feito com *batata-doce,* desde há longa data feito nas ilhas (de *batata + -ada*)[381].
Batateza, *adj.* Palavra não usada na linguagem comum. Utilizada em rima infantil da Terceira: *Teresa, batateza, / Varre a casa e põe a mesa.*
Batatinho, *adj.* Diz-se do homem pequenino e grosso (de *batata + -inho*)[F].
Batedoiro, (de *bater + -doiro*) **1.** *n.m.* O m.q. *batedor*[F]. **2.** *n.m.* Pedra onde se lava a roupa[Sj]. Var.: *Batedouro.*
Batedor, (de *bater + -dor*) **1.** *n.m.* Espécie de pá profunda e esguia, feita antigamente numa só peça de madeira ou, mais recentemente, em madeira com fundo de chapa de alumínio ou ferro, destinada a esgotar a água do fundo das embarcações pequenas, também chamada em certas ilhas (Faial) *brotador* (que faz brotar água) e *bartador* (Terceira)[F]. **2.** *n.m.* Peça de madeira da atafona e do moinho de vento que, pousada na mó girante e presa à calha, a faz trepidar para ir caindo o grão; o m.q. *cachorro*[T].
Batel, (do fr. ant. *batel*) **1.** *n.m.* Barco velho, malfeito ou com más condições de navegabilidade[T]. **2.** *n.m.* Embarcação de duas proas destinada à pesca[P,Sj]. **3.** *n.m.* Embarcação de pequenas dimensões[T].
Batelão, *n.m.* Nome antigamente dado a grande barco de madeira sem motor, destinado ao transporte da carga entre os navios e o cais, nos portos onde o navio não podia encostar (do it. *batellone*).
Batente, *n.f.* Bofetada; palmada (de *bater + -ente*)[T]: *A minha Leonor, leva da mão / Largou-me cá um batente,/ Que me entornou por cima de um fogão*[382].
Bater a palheta, *exp.* Expressão antiga que significava o matracar das galochas[T].
Bater as arcas, *exp.* Arfar de cansaço[Sj].
Bater com o pé no rabo, *exp.* Correr com muita velocidade.
Bater de rijo, *exp.* Bater com força (quando se refere a bater à porta)[F].
Bater latas, *exp.* Charivari que se faz à porta dos noivos em noite de núpcias, gritando e batendo em tachos e em tudo o que possa fazer muito barulho[F,Fl]. Na Terceira, além de *chocalhada,* também se diz 'tocar latas'.
Bater língua, *exp.* Altercar; discutir[T]: *E aí começaram a bater língua, numa briga disparatada* [...][383].
Bater no peixe, *exp. fig.* Encontrar um cardume de peixe[F].
Bater o dente, *exp.* Comer com sofreguidão.
Bater o queixo, *exp.* O m.q. tiritar[F].
Bater orelhas, *exp.* Comer com sofreguidão[T].
Batidoiro, *n.m.* Nome dado à parte enverdugada das pias de lavar a roupa[Fl].
Batune, *n.m.* Os *botes baleeiros* não eram calafetados; levavam por dentro, nas juntas das tábuas longitudinais, uma estreita tábua da mesma madeira chamada *batune.*
Bau, *n.m.* Estrada macadamizada[StM]. CF na 5.ª Edição (1925) regista-o com este significado como termo da Ilha de Santa Maria.
Baú, *n.m. fig.* Cherne grande (ext. de *baú*)[F].
Bautismo, *n.m.* Baptismo, sua f. antiga[T].
Bautizado, *n.m.* Baptizado, sua f. arcaica[T]: *Sou natural de S. Jorge, / Bautizada na Matriz, / Estou aqui pra este canto / Foi a sorte que assim quis.*
Bautizar, *v.* Baptizar, sua f. arcaica (do lat. *baptizāre*)[T]. Termo também ainda usado na Galiza.

---

381 A *batata-doce* já era cultivada nos Açores no séc. XVI.

382 Da dança de pandeiro *O Funeral do Escudo,* de Hélio Costa.

383 J. H. Borges Martins – *Crenças Populares da Ilha Terceira I.*

Bautizo, *n.m.* Baptizado (deriv. regr. de *bautizar*)[T].
Bau-bau, O que se diz quando se perde alguma coisa[C]: – *E agora bau-bau galheta!*
Bazano, *adj.* Parvo; pateta; o m.q. *bazana*[T]. Nota: É metát. de *banazo.* Var.: *Bazana.*
Bazarroco, *adj.* O m.q. *anjó* e *bazão*[P].
Bazão, *adj.* Toleirão; o m.q. *anjó, bazana* e *bazano*[P].
Bêbado, *n.m.* Bêbedo, sua f. antiga. No Cont., em linguagem pop., também se faz esta dissimilação, sendo usadas actualmente as duas formas. Como adjectivo, usa-se na gíria da pesca, em sentido figurado; os pescadores dizem que *o sargo está bêbado* quando está enguiçado pelo engodo, ávido para comer e se esquece das suas precauções habituais. O sargo é um peixe muito desconfiado, daí a origem da expressão.
Beber água do Paul, *exp.* Na Graciosa é expressão que significa já estar adaptado ao pacato viver da Ilha: *Já bebeste água do Paúl?* – pergunta-se aos de fora.
Beber as ideias, *exp.* O m.q. embebedar-se e deixar de raciocinar correctamente[F].
Beber chá de Setembro, *exp.* O m.q. Embebedar-se[T].
Beber pirolitos, *exp. fig.* Engolir água ao nadar: *Bebeu pirolitos atrás de pirolitos, mas alcançou a Pedra das Conchas*[384].
Bebida-fina, *n.f.* O m.q. bebida espirituosas: *angelica*, aniz, vinho do Porto, etc.
Bècasso, *n.m.* Casinha; retrete (do am. *back-house*).
Bedum, *n.m.* O m.q. bodum (de *bode* + *-um*). Quadra popular satírica[385]:*O de trás cheira a tabaco, / Cá por mim tapa o buraco; / O da frente cheira a bedum, / Cá por mim, tapum, tapum!*
Bêga, *n.f.* Mala de viagem (do am. *bag*).
Begoucho, *adj.* Gordo, referindo-se a criança (corrupt. de *gorducho*?)[SM]: *[...] o certo é que não deixava de não estar begoucho, mais grande e forte do que eu*[386].

[384] Carlos Enes – *Terra do Bravo.*
[385] Recolha do Autor nas Flores.
[386] Cristóvão de Aguiar – *Raiz Comovida.*

Bei, *interj.* O m.q. *Ubei*[StM,T]. Em Santa Maria é interj. de espanto muito frequente e terá origem muito antiga, no início do povoamento, com as incursões dos piratas, um deles, o chefe, chamado 'Bei'. Nesta Ilha é dita como expressão de espanto, muitas vezes precedida do nome de um santo:– *Bei, Bei, Santa Bárbara!*[387]. *Passaram-se os anos, o chefe pirata morreu, acabou a pirataria nas ilhas dos Açores, mas a expressão "o Bei" ou só "Bei" foi passando de geração em geração*[388].
Bei cá, *loc. interj.* Uma das maneiras de chamar as galinhas, dito repetidamente (corrupt. de *vem cá*)[Fl]: – *Bei cá! Bei cá! Bei cá!*
Beiçana, *n.f.* Beiço grande (de *beiço* + *-ana*)[Sj,T].
Beiçarra, (de *beiço* + *-arra*) **1.** *n.f.* Beiço grande; beiçola. **2.** *n.f. fig.* Má cara; má catadura[T].
Beiçolas, *adj.* Aquele que tem beiços grandes – um *beiçolas* (de *beiço* + *ola*, pl.).
Beiços arregoados, Fissuras nos lábios devidas ao frio ou quando se come muita quantidade de figos com casca[F]; o m.q. lábios com cieiro.
Beiço de baixo, *n.m.* Lábio inferior[F].
Beiço de cima, *n.m.* Lábio superior[F].
Beiços de bodião, *loc. adj.* Beiçudo. Diz-se, em tom de escárnio, para *apelidar* aquele que tem os lábios muito grossos, tal como o bodião.
Beijinho, *n.m.* Pequena bomba de Carnaval, o seu conteúdo explosivo é enrolado num pequeno papel e explode quando atirado para o chão (de *beijo* + *-inho*)[T].
Beira, *n.f.* O m.q. beiral, falando das casas (de *ribeira*, por redução). E lá reza o provérbio, *Beira de igreja / sempre goteja*[389].

[387] Lisete Cabral (Biblioteca de Santa Maria) – Comunicação Pessoal.
[388] Ângela Furtado-Brum – *Açores, Lendas e Outras Histórias.*
[389] Armando Cortes-Rodrigues – *Adagiário Popular Açoriano.*

Beirada, (de *beira* + *-ada*) **1.** *n.f.* Berma; lado da estrada[Sj]. **2.** *n.f.* Horta; bocado de terra cultivável[Sj].
Bêla, *n.f. Bal.* Recipiente de forma cilíndrica, feito com folha de cobre, com uma pega na vertical, tendo a capacidade de um galão americano, que servia para medir o *azeite-de-baleia* (do am. *bailer*).
Bela Aurora, 1. *n.f. Balho* de roda regional, em compasso quaternário: *A Bela Aurora chorava / E ela no pranto dizia: / Já me morreu o meu bem, / Minha doce companhia.* **2.** *n.f.* Nome de *alvorada* do Espírito Santo que os Foliões cantam no *Levantar da Mesa*[F].
Beleguim-de-frigideira, *n.m.* O m.q. *debulho*[SM].
Belga, (do cast. *embelga*) **1.** *n.f.* Pequena extensão de terreno de cultivo[C]. Os galegos usam-no com um significado parecido; os restantes Espanhóis chamam-lhe 'amelga'. **2.** *n.f.* Cada um dos espaços situados entre os regos depois de se embelgar a terra[Sj].
Belhacaroso, *adj.* Sonso; velhacaz; velhacório[Fl].
Beligué, *n.m.* Peixe miúdo (*Acipenser sturio*), muito apreciado pelo seu sabor[SM].
Beliscar, *v. fig.* Retirar uma pequena porção de um alimento (ext. de *beliscar*).
Belte, *n.m.* Cinto (do am. *belt*).
Bem bom, O m.q. nada mau, com sentido de resignação[F].
Bem ensinado, *loc. adj.* Bem educado; respeitador. Var.: *bensinado.*
Bença, *n.f.* Bênção, sua corruptela por desnasalização parcial e apócope. Era costume, sempre que se viam, pela primeira vez no dia, os pais, avós ou padrinhos, pedir a sua bênção, levando à boca a mão estendida: – *Mê pai, a sua bença!*, o pai respondia: – *Dês te abençoe e te faça um santo!* Do folclore: *Quando eu caminhei de casa / A meu pai pedi a bença / Pra cantar e pra bailar / De casa trago licença.*
Benção, *n.f.* (em des.[390]) O m.q. bênção[F]: *Mei avô a sua bença!*; e o velhinho respondia: – *A benção de Deus te cubra!* Note-se que a palavra é oxítona.
Bensinado, *adj.* Bem ensinado; bem educado: *[...] e o maneja, bensinado e fino como todos os americanos [...]*[391].
Bentar, *v.* Diz-se que a água fica a *bentar* ou a *serenar* quando se põe dentro de uma vasilha, ao relento[T].
Benza-te Deus, *loc. interjec.* O m.q. 'Deus te guarde!'[F]. Expressão utilizada para afastar mau olhado: – *Ai que lindo rapazinho, benza-te Deus!*
Benzedeira, *n.f.* Mulher que benze, espécie de feiticeira que cura os males apoiada nas benzeduras (de *benzer* + *-deira*).
Benzer, *v.* Fazer o *benzimento* nas práticas de curandice: *Um dia pega na criança e foi a casa dum home que benzia [...]*[392].
Benzimento, *n.m.* Acto de benzer (de *benzer* + *-mento*)[T]: *Quando o padre chegou para lhe fazer o benzimento ela dava pulos que tocava com a cabeça no estuque da casa e, depois, caía de pancada no chão*[393].
Beque, 1. *n.m.* Defesa central no futebol (do am. *back*). **2.** *n.m. fig.* Nariz grande (do lat. *beccu-*, pelo fr. *bec*).
Berlinde, 1. *n.m.* Bolo doce. **2.** *n.m.* O m.q. *melindre*[T].
Berlindela, *n.f.* Insignificância; patranha; treta (de *berlinde* + *-ela*)[SM].
Berlindéo, *n.m. Náut.* Buraco no barco onde encaixa o mastro[T].
Berraceiro, *n.m.* Berreiro; choro ruidoso[T].
Berrar, *v.* Desejar; necessitar; pedir insistentemente (do lat. *verrāre*). É muito usado em S. Miguel: – *'Tás berrando pra levar!*
Berrendo, *adj. Taur.* Diz-se do touro de cor branca com grandes manchas de outra cor (do cast. *berrendo*, idem)[T].

---

390 Lembro-me de meu avô responder a meu pai com essa acentuação.

391 Cristóvão de Aguiar – *Passageiro em Trânsito.*

392 J. H. Borges Martins – *Crenças Populares da Ilha Terceira II.*

393 J. H. Borges Martins – *Crenças Populares da Ilha Terceira II.*

Berro, *n.m.* O m.q. estouro (deriv. regr. de *berrar*): *[...] e quando a velha saiu / Deu um berro e rebentou / Diz o povo da cidade / Foi o Funchal que chegou!*[394].

Berzabum, O m.q. Belzebu ou berzebu; aten. de Diabo[T]. É uma das variações de belzebu também conhecidas no Cont., como escreve Camilo: *[...] viu como o berzabum da beata está cabra pr'ó filho?*[395].

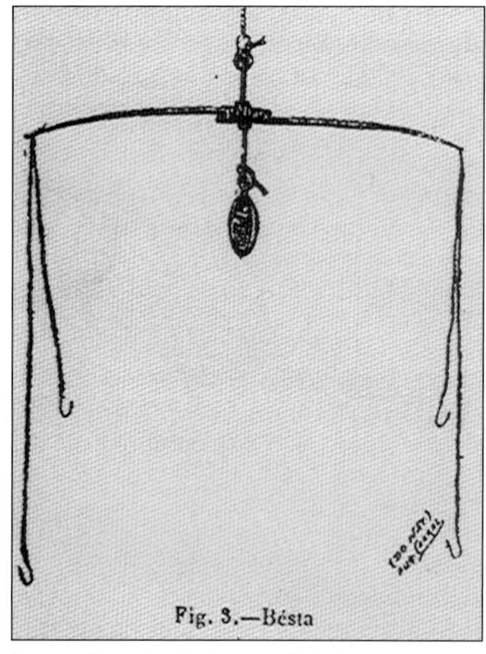

Fig. 3.—Bésta

Besta – Desenho de Augusto Cabral

Besta *(è)*, *n.f.* Espécie de linha utilizada em S. Miguel para a pesca de fundo, semelhante à *barqueira* usada na Terceira (do lat. *balista-*).

Besta-mular, *n.f.* O m.q. mulo, animal solípede, híbrido, resultante do cruzamento das espécies cavalar e asinina[Sj,SM].

Besta-quadrada, *n.f.* Pessoa estúpida[F].

Besuga, *n.f. fig.* Rapariga bonita e 'boazona'[SM].

Besugo, *n.m.* Nome de peixe que se pode confundir, pelos menos entendidos, com o carapau (*Pagellus bogaraveo*), cientificamente denominado *Pagellus acarne*[F].

Beta *(ê)*, (do cast. *beta*) **1.** *n.f.* Cabo que prende o arpão usado na pesca do peixe graúdo[SM]. **2.** *n.f.* Corda delgada[Sj].

Bexigas-doidas, *n.f. pl.* A erupção cutânea da varicela. O nome deriva do facto de as vesículas desta doença não aparecerem todas ao mesmo tempo, umas aparecem, outras vão secando, outras infectam, enfim, como se fossem doidas.

Bexigas-vadias, *n.f. pl.* O m.q. *bexigas-doidas*[Sj].

Bexiguinha, n.f. Borbulha da acne (de *bexiga + -inha*)[T].

Bezerrada, *n.f.* Desfile das rezes destinadas ao abate, nas festas do Espírito Santo (de *bezerro + -ada*)[T]. Na Terceira também se chama *Folia dos Bezerros*.

Bezerro, *n.m. Taur.* Nome que se dá ao touro quando deixa de mamar e até aos dois anos de idade[T]. Em alguns lugares designa o bovino macho desde a nascença até aos 2 anos[F].

Biafrão, *n.m.* Aumentativo de *bilhafre*, com corruptela[SM]. **2.** *n.m.* O m.q. valdevinos[SM].

Bi-bi, bi-bi!, Chamamento dos pintainhos.

Biblia, *n.f. Bal.* No tempo da caça à *baleia*, o toucinho era cortado em peças com cerca de 4 cm de largo e retalhado em finas lâminas que ficavam ligadas à pele; depois de derretidas ficavam ligeiramente arqueadas, lembrando as folhas de uma bíblia semi-aberta, daí o nome.

Bica, *interj.* Uma das maneiras de chamar as galinhas, dito repetidamente[Fl]: – *Bica! Bica! Bica! Bica!*

Bica, (de *bico*) **1.** *n.f.* Peça da azenha onde cai o grão, também chamada *telha*[SM]. **2.** *n.f.* Fonte; torneira[SM]. **3.** *n.f.* Chupeta; o m.q. *bico*[SM].

Bicha, (do lat. vulg. *bistĭa-*) **1.** *n.f.* O m.q. minhoca, seja da terra ou do mar. **2.** O m.q. Ascaris lumbricoides, o nemátode mais

---

394 Do folclore terceirense – *As Velhas*.

395 Camilo Castelo Branco – *A Bruxa do Monte Córdova*.

cosmopolita dos parasitas. **3.** *n.f.* Variedade de brinco – *arrecada* – com a forma de uma cobrinha, também chamado *arriel*[SM]. **4.** *n.f. fig.* Mulher de mau génio. **5.** *n.f. fig.* Órgão genital masculino.

Bicha-da-terra. *n.f.* O m.q. minhoca *(lumbricus terretris)*[C,F].

Bicha-do-mar, *n.f.* O m.q. minhoca[F], do mar, claro, sendo uma boa isca para a pesca de quase todos os peixes, principalmente pequenos[396].

Bicha-cadela, 1. *n.f.* Insecto da ordem *Dermoptera,* no Cont. também chamado 'forfícula' e 'tesoura'[397], de nome científico *Forficula auricularia.* **2.** *n.f. fig.* Mulher má, arisca[F]. **3.** *n.f.* Nome de pequena lagarta negra que, quando esmagada, larga um cheiro extremamente desagradável. O m.q. *bicha-fera*[F].

Bicha-catrina, *n.f.* O m.q. *bicha-cadela*[T].

Bicha-fera, 1. *n.f.* Espécie de lagarta pequena, de cor preta e muito mal cheirosa quando se esmaga[F]. **2.** *n.f. fig.* Mulher arisca, de mau feitio: *E ameaçaram ir contar a desvergonha aos outros hóspedes da pensão e à patroa, a D. Cesaltina, uma bicha-fera de saias*[398].

Bicha fria, *n.f. fig.* Mulher zangada e de mau génio[T].

Bicha-preta, *n.f.* O m.q. *bicha-cadela* 3[T].

Bichaneira, *n.f.* O m.q. coscuvilheira (de *bichanar* + *-eira*)[SM]. 'Bichanar' é falar baixo, como fazem as *bichaneiras.*

Bichaneta, *n.f.* Coisa sem valor; coisa pequena (de *bichano* + *-eta*)[F].

Bicharoco *(ô),* *n.m.* Pequeno bicho (de *bicha* + *<r>* + *-oco*)[F]. Tem um significado completamente oposto ao utilizado no Cont., onde 'bicharoco' significa grande bicho, geralmente repugnante.

Bicharvão, *n.m.* O m.q. *bicho-jarvão*[SJ,T]: *Eh pequeno... vai catar bicharvão!*[399].

Bicheiro, (de *bicho* + *-eiro*) **1.** *n.m.* O m.q. *pexeiro*[SM,T]. **2.** *n.m.* Homem que recebe o jogo do bicho[SM].

Bichinho, *n.m.* Variedade de bolo condimentado com especiarias[SJ].

Bicho, (do lat. vulg. *bistĭu-*) **1.** *n.m.* O m.q. *cobres* (Herpes Zóster)[T]. **2.** *n.m.* O m.q. cancro[SM], também chamado *bicho malino.* **3.** *n.m.* Nome que em S. Jorge se dá a um pequeno rolo de recheio destinado a ser envolto pela massa, para a confecção de pequenos bolos chamados *espécies,* exclusivos desta Ilha.

Bicho-batateiro, *n.m.* O m.q. *bicho-batato* e *bicho-bichial*[SM].

Bicho-batato, *n.m.* Lagarta da batateira--doce[F]; o m.q. *Bicho-bichial.*

Bicho-bichial, *n.m.* Lagarta da batateira--doce.

Diz-se que tem *bicho-bichial* uma criança que é irrequieta. Na Madeira chamam--lhe 'bicho de pêssego'. *Bicho-bichial p'a que lado é o Faial?*[400]: havia a crença que se alguém dissesse esta rima ao bicho da batateira-doce ele apontava o bico na direcção dessa ilha.

Bicho-cardoso, *n.m.* O m.q. *bicha-cadela* [T].

Bicho-da-América, *n.m.* O m.q. *Bicho--jarvão* [SM].

Bicho-de-aranha, *n.m.* Nome que no Corvo também se dá à aranha.

Bicho-da-cidade, *n.m.* O m.q. *Bicho--jarvão*[SM].

Bicho-das-buracas, *n.m.* O m.q. *bicho--do-mato.*

Bicho de milho, *n.m.* Variedade de biscoito terceirense feito com mistura de farinha de trigo com farinha de milho amarelo, ovos, açúcar e manteiga, aromatizado com canela e moldado com seringa própria.

---

[396] Praticamente todo o peixe miúdo se pela por uma minhoca e esta apanha rateiros, sarguetes, garoupas, castanhetas, lambazes e até vejas.

[397] Nas freguesias da Terceira dão-lhe diferentes nomes: *bicha-catrina, bicha-preta, bicho-cardoso, calheta* e *romeira.*

[398] Cristóvão de Aguiar – *A Tabuada do Tempo.*

[399] Carlos Enes – *Terra do Bravo.*

[400] Rima infantil conhecida em várias ilhas.

Bicho-de-rabo, *n.m.* Larva da mosca-varejeira *(Calliphora vomitoria)*[F]. Tem este nome por estar sempre a dar ao rabo. No Continente, os pescadores do rio dão-lhe o nome de 'carneiro da vareja', embora se ouça mais chamar-lhe 'asticô', a tradução do fr. *asticot*, que significa larva de varejeira.

Bicho doce, *n.m.* Pequeno bolo também chamado *espécie*[Sj].

Bicho-do-buraco, *n.m.* Diz-se daquele que é muito tímido, que se esconde de todos, que não convive com ninguém.

Bicho-do-mato, *n.m. fig.* O m.q. *bicho-do--buraco* ou *bicho-das-buracas*.

Bicho feio, *n.m.* Aten. de Diabo[F].

Bicho-fervedoiro, *n.m.* Diz-se que tem *bicho-fervedoiro* ao indivíduo que nunca está quieto[T].

Bicho-frade, *n.m.* Insecto ortóptero de cor verde, com asas, muito frequente nas hortas, que, quando esmagado, deita um cheiro repugnante[F]. Na crendice popular, quando entra nas casas anuncia carta, dinheiro ou prenda.

Bicho-jarvão, *n.m.* Lagarta da batateira--doce[Sj,T].

Bicho malino, *n.m.* O m.q. tumor maligno[SM]: *[...] e por vezes um ou outro tumor ou bicho malino – salvo seja!*[401].

Bicho-martelo, *n.m.* O m.q. girino, também chamado *arrã-miúda*[C].

Bichos de amêndoa, *n.m.* Pequenos bolos típicos da Ilha de S. Miguel, feitos à base de açúcar, miolo de amêndoa e ovo que, depois de mexidos lhes é dado formas de peixes, aves, flores, etc.

Bico, (do lat. *beccu-*) **1.** *n.m. fig.* Boca. *Ser de mau bico*: comer mal, ter pouco apetite. **2.** *n.m.* Concha da *craca*. **3.** *n.m.* Chupeta; o m.q. *bica*[SM]. **4.** *n.m.* Nome que se dá ao focinho de certos animais, tais como a cabra, o cão, o gato e a ovelha[Sj]. **5.** *n.m.* Designação genérica das aves de capoeira[Fl,Sj]: *–Nã sei que brinzungada dê a tanto bico!* Nota: Esta sinédoque é de uso frequente em muitos lugares do país.

Bico-de-queimado, *n.m. Bot.* Nome dado à planta cientificamente chamada *Serapias azorica*, subespécie da *Serapias cordigera*, por se assemelhar ao bico do *queimado*, do milhafre[SM].

Bicuda, *n.f.* Peixe (*Sphyraena viridensis*), geralmente pescado ao *corrico* ou com *isca viva*. Quando pequena é, por graça, chamada *clarinete*, se minúscula, *charuto*[F]. O seu comprimento máximo geralmente não excede 1 metro embora se tenham apanhado exemplares com cerca de um metro e meio. Podendo ser *pescada de pedra*, geralmente a sua pesca é feita de corrico, em lancha, a uma velocidade baixa, cerca de 5 nós[402], logo de manhã cedo ou à tardinha. A uma velocidade maior, cerca de 10 nós, de preferência ao *alpardecer*, chega-se a apanhar exemplares de grandes dimensões, chegando a atingir os 8 kg. No Continente é-lhe dado o nome de 'barracuda'.

Bicudo, (de *bico* + *-udo*) **1.** *adj.* Diz-se do gado de focinho em ponta[T]. **2.** *adj.* Alcunha que se dá ao narigudo [T].

Bidalheira, *adj.* Diz-se da mulher que tem a paixão dos enfeites, dos *bidalhos*, daí o nome (de *{bidalho}* + *-eira*).

Bidalho, *n.m.* Enfeite feminino; artigo fútil de enfeite[P,T]: *Roipa! O quê! Uns bidalhos!*[403].

Bifes de Combrada, *fig.* Diz-se nas Flores, com sentido jocoso, de qualquer prato que contenha couves como componente ou acompanhamento principal.

Biguemane, *adj.* Imbecil; parvalhão (do am. *big man*)[C]. Termo sempre empregado na exp. "forte Zé biguemane".

Bijagodes, *adj.* Pessoa sem importância, mal arranjado, insignificante; o m.q. jagodes[F].

---

401 Manuel Ferreira – *O Barco e o Sonho*.

402 Um nó equivale a uma milha náutica (1852 metros) por hora.

403 Vitorino Nemésio – *Mau Tempo no Canal*.

Bilé, *adj.* Alcoviteiro[SM]: *[...] se acaso a língua badalasse; ele havia, e há, gente para tudo, e depois – caminho com um home, não estou para sustentar bilés*[404].

Bilhafrada, *n.f.* O m.q. *milhafrada*[SM].

Bilhafre, *n.m.* O m.q. milhafre: *[...] afirmam chamarem-se estas ilhas dos Açores, pelos muitos bilhafres que nelas há e havia [...]*[405].

Bilhano, *n.m. deprec.* O m.q. *bilhafre*; milhafre[Sj,T]: *– Eram cma bilhanos à cata do dinheiro cando o pai morreu.*

Bilhardeira, (de *bilharda* + *-eira*) **1.** *n.f.* Mulher mal vestida, desmazelada[SM]. **2.** *n.f.* Mulher que gosta de *enrediar*[SM].

Bilhoca, *n.f.* O m.q. pilinha[T]: *[...] E por seres alma endiabrada / No castigo que te toca / A última coisa a ser queimada / É a pontinha da bilhoca*[406].

Bil-ró, 1. *interj.* Bravo! Até que enfim![SM]: *– Encontraste o que tinhas perdido. Bil-ró!* **2.** *interj.* Grito que antigamente os rapazes de S. Jorge faziam nas festas do Espírito Santo, quando o *Senhor Trinchante* trazia para o arraial o cabrito assado: *[...] os rapazes levavam como em triunfo gritando por várias vezes: bil-ró... bil-ró... bil--ró...*[407].

Bilrou, *interj.* Voz dos mestres das lanchas a remos para *dobrar a remada,* no sentido de maior velocidade: *Quando o meu mestre me manda / Bilrou, San'tana...!*[408].

Bioco, *n.m.* Ideia disparatada ou ultrapassada (do lat. *velu-* + *-oco*)[Fl,Sj]: *Fulano tem muitos biocos na cabeça.*

Bisalho, *n.m.* Enfeite feminino de pouco valor (do lat. *bisacŭlu-*)[T].

Biscareta, *adj.* Bicho-careta, sua corruptela; insignificante[SM]: *[...] porque o prinminho declarou que ainda não andava aos restos de nenhum biscareta*[409].

Biscoita, *n.f.* Designação popular de vagina; o m.q. *gafanhota*: *– Ah Mary do meu coração, deves ter cá uma biscoita doce que nem um figo passado*[410].

Biscoital, *n.m.* O m.q. *biscoito* (de *biscoito* + *-al*)[SM]: *[...] por aqueles biscoitais não prestarem para terra de pão [...] prantaram neles vinhas*[411].

Biscoito, *n.m.* Terreno caracterizado pela presença de abundantes produtos piroclásticos (do lat. *biscoctu-*, cozido duas vezes). No início das culturas nas ilhas, foram limpos das pedras, que se aproveitaram para construir as paredes e as restantes amontoadas nos chamados *maroiços.* É muito abundante na Terceira, nomeadamente para as bandas dos Biscoitos e na Ilha do Pico, dois dos lugares de melhor vinho dos Açores, mas aparece também nas outras ilhas.

Biscoito-bácoro, *n.m.* Biscoito que leva muitos ovos e açúcar, feito pelas festas do Espírito Santo[F].

Biscoito da esfregadura, *n.m.* Pequeno biscoito feito com as rapas do alguidar de cozer o pão em que se adicionou um pouco de manteiga ou de banha[SM,StM]: *[...] biscoitos da esfregadura da farinha de milho que Vavó cozia às sextas-feiras*[412].

Biscoito da matação, *n.m.* Também chamado *bolo talhado,* é uma espécie de pão adubado, semelhante ao *biscoito de orelha* mas mais leve[StM].

Biscoito de orelha, *n.m.* O m.q. *cagarrinho*[StM].

Biscoito encanelado, *n.m.* Variedade de biscoito de Santa Maria que, depois de cozido no forno, é coberto com uma calda de açúcar em ponto. Nesta Ilha, a este e ao *biscoito de orelha,* também lhe chamam *fruta.*

---

404 Cristóvão de Aguiar – *Raiz Comovida.*

405 Gaspar Frutuoso – *Saudades da Terra.*

406 Da *dança* carnavalesca (Terceira) *O Juízo Final,* da autoria de Hélio Costa.

407 P.e Manuel de Azevedo da Cunha – *Festas do Espírito Santo na Ilha de S. Jorge.*

408 Letra da canção *Santiana Antiga,* recolhida pelo Autor na Ilha das Flores.

409 Cristóvão de Aguiar – *Um Grito em Chamas.*

410 Carlos Enes – *Terra do Bravo.*

411 Gaspar Frutuoso – *Saudades da Terra.*

412 Cristóvão de Aguiar – *Raiz Comovida.*

Biseca, *adj.* Simplório; toleirão[SM].

Bísenas, *n.m. pl.* Trabalhos; serviços; tarefas (do am. *business*).

Bisneto, *n.m.* Cada um dos rasgos, feito à picareta, nas mós dos moinhos para melhor moerem o grão (de *bis* + *neto*)[SM].

Bispar, *v.* Olhar, metendo o nariz onde não é chamado; tentar ver sorrateiramente (de *bispo* + *-ar*).

Bispar plo rabo do olho, *exp.* Olhar de soslaio sub-repticiamente: *Então um deles que já havera bispado p'lo rabo do olho uma gordureira cheia [...]*[413].

Bispeta *(ê)*, *adj.* Atrevido; curioso; metediço (de *bispar* + *-eta*)[T].

Bispo, *n.m.* Inhame pequeno; o m.q. *minhoto*[SM].

Bizalho, *adj.* Porco; sujo; mal vestido[SMT]. A Enc. Port. Bras. regista-o como açor. com o mesmo significado. Corrupt. de *bizarro*?

Blanquete, *n.m. Bal.* Faixa de lardo que era retirada em torno do cachalote, lembrando um cobertor ou uma manta (do am. *blanket*).

Blèqueﬁche, *n.m. Bal.* Baleia pequena (*Malaena globicephalica*), cetáceo migrador que passa no mar dos Açores, aproximando-se da costa e entrando em pequenas baías de águas pouco profundas para parir as crias (do am. *blackfish*).

Blèsequine, *n.m.* Pele ou lixa da *baleia*, depois de derretida serve para engodar (do am. *black skin*).

Blica, *n.f.* Pénis de criança; pénis pequeno; pila[F,SM].

Blica fria, *n.m.* Homem que sexualmente não se interessa por mulheres[F].

Blicoso, (de *bico* + *-oso*, com epênt. do [l]) **1.** *adj.* O m.q. *bliqueiro*: *O amor que eu hei-de amar / Não ha-de amar mais ninguém; / Que eu sou muito bellicosa / Em pontos de querer bem*[414]. **2.** *adj.* Complicado: – *É um caso blicoso pra se resolver à pressa.*

Bliqueiro, *adj.* De mau *bico*; que come mal[F]. Usa-se também muito este termo em relação à pesca, para dizer que o peixe não morde a isca com facilidade: – *Aquela veja é bliqueira, nim com moira descascada vai ao anzol!* (de *bico* + *-eiro* com corrupt. por epênt. do [l]).

Bloa, *n.f.* Pessoa gorda, sem préstimo[SM]: – *Tal bloa, e ainda onte a vi a limber um açucrinho!*

Blôco, *adj.* Gordo: volumoso[SM]: – *Estás tã blôco que nim te podes mexer!*

Blofe, *n.m.* Jogo a dinheiro, entretenimento dos homens[Fl].

Blomas, *n.f. pl.* Calções de senhora (do am. *bloomers*).

Blona, *n.f.* Cortina[SM]: – *As tuas janelas têm umas blonas tã lindas!*

Blous, *interj. Bal.* O m.q. baleia à vista! Exclamação usada quando os baleeiros notavam a presença do jacto de vapor da respiração da baleia. Na célebre obra de Herman Melvill, *Moby Dick* (1851), em que curiosamente uma das personagens é um açoriano, quando avistam a baleia gritam "she blows!".

Blúsia, *n.f.* Blusa, sua corruptela por epêntese[F]. I. Cação regista-o também na linguagem da Gândara.

Bõa, *adj.* Feminino de bom (arc.)[F]. André de Resende[415] escreve em *Vida de Fr. Pedro*: "Dai bõas, dai, dai, dai!".

Boa pra cortar manteiga, *exp.* Diz-se da faca que corta mal.

Boa pra lavar tripas, *exp.* Diz-se, em tom de brincadeira, para definir as laranjas de má qualidade, ácidas[416].

Boas fadinhas, *loc. interj.* Exclamação feita quando uma criança boceja, ao mesmo tempo que se lhe faz uma cruz na boca para não entrarem os espíritos maus[T].

---

413 Augusto Gomes – *Cozinha Tradicional da Ilha Terceira* (Falas da Tia Gertrudes).

414 Teófilo Braga – *Cantos Populares do Arquipélago Açoriano.*

415 Nascido em Évora (1500-1573), foi um humanista que frequentou universidades espanholas, tendo-se doutorado na de Salamanca.

416 As tripas do porco são também lavadas com laranjas azedas para lhe retirar o cheiro.

Boate, *n.m. Bal.* Baleia muito grande (do am. *bow head*).
Bobo, *n.m.* Personagem cómica das representações teatrais populares de S. Miguel, também chamado *Palhaço* e *Velho* (do lat. *balbu-*, gago, pelo cast. *bobo*, tolo).
Boca, 1. *n.f.* Um dos nomes que se dá à abertura redonda da *viola da Terceira*. **2.** *n.f.* Nome que se dá a cada tenaz do caranguejo.
Boca-aberta, *adj.* Atrasado mental; pateta; toleirão: *Fulano é um boca-aberta, nã diz coisa cum coisa.*
Boca de cebola crua, *exp.* Pateta; toleirão[T].
Boca de favas, *exp.* Diz-se do indivíduo que articula mal as palavras, como se tivesse a boca cheia de favas[SM].
Boca de favas cozidas, *exp.* Diz-se da pessoa que tem o hábito de andar com a boca aberta[T]: *Cala-te daí para fora / Instrumento das cantigas, / Olho de peixe vermelho, / Boca de favas cozidas*[417].
Boca de favas escoadas, *exp.* O m.q. *boca de favas cozidas*[T].
Boca de jaja, n. O m.q. *boca-aberta*, passmado (*jaja*, em sentido figurado, é boca).
Boca de lobo, *n.f.* Nome que os marítimos do Faial e do Pico dão a uma pequena nuvem que pousa ao de leve sobre a ponta dos Rosais, em S. Jorge, prenúncio de vento WSW[418].
Boca-de-panela, *n.f.* Nome vulgar da *Globicephala melas*, também conhecida pelo nome de *Baleia-piloto-de-barbatanas-compridas*[419].
Boca de prata, *loc. adj.* Bem falante[T]. Nas Flores chama-se *garganta de prata*.
Boca de rocaz, *loc. adj.* Diz-se da pessoa que tem a boca muito grande, tal como o roc[T].

[417] Quadra do folclore terceirense.
[418] M. M. Sarmento Rodrigues – *Ancoradouros das Ilhas dos Açores*.
[419] N. Farinha e F. Correia – *Cetáceos dos Açores*.

Boca de solha, *loc. adj.* Esta expressão é empregada para, numa zanga, chamar palerma a alguém[Fl].
Bocado de céu velho, *n.m.* Grande temporal; tempestade: *Os ladrões, ao ouvirem aquele estrondo e ao verem cair aquilo por cima deles, disseram: – Olha, um bocado de céu velho!*[420].
Boca do estômago, *n.f.* Região epigástrica: *E faz criar um atónito vazio logo abaixo da boca do estômago*[421].
Boca-doce, *n.f.* O m.q. *tintureira (Prionace glauca)*[SM].
Bocal-ladrão, *n.m.* Em S. Miguel, dava-se este nome ao bocal onde se enrosca a lâmpada eléctrica, que tem uma tomada lateral[422]. Por ext. também se dá actualmente este nome à ficha-tripla.
Boca-negra, *n.m.* Peixe vermelho, com muitos espinhos, cientificamente denominado *Helicolenus dactylopterus*.
Boca santa, *loc. interjec.* Expressão que significa um acordo com o que se ouviu da boca de outrem: *– Assim é que é, Senhor Padre Vigário! Boca santa! Assim é que é, mas eles não querem querer*[423].
Boca santa da minh'alma, *exp.* Expressão de espanto muito usada em todas as ilhas.
Boceta, (do fr. ant. *boucette*, barril pequeno) **1.** *n.f.* Caixa de rapé. **2.** *n.f.* Nariz (Transposição de sentido de caixa de rapé)[SM].

[420] Ângela Furtado Brum – *Contos Tradicionais Açorianos*.
[421] Cristóvão de Aguiar – *Um Grito em Chamas*.
[422] O seu nome tem a seguinte origem: antigamente não havia electricidade em todas as casas das freguesias; quando havia uma casa sem luz eléctrica ao lado de outra que a tinha, através de um furo na parede passava um fio que ia ligar-se à tomada lateral do referido bocal. Como não havia ainda contadores de electricidade – nessa altura pouca energia se gastava, apenas algumas lâmpadas se acendiam –, a casa que recebia a luz não a pagava, roubava-a, daí a adjectivação do referido bocal.
[423] Manuel Ferreira – *O Barco e o Sonho*.

Bochada (*Bò*), (de *bucho*) **1.** *n.f.* Barriga grande; pança; ventre. **2.** *n.f.* Barriga do peixe ou de outro animal qualquer[F]. **3.** *n.f.* O m.q. gole (uma *bochada* de água)[Sj].

Bochecha, *n.f.* Nome vulgar de pequeno peixe (caboz) cientificamente denominado *Gobius paganellus*.

Bochecha-pintada, *n.f.* Nome vulgar de pequeno peixe cientificamente denominado *Thorogobius ephippiatus*.

Bode, *n.m.* O m.q. amuo[Fl]. Nota: Em sentido figurado usa-se o termo para designar um indivíduo muito feio – comparar com a cara de quem está amuado!

Bodião, 1. *n.m.* Peixe muito abundante nas ilhas, cientificamente denominado *Labrus merula*. Nalgumas ilhas diz-se: *Bodião em Janeiro / Vale um carneiro*. **2.** *n.m.* Nome que na Terceira se dá à veja (*Sparisoma cretense*).

Bodião-da-areia, *n.m.* Variedade de bodião cientificamente denominado *Xyrichthys novacula*.

Bodião-verde, *n.m.* Variedade de bodião, cientificamente denominado *Centrolabrus caeroleus*; o m.q. *maracoto*. Nas Flores chama-se *rateiro*.

Bodião-vermelho, *n.m.* Peixe das águas dos Açores, cientificamente denominado *Labrus bergylta*.

Bodo de leite, *n.m.* Distribuição gratuita de leite pelas festas do Espírito Santo, sendo a ordenha das vacas feitas no próprio recinto da festa[T].

Bodo de peixe, *n.m.* Jantar comunitário, semelhante aos *Bodos de carne*, em vez desta é feito com peixe de diversas espécies: *[...] o curioso bodo de peixe, versão marítima do bodo de carne e do bodo de leite [...]*[424].

424 António M. de Frias Martins – *Açores, Ilhas de Azul e Verde*.

Enchendo a sopa do E. Santo nas terrinas

Bodo (*Bô*), (do lat. *votu-*, oferenda, promessa) **1.** *n.m.* Distribuição gratuita das esmolas de pão, *rosquilhas* de *massa-sovada*, de carne e de vinho, depois de devidamente benzidas pelo padre. **2.** *n.m.* Tempo de Espírito Santo em que se dão os *Bodos*. Na Terceira chama-se *correr Bodos* ao acto de passar de uma freguesia para outra, onde há verdadeiros arraiais populares, para assistir aos Bodos[425]. Os *Bodos* são originários da Ilha Terceira mas passaram também, a partir dos anos 40 do séc. XX, a ser realizados na ponta SE de S. Jorge, devido às suas relações muito fortes com a Terceira[426].

Bodo da Trindade, *n.m.* Bodo do domingo da Trindade[T].

Bodo de leite, *n.m.* Festa tradicional das ilhas em que as vacas são trazidas até ao local da festa, aí mungidas e o leite distribuído pelas pessoas presentes, acompanhado de fatias de *massa-sovada*.

Bofatada, *n.f.* Bofetada, sua corruptela por assimilação[F,F,Tl]: *A mãe vai e deu-lhe*

425 Hélder Fonseca Mendes – *Festas do Espírito Santo nos Açores*.

426 João Leal – *Ritual e Estrutura Social numa Freguesia Açoriana. As Festas do Espírito Santo em Santo Antão (S. Jorge)*.

uma bofatada na cara, desconjurou-se e disse que eram coisas, já se vê, diabólicas[427].

Boga, (do lat. *boca-*) **1.** *n.f.* Pequeno peixe presente no mar dos Açores, cientificamente denominado *Boops boops*. **2.** *n.f.* Muco nasal purulento e expelido numa só vez. **3.** *n.f.* Pancada na cabeça[T].

Boganga, *n.f. fig.* Mulher baixa e gorda[SM].

Bogango, *n.m. Bot.* O m.q. mogango (variedade de abóbora)..

Bogoxo, *n.m.* Grande novelo de lã[T].

Boião de gordura, *n.m.* Recipiente feito de barro vidrado, cilíndrico e com duas asas, onde se guardava a banha do porco[Sj].

Boiato, *n.m.* O m.q. novilho; boi novo que já trabalha na lavoura (de *boi* + *-ato*)[SM].

Boiceiro, *n.m.* Sedeiro usado para tirar a baga ao linho (de *boiça* + *-eiro*)[SM,StM].

Boi da cãiga, *n.m.* Boi de trabalho; o m.q. *boi de arado*[F]. No início do povoamento, os *bois de cãiga* eram trazidos do mato, onde andavam à solta, sendo realmente touros bravos, não habituados à presença humana. Tinham que ser amansados, como relata Frutuoso[428]: *[...] os touros bravos, com um laço e presos a um pau ou arvore, trez ou quatro dias, sem lhe darem de comer, assim os amansavam, para se servirem d'eles, e depois sofriam a carga esfaimados[...].*

Boi da junta, *n.m.* Boi de cobrição, pertença da Junta Geral[C,F].

Boi de arado, *n.m.* Boi de trabalho, o m.q. *boi da cãiga.*

Boieiro, (do lat. *boarlĭu-*) *n.m.* Indivíduo que acompanhava o gado e o alimentava, fazendo a sua higiene nos porões do navio, aquando do transporte até à Madeira ou para Lisboa, nomeadamente no célebre navio *Carvalho Araújo.*

Boina, *n.f.* Bola de alumínio achada no mar e que, no Faial, utilizavam para o transporte de água.

Bois do carro, Os bois da lavoura diária, que geralmente estão no palheiro, à porta: *Cada lavrador tem dois boizinhos, os bois do carro, ao pé da porta [...]*[429].

Boitão, *n.m.* Pano de lã grosseiro, conhecido no Cont. pelo nome de burel.

Boizear, *v.* Acção de comandar os bois da lavoura (de *boi* + <*z*> + *-ear*)[Sj].

Bojada, *n.f.* Pontapé na bola (part. pas. fem. subst. de *bojar*)[SM].

Bojo, *n.m.* Tampo, falando dos instrumentos músicos; o m.q. *monje* (deriv. regr. de *bojar*).

Bojo da canga, *n.m.* O bordo inferior e arredondado do *camalhão* da canga de bois[SJ]; O m.q. *peito da canga.*

Bojo de baixo, *n.m.* Tampo inferior dos instrumentos músicos. O superior chama-se *bojo de cima.*

Bola, (do lat. *bŭlla-*) **1.** *n.f.* Ponteira de metal amarelo que se enrosca nas extremidades dos cornos dos bovinos[T]. **2.** *n.f.* Porção de barro destinada a ser modelada[T]. Em S. Miguel chama-se *empêlo.* **3.** *n.f.* Espécie de pão feito antigamente a partir da raiz da junça e de centeio, no tempo em que rareavam os cereais[C].

Bolacha, *n.f.* O m.q. *Bolo de véspera.*

Bola da rapadura, *n.f.* O m.q. *biscoito da esfregadura* e *esfregalho*[F].

Bola de alumínio, *n.f.* O m.q. *parruca*[F].

Bolanda, *n.f.* Usado na expressão *de bolanda* que significa de um lado para o outro[T]. No português continental existe o termo 'bolandas', na loc. 'em bolandas': aos baldões, aos tombos, em grande azáfama (do cast. *volandas*, de *volar*, voar).

Bola do joelho, *n.f.* Saliência anatómica do joelho[T].

Bolareda, *n.f.* Muitos bolos[Fl].

Bolfeira, *adj.* Solta, referindo-se à terra[SM]. O m.q. *lonfeira*: *Se sinhô, é mocinho e bãe precisa que lhe ponha a terrinha assim bolfeira, o que logo agradece, sãe tardança*[430].

---

[427] J. H. Borges Martins – *Crenças Populares da Ilha Terceira II.*

[428] Gaspar Frutuoso – *Saudades da Terra.*

[429] Raul Brandão – *As Ilhas Desconhecidas.*

[430] Luís Bernardo Leite de Ataíde – *Etnografia Arte e Vida Antiga dos Açores.*

Bolha *(ô)*, (do lat. *bulla-*, bola, bolha) **1.** *n.m.* Indivíduo amalucado. **2.** *n.m.* Sinal circular feito a giz usado no jogo do 'truque'[T].

Boliana, *n.f. Bot.* Planta herbácea, vivaz e espontânea, cientificamente denominada *Centranthus ruber,* à qual se atribuem virtudes de bruxedos (corrupt. de *valeriana*)[T].

Bolima, *n.f.* O m.q. *morraça* (deriv. regr. de *{bolimar}*)[C].

Bolimar, 1. *v.* Chuviscar; orvalhar; o m.q. *amorraçar* e *peneirar*[C].

Bolo, (de *bola,* com fechamento da vogal ó > ô e troca da vogal temática a > o) **1.** *n.m.* Bola que antigamente se fazia com as folhas do pastel (*Isatis tinctoria*) depois de trituradas. **2.** *n.m.fig.* O m.q. palmatoada.

Bolo da sertã, *n.m.* Bolo de carolo ou de farinha de milho, espalmado e cozido numa sertã de barro, também chamado *bolo de crica* e *bolo de farinha escaldada*[SM]; o m.q. *bolo do tijolo.*

Bolo das Furnas, *n.m.* O m.q. *bolo lêvedo,* pelo facto de os mais famosos bolos dessa qualidade serem feitos nessa localidade de S. Miguel.

Bolo de crica, *n.m.* O m.q. *bolo da sertã*[SM]. Em S. Miguel chama-se crica a uma sertã de barro.

Bolo de farinha escaldada, *n.m.* O m.q. *bolo da sertã*[SM].

Bolo de panela, *n.m.* Variedade de sopa de Santa Maria feita com carne de porco, chouriço, couves, batatas e farinha.

Bolo de pé-de-torresmo, *n.m.* Pequeno bolo feito com os restos da massa da cozedura do pão, a cuja farinha se junta um pouco de *pé-de-torresmo.*

Bolo de torresmos, *n.m.* Nome que também se dá em S. Miguel ao *pé-de-torresmo.*

Bolo de véspera, *n.m.* Bolo de farinha de trigo feito pelas festas do Espírito Santo[SJ]. Tem este nome por ser distribuído nesse tempo[431].

Bolo do tijolo, *n.m.* Espécie de pão ázimo, feito com farinha de milho, sem fermento. A farinha, depois de amassada é tendida em forma de bolacha, com cerca de um dedo de altura e um palmo e meio de diâmetro, cortada em quatro e cozida num *tijolo* aquecido.Tem uma origem mourisca. Antigamente, no tempo da 2.ª Guerra Mundial, este tipo de pão também era frequentemente feito no Continente quando não se conseguia comprar pão. Tal como o bolo do tijolo, eram feitas bolas com farinha de milho que se espalmavam e se coziam rapidamente no forno de lenha, por serem baixinhas. Na região de Cantanhede (Outil) chamavam-lhe 'tortas'.

Bolo doce, *n.m.* Bolo feito com adição de açúcar; todo o bolo adocicado[F]. Termo utilizado para se distinguir do *bolo do tijolo.*

Bolo espécie de Natal, *n.m.* Bolo feito por altura do Natal, à base de farinha de trigo e de milho, ovos, açúcar, figos passados, aguardente, banha, raspa de limão e de noz-moscada e canela[P].

Bolo lêvedo (Foto: Fátima Rosado)

Bolo lêvedo, *n.m.* Bolo típico das Furnas de S. Miguel, feito com farinha de trigo, manteiga, sal, leite, açúcar e fermento, cozido em sertã de barro aquecida previamente.

Bolo macho. *n.m.* Variedade de pão feito com farinha de trigo, ovos, fermento e raspa de limão[F].

---

431 P.e Manuel de Azevedo da Cunha – *Festas do Espírito Santo na Ilha de S. Jorge.*

Bolo mancebo, *n.m.* Variedade de bolo de massa temperada distribuído nas festas do Espírito Santo[SJ].

Bolo seco, *n.m.* Variedade de pão feito apenas na Ilha do Pico, com farinha de milho, água e sal, amassado e tendido em forma de círculo com cerca de um palmo de diâmetro e cortado em quartos antes de ser cozido no forno até ficar bem seco – daí o nome. Guardado em caixas estanques, é tradicional nessa Ilha comer este bolo com o caldo de peixe, sendo esse caldo vertido em cima dele dentro da terrina. Era este bolo que os baleeiros do Pico levavam para comer durante a caça da baleia e ainda hoje os pescadores das traineiras do Pico o levam para comer com o caldo de peixe feito a bordo da embarcação.

Bolo talhado, *n.m.* O m.q. *biscoito da matação*[StM].

Bolota, (do ár. *ballûta*) **1.** *n.f.* Cada bola da cagadela das espécies asinina e cavalar; cagadela dura e arredondada[F]. **2.** *n.f.* Pequena borla[T].

Bolsa, *n.f.* Nó na extremidade da corda que segura o touro nas touradas à corda (do lat. *bursa-*)[T].

Bom bastante, *loc.* O m.q. suficiente (Por influência gramatical inglesa – *good enough*).

Bomba, (do esp. *bomba,* de or. onom.) **1.** *n.f.* Foguete que estala com um só estrondo intenso[F]. **2.** *adj. fig.* Mentiroso, um *bomba.*

Bomba da baleia, *n.f. Bomba* mandada pelo *vigia da baleia* para assinalar a detecção de um cachalote e avisar os baleeiros para se dirigirem imediatamente para a faina.

Bomba de fogo, *n.m. fig.* Pessoa ruim[SM].

Bombão, *n.m.* Foguete de um só estalido; o m.q. *foguetão* (de *bomba* + *-ão*)[StM,T].

Bombaria, *n.f.* Quartel dos bombeiros (do rad. de *bombeiro* + *-aria*)[Sj,T].

Bombeiro, *n.m.* Aquele que toca bombo (de *bombo* + *-eiro*)[Fl].

Bombelança, *n.f. Bal.* Espécie de canhão para trancar as *baleias,* instrumento que caiu em desuso na década de vinte do séc. passado (do am. *bomb-lance*)[432].

Bom tempo até à Amer'ca, *exp.* Diz-se dos dias de Verão com o céu muito azul e a linha do *pego* bem definida, dias sem nuvens até ao horizonte, como se se visualizasse a imagem da tão distante América![F]

Bona, *n.f.* Enfeite de papel colorido com que ss enfeitam os bezerros na sexta-feira de Espírito Santo[T].

Bonda, *interj.* Basta[StM]: Em Santa Maria diz-se: *A bom entendedor, meia palavra bonda*[433]. Nota: Bonda tem origem no v. *bondar* que significa ser suficiente, bastar (do lat. *abundāre*).

Boneca, (do lat. *monna,* por *nonna* + *-eca,* com dissimilação das duas consoantes nasais) **1.** *n.f.* Intrujice; mentira[SM]. **2.** *n.f.* Todos os significados de *bonecra.*

Boneco dos toiros, *n.m.* Nome que se dá a um boneco feito de roupa velha cheia de palha, às vezes com um *abeiro* na 'cabeça' e uma máscara na 'cara', amarrado por debaixo dos braços e suspenso por uma corda. Este boneco é usado nas varandas das casas durante as touradas à corda da Terceira e, quando o toiro vem a passar, é descido, sendo puxado quando está prestes a ser pegado pelo animal.

Bonecra de engonços, 1. *n.f.* O m.q. boneca articulada. **2.** *n.f. fig.* Mulher que se deixa cativar facilmente[T].

Bonecrice, *n.f.* Coisa sem importância (de *bonecra* + *-ice*): *E depois as pessoas costumam e gostam de dar valor a estas bonecrices*[434].

Bonideco, *adv.* De boa vontade; boamente; de modo espontâneo (do lat. *bono et aequo*)[SM]: *-Queres vir comigo ao peixe?, – Home, bonideco, é pra já!* Registado nos dicionários como açorianismo.

---

432 Francisco Gomes – *A Ilha das Flores: da Redescoberta à Actualidade* (citando o jornal "O Faialense" de 26 de Outubro de 1879).

433 Armando Cortes-Rodrigues – *Adagiário Popular Açoriano.*

434 Cristóvão de Aguiar – *Marilha.*

Bonina, *n.f.* Nome dado a várias espécies de flores, de plantas da Família das Asteracae. Na Terceira, as boninas são muito usadas para enfeitar os bezerros, na sexta-feira de Espírito Santo: *Os bezerros enfeitados / De boninas amarelas / Eu também quero saúdar / As meninas das ginelas*[435].

Foto: Rufino Silva

Bonito, *n.m.* Peixe rudemente semelhante à albacora, de menor porte, cientificamente denominado *Katsuwonus pelamis* (do cast. *bonito*). Trata-se um migrador pelágico que aparece nos Açores entre Julho e Outubro, sendo uma espécie de superfície.

Bonzíssimo, *superl. absol. sintét.* de bom; boníssimo: – *Este inhame é bonzíssimo, nã se compara com o rum que onte se comeu!* Termo corrente nas falas dos Açores.

Bonzíssimo de boca, *loc. adj.* Diz-se do que é de boa boca, do que come de tudo com vontade[F].

Bóque, *n.m.* Caixa; mala de viagem (do am. *box*).

Boqueira, (de *boca* + *-eira*) **1.** *n.f.* Pequena fissura no canto da boca, a que os médicos airosamente chamam 'queilite angular'. **2.** *n.f.* Inflamação da boca das cabras[T]. **3.** *n.f.* O m.q. açaime, focinheira[C].

Boqueirão, (do cast. *boqueirón*) **1.** *n.m.* Terreno composto por lava solidificada, aproveitado para o cultivo da vinha[SM]. **2.** *n.m.* Grande abertura na costa marítima e toponímia dessa zona[F].

Borbage, *n.f.* Comida do porco (corrupt. de *beberagem*)[Fl].

Borda da rocha, *n.f.* Linha cimeira da encosta sobranceira ao mar[F,Sj].

Bordão, (do lat. tard. *burdōne-)***1.** *n.m.* Varapau de arrimo e de defesa, utilizado como apoio na marcha e como defesa contra o gado bravo, arremetão[F]. **2.** *n.m. Náut.* Linha principal onde vão prender as pernadas que prendem os anzóis[F].

Bordão de carreto, *n.m.* Pau com ligeira curvatura que serve para transportar cargas ao ombro[T].

Bordão de conteira, *n.m.* O m.q. *bordão enconteirado*: *Era bordães de conteira e cacetes valentes!*[436].

Bordão de conto, *n.m.* O m.q. *bordão enconteirado*[SM,T]: *Os romeiros que empunhavam o* bordão de conto *e o* rosário de lágrimas, *ao caminharem como figuras de retábulo pelas canadas de amarelas e fragantes conteiras, lobrigando a mutilada montanha*[437].

Bordão de luxo, *n.m.* O m.q. *bordão de conto*[T].

Bordão enconteirado, *n.m.* Vara de pau com duas ponteiras (*conteiras*, daí o nome) de metal branco ou amarelo, uma em cada extremidade[T]. Em S. Miguel chama-se *bordão de conto*.

Bordão de requinta, *n.m.* Nome que em S. Miguel se dá ao bordão de Ré da *viola da terra*.

Bordão de toeira, *n.m.* Nome dado em S. Miguel ao bordão de Lá da *viola da terra*.

---

435 Quadra do *Pezinho dos Bezerros* (Terceira).

436 J. H. Borges Martins – *A Justiça da Noite na Ilha Terceira*.

437 Costa Barreto – *A Lenda das Sete-Cidades*.

Bordar, *v.* Fornecer alimentação por ajuste; hospedar (do am. *to bord*). *Aqui bordar é fazer rendas, lá não senhor, bordar lá é estar numa casa a comer e dormir, e pagar no fim da semana o bôrdo*[438].

Borde, *n.m.* Hospedagem (do am. *board* house). A casa de borde é a casa de hóspedes; *pagar o borde* é pagar a hospedagem.

Bordejar, *v.* Passear de barco junto à costa, tradicional pelas festas de S. João, altura em que se iam trincando favas torradas (do it. *bordeggiare*)[F,Fl].

Bordejo, *n.m.* Passeio de barco junto à costa (deriv. regr. de *bordejar*).

Bordinzinho, n.m. Dim. irreg. de bordão[T]: *Cada um levava na mão um bordinzinho!*[439].

Borlanteiro, *adj.* Diz-se do mar quando encrespado, picado[C].

Bornir, *v.* Enfeitar; pintar (corrupt. de *brunir*, alindar)[Sj]: *Estas meninas de agora / São como pão bolorento, / Mui bornidinhas por fora, / Deus sabe o que vai por dentro*[440].

Borra *(ô)*, (deriv. regr. de *borrar*) **1.** *n.f.* Resíduo que fica depois de espremida a uva[Fl,T]. **2.** Soro que vai saindo do queijo[Fl]. **2.** *n.f.* Resíduo da destilação da batata-doce para obtenção de álcool[SM].

Borralheira, *n.f.* Vaga alterosa; o m.q. *esborralheira*[C].

Borralho, *n.m.* Nome de bovino que tem a cor da cinza (de *borra* + *-alho*)[T]. Se apresenta uma cor mais clara chama-se *borralho-claro*.

Borrage, *n.f.* Torresmos de banha, que depois de aloirados são separados dos coiratos e moídos (de *borra* + *-agem*, com apócope)[C]. Antes de serem comidos, são aquecidos num caldeirão. Há quem lhes misture um pouco de *pé-de-torresmo*, para melhor sabor lhes dar[441]: – *Hoje, pra matar saudades, a gente vai-se consolar a comer pão de milho com borrage!* É termo exclusivo da Ilha do Corvo e vem registado em literatura vária com a f. 'borrás' e 'borraz'.

Borrás, assim como 'borraz' é o m.q. *borrage*, grafia por alguns preferida para este vocábulo corvino.

Borraz, Ver *borrás*.

Borrichar, *v.* Beber ou, melhor, bebericar[T]: *De noite esquecia-se pelas vendas a porteirar e a borrichar*[442].

Bossa, *n.m.* Capataz; chefe (do am. *boss*): – *Lá na Amerca ê estava cma queria, no fim já era o bossa da fábrica!*

Bôsse-bôsse, *loc. interjec.* Forma de chamar os cães[SM].

Bota de cano, *n.f.* O m.q. *bota de rôba*.

Pai e filhos, os três com botas de rôba

Bota de rôba. *n.f.* Bota de Inverno, com sola grossa, de borracha (rôba, do am. *rubber*); o m.q. *bota de injarrôba*.

Botadeira, *n.f.* Pá para o transporte de terra da parte mais baixa para a mais alta

438 Urbano de Mendonça Dias – *"O Mr. Jó"*

439 J. H. Borges Martins – *A Justiça da Noite na Ilha Terceira.*

440 Teófilo Braga – *Cantos Populares do Arquipélago Açoriano.*

441 Maria A. Nunes Rita (Ilha do Corvo) – Comunicação Pessoal.

442 Vitorino Nemésio – *O Mistério do Paço do Milhafre.*

nos terrenos inclinados[F], mais tarde também chamada, pela influência americana, *escrepa* (de *botar* + *-deira*).

Botadeira de cartas, *n.f.* Cartomante[Sj].

Botadeiro de sentido, *loc. adj.* Esperto; inteligente, que bota sentido a tudo.

Botador, O m.q. *vertedor* (de *botar* + *-dor*)[Fl].

Bota que tem, *exp.* Expressão idiomática de concordância a uma pergunta, apenas usada na Terceira: – *Queres d'ir aos tioiros?;* – *Bota que tem!*

Botar ao dedo, exp. O m.q. *semear ao rego*[C].

Botar ao rego, *exp.* O m.q. *semear ao rego*[C].

Botar à parede, *exp.* Expressão usada na apanha do milho para designar o acto de encostar as canas e as espigas a uma parede para aí secarem[Sj].

Botar apreço, *exp.* O m.q. *botar sentido*[Sj].

Botar as tripas pela boca fora, *exp.* Vomitar até não poder mais; O m.q. *lançar as tripas fora*[F].

Botar cantiga, *exp.* Cantar ao desafio[SM]; o m.q. *picar*.

Botar do chão, *exp.* Não ligar importância[Sj].

Botar fora, *exp.* Sair; por-se a andar[T]: *Ai Jesus! Nossa Senhora! / Que isto está a funcionar; / Eu vou-me é botar fora, / Antes que o avião comece a rolar*[443].

Botar sentido *(in)*, *exp.* Prestar atenção; o m.q. *tomar sentido*: *[...] ele disse à afilhada que botasse sentido ao que ia a dizer*[444]. É exp. muito frequente em todas as ilhas.

Bote, (do ingl. mediev. *bôt*, hoje *boat*) **1.** *n.m.* Barco cuja ré termina como a proa[F,Fl]. Ex.: os *botes da baleia*. **2.** *n.m.* Em S. Jorge dá-se este nome à embarcação de popa *traçada*, que nas Flores se chama *lancha*.

Bote baleeiro, *n.m.* Pequena embarcação de propulsão mista – a remo e à vela – muito rápida, de duas 'proas'[445], ligeira e manobrável, destinada à caça do cachalote a partir de estações costeiras[446]. Nalgumas ilhas é chamado *bote da baleia, canoa baleeira* ou somente *baleeira*.

Bote de canas

Bote de canas, *n.m.* Ver *lancha de canas*.

Bote do pão, 1. *n.m. Bal.* Bote baleeiro, normalmente com tripulação mais idosa, que antigamente, antes da era das lanchas motorizadas, enquanto os outros botes rebocavam lentamente as *baleias* caçadas, ia a terra buscar mantimentos e agasalhos para os baleeiros[F]. **2.** *n.m. fig.* Pessoa vagarosa e com pouca habilidade (ext. de *bote do pão*)[F].

Botinero, *adj. Taur.* Diz-se do touro que tem os membros com as extremidades escuras (do cast. *botinero*)[T].

Boto *(Bô)*, (do lat. tard. *bŭtti-*, tonel) **1.** *n.m.* Pequeno cetáceo de cor cinzenta *(Tursiops tursio)* cujo comprimento não ultrapassa os 4 metros e ao qual as pessoas atribuem artes de encantamento semelhantes à das sereias. Antigamente o seu toucinho era

443 Hélio Costa – *Entrada Geral na Base das Lajes* (bailinho), in *O Carnaval dos Bravos*.

444 J. H. Borges Martins – *Crenças Populares da Ilha Terceira I*.

445 O facto de possuir 2 proas dava-lhe uma maior mobilidade, podendo recuar imediatamente e com a mesma ligeireza, em caso de necessidade.

446 Os baleeiros da Nova Inglaterra deslocavam-se para muito longe, levando os botes em navios para esse fim construídos.

aproveitado para iluminação e lubrificação[P]. *Santa fartura, a daqueles tempos em que era fácil escolher a dedo o peixe, virar as costas a botos e cafres sem interesse*[447]. **2.** *n.m.* Nome que também se dá à toninha-comum *(Phocoena phocoena)*[448].

Botocudo, *adj.* Desajeitado; estúpido[SM]: – *Oh! José Rosara, tu não tens orelhas, és botocudo sim, que vás sempre adiante do compasso!*[449].

Bouceiro, 1. *n.m.* O m.q. *boiceiro*[C,SM]. **2.** *n.m.* No Corvo também se dá este nome a um lugar imaginário com que se terrifica as crianças para que se não portem mal.

Bouète, *n.m. Bal.* Baleia franca ou baleia da Biscaia (do am. *bowhead*).

Brabeza, (de *brabo* + *-eza*) **1.** *n.f.* O m.q. bravura[F]: – *O mar hoje está c'uma brabeza que nim dá pr' apanhá sargos, parece que quer limber a terra!* **2.** *n.f.* Escamação; zanga: *Inha o outro dia tomei brabeza e disse: ó corisca, a modos que nã tens olhos na lapareira dessa cara*[450].

Brabio, *adj.* Arisco; bravo; que se não deixa apanhar (de *bravio*).

Brabo, *adj.* Bravo; zangado (var. de *bravo*): *Alzira... oh braba confusão, / Onde nos viemos meter!*[451].O [b] aqui é etimológico, pois 'bravo' deriva do lat. *barbăru-*.

Brabozana, *n.f.* Grande barba[SM].

Brabudo, 1. *adj.* Barbudo, sua corruptela. **2.** *n.m.* Nevoeiro denso[SM,T]. *A bagacina luzia / Como pedrinhas de anel; / O brabudo era mais fresco; / O pasto parecia mel*[452].

Braça, *n.f.* Antiga medida equivalente a 10 palmos, cerca de 2,2 metros (de *braço*)[Fl,SM,T].

Braça craveira, *n.f.* Antiga medida linear, muitas vezes registada nos registos das *dadas*, aquando das sesmarias, equivalente a 10 *palmos craveiros*, ou seja, 3 metros.

Braçado, (de *braço* + *-ado*) **1.** *n.m.* Bebé rechonchudo; o m.q. *emburguês*[SM]. **2.** *n.m.* Mulher de formas generosas.

Bracel, *n.m. Bot.* O m.q. *bracéu*.

Bracéu-da-rocha, *n.m. Bot.* Planta herbácea, gramínea, endémica dos Açores e da Madeira, de nome científico *Festuca petraea*, muito abundante nas escarpas das rochas.

Bracéu-do-mato, *n.m. Bot.* Gramínea perene presente na zona-de-nuvens de todas as ilhas[453], acima dos 500 m, cientificamente denominada *Festuca jubata*.

Bracinho, *n.m.* Cada um dos paus pequenos do *cafuão* (de *braço* + *-inho*)[SM].

Bracio, *n.m. Bot.* O m.q. *bracéu*[C]: *[...] O pasto era lambido em Setembro por uma doença. Ia-se então ao bracio, que só nasce nas rochas, para dar de comer ao gado*[454].

Bradar às almas, *exp.* Também denominado *alembrar as almas*, é um pregão feito pelo *Alembrador das almas* ou pelo *Mestre dos romeiros* de S. Miguel solicitando certo número de orações, geralmente um Pai Nosso e uma Ave Maria, por intenções que são especificadas no próprio pregão.

---

447 Manuel Ferreira – *O Morro e o Gigante.*
448 N. Farinha e F. Correia – *Cetáceos dos Açores.*
449 Urbano de Mendonça Dias – *"O Mr. Jó"*
450 Luís Bernardo Leite de Ataíde – *Etnografia, Arte e Vida Antiga nos Açores.*
451 Do bailinho carnavalesco *Os Excesso na Terceira*, de Hélio Costa.
452 Vitorino Nemésio – *Festa Redonda.*
453 Paulo A. V. Borges e col. – *Listagem da Fauna e Flora Terrestre dos Açores.*
454 Raul Brandão – *As Ilhas Desconhecidas.*

Bragada, *adj.* Diz-se da vaca de uma cor e com uma só malha branca, ou vice-versa (de *bragado*)[T]. Também é chamada *marchana*[T].

Bragado, *adj. Taur.* Diz-se do touro com uma mancha branca em todo o ventre (do lat. *bracātu-*, que usa bragas)[T].

Bragal, (de *braga* + *-al*) **1.** *n.m.* Roupa da família de uma casa[T]: *[...] a mãe, encruzada no estrado, remenda o «bragal» da família [...]*[455]. **2.** *n.m.* Enxoval da noiva[Fl].

Bragalhada, *n.f.* Combinação; contrato; negócio[T]. Será provável corrupt. de *barganhada*, de barganhar.

Bragas, *n.f. pl.* Ceroulas de atilho (do lat. *bracas*, calças compridas). Adágio: *Não se apanham trutas / de bragas enxutas*[456].

Braguetas, *n.f. pl.* O m.q. *bragas* (de *braga* + *-eta*, pl.).

Barguilha, *n.f.* O m.q. braguilha, sua f. antiga: – *Home, fecha essa barguilha... Ou o passarinho 'tá morto?!* Nota: Antigamente, quando a massa do pão não queria levedar, as mulheres deitavam-lhe em cima umas calças de homem com a *barguilha* voltada para baixo, para levedar mais depressa[T].

Braguinha, *n.f.* O m.q. *machete*.

Branca, *n.f.* Aguardente; cachaça (de *branco*).

Brancha, *n.f.* Ocasião; oportunidade (corrupt. de *brecha*)[Sj].

Branco, *n.m.* O m.q. alburno, o *branco* do pinheiro, por exemplo[T].

Branconia, *n.f.* O m.q. vitiligo, manifestação cutânea caracterizada por despigmentação da pele, geralmente em áreas do corpo geralmente simétricas (de *branco*, com deriv. incom.)[Sj].

Brandão, (de *brando* + *-ão*) **1.** *n.m.* Cada uma das cordas que seguram o mastro duma embarcação. O plural é *brandais*[Fl]. **2.** *n.m.* Cabo que liga cada grade à ponta do mastro, no moinho de vento; o m.q. espia[Fl].

Brasa, *n.f.* O m.q. abcesso (ext. de *brasa*)[Fl].

Brasil, *n.m.* Antigamente, no tempo da emigração para o Brasil (fins do séc. XVII e durante todo o séc. XVIII), chamava-se *brasil* a um bom emprego, que desse muito dinheiro, como se ganhava no Brasil. Mais tarde, aquando da emigração para a América, esse nome foi substituído por *amerca* (ver *amerca*).

Bravo, *n.m. Moda* tradicional cantada nas ilhas do grupo central, com variações acentuadas de ilha para ilha: *Eu fui à terra do Bravo / Para ver se embravecia; / Cada vez fiquei mais bravo / Com a tua companhia.*

Bredo, *n.m.* Erva daninha do género das Amarantáceas, cientificamente denominada *Amaranthus viridis* (do gr. *blíton*, bredo, pelo lat. *blitu-*). Na Terceira, antigamente comiam-se os bredos, cozidos com batatas. Nesta Ilha, a um pedido negado, diziam: *Mete-o onde a velha meteu os bredos*, o que quer dizer: mete-o no traseiro!

Breique, (do am. *brake*) **1.** *n.m.* Ferro que aperta o eixo do carro de bois, sendo, no fundo, um travão[Fl]. **2.** *n.m.* Travão.Var.: *Breque*.

Brejo, (do célt. *bracum*, lama, lodo) **1.** *n.m.* Silva das amoras[P]. **2.** *n.m.* Terreno de silvado e urze[P,Sj,T].

Brelhado, *n.m.* Diz-se do trigo que se põe no altar do Menino Jesus, quando está grelado (part. pas. subst. de *{brelhar}*)[Fl].

Brelhafre, *n.m.* Milhafre, sua corruptela[Fl]. Var.: *brilhafre*.

Brendeiro, *n.m.* O m.q. *carpiada* (corrupt. de *brindeiro*)[Fl]. No Faial diz-se: *Quanto menos cortesia / maior brendeiro*[457].

Brês, *n.m.* O m.q. *mistério*, terreno coberto de lava[T].

Bretoldo, *adj.* Parvo; tolo; vaidoso[SM]: – *Vai todo bretoldo que nim le cabe uma palhinha p'o cu acima!*

---

455 João Ilhéu – *Notas Etnográficas*.

456 Armando Cortes-Rodrigues – *Adagiário Popular Açoriano*.

457 Armando Cortes-Rodrigues – *Adagiário Popular Açoriano*.

Brezundela, *n.f.* Falta de lisura; porcaria; trabalho mal organizado (de *berzunda* + -*ela*, com metát.).
Briador, *n.m.* Um dos *Ajudantes* do *Imperador,* nas festas do Espírito Santo em Santa Maria. Segundo João Leal[458], será provavelmente corrupt. de *vereador*, acrescentamos nós, via *bereador*.
Briança, (corrupt. de *vereança*) **1.** *n.f.* Conjunto de dignitários e convidados para uma *Função* do Espírito Santo[T]. **2.** *n.f.* Cortejo do Espírito Santo em que o gado destinado ao abate para o Bodo é mostrado à comunidade, enfeitado com flores de papel colorido coladas na pelagem, nalguns lugares acompanhado pela *Folia* ou com cantigas ao desafio (corrupt. de *{variança}*...?).
Brichar, *v.* Saltar fora de água na vertical, falando dos seres marinhos, o que antigamente se julgava ser para respirar (do am. *breach*)[F].
Brichingue, *n.m. Bal.* Acto de saltar na vertical de qualquer animal marinho (do am. *breaching*)[F].
Brilhar, *v.* Nascer, falando de plantas, também pronunciado *brelhar* (do it. *brillare*)[Fl].
Brimbelo, *n.m.* Adorno[Sj].
Brincalhotice, *n.f.* Brincadeira amorosa (do v. *brincar*)[SM,T].
Brincar, *v.* Bailar[F]: *Mas brincavam bem e logo eram duas e o pai tocava viola*[459].
Brincar com a bichinha para a areia, *exp.* Expressão muito usada na Terceira com o sentido de 'chatear outro': *Ainda tens tabaco no umbigo. Vai brincar com a bichinha para a areia...*[460].
Brinco, *n.m.* O m.q. brinquedo (deriv. regr. de *brincar*)[T].
Brindar a mesa, *exp.* Brinde que se fazia, depois do *jantar do Esprito Santo* (*Função*), com um copo de vinho (ou de aguardente), que cada um bebia, num prato que circulava por todos os convidados, cada um dos quais deitava no prato uma moeda destinada aos Foliões, a chamada *Esmola dos Foliões*[T].
Brindeira, (de *brinde* + -*eira*) **1.** *n.f.* Espécie de biscoito de massa doce *(massa-sovada)* que se oferece nos *Bodos*[Fl,T]. **2.** *n.f.* Pequeno pão de trigo, comprido, *de cabeça,* isto é, com uma das pontas dobradas para cima, que era dado às crianças[P]. Tem o nome de *brindeira* por ser dado como brinde.
Brindeirinho pelas almas, *n.m.* Bolos de *massa-sovada* distribuídos pelos pobres após a missa dos funerais[StM].
Brindeiro, (de *brinde* + -*eiro*) **1.** *n.m.* Pão pequeno cozido em casa com os restos da *massa da esfregadura* e que não dá para fazer um pão normal, juntando-se às vezes um pouco de pé-de-torresmo e que se oferece (se brinda, daí o nome) a uma criança[SM]. **2.** *n.m.* O m.q. *escaldada*.
Brindeiro-bento, *n.m.* Nome que se dá em Santa Maria a um minúsculo pão benzido pelo padre durante as festas do Espírito Santo.
Brinzungada, *n.f.* Comida das galinhas[Sj]: – *Nã sei que brinzungada hei-de arranjar pra dar a tanto bico!*
Briosa, *n.f.* Nome dado à vaca de cor avermelhada[SM].
Briqueira, *n.f. Náut.* Aparelho de pesca com dois anzóis; o m.q. *barqueira*[T], sendo sua provável corruptela.
Brisa-da-terra, *n.m.* O m.q. *vento terral*.
Brise, *n.m.* Cortina usada na parte inferior da janela de guilhotina (do fr. *brise-bise*).
Britado, *adj.* Sequioso[C]. Termo empregado na expressão "estar britado", ter muita sede.
Brocha, (do fr. *broche*) **1.** *n.f.* Pincel grosso e redondo, diferente da *trincha* que é mais fina e espalmada[C,F]. **2.** *n.f.* Escova do cabelo (do am. *brush*). **3.** *n.f.* Correia ou

---

458 João Leal – *As Festas do Espírito Santo nos Açores.*
459 P.e Nunes da Rosa – *Pastorais do Mosteiro.*
460 Carlos Enes – *Terra do Bravo.*

corda que na canga prende os dois *canzilhos* por baixo da barbela do boi[T].
Brocha do incenso, *n.f.* O m.q. *garrancho*[C].
Brochadouro, *n.m.* Barbela dos bois (de *brocha* + *-douro*)[SM]. É designação também usada no Minho e Trás-os-Montes.
Brochar, 1. *v.* Cobrir a semente com terra, geralmente com o pé, quando se semeia milho ou batata, tarefa geralmente efectuada por mulheres (ext. de *brochar*, cobrir as folhas do livro com uma capa de papel ou cartolina)[SM]. **2.** *v.* Apertar; afogar [Sj].
Brochedo, (de *brochar* + *-edo*) **1.** *n.m.* Aperto na garganta. Cp.: 'Brochar' ou 'abrochar' é apertar. **2.** *n.m.* Luta[SM]: *[...] cara a cara num brochedo sacudido*[461].
Broco *(ô), adj.* Diz-se do gado com os cornos fechados ou sem cornos; esmochado[T].
Brolho, (corrupt. de *abrolho* por afér.[462]) **1.** *n.m.* Plantinha do ananás antes de ser disposta na estufa[SM]. **2.** *n.m.* Viveiro de ananás[SM]. **3.** *n.m.* Grelo da *batata-branca* – o m.q. *fístula*[SM].
Bronco, *n.m.* Nome de touro que tem os chifres desiguais (do lat. *bruncu-*, pelo cast. *bronco*, grosseiro)[T].
Brotador, *n.m.* O m.q. *batedor* (de *brotar* + *-dor*)[Fl].
Bruito, *adj.* Bruto, sua f. arcaica (séc. XIV: bruyto)[T].
Brumaço, *n.m.* Tempo escuro e húmido (de *bruma* + *-aço*)[Fl,P,SM]; o m.q. *marmaço* e *mormaço*.
Brutaço, *adj.* Atoleimado; ignorante (de *bruto* + *-aço*)[T].
Bruxa, *n.f.* Espécie de feiticeira mas com poderes mais restritos[SM], também chamada *carocha* e *entreaberta* (do lat. *bruxa-*, pelo cast. *bruja*). Borges Martins[463] define-a como *mulher que, através de fórmulas e objectos mágicos, prediz o futuro e desvenda enigmas.* Em S. Miguel para afastar o poder maléfico das bruxas dizia-se: *Coronguena, santa cruz / Mechicanto, / Jeque domenada, / Domenatada / Sabistisanto*[464].
Bruxete, *n.m.* O m.q. briga; rixa[SM].
Bũa, Fem. irreg. de bom, ou – mais concretamente – fem. de *{bum}*[G,T]: *Aí vem a sapateia, / Aí vem a moda bũa, / Quem não canta a sapateia, / Não canta moda nenhũa*[465].
Buana, *n.f.* Adubo químico; o m.q. guano[SM,T]. Em S. Miguel também lhe chamam *sutana*. <u>Nota</u>: 'Guano' é termo oriundo do mesmo termo espanhol, por sua vez oriundo da língua indígena quíchua[466], *wanu*, que significa adubo, esterco.
Buber, *v.* Beber, sua corruptela: *Depois, pegaram a buber vinho! Toda a gente a buber vinho [...]*[467]. Esta labialização do [e] nesta palavra é muito frequente em todo o país.
Buçarda, *n.f.* Acabamento da proa das embarcações, no cimo da roda da proa (do cast. *buzarda*).
Bucharra, *n.f.* Tripa de peixe (de *bucho* + *-arra*)[F]. Var.: *Bicharra.*
Bucheiro, *n.m.* O m.q. *pexeiro*[Sj].
Búchelo, *n.m.* Capacidade de cerca de 35-40 litros (do am. *bushel*)[468].
Bucho, *n.m.* Barriga; estômago. <u>*Recolher a fala ao bucho*</u>: é o m.q. calar-se inopinadamente[T]. <u>*A pá do bucho*</u>: a região epigástrica.
Buei, *int.* Exclamação de espanto e de indignação[G,StM]. Tem uma ligação apertada à interj. de espanto *Bei*, muito usada em Santa Maria.

[461] Manuel Ferreira – *O Morro e o Gigante.*
[462] Abrolho, por sua vez, é a contrac. de 'abre o olho', do lat. *apĕri ocŭlos.*
[463] J. H. Borges Martins – *Crenças Populares da Ilha Terceira I.*
[464] Teófilo Braga – *O Povo Português nos Seus Costumes, Crenças e Tradições.*
[465] Quadra do folclore da Graciosa.
[466] Língua ainda hoje falada nos países da cordilheira dos Andes e que foi a língua mais falada no antigo império inca.
[467] J. H. Borges Martins – *A Justiça da Noite na Ilha Terceira.*
[468] O 'bushel' é a medida de capacidade equivalente a 8 galões, ou seja, 36.348 litros.

Buei credo, *loc. interj.* Exclamação de indignação[Sj]: – *Buei credo! Isso era coisa que se fizesse ao rapaz?!*
Buei, graças a Deus, *loc. Interj.* Exclamação de espanto e indignação[Sj]: – *Buei, graças a Deus, o que le havera de ter acontecido!*
Bufa seca, *n.f.* Ventosidade que sai pelo ânus silenciosamente: *[...} já com cores de bufa seca, amarelinho*[469].
Bufar, *v.* Expirar à superfície das águas emitindo um jacto de água pulverizada, como fazem os cetáceos (da onom. *buf* + *-ar*).
Bufar sangue, *exp. Bal.* Dizia-se da baleia quando era atingida pelas *lançadas*, que lhe penetravam nos pulmões causando abundante hemorragia interna. Quando isso acontecia, era sinal de morte eminente.
Bufo, *n.m.* O jacto de água da respiração da *baleia* (ou de outro cetáceo) quando vem à superfície (deriv. regr. de *bufar*). Os bufos, também chamados *espartos* – do am. *spout* – são jactos de vapor e de gases expelidos pelos cetáceos quando vêm à superfície e fazem a expiração, com 2 ou 3 metros de altura, dirigidos obliquamente para a frente e para a esquerda, podendo ser observados a grande distância. Era pelo *bufo* que os *vigias* e os baleeiros detectavam a *baleia*.
Bugalho, *n.m. fig.* Dinheiro (de *bugalha*, do cast. *bugalla*).
Bugia, 1. *n.f.* Pavio de cera com que se acendem os círios nas igrejas (ext. de *bugia*)[P,T]. **2.** *n.f.* Orifício por onde se despejava as águas de lavagens[Sj].
Bujão, 1. *n.m.* Mentira[SM]. **2.** *n.m.* Superstição[SM].
Bujarrona, *n.f. Bal.* Vela da proa do *bote baleeiro*, controlada pelo remador da proa (do fr. *bujaron*). Tinha que ser arriada momentos antes do *trancador* se erguer para arpoar a baleia.

469 Cristóvão de Aguiar – *Passageiro em Trânsito.*

Bule, (do am. *bull*) **1.** *n.m.* Macho; toiro. **2.** *n.m. Bal.* Baleia macho grande, que depois de derretida chegava a dar 40 barris de 200 litros de óleo.
Bule-bule, *n.m. Bot.* Espécie de gramínea, também chamada no Cont. 'bole-bole'[T]. Nos Açores distinguem-se o *bule-bule grado* (*Brisa máxima*) e o *bule-bule miúdo* (*Brisa minor*)[470].
Bulchetas *(ê), n.m. pl. chul.* Indivíduo insignificante, sem crédito, um 'banana' qualquer (do am. *bullshit*).
Bulo, *n.m. Bal.* Macho do cachalote; o m.q. *bule* (do am. *bull*). O pl. é *bulozinhos*.
Bum, *adj.* Bom, sua corruptela (no sXIII a sua grafia era búú)[Fl,SM,T]. Na Terceira costumam dizer também: <u>*Bum cma bum*</u> e <u>*bum cma milho*</u>, ou seja, muito bom; <u>*Bum com'ó malão*</u> ou <u>*bum c'm'ò bum malão*</u>, o que quer dizer, de excelente qualidade; <u>*Tá bim bum!*</u>: está bem bom!; <u>*Tá bum bastante!*</u>:[471] já chega! <u>*Bum com'é dado!*</u>: muito bom!
Cala-me essa boca, meu irmão, e deixa falar o senhor Chiquinho, que fala muito mais bum [...][472].
Bumba, *interj.* É geralmente usada no final de uma história, com o sentido de 'acabou-se a história' (de orig. onom.)[SM]: *[...] e depois casaram-se e foram muito felizes. Bumba!*
Bumbão, *n.m.* Foguete com três estrondos (corrupt. de *bombão*)[T]: *[...] a companha assim que ouve o bumbão com três bombas, larga-se é tudo a correr*[473]. Na Terceira chama-se *bumbão* aos foguete de 3 estalidos mas noutras ilhas designa um foguete de um só estalido, o *bombão*, também chamado *bomba*.

470 Ruy Telles Palhinha – *Catálogo das Plantas Vasculares dos Açores.*
471 Influência da construção gramatical americana good enougth.
472 Cristóvão de Aguiar – *Raiz Comovida.*
473 Maria Alice Borba Lopes Dias – *Ilha Terceira – Estudo da Linguagem e Etnografia.*

Bumbo, *n.m. Bal.* Retranca da vela do *bote baleeiro* (do am. *boom*).

Bunha, *adj.* Boa, sua corruptela[T]: *[...] quando criei os meus filhos, comia-se era tudo comidas fortes e bunhas*[474].

Buraco, *n.m.* Nome que se dá à abertura circular da viola terceirense, também chamado *boca.*

Buraco da manhã, *n.m.* Manhã cedo, aos primeiros raios de sol[SM].

Buraco de tranca, *n.m. Taur.* Cada uma das aberturas circulares dos tampos laterais do *caixão de embolação* das touradas à corda, pela qual passa a *tranca* (trave cilíndrica de madeira) que se atravessa por cima do cachaço do touro[T].

Burgalhau, *n.m.* Porção de cascalho grosso (lava solidificada); calhaus miúdos e soltos (de *burgalhão* com retomada da term. *-au* de *burgau*)[P,Sj,,SM,T].

Burguete, *n.m.* Garoto; rapazinho[Fl]: – *Ainda és um burguete pra falar em coisas de gente grande!*

Burra do milho, *n.f.* Pirâmide de base quadrangular formada por quatro grossas varas com cerca de 5 a 6 metros (*pernas da burra*) atravessadas a partir de 1,5 metros do chão por outras varas mais delgadas (*travessas*) nas quais são dependurados os molhos de maçarocas de milho ainda com a casca (*cambulhões*) a secar; as bases das pernas são revestidas, até cerca de 1 metro do chão, com folha de flandres para evitar que os ratos trepem. A *burra do milho* é erguida quase sempre perto das moradias dos agricultores, conservando o milho com a casca durante o ano inteiro, sendo característica a presença do cão aninhado debaixo dela – daí a expressão usada para depreciar a mediocridade de um cantor: *Estava bom para ir cantar debaixo de uma burra do milho!*

Burrecas do mato nas Flores

Burreca *(ê), n.f.* Nas Flores dá-se o nome de *burrecas* a múltiplas ondulações do mato cobertas de *musgão* [475]. Esse *musgão* atapeta as ondulações do terreno, dando uma imagem de múltiplas carcundas, umas ao lado das outras – daí o seu nome[476].

Burricego, *adj.* Diz-se do bovino que apresenta defeito na visão (de *burro + cego*)[T].

Burro, 1. *n.m.* Armação de madeira, com o aspecto rudemente semelhante a uma sela de madeira *(sela de cruzetas)*, mas de elementos rectilíneos, sobre a qual se apoia a lenha para serrar[F,Fl]. No Corvo também lhe chamam *cavalo* e, em S. Miguel, *burra* e *chirico.* Na região da Gândara chamavam-lhe 'burra-de-madeira'[477]. **2.** *n.m.* Nome que davam à vela da proa duma pequena embarcação de duas velas[C,F]: *[...] meto-me num chavelho de velhas tábuas com velas triangulares, seguras por duas cordas, uma à proa, que se chama burro*[478]. **3.** *n.m.* Nome que também se dá ao valete, carta de jogar[C,F].

Burro-anão, *n.m.* Burro de pequeno porte, também chamado *granhão*[Sj].

[474] Augusto Gomes – *Cozinha Tradicional da Ilha Terceira* – A Tia Gertrudes ensina-nos a fazer uma açorda.

[475] *Musgão:* Designação dada a formações de musgo de várias espécies do género *Sphagnum.*

[476] Burreca era designação antiga de carcunda.

[477] Idalécio Cação – *Glossário de Termos Gandarezes.*

Busanco, *n.m.* O m.q. *busano*[SM].
Busano, 1. *n.m.* Crustáceo cientificamente denominado *Lepas anatifera,* no Cont. chamado 'percebe' ou 'perceve'. **2.** *n.m. fig.* O m.q. "caruncho", a velhice: – *Pois que há-de ser? O busano da velhice... Já não tem tafulho...*[479].
Buscar o Senhor Esprito Santo, *exp.* Buscar a *Coroa* do Espírito Santo e as Bandeiras onde estão nesse momento, para os levar para outro lugar, geralmente acompanhados pelos cânticos dos Foliões[F].
Bute, *n.m.* Bota (do ingl. *boot)*[F].
Buxeiro, *n.m. Náut.* O m.q. *pexeiro* (de *buxo + -eiro)*[Fl,Sj]. Nota: Os cabos de muitos destes auxiliares de pesca de peixes de maiores dimensões eram feitos de varas de buxo (*Buxus sempervirens*).
Buzana, (cont. de *trabuzana)* **1.** *n.f.* Velocidade[T]. **2.** *n.f. fig.* Bebedeira, mas daquelas de 'caixão à cova'[F].
Buzão, *n.m.* O m.q. caramujo, *buzareco* e *búzio-flamengo*[SM]: *O fundo, verde como uma bóia velha, está coberto de buzão e de outros moluscos*[480].
Buzareco, *n.m.* O m.q. *Búzio-flamengo.*
Buzicaco, *n.m.* O m.q. *Búzio-flamengo*[P].
Buzil, 1. *n.m.* Remoinho de água[C]. **2.** *n.m.* O m.q. *fuzil*[C].
Buzina-de-cana, *n.f.* O m.q. *Num-num* e *gaitinha*[T]. Ver *Num-num.*
Búzio-flamengo, *n.m.* Pequeno búzio[F], conhecido popularmente no Cont. pelo nome de 'burrié', de nome científico *Littorina striata.* No Pico chamam-lhe *buzicaco.* Também é chamado *buzareco.*

---

478 Raul Brandão – *As Ilhas Desconhecidas.*
479 João Ilhéu – *Gente do Monte.*
480 Joseph e Henry Bullar – *Um Inverno nos Açores.*

C

C'a, 1. *exp.* *Com a*: – *Home isso já foi há tanto ano, havera de estar c'a tua idade.* Como em toda a parte, esta ectlipse é muito frequente nos Açores. **2.** *exp.* Do que[F,Fl]: – *Madalena é más perfeita c'a irmã mai' nova!*
Cabante feito, *exp.* Definitivamente concluído (cabante: aférese de *acabante*)[Sj].
C'má folha do almo, *exp.* Inconstante[F]; que muda de opinião constantemente, tal como a folha do álamo ao sabor do vento.
C'o, Com o: – *C'o governo cma está nã vejo qu'isto vá pra milhó!* Esta ectlipse é muito frequente em todas as ilhas.
Cá-agora, *loc. interjec.* O m.q. agora cá: – *Cá-agora! Ele era lá capaz de fazer uma coisa dessas?!*
Cá, *conj.* Do que: – *Tu não és milhó cá mim!*
Cabaça, (do quimb. *ka'basu*) **1.** *n.f.* Brinco de orelha[T]. **2.** *n.f.* Fruto da *Lagenaria vulgaris*, usado antigamente, depois de seco e retirado o miolo, para o transporte de leite[C,Sj,T]: *De cajado ao ombro, donde pendem as cabaças de bojo cheio, lá volta êle com a colheita da manhã*[481]. **3.** *n.f.* O m.q. cotovia (*Alauda arvensis*)[SM]. **4.** *n.f.* Pião maior que a *piorra*[SM].
Cabaça-baleia, *n.f.* Cabaça de gargalo comprido, antigamente utilizada para o transporte de líquidos[C].
Cabaço, (do quimb. *ka'basu*) **1.** *n.m.* Virgindade: *tirou-lhe o cabaço; perdeu o cabaço.* **2.** *n.m.* Pessoa fisicamente deformada[SM]. Dar o cabaço: facto de uma rapariga rejeitar o namoro de um rapaz[T].
Cabaçudo, (de *cabaça* + *-udo*) **1.** *adj.* Que tem a forma de cabaça. **2.** *adj.* Diz-se do indivíduo com a cara grande e redonda.
Cabala, *n.f.* Latrina; retrete[SM].
Cabandela, *n.f.* O m.q. cambalhota (corrupt. de *cambadela* por metátese)[SM].
Cabante, *adv.* Acabante; no fim: *Ó cabante de*: ao fim de[Fl].
Cabeça, (do lat. *capitŭa*, por *caput, -ĭtis*, cabeça) **1.** *n.f.* Pedra que é colocada nos cantos das casas para tornar a construção mais sólida[Fl]. **2.** *n.m.* Indivíduo que está à frente de cada Irmandade do Espírito Santo, sendo escolhido pelo povo, com critérios que variam de local para local, também chamado *Cabeça de Irmandade* e *Cabeçante*[F,Sj]. **3.** *n.f.* O m.q. pírtigo, a parte mais curta do malho, no Cont. também chamado mango. **4.** *n.f.* O m.q. *travessa*,. falando da grade da lavoura. **5.** *n.f.* O m.q. *capeluda* 2. **6.** *n.m. fig* Dirigente: *Eu ouvi que um dos cabeças dessa esborralhada era o José da Tia Ana*[482].
Cabeça com cabeça, *exp. Bal.* Dizia-se da proa do bote baleeiro virada para a cabeça da baleia (influência do am. *head and head*).
Cabeça da dança, *n.* Organizador da *dança de Entrudo*[T].

---

481 Armando Narciso – *Terra Açoreana.*

482 J. H. Borges Martins – *A Justiça da Noite na Ilha Terceira.*

Cabeça-da-folia, *n.m.* Aquele que canta em primeiro lugar os versos que são repetidos pelos Foliões[C,F,T]. Na Graciosa é chamado *Mestre-da-folia.*

Cabeça de abobra, 1. *loc. adj.* Adjectivação de pessoa pouco inteligente[F]. **2.** *loc. adj.* Adjectivação de pessoa chocalheira, tagarela[T].

Cabeça de abrótea, 1. s. *Apelido* do indivíduo de cabeça grande e redonda. **2.** s. Pessoa de fraca inteligência.

Cabeça de cigarros, *n.f.* Pacote com 10 maços de cigarros: *[...] o cigano deixou de insistir e perguntou a mestre agueiro se não estaria interessado numa cabeça de cigarros americanos*[483].

Cabeça de companha, *n.m.* Mestre de uma das *lanchas da baleia,* geralmente a mais rápida, que tinha autoridade sobre as outras lanchas e botes da mesma empresa[F].

Cabeça de fruta, *n.m.* Nos tempos da cultura intensiva da laranja em S. Miguel, chamavam *cabeças de fruta* aos homens especializados na avaliação e no negócio da laranja das quintas, quer por parte do patrão quer por parte do comprador.

Cabeça de peloiro, *n.m.* Nome que antigamente se dava ao Mordomo do Espírito Santo[Sj].

Cabeça dos cãezilhos, *n.f.* Parte do *canzil* que ultrapassa a canga, em cima, no carro de bois[Fl].

Cabeçada, (de *cabeça* + *-ada*) **1.** *n.f.* Crosta de nata que fica a sobrenadar e se junta à superfície do leite em repouso numa vasilha; também se chama *cabeçalho;* o m.q. *laço*[Sj,T]. **2.** *n.f.* Parte da corda que passa pelos cornos do gado para o prender[F]. **4.** *n.f.* Corda que passa pelo focinho do burro ou do cavalo e onde se prendem as linhas. **5.** *n.f.* O m.q. requeijão[Sj].

Cabeçal, *n.m.* Travesseiro roliço usado nas camas de estado (de *cabeça* + *-al*)[Sj,T].

Cabeçalho, (de *cabeça* + *-alho*) **1.** *n.m.* Parte do pião onde se prende a corda[T]. **2.** *n.m.* O m.q. *cabeçada.* **3.** *n.m.* Prolongamento do leito do carro de bois onde alinham os bois e, na ponta, assenta a canga.

Cabeçalinha, *n.f.* Almofada da cama[T].

Cabeçante, *n.m.* Nome que em alguma freguesias das Flores se dá ao *Cabeça* do Espírito Santo.

Cabeção, *n.m.* O m.q. *cabeçada* 4 (de *cabeça* + *-ão*)[Fl].

Cabeceante, *n.m.* O m.q. *cabeça,* falando das festas do Espírito Santo.

Cabeceira, *n.f.* O m.q. *testo,* falando na *grade de arar* (de *cabeça* + *-eira*).

Cabecilha, *n.m.* Aquele que comandava o grupo da *Justiça da Noite* (do cast. *cabecilla*): *[...] o elemento principal do grupo – o 'cabecilha' – representava o papel de juiz de causas nobres*[484].

Cabecinha, *n.f.* Nome que os baleeiros davam à enorme cabeça do cachalote[P]: *O trancador [...] encarrapitado no alto do monstro, solenemente lhe começa a talhar o bestunto, a colossal cabeça – a cabecinha, como eles lhe chamam!*[485].

Cabeço, (do lat. *capitĭu-*) **1.** *n.m.* Nome dado a um cone resultante das erupções vulcânicas. Na Ilha do Pico dá-se o nome de *cabeços* aos cones que rodeiam o Pico Grande, também chamados *cabeços de bagacina.* No Faial também dão de preferência o nome de *cabeços* àquilo que, nas outras ilhas, se chamam picos[486]. **2.** *n.m.* Bandeira ou pendão do milho[SM]; o m.q. *espiga-de-milho, galho, ponta e troço.* **3.** *n.m.* O m.q. *laredo*[C]. **4.** *n.m.* *Náut.* Emenda que antigamente era feita na parte de cima dos braços gastos das embarcações de boca aberta, destinado a amarrar os cabos.

Cabedal, *n.m.* Grande quantidade (do lat. *capitālis,* principal): *cabedal de gente, cabedal de porcos.*

---

483 Cristóvão de Aguiar – *Raiz Comovida.*

484 J. H. Borges Martins – *A Justiça da Noite na Ilha Terceira.*

485 M. M. Sarmento Rodrigues – *Ancoradouros das Ilhas dos Açores.*

486 José Agostinho – *Nomenclatura Geográfica das Ilhas dos Açores.*

Cabedulho, *n.m.* Extremidade, termo de uma leira[SM,T]. Termo vindo do Alentejo onde ainda aí se usa.

Cabelaria, *n.f.* O m.q. barbearia[Fl], se calhar, com toda a razão – hoje em dia, já são poucos os barbeiros que querem fazer a barba (de *cabelo* + *-aria*).

Cabeleirotas, às, *loc.* O m.q. às cavalitas[SM].

Cabelinho, 1. *n.m.* Variedade de feto de grande porte, também chamado *cabelinho-do-mato* e *feto-de-cabelinho*, cientificamente denominado *Culcita macrocarpa*, presente em todas as ilhas excepto na Graciosa[487]. **2.** *n.m.* Apêndices sedosos do rizoma do *feto-de-cabelinho*[P,T].

Cabelo, *n.m.* Pragana da espiga do milho[C].

Cabesteira, *n.f. Náut.* Lado menor do rectângulo das redes de pesca[T].

Cabidado, *adj.* Castigado; punido (part. pas. de *{cabidar}*).

Cabidar, *v.* Castigar; corrigir, repreender.

Cabidela, *n.f.* Cabida; cabimento (de *caber* + *-dela*): – *Isso nã tem cabidela nesta cunversa!*

Cabina, *n.f.* Abrigo; pousada (do am. *cabin*).

Desenho de Maria João Barcelos

[487] Paulo A. V. Borges e col. – *Listagem da Fauna e Flora Terrestre dos Açores.*

Cabo da roda, *n.m.* Corda que passa pela ponta das quatro grades do moinho de vento, segurando-o[Fl].

Çabola, *n.f. Bot.* Cebola, sua corruptela: *A çabola faz chorar, / Mas não é cá neste dia, / De comer inté fartar, / De beber, e de folia!*[488]. **2.** *n.f. fig.* Pateta; coisa que não presta – emprega-se muitas vezes em relação ao relógio: – *Aqui cheira-me a çabola!*

Çabolinho, *n.m.* O m.q. *çabolim*. Adágio de S. Jorge: *Por S. Martinho, sameia o çabolinho.*

Cabouca, 1. *n.f.* Pote bojudo de barro, sem asa nem gargalo, utilizado para salgar carne de porco[Fl,T]: *[...] se queres ser rico vai a tal lugar, atrás do Pico, assim e assim, que tem lá enterradas três caboucas cheias de dinheiro*[489]. Na Terceira também se chama *cabouco*. **2.** *n.f.* Recipiente de barro com que, em Santa Maria, se transportam as sopas do Espírito Santo[490].

Cabouco, (alt. de *cavouco*) **1.** *n.m.* Depressão de terreno entre duas colinas[F]. **2.** *n.m.* O m.q. *cabouca*[T]. **3.** *n.m.* Espaço interior do moinho onde está colocado o rodízio e por onde sai a água para o tanque que a conduz para o moinho seguinte[SM].

Caboz-de-crista, *n.m.* Pequeno peixe com uma espécie de crista por cima da cabeça, logo atrás dos olhos, cientificamente chamado *Coryphoblennius galerita.*

Caboz-gigante, *n.m.* Variedade de caboz que chega a atingir perto dos 30 cm, daí o seu nome, cientificamente denominado *Lipophrys pholis.*

Cabra, *n.f.* Peixe presente nas águas dos Açores *(Trachinotus ovatus)*, também chamado *Plombeta* e *Prombeta.*

Cabrão, *n.m.* Nas Flores, na Terceira, e certamente noutras ilhas, é homem casado que trai a mulher (de *cabro* + *-ão*).

[488] Luís Bernardo Leite de Ataíde – *Etnografia Arte e Vida Antiga dos Açores.*

[489] J. H. Borges Martins – *Crenças Populares da Ilha Terceira II.*

[490] João Leal – *As Festas do Espírito Santo nos Açores.*

Tem um significado rigorosamente contrário ao que se usa no Cont., onde cabrão é marido enganado.

Cabre, (corrupt. de *calabre* por síncope) **1.** *n.m.* Corda grossa[T]. **2.** *n.m.* Coque; pancada na cabeça[P].

Cabreiro, *adj. deprec.* Alcunha do habitante da Ilha de S. Jorge, pelo facto de essa ilha ter antigamente muitas cabras bravas nas *rochas* (do lat. *caprarĭu-*).

Cabrejona, *n.f.* Mulher leviana (de *cabrejar + -ona*)[SM].

Cabriola, *n.f.* Salto muito grande (do lat. *capreŏlu*, pelo fr. *cabriole*)[SM].

Cabrita, (de *cabrito*) **1.** *n.f.* Peça da serra braçal por onde se agarra[SM]. **2.** *n.f.* O m.q. *galheta* 1. **3.** *n.f.* Mulher de má índole.

Cabrito, (do lat. *caprītu-,*) **1.** *n.m.* Cada uma das hastes que seguram os *liços* no tear. **2.** *n.m. pl.* O m.q. *camelos, carneiros* e *ovelhas*[SM]: *[...] ao chegar à Calheta, vi o mar escuro, ondulado com salpiques de cabritos lá por fora*[491].

Caçadeira, (de *caçar + -deira*) *n.f.* **1.** Travessa de madeira forte, no interior das traineiras e de algumas lanchas mais pequenas, onde o *alinhavão* dá uma série de voltas, para que o peixe, ao morder a isca, não leve a corda[Fl]. **2.** *n.f.* Dispositivo de metal à proa das embarcações para segurar o pano[Fl]. **3.** *n.f. Bal.* Peça de madeira rija saliente que existe em ambos os bordos do leito da proa do *bote baleeiro* destinada a recolher a linha, depois do cachalote ser arpoado[F].

Cação, (do cast. *cazon*) *n.m.* Além do nome do respectivo peixe, poderá significar: *fig.* Mulher de má índole[F]; mulher magra, mas de proporções avantajadas[T]. Também se dá este nome a uma criança irrequieta e perturbadora da paz[492]. *Magro como um cação*: extremamente magro.

Caçapelo, *n.m.* Corrida aos saltos e num só pé (de *caçapo + -elo*)[Fl].

Caçapo, *n.m.* Coelho pequeno (do ár. *qasáb*, idem)[T]. Usado no Alentejo com o mesmo significado.

Cacete *(cê)*, (tv. de *caço + -ete*) **1.** *n.m. deprec.* Maçador; maldito; malvado[F]: *Ó cacete, s'ei t'apanho vais ganir a sério!!* **2.** *n.m.* O m.q. *porrete*[Sj].

Cachaça, (do cast. *cachaza*) **1.** *n.m. fig.* Homem que se embebeda frequentemente[T]. **2.** *n.m.* Alcunha de indivíduo de pescoço largo e gordo[T].

Cachaço, *n.m.* O m.q. porco de cobrição; varrão (do port. ant. *cacho*, pescoço, + *-aço*)[F].

Cachada, *n.f.* Cachos em grande quantidade (de *cacho + -ada*): *O primeiro ano deu cachada; / Só galhos tiveram no segundo [...]*[493].

Cachalote, *n.m.* Alcunha atribuída ao natural do Pico, pelos muitos cachalotes nessa ilha apanhados.

Cachão do mar, *n.m.* O m.q. *cacheio do mar*[Sj,SM].

Cacheio do mar, *n.m.*. Ondulação do mar (cacheio, de *cacho*)[Fl]. No Brasil usa-se o termo 'cacheado', que significa encrespado, ondulado, que forma ondas.

Cacheiro, *n.m.* Bordão; cajado (de *cachar + -eiro*)[Sj]. No Cont. é usado no feminino, 'cacheira'.

Cachimbre, *n.m.* Dobradiça grande de porta ou de portão (corrupt. de *cachimbo*)[Fl].

Cachiné, *n.m.* Lenço de malha de lã para cobrir a cabeça, a boca e o pescoço, orlado de franjas do mesmo fio (do fr. *cache-nez*)[T].

Cachoada, *n.f.* O m.q. *cacheio do mar* (de *cacho + -ada*)[SM].

Cacho da espiga, *n.f.* O m.q. bandeira do milho[Fl].

Cachola, *n.f.* O m.q. mareta (de *cacho + -ola*)[F].

---

491 Luís Bernardo Leite de Ataíde – *Etnografia Arte e Vida Antiga dos Açores.*

492 O cação é um peixe que muitas vezes perturba os pescadores, vindo abocanhar o peixe ao ser pescado, daí a analogia.

493 Do *Vilão de Mártires da Germânia*, Comédia de autor desconhecido.

Cacholeta, *n.f.* Palmada no pescoço; *caldoço* (de *cachola* + *-eta*)[StM].
Cachopa, *n.f.* O m.q. hortênsia *(Hydrangea macrophylla)*[Sj].
Cachorra *(ô)*, *n.f.* O m.q. *bonito* e *pexona (Katswonus pelamis)*[P].
Cachorreta, *n.f.* Nome que nalgumas ilhas se dá ao *patudo* (*Thunnus obesus*), quando não atinge os 20 kg.
Cachorro, 1. *n.m.* Pedra saliente num dos lados de uma parede para indicar que não é comum. **2.** *n.m.* Bilro de pedra colocado nas extremidades das ruas para vedar o acesso[T]. **3.** *n.m.* Alavanca interfixa que pousa uma extremidade na mó girante dos moinhos e se prende pela outra à calha, fazendo-a oscilar, para o milho ir caindo; m.q. *batedor*[T].
Caçoada, *n.f.* Dito engraçado; graça; troça (part. pas. fem. subst. de *caçoar*). Não sendo usado nalgumas ilhas, é extremamente frequente na Terceira: – *Héme! O senhor Joãosinho nã queira fazer caçoada do pobre calafate...*[494].
Caçoeira, *n.f.* Parte da porta ou da janela na qual se prendem as dobradiças (corrupt. de *coiceira*)[SM].
Caçoilha, (do cast. *cazuela*) **1.** *n.f.* Caçarola pequena; caçoila, sua corruptela. Dá o nome a: **2.** *n.f.* Espécie de guisado feito para o *jantar* do *dia da matança*[495].
Caçolha (ô), *n.f.* Rapariga de má índole[T].
Caçoula, (do cast. *cazuela*) **1.** *n.f.* O m.q. *caçoilha*[SM]. **2.** *s.* Pessoa irrequieta, geralmente tratando-se de crianças[SM]: – *Estes caçoulas nã param quietos mei minuto!*
Caculo, (do quimb. *kakulu*) **1.** *n.m.* Parte mais alta da cabeça[F]. Também se diz de qualquer medida bem cheia, *em caculo* ou bem *acaculada*. **2.** *n.m.* Amontoado de coisas. *Em caculo*: ao monte[T].
Cada um, O m.q. cada: *Cada um peixe qu'apanhei tinha más de 3 quilhos; tenho uma semana de folga em cada um mês*. É uma construção arcaica ainda aqui presente. Ouve-se também actualmente no Algarve.
Cada vez que mija dá uma sentença, *exp.* Diz-se do indivíduo inconstante nas ideias que transparece[F].
Cadafalso, *n.m.* O m.q. *copeira* e *triato* (do lat. vulg. *catafalsu-*)[SJ,P,Fl].
Cadastre, *n.m.* Peça da popa das lanchas onde se prende o eixo do leme (corrupt. de *cadaste* por epêntese)[F].
Cadávele, 1. *n.m.* Cadáver, sua corruptela, também pronunciado *cadável* e *cadávre*[T]. O *cadávele da baleia* era a *baleia* já morta. **2.** *n.m. fig.* Corpo: *Os domingos feitos para a folia e o descanço do cadável*[496].
Cá'de *exp.* O m.q. que é do; onde está o: *[...] quando se porcata, não vêem os carros atrás 'e cade os carros, e cade os carros, e cade os carros e nada dos carros aparecerem*[497].
Cadeão, *n.m.* Franja larga em cortinados ou colchas[SM].
Cadeia, *n.f.* Uma das *marcas* das *Danças de Entrudo* da Terceira.
Cadeirado, *n.m.* Conjunto das costelas (de *cadeira* + *-ado*)[T].
Cadeiras, *n.f. pl.* Quadris e ancas; região lombar: – *Estive a amassar pão e doem-me imenso as cadeiras, 'tou escadeirada!* Note-se que nos Açores também é aplicado aos animais.
Cadelo, *adj.* Mau, *rofe*, falando do tempo (ext. de *cadelo*, velhaco): *Prefiro ir a pé, ou de bicicleta [...] E na camioneta da carreira, se o tempo anda cadelo*[498].
Cadino, *adj.* Traquina; travesso (corrupt. de *cadimo*, do ár. *qadímu*)[Sj].
Cado, *n.m. Náut.* Parte arredondada do remo, furada no centro para se introduzir no *tolete* e apoiar o remo na embarcação[F].
Caetano, *n.m.* Maldito; malvado: – *Ó caetano sai-me daqui pra fora e deixa-me im paz!!*

494 João Ilhéu – *Gente do Monte*.
495 Antigamente, em S. Miguel, a caçoilha era saboreada pela primeira vez no almoço do dia de Páscoa (Leite de Ataíde).
496 Vitorino Nemésio – *Paço do Milhafre*.
497 J. H. Borges Martins – *Crenças Populares da Ilha Terceira I*.
498 Cristóvão de Aguiar – *Um Grito em Chamas*.

Cãezelho, *n.m.* O m.q. canzil[Fl].
Cafanha, *adj.* O m.q. fanhoso[T]: – *O cafanha de Joaquim Sales, teimoso que nim um porco, sempre na sua nha, nha, nha!*
Cafanhoto, *n.m.* Gafanhoto, sua corruptela[Sj]. Nota: Gafanhoto é termo derivado de *gafa* – uma espécie de gancho usado para puxar os animais, por analogia com as suas patas –, em derivação incomum.
Cafarrão, *n.m.* Dente grande e mal posicionado, geralmente incisivo superior[StM]: *[...] duma maneira geral todos os dentes consideravelmente longos de pessoas ou animais são chamados "cafarrões"*[499].
Café de mistura, *n.m.* Café feito a partir da mistura de café puro, cevada e, nalguns casos, chicória.
Café negro, *n.m.* Café sem leite[F].
Café puro, *n.m.* Café feito apenas com o grão do café torrado e moído, sem adição de cevada ou de chicória[F].
Cafralhão, (de *{cafre}* + *-alhão*) **1.** *n.m.* Coisa sem utilidade[SM]. **2.** *n.m.* Pessoa sem valor[SM].
Çaflor, *n.f.* O m.q. açafroa, também chamada 'açafrão-bastardo' (*Carthamus tinctorius*)[SM].
Cafre, 1. *n.m. Bal.* Cria do cachalote; cachalote com menos de oito metros (do am. *calf*): *Era um cafre novinho de três metros que no sangue da mãe se confundia, como querendo prestar-lhe algum auxílio*[500]. **2.** *s.* Pessoa de baixos sentimentos; pessoa rude (do ár. *kāfr*, infiel)[SM].
No Continente é frequente o povo empregar o nome de outros povos como uma injúria. Neste caso 'cafre', derivado dos *cafres*, povo negro, não muçulmano, originário e habitante da Cafraria – vasta região do Sul de África –, a que correspondem actualmente os Zulos, os Pondos e os Khosas, também é usado com o pejorativo sentido de pessoa bárbara, comilona, ignorante, malvada, perversa...

Cafua (L. de Ataíde)

Cafua, (de orig. obsc.) **1.** *n.f.* Gruta natural aberta na rocha; furna[T]. **2.** *n.f.* Em S. Miguel significa casa coberta de colmo que serve de abrigo aos pastores[501]. *A casa dos primeiros povoadores, descrita por Gaspar Frutuoso, a rudimentar cafua coberta de palha e feno*[502]. Nos Altares (Terceira) também lhe chamavam *caparito*, nome, aliás, também usado em S. Jorge. **3.** *n.f.* Pequeno *cafuão* de milho; o m.q. *barraca*[SM]. **4.** *n.f. fig.* Casa velha e pobre; casebre[T]. **5.** *n.f.* Casa muito pequena e metida num canto escondido[C]. **6.** *n.f.* Pessoa avarenta[T]. **7.** *n.f.* Palheiro[T]. **7.** *n.f.* Nome que na Terceira se dá à parte de cima das *chaminés de mãos postas*, feita de telhas ou tijolos engaiolados no seu topo para impedir que e chuva entre na casa. **8.** *n.f.* Cubículo escuro[Sj].
Cafuão, (de *cafua* + *-ão*) **1.** *n.m.* Construção coberta de colmo onde se secava o milho e servia de arrumo para alfaias agrícolas[SM]. **2.** *n.m. fig.* Pessoa grande e desajeitada[SM].
Cafuga, (epênt. de *cafua*) **1.** *n.f.* O m.q. *cafua*; pequena furna na rocha ou no chão. No Brasil utilizam o termo 'cafuca' com o significado de cova de carvão de madeira.

---

[499] Arsénio Puim (Jornal *O Baluarte de Santa Maria*, Julho de 1985).
[500] Luís Bernardo Leite de Ataíde – *Etnografia Arte e Vida Antiga dos Açores*.
[501] Já Gaspar Frutuoso em *Saudades da Terra* fala em *cafuas* para abrigo para abrigo dos pastores.
[502] Luís Bernardo Leite de Ataíde Etnografia, Arte e Vida Antiga nos Açores.

2. *n.f. fig.* Pessoa sem palavra; aldrabão[SM].
Cafugão, *n.m.* O m.q. *cafuão* (epênt. de *cafuão*)[SM]. Var.: *cafugã.*
Çaga, *n.f.* Perseguição. Ir à çaga é ir atrás, ir à procura[P,T]: – *Andou todo o dia à çaga do pintor e nunca o encontrou!*
Cagadiça, *adj.* Diz-se da batata miúda que nasce ao acaso, sem ser plantada (de *cagada* + *-iça*)[SM].
Cagado, *adj. fig.* Medroso; assustadiço (part. pas. de *cagar*): – *Aquele rapaz é um cagado, nã tem coarage pra nada!*
Cagalhoto, *n.m.* O m.q. cagalhão[SM].
Caga-na-saquinha, *n.* Indivíduo sem importância, insignificante[T].
Cagança, *n.f.* Prosápia (de *cagar* + *-ança*): – *Tanta cagança pra tã pouca amostrage!*
Cagançoso, adj. Cagarola, medroso; temeroso (de *cagança* + *-oso*)[F].
Caganifância, *n.f.* Pormenor exagerado; tolice[T]: – *Pôs-se prá li a falar com tanta caganifância que ninguém intindeu patavina!*
Caganita de vintém, 1. *n.f.* Quantidade insignificante[T]. **2.***s. fig.* Pessoa muito pequenina.
Cagão, *n.m.* Semente do rícino (de *cagar* + *-ão*)[SM]. Nota: O óleo da semente de rícino produz uma diarreia abundante se ingerido em quantidade suficiente.
Cagar fardotes, *exp.* Gabarolar-se[T].
Cagar lampanas, *exp.* Dizer mentiras[Sj]. 'Lampana', em linguagem popular, tanto no Continente como na Galiza, significa mentira.
Cagar na saquinha, *exp.* Acagaçar-se; ficar cheio de medo[T].

Toca típica de cagarra na rocha (Flores)

Cagarra, *n.f.* Ave nocturna, palmípede, cientificamente denominada *Calonectris diomedea*, com cerca de 50 cm de comprimento medido do bico à cauda, muito abundante nas ilhas e que se alimenta de peixe, sendo muito parecida com a gaivota mas com um bico mais encurvado e uma tonalidade mais escura das penas. Permanece nas ilhas desde Março a Outubro para a sua reprodução[503], pondo um só ovo que é incubado alternadamente pelo macho e pela fêmea[504]. As cagarras vivem cerca de 40 anos e são muito fieis, formando uniões para toda a vida. No Cont. é também chamada *argau* e no Faial *marreca.*
Cagarrinho, *n.m.* Variedade de biscoito da ilha de Santa Maria, também chamado biscoito de orelha: *Os biscoitos de orelha, os cagarrinhos / Como nas ilhas conhecidos são [...]*[505]. *Estes biscoitos [...] são, digamos assim, o Ex-Libris da doçaria de Santa Maria*[506].
Cagarro, (de *cag(a)-* + *-arro*) **1.** *n.m.* O m.q. *cagarra* (*Calonectris diomedea*)[507]. **2.** *n.m.* Alcunha que se dá ao natural de Santa Maria, pela grande quantidade de cagarras que lá habitam e que, nos tempos antigos de grande miséria, era aproveitada para a alimentação: *[...] faziam nos campos fogueiras de noite, e, vindo eles como encandeados com o lume cair sobre elas, os tomavam com paus às trochadas, enchendo assim sacos deles, de que faziam muita graxa, e outros escalavam e punham a secar como pescado,*

---

[503] Metade da população mundial de cagarras nidifica nas ilhas dos Açores, cerca de duzentos mil casais.
[504] Para além dos Açores, esta ave nidifica também na Madeira, Berlengas e Canárias.
[505] P.e Serafim de Chaves – *Império – Função do Divino Espírito Santo na Ilha de Santa Maria – Açores* in *Cozinha Tradicional da Ilha de Santa Maria.*
[506] Augusto Gomes – *Cozinha Tradicional de Santa Maria.*
[507] O nome mais frequentemente usado nos Açores é *cagarra*, no fem., mas ouve-se às vezes chamar-se-lhe *cagarro.*

para depois comerem[508]. Dos *cagarros* aproveitavam também as penas para encher almofadas e colchões.

Caguei-te Mariano, *loc. interjec.* Expressão muito usada em S. Miguel quando uma coisa não bate certa, com um sentido aproximadamente de 'que se lixe', 'é para esquecer': – *Home tu pensas que eu vou-me chatear cum isso? Caguei-te Mariano!* É expressão que também, em analogia com o *Corisco mal amanhado,* nas outras ilhas se tenta achincalhar os de S. Miguel, ao mesmo tempo que se lhe tenta emitar a pronúncia.

Cagufa, *n.f.* Medo (do v. *cagar*): *Se o meu pai o puser a ordenhar vacas, passa-lhe logo a cagufa*[509]. Sendo também muito frequente no calão de todo o país não vem registado nas obras consultadas. Afonso Praça regista-o no *Novo Dicionário de Calão* com a grafia 'cagunfa' e Moisés Pires (Miranda do Douro) com a grafia 'caguça'.

Caiaço, *n.m.* O m.q. leite de cal (de *caiar* + *-aço*)[T].

Caiar, *v.* Por todo o lado é pincelar com cal. No Pico, como refere Lacerda Machado, é praticar na construção civil o emboço e o reboco, nunca se referindo ao acto de pincelar, que aí toma esse nome.

Cãiba, *n.f.* Cada um dos segmentos laterais da roda do carro de bois[SM]. Var.: *Caiba*[T].

Cãibo, *n.m. pl.* O m.q. *cambeiro*[Sj]: *Deus dá cãibos / a quem não tem toicinho*[510].

Cãiga, 1. *n.f.* Canga, sua corruptela[F]. **2.** *n.f.* Nome que se dava a dois anzóis empatados em arame amarelo fino, com que se pescava aos congros e moreias.

Caim, *n.m.* Aten. de Diabo[Sj,SM]. **2.** *n.m.* Homem mau.

Caimbo, *n.m. Sinal* de marcação do gado.

[508] Gaspar Frutuoso – *Saudades da Terra.*

[509] Carlos Enes – *Terra do Bravo.*

[510] Armando Cortes-Rodrigues – *Adagiário Popular Açoriano.*

Caiota, *n.f. Bot.* Nome vulgar do fruto da planta trepadora da Família das Cucurbitáceas, tribo das siciodeas, cientificamente denominada *Sechium edulis,* conhecida no Brasil e em grande parte de Portugal continental pelo nome de 'chuchu', na Madeira por 'pimpinela' (do nauatle *cayotli*). Em S. Miguel também se chama *Alcaiota* e *Caioca* e no Faial *Carieta.*

Caipora, (do tupi *kaa'pora,* formado por *ka'a* 'mato' + *pora* 'habitante') **1.** *adj.* De qualidade inferior; reles. *Sorte caipora!:* que pouca sorte!, sorte maldita![SM] **2.** *adj.* Infeliz[SM]. *[...] agora não há outro jeito senão sofrer de boca calada esta caipora de vida enquanto Nosso Senhor o permitir*[511]. Nota: Caipora é termo trazido para os Açores pelos emigrantes do Brasil, onde era nome de divindade malévola dos selvagens. Na linguagem vulgar do Rio de Janeiro, 'caiporismo' significa infelicidade.

Cair da burra abaixo, *exp.* Acabar de compreender uma coisa; o m.q. 'cair em si'[T].

Cair, *v.* Soar, falando das horas: *Já lá vão caindo as dez!*

Cair na ideia, *exp.* Lembrar-se[SM]: – *Nã me cai na ideia o ano em qu'ele foi pr'Amerca!*

Cair no juízo, *exp.* O m.q. *cair na ideia*[SM].

Caise, 1. *n.m. Bal.* Cavidade da cabeça da *baleia* que guarda o espermacete (do am. *case*). **2.** *adv.* Quase, sua f. antiga: *Era caise sempre di noite, mais sempre dobaixo d'ũa clar'idadezinha [...]*[512].

Caixa, (do lat. *capsa-,* pelo cat. *caixa*) **1.** *n.f.* Espécie de baú, mais tosco, destinado a guardar roupa[F]. As caixas melhores eram feitas de madeira de cedro (*Juniperus brevifolia*), hoje espécie protegida. **2.** *n.f. Bal.* Parte anterior do arpão-da-baleia que se articula com o *canelo* e se abre depois do acto de *trancar* quando se parte o *pinho.*

Caixa de açúcar, *n.f.* Variedade de madeira exótica com que se faziam arcas,

[511] Cristóvão de Aguiar – *Raiz Comovida.*

[512] Vitorino Nemésio – *Mau Tempo no Canal.*

mobílias e partes da *viola da terra*, assim chamada pelo facto de ser aproveitada das caixas que transportavam o açúcar de cana que antigamente vinha do Brasil[T].

Caixa de água, *n.f.* Depósito de água construído junto às habitações rurais, formado por grandes lajes de pedra aparelhada, assente num embasamento de alvenaria de pedra à vista ou de pedra também aparelhada[T].

Caixa d'óculos, *n.* Nome que se dá a quem usa óculos muito fortes; o m.q. *oculista*.

Caixa do lar, *n.f.* Pequeno compartimento anexo à cozinha, onde se acende o lume e por onde se acede ao forno, existente em todas as casas tradicionais de Santa Maria[513].

Caixa do peito, *n.f.* O m.q. tórax: *Uma noite, altas horas, acordou, o coração desenfreado cavalgando-lhe na caixa do peito*[514].

Caixão, (de *caixa* + *-ão*) **1.** *n.m.* Espécie de jaula robusta de madeira onde é transportado o touro[T]. LSR[515] define-o assim: *Pesada caixa de madeira com duas portas, uma na frente e outra atrás, e um alçapão na parte superior, onde entra o touro para ser embolado e fortemente amarrado a uma corda de cerca de nove a dez metros de comprido para a tourada à corda.* Até ao séc. XX, não se usava o *caixão* para a embolação – para isso, o touro era pegado à unha! **2.** *n.m.* Caixote grande[F]. Com este significado também se chamava *caixão* aos grandes caixotes de madeira que os *amar'canos* mandavam ou traziam da América. **3.** *n.m.* Caixa: *Vê aí, neste caixão dos sapatos [...]*[516].

Caixão do milho, *n.m.* Caixa grande para se guardar o milho destinado a ser consumido durante o ano.

Cajão, *n.m.* Nome que em Santa Maria se dá a um abcesso ou a um fleimão. 'Cajão' é termo antigo, em desuso no Continente. Viterbo[517] regista-o com o significado de 'desastre', 'infelicidade', 'desgraça', 'infortúnio', referindo ser palavra ainda era usada no séc. XVI.

Cal, *n.m.* Nalgumas ilhas, como nas Flores e no Pico, é cal, como no português, mas sempre usado no masculino: *Foi comprar o cal e caiou a casa toda.*

Cal'zinhos, *n.m.* Dim. de *cales*; copo pequeno[SM]: *O último cal'zinhos / é que deita o juízo abaixo*[518].

Calaçar, *v.* Mandriar (corrupt. de *calacear*, por síncope)[T].

Calacia, *n.f.* Moleza; malandrice; o m.q. calacice (de *calaça* + *-ia*)[P].

Calado, *adj.* Sereno, falando do tempo (part. pas. de *calar*)[F]: *Estava um tempo calado*[519].

Calafate, *n.m.* Carpinteiro de construção naval, antigamente chamado *carpinteiro de machado* (deriv. regr. de *calafatar*, f. ant. de *calafetar*).

Calafona *(ô)*, **1.** *n.f.* Califórnia, na estropiação dos emigrantes de antigamente. **2.** *n.m. deprec.* O m.q. *amar'icano*, ou seja, o emigrante dos E.U.A. em geral, que antigamente vinha por aí abaixo, endinheirado mas pouco polido, a falar a língua *amar'icana* aprendida de ouvido e palreada com toda a estropiação possível. É, contudo, a imagem duma geração que vai passando.

Calafoniana, *adj.* Que diz respeito a *Calafona*.

Calafonismo, *n.m.* Aportuguesamento (estropiado) de vocábulo americano pelos emigrantes açorianos, não usado na linguagem corrente do povo açoriano.

Cala-te boca, fala cotovelo, *exp.* Expressão usada quando não se quer dar uma

---

513 Vila do Porto – Santa Maria – *Inventário do Património Imóvel dos Açores* (Glossário).

514 Cristóvão de Aguiar – *Trasfega.*

515 Luís da Silva Ribeiro – *Touradas Terceirenses.*

516 Manuel Ferreira – *O Morro e o Gigante.*

517 Frei Joaquim de Santa Rosa de Viterbo – *Elucidário das Palavras.*

518 Armando Cortes-Rodrigues – *Adagiário Popular Açoriano.*

519 P.e Nunes da Rosa – *Pastorais do Mosteiro.*

resposta adequada a uma provocação, para não agravar o conflito[T].

Cala-te sequer, *exp.* Expressão muito frequente na Terceira, com o sentido de 'não digas nada', 'cala lá essa boca': *O Sr. algum dia viu / Uma estátua a cantar? / Homem cala-te sequer para aí [...]*[520]. Nota: Muitas vezes a exp. soa *cal-te siqué.*

Calaveira, *n.f.* O m.q. *caliveira* (do am. *cultivator*).

Calaveirar, *v.* Lavrar com a *calaveira* (de *{calaveira}* + *-ar*)[F].

Calça de alçapão, *n.f.* Calça antigamente usada pelos homens, sem braguilha, abotoada nos lados, terminada em boca de sino[F].

Calca de pancadas, *n.f.* O m.q. carga de pancadaria; grande tareia (calca, deriv. regr. de *calcar*)[Fl].

Calçada, (part. pas. fem. subst. de *calçar*) **1.** *n.f.* Recinto empedrado fora da cozinha ou da atafona[Fl]. **2.** *n.f.* Empedrado no curral do porco onde está situada a pia[C]. **3.** *n.f.* O m.q. *calçadouro*[C].

Calçada da vinha, *n.f.* Empedrado que cobre os terrenos onde estão plantadas as videiras, só deixando a descoberto as covas onde são plantadas[T].

Calçado, 1. *n.m.*. Nome do animal de cor, que tem as patas brancas (part. pas. subst. de *calçar*)[521]. **2.** *adj.* Confortado, falando do estômago vazio (part. pas. de *calçar*): *Bebe o resto do chá, ficas mais calçadinho*[522].

Calçadouro, (de *calçada* + *-ouro*) **1.** *n.m.* Cavidade feita na espessura duma parede, virada a nascente, tapada com uma laje de pedra, antigamente destinada a abrigar uma ou várias *cabaças* de leite[C]. Também lhe chamavam *calçada.* **2.** *n.m.* Quantidade de cereal que se põe de cada vez na eira para ser debulhado[C].

[520] Da dança de pandeiro *As Vozes das Estátuas*, de Hélio Costa.

[521] Se tiver só uma pata branca, na Terceira chama-se *calceta.*

[522] Cristóvão de Aguiar – *Um Grito em Chamas.*

Calçar o arado, *exp. fig.* Restaurar a ponta de ferro do arado quando já está gasta[Fl].

Calçar o estômago, *exp.* Comer ou beber qualquer coisinha para confortar o estômago; o m.q. *meter lastro.*

Calçar o milho, *exp.* Operação agrícola que consiste em aproximar a terra do pé do milho, calcando-a com as costas da *sacha,* no sentido de um melhor apoio para a planta e para lhe cobrir as raízes[F]. No Corvo também se chama *achegar* ou *chegar a terra.*

Calças de coiro, 1. *n.f.* Calças feitas de pele, muito usadas antigamente[SM]: *Calças de coiro, frequente na ilha de S. Miguel; sem dúvida é uma persistência da era em que se usavam vestimentas de pele, mencionadas ainda numa lei de 1253 [...]*[523]. **2.** *n.f.* O m.q. *camisão*[SM].

Calças machas, *n.f.* *As calças de um homem com uma perneira do avesso, dispostas em forma de quatro e estendidas sobre o berço dum recém-nascido, desviam-no das torturas das feiticeiras*[524].

Calceta, 1. *n.m.* O m.q. calceteiro (deriv. regr. de *calcetar*)[SM]: *Até já andam por aí*

[523] Teófilo Braga – *O Povo Português nos Seus Costumes, Crenças e Tradições.*

[524] J. H. Borges Martins – *Crenças Populares da Ilha Terceira I.*

calcetas calcetando as ruas mais principais[525]. **2.** *n.m.* Nome de animal de cor, com uma pata branca (de *calça* + *-eta*)[T].

Cálcio-dos-pobres, *n.m.* Nome de xarope caseiro rico em cálcio feito com ovos mergulhados em sumo de limão a que, depois de desaparecidas as cascas, se juntam as gemas batidas com açúcar e vinho do porto[T].

Calço, (deriv. regr. de *calçar*) **1.** *n.m.* Ladeira cujo pavimento é feito de pedra gradа[Fl]. **2.** *n.m.* Caminho íngreme; o m.q. *arrebentão*[SM].

Calda-de-pimenta, *n.f.* Calda feita com *pimenta-da-terra* cozida e passada por uma peneira de arame que, depois de temperada com sal, é guardada em frasco, com a superfície coberta de azeite[SM].

Caldeação, (de *caldear* + *-ção*) **1.** *n.f.* Mistura desordenada de coisas. **2.** *n.f. fig.* Confusão mental: – *Aquilho é que vai uma caldeação naquela cabeça!*

Caldeadeira, *adj.* O m.q. alcoviteira (de *caldear* + *-deira*)[T].

Caldeadinha, *n.f.* Em S. Miguel dá-se o nome de *caldeadinha* a uma bebida *traçada*[SM]: *[…] regressaram estes ao balcão, ingerindo mais um dez réis de caldeadinha*[526].

Caldeado, (part. pas. de *caldear*) **1.** *adj.* Misturado: *Bebia-se aguardente caldeada com vinho branco*[527]. **2.** *adj. fig.* Confuso; baralhado nas ideias[F]: – *O Ti Antónh' Francisco ultimamente já anda mun caldeado!*

Caldear, (de *caldo* + *-ear*) **1.** *v. fig.* Confundir (ideias): *[…] tem paciência, minha boneca, se te caldeei o juízo com arenga tamanha*[528]. **2.** *v. pron.* Meter-se com outrem sob o ponto de vista sexual; misturar-se[Sj].

Caldeira, *n.f.* Cratera de vulcão extinto; o m.q. *lagoa* (do lat. tard. *caldarĭa*, estufa). Em S. Miguel significa também nascente de água a ferver. *O nome caldeira (caldera) é originário dos Açores e Canárias. Hartung (1860) admitiu que estas depressões eram devidas a gigantescas explosões que arremessariam a parte superior do cone vulcânico inicial*[529].

Caldeirão, (de *caldeira* + *-ão*) **1.** *n.m.* Panela grande, de três pés, feita de ferro fundido onde, além de servir para cozinhar, se tinha sempre água aquecida na lareira[C,F,Sj]. **2.** *n.m.* Nome da *caldeira* da Ilha do Corvo que, emergindo do meio da lagoa apresenta uma miniatura tosca de sete das ilhas dos Açores. **3.** *n.m.* Espécie de golfinho presente nas águas dos Açores, cientificamente denominado *Steno bredanensis.*

Caldeiro, *n.m. Bal.* Caldeirão de grandes dimensões destinado a ferver o toucinho para a fusão do *azeite-de-baleia* (do lat. *caldarĭu-*, estufa).

Caldo, *n.m.* A algumas sopas, os Açorianos chamam caldo (do lat. *caldu-*, quente): *Os Açorianos chamam caldo a determinadas sopas, sendo difícil distinguir quais são os caldos e quais são as sopas*[530]. A uma sopa substancial, de couves com batata e toucinho, em muitos lugares dos Açores chama-se um *caldo.*

Caldoço, *n.m.* O m.q. *cacholeta*[StM].

Caldo da meia noite, *n.m.* Distribuição de *sopas* que tem lugar, pelas festas do Espírito Santo, na noite da véspera ou na madrugada do *dia de Império*[StM].

Caldo de azedo, *n.m.* O m.q. *sopa de azedo*[SM].

Caldo mouco, *n.m.* Nome que se dá à sopa – ao *caldo* – feita com abóbora, batatas brancas ou doces e couves[Sj].

Caldo verde, *n.m.* Caldo pobre, temperado com vinagre e açafrão[P]. Note-se que não leva couves.

---

525 Cristóvão de Aguiar – *Um Grito em Chamas.*

526 Luís Bernardo Leite de Ataíde – *Etnografia Arte e Vida Antiga dos Açores.*

527 J. H. Borges Martins – *A Justiça da Noite na Ilha Terceira.*

528 Cristóvão de Aguiar – *Raiz Comovida.*

529 Frederico Machado – *Caldeiras Vulcânicas dos Açores.*

530 Augusto Gomes – *O Peixe na Cozinha Açoriana e Outras Coisas Mais.*

Caleijo, *n.m.* Calha, abaixo da *beira*, isto é, do beiral, para apanhar a água e conduzi-la à cisterna[Fl]; o m.q. caleira (tv. do cast *calleja*, viela).

Cales, *n.m.* O m.q. cálice[SM,T]: *Uma vizinha, com inveja dela, chamou-a a casa e deu-lhe um cales de licor com feitiços*[531]. Nota: Grafia no sXIII = *calez*. Gil Vicente escreve[532]: *E o cales achará / No almário de cá.*

Calha, *n.f.* Peça da atafona e da azenha, sendo uma espécie de caleira de madeira que conduz o grão da moega para o *olho* da mó (do lat. *canalĭa*, pl. de *canāle-*).

Calhadela, *n.f.* Acaso; coincidência (de *calhar* + *-dela*)[Sj]: – *Foi uma calhadela tê-lo encontrado aqui!*

Calhamaço, *n.m. fig.* Mulher velha (de *cânhamo*, com dissimilação, + *aço*)[T].

Calhar a desbancar, *exp.* Calhar mesmo a jeito; ser oportuno; vir a propósito [T]: *O caso de Maria calhou a desbancar para um pequeno sermão sobre o matrimónio*[533].

Calhau, 1. *n.m.* As pedras da periferia das ilhas junto ao mar, a maioria da nossa costa marítima. Quando pequenas e roladas, o seu conjunto é chamado *rolo*[F,Sj,SM]: *Um domingo pela manhã / eu nã tinha que fazer; / peguei no meu caniço / fui p'r'ò calhau m'entreter*[534]. **2.** *adj.* Diz-se de uma variedade de maçã rija, a *maçã-calhau*. *Vai cagar pro calhau!*: o m.q. 'vai à fava!'[T].

Calhau do mar, *n.m.* O m.q. *calhau*: *Um irmão dele tinha ido pescar de noite para o calhau do mar [...]*[535].

Calheta, 1. *n.f.* O m.q. *bicha-cadela*[T]. **2.** *s.* Nome que no Pico se dá ao habitante da Calheta de Nesquim.

Calidade, *n.f.* Qualidade, sua f. arcaica[T]: *[...] No que toca a calidade de Alvaro Martins Homem, basta que fosse da Caza dos Infantes*[536].

Calivar, *v.* Sachar, empregando a *caliveira* (do rad. de *caliveira* + *-ar*)[Fl].

1.ª Caliveira vinda da América para as Flores (Museu das Flores)

Caliveira, *n.f.* Arado destinado a lavrar superficialmente as terras; o m.q. sachador (do am. *cultivator*). Era puxada por um só animal, um cavalo ou uma mula, ou um boi. As *caliveiras* foram inicialmente trazidas da América a partir do último quartel do séc. XIX e depois fabricadas nos Açores em cópias mais ou menos semelhantes às originais.

Calor de fígado, *n.m.* Erupção da pele, causadora de manchas mais despigmentadas e dispersas quase sempre pelo tronco, popularmente julgada um reflexo de doença hepática[F], não sendo mais do que o que se designa em linguagem médica por *Pitiríase versicolor*, infecção fúngica causada pela *Malassezia furfur*.

Cal-te, *interj.* Cala-te: *Deu então em praguejar nem uma safada de má vida. E a gente a dezê-le: – Cal'-te excomungado, q'ofendes ao Pai do Céu*[537]. Na Terceira também diz-se *Cal'-te siqué!* e *cal'te cá!* com o significado de 'não me digas !'. É forma arc. aqui con-

---

531 J. H. Borges Martins – *Crenças Populares da Ilha Terceira I.*

532 Gil Vicente – *Auto do Clérigo da Beira.*

533 Carlos Enes – *Terra do Bravo.*

534 Manuel da Costa Fontes – *Romanceiro Português do Canadá (O carapau).*

535 J. H. Borges Martins – *Crenças Populares da Ilha Terceira I.*

536 P.e Manuel Luís Maldonado – *Fenix Angrence.*

537 João Ilhéu – *Gente do Monte.*

servada: *Cal-te, cal-te na má hora! / Cuidas que me hás-de enganar / porque assi me vês pastora? [...]*[538].

Caltraçada, *n.f.* Confusão; mixórdia; trapalhada (de *cal* + *{traçada}*, cal misturada – *traçada* – com areia)[Sj,T].

Calumbro, *n.m.*O m.q. corcunda[Sj]. Cp.: Na língua banta de Angola há o termo *ka'luma*, que significa protuberância.

Calzins, *n.m.* Pequeno copo, geralmente destinado a beber aguardente ou *bebidas finas* (corrupt. de *calicezinho*): *Ti Maria, autorize-se daquele calzins de cachaça que está em riba do mostrador*[539].

Cama da estufa, *n.f.* Terreno da estufa de ananases[SM].

Cama de estado (Museu Carlos Machado)

Cama de estado, *n.f.* Cama de casal, destinada apenas a hóspedes. Recebia este adjectivo porque reflectia o estado de quem lá dormia: solteiro, casado... Ao falar de Santa Maria, diz Jaime de Figueiredo[540]: *Dentro da casa, dividida por frontais de madeira, há o quarto de dormir, com a alta cama de estado, coberta de mantas de retalhos e de colchas regionais.*

Cama do ferro, *n.f.* O m.q. tábua de engomar[SM].

Camafeu, *n.m.* Variedade de bolo pequeno feito à base de nozes (do fr. ant. *camaheu*, hoje *camaïeu*)[T].

Camalhão, *n.m.* Parte central da canga que fica entre os dois bois[T]; o m.q. *mesa* (do cast. *caballón*).

Camarada, (do cast. *camarada*) **1.** *n.m.* Soldado, 'impedido' ao oficial, que se distinguia pelo uso de barrete azul. **2.** *n.m. cal.* Bacio[T].

Camarça, *n.f.* Tempo húmido[SM]. Cp.: 'Camarço' em linguagem pop. continental é doença, febre, resfriamento!

Camarço, *n.m.* Pancadaria. Levar um camarço: apanhar pancadaria. No Cont. 'camarço' significa febre alta, resfriamento ou desgraça: *Que negra entrada de março, / se todos vão por est'arte, / e as terças doutra parte / hão-me de dar um camarço*[541].

Camareiro, *n.m.* Bacio de barro, alto e com duas asas (de *câmara* + *-eiro*)[T].

Camarinha, *n.f.* O m.q. *camarota*[Fl].

Camarota, *n.f.* Espécie de beliche que se fazia nas casas antigas, onde dormiam os rapazes (de *câmara* + *-ota*)[F,Fl].

Cambada, (de *cambo* + *-ada*) **1.** *n.f.* Molho de maçarocas de milho; o m.q. *cambulhão*; o m.q. *cambo*[P,Sj,T]. **2.** *n.f.* Grupo de maçarocas de milho descascadas, em número par[542], que se dependurava nas traves das atafonas e das lojas e, por vezes, nas cozinhas[Fl].

Cambado, *adj.* Aleijado; coxo (part. pas. de *cambar*). Também se aplica este termo ao banco ou cadeira que não assenta bem todos os pés no chão[F].

---

538 Gil Vicente – *Auto da Barca do Purgatório.*

539 Cristóvão de Aguiar – *Raiz Comovida.*

540 Jaime de Figueiredo – *A Ilha de Gonçalo Velho.*

541 Garcia de Resende – *Cancioneiro Geral.*

542 Em número par para um melhor equilíbrio no encavalar da trave.

Cambão, *n.m.* Conjunto de maçarocas, amarradas em número par, e que só difere da *cambada* por ser deixada alguma casca na maçaroca (de *cambo* + *-ão*)[Fl].

Cambar, *v.* Dirigir-se; passar de um lado para o outro: – *O navio cambava em primeiro lugar para Ponta Delgada e Fajã Grande porque era o primeiro porto que encontrava*[543]. Nota: Este termo é usado com igual significado na Guiné (do crioulo guineense *kamba*).

Cambeiro, (de *cambo* + *-eiro*) **1.** *n.m.* Rebordo de madeira das mós, também chamado *cãimbo* ou *cambo*[Fl,T]. **2.** *n.m.* Sarilho[SM]: – *Meteu-se cá num cambeiro que nunca más s'indireita!* **3.** *n.m.* Cada uma das peças laterais da boca do forno[SM].

Cambeque, Estropiação de *came back*. Diz-se muito *fazer cambeque p'a trás*, o que quer dizer, voltar para trás, recuar: *[...] vim matar saüdades da Terra, mas já estou im ansas para fazer cambeque pa trás!*[544].

Cambeta, *n.f.* Cambaio; cambaleio (de *camba* + *-eta*)[SM]: *[...] tamanha a carraspana que o entendimento lhe andava às cambetas por dentro do nevoeiro da cabeça*[545].

Cambo, *n.m.* O m.q. *cambulhão*[T]; o m.q. *cambeiro* 1 (do rad. célt. *camb-*, arquear)[T]. Na região de Cantanhede 'cambo' é o m.q. réstia, um 'cambo de cebolas', p. ex., também lhe chamando 'trança de cebolas'.

Cambrela, *n.f.* Cambadela; cambalhota; trambolhão (deriv. regr. de *cambrelar*).

Cambrelar, *v.* Cair; virar de pernas para o ar; sofrer um *cambrela* (de *{cambrela}* + *-ar*).

Cambro, *n.m.* Parede de pedra solta à volta da eira (corrupt. de *cômoro*)[Sj].

Cambulhada, (de *cambulha* + *-ada*) **1.** *n.f.* Conjunto de coisas unidas por um fio, por exemplo, um conjunto de amuletos presos entre si. **2.** *n.f. fig.* Cambada; magote: *[...] íamos todos de cambulhada para a venda de Ti Antonino da Costa*[546].

Cambulhão, (de *cambulha* + *-ão*) **1.** *n.m.* Conjunto de coisas amarradas, geralmente espigas de milho ou peixes[F,Fl]; o m.q. *cambulhada*. Na Terceira também se chama *cambo*. **2.** *n.m.* Fartura; grande quantidade[SM]: – *Est' ano deu pr' ali um cambulhão de batata!* **3.** *n.m. fig.* *De cambulhão*: juntado desordenadamente[Sj,T].

Camelo, 1. *n.m.* O m.q. *boca-negra* (*Helicolenus dactylopterus*). **2.** *n.m. pl.* O m.q. *cabrito* 2.

Camiar, *v.* Sair; ir-se embora; seguir (corrupt. de *caminhar*). De emprego corrente no Faial e nas Flores.! É pronúncia também ouvida na Graciosa; num Romance recitado por um natural dessa ilha: *Oh que tão bela manhã / Nosso Senhor camiou / com sua cruz às costas [...]*[547].

Caminho, *n.m.* O m.q. baldio[T].

Caminho de flores, *n.m.* Passadeira feita com flores pelas festas mais importantes, também chamado *tapete de flores*.

Camisa-de-dentro, *n.f.* Camisola interior[Sj].

Camisa-de-meia, *n.f.* O m.q. camisola interior de homem.

Camisão, *n.m.* Pessoa inferior, que desempenha trabalhos grosseiros (de *camisa* + *-ão*)[SM]; o m.q. *calças de coiro*.

Camisoila, *n.f.* Camisola, sua corrupt. por epêntese[Fl].

Camisola de gola rasa, *n.f.* Camisola sem gola alta[StM].

Camisola de gargalo, *n.f.* Camisola de gola alta[StM]. Em S. Miguel também se diz *suera de gargalo*, para designar a *suera* de gola alta.

Camisola de S. Miguel, *n.f.* Camisola de lã branca, fechada até ao pescoço, usada pelos pescadores da Terceira. Davam-lhe esta denominação pelo facto de muitas

543 Rufino Silva – Comunicação Pessoal.

544 Urbano de Mendonça Dias – *"O Mr. Jó"*

545 Cristóvão de Aguiar – *Raiz Comovida.*

546 Cristóvão de Aguiar – *Raiz Comovida.*

547 Manuel da Costa Fontes – *Romanceiro Português do Canadá (Pranto da Senhora).*

delas serem importadas da ilha vizinha, onde eram fabricadas.

Camisoula, *n.f.* Espécie de sobretudo usado pelos homens no Inverno, também chamado *camisoula grande* (corrupt. de *camisola*, por epêntese)[C].

Camisoula curta, *n.f.* O m.q. *camisoula pequena*[C]. Também chamada *garota*[C].

Camisoula pequena, *n.f.* Peça de vestuário semelhante à *camisoula* mas mais pequena, também chamada *camisoula curta*[C].

Camoeca, *n.f.* Crise de saúde (de orig. obsc.). Termo também utilizado popularmente no Cont. mas com o significado de bebedeira[548].

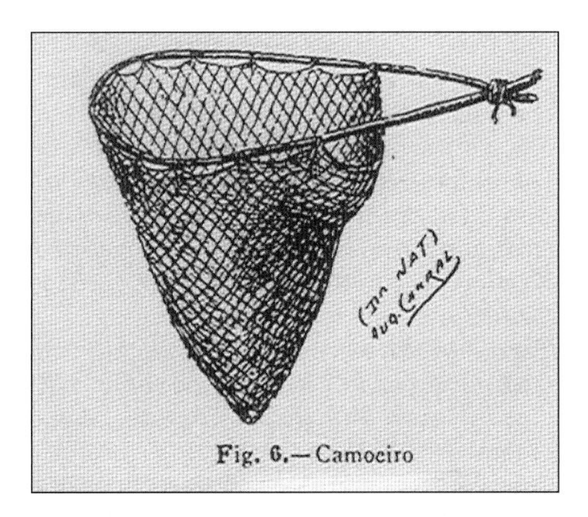

Fig. 6.—Camoeiro

Camoeiro: Desenho de Augusto Cabral

Camoeiro, *n.m.* Antiga rede piramidal com o diâmetro de cerca de 30 cm pela mesma medida de altura, com malha de meia polegada de lado e fio de 1 mm de diâmetro, a sua base ligada por um pau de marmeleiro que lhe dava a forma circular (corrupt. de *camaroeiro*). Servia para apanhar o chicharro vivo usado como isca para a pesca dos tunídeos[SM].

Camona, *adj.* Cego de um olho (de *Camões*)[SM]: *Vá daí o Boleca, que já lá está, e era esmorecido, e ainda por riba camona, gritou-me da popa, isso é melhor largar da mão esse queimado*[549]. O m.q. *camonja*.

Camonja, *adj.* Zarolho; o m.q. *camona* (de *Camões*): – *Eh diabo tambam não sabia que eras Camonja!*[550].

Campanha, *n.f.* Período de uma actividade marítima, de pesca ou de baleação – de 15 de Maio a 15 de Setembro – em que era feito a matrícula de cada embarcação (do lat. *campanĭa-*).

Campinar, *v.* O m.q. *capinar*[SM].

Campo, *n.m.* Mercado de gado, o lugar onde eram feitas as feiras de gado (do lat. *campu-*)[SM].

Campo claro, *n.m.* Campo plano, sem elevações[SM].

Campo da igualdade, *n.m.* O m.q. cemitério[SM,T]: *Campo que todos aclamam, / Jazigo da Humanidade, / Que até os sábios lhe chamam / O campo da igualdade*[551].

Campoina, 1. *n.f.* Dança popular muito bailada pelos *Reis* e *Anos-Bons*, antigamente acompanhada apenas por um tambor. **2.** *n.f.* Dança bailada só por homens no tempo da matança do porco, também pronunciada *Campóina* e *Campona*[T]: *Muito gosto de bailar / Esta moda da Campona, / Pareço uma vaca brava / A moer na atafona!*[552]. *Fazer balhar a campoina:* o m.q. fazer andar na corda bamba[T].

Camurça, *n.f.* Vestuário de homem semelhante à jaqueta, antigamente feito de lã da terra.

Camurcina, *n.f.* O m.q. *camurça* (de *camurça* + *-ina*)[C].

Camurro, *n.m.* Conjunto das folhas que ficam agarradas umas às outras depois de se ter retirado a espiga do milho, também chamado *carrapicho*[C].

---

548 Albino Lapa – *Dicionário de Calão.*

549 Luís Bernardo Leite de Ataíde – *Etnografia Arte e Vida Antiga dos Açores.*

550 Urbano de Mendonça Dias – *"O Mr. Jó"*

551 Quadra de Francisco Coelho Álamo (o *Francisco Tomás*), in *Improvisadores da Ilha Terceira.*

552 Primeira quadra da *Campona.*

Cana, 1. *n.f. Bot.* Gramínea perene de grandes dimensões, nas Flores também chamada *cana-vial (Arundo donax).* **2.** *n.f.* Pé do milho depois de lhe serem retiradas as folhas e as maçarocas. **3.** *n.f.* Lata (do am. *can*): comida de cana é comida de lata, também dita *encanada.*

Canada, (do esp. *cañada*) **1.** *n.f.* Caminho estreito entre paredes; caminho vicinal[553]. **2.** *n.f.* Viela estreita entre as casas, também designada por *canadinha*[C].

Cana-da-Índia, *n.f. Bot.* O m.q. bambu, ou cana de bambu *(Bambusa vulgaris).* Depois de secas à sombra, as *canas-da-Índia* são utilizadas como canas de pesca – os *caniços.*

Canada grande, *n.f.* Medida de líquidos equivalente a 2.62 litros[P].

Cana-do-ar, *n.f.* O m.q. foguete[T]: *Toiro na ponta da corda, / Pancada, cana-do-ar / E o guarda-sol do Boi-Negro / A abrir, a abrir e a fechar*[554].

Cana do nariz, *n.f.* Dorso do nariz: – *Emborcou prá frente e desfolou a cana do nariz, coitado!*

Canadar, *n.p.* Canadá, sua corruptela por paragoge.

Foto: Pierluigi Bragaglia

Canadinha, (de *canada* + *-inha*) **1.** *n.f.* Canada cuja largura só permite a passagem de pessoas e de gado, não tendo largura para caber um carro, por exemplo: *Ao pé da casa dele havia uma canadinha e a galinha invisível meteu-se ali a chamar pelos pintos*[555]. **2.** *n.f.* Viela estreita entre as casas, até há poucos anos pavimentada com um empedrado característico[C]. *Ser apanhado na canadinha:* o m.q. ser apanhado em flagrante[T].

Canado, (de *canada*) **1.** *n.m.* Vasilha de madeira antigamente usada para o transporte de leite[SM]. **2.** *n.m.* Pote de barro com a capacidade de cerca de 1 litro[SJ,SM].

Cana-doce, *n.f.* O m.q. cana-sacarina (*Saccharum officinarum*)[SM]. O cultivo da *cana-doce* nos Açores iniciou-se no séc. XV. A planta, mandada plantar pelo Infante D. Henrique, pegou bem mas nunca teve – ao contrário da Madeira – grande desenvolvimento devido às características do clima. Ao contrário dos madeirenses, os Açorianos viraram-se mais para a cultura do trigo, da vinha, das plantas tintureiras e da laranja.

Canal de cocos, *n.m. fig.* Garganta, em sentido jocoso[Fl]. Recorde-se que, nalgumas ilhas do Grupo Central, *coco* é inhame.

Canal, *n.m.* O mar que separa as ilhas que estão próximas, tal com o Pico-Faial e as Flores-Corvo (do lat. *canāle-*, cano). *A meio-canal:* a metade do caminho marítimo entre essas ilhas.

Canal de S. Jorge, *n.m. Canal* entre o Pico e S. Jorge.

Canal do Faial, *n.m. Canal* que separa o Faial do Pico, com 4.5 milhas náuticas (8.3 quilómetros). Também chamado *Canal do Pico.*

Canal do Pico, *n.m.* O m.q. *Canal do Faial.*

Canarinhos, *n.m. pl.* Petisco feito com canários-da-terra temperados com mala-

553 Amorim Girão (1895-1960), na sua tese de doutoramento intitulada *Bacia do Vouga – estudo geográfico* (1922), refere que nessa região se dá o nome de 'canada' a um caminho estreito destinado à passagem do gado e que o seu nome terá tido origem no imposto de 1 canada de azeite, destinado a cada paróquia, cobrado por quem tinha que usá-lo.

554 Vitorino Nemésio – *Festa Redonda.*

555 J. H. Borges Martins – *Crenças Populares da Ilha Terceira I.*

gueta, vinagre e vinho branco, depois fritos em óleo.

Canário-da-terra, *n.m.* Pequena ave pertencente à família Fringillidae, de nome científico *Serinus canaria* (de *Canárias*, top.). É uma espécie endémica de três arquipélagos pertencentes à região biogeográfica da Macaronésia (Canárias, Madeira, Ilhas Selvagens e Açores), constituindo estes últimos o limite Norte da sua distribuição. É curioso notar que esta espécie esteve na origem de todas as raças de canários domésticos que se distribuem actualmente por todo o Mundo, muitas delas com características totalmente diferentes da original, após os diversos cruzamentos efectuados desde o séc. XVI, altura da sua difusão por esse Mundo fora[556].

Canário-do-mar, *n.m.* Variedade de peixe presente nas águas dos Açores, muito colorido e possuindo barbatanas peitorais muito longas – donde lhe vem o nome – cientificamente denominado *Anthias anthias*.

Cana-roca infestando terrenos do Lajedo (Ilha das Flores)

Cana-roca, *n.f. Bot.* Variedade de ginjeira (*Hedychium gardnerarum*), com carácter extremamente invasor e largamente disseminada por todas as ilhas – os seus bolbos protegem as encostas inclinadas da erosão[557]. Originária dos Himalaias, nas Flores tem este nome, em S. Miguel é chamada *rubim, choupa, conteira, flor-de--besouro, roca-da-velha* e *roca-do-vento* e, na Terceira, *jarroca*. Há quem lhe chame apenas *roca*.

Canas verdes, *n.m. Apelido* dado aos do Faial por utilizarem muitos bardos de canas a dividirem os terrenos.

Canastra, (do gr. *kánastron*, cesta de cana entrançada, pelo lat. *cannastra*) **1.** *n.f.* Viveiro em forma de barco de duas proas, com cerca de 1 m de comprimento, feito de ripas de madeira, colocadas com um espaço suficiente para entrar e sair a água do mar e para manter o peixe vivo destinado a isca, que segue preso ao lado das lanchas de pesca. Em S. Jorge e na Terceira também se chama *canoa*. **2.** *n.f.* Cesta que os vendilhões ambulantes transportavam num *pau de carga*, uma à frente, outra atrás[SM]. **3.** *n.f.* Cesto de asa, oblongo, que era antigamente utilizado para levar a refeição aos trabalhadores rurais[SM]. **4.** *n.f.* Espécie de cesto alto e sem fundo, dentro do qual se metia um homem munido de uma bandarilha para cravá-la no touro[T].

Canastra da costura, *n.f.* O m.q. açafate[C].

Canastro, (de *canastra*) **1.** *n.m. fig.* Corpo. *Dar ao canastro*: morrer. **2.** *n.m.* Cabeça; juízo[SM].

Cana-vial, *n.f. Bot.* Variedade de cana, cientificamente denominada *Arundo donax*, muito comum nos Açores, assim como em todo o lado, diferente da *cana da Índia* que é mais resistente e própria para fazer os *caniços* de pesca[F].

Canavieira, *n.f. Bot.* Canavial (prov. de *cânave* + <-*i*-> + -*eira*)[SM].

---

[556] R. Martins, A. Rodrigues e R. Cunha – *Aves Nativas dos Açores*.

[557] Existem mais duas espécies do género *Hedychium* nos Açores, o *H. flavescens* e o *H. coronarium*, embora tendo também carácter invasor, não estão ainda tão disseminadas como o *H. gardnerarum*, sendo conhecidos popularmente como variedades de cana-roca.

Cancela, (de *cancelo*) **1.** *n.f.* Guarnição de vime à volta do carro de bois; o m.q. *sebe*[Fl]. **2.** *n.f.* Portão baixo de madeira ; meia porta baixa[Sj,T].

Cancela de trás, *n.f.* Ver *Tapadoira.*

Cancela do Mato, *n.f.* A cancela que divide as propriedades privadas dos *matos,* do baldio[F].

Cancelário, *n.m.* O m.q. cancelo (do lat. *cancellarĭu-*)[F]: *E o cancelário abre-se vagarosamente matraqueando*[558].

Cancelote, *n.m.* Cancela pequena (de *cancelo* + *-ote*).

Cancharrolas, *n.f. pl.* No Faial, *às cancharrolas* quer dizer 'às cavalitas', também dito *às canchas.*

Candêa, *n.f.* Candeia, sua f. arcaica (*candea*)[T]: *Como pode uma candêa / Allumiar duas salas? / Como pode um coração / Querer bem a duas almas?*[559].

Candeia de ferro batido

Candeia, (do lat. *candēla-*, vela) **1.** *n.f.* Instrumento de iluminação das casas, desaparecido com o uso do petróleo e com a energia eléctrica. Na Terceira, segundo LSR, era composta das seguintes partes: *candeia de cima* (o recipiente interior), *candeia de baixo* (o recipiente exterior), *cabos* (as hastes), *cabide* (gancho do cabo da candeia de cima), *resplendor* (reflector), *puxador* (pequena tenaz destinada a puxar a torcida), *espevitador* (arame de limpeza do bico). A *candeia* era feita de ferro ou de folha de Flandres e era colocada, presa num prego, junto à lareira ou presa a uma trave do tecto. Para alimentar a candeia, usava-se *azeite-de-peixe* (de *albafar,* de *toninha,* de *gata,* etc.), óleo de linhaça, óleo da baga do loureiro, óleo extraído das unhas de vaca, sebo de bovinos, etc.. **2.** *n.f.* Flor do jarro[P] e da *jarroca*[T]. **3.** *n.f. Bot.* Nome comum do *Arisarum vulgare,* também chamado *capuz-de-frade,* presente em todas as ilhas, com excepção da Terceira e S. Jorge[560].

Candeia de sebo, *n.f.* Candeia destinada à iluminação, consumindo sebo de bovinos abatidos: *Queimados em candeias próprias – candeias de sebo e candeias de azeite – todos eles emprestavam aos interiores das casas um ar soturno, fumarento e mal-cheiroso*[561].

Candejo, *n.m.* O m.q. candeeiro[T]: *[...] à luz dum facho de luz ou dum candeeiro, também designado por "candejo"*[562].

Cândi, *n.m.* Rebuçado; caramelo (do am. *candy*): *[...] mandavam-nos de lá roupas cheirosas, sapatos em bom uso e candis [...]*[563].

Candil, *n.m.* O m.q. *candeia* (do ár. *qindīl,* lâmpada)[Sj,T]: *A Sinhóra se discalçada 'tava, / Discalça lhe foi abrir / E lhe pegou pela mão / E o levou ao seu candil*[564].

---

558 P.e Nunes da Rosa – *Pastorais do Mosteiro.*

559 Quadra da Terceira registada por Teófilo Braga.

560 Paulo A. V. Borges e col. – *Listagem da Fauna e Flora Terrestre dos Açores.*

561 Carreiro da Costa – *Esboço Histórico dos Açores.*

562 João A. Gomes Vieira – *Os Açorianos e as Pescas 500 Anos de Memória.*

563 Cristóvão de Aguiar – *Trasfega.*

564 Do Romance *Cravo Rosado,* recolhido por Elsa Mendonça em S. Jorge.

Cando, *conj.* Quando. 'Cando' é palavra antiga, conservada na região, que também persiste nas falas da Galiza. *Cando a gente te mandarmos parar, era pra te dar uma vestimenta!*[565].

Caneca, (do lat. *canna-*, cana + *-eca*) **1.** *n.f.* No Pico chama-se *caneca* à vasilha onde se transporta o leite das vacas[566]. **2.** *n.f. Bot.* Planta vascular também conhecida por *jarro*.

Antiga caneca da água (Museu das Flores)

Caneca da água, *n.f.* Recipiente feito de madeira (em *aduelas*), unida por aros de ferro, terminada em bico e antigamente destinada ao transporte da água desde a fonte até a casa[F]. Este tipo de caneca também era usado para conservar a água das lanchas de pesca, ficando quase sempre debaixo do leito da proa ou da popa para estar fresca, protegida do sol. Em S. Jorge chamavam-lhe *pote*.

Caneca da manteiga, *n.f.* Caneca feita de madeira de cedro, com uma *tapadoira* com um furo a meio, por onde passava um eixo munido de uma rodela na extremidade inferior que, com movimentos ascendentes e descendentes batia a nata destinada a fazer a manteiga[Fl].

Caneca da merda, *n.f.* Reservatório feito de madeira, com aros de ferro (tal como as pipas para o vinho), em forma de caneca, destinada às retretes e que se despejava periodicamente, consoante a frequência das dejecções. Com dimensões mais ou menos iguais à da *caneca da água*, tinha uma abertura mais larga, com a forma de um cone traçado e era fechada com uma tampa redonda de madeira[F].

Caneco, *n.m.* Nome que se dá às lapas muito fundas[F].

Caneiro, *n.m.* Passagem estreita; viela estreita (de *cano* + *-eiro*).

Canela do braço, *n.f.* Osso do braço[Fl].

Canela fina, *n.f.* Canela moída. É costume dizer-se de um alimento apetitoso: *vai cma canela fina!*[F].

Canelo, (de *canela*) **1.** *n.m.* O interior da maçaroca; o m.q. *carrilho*[SM]. **2.** *n.m. Bal.* Parte anterior do *arpão-da-baleia*, entre a *caixa* e o *cabo*. O mesmo nome se dá à parte anterior da *lança da baleia*, entre a extremidade anterior, cortante, e o *cabo*. **3.** *n.m. pl.* Pernas de mulher muito magras[SM].

Caneta, *n.m.* Aten. de Diabo (de *cana* + *-eta*)[SM].

Caneto, (de *cana* + *-eto*) **1.** *n.m.* Aten. de Diabo[Sj]. **2.** *n.m. fig.* Perna: *– O desgraçado já nã s'aguenta nos canetos.*

Canga de cangar, *n.f.* Canga usada no carro de bois.

Canga de carrear, *n.f.* Canga grande e pesada usada no carro de bois.

Canga de ladeira, *n.f.* Canga de lavrar mais comprida do que a *canga de rego*, antigamente usada em terrenos empinados, para dar mais folga aos bois[Sj].

Canga de lavrar, *n.f.* Canga pequena e leve empregada no arado, nas grades e noutros

---

[565] J. H. Borges Martins – *A Justiça da Noite na Ilha Terceira*.

[566] Antigamente, antes de haver as latas de folha de flandres, em certas ilhas o leite das vacas era transportado em cabaças e, mais tarde, em canecas feitas de madeira de cedro. A partir de certa altura, o seu uso foi proibido pela dificuldade na sua higiene, sendo substituídas pelas latas de folha.

instrumentos agrícolas. Em S. Jorge também lhe chamavam *canga de rego*.

Canga de rilheira, *n.f. Canga de cangar* mais comprida do que a canga normal, para que os bois pudessem andar com os pés nas relheiras dos caminhos de antigamente (*rilheira*, corrupt. de *relheira*)[Sj].

Canga de silga, *n.f.* Canga que ajuda outra a puxar o carro de bois quando a carga é grande ou quando o caminho é mau (*silga*, o m.q. *sirga*)[F,Fl].

Canga de solear, *n.f.* O nome que se dava em Santa Maria à canga de bois de lavrar.

Canga de um só boi, *n.f.* Pequena canga usada só por um animal, outrora geralmente utilizada para puxar a *caliveira* ou para moer na atafona.

Cangado, (part. pas. de *cangar*) **1.** *adj.* Posto na canga. **2.** *adj. fig.* Ligado a outrem. Ser bem (ou mal) cangado: é estar bem (ou mal) relacionado com alguém[T].

Canga do Bodo, *n.f.* Nome que se dá à canga dos bois usada apenas pelas festas do Espírito Santo. É diferente da canga normal por ser trabalhada com motivos vários, gravados a canivete, em baixo-relevo, o que tornam algumas delas verdadeiras obras de arte: *Estas cangas de luxo possuem-nas alguns lavradores abastados quase a bem dizer para servirem nessa ocasião* (transporte das ofertas do Espírito Santo) *ou no Domingo do Bodo, quando levam a família para o terreiro do Império, no carro de toldo de vimes forrado de colchas*[567].

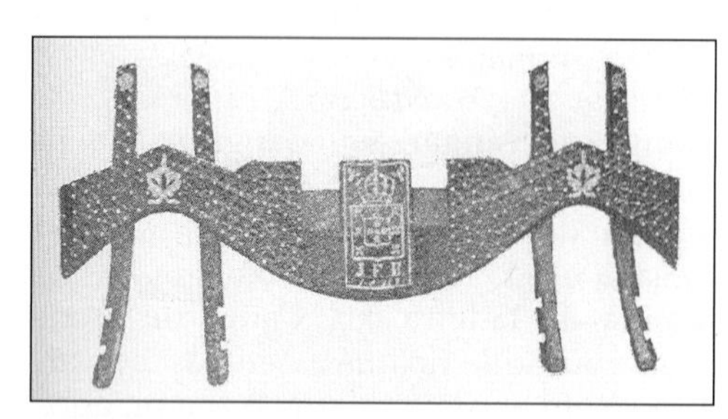

Canga lavrada da Terceira

[567] Luís da Silva Ribeiro – *Carros do Espírito Santo*.

Canga lavrada, *n.f.* O m. que *canga do Bodo*[T]. Era usada nos *Carros do Bodo*, nas romarias e nas festas do Espírito Santo. Para o seu fabrico eram usadas madeiras fáceis de trabalhar tal com como a de amoreira ou de nogueira, sendo esculpidas com *trinchas*, goivas, *gravinhos* e com a própria navalha de bolso. No Norte de Portugal também se faziam estas cangas, embora nunca atingindo a perfeição das cangas da Terceira[568].

Cangalha, (de *canga* + *-alha*) **1.** *n.f.* Peça da estaca a que se prende os animais[T]. **2.** Canga destinada a um só animal[Fl]. No Cont. dá-se o nome da 'cangalha' ao próprio carro puxado por um só boi. **3.** *n.f.* Pedaço de madeira com cerca de três palmos de comprido destinada a prender a corda que amarra o gado para comer o *oitono*; na outra ponta tem uma argola de *verga* ou de corda chamada *rodilha*, onde se enfia a estaca[T]. **4.** *n.f.* Linha de pesca semelhante à *gorazeira* mas mais curta[T]. **5.** *n.f. pl.* Armação dos óculos; óculos. **6.** *n.f.* Conjunto das varas de madeira que abraçam a pedra da poita, para não garrar com a maré. **7.** *n.f. pl.* Armação de ferro colocada sobre a albarda, para transporte de cargas[Sj].

Cangalhada, (de *cangalho* + *-ada*) **1.** *n.f.* Porção de coisas velhas; porção de objectos truncados e amontoados sem ordem. **2.** *n.f.* Na Terceira também pode significar uma coisa intrincada, complicada.

Cangalho, (de *canga* + *-alho*) **1.** *n.m.* Aparelho para a pesca dos chernes, semelhante à *jogada*, formado por um *verga* ligada a três pernadas, cada uma com seu anzol[Sj,T]. **2.** *n.m. fig.* Pessoa doente e avelhentada[T]: – *Coitado, um cangalho que prá li está num mòlhinho!*

Cangar, (de *canga* + *-ar*) **1.** *v.* Jungir; prender os bois à canga. **2.** *v. fig.* Unir pessoas

[568] Recorde-se que no início do povoamento da Terceira, para lá se deslocaram muitas famílias do Norte de Portugal.

desavindas[T]. Quando duas pessoas costumam andar juntas e têm a mesma estatura diz-se que *podiam cangar-se!*

Cangrejo, *n.m.* Caranguejo[T] (do lat. *cancriculu*, pelo esp. *cangrejo*). E. Gonçalves[569] regista-o também na linguagem algarvia. Castanheda[570] (séc. XVI), na História da Índia, escreve: *Há no mar muito pescado e muito bom, e uns cangrejos do tamanho de sentolas.*

Cangueira, (de *canga* + *-eira*) **1.** *n.f.* A parte curva da canga, entre os dois canzis, onde vai o pescoço do boi, nalgumas ilhas chamada *cangueiro*. **2.** *n.f. fig.* O m.q. torcicolo (ext. de *cangueira*)[SM]. *Ter ou estar com uma cangueira:* ter sono[SM].

Canha, *adj.* O m.q. canhoto[T]. Cp.: No Cont., em linguagem pop., 'canha' é a mão esquerda.

Canhamaço, *n.m.* Pessoa de maus costumes (ext. de *canhamaço*, tecido grosseiro)[SM].

Canhanha, 1. *adj.* O m.q. *canha*, canhoto[T].

Canhão, *n.m. pej.* Nome dado a mulher autoritária, machona. Ver também *Espingarda*.

Canhoto, (de *canho* + *-oto*) **1.** *n.m.* Nome de bovino com um corno para cima e outro para baixo[T]. **2.** *n.m. fig.* O m.q. Diabo.

Canica, *n.f.* O m.q. erva (de *cana* + *-ica*)[SM].

Caniça, *n.f.* Erva rizomatosa endémica dos Açores, presente em todas as ilhas, cientificamente denominada *Holcus rigidus*. Também se chama *canição* e *erva-caniça*[SM].

Canicinho, *n.m.* Dito picante; troça; zombaria[SM]: *Estar com o canicinho na água:* estar a gracejar[SM].

Canico, *n.m.* Cana ainda verde (de *cana* + *-ico*)[SM].

Caniço, 1. *n.m.* Cana de pesca, feita de cana de bambu, aqui chamada *cana-da-Índia*, depois de cortada, aparados os nós e seca à sombra para não rachar (de *cana* + *iço*)[F]. No Algarve dão o nome de caniço apenas às canas mais delgadas. **2.** *n.m. fig.* Pessoa alta e magra[T].

Caniço das salemas, *n.m.* Cana de bambu, semelhante às outras, com cerca de 4 m de comprimento, mas munida de uma pequena ponta transversal, feita de *barba de baleia* ou, na sua falta, de corno de boi ou de vaca, para melhor se sentir a picada do peixe[571].

Aparelhando um caniço das vejas

Caniço das vejas, *n.m.* Cana de pesca comprida, com cerca de 5 metros, feita de cana de bambu devidamente limpa das folhas, aparelhada com uma ponteira, linha de náilon com espessura ao redor de 0.50, chumbada e anzol.

Canina, *n.f.* Dim. de cana, caninha. Muito frequente na linguagem pop. de todas as ilhas. Em certas zonas do Algarve (Fuzeta, p. ex.) também se usa este diminutivo[572].

569 Eduardo Brazão Gonçalves – *Dicionário do Falar Algarvio*.
570 Fernão Lopes de Castanheda – *História do Descobrimento e Conquista da Índia pelos Portugueses*.

571 No séc. XIX, a barba da baleia já era usada no fabrico das pontas das canas de pesca do salmão.
572 Clarinda de Azevedo Maia – *Os Falares do Algarve*.

Caninha Verde, *n.f. Moda* tradicional de S. Miguel, em compasso quaternário: *A cana verde no mar / Anda em redor do vapor, / Inda está para nascer / Quem há-de ser meu amor.*

Cânjero, *n.m.* O m.q. canjirão (do lat. *cangĭu-*, vaso para o vinho)[P].

Cano, *n.m.* Calha por onde escorre a farinha do piso superior para o piso térreo no moinho de vento[SM].

Canoa, 1. *n.f.* O m.q. *canastra*[Sj,T]. **2.** *n.f.* O m.q. *canoa baleeira*[P].

Canoa baleeira, *n.f.* O m.q. *bote baleeiro.*

Cano das sopas, *n.m.* O m.q. esófago.

Canoco *(nô), adj.* Caduco; desmemorizado; gagá (de *cana* + *-oco*): – *Quem põe navalha na cara nã dá oividos a um velho canoco com'a este*[573].

Cansada, *adj.* Diz-se da farinha que aqueceu muito por o milho ter sido moído à pressa[SM].

Canseira, *n.f.* O m.q. dispneia; falta de ar (de *cansar* + *-eira*)[P,SM,T].

Cantadeira, (de *cantar* + *-deira*) **1.** *n.f.* Cada uma das peças, no interior do *coicão*, onde gira o eixo, no carro de bois. **2.** *n.f.* Cada uma das peças do tear onde giram os órgãos.

Cantar, *v. fig.* Chiar, falando do carro de bois[Fl]. Note-se que as *cantadeiras* fazem parte do carro de bois, sendo responsáveis pelo seu 'canto'.

Cantar à carteta, *exp.* Cantar quadras de rima cruzada[SM]. Quando, na quadra, rima o 1.° com o 4.° e o 2.° com o 3.° entre si, chama-se *carteta dobrada.* As quadras que têm apenas duas rimas dizem-se *em consoante.*

Cantar a moliana, *exp.* Antigamente as pessoas plantavam uma moliana (*Salvertia convallariaeodora*) num vaso, onde deitavam pedacinhos de ouro e prata, para que lhes trouxesse sorte; todos os dias ao erguer-se da cama rezavam a seguinte oração, a que chamavam *cantar a moliana*: *Deus te salve moliana / Onde Nosso Senhor Jesus Cristo / Pôs os pés e fez a cama. / Assim como Nosso Senhor / Te encheu de verdura, / Assim tu me enchas de fortuna / No comprar e no vender, / E em todos os negócios / Que eu pretender fazer; Assim como te eu dei prata e cobre, / Assim tu me dês ouro / Para eu dar esmola ao pobre*[574].

Cantar o ai-ai, *exp.* Lamentar-se; carpir com dores[T].

Canteiro, *n.m.* Espaço de terra semeado com batata-doce destinada a plantinha (de *canto* + *-eiro*)[Sj].

Canto, *adv.* Quanto, sua f. antiga: – *Vamos lá a saber antão, canto é que te devo?*

Canto de Ave Maria, *n.m.* Nome que se dá em S. Miguel ao cântico dos Romeiros.

Cantoneira, *n.f.* Chapa de ferro que guarnece a extremidade do eixo do carro de bois (do it. *cantoniera*)[Sj].

Cantorias, *n.f. pl.* Manifestações musicais, feitas durante uma noite das festas, em que os cantadores repentistas se digladiam em desafios intermináveis, com quadras e sextilhas, muitas delas improvisadas no momento (de *cantor* + *-ia*, pl.).

Canuca, *n.f.* Parte de trás da cabeça, abaixo da nuca[F].

Canutilho, *n.m.* Pequeno caracol feito nas cabeças das meninas com rolos de papel, ganchos ou fitas (do cast. *cañutillo*)[SM].

Canzorra, *n.f.* Má cara[T]: – *Home, 'tás cá com uma canzorra! Pisaram-te o rabo?!*

Cão, *n.m. fig.* Maldito: *Ah cão!*

Cão Barbado da Ilha Terceira, *n.m.* Cão de raça da Ilha Terceira, com cerca de 100 anos de existência, ágil, com forte dentição, de pelagem toda fechada. Pode ter várias cores desde o preto ao pérola quase

573 Vitorino Nemésio –*Mau Tempo no Canal.*

574 J. Leite de Vasconcelos – *Folk Lore Andaluz* (in Teófilo Braga – *O Povo Português nos Seus Costumes, Crenças e Tradições*).

branco, só sendo considerados puros os não manchados. Sendo um cão muito dócil, é um excelente cão de guarda e está já oficialmente reconhecido como a 10.ª raça canina portuguesa, reconhecimento que foi feito provisoriamente em Novembro de 2004, presentemente sendo aguardado o definitivo.

Cão-danado, *n.m.* Aten. de Diabo[T].

Cão de Fila da Terceira, *n.m.* Cão de raça regional, também conhecido na Terceira pela denominação de *rabo-torto,* resultado do cruzamento do cão da terra com o Buldog. Segundo alguns, foi usado antigamente para a defesa contra os piratas que assaltavam a Ilha. É raça extinta ou em vias de extinção.

Cão de Fila de S. Miguel, *n.m.* Cão boieiro de S. Miguel, também conhecido por *Cão de Vacas*[575], é conhecido a partir do início do séc passado e a sua história parece estar ligada ao *Cão de Fila da Terceira,* actualmente em extinção. É um cão de gado por excelência, embora também seja um bom guarda.

Cão de Vacas, *n.m.* Nome que também se dá ao *Cão de Fila de S. Miguel.*

Cão-fedor, *n.m.* Aten. de Diabo[F].

Cão-feio, *n.m.* Aten. de Diabo[F].

Cão-maldito, *n.m.* Aten. de Diabo: *Peço--vos, anjo bendito / Por vossa graça e poder, / Dos laços do cão-maldito / Me queiras defender. / Quer de noite quer de dia, / Padre-Nosso, Ave-Maria*[576].

Cão-negro, *n.m.* Aten. de Diabo.

Cão-sujo, *n.m.* Aten. de Diabo[F].

Cão-tinhoso, *n.m.* Aten. de Diabo[T].

Capa de luto, *n.f.* Capa comprida que se usava antigamente nalgumas freguesias da Terceira e de S. Jorge durante o luto por alguém.

Capa de milho, 1. *n.f.* Bandeira do milho[Fl]. **2.** *n.f.* O m.q. *casca do milho*[P].

Capacete, (do cast *capacete,* idem) **1.** *n.m.* Conjunto das nuvens que encimam uma ilha: *O Corvo hoje está com capacete; O Pico está com capacete.* **2.** *n.m.* Antigamente também se chamava *capacete* a uma nota de mil escudos que tinha como imagem a figura do Mestre de Avis encimado pelo seu gorro medieval.

Capacho, *n.m.* Tapete feito de casca de milho ou de junco (do cast. *capacho,* seira pequena)[Fl,Sj].

Capa de rato, *n.f.* Nevoeiro baixo em relação à terra[Sj].

Capar a couvinha, *exp.* Retirar à couve os seus rebentos para que não dê semente[SM].

Caparito, *n.m.* O m.q. *cafua*[SJ,T].

Capear, *v. fig.* Bispar; vigiar (de *capa* + *-ear*)[F]: – *O pai anda sempre capeando a monça, com medo qu'ela namore o rapaz!*

Capear o mar, *exp.* Brincadeira das crianças que consiste em ir de encontro às ondas da praia e fugir delas quando avançam, em analogia com o que se faz nas touradas à corda[T]: *[...] saltando no cascalho rolado, dois garotos arregaçados capeavam o mar com espigos de cana.*

Capear o touro, *v.* Chamar o touro e furtar-lhe as voltas (mesmo que seja sem capa, p. ex., com o guarda-sol, nas touradas à corda)[T].

Capela, *n.f.* O m.q. pálpebra[SM] – as capelas dos olhos: *Os teus olhos são capelas, / Oh quem fora capelão! / Que em vez de dizer missa, / Roubava-te o coração*[577].

Capelada, *n.f.* O m.q *capela,* falando da pálpebra, quase sempre integrada na exp. *capelada da vista*[T].

Capelar, *v.* O m.q. pestanejar (de *{capela}* + *-ar*)[Fl]. Nota: As *capelas* são as pálpebras.

[575] O estalão de *Cão de Fila de S. Miguel* foi aprovado em 19/12/1984 pela Assembleia do Clube Português de Canicultura (I 2 173), sendo a única raça de cães aprovada no Arquipélago.

[576] Oração da hora de deitar[T].

[577] Quadra do folclore de S. Miguel.

Capote e capelo (Santa Maria)

Capelo, (do lat. *cappellu-*, dim. de capa) **1.** *n.m.* Peça de vestuário, uma espécie de capuz, que fazia combinação com o *capote* (ver *Capote*). **2.** *n.m.* Bico da proa do *bote baleeiro*. **3.** *n.m.* Nome dado à nebulosidade, constituída por um barrete de nuvens (alto-estratos), que encima a Ilha do Pico. Adágio: *Quando o Pico tem capelo / é sinal de mau tempo*[578]. Realmente, há ocasiões em que o Pico mostra esse típico *capelo*, sinal certo de vento forte do SW para breve.

Capeluda, (de *capelo* + *-udo*, no fem.) **1.** *n.f.* Pão de trigo pequeno, também chamado *capeludinha*[SM]. **2.** *n.f.* Aba feita na parte de cima do pão de trigo caseiro[SM].

Capeludinha, *n.f.* O m.q. *capeluda*[SM].

Capenga, *adj.* Coxo; torto (deriv. regr. de *capengar*)[T]. Termo importado do Brasil – 'capengar', no Brasil, é coxear, mancar.

Capiada de S. Luís, *n.f.* Pequeno pão de milho, feito com os restos da massa do alguidar. Antigamente costumava-se pô-los no exterior das janelas ou das portas para serem levados pela primeira pessoa que passasse, e serem consumidas em louvor a S. Luís. Ver tb. *Esmola-perdida*.

Capinar, *v.* Fazer a primeira sacha ao milho (de *capim* + *-ar*, com transf. da nasalidade para a sílaba seguinte e alt. do ponto de articulação da consoante: m > n)[SM]. Var.: *Campinar*.

Capirote, *adj. Taur.* Diz-se do touro com a cabeça e o pescoço de cor diferente do resto do corpo[T].

Capitão, 1. *n.m.* Bacio[SM,T]. Registado nalguns dicionários com este significado como açorianismo. **2.** *n.m.* O m.q. gerânio e sardinheira[SM].

Capitão-melo, *n.m.* Criptoméria, sua corruptela profunda[T]: *[...] após a introdução da criptoméria («capitão-melo» como designa o povo) [...]*[579].

Capo, *adj.* Livre; salvo[Fl]. – *Estamos capos desta!*

Capoeira, *n.f.* Trambolhão (do tupi *ko'p-wera*): – *Faltou-le um dos pés, escorregou e deu uma capoeira que foi enorme!* Sendo provavelmente oriundo do Brasil, ouve-se com muita frequência por muitas bandas. Note-se que antigamente o jogo da capoeira se enraizou na Terceira, trazido por emigrantes regressados do Brasil.

Capoeirinha, *n.f.* Remoinho da água do mar que levanta "água branca", provocado pela turbulência do vento[F]. No Faial e no Pico chamam-lhe *remanguesa*.

Capona, *n.f.* Parte destinada à crítica aos costumes, nos *ranchos* da quadra do Natal[Fl].

Capote, *n.m.* Peça do vestuário feminino, considerado de luxo, composto de longa capa de lã, de cor azul escura ou preta, muito resistente[580], abotoada no pescoço

[578] Armando Cortes-Rodrigues – *Adagiário Popular Açoriano*.

[579] João Ilhéu – *Notas Etnográficas*.

[580] O pano azul dos capotes era importado, ao contrário dos outros tecidos, estes geralmente feitos nos teares caseiros.

com um colchete de ferro, sem mangas, com gola e cabeção, que caía sobre os ombros até à canela (do it *cappotto*, sobretudo, pelo fr. *capote*, capote). Combinava com o *Capelo* que enfiava na cabeça e amarrava por debaixo do queixo. O *capote* chegou a ser tão importante que fazia parte do enxoval das noivas mais favorecidas economicamente e até serviu de traje nupcial. Era deixado em testamento, passando de mães para filhas, daí, o provérbio: *Quem tem capote e capelo, / nunca lhe falta mancebo*[581]. Ao *capote* e ao *capelo* são atribuídos por alguns uma origem flamenga, introduzidos nos Açores no séc. XV, embora se usasse trajo semelhante no Algarve entre os séculos XV a XVIII, chegando mesmo a prolongar-se até mais tarde. Em S. Miguel, ainda em meados do séc. XX, havia quem fosse à missa vestida de capote e capelo: *Na penumbra dos bêcos somem-se vultos sombrios de mulheres de capote e capêlo*[582]. *Apanhar pra capote:* O m.q. levar muita porrada. *Dar pra capote:* Bater sem dó nem piedade. *Passar de capote*: enganar.

Capote-Capucho, *n.m.* Introduzido nos finais do séc. XIX na indumentária da Ilha das Flores, constava de uma longa capa de fino pano azul escuro ou preto, acolchetada no pescoço, sem cabeção, servindo de gola um alto capuz terminado em ângulo agudo, aberto na frente e fechado em redondo na parte posterior.

Capote-Redondo, *n.m.* Traje que as mulheres da Ilha das Flores usavam nos finais do séc. XIX, destinado apenas às festividades religiosas e às visitas de cerimónia.

Capraria, *n.f.* Nome registado nos mapas antigos, por volta do séc. XIV, referente à Ilha de S. Miguel (do lat. *Caprarĭa*). Outros nomes aparecem referentes à mesma ilha como *Cabrera, Caprera* e *Insula puelarum*, pelo seu aspecto curioso, semelhante a uma cabra, quando avistada do mar.

Capriada, *n.f.* Pão de milho pequeno (metát. de *carpiada*)[SM].

Capuchas da Ilha, *n.f.* Variedade de biscoito de S. Miguel com sabor a funcho, pelo facto de levar erva-doce moída.

Capucheiro, *n.m. Bot.* O m.q. *tomateiro-de--capucho* (de *capucho* + *-eiro*).

Capuchinho, *n.m.* Nome de bovino com a parte de cima da cabeça de cor diferente do resto do corpo[T].

Capucho, *n.m.* Parte do corpo do polvo, semelhante a um capuz.

Capuz-de-frade, *n.m. Bot.* Nome vulgar do *Arisarum vulgare*, também chamado *candeia*, presente em todas as ilhas, com excepção da Terceira e S. Jorge[583].

Caquinhas, *adj.* Medroso (pl. e dim. de *caca*): – *Aquele rapaz é um caquinhas, tem medo de tudo!*

Cara abogangada, *loc. adj.* Diz-se da cara arredondada, malfeita e feia (de *bogango*, mogango)[F].

Carácácá, *n.m.* O m.q. cacaracá[F]: – *És um gaje do carácácá… nã dás uma prá caixa!*

Caraça, *n.m.* Nome de boi com a cabeça branca e o corpo de uma só cor (de *cara* + *-aça*)[T].

Caracol, *n.m. Balho* conhecido nas Flores, Faial, Pico e S. Jorge, no Faial de compasso binário, nas outras ilhas de compasso ternário: *A vida do caracol / É uma vida arrastada: / Anda com a casa às costas, / Onde quer faz a morada.*

Cara da minh'alma, *loc. interjec.* Tratamento familiar usado para com as crianças quando, p. ex., proferem um dito engraçado[T].

Cara de cu à paisana, *n.* O m.q. *cara de cu*, ao léu!

Cara de cu, *n.* Forma de tratamento depreciativo.

---

[581] Armando Cortes-Rodrigues – *Adagiário Popular Açoriano.*

[582] Armando Narciso – *Terra Açoreana.*

[583] Paulo A. V. Borges e col. – *Listagem da Fauna e Flora Terrestre dos Açores.*

Cara de gato capado, *n.* Cara redonda e gorda, tal como a do gato castrado.
Cara de lata, *n.* Pessoa sem vergonha na cara[SM].
Cara de leite coado, *exp.* Cara deslavada; pálido[F]. Cantiga popular: *Ó João, ó Joãozinho, / Cara de leite coado, / Se tu nã fosses meu primo / Já te tinha namorado.*
Cara de lua cheia, *n.* Cara arredondada, bolachuda, gorda.
Carapinha, *adj.* Diz-se do bovino com uma melena no cimo da testa[T].
Cardeno, *adj. Taur.* Diz-se do touro de cor acinzentada, variável e constante, devido a uma mistura de pêlos brancos e pretos (do cast. *cárdeno*)[T].
Cara descarada, *loc. adj.* Cara sem vergonha; o m.q. *cara desfarçada*[T].
Cara desfarçada, *loc. adj.* O m.q. *cara descarada*[Sj].
Carafunfar, *v.* Choramingar; rabujar[T].
Caralhote, *n.m.* Nome que no Pico se dá ao *pepino-de-mar* (*Holothuria forskali*).
Cara-linda, *n.f.* Tratamento familiar, geralmente em relação a crianças.
Caramoeiro, *n.m.* Camaroeiro, sua corruptela por metátese[F]. Em Peniche, no Baleal, também se chama 'caramoeiro' a um aparelho semelhante destinado à apanha de algas, com um arco de cerca de 130 a 150 cm, manobrado por dois homens[584].
Caramujice, *n.f.* Capricho; teimosia (de *caramujo* + *-ice*)[SM]: – *Tanta caramujice pra depois lhe entregar tudo!*
Caranguejado, *adj.* Diz-se do isco depois de sofrer a operação chamada *caranguejar* (part. pas. de *{caranguejar}*).
Caranguejar, *v.* Operação feita pelos pescadores para perfumar os iscos da pesca com o cheiro de caranguejo (de *caranguejo* + *-ar*). Os caranguejos são desfeitos e a sua massa misturada com os iscos, ficando neste 'tempero' durante algum tempo. No Pico, além disto, chegam a juntar-lhes também um pouco de mel ou figos passados desfeitos. A estas iscas chamam *veneno de sargo*, porque não há sargo que resista a abocanhá-las.
Caranguejo-fidalgo, *n.m.* Caranguejo grande, o maior crustáceo que é apanhado sobre os rochedos junto à costa (*Grapsus grapsus*).
Caranguejo-moiro, *n.m.* O m.q. *moira 1* (*Pachygrapsus marmoratus*)[Fl].
Caranta, *n.m.* Alcunha que se dá ao que tem a cara alta[T].
Carão, *n.m.* O m.q. carolo; cascabulho da espiga[SM]: *Tem o nome de botão; / Um dia, na minha terra, / Roubou de milho um carão [...]*[585].
Carapau, *n.m.* Goraz pequeno (*Pegellus bogaraveo*), sua forma juvenil, que se apanha facilmente junto à costa durante quase todo o ano. Nada tem a ver com o peixe a que no Continente se aplica este nome, isto é, o chicharro. Tanto o *carapau* como o chicharro miúdo são usados como *isca viva* na pesca dos tunídeos. Antigamente pescava-se o carapau com um caniço com cerca de 2.5 a 3 metros e uma linha fina, p. ex., 0.25 mm, terminada em pequena chumbada e um ou dois anzóis miudinhos, o chamado *anzol mosca*.
Carapito, *n.m.* Molho de milheiros (sínc. de *carrapito*)[T].
Carapuça, *n.f.* Espécie de boné provido de um resguardo pendente sobre o pescoço, que podia firmar-se com fechos sob a barba, e com pala em forma de pendente (do cast. *carapuça*, hoje caperuza, der. de *capa*)[586]. Segundo Gaspar Frutuoso, aos domingos, a *carapuça* era de pano igual ao dos fatos que levavam à igreja, feito de lã e de confecção local, durante a semana era de linho. Como refere Lacerda

---

584 Ernesto V. Oliveira e col. – *Actividades Agro-Marítimas e m Portugal.*

585 Do *Vilão* de *Mártires da Germânia, Comédia* de autor desconhecido.

586 Luís Bernardo Leite de Ataíde – *Etnografia, Arte e Vida Antiga nos Açores.*

Machado[587], no Pico usavam-na virada do avesso, onde tinha uma barra de pano colorida de verde. Do lado direito, onde não tinha nenhum ornamento, era usada em sinal de luto. *Um dos objectos mais curiosos aos olhos de um estranho nas ruas de Ponta Delgada, é o barrete ou carapuça, usado pelos camponeses indígenas. Provavelmente, não tem similar em outra qualquer cobertura de cabeça usada no Mundo*[588].

Carapuça-de-campanha, *n.f.* Carapuça usada antigamente nas Flores, com a forma de uma calote esférica cingida à cabeça e com abas arqueadas.

Carapuça-de-orelhas e Capote (Postal antigo)

Carapuça-de-orelhas, *n.f.* Pequeno barrete de pano de lã azul escuro ou preto, forrado de castorina, em forma de pirâmide losangular, posta sobre uma orla da mesma fazenda de dois ou três dedos de largura, com duas saliências (orelhas) de lã vermelha acolchoadas, uma de cada lado sobre a região temporal, antigamente usado na Terceira e em S. Jorge.

Carapuça-de-rebuço, *n.f.* Carapuça de pano de lã preta em forma cilíndrica com rebuço, isto é, um cobre-nuca comprido, que chegava às vezes até à cintura e se apertava com um botão por baixo do queixo, ficando a descoberto apenas o rosto. Em S. Jorge, tinha à frente uma pala em forma de meia lua, em S. Miguel tinha abas arqueadas[589].

Carapucinha, *n.f.* Jogo infantil em que as crianças formam uma roda e uma delas anda em volta dela com uma carapuça na mão a dizer: *Carapucinha na mão vai, ela aqui fica, ela aqui vai!*[T].

Cara-querida, *n.f.* Tratamento familiar muito usado nos Açores, geralmente em relação a crianças; O m.q. *cara-linda*: *Vai comendo um bocadinho de pão de milho pelo caminho, cara-querida – aconselhava-me mamã com voz de veludo*[590].

Caravela, *n.f.* Nome dado a uma espécie de cnidário, cientificamente denominado *Physalia physalis*.

Carcaço, *n.m.* Carcaça, no sentido de corpo humano. Termo muito utilizado nas Flores pelos velhos em referência ao próprio corpo debilitado: – *Pr'àqui se vai vivendo, passeando o carcaço!*

Carcamanha, *n.f.* Pessoa velha, acabada[SM].

Carcundo, *adj.* Corcunda; o que tem carcunda[Fl].

Cardação, *n.f. fig.* Repreensão severa, como se se fosse psicologicamente cardado (de *cardar* + *-ção*)[F].

Cardaceira, *n.f.* O m.q. *cardaço* 1 (de *cardaço* + *-eira*)[Fl].

Cardaço, (met. de *cadarço*, do cast. *cadarzo*) **1.** *n.m.* Enfeite das antigas danças de Car-

---

[587] F. S. de Lacerda Machado – *Vocabulário Regional das Lajes do Pico.*

[588] Joseph e Henry Bullar – *Um Inverno nos Açores.*

[589] Luís da Silva Ribeiro – *O Trajo Popular Terceirense.*

[590] João de Melo – *Gente Feliz com Lágrimas.*

naval que permitia distinguir umas das outras e assim classificá-las[Fl]. **2.** *n.m.* Atilho; nastro[T]. **3.** *n.m. fig.* e *pej.* Pessoa velha. Emprega-se muitas vezes este termo em relação a uma pessoa velha que quer passar por nova[T].

Cardão, n.m. Carda grande; o m.q. *carducho* (de *cardo* + *-ão*)[C].

Cardar, (de *cardo* + *-ar*) **1.** *v. fig.* Arranhar[F]: – *O gato cardou-te bem cardado, não o pisasses!* **2.** *v. fig.* Bater[SM]. **3.** *v. fig.* Fazer afagos[T].

Cardeal, *n.m.* Arbusto da fam. das *Malváceas* a que no Cont. se dá o nome de 'hibisco', uma das muitas espécies pertencente ao gén. *Hibiscus.*

Cardim, *n.m.* Nome de boi mesclado de branco ou acinzentado; o m.q. *saro* e *salgado*[T].

Carducho, *n.m.*. O m.q. *cardão*[C].

Caré, *n.m.* Material com que faziam antigamente as eiras (corrupt. de *cré* por epêntese)[Fl].

Careca, *n.m.* Alcunha que em S. Miguel davam ao pescador da freguesia de S. Pedro em Ponta Delgada.

Carecada, *n.f.* Corte de cabelo muito curto (de *careca* + *-ada*)[F].

Careco, *adj.* O m.q. careca[C]: – *Ind'é tã novinho e já 'tá quase todo careco!*

Caredo *(è), interj.* Credo, sua corruptela por epêntese[F].

Careta *(ê), n.f. fig.* Bebedeira (ext. de *careta*)[Sj].

Carguíssema, *n.f.* Carregamento grande de qualquer coisa, p. ex., uma carguíssema de roupa[Fl].

Cariano, *n.m.* O m.q. *diabrete*[Sj]. Em S. Jorge também lhe chamam *cramelhano.*

Carieta, *n.f.* O m.q. *caiota;* chuchu (*Sechium edule*)[Fl].

Carinhosas, *n.f. pl.* Cantiga de roda antigamente dançada no Pico durante as folgas.

Carioca, *n.f.* O m.q. carocha[T]. Comido das cariocas: muito magro[T].

Cariota, *n.f.* Caiota, sua corruptela; chuchu[Fl].

Carnada, *n.f.* Naco de carne que se retira dos peixes pequenos como, p. ex., o carapau ou o chicharro, para servir de isca, a chamada *isca-branca* (de *carne* + *-ada*) [F]. Usa-se muitas vezes no diminutivo – uma carnadinha.

Carnal, *adj.* Diz-se do tempo em que, segundo os preceitos da religião, se pode comer carne (do lat. *carnāle-*, relativo à carne)[P].

Carne cobrada e nervo torto, *exp.* O m.q. entorse. Antigamente, as pessoas recorriam quase sempre aos curandeiros para o seu tratamento, que era feito com práticas e rezas como a que se segue: *Carne cobrada / E nervo torto / Eu quero curar. / Com esta agulha / E esta linha, / Neste corpo / Eu vou passar / Para que ele torne / Ao seu lugar. / Será repassado / E curado na carne / Que Deus criou*[591].

Carne de baleia, *n.f.* Carne antigamente retirada dos cachalotes. Esta carne, ao contrário do que acontece actualmente no Japão, não era utilizada na alimentação humana, embora algumas pessoas, geralmente familiares dos baleeiros, a levassem para dar aos porcos[592].

Carne de padaço, *n.f.* Na Terceira chama-se *carne de padaço* à carne de porco que tem pouco toucinho. Ver *padaço.*

Carne seca, *s.* Magricela[T].

Carnegão, *n.m.* Parte dura, esbranquiçada e sanguinolenta, que se espreme dos abcessos, no Continente também chamado 'carnicão'.

Carneira, *n.f.* O m.q. rolão.

Carneirada, *n.f.* Espuma branca que se forma nas cristas das ondas do mar, quando há vento, formando imagens que lembram os carneiros brancos ao

---

[591] J. H. Borges Martins – *Crenças Populares da Ilha Terceira I.*

[592] Geralmente não era dada nos últimos 3 meses antes da matança para que a carne do porco não soubesse a *baleia.*

longe (de *carneiro* + *-ada*): – *O mar tá rofe ti Amaro... ũa carneirada solta*[593].

Carneiro, (do lat. *carnarĭu-*) **1.** *n.m.* Insecto que ataca o grão de feijão seco (*Acanthoscelides obsoletus*)[C]. **2.** *n.m.* *n.m.* Alcunha que os de S. Jorge dão ao natural dos Biscoitos, freguesia da mesma ilha.

Carneiro-ninho, *n.m.* Carneiro criado *à porta* e que acompanhava a junta de bois, não só no estábulo como também no trabalho da lavoura[Sj]. Se fosse uma ovelha, chamava-se *ovelha-ninha.*

Carneiros, *n.m. pl. fig.* O m.q. *ovelhas* e *carneirada*[F]. Os franceses também lhes chamam 'moutons'.

Carnéu, *n.m.* O m.q. casco, falando da cabeça (do lat. *carnĕu-*)[Sj].

Carniça, *n.f.* Muita carne[Fl].

Carnina, *n.f.* Dim. de carne; carninha, sua corruptela.

Carocha, *n.f.* Nome que também se dá à bruxa[SM]. Segundo a crença popular, as bruxas – as *carochas* – têm o hábito de chupar o sangue das crianças durante a noite, que assim vão definhando até à morte. Daí, o facto de se dizer, quando uma pessoa está muito magra, que anda *comida* ou *chupada pelas carochas.*

Carochinha, *n.f.* Nome que em S. Miguel também dão à joaninha (*Rodolia cardinalis*).

Caroiço, *n.m.* Caroço, sua corruptela por epêntese[T]: *O forno é cm'um caroiço, é oco por dentro*[594]. Esta ditongação decrescente também é muito ouvida no falar algarvio[595]. Em certas freguesias rurais do Faial (Cedros, p. ex.) chamavam *caroiço* ao sabugo do milho.

Carojó, *n.m.* Nome dado à galinha pedrês. Corrupt. de *carijó* – que no Brasil tem o mesmo significado –, palavra derivada do tupi *cari-yó*, que também significa galináceo com penas pretas e brancas.

Caroucha, *n.f.* Carocha, sua corruptela por epêntese[F]: – *Dentro daquela cheminé há mistérios de carouchas!*

Carouço, *n.m.* Caroço, sua corruptela por epêntese[F,Sj]. Em S. Jorge diz-se: *carouço, carouço, / faço que não ouço*[596].

Carpiada, *n.f.* Pão de leite pequeno, feito com farinha de trigo e de milho, ovos e açúcar; o m.q. *capriada* (de *carpo* + <*-i-*> + *-ada*)[SM]. Também lhe dão o nome de *escaldada.* No Faial chama-se *brendeiro* e em S. Jorge *merendeira.*

Carpina, *n.f.* Arte de carpinteirar (de *carpo* + *-ina*)[C,F].

Carpinha, *n.f.* O m.q. carpinteiro (de *carpo* + *-inha*)[T]. *Arte de carpinha:* a arte de carpinteiro[T].

Carpinteiro, *n.m.* O m.q. *vento carpinteiro,* nome que na Terceira se dá ao vento que sopra de Sueste. Já Gaspar Frutuoso o refere nas *Saudades da Terra* com esta denominação, e Vitorino Nemésio escreve *[...] inóspita aos ventos de sudeste (o temido vento carpinteiro da minha infância [...].*

Çarrado, *n.m.* Cerrado, sua corrupt. por assimilação; campo cultivado[F,Sj]. Assim se diz: o *çarrado* de milho do *Oiteiro;* um *çarrado* de trigo; o *çarrado* do *oitono.* **2.** *adj.* Fechado, falando do nevoeiro: – *Home, onte, prás bandas da grota dos enfeitos, 'tava tã çarrado o nevoeiro que nã se via um palmo à frente do nariz!* Na Terceira diz-se Atira burro que o çarrado é grande, quando alguém se porta malcriadamente.

Çarrado do funcho, *n.m. fig.* O m.q. cemitério[F,Fl].

Carramanchão, *n.m.* Indivíduo estúpido[SM]: – *Grande carramanchão..., só diz toliças!*

Carranca, *n.f.* Tempo a adivinhar tempestade (ext. de *carranca*).

Carrancholas, *n.f. pl.* Cavalitas[Sj]. *Às carrancholas*: às cavalitas.

---

593 Vitorino Nemésio – *Mau Tempo no Canal.*

594 J. H. Borges Martins – *A Justiça da Noite na Ilha Terceira.*

595 Clarinda de Azevedo Maia – *Os Falares do Algarve.*

596 Armando Cortes-Rodrigues – *Adagiário Popular Açoriano.*

Carrancudo, *adj.* Diz-se do tempo a adivinhar chuva (ext. de *carrancudo*).
Carrão, *n.m.* Grande carro de madeira, de tracção animal, com quatro rodas, puxado por bestas, que fazia, até aos anos cinquenta do séc. XX, a ligação entre a cidade da Horta e as freguesias rurais[Fl].
Carrapato, (de *carrapata*, do cast. *garrapata*, carraça) **1.** *n.m.* O m.q. carraça. **2.** *n.m.* Homem baixo e atarracado (ext. de *carrapata*). É termo também usado no Alentejo.
Carrapicho, (de *carrapito*, com troca do suf.) **1.** *n.m.* Pequeno *mancho* de maçarocas[SM]. **2.** *n.m.* O m.q. *camurro*[C].

Carro de carneiro carreando barris (Postal antigo)

Carrear, *v.* Acarretar; transportar, mesmo que seja sem carro (de *carro* + *-ear*):– *Eh rapaz, olha, [...] vamos carrear estrume prà terra com esses ceirães*[597].
Carrega, *n.f. Bot.* Gramínea muito abundante nos Açores (*Carex* spp.)[598], antigamente, no início do povoamento das ilhas, usada para cobrir as casas[599]: *[...] de pobres casas de pedra e barro, cobertas de uma erva chamada carrega que nasce nas grotas e ribeiras*[600]. Tem o mesmo nome no Brasil, pelo que alguns dicionários a registam como brasileirismo.
Cárrega, *n.f. Bot.* O m.q. *carrega* (*Carex* spp.).
Carregação, *n.f.* Armação de madeira que esconde a verga da porta (de *carregar* + *-ção*)[Fl]. *Obra de carregação:* coisa mal acabada, mal amanhada, o antónimo de *obra asseada*[T].
Carreira, (do lat. vulg. *carrarĭa*) **1.** *n.f.* Corrida veloz[F]. Nos Açores diz-se muito: *dar uma carreira, de carreira, ir à carreira*, nunca uma corrida. *Fazer tudo à carreira:* fazer tudo à pressa: *Este balho das moscas / É sempre à carreira / Para trás e pra diente / Da mesma maneira*[601]. E. Gonçalves regista-o também na linguagem algarvia[602]. A única vez que ouvi este termo no Cont. foi na freguesia de Outil, concelho de Cantanhede, usado na loc. 'à carreira' por uma anciã aí nascida e criada. **2.** *n.f.* Designação do itinerário marítimo entre o Cont., a Madeira e os Açores. **3.** *n.f.* O m.q. camioneta da carreira: *Apanhou a carreira e foi ao Raminho a casa do tio Francisco Melório*[603].
Carreira das bestas, *n.f.* O m.q. *carrão*[Fl].
Carreira de Santiago, *n.f.* O m.q. Estrada de S. Tiago ou Via Láctea. Segundo a experiência popular, quando o Carreiro de Santiago aparece bem claro é sinal anunciador de bom tempo.
Carreiro de Santiago, 1. *n.m.* Via Láctea[C,F,Sj]; o m.q. *Carreira de Santiago*. No Cont. chama-se 'Estrada de Santiago'. **2.** *n.m.*
Carreiro, *n.m.* Trilho onde girava o animal, na atafona (de *carro* + *-eiro*)[T].
Carrejadeira de pancada, *exp.* Grande sova (carrejadeira: de *carrejar* + *-deira*)[Sj].

---

597 Ângela Furtado Brum – *Contos Tradicionais Açorianos*.
598 Em Portugal continental, a uma destas espécies (*Carex arenaria*) chama-se 'carriço-da-areia'.
599 Estas gramíneas foram mais tarde substituídas nesta função pela palha de trigo.
600 Gaspar Frutuoso – *Saudades da Terra*.
601 Quadra do folclore, recolhida nas Flores.
602 Eduardo Brazão Gonçalves – *Dicionário do Falar Algarvio*.
603 J. H. Borges Martins – *Crenças Populares da Ilha Terceira I*.

Carreta, *n.f.* Cada uma das roldanas por onde passam os fios de suspensão dos liços do tear (de *carrete*)[Sj].

Carreto antigo (Colecção do Autor)

Carreto *(ê),* (deriv. regr. de *carretar*) **1.** *n.m.* O m.q. carrada pequena; carga de homem, animal ou carro. **2.** *n.m.* Grande quantidade: *quase todos os dias, ele dava-lhe porrada, um carreto de pancadaria*[604]. **3.** *n.m.* Espécie de roda pequena provida de dentes de madeira, aplicada no veio e que é accionada pela roda do mastro, no moinho de vento[Fl]. **4.** *n.m.* Carrete; carretel, molinete. **5.** *fig.* Bebedeira: – *Quando passou à Praça Velha, ai tal carreto já levava ele!*

Carrilho, (do cast. *carrillo,* bochecha) **1.** *n.m.* Queixo: – *Já me doem os carrilhos de tanto frio – 'tou mêmo incarrilhado!* **2.** *n.m.* Espiga-de-milho esbagoada dos grãos[SM]; o m.q. *sabugo*: *Dos carrilhos que viriam a destinar-se ao atiçamento do lume amuado e também à higiene do traseiro*[605].

Carrinho, *n.m.* Maxilar inferior[Fl]; queixo; mento (de *carro* + *-inho*)[F,Sj]. Também se chamava *carro* ou *carrinho* ao maxilar inferior da *baleia*. <u>Mexer os carrinhos</u>: comer depressa.

Carritel, (do cast. *carretel*) **1.** *n.m.* Peça da atafona, uma pequena roda dentada que engrena com a roda[T]. **2.** *n.m.* Espécie de roldana do tear que segura os *cabritos*[SM]. **3.** *n.m.* Rolete do moinho de vento[SM].

Carro, *n.m. Bal.* Mandíbula do cachalote e de outros mamíferos marinhos como, p. ex., a toninha (do lat. *carru-*). Cp.: *Carrinho* é o maxilar inferior do homem.

Carro-chião, *n.m.* O m.q. carro-de-guincho: *No tempo das colheitas, pela aldeia além, seguem os carros cantando. Que harmonia, os bois vão bem contentes com aquela música. […] Vão cansados, mas vão contentes, porque o carro chia*[606]. CF regista-o (chião), como açorianismo. Na Madeira, porém, também lhe dão o mesmo nome[607].

Carrocinha, *n.f.* Meio de transporte utilizado antigamente para o transporte de pessoas[T]: *Nas características* carrocinhas, *ainda utilizadas como transporte colectivo nas freguesias rurais, puxadas por garranos e nas quais, apesar de pequenas, chegam a acomodar-se 6 e 7 pessoas […].*

Carros das Bandeiras, *n.m.* Carros de bois adornados com ramos verdes e lenços multicolores à guisa de bandeiras que saem à rua pelas festas do Espírito Santo[Sj].

Carro das Faias, *n.m.* Carro de bois enfeitado onde era transportado o Arauto que lia o *Bando* anunciador das Festas de S. João e de outras festividades[T]. <u>*Ir no carro das faias*</u>: fazer-se engraçado – provém do facto de, no carro das faias, ir o Arauto a ler o *Bando*, com frases de feição chistosa. Também se chamava *Carro das Faias* ao *Carro do Esprito Santo*[T].

Carro de bestas, *n.m.* Carro puxado por cavalos, antigamente utilizado no transporte de pessoas[Sj].

---

[604] Ângela Furtado Brum – *Contos Tradicionais Açorianos.*

[605] Cristóvão de Aguiar – *Um Grito em Chamas.*

[606] Armando Narciso – *Terra Açoreana.*

[607] Jorge de Freitas Branco – *Camponeses da Madeira.*

Miniatura de carro de guincho, arado e grade

Carro de carneiro, *n.m.* Pequeno carro puxado por um carneiro ou uma ovelha destinado a *carrear* pequenas carga. Via-se com alguma frequência por quase todas as ilhas ainda em meados do séc. XX.

Carro de guincho, *n.m.* O m.q. carro de bois[SM]. Tem este nome pelo chiar, guinchar, do atrito do *eixo* nas *cantadeiras*. A razão do chiar do carro de bois seria, segundo alguns, para dar um aviso, nas curvas dos caminhos, aos que viessem em sentido contrário.

Carro de Romaria, *n.m.* O m.q. *carro de toldo*[T]. Tinha este nome pelo facto de ser nele que as pessoas se transportavam para as romarias, p. ex., para assistir às ferras, que se realizavam sempre fora dos aglomerados, no interior da Ilha.

Carro de toldo, *n.m.* O m.q. *Carro do Esprito Santo* e *Carro do Bodo*[T]: *[...] ao terreiro iam chegando os primeiros carros de tôldo, que se alinhavam em filas*[608].

Carro do Esprito Santo, *n.m.* Carro de bois enfeitado para as festas tradicionais. Na Terceira, eram ajoujados com cangas todas trabalhadas com diversos desenhos em baixo-relevo – as *cangas do Bodo* –, ornamentadas com arcos de flores de papel de vivas cores, onde não falta o vermelho. Tinham uma sebe especial, só usada para este fim (ver *Sebe dos Bodos*), e sobre o seu leito era colocado um colchão, coberto com uma manta, no qual as mulheres se sentavam de perna cruzada para assistir à distribuição do *Bodo*.
Como qualquer carro de bois, chiava ao andar, donde lhe veio o nome de *carro de guincho*. Em algumas ilhas, nomeadamente na Terceira, as posturas municipais proibiam esse barulho dentro das cidades, embora sempre se manteve tolerância para os carros do Espírito Santo, pela grande força da tradição.

Carro do Bodo, *n.m.* O m.q. Carro do Esprito Santo[T]: *No Carro do Bodo, coberto com uma linda toalha de renda, se sentou tia Mariana [...]*[609].

Carro que canta é a alegria das vacas, *exp.* Provérbio recolhido no Faial, referindo-se ao *carro-chião*.

Carrulo, *n.m.* Porção de alguidares colocados uns sobre os outros[T]. Em Barcelos (Minho), 'carrulo' significa a parte alta das costas entre as omoplatas.

Carta da América, *n.f.* Carta enviada pelos emigrantes da América aos amigos e familiares, quase sempre recheada de *alguma dola*.

Carta da viagem, *n.f.* A primeira carta que o emigrante enviava para a família: *[...]*

608 João Ilhéu – *Gente do Monte.*

609 Carlos Enes – *Terra do Bravo.*

e na primeira carta que escreveu à família, 'a carta da viagem', deu-lhe a grande novidade [...][610].

Cartas de perdão, *n.f.* Nome dado no séc. XVI às missivas enviadas pelo governo de Filipe II aos governantes e pessoas influentes da Terceira para que se submetessem ao domínio espanhol[611]: *As cartas de perdão eram, em regra, dirigidas às supremas autoridades terceirenses, caso de Ciprião de Figueiredo e Manuel da Silva. No entanto, como estes recusavam sistematicamente os perdões oferecidos, os espanhóis passaram a enviar idênticas propostas a particulares, escolhendo para o efeito, gente influente, capaz de pressionar os dirigentes e partidários de Filipe II convidados, deste modo, a rebelarem-se contra a situação política*[612].

Carteta, *n.f.* Última carta jogada no jogo do truque ou da dourada (de *carta* + -*eta*)[Sj].

Caruma, *n.f.* O m.q. *junco*[T].

Caruncho, *n.m.* O m.q. *carneiro*[C].

Carvalho Araújo

Carvalho Araújo, *n.m.* Navio misto, de transporte de passageiros e de mercadoria, expressamente construído em Itália para a Empresa Insulana de Navegação e que navegou no mar dos Açores e destes para a Madeira e para Lisboa desde 1930 e durante cerca de quarenta anos, como protagonista da história marítima dos Açores. Remodelado em 1943 e, já gasto de tanto navegar, foi finalmente vendido a um sucateiro de Lisboa em 1972 que, por sua vez, o vendeu para Espanha, tendo partido no ano seguinte, com o nome de 'Marcéu', para Aviles, onde foi desmantelado[613]. Faz parte da história e da cultura açorianas, sendo uma referência importante para a gente do arquipélago.

Carvoeiro, *n.m.* Apodo que os de S. Miguel dão aos habitantes das Sete Cidades.

Casa, *n.f.* O m.q. concha[C].

Casa-alta, *n.f.* O m.q. *casa-de-alto-e-baixo;* casa com dois pisos[T].

Casa Amarela, *n.f.* Hospício dos alienados, também chamado S. Rafael[T]. Tinha este nome pelo facto de o edifício ser pintado de amarelo.

Casaca, (do fr. *casaque*) **1.** *n.f.* Antigo traje da gente da cidade que o povo das freguesias rurais nunca adoptou[T]. **2.** *s.* Apodo atribuído ao habitante de Ponta Delgada, pelos de fora dessa cidade de S. Miguel.

Casaco, *n.m.* Moda tradicional da Terceira, noutras ilhas conhecida por 'Cá Sei': *Abana, abana o casaco / Lá prá banda da Serreta; / Todos abanam o casaco, / Só eu abano a jaqueta.*

Casa da fruta, *n.f.* Pequeno edifício construído nas quintas de S. Miguel para seleccionar e embalar as laranjas, no tempo áureo da sua cultura na Ilha.

Casa da Vila, *n.f.* Nome que em S. Jorge se dava a uma casa-de-alto-e-baixo utilizada apenas durante o verão, pelas festas do Espírito Santo: *Há também no Topo – peculiaridade sem congénere no resto da ilha e até no Arquipélago – as chamadas* casas da vila, *velhos edifícios de rés-do-chão e primeiro andar, situados junto do «império», dos quais cada compartimento pertence a uma família*

610 Urbano de Mendonça Dias – *"O Mr. Jó"*

611 A Terceira, em finais de 1580, era a única parcela nacional que ainda não aceitara a legitimidade de Filipe II de Espanha.

612 Avelino de Freitas de Meneses – *Os Açores e o Domínio Filipino.*

613 A. A. de Moraes – *A Insulana e a Sua Frota.*

da periferia da própria freguesia ou da freguesia de Santo Antão, que dele se utilizava para assistir às «festas do Espírito Santo»[614].

Casa-de-alto-e-baixo. *n.f.* Casa com rés-do-chão e primeiro andar – a casa de habitação situada em cima, as lojas de arrumação e de estábulo no rés-do-chão, excepto o Corvo e Santa Maria, onde no rés-do-chão se situa, além das lojas, a cozinha.

Casa de engenho, *n.f.* Casa onde se fazia a operação de esmagar as folhas do pastel, também chamada apenas *engenho*.

Casa de festa, *n.f.* Casa onde se fazem os *balhos* regionais[F]: *Já estive, Deus louvado, em muita casa de festa*[615].

Casa de fora, *n.f.* Quarto de entrada; o m.q. *meio-da-casa*[F]: *O sobrado da casa de fora era de pequenos pedaços de cedro*[616].

Casa de Função, *n.f.* Casa onde se celebram as cerimónias tradicionais da festa do Espírito Santo: *[...] cheiram a rosas silvestres e ao feno que junca as casas de função*[617].

Casa de madeira, *n.f.* As primeiras habitações dos povoadores, que em primeiro lugar povoaram a *Ilha de Gonçalo Velho* e a seguir a do Arcanjo, eram denominadas *cafuas*, feitas de pedra e com tecto de colmo; só a seguir vieram as casas feitas de madeira, as primeiras feitas em Ponta Delgada, como nos relata Gaspar Frutuoso, sendo depois seguidas pelas casas feitas de pedra e cal.

Casa de sagão, *n.f.* Casa de rés-do-chão e primeiro andar, sendo os dois pisos ligados por uma escada interior de madeira[Fl].

Casa de telha corrida, *n.f.* Nome que se dá à casa que não é *embeirada*[Fl].

Casa do Esprito Santo, *n.f.* Também chamada *Império do Esprito Santo*, é uma espécie de ermida, às vezes de grande dimensão[618], onde é feita a festa do Espírito Santo[F]. O seu interior consiste geralmente em uma única divisão, com um altar numa das extremidades, edificado em forma de trono, onde é colocada a *Coroa* e as restantes insígnias do Espírito Santo. A sua frontaria é decorada por uma *Coroa* do Espírito Santo em pedra lavrada. Algumas Casas do Espírito Santo possuem uma sineira, cujos sinos são tocados pela rapaziada ao sair e ao chegar dos cortejos. Nalguns locais, até a um passado relativamente recente, era nestas *Casas* que funcionavam as Escolas Primárias, servindo também de local para espectáculos, de salão de festas, ultimamente para actividades de natureza politico-partidárias[619]. Em certas ilhas, quando as casas não tinham condições, eram nestas Casas que se faziam as bodas de casamento.

Casa-do-meio, *n.f.* O m.q. *meio-da-casa*[T].

Casa do moinho, *n.f.* Casa antigamente edificada junto dos moinhos de vento para albergar a família do moleiro[620].

Casa do Ramo Grande, *n.f.* Tipo de casa único nos Açores, construído na segunda metade do séc. XIX e princípios do séc. XX na Terceira, na região do Ramo Grande, Concelho da Praia da Vitória, provavelmente ligado ao desmembramento dos morgadios (extintos em 1864), com uma sólida construção e acabamentos em cantaria à vista imitando as velhas cantarias do séc. XVIII.

---

614 Elsa Mendonça – *Ilha de S. Jorge*.

615 P.e Nunes da Rosa – *Pastorais do Mosteiro*.

616 P.e Nunes da Rosa – *Pastorais do Mosteiro*.

617 João Ilhéu – *Notas Etnográficas*.

618 A sua grande dimensão, nomeadamente na Ilha das Flores, destinava-se a albergar todos os Irmãos e seus familiares, particularmente nos dias em que as condições atmosféricas não permitiam o decorrer da festa ao ar livre.

619 Nessas alturas, as insígnias do Espírito Santo era geralmente retiradas do edifício e depositadas noutro local, p. ex., na Igreja.

620 Muitas vezes, os moinhos de vento ficavam longe das freguesias, em lugares altos para poderem estar expostos a uma maior intensidade dos ventos, daí a razão da existência destas casas.

Foto: Fátima Baptista

Casa palhaça, *n.f.* Casa com tecto de palha. Ver tb. *palhaça.*

Casa palhoça, *n.f.* O m.q. *casa palhaça*[Fl].

Casal, *n.m.* Caixote dividido em quadrados onde se colocavam os novelos que iam ser urdidos no tear (do lat. *casale-*)[Fl].

Casamento da mão esquerda, *exp.* Casamento 'de facto'; mancebia[SM]. *Da mão esquerda* tem a ver com o Diabo, a quem também se lhe dá por quase toda a parte o nome de *canhoto.*

Casas de ver a festa, *n.f.* Conjunto de casas situadas na proximidade imediata da Casa do Espírito Santo e do *Império,* que eram utilizadas exclusivamente na altura das festas de Pentecostes e da Trindade[SJ], encontrando-se desocupadas durante o resto do ano.

Casca de milho, *n.f.* As folhas que envolvem a maçaroca do milho[F,P]. Antigamente, um dos seus usos era o enchimento dos colchões das camas, depois de devidamente desfiadas. Depois de as pessoas dormirem, o colchão ficava com irregularidades devidas ao peso do corpo, pelo que era necessário remexer a palha interior, fazendo-se através de uma abertura na sua parte superior, mais ou menos a meio, por onde se metia a mão para tal fim.

Cascada, *n.f.* Primeira camada da folha da maçaroca-de-milho (de *casca* + *-ada*)[SM].

Cascado, *adj.* Impregnado; metido no corpo (part. pas. de *cascar*)[F]. Aplica-se este termo geralmente em relação a um vício – bem *cascado* no corpo.

Cascalhada, *n.f.* Vasilhame de aduelas (de *cascalho* + *-ada*)[T].

Cascalhos, *n.m. pl.* Doce de ovos com aparência de areia grossa, daí o nome[SM].

Casca-grossa, *n. fig.* Pessoa boçal, sem educação[T].

Cascão, *n.m.* Indivíduo desprezível (de *casca* + *-ão*)[SM].

Cascar, (do lat. *quassicāre,* de *quassāre,* quebrar) **1.** *v.* O m.q. descascar[F]. **2.** *v. fig.* Bater; ripostar verbalmente[F,T]: *Nisto o diabrete leva a mão e zás: cascou-lhe uma bolacha na cara*[621]. **3.** *v.* Atirar; enviar; lançar: *Ele levantou a cabeça para ver quem era e ela cascou-lhe uma gaitada muito grande [...]*[622].

Cascarrilha, *n.f.* Bagatela; coisa sem importância (do cast. *cascarilla,* casquinha)[SM]: *[...] Ti Jermias, apanhou uma* (maúça) *de tal maneira, que esteve de cama passante de cinco semanas, sem ganhar uma cascarrilha*[623].

Casco, (deriv. regr. de *cascar*) **1.** *n.m.* Grande vasilha destinada a guardar o vinho[T]. **2.** *n.m.* O m.q. concha[C].

Casco mole, *n.m.* O m.q. moleirinha[C].

Caseira, *n.f.* Cova feita na terra, com o fundo bem cheio de estrume[624], onde se semeiam abóboras, melancias ou melões (de *casa* + *-eira*)[F,P,Sj,SM].

Caseiral, *n.f.* Terreno plantado de melancias, melões ou abóboras (de *{caseira}* + *-al*)[Sj].

Casemira, 1. *n.f.* O m.q. caxemira. **2.** *n.f.* Pano fino de lã[T]. Nota: O nome caxemira deriva do top. Caxemira.

Casião, *n.f.* Aférese de ocasião (arc.)[F,Fl,Sj,T]. CF regista-o apenas como brasileirismo.

---

621 J. H. Borges Martins – *Crenças Populares da Ilha Terceira II.*

622 J. H. Borges Martins – *Crenças Populares da Ilha Terceira I.*

623 Cristóvão de Aguiar – *Raiz Comovida.*

624 Antigamente, o fundo da *caseira* levava sargaço, rama de incenso, rama de cana-roca que eram cobertos com terra, ficando a fermentar e a aquecer.

Casinha, (de *casa* + *-inha*) **1.** *n.f.* O m.q. retrete: *Ir à casinha fazer um preciso.* **2.** *n.f.* Anexo à casa de habitação para guardar produtos agrícolas[SM].

Casinha-de-cavala, *n.f.* Nome que também se dava antigamente à retrete[Fl].

Casinha do Esprito Santo, *n.f.* O m.q. *império, cadafalso* ou *triato*[Fl].

Casmaca, *n.p.* *Apelido* do flamengo van der Hagen. Ver também *Vandaraga.*

Casola, (de *casa* + *-ola*) **1.** *n.f.* Jogo de crianças que consiste em desenhar no chão um certo número de quadrados e, só com um pé, saltar de uns para os outros[Fl]. **2.** *n.f.* O m.q. *fajã*[C].

Casório, *n.m.* Casa grande; casarão (de *casa* + *-ório*)[P].

Caspiada, 1. *n.f.* Broa de farinha de trigo, leite, ovos e açúcar[P]. **2.** *n.f.* Pequeno bolo de farinha de milho, com cerca de 20 cm de diâmetro e 3 a 4 cm de espessura, que leva também *pé-de-torresmo* e vai a cozer na mesma fornada do pão de milho[T]. Do folclore terceirense: *Ó Campona ó campona, / Ó Campona da canada / Quando a tua mãe cozer / Hás-de dar-me uma caspiada.*

Casqueado, *adj.* Limpo, extremamente lavado; desencardido[F] (part. pas. de *{casquear}*). O m.q. *escasqueado* e *escoumado.*

Casquear, *v.* Limpar muito bem (de *casco* + *-ear*).

Casqueira, *n.f.* Caule e vagens de leguminosas depois de esvaziadas (de *casca* + *-eira*)[SM].

Casquete, *n.m.* Indivíduo divertido, amigo de dizer piadas[SM].

Castanha, *n.f.* Fueirada; paulada (do lat. *castanĕa-*): *Deram-lhe umas castanhas plo lombo fora*[625].

Castanha-do-mar, *n.f.* O m.q. fava-do--mar: *[…] as castanhas-do-mar vindas algures das Caraíbas e aqui arrojadas às praias*[626].

[625] J. H. Borges Martins – *A Justiça da Noite na Ilha Terceira.*

[626] António M. de Frias Martins – *Açores, Ilhas de Azul e Verde.*

Castanheiro, Alcunha que em S. Miguel se dá ao natural da Povoação, pela abundância de castanheiros nesse local.

Castanheta, (de *castanha* + *-eta*) **1.** *n.f.* Peixe de pequeno porte, também chamado *castanheta-amarela,* pescado junto à costa, de coloração amarelada e barbatana dorsal azulada e brilhante, cientificamente denominado *Chromis limbata.* **2.** *n.f. pl.* Instrumento popular infantil feito com duas conchas de lapas, uma espécie de castanholas[T].

Castanheta-azul, *n.f.* Pequeno peixe muito parecido, no tamanho e na forma, com a *castanheta* mas de coloração escura e azulada, cientificamente denominado *Abudefduf luridus.* Também se chama *castanheta-preta.*

Castanho, *n.m.* *Taur.* Denominação do touro de cor castanha como o tabaco[T].

Castanhola, *n.f.* O m.q. *clipe.*

Castelo, (do lat. *castellu-*) **1.** *n.m.* Nas *ilhas-de-baixo,* falar em Castelo é falar na tropa. Ir para o Castelo é ir para a tropa, livrar do Castelo é ficar livre da tropa. O *Castelo* é o Castelo de S. João Baptista, em Angra[627], onde está instalado o quartel do Regimento n.° 17. **2.** *n.m.* Em Ponta Delgada de S. Miguel é o vento que sopra de Sudoeste, dos lados do Castelo de S. Braz. **3.** *n.m.* Conjunto de três molhos de trigo ceifado[SM]. Em Santa Maria é um conjunto de 6 molhos[628]. **4.** *n.m.* Nuvem grande e escura[SM]. **5.** *n.m. pl.* Designação da rosquilha e dos pães com que se inicia o *serviço do Império* nos Domingos da festa do Espírito Santo[Sj].

Castigo, *n.m.* O m.q. catástrofe (deriv. regr. de *castigar*). Na realidade, para o nosso povo, *castigo* é qualquer desgraça, desde uma grande catástrofe até à simples

[627] Foi mandado edificar por Filipe II de Espanha em 1591 e recebeu o nome de Castelo de S. Filipe, designação que foi alterada em 1642 para o nome actual.

[628] Isabel Pereira da Costa – *Santa Maria – Açores – Um Estudo Dialectal.*

morte de um animal doméstico, desde a falta de apetite da criança, que é *um castigo* pra comer, até ao carro velho que vai ser *um castigo* dos diabos para pegar em frio no dia seguinte.

Castigo de Deus, *n.m.* O povo destas ilhas chama *castigo de Deus* às catástrofes – os abalos de terra, p. ex., são *castigos de Deus.*

Castralho, *n.m.* Peça dos moinhos, uma espécie de orelhas, ao lado da seitia, que aguentam a ponte (de *castrar* + *-alho*)[SM].

Casulo, *n.m.* Variedade de ponto usado pelas tecedeiras (de *casula*)[T].

Catalunho, (de *Catalunha*) **1.** *n.m. pl.* Designação dos piratas que antigamente atacavam a Ilha do Corvo[C]. **2.** *n.m.* Rapaz agitado, irrequieto (ext. de *{catalunho}*)[C].

Catanіça, *n.f.* Tipo de telhado, quando não tem bico na empena (corrupt., por metát., de *tacaniça*)[Fl].

Catar muita cortesia, *exp.* Ter muita consideração[Sj]: – *Ele cata muita cortesia por vossemeçê.*

Catarroeira, *n.f.* O m.q. catarro (de *catarro* + *-eira*)[T]: *[...] e um ataque de tosse o acometeu, gorgolejando nos brônquios a maldita catarroeira*[629].

Catazola, *n.f.* Jogo do pião. Na *catazola* faz-se uma circunferência no chão e no seu centro põe-se um pião. Cada um dos jogadores manda o seu pião, procurando atirar para fora do círculo a *catazola,* o pião que está dentro – se não o consegue, o seu pião vai ocupar o lugar deste[T].

Categoria, *n.f.* Usa-se muito na Terceira, mas também noutras ilhas, com o sentido de muito bom; uma categoria é uma coisa boa.

Catinga, *adj.* Maçador; pegajoso; sequista[SM]: – *Aquele indivíduo é um catinga que nã me deixa im paz!*

Catova, *adj.* Espécie de uva tinta[Fl].

Catrapolho, *adj.* Diz-se do indivíduo de andar trôpego[T].

[629] João Ilhéu – *Gente do Monte.*

Catrega, *n.f.* Multidão (corrupt. de *caterva*)[T]. No Cont. ouvem-se muito estas corruptelas: 'catrefa', 'catréfia', 'catreva' e 'catrefada'. Caterva deriva do lat. *caterva-*, multidão.

Catrina, 1. *n.p.* Catarina, sua corruptela por síncope: *Mandei um limão de rolo / Por Santa Catrina abaixo / Quanto mais o limão rola / Quantos mais amores eu acho*[630]. **2.** *n.f. fig.* Bebedeira[F]: – *Meti-me no copo e apanhei cá uma catrina que já estava a mei canal prá terra!* **3.** *n.f.* Mama grande[F]: – *A moça é bonita e tem cá umas catrinas, benza-te Dês rapariga!*

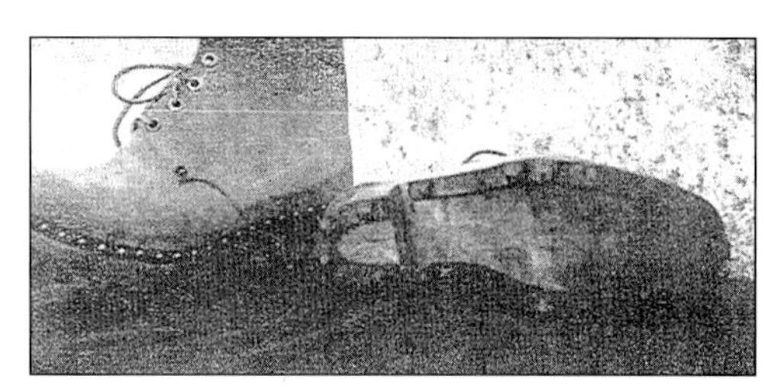

Caturnos (ret. de foto de Elsa Mendonça)

Caturno, *n.m.* Calçado que os lavradores usavam antigamente, fabricado muitas vezes nas próprias ilhas com *atanado,* tendo uma sola de cerca de dois centímetros de espessura protegida por cardas ou ferraduras apropriadas, ou então com a sola feita de madeira de cedro cercada de arco (folha de ferro). Com esta espécie de calçado usava-se meia de lã, ou os pés envolvidos numa tira de pano grosso de algodão (costume americano) para evitar o suor dos mesmos [631]. Esta palavra, assim como 'coturno', é derivada do gr. *kóthornos,* calçado alto, pelo lat. *cothurnu-*, idem.

Causo, *n.m.* Acontecimento; historieta; caso, sua f. arcaica[F,Fl,T]: *Quem contava este*

[630] Quadra do folclore, recolhida pelo Autor nas Flores.

[631] Apontamentos Sobre o Traje das Flores. Revista Municipal das Lajes das Flores 2002-2003.

causo muito bem contado, era minha tia Conceição [...][632]. CF regista-o apenas como brasileirismo.

Cavaca, *n.f. Bot.* Pequena planta herbácea que no Continente se chama Zínia *(Zinia elegans)*[T].

Cavacos – Scyllarides latus

Cavaco, *n.m.* Crustáceo decápode, também conhecido no Cont. pelo nome de 'lagosta-da-pedra', cientificamente denominado *Scyllarides latus*. Atinge um cumprimento de cerca de 45 cm e um peso médio de mais ou menos um quilo. Entre Maio e fins de Setembro os cavacos encontram-se a profundidades entre os 5 e os 40 metros, começando em Outubro a migrar para profundidades que chegam a atingir mais de 100 m, onde permanecem até Abril do ano seguinte. Esta migração está relacionada com a reprodução, que acontece entre Julho e Agosto. O alimento principal dos cavacos durante o verão são as lapas, não se sabendo ainda qual é o alimento que consomem quando realizam a migração vertical, visto que as lapas não vivem abaixo de 12 metros de profundidade. É proibida a captura de cavacos entre 1 de Maio e 31 de Agosto, e o tamanho da carapaça não pode ser inferior a 17 centímetros[633].

Cavaco-anão, *n.m.* Espécie de cavaco de reduzidas dimensões, cientificamente denominado *Scyllarus arctus* ou *Scyllarus pygmeus*[634]. Faz parte da alimentação de certos peixes, nomeadamente do *mero* que, quando cozido logo depois de apanhado, tem um sabor muito parecido ao do marisco. Nas Flores também se chama *ferreirinha*.

Cavala, (do lat. *caballa-*) **1.** *n.f.* Peixe abundante no mar dos Açores, muitas vezes pescado ao corrico pelos pescadores amadores, cientificamente denominado *Scomber japonicus*. Atinge um tamanho muito superior ao da cavala que é pescada no Continente (*Scomber scombrus*), chegando a atingir mais de 60 cm de comprimento e um peso de cerca de 3 kg. **2.** *n.f. cal.* Pénis (ext. de *cavala*... do Continente!).

Cavaleiro, (do lat. *caballarĭu-*) **1.** *n.m.* Nome que em S. Jorge também se dá ao *Mordomo* do Espírito Santo[635]. **2.** *n.m.* O m.q. *andador* e *passeador*[Sj]. **3.** *n.m. pl.* Designação genérica do *Cavaleiro* e do *Ajudante*, nas festas de Espírito Santo[Sj].

[632] Augusto Gomes – *Cozinha Tradicional da Ilha Terceira* (Falas da Tia Gertrudes).

[633] Portaria n.° 19/83 de 5 de Maio.

[634] Linnaeus, 1758.

[635] P.e Manuel de Azevedo da Cunha – *Espírito Santo na Ilha de S. Jorge* in *Notas Históricas*.

Cavalhadas, *n.f. pl.* As *cavalhadas*, de origem polémica, alguns acreditando serem uma reminiscência dos cavaleiros que antigamente tomavam parte nos torneios medievais, ainda actualmente se realizam com o nome de *Cavalhadas de S. Pedro* na Ribeira Seca e Ribeira Grande, em S. Miguel (do cast *caballada*). O seu aparecimento parece ligado ao período das grandes erupções vulcânicas do Pico do Sapateiro – actual Pico Queimado – que destruíram as freguesias da Ribeira Seca e de Santa Bárbara, e Vila Franca do Campo, então capital da ilha. As correntes de lava ao passarem pela Capela de S. Pedro, na Ribeira Seca, pouparam-na, desviando-se dela, o que foi considerado um autêntico milagre. A partir daí, iniciadas por um fidalgo de Vila Franca do Campo e seus vassalos, e depois continuadas pelo povo, todos os anos, no dia de S. Pedro, inicia-se o desfile, partindo do Solar de Mafoma – um palacete do séc. XVIII, onde está agora o Museu do Chá. Percorrendo a freguesia da Ribeira Seca e as freguesias vizinhas, os Cavaleiros desfilando em duas alas, rigorosamente trajados com roupas vistosas e coloridas, chapéus altos pretos adornados de flores de papel e objectos de ouro, numa das mãos as rédias, na outra um pendão vermelho com as letras SP – S. Pedro. Ao chegarem à igreja de S. Pedro, anunciados pelo toque de clarins, o Rei *das Cavalhadas*, inicia a *loa*, declamando versos de raiz popular, que descrevem a vida do santo pescador. Depois dirigem-se para a Ribeira Grande, dando sete voltas ao jardim público (como o fazia o antigo fidalgo)[636], indo depois para a Capela de Santo André e finalmente para a Igreja do Santíssimo Salvador do Mundo na Ribeirinha, regressando então à Ribeira Seca.

Cavalheira, (de *cavalheiro*) **1.** *n.f.* Mulher fina e corajosa[T]. **2.** *n.f.* Mulher de palavra, que cumpre o que promete[SM].

Cavalheirotas, *n.f. pl.* Jogo infantil[SM], no Cont. chamado 'cavalheiritas'. Var.: *Cavalotas*[SM]. Ir às cavaleirotas é o m.q. ir às cavalitas. Nalgumas ilhas diz-se ir às escancharrolas[Fl,P]. No Alentejo diz-se 'às cambalaritas'[637] e na Gândara 'aos cavaleirozes'[638].

Cavalinha, *n.f. Bot.* Também chamada *erva-cavalinha*, é uma planta que faz lembrar um pequeno pinheiro bravo ainda tenro, aparecendo geralmente acima dos 400 metros, distribuída pelas ilhas, salvo o Corvo, o Pico e a Graciosa, cientificamente denominada *Equisetum telmateia*. O nome 'cavalinha' surge devido à semelhança do seu caule com uma cauda de cavalo[639]; o nome *Equisetum* deriva do lat. *equus*, 'cavalo', e *seta*, 'pêlo'.

Cavalo, (do lat. vulg. *caballu-*) **1.** *n.m.* O m.q. *burro*, falando do suporte para serrar lenha[C]. **2.** *n.m.* O m.q. *Burra do milho*[SM].

Cavalo de cana, *n.m.* Antigamente nas freguesias os miúdos cortavam uma *cana-vial* (*Arundo donax*), retiravam as folhas deixando a parte terminal intacta para imitar a cauda, metiam-na entre as pernas como se cavalgassem um cavalo e corriam alegremente pelos caminhos no seu cavalo de cana[F,T]: *Angra, maioral cidade. / Desterro do Gungunhana, / Onde fui às cavalhadas / No meu cavalo de cana*[640].

Cavalota, *n.f.* Cavala média (de *cavala* + *-ota*).

Cear prá ré, *exp.* Remar para trás (pleon. e corrupt. de *ciar*)[F]: – *Ceia p'á ré, depressa, a gente vai imbater no rolo!*

Cebola-de-toca, *n.f. Bot.* Nome que em S. Miguel se dá à cebola de cabeça.

---

636 Antigamente, o fidalgo dava sete voltas à ermida de S. Pedro, interpretadas como os sete dons do Espírito Santo: entendimento, ciência, conselho, fortaleza, piedade, sapiência e temor a Deus.

637 Vítor Barros e Lourivaldo Guerreiro – *Dicionário de Falares do Alentejo*.

638 Idalécio Cação – *Glossário de Termos Gandarezes*.

639 Em certas localidades e no Brasil, dão-lhe o nome de 'rabo-de-asno'.

640 Vitorino Nemésio – *Festa Redonda*.

Cebolinha-de-curtume, *n.f.* Pequena cebola usada na confecção do *curtume*.

Cedade, *n.f.* Cidade, sua corruptela[SJ,SM]: *[...] estes sinhores da cedade vivim assim a modos que só do ar!*[641].

Juniperus brevifolia (Foto: Pierluigi Bragaglia)

Cedro, *n.m. Bot.* Arbusto endémico dos Açores ainda presente nas zonas mais elevadas, existente em todas as ilhas com excepção de Santa Maria e Graciosa, cientificamente denominado *Juniperus brevifolia*. Também é chamado *cedro-das-ilhas, cedro-da-terra, zimbro* e *zimbreiro*. A madeira proveniente dos cedros de grossos troncos centenários foi utilizada antigamente para o fabrico de portas e janelas, de todo o vasilhame, canecas da água e das retretes, selhas, mesas de cozinha, armários, bancos, caixas e arcas de madeira[642], tamancos e até pontes de madeira para passar as ribeiras. Ao *cedro* chama-se *carne de santo* por a maioria das imagens sagradas dos artífices açorianos serem esculpidas na sua madeira.

Cegada *(cè), n.f.* Aborrecimento; maçada (de *{cegar}* + *-ada*).

Cegão, *adj.* Atentador; provocador (*de {cegar}* + *-ão*). Na Terceira diz-se: Sai-te cegão ou Sai-te cegão da bilha!: vai-te daqui, maçador!, em S. Miguel: Sai-te cegão de lata! Fem.: Cegona: *[...] as coriscas das mães eram umas cegonas, sempre de olho arregalado e nariz empinado, a farejar se havia mourama na costa*[643].

Cegar *(Cè), v.* Aborrecer; arreliar; enfadar (do lat. *caecāre*)[SM,T].

Cegueira, *n.f.* O m.q. vertigem (ext. de *cegueira*)[C].

Cegueira de rir, *exp.* Riso intenso[Sj].

Ceia do Galo, *n.f.* O m.q. Consoada; ceia da noite de 24 de Dezembro[T]: *A ceia da Consoada ou «do Galo» não era vulgar, pois o dia verdadeiramente festejado é o de 25, em que se reúnem as famílias para o «jantar da Festa»*[644].

Ceia dos Ajudantes, *n.f.* Refeição fornecida aos *Ajudantes* nas festas do Espírito Santo[StM].

Ceia dos anojados, *n.f.* Refeição melhorada, preparada pelos *vizinhos de perto* do falecido, feita logo depois da *missa do vestido de alma*, em que participam os parentes do 1.° grau[StM].

Ceia dos Criadores, *n.f.* Refeição das festas de Espírito Santo, de características rituais, em que estão obrigatoriamente presentes os *Criadores*. É um jantar organizado em honra dos lavradores que contribuíram com o gado destinado ao abate para o *Bodo* ou das pessoas que deram ofertas relevantes à irmandade. Funciona também como momento de recolha de fundos, sendo tradição em algumas ilhas convidar figuras ilustres da política ou da vida social local.

---

641 Luís Bernardo Leite de Ataíde – *Etnografia Arte e Vida Antiga dos Açores*.

642 O seu aroma intenso afasta as traças, protegendo a roupa.

643 Cristóvão de Aguiar – *Raiz Comovida*.

644 João Ilhéu – *Notas Etnográficas*.

Ceitil, *n.m.* Antiga moeda portuguesa de fraco valor – valia a sexta parte de um real (do ár. *sebti,* de Ceuta): *[...] por mim não levou um ceitil*[645].

Celeiro, *n.f.* Espécie de silo, antigamente feito numa cova debaixo do chão, destinado a recolher o trigo com o fim de não ser destruído pelas pragas e estar protegido do roubo pelos piratas de Argel e do Noroeste europeu (do lat. *cellarĭu-,* despensa)[T]: *[...] e levam trigo de que há na cidade de Angra celeiros ou granéis especiais, que são grandes covas abertas na terra, e cada cova é muito funda e leva muitos moios de trigo com o seu bocal redondo em cima de três palmos de diâmetro, que se tapa com uma só pedra de cantaria redonda [...]*[646].

Centabourde, *n.m. Bal.* Tábua de bolina que, nos *botes baleeiros* antigos, era montada a meio do bote numa caixa que ficava instalada na posição vertical, no sentido do eixo da quilha, atravessando a mesma. Foi retirada da maioria dos botes porque, na *varagem,* criava condições para entradas de água (do am. *centerboard*)[F].

Cepa *(cê), n.f.* Bolbo ; tubérculo (de *cepo*)[T].

Cepeiro, (de *cepa* + *-eiro*) **1.** *n.m.* O m.q. *cepa.* **2.** *n.m.* Conjunto de *cepas*[T]. **3.** *s.m Bal.* O m.q. *chipeiro* (do am. *spade*).

Cepo *(Cê),* (do lat. *cippu-,* tronco) **1.** *n.m.* Extremidade proximal do braço da viola que apresenta duas fendas laterais onde vêm encaixar as *costilhas.* **2.** *n.m. Bal.* Pedaço cilíndrico de madeira rija, encastrado no leito da popa dos *botes baleeiros,* por onde corre a *linha do arpão* depois de trancada a baleia. Também lhe davam o nome de *logaiéte.*

Cepo de picar carne, *n.m.* Antigamente, nas Flores, antes de serem construídos os açougues, as *Casas de Esprito Santo* possuíam um cepo de madeira que era posto em cima de uma pedra que sobressaía do sobrado, no lado oposto ao altar, e servia, como o nome indica, para picar a carne durante a noite da sexta-feira da festa do Espírito Santo.

Cepo de picar engodo, *n.m.* Pedaço de tronco, desbastado em dois lados, que serve para picar o engodo, em terra ou dentro das embarcações de pesca.

Ceptro, *n.m.* Haste encimada por uma pequena pomba de asas abertas, feita de prata, um dos símbolos do Espírito Santo (do lat. *sceptru-*). *O ceptro simboliza a soberania, a legitimidade (intelectual, espiritual e social)*[647]. Em certos lugares também é conhecido pelo nome de *mãozinha do Senhor Esprito Santo.*

Cercado, *adj.* O m.q. *empoado*[C].

Cerca das galinhas, *n.f.* O m.q. curral das galinhas[C].

Cerca do porco, *n.f.* O m.q. curral do porco[F,StM]: *A dois passos existe a cerca do porco e a loja do burrico*[648].

Cercada, *n.f.* Variedade de rede de pesca (part. pas. fem. subst. de *cercar*)[T].

Ceremónias, *n.f.* Nome dado à assembleia de bruxas e bruxos, realizada à meia-noite de Sábado e presidida por Satanás[T]: *'Ceremónias' é o termo que o povo emprega para designar os Sabates que, em magia, quer dizer assembleia nocturna de feiticeiros e feiticeiras*[649].

Cerimónia da Ribeirinha, *n.f.* Diz-se, na Terceira, do costume de quem come em casa alheia e deixa ficar sempre algum resto no prato. Era um antigo costume popular para demonstrar que não se desejava abusar da franqueza alheia. Na Beira Alta diz-se 'cerimónia de alfaiate' com o mesmo sentido.

---

[645] Cristóvão de Aguiar – *Raiz Comovida.*

[646] P.e António Cordeiro – *História Insulana.*

[647] Aurélia Armas Fernandes e Manuel Fernandes – *Espírito Santo em Festa.*

[648] Jaime de Figueiredo – *A Ilha de Gonçalo Velho.*

[649] J. H. Borges Martins – *Crenças Populares da Ilha Terceira I.*

Cerimónia de Água de Pau, *n.f.* O equivalente em S. Miguel à *cerimónia da Ribeirinha* da Terceira.

Cerimónia do Pão-da-Vitória. Chama-se *Pão-da-Vitória* ou *Pão-de-Bodo* a um pão de trigo, ázimo, feito por ocasião das festas do Espírito Santo, e então benzido pelo pároco, que, à semelhança com outros países da Europa, era tido como uma partícula sagrada. *Um certo número de pães, fabricados com trigo da terra, são cortados em pequenas fatias finas. Introduzidas num balaio, que é tomado pelo Mordomo, que o leva à altura da cabeça, enquanto os foliões cantam a Vitória: "Vinde vós, Senhores, Irmãos, todos juntos, nesta hora, que o Divino Espírito Santo nos quer dar a Sua Vitória": O Mordomo eleva o balaio com os braços acima da cabeça e repete três vezes "Vitória!". Os fragmentos do pão são distribuídos por todos os presentes que o beijam ao recebê-lo. E é religiosamente guardado nas casas, junto ao oratório ou a imagem de devoção*[650]. Ver tb. *Pão-da-Vitória.*

Cerrado, *n.m.* Terra murada ou vedada (part. pas. subst. de *cerrar*). Em Santa Maria também se dá o nome de *cerrados* aos *quartéis* onde estão plantadas as vinhas, *quartéis/cerrados.*

Certinhos, *interj.* Voz do *Mestre* do *Balho,* mandada quando é preciso acertar a cadência[T].

Cernalha, *s f.* Trave inferior do moinho de vento onde se prende o veio[Fl].

Cespina, *n.f.* O m.q. *estrelinha*[SM].

Cestinho-de-quadril, *n.m.* O m.q. *cesto-de-mulher*[C]. Tinha este nome por ser transportado pelas mulheres apoiado no quadril, na anca.

Cestilha, *n.f.* Armadilha feita de cana entrelaçada, destinada a apanhar pássaros (de *cesto* + *-ilha*)[SM].

Cestiz, *n.f.* O m.q. *cestilha* (de *cesto* + *-iz*).

Cesto, *n.m.* Nome que no Faial se dá à *focinheira,* pela sua semelhança com um cesto.

Cesto-de-acarrear, *n.m.* Cesto de vime usado antigamente para o transporte de pastel; o m.q. *cesto-de-carrete*[SM].

Cesto-de-acartar, *n.m.* Cesto grande[C,F].

Cesto-de-almude, *n.m.* Cesto de vime com a capacidade de um almude[SM].

Cesto-de-búchelo, *n.m.* Cesto com a capacidade de cerca de 40 L, pronunciado também *cesto-de-bucho* (búchelo, do am. *bushel*).

Cesto-de-carrete, *n.m.* O m.q. *cesto-de-acarrear*[SM].

Cesto-de-costas, *n.m.* Cesto de tamanho considerável destinado ao transporte de produtos feito às costas[Fl].

Cesto-de-dar-milho-a-carros, *n.m.* Cesto grande utilizado no transporte das colheitas[SM].

Cesto-de-estercar, *n.m.* Cesto para o transporte de estrume[SM].

Cesto-de-homem, *n.m.* Cesto grande para transporte às costas[C].

Cesto-de-lastro, *n.m.* Cesto largo e baixo para a apanha das uvas[SM].

Cesto-de-leiva, *n.m.* Cesto-medida para a *leiva* das estufas de ananás[SM].

Cesto-de-mulher, *n.m.* Pequeno cesto para o transporte dos produtos do jardim, também chamado *cestinho-de-quadril*[C].

Cesto-de-pastel, *n.m.* Grande cesto de vime onde se transportava as folhas de pastel bem acalcadas, com destino ao moinho ou engenho para as triturar. Também chamado *cesto-de-carrete* ou *cesto-do-acarrear.*

Cesto-vindimo, *n.m.* Cesto grande empregado para transportar as uvas durante a vindima [T].

Cetil, *n.m.* O m.q. *cestilha* e *cestiz.*

---

650 Aurélia Armas Fernandes e Manuel Fernandes – *Espírito Santo em Festa.*

Céu de pastinha, *exp.* Céu com nuvens ramificadas como pasta de algodão, sinal do vento, como diz o provérbio: *Céu de pastinha, sinal de vento*[651].

Cevadeira, *n.f.* Alforge, outrora de serapilheira ou de tecido feito no tear, que os trabalhadores rurais e os *Romeiros* usam para o farnel (de *cevada* + *-eira*)[SM,T]: *Dali a pisca, estavam com fome e tiraram a cevadeira do pão debaixo da proa do barco para comerem*[652].

Cevana, *n.f.* Alcunha de mulher pouco asseada (de *cevar* + *-ana*)[T].

Cevar, *v.* Amassar adicionando manteiga (do lat. *cibāre,* alimentar)[P]. Lacerda Machado[653] defende que a *massa-sovada* se deveria chamar 'massa cevada' por se *cevar* com manteiga!

Chá-da-loje, *n.m.* O m.q. *chá-preto,* chá vulgar, vendido na *loje*[F], para distinguir do chá caseiro.

Chã, *n.f.* Terreno baixo e plano (do lat. *plana-,* fem. de *planu-*)[Fl].

[651] Armando Cortes-Rodrigues – *Adagiário Popular Açoriano.*

[652] J. H. Borges Martins – *Crenças Populares da Ilha Terceira I.*

[653] F. S. de Lacerda Machado – *Vocabulário Regional das Lajes do Pico.*

Chaços, *n.m. pl.* Finas tiras de madeira golpeada ou submetida a uma pressão transversal contínua para se lhe poder dar a forma arredondada da viola, que serve para reforçar a colagem interna do tampo com as *costilhas.* Também são chamados *chapuzes.*

Chacota, *n.f.* Segunda parte da melodia dos *Reis Novos,* de andamento rápido[T]: *Acabados estão os Reis, / Agora vêm as chacotas; / Ó senhor dono da casa / Abri-nos a vossa porta*[654].

Cp.: No Algarve dá-se o nome de 'chacotas' a certas quadras usadas nos cantos das janeiras[655] e no Alentejo no dia de Reis[656]. 'Chacota' era uma dança antiga acompanhada de canto.

Chaga-laparosa, *n.f.* Pessoa chata, incomodativa (laparosa, corrupt. de *leprosa*).

Chalado, *adj.* Adoentado; *aborrecido* (part. pas. de *chalar*[657])[T]. Albino Lapa[658] regista-o com o significado de tontinho, ama lucado.

Chalavar, *n.m.* O m.q. *enchelavar*[C].

Chaleira, *n.f.* Nome que no Pico se dá ao banco da popa dos barcos (de *chá* + *<-l->* + *-eira*). Na Terceira pronuncia-se *cheleira.*

Chaleira-de-nariz, *n.m.* Grande nariz[Fl].

Chalota, *n.f.* Dito popular; o m.q. chalaça[Fl].

Chalraboga, *n.f.* Pagode; pândega; patuscada (de *chalrar* + *borga,* com síncope)[P].

Chalupa, *n.f.* Parvalhão; tonto (do fr. *chaloupe*): *Abre os olhos, meu chalupa! / Nós vamos para a Povoação*[659].

Chamada, *n.f.* Chama pequena (de *chama* + *-ada*)[Fl].

[654] Quadra dos *Reises Novos* da Ilha Terceira.

[655] Eduardo Brazão Gonçalves – *Dicionário do Falar Algarvio.*

[656] Vítor Barros e Lourivaldo Guerreiro – *Dicionário de Falares do Alentejo.*

[657] Chalar é v. cast. usado pela comunidade cigana, que significa enlouquecer.

[658] Albino Lapa – *Dicionário de Calão.*

[659] *O Martírio do Amor* – Comédia *enversada* por Vasco da Cunha Amaral.

Chamadouro, *n.m.* Nome (de rad. part. *chamado + -ouro*): *[...] na Rua da Alegria, hoje mudaram-lhe o chamadouro, mas não pegou de estaca*[660].
Chamar, (do lat. *clamāre*) **1.** *v.* Convidar para bailar[F]: – *Ninguém se tinha lembrado de chamar as filhas do Lopes*[661]. **2.** *v.* O m.q. telefonar: – *Onte chamei pro meu irmão da Amerca e graces a Deus está tudo a correr bem por lá!*
Chamar de rijo, *exp.* Chamar em voz alta, gritando: *Abro o portão e chamo de rijo [...]*[662].
Chamar plo Gregório, *exp.* Diz-se quando alguém começa a enjoar e a vomitar numa lancha ou num navio[Fl]. Nota: Como facilmente se depreende, a palavra Gregório funciona aqui como onomatopeia.
Chamar os bois pelo nome direito, *exp. fig.* Dizer tudo cara a cara, sem papas na língua[F].
Chamarrita, (de *chamar + Rita*) *n.f.* *Balho* regional genuinamente açoriano, o mais popular e alegre de todos, quase sempre em compasso 6/8, nalgumas ilhas 3/4 e 3/8, *balhado* em todo o arquipélago. *[...] pelos córregos e montes descem luzinhas que se aproximam a pouco e pouco. É a gente que se esteve a enfeitar e que vem à Chama Rita*[663]. Além dos Açores, as *chamarritas* são cantadas e *balhadas* nas comunidades açorianas espalhadas pelo mundo. Até no Norte do Uruguai se bailava a Chamarrita, para aí levada por Açorianos ou indirectamente por gente radicada no Brasil[664].
Chamatão, *n.m.* Algazarra; chamariz; escândalo; falatório (de *chamar* + <*-t-*> + *-ão*)[P,SM,T]: – *Vá você, malcriado! Se quer alguma coisa, vamos lá para fora. Não estou para fazer chamatão!*[665].
Chambarilho, (corruptela de *chambaril*) **1.** *n.m.* Pau que se enfia nos jarretes do porco depois de morto e se pendura para o abrir e amanhar (corrupt. de *chambaril*)[Sj]. **2.** *n.m.* Tronco de pinheiro[SM].
Chamiça, (de *chamiço*) **1.** *adj.* Esgrouviado. **2.** *adj.* Magrizela.
Chaminé de duas grotas, *n.f.* Chaminé rematada por dois tubos cilíndricos encimados por chapéus onde se situam as fugas [T].
Chaminé de mãos postas, *n.f.* Grande chaminé de secção vertical triangular, típica da Ilha Terceira, aparecendo por toda a Ilha, mas também presente noutras ilhas.
Chaminé de vapor, *n.f.* Chaminé formada por dois volumes sobrepostos, isto é, um tronco de pirâmide quadrangular e um tubo cilíndrico rematado por um pequeno chapéu cónico, típica da Ilha de Santa Maria, lembrando as chaminés do Algarve.
Chamuscado, *adj. fig.* Diz-se do indivíduo gasto de agir e de sofrer reveses na vida (part. pas. de *chamuscar*)[SM].
Chanco, (de *chanca*, pé grande) **1.** *n.m.* Chispe de porco[SM]. **2.** *n.m.* Por ext., coxa humana[SM].
Chaneza, (de *chão*, adj., no fem., *chã [chan]* + *-eza*) **1.** *n.f.* Superfície plana[SM]. **2.** *n.f.* Diz-se do mar sem ondas, do mar-chão[SM].
Chanfarrica, *n.f.* Loja de mau aspecto, ordinária; tasca[Sj]. No Continente, em linguagem popular, e com o mesmo sentido, usa-se o termo 'chafarica'.
Chapa, **1.** *n.f.* Arco de ferro da roda do carro de bois (do fr. *chappe*) [T]. **2.** *n.f.* O m.q. chapada, sua contracção [T]: *Sabes que é que mereces... / É chapas por essa cara fora*[666].
Chapado, (part. pas. de *chapar*) **1.** *adj.* O m.q. decalcado. Diz-se muito nas ilhas:

---

[660] Cristóvão de Aguiar – *Raiz Comovida*.
[661] P.e Nunes da Rosa – *Pastorais do Mosteiro*.
[662] Cristóvão de Aguiar – *Um Grito em Chamas*.
[663] Raul Brandão – *As Ilhas Desconhecidas*.
[664] Entre 1816 e 1825 o actual território do Uruguai foi ocupado, primeiro por portugueses e, mais tarde, por brasileiros quando o Brasil foi declarado independente em 1822.
[665] Vitorino Nemésio – *Mau Tempo no Canal*.
[666] Do bailinho carnavalesco *Os Excesso na Terceira*, de Hélio Costa.

É a cara do pai chapado!, o que quer dizer que é muito parecido com o pai. **2.** *adj.* Diz-se do bovino preto com uma malha branca num dos lados[Sj].

Chape, *n.m.* Armazém; estabelecimento; loja, oficina (do am. *shop*): – *Estes chapes aqui na Amerca são melhores, já se vê, é outra cousa*[667].

Chapeiro, *adj.* Diz-se do indivíduo sem préstimo (de *chapa* + *-eiro*)[T].

Chapeleta, *n.f.* Pequena ondulação do mar (ext. de *chapeleta*)[SM]: *Não há distâncias nem refegos de onda, com mar cavado ou de chapeleta doce*[668].

Chapeleta-de-burro, *n.f.* Espécie de cogumelo que aparece nos excrementos do burro[C].

Chapéu-de-canete, *n.m.* Espécie de cogumelo[Sj].

Chapéu-de-frade, *n.m.* Espécie de cogumelo[Sj].

Chapéu de palmitos, *n.m.* Armação cónica feita de canas sobre um chapéu mole vulgar, que atinge cerca de meio metro de altura, enfeitada de *flores de freira* e fitas presas ao papel vistoso que a forra, rematando ao alto por um grande penacho de papel fino cortado em delgadas fitas, usada na cabeça pelos *Dispenseiros* das *Cavalhadas* de S. Pedro[669].

Chapéu-de-feiticeira, *n.m. Bot.* Variedade de cogumelo, rudemente semelhante a um minúsculo *guarda-sol*, que em criança evitávamos por nos dizerem ser venenoso[F,Sj,T]. Em S. Miguel chama-se *bolo-de--feiticeira, chapéu-do-demónio* e *pão-do-diabo*, e em S. Jorge *guarda-sol-de-feiticeira*. Nota: Antigamente, em certas ilhas, secavam estes cogumelos e o seu pó era usado para tratar abcessos.

Chapéu-de-frade, *n.m.* Espécie de cogumelo[Sj].

Chapéu de vaca, *n.m.* O m.q. cornos. Pôr um chapéu de vaca: ser enganado pela mulher, o m.q. 'levar um par de cornos'.

Chaprão, *n.m.* Indivíduo rude; pessoa malfeita de corpo (ext. de *chaprão*, pau tosco)[SM]. O fem. é *chaprona*. Nota: 'Chaprão' é metát. e sínc. de *pranchão*.

Charamba, *n.f.* O primeiro dos *balhos* tradicionais da Ilha Terceira, que tem uma nítida influência da música popular espanhola[670]: *Esta é a vez primeira / Que neste auditório canto. / Em nome de Deus começo: / Padre, Filho, Esprito Santo*[671].

Charamba de Água d'Alto, *n.f.* Moda do folclore de S. Miguel: *Ó Charamba de Água d'Alto / Eis aqui como se canta; / Quando te vejo, meu amor / É o mar que se alevanta.*

Charambão, *n.m.* Dança arrastada, realizada dentro de casa por altura dos *Reises*, em que os homens fazem uma roda, seguindo em volta da sala, cada um cantando a sua cantiga, movendo os pés ao ritmo da *viola da terra* tocada *em rasgado*, em tom de Fá M[T]: *Para bem de eu aqui vir, / Saltei vinhas e quintais. / Com o fim de vir saber / Da saúde como estais.*

---

667 Urbano de Mendonça Dias – *"O Mr. Jó"*

668 Manuel Ferreira – *O Morro e o Gigante.*

669 Luís Bernardo Leite de Ataíde – *Etnografia Arte e Vida Antiga dos Açores.*

670 A Terceira esteve ocupada pelos Espanhóis durante 60 anos, desde 1580 até 1640.

671 Primeira quadra da Charamba.

Charamela, *n.f.* O m.q. *gaita-de-beiços*, ou seja, harmónica-de-boca (do fr. ant. *chalemel*)[672].

Charão, *n.m.* Variedade de pasto para o gado[Fl]. Cp.: No Alentejo chama-se 'charais' aos campos incultos e 'charaldo' ao terreno descampado.

Charco, *n.m.* Pessoa muito gorda (ext. de *charco*)[SM]: – *A vizinha Preciosa 'tá um charco!*

Charlatão, *n.m.* Personagem das *Danças do Entrudo*, equivalente ao *Velho* ou *Ratão* (do it. *ciarlatano*, pelo fr. *charlatan*, palhaço)[T].

Charola, 1. *n.f.* Buraco na parede, retocado com barro, onde se guardava antigamente o sal[Fl]. **2.** *n.f.* Falsa justificação[SM]. **3.** *n.f.* O m.q. patranha[Sj].

Charolada, *n.f.* Nome que em S. Miguel se dá à carne do quadril do bovino (corrupt. de *chã rolada*).

Charolar, *v.* Falar de coisas sem importância[T]: *[...] e para ali estivemos todos os quatro a comer e a bober e a charolar*[673].

Charoleta *(ê)*, *n.f.* Variedade de albacora, de pequeno porte, outrora presente nas águas dos Açores, hoje desaparecida. Cp.: No Algarve chama-se 'cachorreta' a uma albacora pequena.

Charqueira, *n.f.* O m.q. *charco* (de *{charco}* + *-eira*)[SM].

Charqueirão, *n.m.* Pessoa muito gorda (de *{charqueira}* + *-ão*)[Sj].

Charrinho, *n.m.* Chicharro pequeno, chicharrinho, sua corruptela: *[...] toda a gente se ia chegando a casa com o sentido nas sopas e nos charrinhos assados na sertã*[674].

Barcada de charro

Charro, *n.m.* Chicharro, sua corruptela por aférese. Nota: A aplologia na palavra chicharro é ouvida um pouco por todo o país.

Charro-bacorinho, *n.m.* Chicharro de tamanho médio.

Charro-de-canastra, *n.m.* Chicharro miúdo, do que antigamente se conservava vivo nas *canastras*, para a pesca dos tunídeos[F].

Charro-do-alto, *n.m.* Variedade de chicharro graúdo *(Trachurus picturatus)* pescado no alto mar.

Charro-petingueiro, *n.m.* Chicharro miúdo.

Charutada, *n.f. Bal.* Cardume de cetáceos miúdos (de *{charuto}* + *-ada*, charuto = *cafre*)[SM].

Charuto, 1. *n.m. fig. Bicuda* pequena, com peso até cerca de 300 g (vide *bicuda*)[F]. Um pouco maior, é um *clarinete*. **2.** *n.m. fig.* O m.q. *cafre*.

Chasco, *n.m.* Alusão indirecta; piada; remoque (do cast *chasco*, burla, engano)[P].

Chate de maute, *exp.* Ver *charape*.

Chatuope, *n.m. Bal.* Bocado de corda que liga o arpão à *linha da selha* (do am. *short warp*).

Chavão, *n.m.* Espécie de carimbo, gravado em madeira, empregado na ornamentação de bolos (p. ex., no *bolo de véspera* ou *bolacha*, muito usado em S. Jorge pelas festas do Espírito Santo). No Alentejo (região de Castelo de Vide) dá-se o

---

672 A charamela era um antigo instrumento músico de sopro, de palheta coberta, percursor dos modernos clarinetes e oboés.

673 Vitorino Nemésio – *O Mistério do Paço do Milhafre*.

674 Cristóvão de Aguiar – *Raiz Comovida*.

mesmo nome a um sinete que serve para marcar os bolos da amassadura.

Chavasco, *n.m.* O m.q. chuveiro (CF). É alt. de *chuvasco.*

Chave-boca-de-grilo, *n.f.* O m.q. 'chave-inglesa', chave com regulação para várias medidas de parafusos e porcas[F].

Chave-fêmea, *n.f.* Chave de portão de quinta, mais pequena e leve do que a *chave-macha*[SM].

Chave-macha, 1. *n.f.* Chave de portão de quinta, de grandes dimensões[SM]. **2.** *n.f.* Nome que se dá à chave que não tem orifício na extremidade[T]: *Uma chave macha metida numa fechadura, principalmente durante a noite, obsta a que as feiticeiras entrem pelo buraco da mesma*[675].

Chavilhão, (de *chavelha* + *-ão*) **1.** *n.m.* Processo rústico de fechar as portas, com aldrabas de madeira, *verga* e cana[Fl]. **2.** *n.m.* Peça de segurança do carro de bois, usada para o caso de se partir a *chavelha* do cabeçalho[T].

Chaviscar, *v.* Procurar, juntar do chão coisas miúdas sem valor (corrupt. de *chavascar*)[P].

Chavisqueira, *n.f.* Propriedade rústica de fraco valor (corrupt. de *chavasqueira*)[P]. Nota: Chavasqueira é palavra derivado do cast. *chavasca,* lenha miúda, + *-eira.*

Chega ao palheiro, *loc. interjec.* Voz do *Mandador* para acabar o 'balho' chamado *As Vacas*[F].

Cheiradeira, *n.f.* Mulher que cheira rapé (de *cheirar* + *-eira*)[Sj]: *– Hoje im dia já é ralo se ver uma cheiradeira... Estas moças novas quérim é fumar cigarros de conteira!*

Cheirar a alho com cascalho, *exp.* O m.q. sair muito caro[Sj].

Cheirar a chamusco, *exp.* Sinal de conflito grave.

Cheirar mal que tomba, *exp.* Cheirar muitíssimo mal[T]: *Quando se porcata, tinha as algibeiras mijadas que cheirava mal que tombava*[676].

Cheira-vintém, *n.m.* Indivíduo ambicioso, que só pensa no dinheiro, no vintém.

Cheiro, *n.m.* Cont. de vinho de cheiro: *Ao fundo, entalados entre achas, os barris de «cheiro» e de «verdelho»*[677].

Cheiro da Amerca, *n.m.* Antigamente, a roupa era lavada à mão, com sabão azul, sem amaciadores nem aditivos perfumados, cheirando apenas a lavado do efeito da exposição ao sol. As encomendas da América traziam roupas tão perfumadas e um cheiro maravilhoso que ficou para sempre, na memória desse tempo, o 'cheiro da Amerca': *A América e o Canadá chegavam até nós nesses luxos, cheirando a alfazema e a naftalina, à festa da nossa febre de cortar o nylon que amarrava as sacas pela boca e um intenso perfume a flores desconhecidas e invisíveis*[678].

Chele, *n.m.* Cartucho de caçadeira (do am. *shell*).

Cheleira, *n.f.* O assento da ré do barco; o m.q. *chaleira*[T].

Chelepa, *n.f.* O m.q. *selipa*[Sj].

Chelipa, *n.f.* O m.q. *selipa* (do am. *slipper* x *chenela,* f. assimil. de chinela).

Chemar, 1. *v.* Chamar, sua corruptela[F,Fl]: *A mãe l'esteve preguntando / ele aonde morava; / a filha tudo le disse, até como se chemava*[679]. **2.** *v.* Fazer um telefonema[F,Fl]: *– Desde que cheguei d'Amerca já chemei três vezes pros mês irmãos, mas ninguém atende o talafone!*

Cheminé, *n.f.* O m.q. chaminé. Nota: A palavra 'chaminé' deriva do fr. *cheminée,* por sua vez derivada do lat. *caminata,* de *caminus,* que significa fogo, forja, forno. A f. *chaminé* explica-se por analogia com *chama.* A f. *cheminé* é mais antiga.

675 J. H. Borges Martins – *Crenças Populares da Ilha Terceira I.*

676 J. H. Borges Martins – *Crenças Populares da Ilha Terceira I.*

677 João Ilhéu – *Notas Etnográficas.*

678 João de Melo – *Gente Feliz com Lágrimas.*

679 Manuel da Costa Fontes – *Romanceiro Português do Canadá* (Febre Amarela).

Chereno, *n.m.* Orvalho matinal (corrupt. de *sereno*, do lat. *serēnu-*)[F,Sj].

Cherinado, *adj.* Molhado pelo *chereno* (part. pas. de *{cherinar}*)[Fl].

Cherinar, *v.* Cair *chereno*[Fl].

Cherne-da-costa, *n.m.* Nome que nas Flores também se dá ao mero (*Epinephelus marginatus*), também chamado *cherne-de--baixo*.

Cheta *(ê)*, **1.** *n.f.* Merda; porcaria; coisa insignificante (do am. *shit*): – *Esta vida aqui é uma cheta..., n'acontece nada de novo!* É um termo frequentemente ouvido. **2.** *n.f.* Antiga moeda de cobre de fraco valor.

Chiadeira, *n.f.* Uma das peças do carro de bois[T]; o m.q. *cantadeira* (de *chiar* + *-deira*).

Chiar os ouvidos, *exp.* Na crença popular, quando os ouvidos chiam é sinal de estarem a falar de nós[680], bem se é o direito, mal se é o esquerdo[T].

Chibana, *n.f.* Cabra jovem, nulípara, também chamada *refuga* (de *chibo* + *-ana*)[SM].

Chibarro, *n.m.* Cabrito novo mas já formado (de *chibo* + *-arro*)[T].

Chicharão, *n.m.* Chícharo, variedade de legume, também chamado 'chícharo' e 'sincho' (*Lathyrus sativus*)[P].

Chicharro, *n.m.* Peixe, no Cont. vulgarmente chamado 'carapau', cientificamente denominado *Trachurus picturatus*.

Chicharro-de-agraço, *n.m.* Chicharro pequeno que é apanhado no princípio do Verão, quando as uvas ainda estão verdes (agraço) e que, junto com estas se faz em S. Miguel um prato regional com o mesmo nome – *Cicharros de agraço*.

Chicharro-ladrão, *n.m.* Nome que também se dá ao *chicharro-do-alto* por fazer desaparecer o chicharro miúdo quando aparece.

Chichi do Menino, *n.m.* Nome dado aos licores e vinhos finos oferecidos pelo Natal; o m.q. *Mijinho do Menino*.

Chichlo, *n.m.* Forma para fazer queijos[SM]. Na Terceira dão-lhe o nome de *chicho* e *chincho*.

Chicho, 1. *n.m.* Forma para fazer o queijo[T]. O m.q. *chichlo* e *chincho*. **2.** *n.m.* O m.q. *crianço*.

Chifradeira, *n.f.* Instrumento de ferro para raspar e adelgaçar o couro (de *chifra* + *-deira*)[T]. No Cont. chama-se 'chifra'. Nota: Chifra é palavra derivada do ár. *xifrâ*, que significa cutelo.

Chilra, *n.f.* Também chamada *chichilra*, é uma espécie de toutinegra, em algumas ilhas chamada *toitinegra-vinagreira* ou *touto--vinagreiro*, cientificamente denominada *Sylvia atricapilla atlantis* (deriv. regr. de *chilrar*)[Sj].

Chilro, *n.m.* Soro do leite (do cast. *chirle*)[SM]. Cp.: Em certas regiões do Continente dá-se este nome ao almece, soro levemente esverdeado que escorre da massa com que se faz o queijo.

Chincalhau, *n.m.* O m.q. espalhafato (de *chincalhar*)[SM].

Chincalho, *n.m.* Caçoada; troça; zombaria; o m.q. achincalho, sua f. aferética.

Chincana, (de *chincar* + *-ana*) **1.** *n.f.* Engano[SM]. **2.** *n.f.* Troça; o m.q. *chincalho*[T]. Cp.: Um dos significados de 'chincar' é cair ou fazer cair num logro, num engano.

Chincha, *n.f.* Criança pequena (de *{chincho}*)[T].

Chicherica, 1. *n.f.* O m.q. *toitinegra-vinagreira*[T]. **2.** *n.f.* Rapariga muito nova[T].

Chinchinho, *adj.* e *n.m.* Pequenino, geralmente em relação a uma criança (contrac. de *pechinchinho*)[Sj,G,T]. Em S. Miguel pronuncia-se *chinchim*. Além da diminuição de tamanho, indica também afectividade, carinho: *Tua mãe era ainda chichinha de mais para se assustar com o que se estava passando*[681].

Chincho, 1. *n.m.* O m.q. menino; pequeno; pequerrucho: *O mais chincho, ainda*

[680] Morde-se então o dedo mínimo esquerdo para a pessoa que está a falar trinque a língua e se cale.

[681] Cristóvão de Aguiar – *Um Grito em Chamas*.

no berço, roía satisfeito uma côdea de milho, endurecida e negra[682]. **2.** *n.m.* Molde ou forma em que se faz o queijo[Fl,T]. **3.** *n.m.* Recipiente feito de vime para deitar as uvas nos lagares[SM].

Chinchota, *n.f.* O m.q. raparigota (de *{chincho}* + *-ota*).

Chinchorro, *n.m.* O m.q. paleio[T].

Chinelo de arelo, *n.m.* Chinelo feito de *arelo*.

Chi-ôh-ei, *interj.* Grito para o gado parar, também dito simplesmente *Ôh-ei!*[T].

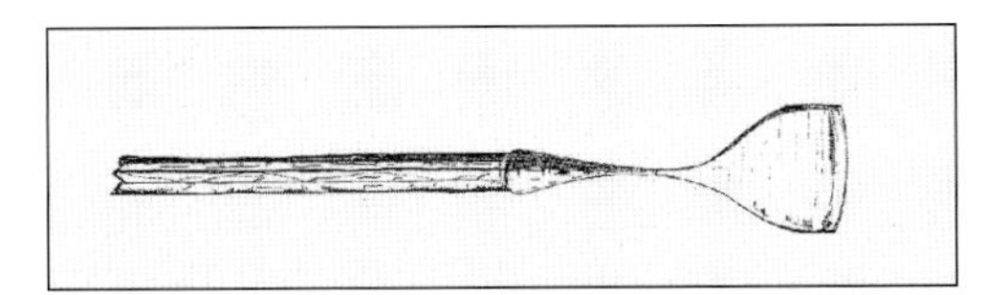

Chipeiro

Chipeiro, *n.m. Bal.* Ferramenta de corte, em forma de pá, para cortar o toucinho da *baleia* (do am. *spade*). Nas Flores chamavam-lhe *cepeiro*, no Faial *chipeira*, no Pico *espé* ou *espeire*, na Terceira *espelha* ou *speire*, em Santa Maria *espeiro*.

Chiqueira, *n.f.* Pá do lixo; o m.q. *cisqueira* (de *chiqueiro*)[SM].

Chiqueiro, (prov. de *chico*, porco, + *-eiro*) **1.** *n.m.* Curral: curral das galinhas, ou *chiqueiro das galinhas*, curral do porco, ou *chiqueiro do porco*; a casa dentro do curral. **2.** *n.m.* Abrigo, de pseudocúpula em pedra seca, destinado a tapar os bezerros no interior dos currais[C]. **3.** *n.m. fig.* Casa ordinária e suja; qualquer lugar imundo.

Chôa, *interj.* Com certeza!: *Ó chôa!* (do am. *sure*).

Choca, 1. *n.f.* Vaca que guia os touros, trazendo ao pescoço um grande chocalho de cobre preso por uma coleira de couro larga (do lat. *clocca-*, sino)[T]: *Mas, cheia de gente, alegrada pelo chocalho das chocas saudosas das pastagens [...]*[683]. **2.** *n.f.* Raiz de qualquer tubérculo, referindo-se quase sempre ao inhame (corrupt. de *soca*)[C].

Chocalateira, (de *chocolate* + *-eira*, com assimilação regr.) **1.** *n.f.* Recipiente de barro que servia para confeccionar a cal. **2.** *n.f. fig.* Viatura muito velha, a desmantelar-se[T].

Chocalhada, *n.f.* Charivari à porta dos noivos acabados de casar (part. pas. fem. subst. de *chocalhar*)[T]; nas Flores chamam-lhe *bater-latas*. E. Gonçalves também o regista no Algarve.

Chocalhado, *adj.* Diz-se do mar revolto (part. pas. de *chocalhar*): *Ainda de noite, seguimos a caminho do Corvo, com o mar chocalhado, como se diz nos Açores [...]*[684].

Chocalhar, *v. fig.* Dar à língua; descobrir; divulgar; propagandear; revelar (de *chocalho* + *-ar*)[T].

Chocalheiro, *adj.* Maldizente; má-língua (de *chocalho* + *-eiro*)[T]: *Eu fui ao fundo do mar / Buscar pimenta moída, / Para dar às chocalheiras / Que falam na minha vida*[685].

Chocalho, *n.m.* O m.q. pandeiro (de *choca* + *-alho*)[Fl].

Chocalho de vintém, *n.m.* O m.q. pandeiro[Fl,P]: *Os foliões, aqui, de bandeira alçada, com o bombo e os chocalhos de vinténs cantam à frente*[686]. Nota: Este nome dado ao pandeiro tem origem nas moedas de cobre de que muitas vezes eram feitas as suas soalhas.

Chocar a moura, *exp.* Usa-se esta expressão ao falar do peixe de salmoura. Para retirá-lo da salgadeira nunca se deve fazê-lo com as mãos para não estragar o que fica devido à contaminação bacteriológica, mas sim com um garfo ou um gancho – para não *chocar a moura*, como popularmente se diz.

682 João Ilhéu – *Gente do Monte*.

683 Vitorino Nemésio – *Mau Tempo no Canal*.

684 Raul Brandão – *As Ilhas Desconhecidas*.

685 Quadra do folclore de S. Miguel.

686 Padre Júlio da Rosa – *O Espírito Santo na Alma e na Vida do Povo do Faial e do Pico* (in *Festas Populares dos Açores*, de Francisco E. O. Martins).

Chocas, *n.f. pl.* Pés[T]: – *Coitado do velho, já nã consegue arrastar as chocas!* Cp.: 'Chocas' são sapatos de ourelo muito usados no Algarve.

Chochuminar, *v.* Caçoar; troçar[T]: – *Estás-me chochuminando?*

Choco, *n.m.* Furúnculo atrás da orelha (deriv. regr. de *chocar*)[Fl]. Note-se que um dos sinais da infecção pelo furúnculo é o aumento da temperatura local devido à inflamação.

Chofeiro, *n.m.* Condutor (do fr. *chauffeur*).

Choichim, *n.m.* (infantil) Chichi[T]. *Fazer choichim:* fazer chichi.

Cholrear, *v.* Falar com afectação (corrupt. e ext. de *chilrear*)[SM].

Choma, *n.f.* Ovo que se põe no lugar onde se quer que as galinhas passem a pôr; o m.q. indez (de *chomar*, f. arc. de *chamar*)[SM].

Chomar *(u)*, *v.* O m.q. chamar, sua f. arcaica[F,Fl,Sj,SM]: *Inda não fui ao Brazilo / Já me chomim brasileiro / Bastará quando eu vier / Que traga muito dinheiro*[687].

Chomarrita, *n.f.* O m.q. chamarrita (de *{choma}* + *Rita*)[F]. Ouve-se muito este termo na boca dos mais idosos.

Chô-praga, *loc. interjec.* Emprega-se quando se pretende afastar pessoas indesejáveis[T].

Choque, *n.m. Bal.* Cavidade aberta no bico da proa ou *capelo* do *bote baleeiro* por onde corre a linha do arpão (do am. *chock*).

Choquinhar, *v.* Diz-se quando a galinha começa a apresentar os primeiros sintomas de choco (de *choco* + *-inhar*)[Sj]. Var.: *Chocanhar*[Sj].

Choradinha, *n.f.* *Balho* antigo, de andamento vagaroso e de tonalidade menor, fazendo lembrar a Saudade: *Aí vem a Choradinha, / Aí vem ela a chorar; / Quem não canta a Choradinha / É que não sabe cantar.*

Chora-lêndeas, *n.m.* Pessoa indecisa e fraca, também chamada *chora-mijinhas*[T].

Choramingar, *v. fig.* Cair chuva miudinha e de pouca duração (ext. de *choramingar*).

Choramingueiro, *adj. fig.* Diz-se do tempo de chuva miúda (de *{choramingar}* + *-eiro*).

Chorar de reinar, *exp.* Chorar de raiva[T]: *A Leonor quási chorou de reinando, mas roeu a pena consigo e não disse uma nem duas*[688].

Chorar malaguetas curtidas, *exp.* Chorar um insucesso em tom de lamúria[T].

Chortes, *n.m. pl.* Calções (do am. *short*). Var.: *Chotes*.

Chorume, (de *chor*, f. arc. de flor, + *-ume*) **1.** *n.m.* Gordura que ressumbra. **2.** *n.m. fig.* Segredo que transpira (ext. de *chorume*)[SM].

Chòtuope, *n.m. Bal.* Cabo de laborar com cerca de seis braças, de calibre médio, que era atado no cabo do *arpão* ou da *lança* para facilitar o seu lançamento (do am. *short warp*).

Chouchinho, *adj.* Apoucado; insignificante (de *chocho* + *-inho*)[T].

Choupa, *n.f. Bot.* Nome também dado à *cana-roca* (*Hedychium gardnerianum*).

Chouriço, *n.m.* Variedade de enchido de carne de porco, de S. Miguel, altamente temperado com alho, pimenta moída, colorau, pimenta preta, cominhos, canela e vinho de cheiro.

Chouriço-de-língua, *n.m.* Variedade de chouriço de S. Miguel feito exclusivamente com a língua do porco.

Chouriço-mouro, *n.m.* Também chamado *muchel* é uma variedade de enchido de S. Miguel que leva coração, fressura, pedaços dos coelhinhos (lombinhos) e bucho, tudo muito temperado com diversos ingredientes.

Chover às malhas, *exp.* Chover apenas em certas áreas, poupando outras[C,F].

Chover às prestações, *exp.* O m.q. *chover às malhas*[C].

Chover às rodeladas, *exp.* O m.q. *chover às malhas*[C].

---

[687] Quadra da *Fofa*, moda regional de S. Miguel.

[688] João Ilhéu – *Gente do Monte*.

Chover pedra, *exp.* O m.q. granizar; cair granizo.

Chucha. *n.f.* Antigo *balho* da Ilha do Pico: *A chucha é ribaldeira, / Fez uma ribaldaria; / Eu mandei-a ao azeite, / Trouxe-me a bilha vazia.*

Chuiva, *n.f.* Chuva, sua f. antiga[T]: – *Eh, senhô... Hoje de noite caiu chuiva cma Dês a dava!* Nota: Esta forma também aparece frequentemente na linguagem do Norte do país[689].

Chuleta, *n.m.* Indivíduo pouco honesto (de *chulo* + *-eta*)[SM].

Chumbeta, *n.f.* Pequeno disco de chumbo utilizado no *jogo das marcas* ou no *jogo do homem* (de *chumbo* + *-eta*)[T].

Chumeca, *n.m.* Sapateiro (do am. *shoemaker*). No Continente 'chumeco' é, em calão, um sapateiro remendão, reles.

Chupa-espinhas, *n.* O m.q. trinca-espinhas[T].

Chupado pelas carochas, *exp.* Diz-se da pessoa muito magra; o m.q. *comido das cariocas*[T].

Chupado pelas feiticeiras, *exp.* Diz-se do recém-nascido que escapou às torturas de uma feiticeira, mas está fraquinho e pálido[T].

Chupar ovelhas, *exp.* Dizia-se da acção de cães viciados em matar ovelhas para lhes sugar o sangue, o que sendo descoberto, obrigava os donos, por ordem do *Juiz do Mato* e do Regedor, a trazê-los açaimados ou mesmo ao seu abate quando reincidentes[F].

Chuva-cegona, *n.f.* Chuva miudinha, que chateia, que *cega*.

Chuveirada, *n.f.* O m.q. chuveirão (de *chuveiro* + *-ada*)[C,F]. No Corvo também lhe chamam *fuzilada de chuva*[690].

Cidadão, *adj.* Epíteto dos habitantes de Vila do Porto em Santa Maria: *Os da Serra são labregos / os da Vila cidadães/os d'Almagreira, lapujos / os de S. Pedro lambães.*

Cieiro, 1. *n.m.* Sujidade no corpo por falta de limpeza[T]. **2.** *n.m.* Ciúme, sua corruptela[T].

Cigarra, *n.f. Bot.* Nome vulgar da *Celosia cristala,* planta ornamental[SM].

Cigarrilheira, *n.f. Bot.* Nome vulgar da *Banksia integrifolia,* planta utilizada em S. Miguel para fazer *abrigos*.

Cigarro-de-conteira, *n.m.* Cigarro com filtro[T].

Cigarro-feito, *n.m.* Cigarro comprado já feito, em rolos de 24 unidades como era o *'Santa Justa',* ou em maços de 20 como o *'Triunfo'* para diferenciar do cigarro que se fazia à mão com o *picado* e o *papel*: *[...] fui, no meu costume, fumar o meu cigarrinho feito a casa de minha tia Maria dos Anjos*[691].

Cigarro-de-folha, *n.m.* Cigarro antigamente feito com tabaco picado à mão e embrulhado na folha mais fina da maçaroca do milho, talhada para esse efeito[692].

Cigarro-de-folha-de-milho, *n.m.* O m.q. cigarro-de-folha: *[...] tirou da orelha o grosso cigarro de folha de milho, meio queimado, trincando-o no dente*[693].

Cimalha, (do lat. *cymacŭla-*, dim. de *cyma,* a parte mais alta) **1.** *n.f.* Cúpula do moinho de vento[SM]. **2.** *n.f.* As pedras que delimitam a área da eira[C].

Cincho, *n.m.* Peça circular tecida em fio de *espadana* que se destinava ao engaço da uva branca da casta 'verdelho' para ser espremido no lagar (do lat. *cingŭlu-,* cinto)[Fl].

Cinco-luas, *n.m.* Variedade de milho de pequeno porte[SM].

Cinco-quartas, *n.f.* Medida de sólidos com a capacidade de 20 litros; o m.q. *medida*[SM].

689 M. de Paiva Boléo – *Estudos de Linguística Portuguesa e Românica.*

690 João Saramago – *Le Parler de l'Île de Corvo.*

691 Cristóvão de Aguiar – *Raiz Comovida.*

692 Recorde-se que o tabaco foi introduzido em Portugal por Luís de Góis, como uma planta medicinal, em meados do séc. XVI, tendo pouco tempo depois sido levado para o Arquipélago.

693 Luís Bernardo Leite de Ataíde – *Etnografia Arte e Vida Antiga dos Açores.*

Cinquenho, *n.m. Taur.* Denominação do touro que tem cinco anos de idade[T].
Cintas, *n.f. pl.* Estreitos reforços de madeira colados nos tampos dos instrumentos músicos[SM].
Cintura, *n.f.* O m.q. *istmo*, da *viola da terra* (do lat. *cinctūra-*).
Cinzeiro, *n.m.* Buraco existente logo à entrada do forno de lenha por onde se deitam as brasas e as cinzas no fim do forno estar quente. Em certos lugares também lhe chamam *fornalha*.
Cioso, *adj.* Diz-se do indivíduo que pronuncia mal as consoantes sibilantes (corrupt. de *cicioso*)[F,Sj]. Quadra popular: *Tendes os dentes miúdos / Que nem pedrinhas de sal, / Tendes a fala ciosa / Para mais graça lhe dar.*
Ciranda, *n.f.* Dança tradicional de roda, em vai-vem, a imitar os movimentos da joeira: *Esta moda da Ciranda / É uma moda bem ligeira, / Faz andar as raparigas / Como o trigo na joeira.*
Circo, *n.m.* O m.q. *eirado*[C].
Circos, *n.m. pl.* O m.q. *cintas* ou *forças*[Fl].
Cirió, *n.m.* Câmara Municipal (do am. *City Hall*). Também se pronuncia *ciriôle*. Não é de uso generalizado.
Cisco do porco, *n.m.* O m.q. curral do porco[Fl].
Cisqueira, *n.f.* Pá do lixo; o m.q. cisqueiro; o m.q. *chiqueira* (de *cisco* + *-eira*)[C,SM].
Cisquinho, *n.m.* O m.q. poucochinho (de *cisco* + *-inho*): – *Vou-me demorar só um cisquinho de tempo e já 'tou vindo!*
Cizaneiro, *adj.* Conflituoso; provocador (de *cizânia*, fig., discórdia, + *-eiro*)[SM].
Clame, 1. *n.m.* Nome que em S. Jorge se dá à amêijoa (do am. *clam*); o m.q. *amêijoa-boa*[694]. O 'clam', conhecido dos Americanos, *Mya arenaria*, é muito parecido com a nossa amêijoa (*Tapes decussatus*). A amêijoa de S. Jorge atinge maior tamanho do que a amêijoa do Continente, chegando a medir 8 cm. **2.** *n.m.* Escarro. Tirar os clames do nariz é o que no Cont. se diz 'tirar macacas do nariz'.
Clancha, *n.f.* Madeixa de cabelo encaracolado[StM]. Ao cabelo encaracolado, em Santa Maria chama-se *cabelo enclanchado*.
Clarinete, *n.m. fig.* Bicuda pequena (vide *bicuda*).
Clauseta *(ê)*, (do am. *closet*) **1.** *n.f.* Armário de roupa; guarda-roupa. *Há o Crucificado, e a guarita do Senhor Santo Cristo dos Milagres e, finalmente, as portas abertas duma clauseta*[695]. **2.** *n.f.* Retrete[SM]. Em S. Miguel há quem pronuncie *clasêta*.
Claveira, *n.f.* O m.q. *caliveira*[Sj].
Claveirar, *v.* Lavrar com a *claveira*[Sj].
Clica, *n.f.* Nome que se dá nalgumas ilhas à criptoméria (*Cryptomeria japonica*).
Clina, *n.f.* Limpeza (do am. *to clean*). Fazer clina é fazer limpeza. Não é de uso generalizado.
Clípar, *n.m. Bal.* Tábua sobre o bordo do bote baleeiro (do am. *clipper*).
Clipe, *n.m. Bal.* Cada uma das protecções laterais do bico da proa dos *botes baleeiros* destinadas a evitar que a linha se desvie quando a baleia é arpoada e reboca a embarcação; o m.q. *castanhola* (do am. *clip*).
Clite, *n.m. Bal.* Cunho existente em cada bordo da popa do *bote baleeiro* para caçar o *cabo da escolta* e, na proa, para caçar a *giba* (do am. *cleat*).
Cma manda a puta da lei, *exp.* Como deve ser; como é devido[F].
C'mum cesto roto, *exp. fig.* Que não guarda segredos, que tudo deixa passar, como um cesto (ainda mais, roto!)[F].
Coada, *adj.* O m.q. peneirada, falando da farinha (part. pas. fem. de *coar*)[SM].
C'o, O m.q. com o. Como em todo o país, é muito frequente esta ectlipse.
Coalhado, *adj. fig.* Diz-se do mar chão[SM]; O m.q. *estanhado* (ext. de *coalhado*).

---

694 As amêijoas de S. Jorge existem numa pequena lagoa de água salgada situada na Fajã de Santo Cristo, por isso chamada Caldeira de Santo Cristo.

695 João de Melo – *Gente Feliz com Lágrimas*.

Coalheira, *n.f.* O m.q. coalho (de *coalhar* + *-eira*) [Fl]: *Antigamente, usavam "coalheira" natural: aproveitavam o bucho da vaca, do cabrito ou do coelho, secavam-no, e depois, quando precisavam, cortavam um bocado e punham de molho. Uns pingos deste líquido eram suficientes para talhar o leite*[696].

Coalho caseiro, *n.m.* Coalho feito em casa, da seguinte maneira: *O coalho feito em casa é extraído dum bucho dum bezerro ou cabrito morto logo ao nascer e sem chegar a mamar. Deita-se-lhe pela boca abaixo leite bũ* (leite inteiro) *e mata-se logo a seguir. Tira-se-lhe o bucho e deita-se dentro uma malagueta, uma pinguinha de vinaigre e uma colher de sal. Amarram-se os dois biquinhos do bucho e introduz-se dentro duma panela tapada durante dois ou três dias, findos os quais está pronto o coalho*[697].

Coanhar, *v.* Separar a palha do grão do trigo (de *coanho* + *-ar*)[Sj].

Coaradouro, *n.m.* Local onde se coara a roupa, podendo ser de relva, pedra ou cimento[Fl].

Coarage *(ò)*, *n.f.* Coragem, sua corruptela[F]. É uma pronunciação que tenho também notado na gente vinda de países africanos de língua portuguesa.

Coarar, *v.* Branquear ao sol (corrupt. de *corar*, por epêntese)[F,Fl]. CF regista-o apenas como brasileirismo.

Coaro, *n.m.* Acção de corar a roupa ao sol (deriv. regr. de *{coarar}*[Fl].

Cobardaria, *n.f.* O m.q. cobardia (de *cobarde* + *-aria*)[Sj].

Coberta, *n.f.* O m.q. leito da proa, dos *botes baleeiros* (fem. subst. de *coberto*).

Coberta de alma, *n.f.* O m.q. *roupa d'alma*[T]: *Os senhores já deram a coberta d'alma do seu pai?*[698].

Coberta de cama, *n.f.* Em certas freguesias da Terceira, nomeadamente na Ribeirinha e em S. Sebastião, quando morre um familiar, é hábito, além da oferta da *roupa d'alma*, oferecer também a roupa completa de uma cama, incluindo o colchão, os travesseiros e as fronhas, chamando a isso a *coberta de cama*[699].

Coberta-do-monte, *n.f.* Revestimento exterior, de madeira, do monte da atafona[T].

Coberto, *n.m.* Tecto das antigas casas e palheiros (do lat. *coopertu-*, part. pas. subst. de *cooperīre*, cobrir completamente)[T].

Cobertora, *n.f.* Grande manta feita de sacos de serapilheira destinada ao transporte de produtos agrícolas[C]. Em S. Miguel chamam-lhe *lençol-de-milho*.

Cobra, (do lat. tard. *colŏbra*, de *colubra*) **1.** *n.f.* Corda grossa esticada entre duas estacas cravadas no terreno onde se amarravam as ovelhas para a tosquia[C]. **2.** *n.f.* Corda grossa usada antigamente nas eiras a fim de repartir o esforço do gado[C,P].

Cobrado, *adj.* Herniado; *rendido* (corrupt. de *quebrado*): – *O giguinha de S. Jorge tamém era cobrado do imbigo!*

Cobrado do coração, *loc. adj.* Diz-se do indivíduo sensível, que chora com facilidade (cobrado, corrupt. de *quebrado*)[Fl].

Cobra-do-mar, *n.f.* Nome que também se dá à moreia[Fl].

Cobradura, *n.f.* Hérnia; *rendedura* (corrupt. de *quebradura*).

Cobranto de inveja, *n.m.* Variedade de *cobranto* motivado por inveja: *É convicção muito corrente que o quebranto de inveja é o mais prejudicial, visto que as coisas que estão sob a sua influência não medram*[700]. Var.: *Cobranto de invejidade*[T].

[696] Maria de Fátima F. Baptista – *Ilha do Faial. Contribuição para o Estudo da sua Linguagem, Etnografia e Folclore.*
[697] Elsa Mendonça – *Ilha de S. Jorge.*
[698] J. H. Borges Martins – *Crenças Populares da Ilha Terceira II.*
[699] J. H. Borges Martins – *Crenças Populares da Ilha Terceira II.*
[700] J. H. Borges Martins – *Crenças Populares da Ilha Terceira I.*

Cobrar, *v.* Quebrar, sua corruptela[T]: *Se eu apanhasse o diabo à borda, cobrava-lhe os cornos*[701].

Cobre, *n.m.* Espécie de cesto que se coloca no focinho dos bezerros para não mamarem nas vacas. No Faial a um utensílio semelhante chama-se *cesto* e, no Corvo, *focinheira*. Terá certamente este nome por ser feito em arame de cobre.

Cobrejão, *n.m.* Manta grossa[Sj,SM], (de *cobrir* +<-j-> + *-ão*).

Cobrela, *n.f.* O m.q. *cobrelo* (de *cobra* + *-ela*)[T].

Cobrelo *(ê)*, *n.f.* O m.q. *cobres* (de *cobra* + *-elo*)[T].

Cobres, *n.m. pl.* O m.q. *cobrelo* e *cobro*, no Cont. popularmente chamado 'cobrão' e cientificamente designado por 'Herpes zóster' ou 'zona' (de *cobra*)[F].

Cobrir, *v.* O m.q. *brochar*[SM].

Cobrir o capote, *exp.* O m.q. usar o capote[Fl]: – *Est'ano já cobri o capote...*

Cobro, *n.m.* O m.q. *cobrelo* e *cobres*[T]; 'cobrão'; 'zona' (de *cobra*)[702]. Em linguagem médica dá-se-lhe o nome de 'herpes zóster'. Quando é intercostal, uma das formas frequentes de localização, o povo chama a uma das partes *cabeça* e à outra *rabo*, havendo a crença, e com certa razão científica[703], de que quando o *rabo* se une à *cabeça* é sinal de pouca dura do paciente. Benzedura contra o *cobro*: *Ia a mãe pelo caminho fora, perguntando ao filho o que era aquilo que lhe ardia. – É o cobro, cobrelo, rabelo. – Com que o curaremos? – Com o ramo do monte, a água da fonte, o pó da guia, em nome de Deus e da Virgem Maria..., secarás, secarás, secarás.* Enquanto iam dizendo isto 3 vezes, passavam sobre o *cobro* um ramo verde molhado em água, e depois com uma faca passando à volta dele diziam: *Cobro, lobo, zag, zag, eu te corto a cabeça e o rabo, para que não cresças nem fogueças cavaleiro, San Lombinho*[704]. O tratamento clássico, popular, do cobro é feito com trigo-tremês posto numa bigorna e extraído o seu óleo com um ferro em brasa. Em certas ilhas, diz-se que é desencadeado por se ter vestido roupas quentes do Sol.

Coca, *n.f.* Laça ou prisão numa linha: – *Baleotes còma vossemecês tranco eu às dúzias còma quem come pão e queijo. A linha nem faz coca [...]*[705].

Coça, *n.f.* Variedade de peixe-escorpião, uma espécie de rocaz de pequeno porte, cientificamente denominado *Scorpaena maderensis*. Também vulgarmente chamado *rascasso*.

Coca-d'água, *n.f.* Pia de água benta.

Cocal, *n.m.* O m.q. plantação de inhames; *lagoa de inhames* (de *coco*, inhame, + *-al*). Falando das Flores, Fr. Diogo das Chagas escreve: *[...] e grandes lavouras e campinas de cocais tão bons e melhores que os do Faial com que engordam os animais de que não pagam dízimo.*

Coçar a pavana, *exp.* Dar porrada[F]: – *Quando mei pai soiber, vai-te coçar a pavana, nã tenhas medo!* Cp.: Pavana era uma dança antiga da Itália.

Coçar a pele, *exp. fig.* Dar porrada: *Coçaram-lhe a pele bem coçada até ao pé duma canada que tem ali ao lado da igreja*[706].

Coceguinha, *n.m.* Aquele que tem muitas cócegas; coceguento (de *cócegas* + *-inha*)[Fl].

Cochila, *n.f.* Navalha[Sj].

Cocho, (de *cocha*) **1.** *n.m.* Gamela de madeira para os porcos pequenos[Fl]. **2.** *n.m.* Vasilha onde os pedreiros deitam o ci-

[701] J. H. Borges Martins – *Crenças Populares da Ilha Terceira II.*

[702] Antigamente pensavam que a doença era devida à passagem de uma cobra pelas roupas do paciente, daí o nome dado à doença.

[703] Quando o Herpes Zóster é muito extenso, às vezes rodeando todo o corpo, trata-se geralmente de doentes imunodeprimidos, por exemplo, por doença muito grave.

[704] Luís da Silva Ribeiro – *Medicina Popular.*

[705] Vitorino Nemésio – *Mau Tempo no Canal.*

[706] J. H. Borges Martins – *A Justiça da Noite na Ilha Terceira.*

mento[SM]. O m.q. *corcho*. No Alentejo, 'cocho' ou 'corcho' é uma espécie de tigela feita de cortiça, com um prolongamento para se pegar, por onde se bebe água nas fontes.

Coco *(Cô)*, *n.m.* O m.q. inhame pequeno[Fl,P,Sj]: – *Foi cá o mê piqueno... É doido por cocos*[707]. Ao coco, fruto da palmeira, chama-se *coco-do-Brasil*.

Cocó, *n.m.* O mais antigo e vulgar penteado usado antigamente pelas mulheres casadas e que consistia numa trança enrodilhada sobre a nuca[F]; o m.q. carrapito.

Cocoa *(ô)*, *n.f.* Cacau em pó; chocolate (do am. *cocoa*): *[...] uma tigela de leite com cocoa a acompanhar*[708].

Coco-do-Brasil, *n.m.* Coco, fruto do coqueiro[P].

Coco e bacoco, *loc. adj.* Diz-se do indivíduo atoleimado[T].

Cocote, *n.m.* Pequeno papel colorido, atado em forma de boneca de envernizar, contendo papelinhos e areia, usado como projéctil por altura do Carnaval (do fr. *cocotte*)[T]: *[...] pequenos embrulhos de papeis coloridos, a que davam o nome de «cocotes» [...]*[709].

Codaque *(ò)*, *n.m.* Máquina fotográfica (de *Kodak*, nome comercial).

Côdea de baixo, *n.f.* O m.q. *solo*, falando do pão[C].

Coelhinho, *n.m.* O m.q. lombinho, falando do porco [SM]: *[...] podendo-se juntar pedacinhos dos coelhinhos (lombinhos) e bucho [...]*[710].

Coendro, *n.m.* O m.q. coentro *(Coriandrum sativum)*[F]. É usado com a mesma grafia no Brasil e na Galiza. Repare-se na origem da palavra: do gr. *koríandron*, pelo lat. *coriandru-*.

707 Vitorino Nemésio – *Mau Tempo no Canal*.

708 Cristóvão de Aguiar – *Raiz Comovida*.

709 Augusto Gomes – *Danças de Entrudo nos Açores*.

710 Augusto Gomes – *Cozinha Tradicional da Ilha de São Miguel*.

Cofre para lagostas feito de ripas de madeira

Cofre, (do lat. *coffru-*, pelo fr. *coffre*) **1.** *n.m.* Armação feita de madeira, ou de madeira e de rede, ou ainda de arame grosso e rede[711], destinada a apanhar cavacos, lagostas e santolas. Na Terceira também se chama *pote*. **2.** *n.m.* Espécie de bolsa de malhagem mais fina que existe no centro da rede de arrastar, também chamada *copo* e *saco*[Fl].

Coicão, *n.m.* Uma das peças do carro de bois contra o qual gira o eixo[Fl,T]. O plural é *coicães*[T].

Coiçaria, *n.f.* Grande quantidade de coices (de *coice* + *-aria*)[T]: *A velha deu tanta coiçaria / Que atirou com o burro ao chão*[712].

Coice, (do lat. *calce-*) **1.** *n.m.* Barrote vertical ligado à porta e que a ultrapassa, entrando em dois buracos feitos na verga e na *soleta*, as chamadas *coiçoeiras*, assim servindo de dobradiça[P]. **2.** *n.m.* Peça do arado que arrasta na terra. Antigamente era utilizado sem as aivecas para riscar um cerrado.

Coiçoeira, *n.f.* Cada um dos dois furos cilíndricos, feitos na verga e na *soleta* da porta, nos quais entra o *coice* que serve de dobradiça (de *coiceira* < de *coice* + *-eira*)[P].

Coidecer, *v.* Lamentar; ter dó; ter pena; o m.q. *coudecer*[Sj].

711 Actualmente já é feito com materiais sintéticos.

712 J. H. Borges Martins – *As Velhas*.

Coifa, *n.f.* Mesentério do porco (do lat. tard. *cofia,* touca)T.
Coiranzada, *n.f.* Grupo de mulheres ordinárias (de *coirão* + <-z-> + *-ada*)SM.
Coirão, *n.m.* Mulher que se porta mal, pisando as regras morais (de *coiro* + *-ão*).
Coiro, *n.m.* O m.q. *coirão.*
Coisa, *n.f.* Doença súbita que provoque lipotímia ou desmaio: – *A mulhé deu-le uma coisa e abateu-se mesm'ali, amarela com'um peido!*
Coisa brava, *n.f.* Coisa de grande importância; coisa exageradaT: *[...] ouviram muita gaitadaria e uma folia de guizos que era uma coisa brava*[713].
Coisa de jeito, *n.f.* Coisa grande; grande quantidadeT: *E ameaçaram que, se ela o deixasse outra vez, davam-lhe então coisa de jeito!*[714].
Coisa-feia, *n.f.* Palavrão; gesto obscenoF: – *Mãe, aquele monço 'tá-me sempre dezendo coisas-feias!*
Coisinha, (de *coisa* + *-inha*) **1.** *n.* Pequena quantidade; *nica.* É muitas vezes utilizado no masculino: – *Dá-me um coisinha disso.* **2.** *n.f.* O m.q pilinha: *Matias Leal / Já nã tem coisinha / Que filha mais velha / Cortou-la rentinha*[715].
Coitado, *n.m.* Indivíduo a quem a mulher lhe é infiel, também designado por *coitadinho* (part. pas. subst. de *coitar*). Daí a expressão, em resposta, quando se lamenta... Coitado!: – *Coitado, na minha terra, é corno!*
Coitar, *v.* Acariciar; cuidar de; fazer festasSJ,T: *[...] vira a rapariga passar-lhe os dedos na cabeleira, coitando-o nem a porco de criação em véspera de matança*[716]. Coitar é termo antigo (de *coita,* do cast. *cuita,* desgraça) que significava desgraçar, magoar. Aqui, adquiriu um significado completamente oposto.
Coito, *n.m.* Medida linear correspondente a uma mão travessa com o polegar estendidoF: – *O toicinho do mei porco este ano é mun bom, tem quase um coito!*
Coiveiro, *adj.* Diz-se do tempo de chuva miúda..., favorável à cultura das *coives* (de *{coive}* + *-eiro*)T.
Coives espernegadas, *n.f.* Sopa de couves confeccionadas pelos mais pobres e que consistia em ferver couves picadas, temperadas de sal e adubadas com um pouco de banhaT. Em S. Miguel chamam-lhe *couves aferventadas.*
Coives solteiras, *n.f.* Sopa confeccionada pelo mesmo processo das *coives espernegadas,* com a diferença de levar batatasT.
Côla, *n.f.* Mala térmica (do am. *cooler*).
Colacia, (de *colaço* + *-ia*) **1.** *n.f.* Confiança demasiada; mimo exageradoSM: *Nada de colacias com essa gente!* **2.** *n.f.* Companhia; protecçãoSM.
Coladeira, *n.f.* O m.q. *côla*SM.
Colar, *n.m.* O m.q. coleiraT: – *Home, tu haveras de pôr nessa gata um colar prás pulgas!*
Colcha de ponto alto, *n.f.* Colcha de lã, de um intenso colorido onde prevalece o amarelo e o vermelho, num mosaico de quadrados e rectângulos, que as mulheres de S. Jorge laboriosamente tecem em toscos teares de madeira, usando técnicas ancestrais.
Colchete, *n.m.* Cada um dos ganchos por onde passa o fio na roda de fiar (do frâncico *krok,* gancho, pelo fr. *crochet*)SJ.
Colorau, *n.m. Taur.* Denominação de touro de cor avermelhada-claroT.
Coma, *conj.* Como, sua f. antiga. É de uso corrente em todas as ilhas: *Tu és coma mim, também nã gostas munto d'andar a pé!* Soa muitas vezes sincopado na forma [cma]: *Tu és cma mim...*
Comã, *adv.* e *conj.* Como: *Isto foi passado assim comã eu estou dizendo ao senhor!*[717].

---

713 J. H. Borges Martins – *Crenças Populares da Ilha Terceira I.*
714 J. H. Borges Martins – *A Justiça da Noite na Ilha Terceira.*
715 Quadra da moda *Matias Leal* conhecida em muitas ilhas.
716 João Ilhéu – *Gente do Monte.*
717 J. H. Borges Martins – *A Justiça da Noite na Ilha Terceira.*

Coma mão de Deus, *exp.* Diz-se de um tratamento extremamente eficaz[F]: Var.: *Coma mão de Nosso Senhor.*

Coma vai a bizarria? *exp.* Uma das formas de saudação; o m.q. 'como vai essa saúde?'. Aqui, bizarria tem o significado de valentia, robustez física.

Comadre, *n.f.* Nome que se dava antigamente à mulher que ajudava nos partos, antigamente quase sempre ocorridos em casa[T]: *O nascimento ficava sujeito às leis naturais ou quando muito à experiência das «comadres», se as havia nas redondezas*[718].

Comadrinha, *n.f.* O m.q. doninha *(Mustela nivalis)*[SM,T]: *[...] as comadrinhas ruivas que faziam ninho na terra*[719]. Segundo a crendice popular, ninguém se deve aproximar duma *comadrinha* porque ela pode urinar para os olhos e cegar uma pessoa.

Comaié, *exp.* Como é, sua corruptela. É pronunciação muito usada na Terceira: *Tu cmaié que passas aí pra cima com esses mascarados?*[720].

Comarca, *n.f.* Zona ou lugar dentro de uma freguesia (de *com* + *marca,* do germ. *marka,* fronteira)[Fl]. Nota: Antigamente, comarca significava região.

Combrada, *n.f.* Leira; pequena porção de terra plana e horizontal situada em terreno inclinado (de *{combro}* + *-ada*)[F,Sj].

Combro, (f. div. de 'cômoro' usada um pouco por todo o lado) **1.** *n.m.* Pequena elevação isolada num terreno; pequeno monte[F]. **2.** *n.m.* Divisória entre duas terras feita com canas ou hortênsias[SM]. **3.** *n.m.* Murete de reduzida altura que circunda uma eira[Sj,T]. **4.** *n.m.* Parte baixa de um terreno[C].

Com dinheiro na mão, em toda a parte há Função, *exp.* Quem tem dinheiro tudo pode fazer[T].

Comedia, *n.f.* Alimentação do gado (de *comer* + *-dia*)[Sj]. No Alentejo designa a comida fornecida por contrato ao trabalhador.

Comédia, *n.f.* (do lat. *comoedĭa-*) Forma de teatro popular, também chamada *Drama,* antigamente representada em qualquer tempo, mesmo sem ser por festas, na tarde de um domingo ou dia santificado, ao ar livre[721], sobre um tablado mais ou menos extenso, junto do adro das igrejas, as peças versando assuntos religiosos, românticos ou históricos, escritas de propósito para cada representação, em quintilhas de redondilha maior[722] (de rima [abaab], de longe em longe substituída por [ababa] ou em quadras heptassilábicas. O cenário era constituído apenas por colchas coloridas que o dividia em duas partes: uma patente aos olhos do público, onde se desenrolava a peça; outra vedada, onde as personagens aguardavam a entrada em cena. Os papéis eram todos representados por homens, alguns vestidos de mulher, e havia um *ponto,* nem sempre oculto. A música acompanhava certos passos ou preenchia os intervalos das representações. Os actores gritavam as suas rubricas para se fazerem ouvir e a assistência procurava manter-se em silêncio, uns sentados em bancos que traziam de casa ou improvisados com tábuas, outros ficavam de pé mais atrás. Uma das Comédias mais representadas foi, sem dúvida, a "Grande Comédia da Vida de D. Inês de Castro". Na Terceira esta forma teatral usa-se no plural: [...] *Comédias, querendo com isso significar um 'espectáculo global' [...]*[723].

---

718 João Ilhéu – *Notas Etnográficas.*

719 Teófilo Braga – Contos Tradicionais do Povo Português: O Mestre das Artes (Conto da Ilha de S. Miguel).

720 J. H. Borges Martins – *A Justiça da Noite na Ilha Terceira.*

721 O P.e Ernesto Ferreira *(Reminiscências do Teatro Vicentino nos Açores)* afirma que teriam sido minhotos que levaram para a Ilha o costume do teatro ao ar livre.

722 O arcaísmo do emprego da quintilha é bem presente na obra de Gil Vicente (séc. XV-XVI).

723 José Noronha Bretão – *As Danças do Entrudo – Uma Festa do Povo.*

Comedoria, *n.f.* O m.q. *comedia* (de *comedor + -ia*)[Sj].

Comer, *v. fig.* O m.q. desgastar: – *As rodas do carro de bois levavam um aro de ferro qu'era pra não comer a madeira.*

Comer a desbancar, *exp.* O m.q. comer em excesso[T].

Comer à ponta do beiço, *exp.* Comer de má vontade, comer sem apetite[F].

Comer cm'um padre de missa, *exp.* Comer até não poder mais[F]: ... *Padre sou eu e só comi uma sardinha!*

Comer cm'um pinto, *exp.* Comer muito pouco, tal como um pinto[T].

Comer cm'um porco, *exp.* Comer muito[F,Fl].

Comer de garfo e faca. *exp. fig.* Meter os pés para dentro ao andar[F].

Comer-de-leite, *n.m.* Variedade de doce de colher feito com abóbora-menina, leite e açúcar[Fl].

Comer miolada, *exp.* Diz-se que *comeu miolada* aquele que apresenta sinais de deterioração mental[SM].

Comer miolos de burro, *exp.* Antigamente era costume dar-se a comer miolos de burro como amavios: *Nas ilhas dos Açores, dá-se a comer miolos de burro, como um poderoso filtro para querer bem*[724].

Comer moscas todo o ano, *exp.* Na Terceira há a crença popular de que quem come couves no Domingo de Ramos come moscas durante todo o ano[725].

Comerinho, *n.m.* Comida (de *comer + -inho*).

Comer na ponta do beiço, *exp.* Comer com pouca vontade[F].

Cometer, (do lat. *committĕre*) **1.** *v.* Produzir[Fl]. **2.** *v.* Diz-se das batatas quando começam a grelar[T]. **3.** *v.* Oferecer; propor[F].

Comichoso, *adj.* Coceguento (de *comich-*, rad. de comichão, + *-oso*)[T].

[724] Luís Bernardo Leite de Ataíde – *Etnografia Arte e Vida Antiga dos Açores.*

[725] J. H. Borges Martins – *Crenças Populares da Ilha Terceira II.*

Comida apanhada, *n.f.* O m.q. contrabando[Fl].

Comida de porco, *n.f.* Toda e qualquer carne de porco cozinhada (torresmos, linguiça, morcelas...), sem a conotação de má comida, ou de comida própria para porcos[F].

Comida seca, *n.f.* Nome que antigamente se dava à comida levada pelos trabalhadores para o campo, quando não levavam sopa, também chamada *dantadas secas*[Fl].

Cõmigo, *pron.* Pronunciação de comigo, com reminiscência do passado (*commigo*, de *com + migo*), tal como era pronunciado no séc. XV. Ainda se ouve muito frequentemente.

Como barro, *exp.* Em grande quantidade: – *Fartou-se de trabalhar nos ranchos da Califórnia mas hoje tem dinheiro como barro!* É expressão exclusiva da Ilha de Santa Maria, com origem na sua riqueza em barro.

Cômodo, *n.m.* Comodidade; conforto (do lat. *commŏdu-*)[Fl]: – *A casa dos pais nã tinha cômodos pr'albergar a familha toda!*

Como é dado, *exp.* Como deve ser. Ouve-se muito frequentemente por todas as ilhas: *Era uma cancela feita com paus de roseira, mas uma cancela feita como é dado*[726].

Como gato em dia de matança, *exp.* Desconfiado, alvoraçado, como o gato ao ver tanta gente estranha.

Compadre, *n.m.* Padrinho de um filho em relação aos pais deste (do lat. *compăter-*). Contrariamente ao Cont., nos Açores *não existe o costume de os sogros de um casal se tratarem entre si por compadres e comadres; porque o vínculo religioso, que os identifica em tal pormenor, evitará intenções perniciosas*[727].

Companha, (do lat. *companĭa-*[728]) **1.** *n.f.* O conjunto da tripulação de um barco de pesca. **2.** *n.f. Bal.* O conjunto da tripulação

[726] J. H. Borges Martins – *A Justiça da Noite na Ilha Terceira.*

[727] Carreiro da Costa – *Esboço Histórico dos Açores.*

[728] *Compania,* formado de *cum* 'com' + *panis* 'pão', que significa conjunto de pessoas que comem o mesmo pão, generalizado depois para pessoas que seguem juntas.

de um *bote baleeiro*, composta de cinco *marinheiros*, um *trancador* e um *oficial*. **3.** *n.f.* Nome dado a um grupo de pessoas que se junta para matar uma vaca e dividir entre si a carne[Sj].

Companheiro, *n.m.* Cada um dos elementos da tripulação dos barcos de pesca (de *companha* + *-eiro*).

Compasso, *n.m.* Distância de um passo entre os regos de milho (de *com-* + *passo*)[SM].

Compeçar, *v.* Começar[P,T]. Arcaísmo ainda aqui presente (*cõpeçar*). Já na sua 1.ª Ed. de 1899 CF o regista como açorianismo.

Compecilho, *n.m.* A primeira maçaroca do mancho de milho (de *{compeço}* + *-ilho*)[SM].

Compeço *(ê)*, *n.m.* Começo[P,T]. É arcaísmo – *cõpeço* – há muito desaparecido no Continente.

Compor-se, (do lat. *componĕre*) **1.** *v. pron.* Resignar-se[T]: – *Não há outro remédio do que a gente compor-se com a vontade de Nosso Senhor!* **2.** *v. pron.* Diz-se do tempo quando melhora: – *Está a compor-se o tempo, o barómetro está a subir.*

Compostor, *n.m.* Cada uma das réguas do tear em que se prendem as extremidades da urdidura (do lat. *compositu-*)[SM].

Comprar uma vida, *exp.* Termo dos moleiros que significa comprar a alguém os instrumentos de trabalho, ou seja, o transporte mais a freguesia que vinha com eles. Uma espécie de trespasse da chave[729].

Comprativa, *n.f.* Cooperativa, sua corruptela. Tem origem na má interpretação do termo original, devido ao facto de aí também se *comprarem* coisas. Ouve-se por todo o lado, nas ilhas e no Continente.

Compridamente, *adv.* O m.q. completamente[T].

Com' um velhinho, *exp.* Resposta habitual a um cumprimento, nas Flores: *Home, com'é que tu vais?, – Home com' um velhinho, e tu coma tens passado?*

Concelho, n.m. O m.q. *mato*; baldio, propriedade de usufruto colectivo (do lat. *concilĭu-*, assembleia)[C].

Concertar-se, *v. refl.* Ajeitar-se; compor-se (do lat. *concertāre*)[F,Sj]. Usava-se muito na lavoura, quando o lavrador conduzia os bois, para eles adoptarem uma posição mais correcta ou para passar entre eles, embora ainda se use actualmente em relação ao gado bovino: – *Concerta-te Damasco, incosta-te pra dentro!*

Concha, *n.f.* Cavidade feita pelo vento à volta da raiz do milho, também chamada *tigela*[C].

Concha de escaldar, *n.f.* Concha de madeira usada para mexer a massa do pão depois de esta ser escaldada com água quente[T].

Conchelo-do-mato, *n.m. Bot.* Uma das duas espécies de orquídeas endémicas dos Açores. Surge em todas as ilhas do arquipélago, de nome científico *Platanthera micrantha*.

Concretizado, *adj.* Explicado; informado[StM]. Estar *bem concretizado* é estar bem informado, bem explicado.

Conduito, *n.m.* Conduto, qualquer alimento, em geral rico em proteína, que se come com os farináceos (linguiça, torresmo, carne, queijo; peixe curado...). Arcaísmo aqui conservado. Antigamente também se chamava 'conduitaria' ao conduto[730]. Adágio: *A fome é o melhor conduito.*

Conena, *adj.* O m.q. *conica*.

Congro, *n.m.* Tira de toucinho do porco[C]. Nota: Antigamente, os mais pobres, que não podiam criar um porco, derretiam as barrigas do congro, peixe muito abundante nas ilhas, ricas em gordura, e usavam essa gordura em vez da banha de porco. Haverá alguma ligação entre ambos?

Conhecença, *n.f.* O m.q. conhecimento (arc.)[T].

Conhecente, *adj.* Conhecedor (arc.).

Conica, *n.* e *adj.* Avarento; sovina; o m.q. *conena*[SM,T]: *Aquele conica não dá nada a nin-*

---

[729] Mário Fernando Oliveira Moura – *Memória dos Moinhos da ribeira Grande.*

[730] Frei Joaquim de Santa Rosa de Viterbo – *Elucidário das Palavras.*

guém[731]. Em S. Miguel diz-se: *Quanto mais rica / mais conica.*

Conico, *n.m.* Aten. de Diabo[SM].

Consertado, (part. pas. de *consertar*) **1.** *adj.* Arranjado; amanhado. **2.** *adj.* Diz-se do animal castrado[F].

Consertar, (do lat. *consertĕre,* frequentativo de *conserĕre,* ligar) **1.** *v.* Além do significado generalizado é também o de amanhar, arranjar (o peixe). **2.** *v.* O m.q. castrar; capar[F]. **3.** *v.* Alterar, falando do tempo, (*consertar o tempo:* melhorar o tempo), ou mudar a posição, tal como no caso do pastor que, no acto de iniciar a ordenha da vaca, pede para ela *consertar* o pé para descobrir o *mojo* dizendo *Uga!* (ver *Uga!*). **4.** *v. fig.* Aproximar; unir: *Essa Justiça é do meu tempo! Servia para 'consertar' casais e pra resolver muita coisa!*[732].

Consertar peixe, *exp.* O m.q. *aviar peixe.*

Consolar, *v.* Deliciar; ter grande prazer; estar bem na vida (do lat. *consolāre,* por *consolāri,* reconfortar): *Consola a comer; isto cheira que consola; 'tou-me consolando a comer estes inhames!*[733].

Consumidoiro, *n.m.* Apoquentação; consumição; ralação (de *consumir* + *-doiro*)[C,F,T].

Conta, *n.f.* Quantidade de alimento, tradicionalmente definida nas festas do Espírito Santo (deriv. regr. de *contar*)[SJ].

Contar de cabeça, *exp.* Saber contar os números e fazer contas simples, embora sendo analfabeto: *A gente cá semos uns proves... Só sei cuntar de cabeça*[734].

Conteira, (de *conta* + *-eira*) **1.** *n.f.* Ponteira metálica do bordão: *E levava o bordão untado, amarelo-canário, com a sua conteira nova [...]*[735]. **2.** *n.f.* Filtro do cigarro, do *cigarro de conteira*[T]. **3.** *n.f. Bot.* Nome que se dá à *cana-roca (Hedychium gardnerianum)*[SJ,SM]. **4.** *n.f. Bot.* Nome que nas *Saudades da Terra* Gaspar Frutuoso dá à *Canna indica,* vulgarmente chamada *giganteira* ou *giganteiro*[736].

Contia, *n.f.* Quantia, sua f. arcaica[T]: – *É uma contia munto grande prás minhas posses!*

Continência, *n.f.* Mesura; vénia (do lat. *continentĭa-*)[SJ]: *Os «cavaleiros» fazem sempre, antes de distribuir, uma continência à porta do Império*[737].

Contrabandista, *n.m.* Uma das alcunhas do natural do Faial.

Contrato, *n.m.* Nome de boi de estimação. Na junta de bois de trabalho, o parceiro chama-se *Ajuste*[T].

Contra-cavalete, *n.m.* Filete delgado feito de madeira igual à do *cavalete,* com um fino friso de metal na sua parte superior, onde assentam as cordas da *viola da terra* e da *viola terceirense,* situado a cerca de 2 mm a seguir ao *cavalete*[738].

Contra-cunhado, *n.m.* O m.q. concunhado[SM].

Contra-mestre, n.m. Um dos dirigentes das *Danças do Entrudo,* também chamado *1.° Comandante,* que empunha sempre uma espada[739].

Contrassinar, *v.* Falsificar o *sinal* de uma ovelha, aproveitando um sinal anterior menos elaborado, *p. ex.,* a partir duma *troncha,* acrescentando uma *fendida,* fazer a *troncha-fendida*[740] (de *contra* + *assinar*).

Conversado, *adj.* Acordado; combinado (part. pas. de *conversar*). Usa-se muito frequentemente como na frase seguinte:

---

731 Carlos Enes – *Terra do Bravo.*

732 J. H. Borges Martins – *A Justiça da Noite na Ilha Terceira.*

733 Nos Açores, a palavra não tem apenas o amplo e universal significado de animar, confortar, mas um sentido mais restrito, mais físico.

734 Vitorino Nemésio – *Mau Tempo no Canal.*

735 Vitorino Nemésio – *Mau Tempo no Canal.*

736 As sementes da *Canna indica* são pequenas esferas duras, sendo verdadeiras contas, daí o nome de *conteira.* Antigamente, estas sementes eram utilizadas como munição para os mosquetes.

737 Elsa Mendonça – *Ilha de S. Jorge.*

738 Do ponto de vista técnico-musical, se usarmos a nomenclatura universal dos instrumentos de corda o *contra-cavalete* dever-se-ia chamar cavalete.

739 José Noronha Bretão – *As Danças do Entrudo – Uma Festa do Povo.*

740 Pedro da Silveira – *A Respeito de Sinais e o Livro dos Sinais das Lajes das Flores.*

– *Estamos conversados e lá havemos de estar im vossa casa no dia da matança!*

Conversar com os anjinhos, *exp.* Emprega-se esta expressão quando uma criança sorri enquanto dorme[T].

Convidar para os ossos, *exp.* Chamar pessoas íntimas para comer os restos de um banquete[SM].

Convidar, *v.* Brindar; presentear[P,T].

Convite, *n.m.* Brinde; dádiva familiar[P].

Copa, (do lat. *cūpa-*, taça) **1.** *n.f.* Folha de planta de grandes dimensões, tal como a folha do inhame. **2.** *n.f.* O m.q. *copeira*[F].

Copa-d'água, *n.f.* Ao passar-se pelas fontes naturais, onde geralmente se cultivavam os inhames, corta-se-lhes uma folha, uma *copa*, que se enche de água fresca – a esse conjunto 'ecológico' chama-se *copa-d'água*[F].

Copalhada, *n.f.* Copo cheio de vinho[F]:
– *Home, chega-te cá pra dentro e vem beber uma copalhada com a gente!*

Antiga copeira

Copeira, (de *copa* + *-eira*) **1.** *n.f.* Nicho na parede do *meio-da-casa* onde se guardava louça, vidros e o pote de água. Era composta por duas partes: a *copeira de baixo*, rectangular, onde se punha o pote com água para beber, rolhado com uma borla de camisas de milho, e a *copeira de cima*, fechada superiormente em arco, onde se guardavam objectos de vidro ou louça mais fina[T]. **2.** *n.f.* Casa de depósito próxima da igreja, também chamada *teatro* ou *triato* e *cadafalso*[Sj]. Nas Flores também lhe chamam *copa.* **3.** *n.f.* Espécie de ermida onde se faz o jantar do Espírito Santo; o m.q. *Império*[Fl]. **4.** *n.f.* O Padre Joaquim Real descreve assim a *Copeira*: *Casa propria, pobre, de pavimento terreo, constando duma simples sala espaçosa com extensas mezas fixas e duma ampla cozinha com logar para 12 ou 15 grandes panellas*[741].

Porta prá copeira!: é o que antigamente se dizia na Terceira quando se queria meter uma porta dentro, indicando assim levar-se a porta da rua até à parede do fundo onde existia a *copeira.*

Copeiro, (de *copa* + *-eiro*) *n.m.* Um dos *Ajudantes* do *Imperador*, nas festas do Espírito Santo, e aquele que tem a missão de dirigi-los[StM]. É como que um 'adjunto' do Imperador, com funções de direcção e organização da festa. Nalgumas ilhas é chamado *Trinchante* e *Viador.*

Coqueta, *adj.* Cheio de si; janota (do fr. *coquette*, mulher galante)[T].

Coquilho, *n.m.* O m.q. plátano *–Platanus* spp. (de *coco* + *-ilho*, com alt. *–c-* > *-qu-*)[SM].

Cora, *n.f.* Nome que antigamente se dava a um atilho feito com a casca do cedro: *[...] amarrando um pé de cada uma* (ovelha) *com atilhos, que levam consigo, de cascas de cedros, que lá* (Ilha das Flores) *chamam coras [...]*[742].

Coração-de-negro, *n.m. Bot.* O m.q. 'anona' ou *nona*, fruto de árvore tropical (*Annona cherimola*) que está disseminada por muitas das ilhas[Sj,T]. Na Terceira sempre ouvi chamar-lhe *nona* e *coração-de-negro* ou *coração-negro* nunca anona.

---

741 Padre Joaquim Chaves Real – *Espírito Santo na Ilha de Santa Maria.*

742 Gaspar Frutuoso – *Saudades da Terra.*

Coral da proa, *n.m. Náut.* Peça de madeira que reforça a ligação da roda da proa à quilha das embarcações^F.

Corca, *n.f.* Prega; ruga (corrupt. de *corga* e sua extensão)^T.

Corcho, *n.m.* Tabuleiro de madeira destinado ao transporte de argamassa, também chamado *cocho* (do cast. *corcho*, casca, cortiça)^T. No Alent. dão-lhes os mesmos nomes.

Corcunda, *adj.* Nome que antigamente na Terceira se dava aos miguelistas: *Deram cabo dos espanhóis, venceram os corcundas, andaram na Justiça da Noite... mas hoje são uns cordeirinhos mansos*[743].

Corda amarela, *n.f. Mús.* Corda da *viola da terra,* antigamente feita de arame amarelo.

Corda branca, *n.f. Mús.* Corda de aço da *viola da terra,* para diferenciar da *corda amarela,* de arame, que antigamente se usava.

Cordada, (de *corda* + *-ada*) *n.f.* À cordada: diz-se quando o gado está amarrado com uma corda presa a uma estaca e pastando a erva à medida que se vai amarrando progressivamente para a frente^F.

Corda de rabear, *n.f.* Corda presa à grade da lavoura onde se segura quando se gradeia a terra^Sj.

Cordas de areia, *exp.* Tarefa difícil^F: *Quem a dera no meio do mar a fazer cordas de areia*[744].

Cordavão, *n.m..* Couro de cabra curtido e preparado especialmente para calçado (corrupt. de *cordovão,* do cast. *cordován,* de *Córdova,* top.)^T.

Cordilheiro, *adj.* e *n.m.* Patife; velhaco (corrupt. de *quadrilheiro*). **Cordo,** (deriv. regr. de *cordato*) **1.** *adj.* Cordato; prudente. **2.** *adj.* Na Terceira, é utilizado mais na acepção de restabelecido de uma doença, saudável.

Coresma *(ò), n.f.* O m.q. Quaresma^F. Nota: Antigamente grafava-se *correesma.*

Coriano *(Cò), n.m.* O m.q. acordeão[745], sua corruptela por influência do am. *accordion*^F.

Corina, *n.f.* Aten. de *corisco*^SM.

Coriscada, *n.f.* Palavrão (de *corisco* + *-ada*)^SM: – *Alberto João, de vez im quando, lá diz a sua coriscada!*

Corisco, (deriv. regres. de *coriscar*) **1.** *n.m.* O m.q. raio; relâmpago. O raio é considerado pelo povo uma pedra incandescente que se desprende das nuvens e a que chama *corisco*^C,SM,T. Em S. Miguel também lhe chamam *lume, frecha-de-lume* e *pedra-de-lume.* **2.** *adj.* Alcunha do natural de S. Miguel. **3.** *n.m.* O termo *corisco,* na acepção de 'raio', 'diacho', é usado rotineiramente em S. Miguel e quase exclusivamente aí, por isso, noutras ilhas, ao referir-se ao natural desta ilha, costuma-se dizer que é *um corisco,* às vezes acrescentando, *mal amanhado!,* tentando imitar a pronúncia cerrada da ilha.

Corisquinho, *adj.* Travesso (de *corisco* + *-inho*)^SM: *O rapaz é um corisquinho.*

Corneta, *n.m.* Alcunha de indivíduo com o nariz grande (ext. de *corneta*)^T.

Cornicho, *adj.* O m.q. *broco* (de *corno* + *-icho*).

Corno da Vila, *n.m.* Alcunha que em S. Miguel se dava ao natural de Vila Franca do Campo, antiga capital da Ilha.

Coroa, (do lat. *corōna-*) **1.** *n.f.* Símbolo do Paráclito, uma das insígnias do Espírito Santo, uma coroa de prata, encimada por uma pomba; o m.q. *Coroa do Esprito Santo.* **2.** *n.f.* Prece dos pescadores do Corvo de antigamente: *Os marítimos do Corvo eram profundamente religiosos [...] paravam de remar e faziam uma prece a que chamavam a coroa, que era a reza de um terço*[746].

---

743 Carlos Enes – *Terra do Bravo.*

744 P.^e Nunes da Rosa – *Pastorais do Mosteiro.*

745 O termo 'acordeão' vem do alemão 'Akkordion', nome dado por Damian, inventor do instrumento, em 1829.

746 João A. Gomes Vieira – *Os Açorianos e as Pescas 500 Anos de Memória.*

Coroa do Esprito Santo, Bandeja e Ceptro

Coroa do Esprito Santo, *n.f.* Coroa imperial[747], de prata ou de casquinha, encimada por um orbe de prata dourada sobre o qual assenta uma pomba de asas abertas. Cada coroa é acompanhada por um *Ceptro* de prata, também encimado por uma pomba de asas abertas. A *Coroa* é colocada sobre uma *Bandeja* ou *Salva* de pé alto, também de prata, e simboliza o *Império* do Divino Espírito Santo e o seu poder universal. Nota: Antigamente, sempre que havia um cataclismo, p. ex., o *rebentar fogo* de um vulcão, o povo saía para a rua em prece, levando as coroas do Espírito Santo e implorando misericórdia divina. Neste acto de fé chegou a acontecer episódios estranhos que a gente, na sua enorme crença, atribuía a milagres.

[747] As primitivas Coroas do Espírito Santo eram feitas à semelhança da Coroa real portuguesa, compostas de um aro de prata terminando à maneira de coroa ducal e tendo na frente engastado um medalhão com o emblema da Santíssima Trindade. Foi o Rei D. Dinis que permitiu e incentivou os Nobres a fazerem Coroas iguais à sua para coroar os seus pobres, coroa que passou a chamar-se *do Espírito Santo*.

Coroação, (do lat. *coronatiōne-*) **1.** *n.f.* O m.q. *coroar* e *ser coroado*; indica o acto no qual a *Coroa* é colocada na cabeça do *Imperador* ou da criança que o substitui nessa solene ocasião. É feita no final da missa, enquanto os presentes assistem de pé, por vezes cantando o *Hino do Esprito Santo*. **2.** *n.f.* Cortejo que conduz, processionalmente, de/ou para o acto de *coroar*, que se realiza na igreja paroquial ou noutra ermida, na missa solene. **3.** *n.f.* Parte superior do *pião* de milho[SM].

Coroar, *v.* O m.q. *ser coroado*, nas festas do Espírito Santo (do lat. *coronāre*).

Coroar o rancho, *exp.* Quando numa freguesia, por altura dos Reis, se organiza mais do que um *Rancho dos Reises*, é quase certo estabelecer-se uma certa rivalidade entre eles, acontecendo, às vezes, ao tempo em que um deles está dentro de uma casa, ir o outro cantar à porta – a isto chama-se *coroar o rancho*[T].

Corpete *(ê)*, *n.m.* Peça do vestuário feminino que se ajusta ao peito; o m.q. 'soutien' (de *corpo* + *-ete*). Termo genuinamente português, em des. no Cont., mas ainda hoje frequentemente utilizado nas ilhas.

Corpo da dança, *n.m.* Composição da *dança*, falando das *danças do Entrudo*: *O corpo de uma dança de pandeiro era obrigatoriamente composto por 6 pares [...]*[748].

Corpo santo, *n.m.* Nome a que o povo dava ao tostão falso (vide *Faial*).

Correão, *n.m.* O m.q. Mulher que passa a vida fora de casa[F]; maria-rapaz; o m.q. coirão, sua corruptela, por infl. de *correr*.

Corredor, (de *correr* + *-dor*) **1.** *n.m.* Aquele que na noite de Quinta-feira Santa ia por todas as igrejas da ilha, levando pão e vinho[T]. **2.** *n.m.* Passadeira de junco; *esteira*[SM].

Corredoura, (de *correr* + *-doura*) **1.** *n.f.* Mó superior das azenhas[SM]. É a pedra de cima que anda, que corre... *corredoura*.

[748] Hélio Costa – *O Carnaval dos Bravos*.

Vítor Barros e col. registam-na com o mesmo significado em Tolosa / Nisa. **2.** *n.f.* Terreno estreito[SM].

Correnteza de Agosto, *n.f.* O m.q. *lavadia de Agosto*[Sj].

Correr a migalha, *exp.* Nome que em S. Miguel se dava ao acto de correr uma freguesia, com a *Folia* do Espírito Santo a pedir géneros para a arrematação do *Império*: *Ó pombinha, vais correr / As ruas da freguesia / E no fim é que hão-de ver / O que esta gente trazia*[749].

Correr Danças, *exp.* Deslocar-se às diversas freguesias para ver a actuação das Danças de Entrudo durante a época do Carnaval[T]: *[...] é por isso que nos três dias de Entrudo se diz 'vou correr danças' significando 'vou dar a volta à ilha, de dia e de noite, para ver os espectáculos' [...]*[750].

Correr de saca, *exp.* Antigamente era brincadeira de crianças enfiar-se com os pés para baixo numa saca de serapilheira, segurando-a com as mãos para não cair aos pés, e iniciar uma corrida aos saltos, lado a lado, a ver quem chegava primeiro à meta[F]. Na Galiza chamam-lhe 'carreiras de sacos'.

Correr Impérios, *exp.* Visitar *Impérios* do Espírito Santo[StM,SM]: *Usa-se visitar as casas onde está exposta a coroa do Espírito Santo. A esta visita chama-se genericamente correr os Impérios*[751].

Correr Meninos, *exp.* Visitar as casas dos amigos pelo Natal, na noite do dia 25, para comer as sobremesas da ceia do dia anterior e beber licores (a *mijinha do Menino Jesus*)[T]: *– O menino mija?*

Correr o calhau, *exp.* Percorrer o rolo à procura de *achados*[C].

Correr o juízo, *exp.* Ficar completamente louco[Fl].

Correr roupa, *exp.* Passar roupa a ferro[Fl,SM].

Corrica, *n.f. Náut.* Linha de pesca com cerca de 24 braças, terminada num fio de arame com 1 metro de comprimento onde se estorvava o anzol[SM]. A *pesca à corrica* ou *pesca de corrica* era feita antigamente a remos ou à vela: *A pesca à corrica faz-se em pequenos barcos, tripulados apenas por 2 homens*[752].

Corricar, (do rad. de *correr* + *-icar*) **1.** *v.* Pescar ao corrico. Tanto se pode corricar numa lancha em andamento lento, como *de pedra* com o *caniço de lançamento*[753]. **2.** *v. fig.* Andar de um lado para o outro, sem rumo certo; ser versátil, inconstante[T].

Corrico de lancha

Corrico, *n.m.* Modalidade de pesca efectuada com o barco a navegar a baixa velocidade, geralmente de 4 a 6 nós, com 'amostra' de peixe feita de estanho e terminada numa *graveta*[754] (deriv. regres. de *corricar*).

Corrida, (part. pas. fem. subst. de *correr*) **1.** *n.f.* O m.q. estrela cadente[SM]. **2.** *n.f.* Dis-

---

[749] Uma das quadras cantadas pelos Foliões ao *correr a migalha*.

[750] José Noronha Bretão – *As Danças do Entrudo – Uma Festa do Povo*.

[751] Armando Cortes-Rodrigues – *Espírito Santo na Ilha de S. Miguel*.

[752] Armando Silva – *Ethnographia Açoriana*.

[753] Antigamente havia uma maneira muito particular de corricar, feita *de pedra*, com um *varão* (ver *pincelar*).

[754] Actualmente já se usa muito mais amostras de peixe compradas como, p. ex., as 'rapalas'.

tribuição de bebida e de *massa-sovada* aos presentes nas festas do Espírito Santo: *Por cada corrida de massa-sovada, realiza-se imediatamente a seguir, uma corrida de vinho*[755]. **3.** *n.f.* Distribuição de vinho aos trabalhadores feita pelos donos das propriedades rústicas[StM].

Corrida de saca, *n.f.* Ver *correr de saca.*

Corriola, (tv. de *correia* + *-ola*) **1.** *n.f.* O m.q. *erva-das-galinhas* (*Convolvulus arvensis*)[F,SM] **2.** *n.f.* O m.q. *espadana* (*Phormium tenax*)[Sj].

Corroa, *n.f.* O m.q. galinhola; o m.q. *paparraça*[SM].

Corromaço, *n.m.* Reparação feita à pressa para mascarar ou remediar uma obra mal executada (do v. *correr*)[T].

Corsaira, *n.f.* Na Terceira o termo *corsairo*, f. ant. de corsário, também é usado no feminino: – *Ah, grandessíssimas corsairas de merda, eu sei vocês quem são!*[756].

Corsairo, *n.m.* Corsário, sua f. antiga[Sj,T]. Nos Açores tem os seguintes significados: atrevido; desavergonhado; patife; safado; travesso; velhaco: *Em suma, um verdadeiro corsário – como se diz na ilha Terceira a rapazes travessos como Armando*[757].

Cortadeira, *n.f. Bal.* Utensílio cortante, com lâmina de forma espalmada e cabo de madeira, destinado a cortar o toucinho da *baleia*, mais conhecida nas ilhas dos Açores pelo nome de *chipeiro* (ou suas variantes fonéticas)[T].

Corte *(ô)*, *n.f.* O m.q. categoria, falando de uma coisa muito boa. Ser uma corte é ser uma categoria: *Era uma côrte de um rapaz. Alto como uma torre*[758].

Corteché, *n.m.* Pequeno instrumento de ferro munido de uma lâmina regulável com que os carpinteiros desbastam superfícies curvas; o m.q. corta-chefe, sua corruptela.

[755] João Leal – *As Festas do Espírito Santo nos Açores.*
[756] J. H. Borges Martins – *Crenças Populares da Ilha Terceira I.*
[757] Vitorino Nemésio – *Corsário das Ilhas.*
[758] Augusto Gomes – *Cozinha Tradicional da Ilha Terceira* (Falas da Tia Gertrudes).

1849	1900	1930	1960	1981	1991	2001	2004
810	808	676	681	370	393	425	451

População do Corvo (1849-2004)

Corvino, *adj.* e *n.m.* Natural do Corvo, corvense (de *Corvo* + *-ino*): *[...] Quando um corvino morre, quatro vizinhos encarregam-se de lhe abrir a cova*[759]. Nunca se ouve dizer Corvense nos Açores – sempre Corvino. *Aos habitantes do Corvo dá-se o nome de Corvinos, tão risonho como o de Florentinos*[760].

O Corvo visto das Flores

Corvo azul, *exp.* Em Ponta Delgada das Flores, que fica em frente ao Corvo, quando de manhãzinha o Corvo está azul, acredita-se que o vento está do lado do sul ou do norte, daí o provérbio: *Corvo azul / Vento norte ou sul.*

Coscorão, *n.m.* Espécie de filhó, feita à base de massa de farinha de trigo tempe-

[759] Raul Brandão – *As Ilhas Desconhecidas.*
[760] J. Leite de Vasconcelos – *Mês de Sonho.*

rada e frita em banha de porco ou óleo vegetal (prov. do lat. *cuscolĭu-*)[SJ,T].

Coser o coração, *exp.* Causar dor; fazer sofrer[SM]: – *Coseu-me o coração ver tanta miséria junta!*

Coser o palheiro, *exp.* Expressão antiga que referia o acto de prender o vime e a palha nas divisórias dos palheiros, o que era feito por dois homens, um de cada lado[T]: *Quem te fez esses sapatos? / Ah! Foram dois sapateiros, / Um por dentro, outro por fora / Como se cose os palheiros*[761].

Cosido, *adj.* Amargurado; atormentado (part. pas. de *coser*): – *Ah sinhô ei estou cosido cá por dentro de tanto sofrer!*[SM].

Costaneira, (do lat. *costanarĭa-*, de *costānu-*, de *costa-*, lado) **1.** *n.f.* Encosta de um monte[T]. **2.** *n.f.* Parte lateral da porta do forno de lenha[Fl]. **3.** *n.f.* Madeira de qualidade inferior[SM].

Costilhas, *n.f. pl.* O m.q. *ilhargas*, ou seja, os lados da caixa dos instrumentos músicos, também chamados *paredes* (do cast. *costilla*). Antigamente as *costilhas* eram feitas de madeira de *caixa de açúcar*, ou seja, madeira vinda do Brasil nas embalagens de açúcar, que eram feitas de jacarandá e outras madeiras *finas*.

Costumança, *n.f.* Costume; costumagem (de *costume* + *-ança*)[T]. Termo antigo ainda aqui presente.

Costume, *n.m.* Fato de homem (do ingl. *costume*)[Sj].

Cotão, (de *cota* + *-ão*) **1.** *n.m.* O m.q. corpete[Fl,P,Sj]. **2.** *n.m.* Pequeno casaco de flanela ou de merino, acinturado e fechado no pescoço, antigamente usado pelas mulheres terceirenses principalmente nos meios rurais. Os *cotões* de cerimónia eram enriquecidos com rendas e bordados [T]. *[...] uns quadros enfaiscados, destes de pũinduirar...? [...] que têm três meninas pintadas de cabelo caído e um cotão de cada cor...?*[762]. Lacerda Machado define-o, no Pico, como um "colete de mulher, consistente, semelhante a um espartilho, sem barbas".

Cotim, 1. *n.m.* Tecido semelhante à ganga ou *angrim* (do fr. *coutil*). **2.** *n.m.* Nó nos dedos (de *coto* + *-im*).

Couce, *n.m. fig.* Rajada (ext. de *couce*)[SM]: – *Era cada couce de vento qu'inté a gente abanava.* Var.: *Coice.*

Coudecer, *v.* Compadecer; lastimar[SM]. Var.: *Coidecer.*

Coudecido, *adj.* Compadecido; lastimado[SM]. Adágio: *Doença que não é vista / não é coudecida.*

Courão, *n.m.* Homem mau, violento (de *{couro}* + *-ão*)[SM].

Couro, (do lat. *corĭu-*) **1.** *n.m.* O m.q. *courão*[SM,T]. **2.** *n.m.* Mulher-macho[SM]. **3.** *n.m.* Homem violento[SM].

Couto, *n.m.* Medida equivalente a uma mão fechada mais o polegar esticado[F,SM]. Var.: *Coito.*

Couves aferventadas, *n.f.* Couves cozidas com batatas em água, temperadas com sal e banha[SM,T]: *[...] se a coisa decorria de boa catadura, a conversa tinha mais sabor que as couves aferventadas ou a açorda de pão fervido*[763]. Também se chamam *couves solteiras, fervedouro e sopas aferventadas.*

Em certas ilhas como, p. ex. o Faial, as sopas aferventadas levam batata, linguiça, toucinho salgado e um osso de vaca com tutano, sendo muito mais nutritivas[764].

Cova, 1. *n.f.* Celeiro subterrâneo outrora destinado a armazenar o trigo, para conservação, e também para defendê-lo da cobiça dos piratas (do lat. vulg. *cova-*, oca). Na Terceira também lhe chamavam *celeiro*, em Santa Maria davam-lhe o nome de *cova*, havendo mesmo um lugar denominado 'Covas' na localidade de Almagreira onde se podem ainda ver alguns destes primitivos silos. Na Terceira, em Angra, ao lugar onde fizeram estas covas,

---

761 Quadra do folclore terceirense.

762 Vitorino Nemésio – *Mau Tempo no Canal.*

763 Manuel Ferreira – *O Morro e o Gigante.*

764 Maria de Lourdes Modesto – *Cozinha Tradicional Portuguesa.*

ainda se chama actualmente *Alto das Covas*, nome que já aparece na planta da cidade feita em 1595 por João Hugues van Linschotten. Era nome também usado na Madeira[765]. Os mouros chamavam-lhe 'matamorra'. Referindo-se a estes celeiros na Terceira, pode ler-se no *Itinerário* de Lintschoten (1592): *[...] cada cidadão abre num certo largo ou praça um poço redondo, tirada a terra com pequeno trabalho, deixando-lhe uma abertura por onde à vontade pode descer um homem, e com uma tapadeira onde se inscreve o nome do dono. Desta forma cada um guarda na sua cova o trigo que tem, depois da ceifa em Julho, e coberto com a terra e com a tapadeira o conserva até ao tempo do Natal. Então os habitantes o tiram inteiro e são, por parte, só aquele que querem usar, deixando o resto no mencionado poço.* **2.** *n.f.* O m.q. cratera, falando da abertura da chaminé dos vulcões[Fl].

Cova-do-esterco, *n.f.* O m.q. estrumeira[SM].

Cova do lobo, *n.f.* Nome que antigamente se dava a cada muro de pedra, rectangular ou quadrado, situado no relvado do Castelo de S. João Baptista, na Terceira, onde eram colocados paus pontiagudos para que as forças inimigas fossem dissuadidas de tentar tomar o Castelo com escadaria. O mesmo nome se deu, aquando da Batalha de Aljubarrota, em 14 de Agosto de 1385, a armadilhas ou estruturas escavadas no solo, de configuração reticular, disfarçadas com folhas de árvores, destinadas a retardar o avanço das tropas castelhanas.

Coveta, *n.f.* Cova pequena (de *cova* + *-eta*)[SM,T]; o m.q. *covoleta*[SM].

Covilhete, *n.m.* Variedade de bolo pequeno da Terceira, variando de designação consoante os seus ingredientes: *covilhete de leite, covilhete de laranja...*

Côvo, *n.m. Náut.* O m.q. *cofre*[StM,SM].

Covoleta, *n.f.* Pequena cova; o m.q. *coveta* (de *covo* + <-*l*-> + *-eta*)[SM].

Cozedeira, *n.f.* Pedra da abóbada do forno (de *cozer* + *-deira*)[Sj,T].

Cozido, *n.m.* Nome que se dá à carne cozida das *funções* do Espírito Santo (part. pas. subst. de *cozer*). Dentro de grandes panelas são cozidos lentamente grandes postas de carne de vaca, carne de galinha, fígado e sangue, misturados com repolho partido aos bocados[T].

Cozido das Furnas, *n.m.* Não encontro descrição mais poética para este afamado cozido do que a de Frias Martins[766]: *Atafulham-se numa panela pedaços de couve e repolho, apertados entre cenouras e batatas, calcados por suculentos pedaços de carne de porco, de vaca e de galinha; tudo é coroado por rodelas de morcela e bons nacos de chouriço cujos sucos apimentados destilarão sobre os demais ingredientes, impregnando-os de convidativo aroma e irresistível sabor.* O tacho é metido dentro duma saca de serapilheira e colocado no fundo de uma cova fumegante.

Cozinhada, *n.f.* Nas Flores chama-se *cozinhada* a um cozido feito com carnes de porco, enchidos, couves e batatas – brancas e doces –, diferente do cozido à portuguesa do Cont. que contém, além disso, carne de frango e de vaca (part. pas. fem. subst. de *cozinhar*).

Craca *(à)*, **1.** *n.f.* Crustáceo cirrípede (*Megabalanus azoricus*) existente nas *baixas* e ilhéus das ilhas, sendo um dos mariscos mais apreciados universalmente, comido depois de cozido em água salgada e retirado da concha (do *bico*) com um pequeno ferro em gancho, utilizando-se geralmente para este fim um cravo das ferraduras revirado na ponta; há quem verta um pouco de vinho na cavidade restante e depois o beba. Segundo antigas descrições, chegavam a medir 13 cm e a pesar

[765] Jorge de Freitas Branco – *Camponeses da Madeira.*

[766] António M. de Frias Martins – *Açores, Ilhas de Azul e Verde.*

1 kg! *Charles Darwin* classificou cerca de dez mil espécies. A espécie que existe nos Açores parece ser endémica da região, daí o nome científico apontado[767]. **2.** *n.f.* Espécie de biscoito duro; bolacha (do am. *cracker*). **3.** *adj.* Espertalhão; manhoso; sabido; velhaco. Ter muita craca: ser muito sabido. Nas Flores era *apelido* de um velho sabido.

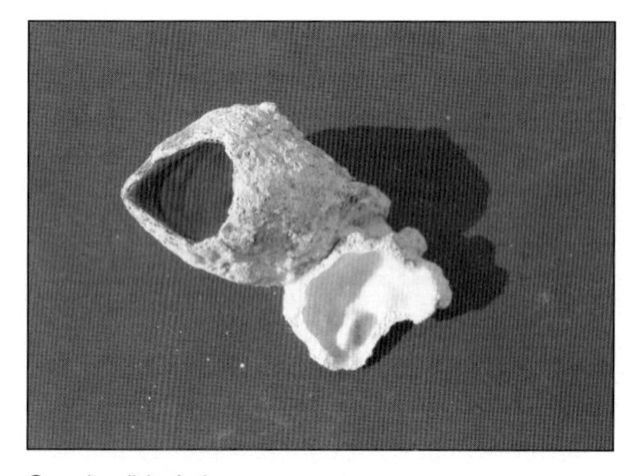

Concha (bico) de craca

Craca-miudinha, *n.f.* Pequeno molusco semelhante a uma minúscula craca, que se acredita ser a forma juvenil da lapa[F].

Cramação, *n.f.* Acto de *cramar*, de reivindicar qualquer coisa; lamúria; queixume (de *{cramar}* + *-ção*)[F].

Cramaceira, *n.f.* Lamentação; queixume (de *{cramar}* + *-ceira*)[Sj].

Cramaço, *n.m.* Lamentação; queixume; o m.q. *cramaceira* (de *{cramar}* + *-aço*)[F]. Adágio: *Páscoa em Março / ou fome ou cramaço.*

Cramanchão, *adj.* Aquele que *crama* muito, que está constantemente a queixar-se. O feminino é também frequentemente utilizado, *cramanchona*.

Cramar, *v.* Lamentar; queixar-se (do lat. *clamāre*, clamar, sua f. antiga): Do folclore regional: *Matias Leal / Toda a noite crama / Que a filha mais velha / Mijou-lhe na cama*[768]. Diz-se também daquele que se queixa de falta de dinheiro: -*'tá sempre a cramar com falta de dinheiro... Já sequé que arrecebeu esta herdança agora!* E lá diz o provérbio: *Comer e cramar, o mais é começar*[SJ]. Cramar é verbo antigo, ainda presente nos Açores com significado um pouco alterado. Na 'Écloga Basto', Sá de Miranda escreve: *Daqueloutro a espôsa crama, / vê-se desejosa e nova.* Idalécio Cação[769] regista-o também na linguagem gandareza, mas com o significado de clamar, ralhar. Na Madeira é usado com o mesmo sentido. Na Galiza também é usado, entre outros, com o significado de queixar-se, e queixar-se em voz alta.

Cramazão, *adj.* Diz-se daquele que muito *crama*[T].

Cramear, *v.* Desenredar, desfazer os nós da lã antes da carduçada (corrupt. de *carmear*, do lat. *carmināre*, idem)[Sj].

Cramejão, *adj.* Aquele que *crama*, ou melhor, que *crameja*[F].

Cramejar, *v.* *Cramar*, mas com pieguice e a toda a hora[F].

Cramelhano, *n.m.* O m.q. *cramulhano* (aten. de Diabo)[F]. Em S. Jorge também se chama cramelhano ao *diabrete*.

Cramilhano, *n.m.* O m.q. *cramelhano*[C].

Cramulhano, *n.m.* Demónio; mafarrico[F]: *[...] Uma mexericada de todos os cramulhanos*[770].

Cramunha, *n.f.* Birra de criança; choro de birra[SM]. Forma sincopada de *caramunha*, do lat. *querimonĭa-*, que significa queixa.

Cramunhar, (corrupt. de *caramunhar*) **1.** *v.* O m.q. *cramejar*[SM]. **2.** *v.* Pedinchar[SM]: *andar a cramunhar pelas ruas.*

Crapinteiro, *n.m. fig.* Vento sueste que sopra do lado da baía do Fanal, causador de muitos acidentes nas lanchas amarradas no porto de Angra, devido à sua localização fronteiriça (corrupt. de *carpinteiro* por metátese)[T]. Em S. Miguel, além de *carpinteiro* e *crapinteiro*, também lhe

---

[767] Rogério Ferraz – *A Exploração dos Invertebrados Marinhos nos Açores.*

[768] Quadra da moda popular *Matias Leal.*

[769] Idalécio Cação – *Glossário de Termos Gandarezes.*

[770] P.e Nunes da Rosa – *Pastorais do Mosteiro.*

chamam *formigueiro*, por soprar do lado do Ilhéu da Formigas. Também Maximiliano de Azevedo em *Histórias das Ilhas* fala no vento sueste, *carpinteiro*, quando se refere ao Faial. É chamado *crapinteiro* ou *carpinteiro* por causar graves estragos nas embarcações marítimas, proporcionando muito trabalho aos carpinteiros. Por ext., na Terceira usa-se muito a expressão <u>*estar do lado do crapinteiro*</u>: estar de má banda, enfurecido ou mal disposto[T].

Craqueiro, *adj.* O m.q. *craca*; espertalhão; velhaco (de *craca* + *-eiro*)[P].

Cravalheiro, *n.m.* O m.q. carvalho, árvore pertencente ao gén. *Quercus*.

Cravalho, *n.p.* Carvalho, sua corrupt. por metátese: – *Dizim que chega hoje o Cravalho Araújo*.

Cravão, *adj.* Diz-se daquele que tem o hábito de pedir, p. ex., cigarros; o m.q. crava (de *cravar* + *-ão*)[T].

Cravelhal, *n.m.* Parte terminal do braço da *viola da terra* onde estão as cravelhas; o m.q. *pá* (de *cravelha* + *-al*). Na viola da Terceira também lhe chamam *florão*.

Cravina, *n.f.* Pequena alga marinha que serve de isca para as salemas, daí também se lhe dar o nome de *erva-das-salemas* (de *cravo* + *-ina*)[F].

Cravo, *n.m.* Em todas as ilhas, assim como em muitos lugares do Continente, chama-se *cravo* à verruga vulgar, que geralmente aparece nas mãos ou nos pés, lugares de maior exposição ao vírus seu causador – o vírus papiloma humano (HPV). Antigamente, julgava-se ser devido ao facto de se apontar para as estrelas. Ainda hoje, em alguns lugares do país, há a crença de que os 'cravos' (verrugas) são devidos ao facto de uma pessoa apanhar rosas.

Crecer, *v.* O m.q. crescer[Sj]: – *Cum esta idade já nã vou crecer mais..., só se for prós lados!* <u>Nota</u>: Grafia antiga = *creçer*.

Crêdêspá, *n.m.* Credo, falando na oração[T]: – *Antes de deitar é preciso rezá o Crêdêspá!* <u>Nota</u>: Nome derivado das primeira palavras do Credo – Creio em Deus Pai –, com corrupção.

Credo, *n.m.* Curto tempo[F]: *[...] O rapazinho entrou num credo por essa porta dentro*[771].

Credo, abrenuz, *exp.* Expressão das benzedeiras: *Para benzer um animal, pega-se numa faca e faz-se sobre o mesmo uma cruz, e diz-se: 'Credo, abrenuz'*[772]. Abrenuz, corrupt. de *abrenúncio*.

Credo em cruz, *loc. interjec.* O m.q. livre-nos Deus![SJ]. Também se faz rima dizendo: *Credo em cruz, santo nome de Jasus!*

Credo madrinha, está um frade na cozinha, *exp. interj.* Diz-se quando alguém se mostra assustado por coisa sem importância[T].

Créizene, *adj.* Alcoolizado; 'grosso' (do am. *crazy*)[F].

Cremalheira. *n.f. fig.* O m.q. dentadura[F].

Cremaria, *n.f.* Fábrica de manteiga; leitaria (do am. *creamery*).

Crendes-pai, *n.m.* O m.q. Credo (oração), pelas primeiras palavras da oração[Fl].

Crescença, (do lat. *crescentia*) **1.** *n.f.* Acrescentamento em roupa; remendo[Sj,T]. **2.** *n.f.* Barra, falando de uma saia, por exemplo[C].

Crescente, *n.m.* Fermento feito em casa para o pão, cerca de 50 g, retirado da massa da cozedura (do lat. *crescente-*, que cresce, part. pres. de *crescĕre*, crescer). Quando acabavam de amassar o pão, as mulheres diziam: *Deus te acrescente como acrescentou a novidade no campo!*

Crescentinho, *n.m.* O m.q. crescente[SM].

Crescidinho, *adj.* Quantidade maior do que o costume; acrescido: – *A água onde se cozem os cavacos deve levar um sal crescidinho*.

Cresçume, *n.m.* O m.q. sobra (do rad. de *crescer* + *-ume*)[SM]: *Nunca houve cresçume de dinheiro im nossa casa*.

---

771 P.e Nunes da Rosa – *Pastorais do Mosteiro*.

772 J. H. Borges Martins – *Crenças Populares da Ilha Terceira I*.

Criação, (do lat. *creatiōne-*) **1.** *n.f.* Pastagem natural[SM,T]. **2.** *n.f.* Conjunto das aves domésticas, de capoeira[773]. **3.** *n.f.* O conjunto da lavoura[SM]. **4.** *n.f.* Terreno comunitário onde se libertam os porcos[C]. **5.** *n.f.* Educação: *pessoa de criação:* pessoa respeitável; *má criação:* má educação. *Da mesma criação:* diz-se das pessoas da mesma idade e localidade, que se criaram juntas. Com o significado de educação, é também usado no Alentejo[774]. Nalgumas ilhas, como na Terceira, o plural assume a forma *criações*: *É um atalho que vai ter às criações pra dentro [...]*[775].

Criado, *adj.* Com pus (part. pas. de *{criar}*): – *Um golpe de dentada de moreia é um golpe criado, de certeza absoluta!*

Criado de lavoura, *n.m.* Rapaz solteiro que antigamente era contratado ao ano, pelo tempo das colheitas, mediante o pagamento em Novembro – pelos *Santos* – de certa quantia chamada *soldada*, e que vivia em casa do lavrador, que o vestia e sustentava[T].

Criador, (do lat. *creatōre-*) **1.** *adj.* Diz-se do tempo bom para o desenvolvimento das culturas[SMT]. **2.** *n.m.* Lavrador que, por devoção, cria um ou mais gueixos destinados ao abate pelas festas do Espírito Santo[SM,T]. **3.** *n.m.* Vento que sopra do lado do mar[SM].

Criança do anel, *n.f.* Criança que é portadora do anel dos noivos durante a cerimónia do casamento.

Crianço, *n.m.* Criança do sexo masculino (de *criança*)[T]. Leite de Vasconcelos[776] regista-o na linguagem do concelho de Bragança.

Criar, *v.* Formar um abcesso ou um fleimão; encher, criar pus.

Criar solo, *exp.* Diz-se do solo do forno de lenha quando atinge a temperatura ideal para se introduzir o pão[Fl]. Este estado é atingido quando a pedra da soleta e das ombreiras passa da cor avermelhada para a esbranquiçada.

Crica, (do gr. *kríkos*, círculo) **1.** O m.q. criptoméria[SM]. **2.** *n.f.* Sertã de barro. **3.** *n.f. chul.* O m.q. vulva, vagina[F,P], com sentido obsceno. Cp.: Crica é o m.q. berbigão.

Criença, *n.f.* Criança, sua corruptela: *[...] Já nã sou criença meu amo...*[777].

Crina, *n.f.* Termo usado com o sentido de inclinação, teimosia, ideia fixa[StM]: – *Aquilho é que é uma crina! Embicou pr'áli e não há quim no convença do contrário!* Com este significado é termo exclusivo de Santa Maria.

Criptoméria, *n.f.* Conífera oriunda do Japão e do Norte da China *(Cryptomeria japonica)*, onde é conhecida pelo nomes de Lugi[778]. É uma árvore da Família das Taxodiáceas, uma conífera muito abundante nas ilhas dos Açores, para onde foi trazida a partir do séc. XIX, cuja madeira, embora macia e fácil de trabalhar, é resistente, sendo utilizada no fabrico de diversas coisas, particularmente na construção das embarcações pequenas e no forro das casas, em portas e janelas. Em S. Miguel também lhe chamam *crica*.

Criqui, *adj.* e *n.f.* Galinha ou galo de raça pequena (de orig. onom.)[F]. Ver *galinha-da--madeira*.

Crísimo, *adj.* Eclipse da Lua ou do sol; o m.q. *doença-do-céu*[SM]; o m.q. cris – corrupt. de *eclipse* –, arc. que significava eclipsado e eclipse. Antigamente havia a superstição de que o *crísimo* era de mau agouro se acontecia antes do nascimento das crianças.

Cristão-do-mundo, *n.m.* Pessoa caritativa[SM].

---

[773] No Pico, segundo Lacerda Machado, nunca usam esta designação, apenas a referida em 1.

[774] Vítor Barros e Lourivaldo Guerreiro – *Dicionário de Falares do Alentejo.*

[775] J. H. Borges Martins – *A Justiça da Noite na Ilha Terceira.*

[776] J. Leite de Vasconcelos – *Opúsculos – vol. VI.*

[777] Vitorino Nemésio – *Mau Tempo no Canal.*

[778] É a maior árvore japonesa, chegando a atingir os 36 metros de altura e mais de 10 metros de circunferência.

Crosto *(Crô)*, *n.m.* O primeiro leite das vacas depois do parto (corrupt. de *colostro*)[F]. Var.: *Croste.*
Crósto, *n.m.* Requeijão feito com o primeiro leite das vacas depois do parto (de *crosto*, corrupt. de *colostro*)[P].
Crótche, *n.m. Bal.* Suporte de madeira em forma de forcado com três pernas que era montado a estibordo do *bote baleeiro*, junto da ponta do remo do *trancador* e que se destinava a suportar os dois arpões (do am. *crotch*)[779].
Cruzado, n.m. Nome de antiga moeda de 400 réis. A moeda desapareceu, o nome ficou e aplicava-se, pelo menos no Pico, à moeda de quarenta centavos[780].
Cruz de dois caminhos, *n.f.* O m.q. encruzilhada[T].
Cruzes, *n.f. pl.* Região lombar, que tanto atormenta os mais idosos: *Hum! Já me chegam às vezes umas dôres nas cruzes com que eu não engraço muito...*[781].
Cruzes, senhora, *loc. interj.* Exclamação de admiração[SJ]: – *Cruzes, senhora! Aquilho é que foi uma barcada de bonitos!*
Cubo, *n.m.* Reservatório onde se acumula a água e ganha pressão, seguindo até à *seitia*, para fazer andar o moinho de rodízio ou a roda da azenha (do lat. *cubu-*)[SM]; o m.q. *cume.*
Cubre, *n.m. Bot.* Planta endémica dos Açores, de flor amarela, que se desenvolve quase sempre junto às costas marítimas, cientificamente denominada *Solidago sempervirens*, utilizada para fins medicinais.
Gaspar Frutuoso refere-a em *Saudades da Terra*: *[...] há infinidade de cubres e grandes campos e serrados cobertos deles, que dizem ser erva medicinal para muitas enfermidades.*
Cu-das-calças, *n.m.* O m.q. fundilho das calças.
Cu de barro. *loc. adj.* Diz-se daquele que tem o rabo grande e é muito molengão.
Cu de chumbo, *loc. adj.* Diz-se daquele que tem o rabo muito grande.
Cu de duas fraldas, *loc. adj.* Diz-se do indivíduo que pensa e diz uma vez uma coisa e daí a pouco outra diferente[T].
Cu de menina, *loc. adj.* Diz-se do homem de cara arredondada e de pele mimosa[T].
Cu de panos, *loc. adj.* Diz-se da pessoa com um grande rabo[T].
Cu do pão, *n.m.* Cada uma das extremidades do pão[T].
Cudar, *v.* Cuidar, sua f. arcaica (sXIV)[F,SJ,SM,T]: *Quem me a mim me ouvir cantar / Cudará que estou contente... / Estou mais triste do que a noite, / Que chega e ninguém na sente*[782].
Cueira, 1. Empena da casa[C]. **2.** *n.f.* Traseira da casa[SJ]. Provérbio de S. Jorge: *Quem escuta pelas cueiras, / ouve das suas manqueiras.*
Cuitelo, *n.m.* Cutelo, sua f. arcaica[T].
Cula, *n.f. Bal.* Tanque metálico para a refrigeração e decantação do óleo da *baleia* (do am. *cooler*).
Culatrona, *n.f.* Mulher malfeita e gorda (de *culatra* + *-ona*)[T].
Culebra, *n.f.* Serpentina do alambique. Não o vi registado nos dicionários consultados. Em Espanha, 'culebra' tem, entre outros, o mesmo significado – serpentina. No Algarve usa-se o termo 'colebra' – não registado nos dicionários consultados –, também resultante de influência espanhola[783], mas com o significado de cabo, corda usada nas redes da pesca. Nota: O termo espanhol 'culebra' – antigamente 'culuebra' – é derivado do do lat. vulg.

---

779 Até meados do século passado, todas as *baleias trancadas* levavam um segundo *arpão* de segurança para o caso do primeiro falhar.
780 Dias de Melo – Vocabulário (in *Vida Vivida em Terras de Baleeiros*).
781 João Ilhéu – *Gente do Monte.*
782 Vitorino Nemésio – *Festa Redonda.*
783 Os pescadores algarvios mantiveram durante muitos anos contactos com os da Andaluzia, tendo mesmo havido migração de pescadores e operários conserveiros algarvios para os portos dessa zona meridional de Espanha.

colobra, do clás. *colūbra,* que veio a dar em português 'cobra'.

Cume, *n.m.* O m.q. *cubo,* reservatório dos moinhos.

Cumo da casa, *n.m.* O m.q. cumeeira; espigão (cumo, corrupt. de *cume,* do lat. *culmen,* idem)[F,Sj].

Cunena *(ê). n.m.* Avarento[F]. Cp.: Em Trás-os-Montes, *cunenas* significa pessoa acanhada, sem jeito para nada, *um cunenas*!

Cunha, *n.f.* Dispositivo destinado a aproximar ou afastar as mós dos moinhos (do lat. *cunĕu-*).

Cunha-do-frade, *n.f.* O m.q. *pescal* e *fechal.*

Cunho, *n.m. Bal.* Saliência feita de madeira e colocada em cada uma das bordas do *bote baleeiro,* tendo a finalidade de reter a *linha do arpão* caso ela salte do *choque* (do lat. *cunĕu-*)[Sj].

Cura, *n.f.* Operação feita a certos recipientes novos antes de serem utilizados pela primeira vez, p. ex., os alguidares da *alcatra,* ao ferverem com água e gordura, as pipas e os barris, tratados com aguardente e vinho (deriv. regr. de *curar*). Por outro lado, a roupa branca também recebe a *cura* quando é posta ao sol e aos seus raios ultravioletas.

Curado, *adj.* Diz-se do peixe seco, depois de salgado durante vários dias, tal como o bacalhau seco (part. pas. de *curar*).

Curar, (do lat. *curāre,* cuidar de) **1.** *v.* Secar ao sol depois de salgado durante vários dias, geralmente o peixe. **2.** *v.* Fazer ou receber a *cura.*

Curiosa, (de *curioso*) **1.** *n.f.* Mulher que antigamente assistia aos partos nas freguesias[F,StM]. **2.** *n.f.* O m.q. benzedeira[T]: *Levaram-na ao médico e ele disse que ela não tinha doença para ele, que procurassem uma curiosa, porque ela tinha era cobrante*[784].

Curioso, *n.m.* Indivíduo que, por intuição, conhece o valor medicinal de certas plantas, que tem jeito para reduzir luxações e que, antigamente, fazia até a imobilização de algumas fracturas ósseas (do lat. *curiōsu-*)[F,Fl].

Curral, (do lat. vulg. *currāle-*) **1.** *n.m.* O m.q. *fajã*[T]. **2.** *n.m.* Terreno de reduzida dimensão, delimitado e protegido dos ventos por paredes de pedra seca, com uma entrada – o *portal* – fechado com uma parede simples de pedra grada, destinado ao abrigo do gado durante a produção leiteira e para o cultivo de batata-doce e feijão nas outras épocas do ano, aproveitando o estrume aí deixado pelos animais[C]. **3.** *n.m.* Divisória agrícola formada por muros de pedra solta, de formato geralmente quadrangular, destinado ao cultivo da vinha ao abrigo dos ventos marítimos. Os *currais* que são particularmente frequentes na Ilha do Pico, formando no seu conjunto um vasto reticulado que identifica a paisagem vitícola dessa ilha[785], embora também estejam presentes noutras ilhas como, p. ex., na Terceira, nomeadamente nos Biscoitos e no Porto Judeu, locais onde se produzem excelentes vinhos. Também chamados *curraletes* e *curraletas.* Em Santa Maria chamam-lhes *quartéis.*

Curral grande, *n.m.* Espaço onde antigamente estavam reunidos os touros e as vacas de acompanhamento, no lugar onde se ia fazer a tourada à corda[T]. Nota: Em algumas das freguesias da Terceira têm-se feito nos últimos anos touradas à corda à moda antiga, com os touros a serem trazidos a pé até ao local onde vão ser corridos e metidos no *touril* e no *curral grande* como então se fazia em tempos recuados.

Curru, *interj.* Uma das maneiras de chamar os porcos quando dito repetidamente[Fl]: – *Curru! Curru! Curru!*

---

784 J. H. Borges Martins – *Crenças Populares da Ilha Terceira I.*

785 Em Julho de 2004, o comité da UNESCO considerou a paisagem da cultura da vinha da Ilha do Pico como Património da Humanidade.

Currume, *n.m.* Parte do eixo do carro de bois (do rad. de *correr* + *-ume*, com assimil.)[SM].
Cursão, *n.m.* Mulher de má reputação; o m.q. *cação*[Sj].
Curso, *n.m.* Parte terminal do recto, falando da última parte do intestino grosso[F]. Deitar o curso de fora: sofrer um prolapso rectal[F].
Curtume, *n.m.* Conserva de vegetais em vinagre (do rad. de *curtir* + *-ume*). São mais frequentemente utilizados o pimento, o tomatinho e bagos de uva verde, a cenoura, feijão verde, a *cebolinha-de-curtume*, malaguetas, tudo aromatizado com *perrexil*.
Curva, *n.f.* Parte do arado onde a rabiça se insere no dente[Fl].
Cuscuz, *n.m.* Iguaria de Santa Maria que consiste em pequenas bolinhas de farinha de trigo cozidas em vapor de água e depois postas ao sol a secar (do ár. *kuskus*). Servem como substituto do arroz ou da massa. É originária do Norte de África, nomeadamente de Magreb[786]. Este manjar também foi levado para a Madeira pelos escravos do Norte de África[787].
Cuscuzeiro, *n.m.* Recipiente de barro com o fundo perfurado com pequenos furos, destinado à confecção do cuscuz em Santa Maria (de *cuscuz* + *-eiro*).
Cuspido, *adj.* Parecido; semelhante; igual (part. pas. de *cuspir*)[F]: – *O bebé é a cara do pai cuspida!*
Custodiar, *v.* Tara sexual que consiste em observar com ar dissimulado os casais de namorados nas suas lides amorosas (de *custódia* + *-ar*)[T].
Custódio, *n.m.* Indivíduo que gosta de observar, dissimulado, os casais jovens namoriscando (de *custódia*)[T].
Cutão, *n.m.* Corpete (do mal. *kutang*)[Sj]. Era termo muito usado na Índia portuguesa.

---

786 Recorde-se que Santa Maria foi a ilha que mais elementos mouriscos recebeu aquando do povoamento dos Açores.
787 Rui Nepomuceno – *História da Madeira*.

D

Dada, *n.f.* Lote de terra antigamente entregue por sesmaria a alguém para o arrotear (part. pas. fem. subst. de *dar*). Na toponímia terceirense, p. ex., há a Ribeira das Dadas, o Moinho das Dadas. As *dadas* eram concedidas por um período de cinco anos, com a condição de serem bem aproveitadas, caso contrário eram tiradas e cedidas a outra pessoa. Antigamente na Capitania de Angra havia um *Livro de Registo de Dadas de terras*.

Dadonde, *adv.* O m.q. *adonde*[SM]: *Dadonde o sinhor vir folia já fica sabendo que é companha que vai encher o bandulho inté le tocar cô dedo*[788].

Dagada, *n.f.* Susto valente (aférese de *adagada*)[SJ].

D'alta-a-baixo, *exp.* A descer; o m.q. *direito-a-baixo*[SJ].

D'alta-a-cima, *exp.* A subir; o m.. *direito-a-cima*[SJ].

D'alta-a-diante, *exp.* Em terreno plano; o m.q. *direito-a-diente*[SJ].

Dama-de-honor, *n.f.* Cada uma das raparigas adolescentes, vestida de branco, que leva a *Coroa* do Espírito Santo[SJ].

Dama-de-rôr, *n.f.* Menina que, juntamente com outra, acompanha os noivos à igreja[Fl].

Damasco, *n.m.* Bovino de pelo avermelhado. Fem.: *Damasca*.

Dança, *n.f.* Espectáculo que se faz durante os três dias de Entrudo (do fr. *danse*): – *Amanhã vou correr danças!* **2.** *n.f.* Grupo que faz o espectáculo: *Dança do Porto Judeu, Dança das Lajes*. **3.** *n.f.* Também se chama dança ao enredo ou assunto: a *Dança da Brianda Pereira*, a *Dança da Maria Madalena*. **4.** *n.f.* Parte propriamente dançada, coreografada, deste espectáculo carnavalesco.

Dança à Grave, *n.f.* *Dança do Entrudo* sem cantores, sendo geralmente de arcos, com acompanhamento musical efectuado por rabecas, violas, clarinetes e flautas[T]. Não tem enredos nem falas.

Dança da Mourisca, *n.f.* Por alguns considerada como a origem de todas as danças de Entrudo, era formada por um grupo de 7 cantadores, sendo um deles o *Rei*, portador de espada, e os restantes, portando viola e pandeiretas, dançavam sem palavras até o *Mestre* os mandar parar.

Dança cardaceira, *n.f.* Nome que no Faial também se dá à *dança de cadarços*.

Dança de Cadarços, *n.f.* Dança carnavalesca com fitas e arcos coloridos, nalgumas ilhas – S. Miguel e Faial, p. ex. – conhecida por *Dança de Pau de Fitas* ou simplesmente *Dança das Fitas*[SM,T].

Dança de dia, *n.f.* Nome dado à *dança de espada* por ser dançada apenas durante o dia [T].

Dança de Espada, *n.f.* Dança de Carnaval, antigamente actuando só de dia nos terreiros, com *Mestre* munido de espada[789]. As

[788] Luís Bernardo Leite de Ataíde – *Etnografia Arte e Vida Antiga dos Açores*.

[789] Nos últimos anos a sua actuação era quase sempre feita à noite, nos salões da Ilha Terceira.

danças de espada eram antigas danças guerreiras que foram próprias de todas as sociedades e civilizações primitivas[790]. Actualmente a *Dança de Espada* está a desaparecer pelos elevados custos que acarreta[791], estando a ser subsitituída pelo *Bailinho*. No Carnaval de 2007, na Terceira já só saiu uma destas danças, enquanto se exibiram 52 *Bailinhos*. Nos EUA ainda se fazem com muita frequência pelas melhores condições económicas existentes.

Dança de Pandeiro, *n.f.* Dança carnavalesca com *Mestre* munido de pandeiro e, por regra, com os dançarinos a executarem também a música. Antigamente só saía à noite – por isso, também era chamada *Dança da noite* – e era dançada nas *lojas* das casas de sobrado onde não cabia uma *Dança de espada* por esta ter mais constituintes, nomeadamente mais músicos[T]. Nos últimos anos já saía a qualquer hora. Ultimamente deixou de ser feita, tendo sido substituída pelo *bailinho de pandeiro*.

Dança de Pau-de-fitas, *n.f.* O m.q. *Dança de Cadarços*. "Era utilizado um pau com cerca de 2 a 3 metros de comprimento com um disco na ponta onde se prendiam longas fitas de cores vivas (vermelho, verde, amarelo, lilás) que cada figurante (homem e seu par, mulher), segurando em cada fita, ia enrolando (as 'mulheres' passando por dentro, os homens por fora) até cobrir o pau de muitas cores". *Ao som da música e das cantigas os dançarinos enrolavam as fitas, urdindo uma trança que formava o referido mastro, voltando a desenrolá-las com movimentos contrários até a vara ficar 'despida'*[792].

Dança do Entrudo, *n.f.* Manifestação musical popular feita pelo Carnaval, vestígios do que num passado remoto se chamavam 'mascaradas', uma espécie de *comédia* musicada, versando assuntos históricos ou sociais, tratados em redondilha maior, como é de agrado do povo, (quintilha, sextilha ou quadra), entremeado de comentários burlescos com forte cunho satírico em relação com costumes ou factos mais importantes ocorridos na localidade. *As «Danças» – expoente máximo da «arte-viva» do povo, inteiramente concebidas, escritas e realizadas pela alma ingénua de seus poetas e tocadores, na sequência duma tradição que vem de distantes idades, e de que ele, sem se cuidar, continua a ser guardião fiel*[793]. Na Terceira, as danças foram esquecidas durante muitos anos, estando de regresso outra vez[794]. Uma dança compõe-se de três partes: a *Entrada* ou *Saudação*, em que são dirigidas cumprimentos aos presentes, o *Assunto*, em que é apresentado o argumento, seguindo-se o *Enredo* e a *Despedida*, em que agradecem aos espectadores a atenção dispensada. Cada uma destas partes é iniciada e concluída pelo *Mestre-da-dança*, sendo a maioria das vezes, a *Entrada* e a *Despedida*, cantadas exclusivamente por ele. Além do *Mestre*, há o *Velho* ou *Ratão* que, trajado ridiculamente, com uma bengala grossa e retorcida, e de uma maneira cómica, comenta o *Enredo* com ditos picantes, por vezes desbocados, tomando à sua conta o papel de enredeador e intriguista. As *danças* são ensaiadas pelo próprio *Mestre* ou por uma pessoa idónea da freguesia, que também escolhe as *marcas* e a indumentária dos figurantes. Estes são geralmente dezasseis, oito vestidos de homem e oito de mulher[795]; os homens

---

[790] Os Lusitanos tinham as suas danças de cariz guerreiro com o fim de se adestrarem, ou como ritual na preparação dos seus combates.

[791] O orçamento para a única *Dança de Espada* saída em 2007 – "Vidas Traídas" – rondava os 5 mil euros.

[792] José Noronha Bretão – *As Danças do Entrudo – Uma Festa do Povo*.

[793] João Ilhéu – *Notas Etnográficas*.

[794] A primeira referência a *danças* na Ilha Terceira data de 1622.

[795] Actualmente, as raparigas já fazem parte das danças, mantendo-se os 'travestis' apenas nos *bailinhos* e danças cómicas.

trazem camisa e calça branca, uma faixa vermelha na cintura e outra atravessada no peito em diagonal, barrete de borla, de pala, ou chapéu de dois bicos; as 'mulheres' vestem saia rodada, corpete branco com bordados, lenço enramado na cabeça, luvas e meias brancas com sapatilhas. A música instrumental era geralmente tocada por seis elementos: clarinete, cornetim, contrabaixo de sopro, barítono, viola e caixa de rufo, esta última geralmente para animar a marcha nos deslocamentos. *Em mensagem de alegria / Percorrendo a terra inteira / O Carnaval tem magia / de transformar a Terceira / Tudo canta tudo dança / Lá bem longe, aqui pertinho / Dança o velho e a criança / No drama ou no bailinho*[796].

Dança do Picão, *n.f.* "A dança do Picão (ferramenta dos cabouqueiros, em ferro e com cabo de madeira) era dançada batendo com o picão (ferro) ao ritmo da música, os dançarinos inclinados para o chão como que a trabalhar".

Dança dos Arcos, *n.f.* Uma das danças mais exibidas no passado. Era composta por 12 elementos, todos homens, metade em trajes femininos, um *Mestre*, um *Velho* e uma *Velha*, os últimos vestidos andrajosamente. Antigamente todos traziam uma máscara de rede de arame, proibida mais tarde por causa da transpiração.

Dança dos Lenços, *n.f.* Dança de Entrudo, assim chamada pelo facto de os figurantes trazerem lenços de várias cores que durante a dança agitavam no ar. Não tinha parlenda nem quaisquer outros dizeres durante a execução.

Dança dos Maços, *n.f. Dança do Entrudo* na qual os dançantes batiam com pequenos maços de madeira uns nos outros, dançando e cantando.

Dança dos Pescadores, *n.f.* Dança de Entrudo que, além dos 12 elementos e dos respectivos músicos e comandantes, trazia um miúdo e uma miúda com cerca de 10 anos transportando um pequeno barco de duas proas, de aproximadamente 1,2 metros, feito de ripas de madeira e forrado a papel de cor.

Dançarinho, *n.m.* Dançarino, sua corruptela.

Dançarinos das alas, *n.m.* Dançarinos das danças de Entrudo, que dançam em duas alas, geralmente oito em cada uma.

Danesteres, *n.m. pl.* Andar de baixo (do am. *downstairs*).

Daninho, *adj.* Endiabrado; travesso (de *dano + -inho*)[Sj].

Dantadura da grade, *n.f.* Conjunto dos dentes da grade de gradear a terra[F,Fl].

Dantes que, *loc. adv.* Desde que; o m.q. *denes que*[SM].

Dar à cabeça, *exp.* Concordar ou discordar, por gestos da cabeça. Assim, diz-se *dar à cabeça que sim* ou *dar à cabeça que não*.

Dar à casca, *exp.* O m.q. 'dar o cavaco'.

Dar a criação, *exp.* Educar, batendo[F].

Dar a folheta, *exp.* Aplicar a última camada de massa fina no acto de rebocar uma superfície [F].

Dar a pancada, *exp.* Esticão que os *homens-da-corda* dão para travar o andamento ao touro, nas touradas à corda da Terceira: *Com a força do impulso, são projectados alguns metros adiante; mas o toiro quebra o ímpeto. Isto é 'dar a pancada'*[797].

Dar à pata, *exp.* O m.q. *patear*, morrer.

Dar alminha, *exp.* O m.q. baptizar[T] – *Jesé Loirenço, onte, foi dar alminha ao seu pagãozinho.*

Dar ao bico, *exp.* Morrer[T]; o m.q. *dar ao canastro.*

Dar ao canastro, *exp.* Morrer.

Dar ao canelo, *exp.* Passear[T]. Na Madeira significa morrer.

Dar aprasmos, *exp.* Dar esperança; incentivar[Sj].

---

796 Entrada do *Mestre* na Dança de Espada *Abraço a Timor* da autoria de Carlos António Simas Bretão, Raminho – Terceira.

797 Vitorino Nemésio – *Corsário das Ilhas.*

Dar as papas quentes, *exp. fig.* Tratar de uma criança quando muito pequena. É exp. muito usada na Terceira: *S. Macaio já é velho / De velho já não tem dentes, / Já lhe morreu a velhinha / Que lhe dava as papas quentes*[798].

Dar bada, *exp.* Aborrecer; enfadar (do am. *to bother*)[C].

Dar beijos com a boca dos outros, *exp. fig.* Falar em nome de outrem como se de si se tratasse, p. ex., meter-se num negócio que não lhe diz respeito como se fosse uma das partes[F].

Dar boas notas, *exp.* Dar boas informações. É influência da construção gramatical inglesa – *to give good note.*

Dar calças, *exp.* Exceder outrem: *[...] por lá não apareceu ainda outra* (lancha) *que lhe desse calças a correr à vela*[799].

Dar caminho, *exp.* Deitar fora; estragar[F].

Dar com os pratos na cara, *exp.* Mostrar-se ingrato para com alguém[T].

Dar corda, *exp.* Dar confiança; permitir[T].

Dar corda ao gado, *exp.* Mudar a estaca ao gado que pasta *à-cordada* [F].

Dar de beber água de lavar o rabo, *exp.* Antigamente acreditava-se que, dando a uma criança pequena água de lhe lavar o rabo, ela começava a falar mais cedo[T].

Dar de corpo, *exp.* O m.q. defecar[SM,T]: *[...] o dar de corpo destoava debaixo de telha, o dado seria ao ar livre*[800]. Expressão também usada no Alentejo.

Dar de galho, *exp.* Abanar a cabeça ao andar[T].

Dar de mão, *exp.* Acabar; terminar[SM]: *– Mas ela já deu de mão ao rapaz?*[801].

Dar de olhos, *exp.* Piscar um olho para fazer um sinal[SM]: *– Ele deu-me de olhos pra eu nã falar!*

Dar em arrepelar, *exp. fig.* Culpar-se; incriminar-se[T]: *– Lembra-te q'hoje é dia grande, e nã te dês em arrepelar por via de nada*[802].

Dar em cara, *exp.* Expressão que significa o facto de uma pessoa referir ter dado a outra uma coisa dando-lhe um valor maior do que quereria ter feito.

Dar em graça de rir, *exp.* Dar vontade de rir[SM].

Dar em reparar, exp. Botar atenção; notar[T]: *[...] achou os bois a andarem muito folgados e deu em reparar e viu que o carro tinha ficado para trás*[803].

Dar em rir, *exp.* Começar a rir: *[...] viu uma rapariga desbruçada à janela que se deu em rir muito para ele*[804].

Dar em roer roupa, *exp.* Usa-se muito esta expressão quando se diz que uma pessoa fez uma asneira qualquer – para minimizar isso exclama-se: *Podia dar em roer roupa..., era bem pior!*

Dar em ver, *exp.* Notar; reparar[T]: *Os donos deram em ver que as vedações caíam e não havia notícia de ninguém se ter pisado*[805].

Dar exame, *exp.* Fazer exame[SM]: *– Dei exame de condução e passei logo à primeira!*

Dar fé, *exp.* Coscuvilhar[T]; notar; reparar[F]: *– Nã sinhô, não, nã dei fé dela ter passado por cá!* Leite de Vasconcelos regista-a como sendo muito usual em Macedo de Cavaleiros.

Dar força de remo, *exp.* Remar a toda a força[T]: *–A gente tratámos mas foi de dar força de remo na volta de terra, q'a coisa nã 'tava p'a brincadeiras...*[806].

Dar grão, *exp.* Aligeirar qualquer trabalho[T]. Esta expressão tem a ver com o moinho, onde se aumenta o débito do grão para acelerar o acto de moer.

Dar gritos de ver e crer, *exp.* Fazer uma grande gritaria: *A pobre mãe verdadeira /*

---

798 Quadra da *Moda* tradicional *S. Macaio* (Terceira).
799 João Ilhéu – *Gente do Monte.*
800 Cristóvão de Aguiar – *Trasfega.*
801 Urbano de Mendonça Dias – *"O Mr. Jó"*
802 João Ilhéu – *Gente do Monte.*
803 J. H. Borges Martins – *Crenças Populares da Ilha Terceira I.*
804 J. H. Borges Martins – *Crenças Populares de Ilha Terceira I*
805 J. H. Borges Martins – *A Justiça da Noite na Ilha Terceira.*
806 João Ilhéu – *Gente do Monte.*

Dá gritos de vêr e crêr / Porque a outra surrateira / Esse grande mal foi fazer[807].
Dar massa, *exp.* O m.q. fazer um manguito[T].
Dar o dito, *exp.* Confirmar no Registo Predial as declarações de alguém[F].
Dar o retiro, *exp.* Ir-se embora; retirar-se[T].
Dar o seu fôlego a saber, *exp.* Confidenciar; dar a sua vida a saber.
Dar penso, *exp.* Bater num animal[C]: – *Ele dá muito penso ao burro, coitadinho!*
Dar pincho nem macaco, *exp.* Ficar furioso[T].
Dar por alma da caixa velha, *exp.* Bater sem dó nem piedade.
Dar pra capote, *exp.* Aplicar uma grande carga de porrada[T]: *[...] virou-se em riba do Joaquim de Ornelas. Deu-lhe pra capote!*[808].
Dar pra trás, *exp.* Devolver; restituir. É decalque semântico do americano to *give back.*
Dar quinau, 1. *exp.* Ter resposta pronta[T]. **2.** *exp.* Acabar; dar resolução; terminar, falando de uma obra[T]: *Mas se der quinau na obrasinha, quero crer que será a coisa mais aceada que me sai das unhas*[809].
Dar razão, 1. *exp.* Lembrar-se; recordar--se[F,T]: – *Eu dou razão de ter sido há uns dez anos!* **2.** *exp.* Aperceber-se; notar: – *Nã dei razão dele ter entrado!*
Dar-se à terra, *exp.* Morrer: *Anda, amor, dá--me um abraço, / Antes qu'eu me dê à terra, / Que é o desfruto que tiras / De tão pura donzela*[810].
Dar tortura, *exp.* O m.q. *fazer tortura.*
Dar um balanço, *exp.* Cair.
Dar um cuspinho no nariz, *exp.* Desafiar alguém para lutar[T].
Dar um machuco, *exp.* Bater violentamente em alguém[SM].

[807] Da *dança A Sentença de Salomão,* da autoria de Maria Angelina de Sousa, mais conhecida por Turlu.
[808] J. H. Borges Martins – *A Justiça da Noite na Ilha Terceira.*
[809] João Ilhéu – *Gente do Monte.*
[810] Manuel da Costa Fontes – *Romanceiro Português do Canadá (Febre Amarela).*

Dar uma chamada ao forno. *exp.* Aquecer ligeiramente o forno[SM].
Dar umas calças, *exp.* Ganhar outrem com grande vantagem[T]: – *O Gaitada deu uma calças à Turlu nas cantorias de S. Carlos.*
Dar um dezaipe, *exp.* Piscar o olho[C]. *Dezaipe* é palavra trazida pelos emigrantes da América, na estropiação de 'the sight'.
Dar um guindo, *exp.* Assustar-se; sobressaltar-se; o m.q. *dar um pulo.*
Dar um pulo, *exp.* Assustar-se[F].
Da vez da manhã, *exp.* O m.q. da parte da manhã[Sj]. Também se diz da vez da tarde e da vez da noite[Sj].
Dêa, *do pres. ind. do v. dar* Forma de pronunciar 'dê': *Eu, em nada faço, / Dêa ele o desembaraço / Do fim que isto há-de ter mim, mais*[811].
De barriga à boca, *exp.* O m.q. grávida, mas com gravidez avançada.
De beiço caído, *exp.* Amuado (utilizado geralmente em relação às crianças)[F].
De boa mente, *exp.* De boa vontade[Sj]. Expressão antiga, aqui conservada. Fernão Lopes escreve na Crónica de El-Rei D. João I de Boa Memória: *E [...] chamando quantos achasse pelas ruas, os quais se iriam com ele de boa mente como ouvissem tal apelido [...].*
Defolhar, *v.* O m.q. desfolhar; tirar a folha (de *de-* + *folha* + *-ar*)[Fl].
De má mente, *exp.* De má vontade[Sj].
De trás da terra, *exp.* Expressão usada nas ilhas para designar algo ou alguém do outro lado da ilha, muitas vezes falando--se em relação à direcção do vento: – *Hoje o vento 'tá de trás da terra!*
Debruar-se, *v.* Empalidecer; descorar-se[P].
Debulhadeira, (de *debulhar* + *-deira*) **1.** *n.f.* Máquina manual de debulhar o milho. No Faial também lhe chamam *esbulhadeira.* **2.** *n.f. fig.* Mulher muito faladora[SM].
Debulho, (deriv. regr. de *debulhar*) **1.** *n.m.* Espécie de recheio feito com sangue de

[811] *História do Duque de Brabante e Genoveva Sua Filha.*

porco, pão, cebola e temperos, comido depois de frito[SM]; o m.q. *beleguim-de-frigideira* e *sarrabulho* ou *serrabulho*. **2.** *n.m.* Recheio para galinha ou outra ave destinada a assar no forno[F].

Decer, *v.* Descer, sua f. arcaica: *Ó Manuel! Dece-te pra baixo! Dece-te pra baixo!*[812].

Décima, *n.f.* O m.q. dízimo. Adágio: *De Lisboa / mentiras e décimas*, ou seja, de Lisboa apenas promessas e impostos.

Declame, *n.m.* Designação dada pela Turlu[813] à parte falada de uma dança do Entrudo – o seu enredo declamado (deriv. regr. de *declamar*).

Decomer, *n.m.* Alimento; comida (de *de* + *comer*)[SM,T]. CF regista-o apenas como brasileirismo. E. Gonçalves regista-o também na linguagem algarvia.

Decomida, *n.f.* O m.q. *decomer* (de *de* + *comida*)[T]: *Enquanto D. Inácia lhe amanhava os lençóis e a decomida*[814].

De cu para trás, *exp.* De costas: *Depois ela virou-se de cu para trás e deu em atirar coices*[815].

Dedo grosso, *n.m.* O m.q. dedo polegar[Fl].

Deferença, *n.f.* Diferença, sua f. arcaica[F].

Deferente, *adj.* Diferente, sua f. arcaica. Minha avó costumava dizer: – *É munto deferente um copo de água e um copo cum água!*

Defícele, *adj.* Difícil. Grafia no sXV = *deficil.*

Defluxo, *n.m.* Secreções da mucosa nasal que normalmente acompanha a gripe (do lat. *defluxu-*, escoamento). Embora registado nos dicionários como termo do português corrente, nunca o ouvi nas regiões do Cont. por onde tenho exercido a prática clínica. Nos Açores é de uso corrente.

Defumadoiro, *n.m.* Fumos com que as *feiticeiras* tiram o cobranto (de *defumar* + *-doiro*)[Fl]. Var.: *Defumadouro.*

Defumos, *n.m. pl.* As cinzas que restam dos defumadouros (deriv. regr. de *defumar*, pl.)[T]: *[...] deitam-se os 'defumos' ao mar com as costas voltadas para ele, e diz-se: Vai em nome de Deus / E não tornes mais / A incomodar esta casa*[816].

De galhas para o ar, *exp.* O m.q. 'de pernas para o ar'.

Degodana, *n.f.* Balbúrdia; zaragata[SM]; o m.q. *leilão*[SM].

Degolado, *adj.* Diz-se do galináceo de pescoço pelado (do lat. *decollātus*)[SM].

Degolhão, *n.m.* Godilhão, sua corruptela por met. e dissimil.[Fl].

Deitar a alma pela boca, *exp.* Estar muito cansado, ofegante[T].

Deitar Alvorada, *exp.* Cantar uma *Alvorada*, o que é feito pelos *Foliões* nas festas do Espírito Santo[F].

Deitar as tripas aos pés, *exp.* Esfaquear o abdómen[T]: *Tiro a minha navalha / Deito-te as tripas aos pés*[817].

Deitar cabelos no lume, *exp.* Segundo crendice popular, chama a desgraça[T].

Deitar carga ao mar, *exp.* Vomitar, estando numa embarcação. No Faial costumavam dizer que estava *a chamar plo Gregório.*

Deitar em cara, *exp.* O m.q. apontar; censurar; criticar[T]: *[...] para ninguém ter nada que lhe «deitar em cara», menosprezando a dignidade do seu nome*[818].

Deitar o bezerro, *exp.* Diz-se da vaca quando o bezerro nasce morto[Fl].

Deitar o rabo do olho, *exp.* Olhar de soslaio[Sj].

Deitar sal na moleira, *exp.* Dar cabo do juízo[T].

---

812 J. H. Borges Martins – *A Justiça da Noite na Ilha Terceira.*

813 Turlu (apelido de Maria Angelina de Sousa) foi uma das maiores cantadeiras ao desafio da Ilha Terceira – nasceu a 5/11/1907 em S. Mateus e faleceu a 5/01/1987 em Toronto, Canadá.

814 Vitorino Nemésio – *O Mistério do Paço do Milhafre.*

815 J. H. Borges Martins – *Crenças Populares da Ilha Terceira I.*

816 J. H. Borges Martins – *Crenças Populares da Ilha Terceira II.*

817 Da *Dança dos Namorados*, enversada por Joaquim Farôpa.

818 João Ilhéu – *Notas Etnográficas.*

Deitar sal no lume, *exp.* Quando em criança nos divertíamos a atirar umas pedrinhas de sal para as ver *estralar*[819] na lareira, os adultos diziam-nos que isso fazia os meninos mijar na cama.
Deitar segunda, *exp. Mús.* Repetir em coro os dois versos de uma cantiga[T].
Deitar sentido, *exp.* O m.q. botar sentido; notar; prestar atenção: *Vejam lá o resultado / Se já deitaram sentido. / O casamento acabado. / Todo o trabalho perdido*[820].
Deitor, *n.m.* Doutor, sua corruptela[SM]: *O deithor que só curou / Quã já 'stava moribundo*[821].
Deixar da mão, *exp.* Largar; não incomodar: – *Deixa-me da mão e vai mas é atentar o mafarrico!* Também muito ouvido no Algarve.
Delgadinho, *adj.* Magro; emagrecido[F,T]. Este diminutivo é muito usado nos Açores com estes significados: – *Porque o tal Pegador era delgadinho, mas tinha um gadanho pra brigar*[822].
Delido, *adj.* Arreliado; inquieto[SM,T]; dorido[Fl]; desfeito[Sj] (part. pas. de *delir*).
Delir, *v.* Arreliar; inquietar (do lat. *delēre*, destruir)[SM,T].
Demonete, *n.m.* O m.q. Diabo, demónio (de *demónio* + *-ete*)[T]: *Eu, que não tenho cara para dizer que não, / Lá disse que sim àquele demonete*[823].
Demónio pintado, *n.m.* O m.q. Mafarrico[T].
Denes, *adv.* Desde[P,SM]: *Já os atalhos têm erva, / Denes que cá não vieste, / Dize-me, amor da minha alma, / Que agravo de mim tiveste?*[824]; *Este nosso bem-querer / Não é de hoje nem de onte; / É denes daquele dia / Que a gente se viu na fonte*[825].
Dentada, *n.f. fig.* Dor aguda; pontada (ext. de *dentada*)[SM].
Dentadura da grade, *n.f.* O conjunto dos dentes da grade de lavoura das terras[Fl].
Dentadura da roda, *n.f.* Conjunto dos dentes da roda do moinho de vento[Fl].
Dentanhado, *adj.* O m.q. dentado, 'ratado'(de *dente* + *<nh>* + *-ado*, com assimil. regr.): *Não é bom uma pessoa deitar 'pão dentanhado' para a rua, porque com ele lhe podem fazer malefícios*[826].
Dente de alho, 1. *n.m.* Diz-se da pessoa franzina e nariz aquilino. **2.** *n.m. fig.* Pénis de criança[T].
Dente do olho, *n.m.* Dente canino superior, o do alinhamento vertical do olho[F].

Dente marcado, por João A. Gomes Vieira

Dente marcado, *n.m.* Antiga designação baleeira que significava todo o trabalho de gravura ou de escultura em dentes de cachalote; o m.q. 'scrimshaw'. Para alguns autores, contudo, 'scrimshaw', significa não só os *dentes marcados* mas também todo o artesanato produzido durante as viagens de baleação.
Dentro na, *loc. adv.* O m.q. 'dentro da' (construção arcaica)[T].

---

[819] Os *estralos* produzidos pelo sal no lume são, na crença popular, os espirros do diabo.
[820] Da *dança* carnavalesca (Terceira) *Casamento Desfeito por um Velho,* enversada por Joaquim Farôpa.
[821] Luís Bernardo Leite de Ataíde – *Etnografia Arte e Vida Antiga dos Açores.*
[822] J. H. Borges Martins – *A Justiça da Noite na Ilha Terceira.*
[823] Do bailinho carnavalesco *A Genica da Velhice,* de Hélio Costa.
[824] Quadra do Pico.
[825] Quadra de S. Miguel.
[826] J. H. Borges Martins – *Crenças Populares da Ilha Terceira II.*

Dentuça, *n.f.* Dentadura postiça (de *dente* + *-uça*)F.

Depenado, *adj.* Diz-se daquele que vai à pesca e nada apanha.

Depois, ao, *loc. adv.* Depois: *Ao depois... se vossemecê quera que lê diga, nã sei como foi*[827].

Depositário, *n.m.* O m.q. *despenseiro* 2 (do lat. *depositarĭu-*)SM.

Dèrreizinhos, *adj.* Insignificante; pequenoT: – *Home, aquilho é um dèrreizinhos de gente!*

Derremoinho, *n.m.* Redemoinho, sua corrupt. por metáteseFl. Antigamente as pessoas acreditavam que os *derremoinhos* estavam impregnados de espíritos maus; por isso, quando um deles acontecia, benziam-se para que esses espíritos se afastassem. Também, nos casamentos, quando fazia um *derremoinho* no adro da igreja era sinal de o marido ser um estouvado.

Derremunho, *n.m.* Confusão (do arc. *redemunho*, com metát.)SM: *[...] armava de repente um derremunho e na fim inté navalha metia*[828].

Derreter, (do lat. vulg. *deretēre*) **1.** *v.* Nome que se dava à operação de derretimento do toucinho do cachalote. **2.** *v. fig.* Não ligar importância (ext. de *derreter*)SM,T: – *Estou-me derretendo pra isso!*

Derretição, *n.f.* O m.q. derretedura, o acto ou efeito de derreter o toucinho do porco para se fazer a banha (de *derreter* + *ção*, com dissimil.)StM.

Derretido, *adj.* Mimoso; dengoso (part. pas. de *derreter*)T.

Derriçar, *v.* O m.q. namorar (de *de-* + *riço* + *-ar*)T.

Derriço, *n.m.* Namoro (deriv. regres. de *derriçar*)T: *Ainda ontem ouvi dizer, / Eu não o adivinhei. / Que tinhas um derriço, / Da minha parte não gostei*[829]. Termo também usado na linguagem pop. do Continente.

Derrocar, (de *de-* + *roca [= rocha]* + *-ar*) **1.** *v.* Cortar pela raiz. Nas Flores, usa-se muito este termo quando se fala em cortar *feitos* – que se chama *derrocar feito*. **2.** *v.* Acto de apanhar as maçarocas do milhoSj.

Derrubador, *n.m.* Aquele que antigamente andava nos *derrubamentos* (de *derrubar* + *-dor*)T.

Derrubamento, (de *derrubar* + *-mento*) *n.m.* Na Terceira, os terrenos baldios eram inicialmente abertos a toda a gente mas, em meados do séc. XVIII principiaram as tentativas de arroteamento dos terrenos incultos, do baldio. Nomeadamente, em 1768, a Câmara de Angra tentou aflorar o de Santa Bárbara, tendo-se insurgido o povo contra tal intenção. Poucos anos depois, quando as duas Câmaras da Ilha iniciaram na prática o arroteamento, o povo começou a derrubar as vedações. Estes *derrubamentos* enquadram-se no que mais tarde se chamaria *Justiça da noite*.

Derrubar, *v.* O m.q. *abarbar*SM.

Des, *prep.* Desde. Arcaísmo aqui conservado: *Des que nasci até agora / não vi tal vilão como este, / nem tanto fora de mão [...]*[830].

Desabalado, *adj.* Corajoso; danado (part. pas. de *desabalar*)F.

Desabusar, (de *des-* + *abusar*) **1.** *v.* O m.q. abusarFl: – *Já 'tás a desabusar da minha paciença!* **2.** *v.* Não fazer caso; não ligarSM: – *Desabusa de tudo e depois não te queixes!*

Desaconduçoado, *adj.* Distraído; desastradoC.

Desacordado, *adj.* O m.q. desmaiado, inconsciente (part. pas. de *desacordar*). Embora de uso generalizado, regista-se pela frequência com que é utilizado pelo povo das ilhas, quase sempre em vez de desmaiado.

Desacordar, *v.* Desmaiar; perder a consciência (de *des-* + *acordar*).

---

827 João Ilhéu – *Gente do Monte*.

828 Cristóvão de Aguiar – *Raiz Comovida*.

829 Quadra de Joaquina Cândida Gonçalves (a Cândida Gregório), in *Improvisadores da Ilha Terceira*.

830 Gil Vicente – *Farsa de Inês Pereira*.

Desadromentar, *v.* Tirar a dormência; passar a hipostesia (corrupt. e ext. de *desadormentar*)[T]: *Quando uma criança tem um pé dormente [...] diz-se: Desadromenta-te, pé, / Que eu quero correr, / Que vem aí um lobo / que te quer comer*[831].

Desaferrar, *v.* Desprender-se do anzol, falando do peixe (de *des-* + *aferrar*)[F].

Desafio, *n.m.* O m.q. cantigas ao desafio (deriv. regr. de *desafiar*)[T]: *[...] no decurso desses torneios poéticos a que chamam desafios e em que os poetas populares de mais nomeada se digladiam, usando como única arma ofensiva, [...] quadra com versos de sete sílabas*[832].

Desagoniado, *adj.* Afoito; corajoso[T]: *[...] minha irmã Maria era muito desagoniada e diz: – 'Eu é que vou abrir a porta!'*[833].

Desairido, *adj.* Desesperado; desolado; o m.q. *desarido* (corrupt. de *desaurido*)[SM]: *É preciso picar o cafre que anda aí sarnicando, desairido [...]*[834].

Desalastrado, *adj.* Diz-se daquele que é desarrumado, desgovernado (part. pas. de *desalastrar*, sua ext.).

Desalmado, (ext. de *desalmado*) **1.** *adj.* Corajoso[T]. **2.** *adj.* Diz-se do tempo mau: *– Este tempo desalmado dá cabo de toda a novidade!*

Desalvorado, *adj.* Desaustinado; desaurido (corrupt. de *desarvorado*).

Desalvorar-se, *v. pron.* Desnortear-se; desorientar-se; perder a cabeça; sair bruscamente (corrupt. de *desarvorar*)[Sj,M,T].

Desamanhação, *n.f.* Confusão; desordem: *Nós não queremos aqui mais desamanhação nenhuma!*[835]. Cp.: Antigamente usava-se o termo 'desmanho' com o mesmo sentido.

[831] J. H. Borges Martins – *Crenças Populares da Ilha Terceira II.*

[832] João Ilhéu – *A Arte de Trovar dos Cantadores Regionais – Os Desafios* (in Ilha Terceira – Notas Etnográficas).

[833] J. H. Borges Martins – *A Justiça da Noite na Ilha Terceira.*

[834] Luís Bernardo Leite de Ataíde – *Etnografia Arte e Vida Antiga dos Açores.*

[835] J. H. Borges Martins – *A Justiça da Noite na Ilha Terceira.*

Desamanhado, *adj.* De relações cortadas (part. pas. de *desamanhar*)[T].

Desamanhar-se, *v. pron.* Cortar relações de amizade (de *des-* + *amanhar-se*)[Sj,T].

Desampara-me a porta, *exp.* Expressão muito usada em vez da que se usa no Continente –'Desampara-me a loja' –, usada com o mesmo sentido (desaparece!)[T]: *"Vai-te embora, desampara-me a porta", uma imagem que Conceição jamais esqueceu*[836].

Desanimado, *adj.* Desmaiado; inconsciente (part. pas. de *desanimar*)[F].

Desanimar, *v.* Perder a consciência (de *des-* + *animar*).

Desapartado, *adj.* Divorciado; separado (part. pas. de *desapartar*)[F,T]: *Havia uma mulher que estava desapartada do marido*[837].

Desapartar, *v.* Afastar; apartar (de *des-* + *apartar*)[F,T]: *Eles disseram que o casal se desapartasse que tornavam lá, que lhes aqueciam o lombo!*[838].

Desapegar, *v.* Ausentar-se repentinamente; largar-se, meter-se a caminho (de *des-* + *apegar*): *– Vai tocando esses bois por i acima que eu vou-me desapegar adiante a ver se ainda agarro aquelas valhacas...*[839].

Desaprestemado, *adj.* Sem préstimo[T].

Desarcado, *adj.* Cansado; estafado (ext. de *desarcado*)[Sj].

Desarido, *adj.* Ansioso; inquieto (corrupt. de *desaurido*)[SM]. *Se vais lá perder a vida, / Eu cá fico desarida [...]*[840].

Desarredado *(è), adj.* Afastado; arredado (part. pas. de *desarredar*)[Fl].

Desarrematado, (de *des-* + *{arremate}* + *-ado*) **1.** *adj.* Impulsivo; que não tem contenção nas respostas dadas aos outros[SM]. **2.** *adj.* Sem préstimo[F].

[836] Carlos Enes – *Terra do Bravo.*

[837] J. H. Borges Martins – *Crenças Populares da Ilha Terceira I.*

[838] J. H. Borges Martins – *A Justiça da Noite na Ilha Terceira.*

[839] J. H. Borges Martins – *Crenças Populares da Ilha Terceira I.*

[840] História do Duque de Barbante e Genoveva Sua Filha (Do teatro popular de S. Miguel).

Desarremate, (de *des-* + *{arremate}*) **1.** *n.m.* Confusão; desordem. **2.** *n.m.* Disparate; tolice[T]: *A Leonor não era rapariga para desarremates, e até, em matéria de condescendências, ia mais longe que muitas, ariscas e desconfiadas*[841].
Desarriscar, *v.* Inutilizar uma anotação; riscar (por *desriscar*)[T].
Desasa, *n.f.* Descompostura; repreensão (deriv. regr. de *desasar*)[T].
Desasado, *adj.* Danificado; mal tratado (part. pas. de *desasar*). Usado no Algarve com o mesmo significado.
Desatacado, *adj.* O m.q. desabotoado (part. pas. de *desatacar*)[SM].
Desatacar, *v.* O m.q. desabotoar (de *des* + *-atacar*)[SM]: – *Desataca-me esse casaco e põe-te más à fresca!*
Desatimado, *adj.* Desarrumado; desordenado (de *des-* + *atimado*).
Desbancar, 1. *v.* Exceder outrem; ultrapassar; vencer (de *des-* + *banca* + *-ar*)[Sj,T]: *Esta nossa Ilha Terceira / Sempre foi alto lugar / Em amores bodos e toiros / Fica bem a desbancar*[842]. **2.** *v.* Ter sorte[Fl]. Calhar a desbancar: vir a propósito; fazer jeito. Comer a desbancar: o m.q. comer em excesso. Ficar a desbancar: ficar bem ao parecer: – *Este lenço fica-te a desbancar!*[T] Ir a desbancar: Estar muito bonito.
Desbichar, *v.* Cortar as partes bichadas da fruta (de *des-* + *bicho* + *-ar*)[Fl].
Desbichar o milho, *exp.* Cortar as pontas das maçarocas que tenham grãos muito miúdos ou estragados[Fl].
Desbotado, *adj. fig.* Macilento; pálido (part. pas. de *desbotar*).
Desbrabar, *v.* Desbravar, sua corruptela. Há muitos anos, no Teatro Angrense, representava-se nessa noite a célebre *Comédia D. Inês de Castro* por um grupo amador de S. Miguel. O tempo foi passando, meia hora, três quartos de hora, uma hora..., e começando um burburinho e um descontentamento geral por toda a sala. Então, deslizando decididamente encostado ao pano, aparece finalmente um homem, pára a meio, e com uma pronúncia cerrada de S. Miguel, sossega a plateia: *Ei sinhores..., home os sinhores disculhpem..., isto a modos que está atrasôdo, mas é porque o home que vá fazê de D. Inês 'tá-se acabando de desbrabar debaixo dos braços, e é só más um poucachinho!*
Desbrolhar, *v.* Tirar *brolhos* à *batata-branca* antes de ser semeada (de *des-* + *{brolho}* + *-ar*)[SM].
Desbruçar, *v.* Debruçar, sua corruptela[Fl,T]: *Duma vez, ele ia a uns pastinhos e viu uma rapariga desbruçada à janela [...]*[843].
Descabaçado, *adj.* Todo partido, desmembrado, destruído (corrupt. de *descabeçado*)[F].
Descabeçar, (de *des-* + *cabeça* + *-ar*) **1.** *v.* Cortar a bandeira do milho, ou seja, a parte superior do caule do milho, logo acima da maçaroca[SM,T]. **2.** *v.* Tirar a nata o leite[Sj].
Descabelar-se, *v. pron.* Ir à confissão (sent. fig. de descobrir-se?)[F].
Descaiado, *adj.* Sem cal (de *des-* + *caiado*)[F].
Descair, *v.* Ir-se apagando, falando do lume (de *des-* + *cair*)[Fl].
Descaldear, *v.* Voltar a por as coisas em ordem (de *des-* + *caldear*): Utiliza-se muitas vezes em relação a ideias[F].
Descambado, *adj.* O m.q. descarado; desavergonhado (part. pas. de *descambar*)[Sj].
Descansado, *adj.* Lento; pausado; sem pressa (part. pas. de *descansar*)[F,Sj].
Descansador, *n.m.* O m.q. *banqueta*, banco de pedra, fora da porta (de *descansar* + *-dor*)[Fl].
Descanso, *n.m.* O m.q. *descansador* (deriv. regr. de *descansar*)[Fl].
Descantar, *v.* Cantar, em honra do Espírito Santo (de *des-* + *cantar*). Ex.: *Descantar à Coroa*[Fl].

---

841 João Ilhéu – *Gente do Monte.*
842 Vitorino Nemésio – *Festa Redonda.*
843 J. H. Borges Martins – *Crenças Populares de Ilha Terceira I*

Descarado, *adj. Bal.* Muito bom (part. pas. de *descarar*). É termo do Pico – um trancador *descarado* é um trancador muito bom.

Descarnada, *adj.* Diz-se da baixa-mar muito baixa; o m.q. *escoada* (part. pas. fem. de *descarnar*).

Descarne, *n.f.* Escárnio, sua corruptela; o m.q. *escarne*. Do 'Romance' *Entre Canas e Canais*, recolhido em 1977[844]: – *O marmelo fez o siso, / Fêz-lo na ponta da vara; / Quem quiser fazer descarne, / Faça lá da sua cara.*

Descarapuçar, *v.* Tirar o chapéu (de *des-* + *carapuça* + *-ar*)[T]. Reminiscência do uso da *carapuça*.

Descasar, *v.* Operação que consiste em separar os pés de milho que nasceram demasiado juntos; o m.q. desbastar (de *des-* + *casar*)[Fl].

Descascar milho, *exp.* Descamisar milho[F,P]: *Já ninguém descascou ali nem mais uma maçaroca*[845]. A alcunha *Descasca milho* aparece nesta quadra dos Açores: *Bailha o Bailharico / Bailha-o bem Bailhado / Que o Descasca-milho / Já está casado.*

Descoarado, *adj.* De má cor; pálido; o m.q. *desbotado* (corrupt. de *descorado*)[F].

Descoberto, *adj.* Diz-se do dia bom, com o céu sem nuvens (part. pas. de *descobrir*). Mas, na Terceira, diz-se: *Quando o Pico está descoberto, é sinal de mau tempo*[846].

Descobrir-se, *v. refl.* Tirar o boné ou o chapéu da cabeça. Era sempre obrigatório ao sentar-se à mesa para a refeição, ao saudar os mais velhos ou julgados mais importantes, ao passar ou entrar na igreja, enfim, ao sair para o mar já dentro da lancha enquanto todos se benziam.

Descodrilhado, *adj.* Derreado; desquadrilhado, sua corruptela (part. pas. de *{descodrilhar}*)[T]: *[...] O homem só não a matou; / Até dizem que a Rosa coitada / Anda meia descodrilhada, / Da tareia que levou*[847].

Descodrilhar, *v.* bater; derrengar; desancar (corrupt. de *desquadrilhar*)[T].

Desconder, *v.* Esconder, sua corruptela[Fl].

Desconsolado, *adj.* Desejoso de comer ou de fazer qualquer coisa (part. pas. de *desconsolar*): *-Ando desconsoladinho de comer umas lapas cum padaço de pão de milho e um copo de vinho de cheiro do Pico!*

Desconsolo, *n.m.* Saudades, desejo de comer qualquer coisa (deriv. regr. de *desconsolar*). Não tem o mesmo significado que no Cont. se utiliza, de tristeza, desanimação, desgosto, mas, geralmente, mais um sentido físico: *Sempre que me dava algum desconsolo por figos, era lá que o ia matar*[848].

Descontra, *prep.* Contra. *Descontr'à vontade:* contra a vontade. Arcaísmo aqui conservado: *Nã quero coisas à força, / Descontra a vossa vontade*[849].

Descontrafeito, *adj.* Contrafeito[Sj,T].

Descontra-vontade, *exp.* Contra a vontade (de *des-* + *contra* + *vontade*): – *Ele lá seguiu viage mas muito descontra-vontade!* Muito usado também no Alentejo e no Algarve.

Descorçoado, *adj.* Desalentado; desanimado (corrupt. de *desacorçoado*).

Descortinar, *v. fig.* Dar um raspanete[Sj].

Descoser na vida alheia, *exp.* Falar mal de outrem[Sj,T].

Descretíssimo, *adj.* O m.q. inteligentíssimo: – *Aquele pequeno, com a idade que tem, é descretíssimo – intende tudo o que se está falando!*

Descrição, *n.f.* O m.q. inteligência; esperteza: – *O miúdo, ainda tão novinho, já tem tanta descrição!*

Descusa, *n.f.* Desculpa (corrupt. de *escusa*, deriv. regr. de *escusar*, do lat. *excusāre*, desculpar)[Sj].

---

844 Manuel da Costa Fontes – *Romanceiro da Ilha de S. Jorge.*

845 P.e Nunes da Rosa – *Pastorais do Mosteiro.*

846 Armando Cortes-Rodrigues – *Adagiário Popular Açoriano.*

847 Da dança de pandeiro *A Fonte dos Mexericos*, de Hélio Costa.

848 Cristóvão de Aguiar – *Marilha.*

849 *A Conversada da Fonte*, recolhido por Elsa Mendonça em S. Jorge.

Descusar, *v.* Esvaziar; tirar algo de dentro de um recipiente[Sj].

Desembrulhar, *v. fig.* Por em ordem, um trabalho ou ideias[F]; resolver; solucionar[Fl].

Desempenado, *adj. fig.* Elegante (part. pas. de *desempenar*). Diz-se, por exemplo, da pessoa alta e elegante, sem qualquer defeito: *E passava por ele o capitão – alto, forte, desempenado, bem vestido*[850].

Desempoeirado, *adj. fig.* Diz-se do indivíduo bem constituído, elegante; o m.q. *desempenado* (part. pas. de *desempoeirar*)[F].

Desenfado, *n.m.* Reboliço; muito barulho de crianças (deriv. regres. de *desenfadar*)[SM].

Desenfilheirar, *v.* Desenrolar; dizer; enumerar (de *des-* + *enfileirar*, com palat. do [l])[Sj].

Desenganar, *v.* Começo do *amojamento* em relação à primípara (entre os 4 e os 5 meses de prenhez), falando do gado (de *des-* + *enganar*)[SM].

Desenseivado, *adj.* Desaustinado; irrequieto[SM]: *[...] tudo lhes servia de caçoada; raparigas desenseivadas e não admirava, o pai andava embarcado para as Bermudas, e isto de casa sem rei [...]*[851].

Desenseivamento, *n.m.* Desarremate; excesso de seiva; falta de juízo[SM].

Desenvolvido, *adj.* Frequente (part. pas. de *desenvolver*)[Fl]: *– Isso é um jogo muito desenvolvido nas crianças.*

Deserto, (do lat. *desertu-*) **1.** *adj.* Ansioso; desejoso; impaciente; inquieto: *[...] a modos de se estar num enfastiamento e deserto pra levantar ferro*[852]; **2.** *adj.* Diz-se do terreno abandonado, bravio[C].

Desfado, *n.m.* Descaramento; falta de vergonha[SM].

Desfarçado, *adj.* Desavergonhado; descarado (corrupt. de *desfaçado*)[F,Fl]: *O amor que é teu / É dado, não emprestado; / Toda a gente prá i diz / Que você é um desfarçado*[853]. Moisés Pires regista-o também em Miranda.

Desfazidela, *n.f.* O m.q. desfazimento, ofensa acintosa: ultraje (de *desfazer* + *-dela*)[T].

Desfeita, *n.f.* Desconsideração; ofensa (Part. pas. fem. subst. de *desfazer*). Usa-se muito em ocasiões de oferta de algo para comer ou para beber, quando o convidado o recusa.

Desfeito de S. Miguel, *n.m.* Variedade de prato regional da Ilha de S. Miguel, feito à base de carnes de vaca, de porco e de galinha, com pão desfeito no líquido da cozedura (daí o nome), tradicionalmente servido no Natal, nos baptizados e nos casamentos.

Desfeituar, *v.* Injuriar; ofender (corrupt. de *desfeitear*)[T]: *Quando viam algum animal por ali perto desfeituavam o bicho*[854].

Desfolado, *adj.* Esfolado, sua corruptela (part. pas. de *{desfolar}*).

Desfolar, *v.* Esfolar, sua corruptela[F].

Desfolha, *n.f.* Serão em que se desfolha o milho e, nalguns casos, se debulha também; o m.q. desfolhada (deriv. regr. de *desfolhar*)[Fl].

Desforrado, *adj.* Descarado (ext. de *desforrado*)[Sj]; *– Aquilho é um desforrado..., nã tem vergonha nenhuma na puta da cara!*

Desfundar, *v.* Desembaraçar um trabalho (de *des-* + *fundar*)[C].

Desgajado, *adj.* Diz-se do indivíduo de feições pouco harmoniosas[SM]. Cp.: 'Gajato' é qualquer coisa torta.

Desgraçado, *adj.* Maldito; malvado (part. pas. de *desgraçar*): *– Ó desgraçado, se eu te apanho vais ganir!*

Desgraceira, *n.f.* O m.q. *desgrácia* (de *desgraça* + *-eira*)[SMT]: *Que desgraceira lhe havera*

---

[850] Dias de Melo – *Pedras Negras.*

[851] Cristóvão de Aguiar – *Raiz Comovida.*

[852] Luís Bernardo Leite de Ataíde – *Etnografia, Arte e Vida Antiga nos Açores.*

[853] Quadra da *Dança dos Arcos,* antigamente muitas vezes exibida no Faial.

[854] J. H. Borges Martins – *A Justiça da Noite na Ilha Terceira.*

de ter entrado em casa[855]. CF regista-o apenas como brasileirismo.

Desgrácia, *n.f.* Desgraça, sua corruptela por epêntese: *[...] e agora os homes quiserim fazer-se más espertos ca Ele, e é esta desgrácia*[856]. Na Terceira costumam dizer: *Ó desgrácia, põe-te ao fumo!* Moisés Pires regista-o também em Miranda do Douro.

Desgrelar, *v.* Tirar o grelo (*de des- + grelo + -ar*)[F].

Desimpaciência, *n.f.* Desconforto; desânimo; impaciência; mal-estar constante; o m.q. *despaciência* (de *des- + impaciência*).

Desimpaciente, (de *des- + impaciente*[857]) **1.** *adj.* Ansioso; impaciente. **2.** *adj.* Na negativa, significa: que pode servir, à falta de melhor; sofrível; o m.q. *despaciente*: *– Este queijo não é desimpaciente, cum a fome qu'a gente tem, vai cma canela fina!*

Desimportado, *adj.* Alheado; desinteressado (part. pas. de *{desimportar}*[T].

Desimportar, *v.* Não fazer caso; não prestar atenção; não se importar (de *des- + importar*)[T].

Desinçar, *v.* Retirar as ervas daninhas das terras (ext. de *desinçar*)[C].

Desinfastiento, *adj.* Que não sofre de fastio[Fl].

Desinfeliz, *adj.* Infeliz (de *des- + infeliz*)[Fl,Sj,T]: *– Aquele rapaz tem sido sempre um desinfeliz na vida...!* Aqui, o prefixo intensivo [des-] reforça ainda mais o prefixo [in-]. Aquilino Ribeiro[858] regista-o também na linguagem beirã: *Conviria aplicar compressas de água quente 'nas cadeiras' da desinfeliz.*

Desinforcado, *adj.* Mal amanhado (part. pas. de desenforcar, com dissimil.)[T].

Desinfundir, *v.* Antigamente, significava o acto de lavar a lã depois de fiada[T].

Desinquietar, *v.* Desafiar alguém para fazer qualquer coisa (de *des- + inquietar*)[F].

Desinsofrido, *adj.* Desinquieto; falto de paciência; que não tolera a dor (de *des- + insofrido*): *Meu pai era um home muito bom, mas muito desinsofrido*[859].

Desinsolvido, *adj.* Dissolvido, sua corruptela[Sj]: *– O leite bũ, isto é, sem ser desnatado, amorna-se e bota-se numa panela, misturando-se o coalho, desinsolvido com uma gotinha d'auga [...]*[860].

Desinzubido, *adj.* Diz-se daquele que não se deixa enganar, ou do que não se interessa mais por nada[C].

Deslado, *n.m.* O m.q. lado (de *des- + lado*)[F]. CF regista-o indevidamente como açorianismo. Leite de Vasconcelos regista a loc. 'indeslado de', com o sentido de 'para o lado de', recolhida no concelho de Bragança e 'Ó deslado', com o significado de 'de lado' no concelho de Vila Real.

Deslavado, *adj.* Que tem fraco sabor (part. pas. de *deslavar*)[F]: *– Estas uvas são mun deslavadas!*

Dês le dê céu, *exp.* Cada vez que se pronuncia o nome de um morto, intercala-se a frase com esta expressão. *Sim, porque o sr. Robertinho, Dês le dê céu!, tava co aquela incasquetada d'imbarcar prà Inglaterra*[861].

Desmanchado da cabeça, *loc. adj.* Maníaco[T].

Desmanchar-se a rir, *exp.* Rir desmesuradamente, agitando todo o corpo.

Desmantilhado, *adj.* Desarranjado (de *des + mantilha + -ado*)[SM]: *Saiu prá rua toda desamantilhada.*

Desmarcado, *adj.* Desconforme; desmedido; fora das marcas[T].

Desmasiado, *adj.* e *adv.* Demasiado, sua corruptela[Fl].

---

[855] Cristóvão de Aguiar – *Um Grito em Chamas.*

[856] Luís Bernardo Leite de Ataíde – *Etnografia Arte e Vida Antiga dos Açores.*

[857] Tal como na palavra *desinfeliz*, o prefixo *des-* vem reforçar ainda mais o prefixo *im-*.

[858] Aquilino Ribeiro – *Terras do Demo.*

[859] Ângela Furtado Brum – *Contos Tradicionais Açorianos.*

[860] Elsa Mendonça – *Ilha de S. Jorge.*

[861] Vitorino Nemésio – *Mau Tempo no Canal.*

Desmentido, *adj.* Desarticulado, fora do lugar, falando de ossos; o m.q. luxado (part. pas. de *desmentir*).
Desmentir, *v.* Desarticular; deslocar; o m.q. *desmanchar* (de *des-* + *mentir*)F. *Desmentir um braço* é sofrer uma luxação de um braço. CF regista-o com este significado, como brasileirismo. E. Gonçalves regista com o mesmo significado na linguagem algarvia.
Desmudado, *adj.* Mudado; diferente do que era anteriormente (part. pas. de *desmudar*)T.
Desmulado, *adj.* Diz-se do tempo sombrio e tristonhoSM.
Desne, *prep.* 'Desne' em vez de 'desde', é pronunciado muito frequentemente em S. Miguel: *[...] desne qu'ei m'intendo, sempre lo ouvi alomiar o quinhã do gueixo*[862].
Desnetar, *v.* Cortar os sarmentos (os *netos*) a certas plantas (de *des-* + *{neto}* + *-ar*).
Despachado, *adj.* Estragado; sem conserto; sem esperança de cura (part. pas. de *{despachar}*)F,T; o m.q. *arrumado* (part. pas. de *despachar*): *Os aviões estão despachados; / Temos tudo na sucata [...]*[863].
Despachar, *v.* Estragar; dar cabo de (do provençal *despachar*, do fr. ant. *despechier*, hoje *dépêcher*).
Despaciência, *n.f.* Desconforto; desânimo; impaciência; mal-estar constante; o m.q. *desimpaciência* (de *des-* + *paciência*)F.
Despaciente, 1. *adj.* Desconfortado; sempre queixosoF. **2.** *adj.* Razoável, nada mau; o m.q. *desimpaciente*.
Despadado, *adj.* O m.q. *espadado* (de *des-* + *{espadado}*, com haplologia)SM: – *Ao alevantar a proa da lancha fiquei todo despadado!*
Despedida, (part. pas. fem. subst. de *despedir*) **1.** *n.f.* Parte final das representações teatrais populares da Ilha de S. Miguel, em que o *Recado* anuncia o fim e agradece aos espectadores. **2.** *n.f.* Parte final das Danças de Entrudo. É cantada pelo *Mestre* e seguida pelo coro (dançarinos das *alas*) geralmente em quintilhas ou em sextilhas: *Despedir é sempre triste / Mas a despedida existe / Nas páginas do dia a dia / Dizer adeus é necessário / Até Cristo no calvário / Disse um adeus a Maria*[864].
Despejar a caneca, *exp.* Despejar a caneca das fezesF.
Despejar o trigo do regaço, *exp.* Antigamente, em algumas freguesias da Terceira, à passagem dos noivos pela rua, toda a gente lançava trigo, trazido em pratos e bandejas, para dentro de sacos que os convidados transportavam. No final eram lançados sobre os noivos alguns punhados destes grãos, como sinal de abundância. Os últimos pratos eram aparados no regaço da noiva que, depois de terminada a cerimónia religiosa, ao chegar a casa, despejava esse trigo em cima da cama, para que no futuro houvesse sempre fartura em sua casa.
Despelancar, *v.* Desenvolver o úbere, sinal de prenhez do gadoSM.
Despender a Sorte, *exp.* Cumprir a última parte de uma promessa do Espírito SantoF: *[...] a Coroa e demais símbolos do Espírito Santo vão em solene procissão para a celebração da Missa e, em seguida, é servido o Jantar aos pobres e convidados, de conformidade com a promessa efectuada*[865].
Despensa, (do lat. *dispensa*) **1.** *n.f.* Casa anexa ao *Império* onde se guardam as ofertas dos devotos e o pão e o vinho para o *Bodo*T. **2.** *n.f.* Quarto na casa do Mordomo onde, sobre um trono, é exposta a *Pombinha*, luzes e flores e onde se guardam as ofertas do Espírito SantoSM.

---

862 Luís Bernardo Leite de Ataíde – *Etnografia Arte e Vida Antiga dos Açores*.
863 Do bailinho carnavalesco *Salazar vem à Terra*, de Hélio Costa.
864 Da *dança* carnavalesca (Terceira) *O Juízo Final*, da autoria de Hélio Costa.
865 Lino Santos e José Trigueiro – *Espírito Santo na Ilha das Flores*.

Despensal, *n.m.* Saco destinado a levar o farnel para o campo (de *despensa* + *-al*)[C,SM]. Em S. Miguel e na Terceira chama-se *cevadeira*.

Despenseira, *n.f.* O m.q. *despensal* e *cevadeira* (de *despensa* + *-eira*)[SM].

Despenseiro, (de *despensa* + *-eiro*) **1.** *n.m.* Cavaleiro das *Cavalhadas* de S. Pedro da Ribeira Seca e Ribeira Grande[SM]. **2.** *n.m.* Pessoa que tem à sua conta a organização de todas as festas do *Império*, arrecadando o dinheiro e organizando a escrituração com receita e despesa[SM]. Também chamado *Depositário*[866].

Despenso, *adj.* Suspenso, sua corruptela[SM]: – *Aquilho pra ficar bom tam que ficar um coisinha despenso do chão.*

Desperdiçado, *adj.* O m.q. perdido[T]: *Eu p'ra dizer a verdade ao senhor não sou desperdiçada por doces, em rapariga sim, mas agora...*[867].

Despescar-se, *v. pron.* Sair-se com uma conversa (de *des-* + *pescar*)[Sj]: – *Ele vai e despescou-se com esta...*

Despicar, *v.* Entrar em conflito (de *des-* + *picar*)[F].

Despois, *adv.* Depois. Arcaísmo aqui conservado. Como escreve Camões: *Que pena e glória tem, despois de morte, / Os brutos animais de toda sorte*[868].

Despontada, *n.f.* Nome de marcação da orelha do gado, consistindo no corte da sua ponta (part. pas. fem. subst. de *despontar*)[T].

Despontar, *v.* Cortar as pontas da lã da ovelha que estão sujas (de *des-* + *ponta* + *-ar*)[C].

Desprocatado, *adj.* Desprevenido (corrupt. de *deprecatado*)[Sj].

Destarelado, (part. pas. de *{destarelar}*) *adj.* Aparvalhado[SM]. **2.** *adj.* Doidivanas, sem *tarelo*[SM].

[866] Armando Cortes-Rodrigues – *Espírito Santo na Ilha de S. Miguel.*
[867] Augusto Gomes – *Cozinha Tradicional da Ilha Terceira* (Falas da Tia Gertrudes).
[868] Luís de Camões – *Os Lusíadas.*

Destarelar, *v.* Disparatar; dizer tolices (de *des-* + *{tarelo}* + *-ar*)[SM].

Destarelo, *n.m.* Disparate; tolice (deriv. regr. de *{destarelar}*)[SM].

Dês te ajude, *loc. interjec.* Exclamação utilizada quando alguém espirra[F]. A frase altera-se consoante o tipo de relação entre as pessoas, p. ex., de filho para pai: *Dês o ajude!*

Deste carneiro só se pode tirar esta lã, *exp. fig.* Expressão que significa que é de aproveitar o que o indivíduo em causa está oferecendo, pois mais nada de valioso tem para dar[F].

Dês te salve, *exp.* Uma das formas de cumprimento de antigamente[T]: *Há pisca, ao sair da cancela, mal topei com o ti'António e lhe dei o «Dês-te-salve» ele olhou p'ra mim [...]*[869].

Destilhar, *v.* Largar a água; destilar (do lat. *destillāre*).

Destinar, *v.* Orientar (do lat. *destināre*): – *Se nã fosse o patrão a destinar o serviço, os homes nã faziam coisa de jeito!*

Destoitiçado, *adj.* Amalucado; arrojado; destemido; sem juízo (de *des-* + *toitiço* + *-ado*): *És airosa e redondinha, / Destoitiçada e sujeita; / Se fosses a nossa vaca / Só te chamava Benfeita*[870].

Destorcidor feito com 2 pregos

Destorcidor, *n.m.* Utensílio geralmente de metal, colocado na parte terminal das linhas de pesca, para evitar a sua torção (do

[869] João Ilhéu – *Gente do Monte.*
[870] Vitorino Nemésio – *Festa Redonda.*

rad. do part. pas. *distorcido* + *-or*). Por muitos, é chamado *suêvle* ou *suêvo*, (do am. *swivel*). Antigamente os destorcedores eram feitos artesanalmente pelos próprios pescadores com dois pregos (v. fig acima).

Destorrar, *v.* Desfazer torrões (corrupt. de *destorroar*)[SM].

Destorro, *n.m.* Enterramento das tocas dos ananases de onde provirão os *brolhos* (deriv. regres. de {*destorrar*})[SM].

Destrambolhado, *adj.* Amalucado; sem juízo (corrupt. de *destrambelhado*)[F].

Destramelado, *adj.* Falador; que muito dá à *tramela* (de *des-* + *tramela* + *-ado*).

Destravado, (part. pas. de *destravar*) **1.** *adj.* Diz-se daquele que fala muito, que tem a língua destravada[F]. **2.** *adj.* Diz daquele que é amalucado, doidivanas[F].

Destravado do juízo, *loc. adj.* O m.q. *destravado.*

Destravar a língua, *exp.* Cortar o freio da língua.

Destrinçar, *v.* Avistar; conhecer de vista; ver (tv. do lat. *districtiāre*, partir)[T].

Destrito, *n.m.* Em certas freguesias rurais do Faial chama-se *destrito* à freguesia.

Destróia *(ói)*, *n.* e *adj.* Estroina, sua corruptela[SM].

Desturra, *n.f.* Briga; contenda (de *des-* + *turra*)[Sj].

Desugar, *v.* Tomar a cor de maduro, falando de frutos[SM].

Desvairança, *n.f.* Acto de loucura; desvairamento; desvario[T]. Termo antigo ainda aqui conservado.

Desvanecido, *adj.* Emagrecido (ext. de *desvanecido*)[Sj].

Desvastar, *v.* Desbastar, sua corruptela[T]: *Fomos desvastar uns pés de vassoura*[871].

Deus a dê, *exp.* Resposta a quem cumprimenta com a frase 'boa tarde': *O Trambolhão ia a recalcitrar quando eu me acerquei. – Boas tardes. – Deus as dê*[872].

Deus das pedras le bote pão, *exp.* Expressão antiga que reflecte o desejo de felicidade extrema para alguém, num agradecimento a um favor[F].

Deus esteja e Deus venha, *exp.* Expressão interjec. muito usada quando se entra numa casa[T].

Deus esteja nesta casa, *exp.* Saudação ao entrar numa casa, tendo como resposta do dono: – *Deus venha com vossemecê!*[873].

Deus lá tenha num bom lugarinho, *exp.* Expressão exclamativa quando se refere o nome de um falecido.

Deus lhe acuda com alívios, *exp.* Forma de despedida de um doente em sofrimento[T].

Deus lhe aumente as melhoras, *exp.* Forma de despedida de um doente com doença pouco grave[T].

Deus lhe dê céu, *exp.* O mesmo sentido de *Deus te dê céu.* Na Terceira, em certas freguesias, acrescentava-se: *Se o ganhou!*[874].

Deus lhe dê o que melhor for, *exp.* Forma de despedida de um doente em perigo de vida[T].

Deus lhe dê os (as) mesmos (as) com boa saúde, *exp.* Resposta à saudação de bons dias, boas tardes ou boas noites[T].

Deus lhe fale n'alma, *exp.* O m.q. *Deus lhe dê céu!*

Deus lhe faça bem, *exp.* Expressão dita em forma de exclamação quando se fala de alguém ausente da Ilha[T].

Deus o (a) ajude, 1. *loc. interj.* Saudação quando se passa num lugar onde está alguém a trabalhar[T]. Resposta do outro: – *Deus o encaminhe!* **2.** *loc. interj.* O m.q. *Deus te ajude,* quando dirigido a pessoa mais velha quando espirra[F].

Deus o deixe criar para bem, *exp.* Expressão antigamente usada quando se visitava alguém com criança recém-nascida[T].

---

871 J. H. Borges Martins – *A Justiça da Noite na Ilha Terceira.*

872 João Ilhéu – *Gente do Monte.*

873 Inocêncio Romeiro Enes – *Tradições e Festas Populares da Freguesia dos Altares.*

874 Inocêncio Romeiro Enes – *Tradições e Festas Populares da Freguesia dos Altares.*

Deus o guarde, *exp.* Exclamação feita sempre que se fala de uma pessoa ou de um animal com boa saúde, para o livrar de cobranto[T].

Deus te ajude, *loc. interjec.* Expressão dita quando alguém espirra, *Deus o (a) ajude,* se se tratar de alguém de mais respeito. Na Terceira também se diz *Domisteque* e *Domister* e, no Faial, *Domisteco!*

Deus te cresça, *exp.* Expressão usada pelas mulheres quando acabavam de amassar o pão, para que ele levedasse bem[Sj]. Var.: *Deus te acrescente como acrescentou a novidade no campo!*

Deus te dê céu, *exp. interj.* Expressão usada sempre a seguir a menção do nome de alguém que já faleceu[F].

Deus seja, *loc. interjec.* Forma de saudação: *Deus seja com minha sogra, / Aí sentada a fiar. / – Deus venha convosco, genro, / S'é que me vem visitar [...]*[875].

Deus te cubra, *exp.* O m.q. *Deus te cure*[Fl].

Deus te cure, *exp.* Resposta dada a quem pedia a bênção[Fl].

Deus 'teja, *loc. interjec.* Forma habitual de saudação em certas ilhas[F,SJ]. Geralmente, a resposta é *Deus venha!*

Do 'Romance' picaresco *As Tias*[876], recolhido em 1977.: *Deus 'teja com minhas tias, / Sentadinhas a fiar. / – Deus venha com o sobrinho / Com a sua verga tesa. / A senhora dá-me licença? / Quem na toma é cabeludo / No seu rapado. / Meta o senhor, / Que 'tá destapado. / E sente o mole no duro / E diga-me se quer / Do branco do cu / Ou do alvo d'entre as pernas.* Var.: *Deus seja!*

Deus te leve em boa hora, *exp.* Uma das formas de despedida na Terceira: *Deus te leve em boa hora / Adeus até à primeira / A Virgem Nossa Senhora / Seja a tua companheira*[877].

Deus vos guie na vossa romaria, *exp.* Expressão usada em S. Miguel para saudar os Romeiros que vão passando.

Devasso, *adj.* Diz-se do terreno que não tem vedação (deriv. regr. de *devassar*)[Sj].

Dever carta, *exp.* Estar em dívida quanto à resposta a uma carta enviada por alguém.

Dever de, Construção gramatical bastante ouvida por muitos lados. Do folclore: *A giesta se embalança, / Deve de querer chover; / Não seja isto mudança / Que o amor precisa fazer*[878]. O [de] é também usado antes de outros verbos, tal como, p. ex., desejar: *Eu desejava de saber a tua tenção qual era!,* começar: *Chegando à freguesia / Começou de perguntar [...]*[879].

Devoluto, *adj.* Diz-se do terreno abandonado, bravio (do lat. *devolūtu-*)[C].

Dezasseis, *n.m.* Medida de capacidade, geralmente para aguardente, equivalente a cerca de 0.625 dl, ou seja, 1/16 do litro[SM,T].

Dezedela, *n.f.* Dito; dizer (de *dizer* + *-dela,* com assimil.)[SM]. No Algarve diz-se 'boa dezedela!' em resposta a um dito feliz.

Diabo com os cornos, *exp.* Quando uma situação se complica muito, diz-se que *é o Diabo com os cornos*[F].

Diabos t'arreneguem, *loc. interjec.* O m.q. o diabo te leve![T]

Diabos o comam, *exp.* É muito frequente esta e outras expressões de enfado[F].

Diabos o levem pla rocha abaixo, *exp.* O m.q. *diabos o comam*[F].

Diabos te levem, *exp.* Imprecação frequente para afastar alguém[F].

Diabos te arrebentem, *exp.* O m.q. *diabos te levem*[T].

Diabrete, (de *diabro,* f. arc. de Diabo + *-ete*) *n.m.* Os *diabretes* são seres infernais que as pessoas acreditavam viver parte do ano

---

875 Manuel da Costa Fontes – *Romanceiro Português do Canadá (Florbela e Brancaflor).*

876 Manuel da Costa Fontes – *Romanceiro da Ilha de S. Jorge.*

877 Da *dança* de Entrudo *A Imperatriz Porcina,* enversada por José Gomes Dutra.

878 Teófilo Braga – *Cantos Populares do Arquipélago Açoriano.*

879 Do *Romance da Má-Nova,* versão da Ilha de S. Jorge (in *Cantos Populares do Arquipélago Açoriano).*

em terra, onde são inofensivos, parte no mar, para onde se dirigem na noite de 28 de Outubro[880], e que, se não são propriamente os causadores dos temporais – *porque é Deus quem os manda* –, colaboram neles, agitando o mar e enfurecendo os ventos, fazendo fugir o peixe. Quando regressam à terra, fazem-no pelo leito das ribeiras, por isso, é mau nessa altura estar perto delas. Para a protecção pessoal contra os *diabretes*, comia-se alho cru, metendo também alguns dentes deles na algibeira e, para que não entrassem nas casas, traçava-se uma cruz nas portas com um dente de alho partido. Os *diabretes* também são conhecidos por *fariseus* e por *labregos*, nome que o povo também dá ao Diabo.

De Fevereiro a Outubro, período em que eles se fixam em terra, dedicam-se às fainas agrícolas, sucedendo o mesmo no mar com os trabalhos piscatórios, onde permanecem de Outubro a Fevereiro. Diz-se que o diabrete se assemelha, no trajo, a um homem do povo (pescador ou camponês) que calça botas de cano e veste roupa de lã grossa [...] Os diabretes quando saem do mar seguem por canadas ou ribeiras, arrastando correntes de ferro que ferem lume e soltam um barulho infernal[881].

Diabulha, *n.f.* Desordem; zaragata (corrupt. de *diabrura*)T.

Diacho, *n.m.* Eufemismo de Diabo. É também muito usado no Brasil.

Dia da adiafa, *n.m.* Festa do último dia da vindima, em S. Miguel.

Dia da Câmara, *n.m.* Trabalho a que eram obrigados os Corvinos a prestar na manutenção dos bens públicos da Ilha: *O «dia da Câmara» tinha o carácter de imposto sobre a riqueza, pois um elemento de cada grupo doméstico era obrigado a trabalhar anualmente três dias, dois ou um dia consoante o grupo possuísse junta e carro de bois, um destes bens ou nenhum deles.*[882].

Dia da Entrada Geral na Base. Dia em que os Americanos franqueavam as portas da sua 'cantina'[883] a todo o público, na Base Aérea das Lajes, Terceira. A propósito desse dia Carlos Enes escreve: *Era ali que podia sentir o pulsar da civilização, ver e apalpar objectos inimagináveis*[884].

Dia da Junta, *n.m.* Nome que se dava no Corvo ao dia dado por um membro de cada família, destinado à conservação do baldio.

Dia da lã, *n.m.* O dia da tosquia do gado ovino no Corvo; O m.q. *dia do fio*.

Dia da Matança Geral, *exp.* Antigamente na freguesia da Ribeirinha, na Terceira, toda a gente matava o porco no dia 2 de Fevereiro, que assim se chamava *dia da matança geral*.

Dia das Amigas. Nos Açores, as quatro quintas-feiras que antecedem o Carnaval são comemoradas de um modo especial, sendo o *Dia das Amigas* ou *Dia de Amigas* a segunda delas. Juntam-se as amigas, trocam presentes simbólicos ente si e janta-se fora em restaurantes já habituados a estes convívios, onde não falta a boa música a acompanhar o jantar. Algumas chegam a ir fantasiadas, antecipando a Carnaval.

Dia das Comadres. Dia festejado pelas comadres na semana anterior ao Carnaval. Tradição vinda do Continente, onde se fazia por todo o país, passou dos Açores para a Madeira em finais do século XIX, princípios do século XX. Antigamente, no Alentejo, as comadres saíam para a rua com bandeiras decoradas com ossos, chi-

---

880 As datas de entrada e de saída do mar diferem de uma freguesia para outra.

881 J. H. Borges Martins – *Crenças Populares da Ilha Terceira II.*

882 Carlos L. Medeiros – *Primórdios do Comunitarismo numa Ilha Atlântica – O Corvo* (in *Os Açores e o Atlântico*).

883 Espécie de mercado de venda de múltiplos artigos, desde alimentos enlatados, roupas, tabaco, etc.

884 Carlos Enes – *Terra do Bravo.*

fres, linguiças e morcelas, levando também as 'matrafonas', bonecas de palha vestidas com roupa velha, símbolos estes destinados a achincalhar os compadres.

Dia das hortas, *n.m.* Nome que antigamente no Faial se dava ao dia em que os membros da Família Dabney reuniam as gentes das freguesias próximas das suas propriedades e que, com o fim de divulgarem o interesse do cultivo de novas espécies vegetais, distribuíam gratuitamente melancias e outros produtos cultivados nas suas hortas[885].

Dia de Maio, *n.m.* 1.° de Maio, dia em que, por tradição, em S. Miguel se vestia o *maio* e se comiam papas. *[...] festeja-se o Dia de Maio com papas de milho e leite, como o Beltein das aldeias escocesas e as Palilias romanas*[886].

Dia de muita moira é dia de pouca veja, *exp.* Crença, talvez motivada pelo facto de as vejas estarem fartas, sem vontade de mordiscar a isca quando há muita *moira* no rolo[F].

Dia de S. Tomé. Dia 21 de Dezembro que, em S. Miguel, era o dia destinado à matança do porco, daí o adágio: *A cada porco chega o S. Tomé.*

Dia de san nunca, *exp.* Dia que nunca virá.

Dia de Vapor. O dia em que chegava o navio do Continente e que, sendo misto, transportava passageiros e gado, trazendo também a mercadoria para as ilhas. Antigamente, muita gente deslocava-se para os portos das ilhas pequenas para esperar familiares, embarcar gado ou, simplesmente, para assistir aos acontecimentos – por isso, havia quem lhe chamasse, por graça, o *dia de São Vapor*:

Dia do bezerro. Nome que na Terceira se dá à sexta-feira da matação do gado, nas festas do Espírito Santo.

[885] João A. Gomes Vieira – *Família Dabney*.

[886] Teófilo Braga – *O Povo Português nos Seus Costumes, Crenças e Tradições*.

Dia do Bodo das fatias. Segunda-feira seguinte ao *jantar do Esprito Santo,* dia em que, do pão que sobrou do Bodo, se fazem grossas fatias que se distribuem pelos presentes [T].

Dia do fio no Corvo em meados do séc. passado

Dia do fio. Dia em que o gado ovino era ajuntado para se fazer a tosquia e serem assinalados os cordeiros, o que acontecia duas vezes por ano, em Maio para a tosquia geral, em Setembro para a marcação das crias e a tosquia dos animais que não tivessem sido apanhados em Maio[F]. Abreviado para *Fio,* no Corvo também lhe chamavam o *Dia da Lã.*

Dia dos amigos. Dia que se celebra nos Açores numa quinta-feira, quatro semanas antes do Carnaval, tradição já muito antiga entre a gente das ilhas. É celebrado de modo diferente nas várias ilhas, mas sempre com um fundo comum, o convívio entre amigos. Antigamente as quintas-feiras que antecediam o Carnaval eram dedicadas aos serões, onde se recitavam poesias de louvor à amizade e se degustavam as bebidas e os doces típicos de cada ilha, desde as famosas *malassadas* de S. Miguel aos *coscorões* da Terceira, do vinho abafado desta ilha à *angelica* do Faial.

Dia dos Compadres. Dia comemorado pelos compadres na segunda quinta-feira que antecede o Carnaval.

Dia dos noivos. Dia em que tem lugar a cerimónia religiosa do casamento[StM].
Dia resguardado. O m.q. dia santificado. Tem este nome por ser resguardado do trabalho, por não se trabalhar nesse dia[Fl].
Dia-santo, *n.m.* Pequena superfície não caiada, por distracção do caiador[F].
Dia da Pombinha, *n.m.* O m.q. *Dia do Bodo.*
Dia do Bodo, *n.m.* Segunda-feira de Espírito Santo a seguir a Pentecostes.
Dia dos Açores, *n.m.* Dia instituído pelo Parlamento açoriano[887] destinado a comemorar a açorianidade e a autonomia do arquipélago. Sendo a maior celebração religiosa e cívica dos Açores, é celebrado na segunda-feira de Espírito Santo, também conhecida por *Dia do Bodo* ou *Dia da Pombinha,* sendo a segunda-feira imediatamente a seguir à festa religiosa de Pentecostes, escolha essa feita por ser a principal festividade do povo dos Açores.
Diangas, *n.m.* Aten. de Diabo[F].
Dianho, *n.m.* O m.q. *diano,* eufemismo de Diabo[Fl].
Diano, *n.m.* Aten. de Diabo: *O diano te leve, filho / mai lo leite que mamaste [...]*[888].
Dianteiro, *adj.* Diz-se do *sinal* de marcação do gado quando é feito no seu bordo da frente da orelha (de *diante + -eiro*).
Diarreira, *n.f.* Diarreia, sua corruptela[F,Sj].
Dias a eito, *exp.* O m.q. 'dias seguidos'[F]: *Esta prática realiza-se três dias a eito*[889].
Diente, *adv.* Diante, sua corruptela[F,P,Sj,T]: – *Ei boi, anda pra diente!; Adiente, que atrás vem gente!* Também assim se pronuncia no Sul de Portugal.
Diferente, *adj.* Indiferente; de relações cortadas[T].
Dino, *adj.* Digno, sua f. arcaica[Fl]: – *O rapaz não é dino de arreceber aquela rapariga!*

887 Decreto Regional n.° 13/80, de 21 de Agosto.
888 Do *Romance* "Conde da Alemanha".
889 J. H. Borges Martins – *Crenças Populares da Ilha Terceira II.*

Diogo, *n.m.* Aten. de Diabo[F]. Este eufemismo é também usado no Minho.
Dir, *v.* Ir, muitas vezes usado em vez deste: – *A Coroa este ano é minha, ela tam que dir comigo para a Terra da Amerca*[890].
Direitamente, *adv.* Com exactidão: *Eu, direitamente, alembra-me bem da Justiça da noite*[891].
Direito, (do lat. *directu-*) **1.** *adj.* De contas saldadas[F,Sj]: – *Já te paguei, estamos direitos!* **2.** *adj.* Correcto: *Não posso deixar atrás, / Nem isso era direito, / As senhoras cozinheiras / Plo muito que têm feito*[892].
Direito-a-baixo, *exp.* A descer[F]. Em S. Jorge diz-se *d'alta-a-baixo.* No Algarve diz-se 'ladeira a baixo'.
Direito-a-cima, *exp.* A subir[F]. Em S. Jorge diz-se *d'alta-a-cima.* No Algarve diz-se 'ladeira a cima'.
Direito-a-diente, *exp.* Na horizontal[F]. Em S. Jorge diz-se *d'alta-a-diante.*
Discreto *(Des),* (do lat. *discrētu,* que sabe distinguir) **1.** *adj.* Inteligente; atinado; esperto. Nada tem a ver com o significado de discrição, de reserva: *[...] que minha tia era muito discreta, quer dizer, discernia com muita agudeza*[893]. Máxima de S. Jorge: *Na boca do discreto o que é público é secreto.* Adágio de S. Miguel: *Nunca um tolo é mais tolo, / que quando quer ser discreto.* Com este significado, é termo usado em todas as ilhas. **2.** *interj.* Expressão usada como aprovação de uma frase ou de um acto bem executados, geralmente falando-se de crianças.
Discutimento, *n.m.* Nome que a Turlu[894] dava às falas do enredo, o diálogo, nas danças do Entrudo (de *discutir + -mento*)[T].
Disparate, *n.m.* Grande quantidade. Muito usado em todas as ilhas: *Nesses dias ele*

890 Urbano de Mendonça Dias – *"O Mr. Jó".*
891 J. H. Borges Martins – *A Justiça da Noite na Ilha Terceira.*
892 Quadra dos *Foliões* da Terceira, após o *Jantar* do Espírito Santo, em jeito de agradecimento.
893 Cristóvão de Aguiar – *Um Grito em Chamas.*
894 Cantadeira da Terceira (ver também *Declame,* sua nota de rodapé).

bebia uns copinhos a mais. Ficava meio piteiro, cantava que era um disparate[895].

Dispender o Bodo, *exp.* Oferecimento formal ao Espírito Santo das promessas recolhidas na véspera, seguido de uma eventual distribuição, entre as pessoas presentes, de fatias de *massa-sovada*[896].

Dispensável, *n.f.* Saca de pano onde as mulheres do campo transportavam o dinheiro e a merenda quando iam à Vila fazer compras[StM]. Segundo Isabel Costa[897] a origem da palavra estará provavelmente na palavra 'indispensável', necessário.

Dispor a Coroa, *exp.* Acto de colocar a *Coroa* do Espírito Santo no trono da casa do Mordomo, depois do regresso da igreja[SM]: *Com gosto vos vou dispor / Coroa santa e bendita / E abençoai-nos Senhor / Com vossa bênção infinita*[898]. Dispor, neste caso, é usado com o significado de expor.

Dissero, A desinência da terceira pessoa do plural do verbo dizer era assim pronunciada antigamente[T]: *Hoje aqui ninguém te bate, / Ainda ontem me dissero, / Aqueles é porque não podem / E eu é porque não quero*[899].

Distribuir esmolas, *exp.* Distribuir as *esmolas* pelas casas, ou seja, o pão, a carne, nalguns lugares o vinho, pelas festas do Espírito Santo.

Dízemo, *n.m.* O m.q. contribuição predial.

Dizer asneiras a eito, *exp.* Só dizer disparates[T]: *Não me abras mais a boca / P'ra dizer asneiras a eito; / És muito curto das vistas, / P'ra olhares p'ra mim direito*[900].

Dizer direito, *exp.* Dizer com exactidão[T]: *Eu vou-lhe dizer tudo direito cma é!*[901].

Dizer q'adeus, *exp.* Dizer adeus: – *Ó menino, diz q'adeus ao sinhô!*

Dizer tejos e bandejos, *exp.* Falar mal de alguém[Sj].

Dizer uma palavra ao mesmo tempo, *exp.* Antigamente havia a crença de que, se duas pessoas dissessem uma palavra ao mesmo tempo, teriam um gosto nesse dia[902].

Dízimo a Deus, Diz-se de qualquer prédio livre de ónus ou encargo; alodial[T]. Var.: *Dízima a Deus.*

Djabe, *n.m.* Trabalho (do Am Job): *[...] arrecebemos todos os meses um cheque do governo tal e qual a gente estivéssemos no djabe*[903].

Djanco, *n.m. Bal.* O m.q. *janco* (do am. *junk*).

Dó, *n.m.* O m.q. luto (do lat. tard. *dolu-*, dor)[Fl]: – *Antigamente botava-se sempre dó plos defuntos!*

Doairo, *n.m.* Donaire; graça[SJ,SM,T]. Arcaísmo aqui conservado[904]. E. Gonçalves regista-o no Algarve com significado semelhante. Em S. Miguel também se pronuncia *doar*.

Doar, *v.* O m.q. *doairo*, na pronúncia micaelense: – *Tem um grande doar do pai.*

Dobradiça, *n.f. fig.* Articulação, do corpo.

Dobrado de ponta, *exp.* Maneira de antigamente usar o xaile, quando o luto era pesado. Quando era mais leve usavam-no *dobrado em toalha*.

Dobrar a língua, 1. *exp.* Tratar uma pessoa por senhor, ou por vossemecê, e não por tu[T]. **2.** *exp.* Evitar termos obscenos[Sj].

Dobrar a remada, *exp.* Remar mais depressa, para a lancha, movida a remos, atingir maior velocidade[F].

---

895 Augusto Gomes – *Cozinha Tradicional da Ilha Terceira* (Falas da Tia Gertrudes).

896 João Leal – *As Festas do Espírito Santo nos Açores.*

897 Isabel Pereira da Costa – *Santa Maria – Açores – Um Estudo Dialectal.*

898 Primeira quadra cantada pela folia dentro do quarto.

899 Quadra de Serafim de Sousa Borges (*Serafim das Pedreiras*), in *Improvisadores da Ilha Terceira.*

900 Quadra de José Patrício da Silva (o José Patrício), in *Improvisadores da Ilha Terceira.*

901 J. H. Borges Martins – *Crenças Populares da Ilha Terceira II.*

902 Inocêncio Romeiro Enes – *Tradições e Festas Populares da Freguesia dos Altares.*

903 Cristóvão de Aguiar – *Raiz Comovida.*

904 Evolução da palavra: doaire → doairo → dõayro → donayro → donaire.

Dobrar a vaga, *exp.* Diz-se das ondas do mar quando rebentam no alto, em dias de mau tempo: *[...]a ver o mar crescer a olhos vistos, cada vez mais cavado e mais feio, a dobrar a vaga nem que 'tivesse a arrebentar na areia*[905].

Dobrar a voz, *exp.* O m.q. cantar em falsete[F].

Dobrar uma cantiga, *exp.* Cantar uma cantiga a duas vozes, quase sempre com intervalo de terceira[F].

Docada, *n.f.* Barrela feita com cinza (corrupt. de *decoada*)[Sj].

Doçura, *n.f.* Pequena porção de farinha de trigo – uma mão bem cheia – que se adiciona à de milho para que o pão de milho fique mais macio e possa levedar melhor (ext. de *doçura*). Chama-se a isto *indoçar* o pão de milho[Sj,SM,T].

Doença da espinha, *n.f.* Doença que atinge o Sistema Nervoso, universalmente conhecida no meio médico por 'Doença de Machado-Joseph'[F].

Doença de andar na rua, *n.f.* Diarreia; soltura[P]. Este curioso nome veio do tempo em que não havia *quartos de banho,* nem sequer retretes, o que obrigava as pessoas a *abaixar-se* nos cerrados anexos às casas, daí a diarreia obrigar as pessoas a andar a correr repetidamente para a rua!

Doença de mulheres, *n.f.* Nome que antigamente se dava à sífilis[F].

Doença do céu, *n.f.* O m.q. *crísimo.*

Doença Machado, *n.f.* O m.q. *Doença da espinha.* Entre outros sintomas e sinais, dá um desequilíbrio no andar, um olhar característico, os olhos mais abertos (oftalmoplegia), insegurança ao descer escadas e atrofia muscular, o que faz com que o doente caminhe com um andar semelhante a um ébrio. Foi uma doença inicialmente estudada pelo Prof. Corino de Andrade e pela Prof. Paula Coutinho que se deslocaram pela primeira vez aos Açores em 1976 e durante longos anos, em parceria com o Dr. Jorge Sequeiros, fizeram um estudo exaustivo de tão complexa doença.

Doente da espinha, Aquele que sofre da doença de Machado-Joseph[F].

Dola, *n.f.* Dólar, sua corruptela: *E Mário, o mais moquenco de todos, não gasta uma dola, não se confessa a ninguém*[906].

Dolório, *n.m.* Desgosto (do rad. de *dolor* + *-ório*)[SM]: – *Tem andado num grande dolório dês que le morreu a mulher!*

Dom-fafe de São Miguel, *n.m.* O m.q. *Priôlo.*

Dominga, *n.f.* Cada uma das sete semanas do Espírito Santo[SM]: *A comemoração de cada uma destas semanas* (da Quaresma), *que em S. Miguel se chama* Dominga *[...]*[907].

Domingo da Fatia, *n.m.* Nome que se dá a cada domingo que vai desde a Páscoa até à Trindade, pelo costume de se distribuírem nesse dia grandes fatias de pão[Sj].

Domingo da Festa, *n.m.* Nome que se dá ao domingo de Pentecostes.

Domingo da Pombinha, *n.m.* Nome vulgarmente dado ao Domingo de Pascoela.

Domingo das Visitas, *n.m.* Domingo a seguir ao *dia dos noivos,* preenchido por visitas cerimoniais dos parente e amigos do casal recém-casado[StM].

Domingo do Senhor, *n.m.* Domingo da festa do Senhor Santo Cristo dos Milagres em S. Miguel.

[905] João Ilhéu – *Gente do Monte.*

[906] João de Melo – *Gente Feliz com Lágrimas.*

[907] José de Almeida Pavão – *Aspectos do Cancioneiro Popular Açoriano.*

Domingos de Bodo, *n.m.* O domingo de Pentecostes (1.° Domingo de Espírito Santo) e o da Trindade (2.° Domingo) em que os *Impérios* dão o seu *Bodo*[T].

Domisteco, *interj.* Exclamação usada quando alguém espirra[Fl]. Corrupt. de *Dominus tecum*, aqui perdeu-se completamente o seu sentido religioso, sendo dita em sentido jocoso, às vezes até a rimar com *uma burrar deu um eco!* E, na rima infantil: *Domisteco, nariz de boneco, / Toma tabaco, nariz de macaco.*

Donabela, *n.f. Bot.* O m.q. *bela-dona (Brunsvigia rosea)*[T].

Donas-amélias, *n.f.* Variedade de bolos feitos na Terceira, baptizados com este nome pela visita da rainha D. Amélia a esta Ilha em 1901, a quem foram oferecidos. É da opinião dos entendidos que tiveram a sua origem em Angra[908].

Donatário, *n.m.* Aquele que recebia, na época do povoamento das ilhas, um terreno para povoar, explorar e administrar: *Nestas Ilhas [...] Os senhores donatários exploram o povo. É preciso ir moer aos seus moinhos, ir cozer aos seus fornos, ir comprar o sal aos seus depósitos. E pior que tudo isto, é preciso sofrer as iras da sua justiça, por vezes bem dura e selvagem*[909].

Donzela, *n.f.* Maçaroca-de-milho repleta de grãos[SM]. Var.: *donzilha*.

Dormente, *adj.* Ansioso (do lat. *dormiente-*, part. pres. de *dormīre*, dormir)[Sj]. Adquiriu aqui um significado completamente contrário ao do português padrão.

Dormentes, *n.m. pl.* Pedras ou pés do monte da atafona[T].

Dormir do diabo, *exp.* Em S. Miguel chama-se *dormir do diabo* ao acto de dormir de bruços.

Dorno, *n.m.* Curvatura[Fl].

Dorno do pé, *n.m.* O m.q. joanete (ext. de *dorno*)[SM].

Douradinha, *n.f. Bot.* Planta robusta e felpuda disseminada por todas as ilhas, cientificamente denominada *Ranunculus cortusifolius*. É também conhecida pelo nome de *bafo-de-boi*[910].

Dourado, *n.m.* Peixe presente nas águas dos Açores, cientificamente denominado *Coryphaena hippurus*. Nos Açores os *dourados* são muitas vezes encontrados em mar aberto, tipicamente associados a objectos flutuantes como os troncos que vêm dos lados da América. São migratórios, ocorrendo localmente entre Julho e Outubro.

Dous, *num.* Dois, sua f. antiga: *[...] concebia os sobejos das rendas dos dous por cento de todas as ilhas Terceiras*[911]. Também ainda usado na Galiza.

Dou-te que te pingo, *exp.* O m.q. 'dou-te pancadaria que te desfaço'. Esta expressão não se entende bem se não se souber o significado de pingar nos Açores, aqui com o sentido de cair morto, tombar, significado esse importado do Alentejo, onde ainda actualmente se usa.

Doutor da faca, *n.m.* O m.q. médico cirurgião: *O doutor da faquinha abriu e fechou logo, como te mandei dizer*[912].

Doutrina, *n.f.* O m.q. catequese (do lat. *doctrina-*). *Ir à doutrina* é ir à catequese. E. Gonçalves regista-o também no Algarve.

Draivar, *v.* Guiar, conduzir (do am. *to drive*). Frequentemente ouvido e de uso generalizado.

Drama, *n.f.* O m.q. *Comédia* (do gr. *dráma*, pelo lat. *drama-*). Os *dramas* ou *comédias* perduraram em quase todas as ilhas até aos finais do primeiro quartel do séc. XX, tanto nos meios urbanos como nos rurais, onde o teatro era bastante cultivado, e deixou de o ser progressivamente devido à invasão do cinema e da rádio.

---

908 Augusto Gomes – *Cozinha Tradicional da Ilha Terceira.*

909 Armando Narciso – *Terra Açoreana.*

910 Erik Sjögren – *Plantas e Flores dos Açores.*

911 Félix José da Costa Júnior et. al. – Memória Histórica do Horrível Terramoto...

912 Cristóvão de Aguiar – *Marilha.*

Drogue, *n.m. Bal.* (do am. *drag*) Espécie de flutuador, feito de madeira, de forma quadrada, com cerca de 2 pés e 4 polegadas de espessura, que possuía no centro quatro furos, amarrando em cruz com cabo de bitola fina com cerca de uma braça de comprimento; durante a primeira metade do século passado, foi usado junto da linha do arpão, servindo para travar a marcha da baleia trancada, chegando a ser amarrado na ponta da última linha da selha para a sua recuperação quando a baleia viesse à superfície – na década de 50 foi abandonado o seu uso[913].

Dromente, *adj.* Adormecido (corrupt. de *dormente* por metátese)[F]. Nota: Em S. Jorge tem um significado oposto, significando ansioso.

Drope, *n.m.* Rebuçado (do Am drop).

Drumir, *v.* Dormir, sua corrupt. por metátese.

Dulovina, *n.p.* Ludovina, sua corrupt. por metátese[T].

Duma ocasião, *exp.* O m.q. 'certa vez': *Duma ocasião, dois homens vinham da caça, havia de ser p'raí uma hora [...]*[914].

Dureira, *adj.* Diz-se da vaca de difícil ordenha, em cujos tetos é necessário fazer muita força para fazer sair o leite (de *dura* + *-eira*).

Durma-durma, O m.q. *nem-nem* ou 'oó'[Fl]: *– São horas do menino fazer durma-durma!*

---

913 João A. Gomes Vieira – *Comunicação pessoal.*

914 J. H. Borges Martins – *Crenças Populares da Ilha Terceira I.*

E

Ê, *pron. pes.* Eu. Tal como por todo o Algarve, Alentejo e outras regiões do país, em todo o arquipélago se pronuncia *ê* em vez de eu.
Eco, *n.m.* O m.q. grito[C].
Écia, *n.f.* Ver *Éssia.*
E coisa e tal, *exp.* O m.q. et cetera. É exp. muito usada, nomeadamente na Terceira: *[...] encontrou o major Rego e teve umas falas e coisa e tal a respeito dessa coisa da esborralhada*[915].
Eduarda, *n.f. Bot.* Planta ornamental (*Chrysanthemum parthenium*) muito parecida com a macela, por isso também no Continente chamada 'macela-do-Reino' e 'macela-da-serra'[SM].
Egipto, *n.m.* Hospício na linguagem micaelense, pelo facto de se localizar na rua do Egipto.
Eh paz, *exp.* O m.q. Eh pá[F,T]: – *Eh páz! Mas sempre te digo que não há bicho mais ruim para feitiços...*[916]. Nota: *Paz* é aférese de *rapaz.*
Ei laró, *loc. interjec.* Antigo pregão dos vendilhões de laranja de S. Miguel (estrop. de *Ei laranja*): – *Eh laró, eh laró; é da doce e sumarenta, patroa!*[917].
Ei, 1. *interj.* Forma de chamamento: – *Ei home, anda aqui!* **2.** *pron. pes.* Nas Flores, é a pronunciação de [eu], o que acontece também em certos lugares de S. Miguel.
Eia, *interj.* Exclamação de espanto (do gr. *eía,* pelo lat. *eia*): *Eia cum Nossa Senhora!; Eia cum mê Dês!*
Eiba, *n.f.* Abcesso; fleimão (CF).
i cá, vá, *exp.* Grito de chamamento das vacas para se aproximarem para a ordenha[SJ]: *i cá, vá...! Eich! Ui!*[918].
Eiche, *interj.* Incitação para fazer andar o gado[T]: *E, soltando o seu cavo e melancólico 'eiche! eiche!', seguido do nome terno ou característico da rês [...]*[919].
Eira, *n.f.* Halo à volta do sol ou da Lua (ext. de *eira*).
Eiraço, *n.m.* O m.q. *eira* e *eirado* (de *eira* + *-aço*)[C].
Eirado, *n.m.* Halo luminoso que por vezes surge à volta da Lua (de *eira* + *-ado*)[C].
Eiramá, *n.m.;* Demónio; terra do demónio, Inferno[F] (de *eramá,* adv. ant. que significa 'em má hora').
Eisse, *interj.* Ordem para chamar os bezerros[SJ]: – *Eisse! Eisse! Vim cá bezerrinho!*

---

915 J. H. Borges Martins – *A Justiça da Noite na Ilha Terceira.*
916 João Ilhéu – *Gente do Monte.*
917 Cristóvão de Aguiar – *Passageiro em Trânsito.*
918 Elsa Mendonça – *Ilha de S. Jorge.*
919 Vitorino Nemésio – *Corsário das Ilhas.*

Iniciando um eito no rolo

Eito, *n.m.* Depressão que se faz no rolo miúdo retirando as pedras para apanhar a *moira* (do lat. *ictu-*)[F]. Também é chamado *redondo* por ter, no final, uma forma arredondada. Ver tb. *Moira*.

Eito, a, *exp.* O m.q. em prosa[Sj]: – *Aquele livro é todo escrito a eito!* Quando um assunto é escrito ou lido em verso chama-se *rezado*[Sj].

Ele, *pron. pes.* Emprega-se frequentemente nos Açores como sujeito dos verbos que indicam fenómenos atmosféricos ou que se referem a certas épocas do ano: *Ele onte choveu munto; parece qu'ele vai ser ano de munta laranja.* Pode exprimir ainda um sujeito indeterminado: *Ele nunca se veio a saber quem foi o ladrão.*

Electrizado, *adj.* Bem bebido, alegre e extrovertido, como que ligado à electricidade (part. pas. de *electrizar*)[F].

Êlo, *n.m.* Filamento que existe à volta do feijão-verde e que se costuma retirar antes de cozê-lo (do lat. *anellu-*)[Fl].

Emaçanicar *(I)*, *v.* Fazer *maçanicos* de cana de milho (de *en-* + *{maçanico}* + *-ar*)[Sj]. Var.: *Emaçaricar*.

Emaçaricar, *v.* O m.q. *emaçanicar* (de *en-* + *{maçarico}* + *-ar*)[Sj].

Emaçarocado, *adj.* Diz-se do pão mal cozido; o m.q. *embatumado* (part. pas. de *emaçarocar*)[SM].

Emanchear, *v.* Fazer manchos; o m.q. manchear (de *em-* + *{manchear}*)[SM].

Emançanicar, *v.* Fazer *maçanicos* (de *em-* + *{maçanico}* + *-ar*)[Sj].

Emanhecer, *v.* Ter os músculos entorpecidos (corrupt. de *esmaecer*, do v. esmaiar)[SM].

Emanhecido, *adj.* Diz-se do animal que cai ao tentar levantar-se (part. pas. de *{emanhecer}*)[SM].

Emarado, *adj.* Confuso; complicado; irresolúvel (corrupt. de *emaranhado*)[SM]. Um negócio *emarado* é um negócio sem solução.

Emarouviado, *adj.* Abatido; ausente; murcho[SM]: *[...] com as crianças sempre emarouviadas, num amarelo de estearina e de gânglios salientes*[920]. Também usado no Alentejo com significado semelhante.

Emascarado, *adj.* O m.q. mascarado (part. pas. de *{emascarar}*)[T]: *E meu pai diz que era só homes emascarados, que não se conhecia ninguém!*[921].

Emascarar, *v.* O m.q. mascarar (de *em-* + *mascarar*)[T]: *Teve aí meia dúzia deles que se emascararam e correram atrás dele com bordães*[922]. É termo antigo, em des. no Continente.

Emazogado, *adj.* Mal amassado[Sj].

Embaçado, *adj.* Atrapalhado; apanhado; pasmado; perplexo (part. pas. de *embaçar*).

Embaçar, *v.* Confundir; enganar; intrigar; ficar pasmado (de *em-* + *baço* + *-ar*)[SM].

Embaixada, *n.f.* Parte das representações teatrais populares micaelenses que antecede algumas horas a representação propriamente dita e destina-se a anunciar a ordem da realização do espectáculo e a convidar o público a assistir – era uma forma de publicidade para atrair a atenção do público. Constituíam-na três a seis homens, dos que entravam na Comédia,

---

920 Manuel Ferreira – *O Barco e o Sonho.*

921 J. H. Borges Martins – *A Justiça da Noite na Ilha Terceira.*

922 J. H. Borges Martins – *A Justiça da Noite na Ilha Terceira.*

montados em belos cavalos, trajando à antiga, calção, meia e sapato, capa, chapéu de dois bicos com plumas, espadim – mais ou menos o trajo de fidalgo do séc. XVII, a que o povo chama *vestido de príncipe* – que anunciavam o espectáculo à porta da igreja paroquial, por volta das 10, 11 horas da manhã, logo a seguir à missa, enquanto o *Velho*, que servia de palhaço, maltrapilho, montado num burro lazarento, fazia comentários jocosos ao que eles diziam. O anúncio era feito pelo *Recado* ou *Licença*, ou pelo *Velho*, quando os substituía.

Embaixador, *n.m.* Personagem das representações teatrais populares micaelenses que faz parte da *Embaixada*.

Embaladeira, *n.f.* Armação de madeira onde se colocam os barris e as pipas para serem lavados (de *embalar + -deira*)[Fl].

Embalar berço vazio, *exp.* Antigamente havia a crença popular que, se se embalasse um berço vazio, a criança que nele dormia ficaria sujeita a dores de barriga[923].

Embarcado, *adj.* O m.q. emigrado (part. pas. de *embarcar*).

Embarcar, (de *em- + barco + -ar*) **1.** *v.* Partir da Ilha no navio que fazia a escala entre as ilhas. *Embarcar para a América*, o m.q. partir para a América, de barco, claro. **2.** *v. fig.* Morrer: – *Esse, coitado, também já embarcou.*

Embarcar de alto, *exp.* O m.q. *embarcar de calhau*[F].

Embarcar de calhau, 1. *exp.* Embarcar clandestinamente, nos barcos baleeiros americanos que caçavam cachalotes nos mares dos Açores[924]: *[...] embarcaram de calhau naquele mar excomungado das Capelas [...]*[925]. **2.** *exp.* Por ext., também pode significar sair-se bem de uma empresa arrojada ou difícil.

Embarcar de salto, *exp.* O m.q. *embarcar de calhau*[F,SM]: *[...] não havia veleiro americano que não levasse mais meia dúzia de tripulantes, embarcados de salto, pela calada*[926].

Embarcar de penedo, *exp.* O m.q. *embarcar de calhau*[Sj].

Embarcar pela costa, *exp.* O m.q. *embarcar de calhau*[P].

Embarcar pelo alto, *exp.* O m.q. *embarcar de salto.*

Embarque junto ao navio nas Flores (Foto Jovial)

Embarque, *n.m.* Ida desde o cais até ao vapor ancorado nas suas proximidades (deriv. regr. de *embarcar*)[F].

Embatumado, *adj.* O m.q. *emaçarocado* (part. pas. de *embatumar*)[SM].

Embeirada, *adj.* Diz-se da casa que tem *beira* (part. pas. fem. de *embeirar*)[Fl].

Embeirar, *v.* Fazer a *beira*[927] da casa (de *em- + {beira} + -ar*)[Fl].

Embelgar *(Im)*, (de *em- + belga + -ar*) **1.** v. O m.q. lavrar, fazendo *belgas*[Sj]. **2.** *v.* Fazer regos na terra[Sj].

Embesoirado, *adj.* Introvertido (part. pas. de *embesoirar*)[T].

Embesoirar, *v.* Meter-se consigo ; afastar-se da comunidade (de *em- + besoiro + -ar*).

---

923 Inocêncio Romeiro Enes – *Tradições e Festas Populares da Freguesia dos Altares.*

924 Muitas vezes pelo preço de um ano de árduo trabalho.

925 Cristóvão de Aguiar – *Raiz Comovida.*

926 Manuel Ferreira – *O Morro e o Gigante.*

927 Aqui, a *beira* é o beiral.

Embezerrado, *adj.* Amuado (part. pas. de *embezerrar*)F,T: *O António, do lado, embezerrado*[928]; *[...] do ajuste de contas com Diogo Dulmo, embezerrado e sem trunfos para não aceitar as suas condições*[929]. O verbo 'embezerrar' integra o calão continental[930].

Embezerrar, *v.* Amuar (de *em-* + *bezerro* + *-ar*).

Embicar *(Im),* *v.* Dirigir-se com teimosia para um lugar ou tarefa (de *em-* + *bico* + *-ar*).

Embicheirar, *v.* Prender, caçar com o *bicheiro*; o m.q. *empexeirar* (de *em-* + *bicheiro* + *-ar*). Termo levado dos Açores para o Brasil, onde ainda é usado.

Embigo, *n.m.* Umbigo, sua f. arcaica.

Em boa mão está o Senhor Esprito Santo, *exp.* Expressão usada ironicamente quando uma tarefa não está a ser desempenhada por pessoa de confiançaSj.

Emboca, *n.f.* Jogo ao ar livre (deriv. regr. de *embocar*).

Embocar, *v.* Ir em direcção a (de *em-* + *boca* + *-ar*): *O vento está embocando pra norte.*

Embolar, *v.* Mastigar a comida sem vontade de engolir, quando o apetite é pouco (de *em-* + *bola* + *-ar*)T: *Levou o jantar inteiro a embolar a comida mas não hoive maneira d'a ingolir pra baixo!*

Embonitar, *v.* Embelezar; tornar bonito (de *em-* + *bonito* + *-ar*).

Emborcadura *(Im),* *n.f.* Acto de *emborcar* a terraSj.

Emborcar *(Im),* *v.* Lavrar pela primeira vez, falando numa época de lavoura de uma terra (ext. de *emborcar*)Sj.

Emborcar um caldeirão, *exp.* Antigamente, quando se queria saber se uma mulher, presente numa casa, era feiticeira, punha-se, depois de ela entrar, um caldeirão emborcado ou uma vassoura com o cabo para baixo, porque, enquanto estes objectos assim estivessem, acreditava-se que ela não poderia sair[931].

Embrulhada, *n.f.* Mexeriquice (part. pas. fem. subst. de *embrulhar*)Sj.

Embrulhão, *adj.* Intrujão, aquele que tenta sistematicamente confundir o próximo nos negócios; trapalhão; vigarista (de *embrulhar* + *-ão*)F.

Embrulhar, (do fr. *embrouillier*) **1.** *v. fig.* Tentar enganar os outros, geralmente falando-se de negócios. **2.** *v. fig.* Ter contactos sexuais profundos: *Namorou-a, já se vê, e deu-se em embrulhar com ela*[932].

Embrulhar um cigarro, *exp.* Fazer um cigarro à mão, com picado e mortalha: *Eu estive agora a embrulhar um cigarrinho!*[933].

Embuedar *(Im),* *v.* Embebedar, sua corruptela (por infl. de *buída*)Fl.

Embugiado, *adj.* Calado; tímido (corrupt. de *embuziado*)Sj.

Emburguês, *n.m.* Bebé rechonchudo; o m.q. *braçado*SM.

Emburnicado, *adj.* Aperaltado; bem vestido (part. pas. de *{emburnicar}*)Fl.

Emburnicar, *v.* Aperaltar; embelezar; trajarFl.

Embuziado, *adj.* Mal-encarado; mal disposto (part. pas. de *embuziar*): *Mestre Oliveira [...] estava estrenoitado e deprimido. Ao vir de dentro da Avenida, onde ficava a regedoria, sentia-se embuziado*[934].

Embuziamento, *n.m.* Acto de embuziar; acabrunhamento (de *embuziar* + *-mento*): *[...] nenhuma razão de queixa tem havido, nem sequer entre nós existe amuo ou embuziamento*[935].

Embuziar, *v.* Embezerrar; fazer-se macambúzio (de *em-* + *búzio* + *-ar*).

---

928 P.e Nunes da Rosa – *Pastorais do Mosteiro.*

929 Vitorino Nemésio – *Mau Tempo no Canal.*

930 Afonso Praça – *Novo Dicionário do Calão.*

931 Inocêncio Romeiro Enes – *Tradições e Festas Populares da Freguesia dos Altares.*

932 J. H. Borges Martins – *A Justiça da Noite na Ilha Terceira.*

933 J. H. Borges Martins – *A Justiça da Noite na Ilha Terceira.*

934 Cristóvão de Aguiar – *Raiz Comovida.*

935 Cristóvão de Aguiar – *Marilha.*

Embustador, *n.m.* O m.q. embusteiro: *Sai para fora, embustador. / Consciência tão tirana. / Homem falso adulador...*[936].

Em casa de Mordomo feno à porta, *exp. fig.* Expressão com o mesmo sentido de 'pelo andar da carruagem se conhece quem vem lá dentro'[T].

Em dia de Bodo não há querela, *exp.* Adágio terceirense que demonstra bem o espírito festeiro da gente da Terceira. Em dia de festa, arredam-se as desavenças.

Em dias vida, *exp.* Durante toda a vida: *A sobrinha nunca mais se viu ao espelho fora de horas em dias de sua vida*[937].

É'me, *interj.* Estrop. de 'É homem', com a seguinte evolução: É homem? É home? É'me. É muito usada no arquipélago: *É'me, 'tás vendo bem o que 'tás fazendo?*

Emendar, *v. Náut.* Acto de repor, no mesmo lugar onde inicialmente estava, a embarcação levada ao sabor da corrente e/ou do vento (do lat. *emendāre,* corrigir)[F].

Emigração pelo alto, *exp.* Emigração clandestina, feita nos navios baleeiros americanos que começaram a caçar baleias nos Açores a partir de 1765.

[936] História do Duque de Barbante e Genoveva Sua Filha (Do teatro popular de S. Miguel).

[937] J. H. Borges Martins – *Crenças Populares da Ilha Terceira II.*

Emmentes *(Im), adv.* Enquanto; entrementes; entretanto (de *em-* + *mentes*). Em Santa Maria diz-se: *Emmentes o pau vai e vem / folgam as costas.* Este adv. ant., em certas freguesias rurais do Faial, pronuncia-se *immentres.*

Emoitar, *v.* Formar moita (de *em-* + *moita* + *-ar*)[Sj]: *Alecrim da pedreira, / De comprido não emoita; / Também vós, minha menina, / Sois uma e par'ceis-me outra*[938].

Emouchado, *adj.* Abatido; acabrunhado (corrupt. de *{amouchado}*)[F].

Empachado *(im),* (part. pas. de *empachar*) **1.** *adj.* Diz-se dos bovinos com o ventre opado de gases intestinais[Sj,T]. O m.q. *impado.* **2.** *adj.* Diz-se da pessoa que comeu muito, que ficou empaturrada.

Empalamado, *adj.* Descorado; com ar adoentado (part. pas. de *empalamar*)[T]. CF regista-o apenas como brasileirismo.

Empalear, *v.* Aguentar; conservar (de *em-* + *paleio* + *-ar*)[F].

Empalecer, *v.* Entristecer; ficar deprimido (do lat. *impallescĕre,* empalidecer). Ext. de *empalecer,* empalidecer.

Empalecido *(Im), adj.* Calado; deprimido; tristonho (part. pas. de *empalecer*).

Empalhado, *adj.* Disposto em camadas (part. pas. de *empalhar*). Diz-se, por exemplo, de tábuas de madeira, arrumadas umas por cima das outras[F].

Empalhar, *v.* Dispor ordenadamente as coisas, umas em cima das outras, em camadas (de *em-* + *palha* + *-ar*).

Empandeirado *(im), adj.* Avariado; sem conserto; lesionado, com sequelas permanentes e graves, por exemplo, depois de um acidente (part. pas. de *empandeirar*)[F].

Empandeirar *(im), v.* Dar cabo de qualquer coisa; destruir; estragar; inutilizar (de *em-* + *pandeiro* + *-ar*)[F,SM].

Empapuçado, *adj.* Encharcado; completamente alagado (part. pas. de *empapuçar*)[F].

[938] Quadra de S. Jorge, registada por TB.

Empapuçar, *v.* Encharcar; molhar completamente (de *em-* + *papo* + *-uçar*)[F]. E. Gonçalves regista-o também no Algarve com o significado de encharcar um tecido, embeber.

Emparado *(Im), adj.* Apoiado; protegido; o m.q. amparado (part. pas. de *emparar*).

Emparar *(Im), v.* O m.q. amparar, sua f. antiga. Nota: Grafia de 'amparar' no sXIII = *enparar*.

Emparanhado, (de *em-* + *paranho* + *-ado*) **1.** *adj.* Com diminuição da visão[SM]: *Sinto a vista emparanhada.* **2.** *adj.* Iludido[SM].

Cais da Alfândega de Angra (início sXX)

Emparar *(Im),* (de *{emparo}* + *-ar*) **1.** *v.t.* Segurar uma embarcação para que não bata no cais, geralmente com a ajuda de uma vara – a *vara de emparar.* **2.** *v. pron.* Casar-se[F].

Aqui, há a conservação do arcaísmo no tempo.

Emparo, *n.m.* O m.q. amparo, sua f. antiga: – *Ele ter-se ajuntado à rapariga foi um grande emparo pra si.*

Emparreação, *n.f.* O m.q. emperramento; entravamento; dificuldade de movimento, seja de causa articular como de causa muscular (de *{emparrear}* + *-ção*)[F].

Emparreado *(Im), adj.* Emperrado, *sua corruptela (part. pas. de {emparrear})*[F].

Empatar *(Im), v. Náut.* O m.q. *estorvar* – acto de prender o anzol à linha de pesca.

Empavear *(Im), v. fig.* Comer com sofreguidão; o m.q. *engavelar* – ext. de *empavear,* reunir em paveias (de *em-* + *paveia* + *-ar*)[P,Sj,SM,T].

Empeçar *(Im),* (do lat. *impeditiāre*) **1.** *v.* Encontrar um obstáculo. **2.** *v. fig.* Implicar; provocar[F].

Empelador, *n.m.* Banco onde o oleiro amassa o barro; o m.q. empeladoiro ou empeladouro (de *empelar* + *-dor*)[T].

Empelicado *(Im),* (part. pas. de *empelicar*) **1.** *adj.* Diz-se do bebé que tem dificuldade em criar-se – que nasceu *impelicado* (ext. de *empelicado*)[T]. **2.** Diz-se da pessoa afortunada, usado na frase *nascer empelicado*[T]. Nota: Este termo adquiriu significados antónimos na mesma ilha, a Terceira.

Empelo *(pê), n.m.* Bocado de barro destinado a ser modelado (deriv. regr. de *empelar*)[SM]. Na Terceira chama-se *bola.*

Empexeirado, *adj.* Preso com o *pexeiro* (part. pas. de *{empexeirar}*)[F].

Empexeirar *(im), v.* Prender com o *pexeiro* (de *em-* + *{pexeiro}* + *-ar*) [F].

Empinada, *n.f.* Certa quantidade de milheiros verdes erguidos contra uma parede (part. pas. fem. subst. de *empinar*)[SM].

Empinoso, *adj.* Íngreme; o m.q. empinado (de *empinar* + *-oso*).

Empíreo, *n.m.* Algo que não se pode atingir; preço muito alto (do lat. *empyrĭu-*)[Sj].

Empoado, *adj.* Diz-se do animal incapaz de subir uma encosta sem ajuda; o m.q. *cercado* e *enforcado*[C].

Empola *(Im),* (corrupt. de *ampola*) **1.** *n.f.* Bolha, falando na pele. **2.** *n.f.* Garrafa de vidro própria para vinho[Fl].

Empolgueira, *n.f.* Parte escavada do eixo onde roda o carro de bois.

Emponteirado, *adj.* O m.q. *enconteirado* (part. pas. de *emponteirar*).

Emponteirar, v. Colocar a ponteira (de *em-* + *ponteira* + *-ar*).

Em pontos de vinte e oito, *exp.* Em situação de superioridade[Sj].

Emporcalhadela, *n.f.* Acto vergonhoso (de *emporcalhar* + *-dela*)[SM].

Empraio, *n.m.* Enfeite feminino para ostentação[P]. Mulher de empraios: mulher vaidosa, frívola.

Emprastar, (corrupt. de *empastar*) **1.** *v.t.* Amassar; esmagar[Sj]. **2.** *v. pron.* Chocar; ir de encontro a[Sj].

Encabeçar, *v.* Insistir teimosamente; o m.q. *embicar* (de *en-* + *cabeça* + *-ar*)[SM].

Encabocado, *adj.* Enganado (part. pas. de *{encabocar}*)[Sj].

Encabocar, (corrupt. de *equivocar*) **1.** *v.* Enganar[Sj]. **2.** *v.* Perder o juízo[Sj].

Encachinar, *v.* Colocar o pescoço para trás, como faz o peru (corrupt. de *encachiar*)[F].

Encafuar, *v.* O m.q. encurralar; esconder (de *en-* + *{cafua}* + *-ar*).

Encafugar, *v.* O m.q. *encafuar* (de *en-* + *{cafuga}* + *-ar*).

Encaladamente, *adv.* O m.q. caladamente[T]: *E dá um jantar de carne e pão à nossa família de casa, mas tudo encaladamente*[939].

Encaladela, *n.f.* Cozedura ligeira (de *encalar* + *-dela*).

Encalado, *adj.* Coberto de caliça; seguro com caliça: *beiras encaladas;* telhado *encalado*[P].

Encaladura, *n.f.* O m.q. *encaladela.*

Encalar, *v.* O m.q. encaliçar: encalar as *beiras* (de *en-* + *calo* + *-ar*).

Encamisada, *n.f.* Cortejo de cavaleiros da gente fidalga e rica que se fazia antigamente na Terceira por altura das festas de S. João (part. pas. fem. subst. de *encamisar*): *Estas saíam na noite de 23 e compunham-se de 21 a 25 cavaleiros, filhos segundos e algum tio velho das casas nobres, acompanhado, cada um, de dois pajens e todos caprichosamente vestidos, formando duas alas, no meio das quais um pequeno cavaleiro empunhava um guião de seda vermelha com um cordeiro bordado a ouro, símbolo do «Cordeiro de Deus». À frente da «encamisada» e a certa distância desta, seguia um grupo de corneteiros, montados em muares, os quais anunciavam, em toques especiais, a aproximação do cortejo*[940].

Encampação, de, O m.q. 'de estarrecer'[P].

Encanado, **1.** *adj.* Enlatado (do am. *canned*): há a fruta *encanada,* o *peixe encanado....* **2.** *adj.* Alinhado, falando dos ossos depois de reduzidos (part. pas. de *encanar*). **3.** *adj.* Diz-se do vento em corrente de ar.

Encanar, **1.** *v.* Reduzir uma fractura óssea, alinhando-a[T] (de *en-* + *cano* + *-ar*). **2.** *v.* O m.q. enlatar (do am. *to can,* part. pas. *canned*).

Encanastrado, *adj.* Bem vestido[T]. Nota: Chama-se 'canastrado' a certos panos estampados, cujos desenhos imitam a tecedura da *canastra.*

Encantado, *n.m.* Figura imaginária das crenças populares que se crê indicar onde estão tesouros (do lat. *icantātu-,* part. pas. de *incantāre*)[SM]: *Nem só à meia-noite é a hora tremenda dos agoiros; à luz do sol, no pino do meio-dia é que aparecem os Encantados (ilha de São Miguel) que sabem onde estão os tesouros. O Encantado mostra-se de repente, e traz as costas numa brasa viva; por isso procura encobrir esse tremendo defeito; dirige-se ao indivíduo que tem a fortuna de o encontrar, e diz-lhe: Está aqui um tesouro. Cava aqui!*[941].

Encanteirado, *adj.* O m.q. inválido (ext. de *encanteirado*)[T].

Encaranguejado, *adj.* Encolhido; trôpego; o m.q. *encarangado*[T]; encolhido pelo frio[C] (part. pas. de *encaranguejar*).

Encaranguejar, *v.* O m.q. encarangar (de *en-* + *caranguejo* + *-ar*)[T]. CF regista-o apenas como brasileirismo.

Encarne, *n.m.* O m.q. encarnação (deriv. regr. de *encarnar*). Boneca de encarne: mu-

939 J. H. Borges Martins – *Crenças Populares da Ilha Terceira II.*

940 João Ilhéu – *Notas Etnográficas.*

941 Teófilo Braga – *O Povo Português nos Seus Costumes, Crenças e Tradições.*

lher que se alinda, de boas cores e bem parecida[T].

Encarneirado, *adj.* Diz-se do mar quando tem *carneiros* (de *en-* + *carneiro* + *-ado*)[T].

Encarrachado *(In)*, *adj.* Emperrado; hirto (part. pas. de *{encarrachar}*)[F].

Encarrachar, *v.* Emperrar; ficar hirto[F].

Encarrilhado*(In)*, (part. pas. de *{encarrilhar}*) **1.** *adj.* Hirto, com os queixos apertados pelo frio (part. pas. de *encarrilhar*): *Mas com o frio que tem feito para aí, / Tenho passado noites encarrilhada*[942]. **2.** *adj.* Diz-se daquele que fala com a pronúncia fechada de S. Miguel[T]: – *Aquele home vei de Rabo de Peixe, fala mun encarrilhado!* Pode também significar hirto pelo medo: *Dezia-me aquêl nome e a gente ficava a tremer... Incarrilhadinhos de susto!*[943]. **3.** *adj.* Diz-se também do tempo mal encarado. **4.** *adj.* Diz-se do alimento mal cozido[SM,T].

Encarrilhar, *v.* Apertar o *carrilho*, geralmente pelo frio (de *en-* + *{carrilho}* + *-ar*)[F,T].

Encaseirar, *v.* Preparar a terra para ser plantada (de *en-* + *{caseira}* + *-ar*)[SM].

Encasquetado *(In)*, *adj. fig.* Encravado no casco; *embicado* do juízo (part. pas. de *encasquetar*): *[...] o sr. Robertinho... Tava co aquela incasquetada d'imbarcar prà Inglaterra*[944].

Encasquetar, *v. fig.* Meter na cabeça de (*de en-* + *casquete* + *-ar*)[T]: *[...] logo se lhe encasquetou que ali andava rabo de saia metido*[945].

Enceroscado, *adj.* Endurecido, falando de alimentos (part. pas. de *enceroscar*).

Enceroscar, v. Endurecer, falando de alimentos (de *en-* + *cera* + *<-os->* + *-ar*)

Encetar, *v.* Diz-se da galinha que começa a pôr (do lat. *inceptāre*, começar).

Enchalabar, *n.m.* O m.q. *enchelavar*[Fl]. Em Monte Gordo, Algarve, ouve-se pronunciar 'xalabar'.

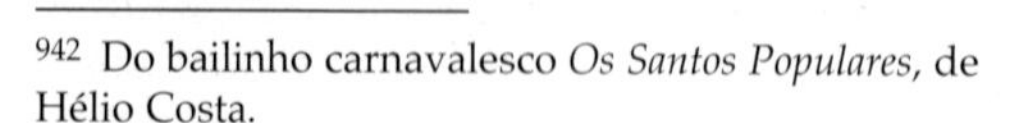

942 Do bailinho carnavalesco *Os Santos Populares*, de Hélio Costa.

943 Vitorino Nemésio – *Mau Tempo no Canal.*

944 Vitorino Nemésio – *Mau Tempo no Canal.*

945 João Ilhéu – *Gente do Monte.*

Fig. 2.—Inchalavar

Pescando com o enchalavar – Desenho de Augusto Cabral

Enchalavar *(In)*, *n.m.* O m.q. *enchelavar*[Fl,Sj,SM]. Antigamente, em S. Miguel, distinguia-se o *enchalavar grande*, com 3 a 3.5 metros de diâmetro, com malha de 1 polegada de lado e fio de 2 mm de diâmetro, do *enchalavar pequeno*, com 2 a 2.5 metros de diâmetro, com malha de meia polegada de lado e fio da mesma espessura[946]. Nalgumas ilhas[Fl,Sj], este último é conhecido pelo nome de *enchalavar de peixe rei.*

Enchalavar de peixe-rei, *n.m.* Pequena rede destinada à pesca de peixe miúdo[Fl,Sj].

Enchalavaz, *n.m.* O m.q. *enchelavar*[SM]: Quadra[SM]: *Eu vinha da Vila Franca / Com peixe de enchalavaz, / Veio a gata levou três, / Inda vinha buscar más.*

Enchamado, *adj.* Diz-se da planta do milho quando a folha ficou muito seca (de *en-* + *chama* + *-ado*)[Fl].

Enchaprado, *adj. fig.* Diz-se do mar bravo[SM] (part. pas. de *{enchaprar}*).

Enchaprar, *v.* Remendar[SM] (de *en-* + *chaprão* + *-ar*).

Encharelado, *adj.* Diz-se daquele que comeu muito; empanturrado[SM].

946 Armando Silva – *Ethnographia Açoriana.*

Enchelavar *(In)*, *n.m.* Rede de grandes dimensões, circundada por armação arredondada de madeira, utilizada para a pesca do chicharro nas embarcações marítimas[F,Fl,T].

Enchente *(In)*, *adj.* Crescente, falando dos quartos da Lua (de *encher* + *-ente*)[Fl,T]. Segundo a crendice popular de alguns lugares, as crianças que nascem no enchente da Lua são rapazes, e se no vazante, raparigas[947].

Enchiqueirador, *n.m.* O m.q. *enchiqueiradura* (de *enchiqueirar* + *-dor*)[Sj].

Enchiqueiradura, *n.f.* Curral ou pequeno cerrado onde se guardam os bezerros pequenos para os separar das vacas (de *enchiqueirar* + *-dura*)[T].

Enchiqueirar, (de *en-* + *chiqueiro* + *-ar*) **1.** *v.* Meter no chiqueiro ou na *enchiqueiradura*[Sj,T]. **2.** *v. fig.* Levar para casa[T]. CF regista-o apenas como brasileirismo.

Enchocalhado, *adj.* Diz-se do gado que traz ao pescoço um chocalho (part. pas. de *enchocalhar*)[T].

Enchouriçado, *adj. fig.* Diz-se daquele que está vestido com muita roupa[SM].

Enchouva *(In)*, *n.f.* O m.q. enchova, sua corruptela por epêntese. Cientificamente é denominado *Pomatomus saltator* ou *P. saltatrix*.

Enchumbrado, *adj.* Diz-se de um tecido quando tem a humidade necessária para ser passado a ferro[T]. Corrupt. de *enchumbado*, part. pas. de *enchumbar* (de *en-* + *chumbo* + *-ar*).

Encinzeirar, *v.* O m.q. encinzar (de *en-* + *cinzeiro* + *-ar*): *[...] porque o horizonte se encinzeirou, já nem os bons vigias [...] conseguem encaminhar os botes*[948].

Enclanchado, *adj.* Encaracolado, falando do cabelo[StM]. Em Santa Maria, chama-se *clancha* a uma madeixa de cabelo encaracolado, a um anel de cabelo.

[947] J. H. Borges Martins – *Crenças Populares da Ilha Terceira II.*

[948] M. M. Sarmento Rodrigues – *Ancoradouros das Ilhas dos Açores.*

Encoirado, *adj.* Forrado com couro. CF regista-o com o mesmo significado como brasileirismo. *Ser d'arcas encoiradas*: ser capaz de guardar um segredo[T]. Nota: As antigas arcas forrados a couro eram o lugar onde se guardavam os documentos mais importantes, daí a expressão.

Encoiro *(In)*, *adj.* Nu; completamente nu. (de *en* +*coiro*).

Encolheduras, *n.f. pl.* A última porção de leite que sai no final da ordenha da vaca (de *encolher* + *-dura*, pl.)[C].

Encomenda d'Amerca, *n.f.* Das terras da América, tantas encomendas vieram trazendo roupas e alimentos que muita gente ajudou na época da miséria: *[...] A fortidão do perfume das roupas da América! Rasgava regos fundos no desejo e no sonho*[949].

Enconenado *(In)*, *adj.* Amuado; *embesoirado*; misantropo (de *en-* + *{conena}* + *-ado*)[T].

Enconteirado, (part. pas. de *enconteirar*) **1.** *adj.* Diz-se do bordão que tem a extremidade superior adornada com uma conteira metálica: o m.q. *emponteirado*[T]. **2.** *adj.* Diz-se do bovino embolado[T].

Enconteirar, *v.* Aplicar a conteira no bordão ou no chifre dos bovinos (de *en-* + *conteira* + *-ar*).

Encontrar uma quinta, *exp. fig.* Diz-se quando um homem contrai matrimónio com uma mulher rica ou encontra um emprego chorudo[SM]. Reminiscência das velhas quintas de S. Miguel plantadas de laranjeiras, uma riqueza local enorme até ao 3.° quartel do séc. XIX.

Encorcar, *v.* O m.q. *encrocar*[T].

Encosto, *n.m.* Termo da feitiçaria que significa o acto de o espírito se encostar às pessoas, geralmente escolhendo as que são mais débeis e doentes (deriv. regr. de *encostar*). Também lhe chamam *sombra*[T].

Encravilhado, (part. pas. de *{encravilhar}*) **1.** *adj.* Duro; rijo[SM]: – *Ninguém pode comer batatas encravilhadas!* **2.** *adj.* Apodrecido,

[949] Cristóvão de Aguiar – *Raiz Comovida.*

referindo-se a leguminosas quando estão a germinar[SM].

Encravilhar, *v.* Enrijar (ext. de *encravilhar*)[SM]: – *Puseste as batatas na água já a ferver e elas encravilharam!*

Encrocar, *v.* Amarfanhar; amarrotar[Sj]. Cp.: 'Encorcar' (tv. derivado de *corcar*) é termo muito usado no Algarve com o significado de dobrar, empenar, entortar.

Endireitar à vaga, *exp.* Rumar uma embarcação em sentido perpendicular a uma onda do mar, para que haja menos balanço do barco e maior segurança na navegação: *[...] eu, ao leme, ora endireitava à vaga para romper, ora virava a estibordo para aproveitar o cavado e manear a roda*[950].

Endireitar a vida, *exp.* Conseguir chegar a um bom nível de vida: *Ele arranjou casa, endireitou a vida [...]*[951].

Endromina *(In),* *n.f.* Confusão; trapalhada[SM]. Cp. com endrómina.

Enelado *(In),* *adj.* Encaracolado[F]. Refere-se geralmente ao cabelo (corrupt. de *anelado*).

Enfaíscado, *adj.* Emoldurado (part. pas. de *{enfaíscar}*)[Sj,SM,T]: *O ti Amaro nunca viu uns quadros enfaiscados, destes de pũinduirar...?*[952].

Enfaíscar, *v.* Emoldurar (de *en-* + *faísca* + *-ar*)[Sj,SM,T]. Em S. Miguel tb.se pronuncia *esfaiscar*.

Enfarrucado, *adj.* Diz-se do tempo escuro e triste (corrupt. e ext. de *enfarruscado*)[SM].

Enfatigado, *adj.* Fatigado[SM]: *[...] Pois precisamos descansar, / Que vindes muito enfatigada*[953].

Enfenar, *v.* Juncar de *feno* (caruma de pinheiro) o chão térreo das casas (de *en-* + *{feno}* + *-ar*)[T]. Era hábito antigamente juncar de *feno* o chão térreo do *meio-da-casa,* onde em geral se armava o *trono,* nas casas onde se festejava o *Esprito Santo* – chamava-se *enfenar a casa* e daí o provérbio regional: *Em casa de Mordomo, feno à porta!* Também usado no Alentejo com significado semelhante. Antigamente usava-se também a *erva-santa* para *enfenar* o chão térreos das casas pelo seu agradável cheiro que largava.

Enferculhar, *v.* Impingir[SM]: – *Enferculhou-me este anel cma se fosse d'ouro!*

Enfermidade, *n.f.* Tumor maligno[F,T].

Enferrar, (de *en- ferro* + *-ar*) **1.** *v.* Meter o arco de ferro na roda do carro, depois de dilatado pelo calor[T]. **2.** *v.* Prender no arado o *ferro* ao *coice.*

Enferrujar, *v.* Sujar a cara com a fuligem das chaminés durante o Carnaval (de *en-* + *ferrugem* + *-ar*)[T].

Enfezar *(fè),* *v.* Arreliar; fazer *fezes* a outrem (de *en-* + *{feze(s)}* + *-ar*)[T].

Enfiada *(In),* *n.f.* Arame em que se enfiam diversos atractivos (moluscos, crustáceos...) para atrair o peixe para o enchelavar (part. pas. fem. subst. de *enfiar*)[Sj].

Enforcadeira, *n.f. fig.* Gravata[F].

Enforcado, *adj.* O m.q. *empoado*[C].

Enfrestado, *adj.* Diz-se do dente encavalitado noutro (de *en-* + *fresta* + *-ado*)[T].

Enfronhado *(In),* (part. pas. de *enfronhar*) **1.** *adj.* Mal vestido; mal amanhado[T]. Cp.: No português corrente, 'enfronhar' é vestir-se apressadamente. **2.** *adj.* Vestido com muita roupa[T]. **3.** *adj.* Amuado[StM].

Enfronho, (deriv. regr. de *enfronhar*) **1.** *n.m.* Agasalho exagerado[P,T]. **2.** *n.m.* Monte de coisas[StM].

Enfuscado, *adj.* Nublado; pouco nítido; o m.q. ofuscado (part. pas. de *enfuscar,* sua ext.): *A Lua está toda enfuscada!*

Engaçada, *adj.* Diz-se da uva miúda que não chega a amadurecer (de *engaçar* + *-ada*)[SM].

Engalinhado, *adj.* Tolhido pelo frio; o m.q. *encaranguejado*[C].

---

950 João Ilhéu – *Gente do Monte.*

951 J. H. Borges Martins – *Crenças Populares da Ilha Terceira II.*

952 Vitorino Nemésio – *Mau Tempo no Canal.*

953 *História do Duque de Barbante e Genoveva Sua Filha* (Do teatro popular de S. Miguel).

Engalinhar-se, *v. pron.* Empertigar-se (de *en-* + *galinha* + *-ar*).
Enganchado, *adj. fig.* Curvado (part. pas. de *enganchar*)[F].
Enganido, (part. pas. de *{enganir}*) **1.** *adj.* Encolhido, referindo-se a roupa[SM]. **2.** *adj.* Franzino[SM]: – *É uma criança enganida, parece que não cresce!*
Enganir, *v.* Encolher, referindo-se a roupa (ext. de *enganir*)[SM]. 'Enganir' é verbo antigo que significava tolher-se pelo frio, também ainda usado no Alentejo.
Enganzamento *(In)*, Aliciamento (de *{enganzar}* + *-mento*)[SM]: – *É preciso um enganzamento senão o miúdo nã come.*
Enganzar *(In)*, *v.* Aliciar; enganar[SM]: *Quem se deixava 'inganzar' por elas* (as 'sereias') *estava pronto em dia*[954].
Engaroupado, *adj.* Muito agasalhado (part. pas. de *{engaroupar}*)[SM,T].
Engaroupar, *v.* Agasalhar muito (de *en-* + *garoupa* + *-ar*).
Engatar-se, *v. pron.* Atrapalhar-se; enganar-se[F,Sj].
Engavelar, (de *en-* + *gavela* + *-ar*) **1.** *v.* Dispor em gavelas. **2.** *v. fig.* Comer muito, a toda a pressa; o m.q. *empavear.*
Engenho *(In)*, (do lat. *ingenĭu-*, idem) **1.** *n.m.* Qualquer espécie de máquina[Fl]. **2.** *n.m.* Espécie de atafona destinada a triturar as folhas do pastel; o m.q. *pisão.* Antigamente havia os *engenhos de água* e os *engenhos de besta.* **3.** *n.m.* Antiga máquina de fazer corda, também chamado *torcideira.* **4.** *n.m.* Máquina de desnatar o leite, por ext., a casa onde ela está instalada[T]: *Miguel... vê se ordenhas a lavrada / De forma que apanhes o engenho aberto*[955]. **5.** *n.m.* O m.q. roda de fiar[Fl].

Engenho de debulhar milho (Foto: Elsa Mendonça)

Engenho de debulhar milho, *n.m.* Utensílio trazido da América, destinado à debulha do milho.
Engigado, adj. Dobrado; torto (de *en-* + *{giga}* + *-ado*)[Fl].
Engiva *(In)*, *n.f.* O m.q. gengiva, sua f. aferética. E. Gonçalves regista-o com a mesma grafia no Algarve.
Engive, *n.f.* O m.q. camalhão, falando da terra depois de lavrada[C].
Engodar, 1. *v. fig.* Vomitar na pesca de lancha. Isto é sempre dito em tom jocoso, para acanalhar quem passa por tal martírio[F]. **2.** *v.* Aliciar; fazer promessas vãs: – *Ela vai-te engodando, mas nunca te vai dar nada!*
Engoìdeira *(in)*, *n.f.* Espécie de funil curto e de bico largo adaptável ao diâmetro da tripas destinado a encher as linguiças (de *{engoir}* + *-deira*)[F]. Noutras ilhas, como no Cont., chama-se *enchedeira.*
Engoír *(in)*, *v.* Engolir, sua corruptela[F].
Engolir um vivo, *exp.* Diz-se do mar quando, em dias de bravura, leva uma pessoa que morre afogada[T]: *Em Sexta-feira Santa não é bom ir para o mar, porque engole um vivo*[956].
Engonço *(In)*, *n.m.* Dobradiça; mola (corrupt. de *gonzo*)[T].

---

954 Luís Bernardo Leite de Ataíde – *Etnografia Arte e Vida Antiga dos Açores.*
955 Do bailinho carnavalesco As *Paixões do Tio Miguel*, de Hélio Costa.
956 J. H. Borges Martins – *Crenças Populares da Ilha Terceira II.*

Engraçado *(in), adj.* Felizardo; afortunado (de *en-* + *graça* + *-ado*)[F].
Engraçar, (de *en-* + *graça* + *-ar*) **1.** *v.* Encher de graça[F]: *Mas deixá-lo: Deus o engrace!*[957]. **2.** *v.* Gostar; simpatizar.
Engrace, *n.m.* Chiste; graça (deriv. regr. de *engraçar*).
Engranzoado *(In), adj.* Mal dissolvido, como se tivesse grãos, daí o nome[F].
Engraxar, *v.* Deitar um pouco de gordura na lã antes de a cardar[C]. Também lhe chamavam *untar*[C].
Engrossar *(In), v.* Tornar-se bravo; aumentar a ondulação, falando do mar (de *en-* + *grosso* + *-ar*).
Enguiçado, (part. pas. de *{enguiçar}*) **1.** *adj.* Apaixonado. **2.** *adj.* Atraído; seduzido.
Enguiçar *(In),* **1.** *v.* Apaixonar: – *José anda enguiçado pla pequena do Joe – ela é memo prefeita!* **2.** *v.* Atrair: – *Estava a ver se enguiçava aquela moreia com este braço do polvo!* **3.** *v.* Atiçar; provocar a ira, geralmente dos cães.
Enguiço, *n.m.* Dádiva com intenção de suborno; guloseima (deriv. regr. de *{enguiçar}*)[T].
Enguslançar, *v.* O m.q. vomitar[F]. É palavra derivada de *engulho* e de *lançar*, prov. corrupt. de 'engulhos de lançar'.
Enha, *pron.* Minha, sua f. arcaica (arc.)[SM]. Gil Vicente escreve: *que derão tantas a enha esposa*[958].
Enjeigar, *v.* Acto de fazer qualquer coisa, como passatempo[F].
Enjeirar, (de *en-* + *jeira* + *-ar*) **1.** *v.t.* Cangar os bois[Sj]. **2.** *v.t.* O m.q. trabalhar[Fl]. **3.** *v. pron.* Começar, com afinco, a fazer qualquer coisa[Fl,Sj].
Enjeitado, (part. pas. de *enjeitar*) **1.** *n.m.* Filho ilegítimo (part. pas. de *enjeitar*)[Fl]. **2.** *adj.* Diz-se do touro que não está marcado com o ferro do criador[T].
Enjoar, *v.* Dar mau cheiro, cheirar mal (do lat. *inodiāre*): – *Ao tempo qu' aquele peixe 'tá ao sol, daqui a uma nica já 'tá a enjoar qu' é medonho!*
Enjoo *(jô), n.m.* Mau cheiro (deriv. regr. de *enjoar*).
Enjooso, *adj.* Diz-se daquilo que *enjoa*, que dá mau cheiro (de *{enjoo}* + *-oso*)[SM].
Enjorcado *(In),* Feito à pressa ou malfeito (part. pas. de *{enjorcar}*.
Enjorcar *(In),* **1.** *v.* Desenrascar; descobrir entre os restos alguma coisa para remediar a falta de um bocado de qualquer coisa[F]. **2.** *v.* Atamancar; engendrar[SM].
Enlameirado, *adj.* Sujo de lama; enlameado (part. pas. de *{enlameirar}*)[SM]. **2.** *n.m.* Caminho com lama (part. pas. subst. de *{enlameirar}*)[SM].
Enlameirar, *v.* Sujar com lama (de *en-* + *lameiro* + *-ar*)[SM].
Enlinheirar *(In), v.* Aninhar-se com os pintos, falando da galinha (de *en-* *{linheiro}* + *-ar*)[Sj].
Enogado *(Inò),* **1.** *adj.* Enrolado sobre si mesmo com os braços cruzados, como um nó (part. pas. de *enogar*)[F,T]. **2.** *adj.* Com muitos nós (de *en-* *nó* + *-ado*)[SM]: *[...] agarrada ao seu bordão de buxo enogado*[959].
Enogar-se *(ò), v. refl.* Aninhar-se; encolher-se (de *nó*).
Enormezinho, *adj.* De pouca valia; insignificante[T]: *Fulano é muito enormezinho!*
Enqueijado *(In),* (part. pas. de *enqueijar*) **1.** *adj.* Diz-se do pão que ficou mal cozido[F,Fl,T]. **2.** *adj.* Diz-se de semente que não germina, que apenas incha e acaba por apodrecer[SM].
Enqueijamento, *n.m.* Acto ou efeito de enqueijar (de *enqueijar* + *-mento*): *Evitava que o interior do pão sofresse enqueijamento humidoso*[960].
Enqueijar, *v.* Ficar mal cozido, húmido, falando do pão (de *en-* + *queijo* + *-ar*).
Enrabado, *adj.* Diz-se daquele que tem fastio; o m.q. *enraboujado*[C].
Enrabiado, *adj.* Molhado (part. pas. de *{enrabiar}*)[P].
Enrabiar, *v.* Molhar[P].

957 P.e Nunes da Rosa – *Pastorais do Mosteiro.*
958 Gil Vicente – *Auto Pastoril Português.*
959 Cristóvão de Aguiar – *Raiz Comovida.*
960 Cristóvão de Aguiar – *Um Grito em Chamas.*

Enrabiscado, *adj.* Apaixonado[Sj].
Enraboujado, adj. O m.q. *enrabado*[C].
Enramado, *adj.* Ver *enramalhetado.*
Enramalhetado *(In), adj.* Diz-se do céu quando apresenta nuvens em ramalhetes, indicadoras de vento (part. pas. de *enramalhetar*)[T]. Em S. Miguel diz-se *enramado.*
Enredeadeiro *(In), n.m.* Indivíduo de má língua e intriguista (de *{enredear}* + *deiro*)[F].
Enredear *(In), v.* Armar intrigas, fazer enredos (de *enredo* + *-ear*)[F].
Enredo, *n.m.* História de uma dança do Entrudo, a sua narrativa contada em verso (quadras, quintilhas ou sextilhas, de redondilha maior) podendo versar vidas de santos (religiosas), casos da História (históricas), casos do dia-a-dia (costumes), sendo por vezes o enversamento de textos em prosa encontrados na literatura, por exemplo na *Morgadinha dos Canaviais* e em *Fidalgos da Casa Mourisca.* A Turlu[961] chamava-lhe *declame* ou *discutimento.* Antes do 25 de Abril de 1974, como em todas as outras manifestações, os *enredos* das *danças* eram todos passados a pente fino pela 'Censura', como atesta Hélio Costa[962]: *[...] os enredos eram sujeitos a uma censura, que obrigava os autores das letras a não ultrapassarem certas barreiras que o regime lhes impunha. Não se podia criticar a religião, [...] a polícia, [...] o governo, [...] as forças armadas, [...] as câmaras, [...] os hospitais, [...] as cadeias, etc., etc., etc.*
Enregar, *v.* Fazer regos fundos para a cultura da batata-doce (de *en-* + *rego* + *-ar*)[P,Sj].
Enriçar, (de *en-* + *riçar*) **1.** *v.* Discutir; embaraçar[P]. **2.** *v. fig.* Andar agarrado; meter-se; ter contactos sexuais[T].
Enrilhado, *adj.* Hirto com o frio; o m.q. *encarrilhado* (part. pas. de *enrilhar*)[C,Sj,P].
Enro, *n.m.* Erro, sua corruptela[F,Sj] – *Ele comprou uma máquina de escrever, mas diz qu'ela deve de ter algum problema porque dá muitos enros!*

[961] Famosa cantadeira da Terceira (ver também nota de rodapé em *Declame*).
[962] Hélio Costa – *O Carnaval dos Bravos.*

Enrocar *(In), v.* Ficar preso no fundo, falando dos aparelhos de pesca (de *en-* + *roca* + *-ar*)[Sj,T].
Enrolão, *adj.* Mentiroso; trapalhão (de *{enrolar}* + *-ão*)[F].
Enrolar, *v. fig.* Enganar; dar voltas ao assunto para baralhar (ext. de *enrolar*)[F].
Enrosquilado, *adj.* Amarrotado (part. pas. de *enrosquilar*)[Sj].
Enrosquilar, *v.* O m.q. amarrotar[Sj].
Enrosquilhado *(In), adj.* Com a forma de *rosquilha*; deitado em forma de *rosquilha.*
Ensabanado, *adj. Taur.* Diz-se do touro de cor totalmente branca[T].
Ensaião, *n.m.* Planta de folhas carnudas, que cresce agarrada como uma lapa às paredes rochosas mais expostas ao Sol, cientificamente denominada *Aeonium glandulosum*[P].
Ensalamurdado, *adj.* Calado[Sj].
Ensapado *(In), adj.* O m.q. *embaçado* (de *en-* + *sapo* + *-ado*)[Sj,T].
Ensocado, *adj.* Diz-se do indivíduo forte, largo de ossos (de *en-* + *soca* + *-ado*)[Sj,T].
Entafulhar, *v.* Encher muito; o m.q. *atafulhar* (de *en-* + *tafulho* + *-ar*)[T].
Entances *(In), adv.* Então, sua forma antiga: *[...] à ponta da boceta, intances, era a gelidez da morte*[963].
Entanguido *(In), adj.* Definhado; enfezado; raquítico (part. pas. de *entanguir*)[T]: *[...] sempre muito entanguido, amarelinho que era um desconsolo*[964]. No Brasil pronunciam 'entanguitado'.
Entanguir *(In),* Definhar; murchar (de *en-* + cast. *tango,* estaca + *-ir*): *Era ũa, um casal [...] Tod'ò filhinho que tinha intanguia e morria [...]*[965].
Entarraçar, *v.* Beber grande quantidade de líquidos (de *en-* + *tarraço* + *-ar*)[T]. Nota: 'Tarraço' é um púcaro em linguagem popular e 'tarraçada' é o seu conteúdo líquido.

[963] Cristóvão de Aguiar – *Raiz Comovida.*
[964] J. H. Borges Martins – *Crenças Populares da Ilha Terceira I.*
[965] Manuel da Costa Fontes – *Romanceiro Português do Canadá (Feiticeira).*

Entejar, *v.* Enfastiar-se; fartar-se de um alimento (do lat. *entaediāre*)[P,Sj].

Entejo, *n.m.* Enjoo ou náusea da gravidez (deriv. regres. de *entejar*)[P]. É termo antigo, há muito em desuso no Continente. António Prestes, poeta cómico do séc. XVI escreve também: *Crede em Deus, de meu conselho não tenhaes á casa entejo.*

Entender-se *(In), v. pron.* Ajustar contas; chamar à razão; julgar e punir (do lat. *intendĕre*): *Eles foram ao quarto e entenderam-se com ele: – 'Tu tens que te amanhar aqui e mais a tua mulher!*[966].

Entendido *(Intin), adj.* Atinado; sabedor (part. pas. de *entender*)[F].

Enternicado, *adj.* O m.q. enfezado[T]; encolhido pelo frio (part. passado de *{enternicar}*)[T].

Enternicar, 1. *v.* Emagrecer muito[T]. **2.** *v.* Ficar impaciente[T].

Enterniquento, *adj.* Impertinente; rabugento (de *{enternicar}* + *-ento*)[T].

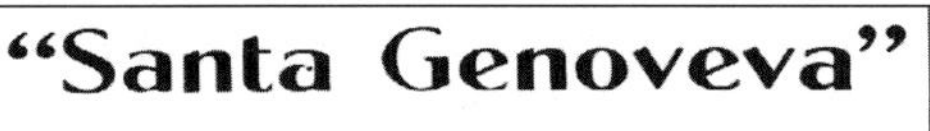

(LINDISSIMA HISTORIA EM VERSO)

Versada Pelo Cantor Popular

Victorino Rapozo

NATURAL DA FREGUEZIA DOS ARRIFES.

3a. EDIÇÃO

1922

Manuel Capeto, Editor

195 BRIGHTMAN ST., FALL RIVER, MASS.

Entertimento *(In), n.m.* Entretenimento; entretimento, sua corruptela: *[...] Bem vedes que uma caçada / Serve de intertimento*[967].

Entorrear, *v.* Fazer um *torreão* ou guardar no torreão[Fl].

Entorriscado *(In), adj.* Estorricado; queimado pelo fogo (prót. de *torriscado*)[T]: *[...] um raminho de rosas bravas a pender da corôa entorriscada da cabeça*[968].

Entorta *(In), s.f* Antigo aparelho de pesca, apenas com um anzol, também chamado *posteiro*[C,F,Fl].

Entrada, (part. pas. fem. subst. de *entrar*) **1.** *n.f.* No teatro popular da Ilha de S. Miguel, consiste numa forma simples de cumprimentos versificados aos espectadores, logo no início da *Loa.* **2.** *n.f.* Parte inicial das danças do Entrudo, também chamada *Saudação.*

Entralheira, *n.f.* O m.q. *gorazeira* (de *entralhar* + *-eira*)[Fl].

Entralho *(In),* (deriv. regr. de *entralhar*) **1.** *n.m.* Conjunto de coisas mal engendradas. **2.** *n.m.* Argola com que se prende a rede do *enchelavar* à arcadura.

Entrançalhar *(In), v.* O m.q. entrançar (de *en-* + *trança* + *-lhar*)[F,Fl].

Entrar na Função, *exp. fig.* Tomar parte activa em qualquer sucesso[T].

Entrar para a sala, *exp. fig.* Expressão empregada quando, num grupo, alguém procura intrometer-se na conversa[T]. Nota: Antigamente, na Terceira, chamava-se *sala* ao espaço da *casa-do-meio* reservado ao *balho* – *entrar para a sala* era dirigir-se a esse espaço para *balhar*, daí a analogia da expressão.

Entreaberta, *n.f.* O m.q. bruxa; feiticeira (part. pas. fem. subst. de *entreabrir*)[SM].

Entreaberto, (part. pas. subst. de *entreabrir*) **1.** *n.m.* Aten. de Diabo[SM]. **2.** *n.m.* Bruxo; curandeiro; feiticeiro[SM]. Nos Livros das Visitas das Igrejas de S. Miguel, *se vê serem os entreabertos tanto homens como mulheres e que tempo houve em que por toda a ilha se espalharam*[969]. Nesses regis-

[966] J. H. Borges Martins – *A Justiça da Noite na Ilha Terceira.*

[967] *História do Duque de Barbante e Genoveva Sua Filha* (Do teatro popular de S. Miguel).

[968] João Ilhéu – *Gente do Monte.*

[969] Luís Bernardo Leite de Ataíde – *Etnografia Arte e Vida Antiga dos Açores.*

tos, Leite de Ataíde regista ainda, a partir de 1696, o desaparecimento dos *entreabertos*, os homens, para somente passarem a existir na Ilha as *entreabertas*, mulheres.

Entregar, *v.* Praguejar, referindo o Diabo[F].

Entremez, *n.m.* Peça teatral popular que se representava na Ilha do Pico, escolhida em limitado repertório: o *Doutor Sovina*, o *Velho Zangalho*, o *Lorpa da Aldeia*, a *Gíria das Moças*... (do provençal *entremetz*, entre um prato e outro, pelo cast. *entremés*, peça em um acto).

Entrepelado, *adj. Taur.* Diz-se do touro de cor mista, com pêlos brancos e pretos, com predomínio destes últimos, subdivisão do *cardeno*[T].

Entrouxar, *v.* Embrulhar as crianças com tiras, o que se fazia antigamente para que as crianças ficassem direitas (de *en-* + *trouxa* + *-ar*)[Fl].

Envelgar, *v.* O m.q. *embelgar*[Sj].

Envelhacado, *adj.* Envergonhado; vexado (part. pas. de *envelhacar*)[T].

Envelope, *n.m.* Oferta em dinheiro feita aos noivos ou a crianças, em dia assinalado[Fl].

Enversado, *adj.* Posto em verso (part. pas. de *enversar*).

Enversador, *n.m.* Aquele que faz as letras das manifestações teatrais populares, tais como as *Comédias* e as *danças do Entrudo*, p. ex., muitas vezes convertendo um texto em verso (de *{enversar}* + *-dor*).

Enversamento, *n.m.* Texto escrito em verso (de *{enversar}* + *-mento*).

Enversar, *v.* Pôr em verso; versejar (de *en-* + *verso* + *-ar*).

Envolvedoiro *(In)*, *n.m.* Espécie de cobertor com que são embrulhadas as crianças de berço (de *envolver* + *-doiro*)[Fl].

Enxabiado, *adj.* Encharcado; molhado[Sj]: *Todos enxabiados esperam que a má estação passe*[970].

Enxamez, *n.m.* Divisória; tabique (corrupt. de *enxamel*)[P,Sj].

Enxerga *(In)*, *n.f.* Tecido de lã de fabrico caseiro muito usado antigamente para fazer fatos para homem, também, chamado *baeta* (de *en-* + *xerga*)[Sj].

Enxergão, *n.m.* O m.q. enxerga (de *enxerga* + *-ão*)[T].

Enxota-porcos, *n.m.* Nome que se dá em alguns lugares a uma vara usada nos cortejos do Espírito Santo para manter a ordem no seu andamento.

Enxota-praga *(In)*, *loc. adj.* Pessoa muito faladora e barulhenta[T].

Enxotar praga, *exp.* Enxotar os pássaros das terras cultivadas, a seguir à sementeira.

Enxovalho *(In)*, **1.** *n.m.* Tábua que o curtidor de peles põe no colo para trabalhar (deriv. regr. de *enxovalhar*)[SM]. **2.** *n.m.* Enxoval, sua corruptela[Fl,Sj].

Enxovalho do menino, *n.m.* Roupa que se prepara para o nascituro[Sj].

Enxovete, *n.m.* O m.q. bofetada[SM].

Enxugar, *v.* Beber de uma vez só um copo de bebida alcoólica, quase sempre bebida *branca* (ext. de *enxugar*)[T].

Enxurrar, (de *enxurro* + *-ar*) **1.** *adj.* Dar à costa, já fora de água, ficando preso entre as rochas, no areal ou no *rolo*. **2.** *adj. Náut.* Abicar uma embarcação num areal.

Enxuto *(In)*, *adj. fig.* Magro; seco de gordura (do lat. *exsuctu-*).

Equipação, *n.f.* Fato completo de homem, casaco, colete e calça (de *equipar* + *-ção*)[P].

Equipagem, (do fr. *equipage*) **1.** *n.f.* Nome que em Santa Maria se dá ao pessoal de governo do *Império*. **2.** *n.f. Bal.* O m.q. palamenta, falando do *bote baleeiro*[Sj].

Eral, *n.m. Taur.* Denominação do touro quando tem dois anos de idade (do cast. *eral*).

Eramá, *n.m.* Demónio; espírito mau[Sj]. Palavra antiga, quinhentista: *Ó Inferno! Eramá! / Hiu! Hiu!*[971].

Eras, *n.f. pl.* O m.q. tempo: – *Há que eras que a gente não se via!*

---

970 Raul Brandão – *As Ilhas Desconhecidas*.

971 Gil Vicente – *Auto da Barca do Inferno*.

Errada, *adj.* Diz-se da vaca que não apanhou boi (part. pas. fem. de *errar*)[SM].

Errar, *v.* Diz-se da vaca que não *apanha boi*[SM].

Erva-corra no rolo

Erva-corra *(ô), n.f. Bot.* Alga Rodophyta do género Porphyra, também conhecida por *erva-do-calhau, erva-patinha* e *musgo-do--mar* (*corra,* de correr, ao sabor da maré)[F]. Em algumas ilhas costuma-se guisá-la com arroz, o chamado *arroz de algas,* servido como acompanhamento de peixe frito.

Erva-da-casta, *n.f. Bot.* Nome vulgar da *Ornithopus sativus.*

Erva-das-escaldaduras, *n.f. Bot.* Nome vulgar da *Scrophularia canina,* considerada medicinal.

Erva-de-algodão, *n.f. Bot.* Nome que em S. Jorge se dá a uma planta trepadeira, uma espécie de sumaúma, trazida em 1908 da Califórnia, que se propagou intensamente e cujas sementes estão recobertas de uma espécie de algodão abundante, difícil de tecer e de fiar, que era aproveitado para encher colchões.

Erva-de-Nossa-Senhora, *n.f. Bot.* O m.q. *erva-santa* (*Anthoxanthum odoratum*).

Erva-leiteira, *n.f. Bot.* Nome vulgar da *Euphorbia azorica),* considerada medicinal.

Ervanço, *n.m.* Designação genérica para os cereais (de *erva* + *-anço*[972])[SM]. No Norte do país, dá-se este nome ao grão-de-bico, também lhe chamando 'gravanço', nome que também se dá naTerceira.

Erva-neve, *n.f. Bot.* Nome vulgar da *Calamintha baetica.*

Erva-rija, *n.f. Bot.* Nome que também se dá no Pico à *espadana* (*Phormium tenax*).

Erva-santa, *n.f. Bot.* Erva muito usada para perfumar a *massa-sovada* (*Anthoxanthum odoratum*): *[...] a casa cheirando de manhã à noite a massa-sovada e a erva santa [...]*[973].

Ervilhaca, *n.f. Bot.* Planta vascular *(Vicia sativa)* cujas sementes são, por tradição, postas a grelar no dia 8 de Dezembro para o presépio[SM].

Esbabacado, *adj.* O m.q. embasbacado (part. pas. de *esbabacar*)[P,T].

Esbabacar, *v.* O m.q. embasbacar (arc.)[T].

Esbagachado, *adj.* Mal vestido, deixando ver o peito e as roupas interiores; o m.q. *esbragalado*[SM].

Esbagoador, *n.m.* Utensílio que serve para esmagar as uvas (de *{esbagoar}* + *-dor*)[SM].

Esbagoar, (de *es-* + *bago* + *-ar*) **1.** *v.* Desperdiçar; esbagaçar; estragar[T]. **2.** *v.* Esmagar as uvas[SM].

Esbagotado, *adj.* Diz-se do cacho de uvas que apresenta muitos espaços sem uvas (corrupt. de *esbagoado*)[Fl].

Esbajar, *v.* Tirar a vagem – a *bage*[Fl].

Esbalançar, (de *es-* + *balança* + *-ar*) **1.** *v.* Balouçar com força; sacudir[SJ,T]. **2.** *v. fig.* Ficar na dúvida[T]: *– fiquei a esbalançar se o home já tinha pago ou não!*

Esbambalhar, *v.* Desarrumar; estragar (corrupt. e ext. de *esbambear*)[SM]: *– Além de nã saber cozinhar, esbambalha a cozinha toda!*

Esbandalhar, *v.* Trabalhar intensamente (de *es- bandalho* + *-ar*): *– Foi um tal esbandalhar serviço!*

---

[972] Suf. de difícil explicação, tv. ligado a *-ança.*

[973] Manuel Ferreira – *O Morro e o Gigante.*

Esbanejar, *v.* Enxaguar; passar a roupa por água limpa[Sj].

Esbarradouro, *n.m.* Deslizamento de terrenos devido a uma enxurrada (de *esbarrar* + *-douro*)[C].

Esbeirar, *v.* Desaguar, falando do telhado (de *es-* + *{beira}* + *-ar*)[T].

Esbenigado, *adj.* Esfrangalhado; rasgado aos bocados (part. pas. de *{esbenigar}*): *[...] dois desses lapareiros* (marraxos) *[...] 'estaçalharam' a rede [...] e deixaram os aparelhos todos esbenigados*[974].

Esbenigar, *v.* Esbandalhar; esfrangalhar; rasgar aos bocadinhos (corrupt. de *esbodegar*?)[Sj,SM,T]: *[...] olha que sou home para te esbenigar da cabeça aos pés*[975].

Esbichar, (de *es-* + *bicho* + *-ar*) **1.** *v.* Tirar o bicho, falando de fruta[Fl,Sj]. **2.** *v.* Limpar a maçaroca do milho dos grãos estragados – *esbichar o milho*[Fl,Sj].

Esborradeira, *n.f.* Selha larga e baixa onde são colocadas as borras do vinho (de *es-* + *borra* + *-deira*)[SM].

Esborradela, *n.f.* O m.q. *derrubamento*[T].

Esborralhada, *n.f.* O m.q. *derrubamento* (part. pas. fem. subst. de *esborralhar*)[T]: *[...] teve umas falas e coisa e tal a respeito dessa coisa da esborralhada*[976].

Esborralhar, (de *es-* + *borralho* + *-ar*) *v.* Termo muito usado antigamente quando se faziam os *derrubamentos*[T]: *[...] tu agora dizes aí pra baixo que conheces os homes que esborralho!*[977]. **2.** *v.* Fazer um trabalho imperfeito[SM].

Esborralheira, *n.f.* O m.q. *borralheira*[C].

Esbrabear, *v.* Retirar o pêlo ao porco no dia da matança (corrupt. de *barbear*)[T].

Esbragalado, *adj.* Mal vestido, p. ex., com a fralda da camisa saída (corrupt. de *esbraguilhado*).

[974] Luís Bernardo Leite de Ataíde – *Etnografia Arte e Vida Antiga dos Açores.*

[975] Cristóvão de Aguiar – *Raiz Comovida.*

[976] J. H. Borges Martins – *A Justiça da Noite na Ilha Terceira.*

[977] J. H. Borges Martins – *A Justiça da Noite na Ilha Terceira.*

Esburgado, (part. pas. de *esburgar*) **1.** *adj.* Diz-se do bebé gordo e de boas cores[F]. No Cont. tem um significado completamente oposto, onde 'esburgado' significa estar sem carnes, descarnado, muito magro. **2.** *adj.* Diz-se do chão bem limpo[C].

Escabaçado, *adj.* Destruído; todo partido; o m.q. *descabaçado* (corrupt. de *descabeçado*)[T]: – *Ora a alembrança da menina! Fazer pouco de um home [...] Um velho cos dentes escabaçados! [...]*[978].

Escabeçar, *v.* O m.q. *descabeçar*; cortar a bandeira aos milheiros (de *es-* + *cabeça* + *-ar*)[T].

Escabelado, *adj.* Bem nutrido; *perfeito*; de rico aspecto (part. pas. de *escabelar*)[T]. *Moça perfeita escabelada*: rapariga fresca, simpática[T].

Escabrejar, *v.* Vadiar (de *es-* + *cabrejar*)[Sj].

Escachar, *v.* O m.q. esmagar (do lat. *exquassāre*, de *ex*, para fora, + *quassare*, quebrar)[T].

Escadear, *v.* Podar mal uma árvore; partir os ramos de uma árvore (ext. de *escadear*)[SM].

Escadeirado, *adj.* Com dores nas *cadeiras* (part. pas. de *escadeirar*)[P].

Escaecer, *v.* Esquecer, sua f. arcaica[T]. No *Cancioneiro de El-Rei D. Dinis*, pela primeira vez impresso em Paris em 1847, vem escrito: *E quisesse Deus que me escaecesse.*

Escaecimento, *n.m.* Esquecimento[T]: – *Foi um escaecimento da inha parte nã ter dado os parabéns à menina.*

Escafe, *n.m. Bal.* Corte no toucinho do cachalote para iniciar a sua extracção (do am. *scarf*).

Escalão, *n.m.* Armação grande de madeira para pendurar o milho em cambulhões (de *escala* + *-ão*)[T].

Escalavrado, *adj.* Diz-se do tempo mau (ext. de *escalavrado*)[SM].

Escaldada, (part. pas. fem. subst. de *escaldar*) **1.** *n.f.* Variedade de pão feito com farinha de milho em água a ferver (*escaldar* a farinha, daí o nome)[F]. **2.** *n.f.* Variedade de

[978] Vitorino Nemésio – *Mau Tempo no Canal.*

pão adubado das festas do Espírito Santo, também chamado *brindeiro*[StM].

Escaldar, *v.* Bater; magoar (ext. de *escaldar*): – *Se tornas a fzer isso, escaldo-te todo!*

Escaleira, *n.f.* Nome que se dá às pedras salientes das paredes das propriedades agrícolas, que assim são postas para mais facilmente se subi-las (do lat. *scalarĭa*, escada, pelo cast. *escalera*, idem)[T].

Escalfinado, *adj.* Escanzelado; esgaivotado[Sj].

Escalhandrado, *adj.* Deformado fisicamente pela idade ou por doença (de *es-* + *calhandro* + *-ado*)[SM].

Escalho, *n.m. Bal.* Arcaboiço da *baleia* ou de outro mamífero marinho depois de retirado todo o tecido adiposo, ficando apenas com a carne e os ossos[Fl,P]. Nas ilhas em que não era possivel os seu aproveitamento, era rebocado para longe da terra e aí afundado.

Escalvado, *n.m.* Lugar ermo e desamparado (part. pas. subst. de *escalvar*)[T].

Escamado, (part. pas. de *escamar*) **1.** *adj.* Exaltado; zangado; o m.q. *arrepiado*: – *O home 'tava escamado com'ũa barata!* **2.** *adj.* Diz-se do tempo quando está agreste, mau[Sj].

Escamar, *v. fig.* Refilar (do lat. *squamāre*).

Escamartilhão, *n.m. deprec.* Mulher gorda e malfeita[T].

Escambulhar terra, *exp.* O m.q. cavar terra[Fl]. Exp. utilizada para designar o acto de cavar os lugares onde não pode chegar o arado.

Escancro, *n.m.* Diabo[Sj]. Var.: *Escancre*.

Escandelecer, *v.* Dormitar; passar 'pelas brasas' (corrupt. e ext. de *escandecer*)[C,SM].

Escândula, *n.f.* Insulto; ofensa (corrupt. de *escândalo*)[Sj,T]: *[...] eu nân tenho a mais pequena escândula daquele hóme*[979].

Escangalhar-se a rir, *exp.* Rir perdidamente: *Encostados ao portão, os quatro escangalharam-se a rir com a figura do presidente*[980].

[979] Augusto Gomes – *Cozinha Tradicional da Ilha Terceira* (Falas da Tia Gertrudes).

[980] Carlos Enes – *Terra do Bravo.*

Escanicado, *adj.* Diz-se do osso sem carne nenhuma (part. pas. de *{escanicar}*)[F].

Escanicar, *v.* Retirar completamente toda a carne de um osso (corrupt. de *escarnar*)[F].

Escantilhão, *n.m.* Borbotão; jacto impetuoso; jorro[P].

Escaparate, *n.m.* Mesa de cabeceira (do cast. *escaparate*)[SM,T].

Escapatear, *v.* Afugentar (de *escapar* x *patear*)[Sj].

Escarcalhar, **1.** *v.t.* Desfazer; partir aos bocados. **2.** *v. pron.* desfazer-se: *Escarcalhar-se com riso*, por exemplo: *[...] ementes outros muitos, ao de-redor, se escarcalhavam a rir dos enganos do jogo*[981].

Escardeado, *adj.* O m.q. sardento (part. pas. de *escardear*, sua ext.)[T].

Escardear, (de *es-* + cardo + -ar) **1.** *v.* Levantar o tempo, branquear[T]. **2.** *v.* Germinar mal, falando das sementes.

Escarduça, *n.f.* Leve cornada do touro nas *touradas à corda* (deriv. regr. e ext. de *escarduçar*)[T].

Escarduçar, *v.* Espiolhar (ext. de *escarduçar*)[T].

Escarépio, 1. *n.m.* Animal fraco[C]. **2.** *n.m.* Pessoa de mau carácter[C].

Escarne, *n.f.* O m.q. escárnio: *[...] o marido estava sempre com um dentinho de escarne*[982].
<u>Nota</u>: Grafia de escárnio no sXIII = *escarno*.

Escarnento, *adj.* O m.q. escarnecedor; trocista (de *{escarne}* + *-ento*): *Por fim, foi-me dizendo, mais calma, mas sempre com aquele arzinho escarnento dos Reises*[983].

Escarnicar, (de *es-* + *carne* + *-icar*) **1.** *v.* Limpar, retirando todas as impurezas[SM]; o m.q. *escanicar*: *[...] que, na véspera, a tinham escarnicado, isto é, limpo e preparado convenientemente*[984]. **2.** *v. fig.* Investigar um assunto em pormenor (ext. de *{escarnicar}*)[SM].

[981] João Ilhéu – *Gente do Monte.*

[982] J. H. Borges Martins – *Crenças Populares da Ilha Terceira II.*

[983] Cristóvão de Aguiar – *Marilha.*

[984] Luís Bernardo Leite de Ataíde – *Etnografia Arte e Vida Antiga dos Açores.*

Escarolar, *v.* Reduzir a fragmentos; o m.q. estraçoar (de *es- carolo + -ar*). O Dicionário da Academia regista-o com este significado como açorianismo.
Escarolar-se a rir, *exp.* Rir desmesuradamente: *Ti Jerónimo escarolou-se a rir com as peripécias do amigo*[985].
Escarreirador, *n.m.* O m.q. *esfigote* (de *es- + carreira + -dor*)[Fl].
Escarrilhado, *v.* Muito magro; magro e com rugas como o *carrilho* (de *es- + {carrilho} + -ado*, ou part. pas. de *{escarrilhar}*, sua ext.)[SM].
Escarrilhar, *v.* Esbagoar a maçaroca (de *es- + {carrilho} + -ar*)[SM].
Escasca, *n.f.* Acto de retirar a casca da maçaroca do milho (deriv. regr. de *{escascar}*)[Sj].
Escascar, *v.* O m.q. descascar (de *es- + casca + -ar*)[F,Sj,T].
Escatopiado, *adj.* Vexado; zangado (part. pas. de *{escatopiar}*)[P].
Escatopiar, *v.* Exasperar; troçar[P].

Escau

Escau, *n.m.* Pequeno barco movido a remos e de fundo chato (de *escaler*?)[F].
Esclamocado, *adj.* Esfolado; magoado[Sj].
Esclareado, *adj.* Desmemoriado (part. pas. de *{esclarear}*, sua ext.).
Esclarear, *v.* Clarear, falando do tempo (de *es- + clarear*)[Fl,T]: *[...] estavam umas raparigas à espera que esclareasse mais para começarem a lavar roupa*[986].
Escoada, *adj.* Diz-se da baixa-mar muito baixa[F].
Escoicinhento, *adj.* Diz-se do tempo ventoso (de *escoicinhar + -ento*)[SM].
Escoimado, (part. pas. de *escoimar*) **1.** *adj.* Gordo; *perfeito*[T]. **2.** *adj.* Muito limpo[SM]. Var.: *Escoumado*[C].
Escoimar, *v.* Limpar muito bem (de *es- + coima + -ar*)[SM].
Escolar, *n.m.* Peixe do fundo, da famíla dos Escômbridas, cientificamente denominado *Ruvetus pretiosus*, no Cont. também chamado 'peixe-escolar'.
Escolateira, *n.f.* Carro velho[Sj]. No Alentejo dão-lhe um nome que soa de maneira muito semelhante, 'chocolateira', sendo *escolateira* certamente sua corruptela.
Escolha, (deriv. regr. de *escolher*) **1.** *n.f.* Acção de separar as pedras misturadas no barro[T]. **2.** *n.f.* Acção de separar as uvas verdes das maduras, por ocasião da vindima[SM].
Escomilha, *n.f.* Variedade de biscoito feito na Graciosa e na Terceira feito com miolo do amêndoa, claras de ovos e açúcar.
Escopação, *n.f.* Vestimenta; vestuário: *[...] uns proves pescadores comà gente... sem levar ũa bũa escopação vistida...!*[987].
Escorar-se, *v. refl. fig* Apoiar-se; firmar-se; prevenir-se (de *escora + -ar*): – *Escora-te aí que te vou dar uma má notícia!*
Escorar-se nos pés de trás, *exp.* Estar preparado para uma situação dificultosa[T]: *Ângela, escora-te nos pés de trás, / Abre os olhos com este menino; / Faz frente a esse rapaz / E torce-lhe bem o pepino*[988].
Escorçoado, *adj.* Desanimado; triste (corrupt. de *descorçoado*)[F,Fl].
Escoriscar, *v.* Excomungar; praguejar (de *es- + {corisco} + -ar*)[StM].
Escornado, *adj.* Diz-se do gado com um só corno (corrupt. de *descornado*)[T].

---

985 Carlos Enes – *Terra do Bravo*.
986 J. H. Borges Martins – *Crenças Populares da Ilha Terceira I*.
987 Vitorino Nemésio – *Mau Tempo no Canal*.
988 Da dança de pandeiro *A Força das Sogras*, de Hélio Costa.

Escorralha, *n.f.* A mó fixa das azenhas (de *escorrer* + *-alha*)[SM].
Escorredouro de torresmos, *n.m.* Utensílio de barro composto por uma vasilha de capacidade variável, onde entra outra com o feitio de um prato fundo, com furos na base para que a banha possa escorrer para o depósito[StM].
Escorrido, *adj.* Diz-se do cabelo muito liso[StM].
Escortejar, *v.* Diz-se em relação à massa crua de pão de milho, quando começa a abrir, a arrugar (de *es-* + *corte* + *-ejar*)[Fl].
Escotinho, 1. *n.m.* O m.q. *pessoa de arca aberta*[T]. **2.** *n.m.* Criança que chora no ventre materno[T].
Escramocado, *adj.* O m.q. *escalavrado*.
Escranfungir, *v.* Choramingar; retrair-se (relativo a crianças)[Sj].
Escravatura branca, *exp.* Nome que por alguns era dado aos emigrantes clandestinos que embarcavam *de salto* para a América.
Escravelha, *n.f.* O m.q. cravelha (de *es-* + *cravelha*)[Sj].

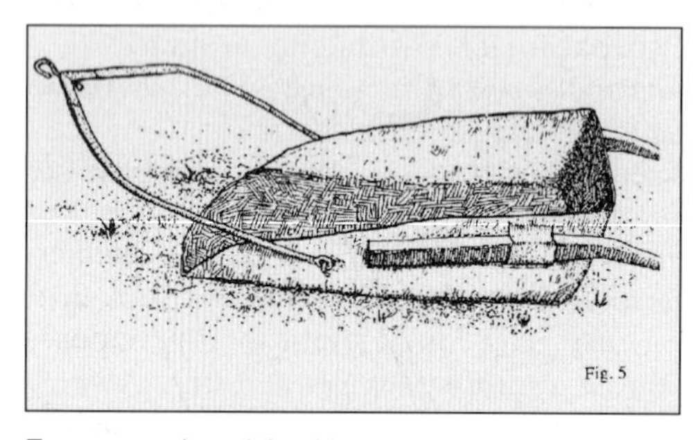

Escrepa ou botadeira (desenho de F. Sousa Lobo)

Escrepa, *n.f.* Pá de ferro destinada a mover a terra das zonas mais baixas para as mais altas (do am. *scraper*); o m.q. *botadeira*.
Escrepar, *v.* Trabalhar com a *escrepa* (de *{escrepa}* + *-ar*).
Escrima, *n.f. Bal.* Recipiente que servia para retirar os torresmos do toucinho que derretia nos potes ou caldeiros, para escoar o óleo (do Am *skimmer*).
Escrimar, *v.* O m.q. desnatar (infl. do am. *to cream*)[Sj].
Escrínio, *n.m.* Ecrã; tela do cinema (do am. *screen*).
Escudo forte, *n.m.* O m.q. 1$00, em meados do séc. XX[SM]. Também lhe chamavam *pataca*.
Escudo fraco, *n.m.* Nome dado à moeda de 80 centavos, em meados do séc. XX[SM]. *Meio escudo fraco* era 40 centavos.
Escuete, *n.m. Náut.* Amostra de pesca com penas brancas destinada à pesca da albacora e do bonito, feita de 'salto e vara' (do cast. *escuete*).
Escuitar, *v.* Escutar, sua f. arcaica[T]. Esta forma também ainda se usa na linguagem da Galiza.
Escumado, (part. pas. de *{escumar}*) **1.** *adj.* Diz-se do leite fervido e com muita escuma. **2.** *adj. Bal.* O m.q. coado, falando do óleo de cachalote[P].
Escumar, (de *escuma* + *-ar*) **1.** *v.* Aquecer o leite em lume brando até fazer escuma. **2.** *v. Bal.* Coar o óleo do cachalote (ext. de *escumar*)[P].
Escumaredo, *n.m.* Muita escuma (de *escuma* + *-aredo*)[T].
Escupidela, *n.f.* Cuspidela, sua corrupt. por prót. e metátese.
Escupir, *v.* O m.q. cuspir. Usada popularmente um pouco por todo o país.
Escupo, *n.m.* Cuspo, sua corruptela por prótese e metátese[F].
Escusar, *v.* Desocupar; vagar[Sj]: – *É preciso escusar essa sala pra se poder varrê-la im condições*.
Escuto, (deriv. regr. de *escutar*) **1.** *n.m.* Ouvido: *Segredou ao escuto da mãe....* **2.** *n.m.* Segredo[SM]: – *Vou-te dezê um escuto mas nã podes dezê a ninguém!*
Esdé, *n.p.* Uma das corrupt. de *José*[P].
Esfaimado, *adj.* Esfomeado (part. pas. de *esfaimar*)[F].
Esfaimar, *v.* Causar fome; o m.q. esfomear (de *fame*, f. ant. de fome – *es-* + *fame* + *-ar*).
Esfaiscado, *adj.* O m.q. *enfaiscado* (part. pas. de *{esfaiscar}*)[SM].

Esfaiscar, *v.* O m.q. *enfaiscar*[SM].
Esfalfação, *n.f.* Cansaço, proveniente do trabalho ou de muito andar[T]; o m.q. esfalfamento (de *esfalfar* + *-ção): [...] eu tenho hoje uma esfalfação que não posso mexer comigo!*[989].
Esfalfadela, *n.f.* O m.q. *esfalfação* (de *esfalfar* + *-dela*)[T].
Esfalgado, *adj.* Avarento; diz-se tb. daquele que não há nada que o satisfaça[F,Fl].
Esfatacar, *v.* Cortar com uma faca de maneira violenta; esfaquear; estraçalhar; o m.q. esfatachar.
Esfardelar, *v.* Falar mal de outrem[Sj].
Esfenicado, *adj.* Magricela[T]. Cp.: O Dic. de Sinónimos da Porto Editora (2.ª Ed.) regista 'enfunecado' com significado semelhante.
Esferovite, *n.f.* Caneta de feltro[P].
Esferventado, *adj.* Violento; diz-se do que 'ferve' em pouca água[SM].
Esfigote, *n.m.* Utensílio que consta de um ferro aguçado na ponta e encabado em madeira que serve para retirar da maçaroca o primeiro carreiro de grãos, para depois se debulhar o resto à mão[SM]: *Estava eu sentada no balcão, num capacho, debulhando milho com o esfigote [...]*[990]. No Corvo é chamado *fura* e *furador*, no Faial *escarreirador*.
Esfola-bois, *n.m.* Vento que sopra do quadrante Norte[Fl].
Esfola-vacas, *n.m.* Vento nordeste. Tem esta denominação por muitas vezes matar as vacas, só se lhes aproveitando a pele[F,Fl,P,T]: *A tarde, adiantada, já com o vento a rondar para o esfola-vacas, arrefecera bastante*[991]. Também chamado *mata-vacas*. O vento nordeste não é muito querido, como mostra o provérbio de em S. Miguel: *Do Nordeste / nem o vento presta.*
Esfolha, *n.f.* O m.q. desfolha (deriv. regr. de *esfolhar*)[Sj].

[989] J. H. Borges Martins – *Crenças Populares da Ilha Terceira I.*
[990] Cristóvão de Aguiar – *Um Grito em Chamas.*
[991] Dias de Melo – *Pedras Negras.*

Esforcejar, *v.* Esforçar, diligenciar (de *es-* + *forcejar*): *Bem se tem esforcejado o pai dela*[992].
Esforquilhar, *v.* Limpar o forno (de *es-* + *forquilha* + *-ar*)[T].
Esfraitear, (do am. *to fight*) **1.** *v.* Lutar; brigar[F]: *Deixá-los esfraitear pr'aí*[993]. **2.** *v.* Correr; pular, descuidada e alegremente[P].
Esfregado, *adj.* O m.q. amarrotado (part. pas. de *{esfregar}*)[F].
Esfregadura, *n.f.* Restos da massa destinada a fazer pão, que se aproveita para fazer pequenos biscoitos geralmente para dar às crianças, os chamados *biscoitos de esfregadura,* na Terceira chamados *esfregalhos* e nas Flores *bolas da rapadura* (de *esfregar* + *-dura*).
Esfregalho, (de *esfregar* + *-alho*) **1.** *n.m.* Pequeno bolo feito com os restos da massa do pão, a que se adiciona um pouco de banha ou manteiga e açúcar, quase sempre destinado às crianças. **2.** *n.m. fig.* Mulher com passado duvidoso[T].
Esfregar, *v.* O m.q. amarrotar[F].
Esfregote, *n.m.* O m.q. *esfregalho* 1 (de *esfregar* + *-ote*)[T].
Esfreguilhão, *n.m.* Salto violento, resultado de um susto[SM].
Esfregulhadeira, *n.f.* Mulher curiosa (de *{esfregulhar}* + *-deira*)[SM].
Esfregulhar, (metát. e ext. de *esfergulhar*) **1.** *v.* Procurar, mexendo em tudo[F,Sj]. **2.** *v. fig.* Procurar saber todos os pormenores de um assunto[SM].
Esfregulho, *n.m.* Pessoa muito activa (deriv. regr. de *{esfregulhar}*)[T].
Esgaçar, *v.* Fazer um trabalho difícil; penetrar com violência, rasgando (de *esgarçar*). *Toca a esgaçar!* é saudação frequente na Terceira e significa 'toca a trabalhar'.
Esgadelhar-se, *v. fig.* Lamentar-se (de *es-* + *gadelha* – *ar*)[T].

[992] Cristóvão de Aguiar – *Um Grito em Chamas.*
[993] P.e Nunes da Rosa – *Pastorais do Mosteiro.*

Esgaitear, *v.* O m.q. *gaitear*; divertir-se (de *es-* + *gaitear*)[F].
Esgaivotada, *adj.* Diz-se da adolescente que apresenta um pescoço comprido (de *es-* + *gaivota* + *-ada*)[T].
Esgaivotado, *adj.* Esfomeado; esganado (de *es-* + *gaivota* + *-ado*).
Esgalgado, *adj.* Avarento (part. pas. de *esgalgar* – de *galgo*)[T].
Esgalha, *n.f.* O m.q. desfolha, falando do milho (deriv. regr. de *esgalhar*)[SM].
Esgalhar folha, *exp.* Tirar a folha ao milheiro; o m.q. *esgalhar milho*[SM].
Esgalhar milho, *exp.* Descamisar o milho; o m.q. *esgalhar folha*[SM].
Esgalho, *n.m.* Trabalho árduo, difícil de executar (deriv. regr. e ext. de *esgalhar*)[SM].
Esgalrear, *v.* Andar constantemente fora de casa, falando geralmente das mulheres (de *es-* + *galrear*)[T].
Esgamoer, *v.* Atormentar; fazer sofrer (de *es-* + <*-ga-*> + *moer*)[SM]: – *Aquele laparoso consola-se a fazer esgamoer os outros, só 'tá contente quando os vê a cramar!*
Esganifado, *adj.* Presumido (corrupt. e ext. de *esganiçado*)[SM].
Esgaravatadeiro, *adj.* Diz-se do indivíduo muito trabalhador (de *esgaravatar* + *-deiro*)[SM].
Esgazeado *(zi)*, (part. pas. de *esgazear*) **1.** *adj.* Amalucado; alevantado do juízo[F]. **2.** *adj.* Diz-se do céu limpo, sem nuvens[C].
Esgoma, *n.f.* Espuma (corrupt. de *escuma*)[SM]: – *Tanta esgoma naquele mar!* Var.: *Esgomada*[T].
Esgomada, *n.f.* O m.q. *esgoma* (de *{esgoma}* + *-ada*)[T].
Esgrumar, *v.* Apertar; esmagar (de *es-* + *grumo* + *-ar*)[Sj]. Usado na Galiza com o mesmo significado.
Esmagalar, *v.* Esmagar; esmagachar[Fl]: – *Antigamente a gente esmagalava a uva era c'os pés…*
Esmagalhar, *v.* Desfazer; despedaçar (corrupt. de *esmigalhar*)[F,Fl].
Esmaiado, *adj.* O m.q. desmaiado (part. pas. de *esmaiar*). Do 'Romance' *Rosa e João*, transcreve-se: *Esmaiada então ficou, / quase morta, sem vida*[994].
Esmaiar, *v.* O m.q. desmaiar (do lat. *exmagāre*, perder as forças, pelo provençal *esmaiar*).
Esmaio, *n.m.* Desmaio, sua f. antiga[T].
Esmalmação, (de *esmalmar* + *-ção*) **1.** *n.f.* Cansaço; fadiga; preguiça. **2.** *n.f.* Tempo quente e sereno; calmaria[T].
Esmalmado, (part. pas. de *{esmalmar}*) **1.** *adj.* Cansado; encalmado; falto de alma[SM]: *[…] caía um marmaço de deixar uma criatura esmalmada*[995]. **2.** *adj.* Diz-se do tempo quente e húmido[SM].
Esmalmar, *v.* Abafar com calor; cansar (de *es-* + <*-m-*> + *alma* + *-ar*)[T].
Esmandringado, *adj.* Mole; de fraca consistência[Sj].
Esmichar, *v.* Espremer[Sj,T].
Esmoer, (de *es-* + *moer*) **1.** *v.* Desfazer[Fl]. **2.** *v. fig.* Fazer a digestão[F].
Esmola, *n.f.* Também chamada *pensão*, é a oferta dada por ocasião das festas do Espírito Santo (do lat. *eleēmosyna*). *Esmolas-de-mesa*: refeição confeccionada. *Esmolas-de-porta*: distribuição pelas portas de pão, vinho e carne crua.
Esmola-branca, *n.f.* Esmola que o povo julga melhor aceite para sufragar uma alma – produtos alimentares de cor branca: pão, ovos, açúcar, leite, etc.[Fl,SM,T].
Esmola da fava, *n.f.* Nome antigamente dado a um peditório feito pela *Folia* do Espírito Santo nas casas das freguesias, no mês de Julho, recolhendo cereais e outros géneros destinados à arrematação da festa do Espírito Santo[SM].
Esmola-perdida, *n.f.* Esmola em favor de S. Luís. Era da tradição pôr um pão à porta para ser recolhido pela primeira pessoa que passasse[SM]. Em S. Miguel dava-se o nome de *capiadas de S. Luís* a pequenos pães feitos com a última massa

---
[994] Manuel da Costa Fontes – *Romanceiro da Ilha de S. Jorge*.
[995] Cristóvão de Aguiar – *Raiz Comovida*.

do pão de milho, que se utilizavam para esse fim. Isto era feito quando se havia recuperado um objecto perdido, depois de ter-se apelado para a intercessão daquele santo, daí a adjectivação do nome.

Esmoleimado, *adj.* Molengão; o m.q. *esmalmado*[T].

Esmorratar, *v.* Diz-se do tempo quando passa de chuvoso a céu limpo.

Esmorroar, *v.* Emurchecer a flor, falando da planta do ananás[SM].

Esmurro, *n.m.* O m.q. morrão[StM].

Desnatadeiras no Museu das Flores[996]

Esnatadeira, *n.f.* Desnatadeira, posto da fábrica de lacticínios onde é desnatado o leite[Fl].

Esnatar, *v.* Desnatar, sua corruptela por aférese[Fl].

Espadaçado, *adj.* Despedaçado (corrupt. de *espedaçado*).

Espadaçar, *v.* Despedaçar; espatifar (corrupt. de *espedaçar*)[F,P,T]: *Quando o agarrou a jeito, deu-lhe uma pancada e espadaçou-lhe a cara*[997].

Espadado, *adj.* Cansado; derreado; o m.q. *despadado*[SM] (de *espaduar* + *-ado* com corruptela por síncope).

Espadana, *n.f. Bot.* Nome vulgar da *Phormium tenax*:[F,T]: *[...] sobraçando as malhetas amarradas a espadana*[998]. Em S. Miguel também lhe dão o nome de *atadeira, folha-de-linho, linho-russo, tabua* e *tabuga*. Com *espadana* são feitos *esteiras* e capachos. É originária da Nova Zelândia e propagou-se muito nos Açores, antigamente utilizada na produção de fibra destinada ao fabrico de panos, cabos e redes de pescar, tal como acontecia no seu país de origem[999].

Espadilhar, *v.* Enfurecer-se; zangar-se (de *espadilha* + *-ar*).

Espadim-branco, *n.m.* Espécie de espadarte, atingindo menor porte do que o *Xiphias gladius*, cientificamente denominado *Tetrapturus albidus*.

Espaireçoso, (de *espairecer* + *-oso*) **1.** *adj.* Alegre; bem parecido[SM,T]. **2.** *adj.* Com boa vista[F]: *Uma janela espaireçosa.*

Espalamaca, 1. *n.f.* Nome de lancha de transporte de passageiros entre o Faial e o Pico, construída nesta Ilha em 1920, com cerca de 17 metros de comprimento e capacidade para 100 passageiros. Ficou célebre também pelo facto de, na crise sísmica de Fevereiro de 1964 que afectou a parte oeste de S. Jorge, ter sido a primeira embarcação a chegar à Ilha e, apesar do mar grosso, conseguir fazer-se ao cais das Velas para transportar algumas pessoas para a Horta. **2.** *n.f. Top.* A *Ponta da Espalamaca* fica no Faial perto da Horta. Nota: *Espalamaca* é um termo de origem flamenga[1000], "spaldemaker", que quer dizer ponta aguda.

Espalmacete, *n.m.* O m.q. cachalote (corrupt. de *espermacete*)[F].

Espalmo, *n.m.* O m.q. *esparto*.

---

996 Foto de Pierluigi Bragaglia.

997 J. H. Borges Martins – *A Justiça da Noite na Ilha Terceira.*

998 João Ilhéu – *Gente do Monte.*

999 Em 1930 existiam, só em S. Miguel, sete fábricas de desfibração de espadana.

1000 Recorde-se que na segunda metade do séc. XV, trazidos por Josse van Huerter, sogro do famoso Martinho da Boémia, donatário do Pico o do Faial, derivaram para os Açores, segundo alguns autores, nomeadamente Martim Behaim, cerca de 2000 flamengos, número que é, com alguma razão, contestado por outros.

Espanhol, *n.m.* No Faial chamam *espanhol* ao amola-tesouras. Na Terceira dão o mesmo nome a um indivíduo fanfarrão[1001].

Espanque, *n.m.* Altivez; iniciativa[Sj].

Espantação, *n.f.* Admiração; espanto (de *espantar* + -*ção*): *Que espantação poderia pois causar que Severina estivesse de tal forma aturdida e perturbada...?*[1002].

Esparanhar, (de *es-* + *paranho* + *-ar*) **1.** *v.* Limpar as teias de aranha[SM]. **2.** *v.* Limpar[SM]: – *Tenho a casa toda por esparanhar!*

Esparramar-se, *v. refl.* Espalhar-se; estatelar-se (de *esparralhar*, por infl. de *derramar*)[F].

Esparrame, *n.m.* Acto de esparralhar; desarrumação (deriv. regr. de *{esparramar}*); m.q. *parrame*[SM].

Esparrapachado, (de *esparramar* x *despachado*) **1.** *adj.* Esborrachado; esmagado[Sj]. **2.** *adj. fig.* Estendido indolentemente[F].

Esparrel, *n.m.* O m.q. *esparrela*[Fl].

Esparrela, *n.m. Bal.* Remo grande, maior do que os restantes, que o oficial das canoas baleeiras se servia como leme, para mais rápido governo do bote, na altura de arpoar o cachalote: *Toma, logo, em seguida, a esparrela e governa para junto da baleia*[1003].

Esparto. 1. *n.m. Bal.* Bufo dos cetáceos (do am. *spout*). **2.** *n.m.* O m.q. tétano.

Esparvoado, *adj.* Alienado; aparvalhado; espantado; tonto; (part. pas. *{esparvoar}*)[T]: *[...] uma pessoa sempre distrai, pra nãn estar sempre práqui esparvoada a magicar em coisas tristes*[1004].

Esparvoar, *v.* Admirar; pasmar (corrupt. de *esparvar*)[T].

Espé, *n.f. Bal.* O m.q. *chipeiro* e *cepeiro*[P]: *[...] enterrava a espé, cortava, rasgava, esfacelava*[1005].

Espécie, 1. *n.f.* Confusão. Meter espécie é causar dúvida, dar que pensar: *Ao barão, o que lhe metia uma certa confusão (espécie, dizia ele) [...]*[1006]. **2.** *n.f.* Pequeno bolo, em forma de ferradura, exclusivo da Ilha de S. Jorge, que se faz não só por altura destas festas como por todas as festas particulares e públicas. Também há quem lhe chame *bicho doce*[1007].

Especione, *n.m.* Pequeno bolo feito à base de farinha, açúcar e amêndoa pisada, perfumado com canela e raspa de limão (do it. *spezione*)[T].

Espedida, *n.f.* O m.q. despedida (part. pas. fem. subst. de *espedir*)[F,Fl,Sj]: Quadra das Flores: *Espedida, espedida, / Espedida em latim, / Quem terá boca que diga / Adeus, a Deus Serafim.*

Espedir, *v.* Despedir, sua f. arcaica. Do 'Romance' *A Pastorinha*, recolhido em 1977 por costa Fontes: – *Vou-me espedir do meu gado, / dos ares do meu país, / para ir acompanhar / a quem me faz tão feliz.*

Espedrejar, *v. Náut.* Atirar pedras ao peixe para que vá malhar na rede (de *es-* + *pedra* + *-ejar*)[Sj,T].

Espeide, *n.m.* O m.q. *chipeiro* [P].

Espeiro, *n.m.* O m.q. *chipeiro*[StM].

Espelha, O m.q. *chipeiro*[Sj,T].

Espelho, 1. *n.m.* Nome que também se dá à abertura redonda do tampo da viola da Terceira. **2.** *n.m.* Variedade de ponto usado pelas tecedeiras[T]. **3.** *n.m.* Algo que se não pode explicar; o m.q. mistério[Sj].

Espera, *n.f.* Nome que antigamente se dava na Terceira ao acto de esperar os touros: *É o que se chama «a espera», em que se aguarda em pontos convenientes a pas-*

[1001] A Terceira esteve ocupada pelos Espanhóis durante 57 anos (1583-1640). Terá relação com isso, pela natural aversão àquela gente, dado esta Ilha ter sido o último reduto do país a render-se às forças espanholas.

[1002] Cristóvão de Aguiar – *Um Grito em Chamas.*

[1003] Luís Bernardo Leite de Ataíde – *Etnografia Arte e Vida Antiga dos Açores.*

[1004] Augusto Gomes – *Cozinha Tradicional da Ilha Terceira* (Falas da Tia Gertrudes).

[1005] Dias de Melo – *Pedras Negras.*

[1006] Vitorino Nemésio – *Mau Tempo no Canal.*

[1007] Tem este nome porque o seu recheio é enrolado em forma de rolinhos a que chamam *bichos.*

sagem dos touros para se acompanhar a manada até ao touril[1008].

Espera-maridos, *n.m.* Variedade de doce de colher de feito com ovos, açúcar e canela[StM].

Esperança, n.f. Variedade de bolo pequeno de S. Miguel que leva amêndoa ralada.

Espermacete, *n.m. Bal.* Óleo esbranquiçado que se extraía em grandes quantidades (vários barris) da cabeça dos cachalotes e que era empregado como lubrificante de instrumentos de precisão, no fabrico de velas de iluminação, de sabões, na cosmética, etc. Foi também muito usado na medicina popular como cicatrizante, com efeito terapêutico provavelmente devido à sua riqueza em retinol (vitamina A de origem animal). O seu nome veio do facto de antigamente se julgar tratar-se de esperma de cetáceos: *Quanto ao espermacete (sperma da baleia), é produzido pelo cachalote*[1009]. Julga-se que serve, com a mudança de estado líquido para sólido e vice-versa, para facilitar os profundos mergulhos destes animais, às vezes a mais de 3 000 metros de profundidade[1010].

Espernegadas, *adj.* Diz-se das couves que são cozidas em água e sal sem outro tempero – as *couves espernegadas*[T].

Espertina, *adj.* Vespertina, em relação à missa[Fl].

Esperto, *adj.* De doa saúde[SM,T]. Também se diz *espertinho: – O senhor está espertinho?* –, como saudação habitual.

Esperto como um rateiro, *exp.* Extremamente esperto[F].

Espeto, *n.m.* O m.q. *estrepe*[C,F].

Espia de proa, *n.f. Bal.* Nome que se dava aos vários metros de *linha* que se dispunha no leito da proa do *bote baleeiro* para a folga necessária ao arpoamento.

[1008] João Ilhéu – *Notas Etnográficas.*
[1009] Pedro L. N. Chernoviz – *Diccionario de Medicina Popular.*
[1010] N. Farinha e F. Correia – *Cetáceos dos Açores.*

Espichar, (de *espicho* + *-ar*) **1.** *v.t.* Salientar. **2.** *v. pron.* Debruçar-se demasiado pelas janelas ou muros[T]. **3.** *v. fig.* Morrer[T]. **4.** *v.* Diz-se do peixe de fundo quando chega a cima de água com os olhos esbugalhados, saídos para fora, devido à grande diferença de pressão[Fl].

Espicho, (do lat. *spicŭlu-*, dardo) **1.** *n.m.* Bocado de cana com cerca de um palmo e meio, onde, se enrolavam, em sentido vertical, tiras de pano para o tear. Também lhe chamavam *passarico. n.m.* **2.** Elogio desmedido. **3.** *n.m. fig.* Pessoa alta e magra[T].

Espiga, 1. *n.f.* Parte proximal do ferro do *bicheiro*, aguçada e dobrada a 90 graus para se cravar no cabo[T]. **2.** *n.f.* O m.q. *espigo*[SM]. **3.** Bandeira do milho; pendão[F,Fl,P,Sj,SM,T]. **4.** *n.f. fig.* Estopada; maçada.

Antigo moinho de vento em S. Jorge

Espigão, (de *espiga* + *-ão*) **1.** *n.m.* Pedaço de madeira guarnecido de ferro, a meio do pegão do moinho de vento, que permite o encaixe da parte superior do moinho. **2.** *n.m.* Trave fina que liga, no tecto, os cantos da casa às pernas de asnas[Fl].

Espigo, *n.m.* Borbulha da acne; o m.q. *espiga* e *espinha* (do lat. *spicu-*, ponta de ferramenta).

Espigo-de-Cedro, *n.m. Bot.* Planta semi--parasita *(Arceuthobium azoricum)*, endémica dos Açores, apenas presente no Faial, Pico, S. Jorge e Terceira[1011], que só cresce sobre o *Cedro-do-mato (Juniperus brevifolia)*, não parecendo prejudicá-lo.

Espigueiro, *n.m.* O m.q. *garnel* (de *espiga* + *-eiro*)[SM].

Espingarda, *n.f. pej.* Nome dado a mulher autoritária; o m.q. *canhão*: *[...] existiam mulheres que não se coibiam de mandar mais do que os esposos [...], conhecidas por "espingardas" e "canhões"*[1012].

Espinha, *n.f.* Borbulha da acne; o m.q. *espigo* (do lat. *spica-*). Espinha brava: foliculite de certa gravidade; o m.q. *espinha* infectada.

Espinhadinho, *adj.* O m.q. *borlanteiro*[C].

Espinhela, *n.f.* Coluna vertebral; coluna vertebral do porco depois de morto (de *espinha* + *-ela*)[Fl]. Espinhela torcida: Cifose, geralmente sequela da doença chamada 'Espondilite anquilosante'[Fl]. Aquilino (*Terras do Demo*) regista-o na linguagem beirã: *[...] sempre de espinhela caída e a gemer-se do soventre.*

Espírito encostado, *exp.* Diz-se do que mostra indícios de possessão pelos espíritos[T].

Espírito malino, *n.m.* Aten. de Diabo.

Espirto, *n.m.* Espírito, sua corruptela (por influência do arc. *esprito* – metát.): *Ó Senhor Espirto Santo / Lá da casa da Ribeira, / Leva a peste, fome e guerra / Dos campos da Ilha Terceira*[1013].

Espital, *n.m.* Hospital, sua f. arcaica[Fl]. Moisés Pires regista-o com a grafia 'hespital'.

Espois, *adv.* O m.q. depois [T].: – *Ó espois de muito esperar é que apar'ceu finalmente o home!* Arcaísmo ainda aqui presente.

Espoldrinhar-se, *v. pron.* Espojar-se; revolver-se no chão (corruptela de *espolinhar-se*)[T].

[1011] Paulo A. V. Borges e col. – *Listagem da Fauna e Flora Terrestre dos Açores.*

[1012] Violante: *450 anos do nascimento...*

[1013] Vitorino Nemésio – *Festa Redonda.*

Espoleta, *n.f. fig.* Coisa difícil de fazer; maçada, frete.

Esporim, *n.m.* O m.q. *esprim*, mola (do am. *spring*): *Vi perfeitamente que as bocas se abriram, sem opinião, apenas como molas de esporim [...]*[1014].

Esposada, *n.f.* Namorada; noiva (part. pas. fem. subst. de *esposar*)[T].

Esposado, *adj.* Namorado; noivo (part. pas. subst. de *esposar*)[T].

Esposar, *v.* Namorar, com intenção de casar[T].

Esposo, *n.m.* Namorado; noivo (do lat. *sponsu-*, noivo)[P,T].

Espoujar, *v.* Estender-se; pôr-se à vontade (corrupt. de *espojar*, forma ant. de despojar)[SM].

Espoute, *n.m.* O m.q. *esparto* (do am. *spout*).

Espratear, *v.* Limpar muito bem (de *es-* + *prata* + *-ear*)[Sj].

Espredejar, *v.* O m.q. apedrejar (de *es-* + *pedra* + *-ejar*, com metát.)[T].

Espremadeira, *n.f.* Cada um dos pedais do tear (corrupt. de *espremedeira*, por dissimil.)[Fl].

Esprim, *n.m.* Mola (do am. *spring*). Cama de esprim: o m.q. colchão de molas. Navalha de esprim: navalha de ponta-e-mola.

Esprito, *n.m.* O m.q. espírito, sua f. antiga (arc.). António Ferreira (*Castro*) escreve: *Destes espritos nesta parte rudos [...].* Termo que faz parte da linguagem internacional "Ido".

Esprugo, *n.m.* Variedade de madeira clara utilizada, entre outras coisas, para o fabrico dos tampos superiores dos instrumentos músicos (corrupt. de *espruce*, do ingl. *spruce*).

Espumado, *adj.* O m.q. espumoso.

Espumar, *v.* O m.q. limpar[Sj].

Esquartejar, *v. Bal.* Despojar o cachalote dos elementos com interesse comercial (de *es- quarto* + *-ejar*).

Esquivar, *v. Bal.* Separar o toucinho da carne do cachalote (ext. de *esquivar*)[Sj].

[1014] João de Melo – *Gente Feliz com Lágrimas.*

Éssia, *n.f.* O m.q. essa, catafalco (do lat. *ersa*, part. pas. fem. de *erigĕre*, erguer)[F,Sj]. Antigamente não havia casa mortuária, e os funerais saíam de casa, passando pela igreja, onde estava montada a *éssia*, um estrado forrado de preto sobre o qual se colocava o defunto[F,Fl]. Em certos lugares, o morto ficava na cama antes de ser levado para a igreja, noutros lugares a *éssia* era armada na própria casa: *A écia é armada no meio da casa e forrada com um lençol*[1015].

Estacada, *n.f.* O m.q. queda (part. pas. fem. subst. de *estacar*)[SM].

Estacar, *v.* Parar de chover (ext. de *estacar*)[C]:– *Estacou depressa mas nã tarda que venha outra bátega!*

Estalado, *adj.* Estrelado (part. pas. de *{estalar}*)[F,Fl].

Estalar, *v.* Colocar um alimento a fritar em banha muito quente (corrupt. de *estrelar*)[F,Fl].

Estaleiro das Flores (Foto Alves)

Estaleiro, (do fr. ant. *astelier*, pelo cast. *astillero*) **1.** *n.m.* Armação feita de madeira que serve para guardar o milho ao ar livre. *[...] os estaleiros das maçarocas alegram a paisagem, com as suas manchas douradas, de fartura campesina*[1016]. **2.** *n.m.* Armação em madeira feita para segurar os paus para serrar com a serra manual[F]. **3.** *n.m.* Tabuleiro onde se arrumam as batatas nas *lojas*[Fl].

Estalhadar, *v.* Cortar em talhadas (de *es-* + *talhada* + *-ar*) [P].

Estamagado, *adj.* Aflito; agoniado (de *estâmago*, f. arcaica de estômago, + *-ado*)[T]. CF (4.ª e 5.ª Ed.) regista-o como reg. trasmontano, com o significado de cansado, fraco.

Estâmago, *n.m.* Estômago, sua f. arcaica[T]. Em S. Jorge e na Terceira também se pronuncia 'estâmego', no Faial 'estômego' e, no Pico, 'estâmo' e 'estâmego'. *Eu cá não posso já comer coisas picantes [...], sofro do estâmego [...]*[1017].

Estampa, *n.f.* Selo (do am. *stamp*).

Estanhado, *adj. fig.* Diz-se do mar quando está muito calmo, cuja superfície se parece com uma placa de estanho, levemente ondulada.

Estanol, *n.m.* O m.q. *esparrela* e *remo de esparrela* (do am. *stern-oar*).

Estão-se casando as feiticeiras, *exp.* Diz-se quando, ao mesmo tempo que chove, faz sol[F]. Na Terceira, com o mesmo sentido, diz-se: *Sol e chuva, casamento de viúva.*

Estapagado, 1. *n.m.* Ave marinha, oceânica, também vulgarmente chamada *pardela-sombria*, cientificamente denominada *Puffinus puffinus*, antigamente (séc. XVI) muito frequente nos Açores, actualmente existindo pouco mais de 200 casais e apenas localizados no Corvo e nas Flores, o seu limite sul no planeta: *Em dois ilhéus [...] havia ali, antigamente, muitos estapagados, com que muito se sustentava a gente, porque lhe comiam a carne e se alumiavam com a graxa, e dormiam na pena*[1018].

Estar a fazer biscoito, *exp.* Diz-se de uma pessoa velha que está para morrer[SM,T].

Estar a mei*(o)* **canal pr'á terra,** *exp.* Diz-se daquele que já vai bem bebido, a vacilar[F].

1015 Elsa Mendonça – *Ilha de S. Jorge.*

1016 Jaime de Figueiredo – *A Ilha de Gonçalo Velho.*

1017 Dias de Melo – *Pedras Negras.*

1018 Gaspar Frutuoso – *Saudades da Terra.*

Estar andando, *exp.* Diz-se da vaca com o cio; o m.q. estar saída[C].

Estar armado em puxador, *exp.* Diz-se quando, numa roda de amigos, alguém interrompe a conversa, com a introdução de um tema estranho ao que se passa[1019].

Estar com a tia Maria, *exp.* O m.q. estar com a menstruação[T].

Estar com a visita do Lajedo. *exp.* O m.q. estar com a menstruação[F].

Estar com dor de pedra, *exp.* Estar em retenção urinária[T]. Esta expressão usava-se também antigamente, em sentido figurado, nas visitas dos *Ranchos dos Reis* às casas, em resposta à tradicional pergunta "O Menino mija?", quando se queria dizer que não havia nada para oferecer – o que raramente acontecia –, voltando o Rancho *a seco*.

Estar com o canicinho na água, *exp.* estar a gracejar[SM].

Estar com o dente aberto, *exp.* O m.q. estar a sorrir[G].

Estar como um maço, *exp.* Estar cheio, empanturrado[P].

Estar comido das cariocas, *exp.* Estar muito magro[T]. Na Terceira chama-se *cariocas* às carochas.

Estar cruzado, *exp.* Estar a fazer figas[StM]. A exp. tem origem nos dedos cruzados do acto.

Estar de, *exp.* O m.q. estar disposto, estar inspirado[T]: *E hoje é um dos dias que estou de cantar*[1020].

Estar de barra, *exp.* Na Terceira, quando um arco-íris surge do lado da terra, diz-se que *o tempo está de barra.*

Estar de boa maré, *exp.* Estar bem disposto[F].

Estar debaixo da peneira, *exp.* Estar limitado a um mundo sem grandes horizontes[F].

[1019] *Puxador* é o mesmo que *Mestre*, falando do dirigente das danças do Entrudo, daí a origem da expressão.

[1020] J. H. Borges Martins – *Crenças Populares da Ilha Terceira II.*

Estar de esperanças, *exp.* Estar grávida[Fl].

Estar de grande, *exp.* Não ter ficado prenhe, falando de animais[Sj].

Estar entre as cruzes e as caldeirinhas, *exp.* Estar numa situação aflitiva, sem saber o que fazer[Sj].

Estar esgravatando no dente, *exp.* Estar muito bem na vida.

Estar farto até aos olhos, *exp.* Estar completamente saturado de qualquer coisa ou de aturar qualquer pessoa[F].

Estar farto e cheio, *exp.* Estar completamente saturado de qualquer coisa[F].

Estar na forma do costume, *exp.* Estar como habitualmente[F].

Estar no parreiral, *exp.* Estar à vontade, a gozar aquilo que é seu[P].

Estar nos seus cinco sentidos, *exp.* Estar no seu juízo perfeito[F].

Estar numa matança, *exp.* Estar numa aflição; estar arreliado[SM]. Nota: A expressão tem origem na agitação que há em dia de matança do porco.

Estar pela rabeja. *exp.* Estar mesmo a acabar[F].

Estar penando, *exp.* Estar inquieto[T]; o m.q. *estar piando.*

Estar piando, *loc.* Estar inquieto; estar a merecer; estar a pedir; o m.q. *estar berrando*[SM].

Estar pra Deus lhe acudir, *exp.* Estar grávida, no final da gravidez[F].

Estar preso ao mundo, *exp.* Diz-se daquele que morre com os olhos abertos[T].

Estar sozinho no parreiral, *exp. fig.* Estar sozinho em campo, não ter quem lhe faça sombra[P].

Estarei, Estável; fixo; permanente (do am. *steady*): – *Lá na Amerca o nosso João tinha trabalho de estarei numa fábrica de tairas.* Diz-se também do vento constante[C].

Estarraçador, *adj.* Esbanjador; gastador. O fem. é *estarraçadeira*[F] (de *{estarraçar}* + *-dor*).

Estarraçar, *v.* Destruir; estragar; partir; quebrar; converter num *tarraço* (de *es-* +

{tarraço} + -ar)[F]: *Acho que o tempo é valioso de mais, não se deve estarraçá-lo*[1021].

Estar tesa, *exp. Bal.* Dizia-se da *baleia* ao vir à superfície respirar quando se endireitava sobre as águas, altura em que não podia ser arpoada, pela dureza das suas carnes. O trancador só atirava o arpão quando ela mergulhava para bufar.

Estefana, (do n.p. *Estefânia*) **1.** *n.f.* Mulher de formas avolumadas[SM]. **2.** *n.f.* Mulher fácil[SM].

Estefo, *adj.* Inteiriçado; duro; rijo (do am. *stiff*)[F]. CF (4.ª e 5.ª Ed.) regista-o como termo da Ilha das Flores.

Esteira, *n.f.* Divisória feita de cana entrelaçada e coberta de barro, antigamente destinada a dividir interiormente os palheiros (do lat. *storĭa-*, pelo cast. *estera*)[T]. Em S. Miguel chamava-se *tanho.*

Estercar, *v. fig.* Dizer asneiras (ext. de estercar)[T].

Esternicado, *adj.* Apertado, estreito, referindo-se a roupas (part. pas. de *{esternicar}*)[SM].

Esternicar, *v.* Apertar, falando de roupa (de *{esternir}*)[SM].

Esternido, *adj.* O m.q. *esternicado* (part. pas. de *{esternir}*)[SM].

Esternir, *v.* Apertar; o m.q. *esternicar*[SM].

Esterqueira, (de *esterco + eira*) **1.** *n.f.* Fossa destinada ao esterco. **2.** *n.f.* Coisa desprezível, insignificante. **3.** *n.f.* Pessoa desprezível. Papagaio de esterqueira: pessoa que fala muito, mas sem interesse[T].

Estiada, *n.f.* Período de tempo entre dois chuveiros (part. pas. fem. subst. de *estiar*)[F,Fl].

Estica, 1. *n.f.* Veneno, estricnina, que logo faz 'esticar o pernil', daí o nome[SM]: *Na freguesia só se vendiam ratoeiras e estica, a estricnina dos bem-falantes*[1022]. **2.** *n.m.* Indivíduo de maus fígados (ext. de *{estica}*)[SM]. **3.** *n.f.* Licença de automóvel (do am. *sticker*).

[1021] Cristóvão de Aguiar – *Um Grito em Chamas.*

[1022] Cristóvão de Aguiar – *Marilha.*

Esticar a canela, *exp.* O m.q. esticar o pernil; morrer. Var.: *Esticar o canelo.*

Estilar, *v.* O m.q. destilar (do lat. *stillāre*, gotejar)[Fl]. No Alentejo, chama-se 'estila' à destilação do vinho.

Estilo de soro, *n.m.* Soro do queijo (*estilo*, deriv. regr. de *estilar*)[Fl].

Estima, 1. *n.m.* Navio; vapor (do am. *steamer*). **2.** *n.m.* Vapor de água (do am. *steam*): *Da válvula do recipiente saíam uns assopros peidados de vapor. Estima, como se diz nessa língua indefinida utilizada pelos luso-americanos*[1023].

Estimar, 1. *v.* Hidratar o pão duro ao vapor de água (do am. *to steam*)[C,F]. **2.** *v.* Tratar bem um objecto, dar-lhe pouco uso[F].

Estiva, (deriv. regr. de *estivar*) **1.** *n.f.* O m.q. enxerga[T]. **2.** *n.f.* Espécie de celeiro interior, ao lado da casa, onde é guardado o pasto seco[Fl].

Estôa, *n.f.* Armazém; estabelecimento; qualquer tipo de loja (do am. *store*). Ouve-se frequentemente, embora não seja de uso generalizado.

Estopa *(ô), adj.* Parada, falando da água do mar: – *Os cabozes gostam é de água estopa.*

Estória, (do ingl. *story*) *n.f.* Nome que em S. Jorge também se dá ao romance[1024], falando dos romances tradicionais do folclore açoriano, de que foi pioneiro na sua recolha o Dr. João Teixeira Soares[1025], natural desta Ilha tão rica nesta manifestação da cultura popular transmitida oralmente durante séculos, alguns deles tendo chegado até nós completamente intactos apesar de tantos anos passados.

Estorninho, (do lat. *estornīnu-*) **1.** *n.m.* Nome vulgar do *Sturnus vulgaris.* **2.** *n.m.*

[1023] Cristóvão de Aguiar – *Passageiro em Trânsito.*

[1024] Além destes nomes, nesta Ilha também se lhes dá o nome de *aravia* ou *oravia.*

[1025] Distinto político natural do Concelho das Velas, S. Jorge. Foi um dos principais colaboradores de Teófilo Braga, fornecendo-lhe grande quantidade de material para os *Cantos Populares do Archipelago Açoriano,* obra editada em 1876.

fig. Na Terceira chama-se *estorninhos* aos seminaristas, pela sua vestimenta preta e branca, como a dos estorninhos. **3.** *n.m. fig.* Nome de bovino zaino, sarapintado de manchas brancas[T].

Estorno, *n.m.* O m.q. estorninho (*Sturnus vulgaris*)[SM].

Estorvadura, *n.f.* Nó nas linhas de pesca (de {*estorvar*} + *-dura*)[T].

Estorvar, *v. Náut.* Empatar, prender um anzol à linha de pesca.

Estorvo, *n.m.* Acto ou efeito de *estorvar* (deriv. regr. de {*estorvar*}).

Estorvoulho, *n.m.* Empecilho; impedimento (de *estorvo* + *-ulho*)[SM].

Estorvouro, *n.m.* Orvalho que perturba os trabalhos no campo (de *estorvo* + *-ouro*)[SM].

Estrabuchar, *v.* Diz-se dos movimentos de uma pessoa que está a sofrer um ataque, com contracções musculares tónico-clónicas, o que acontece, por exemplo, nos ataques de epilepsia[T]: *[...] caía no chão e ficava para ali a estrabuchar que ninguém a segurava*[1026]. Estrabuchar é o m.q. 'estrebuchar', que significa agitação muscular, tv. derivado do fr. *trébucher* que significa cambalear, tropeçar. Var.: *Estrabouchar*[F].

Estrado, (do lat. *strātu-*, tapete) **1.** *n.m.* Tablado baixo da janela do *meio-da-casa* onde as mulheres se sentavam a trabalhar[SM,T]. Ficava elevado do chão cerca de 60 cm, tinha 6 a 7 m^2 de superfície e geralmente era coberto com uma esteira de junco. Era também neste estrado que se serviam as refeições familiares[1027]. Os irmãos Bullar, registam: *[...] sentando-se as pessoas ricas de pernas cruzadas, no chão, ou numa plataforma, a que davam o nome de estrado.* Na Terceira, também se chamava *trabanaco*. **2.** *n.m. Náut.* Sobrado móvel das embarcações, tb. chamado *tilha*.

Estrafegar, *v.* Espatifar; fazer em pedaços (prov. f. metat. de *trasfegar*)[T]: *Estupor de bruxa, que eu estrafego-te!*[1028]. Em Castelo Branco (Beira Baixa) ouvi muitas vezes dizer 'estrafegado para designar um indivíduo exausto, muito cansado.

Estragaçar, *v.* Aspirar o fumo do cigarro (de *es-* + *tragar* + <-ç-> + *-ar*). *Cigarros feitos, [...] Dados, muito mais em conta, dois por seis vinténs, mas quem os podia estragaçar?*[1029].

Estralada, *n.f.* Grande quantidade de *estralos* (de {*estralo*} + *-ada*)[P].

Estraladiço, *adj.* Estaladiço (de {*estralar*} + *-diço*).

Estralado, *adj.* Corrupt. de *estrelado*[F,Fl]: *As galinhas dão ovos que são bons para comer, estralados ou então fritos*[1030].

Estralar, 1. *v.* Estalar, sua corruptela por epêntese. **2.** *v.* Estrelar, sua corruptela[F,Fl].

Estralhaçar, *v.* Destruir; estragar; partir em bocados (met. de *estraçalhar*)[F].

Estralho, *n.m. Náut.* Parte da *gorazeira*, a sua linha madre (do it. *straglio*). Termo trazido do Algarve, onde ainda hoje se usa entre os pescadores.

Estralo, (corrupt. de *estalo*) **1.** *n.m.* Estalido. **2.** *n.m.* Bofetada. Usado no Alentejo com os mesmos significados.

Estraloiçar, *v.* O m.q. *estreloiçar*[Sj].

Estralouço, *n.m.* O m.q. *estreloiço*[SM].

Estramalhar, *v.* O m.q. *estramaliar*[StM].

Estramaliar, *v.* Desarrumar; misturar desordenadamente[Fl].

Estrangeiro, *n.m.* Pessoa estranha à freguesia[Fl].

Estranhar, *v.* Emagrecer; perder peso, falando do gado bovino (de *estranho* + *-ar*)[F].

Estrapaçar, *v.* Ficar aflito, com medo[T].

Estrapaço, *n.m.* Aflição; inquietação (deriv regres. de {*estrapaçar*})[SM].

Estrape, *n.m.* Cinto; correia (do am. *strap*).

Estrela, *n.f.* Vaca de uma só cor e com uma pequena malha branca na testa.

[1026] J. H. Borges Martins – *Crenças Populares da Ilha Terceira I I.*

[1027] João Ilhéu – *Notas Etnográficas.*

[1028] João Ilhéu – *Gente do Monte.*

[1029] Cristóvão de Aguiar – *Raiz Comovida.*

[1030] Carlos Enes – *Terra do Bravo.*

Estrela-com-rabo, *n.f.* O m.q. cometa. Var.: *Estrela-de-rabo.* Em certos lugares, segundo a crendice popular, quando aparecem é sinal de desgraça.

Estrela-da-manhã, *n.f.* O m.q. Vénus, falando do planeta irmão da Terra, da Estrela d'Alva[C,Sj].

Estrela-do-mar vermelha, *n.f.* Equinoderme de cinco braços, corpo aveludado, de cor vermelha muito forte, daí o nome (*Ophidiaster ophidianus*).

Estrelas, *n.f. pl.* Canto de peditório de S. Miguel, tradicionalmente cantado pelas casas dos amigos no início do ano, na noite de 1 para 2 de Janeiro: *Hoje é vespra das Estrelas, / Amanhã é o seu dia; / Cantem os anjos do céu / Com prazer e alegria.*

Estrelinha, *n.f.* Ave, a mais pequenina da Europa, assim chamada em S. Miguel por apresentar na cabeça um desenho semelhante a uma estrela, noutras ilhas denominada *cespina, felosa, ferefolha, ferfolha, forfolha* ou *frafolha* e *papinha.* Habitando em todo o tipo de áreas florestadas, tem muita graça por agitar as asas quando procura comida. Nos Açores distinguem-se três subespécies: *Regulus regulus azoricus, Regulus regulus sanctae-mariae* e *Regulus regulus inermis*[1031].

Estrelo, *n.m.* Boi com uma mancha na fronte, também chamado *silveiro* (de *estrela*)[Sj,T]. Registado nos dicionários apenas como brasileirismo.

Estreloiçada, *n.f.* O m.q. *estreloiço*; alarido; barulho de loiça (de *{estreloiço}* + *-ada*): *[...] a alegria estreloiçada das carroças e tractores carregados de latões de leite*[1032]. Var.: *Estrelouçada*[SM].

Estreloiçado, *adj.* Diz-se da pessoa muito barulhenta, de voz estridente (part. pas. de *estreloiçar*)[SM]. Var.: *Estrelouçado*[SM].

Estreloiçar, (de *estre-*, por *tres-* + *loiça* + *-ar*) **1.** *v.* Fazer barulho; partir; quebrar. **2.** *v. fig.* Fazer extravagâncias.

Estreloiço, *n.m.* Barulho (deriv. regr. de *estreloiçar*). Var.: *Estrelouço, estralouço*[SM]; *esterroiço*[T].

Estrelouço, *n.m.* O m.q. *estreloiço*[SM,T]: *Na mesma ocasião, ouviu um estrelouço tanto grande na cozinha [...]*[1033].

Estremalhado, *adj.* Desorganizado; destruído; destrambelhado[T]: *Parem vocês para ai! / Isto está tudo estremalhado / Metade do cortejo foi por aqui / E os outros por outro lado*[1034].

Estremalho, *n.m.* Rede de pesca de cerca de 300 metros de comprimento e 8 a 10 de altura, com rede de malha larga, cerca de 80 mm, que é lançada, serpenteando ao longo da costa[SM].

Estremaliado, *adj.* Destruído; estrambelhado (corrupt. de *tresmalhado*)[F].

Estremoço, *n.m.* O m.q. estremecimento[Sj].

Estrenoitado, *adj.* Que passou a noite sem dormir (corrupt. de *tresnoitado* por prótese e síncope)[SM].

Estrepe, *n.m.* Espinho; pequena partícula que se espeta no corpo (do lat. *stripe-*, tronco, rebento)[C,F]. É termo também utilizado no Alentejo, donde foi importado, e no Brasil, para onde foi levado.

Estrevelha, *n.f.* Travessa colocada na parte inferior da arquinha onde o oleiro põe os pés[T]. Var.: *Estroveira.*

Estrever-se, *v. pron.* O m.q. atrever-se (arc.).

Estrevimento, *n.m.* Atrevimento, sua f. arcaica; ousadia[T]. Viterbo regista, das Cortes de Lisboa de 1434: *Os quaes se ajuntam, e fazem gram mall per estrevimento das ditas armas.*

Estrambólico, *adj.* Esquisito; extravagante; fora do normal; ridículo[F]. Corrupt. de *estrombólico*, de Estrômboli, vulcão das Ilhas Líparas, situadas no Mar Tirreno, na Itália.

1031 R. Martins, A. Rodrigues e R. Cunha – *Aves Nativas dos Açores.*

1032 Cristóvão de Aguiar – *Marilha.*

1033 J. H. Borges Martins – *Crenças Populares da Ilha Terceira I.*

1034 Da dança de pandeiro *A Força das Sogras*, de Hélio Costa.

Estrompado, *adj.* Cansado; esfalfado (part. pas. de *estrompar*)[T]: *Ele chegava a casa sempre estrompado, muito abatido*[1035].

Estrompar, *v.* Destruir; estragar (de *es-* + *trompa* + *-ar*)[F,T]. CF regista-o apenas como brasileirismo.

Estronca, 1. *n.f.* Ferramenta de corte dos aparelhos de pesca quando se prendem no fundo (deriv. regr. de *estroncar*, decepar, quebrar): *Corta rente do local onde estão presos e só se perdem os anzóis, salvando o aparelho. Durante muitos anos só era conhecida nas ilhas do Grupo Ocidental, Flores e Corvo*[1036]. **2.** *n.f.* Nome dado a uma pedra amarrada a uma linha que se envia ligada com uma alça à linha de pesca dos meros, quando este peixe se prende no fundo e se mete na toca. Segurando firmemente, esticando a linha onde está preso, a pedra corre junto a ela, indo bater na boca do peixe, que acaba por sair.

Estroncar, (de *es-* + *tronco* + *-ar*) **1.** *v.* Cortar a linha de pesca pela sua extremidade distal, quando se prende no fundo. **2.** *v.* Usar a *estronca* para fazer sair um mero aferrado e refugiado num buraco do fundo do mar.

Estropasso, *n.m.* 'Cagaço'; susto. No Alentejo, 'estrompasso' significa murro, soco.

Estropelia, *n.f.* Diabrura; travessura (de *es-* + *tropel* + *-ia*, ou de *es-* + *tropelia*)[Sj].

Estropo, (do gr. *stróphos*, cordão, pelo lat. *stroppu-*, correia) *n.m. Bal.* **1.** Corda ao longo do cabo de madeira do arpão-da-baleia, onde se mete a corda que vai ligar à *linha da selha*. **2.** *n.m. Bal.* Argola de corda na extremidade do cabo da *lança da baleia*[Fl].

Estroveira, *n.f.* Barrote onde o oleiro descansa o pé que está parado[T]. Var.: *Estrevelha*.

Estrovo, *n.m.* A parte da linha de pesca a que se prende o anzol (corrupt. de *estorvo* por metátese)[T].

Estrumento, 1. *n.m.* Instrumento, sua f. antiga. **2.** *n.m. pej.* Em sentido jocoso, significa uma pessoa pouco recomendável[Fl].

Estrupido, *n.m.* Barulho leve; pequeno ruído (de *estrompido*[1037], ou do lat. *strepĭtu-*?)[T]. Note-se o seu significado alterado na região. Viterbo regista 'estrupo', com o significado de barulho, rumor.

Estudanta, *n.f.* Fem. de estudante[T].

Estufa de ananases. A cultura do ananás faz-se apenas na costa sul da Ilha de S. Miguel, em cotas baixas protegidas dos ventos frios, dentro de estufas. As primeiras estufas datam de 1864. São rectangulares, cobertas de vidro caiado formando duas águas e têm cerca de 50 metros de comprimento por 9.5 de largura e 2.8 de altura. Na sua parte superior, os *alboios* servem para regular a temperatura e para a ventilação no final da cultura. A capacidade das estufas varia entre 1 000 a 2 000 plantas.

Estufeiro, *n.m.* Aquele que cultiva o ananás nas estufas em S. Miguel, profissão em vias de desaparecimento (de *estufa* + *-eiro*). Trabalha a temperaturas que podem chegar aos 38 graus centígrados. *E como são rituais os estufeiros de S. Miguel, defumando as estufas, como quem incensa um templo com um turíbulo sagrado*[1038].

Estufim, *n.m.* Pequena estufa onde são plantados os *brolhos* (*toca* da planta do ananás) ou os rebentos da planta (de *estufa* + *-im*).

Estuque, *n.m.* Revestimento de madeira do tecto das casas, que encobre as traves[C].

Estúrdia, *n.f.* Grupo de rapazes[T].

Estúrdio, *adj.* Estúpido; pouco inteligente (do fr. *étourdi* que significa doidivanas, estouvado)[T].

Esvajar, *v.* Tirar a vagem (de *es-* + *{vaja}* + *-ar*)[Fl].

[1035] J. H. Borges Martins – *Crenças Populares da Ilha Terceira I.*

[1036] João A. Gomes Vieira – *Os Açorianos e as Pescas 500 Anos de Memória.*

[1037] Estrompido é palavra de origem duvidosa, sugerida por alguns ser derivada de *estrondo* x *estampido.*

[1038] Armando Narciso – *Terra Açoreana.*

Esvedigar, *v.* Espalhar; salpicar[P].
Esvazelar-se, *v. refl.* Sujar-se pelas pernas abaixo; borrar-se (corrupt. de *esvazar*?)[F].
Esvergalhar. *v.* Diz-se da embarcação a abrir caminho impetuosamente contra as ondas do mar, como que a *vergalhar* o mar (de *es-* + *vergalhar*).
Eszé, *n.p.* José, sua corruptela[F,P].
E tal e coisa, *exp.* O m.q. et cetera. Expressão muito usada na Terceira: *[...] que não podia sofrer a mulher, que ela não queria fazer a comida para ele comer e tal e coisa [...]*[1039].
Eufrásia, *n.f. Bot.* Planta raríssima nos Açores, de nome científico *Euphrasia grandiflora,* havendo apenas algumas dezenas de pés no arquipélago, em S. Jorge e no Pico[1040], as únicas em todo o mundo, dando uma flor branca e amarela; pela sua raridade, é desconhecida da população em geral. Espécie protegida pela Convenção de Berna e pela Directiva Habitats.
Exempro, *n.m.* Exemplo, sua f. antiga[Fl].
Expedir, *v.* Crescer (do lat. *expedīre*)[Sj].
Experimentar o mar, *exp.* Expressão dos pescadores de S. Miguel, assim descrita por Armando da Silva: *Antes de se empregar a manga é costume «experimentar o mar». Para esse fim é arreado a 40 ou 50 braças um apparelho com anzoes iscados [...]. Se o peixe morde, é logo preparada a manga, que desce a espalhar engodo áquella profundidade, é puchada logo que está despejada.*
Explicar a miúdo, *exp.* Dar uma explicação detalhada[T]: *Diga-me então Sr. Pascoal, / Que sabe sobre o Banco Central? / Explique-me isso a miúdo*[1041].

Expujar, v. Expurgar, sua corruptela: *Vinde, irmãos, vos iniciar / Nos dogmas do Cristianismo / E dos pecados vos expujar [...]*[1042].
Extracção dos pelouros, *exp.* Sorteio entre os *Irmãos,* feito pelas festas do Espírito Santo, para se saber a quem toca realizar a festa no ano seguinte[T].
Extru, *interj.* Ordem para mandar ir depressa. Registado por CF como t. da Ilha das Flores.

1039 J. H. Borges Martins – *A Justiça da Noite na Ilha Terceira.*
1040 Apesar dos registos históricos, é incerta a sua presença na Terceira e no Faial. Este endemismo açórico é ainda registado por Ruy Telles Palhinha, em 1966, também nas ilhas Terceira, Faial, Flores e Corvo.
1041 Do bailinho carnavalesco *Os Capangas,* de Hélio Costa.
1042 *Os martyres da Germania* – Drama enversado por José Ignacio Faria.

F

Fabiano, *n.m.* Nome dado a qualquer desconhecido que desembarcava na ilha e, sobretudo, se ficava depois do vapor partir. Segundo Afonso Praça, deriva do nome Fábio Máximo Quinto (275-203 a. C.), general e ditador em Roma no ano 217.

Faca de chamusco, *n.f.* Faca de lâmina larga que serve para rapar *a* pele do porco aquando da chamusca[T].

Faca de desquinar, *n.f. Bal.* Faca destinada ao corte das excrescências de sangue coagulado ou carnes presas ao toucinho da *baleia*, para que fosse bem limpo para a derretimento.

Faca de lapas, *n.f.* O m.q. *facão*[T].

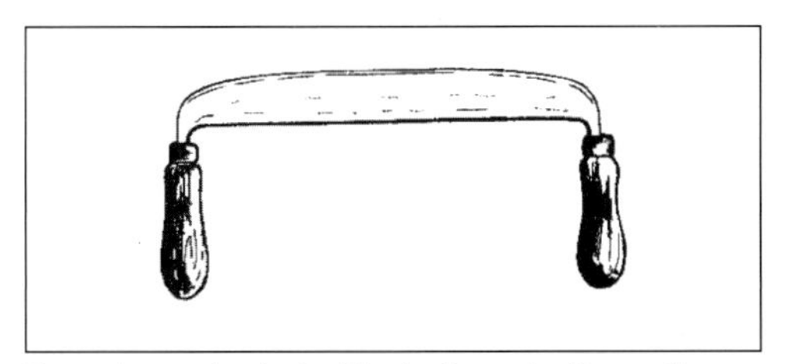

Faca de maciar (extraído de Augusto Gomes*)

Faca de maciar, *n.f. Bal.* Lâmina de aço, com dois punhos em cada extremidade, que permitia cortar o toucinho em tiras finas para melhor lhe ser extraído o óleo na fervura (do am. *hand mincing knife*).

Facadela, *n.f.* O m.q. facada (de *faca* + *-ela*)[SM]: Do teatro popular de S. Miguel – D. Inês de Castro – no Teatro Angrense, alguém registou a seguinte passagem: *Quim fou que lha matou?, – Fou Pacheco, com três facadelas entre meio das aduelas!* E. Gonçalves regista-o também na linguagem algarvia.

Facão, *n.m.* Utensílio com que se apanham as lapas (de *faca* + *-ão*)[C,F]. No Faial, chama-se *faqueiro* e *lapeiro*, na Terceira *faca de lapas*.

Facão de picar engodo, *n.m.* Navalhão destinado apenas a picar engodo.

Faca sem ponta, *n.f.* Apodo antigo atribuído à gente da Terceira. Quadra popular: *S. Miguel, unha na palma / Terceira, faca sem ponta / Pico, Faial, Graciosa, / Tudo vai na mesma conta..*

Fácea, *n.f.* Massa fresca do queijo que se aplica nos outros queijos mais antigos (deriv. regr. de *facear*)[C].

Facear o queijo, *exp.* Coalhar uma pequena quantidade de leite e, com esta coalhada – a *fácea* – envolver os queijos com cerca de uma semana de cura, embrulhando-os em seguida num pano branco[Sj].

Faceira, (de *face* + *-eira*) **1.** *n.f. Náut.* Cada uma das talas que, na roda da proa, segura o eixo da roldana[T]. **2.** *adj.* Diz-se do indivíduo que tem o rosto gordo e flácido; bochechudo[T].

Fácele, *adj.* Fácil, sua corruptela[F,Fl]. Certo senhor tinha um jornaleiro que falava muito mal. Um dia disse-lhe: – *Aposto que és capaz de dizer três palavras sem errares!*, ao que ele prontamente respondeu: – *Nã sará fácele!*

---

* *O Peixe na Cozinha Açoriana.*

Facês, O m.q. vocês, sua corruptela[SM]: *Se facês inteimarim im fazer isso muito tarde, ei antão não posso estar [...]*[1043].

Faceto, *adj.* Alegre; bem disposto física e moralmente; brejeiro[F,T]: *Aquele diacho sempre foi faceto*[1044]. Var.: *Facéta*. Sendo um termo português, derivado do lat. *facētu-*, penso não ser muito usado na linguagem corrente do Continente.

Facha, *n.f.* O m.q. clarão, facho (de *facho*, com troca da vogal temática *-o* para *-a*)[T]: *[...] Trovões e fachas de fogo / A teu pai hão-de abrasar*[1045]. Arcaísmo ainda aqui presente.

Facharia, *n.f. deprec.* Cara; face (de *facha*, f. ant. de face, + *-aria*)[F].

Fachear, *v.* Fazer relâmpagos (de *facha* + *-ear*)[Sj].

Farol do Albarnaz (Flores)

Facho, (do lat. *fascŭlo-*, dim. de *fax, facis*, tocha) **1.** *n.m.* Espécie de archote usado na caça dos caranguejos, hoje substituído pelas lanternas eléctricas[C,F]. No Corvo também lhe chamavam *tocha*. **2.** *n.f.* O m.q. relâmpago[Sj]. **3.** *n.m.* O m.q. posto semafórico[T]: – *Atravessou a passadeira ao pé da Praça Velha e nã reparou que o facho 'tava vermelho!* **3.** *n.m.* Luz direccional do Farol[F].

Fácia, *n.f.* O m.q. face[Sj]. Nota: A palavra face deriva do lat. pop. *facĭa*.

Fadagaio, *n.m.* Chilique; desmaio; o m.q. badagaio e vadagaio (de orig. obsc.)[T].

Fadinho, *n.m. Moda* típica de 'fandango' que era dançada antigamente na Terceira nos *Balhos Direitos*, nos intervalos das outras *modas*, bailado por duas pessoas, como uma espécie de bobos, para divertirem o público.

Faia, 1. *n.f.* Nome que também se dá ao incenso (*Pittosporum undulatum*). Na Terceira é conhecido pelo nome de *faia-do--Norte*. **2.** *n.m.* Indivíduo bem apresentado, elegante (de orig. obsc.)[F]. Moisés Pires regista-o com o mesmo significado.

Faia-da-Holanda, *n.f. Bot.* Planta vascular, oriunda da China e do Japão, cientificamente denominada *Pittosporum tobira*, também chamada *faia-do-Norte*, muito utilizada como *abrigo* para os pomares e na alimentação do gado, depois de *debulhada*.

Faia-da-Índia, *n.f.* Nome vulgar do buxo (*Buxus sempervirens*)[Sj].

Faia-da-Terra, *n.f. Bot.* Nome vulgar da *Myrica faya*, uma espécie de porte arbóreo da Família das Myricáceas. Antigamente era usada como abrigo para as laranjeiras e para extrair colorantes (castanho). O seu fruto é uma drupa, de sabor adocicado, antigamente comido pela rapaziada que percorria os matos.

Faia-de-incenso, *n.f. Bot.* Nome que também se dá no Corvo ao incenso *(Pittosporum undulatum).*

À direita, bardo de faia-do-Norte (P. tobira)[1046]

Faia-do-Norte, *n.f. Bot.* **1.** *n.f.* Árvore da Família das Cupulíferas, cientificamente

[1043] Urbano de Mendonça Dias – *"O Mr. Jó"*

[1044] P.e Nunes da Rosa – *Pastorais do Mosteiro.*

[1045] Final de oração contra a trovoada, in J. H. Borges Martins – *Crenças Populares da Ilha Terceira II.*

[1046] Foto: José Orlando Barcelos.

denominada *Fagus silvatica*, cultivada em matas[SM]. **2.** *n.f.* Nome que nas Flores se dá à *Pittosporum tobira*. **3.** *n.f.* Nome que também dá ao *incenso (Pittosporum undulatum)*[Sj,T].

Faial, *n.m.* Nome que se chamava aos tostões falsos que começaram a aparecer por volta de 1780-81, primeiro no Faial, depois nas restantes ilhas do grupo central e ocidental. Também lhe chamavam *corpo santo*, numa alusão às suas origens e autoria[1047].

Faieira, *n.f.* Conjunto de faias (de *faia* + *-eira*)[F]. Provérbio: *O vento sul / também arranca faieiras*[F].

Faísca, *adj.* Esperto; vivo[T]. Pelo seu significado, é nome frequente usado para nome de cães vivaços.

Faite, *n.m.* Luta (do am. *fight*).

Fajã, (de orig. obsc.) **1.** *n.f.* Terreno plano e baixo, junto ao mar, com origem em materiais desprendidos por uma *quebrada*, frequente na toponímia das ilhas[1048]: *É na Ilha das Flores e São Jorge que as fajãs atingem espectacularidade e grande beleza*[1049]. No Corvo também é chamada *casola* e *margem*. Na Madeira, fajã também tem este significado, sendo, como nos Açores, muito frequente na toponímia da Ilha (Fajã da Ovelha, Fajã do Penedo, etc.). Além dos Açores e da Madeira, também Cabo Verde tem este nome na toponímia das suas ilhas, p. ex., a Fajã d'Água. Pelas suas características climáticas, particularmente as fajãs viradas a sul ou a sueste, pela abundância de recursos naturais e pelo fácil acesso ao mar, em algumas ilhas as fajãs foram ponto de fixação dos povoadores, tendo sido a partir delas que irradiou o povoamento do resto da ilha.

Fajã de S. João em S. Jorge

A diferenciação climática é tão grande, p. ex., nas fajãs do sul da Ilha de S. Jorge, nomeadamente na Fajã de S. João, que constitui um autêntico microclima, onde se cultivam plantas do café, trazidas do Brasil, que produzem cerca de 50 kg por planta e por ano, sendo decerto o local de mais alta latitude onde esta planta cresce saudavelmente. **2.** *n.f.* Pequeno terreno cercado de parede singela que o abriga dos ventos e da *ressalga*, onde são plantadas as videiras[T]. **3.** *n.f.* Pequena zona plana anichada junto a montes ou colinas com encostas íngremes. Nesta acepção o termo *fajã* confunde-se com *achada*.

Com o 1.° significado, CF regista-o erradamente como açorianismo.

Fajã costeira, *n.f.* Fajã em contacto directo com o litoral. Ex. *Fajã de Santo Cristo*, em S. Jorge.

Fajã de altitude, *n.f.* Fajã encaixada em encosta longe do mar, sendo em geral um pequeno planalto ou vale aplainado no sopé de montanhas. As *fajãs de altitude* podem ser divididas em *fajãs de encosta* e *fajãs de sopé*.

Fajã de encosta, *n.f.* Plataforma formada em consequência de quebradas que dei-

---

1047 Do bairro angrense chamado Corpo Santo era natural o ourives que no Faial fabricava esses tostões.

1048 O Parlamento açoriano, através do Decreto Legislativo Regional n.° 32/2000/A, de 24 de Outubro, define como *fajã toda a área de terreno relativamente plana, susceptível de albergar construções ou culturas, anichada na falésia costeira entre a linha da preia-mar e a cota dos 250 m de altitude.*

1049 António M. de Frias Martins – *Açores, Ilhas de Azul e Verde.*

xam plataformas de ablação nas encostas, geralmente de pequena extensão.
Fajã de sopé, *n.f.* Plataforma aplanada no sopé de encostas ou entre cones vulcânicos.
Fajoco *(jô), n.m.* Criança bonita, robusta[P]. Var.: *Feijoco*[P].
Fala-barato, *n.m.* Aquele que fala muito; verborreico.
Falada, *adj.* Diz-se da rapariga já pedida em casamento (part. pas. fem. de *falar*).
Falado, *adj.* Contratado; comprometido para um trabalho (part. pas. de *falar*)[T].
Fala feia, *n.f.* O m.q. palavrão[T]: *[...] vomitando falas feias pela boca fora*[1050].
Falar, 1. *v.* Propor casamento[F]. **2.** *v.* Namorar[T]: *Vinham paqui falar com elas mas já entravam em casa do pai*[1051].
Falar amaricano, *exp.* Falar o inglês da América. É o que fazem os emigrantes açorianos uns com os outros para mostrar uma certa superioridade, quando regressam às ilhas. LSR define-o, não como um inglês aportuguesado mas como *[...] um inglês estropiado que se pasma como ingleses ou americanos o entendam [...], uma série de barbarismos.*
Falar à toa, *exp.* Falar sem nexo[T].
Falar com muita goma, *exp.* Falar com prosápia, com soberba[T].
Falar de estalo, *exp.* Falar afectadamente, com ênfase desmedido[T].
Falar de janela abaixo, *exp.* Dizia-se do acto de namorar à janela, ainda frequente em meados do séc. passado[Fl].
Falar de rijo, *exp.* Falar muito alto.
Falar descansado, *exp.* Falar pausadamente, sem pressas, como é habitual nalgumas ilhas, provavelmente naquelas com maior herança do sangue alentejano.
Falar devagar, *exp.* Falar baixinho; sussurrar[F].
Falar em alhos, responder em cebolas, *exp.* O m.q. 'falar em alhos, responder em bugalhos'.

[1050] João Ilhéu – *Gente do Monte.*
[1051] J. H. Borges Martins – *A Justiça da Noite na Ilha Terceira.*

Falar fiado, *exp.* O m.q. *falar à toa.*
Falar líquedo, *exp.* O m.q. falar correntemente, sem hesitações[T].
Falar mais à finúria, *exp.* Falar com mais correcção (finúria: corrupt. de *finura*)[Sj].
Falar político, *exp.* Usar palavras caras, daquelas que ninguém percebe: *[...] continuou, todo toleirão, a falar à moda do Continente; ninguém o entendia com falar tão político*[1052]. E. Gonçalves regista no Algarve 'falar à política' com o mesmo significado.
Falas comigo ou pedes prás almas? *exp.* Diz-se quando alguém profere frases ininteligíveis[T].
Falido, *adj.* Diz-se da fruta ou cereal pouco desenvolvidos; o m.q. *faludo* (part. pas. de *falir*)[SM]. Em S. Miguel também se emprega para pessoas o adj. *falidinho* com o significado de fraco, miúdo.

Ancião fazendo uma corrente numa só peça de madeira

Falquejar, *v.* O m.q. falquear[F,Sj,T]; desbastar um tronco com uma navalha (de *falca* (-c- > -qu-) + *-ejar*).

[1052] Cristóvão de Aguiar – *Raiz Comovida.*

Falquejo, *n.m.* Acto de falquejar (deriv. regr. de *falquejar*).
Falsa, *n.f.* Sótão; vão entre o telhado e o forro da casa (fem subst. de *falso*): *[...] a casa açoriana dispõe de [...] um sótão ou falsa (falso andar) – tudo quase sempre sem estuque.* No Corvo também se chama *torre.*
Falso, *n.m.* O m.q. *falsa* (do lat. *falsu-*)[T].
Faltar a lembrança, *exp.* Não se recordar[F].
Falto do juízo, *loc. adj.* Maluco[T]. No Faial também se diz *faltinho do juízo.*
Faludo, *adj.* O m.q. *falido*[SM].
Fame, *n.m.* Herdade; quinta (do am. *farm*).
Familha, *n.f.* Filho(a)[P,SJ]: *– Aquele casal já teve três familhas.* Raul Brandão[1053], falando de S. Jorge, escreve: *[...] e pergunto-lhe pela mulher: – Anda muito somenos, porque teve há dias uma família (filho).* Nota: Em todas as ilhas se palataliza o [l] desta palavra: *O senhor Imperador / É mesmo uma maravilha, / Deus le dê munta saúde / E más à sua familha*[1054].
Familhinha, *n.f.* Rancho dos filhos[T].
Fancar, *v.* Introduzir; meter; pôr (corrupt. de *fincar*)[SJ,T]: *O pai do lambusão soube desse caso e fancou um alguidar cheio de água ao pé da cama*[1055].
Fanchona, *n.f.* Mulher grande, de aspecto rude (de *fanchono,* tv. do it. *fanciullo*)[F,P]. V. Barros regista-o com o significado de mulher elegante, vistosa. Afonso Praça acrescenta-lhe os significados de mulher homossexual, lésbica.
Fandulheiro, *adj.* Andrajoso; mal trajado (de *{fandulho}* + *-eiro*)[T].
Fandulho, (de *fundo* + *-ulho,* com dissimil.) **1.** *n.m.* Roupa velha, estragada; trapos[SM,T]. **2.** *adj.* Esfarrapado; mal vestido; m.q. *fandulheiro*[T]. Na Terceira dizia-se antigamente: *É como a Fandulha de S. Mateus,* o que significava ser mal amanhado(a), mal vestido(a).

[1053] Raul Brandão – *As Ilhas Desconhecidas.*
[1054] Quadra da *Folia* do Espírito Santo das Flores.
[1055] J. H. Borges Martins – *Crenças Populares da Ilha Terceira I.*

Fanecar, *v.* Fazer *fanecos*[T].
Faneco, (do rad. do v. *fanar, fan-* + *-eco*) **1.** *n.m.* Trabalho ou serviço de pouca importância, geralmente executado fora das horas normais de trabalho; o m.q. 'biscate'[T]: *Que eu só lhe dou uma de-mão q'ando não há fanecos*[1056]. **2.** *adj.* Apertado; pequeno[F]: *– O fato do rapaz já lhe fica faneco.* Dim. *Fanequito.*
Fanoco *(ô), n.m.* Nome dado ao pão de trigo quando cozido na padaria[T]. Cp.: CF regista o termo 'canoco' (*s.m.*) com o significado de grande pedaço de pão e 'canoco' (*adj.*) como uma variedade de trigo.
Faqueiro, *n.m.* Instrumento de ferro, com um cabo de madeira, destinado à apanha das lapas (de *faca* + *-eiro*)[Fl]. No Faial também se chama *lapeiro,* na Terceira *faca de lapas* e nas Flores *facão.*
Faquinha, *adj.* Maldizente[T] (dim. de faca... que corta na casaca!).
Fardado, *adj.* Diz-se do feijão que ao nascer não perde os cotilédones, daí sendo de qualidade inferior, o que, no empirismo popular, se deve ao facto de ter sido semeado antes da Lua Nova de Abril[SM].
Fardamento de pancadaria, *n.m.* O m.q. sova valente[SM]. Esta exp. terá certamente alguma ligação com as velhas e frequentes rixas entre os elementos (fardados) das bandas filarmónicas rivais.
Fardão, *n.m.* e *adj.* Diz-se daquele que se alardeia para se engrandecer (de *farda* + *-ão*)[P]. O fem. é *fardona.*
Fardos, *n.m. pl.* Bazófias; fanfarronadas[P]. *Vender fardos:* alardear grandezas; engrandecer-se[P].
Fardulho, (de *fardo* + *-ulho*) **1.** *n.m.* Pessoa de má reputação, desprezível[SM]. **2.** *n.m.* Prostituta[SM]: *– Aquela desgraçada nã passa dum fardulho!*
Farelo, (do lat. *farellu-,* dim. de *far,* farinha) **1.** *n.m.* O m.q. serradura da madeira. Também se diz *farelo-de-serra.* **2.** *n.m. fig.* Fraseado; lábia; paleio.

[1056] João Ilhéu – *Gente do Monte.*

Farelório, *n.m.* Designação genérica dos bolos secos como o pão-de-ló (de *farelo* + *-ório*)[F.P]. No Alentejo, donde provavelmente terá sido importado, farelório é um bolo simples, caseiro.
Farfalha, *adj.* Falador; gabarola[T].

Azenha, há anos desaparecida – Ilha das Flores

Farinha da botica, *n.f.* Farinha comprada nas mercearias, no tempo em que gente cultivava milho e trigo e mandava moer os seus cereais.
Farinha d'àtemil, *n.f.* Farinha de aveia (do Am *oatmeal*). Da América, entre outros artigos de alimentação, mandavam antigamente muitas latas de 'oatmeal'.
Farinha de carolo, *n.f.* Farinha de milho mais grossa.
Farinheiro, *n.m.* Indivíduo que vendia farinha nos mercados e ruas, tendo-a ido comprar aos moinhos (do lat. *farinarĭu-*, de farinha)[SM].
Farinhento, *adj.* Diz-se do alimento que ao cozer-se se desfaz muito, tal como certa variedade de batata-branca (de *farinha* + *-ento*).
Fariseu, (do lat. *pharisaeu-*) **1.** *n.m.* Nome que também se dá ao Diabo[T]. **2.** *n.m.* O m.q. *diabrete*[T]: *Um homem foi, na noite dos fariseus*[1057].
Farnando, *n.p.* Fernando, sua corruptela por assimilação[F].
Faroleiro, *n.m.* Indivíduo com muita garganta, que fala muito[F]. Com este significado é também usado no Minho.
Farpa, *n.f.* *Sinal* de marcação do gado.
Farrispa, 1. *n.f.* Lasca fina de madeira que sai no corte da plaina[C,F]. **2.** *n.f.* Astilha de madeira que se espeta no corpo[C]. Será certamente alt. do termo 'farripa' (ou 'falripa'), quase sempre usado no pl., que significa fiapos, fios, tiras.
Farrusco, *n.m.* Nome que também se dá ao Diabo (por *ferrusco*, de *ferro* + *-usco*)[T].
Farto, *n.m.* Variedade de bolo condimentado com especiarias (do lat. *fartu-*)[SJ].
Farto até aos olhos, exp. O m.q. 'farto até aos cabelos'[F].
Farto e cheio, exp. Saturado; o m.q. *farto até aos olhos*[F].
Fartume, *n.m.* Cheiro muito forte e desagradável; fedor (do rad. de *fartar* + *-ume*): *[...] aquêl fartume a torresmo!*[1058]. **2.** *n.m.* Flatulência; pirose[SM]. No Alentejo pronuncia-se 'fartum' – 'fartum' é alt. de 'fortum', palavra de cariz pop. derivada de *forte* + *-um*. E no Algarve usa-se o termo 'farum' com o mesmo significado.
Farturame, *n.m.* O m.q. fartura (de *fartura* + *-ame*); grande quantidade: *[...] o peixe ainda a saltar... num farturame de se pôr as mãos e louvar a Deus*[1059].
Faruncho, 1. *n.m.* Líquido nauseabundo que é expelido pelos furões em atitude de defesa (corrupt. de *farum*?)[T]. **2.** *n.m.* Tumor junto do ânus do furão[P]. Lacerda Machado regista-o com a grafia 'farruncho'. Nota: Antigamente, na época do iní-

1057 J. H. Borges Martins – *Crenças Populares da Ilha Terceira II.*
1058 Vitorino Nemésio – *Mau Tempo no Canal.*
1059 Manuel Ferreira – *O Barco e o Sonho.*

cio do povoamento das ilhas, existia a palavra 'furuncho' que significava furúnculo, usado com a grafia 'forũcho'. No séc. XIX ainda se usava a grafia 'fruncho'[1060].

Fateia, *n.f.* Fatia, sua corruptela por epêntese[F]. JPM e CF (4.ª e 5.ª Ed.) registam-no erradamente como termo da Ilha das Flores com o significado de sopa.

Fateja, (de *fato*) **1.** *n.f.* Bagagem pouco volumosa[SM]. **2.** *n.f.* Roupa de criança (no seu conjunto)[SM].

Fatelingue *(à)*, *n.m. Bal.* Toucinho da baleia que se aproveitava dos restos do rabo, por exemplo. Produzia um óleo de fraca qualidade e de pouco valor comercial que, no tempo da II Guerra Mundial, era utilizado na iluminação ou para trabalhar a lã (do am. *fatling*). Var.: *Fátlim*.

Fatia dourada, *n.f.* O m.q. rabanada[T]. Tem este nome pela cor dourada que adquire depois de frita.

Fatia frita, *n.f.* O m.q. *fatia dourada*; rabanada[T].

Fatia gulosa, *n.f.* Nome que na Terceira se dá a fatia de pão com manteiga que, depois de torrada, é barradas com doce de amora.

Fato, *n.m.* Interior da barriga do porco, as vísceras e os intestinos; o m.q. *santa-folhos*.

Faúlha, *adj.* Esperto; vivaço; o m.q. *faísca*[T].

Faúlhinha, *n.f.* Chuva miudinha (ext. de *faúlha*)[SM]: – *'Tá caindo uma faulhinha, no Continente dizim que é chuva de enganatolos!*

Fava de molho de dedo, *exp.* Favas cozidas, temperadas com salsa e vinagre, apresentadas durante as touradas à corda na Ilha Terceira numa grande travessa onde todos se servem à mão – com os dedos, daí o nome. Também chamadas *Favas de molho de unhas*.

Fava-do-mar

Fava-do-mar, *n.f.* Semente acastanhada, também chamada *castanha-do-mar*, rudemente semelhante a uma fava, mais redonda e maior, que dá à costa nas ilhas dos Açores trazida pela corrente do Golfo do México quando recebe as águas do Mississipi, e que se aproveitava para fazer porta-chaves e bocetas de rapé. É a semente da *Mimosa scandens*.

Fava-rica, *n.f.* Espécie de guisado feito com favas secas depois de demolhadas[SM].

Favas escoadas, *n.f.* Favas tenras, apenas cozidas em água, sal e hortelã, servidas como acompanhamento de outro prato depois de temperadas com cebola, salsa, azeite e vinagre[F,T].

Faveira, *n.m.* Alcunha de indivíduo alto e magro (de *fava* + *-eira*)[T].

Favica, *n.f. Bot.* Variedade de fava miúda *(Vicia faba)*, destinada à alimentação do gado e na adubação das terras, que também se come torrada.

Favola, *n.f.* Dente grande (de *fava* + *-ola*)[T]. No Alentejo chama-se 'fava' e 'tachola', e ao seu portador, 'favancas'.

Faxina, *n.f.* Também chamada *Imposição*, era um tributo que consistia em um dia de trabalho anual por cada fogo, empregado na construção ou na conservação dos caminhos da Ilha das Flores (do lat. *fascĭna-*, pelo it. *fascina*).

1060 Pedro L. N. Chernoviz – *Diccionario de Medicina Popular*.

Fazenda, (do lat. *facienda*) **1.** *n.f.* Pomar; quinta. **2.** *n.f.* Coisa muito boa: *–Isto é uma obra prima [...] Está uma fazendinha...*[1061]. **3.** *adj.* Prestável; solícito[T]: – *José Joaquim do Portinho é um fazenda, sempre pronto a ajudar quim quer que seja!*

Fazer a cama ao gado, *exp.* Limpar o recinto onde está o gado, renovando as ervas ou os fetos secos que, depois de servir, são aproveitados para estrume.

Fazer a casqueta, exp. Cortar o cabelo muito curto. Cp.: No Cont. 'casqueta' ou 'casquete', entre outras coisas, era um rodilhado com remédio que se punha aos tinhosos para lhes arrancar o cabelo.

Fazer a ceia ao gado, *exp.* Dar comida ao gado que está no estábulo, no final da tarde[Fl].

Fazer a goela, *exp.* Abrir o porco, depois da matança, do peito até ao focinho, tarefa que compete ao *matador*[SM].

Fazer a sua vida, *exp.* O m.q. defecar[T].

Fazer água, 1. *exp. Náut.* Diz-se da embarcação que deixa entrar água. **2.** *exp. fig.* Adoecer gravemente[T].[1062]

Fazer balhar a campóina, *exp.* Fazer abanar; fazer andar na corda bamba[T]. A *Campóina* é um dos *balhos* mais mexidos do folclore da Terceira, daí a expressão.

Fazer bau, *exp. Bal.* Manejar a linha, aliviando-a ou recolhendo-a quando necessário, no acto de matar a *baleia* (do am. *to bow*).

Fazer beiçinho, *exp.* Diz-se quando o bebé ensaia o choro, com o beicinho a tremer[F].

Fazer biscoito, *exp.* Cortar lenha em terreno de biscoito[SM].

Fazer boca, *exp.* Comer qualquer coisa salgada antes de beber um copo[SM].

Fazer caltraçada, *exp.* Estabelecer confusão. Ver também *caltraçada*.

Fazer canastra, *exp. Náut.* Capturar isca viva, geralmente chicharro, e guardá-la na *canastra* para a utilizar em certas pescarias como a dos tunídeos.

Fazer casa, *exp.* Abrir; alargar[F].

Fazer como o Sol faz à baganha, *exp.* Abrir a meio[Sj].

Fazer conhecido, *exp.* Tornar conhecido. É influência gramatical da língua inglesa – 'to make know'.

Fazer conta de si, *exp.* Tratar da sua vida[T].

Fazer corda falsa, *exp. Taur.* Manter a corda enrolada no chão, entre os que a manejam a meio e os que a seguram na extremidade, de tal maneira que, na ocasião em que o touro dê uma arremetida maior, tenha corda suficiente para poder alcançar os que o desafiam[T].

Fazer dom, *exp.* Ganhar fama[T]: *A cantar fizeste dom / P'ra todo o público inteiro; / Mas eu só te acho bom / É p'ra carroça do moleiro*[1063].

Fazer estudo, *exp.* O m.q. estudar[Fl].

Fazer farelo, *exp.* Conversar demoradamente.

Fazer frade, *exp. Bal.* Diz-se quando a *baleia* se coloca na posição vertical, com a cabeça toda fora de água, rodando cerca de 360 graus para ver tudo o que rodeia. É sinal de baleia que se quer defender e que atacará a qualquer momento, por isso requer toda a prudência dos baleeiros. Os Americanos chamam-lhe 'spyhopping', espiar de salto.

Fazer franqueza, *exp.* Convidar; oferecer[SM]: – *Faço franqueza da minha casa!*

Fazer frente, *exp.* O m.q. namorar[T].

Fazer jogo, *exp.* Expressão antiga que significava olhar demoradamente no sentido de conquistar uma rapariga, porque

---

1061 João Ilhéu – *Gente do Monte.*

1062 Por influência da linguagem náutica. Quando um barco faz água, isto é, mete água, está doente.

1063 Quadra de Gregório Gonçalves de Freitas (o *Gregório Laranjo*), in *Improvisadores da Ilha Terceira.*

nessa altura geralmente era o rapaz que se atirava à rapariga para iniciar um namoro[F,Sj,T].

Fazer lá-lá, *exp.* Dar um passeio (infantil): *– Anda, cara linda, vamos fazer lá-lá!*

Fazer lama, *exp. fig.* Estar muito tempo no mesmo lugar: *Mestre Rafael não era daqueles que "fazia muita lama" na igreja (não assíduo)*[1064].

Fazer lenha, *exp.* O m.q. cortar lenha[SM].

Fazer lume, *exp.* O m.q. relampaguear[C].

Fazer mato, *exp.* Limpar o mato de lenha caída[SM].

Fazer míngua, *exp.* Fazer falta; fazer diferença[F]. *E ao bom velhinho não fazia míngua pensar em tal*[1065].

Fazer o bau da linha, *exp. Bal.* Recolher a linha pela proa do bote baleeiro (do am. *to bow*): *[...] começaram a fazer o bau: de pé, sobre os bancos [...] recuperavam, puxando-a para dentro, a linha perdida*[1066].

Fazer o loque, *exp.* Fazer uma coveta nos camalhões de plantação e deitar-lhe água, fazendo uma massa lodosa onde a plantinha da batata é implantada à mão[StM]. Nota: *Loque* é termo exclusivo de Santa Maria, designando qualquer substância mole e viscosa.

Fazer papel, *exp.* Fazer testamento[F].

Fazer peixinho, *exp.* Apanhar o chicharro miúdo com o enchelavar, para servir de isca viva[Sj].

Fazer pingalhão, *exp.* Fazer troça; troçar[Fl,T]: *[...] àquele reles que só lhe cobiçava os prazeres do corpo e ainda por cima fazia pingalhão dela!*[1067].

Fazer porta, *exp.* Colocar brasas junto à boca do forno de lenha para que a sua temperatura se mantenha constante[Sj].

Fazer pouco, 1. *exp.* O m.q. troçar. **2.** *exp.* Abusar sexualmente de uma rapariga, ou apenas não lhe ser honesto nas promessas de casamento[F,T]: *Duma vez, um fulano fez pouco duma pobre rapariga que lhe tinha acontecido uma infelicidade*[1068].

Fazer receio, *exp.* Fazer reparo, estranhar[SM].

Fazer retiro, *exp.* Afastar-se, ausentar-se[SM].

Far risca, *exp.* Não querer avançar, referindo-se aos animais[SM].

Fazer sanzala, *exp.* Fazer uma conversa fútil, barulhenta[T].

Fazer-se novo de, *exp.* Comer pela primeira vez, no ano, uma fruta ou legume[SM]: *– Fiz-me novo de laranjas!*

Fazer tortura, 1. *exp.* O m.q. causar incómodo[Fl]. **2.** *exp.* Atrasar os trabalhos feitos ao ar livre por causa de mau tempo; o m.q. *dar tortura*[SM].

Fazer uma propriedade, *exp.* Cultivar uma propriedade, referindo-se quase sempre a uma terra arrendada a outrem.

Fazer visitas, *exp.* Dar cumprimentos[StM]: *– Olha, nã te esqueças de fazer visitas a teu pai!*

Fechada, *n.f.* Cada jacto de leite que sai do teto da vaca na ordenha manual; o m.q. *fechadela* (part. pas. fem. subst. de *fechar*)[C,F].

Fechada de rama, *exp.* Diz-se da terra plantada de batata-doce quando a rama está bem desenvolvida e pronta para ser virada[Sj].

Fechadela, *n.f.* O m.q. *fechada* (de *{fechada}* + *-dela*)[C].

Fechado, *adj. fig.* Retido; impossibilitado de sair de uma ilha (part. pas. de *fechar*): *– Ficámos fechados no Corvo mais de três dias!*

1064 João A. Gomes Vieira – *Os Açorianos e as Pescas 500 Anos de Memória.*

1065 P.e Nunes da Rosa – *Pastorais do Mosteiro.*

1066 Dias de Melo – *Pedras Negras.*

1067 João Ilhéu – *Gente do Monte.*

1068 J. H. Borges Martins – *Crenças Populares da Ilha Terceira I.*

Fechadura típica do Corvo

Fechadura de madeira, *n.f.* Fechadura das casas da Ilha do Corvo ainda há poucos anos usada, actualmente fazendo parte do artesanato destinado ao turismo[1069].

Fechal, *n.m.* Uma das peças do arado[SMT]; o m.q. *pescal* (de *fecho* + *-al*)[SM].

Fecho, *n.m.* Trave comprida e pesada do lagar que, aplicada sobre o pé da uva, através dos *malhães*, espreme o suco ainda existente[Fl].

Fedinchar, *v.* Choramingar da criança (CF).

Fedor, *adj.* Desprezível; nojento: *Fedor de velho!*[T].

Fedrica, à, *loc.* Feito como deve ser, com cuidado[T].

Fegura, *n.f.* Figura, sua f. arcaica[T]: *[...] & a fundo da dicta ymage de Santa Maria que siia hũa fegura de bispo reuestido de vesti-duras pontificaaes [...]*[1070].

Feijão assado, *n.m.* Espécie de feijoada, acabada de apurar no forno do pão[F].

Feijão da Graciosa, *n.m.* Variedade de feijão vermelho antigamente exportado desta Ilha para as outras.

Feijoca, (de *feijão* + *-oca*) **1.** *n.f.* Feijão miúdo. **2.** *n.f. fig.* Boca. *Andar sempre de feijoca arreganhada:* o m.q. andar sempre a rir[T]. **3.** *n.f.* Vagina[SM].

Feio como o pecado, *exp.* Muito feio[T].

Feio, *adj.* Enorme; grande:– *Aquilho foi um guerra feia entre os dois!*

Feiote, *adj.* O m.q. feioso (de *feio* + *-ote*). O fem. é *feiota*.

Feital, *n.m.* Terra onde abundam *feitos*[Fl,T]; o m.q. *feiteira* (de *{feito}* + *-al*).

Feiteira, *n.f.* O m.q. *feital* (de *{feito}* + *-eira*)[T].

Feiticeira, (de *feitiço* + *-eira*) **1.** *n.f.* Rapariga formosa, graciosa e atraente[SM]. **2.** *n.f.* A filha mais nova quando há sete numa casa[P,T] – para o não ser, ou deixar de ser *feiticeira*, são necessárias as mesmas formalidades usadas para o *lambusão* e terá que chamar-se Jerónima. **3.** *n.f.* Pequena borboleta de várias cores, sobressaindo o preto e o amarelo-torrado[SM]. **4.** *adj.* Encantadora; sedutora; sensual: *[...] As rosas são os sorrisos, / Dessa boca feiticeira*[1071].

Feiticeiro, *adj.* Apetitoso; saboroso (de *feitiço* + *-eiro*)[Fl]: – *Este pão de milho é feiticeiro, quim dera ũa'lhapinhas pa comer cum ele!*

Feito em sal e pimenta, *exp.* Diz-se daquele que está estafado, completamente derreado[SM].

Feito, *n.m. Bot.* Feto, sua f. antiga[F,P,T], também chamado *feito-bravo* ou *feto-bravo*, planta criptogâmica que infesta as pastagens das ilhas, obrigando à sua frequente monda para evitar o alastramento e a destruição da erva.

Feito-de-cabelinho, *n.m. Bot.* O m.q. *Cabelinho (Culcita macrocarpa).*

Feito-frisado, *n.m. Bot.* Espécie de feto *(Trichomanes speciosum)* presente em todas as ilhas (excepto Santa Maria). Em Por-

---

[1069] Ainda há poucos anos as casas do Corvo não tinham fechaduras de ferro como se usa nas outras ilhas. Nessa Ilha não havia ladrões e, além disso, antigamente pouco havia para roubar.

[1070] Excerto de bula pontifícia do séc. XIV.

[1071] Teófilo Braga – *Cantos Populares do Arquipélago Açoriano.*

tugal continental é conhecida apenas uma única população na Serra do Valongo sendo, por isso, espécie protegida.

Feito-manso, *n.m. Bot.* Nome vulgar do *Diplazium caudatum.*

Feito-marítimo, *n.m. Bot.* Nome vulgar do *Asplenium marinum.*

Feituria, *n.f.* Aspecto; aparência; vista (de *feitura* + *-ia*)[SM].

Feixe, *n.m.* Atado feito com quatro gavelas de trigo; o m.q. *gavelão* (do lat. *fasce-*)[Sj].

Feixe-de-gente, *n.m. fig.* Muita gente junta; multidão[SM].

Feliciano, *n.m.* Variedade de biscoito com a forma de argola, feito à base de farinha, açúcar, manteiga, ovos, vinho do Porto e amêndoa pelada[T].

Felor, *n.f.* Flor[SM,T]. Quadra da Folia[SM]: *Por seres um bom criador, / Tens a pombinha por fim, / recebe agora a felor / Que ela tem no seu jardim.*

Felosa, *n.f.* O m.q. *estrelinha*[SM].

Fêmea, (ext. de *fêmea*) **1.** *n.f.* Mancha clara que aparece nas unhas: *Um sinalinho na cara / Uma fêmea numa unhinha, / Um senão que uma tivesse, / Era mais graça que tinha*[1072]. **2.** *n.f.* Mó inferior dos moinhos[SM] – a superior chama-se *macha* ou *andadeira*. **3.** *n.f.* Cada um dos entalhes no canzil da canga de bois[SM].

Feminha, *n.f.* Descendente do sexo feminino; dim. de *fêma*; rapariguinha[SM,T]: *Se tivesse um filho macho, era Liberal [...] Liberta, se fosse fiminha*[1073]. Se for do sexo masc. chama-se *machinho.*

Fenal, *n.m.* Campo de feno (de *feno* + *-al*)[SM].

Fençada, *n.f.* Defesa ou divisão feita com paus e *verga-farpada* nos matos, também chamada *fenço* (de *{fence}* + *-ada*)[Fl].

Fence. *n.m.* O m.q. *fençada* (do am. *fence*)[SM].

Fender lenha, *exp.* O m.q. rachar lenha[F].

[1072] Vitorino Nemésio – *Festa Redonda.*

[1073] Cristóvão de Aguiar – *Marilha.*

Fendida, *n.f. Sinal* de marcação de posse do gado, constituído por um corte na ponta da orelha.

Feno, 1. *n.m.* O m.q. caruma de pinheiro (do lat. *faenu-*)[T]. Era este o seu significado no português do séc. XV e aqui se manteve até agora. Antigamente costumava-se *enfenar* as casas, espalhando *feno* pelo chão térreo, como bem notaram os irmãos Bullar em 1838 na sua visita às nossas ilhas: *Um quarto de chão térreo e amaciado pelos pés descalços, e coberto de verdura, dá para a rua.* **2.** *n.m.* Também chamado *feno-da-rocha*, é o nome vulgar da *Deschampsia foliosa.*

Feno-de-cheiro, *n.m.* O m.q. *erva-santa* (*Anthoxanthum odoratum*).

Feoto, *adj.* Dim. de feio (de *feio* + *-oto*)[T]. Fem.: *Feota.*

Ferefolha, *n.f.* O m.q. *forfolha*[F]: *As ferefolhas calam-se em me vendo / e eu sigo, calado, / taciturno [...]*[1074].

Ferir lume, 1. *exp. fig.* Ser um exagero, uma coisa demasiada[T]: *Era gaitadaria que feria lume*[1075]. **2.** *exp. fig.* Ir numa grande velocidade[T]: *[...]botou-se a fugir no cavalo. Feria lume pràquele mato fora que era uma coisa medonha!*[1076].

Fermoso, *adj.* Formoso, sua f. antiga (f. semierudita, por dissimilação do primeiro [o] de formoso): *És fermosa mas tens um génio / como nunca vi outr'assim*[1077].

Fermosura, *n.f.* Formosura, sua f. arcaica.

Ferra-diabos, *loc. adj.* Mau; patife.

Ferrado, *n.m.* Primeiras fezes do recém-nascido; o m.q. mecónio (ext. de *ferrado*, queimado)[T]. Var.: *Ferradinho*[T].

Ferrar um calo, *exp.* O m.q. pregar um calote[SM].

[1074] João dos Santos Silveira – *Poemas.*

[1075] J. H. Borges Martins – *Crenças Populares da Ilha Terceira I.*

[1076] J. H. Borges Martins – *A Justiça da Noite na Ilha Terceira.*

[1077] Manuel da Costa Fontes – *Romanceiro da Ilha de S. Jorge.*

Ferreirinha, *n.f.* O m.q. *cavaco-anão* (*Scyllarus arctus*)[F].
Ferro, *n.m.* O m.q. relha, a ponta de ferro do *arado de madeira.*
Ferroada, *n.f.* Acto de puxar a linha de pesca para aferrar o peixe (part. pas. fem. subst. de *ferroar*).
Ferroadela, *n.f.* O m.q. *ferroada.*
Ferro-bolota, *n.m.* O m.q faca[C].
Ferro de estima, *n.m.* Ferro de passar a roupa, ferro a vapor (*estima,* do am. *steam*).
Ferromeca, *n.f.* O m.q. gaivota; *gaifona*[SM].
Ferromeco, 1. *n.m.* Pequeno boneco feito de bocados de *massa-sovada* que as raparigas tiram às escondidas para oferecerem aos namorados[T]. **2.** *n.m.* Gesto caricato e travesso[SM]. **3.** *n.m.* Artífice de pouca competência[T].
Ferruge, 1. *n.f.* Ferrugem, sua corruptela por apócope. **2.** *n.f.* O m.q. fuligem; tisna (ext. de *ferrugem*)[C].
Ferrupilha, *n.m.* Maltrapilho[T]: – *Anda c'm'um ferrupilha mas dizim que tem muito dinheiro guardado im casa!*
Fêrva, *n.f.* Entusiasmo nervoso; exaltação (deriv. regr. de *ferver,* sua ext.)[T] – *Agora que vai casar a filha, anda numa ferva medonha!*
Fervedouro, *n.m.* O m.q. *couves aferventadas* (de *ferver* + *-douro*)[SM].
Ferveleta, *n.f. fig.* Orgão genital feminino (de *ferver* + <-l-> + *-eta*)[T]: – *A pequena anda saída de todo... Arde-le a ferveleta!*
Ferver de pulo, *exp.* O m.q. ferver de cachão[T].
Fervura, *n.f. fig.* Inquietação[F].
Fescal, 1. *n.m.* Peça do arado que liga a ponta ao timão[T]. **2.** *n.m.* Monte de trigo, nas terras, que aguarda a vinda da debulhadora[Fl].
Fescalar, *v.* Fazer um *fescal* com o trigo, na terra (de *{fescal}* + *-ar*)[Fl].
Festa da Pombinha. Festa realizada em S. Miguel no sábado, domingo e segunda-feira de Pascoela, em que vai apenas uma pomba de prata com a Bandeira, sem a presença da *Coroa* do Espírito Santo. Tem uma origem distante, em 1673, aquando duma epidemia que subitamente desapareceu com os sons do tambor da *Folia* ao percorrer as ruas; nessa altura foi cantada uma missa em acção de graças a este milagre, tendo sido vista a entrar na igreja uma pomba que assistiu até ao fim da celebração, tendo pousado no púlpito e na capela, saindo por uma fresta quando tudo acabou. Isto deu origem a uma missa cantada anual, também chamada *Festa da Pombinha.*
Festa da Senhora dos Navios. Missa solene que se fazia na Ilha das Flores desde o séc. XVII até à implantação da República, voto feito em 1672 aquando de ataque de piratas holandeses à Ilha.
Festa do bezerro. Manifestação das Festas do Espírito Santo da Ilha Terceira em que um ou mais bezerros, enfeitados de flores e fitas de papel, percorrem o povoado ao som de música profana e são obrigados a ajoelhar em frente do trono onde se ostenta a *Coroa* do Espírito Santo para lhe tocarem com o Ceptro na testa antes de serem abatidos.
Festa do Esprito Santo. É a festa mais característica de todo o arquipélago, que se realiza do domingo da Pascoela ao domingo da Trindade e que, embora apresente variantes diferentes nas diversas ilhas, tem um fundo comum em todas elas. *[...] As festas do Espírito Santo, de origem aristocrática, quase completamente esquecidas no Reino, ainda estão no seu fervor primitivo nas ilhas dos Açores, e conservam o nome histórico de Império dos Nobres [...]*[1078]. Estas festas foram instituídas no Continente pela rainha Santa Isabel em Alenquer[1079], em 1296, já com a desig-

[1078] Teófilo Braga – *Cantos Populares do Arquipélago Açoriano.*
[1079] Segundo alguns, teriam sido prometidas pela Rainha caso D. Dinis e o filho acabassem com a guerra que mantinham entre si, segundo outros, seriam relacionadas com a prática da caridade.

nação de 'Império', passando dali para Sintra e depois estendendo-se a todo o país[1080]. Nas margens do Zêzere eram chamadas 'Folias do Espírito Santo'. *Trazido provavelmente para o Arquipélago pelos primeiros colonizadores portugueses no século XV, o Culto do Espírito Santo, tomado no seu todo como um sistema de fenómenos religiosos, celebrativos e festivos, e como universo de religiosidades comunitariamente vividas, reúne ecléctica e sincreticamente múltiplas tradições e linhagens históricas, religiosas e profanas, teológicas, doutrinais e pastorais, cuja manifesta articulação universal e particular […] continua a ser objecto de merecido estudo específico e de apaixonante investigação inter e multidisciplinar*[1081]. *Foram ainda nos Açores em seu princípio uma devoção e festividade toda aristocrática*[1082].
Falando do Espírito Santo, Nemésio escreve: *As festas do Espírito Santo enchem a Primavera das ilhas de um movimento fantástico, como se homens e mulheres, imitando os campos, florissem*[1083].
Apesar do povoamento dos Açores só se ter iniciado quase 200 anos depois do apogeu do Joaquimismo, alguns autores relacionam as festas do Espírito Santo como o reacender da doutrina de Joaquim de Fiore[1084], seguramente por influência dos franciscanos – os primeiros religiosos a instalar-se nestas ilhas –, inspirando manifestações religiosas e acções rituais e simbólicas ainda hoje conservadas[1085].

[1080] No sXIII, segundo Leite de Vasconcelos, ainda antes de 1237, há a notícia da existência da Confraria Benavente, que organizava um bodo para os pobres no dia do Espírito Santo. Não sendo conhecida a origem remota das Festas do Espírito Santo, parece que certo imperador da Alemanha, Otho IV, o Soberbo (séc. XIII), foi o primeiro a lançar os fundamentos de uma instituição que, em honra do Espírito Santo, prestou socorro aos pobres, nessa altura em que grassou a fome no seu Império.

[1081] Eduardo Ferraz da Rosa – *A Devoção ao Divino Espírito Santo na Historiografia e na Cultura Portuguesa.*

[1082] João Teixeira Soares em nota às cantigas da Folia do Espírito Santo em *Cantos Populares do arquipélago Açoriano* de Teófilo Braga.

[1083] Vitorino Nemésio – *Mau Tempo no Canal.*

[1084] Joaquim de Fiore (1132-1202) foi um abade da Ordem religiosa de Cister, filósofo místico, defensor do milenarismo e do advento da Idade do Espírito Santo.

Gravura de Joaquim de Fiore

Festa do Irró. Desta festa, o Padre Ernesto Ferreira (1880-1943)[1086] anota: *[…] A gente marítima de Vila Franca do Campo ainda festeja o seu Padroeiro na segunda-feira depois do domingo de Pascoela, levando processionalmente a devota imagem para a matriz, onde há*

[1085] Para os açorianos, as festas do Espírito Santo são tão importantes que, antigamente, as pessoas que enviuvavam abstinham-se de ir a festas, excepto a estas festas profanas.

[1086] Padre Ernesto Ferreira – *A Alma* do *Povo Micaelense.*

missa solene e sermão, e reconduzindo-a novamente para a ermida de Santa Catarina, também à beira-mar, na qual se acha actualmente, por se ter arruinado a sua casa. De tarde, os pescadores percorrem, em bandos, as ruas da vila, pulando e bailando em vozearia donde sobressai a palavra Irró. É a isto que chamam a Festa do Irró.

Festa dos Cornos. Também chamada *Festa de S. Marcos*, era realizada na ilha Graciosa, S. Jorge, Pico, Faial, Flores e Corvo e tem uma origem pouco esclarecida, pensando alguns ter sido introduzida pelos primeiros colonos flamengos[1087]. Realizava-se sempre no dia 25 de Abril. S. Marcos, segundo a crença popular, tem o poder de amansar os bois bravos.

Festa do Senhor Santo Cristo dos Milagres. É a mais importante festa religiosa dos Açores, que se venera na igreja do Convento de Nossa Senhora da Esperança em Ponta Delgada, S. Miguel, a cuja porta e durante todo o ano há quase sempre gente, de dia e de noite, ajoelhada a rezar. A procissão, que se realiza-se sempre no 5.° domingo após a Páscoa e que se reveste de grande solenidade e esplendor, é um extraordinário acto de fé de milhares de pessoas de todas as ilhas. Foi em 1713, quando um devastador terramoto fez tremer a terra durante vários dias, que uma imagem de Cristo trazida em procissão, com a violência dos abalos, caiu do andor e, mal tocou no chão, logo se sossegou a terra e o mar, ajoelhando-se todo o povo, beijando a imagem e baptizando-a com o nome que para sempre lhe ficou – Santo Cristo dos Milagres.

A ornamentação desta imagem é feita com cerca de sete mil pedras preciosas. O seu resplendor, feito de prata e ouro ao estilo barroco setecentista, foi oferecido na segunda metade do séc. XVIII pelos Condes da Ribeira Grande e pesa cerca de cinco quilos, ostentando topázios imperiais, diamantes, rubis e ametistas. O tesouro de Santo Cristo é considerado um dos maiores do país, sendo praticamente impossível contabilizar o seu valor exacto.

Festa Grande, *n.f.* Nome que se dá no Corvo à festa do Espírito Santo feita na segunda semana de Julho, onde nesse tempo estão presente muitos emigrantes que vêm de férias.

Festa Nova, *n.f.* Festa do Espírito Santo no domingo da Trindade[SJ].

Festa redonda, *n.f.* O m.q. *balho* popular: *No sábado houve festa redonda, com tocadores de viola*[1088].

Festa Velha, *n.f.* Festa do Espírito Santo no Domingo de Pentecostes[SJ].

Festado, *adj.* Vincado (part. pas. de *festar*)[F,T].

Festar, *v.* Fazer o festo, a dobra dum tecido (de *festo* + *-ar*)[T].

Feto-macho, *n.m.* Nome vulgar do *Dryopteris borreri.*

Fezes, *n.f. pl.* Arrelias; impaciência[SJ,T]: *Nã s'apoquente, nã tenha fezes, que tudo s'há de resolver!* Usada no Alentejo com significado idêntico. Em S. Jorge diz o provérbio: *Não há oiro sem fezes.*

Fiada do cume, *n.f.* O m.q. espigão, falando do cume das casas[SJ].

Fialho, *n.m. fig.* Narração interminável (de *fio* + *-alho*). Fazer fialho: alargar demasiado uma narrativa[T].

Fiampalho, (de *fiapo* + *-alho*, com epênt. do *m*) **1.** *n.m.* Porção de fiapos; o m.q. fiapagem[T]. **2.** *n.m.* O m.q. roupa esburacada[T]. Com o primeiro significado é usado no Alentejo.

Fiampua, *n.f.* Variedade de ponto antigamente usado pelas tecedeiras, no tear[T]; o m.q. 'fio em pua', sua corruptela.

Fião, *n.m.* Reunião das mulheres durante o serão para fiar (de *fiar* + *-ão*)[T].

[1087] Recorde-se que foi nestas ilhas que os flamengos se fixaram.

[1088] Vitorino Nemésio – *Mau Tempo no Canal.*

Fiar, *v.* Ruído provocado pelo 'rom-rom' do gato (de orig. onom.)[Sj].
Ficar alfeira, *exp.* O m.q. *ficar de ano*[C].
Ficar a cortar prego, *exp.* Ficar intimidado; ficar com medo: *[...] disseram que o matavam [...] se ele botasse o padre fora! Ele ficou a cortar prego e deixou o padre continuar lá a viver!*[1089].
Ficar a desbancar, *exp.* Ficar bem ao parecer[Sj,T]: – *Esse casaco fica-te a desbancar!*
Ficar a nove, *exp.* Não entender nada do que ouviu[Fl]. Nota: A expressão tem origem na antiga operação que todos os alunos aprendiam a fazer para verificar se as contas estavam certas – 'noves fora, nada'.
Ficar a pão e laranja, *exp.* Ficar na miséria[SM,T]. Tem origem no tempo de fartura, em que a laranja era acessível a toda a gente.
Ficar a tenir, *exp.* Ficar sem dinheiro nenhum (tenir, alt. de *tinir*)[T].
Ficar a trotes, *exp.* Ficar embaraçado[SM].
Ficar cma tolo, *exp.* Ficar estupefacto: *[...] ele ficou cma tolo, porque nunca pensou que aquela mulher fosse feiticeira*[1090].
Ficar com cara de quem não matou porco, *exp.* Ficar com fácies triste, com ar infeliz: *Porque é que o tio, sempre que a gente fala do mar, fica assim com cara de quem não matou porco?*[1091].
Ficar com o sal na moleira, *exp.* Diz-se daquele que fica impossibilitado de agir devido a um entrave na vida[SM]; o m.q. *ficar salgado.*
Ficar com os pés sujos, *exp.* Diz-se do estado em que alguém fica depois de tomar uns copos valentes[T]. Var.: *Ficar com os pés cagados*[T].
Ficar de ano, *exp.* Diz-se da vaca que não emprenha nesse ano[C,F]; o m.q. ficar *alfeira.*

[1089] J. H. Borges Martins – *A Justiça da Noite na Ilha Terceira.*
[1090] J. H. Borges Martins – *Crenças Populares da Ilha Terceira I.*
[1091] João Ilhéu – *Gente do Monte.*

Ficar de noite, *exp. Náut.* Ir pescar de lancha durante a noite[F].
Ficar de sola para o ar, *exp.* Ficar maniatado, por via de mau olhado[SM].
Ficar em lençóis de vinagre, *exp.* Ficar em mau estado depois de ser agredido[T]. Tem origem no facto de antigamente se envolverem as pessoas vítimas de pancadaria em lençóis embebidos com vinagre.
Ficar em nada, *exp.* Emagrecer muito[Fl]. Também se diz de qualquer alimento que reduz muito de volume depois de cozinhado[F,Fl].
Ficar estupor, *exp.* Ficar arreliado[Sj].
Ficar negro, *exp.* Ficar cianosado: *[...] pegava nas brasas e ria tanto que ficava negro*[1092].
Ficar no prato, *exp.* Diz-se da *Coroa* do Espírito Santo quando não se faz a festa[Sj]. Nota: Neste caso prato significa *bandeja* ou *salva,* nome que também é dado em S. Jorge.
Ficar numa sopa, *exp.* Ficar completamente molhado, *todo alagado-pingando,* como se diz na Terceira[F].
Ficar pra Deus o levar, *exp.* Ficar intensamente desapontado.
Ficar ruim, *exp.* Ficar muito zangado. É exp. muito usada, particularmente na Terceira: *Os homens paravam os carros, ficavam ruins e davam em ralhar muito*[1093].
Ficar salgado, *exp.* O m.q. *ficar com o sal na moleira*[SM].
Fidalgo, (contrac. de *filho de algo*) **1.** *adj.* Diz-se da espécie de caranguejo de grande tamanho, no Continente também chamado 'caranguejo-fidalgo' (*Grapsus grapsus*). **2.** *adj. fig.* Diz-se do indivíduo alto e magro[Sj].
Fideputa, *n.m.* Indivíduo de má índole. Arcaísmo aqui conservado. Camões escreve: *Oh fideputa bargante! esperai, que*

[1092] J. H. Borges Martins – *Crenças Populares da Ilha Terceira II.*
[1093] J. H. Borges Martins – *Crenças Populares da Ilha Terceira I.*

estoutro vo-lo dirá[1094]. Actualmente, ainda faz parte da nossa linguagem: *[...] fide-putas de um corisco, má fogo abrasasse toda essa sacanagem [...]*[1095].

Fidoai, *n.m.* O m.q. arame farpado (do am. *wire*)[F]. Este termo, apesar de não ser registado por outros autores, ainda se usa nas Flores.

Fieira, (de *fio* + *-eira*) **1.** *n.f.* Fio que se enrola para fazer girar o pião. **2.** *n.f.* Cordel que prende a linha de pesca à ponta do caniço feito de bambu e se prolonga até alguns nós para poder ser recuperado no caso da sua ponta se partir.

Fiel, *n.m. Bal.* Cada uma das cordas que amarram o *estropo* ao cabo do *arpão-da--baleia* (do lat. *fidēle-*).

Figo-banano, *n.m. Bot.* O m.q. banana; o m.q. *figo-de-banana*. Já os cronistas do séc. XVI chamavam 'figo' à banana.

Figo-de-banana, *n.m. Bot.* O m.q. banana e *figo-banano*[Fl,SM].

Figo-de-figueira, *n.m. Bot.* Nome usado para distinguir o figo da figueira do *figo--de-banana*[SM,StM].

Figo-de-mel-no-bico, *n.m.* O m.q. figo--pingo-de-mel[Fl].

Figo-de-rocha, *n.m. Bot.* Fruto da figueira--babosa (*Opuntia ficus-indica*)[SM].

Figueira-babosa, *n.f. Bot.* O m.q. *figueira--do-Inferno* (*Opuntia ficus-indica*)[SM].

Figueira-brava, *n.f. Bot.* Planta frequente nas ilhas *(Ficus carica)*, cujo miolo é aproveitado para o artesanato.

Figueira-do-Inferno, **1.** *n.f. Bot.* Nome vulgar da *Opuntia ficus-indica*, da Família das Cactáceas, originário da América Central e Florida, com muitos picos – como um cacto – e que dá um fruto muito doce. **2.** *n.f. fig.* Mulher estéril[SM].

Filaça, *n.f.* O m.q. *espadana* (*Phormium tenax*)[P,Sj].

Filha-da-mãe, *loc. adj.* O m.q. filho-da--mãe, atenuação de *filha-da-puta*, sem nenhuma conotação do seu conteúdo ético. TB define a expressão, falando da linguagem vulgar do Continente, com uma conotação grave: *Na linguagem popular conserva-se na frase Filho da mãe um carácter insultuoso, atribuído a esse estado de um hetairismo inicial correspondente a um culto estoniano ou de prostituição sagrada [...]*[1096].

Filha-da-puta, *loc. adj.*. Nome rotineiramente utilizado nas ilhas, com o significado de maldito, malvado e sem a conotação grave do seu conteúdo ético.

Filhar, *v.* Alcançar; tomar (arc.)[T].

Fim, *n.f.* Final; termo. É ainda actualmente usado nos Açores muitas vezes no feminino, como acontecia no latim e no português arcaico[1097] em que o género oscilava, só se fixando o masculino no português moderno[1098]. Leia-se a quadra: *Casei a primeira vez / Co a infanta D. Constança / Viuvei à fim dum mês, / Fui castigodo de Dês*[1099]. Adágio de S. Miguel: *Mula que faz him / e mulher que fala latim / raramente há boa* fim. Dias de Melo escreve: *[...] os baleeiros largavam fosse o que fosse que estivessem a fazer, passavam às carreiras por esses caminhos da fim do mundo [...]*. No Minho, ainda há poucos anos se ouvia esta palavra também no feminino. No Algarve também se diz 'à fim', que significa 'depois'.

Finada, *adj.* Diz-se de uma criança quando, ao chorar muito, fica sufocada (part. pas. de *finar*)[F,Fl].

Finar-se a rir, *exp.* Perder-se de riso.

Finebaque, *n.m. Bal.* Baleia grande de bossa (do am. *finback*). Chega a atingir os

---

1094 Luís de Camões – *El-rei Seleuco.*

1095 Cristóvão de Aguiar – *Raiz Comovida.*

1096 Teófilo Braga – *O Povo Português nos Seus Costumes, Crenças e Tradições.*

1097 D. Duarte, n'*O Leal Conselheiro*, escreve: *pêra trazer a devida fim qualquer boa e grande obra.*

1098 O género fem. prevaleceu durante todo o período medieval, tendo chegado até à segunda metade do séc. XVI, embora este vocábulo já apareça no masc. em alguns textos do séc. XV.

1099 Luís Bernardo Leite de Ataíde – *Etnografia Arte e Vida Antiga dos Açores.*

24 metros de comprimento, é muito veloz e afunda-se quando está morta. Por isso não era procurada pelos baleeiros açorianos.

Fineza, *n.f.* Debilidade; fraqueza (de *fino* + *-eza*)[SM]: – *Tenho uma grande fineza no estômago.*

Finta, *n.f. Taur.* O acto de fintar, de esquivar-se da arremetida do touro (do lat. *fincta-*)[T]: *Às célebres investidas, fintas preciosas, raspando homem e animal*[1100].

Fintar, (de *finta* + *-ar*) **1.** *v.* Acertar contas; contar; tirar a prova[T]. **2.** *v.* Enganar; trocar as voltas.

Fio, *n.m.* Abrev. de *Dia do fio*[C,F].

Firme-firme, *exp.* Acertado definitivamente[SM]: – *O negócio ainda nã 'tá firme-firme.*

Fisga, (deriv. regr. de *fisgar*) **1.** *n.f.* O m.q. *fisgote*[F]. Nada tem a ver com a fisga, lança-pedras. **2.** *n.f.* Utensílio em forma de garfo, com pontas com barbelas, destinado à captura de certos peixes de superfície.

Fisgote, *n.m.* Instrumento de ferro, pontiagudo, com uma *barba* (barbela) na ponta, próprio para a pesca do polvo e do caranguejo (de *fisga* + *-ote*)[C,F,P].

Fístula, *n.f.* Grelo da batata-branca; o m.q. *brolho*[SM].

Fita, 1. *n.f.* Tira de toucinho do porco[C]. **2.** *n.f.* Diz-se do indivíduo bem apessoado: *É uma fita de um rapaz*[T].

Fitchá, *interj.* Forma de chamamento dos porcos[SM].

Fite, *n.m.* Pé (do am. *feet*). Não é de uso generalizado. – *Iess! assim que ponho os fites im terra, os jornales falim logo de mim!*[1101].

Fiúa, *interj.* Interjeição de nojo[F]. O m.q. *piúa!*

Fiúza, *n.f.* Confiança; esperança; fidúcia (do lat. *fiducĭa-*, confiança) – (arc). *À Fiúza de*: à custa de. *Ir às fiúzas de lhe darem de beber*: o m.q. ir confiante em lhe darem de beber; *andar às fiúzas de alguém*: o m.q. viver à custa de outrem[SM,T]: *[...] cada um para os seus buracos sonhar com o serão ou tocar concertina às fiúzas da Mariana Cabeça--de-Vento*[1102].

Fiúzes, *n.f. pl.* O m.q. *fiúza*[SM]. Em S. Miguel diz-se: *Às fiúzes do doente / come toda a gente.*

Fiveleta, à, O m.q. *à fedrica*[T].

Fixar, *v.* Arranjar; consertar, falando da roupa (do am. *to fix*). Carta da América: *Pois comadre mando uma encomenda com umas roupinhas para a comadre fixar para as pequenas...*

Flachelaite, *n.m.* Lanterna eléctrica de bolso (do am. *flashlight*).

Flatar, *v.* Largar flatos, ventosidades (de *flato* + *-ar*)[T].

Flato, (do lat. *flatu-*, sopro) **1.** *n.m.* Ataque de nervoso; conversão histérica: *Havia uma mulher na Fonte do Bastardo que lhe dava flatos há dois anos [...]*[1103,SM,T]. Os flatos tratavam-se com chá de cidreira. **2.** *n.m.* O m.q. enxaqueca[SM]. *Meter flatos na cabeça*[SM]: desinquietar alguém; imbuir ideias erradas. **3.** *n.m.* Vertigem (usado na exp. *ter um flato*)[C]. Var.: *Flate*[T].

Flor, 1. *n.f.* Oferenda aos criadores dos gueixos do Espírito Santo: *Julgas que ele via lá dinheiro meu, se não fosse por ser uma flor do Senhor Espírito Santo?*[1104]. **2.** *n.f.* O m.q. *pensão*[StM].

Florão, *n.m.* Parte terminal do braço da *viola da Terceira*, na *viola da terra* chamado *cravelhal* ou *pá* (de *flor* + *-ão*): *No florão da minha viola / Pus uma tira de espelho, / Para ver, de quando em quando, / Se estou novo, se estou velho*[1105].

1100 Guido de Monterey – *Terceira – A Ilha de Jesus Cristo.*

1101 Urbano de Mendonça Dias – *"O Mr. Jó"*

1102 Cristóvão de Aguiar – *Raiz Comovida.*

1103 J. H. Borges Martins – *Crenças Populares da Ilha Terceira II.*

1104 Manuel Ferreira – *O Morro e o Gigante.*

1105 Vitorino Nemésio – *Festa Redonda*

Flor-de-besouro, *n.f. Bot.* Nome que se dá à inflorescência da *conteira* (*Hedychium gardnerianum*), pelo facto de atrair muitos besouros[SM].
Flor de campo, *n.f.* O m.q. flor natural[T].
Florentino, *n.m.* Habitante da Ilha das Flores, melhor seria dito florense, mas é o empregado usualmente, assim como o Picoense é o *Picaroto* e o Corvense é o *Corvino*.
Flores-de-freira, *n.f. pl.* Flores artificiais feitas de papel com que, em S. Miguel, adornam nas festas. As mais importantes são as que enfeitam o andor do Senhor Santo Cristo. Tem este nome por serem feitas sobretudo pelas freiras e por terem sido estas as primeiras a fazê-las.
Flores-de-mosteiro, *n.f. pl.* Flores artificiais com que se enfeita a casa que tem a *Coroa* do Espírito Santo[T].
Flores do Esprito Santo, *n.f. pl.* Nome que se dá em Santa Maria a um pedaço de pão ou de rosca que o *Trinchante* distribui pelos presentes, nas festa do Espírito Santo.
Florzinhas do sacrário, *n.f.* Flores secas de arbustos que, postas num recipiente com azeite, o absorvem e mantêm uma pequena chama durante toda a noite destinada a iluminar a Sagrada Família ou a *Coroa* do Espírito Santo[Fl].
Fó, 1. *interj.* Interjeição de nojo[P]. O m.q. *fiúa* e *piúa*. **2.** *n.m.* O mesmo que peido (de orig. onom.)[Sj].
Fochear, *v.* Semear com *focho* (de *{focho}* + *-ar*)[P].
Focho *(ô)*, **1.** *n.m.* Graveto; pequeno ramo sem folhas[F]. **2.** *n.m.* Estaca, um pouco mais pequena do que uma bengala, com que se faz furos na terra para deitar a semente[P].

Focinheira (desenho de F. de Sousa Lobo)

Focinheira, *n.f.* Espécie de cesto, feito de arame ou de vime, destinado a enfiar no focinho dos animais quando andam a trabalhar (de *focinho* + *-eira*)[C,Fl]. Também chamado *cesto*[Fl].
Focinho-de-coelho, *n.m.* Nome que também se dá à planta chamada *bocas-de--coelho* (*Misopates orontium*).
Focse, *n.m.* Lanterna eléctrica alimentada a pilhas (do am. *focus*).
Fofa, 1. *n.f.* *Moda* tradicional de S. Miguel, de compasso quaternário, cuja melodia e acompanhamento musical têm características especiais, diferentes das outras *modas* regionais: *Quem quiser balhar a Fofa / Veja bem como a balha, / Que uma mulher da Terceira / Foi balhar caiu-lhe a saia.* **2.** *n.f.* Variedade de bolo pequeno do Faial aromatizado com sementes de funcho. **3.** *n.f.* Rabinho de criança[SM]. Chegar à fofa: Bater no rabo de uma criança.
Fófó, *n.m.* Ventosidade, quando se trata de crianças (de origem onom.): – *Deste um fófó meu malandrinho?!*
Fogage, *n.f.* Erupção cutânea devia a infecção por *Herpes simplex*, geralmente labial (corrupt. de *fogagem*). Var.: *Fogaige.*

Antigamente era tratada pelas *benzedeiras*, com rezas como a seguinte: *Fogage, salvage, / Quem te curaria? / Com azeite virgem / E água fria. / Em nome da Virgem Maria*[1106].

Fogão, *n.m. fig.* Mulher muito feia[SM].

Fogareiro, *n.m. fig.* O m.q. *fogão*[SM]: – *Aquilho é qu'é ũa coisa mal-amanhada..., um fogareiro!*

Fogo, *n.m.* Lanterna portátil; o m.q. *focse* (do lat. *focu-*)[Sj].

Fogo de faveiras, *exp.* Exaltação fácil e de pouca duração, tal como as faveiras secas, que ardem depressa[SM]: – *Aquilho é só fogo de faveiras, depressa le passa!*

Fogo te abrase, *loc. interjec.* Expressão muito utilizada em S. Miguel, com significado semelhante a 'diabos te levem'. A expressão também é usada em relação à própria pessoa, 'fogo me abrase': – *Well, um fogo mabrasa se ei disser arguma cousa a argam, antes do tempo!*[1107].

Fogueado, *adj.* Diz-se do porco depois de chamuscado (part. pas. de *foguear*)[Sj].

Foguear, *v.* O m.q. chamuscar, falando da matança do porco (de *fogo* + *-ear*)[Sj].

Foguetão, *n.m.* Foguete com *resposta* de intenso som, podendo ser de um ou de dois estalidos (de *foguete* + *-ão*); o m.q. *bombão*[T]. Nas touradas à corda, designado por lei, para indicar a saída do touro é usado o *foguetão* – o chamado *sinal de prevenção* – e para indicar a sua entrada no *caixão*, no final de cada corrida, um foguete ou um *foguetão* de duas *respostas*[1108].

Foguete, (de *fogo* + *-ete*) **1.** *n.m.* Peça de pirotecnia que sobe ao ar e emite três estrondos, em sucessão de três de média intensidade[F]. **2.** *n.m. fig.* Indivíduo alto, magro e trigueiro[T].

Foice-da-Amerca, *n.f.* Também chamada *foice-americana*, é uma espécie de gadanha utilizada na roçadura de *monda*, tremoço, erva da casta, etc.[Sj].

Foice-de-cabo, *n.f.* O m.q. *foicinho* e *foice-roçadoira*[Fl].

Foice-gancha, *n.f.* Variedade de foice de dois gumos[Sj].

Foice-roçadoira, *n.f.* Foice de cabo comprido, uma espécie de podoa de cabo comprido[F]. Var.: *Fouce-roçadeira*[C].

Fojão, *n.m.* Pequeno espaço de terra, rodeado de parede singela protectora, onde a videira é plantada nos *biscoitos*[T]; o m.q. *curral, curralete* e *quartel* (de *fojo* + *-ão*).

Foge diante, *loc. interjec.* O m.q. 'sai da frente'[SM]: – *Foge diante! Nã vês que eu preciso passar?*

Fole, 1. *n.m.* Mentiroso. **2.** *n.m.* Rede de pesca semelhante ao *enchelavar* mas mais pequena[SM].

Foleja, *n.m.* O m.q. *Fole* (deriv. regr. de *{folejar}*)[T].

Folejar, *v.* Mentir (de *{fole}* + *-ejar*).

Folestria, (do gr. ant. *folastrie*) **1.** *n.f.* Festarola; patuscada[T]. **2.** *n.f.* Fanfarronada; gabarolice[SM]; o m.q. flostria.

Folga, *n.f.* Divertimento popular, em geral nocturno, em que figura a dança, especialmente a *chamarrita* e, por vezes, cantigas ao desafio (deriv. regr. de *folgar*)[Fl,P,Sj]. Em certas ilhas, as *folgas* nunca faltavam na noite da matança do porco.

Folgadeira, *n.f.* O m.q. viola (CF).

Folgadinho, *n.m.* *Moda* do folclore de S. Miguel, canção viva e expressiva, certamente trazida do Norte do país: *Quem vai pela tua rua / E não te vê, meu amor, / É como quem vai ao céu / E não vê Nosso Senhor.*

Folha-de-figueira, *n.f.* *Sinal* na orelha da ovelha, constituída pelo corte de um lado e outro na sua parte superior[T].

Folha-de-figueira-fendida, *n.f.* *Sinal* de marcação do gado, composto por uma *folha-de-figueira* e uma *fendida*.

Folhada, *n.f.* Folhas do milheiro; o m.q. *folheiro* (de *folha* + *-ada*)[F]. Apanhar folhada: desfolhar o milho[F]. E. Gonçalves regista-o também no Algarve.

1106 J. H. Borges Martins – *Crenças Populares da Ilha Terceira I.*

1107 Urbano de Mendonça Dias – *"O Mr. Jó"*

1108 Portaria N.° 27/2003 de 17 de Abril.

Folhadeira, *n.f. Bot.* Planta introduzida na Ilha de S. Miguel, de porte arbóreo ou arbustivo, endémica da Madeira (*Clethra arborea*); no arquipélago dos Açores surge apenas naquela ilha. Esta planta tem causado grandes problemas no Nordeste de S. Miguel – onde lhe chamam *Verdenaz* –, dado que a sua presença impede o desenvolvimento das plantas indígenas, causando graves perturbações ambientais. Uma das suas mais graves ameaças causadas é a destruição das zonas naturais de ocorrência de uma ave muito rara, o Priôlo (*Pyrrhula murina*), que a nível planetário só ocorre no Nordeste da Ilha de S. Miguel e onde pouco mais de 100 casais aí existem[1109].
Folha-de-linho, *n.f. Bot.* O m.q. *espadana* (*Phormium tenax*)[SM].
Folheiro, *n.m.* Folhas do milheiro[SM,StM]; o m.q. *folhada* (de *folha* + *-eiro*).
Folheta, (de *folha* + *-eta*) **1.** *n.f.* Lata; folha de ferro. **2.** *n.f.* Camada de cimento fino no acabamento das superfícies rebocadas[F]. **3.** *n.f.* Nome a que o povo dava, nos finais do séc. XVIII, a moedas falsas imitando prata, afinal sendo apenas de cobre prateado.

Alferes da Bandeira, Foliões e Rei da Coroa – Flores

[1109] Paulo Faria – Comunicação Pessoal.

Folia, (do fr. *folie*, loucura) **1.** *n.f.* Grupo de Foliões que cantam e dançam nas festas do Espírito Santo. Antigamente, na Terceira, vestiam uma opa vermelha e dançavam – *foliavam* – na igreja, junto do altar-mor, o que foi proibido pelas Constituições do Bispado. Em muitos lugares, onde se organizam filarmónicas, as *Folias*, 'não tendo razão de ser', extinguem-se. **2.** *n.f.* Manifestações de alegria dos animais, correndo e saltando[T]: *Acordavam* (as lavandeiras) *lá em seus berços e, aos pares e às folias, aí as tinham de volta*[1110]. **3.** *n.f.* Divertimento; pagode; pândega: *[...] um monte de mulheres a bailhar e a cantar que se ouvia ao longe. Ele parou ali um bocado, a ver aquela folia [...]*[1111].
Foliã, *n.f.* Nome antigamente dado à freira que, junto com outras, fazia a *Folia* do Espírito Santo dentro do Convento (de *Folião*). Referindo-se ao Mosteiro de S. João, na Horta, João Ilhéu escreve[1112]: *A coroação era organizada no interior do convento, [...] levando à frente as «Folians», ao todo cinco, uma tocando tambor, outra levando a bandeira e mais três tocando pandeiro.* Gabriel de Almeida (*Fastos Açorianos*, 1889) refere que ainda em 1824 havia esta prática.
Folia dos Bezerros, *n.f.* Também chamada *Bezerrada*, é uma festa que se faz na sexta-feira – o chamado *dia do bezerro* –, em que se mata o gado, que chega enfeitado de fitas e flores, em cumprimento de promessa, recebido com a cantoria do *Pezinho dos bezerros* pelos tocadores de viola e os afamados repentistas. Actualmente o acompanhamento musical é feito por uma charanga[T]: *[...] os bezerros destinados à matança [...] são passeados nas ruas com acompanhamento de violas e vários instrumentos (rabeca, clarinete e barítono) que exe-*

[1110] Vitorino Nemésio – *Paço do Milhafre.*
[1111] J. H. Borges Martins – *Crenças Populares da Ilha Terceira I.*
[1112] João Ilhéu – *Notas Etnográficas.*

cutam a música chamada o Pezinho, constituindo a «Folia dos Bezerros» ou «Bezerrada»[1113].

Foliões nas Flores

Folião, (de *folia* + *-ão*) **1.** *n.m.* Homem que faz as *Folias* do Espírito Santo. É num desempenho gratuito, por gosto e por devoção, que os Foliões praticam os seus actos, embora antigamente, como refere o P.e Manuel de Azevedo da Cunha (*Festas do Espírito Santo na Ilha de S. Jorge*), em S. Jorge, fossem nomeados pela Câmara, recebendo um salário de 160 réis por ano e sendo obrigados a acompanhar os vereadores à igreja nas festas de El-Rei[1114]. No início do povoamento dos Açores, os Foliões cantavam e bailavam dentro das igrejas, aquando da *coroação*, mas, as Constituições do Bispado de Angra de 1559 proibiram que dançassem nos templos, a partir daí limitando-se a cantar ao som dos instrumentos. Com o aparecimento das filarmónicas, tem vindo a desaparecer grande parte da *Folia*, embora se mantenha ainda nalgumas ilhas, como nas Flores, todavia sem a pureza primitiva que apresentava há cerca de 50 anos. **2.** *n.m.* Nome vulgar do *Beryx decadactylus*[F]. **3.** *n.m.* Extremidade do junco ainda verde[C]. **4.** *adj.* Divertido; folgazão[F]: – *Aquilho é mesmo um folião, passa a vida contando passages engraçadas!*

Foliões de S. Miguel (Postal antigo)

Foliar, (de *folia* + *-ar*) **1.** *v.* Andar a cantar e/ou a tocar nas *Folias* do Espírito Santo. **2.** *v.* Bailar; divertir-se, espairecer. **3.** *v.* Dança que os Foliões faziam dentro da casa de Espírito Santo em frente ao altar, após as *Alvoradas*[F].

Fomaredo, *n.m.* Muita fome (de *fome* + *-aredo*)[T].

[1113] João Ilhéu – *Notas Etnográficas*.

[1114] Na Terceira, antigamente os *Foliões* também chegaram a ser pagos pelas Câmaras Municipais e tinham, além de anunciar, orientar e dirigir todas as cerimónias inerentes à festividade do Espírito Santo, a missão de acompanhar várias procissões, nomeadamente a de Corpus Cristi, bailarem na capela-mor das igrejas durante a coroação dos Imperadores e tomarem parte em outros folguedos profanos.

Fôme, *n.f.* Pron. de fome[F,P,T]: *[...] Se nã fôssim as lanchas de lenha e o lambique de figo, tímes passado fôme*[1115].

Fome-gana, *n.f.* Fome canina; fome insaciável[SM].

Fona, 1. *adj.* e *n.m.* Avarento; **2.** *n.f.* O m.q. peido. **3** *adj.* Patife[SM]. Outros significados deverá ter, porque, ouvindo a voz do povo de S. Miguel: *A Senhora Chamarrita, / É uma chamarritona, / Põe o balho num sarilho, / E quem dança, numa fona.* De facto, Afonso Praça regista-o com o significado de 'pressa'.

Fona-de-porca, 1. *n.f.* Pequeno e frágil reservatório de vidro contendo ácido sulfídrico, usado por altura do Carnaval e que ao partir exala um cheiro nauseabundo e insuportável[T]. **2.** *n.f.* Nome que tb. se dá à *tabaqueira* (*Solanum mauritianum*).

Foninha, *adj.* O m.q. fona; avarento (de *fona* + *-inha*). O diminutivo, em vez de abrandar o significado, vem aumentá-lo.

Foto: Elsa Mendonça

Fonte, 1. *n.f.* Torneira (ext. de *fonte*)[SM]. **2.** *n.f.* O m.q. chafariz: – *Tenho que d'ir à fonte que já nã tenho água nenhuma im casa!*

Foquito, *n.m.* O m.q. traque; ventosidade; dim. de *fó* (de *{fó}* + *<qu>* + *-ito*)[Sj].

Foral, *n.m.* Rua estreita; travessa (de *foro* + *-al*)[SM].

Foram à garra, *exp.* Expressão gritada pelos populares nas touradas à corda da Terceira quando os pastores não conseguem *dar a pancada* ao toiro e são arrastados por ele.

Forar, *v.* Pagar o foro de uma terra *foreira* (de *foro* + *-ar*)[StM].

Forca, (do lat. *furca-*) **1.** *n.f.* *Sinal* de marcação do gado, semelhante à *orelha-rachada* mas mais aberta[T]. **2.** *n.f.* Cada um dos paus que sustentam as pranchas do estaleiro[SM]. **3.** *n.f.* O m.q. garfo (CF).

Forcada, *n.f.* *Sinal* de marcação do gado.

Forcada fendida, *n.f.* *Sinal* de marcação do gado composto por uma *forcada* e uma *fendida*.

Forças, *n.f. pl.* Estreito arco de madeira que é colado interiormente em toda a volta do tampo dos instrumentos músicos para reforçá-lo[T]. Em S. Miguel chamam-lhe *cintas* e no Faial *reforços* e *circos*.

Forcolha, *n.f.* Espécie de garfo grande, de madeira, para virar o trigo na eira (corrupt. de *forquilha*)[Fl].

Forfolha, *n.f.* Pequena ave que em S. Miguel se chama *estrelinha* e *forfolha*; o m.q. *papinha*.

Forfolhinha, *n.f.* Vagina de menina (de *{forfolha}* + *-inha*)[Sj].

Forma, *n.f.* Botão pequeno e simples, como o botão das camisas (do lat. *forma-*)[SM].

Formar à frente, *exp.* Uma das *marcas* das *Danças de Entrudo* da Terceira.

Formar correia, *exp.* Diz-se da massa do pão quando a sua consistência atinge o ponto em que puxada se apresenta como uma correia[T].

Formigueiro, (de *formiga* + *-eiro*) **1.** *n.m.* Nome que se dá ao vento que sopra do lado do Ilhéu das Formigas; o m.q. *carpinteiro* e *crapinteiro*[SM]. **2.** *n.m.* O m.q. comichão; prurido[Sj].

Fornalha, (do lat. *fornacŭla-*) **1.** *n.f.* Buraco perto da porta do forno por onde caem as brasas[Fl]. **2.** *n.f.* Espaço debaixo do lar onde é guardada a lenha que vai sendo usada[Fl]. **3.** Armação de cimento, com um

---

[1115] Vitorino Nemésio – *Mau Tempo no Canal.*

ou dois buracos, que serve de fogão, também chamada *grelha*[Fl].

Forno pendurado, *n.m.* Forno de pequena dimensão parcialmente encastrado na empena de uma habitação e com o volume restante em consola[F]. Aparece quase exclusivamente na ilha das Flores, existindo também na Madeira.

Foro, *n.m.* O m.q. *tapada;* relva situada perto do *mato* (do lat. *foru-*)[C].

Forque, *n.m. Bal.* Garfo de dois dentes encurvados destinado a manusear o toucinho do cachalote para derreter nos potes (do am. *fork*).

Forquilhão, *n.m.* Grande forquilha (de *forquilha* + *-ão*)[T]. O pl. pode ser pronunciado *forquilhães*: *Forquilhães, forquilhas de cabo de madeira, aguilhadas, foices e coisas cá da lavoira!*[1116].

Forrado, *adj.* Diz-se duma área coberta de nevoeiro (part. pas. de *forrar*)[F,T]. Também se diz do céu coberto de nuvens.

Forramento, *n.m.* Cordão de 'arrematamento' superior da rede do *enchelavar* (de *forrar* + *-mento*).

Forrar, *v.* Encher de nevoeiro, falando de uma paisagem (de *forro* + *-ar*)[F,T].

Forro de capa e camisa, *n.m.* Divisão antigamente feita com barrotes e tábuas de meio solho[T].

Fortidão, *n.f.* Qualidade daquilo ou daquele que é muito forte (do lat. *fortitudĭne-*)[SM]: *A fortidão do chá da Ilha, exibida na cor de ouro velho*[1117].

Fortuadela, *n.f.* Dor; pontada[SM]: – *Deu-me cá umas fortuadelas entre meio das aduelas que par'cia um cão a morder!*

Fortuna, *n.f. Bal.* Gratificação anual atribuída aos baleeiros que variava consoante o número de animais caçados (do lat. *fortūna-*)[SM].

Fosquinha, *n.f.* Dissimulação; trapacice; vigarice (de *fosca* + *-inha*)[SM]: – *Nã me venhas com fosquinhas que eu já te conheço bem as manhas!*

Fosquita, *n.f.* Mulher ou criança magra e miudinha (de *fosca* + *-ita*)[T].

Fossa, *n.f. Bal.* Grande tanque de pedra pouco profundo que servia para deitar o toucinho da baleia junto aos *traóis*[P].

Foucinho, *n.m.* O m.q. *fouce-roçadeira* (de *fouce* + *-inho*)[C].

Fraco, (do lat. *flaccu-*) **1.** *n.m.* Porção da corda da poita das lanchas com menor resistência. **2.** *adj.* O m.q. tuberculoso[T]. Antigamente havia no Hospital de Angra uma enfermeira destinada às mulheres com tuberculose, a *Enfermeira das fracas.*

Fraco das partes baixas, *exp.* Diz-se daquele que sofre de hérnia escrotal[F].

Fraco de ideia, *exp.* O m.q. pobre de espírito[T].

Frade, (do lat. *fratre-*) **1.** *n.m.* Cabo de madeira do moinho-de-mão. **2.** *n.m.* Régua de madeira rija que, espigada na sapata da rabiça do arado, a prende ao *timão,* sustentando-o[SM]. **3.** *n.m.* Cada uma das peças onde giram os carretéis do tear[SM]. **4.** *n.m. pl.* Pontas de pedras, em fila, alongando-se para o mar, os *frades*[T].

Fradinhos da Graça, Cantiga de roda antigamente cantada nas ilhas: *Fradinhos da Graça / São belos fradinhos; / Hei-de convidá-los / Para meus padrinhos.*

Frafolha *(ô),* *n.f.* Nome carinhoso para designar as crianças pequeninas; o m.q. coisa fofa (corrupt. de *forfolha*)[F].

Fragonete, *n.f.* Furgoneta, sua corruptela[F,SM].

Fragulho, *n.m.* Nome genérico com que se designam as couves[SM].

Fralda, *adj. fig.* Inseguro; medroso[T]. O adj. remete o indivíduo ao tempo em que usava fraldas.

Fraldiqueiro, *adj.* Gabarola; mentiroso (de *fraldica* + *-eiro*)[T].

França, *n.f.* Lenha miúda[C,SM]; o m.q. *garrancho* (de *França,* ramo superior ou copa de árvore).

1116 J. H. Borges Martins – *A Justiça da Noite na Ilha Terceira.*

1117 Cristóvão de Aguiar – *Marilha.*

Françaria, *n.f.* Ramagem; arvoredo (de *frança* + <-r-> + *-ia*)[SM].

Francela, *n.f.* Escorredor dos queijos (do lat. *fiscella-*, chincho de espremer queijos)[C,Sj]. Registado com o mesmo significado por Vítor Barros nos Falares de Trás-os-Montes. Noutros locais do país chamam-lhe 'francelho'.

Francesa, *adj.* Bem feita, falando de rapariga[T].

Frango, *n.m. fig.* Rapaz novo, adolescente (ext. de *frango*)[T].

Fraqueza, *n.f.* O m.q. *fraco* 1[T].

Frecha, *n.f.* Fenda; frincha[F,Fl].

Frecha de lume, *n.f.* O m.q. relâmpago[SM].

Frecha de sol, *n.f.* Raio de sol saindo por entre nuvens[SM].

Freguês da taleiga, *n.m.* Aquele que dá aos moleiros o grão a moer, pagando com uma parte dele[SM].

Freguês-do-fiado, *n.m.* Aquele que antigamente comprava aos moleiros farinha, pagando depois à semana, à quinzena ou ao mês, também chamado *Saca-vazia*[SM].

Freguesia, *n.f.* Toda a povoação, com exclusão das vilas e das cidades, mesmo que não seja sede de freguesia[1118]. Nos Açores nunca se diz aldeia, sempre freguesia. É, por isso, curiosa esta quadra popular da Terceira: *Já vieste, já chegaste, / Já esta casa está cheia; / Que esta casa sem tu estares, / Para mim é uma aldeia.*

Fregulhar, *v.* Mexer (afér. de *esfregulhar*)[Fl].

Freima, (do gr. *phlégma*, agitação, pelo lat. *phlegma-*, idem) **1.** *n.f.* Aleivosia; difamação; inquietação; nervosismo; teimosia[T]. **2.** *n.f.* Mágoa[P,Sj,T].

Freira, *n.f.* O m.q. pipoca. Ao milho com que fazem as pipocas, chama-se *milho-freira*[F] ou *milho-de-freiras*[SM].

Frente-rume, *n.m.* Quarto da frente; sala (do am. *front room*). É *calafonismo*.

Frescal, (de *fresco* + *-al*) **1.** *n.m.* Espécie de meda feita com trigo, geralmente de forma quadrangular e inclinada para escoar a água das chuvas. **2.** *n.m.* Construção rudimentar destinada à secagem e armazenamento do milho, constituída por uma armação de varas de madeira, apoiada em pés de pedra ou de alvenaria[StM]. **3.** *adj.* Diz-se do peixe pouco depois de ser salgado[T]: *Por sobre os muros do Lanço, os carapaus ainda frescais secavam em estendedoiro*[1119]. **4.** *adj.* Diz-se do queijo enquanto está fresco – *queijo frescal*[Fl].

Fresquinho, *n.m.* O m.q. *açucrim*, gelado, sorvete (de *fresco* + *-inho*)[SM].

Fressura, *n.f.* Grande quantidade[G]: Uma *fressura* de sopa significa grande quantidade de sopa.

Frever, *v.* Ferver, sua corruptela por metátese[SM,T]: – *É, home, isto nunca mais freve. Que desgraça é esta!*[1120].

Fricassé, *n.m.* Variedade de enchido de S. Miguel que, ao contrário dos *chouriços*, não leva canela nem cominhos mas sim sumo de laranja azeda (do fr. *fricassée*).

Frieiras, *n.f. pl.* Também chamadas *frescuras*, era nome que os antigos navegadores davam aos ventos das ilhas dos Açores, quando regressavam dos calores da costa de África (de *frio* + *-eira*, pl.).

Frieldade, *n.f.* Frieza; frialdade (arc.)[F].

Frigideira, *n.f.* Frigorífico (do am. *frigidaire*, marca de frigoríficos).

Frijoeira, *n.f.* Frigorífico (do am. *refrigerator*).

Frinza, *n.f.* Parte interior do milheiro utilizada para acender o lume[SM]. Antigamente também chegou a ser usada, depois de bem seca, como acendalha para a faísca da pedreneira. Var.: *Frisa*[SM].

Frisa, **1.** *n.f.* Torcida de algodão ou de linho antigamente usada nas *acendalhas* ou *iscas*[SM]. **2.** *n.f.* Parte carbonizada da torcida da luz de petróleo ou do isqueiro de gasolina[StM]. **3.** *n.m.* Nome de bovino com

---

1118 Com excepção dos pequenos povoados, a que se chamam lugares.

1119 João Ilhéu – *Gente do Monte.*

1120 J. H. Borges Martins – *Crenças Populares da Ilha Terceira I.*

pelo anelado na testa, também chamado *frisado*[T]. **4.** *adj.* De cabelo frisado.
Frisa-bigodes, *n.m.* O m.q. chuvisco[SM]: – *Nã deu pra molhar, fou só um frisa-bigodes.*
Frisado, *n.m.* Nome de bovino com pelo anelado na testa, também chamado *frisa*[T].
Fritada, *n.f.* Pequeno bolo feito com pão de milho esfarelado, cebola e salsa, ligados com ovos batidos e temperado de sal e frito em banha ou óleo (part. pas. fem. subst. de *fritar*)[T].
Fritado, *adj.* Frito (part. pas. de *fritar*)[F,Fl].
Friza, *n.f.* O m.q. arca congeladora (do am. *freezer*). Antigamente chamava-se *friza* ao frigorífico, hoje refere-se sempre à arca congeladora. É termo de uso corrente e generalizado.
Frizado, *adj.* Congelado (part. pas. de *{frizar}*).
Frizar, *v.* O m.q. congelar (de *{friza}* + *-ar*)).
Froca, *n.f.* Camisola; camisola interior; camisola de lã (do am. *frock*).

Filhos de gente remediada nos anos 50 (sXX)

Froiva, *n.f.* O m.q. frieira, inflamação da pele, com dor e prurido, devida ao frio, que aparece nos pés, nas mãos e, às vezes, nas orelhas[F,Sj,T]. Var.: *Frouva*[SM].
Fronha, *n.f.* O m.q. almofada da cama[C,F].
Fronhão, *n.m.* Almofada grande (de *fronha* + *-ão*)[Fl].
Frontal, (do lat. *frontāle-*) **1.** *n.m.* Parte da frente[T]: *Que sinal é que tu vais dar quando esse esp'rito sair do teu corpo? – Três murros no frontal da casa*[1121]. **2.** *n.m.* Antiga divisória das casas feita com tábuas de forro sobrepostas que veio substituir as velhas *esteiras* feitas de vime[T].
Fronteira, *n.f.* Fachada; frente, falando das casas (de *fronte* + *-eira*)[SM]. Adágio: *Não se regula o pão pela côdea / Nem a casa pela fronteira*[SM].
Fronteiro, *adj.* Diz-se do vento que sopra de frente (de *fronte* + *-eiro*).
Frouva, *n.f.* O m.q. *froiva*[SM,T]: *No Inverno, parecia uma cabra peada, com os dedos encarapinhados e cheios de frouvas*[1122].
Fruita, *n.f.* Fruta, sua f. arcaica. A palavra 'fruta' deriva do lat. *fructa*, neutro plural, com valor colectivo, de *fructu-*. Fernão Mendes Pinto escreve na *Peregrinação* (1614): *[...] & por obra de caridade nos troxerão muyto arroz & peixe cozido, em algũas fruytas da terra para que comessemos.*
Fruito, *n.m.* Fruto, sua f. antiga, há muito em desuso no Continente. António Ferreira (1528-1569) escreve: *[...] lá sem nome no mundo coma o fruito, e beba a fonte [...].*
Frulho, *n.m.* Nome de ave muito parecida com o *estapagado* (*Puffinus puffinus*), que só nidifica nos Açores, Desertas, Selvagens e Canárias, cientificamente denominada *Puffinus assimilis baroli*. Geralmente não segue as embarcações e é silencioso no mar. Em terra, principalmente o juvenil, é extremamente barulhento.
Fruta, *n.f.* Nome que em Santa Maria se dá aos doces e biscoitos do Espírito Santo, nomeadamente aos *biscoitos de orelha* e aos

[1121] J. H. Borges Martins – *Crenças Populares da Ilha Terceira II.*
[1122] Carlos Enes – *Terra do Bravo.*

encanelados: [...] Pra confecção da fruta, açúcar, ovos / E mais ingredientes, pra os obter [...][1123].

Fruta do ar, *n.f.* A fruta que se colhe da árvore, para diferenciar da que se apanha caída no chão – a *fruta do chão.*

Fruta encanada *(in), n.f.* Fruta enlatada (do am. *canned*).

Fruteiro, (de *fruta + -eiro*) **1.** *n.m.* Guardanapo grande de cesta[SM]. **2.** *n.m.* Toalha de renda de dimensões variadas que se aplica na ornamentação de compartimentos e nos altares do Espírito Santo[Sj].

Fruto-de-Adão, *n.f. Bot.* Nome dado ao fruto da *Monstera deliciosa*[F].

Fu, *interj.* Interjeição de nojo, de repulsa; o m.q. *fiúa* e *piúa*[T]: *Forte nojência! Fu, diabo!*[1124].

Fucenica, *n.f.* Rapariga de feições miúdas (de *focinho* x *nica*?)[SM].

Fuderentina, *n.f.* Fedentina; mau cheiro; cheirete; fedor (corrupt. de *fedorentina*, de *fedorento + -ina*)[F].

Fugaça, 1. *n.f.* Pancadaria[T]. **2.** *adj.* Avarento[Fl].

Fuge, *interj.* Foge, sua f. antiga: – *Fuge daqui sanababicha!* António Ferreira (séc. XVI) escreve: *Fuge, coitada, fuge, que já soam / As duras ferraduras que te trazem*[1125].

Fuge diente, *loc. interjec.* O m.q. foge da frente[F].

Fugir de salto, *exp.* O m.q. *embarcar de salto*[P].

Fugueira, *n.f. Fueiro* mais curto e curvo do que os outros, colocado por fora da sebe, no carro de bois, em número de dois (de *fugueiro*)[Fl].

Fugueiro, *n.m.* O m.q. *fueiro*[Fl,Sj,T].

Fugueiro-burro, *n.m. Fugueiro* cuja extremidade superior termina numa bifurcação, antigamente usado no carro de bois para o transporte de lenha comprida[Fl].

Fugueiro de ponta, *n.m.* Pau semelhante a um fueiro, a um *fugueiro*, afiado numa das pontas: *Sai aqueles lambães da canada da Bica, todos com capotes, emascarados, armados com paus, foices, forquilhas, fugueiros de ponta*[1126].

Fulano, que Deus lhe perdoe, *exp.* Como não era permitido dizer mal dos mortos, usava-se esta expressão para significar que o defunto era um *grandessíssimo* estupor[F].

Fulestrica, *n.* Pessoa engraçada e expressiva nos gestos e palavras[SM]: – *Na companhia daquele fulestrica ninguém consegue 'tar triste!* É palavra relacionada com 'flostria', também dito 'felustria' e 'filistria' – no Alentejo diz-se 'felustria' –, termo oriundo do francês antigo, *folastrie*, hoje pronunciado *folâtrerie*, e que significa brincadeira animada, folgança, travessura.

Fulha-fulha, *n.m.* Homem apressado (CF).

Fumagento, *adj.* O m.q. *fumaguento*[SM].

Fumaguento, *adj.* O m.q fumarento (de *fumegar + -ento*)[SM].

Fumar como uma cisterna, *exp.* Fumar muito[F].

Fumaredo, *n.m.* Fumo intenso; fumarada; fumareda (de *fumo + -aredo*)[Sj,T].

Fumeiro, (do lat. *fumarĭu-*) **1.** *n.m.* Zona da cozinha das casas antigas onde se situam o *lar* e o *forno*, com telhado sobrelevado em relação à restante cobertura do compartimento, que não tem chaminé – o fumo liberta-se através das telhas. **2.** *n.m.* Peça de madeira formada por um barrote, com réguas e pregos nos lados para dependurar os enchidos na lareira[SM].

Fumo, (do lat. *fumu-*) **1.** *n.m.* O m.q. poeira[F]: – *O automóvel, passando no caminho de terra, era só fumo por todos as bandas!* **2.** *n.m.* Tira de tecido preto que é colocado na manga ou na gola do casaco, indicativo de luto[Fl].

1123 Pe. Serafim de Chaves – *Império – Função do Divino Espírito Santo na Ilha de Santa Maria.*

1124 João Ilhéu – *Gente do Monte.*

1125 António Ferreira – *Castro.*

1126 J. H. Borges Martins – *A Justiça da Noite na Ilha Terceira.*

Também usado no Alentejo com o 2.° significado.

Fumos, (de *fumo*) **1.** *n.m. pl.* Fumigação feita nas estufas de ananases durante a floração[SM]. **2.** *n.m. pl.* Sinais de fumo antigamente feitos pelos *vigias* da baleia como código de mensagem para os baleeiros no mar, quando as embarcações estavam muito distantes da costa e não conseguiam ver os panos brancos: *Do alto do monte o vigia tem guiado a canoa, acendendo fogueiras para os dirigir com o fumo*[1127]. **3.** *n.m. pl.* Antigamente, entre ilhas próximas, tal como as Flores e o Corvo, o Faial e o Pico, as comunicações eram feitas por *fumos*, durante o dia, e *fogos*, durante a noite, quando necessitavam de auxílio, as mais carentes em relação às maiores.

Mesas preparadas para a Função (Flores)

Função, (do lat. *functiōne-*, exercício) *n.f.* Embora este termo designe o conjunto dos actos desempenhados por quem festeja o Espírito Santo – daí a origem do nome –, é mais frequentemente referido como designação do *Jantar* da festa de Espírito Santo, oferecido pelo *Imperador* aos convidados no domingo após o regresso da *coroação* e ao qual presidem os *Foliões*[1128]. Consta de *sopa do Esprito Santo*, carne cozida, carne assada (na Terceira, *alcatra*), pão de trigo, *massa-sovada*, água e vinho –, recentemente, sumos engarrafados. Há locais onde também se serve arroz-doce como sobremesa.

Função fora do tempo, *exp. Função* feita fora do tempo habitual das *funções* – do Pentecostes à Trindade – geralmente promovida por emigrantes.

Funda, *n.f.* Fisga feita com um pau terminado em [v] com duas tiras de borracha ou de elástico amarradas a uma tira de couro, as outras pontas indo amarrar a cada ponta do [v] (do lat. *funda-*, idem). Era usada pelos miúdos para caçar pássaros[C,F]. E. Gonçalves regista-o também na linguagem algarvia.

Fundão, (de *fundo* + *-ão*) **1.** *n.m.* Pessoa manhosa, velhaca[SM]. **2.** *n.m.* Antiga alcunha dos habitantes de Ponta Delgada, em S. Miguel (v. *fundão-de-bilha*). **3.** *n.m.* Grande depressão do fundo do mar[F].

Fundão-de-bilha, *n.m. deprec.* Alcunha que antigamente davam ao natural de Ponta Delgada, local onde antigamente se fabricava grande quantidade de *azeite-de--peixe*, por ser no fundo da bilha que se depositam as impurezas do azeite.

Fundilheiro, *adj.* Andrajoso; esfarrapado (de *fundilho* + *-eiro*)[SM].

Fundo, (do lat. *fundu-*) **1.** *n.m. fig.* Íntimo. Ter má fundo é ser uma pessoa de maus princípios, de má índole. **2.** *n.m.* Nome do buraco da agulha de costura[P].

Fungueiro, *adj.* Diz-se daquele que muito *funga* (de *fungar* + *-eiro*).

Fura, *n.m.* O m.q. *esfigote* (deriv. regr. de *furar*)[C].

Fura-bosta, *n.m.* Nome que se dá ao melro, porque pica – *fura* – as *bosteiras* para lhes retirar as sementes não digeridas pelo gado[SM].

Furada, (part. pas. fem. subst. de *furar*) **1.** *n.f.* Nome vulgar do *Hypericum foliosum*. **2.** *n.f.* Sinal de marcação da orelha do gado bovino, consistindo apenas em um furo[T].

1127 Raul Brandão – *As Ilhas Desconhecidas*.

1128 Actualmente, em muitos lugares, com o aparecimento das filarmónicas, desapareceram os Foliões.

Furador, *n.m.* O m.q. *esfigote* e *escarreirador* (de *furar* + *-dor*).
Fural, *n.m.* Rua estreita; travessa (CF). Registado também com a grafia *foral*. Segundo CF, há quem afirme que é *foral* e não *fural*, por haver ruas com este nome que não são estreitas, supondo-se abertas em terrenos aforados.
Fura-olhos, 1. *n.m.* Indivíduo muito magro[T]. **2.** *n.m.* Nome que também se dá à libelinha (libélula); o m.q. *tira-olhos*[T].
Furão, *n.m. fig.* Cavala pequena (peixe)[F].
Furar, *v.* Operação que consiste em fazer um furo na pele dos bovinos quando sofrem de gases intestinais (*empachado*)[T].
Furar o chapéu, *exp. fig.* Apanhar uma bebedeira[T].
Furo, *n.m.* Sinal de marcação do gado, apenas um buraco na orelha[T].
Furo da jaja, *n.m.* O buraco situado perto da popa das embarcações, destinado a escoar-lhes a água quando varadas[F]; o m.q. *buraco da jaja*.
Furrasco, *n.m.* O m.q. furacão (de *furacão* + term. *-asco*, por infl. de *borrasca*?).
Furta-laranjas, *loc. adj.* Insignificante[T].
Furtar a criança à Lua, exp. Prática antiga que consistia em mostrar uma criança à Lua, retirando-a imediatamente a seguir, no sentido lhe retirar os *males da Lua*[T].
Furtar as voltas, *exp.* O m.q. trocar as voltas[SM].
Fusa, *n.f.* Fuso de fiar e de ensarilhar a lã, mais pequeno e mais grosso do que o fuso de torcer a lã (de *fuso*)[T].
Fusco, *adj.* Enevoado, falando do tempo (do lat. *fuscu-*, pardo)[SM].
Fuseiro, *adj.* Alcunha do morador da Ribeira Grande em S. Miguel, pela grande quantidade de fusos que aí se fabricavam e eram vendidos por toda a ilha (de *fuso* + *-eiro*).
Fusguita, 1. *s.* Criança desembaraçada no falar[T]. **2.** *s.* Pessoa irrequieta[T].
Fusquita, *n.f.* Alcunha de mulher baixa, magra, de feições miudinhas[T].
Fuso, *n.m.* Rosca de madeira que é inserida numa das extremidades do fecho do lagar e que permite levantá-lo ou descê-lo (do lat. *fusu-*)[Fl].
Fustega, *n.f.* Mau tempo; vendaval (de *fustigar*?)[T].
Fute-breice, *n.m. Bal.* Arco de madeira em forma em meia lua, colocado à popa e a bombordo do *bote baleeiro*, destinado a permitir a fixação do pé do *arrais* para melhor apoio nas manobras do *remo de esparrela* (do am. *foot brace*)[1129].
Fuzil, (do fr. *fusil*) **1.** *n.m.* Peça de ferro das cangas dos bois[SM]. **2.** *n.m.* Utensílio feito de aço, com um cabo, destinado a amolar facas[T]. **3.** *n.m.* Pequena peça em aço, que era trazida na algibeira para percutir a pederneira e fazer faísca para acender a *isca*. **4.** *n.m.* O m.q. remoinho de água[C].
Fuzilada, 1. *n.f.* O m.q. relâmpago (do fr. *fusillade*)[F].
Fuzilada de chuva, *n.f.* O m.q. aguaceiro[C].

[1129] Este acessório caiu em desuso a partir de meados do séc. XX.

G

Gabão, *n.m.* O m.q. *alvacôto,* sobretudo (do ár. *qabâ,* pelo it. *gabbano*). Tem o mesmo significado no Algarve.

Gabar o gosto, *exp.* Concordar; estar de acordo: *Mas não te gabo o gosto de andares a entesicar-te*[1130].

Gabucho, *n.m.* Capuz, parte do capote regional onde se enfiava a cabeça (corrupt. de *capucho*)[Fl].

Gadanho, (de *gadanha*) *n.m. fig.* Mão: *[...] era delgadinho, mas tinha um gadanho pra brigar*[1131].

Gadanhoto, *n.m.* Cada um dos grumos que se formam ao amassar a massa do pão (de *gadanho* + *-oto*)[T]. Cp.: Em Corgas (Beira Baixa) dá-se o nome de 'garanhoços' aos restos de massa que ficam colados à amassadeira[1132]. Em S. Jorge chama-se *garanhoto* a um torrão de terra.

Gadareda, *n.f.* Grande quantidade de gado[Fl].

Gàdeme, *interj.* Caramba; c'os diabos; raio (do am. *god-damn*). *Gàdeme, gàdeme, sanabaganas, sanababichas, e vir um home da terra da América para ser desfeiteado desta maneira [...]*[1133].

Gàdeme fogo, *loc. interjec.* Estúpido; idiota (do am. *God-damn fool*)[SM].

[1130] Cristóvão de Aguiar – *Marilha.*
[1131] J. H. Borges Martins – *A Justiça da Noite na Ilha Terceira.*
[1132] M. Assunção Vilhena – *Gentes da Beira Baixa.*
[1133] Cristóvão de Aguiar – *Raiz Comovida.*

Gado de baixo, *n.m.* Gado que anda nas terras baixas e abrigadas, o gado manso[SM,T].

Gado de cima, *n.m.* Gado que anda pelos baldios – o gado bravo e o gado *alfeiro,* tb. chamado *gado do alto*[T].

Gado de leite, *n.m.* Conjunto das vacas leiteiras.

Gado rachado, *n.m. pej.* As mulheres (rachado, de *racha...*)[T].

Gado sapateiro, *n.m.* Cabras destinadas ao abate (JPM). Tinha este nome pelo facto de a sua pele ser aproveitada para o fabrico de sapatos.

Gado seco, *n.m.* O m.q. gado alfeiro: *Seco ou alfeirio se chama, na minha terra, ao gado vacum não leiteiro [...]*[1134].

Gafanhota, *n.f. fig.* O m.q. vulva. Quadra pop.: *Lá no cimo daquela serra / Há um poço de água choca / Para as raparigas solteiras / Lavrarem a gafanhota*[T].

Gafe, *n.m. Náut.* Peça em forma de forcado montada numa extremidade da carangueja para correr e apoiar no mastro quando a vela é içada (do am. *gaff*).

Gafo, *adj.* O m.q. Cheio; repleto (do ár. *gaf'a,* contraído). Diz-se, por exemplo, *um gato ou um cão gafo de pulgas*[F]. E. Gonçalves regista-o com este significado no Algarve.

Gaguejeiro, *adj.* O m.q. gago (de *gaguejar* + *-eiro*)[SM].

Gaidola, *n.m.* Pessoa grande e desajeitada[SM].

[1134] Vitorino Nemésio – *Corsário das Ilhas.*

Gaifona, *n.f.* Gaivota, sua corrupt. profunda[SM]; o m.q. *ferromeca.*

Gaio, *n.m.* Também chamado *peixe-cão* e *viola* é nome vulgar do *Bodianus scrofa.*

Gaiola, (do lat. *cavĕŏla*) **1.** *n.f.* Varanda de madeira existente nos moinhos de vento, por vezes alpendrada, constituindo um espaço de transição entre a escada de acesso, também de madeira, e a porta de entrada do moinho. **2.** *n.f.* Caixa destinada ao transporte dos touros desde as pastagens até ao local da tourada[T].

Gaitada, (de *gaita + -ada*) **1.** *n.f.* O m.q. gargalhada. Termo utilizado em todas as ilhas, quase sempre em vez de gargalhada. Com este significado também é muito usado no Brasil. Não se pode considerar este termo de uso apenas popular, é usado correntemente por toda a gente, desde o analfabeto ao mais distinto letrado: *Nem sorrir me faz, quanto mais dar gaitadas como as que ouço em meu redor*[1135]. **2.** *n.f.* Toque de gaita. *Dar uma gaitada à porta*: cantar os Anos-Bons à porta de uma pessoa que se deseja cumprimentar[T].

Gaitadaria, *n.f.* Muitas gargalhadas, geralmente referindo-se a um grupo de pessoas (de *{gaitada}* + <-r-> + *ia*)[Fl,T]: *No resto, era gaitadaria, gaitadaria que metia medo*[1136].

Gaita-de-beiços, *n.f.* O m.q. harmónica de boca.

Gaita-de-foles, *n.f.* Na Terceira chamavam *gaita de foles* tanto ao acordeão como à harmónica de boca. O primeiro, por ter realmente um fole, a segunda, por ser tocada pelo ar vindo do fole dos pulmões!

Gaitareda, *n.f.* O m.q. risota (do rad. de *gaitada*, com term. irreg.)[Sj].

Gaitear *(ti), v.* Rir à gargalhada (de *gaita + -ear*)[F].

Gaitinha, *n.f.* O m.q. *Num-num,* instrumento musical feito pelos miúdos a partir de canudos de cana ainda verde (de *gaita + -inha*)[T]: *Duma vez, um rapaz e mais outro amigo foram à Grota da Chouriça apanhar canas para fazer gaitinhas*[1137]. A *gaitinha* era feita da seguinte maneira: de uma cana (*Arundo donax*) era retirada uma parte que tivesse um calibre de cerca 3/4 de polegada, entre dois nós, conservando-se fechado apenas um deles. Perto da extremidade oposta, aberta, era feita num dos lados uma mossa, retirando com a navalha só a parte dura da cana e deixando a sua película interna conservada. Ao soprar por essa abertura, emitindo a palavra *num-num* – tb. se chamava num-num –, essa película vibrava, dando um som com um timbre característico. Depois, era só ensaiar a melodia. Ver tb. *Num-num.*

Gajeiro, *adj.* Desembaraçado; lesto (ext. de *gajeiro*)[SM].

Galanta, *adj.* Diz-se da vaca com o pêlo amarelo escuro e com manchas brancas (de *galante*)[T].

Galantaria, *n.f.* Enfeite ou adorno caseiro (do fr. *galanterie*)[T].

Galante, *adj.* Ridículo; insignificante; excêntrico; esquisito; diferente do habitual[F,Sj]. Em S. Jorge também pode significar adoentado. Tem um significado precisamente oposto ao do termo utilizado no Continente.

Galanteria, *n.f.* Enfeite ou adorno; o m.q. *galantaria* (do fr. *galanterie*)[T]: *[...] ũa medalhinha de prata [...]. Era a única galanteria que tinha comigo, além de ser coisa benta*[1138].

Galantinho, (de *galante + -inho*) **1.** *adj.* Diminutivo de galante, usado com o mesmo significado, quando se refere a uma coisa pequena[F,T]: *Namorei-me com uma velha, / Acreditem que é verdade, / Que era muito galantinha: / Era pelada da cabeça / E era vesga dum olho, / Toda cheia de morrinha. / Ora o diacho da velha, / Que me parecia um*

[1135] Cristóvão de Aguiar – *A Tabuada do Tempo.*

[1136] J. H. Borges Martins – *Crenças Populares da Ilha Terceira I.*

[1137] J. H. Borges Martins – *Crenças Populares da Ilha Terceira II.*

[1138] Vitorino Nemésio – *O Mistério do Paço do Milhafre.*

totó: / O nariz uma batata / E na ponta tinha um nó[1139]. **2.** *adj.* Doente; *aborrecidinho*[SJ,T].

Galfão, *adj.* Comilão; o m.q. galfarro[T]. Fem.: *galfona*.

Galha, (do cast. *agalla*) **1.** *n.f.* O m.q. caruma[Fl]. **3.** *n.f.* O m.q. *aselha*[SM]. **4.** *n.f.* O m.q. galho, ramo[C].

Galhadura, (de *galho* + *-dura*) **1.** *n.f.* Os dois chifres dum animal. **2.** *n.f.* O conjunto dos ramos (galhos) das árvores[Fl].

Artesanato: Fernando Meireles (Flores)

Galheta, (do cast. *galleta*) **1.** *n.f.* Cada uma das terminações superiores da sela do burro, onde eram amarradas as cargas (ver *sela de galhetas*)[F,C]. No Corvo, as galhetas também se chamavam *cabritas*. **2.** *n.f. cal.* Bofetada[StM,T].

Galho-à-ré, *n.m.* Nome vulgar do *Thunnus albacares*, também chamado *rabilo* ou *rabilho*.

Galinha a cantar como galo, *exp.* Quando isto acontece, é mau agouro, segundo a crença nas ilhas, um sinal de morte, daí o provérbio: *Galinha que canta como o galo / corta-se-lhe o gargalo*.

Galinha-criqui, *n.f.* O m.q. *galinha-da-madeira*. Nota: Cri-qui é de orig. onomatopeica, imitando o seu aguçado canto.

[1139] J.H. Borges Martins – *As Velhas*.

Galinha-de-um-pé-só, *n.f.* Nome que em Santa Maria se dá à abóbora.

Galinha-da-Madeira, *n.f.* Galinha de raça miúda, muito boa para chocar ovos, mesmo de galinha de outra raça. No Continente chama-se 'garnisé' pelo facto de ser originária da Ilha de Guernesey.

Galinha-de-Nossa-Senhora, *n.f.* O m.q. labandeira[SM]. É assim popularmente chamada em memória da tradição que lhe atribui a bênção da Virgem Maria na sua fuga para o Egipto para se livrar de Herodes[1140].

Galinha-do-mar, *n.f.* O m.q. abrótea (*Phycis phycis*): *A nossa gente revela o seu apreço por este peixe* (abrótea)*, ao designá-lo como galinha do mar*[1141].

Galo a cantar antes da meia noite, *exp.* Antigamente, na Terceira, se isto acontecia, era navio a chegar de Lisboa mas, se era próximo da casa de um doente, significava morte próxima.

Galocha, (do fr. *galoche*) **1.** *n.f.* Calçado feito de cabedal e sola de madeira de cedro, outrora usado pelas mulheres. **2.** *n.f.* Peça de madeira que era colocada na pata dianteira das vacas quando estas eram *saltonas*, para lhes dificultar o movimento[F]. Também lhe chamavam *trambolho*.

Galocheiro, *n.m.* Fabricante de galochas (de *galocha* + *-eiro*).

Gama, *n.f.* Pastilha elástica (do am. *gum*, 'chewing gum'). Na Madeira chamam-lhe 'gamesse'.

Gama de balão, *n.f.* Variedade de *gama* que ao soprar faz uma espécie de balão.

Gamela, (do lat. vulg. *gamella*) **1.** *n.f.* O m.q. prato (CF). **2.** *n.f. Náut.* Recipiente de forma quadrada, com o fundo mais

[1140] Estas aves nunca se matavam e, se por acaso se apanhasse uma delas, era costume antigamente meter-se-lhe uma saquinha ao pescoço com uma moedinha, soltando-a para que a levasse a Nossa Senhora.

[1141] Augusto Gomes – *O Peixe na Cozinha Açoriana e Outras Coisas Mais*.

estreito e o bordo guarnecido com cortiça, destinado a guardar o aparelho de pesca já iscado.

Gamelada, *n.f.* Mistura de farinha e água que se dá aos bovinos quando estão no palheiro (de *gamela* + *-ada*)[Sj].

Gamelão, (de *gamela* + *-ão*) **1.** *n.m.* Grande gamela. **2.** *n.m.* Tanque para os animais beberem[SM].

Ganaderia, *n.f. Taur.* O m.q. ganadaria (do cast. *ganadería*)[T]. Actualmente a Terceira tem 11 ganaderias por onde se distribuem cerca de 1750 cabeças de gado bravo.

Ganadero, *n.m. Taur.* Criador de touros de lide; o m.q. ganadeiro (do cast. *ganadero*)[T]: *Não deixou porém continuadores aquele popular e acreditado ganadero*[1142].

Gancho, *n.m.* O m.q. *arado de gancho,* sua contracção[Sj].

Gandear, *v.* O m.q. vadiar (corrupt. de *gandaiar,* termo deriv. de *gandaia,* do cast. *gandaya,* vadiagem)[Sj].

Ganga, (do chinês *káng*) **1.** n.f. Nome de fazenda amarela antigamente utilizada para vestuário. **2.** *adj.* Estroina; pândego[T].

Gangão, *n.m.* O m.q. *mamão;* toleirão[F].

Gangla, *n.f.* O m.q. amígdala (corrupt. de *glândula*)[Fl].

Ganhar umas ramelas, *exp.* Ganhar alguma coisa fazendo uns biscates[G]: – *Não é muito mas sempre se vai ganhando umas ramelas!*

Ganho, *n.m.* O ordenado dos criados de lavoura, quando era pago ao mês ou ao ano (deriv. regr. de *ganhar*). Se era pago ao dia chamava-se *jornal*[T].

Ganhoa *(ô),* O m.q. gaivota[Fl,Sj].

Ganhoto, *n.m.* O m.q. *garrancho*[C].

Ganipa, *n.f.* O m.q. madeixa de cabelo; farripa[Sj,T].

Garanhoto, *n.m.* Torrão de terra[Sj].

Gansalho, *n.m.* Pessoa muito alta (de *ganso* + *-alho*)[T].

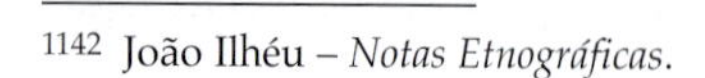

[1142] João Ilhéu – *Notas Etnográficas.*

Garajau rosado (Foto: Durval Silva)

Garajau, *n.m.* Nome vulgarmente chamado às aves marítimas charadriiformes muito frequentes nos Açores, também conhecidas no Cont. pelo nome de 'andorinhas-do-mar'. Distinguem-se duas espécies: o chamado *garajau rosado,* por ter as patas e a parte proximal do bico dessa cor (*Sterna dougallii*), constituindo nos Açores a maior colónia mundial, e o *garajau comum,* de bico e patas pretas e de asa mais curta (*Sterna hirundo*). No fim de Agosto, princípios de Setembro, iniciam o seu percurso de migração até à costa ocidental de África onde passam o Inverno. É uma espécie ameaçada, sendo os Açores a esperança da sua sobrevivência no tempo. O *garajau rosado* é a ave marinha mais rara do Mundo. Nas últimas décadas as suas populações mundiais sofreram um decréscimo acentuado – em todo o mundo restam menos de 2500 casais reprodutores.

Garajoeira, (de *garajau* + *-eira,* com sínc. e dissiml.) **1.** *n.f.* Baixa onde pousam os garajaus e aí nidificam[StM]. **2.** *n.f. fig.* Durante o Verão as *garajoeiras* estão sempre pintalgadas de branco, devido aos excrementos dessas aves; por isso, por ext. se dá o mesmo nome a um lugar sujo e manchado.

Garalha, 1. *n.f.* Jogo infantil. **2.** *n.f.* Cana com cerca de metro e meio de comprimento usada no *jogo da garalha*[T].

Garanhão, *n.m.* Burro pequeno (tv. do fr. *garagnon*, cavalo cobridor)[Sj]. Aqui adquiriu um significado muito diferente.

Garapau, *n.m.* O m.q. carapau *(Pagellus bogaraveo)*.

Garatuja, *n.f.* Ruído de muitas vozes barulhentas (deriv. regr. de *garatujar*, sua ext.)[C].

Garbulhada, *n.f.* No Corvo, quando o mar está picado, diz-se que está *com garbulhada* ou *com pampulhada*.

Garça, *n.f.* Nome que nalguns lugares também se dá à gaivota (*Larus cachinnans atlantis*)[Sj,SM].

Garete *(ê)*, (de orig. obsc.) **1.** *s.m* Peixe pequeno usado como *isca viva* na pesca de outros maiores[SM]. **2.** *n.m.* Pequena tarefa; biscate[SM]. Var.: *Gareto*[SM].

Gargamilho, 1. *n.m.* Argola de arame que é colocada no focinho dos porcos para não foçarem[T]; o m.q. *arcada*; *arganel*, *arnel* e *garnel*. **2.** *n.m.* O m.q. goela; garganta. No Continente, na linguagem popular, usa-se os termo 'gorgomilo' e 'gorgomilos' com o mesmo significado. Nota: Gorgomilo é palavra derivada do lat. vulg. *gurga-*, que significa garganta.

Gargamilho das sopas, *n.m.* O m.q. esófago.

Garganta de prata, *n.m.* Indivíduo que fala muito[F].

Gargarejo, *n.m.* Maneira de namorar antigamente – o namorado falava da rua para a namorada à janela, na posição 'cervical' de gargarejo[T].

Garnel, *n.m.* O m.q. *arcada*.

Garota, *n.f.* Espécie de samarra antigamente usada pelos homens no Inverno[C].

Garoupa, *n.f.* Nome vulgar da *Serranus atricauda*.

Garra, *n.f. bot.* O m.q. gavinha[Fl]: – *N'arrepeles as garras a essa videira qu'ela nã tem onde s'agarrar ó depois!*

Garrafo, *n.m.* O m.q. garrafa; frasco (de *garrafa*): *A mulher pegou no garrafo de água, foi para casa e assim que o marido entrava, ela enchia a boca de água [...]*[1143]. No Alentejo chama-se 'garrafo' a um frasco com azeite e vinagre.

Garrancho, (do cast. *garrancho*, ramo torto de árvore) **1.** *n.m.* Tronco fino de árvore[F]. **2.** *n.m.* Nuvem amarela (ext. de garrancho)[SM].

Gárrea, *n.f.* Desordem; briga; luta[T]. No Algarve diz-se 'garreia'.

Garreação, *n.f.* Guerra: *E, cando a gente pede munto pelo peixe, aqui começa ũa garreação dum corisco, até s'acertá o valor d'intrega!*[1144].

Garrear *(i)*, **1.** *v.* Brigar, lutar; o m.q. guerrear, sua corruptela. É tb. termo alentejano e algarvio e Idalécio Cação regista-o também na linguagem da Gândara. **2.** *v. fig.* Lutar pela vida, andar na 'guerra' da vida.

Garrear do peixe, *exp.* Antigamente, o peixe fresco era apregoado e vendido nas ruas pelos vendilhões de peixe[1145] – na Terceira chamados *Nabiças* –, carregado em duas cestas ou *canastras* presas – uma atrás, outra à frente – num *pau-de-carreto*. O vendilhão pedia o seu preço que era discutido pela mulher que o comprava, um tentando o mais elevado possível, a outra o mais barato que podia – a isto chamava-se o *garrear* ou *ratinhar do peixe*.

Garreio, *n.m.* Briga; luta (deriv. regres. de *{garrear}*).

Gasgalheira, de, Em velocidade[C].

1143 Ângela Furtado Brum – *Contos Tradicionais Açorianos*.

1144 Luís Bernardo Leite de Ataíde – *Etnografia Arte e Vida Antiga dos Açores*.

1145 Alguns dos pregões habituais: *Ei charrofrê!, Eih peixegrá!, Eih crongue!, Eih cavalin!, Eih garou, Eihbenit!*

Gasnete, *n.m.* Garganta, goela; o m.q. gasganete, sua corrupt. por síncope (*gas*[ga]*nete*)[F].

Gasolina atracado ao cais das Poças (Flores)

Gasolina, *n.m.* Lancha movida a motor: *Do Faial para o Pico tanto se vai de gasolina como de barco*[1146].

Gastar cera com ruins defuntos, *exp.* Perder tempo com quem não quer colaborar[T].

Gastar, *v.* Comer ou beber qualquer coisa. Na Terceira usa-se a expressão *o senhor que gaste!* quando se oferece de comer a alguém.

Gasto, *n.m.* Conjunto de cerimónias e festejos em honra e louvor do Espírito Santo – aqui há o *Gasto de Pentecoste* e o *Gasto de Trindade*[SJ]. Semelhante ao *Jantar do Esprito Santo* mas de maior dimensão.

Gasturas, *n.f. pl.* Sensação de fraqueza no estômago; o m.q. *agasturas.*

Gata, 1. *n.f.* Nome vulgar da *Dalatias licha.* **2.** *n.f.* Nome que no Corvo também se dá à centopeia. **3.** *n.f. fig.* Bebedeira[SM].

Gateira, (de *gato + -eira*) **1.** *n.f.* Janela elevada sobre o telhado, baixa e larga, com uma frente triangular; o m.q. *trapeira*[P]. **2.** *n.f.* Pequena janela antigamente presente no quarto de dormir[T]. **3.** *n.f.* Carreiro rude[Sj].

Gato, *n.m.* Cada uma das pequenas travessas que eram cravadas no meão do carro de bois[SM].

Gatoeiro, (de *gato + -eiro*) *n.m.* Variedade de aparelho de pesca, com um grande número de anzóis, antigamente usado para a pesca da quelma, também chamada 'lixa-de-escama' (*Centrophorus squamosus*) e da gata-lixa (*Dalatias licha*)[SM].

Gavar, *v.* O m.q. gabar: *[...] intances a respeito de mechins, muito poucas naçãs do mundo se podem gavar do que há ali para dentro*[1147].

Gavelão, *n.m.* Atado feito com quatro gavelas de trigo (de *gavela + -ão*)[Sj].

Gavola, *adj.* Fanfarrão; gabarola (deriv. regr. de *{gavolar}*): *O Matesinho de S. Mateus era o maior gavola que a Vila da Praia tinha*[1148].

Gavolar, *v.* O m.q. gavar; gabar: *Por isso o Matesinho gavolava, batendo na pelúcia do peito*[1149].

Gavela, *n.* O m.q. gabarola[T].

Gavina, *adj.* Esperto; sagaz; vivo[P].

Geada, (do lat- *gelāta-*, part. pas. fem. de *gelāre*) **1.** *n.f.* O m.q. granizo; *pedra*[F]. **2.** *n.f.* O m.q. *chereno*[Sj].

Genão, *n.m.* Indivíduo de mau génio (de *génio + -ão*)[SM].

Genela, *n.f.* Janela (arc.). Fernão M. Pinto escreve: *[...] & nũa genella da mesma torre estavão dous mininos [...].*

Genra, *n.f.* Mulher do filho, nora[F]: – *Minha genra trata bem do mei filho qu'é um gosto vê-lo!* Também é usado em Trás-os-Montes[1150].

Gente cma chicharro, *exp.* Muita gente; multidão.

[1146] Raul Brandão – *As Ilhas Desconhecidas.*

[1147] Cristóvão de Aguiar – *Raiz Comovida.*

[1148] Vitorino Nemésio – *O Mistério do Paço do Milhafre.*

[1149] Vitorino Nemésio – *O Mistério do Paço do Milhafre.*

[1150] J. Leite de Vasconcelos – *Opúsculos – vol. VI.*

Gente cma milho, *exp.* O m.q. *gente cma chicharro.*
Gente da casa, *n.f.* Família, os que vivem na mesma casa[T]: *[...] por viverem em comum, recebem a denominação de «gente da casa»*[1151].
Gente da terra, *n.f.* Os agricultores.
Gente do mar, *n.f.* Os pescadores, para diferenciar da *gente da terra,* os agricultores. Antigamente, pelo menos na Terceira, havia uma grande rivalidade entre esta gente, sendo mesmo raríssimo o casamento entre duas pessoas destas duas 'classes'[T]. João Ilhéu define-os assim: *O lavrador trabalha, amealha, constrói, arredonda e aumenta a jeira onde ergueu seu lar. O pescador anda toda a vida à mercê dos ventos e das vagas, sem outra aspiração que não seja a do pão de cada dia. Se está bom tempo, pesca; se está mau tempo... dorme, bebe uns copitos e pragueja contra a vizinhança..*
Gente do monte, *n.f.* Gente das freguesias[T]: *João Garcia sentia diante dele a ternura que lhe dava a gente do monte a falar*[1152].
Gente em barba, *exp.* Muita gente[Sj].
Gerecer-se, *v. pron.* O m.q. germinar (do lat. *gerescere*): Termo antigo, há anos ainda muito frequente na região da Beira Litoral: *Não beba, que se lhe gerecem rãs na barriga [...]*[1153].
Giga, *n.f.* Corcunda; giba, sua corruptela. Provérbio: *Quem dá e tira, nasce uma giga.*
Gigante, *n.m. Bot.* Planta introduzida como ornamental na Ilha de S. Miguel, tendo-se manifestado como uma poderosa e perigosa invasora. É originária da América do Sul e está presente apenas em S. Miguel (*Gunnera tinctoria*).
Giganteira, 1. *n.f. Bot.* Planta originária das Caraíbas, de carácter invasor em alguns lugares, cientificamente denominada *Canna indica.* Gaspar Frutuoso nas *Saudades da Terra* chama-lhe 'conteira'. **2.** *n.f. Bot.* Planta ornamental da variedade híbrida *Canna* X *generalis*[1154].

Corricando à pesca grossa

Gigo, *n.m.* Amostra feita artesanalmente em estanho destinada à pesca do corrico (do am. *gig*). Var.: *Giglo.*
Gigoso, *adj.* O m.q. giguento (de *{giga}* + *-oso*)[SM].
Giguento, *adj.* Diz-se daquele que tem carcunda (de *{giga}* + *-ento*)[Fl,Sj]; o m.q. *gigoso.*
Giguinha, *n.f.* Pessoa corcunda, dito talvez num tom algo afectuoso. Var.: *Giguinho*[Sj].
Ginja, 1. *n.f.* O m.q. *ginjeira-brava* (*Prunus lusitanica* spp. *azorica*). **2.** *n.f.* O m.q. groselha[SM].
Ginjeira-brava, *n.f. Bot.* Também chamada *ginjeira-do-mato,* é uma planta de porte arbóreo, geralmente não ultrapassando os 4 metros, que aparece sempre acima dos 500 metros de altitude, sendo uma das mais raras plantas dos Açores.

1151 João Ilhéu – *Notas Etnográficas.*
1152 Vitorino Nemésio – *Mau Tempo no Canal.*
1153 Aquilino Ribeiro – *Terras do Demo.*
1154 Paulo Faria – Comunicação Pessoal.

É um endemismo sub-específico da flora insular açoriana que se encontra ameaçado de extinção, cientificamente denominada *Prunus lusitanica* spp. *azorica*. Outrora, foi utilizada para fins industriais nalgumas das ilhas.

Ginela, *n.f.* Janela[T]: *Os bezerros enfeitados / De boninas amarelas / Eu também quero saúdar / As meninas das ginelas*[1155]. Arcaísmo aqui conservado. Moisés Pires regista-o também na linguagem mirandesa.

Giraldinha, *adj.* Que gosta de divertir-se[T]. E. Gonçalves regista no Algarve com significado semelhante, 'andar na giraldinha': andar na boa-vai-ela.

Girão, *n.m.* Ripa utilizada como régua na construção civil[SM].

Glândela, *n.f.* O m.q. amígdala (corrupt. de *glândula*)[Sj]. Nota: A palavra glândula deriva do latim *glandŭla-*, que, entre outros significados, significa amígdala.

Godelhão, *n.m.* Íngua; tumor; a parte central e saliente de uma ferida infectada[F,Sj].

Goela da comida, *n.f.* O m.q. esófago[F,P]. Nota: Goela é palavra derivada do lat. *gulella-*, dim. de *gula-*, garganta.

Goela do fôlgo, *n.f.* O m.q. traqueia[F,P].

Gofe, *n.m.* Farinha de milho torrado[StM]. Na Madeira chama-se 'gofo' à cevada torrada e mal pisada.

Goiavo, *n.m.* O m.q. *araçá*[SM].

Goiaveiro, *n.m.* O m.q. araçaleiro[SM]. Var.: *goiabeiro*[SM].

Golanda, *n.f.* Amígdala; o m.q. *tansa* (corrupt. de *glândula*)[SM].

Golas, *n.f. pl.* Garganta; pescoço (do lat. *gula-*, garganta): *A gente vai é sair daqui, / Antes que eu te passe a mão às golas; / Olha, fica com chocolates para aí. / Só levamos as cacacolas!*[1156].

Golpe, *n.m.* Ferida incisa, ou qualquer outra ferida, mesmo que seja contusa (do lat. vulg. *colpu-*, soco, pelo provençal *colp*)[F].

[1155] Quadra do *Pezinho dos Bezerros* da Ilha Terceira.

[1156] Hélio Costa – *Entrada Geral na Base das Lajes* (bailinho), in *O Carnaval dos Bravos*.

Goma-de-batata, *n.f.* O m.q. fécula de batata[SM]. O seu amido era muito usado antigamente na engomadura de tecidos.

Gòravela, *n.m.* Diabo; Inferno (do am. *go to the hell*). *Vai p'ró gòravela!*

Gorazeira, *n.f.* Aparelho de linhas e anzóis usado na pesca do goraz e de outros peixes (de *goraz* + *-eira*). É uma espécie de *gatoeiro*, mas com número de anzóis mais reduzido.

Gordura, *n.f.* Estrume do curral[SM].

Gordureira, *n.f.* Recipiente de barro, com o interior vidrado, destinado a conservar a banha e os enchidos do porco (de *gordura* + *-eira*)[F,T]: *Numa prateleira, lá junto ao tirante, perfilham-se as gordureiras, algumas delas com conduto*[1157].

Gorgo, *adj.* Diz-se do ovo de galinha que não foi fecundado e não dá pinto[Sj]. Nome não registado nos dicionários consultados, também usado no Minho com o mesmo significado.

Gorgomilho, *n.m.* Goelas; o m.q. *gorgomilo* (do lat vulg. *gurga-*, garganta).

Gorgotilho, *n.m.* Garrotilho[1158], sua corruptela por infl. de *gorgomilho*[Sj].

Gorjão (Foto: J. A. Corvelo)

Gorjão, *n.m.* Meio de transporte sem rodas puxado por um ou dois animais[F].

[1157] Augusto Gomes – *Cozinha Tradicional da Ilha Terceira*.

[1158] Garrotilho era nome que se dava antigamente às manifestações laríngeas da difteria.

Raul Brandão refere-o na sua passagem pela Ilha das Flores em 1924: *Desce-se a calçada de pedra no* gorjão, *carro de bois sem rodas*[1159]. Nota: Registado erradamente nos dicionários como termo da Madeira. Nas Flores, era assim denominado e de uso comum ainda no séc. XX.

Gornecer, *v.* Chulear à mão uma bainha (corrupt. de *guarnecer*)[SM].

Gorreana, *n.f.* Nome de chá de S. Miguel. Em 1874 chegaram à Ilha de S. Miguel as primeira sementes de *Camellia sinensis*, a planta do chá. Alguns anos depois foram chamados dois especialistas chineses que ensinaram aos fabricantes da Ilha as técnicas de preparação das folhas. Chegou a haver nesta Ilha mais de uma dezena de plantações com fábrica própria, actualmente existem apenas duas, a *Fábrica Gorreana*[1160] e a *Fábrica de Chá Porto Formoso*, as únicas a funcionar na Europa. A *Gorreana* explora cerca de 23 hectares capazes de produzir 40 toneladas de chá seco e produz chá ainda com os mesmos processos ensinados por aqueles chineses, que exporta para o Continente, Madeira, Alemanha e Dinamarca. Recentemente, com a colaboração da Universidade dos Açores, a fábrica comercializa comprimidos de chá verde, feitos a partir de extractos secos.

Gota-coral, *n.f.* O m.q. epilepsia[T]. O nome 'gota-coral' é antiquíssimo, do tempo de Galeno, célebre médico da Antiguidade, nascido em Pérgamo no séc. II (131-201), que nessa altura já o definia como 'um movimento convulsivo de todas as partes do corpo' devido 'a humores grossos ou vapores acres que ofendem o cérebro'.

Governar, (do lat. *gubernāre*) **1.** *v.t.* Arranjar; consertar; *trajar*. **2.** *v. pron.* Tratar da vida; desenrascar-se: – *Ele governa-se bem nas terras d'Amerca!*

Governo, (deriv. regr. de *governar*) **1.** *n.m.* Trabalho doméstico, o governo da casa: – *Ela ainda faz o seu governo.* **2.** *n.m. pl.* Orgãos sexuais do homem[Sj].

Gozar uma terra, *exp.* Ter uma terra de renda[Sj].

Gradear de dentes, *exp.* Diz-se quando se trabalha com a grade da lavoura virada com os dentes para baixo, para desfazer os torrões de terra; para ficar mais pesada leva uma criança ou uma pedra em cima. Quando a grade trabalha com os dentes para cima, arrastando a madeira pela terra para alisá-la, diz-se que está a *gradear de costas*.

Gradeiro, *n.m.* Trapalhão (de *grado* + *-eiro*). Aquele que, ao limpar, só retira o grado, daí o nome.

Gradil, *n.m.* Cilindro formado por réguas de madeira com pequenos intervalos entre si destinado a espremer a balsa no lagar de uvas (de *grade* + *-il*)[T].

Graduar a vista, *exp.* Ir ao oculista para adquirir uns óculos. É expressão também muito usada na Galiza.

Grama, *n.f.* Peça de madeira com que se trilhava o linho antes de ser espadelado; o m.q. gramadeira (deriv. regr. de *gramar*)[Fl].

Grama-de-caroço, *n.f. Bot.* Nome vulgar do *Arrhenatherum elatius*.

Gramão, *n.m. Bot.* Planta vascular presente em todas as ilhas, de nome científico *Cynodon dactylon*.

1159 Raul Brandão – *As Ilhas Desconhecidas*.

1160 Gorreana é nome de uma freguesia da Maia de S. Miguel.

Gramasso, *n.m.* Cascalho para pavimentação de caminhos; o m.q. argamassa, sua corruptela[SM].

Grampas, *n.f. Bal.* Grupo de delfinídeos migradores dos mares açorianos, sendo o maior e mais frequente o *Bico-de-garrafa* (*Mesoplodon bidens*); a sua passagem verifica-se na primavera, conjuntamente com manadas de cachalotes – como andavam próximos destas, confundiam os *vigias da baleia* que davam falsos sinais de presença de *baleia* (do am. *grampuses*).

Granado, (do lat. *granu-*, grão + *-ado*) **1.** *adj.* Germinado, falando das sementes. **2.** *adj.* Designação que antigamente se dava ao pastel depois dos seus *bolos* serem derregados com água. Tinha um grande valor comercial: *Quanto ao preço por que se vendia o pastel, há que diferenciar o granado do de bolos. Assim, comparativamente, vê-se que, em bolos, sendo de boa qualidade, valia 300 réis o quintal, ao passo que granado atingia os 550 a 600 réis*[1161].

Granar o pastel, *exp.* Operação antigamente efectuada na indústria do pastel que consistia em derregar com água as bolas de pastel, em tulhas especiais. O alemão Valentim Fernandes, notável impressor vivendo então em Portugal, que muito se interessou pelos descobrimentos e expansão dos portugueses, nos começos de 1500, escreve: *[...] logo pela manhana estam muitos homens e fazem pães redondos e os poem a enxugar, e depois de enxutos tornam outra vez a moer em poo. E tornam aquele poo em uma casa e lançam a agoa e o revolvem. E aquelle chamam granar.*

Grande banda de toques, *exp.* Expressão usada na Terceira para designar uma *dança do Entrudo* com muitos tocadores.

Grande Castigo, *n.m.* Nome que em S. Miguel se dava ao terramoto que, em 20 de Outubro de 1522, soterrou Vila Franca do Campo, a primeira capital de S. Miguel[1162]. Devido a este facto, ainda antes de findar a primeira metade de séc. XVI, Ponta Delgada, pelo desenvolvimento que ia atingindo, é elevada por D. João III à categoria de cidade. Sobre esse ano escreveu Ferreira Drummond: *Aconteceu neste ano a fatal subversão de Vila Franca na Ilha de S. Miguel, quando os montes do Rabaçal e do Louriçal caíram sobre ela e a subterraram com quatro a cinco mil pessoas por efeito de um espantoso terramoto [...].*

Grandeza, *n.f.* Grande quantidade; muito (de *grande* + *-eza*)[F].

Graneiro, *n.m.* O m.q. granel (do lat. *granu-*, grão, + *-eiro*)[T].

Granel, *n.m.* Grande caixote de madeira onde antigamente se guardavam os cereais (do cat. *granell*)[Sj].

Granhão, *n.m.* Espécie de burro de pequeno porte, também chamado *burro-anão* (corrupt. de *garanhão*)[Sj].

Grapeador, *n.m.* Espécie de *pexeiro* para apanhar polvos (do frâncico *krappa*, gancho, → *grapa*)[C].

Grapelim, *n.m. Bal.* Fateixa de três braços, com um olhal feito de ferro forjado, a que era atado um cabo fino, sendo utilizada para recuperar troços de linha afundados. Esta peça caiu em desuso um pouco depois de meados do séc. XX pelo facto de terem sido alterados os tipos de linha, bem como o material em que era tecida, passando a haver um novo tipo de linha em sisal com maior capacidade de flutuação (do am. *grapnel*).

Grapnel, *n.m. Bal.* O m.q. *graplim* (do am. *grapnel*).

[1161] Valdemar Mota – *Algumas Notícias sobre uma Erva Tintureira – O Pastel no Povoamento dos Açores* (in *Os Açores e o Atlântico*).

[1162] As ilhas dos Açores, nomeadamente as do grupo Oriental e as do grupo Central, estão situadas na encruzilhada das placas tectónicas Euro-Asiática, Africana e Americana, estando sujeitas às convulsões dos seus atritos e sofrendo repetidamente terramotos e maremotos mais ou menos intensos. As ilhas das Flores e do Corvo, situadas na placa Americana não têm história de abalos significativos após o seu povoamento.

Grapuada, (de *{grapau}*, corrupt. de *carapau* + *-ada*) **1.** *n.f.* Cardume ou grande quantidade de *carapau* miúdo[F] **2.** *n.f. fig.* Gente miúda; crianças[F].
Grateia, *n.f.* Abertura por onde saía o fumo da lareira, antes de haver as chaminés nas casas[Fl]. Quando não havia *grateias*, o fumo saía pelo espaço que ficava entre as telhas.
Gravata, (ext. de *gravata*) **1.** *n.f. fig.* Pequena moreia, tão fina como uma verdadeira gravata[F]. **2.** *n.f. fig.* Porção do copo que não se enche. *[...] lá encheu os dois calzins c[...] inté às bordinhas, não fosse a gravata, que sempre deixava aos demais, ser a causadora de alguma guerreia porca*[1163].
Grave, *adj.* Bom, radioso, falando do tempo (ext. de *grave*)[SM].

Graveta *(ê)*, (de *graveto*) **1.** *n.f.* O mesmo que fateixa e *grapelim*. **2.** *n.f.* Pau comprido munido de um anzol na ponta destinado à pesca do polvo[Fl,Sj].
Graveto, *n.m.* Alcunha de indivíduo muito seco, magro (ext. de *graveto*)[T]. Var.: *Graveto-seco*.
Gravinho, 1. *adj.* Melhorado da saúde (de *grave* + *-inho*)[T]. **2.** *n.m.* Ferramenta de gravar a madeira; gravador (de *gravar* + *-inho*)[T].
Graxa, *n.f.* O m.q. banha de porco (do lat. vulg. *grassĭa-*, por *crassu-*, espesso, gordo).

1163 Cristóvão de Aguiar – *Raiz Comovida*.

Grazinha, *adj.* Barulhento; que fala muito (corrupt. de *grazina*)[T].
Grejeta, *n.f.* Lamparinha; lanterna a óleo de peixe ou a petróleo (corrupt. de *griseta*)[T]: *Credo essa grejeta dá uma luz tanto rafeira...*[1164].
Grelo, *n.m.* Nome dado à batata miudinha[SM].
Grifa, *n.f.* Cúpula em forma de pirâmide da torre das igrejas (do fr. *griffe*)[T].
Grilha, *n.f.* Pénis de criança, também dito *grilhinha*[T]. Palavra derivada de 'grila', com a palatalização do [l] como é frequente nas ilhas.
Gripe, *n.m.* Termo usado com o mesmo significado do português continental mas muitas vezes usado no masculino: *Este vosso vinho... Tá-me a parecer que cá o Bizarro tá outra vez c'o gripe...*[1165]. E. Gonçalves regista-o no Algarve no mesmo género. Var.: *Gripo*.
Griseta *(ê)*, **1.** *n.f.* Lamparina de folha de flandres[Sj,T]. Cp.: 'Grisó' na linguagem pop. do Minho significa azeite. **2.** *n.f. cal.* Orgão genital[T].
Grito, *n.m.* O m.q. chilro[T]: *Labandeira que dá um grito à porta duma casa, é um gosto; caso contrário, desgosto*[1166].
Groceria, (do am. *grocery*) **1.** *n.f.* Mercearia **2.** *n.f. pl.* Artigos de mercearia; mantimentos. Nas Capelas, em S. Miguel, existia antigamente uma loja que se chamava 'Groceria por atacado'.
Grosso-da-perna, *n.m.* O m.q. coxa[F,SM].
Grosso nem um macho, *exp.* Muito bêbedo[T]: *Ora bem... se eu beber o vinho que tens aí / Vou ficar grosso nem um macho*[1167]. Nota: Macho, aqui, refere-se ao mulo.

1164 Da dança de pandeiro *A Batalha da Salga ao Contrário*, de Hélio Costa.
1165 Dias de Melo – *Vinde e Vede*.
1166 J. H. Borges Martins – *Crenças Populares da Ilha Terceira II*.
1167 Da dança de pandeiro *A Batalha da Salga ao Contrário*, de Hélio Costa.

Grota, *n.f.* Leito de ribeira periódica (do lat. *crypta-*). No Corvo também se chama *valada*.

Grotão, *n.m.* Grota ladeada de fundas escarpas; *grota* grande (de *grota* + *-ão*)[C,SM,T]: *[...] ousadia que se afirma nas suas flores saídas dos grotões ou de recantos espapaçados*[1168].

Grotilhão, *n.m.* Pequena *grota* (de *grota* + <-i-> + *-lhão*): *[...] nas grotas e grotilhões, o oceano aumentava o tom dos seus gemidos*[1169].

Grotinha, *n.f.* Pequena *grota*; o m.q. *grotilhão* (de *grota* + *-inha*).

Grozeira, *n.f.* Gorazeira, sua corruptela[SM]: *Uma grozeira conta, termo médio, 45 anzóis*[1170].

Gruvata, *n.f.* Gravata, sua corruptela por dissimilação[T]. CF regista-o apenas como brasileirismo.

Moinho com a sua guarda

Guarda, *n.f.* Caixa que apara a farinha nos moinhos (deriv. regr. de *guardar*)[SM]. Var.: *Guardas*.

Guarda-lama, *n.f.* O m.q. guarda-vassoura; rodapé[Fl].

Guarda-sol, *n.m.* O m.q. guarda-chuva: *[...] não trazia guarda-sol, na Ilha é assim, há mais medo do sol do que da água caída do céu, por isso não se diz guarda-chuva [...]*[1171].

Guarda-sol-de-feiticeira, *n.m.* O m.q. *chapéu-de-feiticeira*[Sj].

Guarnição, n.f. O m.q. guarda-vassoura[C].

Guar-te, *interj.* Guarda-te; desvia-te; safa-te[T]: – *Guar-te que vem aí o toiro!* Provérbio terceirense: *Dos motins guar-te, / não serás testemunha, nem parte.*

Gueixa, (do japonês *geixa* – *gei*, arte + *xa*, pessoa) **1.** *n.f.* O m.q. novilha, vaca de pouca idade: *Meu pai tinha uma gueixa / Depois de gueixa foi vaca / Eis aqui como se baila / O bailhinho da casaca*[1172]. **2.** *n.f. fig.* Rapariga engraçada e boazona[SM,T].

Gueixa da primeira vez, *n.f.* *Gueixa* quando tem a primeira cria[Sj].

Gueixo, *n.m.*. O m.q. novilho.

Guèrafaite, *v.* Brigar; lutar (do am. *to get a fight*): – *Queres guèrafaite?*

Guerras de cabeça, *n.f. pl.* Preocupações, *consumições*[F].

Guerreia, *n.f.* Discussão; guerra (deriv. regr. de *guerrear*)[StM,SM]. Também usado no Alentejo.

Gueste, *n.m.* Banquete (do am. *guest*)[F]. E. Gonçalves regista com o mesmo significado no Algarve, a palavra 'guesto'.

Guexote, *n.m.* Dim. de *gueixo* (de *{gueixo}* + *-ote*, com síncope). Nota: Poder-se-á admitir outra grafia para esta palavra – *guechote* –, derivada de *guecho* + *-ote*).

Guia, (deriv. regr. de *guiar*) **1.** *n.m.* Um dos dois *Romeiros* escolhidos pelo *Mestre* que dirigem e conduzem, na Ilha de S. Miguel, o rancho através da viagem, seguindo escrupulosamente os caminhos tradicionais desde o séc. XVI. **2.** *n.m.* O m.q. *vaca-de-sinal*. **3.** *n.m.* Personagem do teatro popular micaelense (ver *Vilão*): *É o guia, seguido do reclamo, dois fidalgos vistosos bem trajados, numa moda que lembra a quinhentista com chapéu de três bicos à mis-*

[1168] Guido de Monterey – *Terceira – A Ilha de Jesus Cristo.*

[1169] Costa Barreto – *A Lenda das Sete-Cidades.*

[1170] Armando Silva – *Ethnographia Açoriana.*

[1171] Cristóvão de Aguiar – *Trasfega.*

[1172] Quadra do folclore açoriano.

tura[1173]. **4.** *n.m.* O Cavaleiro que vai à frente nas *Cavalhadas* de S. Pedro da Ribeira Grande e que declama os versos dedicados a S. Pedro[SM]. **5.** *n.f.* Nome que se dá, nas manadas de golfinhos, àquele(s) que vai (vão) à frente[SM]. **6.** *n.f.* Cada uma das linhas que prendem o *enchelavar* ao cabo.

Guia do bote, *n.f. Bal.* Corda forte ligada a um cabo que, por sua vez, vai amarrar à lancha e que permite rebocar o *bote baleeiro*.

Guiada, *n.f. Sinal* de marcação do gado.

Guiada-fendida, n.f. *Sinal* de marcação do gado composto por uma *guiada* e uma *fendida*.

Guinada, *n.f.* Puxada; puxão (part. pas. fem. subst. de *guinar*)[F]. *Às guinadas*: aos puxões.

Guinchadeira, (de *guinchar* + *-deira*) **1.** *n.f.* Barulho de guinchos. **2.** *n.f.* O m.q. rabeca[1174].

Guinda, *n.f.* Trave mestra de uma construção (deriv. regr. de *guindar*)[SM].

Guindar, *v.* Saltar; saltar um obstáculo (do fr. *guinder*). Na Terceira diz-se: *Guinda velha p'ó çarrado!*

Guindo, *n.m.* Salto (deriv. regr. de *guindar*)[C,F].

Guita, *n.f.* Pressa; velocidade; rapidez.

Gulosa, *n.f.* Mama das mulheres lactantes[SM].

Gurita, *n.f.* Gruta; gruta, do presépio[Fl]; guarita, sua corruptela por síncope[StM,T].

Gurnição, *n.f.* Tábua que remata a parede na sua junção com o tecto (corrupt. de *guarnição*)[Fl].

Gusano, *n.m.* O m.q. *busano*.

1173 Luís Bernardo Leite de Ataíde – *Etnografia Arte e Vida Antiga dos Açores*.

1174 O violino, quando mal tocado, produz uns sons esquisitos, parecidos com guinchos, daí o nome.

H

Haja remolho, *exp.* Expressão usada pela festas do Espírito Santo, com o sentido de 'haja sossego'SM: – *Meus senhores! Vão-se tirar as sortes! Haja remolho!*[1175].

Haja saúde, *exp.* Forma habitual de cumprimento usada em todas as ilhas: *Quando passares pela gente, / Faz a tua cortesia. / Meu padrinho a sua bênção, / Haja saúde, adeus Maria*[1176].

Harmónica, *n.f.* O m.q. filarmónicaT.

Haver revolta do tempo, *exp.* Mudar-se o estado do tempo para piorF.

Héctico, (ext. de *héctico*) **1.** *adj.* Apoquentado; consumidoSM. **2.** *adj.* Parvo; toloSM.

Herdança, *n.f.* O m.q. herança, sua variante antiga (de *herdar* + *-ança*): *[...] tem o seu pé de meia, com as herdanças do padrinho que lhe deixou em testamento...*[1177].

Heresia, *n.f.* Ofensa; provocação; tropelia (ext. de *heresia*)SM.

Heréu, *n.m.* Co-proprietário; herdeiroT.

Hétego, (do lat. tard. *hectĭcu-*) **1.** *adj.* Fraco; tísico; o m.q. hécticoSM,T (arc.). Já dizia Gil Vicente: *Que eu, quando casei com ela, dizião-me: hétega é [...]*[1178]. **2.** *adj.* Abatido; consumido: *Eh pingos do demónio [...] já não tenho aço e estou hétega de tanto vos sofrer...*[1179]. Nota: Grafia no séc. XV = *etego.*

[1175] Armando Cortes-Rodrigues – *Espírito Santo na Ilha de S. Miguel.*

[1176] Quadra de Francisco Coelho Neto (Coelho Neto), da Terceira, in *Improvisadores da Ilha Terceira.*

[1177] Cristóvão de Aguiar – *Trasfega.*

[1178] Gil Vicente – *O Bras.*

[1179] Cristóvão de Aguiar – *Raiz Comovida.*

Hino da autonomia. Primeiro nome dado ao *Hino dos Açores,* tocado pela primeira vez na sede da *Banda Progresso do Norte* (Rabo de Peixe – S. Miguel) a 3 de Fevereiro de 1894.

Hino de louvor ao Esprito Santo. Cantiga de composição invariável cantada pelos Foliões em louvor do Espírito SantoT.

Hino do Esprito Santo. Hino composto em finais do século XIX, com letra de Read Cabral e música de Francisco Inácio Cabral, para ser tocado pelas filarmónicas e ser cantado durante as coroações. Para os Açorianos, é o mais venerado de todos os hinos, sendo sempre escutado com grande emoção e respeito: *Veni Creator Spiritus, / Mentes tuorum visita, / Imple superna gratia, / Quae tu creasti pectora.*

Hino dos Açores. Composto musicalmente por Joaquim Lima aquando das campanhas autonomistas da década de noventa do séc. XIX, no início não tinha letra, tendo depois tido várias, a primeira delas da autoria de António Tavares Torres. Votado ao ostracismo durante o Estado Novo e o nacionalismo, com a autonomia constitucional foi oficialmente adoptado pelo Parlamento Açoriano[1180], depois de a sua música ter sido submetida a um arranjo por Teófilo Frazão. A letra actual é de Natália Correia[1181]:

[1180] Dec. Regulamentar n.° 13/79/A de 18 de Maio.

[1181] Dec. Regulamentar Regional n.° 49/80/A de 21 de Outubro.

Deram frutos a fé e a firmeza / No esplendor de um cântico novo; / Os Açores são a nossa certeza / De traçar a glória dum povo.

Home feito, *n.m.* Homem adulto.

Home, 1. *n.m.* Homem, sua f. antiga. Em S. Jorge aproveita-se esta desnasalização para rimar: *Aqui em casa deste home / quem não trabalha não come*[1182]. **2.** *n.m.* Forma de tratamento de pai para filho, depois deste já ter casado: – *Home pr'onde vai hoje trabalhar?*[1183]. Enquanto é solteiro, o pai trata-o sempre por tu[Sj].

Homem-da-corda, *n.m.* Cada um dos pastores que seguram a corda que prende o touro nas *touradas à corda* da Terceira; antigamente iam descalços, vestidos com uma camisola de linho branco e com um chapéu de abas largas. Em tempos recuados usavam uma máscara na cara e, na cabeça, uma *carapuça-de-orelhas*.

Homem da música, *n.m.* Nome dado a cada um dos músicos de uma filarmónica[T]: *[...] Os homens da música beberam todos, os foguetes subiram ao ar, e as ofertas ficaram arrumadinhas*[1184].

Homem-das-peneiras, *n.m.* Indivíduo que antigamente andava pelas freguesias a vender peneiras[T].

Homem-da-Vila, *n.m.* Indivíduo importante[Sj].

Homem-de-sacho, *n.m.* Jornaleiro[SM].

Homem-do-monte, *n.m.* Na Terceira chamava-se *homem-do-monte* ao homem das freguesias para diferenciar do que vivia na cidade. Nemésio, falando do aparecimento dos primeiros automóveis na Ilha Terceira, na primeira década do séc. XX, escreve: *E um dos chauffeurs dessa idade heróica do transporte acelerado [...] garantiu-me que viu muita vez os 'homens do monte' treparem os muros das bermas da estrada, com medo do bólide à vista, e mulheres e crianças ajoelharem e benzerem-se diante da bisarma enfumarada...*[1185].

Honesta, *adj.* Diz-se da cor escura, falando da roupa (ext. de *honesto*) [Sj,SM]: – *Dês que le morreu o sobrinho, veste sempre cores honestas.*

Hortelã-da-ribeira, *n.f.* Nome vulgar da *Mentha aquática*.

Hortelão, *n.m. Bot.* O m.q. hortelã (*Mentha viridis*).

Hortense, *n.f. Bot.* Nome que também se dá à hortênsia: *As hortenses formam sebes vivas, andando, rezando orações*[1186].

Hortênsia, *n.f. Bot.* Nome vulgar da *Hydrangea macrophylla*.

Humidoso, *adj.* Húmido (de *húmido* + *-oso*)[SM]. Var.: *humedoso*[Fl].

1182 Armando Cortes-Rodrigues – *Adagiário Popular Açoriano*.
1183 Elsa Mendonça – *Ilha de S. Jorge*.
1184 João Ilhéu – *Gente do Monte*.
1185 Vitorino Nemésio – *Corsário das Ilhas*.
1186 Gervásio Lima – *A Pátria Açoreana*.

I

I, *adv.* O m.q. aí. Assim, diz-se nas ilhas: *por 'i dentro; por 'i fora; por 'i abaixo.* Arcaísmo aqui conservado. D. Duarte *(O Leal Conselheiro)* escreve: *[...] mas tais i há que a cada uma cousa sabem repartir seu tempo pera obrar.*

Iate, *n.m.* Navio de capotagem que fazia demoradas viagens apenas entre as ilhas do Grupo Oriental e Central.

Idieta, *n.f.* Dieta, sua corruptela por prótese[F]. Semelhante estropiação da palavra regista E. Gonçalves no Algarve: "àdiata"[1187]. Var.: *Indieta*[Fl].

Igreja-macha, *n.f.* Igreja que tem como padroeiro um santo[T].

Iguaria, *n.f.* Prenda para se arrematar, nas festas do Espírito Santo (CF).

Ilha Amarelo-claro. Um dos cognomes da Ilha de Santa Maria.

Ilha Azul. Nome com que Raul Brandão baptizou a Ilha do Faial devido à grande quantidade de hortênsias que lá encontrou.

Ilha Branca. Cognome da Ilha Graciosa.

Ilha Brasil. Primeiro nome atribuído à Ilha Terceira: *A primitiva designação de 'Ilha Brasil' (cuja reminiscência ficou no nome do 'Monte Brasil', contrapôs o Infante D. Henrique a de Jesus Cristo, antes do ano de 1450 [...]*[1188].

Ilha Castanha. Nome dado à Ilha de S. Jorge, segundo alguns devido à cor das rochas da Ponta dos Rosais, a primeira parte da Ilha que se vê indo de Oriente.

Ilha Cinzenta. Nome também dado à Ilha do Pico, pela quantidade de mistério que tem.

Ilha Cor-de-rosa. Nome tb. dado à Ilha do Corvo.

Ilha da Estátua. Nome que também foi dado à Ilha do Corvo.

Ilha da Graça. Ilha imaginária, provocada pela visão de nevoeiros diáfanos nas proximidades do mar, que se acreditava existir para os lados da Flores e do Corvo, no início do povoamento, tendo mesmo originado muitas viagens em sua demanda.

Ilha da Ventura. Nome dado à Ilha do Faial nas antigas cartas e portulanos (sXV)[1189].

Ilha das Cabras. Nome antigamente dado à Ilha de S. Miguel (sXV).

Ilha das Fajãs. Apelido da Ilha de S. Jorge, pelas muitas *fajãs* que possui.

Ilha de Amarelo-torrado. Nome tb. dado à Ilha das Flores.

Ilha de Gonçalo Velho. A Ilha de Santa Maria: *Anno de 1444 mãdou ho Iffãte Dom Anrrique por capitã huu caualleyro chamado Gonçalo Velho comêdador da Ordẽ de Chris-*

[1187] No séc. XV a palavra tinha a grafia 'diata'.

[1188] Guido de Monterey – *Terceira – A Ilha de Jesus Cristo.*

[1189] As ilhas dos Açores foram desenhadas por muitos cartógrafos nos portulanos da sua autoria, a partir de 1350, embora às vezes sem atenderem à sua real posição geográfica.

tus a pouorar a ylha e outras, e pos a esta seu nome [...][1190]. O povo da Ilha não acredita nessa teoria e afirma: *Frei Gonçalo recitava, com os marinheiros, a Ave-Maria, quando avistou pela primeira vez a primeira das ilhas dos Açôres que, por essa razão, se chama Santa Maria*[1191].

Ilha de Jesus Cristo. Primitivo nome da Ilha Terceira: *[...] a Terceira, que se chama de Jesus Cristo [...] por dizerem ser achada no primeiro de Janeiro, em que se celebra a festa deste santo nome*[1192]. Var.: *Ilha de Jesus.*

Ilha de lu Ova, *n.f.* Ilha de Santa Maria.

Ilha de Santa Cruz. Ilha imaginária que se acreditava existir, umas vezes entre Santa Maria e a Madeira, outras a nordeste da Terceira, mas que nunca foi encontrada[1193].

Ilha de Santa Iria. Nome primitivo da Ilha do Corvo. Grafia do sXV: Santa Eiria – *[...] item ordenei e estabeleci [...] a igreja de Santa Eiria na Ilha de Santa Eiria*[1194].

Ilha de San Zorze. Nome por que vem designada a Ilha de S. Jorge num mapa catalão de 1375.

Ilha de São Dinis. Primeiro nome da Ilha do Pico.

Ilha de São Luís. Primitivo nome da Ilha do Faial, aquando do seu descobrimento. Ainda na Carta de 3 de Dezembro de 1460 de D. Afonso V, quando faz mercê ao Infante Dom Fernando das Ilhas Atlânticas, vem referida com este nome.

[1190] Valentim Fernandes Alemão – *Ylha de Sancta Maria.*

[1191] Lenda mariense (in Gervasio Lima – *A Patria Açoreana*).

[1192] Gaspar Frutuoso – *Saudades da Terra.*

[1193] Nos antigos portulanos e cartas de navegar, feitos entre o séc. XV e XVII, aparecem entre 7 a 12 ilhas, com nomes diferente, mas que nunca foram encontradas.

[1194] Testamento do Infante D. Henrique datado de 28 de Outubro de 1460.

Ilha de São Tomás, Primitivo nome da Ilha das Flores. Grafia da época: Thomaz.

Ilha do Arcanjo. Um dos *apelidos* da Ilha de S. Miguel: *Tem o nome do arcanjo que esmagou Satan, protegendo o Bem. Cavaleiro audaz vencendo, a golpes de montante, o dragão fabuloso [...]*[1195].

Ilha do Barro. Nome que também se dá a Santa Maria, pela grande quantidade de barro aí existente.

Ilha do Farol. Nome também já dado à Ilha do Corvo.

Ilha do Lobo. Nome antigamente dado à Ilha de Santa Maria (sXV).

Ilha do Marco. Nome por que vem designada em alguns documentos históricos a Ilha do Corvo. Na realidade, nesta ilha, há um rochedo com a figura muito regular duma pirâmide, a que os Corvinos chamam *Marco* e, à ponta que nos mapas vem designada com o nome de Ponta dos Torrais, dão o nome de 'Ponta do Marco'.

Ilha do Ovo, *n.f.* Nome que também foi dado a Santa Maria, pela sua parecença com um ovo.

Ilha dos Amores. Um dos cognomes da Ilha de S. Miguel: *Estamos no bosque mitológico de Cytera, a velha e sempre nova Ilha dos Amores*[1196].

[1195] Gervasio Lima – *A Patria Açoreana.*

[1196] Armando Narciso – *Terra Açoreana.*

Ilha dos Coelhos. Nome que também foi dado à Ilha das Flores (sXVI)[1197].
Ilha dos Corvos Marinhos. Nome que também foi dado ao Corvo.
Ilha dos Lobos. Nome dado à Ilha de Santa Maria na cartografia do séc. XIV.
Ilha dos Pombos. Nome antigamente dado à Ilha do Pico na cartografia do séc. XIV.
Ilha Dourada. Apelido da Ilha de Santa Maria.
Ilha-Dragão. Nome também dado à Ilha de S. Jorge, pelo seu aspecto semelhante a um dragão.
Ilha Histórica. Um dos cognomes da Ilha Terceira: *Ilha 'histórica' é o mais apropriado dos cognomes atribuídos à Terceira*[1198].
Ilha Lilás. Um dos cognomes da Ilha Terceira.
Ilha Maior. Nome que alguns autores dão à Ilha de S. Miguel.
Ilha Montanha. A imponente Montanha do Pico é o terceiro maior vulcão do Atlântico, sendo a ilha mais alta do Arquipélago e o seu pico o ponto mais alto de Portugal (2351 metros) – daí o nome.
Ilha Nova. Nome que Gaspar Frutuoso dá à Ilha de Santa Maria. Antigamente, no início do povoamento, também se chamava *Ilha Nova* ou *Ilha Encoberta* a uma ilha imaginária que se julgava existir a nordeste da Terceira e que chegou a ser procurada durante muitos anos. Já em 1770 o Capitão-General D. Antão de Almada, com o apoio do Governo, chegou a fretar um navio mercante que andou durante algum tempo a percorrer essa zona, sem nunca encontrar qualquer ilha! Isto foi motivo de escárnio e de motejo, de tal modo generalizados, que o Governador se viu obrigado a fazer circular um 'Bando' a proibir que se falasse em tal mal-aventurada ilha, sob pena de castigo grave, caso acontecesse!
Ilhao, *n.m.* Cada uma das aberturas do forno de cozer o barro, por onde sai o fumo e se vê o estado da cozedura das peças[T].
Ilhargas, *n.f. pl.* As partes laterais da caixa da viola, também chamadas *paredes*.
Ilhas das Floreiras. Nome antigamente dado ao Corvo e às Flores.
Ilhas-de-baixo. As ilhas que ficam a oeste, isto principalmente para os de S. Miguel. *Afora estas duas ilhas, São Miguel e Santa Maria, às outras sete alguns chamam ilhas-de-baixo, por estarem abaixo destas para o ocidente*[1199]. Nota: Em alguns trabalhos científicos este nome vem incorrectamente registado com a grafia 'ilhas debaixo'.
Ilhas de bruma. Um dos cognomes das ilhas dos Açores.
Ilhas Flamengas. Nome que era dado às ilhas açorianas do Grupo Central – Flemish islands – na cartografia do Norte europeu, pelo grande número de flamengos aí fixados[1200].
Ilhas Foreiras. Nome dado às Flores e ao Corvo, também registadas na cartografia antiga como 'Ilhas das Floreiras' e 'Ilhas das Flores'.
Ilhas Terceiras. Nos séculos XVI e XVII também chamavam aos Açores as *ilhas Terceiras*, por serem as que em terceiro lugar se tinham descoberto, a seguir às Canárias e às da Madeira.
Ilha Verde. Apelido da Ilha de S. Miguel, pela quantidade de paisagem verde que encerra.
Ilhéu das Flores. Nome que antigamente chegou a ser dado à Ilha do Corvo, nas

[1197] A Ilha das Flores sempre foi abundante em coelhos por aqui não haver o seu principal predador – o milhafre.
[1198] Guido de Monterey – *Terceira – A Ilha de Jesus Cristo*.
[1199] Gaspar Frutuoso – *Saudades da Terra*.
[1200] Em 1490, Martim Behaim afirmava que no Faial habitavam milhares de alemães e de flamengos, entre os quais 2000 trazidos por Wilhelm van der Hagen (Guilherme da Silveira).

cartas de doação da primeira metade do séc. XVI.

Ilhó, *n.m. fig.* Olho do cu; rabo (do lat. *oculiŏlu-*, que significa olhinho).

Iluminação, (do lat. *illuminatiōne-*) **1.** *n.f.* Arraial feito à noite, com as ruas iluminadas por múltiplas luzes eléctricas, onde, como em todos os lados, em cada dia da festa há acontecimentos vários, desde aos *Balhos* regionais, às *Velhas*, às *Cantigas ao desafio*, etc, etc. **2.** *n.f.* Nome que também se dá ao acto de ter a *Coroa* do Espírito Santo em casa e aos seus serões de rezas; o m.q. *alumiação*.

Ilugido, *adj.* Presuntuoso; vaidoso (corrupt. e ext. de *luzido*)[SM].

Imbigo, *n.m.* Umbigo, sua f. antiga[1201].

Imbigudo, *adj.* Diz-se daquele que tem um grande umbigo (de *{imbigo}* + *-udo*).

Imburguês, *n.m.* Bigorrilhas; troca-tintas (de *im-* + *burguês*).

Imigo, *n.m.* Inimigo[1202], sua f. antiga[Fl]: *Rompa e passe sem temor avante / Porque o imigo lhe não leve a palma*[1203].

Impado, *adj.* O m.q. *empachado*[T].

Impeçar, 1. *v. fig.* Encontrar. **2.** *v. fig.* Provocar; implicar; tomar de ponta. Nota: Grafia no séc. XIV= *ĩpeçar*.

Imperador, 1. *n.m.* Aquele que *coroa* (é *coroado*) na *dominga* que lhe está destinada pelo sorteio do ano anterior, em que lhe *saiu o Senhor Esprito Santo*, e que promove as suas festas, a partir da sua casa e em ligação ao *Império*. É a mais alta dignidade da hierarquia do *Império*; a partir dessa altura, o tempo será contado, naquela família e comunidade, pelo ano daquela coroação[1204]. **2.** *n.m.* Cada um dos Cavaleiros das *Cavalhadas* de S. Pedro da Ribeira Grande que seguem atrás dos *despenseiros*, com as mesmas vestimentas mas levando na cabeça um chapéu diferente, alto e carregado de ouro e de jóias[1205]. **3.** *n.m.* Em alguns lugares chama-se *Imperador* ao *Rei da Coroa*, aquele que transporta a *Coroa* do Espírito Santo nos cortejos. **4.** *n.m.* Nome vulgar do peixe *Beryx decadactylus*.

Imperatriz, *n.f.* Esposa do *Imperador* das festas do Espírito Santo[StM,T], operando como o seu principal organizador e oficiante.

Império, (ext. de *império*) **1.** *n.m.* Capela ou ermida, no início do povoamento feita de madeira, montada na altura da festa, onde se expunha a *Coroa* e os restantes emblemas, e se realizava parte da *Festa do Esprito Santo*. Comum a todas as ilhas, actualmente é um pequeno edifício, com arquitectura distinta, em torno do qual se realizam as actividades do culto do Espírito Santo. Aliás, a sua arquitectura varia de ilha para ilha, desde um simples telheiro no tardoz das igrejas, na ilha de Santa Maria, até capelas vistosamente ornadas e encimadas pela *Coroa* imperial, na ilha Terceira[1206]. O aparecimento dos *Impérios* como edifícios permanentes em alvenaria data última metade do século XIX, provavelmente em resultado do retorno de dinheiro dos emigrantes do Brasil e da América. **2.** *n.m.* As festividades do Espírito Santo durante os domingos do tempo pascal ou fora desse tempo. **3.** *n.m.* As Irmandades do Espírito Santo.

Império da Caridade, *n.m.* Nome dado a alguns *Impérios* do Espírito Santo.

Império de defunto, *n.m.* Quando uma pessoa morre sem ter cumprido uma promessa de fazer a festa do Espírito Santo,

---

1201 Sua grafia no sXIV e XV: *inbigo* e *embigo*.

1202 *Imigo* é f. ant. de inimigo, derivada de *inimicus*, sua f. sincopada. Actualmente, é usado o termo de origem erudita: inimigo.

1203 António Ferreira – *Poemas Lusitanos*.

1204 Hélder Fonseca Mendes – *Festas do Espírito Santo nos Açores*.

1205 Luís Bernardo Leite de Ataíde – *Etnografia Arte e Vida Antiga dos Açores*.

1206 Na diáspora açoriana, particularmente na América e no Canadá, para além dos impérios, são comuns os grandes salões, onde as festas se realizam em ambiente fechado.

é um familiar que assume essa função[StM], realizando os chamados *Impérios de defuntos* ou *Impérios de herdeiros*.

Império de S. João, *n.m.* Nome que em Santa Maria se dá a um *Império* do Espírito Santo, criado na segunda metade do século passado, que faz a festa no dia de S. João.

Império dos Nobres, *n.m.* Na Ilha do Faial, em 24 de Abril de 1672, por ter o povo sobrevivido a uma violenta erupção vulcânica acontecida entre a Praia do Norte e o Capelo, nasceu o *Império dos Nobres*, que tomou a si a obrigação de distribuir esmolas todos os anos: *Esta é a origem do chamado Império dos Nobres na Horta, cuja ramada ou arramada se armava todos os anos na rua da Misericórdia, construindo-se depois, em 1700, o império ou teatro de pedra*[1207].

Império dos Velhacos, *n.m.* Nome que também é dado à *Ceia dos Ajudantes*[StM], pelo facto de os *Ajudantes* estarem libertos das responsabilidades do *Império* e poderem beber vinho à vontade[1208].

Imperiquitar-se, (de *im-* + *periquito* + *-ar*) **1.** *v. pron.* Assomar-se; subir muito alto. **2.** *v. pron. fig.* Impor-se[T]

Imposição, *n.f.* O m.q. *Fachina*.

Inácio, *adj.* Idiota; imbecil[T].

Inçar, *v.* Prover-se de (do lat. *indiciāre*).

Incenseiro, *n.m.* O m.q. *incenso (Pittosporum undulatum)*[Sj].

Incenso, *n.m.* Também chamado *incenseiro* – no Corvo chamam-lhe *faia-de--incenso* e na Terceira *faia-do-Norte* – é uma árvore ou arbusto da Família das Pitosporáceas, de nome científico *Pittosporum undulatum,* oriundo da Austrália, via Inglaterra, e conhecido no Cont. por 'pitósporo'.

Incha, 1. *n.f.* Vaga morta, alta e inesperada (deriv. regr. de *inchar*). **2.** *n.f.* Polegada (do am. *inch*).

[1207] Carreiro da Costa – *Espírito Santo na Ilha do Faial.*
[1208] João Leal – *As Festas do Espírito Santo nos Açores.*

Inchado, *adj.* Diz-se do fruto em vias de amadurecimento (part. pas. de *inchar*).

Inchais, 1. *n.m. pl.* Espaços que ficam entre as cavernas, nos barcos. **2.** *n.m. pl.* Fundo do lagar[P].

Incheichado, *adj.* Gordo e corado[F].

Inchume, *n.m.* O m.q. edema; inchação (do rad. de *inchar* + *-ume*). CF regista-o apenas como brasileirismo.

Inço, *n.m.* Inhame pequeno; o m.q. *bispo*. Cp.: Em Trás-os-Montes chama-se 'inço' aos restos, aos resíduos[1209].

Incomedada, *adj.* Diz-se da mulher com o *incómedo*.

Incómedo, *n.m.* Menstruação.

Incorete, *n.m.* O m.q. bote: *[...] assantadinho na borda do incorete incalhado, cheio de reumatismo*[1210].

Inculto, *adj.* Sem uso; sem valor (do lat. *incultu-*). Com este significado é apenas usado no Pico, como na frase que se segue: – *Temos im nossa casa um quarto inculto que nã nos serve pra nada.*

Indez, (do lat. *indicĭi [ovum]*, ovo indicador) **1.** *n.m. fig.* Na Terceira é filho único e mimoso, o 'menino bonito' da casa, em S. Miguel é o filho mais novo[1211]. **3.** *n.m.* Coisa de grande estimação[SM]: – *Parti a terrina de loiça da Vila...e era o meu indez!*

Indoçar, *v.* Acrescentar à farinha de milho uma certa quantidade de farinha de trigo, quando se faz o pão de milho, para que a massa fique mais macia e melhor levede (corrupt. de *adoçar*).

Infernilho, *n.m.* O m.q. Inferno (de *Inferno* + *-ilho*).

Infernizado, *adj.* Irritado; zangado (part. pas. de *infernizar*). Feitio infernizado: O m.q. feitio difícil[SM].

Infernizar, *v.* Fazer zangar; rabujar (de *Inferno* + *-izar*)[SM,T].

[1209] Nesta acepção, poder-se-á considerar o termo açoriano como sua extensão.
[1210] Vitorino Nemésio – *Mau Tempo no Canal.*
[1211] No Cont. também se chama indez ao leitão mais novo duma bacorada, salvo seja a comparação.

Inferno do moinho, *n.m.* Parte inferior das azenhas, onde existe os mecanismos movidos pela água que fazem rodar as pedras móveis.

Infiado, *adj.* Pálido; emagrecido; de faces chupadas (arc.)[F]. *O Céu tremeu, e Apolo, de torvado, / Um pouco a luz perdeu, como infiado*[1212].

Infinto, *adj.* Insignificante; mesquinho; reles[P]. Fem.: *infinta*. Infinto é adj. ant. que significa 'fingido', 'disfarçado'.

Informa, *n.f.* O m.q. informe; informação (deriv. regr. de *informar*)[Fl,SM]. *As informas que lhe deram, / Até como ele se chamava*[1213].

Infruideira, *n.f.* Alcoviteira; intriguista (de *{infruir}* + *-deira*)[P].

Infruir, (corrupt. de *influir*) **1.** *v.* Desencaminhar[P,T]. **2.** *v.* Fazer enredos[Sj].

Infundices, *n.f. pl.* Conjunto das fezes e da urina contido na *caneca da merda*, que se despejava periodicamente[F].

Infundir, *v.* Tingir (ext. de *infundir*, no sentido de pôr de infusão)[SM].

Ingeirar, *v.* Articular, fazer, geralmente referindo-se a um discurso oral ou escrito[SM].

Ingirar, *v.* Trocar de lugar, falando dos animais no trabalho da lavoura das terras ou na debulha[C].

Íngua, *n.f.* Tumefacção da pele devido ao ingurgitamento de gânglio linfático; o m.q. que adenopatia (do lat. *inguĭna-*, inchaço).

Inguinada, *n.f.* Impulso; salto (de *in-* + *guinada*)[Sj].

Inha, *pron.* Minha, assim pronunciado quando usado em posição proclítica, tal como em grande parte do Alentejo: *Inha mãe; inhas irmãs*[SM,T]. Var.: *Enha*.

Inhamada, (de *inhame* + *-ada*) **1.** *n.f.* Refeição constituída por inhames cozidos migados em leite[Sj]. **2.** *n.f. fig.* Pancada: – *Pregou-le uma tal inhamada a meio das costas que o rapaz até se sintiu atabafado!*

[1212] Luís de Camões – *Os Lusíadas*.

[1213] Manuel da Costa Fontes – *Romanceiro Português do Canadá (Febre Amarela)*.

Plantas do inhame

Inhame, *n.m. Bot.* Planta monocotiledónea (*Arum colocasia*), da Família das Aráceas, herbácea, com rizoma tuberoso utilizado na alimentação, de enorme importância local antes do cultivo da batata-branca[1214]. Oriunda da África, no séc. XV era de uso comum em Portugal e a sua cultura terá sido introduzida nos Açores no séc. XVI. Gaspar Frutuoso pouco fala dele, só quando alude à batata-doce diz que esta é melhor do que o inhame.

Inhame-de-água, *n.m.* Nome que se dá ao inhame cultivado junto a nascentes de água, em terras alagadiças.

Inhameiro, (de *inhame* + *-eiro*) **1.** *adj. deprec.* Alcunha que noutras ilhas se dá ao habitante de S. Jorge, por nessa ilha se cultivar e comer muitos inhames. **2.** *n.m. deprec.* Alcunha que em S. Jorge se dá ao natural do Norte Pequeno, por lá haver muitos inhames. É também *apelido* que em S. Miguel dão ao natural da Bretanha, pelo mesmo motivo. **3.** *adj. fig.* Mentiroso; trapaceiro[SM]. **4.** *adj. fig.* Molengão[Sj]. **5.** *adj. fig.* Diz-se do indivíduo sujo, mal trajado[F].

[1214] A batata-branca, ao contrário do inhame e da batata-doce, é de introdução relativamente recente nos Açores, só tendo sido aqui cultivada a partir da 2.ª metade do século XVIII.

Injarroba, *n.f.* Borracha (do am. *indian rubber*).

Injuriado, *adj.* Envergonhado (part. pas. de *injuriar*)[Fl].

Inorar, *v.* Censurar; criticar; dizer mal de[F]: *Uma cantiguinha errada / Não é defeito nenhum;/Defeito é inorar / A vida de cada um*[1215].

Inquietação, *n.f.* Complicação; dificuldade (do lat. *inquietatiōne*). Este termo é frequentemente usado com significados semelhantes, sempre antecedido do verbo ser. Ex: *Uma mulher teve uma criança que foi sempre uma inquietação para se criar*[1216].

Insinar, *v.* Ensinar, sua f. arcaica. (do lat. *insignāre,* por *insigniri,* que significa pôr uma marca).

Insula di Corvi Marini (Ilha dos Corvos marinhos). Nome que chegou a ser dado às Flores e ao Corvo, na cartografia medieval catalã e italiana.

Insule Brasil. Referência nos mapas e cartas geográficas do séc. XV e início do séc. XVI à Ilha Terceira e à Graciosa[1217].

Insule de Brazi. Referência na cartografia do séc. IV à Ilha Terceira: *[...] a cartografia de Laurenciana do ano de 1351 denomina a Terceira como «Insule de Brazi»*[1218].

Intarsiado, *adj.* O m.q. embutido (part. pas. de *{intarsiar}*).

Intarsiar, *v.* Embutir (corrupt. de *tauxiar*).

Intenicar, *v.* Aborrecer; provocar; o m.q. *inticar* (de *in* + *{tenica}* + *-ar*)[SM].

Inteniquento, *adj.* Impertinente (de *{intenicar}* + *-ento*)[SM,T].

Intica, *n.f.* Intriga; mexericada (deriv. regr. de *{inticar}*)[F].

Intirão, *adj.* Duro, em relação ao tecido, no tear[Fl].

Intraquilar, *v.* O m.q. entalar; *sascar* (de *in-* + *tra<n>quilo* + *-ar*)[C].

Intrincado, *adj.* O m.q. enfezado[T].

Invejão, *n.m.* Abantesma; *lambusão* (corrupt. de *avejão*)[P].

Invejidade, *n.f.* Inveja (de *inveja* + *-i-* + *-dade*)[SM,T]: *A mulher deu-lhe um cobrante de invejidade tanto grande que o matou*[1219].

Invejosa, *n.f. Bot.* Planta bienal, erecta, até 60 cm de altura, flores azul-arroxeadas, também chamada *vermelhão,* de nome científico *Echium plantagineum.*

Invernadoiro, *n.m.* Propriedade agrícola arborizada, com pastagem, geralmente no sul da ilha, onde o gado bovino é posto durante os meses mais frios, por ser mais abrigada[Sj].

Invernar, *v.* Acto de mudar o gado para o *invernadoiro* ou para a *porta*[Sj].

Invernia, *n.f.* Designação antiga das tempestades violentas durante o Inverno, com vento ciclónico e chuva intensa (de *inverno* + *-ia*).

Invernizado, *adj.* Escanzelado; friorento; raquítico[T] (de *invernizar* + *-ado*).

Invetir, *v.* Evitar, sua corruptela profunda[SM,T]: – *O que se pode invetir, invete-se!*

Inviceira, *n.f.* Teimosia; vício (de *in-* + *vício* + *-eira*)[SM].

Inzeminar, *v.* Examinar, sua corruptela[T]: *Mas porém chega o cabo, aquele prosa de merda!, põe-se de cócoras no solho a inzeminar a poeira*[1220].

Inzoneiro, *adj. e n.m.* Onzenário; usurário (corrupt. de *onzeneiro*)[T]: *Minha mãe, essa então era mais inzoneira, p'ra lhe sair qualquer coisa das mãos era um penar...*[1221].

Ir à balança, *exp.* O m.q. *ir ao banco*[SM].

Ir à conta de Deus, *exp.* Ir com a protecção de Deus, com Nosso Senhor: *vaia o*

1215 Quadra pelo Autor recolhida na Ilha das Flores.

1216 J. H. Borges Martins – *Crenças Populares da Ilha Terceira I.*

1217 Atlas Catalão (1375), Carta de Angelino Dulcert (1339), Atlas Mideceu (1351), Atlas de Pineli (1384), Mapa de Soleri (1385) e outros.

1218 João Afonso Corte-Real – Pertinente Ecletismo Açoriano (in *Os Açores e o Atlântico*).

1219 J. H. Borges Martins – *Crenças Populares da Ilha Terceira I.*

1220 Vitorino Nemésio – *O Mistério do Paço do Milhafre.*

1221 Augusto Gomes – *Cozinha Tradicional da Ilha Terceira* (Falas da Tia Gertrudes).

sinhor co essa alminha descansada e à conta de Dês[1222].
Ir à missa de costas, *exp.* O m.q. ter morrido[T].
Ir a pés, *exp.* O m.q. urinar[SM].
Ir ao banco, *exp.* Prestar contas; ser interrogado para se apurar da sua inocência ou culpabilidade[SM]. Var.: *Ir à balança*[SM].
Ir ao banho, *exp.* O equivalente ao que no Cont. se diz 'ir à praia'.
Ir ao Império, *exp.* O m.q. ir ao arraial das festas do Espírito Santo[Fl].
Ir ao pezinho de cão, *exp.* O m.q. *ir ao pinchinho*[Fl].
Ir ao pinchinho, *exp.* O m.q. andar ao pé-coxinho[Fl].
Ir aos toiros, *exp.* O m.q. ir a uma tourada à corda, na Terceira: – *Amanhã vou aos toiros à Ribeirinha!*
Ir às areias, *exp.* Ir apanhar ramos de incenso (*Pittosporum undulatum*) para a alimentação do gado[StM].
Ir às snaipas, *exp.* Expressão equivalente a 'ir aos gambozinos' (do am. *snipe*)[F].
Ir às vacas, *exp.* Ir ordenhar as vacas[Sj].
Ir atrás da casa, *exp.* Ir à retrete, no tempo em que a *casinha* ficava ao fundo do quintal ou pátio, nas traseiras da habitação[T].
Ir buscar o repique, *exp.* Passar pela igreja e fazer com que repiquem os sinos, nas festas do Espírito Santo[T]: *O Imperador [...] tinha de cumprir o que se chamava «ir buscar o repique», isto é, passar pela igreja e fazer com que se repicassem os sinos antes de entrar em casa [...]*[1223].
Ir de carreira, *exp.* Ir a correr, ir depressa[StM]. Aos miúdos é costume dizer-se *ir de carreirinha.*
Ir de quebra, *exp.* Diz-se do mar quando o Inverno acalma[F].
Ir laré, *exp.* Ir dar uma volta; 'ir dar uma curva'[SM].
Ir na semana dos arrastados, *exp.* Diz-se daqueles que só se vão confessar depois da Quaresma[SM].

[1222] Luís Bernardo Leite de Ataíde – *Etnografia Arte e Vida Antiga dos Açores.*
[1223] João Ilhéu – *Notas Etnográficas.*

Ir nas unhas, *exp.* O m.q ir a pé[SM].
Ir no carro das faias, *exp. fig.* O m.q. 'ir no conto do vigário'[T].
Ir num credo, *exp.* Ir muito rapidamente, ir num instante.
Ir num zape amaricano. *exp.* Ir muito depressa; ir num pé e vir no outro[F].
Ir para a canga, *exp. fig.* Diz-se quando alguém vai para um trabalho violento[T].
Ir para as Ilhas, *exp.* Em S. Miguel e na Terceira quando se referem às ilhas do Grupo Central e Ocidental chamam-lhe *as Ilhas* ou as *ilhas-de-baixo*: *Ele depois, ele embarcou. Fugiu para as ilhas com ela [...]*[1224].
Ir para o castelo, *exp.* Ir para a tropa (alusão ao Castelo de S. João Baptista da Ilha Terceira, para onde vão os mancebos das *ilhas-de-baixo).*
Ir para o Egipto, *exp.* O m.q. ir para o manicómio[SM].
Ir para o monte, *exp.* Ir morar para o campo[SJ,T].
Ir para terra, *exp.* Dirigir-se à ilha; iniciar viagem do mar alto para terra firme.
Ir sobre os pés, *exp.* O m.q. evacuar, no tempo em que isso era feito, *de cocras,* entre os *çarrados* de milho!
Iramá, *n.m.* Diabo; Inferno[F]: – *Vai-te pró iramá, alma do Diabo!*
Írio-de-serra, *n.m.* Peixe presente no mar dos Açores, cientificamente denominado *Caranx crysus.*
Irmandade, *n.f.* Organização cooperativa, de formação livre, que integra todos os homens, mulheres e crianças que nela se *assentem como Irmãos* e à qual cabe a realização das festas do Espírito Santo[1225] (do lat. *germanitāte-*).
Irmão, (ext. de *irmão*) **1.** *n.m.* Membro da *Irmandade* do Espírito Santo[1226]. *Cada «Ir-*

[1224] J. H. Borges Martins – *A Justiça da Noite na Ilha Terceira.*
[1225] Hélder Fonseca Mendes – *Festas do Espírito Santo nos Açores.*
[1226] Há duas espécies de Irmãos: de *Pelouro* e de *Devoção,* consoante queiram sujeitar-se ou não ao exercício dos cargos de *Escrivão, Procurador, Tesoureiro,* etc., inerentes à administração da *Irmandade.*

mandade» institui o seu «Império» e é composta por todos os homens, mulheres e crianças que nela «assentem por irmãos» e como tal são designados[1227]. **2.** *n.m.* Forma de tratamento entre os romeiros de S. Miguel e da Terceira. **3.** *n.m.* Amigo do peito; forma de tratamento entre dois indivíduos muito amigos[F].

Irmão esmoler, *n.m. Irmão* que oferece as *rosquilhas de serviço* (esmoler, de *esmola*)[T].

Irmão-inteiro, *n.m.* Nome dado a cada *Irmão* do Espírito Santo que contribuía com 50 pães, no tempo em que se cultivava o trigo na Ilha[F]. Quando contribuíam com 25 pães chamava-se *Meio-Irmão* e, se com 12, *Quarto-Irmão*.

Grande pescaria de iros – pesca amadora[1228]

Iro, *n.m.* Nome de peixe da família dos carangídeos, também chamado *lírio*, sendo este talvez o nome vulgar mais generalizado. Aparecem nos mares dos Açores duas espécies de iros, o *Seriola riviolana* e o *Seriola dumerili*. É peixe de superfície, geralmente nadando em grandes cardumes; quando está esfomeado deixa-se facilmente apanhar, até com um *giglo*.

Irró, 1. *n.m.* Em Vila Franca do Campo, na Festa dos Barqueiros, terminada a parte religiosa, segue-se o *Irró*, em que os homens andam ébrios pelas ruas a cantar uma cantiga estapafúrdia cujo estribilho é essa palavra. **2.** *n.m.* Moda tradicional do folclore de S. Miguel.

Isca, *n.f.* O m.q *acendalha*[SM]. Torcida de fácil combustão que recebia as faíscas da pederneira, percutida pelo fuzil, e assim fornecia lume para acender o cigarro: *De cigarro colado ao canto da boca, só faltava o lume – a isca*[1229].

Isca branca, *n.f.* Isco feito a partir dos lombos de peixe tal como o chicharro ou a cavala, de cor clara (daí o nome).

Iscariota, *n.m.* Brincalhão; gozão; velhaco (de *iscariotes*, Judas)[F].

Isio, *n.m.* Alento; conforto; encorajamento[StM]. Esta palavra, exclusiva da Ilha de Santa Maria, é corruptela de *ousio* (de *ousar* + *-io*). Ainda hoje se usa no Algarve a expressão 'dar ousio', com o sentido de animar, acompanhar, entusiasmar, dar vida[1230].

Istmo, *n.m.* A parte mais estreita da viola, entre os bojos, também chamada *cintura* (do lat. *isthmu-*).

Ita, *interj.* Exclamação que os mandadores da *Chamarrita* gritam no intervalo das cantigas para melhor animar o *balho*[F]. Já Gil Vicente a usa repetidamente com a mesma intenção: *Ita! Ita! Dai cá a mão, / remareis um remo destes, [...]*

1227 João Ilhéu – *Notas Etnográficas*.

1228 Pescaria feita nas Flores com duas *agulheiras* com peixe de corrico, num grande cardume de *iros* encontrado junto a um *achado*, uma bóia de amarração de navios, à deriva.

1229 Manuel Ferreira – *O Barco e o Sonho*.

1230 Recorde-se que Santa Maria tem uma enorme riqueza em cultura das gentes do Algarve, seus primeiros povoadores.

Ita, ita! Dai cá a mão[1231]. 'Ita' é advérbio latino de afirmação: *Itane est? Ita,* É assim? Sim.

Izelador, *n.m.* Aquele que é encarregado de zelar pelo dinheiro das ofertas do Espírito Santo (corrupt. de *zelador,* por prótese)[Fl].

[1231] Gil Vicente – *Auto da Barca do Inferno.*

J

Jabão, *n.m.* Casaco curto de mulher (corrupt. de *gibão*)[P].

Jabarda, *n.f.* Coisa imperfeita, malfeita (de *javardo*)[SM].

Jaca, 1. *n.f.* Algibeira. *Meter na jaca* ou *meter à jaca* é o m.q. algibeirar, geralmente falando de remuneração choruda[Sj,T]. **2.** *n.f.* Jaqueta[T]: *A Consuelo puxou-me pelas abas da jaca*[1232].

Jacinto, *n.m.* Nome que no Pico se dá ao *palmito* (*Ixia paniculata*), no Faial chamado *alfenim*.

Jaja, 1. *n.f. Náut.* Batoque com que se tapa o buraco de escoamento da água das embarcações (corrupt. de *jaga*, do ingl. *jag*)[F]. No Pico, em S. Jorge e na Terceira chama-se *jaja* ao próprio buraco de escoamento. **2.** *n.f. fig.* O m.q. boca.

Jajuar, *v.* O m.q. jejuar[T]. Nota: Grafia antiga = *jajũar* e *jujuar*.

Jajunar, *v.* O m.q. *jajuar*; jejuar[T].

Jalação, *n.f.* Clarão de um relâmpago sem ser ouvido o trovão.

Jaleca, *n.f.* Jaqueta; o m.q. *véstia* (de *jaleco*, do turco *jelek*, colete)[SJ].

Jamaíca, *n.f.* Variedade de pimenta não picante mas aromática, muito usada nos cozinhados; o m.q. pimenta da Jamaica.

Jampa, (do am. *jumper*) **1.** *n.f.* Casaco; jaqueta; Samarra de angrim. **2.** *n.f.* Bata que a mulher usa nos trabalhos domésticos.

[1232] Vitorino Nemésio – *O Mistério do Paço do Milhafre.*

Jampar, *v.* Saltar (do am. *to jump*): *Está bom bastante, porém se vocês não jampam…, e o Manuel repetiu a ameaça*[1233].

Jampe, *n.m.* Salto (do am. *jump*). Var.: *Jampo.*

Já não morremos este ano, *exp.* Expressão utilizada quando duas pessoas se cruzam pela segunda vez no mesmo dia[F,T].

Janco, *n.m. Bal.* Termo utilizado para designar todos os resíduos orgânicos retirados dos equipamentos de derretimento, os desperdícios (do am. *junk*). Var.: *Djanco.*

Janco mole, *n.m. Bal.* Espermacete bruto, resultado da autólise dos tecidos moles do interior da cabeça da *baleia* – quando retirado do *queisse* começava a cristalizar em pequenas partículas brancas.

Janeirar, *v.* O m.q. mourejar, trabalhar como um mouro[T].

Janeiras, *n.f. pl.* Canto de peditório, em tom jocoso, circunscrito à tradição da matança do porco (de *Janeiro*)[SM].

Janeiro, o salto de um carneiro, *exp.* Expressão usada para indicar que a partir desse mês os dias começam a crescer[Fl].

Janela da gateira, *n.f.* Pequena janela aberta na parede lateral da *caixa do lar*, destinada à iluminação deste espaço onde se cozinha[StM]; o m.q. *janela do lar*.

Janela de correr, *n.f.* Janela de guilhotina.

[1233] P.e Nunes da Rosa – *Pastorais do Mosteiro.*

Casa com janelas de correr

Preparando as Sopas (Flores)

Janela de guilhotina, *n.f.* Janela constituída por uma parte superior, fixa, dividida por vários vidros pequenos, e por uma parte inferior, com dimensões semelhantes e que abre subindo até se sobrepor à outra, onde num pequeno encaixe se mantém aberta.

Janela de luz, *n.f.* O m.q. clarabóia[T].

Janeleira, *adj.* Diz-se da mulher ou rapariga que tem o hábito de passar muito tempo à janela (de *janela* + *-eira*): *O certo é que as três irmãs eram muito janeleiras, tanto aos domingos como nos outros dias, quem passasse na rua vi-as com toda a certeza*[1234]. CF regista-o apenas como brasileirismo.

Jan-frio. *n.m.* Corrupt. de *mijão frio* (top. de S. Jorge), segundo Azevedo da Cunha "por uma bem entendida eufonia e decência!"!

Janota, (do fr. *Janot*[1235]) **1.** *n.f.* Rapariga bonita e airosa – também se diz *janotinha*[T]. **2.** *n.f.* Boa gente: *Califórnia já não presta, / América vale um vintém, / Só o Faial vale tudo / Pela janota que tem*[1236].

Jantar cozido, *n.m.* Jantar do Espírito Santo, dado em forma de refeição colectiva.

Jantar cru, *n.m.* Distribuição, porta a porta, de carne crua e de pão de trigo pelas festas do Espírito Santo[F].

Jantar do Esprito Santo, *n.m.* *Jantar* que o *Imperador* oferece aos convidados no domingo em que se realiza a coroação[F,SJ]. O m.q. *Sopas do Esprito Santo* e *Função.*

Jantar melhorado, *exp.* Jantar feito com iguarias especiais, tal como é feito nos dias de festa, às vezes também chamado *rancho melhorado*[Fl].

Januário, *adj.* Friorento[T]. Nota: Januário era um indivíduo com receios desmedidos de expor-se a correntes de ar, andando sempre muito agasalhado, daí o seu nome passar a adjectivo para a gente de Angra.

Japôna, *n.f.* Nome que nas Flores se dava ao casaco de homem feito de *baetão* tecido na ilha.

Japonês, *n.m.* Alcunha do natural de S. Miguel, *apelido* devido ao facto de se entender mal as suas falas, como se falasse japonês.

Jardim de passeio, *n.m.* Nome que é dado a um pequeno jardim formal existente nalgumas quintas de Santa Maria.

Jardim do Atlântico, *exp.* Nome por vezes dado à Ilha das Flores.

Jardineira, *n.f.* Cada uma das pequenas mesas postas no *quarto de estado* durante a permanência da *Coroa* do Espírito Santo, para colocar o pão, os doces, um pedaço de carne e vinho[SM].

1234 Cristóvão de Aguiar – *Raiz Comovida.*

1235 Nome de personagem do teatro cómico do fim do sXVIII.

Jarro, 1. *n.m. Bot.* Nome vulgar da *Zantedeschia aethiopica*. **2.** *n.m. Bot.* O m.q. *serpentina* 2 (*Arum italicum*). **3.** *n.m.* Bilha de louça bojuda com asa, antigamente usada para deitar água no lavatório das mãos.

Jarroca, 1. *n.f. Bot.* Nome que na Terceira se dá à *cana-roca*. **2.** *n.f. Bot.* Nome que também se dá à *serpentina* (*Zantedeschia aethiopica*)[SM,T]. **3.** *n. fig.* Insignificante; toleirão[T].

Já sequer *(si)*, *exp.* O m.q. ainda bem: – *Home, já siquer que está s'acabando o Inverno!* 'Sequer' é adv. antigo que significava 'ainda'; Fernão Lopes na Crónica de Dom João I escreve: *E que mais não seja, vamos sequer fazer mostrança, e proorar que querem fazer*, e Gil Vicente *(Auto da Barca do Inferno)*, na voz de Brízida: *Já sequer estou em paz, / que não me deixáveis lá!*

Já se sabe, *exp.* O m.q. claro, compreende-se, evidentemente. É exp. muito usada em todas as ilhas.

Já se vê, *exp.* O m.q. *já se sabe*: *Como ele sofria dos pés, já se vê, aproveitou a boleia de graça*[1237].

Jazentio, *adj.* Imóvel; que jaz (arc.)[T].

Jazer, *v.* Aguentar; suportar (do lat. *jacēre*, estar deitado)[Sj].

Jaziga, *n.f.* Quietação, referindo-se ao estado das ondas do mar; o m.q. jazida (de *jazer*)[F]. Var.: *Jazida*[F].

Jeito, *n.m.* Direcção: *A estrada segue no jeito das casas*[T].

Jeque: Desenho de Augusto Cabral

[1236] J. Leite de Vasconcelos – *Mês de Sonho*.

[1237] J. H. Borges Martins – *Crenças Populares da Ilha Terceira I*.

Jeque, *n.m.* Pequeno barco de pesca, antigamente também destinado ao transporte de passageiros entre o cais e o navio ancorado na vizinhança[SM]: *Os barcos de pesca, chamados vulgarmente* jeques, *são muito finos, com esplendidas entradas e sahidas de agoa*[1238].

Jerico, *n.m.* Burro pequeno.

Jerónima, *n.p.* Nome que obrigatoriamente terá de ser posto a uma filha se num casal for a sétima filha seguida, ou seja, uma *feiticeira*.

Jimbungo, *n.m.* Dinheiro: – *A quinta já é minha, que passei já todo o jimbungo por ela [...]*[1239].

Jirón, *adj. Taur.* Diz-se do touro de cor uniforme, com uma mancha branca no corpo (do cast. *jirón*)[T].

João-cardoso, *n.m.* O m.q. Garça-real, ave (*Ardea cinerea*)[T]: *Angra parece uma ave de papo branco e asas abertas – o belo e elegante pernalta a que lá chamam João-cardoso*[1240].

João-das-Capelas, *n.m.* Sono: *[...] já estava tudo a cair de sono, num constante abrir de bocas, com o João-das-Capelas a bater a todas as portas*[1241].

Joga, *n.f.* Filamento que suporta o nó do meio do cravo (flor)[T].

Jogada, *n.f.* Apetrecho para a pesca de fundo constituído por uma linha que tem em cada extremidade um anzol; dobrada quase a meio, é feita uma alça (*aguçadura*) fechada por uma lâmina de chumbo na parte proximal na qual vai amarrar a linha de arame[Sj,T].

Jogar à ferraxaneta, *exp.* O m.q. jogar às escondidas[StM].

Jogar ao pica-talejo, *exp.* Andar à pancadaria[Sj].

Jogar cartas a brincar, *exp.* Jogar sem ser a dinheiro[F].

Jogar cartas a feijões, *exp.* O m.q. *jogar cartas a brincar*[T].

[1238] Armando Silva – *Ethnographia Açoriana*.

[1239] Urbano de Mendonça Dias – *"O Mr. Jó"*

[1240] Vitorino Nemésio – *Mau Tempo no Canal*.

[1241] Manuel Ferreira – *O Morro e o Gigante*.

Jogar cartas a padre nossos, *exp.* O m.q. *jogar cartas a brincar*T.

Jogo da bolachada, *n.m.* Brincadeira entre rapazes e raparigas que lhes permitia uma certa aproximação e talvez um futuro namoroSM: *Ou então, no jogo da bolachada, despique curioso entre saias e calças, as raparigas sentadas a uma banda, os rapazes na outra, ora dou eu, toma lá, ora dás tu, que consolação [...]*[1242].

"Jogo" da mão morta, *n.m.* Brincadeira que se faz às crianças mandando relaxar uma das mãos, pegando no bracinho e batendo-lhe com a mão levemente na cara, ao mesmo tempo que se diz: *Mão morta, / Mão morta, / Vai bater à tua porta*F.

"Jogo" da serra, *n.m.* Brincadeira que os pais fazem aos miúdos pequenos, escanchando-os numa das pernas e, segurando-os pelas mãos, os fazem baloiçar para a frente e para trás, como se estivessem a serrar, dizendo a seguinte rimaF: *Serra compadre... / Serra comadre... / Eu c'uma serra... / Tu c'um serrote... / Pra fazer dinheiro... / Pra comprar um saiote.*

Jogo das marcas, *n.m.* O m.q. *Jogo do botão.*

"Jogo" de contar até dez. Para que os miúdos pequenos conseguissem contar até dez, ainda sem terem ido à escola, ensinava-se-lhes a seguinte sequência de palavras esquisitasF: *Ona / Dona / Tena / Catena / Semaca / Marreca / Vilha / Vilhão / E dez / Aqui estão.* Na Galiza fazem o mesmo, na seguinte forma: 'Oni / Doni / Teni / Coteni / Fagheti / Chichín / Carroupín / Carroupés / Conta ben / Que son des'.

Jogo do apanhar, *n.m.* Jogo infantil em que uma das crianças tenta apanhar outra que foge entre lugares marcados como sítios indemnes ao toque. É jogo conhecido em todas as ilhas – na Terceira, quando uma é apanhada, dizem que ficou *taleja.*

Jogo do botão, *n.m.* Jogo infantil também chamado *Jogo das marcas,* em que se usavam marcas ou botões como moeda de troca, tentando acertar com um pequeno disco de chumbo *(chumbeta)* numa pequena cova *(coveta).*

Jogo do homem, *n.m.* Jogo infantil em que as crianças impelem com a ponta do pé (coxinho) um caco para percorrer uma figura traçada no chãoT.

Jogo do Pau, *n.m.* Manifestação da cultura popular da Ilha Terceira que, desde o povoamento da ilha, trazido do Norte de Portugal (Minho e Trás-os-Montes)[1243], continua a ser praticado na actualidade. É uma forma de combate em que dois indivíduos se enfrentam, tendo como arma um simples pau, normalmente liso e direito e da altura aproximada de um homem.

"Jogo" dos dedos. Como no resto do país e no estrangeiro, também nos Açores se faz esta espécie de jogo nas parlendas infantis. É recolhida nos Açores o seguinte diálogo dos dedos: *Este diz que quer comer; / Este diz que não tem quê; / Este diz que Deus dará; / Este diz que furtará; / E este diz: Alto lá!*[1244]. No Faial diz-se: *Um diz que tem fome (mínimo): / Outro diz que não tem que dar (anelar): / Outro diz que vai roubar (médio); / Outro diz que vai vigiar (indicador); / E o outro diz que vai matar (polegar).* Nessa ilha também se diz: *Este foi ao mato; / Este achou um ovo; / Este cozeu; / Este comeu; / Este chorou*[1245].

Jogo do sino, *n.m.* Jogo de crianças que, unindo-se costas com costas, se levantam alternadamente, dizendo: *Tão, badalão, / Cabeça de cão / Orelhas de gato / Não tem coração*F. Em S. Miguel diz-se: *Tão, badalão*

[1242] Cristóvão de Aguiar – *Raiz Comovida.*

[1243] Antigamente, no Norte do país praticamente toda a gente sabia utilizar um pau como arma de defesa e de ataque, havendo mesmo nas aldeias Escolas de Jogo.

[1244] Teófilo Braga – *Cantos Populares do Arquipélago Açoriano.*

[1245] Maria de Fátima F. Baptista – *Ilha do Faial. Contribuição para o Estudo da sua Linguagem, Etnografia e Folclore.*

/ De Rosto de Cão, / Morreu uma velha / De rato na mão[1246].

Jogo do sisudo, *n.m.* Brincadeira de miúdos que consistia em ver quem aguentava mais tempo sem se rir, depois de se dizer a seguinte frase: *Era não era no tempo das eras, três cagalhões de merda no fundo de uma panela; quem se rir primeiro tem que comê-los.* Cristóvão de Aguiar[1247] regista outra versão: *Era não era no tempo da era, três cagalhães no fundo da panela, um p'ro pai, outro pra mãe e outro pra aquele que falar primeiro.* Outra variante: *Era não era no tempo das eras, três ratos podres no fundo duma panela; e quem se rir toca neles.*

Jornal, *n.m.* O ordenado dos *criados de lavoura*, quando era pago ao dia[T].

Jorno, *n.m.* Camada endurecida de terra dos matos[SM]: *[…] o esboroamento da barreira de jorno alaranjado*[1248].

Jou, *n.p.* José (do am. *Joe*). É muito usado nas ilhas, utilizado em vez de José.

Jũar, *v.* Jejuar, sua corruptela[Fl]. E. Gonçalves regista-o também no Algarve. Nota: Grafia de jejuar no sXIII = *jajũar*.

Juiz, 1. *n.m.* Nome dado ao pedacinho de massa que as mulheres colocam na beira do alguidar de amassar o pão a uma altura calculada até onde subirá a massa depois de levedar[F]. **2.** *n.m.* Presidente da *Confraria* ou *Irmandade dos pescadores*[T].

Juiz conservador, *n.m.* Encarregado de receber e fazer distribuir os *bolos-de-véspera* pelas festas do Espírito Santo[Sj].

Juiz do mato, *n.m.* Indivíduo indicado pelo povo e nomeado pela Câmara Municipal para resolver as querelas dos baldios[F].

Juízo, *n.m.* Cada um dos paus cilíndricos e com cerca de um centímetro de diâmetro que servem de apoio, postos em cruz e afastados um do outro, à construção dos cortiços de mel[T].

Juliana, *n.f.* Nome que também se dá à *abrótea-do-alto* (*Phycis blennoides*).

Jum, *n.m.* Jejum, sua corruptela por aférese: – *P'a fazê as análises, a gente tem qu' i im'jum, se não nã nas fazim!* E. Gonçalves regista-o também na linguagem algarvia.

Juncado, *adj.* Diz-se do chão térreo coberto com *junco* – nome que se dava à rama do pinheiro[T].

Juncar, *v.* Espalhar *junco* pelo chão da casa (de *{junco}* + *-ar*).

Junco, *n.m.* Caruma verde de pinheiro[SM,T].

Juntalho, *n.m.* Parte inferior da rede do *enchelavar* onde é cosida para fazer o fundo (de *juntar* + *-alho*)[T].

Juntar, *v.* O m.q. apanhar: *Apanhei-o em flagrante: / Estava a juntar uma carteira do chão*[1249].

Juntar as letras, *exp.* Formar palavras, quando se está na 1.ª fase da aprendizagem da escrita[F].

Juntar-se o Esprito Santo com a Trindade, *exp. fig.* Diz-se quando se casam duas pessoas que têm gostos parecidos.

Jurar e afiançar, *exp.* Declarar solenemente estar a dizer a verdade.

Juro, *n.m.* Juramento (deriv. regr. de *jurar*).

Justiça da Noite, *n.f.* Curioso costume que havia nas freguesias da Terceira, com provável origem na pena de banimento dos forais, iniciado no princípio do séc. passado para punir os que viviam escandalosamente amancebados ou os que desprezavam a mulher por causa de uma amante.

[1246] Rosto de Cão: freguesia limítrofe de Ponta Delgada.

[1247] Cristóvão de Aguiar – *Raiz Comovida*.

[1248] Luís Bernardo Leite de Ataíde – *Etnografia Arte e Vida Antiga dos Açores*.

[1249] Do bailinho carnavalesco *Os Capangas*, de Hélio Costa.

Justo, *n.m.* Pessoa destituída das suas faculdades mentais; deficiente mental[Sj]. Adquiriu aqui um significado completamente diferente.

Jzé, *n.p.* José, sua corruptela: *Olhe: a prometeira que veio da Amér'ica foi prò Jzé Constantino das Flores [...]* [1250].

1250 Vitorino Nemésio – *Mau Tempo no Canal.*

L

Labandeira, *n.f.* Nome vulgar da *Motacilla cinerea patriciae*).
Labarda, *n.f.* Pequeno peixe colorido também chamado *rainha* (*Thalassoma pavo,* fêmea).
Labardeira, *n.f.* Mulher zaragateira (de *labarda,* corrupt. de albarda, + *-eira*)[SM].
Labardo, *n.m.* Indivíduo preguiçoso (deriv. regr. de *albardar,* com corruptela)[SM].
Labregagem, *n.f.* Gente ordinária (de *labrego* + *-agem*)[SM].
Labrego, (do cast. *labriego*) **1.** *n.m.* Aten. de Diabo[SM]. **2.** *adj.* Alcunha dos habitantes de Santo Espírito e de Santa Bárbara em Santa Maria. *Labrego* é, aliás, em Santa Maria, todo aquele que não é de Vila do Porto e tem um sentido pejorativo, significando bruto, grosseiro. **3.** *n.m.* O m.q. *diabrete*[T]: *Um homem foi pescar de noite para o calhau, mas não se lembrou que era a noite dos labregos*[1251]. **4.** *n.m.* O m.q. lobisomem[P].
Labrum, *n.m. Bal.* Lugar onde se cortava a preparava os bocados de toucinho de baleia para serem derretidos (do am. *blubber room*).
Labutação, *n.f.* Convívio (de *{labutar}* + *-ção*)[Sj,T].
Labutar, 1. *v.* Conviver[Fl,Sj,SM,T]. **2.** *v.* Insistir; teimar[T]. **3.** *v.* Frequentar assiduamente[Sj].
Laçante, *adj.* Largo; folgado (de *laço* + *-ante*)[T]: – *A linha deve de 'tar laçante pró peixe poder ingolir a isca bem!*

[1251] J. H. Borges Martins – *Crenças Populares da Ilha Terceira II.*

Laço, (do lat. *laquĕu-*) **1.** n.m. Armadilha para apanhar os coelhos.
Lacre, *n.m.* Coelho pequeno (corrupt. profunda de *láparo*)[Fl].
Lá-de-baixo, *n.m.* Aten. de Diabo.
Ladeira, *n.f.* Nome que no Faial se dá a uma terra inclinada e com muita lenha.
Lá-dentro, *n.m.* O m.q. cama (CF).
Ladrão, (do lat. *latrōne-*) *n.m.* Cada um dos fios que prendem os anzóis na *gorazeira*[T].

Ladrilho na Horta

Ladrilho, *n.m.* Passeio da rua (do lat. *latericŭlu-,* dim. de *latere-,* tijolo). CF regista-o apenas como termo madeirense, mas é muito usado também nas ilhas dos Açores.

Ladroa, *n.f.* Fem. de ladrão[T].
Ladrona, *n.f.* Fem. de ladrão[T]. Moisés Pires regista-o também na linguagem mirandesa.
Lafão, *n.m.* Comilão[P].
Lagaceira, *n.f.* Água espalhada no chão; o m.q. *lagariça*[SM] (de *lago* + *-ceira*).
Lagariça, (de *lagar* + *-iça*) **1.** *n.f.* Alarido; algazarra [SM]. **2.** *n.f.* Porção de líquido espalhado; o m.q. *lagaceira*[SM].
Lagartista, *n.f.* Lagartixa, sua corruptela[Sj,T].
Lagarto, (do lat. vulg. *lacartu-*, por *lacertu-*, idem) **1.** *n.m.* Mariola. **2.** *n.m.* Lombinho de novilho (ext. de *lagarto*)[SM]. **3.** *adj.* Diz-se do bovino com o pêlo de duas cores, às listas; o m.q. *lavrado*. **4.** *n.m.* Espécie de peixe presente nas águas dos Açores (ver *peixe-lagarto*). **5.** *n.m.* O m.q. lagartixa (*Lacerta agilis*)[Sj].
Lagoa Azul, *n.f.* Nome que é dado a uma das lagoas das Sete Cidades em S. Miguel pela tonalidade das suas águas; pelo mesmo motivo, a outra é a Lagoa verde. Reza uma lenda muito antiga que um pastor de olhos azuis foi separado de uma princesa de olhos verdes, tanto choraram os dois que um criou a *Lagoa Azul* e outro a *Lagoa Verde*.
Lagoa de inhames, *n.f.* Terreno plantado com inhames[F].
Lagoeiro, *n.m.* Vento sueste, que sopra dos lados da Lagoa (de *Lagoa*, top., + *-eiro*)[SM].
Lagramijento, *adj.* Diz-se do tempo calmo e de chuva miudinha (de *lagrimejar* + *-ento*, com corrupt.).
Lágrima, *n.f.* O m.q. 'gomose', doença dos citrinos provocada por várias espécies de fungos do género *Phytophthora*.
Lágrimas-de-Vénus, *n.f. Bot.* Nome vulgar da *Fuchsia* spp.
Laia, **1.** *n.f.* Lã, sua forma antiga[Fl,SM]. **2.** *n.f.* Novelo de lã (ext. de *laia*)[Fl].
Lajada. *n.f.* O m.q. pedrada (de *laje* + *-ada*)[Sj].
Laje, (do lat. hisp. *lagĕna-*) **1.** *n.f.* Pedra plana de basalto onde se coze o *bolo*, correspondente em algumas ilhas ao *tijolo* onde se coze o *bolo do tijolo*[P]. Na Madeira chamam-lhe 'caco'. **2.** *n.f.* Nome que também se dava à *loisa*, armadilha para apanhar ratos[F].
Lajido, *n.m.* Terreno litoral da Ilha do Pico, constituído pelas escoadas lávicas fluidas – o chamado *chão de lajido* – onde é feita a cultura da vinha, em *abrigos*, feitos de paredes de pedra seca, chamados *currais* (de *laje* + *-ido*).
Làlár, *v.* Passear, na linguagem dirigida às crianças (de *{lá-lá}*)[SM].
Lamadeirinha, *n.f.* O m.q. lambadeira (*Motacilla cinerea patriciae*)[Fl].
Lambão, *adj.* Alcunha do habitante de S. Pedro, em Santa Maria: *Os da Serra são labregos / os da Vila cidadães / os d'Almagreira, lapujos / os de S. Pedro lambães*.
Lambareiro, *adj.* Mexeriqueiro (de *lambarar* + *-eiro*)[Fl].
Lambaz, *n.m.* Pequeno peixe (*Coris julis*, macho), nalgumas ilhas vulgarmente chamado *verdugo*[F].
Lamber, *v. fig.* Diz-se do mar quando, numa onda maior, sobe de lado sobre a terra levando à sua frente tudo o que aí está[F].
Lambeta, *adj.* Intrometido (de *lamber* + *-eta*)[Sj].
Lambião, *n.m.* Chamarela; labareda[SM]: *E nisto saltou um lambião de lume p'ra cara dele que o ia desgraçando*[1252].
Lambido, (part. pas. de *lamber*) **1.** *adj.* Diz-se do que foi levado inadvertidamente por uma onda alterosa do mar. **2.** *adj. fig.* Diz-se do indivíduo muito penteadinho e com brilhantina ou gel no cabelo.
Lambique, *n.m.* O m.q. alambique (arc.): *Se nã fôssim as lanchas da lenha e o lambique do figo, tímes passado fome*[1253].

[1252] J. H. Borges Martins – *Crenças Populares da Ilha Terceira I.*
[1253] Vitorino Nemésio – *Mau Tempo no Canal.*

Lambisão, *n.m.* Lobisomem, sua corruptela: *Foi um lambisão que lhe deu umas palmadas!*[1254].
Lambisoa, *n.f.* O m.q. bruxa (fem. de *{lambisão}*)[T].
Lambreja, *n.f.* Tainha média, com peso entre 250 e 750 g[F].
Lambrez, 1. *n.m.* Quisto sebáceo localizado na região retro-auricular. Antigamente tratava-se com saliva[F]. **2.** *n.m.* Diz-se que tem *lambrez,* uma articulação do corpo sofrendo de anquilose, ou seja, de falta de mobilidade[F].
Lambujar, *v.* Diz-se do gado bovino quando anda num tremoçal a comer as *mondas* infestantes, nomeadamente as gramíneas (ext. de *lambujar*)[SM].
Lambusão, *n.m.* o m.q. avejão, lobisomem, sua corruptela[Fl,P,Sj,SM,T]. Segundo a crendice popular, *lambusão* é o filho mais novo quando há sete filhos machos numa casa. Para que não o seja, deve ser sangrado ao nascer e o irmão mais velho deve beber esse sangue[1255].
Lambuzão, *adj.* Que se emporcalha quando come (de *lambuzar* + *-ão*). Registado nos dicionários apenas como brasileirismo.
Lâmpada, *adj.* Nome que no Faial se dá ao figo 'pingo-de-mel', onde se chama também *figo-de-mel-no-bico.*
Lâmpego, *adj.* O m.q. temporão, falando do figo branco (corrupt. de *lampo*)[T].
Lampião, *n.m.* Fonte luminosa potente, antigamente usada na pesca nocturna do chicharro, também chamada *facho* (do it. *lampione*).
Lampreia, *n.f. fig.* Mulher senhora de si, orgulhosa, segura (ext. de *lampreia*)[SM].
Lá nada, *loc. interjec.* O m.q. *cá nada!* Também usado no final de frase: *Olha que isso são feiticeiras. / Diz ele: / – Feiticeiras lá nada!*[1256].
Lança, *n.f. Bal.* Instrumento de arremesso, com lâmina penetrante, usado na caça à *baleia* e que servia, depois de arpoada, para lhe produzir feridas penetrantes e profundas, procurando atingir de preferência o tórax, no sentido de lhe retirar as forças pela abundante hemorragia provocada, e de lhe acelerar a morte (do lat. *lancĕa*).
Lançada, *n.f. Bal.* Golpe de lança (de *lança* + *-ada*).
Lançadeira, (de *lançar* + *-deira*) **1.** *n.f.* Parte do tear que conduz o algodão para tecer, passando uma vez por cima, outra vez por baixo[Fl]. **2.** *n.f.* Variedade de ponto antigamente usado pelas tecedeiras[T].
Lançado, *adj.* Vomitado; sujo pelo vómito (part. pas. de *lançar*).
Lançar, *v.* O m.q. vomitar. *As banhas das baleias mitio ânsias de lançar... Aquêl fartume a torresmo!*[1257].
Lançar a carga ao mar, *exp. fig.* O m.q. vomitar: *Não tive mão no mal-estar e lancei a carga ao mar alcatifado da plateia*[1258].
Lançar mostarda à porta, *exp.* Expressão antiga que significava o acto de atirar um pouco de mostarda para a porta da rua de uma casa quando entrava uma mulher, no sentido de se saber se seria feiticeira[T].
Lance, *n.m.* Abatimento de terras (deriv. regr. de *lançar*)[Fl].
Lancho, *n.m.* O m.q. merenda (de *lanche*)[Fl].
Lançote, (de *lançar* + *-ote*) **1.** *n.m. Bal.* Corda que amarra o *bote baleeiro* à lancha rebocadora. **2.** *n.m. Bal.* Corda que amarra a *lança* da *baleia.* O m.q. *lançuope.*

1254 Carlos Enes – *Terra do Bravo.*
1255 O sangramento, nalguns lugares, era apenas uma picada no dedo mindinho do recém-nascido, dando 3 gotinhas de sangue ao irmão mais velho.
1256 J. H. Borges Martins – *Crenças Populares da Ilha Terceira I.*
1257 Vitorino Nemésio – *Mau Tempo no Canal.*
1258 Cristóvão de Aguiar – *A Tabuada do Tempo.*

Lancha, à frente, e barco, atrás

Lancha, *n.f.* Nas Flores e no Pico chama-se *lancha* a um barco de popa *traçada,* para distinguir de *barco,* com duas 'proas'. Em S. Miguel chamam-lhe *barco de popa.*

Lancha-da-baleia, *n.f.* Também chamada *gasolina – um gasolina –,* tinha este nome por ser a lancha usada na caça da *baleia,* tanto para reboque dos botes como para o reboque da *baleia* depois de morta.

Lancha-da-fruta, *n.f.* Nome que se dava no Faial à lancha que antigamente trazia diariamente (excepto aos domingos) a fruta e os seus vendedores para a cidade da Horta.

Lançuope, *n.m. Bal.* Corda que se prende ao estropo da *lança* e que permite recuperá-la repetidamente (do am. *short warp*).

Landrisca, *n.f.* O m.q. *labandeira*[T].

Langaço, *n.m.* Qualquer coisa quando reduzida a uma massa pastosa (do rad. de *langor* + *-aço*)[T].

Langanhento, *adj.* Pegajoso[T]. Emprega-se o termo muitas vezes em relação ao tempo húmido, pegajoso (corrupt. de *languinhento*).

Langonhento, *adj.* Pegajoso; o m.q. *langanhento* (de *langonha* + *-ento*)[T].

Langueira, *n.f.* Moleza; preguiça (de *languir*?)[T]. Var.: *Longueira.*

Lanha, *n.f.* Lenha, sua corruptela por assimilação.

Lanhaceira, *n.f.* Pancadaria, daquela de criar bicho (de *{lanha}* + *-ceira,* seira, *cesto*)[SM]: *[...] tal era a lanhaceira em riba do corpo e na fim acabou por se amassar sem um murmúrio*[1259].

Lanheiro, *adj.* Desmazelado; pasmado (de *lanho* + *-eiro*)[SM].

Lapa, *n.f.* Nome de molusco gastrópode, univalve, largamente disseminado nas costas das ilhas, pertencente à família das Patélidas.

A exploração das lapas nos Açores está regulamentada pelo DRR n.° 14/93/A de 31 de Julho. Provérbio das ilhas: *Se queres ver o teu marido morto, dá-lhe lapas em Maio e couves em Agosto. Estar de lapas:* estar bem disposto. *Não estar de lapas:* estar de mau humor[T]. Na Terceira também se diz *O mar hoje não está de lapas,* para comentar o mesmo facto (as lapas só se podem apanhar com segurança quando o mar está manso!). *Olho na faca, olho na lapa*[F]: com atenção nas duas coisas que se está fazendo. *Agarrado que nem lapa à pedra:* que não quer deixar um lugar vantajoso; muito agarrado a uma coisa. *Não estar em maré de ir às lapas:* não ser altura propícia para tratar de um assunto, pelo facto do interlocutor estar zangado.

Lapa-brava, *n.f.* O m.q. *lapa-cadela.*

Lapa-burra. *n.f.* Nome vulgar da *Haliotis tuberculata.* Os Espanhóis chamam-lhe 'oreja de mar'[1260].

Lapa-cadela, *n.f.* Nome vulgar da *Patella aspera.*

Lapa-da-pedra, *n.f.* O m.q. *lapa-mansa.*

Lapa-de-mergulho, *n.f.* O m.q. *lapa-cadela.*

Lapa-do-fundo, *n.f.* O m.q. *lapa-cadela.*

Lapa-mansa, *n.f.* Nome vulgar da *Patella candei*[1261].

Lapão, *n.m.* Animal grado e forte, no acto do nascimento (de *lapa* + *-ão*)[SM].

Lapareiro, *adj.* Astuto; manhoso; esperto como um coelho (de *láparo* + *-eiro*). CF regista-o como açor., mas dá-lhe um sig-

---

1259 Cristóvão de Aguiar – *Raiz Comovida.*

1260 *Haliotis* significa orelha.

1261 Mais precisamente, *Patella candei gomesii* (Drouet, 1858).

nificado errado, muito longe do que significa no arquipélago, definindo-o como lorpa e o m.q. laparoso. *[...] lá na sua língua de trapos, dão o nome de bia, e o certo é que a lapareira da bebida é mui gostosa, em um home se avezando àquele amargor, não quer outra coisa*[1262]. Em certas regiões do Continente, nomeadamente na zona de Estarreja e mais para norte, usa-se o termo 'laparoto' (tb. derivado de *láparo*) com o mesmo significado.

Laparoso, *adj.* Desprezível; malandro; maldoso, nojento; reles: repugnante; velhaco (corrupt. de *leproso*): *[...] mas aquela morte assim tão laparosa deu-lhe com toda a certeza volta ao juízo*[1263]. Nota: E. Gonçalves regista na linguagem algarvia o termo 'lapeiroso' com um significado semelhante. *Chaga-laparosa*: pessoa enfadonha, chata. Cp.: No Alentejo usam-se os termos 'salapeiroso' e 'sarapeiroso' com o significado de 'pessoa ou animal doente, cheio de mazelas.

Lapas d'Afonso. Espécie de guisado feito com lapas, típico do Arquipélago, também chamado 'Lapas de molho de Afonso'.

Lapeiro, (de *lapa* + *-eiro*) **1.** *n.m.* Indivíduo que apanha lapas para vender[SM]. **2.** *n.m.* Instrumento de apanhar as lapas, nas Flores chamado *facão* e na Terceira *faca de lapas*[Fl]. No Faial também lhe chamam *faqueiro*. **3.** *n.m.* O m.q. *escau*[C]. **4.** *adj. fig.* Diz-se do indivíduo arruaceiro, zaragateiro[SM].

Lapinha, (de *lapa* + *-inha*) **1.** *n.f.* Trono enfeitado com pratos de trigo grelado onde se coloca o Menino Jesus, o mesmo que já os gregos usavam nas festas de Adonis. **2.** *n.f.* Pequeno nicho aberto nas paredes dos jardins, decorados com grande quantidade de conchas imbricadas, búzios, cacos de diversas faianças, pedras de diferentes cores, vidros policromáticos, e outros mais objectos de reduzidas dimensões, dispostos em formas fantasistas, estrelários, circunferências, caprichosos arabescos, grinaldas e festões de flores, fixados por meio de argamassa por sobre toda a superfície, revelando essas composições, quase sempre grosseiras, um certo engenho e produzindo em geral, no seu conjunto, bom efeito decorativo.

Lapujo, *n.m.* Epíteto dado aos de Almagreira, em Santa Maria: *Os da Serra são labregos / os da Vila cidadães / os d'Almagreira, lapujos / os de S. Pedro lambães*[StM].

Larada, (de *lar* + *-ada*) **1.** *n.f.* Escarro;[Sj,T]. **2.** *n.f.* Nódoa[T]. **3.** *n.f.* Cama feita no chão[F].

Laranja do ar, 1. *n.f.* Laranja que se conserva na árvore e é de melhor qualidade[SM]. **2.** *n.f. fig.* Por ext. se chamava *laranja do ar* à pessoa ilustre e de boas qualidades[SM].

Laranja do chão, 1. *n.f.* Laranja que cai da árvore e é de qualidade inferior.[SM]. **2.** *n.f.* Por ext., chamava-se *laranja* ou *laranjinha do chão* à pessoa humilde[SM].

Laranja rodolha, *n.f.* Laranja de qualidade inferior[SM], por vir mal enrodilhada, *mal amanhada*[1264]. *Rodolha,* corrupt. de *redolha*.

Laré, *n.* Pessoa que não sabe dançar ou que não dança muito bem.

Lareão, *n.m.* Bêbedo (de *larear* + *-ão*)[SM]. Nota: 'Larear' (laurear), em calão continental, é andar na vadiagem, no laré.

Laredo *(ê)*, *n.m.* Baixio; recife; rochedo sob a água, a pouca profundidade, perigoso para a navegação especialmente na maré vazia (de orig. obsc.). E. Gonçalves regista-o no Algarve com o significado de 'conjunto de recifes cascalhosos'.

Laréu, *n.m.* *Ao laréu: loc.* o m.q. à revelia (tv. de *laré léu*)[T].

Larga bote, *loc. interjec.* Voz do mestre do barco para desatracar a embarcação. Por ext.: Põe-te a andar!

1262 Cristóvão de Aguiar – *Raiz Comovida.*
1263 Cristóvão de Aguiar – *Raiz Comovida.*
1264 Luís Bernardo Leite de Ataíde – *Etnografia Arte e Vida Antiga dos Açores.*

Largada, *n.f.* Ida para a caça da *baleia;* o m.q. *arriada* (part. pas. fem. subst. de *largar*).

Largado, *adj.* Diz-se do terreno abandonado, bravo (part. pas. de *largar*)[C].

Largar da mão, *exp.* Deixar; desprender; largar. Diz-se muito: *Larga-me da mão* e na Terceira até se rima, dizendo: "Larga da mão, qu'é peixe cagão!". *Largou tudo da mão, trancou as janelas e meteu-se na cama*[1265].

Largar batatas, *exp.* Dizer mentiras[T]. Batata, em calão, é mentira.

Larica, *n.f.* Adolescente desenvolvida, espevitada[Sj].

Largar a língua, *exp.* Descompor; insultar; repreender[F].

Laricá, *n.m.* Lá e cá[SM]: *andei nesse laricá, pega-larga, larga-pega, durante três anos*[1266].

Larum Tum Tum, *n.m.* *Balho* regional da Ilha do Pico.

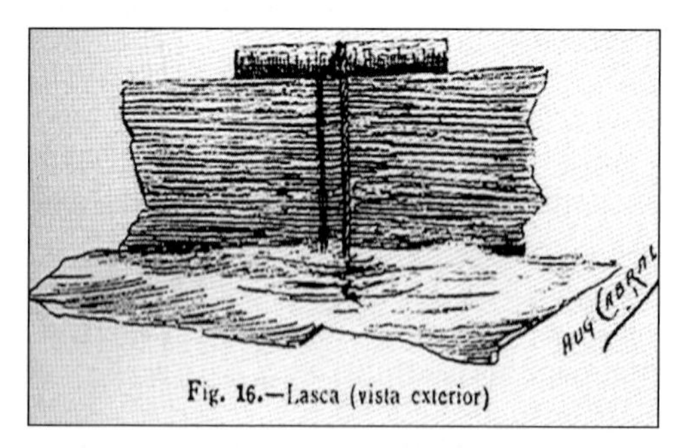

Lasca – Desenho de Augusto Cabral

Lasca, *n.f.* Pedaço de madeira, geralmente de buxo, talhado de forma a cobrir numa extensão de 60 a 80 centímetros a borda do barco de pesca, para evitar que a linha, ao ser puxada, abra sulcos no costado da embarcação[Sj,SM].

Lasso, *adj.* Pouco profundo (do lat *lassu-*)[F]. Usa-se geralmente quando se refere a um fundo de pouca profundidade.

Lastro, (do fr. ant. *last*) **1.** *n.m.* Arranjo; arrumo. Uma mulher sem lastro: é uma mulher *desarrematada* e sem lastro nenhum é sem arranjo, sem jeito nenhum[T]. **2.** *n.m.* Pode significar também cama, assento. Ir a lastro: ir, p. ex., num navio sem acomodação[1267]; dormir a lastro: dormir numa cama feita no chão. *Os mais pequenos dormiam a lastro, no chão, acamados num ninho de cachorrinhos*[1268].

Latagante, *n.m.* Homem novo, robusto; o m.q. latagão (de orig. obsc.): *[...] e logo saltaram três latagantes, de caqui amarelo e botas altas*[1269].

Latão, *n.m.* Nome que se dava ao recipiente da máquina desnatadeira do leite (do fr. ant. *laton*)[F].

Lateira, *adj.* Diz-se da terra lamacenta, do massapé.

Latigão *(à),* *n.m.* O m.q. *naitegão*[SM]. Em S. Miguel também se pronuncia làtigante. *– Olha, olha, mé que querias que ela estivesse aqui de latigão!*[1270].

Lavadia de Agosto, *n.f.* Maré-viva ou maré-de-sizígia. As *lavadias de Agosto,* inchas de verão que atingem alturas apreciáveis, habitualmente acontecem na segunda metade do mês de Agosto[F,Sj]. *Muitas vezes as lavadias faziam-se acompanhar de vento e chuva intensa, coincidindo com o período de maturação das searas de milho o que causava grandes estragos na cultura desse cereal [...]*[1271]. Em S. Jorge, também se dá o nome de *correntezas de Agosto. Lavadia* é corrupt. de *levadia,* termo ant. que significava movimento agitado do mar.

Lavadoira, *n.f.* Trave do moinho de vento que permite abaixar e levantar a pedra,

1265 J. H. Borges Martins – *Crenças Populares da Ilha Terceira I.*

1266 Cristóvão de Aguiar – *Raiz Comovida.*

1267 Antigamente, quando estava esgotada a lotação do Carvalho Araújo, ou se calhar mais vezes acontecia com os navios mais pequenos como o Ponta Delgada ou o Lima, aceitava-se seguir viagem sem camarote, dormindo-se então no chão, entre os beliches ou até no convés, *a lastro* embrulhado num cobertor.

1268 João de Melo – *Gente Feliz com Lágrimas.*

1269 Manuel Ferreira – *O Morro e o Gigante.*

1270 Urbano de Mendonça Dias – *"O Mr. Jó"*

1271 João A. Gomes Vieira – *Os Açorianos e as Pescas 500 Anos de Memória.*

para dosear o grau de espessura da farinha (do rad. do part. pas. *lavado + -oira*)[Fl]; o m.q. *cunha*.

Lavadoiro e poço de maré (Pico)

Lavadoiro, (do rad. do part. pas. *lavado + -oiro*) **1.** *n.m.* Pia de lavar a roupa[Fl]. **2.** *n.m.* Grande recipiente feito de uma pedra escavada, antigamente colocado perto dos *poços de maré* para a lavagem da roupa[P].
Lavadura, *n.f.* O m.q. beberagem; o m.q. *lavagem* (do rad. do part. pas. *lavado + -ura*)[Fl,Sj].
Lavagem, (de *lavar + -agem*) **1.** *n.f. fig.* Sova; tareia[P]. **2.** *n.f.* Comida malfeita (ext. de *lavagem*).
Lava-mãos, *n.m.* Lavatório das mãos[P,Fl,Sj,T].
Lavandeira, *n.f.* O m.q. *labandeira*.
Lavarinto, *n.m.* O m.q. *labirinto*, f. pop. usada um pouco por todo o lado: *Lavrava-me um lavarinto nos regos do juízo*[1272].
Lavoeira, *n.f.* O m.q. lavoura[Sj].
Lavoura, (do lat. *laborĭa-*, de *laborāre*, trabalhar) **1.** *n.f.* Actividade; labuta[SM]: – *Andas sempre numa lavoura*. **2.** *n.f.* Preocupação[SM]: – *Essa lavoura nã me sai da cabeça!*
Lavradio, *adj.* Diz-se do terreno destinada à cultura dos cereais, da batata, etc., toda a terra que é lavrada periodicamente – daí o nome (do lat. *laboratīvu-*, da lavoura)[C,F]. Também chamada *terra de lavradio*[C].

[1272] Cristóvão de Aguiar – *Um Grito em Chamas*.

Vaca lavrada de preto e branco

Lavrado, 1. *adj.* Diz-se dos bovinos ou de outros animais com duas ou mais cores (part. pas. de *lavrar*). **2.** *n.m.* Nome do animal *lavrado* (part. pas. subst. de *lavrar*)[F].
Lavradura, *n.f.* Acção de lavrar (de *lavrar + -dura*)[Fl].
Lavrança, *n.f.* O m.q. lavoura (de *lavrar + -ança*)[Fl]. Arcaísmo aqui conservado.
Lavrar a cozer, *exp.* Lavrar a terra e deixar à sua superfície as ervas arrancadas a curtir até à operação de *atalhar*[Sj].
Lavrar a curtir, *exp.* O m.q. *lavrar a cozer*[Sj].
Lavrar cortada, *exp.* Lavrar a terra sem deixar intervalos entre os regos[Sj].
Lavreira, *n.f.* O m.q. *lavradura*; lavragem (de *lavrar + -eira*)[Sj].
Lavroeira, *n.f.* O m.q. *lavradura* e *lavreira*[Fl].
Lazaredo, *n.m.* Hospital dos tuberculosos (corrupt. de *lazareto*)[Fl].
Lazeira, *n.f.* Indolência; preguiça (deriv. regr. de *lazeirar*). Nas Flores diz-se: *Terceira, lazeira*. No Alentejo tem o mesmo significado.
Le, *pron.* Lhe, sua forma antiga: – *disse-le p'a aparcer mas ele fez-se rogado e nunca veio ter aqui c'a gente! Que le quer que le eu faça?*[1273].
Lealdador, *n.m.* Aquele a quem cabia a verificação da qualidade e peso dos *bolos*

[1273] Vitorino Nemésio – *Mau Tempo no Canal*.

de pastel na época do seu comércio nos Açores, também chamado *lealdador-pequeno* (de *lealdar* + *-dor*)[1274]: *Havia um quadro de funcionários, desde o lealdador-mor, lealdador, meirinho, escrivão e outros oficiais*[1275].

Lealdador-mor, *n.m.* Indivíduo nomeado pelas Câmaras, que tinha a seu cargo a supervisão de tudo o que dizia respeito ao *pastel* – por isso tb. se chamava *lealdador-mor dos pastéis* –, desde a sementeira, a colheita, a secagem, a pesagem, etc.. Conjuntamente com os *oficiais da Câmara* realizava a eleição dos *lealdadores-pequenos*, efectuada no mês de Junho.

Lebra, *n.f.* Nalgumas freguesias rurais do Faial chamam *lebra* ao coelho (f. dissimilada de *lebre*).

Lebrina, (alt. de *nebrina*, por dissimil. consonântica) **1.** *n.f.* Chuva miúda, por vezes acompanhada de nevoeiro; neblina[Fl]. **2.** *n.f.* Nome que se dá à vaca mesclada de preto ou amarelo e branco[T]. Houaiss regista-o com o mesmo significado, como brasileirismo.

Lebrinar, *v.* O m.q. nebrinar (de *{lebrina}* + *-ar*): *Já vi chover e ventar, / Lebrinar, fazer escuro; / Já vi tirar o amor / D'onde estava bem seguro*[1276].

Lebrino, *adj.* Diz-se do gado bovino com o pêlo mesclado de branco (ext. de *lebrina*)[T].

Leilão, (ext. de *leilão*) **1.** *n.m.* Porção de coisas desarrumadas; grande desordem[SM]. **2.** *n.m.* Balbúrdia; zaragata; o m.q. *degodana*[SM].

Leira, 1. *n.f.* O m.q. eira[F]: <u>*Sem leira nem beira*</u>: sem onde cair morto; na Terceira diz-se: *Sem leira nem beira, nem ramo de figueira.* **2.** *n.f.* Aragem branda[P].

Leirofe, *adj.* Despedido de uma fábrica temporariamente (do am. *laid off*)[SM]: *[...] só posso pagar quando receber; tenho andado leirofe [...]*[1277].

Leitão-roto, *n.m.* Porco malhado, preto e branco[T].

Leite atabafado, *n.m.* O m.q. leite fervido[P].

Leite bom, *exp.* Leite inteiro, sem ser desnatado[Sj].

Leite cru, *n.m.* Leite sem ser fervido, tal e qual como saído do *mojo* da vaca[F].

Leite atrapalhado, *n.m.* Variedade de doce de colher da Graciosa, feito à base de leite, açúcar e gemas de ovos, aromatizado com sementes de funcho.

Leite tenro, *n.m.* Leite que a vaca dá nos primeiros dias depois do parto[F,SM].

Leiva ou musgão

Leiva, (do lat. *gleba-*, torrão de terra) **1.** *n.f.* *Bot.* Designação dada a formações de musgo de várias espécies do género *Sphagnum*, abundante nas partes altas das ilhas onde é grande a humidade. No Corvo chama-se *musgo*, nas Flores *musgão* (ver *Burrecas*), no Faial *tufos*: *É a leiva – que entremeada com farelo de serra, servirá de*

[1274] A massa do pastel chegava a ser falsificada por alguns, introduzindo no seu interior matérias estranhas para aumentar o seu peso.

[1275] Valdemar Mota – *Algumas Notícias sobre uma Erva Tintureira – O Pastel no Povoamento dos Açores* (in *Os Açores e o Atlântico*).

[1276] Teófilo Braga – *Cantos Populares do Arquipélago Açoriano.*

[1277] Cristóvão de Aguiar – *Raiz Comovida.*

suporte calorífero às raízes preciosas da planta de ananaz[1278]. **3.** *n.f.* Molho de canas[Sj]. **4.** *n.f.* Nome que também se dá *Calluna vulgaris* enquanto muito nova, usada em S. Miguel na preparação do solo das estufas de ananases[SM].

Leiveiro, *n.m.* Aquele que colhe a *leiva* dos matos destinada a fazer a cama das estufas de ananases em S. Miguel (de *{leiva} + -eiro*). Trata-se de um homem, como diria Leite de Ataíde[1279], *em geral rude, desconfiado e bravio como o meio em que vive*, devido à adversidade das condições em que trabalha. Em certos lugares de S. Miguel chamam-lhe *arreeiro* ou *barroqueiro*.

Lélé, *n.m. Balho* de roda de S. Miguel com melodia curta e expressiva e que obriga a grande movimentação: *O Lélé perdeu as botas / Nas escadinhas do adro; / Quem as achou não as deu, / Tivera o Lélé cuidado.*

Lember, *v.* Lamber, sua corruptela[F]: *Enganaste o Pitròlim / Co teu cabelo de azeite; / Os gatos lembem-te a mão, / Cudam que é um prato de azeite*[1280].

Lembrador de Almas, *n.m. Romeiro* que, no meio do rancho, levanta a voz e enumera os pedidos feitos pelas pessoas, destacando-os nas contas do rosário.

Lembrar as almas, *exp.* O m.q. *amentar as almas*.

Lençol-de-milho, *n.m.* Espécie de manta feita de sacos de serapilheira que era utilizada para o transporte das maçarocas de milho da terra até ao carro de bois[SM].

Lenda das Ilhas encantadas. Em S. Miguel, para as bandas do Nordeste, apareciam de noite umas ilhas brancas, que eram *encantadas* – Gaspar Frutuoso chama-lhes 'Ilhas Encobertas'. Em Santa Maria era um cavalheiro, porque ela, como todas as ilhas fêmeas, já se desencantou uma vez. As tais ilhas brancas, que à noite apareciam, estavam à espera que as desencantadas se tornassem a encantar, para quebrarem também o seu encantamento[1281]. *Ainda hoje perdura a lenda de que, próximo do ilhéu da Mina*[1282], *há ilhas encantadas, e quem desencantar uma, desencanta as outras. Na Praia da Vitória há a crença de que na Ponta da Má Merenda*[1283] *existe uma ilha encantada, onde vive refugiado o Rei D. Sebastião. [...] A crença de que D. Sebastião sobrevive em ilhas encantadas, 'Ilhas empoadas' ou 'Ilhas encobertas', acha-se mencionada em vários documentos dos séc.os XVII e XVIII*[1284]. Nota: Antigamente, na fantasia tétrica e fatalista de alguns, o mar era semeado de ilhas de morte povoadas de monstros; na imaginação poética de outros, era um Paraíso semeado de ilhas lindas e maravilhosas, povoadas de gente alegre e feliz.

Lentilha, (do lat. *lenticŭla-*) **1.** *n.f.* Sinal da pele; o m.q. sarda, efélide[F]. **2.** *n.f.* Nome vulgar da *Lens esculenta*), de origem asiática mas cultivada universalmente, dando umas curtas vagens com uma ou duas sementes muito nutritivas, também chamadas lentilhas. Refere-se por ser tradicional na Ilha de S. Miguel comer-se um caldo de lentilhas no Dia de Finados. Também em países da América Latina, como a Argentina e o Chile, e no Brasil também, é hábito comer lentilhas durante a passagem de ano, acreditando-se que as suas sementes, circulares e achatadas como moedas, atraem a sorte no ponto de vista financeiro.

1278 Vitorino Nemésio – *Corsário das Ilhas*.

1279 Luís Bernardo Leite de Ataíde – *Etnografia Arte e Vida Antiga dos Açores*.

1280 Vitorino Nemésio – *Festa Redonda*.

1281 Arruda Furtado – *Materiais para o Estudo Anthropologico dos Povos Açoreanos*. in Teófilo Braga. vol II.

1282 Ilhéu na costa marítima da freguesia de S. Sebastião, Terceira.

1283 Local que, segundo a tradição popular, pressagia a desgraça.

1284 J. H. Borges Martins – *Crenças Populares da Ilha Terceira II*.

Leque (Pinna rudis)

Leque, *n.m.* Nome vulgar da *Pinna rudis*, pela sua forma semelhante a um leque. Também se dá o mesmo nome à *Pinna nobilis*.
Lesmento, *adj. fig.* Diz-se do tempo de chuva miúda, do tempo húmido; o m.q. *langanhento* (ext. de *lesmento*)[SM].
Levadeira, *n.f.* Também chamada *tábua* e *paradouro*, é um dispositivo dos moinhos para os fazer parar (de *levada* + *-eira*)[SM].
Levadia, *n.f.* O m.q. *lavadia de Agosto* (de *levado* + *-ia*)[T]. Na Terceira tanto se pronuncia *lavadia* como *levadia* (arc.).
Levantar, *v.* Separar os cereais das cascas por acção do vento (ext. de *levantar*)[SM]. Nas Flores diz-se *aventejar*.
Levantar a Coroa, *exp.* Ir buscar e levar a *Coroa* do Espírito Santo para casa.
Levantar da mesa, *exp.* Cerimónia feita pelos Foliões após o *jantar do Esprito Santo* e no final das *merendas*[F]: *[...] cada prato festejado com a monótona cantoria e por fim a cerimónia do levantar das mesas*[1285].
Levantar fervura, *exp.* Diz-se do vinho doce quando começa a fermentar no balseiro (ext. de *levantar fervura*)[T].
Levantar o peixe, *exp.* Retirar o peixe após ter estado cerca de 3 dias na salgadeira: *Depois de dois ou três dias, o peixe era "levantado", posto a escorrer e colocado a secar ou curar ao sol*[1286].

[1285] Raul Brandão – *As Ilhas Desconhecidas.*
[1286] João A. Gomes Vieira – *Os Açorianos e as Pescas 500 Anos de Memória.*

Levantar o tempo, *exp.* Diz-se quando o tempo clareia depois de chover[F].
Levante, *n.m.* Alevante; alvoroço (deriv. regr. de *levantar*)[T].
Levar a má vida do linho, *exp.* Levar uma vida amargurada[Sj].
Levar a saca de lona pelo capelo, *exp.* Ver *sarapilheira*. *[...] e lá vinha ele, alta madrugada, saca de lona pelo capelo por via do terral ou da chuva [...]*[1287].
Levar às cancharrolas, *exp.* O m.q. *levar às canchas*[Fl].
Levar às canchas, *exp.* O m.q. levar às cavalitas[Fl].
Levar a volta do sargaço,[1288] *exp.* Desaparecer; levar descaminho[T]: *[...] q'ando fomos por êle o Mata-a-Burra tinha levado a volta do sargaço. E foi p'ra andar, meu amigo, que inté hoje ninguem mais l'e poisou a vista em riba*[1289].
Levar caminho, *exp.* O m.q. estragar-se[F]. Var.: *Levar má caminho.*
Levar carvão, *exp.* Apanhar pancadaria[Sj].
Levar com as abóboras, *exp.* Pedir uma rapariga em casamento e apanhar uma nega[F].
Levar de tassalho, *exp.* Levar debaixo do braço, encostado ao corpo[T]: *[...] a Maria Júlia, com o chincho de tassalho, acenava um lenço branco, meio ensopado pelas lágrimas*[1290].
Levar de visita, *exp.* Oferecer. É expressão muito usada em relação às ofertas feitas pelas festas do Espírito Santo: *Certa pessoa prometera levar de «visita» ao Senhor Espírito Santo uma determinada galinha*[1291].

[1287] Cristóvão de Aguiar – *Raiz Comovida.*
[1288] A *Volta do Çargaço* era a única rota que permitia o regresso seguro da Costa de África aos navegadores, por virtude do regime dos ventos que lhes eram favoráveis nessa parte do Atlântico. Na descoberta dessa nova rota que englobava os Açores, ter-se-iam perdido algumas caravelas e, consequentemente, muitos marinheiros – daí ainda hoje o dizer-se *levou a volta do sargaço* quando alguém ou alguma coisa se perdeu.
[1289] João Ilhéu – *Gente do Monte.*
[1290] João Ilhéu – *Gente do Monte.*
[1291] João Ilhéu – *Notas Etnográficas.*

Levar lanha, *exp.* Apanhar pancadaria.
Levar o Diabo, *exp.* Expressão muito usada com o sentido de desaparecer, morrer.
Levar por alma da caixa velha, *exp.* O m.q. apanhar muita porrada[F].
Levar uma novena de pau, *exp.* Levar uma carga de porrada[T]: *Não ia parar à cadeia. Ele levava uma novena de pau que se cagava todo!*[1292].
Levar um galo a S. Luís, *exp.* Recomenda-se este acto a alguém que fica embasbacado sem poder responder, ou é muito calado[T]. Tem origem na crença popular da cura por S. Luís de crianças atrasadas na fala, costumando os pais oferecer um galo a S. Luís, pedindo-lhe a graça de ela falar. *Quando uma criança retarda na fala, a mãe diz: Senhor São Luís, / Dai fala a esta criança. E promete, logo que o filho adquira a fala, ir com ele levar um galo branco a S. Luís*[1293].
Lêvedo-de-gordo, *loc. adj.* Muito gordo (ext. de *lêvedo*)[SM].
Liaça, *n.f.* Linhaça, sua corruptela por síncope[Fl].
Lianor, *n.p.* Leonor[T], sua f. arcaica.
Libaral, (corrupt. de liberal, do lat. *liberāle-*) **1.** *adj.* Diz-se daquele que gosta de conversar[Sj]. **2.** *adj.* Diz-se daquele que se apresenta bem[Sj].
Liberto, *adj.* Livre; solteiro (ext. de *liberto*)[T]: *A pensar, se ainda fosse / Um rapaz solto e liberto, / Esposa – nã na sintia / Mais bonita por qui perto*[1294].
Libra, *n.f.* Unidade de peso de lã depois de fiada[T].
Licenciado, *adj.* Diz-se do indivíduo que acabou o serviço militar e volta para casa (part. pas. de *licenciar*)[StM].

[1292] J. H. Borges Martins – *A Justiça da Noite na Ilha Terceira.*
[1293] J. H. Borges Martins – *Crenças Populares da Ilha Terceira II.*
[1294] Vitorino Nemésio – *Festa Redonda.*

Licor de vinho de cheiro, *n.m.* Variedade de licor feito com *vinho de cheiro*, açúcar, álcool e essência de pêssego[G].
Lida, *n.f.* Além do significado habitual, trabalho, significa também canseira (deriv. regr. de *lidar*)[Fl]: – *Esta vida é uma lida..., sempre dum lado pró outro!*
Liga, *n.f.* Fungo que se desenvolve à superfície dos vinhos (deriv. regr. de *ligar*)[Sj,T]. No conceito popular, a *liga* só se desenvolve nos vinhos de boa qualidade, daí o provérbio: *A liga é a mãe do vinho.*
Lijunja, *n.f.* Acanhamento; cerimónia (corrupt. de *lisonja*)[P]: *Vá! Mais feijão! Não vamos estar com lijunjas – insistia Elisa*[1295].
Lima, *n.f.* Recipiente feito de cera, com o formato de uma lima (fruto), que se enche de água ou outro líquido, para a batalha da Terça-Feira de Carnaval[SM,T].
Limão-tangerino, *n.m. Bot.* Variedade de laranja azeda, também chamado *limão-retundo*[P,T] e *retume*[Fl] (*Citrus arantifolia*). Muito apreciado para temperar o caldo de peixe.
Limber, *v.* Lamber, sua corruptela: – *Hã? Limbeste a mesa, ti Amaro! Co zápete nas unhas, tamém eu...*[1296]. Rima infantil: *Tlim, tlim, tender, / Um gato a cagar / E tu a limber*[T].
Limo, *n.m.* Nome que em algumas ilhas se dá ao sargaço (*Pterocladia capillacea* e outras espécies de algas marinhas), antigamente muito usado na fertilização das terras lavradias e, a partir dos anos sessenta do séc. XX, avidamente procurado para a sua comercialização.
Limpezas, *n.f. pl.* O m.q. *páreas*[C].
Limpinho da faúlha, *exp.* O m.q. certíssimo; tal e qual[Sj].
Limpo, *n.m.* Lugar, no mar, onde só existe areia, pobre em peixe de fundo (ext. de *limpo*)[Fl].
Limpo de fezes, *exp.* Diz-se da criança robusta[C]. Aqui, *fezes* tem o sentido de arrelias, preocupações.

[1295] Dias de Melo – *Pedras Rubras.*
[1296] Vitorino Nemésio – *Mau Tempo no Canal.*

Limpriça, *n.* Pessoa muito magra e alta[T].
Lindaça, *adj.* Diz-se da mulher a partir dos trinta anos ainda fresca e bonita (de *linda* + *-aça*)[T].
Lingalhete, *n.m. Bal.* O m.q. *logaiéte* (do am. *logger head*)[SM].
Língua-cervina, *n.f. Bot.* Nome vulgar do *Phyllitis scolopendrium.*
Língua de prata, *n.* Nome que se dá ao que muito gosta de mexericar[T]: *[...] certas linguinhas de prata que se pelam por descoser na vida alheia*[1297].
Língua-de-vaca, *n.f. Bot.* Nome vulgar do *Elaphoglossum semicylindricum.*
Linguajadela, *n.f.* Linguagem da criança pequena quando começa a falar (de *{linguajar}* + *-dela*)[Fl].
Linguajar, *v.* Termo empregado para designar as primeiras falas das crianças (de *linguage(m)* + *-ar*)[Fl].
Linguarela, *n.f.* Minhoca da terra (de *língua* + *<-r->* + *-ela*)[SM].
Linguiça, 1. *n.f.* Chouriço fino, feito das tripas do intestino delgado. E. Gonçalves regista-o no Algarve com o mesmo significado. **2.** *n.f. fig.* Homem muito alto e magro (ext. de *linguiça*).
Linguiça de peles, *n.f.* Variedade de enchido feito com os couratos que ficam do derretimento da banha, temperados durante 3 dias com alho, vinho e vinagre e que, depois moídos, vão a encher em tripa delgada[T].
Linha, 1. *n.f. Náut.* Medida equivalente a 30 *braças*[C,F,Sj]. Assim, diz-se que um determinado pesqueiro está a tantas linhas de fundo, quando a profundidade é muita, como acontece com algumas *Pedras de Cherne*[1298]. **2.** *n.f. Bal.* Corda de 3 pernadas, com cerca de 300 braças, que vai acondicionada numa *selha,* cada bote levando duas delas. Estas cordas serviam para amarrar o arpão na caça da *baleia.*
Linha d'água, *n.f.* Traço horizontal resultante da pintura exterior das embarcações, geralmente branca por cima e verde, azul, vermelha, ou outra cor, por baixo. Este traço delimita as 'águas vivas' das 'águas mortas' e representa o orgulho do construtor quando isso coincide com a realidade, ao ser posta pela primeira vez a embarcação na água.
Linha-do-bote, *n.f. Bal.* Linha de sisal, com cerca de meia polegada de secção, que liga o *arpão* ao *bote da baleia* e que pode suportar uma força de três toneladas, podendo atingir os 600 metros de comprimento. Vai na proa do bote, enrolada em duas *selhas* circulares. No Pico também lhe chamam *linha-da-baleia* ou *linha-de-pesca.*
Linhas, *n.f. pl.* O m.q. rédeas[Fl].
Linhavão, *n.m. Náut.* O m.q. *alinhavão.*
Linheirada, *n.f.* Ninhada de pintos (de *{linheiro}* + *-ada*)[Fl].
Linheiro, (de *linho,* arc. + *-eiro*) **1.** *n.m.* Ninho de ave; ninheiro[F,Sj,T]: *A Fajã é uma vila, / A Quada é um oiteiro, / Pra onde as aves do campo / Vão fazer o seu linheiro*[1299]. **2.** *n.m. fig.* Cama[T].
Linheiro de ratos, 1. *n.m. fig.* Cama mal arranjada. **2.** *n.m. fig.* Cabelo mal penteado[T].
Linho-russo, *n.m. Bot.* Nome que em S. Miguel também se dá à *espadana* (*Phormium tenax*).
Líningue-naife, *n.f. Bal.* Faca antigamente destinada a retirar e separar todo o tecido muscular do toucinho do cachalote para não se misturar com a matéria adiposa na fase de derretimento, no sentido de não manchar o óleo de cor avermelhada, além de dar um sinal de acidez ao produto final (do am. *leaning knife*).
Lira, *n.f.* Moda tradicional da *ilhas-de--baixo,* nunca cantada no grupo oriental. Também chamada *Líria,* segundo alguns terá sido trazida pelos flamengos quando

1297 João Ilhéu – *Gente do Monte.*
1298 Em algumas ilhas a medida da *linha* é de 25 braças, no Corvo e nas Flores é de 30.
1299 Quadra da Ilha das Flores.

se radicaram no Faial. O seu nome poderá ser corrupt. de Lídia ou de Lília.

Lírio, *n.m.* Peixe presente no mar dos Açores, também chamado *iro* e *írio*. Nos Açores aparecem duas espécies desta família de carangídeos: *Seriola dumerili* e *S. rivoliana*. Os da primeira espécie são os que atingem maior porte chegando a ser pescados exemplares com 180 cm de comprimento e cerca de 50 kg de peso; os da outra, *Seriola riviolana,* raramente ultrapassam os 60 cm, embora possam também atingir grande comprimento, mais de um metro e meio e 30 kg de peso.

Lisboa no séc. XVI

Lisboa, *n.p.* Antigamente, para o açoriano que nunca esteve no Continente – ainda hoje para o emigrante que partiu da Terceira directamente no avião para Boston –, Lisboa abrange todo o país, tanto faz morar no r/c do n.° 100 da Avenida da Liberdade da nossa capital como viver na última casa dos Escalos-de-Baixo em Castelo Branco... É tudo Lisboa! Do mesmo modo, qualquer indivíduo que apareça vindo do Continente é um *homem de Lisboa*. Esta noção está a desaparecer com os modernos meios de comunicação dos últimos anos, embora ainda se mantenha nos mais idosos.

Listrão, *n.m.* Nome de bovino com pelo da região dorsal, em toda a sua extensão, de cor mais clara do que o resto do corpo (de *listra* + *-ão*)[T].

Litânia, *n.f.* Nome dado em S. Miguel a antigo cântico, também chamado *ladainha*: *Durou o Carnaval do domingo à segunda-feira, sendo anunciados o jejum e o uso de peixe por meio do tanger dos sinos e por um frequente canto nasal entoado no quarto em baixo, pelos homens da laranja, canto a que dão o nome de litânia ou ladainha*[1300].

Litêgo, *adj.* Justo; verdadeiro[SM].

Liteiro, (do lat. *lectuārĭu-*, do leito) **1.** *n.m.* Pano grosseiro, feito de roupa velha, destinado à limpeza do chão[StM]. **2.** *n.m. fig.* Coisa desprezível, sem valor (ext. de *liteiro*)[StM].

Litreira, *n.f.* Espécie de palheiro onde se guardava o estrume do gado (corrupt. de *nitreira*)[Fl].

Livel, *n.m.* Peça do madeiramento do tecto das casas (do lat. *libellu-*, pelo fr. ant. *livel*)[T]. Nota: Na Terceira – onde foi recolhido –, este termo adquiriu um significado divergente do usado no Continente.

Livração, *n.f.* Conjunto das secundinas da vaca[T]. Delivrar era verbo ant. que significava expelir as secundinas.

Livre, *adj.* Isento do serviço militar (do lat. *lībĕru-*, livre).

Livro dos Sinais, *n.m.* Livro onde eram registados os *sinais* e marcas de gado usados pelos criadores[F].

Lixa, *n.f.* Variedade de tubarão existente nas águas dos Açores, cientificamente denominado *Dalatia licha*; o m.q. *gata*.

Lixa de gata, *n.f.* Lixa grossa obtida a partir da pele seca de um peixe vulgarmente chamado *gata*, outrora utilizada para lixar madeira e afiar instrumentos cortantes, no tempo em que não eram acessíveis as modernas lixas comercialmente fabricadas. Por isso, também se chama *lixa* ao referido peixe. Nos Açores, ouve-se muitas vezes a expressão: *Vai-te lixar com lixa de gata!*

[1300] Joseph e Henry Bullar – *Um Inverno nos Açores*.

Lize, *n.m.* Apara de barro tirada do objecto que o oleiro está moldando[T].

Lo, *pron.* O m.q. [o]. É arc. aqui conservado. É ainda hoje muito frequente em S. Miguel: *Quim fou que la matou?* Adágio: *Quem tem um costume, / nunca lo perde, / e se lo perde, / nunca lo teve*[SM].

Loa, *n.f.* Exposição sumária do assunto da *Comédia* no teatro popular da Ilha de S. Miguel (deriv. regr. do arc. *loar*, louvar).

Loca, 1. *n.f.* Cadeado (do am. *lock*). **2.** *n.f.* Espécie de medalha que antigamente as raparigas das Flores traziam dependurada num colar de prata com a fotografia dos pais ou do desposado (do lat. *loca-*).

Locadinho, *adj.* Dim. irreg. de louco: *[...] Minha filha locadinha / Desapareceu-me de casa*[1301].

Lògaéte *(ò)*, *n.m. Bal.* Cepo cilíndrico de madeira rija, encastrado no leito da popa do *bote baleeiro*, que servia para passar a linha do arpão no sentido de travá-la, para obrigar a baleia capturada a vir respirar à superfície e poder-se atacá-la com a *lança* (do am. *logger head*). Var.: *Lingalhête Lògaête, lògaiéte.*

Logra, *n.f.* Embarcação de três mastros semelhante ao lugre.

Lóia, *n.m.* Advogado (do am. *lawyer*).

Loiça da Figueira, *n.f.* Loiça antigamente importada da região de Coimbra, assim denominada por ser embarcada no porto da Figueira da Foz[T].

Loiça da Vila, *n.f.* Loiça fabricada em Vila Franca do Campo, antiga capital de S. Miguel, que foi, até 1522, o primeiro centro oleiro micaelense[1302]. Os irmãos Bullar registam: *É feita em Vila Franca a maior parte da loiça usada em S. Miguel, sendo numerosos os oleiros.*

Loiceiro, (de *loiça* + *-eiro*) **1.** *n.m.* Vaso com água onde o oleiro vai molhando as mãos. **2.** *n.m.* Prateleira gradeada onde se põe a loiça acabada de lavar[Sj,T].

Loicenço, *n.m.* Fleimão; furúnculo (alt. de *leicenço*)[Sj,T].

Loira, *n.f.* Lora ; lura ; toca de coelho ou de rato. Não ver loira donde saia coelho: não esperar nada de bom, de determinada origem ou pessoa. Var.: *Loura.*

Loiral, *n.m.* Área de terreno com muitos loureiros (de *{loiro}* + *-al*)[F].

Loisa, *n.f.* Armadilha para ratos (do lat. *lausĭa-*, pedra chata)[F].

Loisão, *n.m.* Um dos dois pequenos paus usados para armar a *loisa* (de *loisa* + *-ão*)[F]. Note-se que aqui o sufixo não tem carácter dimensivo.

Loivado, *adj.* Louvado: – *Loivado seja o nome de Nosso Senhor Jasus Cristo!*

Loje, (do fr. *loge*) **1.** *n.f.* Loja, mercearia. **2.** *n.f.* Divisão do rés-do-chão da *casa-de-alto-e-baixo* destinada a arrumação e, muitas vezes, ao abrigo do gado[F,Sj].

Loje de venda, *n.f.* Mercearia; o m.q. *loje* e *venda*[T].

Loje dos animais, *n.f.* O m.q. *loje* 2.

Lomba, *n.f.* Cumeeira arredondada, que é origem de toponímia de muitas ilhas (de *lombo*): *Os contrafortes das montanhas mais elevadas estendem-se muitas vezes por largo espaço, apresentando cumeeiras arredondadas que são chamadas lombas*[1303].

Lombardo, *n.m.* Nome de bovino de cor preta e com o lombo acastanhado (tv. de *lombo* x *pardo*)[T].

Lombo, *n.m.* Encosta ou vertente de terreno elevado, fazendo parte da toponímia das ilhas dos Açores (do lat. *lumbu-*, lombo).

Lombo de sargo, *n.m.* Animal magro e comprido[SM].

Lomear, *v.* O m.q. *alomear.*

Lonfeira, *adj.* Diz-se da terra fofa e leve[SM]; o m.q. *bolfeira.*

[1301] *Dança dos Namorados*, enversada por Joaquim Farôpa.

[1302] Rui de Sousa Martins – *Ceramologia Açoriana.*

[1303] José Agostinho – *Nomenclatura Geográfica das Ilhas dos Açores.*

Longaia, *n.f.* Superfície onde se implanta o moinho de rodízio (de *longa[l]* + *-ia*)SM.
Longueira, *n.f.* PreguiçaT. Cp.: Var.: *Langueira.*
Lonja, *adj.* Longínqua: *[...] só minha mãe teve duas* (filhas), */ pouco lucro tirou delas; / uma morreu nas estradas, / outra morreu lonjas terras*[1304].
Loque, *n.m.* Qualquer substância de consistência mole e mais ou menos viscosa (do lat. mediev. *lohac,* por sua vez, do ár. *luHq*)StM. Termo exclusivo de Santa Maria: O *gofe* diluído em leite é um *loque,* diz-se da comida muito cozida e desfeita, que está um *loque.*
Lostra, (do lat. *lŭstru-,* charco, pântano) **1.** *n.f.* Mancha deixada na pele pela crostra arrancada a uma ferida ainda não saradaP. **2.** *n.f.* Mancha que fica na rocha ou na pedra depois da lapa ser apanhadaP.
Loro *(Lò), n.m.* Linha de pesca antigamente usada na pesca da albacoraSM: *Faz-se com um cordel de 0,90 a 1 metro de comprimento e de 3 a 4 millimetros de diametro, forrado de arame na extensão de 60 a 70 centimetros. Em um extremo prende-se um grande anzol, fabricado mesmo na terra por qualquer ferreiro habil [...]; no outro extremo faz-se uma alça, em que se amarra a linha de pesca [...]*[1305].
Loução, *adj.* Diz-se daquele que tem uma alegria própria dos loucos; o fem. é *louçã* (do lat. *lautiānu-,* de *lautu-,* brilhante). Adágio da Graciosa: *Moça louçã / cabeça vã.*
Lourar, *v.* O m.q. *rosar*C. Aférese de *alourar.*
Loureira, *n.f. Bot.* O m.q. *barrileiro* (*Corynocarpus laevigata*)SM.
Louro, *n.m. Bot.* Arbusto perene, subespécie do loureiro *(Laurus nobilis),* também chamado *louro-bravo, louro-da-terra, louro-do-mato* e *louro-macho,* endémico dos Açores, Madeira e Canárias, cientificamente denominado *Laurus azorica* ou *Persea azorica.* Está presente em todas as ilhas dos Açores[1306]. Antigamente, os lavradores traziam do mato ramos de louro, que eram guardados em casa para serem queimados e aquecerem a roupa de quem estivesse doenteT.
Da baga do *louro,* antigamente extraía-se óleo – chamado *azeite-de-louro* –, usado na iluminação, tendo também propriedades antinflamatórias, pelo que também era usado no tratamento de dores do foro reumatológico.
Louro-de-cheiro, *n.m. Bot.* Loureiro, *Laurus nobilis.*
Louvado e louvedo, *loc. interjec.* Exclamação de grande espanto.
Louvando a Deus, *loc. interjec.* Expressão exclamativa para manifestar espantoF. Var.: *Louvando seja Deus!*
Louvado seja quem tanto fez, *exp.* Expressão exclamativa frequente na boca do povo dos Açores, ao contemplar a Natureza.
Louvar a Deus, *exp.* É expressão usada em circunstâncias de grande abundância: *Santa terra da Amer'ca, que se não fosse o louvar a Deus de rouparia enviada todos os anos, alguns ainda acabavam co'sim-senhor à mostra*[1307].
Lovar, *v.* Levar, sua corruptela. Em *Mau Tempo no Canal,* Vitorino Nemésio escreve: *Cada caldeiro daqueles lovava 36 galães de azeite!*
L'ovo. Nome da Ilha de Santa Maria, registado nos mapas antigos, pelo facto de ao longe se assemelhar a um ovo. Registado nalguns documentos com a grafia 'luovo' e 'Ilha de lu Ova'.
Lua, (ext. de Lua, qd. em quartos) *n.f.* Pala do bonéSM. *Boné de meia lua*SM: boné de pala pequena.

[1304] Manuel da Costa Fontes – *Romanceiro Português do Canadá (Florbela e Brancaflor).*
[1305] Armando Silva – *Ethnographia Açoriana.*
[1306] Paulo A. V. Borges e col. – *Listagem da Fauna e Flora Terrestre dos Açores.*
[1307] Manuel Ferreira – *O Morro e o Gigante.*

Lũa, *n.f.* Lua, sua f. arcaica (*llũa*)[P,Sj,T]. Camões escreve: *Da Lũa os claros raios rutilavam / Polas argênteas ondas Neptuninas [...].* Antigamente na Terceira também se ouvia pronunciar *Luia.*

Quando era miúdo, meu pai dizia que as sombras que se viam na Lua eram a figura de um desgraçado de um homem com um molho de couves às costas, que, por castigo, por ter roubado essas couves, tinha sido levado pela Lua e aí permanecia eternamente. Borges Martins[1308] refere-o também na tradição oral da Terceira[1309].

Lua enfarinhada, *exp.* Diz-se quando apresenta um halo a toda a volta, sinal certo de chuva[F].

Lua fraca, *exp.* O m.q. Lua Nova[C].

Lua afogada, *exp.* Lua encoberta pelas nuvens[T].

Lua da barra, *n.f.* Espaldar da *barra,* da cama[SM].

Lua redonda, *exp.* O m.q. Lua cheia[C,Fl,Sj].

Lua velha, *exp.* O m.q. Lua nova[Fl].

Lucero, *n.m. Taur.* Denominação do touro com uma mancha branca no centro da cabeça (do cast. *lucero*)[T].

Luita, *n.f.* Luta, sua f. arcaica (sXIII: *luita; luyta*)[T].

Luitar, *v.* O m.q. lutar (arc.)[T].

Luito, *n.m.* Luto, sua f. arcaica[T]. Além dos trajes pretos, mais ou menos prolongados consoante o grau de parentesco, havia em relação ao luto um curioso costume dos homens quanto à barba, como escreve U. de Mendonça Dias[1310] ao falar de Vila Franca do Campo: *[...] é costume e muito antigo em todas as classes não se fazer a barba nos primeiros tempos de luto; e este uso é tanto mais prolongado, quantos mais próximo é o parentesco da pessoa, chegando mesmo viúvos a não mais fazerem a barba desde o falecimento da sua companheira, devendo-se notar, porém, que continuam a cortar o cabelo da cabeça, do mesmo modo e feitio que tinham e usavam – que o luto é só da barba.*

Lume, ao, O m.q. *à babuge*[C].

Lumieira, (do lat. *luminarĭa-*) **1.** *n.f.* Cada uma das aberturas na roda do carro de bois[T]. **2.** *n.f.* Parte da parede da casa logo a seguir à verga (padieira) da porta ou da janela, consistindo às vezes num grosso tabuão[C].

Lũna, *n.f.* Lua[P,T]. Recorde-se que Lua deriva do lat. *luna-.*

Lustro, *n.m.* Pomada para o calçado (de *lustre*). Termo de uso generalizado nos Açores.

Luto fechado, *n.m.* O m.q. luto pesado[Fl].

Luz, *n.f.* Candeeiro a petróleo; qualquer fonte de iluminação (do lat. *luce-*).

Luz de lata, *n.f.* Lamparina feita a partir de uma lata[Fl].

Luz de vidro, *n.f.* Candeeiro pequeno a petróleo[Sj]. Tem este nome por ter a chaminé em vidro, o que lhe ampliava a luz.

!Luzido, *adj.* Dizia-se quando uma mercadoria era bem pesada, p. ex., o merceeiro, ao pesar o açúcar, botava mais um bocadinho além do peso exacto (part. pas. de *luzir*)[SM].

Luzir o buraco, *exp.* O m.q. amanhecer[P,SM,T]: *Mal luziu o buraco, João Picotolho ergueu-se*[1311]. Var.: Luzir do buraco: *Ao outro dia, ao luzir do buraco, estava-me reservada uma das maiores surpresas [...]*[1312]. Aquilino Ribeiro também regista a expressão na linguagem beirã: *Mal luziu o buraco, o Rola saltou abaixo da cama, com grande banzé*[1313]. Antigamente, as casas tinham o telhado sem forro, ficando as telhas a descoberto. De manhã, mal nascia o Sol, via-se a sua claridade por entre os seus buracos, daí a origem da expressão.

1308 J. H. Borges Martins – *Crenças Populares da Ilha Terceira II.*

1309 Esta crença, noutros lugares devido ao homem ter trabalhado ao domingo, é comum a Portugal, Espanha, França, Itália...

1310 Urbano de Mendonça Dias – *A Vila.*

1311 Dias de Melo – *Vinde e Vede.*

1312 Manuel Ferreira – *O Morro e o Gigante.*

1313 Aquilino Ribeiro – *Terras do Demo.*

M

Má, *adj.* Mau. Diz-se correntemente: *não é má home; não é má moço; aquilho é má rês.* De uma Comédia de S. Miguel[1314]: *O vosso irmão, senhor, / Muito está enjoando. / O seu corpo interior / Tão má cheiro está deitando [...].*

LINDA COLLECÇÃO POPULAR DE COMEDIAS EM VERSO !
No. 3
VERDADEIRA HISTORIA
DA
"IMPERATRIZ PORCINA"
Versada Pelo Cantor Popular
Jose' Ignacio Farias
NATURAL DA FREGUEZIA DE SANTO ANTONIO.
LIVRARIA PORTUGUEZA (Editora)
de
MANUEL CAPETO & CO.
195 Brightman Street. Fall River, Mass.

Maça, *n.f.* Instrumento utilizado antigamente na preparação do linho (do lat. vulg. *mattĕa-*, de *mateŏla-*, bastão, pau)[Fl].

Macaco, 1. *n.m.* Aten. de Diabo[SM]. **2.** *n.m.* Variedade de jogo de rapazes[P]. **3.** *n.m.* Alcunha que os de S. Jorge dão ao natural das Velas.

Macacos, *n.m. pl.* Desenhos animados da televisão.

Macaco-cinzão, *n.m.*. Indivíduo manhoso, de pouca confiança; má pessoa[F]. Cinzão, de *cinza*, cinzento.

Macacos me trinquem, *exp.* Expressão equivalente a 'macacos me mordam'[T].

Macafenho, *adj.* Adoentado[SM]; o m.q. *malacafento* e *malacafenho.*

Macafeno, *n.m.* O m.q. zângão[SM].

Macafento, 1. *adj.* Desengraçado; feio; esquisito[T]. **2.** *adj.* Adoentado; o m.q. *macafenho* e *malacagenho*[SM].

Maçaneta, *n.f. fig.* Nariz grande[Fl].

Macanho, *n.m.* Espécie de *caranguejo*[SM].

Maçanico, 1. *n.m.* O m.q. maçarico[C,Sj,T]: *O maçanico real / Só quer junças e água doce: / O amor sem vezinhança / Mal se começa gastou-se*[1315]. **2.** *n.m.* Conjunto de canas de milho em forma de cone, atado na parte superior e a meio com *filaça* ou vime; o m.q. *picota*[Sj].

Macaréu, (ext. de *macaréu*) **1.** *n.m.* Vaga de mar alterosa que pode pôr em risco as embarcações mais pequenas[T]: *O gasolina tomava-me daí a nisca, e aos outros, no meio do macaréu*[1316]. **2.** *n.m. fig.* Qualquer dificuldade. Passar macaréus é passar trabalhos, tormentos: – *A menina tem a garganta tão inchada que passa macaréus para engolir!*

[1314] *Imperatriz Porcina* – Comédia *enversada* por José Ignacio Farias.

[1315] Vitorino Nemésio – *Festa Redonda.*

[1316] João Ilhéu – *Gente do Monte.*

Maçarico, 1. *n.m.* Pequena ave, no Cont. chamada 'rola-do-mar' (Ruddy Turnstone, em inglês), de nome científico *Arenaria interpres*[C]. **2.** *n.m.* O m.q. *maçanico* 2[Sj].
Maçaroca, (do cast. *mazorca*) **1.** *n.f.* Espiga do milho[F]. Na Terceira chama-se *soca*. **2.** *n.f.* Porção de linho ou de estopa já fiada[T].
Maçaroca de pinho, *n.f.* O m.q. pinha[Sj]. Var.: *Maçaroca de pinheiro*
Maçaroca-dos-beijos, *n.f.* Maçaroca que tem, misturados com os grãos brancos, alguns grãos vermelhos, também chamada *maçaroca-moira* e *maçaroca-mulata*[Fl].
Macarrinche, *n.m.* O m.q. chave de tubos (do am. *mikewrench*).
Machacaz, *n.f.* Mulher grande e machona (de *macho* + *-aco-* + *-az*) [Sj].
Macha, *n.f.* O m.q. *andadeira*, a mó superior dos moinhos (de *macho*) [SM].
Macha-fêmea, *n.m.* Mulher de modos viris[T].

Machete – Colecção do Autor

Machete, *n.m.* Espécie de viola de reduzidas dimensões – está numa relação com a viola como o *picolo* está em relação com o violino 4/4 (do cast. *machete*)[SM]: *Eu ia por aqui abaixo / Com o meu Machete, trás, trás... / Oh que linda rapariga / Para mim que sou rapaz!*[1317].
Machinho, (de *macho* + *-inho*) **1.** *n.m.* O m.q. machete. **2.** *n.m.* Filho, criança do sexo masculino – se for do sexo fem. é *feminha*[SM]. **3.** *n.m.* Pequenas unhas da parte posterior da pata da vaca[C,SM].
Machio, (de *macho* + *-io*) **1.** *n.m.* Milheiro sem maçaroca. **2.** *n.m.* Árvore ou arbusto sem frutos[SM].
Macho velho, *n.m. Bal.* Cachalote macho solitário, geralmente corpulento.
Machona, *n.f. deprec.* Mulher robusta e de modos grosseiros ou varonis (de *machão*). Termo também usado no Alentejo.
Machuco, *n.m.* Grupo de maçarocas atadas; o m.q. *cambulhão* e *cambada*.
Machungada, 1. *n.f.* Confusão; salgalhada[T]: *Isto vai dar em esparrela, / Numa grande machungada [...]*[1318]. **2.** *n.f.* Conjunto de pessoas ou de coisas[T].
Maciado, *adj. Bal.* Dizia-se do bocado de toucinho de *baleia* depois de golpeado (do am. *mincing*).
Maciar, *v. Bal.* Retalhar o toucinho do cachalote em pequenos fragmentos que ficavam ligados à pele para mais facilmente derreter (do am. *to mince*).
Macim-naife, *n.f. Bal.* Faca de lâmina longa com dois punhos utilizada para cortar o toucinho do cachalote em tiras finas para melhor derreter (do am. *mincing knife*). Tb. chamada *amaciadeira* e *faca de maciar*.
Macinho de laia, *n.m.* O m.q. novelo de lã (*laia*, f. ant. de lã)[SM].
Macista, *adj.* Aborrecido; maçador (deriv. regr. de *{macistar}*)[SM]: *[...] o Ti José Pascoal [...] chamava-lhe sequista e macista da quinta casa*[1319].

1317 Vitorino Nemésio – *Festa Redonda*.
1318 Da *dança* carnavalesca (Terceira) *Casamento Desfeito por um Velho*, enversada por Joaquim Farôpa.
1319 Cristóvão de Aguiar – *Raiz Comovida*.

Macistar, *v.* Aborrecer; teimar (de *maçar*)[SM].

Madeira, 1. *n.m.* Nome dado a um indivíduo natural da Ilha da Madeira, que habite nos Açores. Principalmente durante o século passado, vinham para o Arquipélago muitos pescadores da Ilha da Madeira – os *madeiras* –, contratados por armadores de pesca local para a pesca dos tunídeos. **2.** *n.f. Náut.* Conjunto dos *paus de varar* de uma embarcação marítima[Sj].

Madeira de caixa de açúcar, *n.f.* Nome que antigamente se dava à madeira exótica que era aproveitada das caixas que transportavam o açúcar vindo do Brasil.

Madeirame, *n.m.* O conjunto da madeira destinada a armação de uma casa ou de uma lancha, p. ex.; o m.q. madeiramento (de *madeira* + *-ame*).

Madorna, *n.f.* Sono leve; sonolência; torpor (corrupt. de *modorra*).

Madre, (do lat. *māter-)* **1.** *n.f.* Útero da vaca[1320]. Sair a madre: diz-se da ptose do útero da vaca após o parto[F]. **2.** *n.f.* Madeiro pesado da prensa do lagar das uvas[T]. **3.** *n.f.* Verga de pedra, a madre das janelas, por exemplo[SM].

Madrinha, 1. *n.f.* Nome que as crianças dão à Lua nova[SM]: *A saudação à Lua nova, a quem as crianças nos Açores chamam madrinha, é comum em muitas terras de Portugal*[1321]. **2.** *n.f.* Nome que no Faial se dá à sogra.

Madrinha da pia, *n.f.* Madrinha do baptismo[Sj].

Madrinha do Céu, *exp.* Nome dado à Lua: *Por vezes ensinam as crianças a chamarem à Lua a "madrinha do céu" e a lhe pedirem a bênção*[1322].

[1320] Antigamente chamava-se 'madre' ao útero, da mulher ou dos animais.

[1321] Teófilo Braga – *O Povo Português nos Seus Costumes, Crenças e Tradições.*

[1322] Maria de Fátima F. Baptista – *Ilha do Faial. Contribuição para o Estudo da sua Linguagem, Etnografia e Folclore.*

Madrinha dos homens, *n.f.* O m.q. Lua[SM]: – *Está uma noite linda, com a madrinha dos homens bem redondinha.*

Madrugadas, *n.f. pl.* Nome vulgar da *Calystegia sepium*, também chamada *bons-dias.*

Mãe do céu querida, *exp.* Expressão usada com o mesmo sentido de *Pai do céu querido*[F].

Mãe do corpo, *n.f.* O m.q. útero[SM].

Mãe dos pobres. Nome que antigamente se dava em S. Miguel à Viscondessa D. Ana Teodora do Canto Medeiros, herdeira de uma enorme fortuna e de uma educação cristã vocacionada para a caridade, transmitida pela mãe, D. Clara Joaquina Isabel do Canto Medeiros. Em toda a Ilha ficou célebre a sua acção no ano de 1857, quando um violento temporal destruiu praticamente todas as culturas, deixando à fome muita gente. A Viscondessa, não só lhes dispensou o pagamento das rendas das suas terras como distribuiu pelos carenciados fartas esmolas.

Maeto, *adj.* Diz-se do tempo com vento fresco[T].

Mafameco, *n.m.* O m.q. bicho de conta, o único crustáceo totalmente terrestre, cientificamente denominado *Armadillium vulgare* (de *mafamético*)[SM].

Mafão, *n.m.* Pessoa feia, desajeitada[SM].

Mafazeiro *(Mà), n.m.* Mal intencionado[SM].

Má fogo te abrase, *exp.* O m.q. 'que te leve o diabo'[T]. *[...] Freios nos teus dentes, / Má fogo te abrasa / P'ra não poderes entrar / Na minha casa*[1323].

Mafoma, *n.f.* Escultura grande e tosca que figura um ser humano[SM].

Magafento, *adj.* Enfezado (corrupt. de *malacafento*)[Sj].

Maganagem, (de *magano* + *-agem*) **1.** *n.f.* Impurezas dos cereais[SM]. **2.** *n.f.* Peros

[1323] J. H. Borges Martins – *Crenças Populares da Ilha Terceira I.*

miúdos de fraca qualidade[SM]. **3.** *n.f.* Coisas miúdas sem utilidade[SM].

Maganucho, *n.m.* Cada um dos novelos de lã de várias cores usados no tear (de *magano* + *-ucho*)[Sj].

Magento, *adj.* Diz-se do que tem a cor entre o vermelho e o roxo[T]. 'Magenta' é cor carmesim-escura.

Maginação, *n.f.* O m.q. imaginação, sua f. aferética (arc.)[T].

Maginar, *v.* Aférese de imaginar (arc.). Moisés Pires regista-o também na linguagem mirandesa actual.

Mágoas tamanhas, *loc. interjec.* O m.q. *paciência!*[Fl,P]. É expressão arcaizante que Raul Brandão[1324], ao descrever o Faial, regista: *Às vezes partem um cântaro e exclamam: – Mágoas tamanhas!* Nemésio regista-a repetidamente: *[...] Mágoas tamanhas! Que maravilha de frase na boca daquele povinho!*[1325]. M. Fátima Baptista regista-a no Faial apenas no singular – mágoa tamanha –, referindo ser apenas usada em certas freguesias rurais.

Magolha, 1. *n.f.* Ardil; logro. **2.** *adj.* Trapaceiro: *– Deixim lá o home! / – Magolha...!*[1326].

Magrama, 1. *n.f.* Tuberculose bovina. **2.** *n.f.* magreza[T]. JPM e Lello registam 'magrã' como termo da Terceira, com o mesmo significado. Helena Montenegro regista-o em S. Miguel com a grafia 'magrana'. *Magrém* é um termo muito pouco usado, vindo de [*magro* + *-ém*], provável var. pop. e apocopada do suf. dim. [*inho*], que significa magreza e, no Brasil, estação seca, para os sertanejos.

Mainel, *n.m.* Banco ou muro no exterior da casa para descansar (do fr. ant. *mainel*)[P,SM].

Maios (Foto: Arq. Diário Insular)

Maio, *n.m.* Boneco feito de palha, vestido de homem ou de mulher, que é colocado nas janelas e nos *balcões* das casas ou sobre as portas das quintas no primeiro dia de Maio, alguns calçados de luvas e com um guarda-sol aberto para melhor se parecerem com a figura humana. Na Terceira, também lhe chamam *maromba*. Antigamente, nesta Ilha, para as bandas dos Biscoitos – local de grande produção de *vinho de cheiro* –, no primeiro dia de Maio percorriam a freguesia com um barril de vinho transportado num carro de mão, sobre o qual vinha sentado ou escanchado um *maio*; quando passavam por alguém, paravam e ofereciam-lhe um copo de vinho, acompanhando-o também...[1327] Não será difícil imaginar o seu estado de espírito no final da caminhada! Também nessa região da Terceira, por ext., se chama *maio* ao espantalho da praga, posto nas searas para espantar

1324 Raul Brandão – *As Ilhas Desconhecidas*.

1325 Vitorino Nemésio – *Mau Tempo no Canal*.

1326 Vitorino Nemésio – *Mau Tempo no Canal*.

1327 Luís da Silva Ribeiro – *Festas de Maio na Ilha Terceira*.

os pássaros. Em S. Miguel chamavam-lhe *maias*, no feminino. Em 1856, escrevia José de Torres, escritor e jornalista micaelense, em *Fastos Açorianos*: *Quem há que não sorria vendo nas* Maias *que ocupam as janelas e sacadas, que campeiam nos balcões e sobre os tapumes das quintas, por onde este dia se consome, uma ingénua diversão do povo e tréguas a maiores cuidados?* Nota: Os *maios* também eram feitos no Algarve, particularmente do concelho de Olhão e na zona fronteiriça Porugal-Espanha, nomeadamente na Estremadura. Geralmente eram feitos na véspera, dia 30 de Abril, e deixavam-nos durante todo o dia 1 de Maio. Também em Santa Cruz de La Palma, nas Canárias, era uma tradição mantida todos os anos, levada por emigrantes portugueses.

Maioral, *n.m.* Indivíduo que comanda as Cavalhadas de S. Pedro em S. Miguel: *Na frente marcha o maioral, vestido a capricho [...]*[1328].

Mairica, *n.f.* O m.q. enxadão, dum lado é uma pá e do outro um pequeno machado (do am. *mattock-pick*)[C,SJ].

Mais depressa chega um barco ao Pico, *exp.* Expressão usada no Faial quando alguém leva muito tempo a fazer uma tarefa.

Mais uma para a corda do sino, *exp.* Mais uma asneira a juntar às outras.

Mais velho do que a Salve-Rainha, *exp.* Muitíssimo velho.

Mais. Em quase todas as ilhas, a par das formas comparativas 'maior', 'melhor' e 'pior', ouve-se muitas vezes: *mais mau:* pior; *mais bom:* melhor; *mais maior:* maior, *mais grande:* maior e, talvez por graça, na Terceira se diz *mais maior grande*. Na Terceira diz-se também: *o pior é o mais mau* quando alguém se encontra indeciso e receoso de tomar uma resolução definitiva: *[...] o meu desgosto mais grande, Boneca, é não teres inclinação para emborcar o teu dezasseis de cachaça*[1329].

Majunga, *n.f.* O m.q. alforreca; *água-viva.*

Mal, *n.m.* Apoplexia; ataque; doença; moléstia.

Mala, *n.f.* Correio; correspondência (tem origem na mala que transporta o correio)[F].

Malaçada, *n.f.* O m.q. *malassada* (de *mal* + *açar* + *-ada*). Ver também *malassada.*

Malacafenho, *adj.* O m.q. *malacafento* (de *malaca,* doença, + <*-f-*> + *-enho*).

Malacafento, *adj.* Adoentado; enfezado (de *malaca,* doença, + <*-f-*> + *-ento*)[SM,T]; o m.q. *macafenho* e *malacafenho.* CF regista-o apenas como brasileirismo.

Mala-de-canudo, *n.f.* Espécie de saco feito com o canudo da palha do trigo, daí o seu nome[Fl].

Mal aplético, *n.m.* Epilepsia; o m.q. *Mal-de-Santa-Apolónia* e *batacoral*[Sj].

Mal de asneira, *exp.*Coisa mal pensada; tolice[T]: *[...] praguejar contra Deus é mal de asneira*[1330].

Mal de cadeiras, *n.m.* Dores lombares – nas *cadeiras.*

Malagueta, *n.f.* Pequena bomba de Carnaval[T]: *O estrepitar das bombas, dos busca-pés, malaguetas e beijinhos, assinalavam o início da época*[1331].

Malaguetão, *n.m. Bot.* O m.q. pimentão (de *malagueta* + *-ão*)[F,Fl].

Malagueta-puta, *n.f. Bot.* Malagueta miúda, muito picante[Fl]. Var.: *malagueta-putinha, malagueta-raivosa* e *pimenta-putinha.*

Malagueta-raivosa, *n.f. Bot.* O m.q. *malagueta-puta.* A *malagueta-raivosa,* esmagada com alho e sal, é usada na feitiçaria, sendo o seu uso na magia, segundo Borges Martins[1332], apenas praticado nos Açores.

[1328] Gabriel d'Almeida – *Cavalhadas de S. Pedro em S. Miguel.*

[1329] Cristóvão de Aguiar – *Raiz Comovida.*

[1330] João Ilhéu – *Gente do Monte.*

[1331] Augusto Gomes – *Danças de Entrudo nos Açores.*

[1332] J. H. Borges Martins – *Crenças Populares da Ilha Terceira I.*

Mal-amanhado, 1. *loc. adj.* Mal vestido. **2.** *loc. adj.* Desgraçado; insignificante; pobretanas. **3.** *loc. adj.* Malfeito; mal acabado: *Contas, fazia-as ele de cabeça e mais rápido do que uma roqueira de lágrimas, que para tanto lhe bastasse uma mal-amanhada 2.ª classe*[1333].

Malanzada, *n.f.* Grande quantidade de *malão*.

Malão, *n.m. Bot.* Melão, sua corruptela. Adágio: *O malão e a mulher custam muito a conhecer.*

Malassadas num restaurante do Havai

Malassada, *n.f.* Espécie de filhó feita pelo Carnaval (de *mal* + *assada*, assada, fem. de assado)[1334]. Registada na doçaria de S. Miguel e de Santa Maria. Embora se veja registado por todo o lado com esta grafia ou com a de *mal-assada*, segundo Helena Montenegro, a sua grafia correcta deverá ser 'malaçada' (de *mal* + *-açar*, suf. que indica aumento). Parece-me que a grafia 'mal-assada' não deve ser usada para designar este doce dos Açores – aliás, esta palavra grafava-se no séc. XVI na f. *malassáda*. As *malassadas* foram levadas pelos Açorianos para outras partes do Mundo, nomeadamente para o Havai, onde é numerosa a população portuguesa[1335], sendo vendidas diariamente nalguns restaurantes com o nome de 'malassadas havaianas'.

Mal da Lua, *n.m.* Doença supostamente transmitida pela Lua a uma criança pequena[T]. Antigamente para erradicar esse mal, colocavam a criança num berço à luz da Lua ou mostravam-na à Lua, logo a seguir escondendo-a da sua 'luz', a que chamavam *furtar a criança à Lua.*

Maldar, *v.* Desconfiar; presumir; suspeitar (do rad. de *maldade* + *-ar*)[SM]: – *Mas nunca maldaste de nada? [...] – Qualquer suspeita, qualquer conversa...*[1336]. CF regista-o como sendo apenas brasileirismo.

Mal-de-Ave-Maria, *n.m.* O m.q. acidente vascular cerebral; apoplexia. Tem este nome por atacar tão rapidamente que nem dá tempo para rezar uma Ave-Maria[SM,T]. Teófilo Braga refere o 'estupor' (doença) como 'mal de ave-maria', recolhido em Ponta Delgada, cuja terapêutica tradicional se fazia tirando a camisa do doente, rasgando-a e queimando-a, botando-se depois a cinza ao mar.

Mal-de-dentro, *n.m.* Qualquer doença do foro da Medicina Interna[T].

Mal-de-ponta-de-ar, *n.m.* O m.q. resfriamento[T].

Mal-de-Santa-Apolónia, *n.m.* O m.q. *mal aplético* (epilepsia)[Sj].

Mal-de-Santa-Quitéria, *n.m.* Tumor maligno[T].

Maleiro, *n.m.* Carteiro; o que traz a *mala* do correio (de *mala* + *-eiro*)[F].

Maleitas, *n.f. pl.* O m.q. febre (do lat. *maledicta-*, maldita)[T].

Malemo, *adj.* O m.q. *malengue*[P].

1333 João de Melo – *Gente Feliz com Lágrimas.*

1334 As *malassadas* são registadas nas ilhas desde tempos remotos, sendo mesmo anteriores à velha doçaria conventual dos séc. XVII e XVIII.

1335 Segundo Carlos Almeida (*Portuguese Emmigrants*), entre 1881 e 1906 fixaram-se no Havai mais de 6000 micaelenses.

1336 Manuel Ferreira – *O Barco e o Sonho.*

Malengue, *adj.* Nome dado a certa variedade de pinho, o *pinho-malengue;* o m.q. 'casquinha' ou 'pinho de Flandres'[Fl].

Malha, *n.f.* Pedaço de tronco de madeira com cerca de 30 cm de comprimento usado no *jogo do bilro.*

Malhada, *n.f.* Acção desonesta; fraude; velhacaria[SM].

Malha de água, *n.f.* Chuveiro[SJ,T]: *Se caía uma malha de água mais forte: "Credo, minha Nossa Senhora, o céu vai desabar" [...]*[1337].

Malhante, *n.m.* Oficial de ferreiro, que trabalha com o malho, daí o nome (de *malhar + -ante*)[SM].

Malhão, (de *malho + -ão*) **1.** *n.m.* Cada pedra que delimita a área da eira[C]. **2.** *n.f.* Pedra que delimita uma propriedade rústica não vedada por muro ou sebe.

Malhar a água, *exp. Náut.* Acção de bater com um pau ou atirar pedras para que o peixe se dirija para a rede de emalhar[Fl].

Malheiro, *n.m.* Malha das redes de pesca (de *malha + -eiro*)[SM].

Malheta, 1. *n.f.* Pequeno molho[T]: *[...] à tardinha voltava da Ladeira Devassa trazendo o braçado de funcho que vendia depois, feito em malhetas*[1338]. **2.** *n.f.* Atado de *rapa* ou urze que se vendia antigamente pelas portas para acender o forno[T]. *Andar às malhetas:* não ter emprego certo[T]. *Passa lá p'às malhetas!:* safa daqui para fora![T]. **3.** *n.f.* Dinheiro; moeda. *Passar a mão à malheta*: roubar[T].

Malhete, (de *malho + -ete*) **1.** *n.m.* Cavidade da canga onde prende o tamoeiro, por onde enfia o cabeçalho do carro de bois, o timão do arado[SM]. **2.** *n.m.* Sistema de cava da terra[SM].

Maliça, *n.f.* Piscadela de olhos, dos rapazes para as raparigas; o m.q. *arrefiadela* (corrupt. de *malícia*)[SM].

Maliçar, *v.* O m.q. *arrefiar* (de *{maliça} + -ar*).

[1337] Carlos Enes – *Terra do Bravo.*

[1338] João Ilhéu – *Gente do Monte.*

Malícia, 1. *n.f. Bot.* Nome vulgar da *Mimosa pudica.* **2.** *n.f.* Piscadela de olhos, dos rapazes para as raparigas[T].

Malidade, *n.f.* O m.q. malícia (de *maldade,* por infl. de *malino,* maligno)[SM]: – *Toda a sua intenção tinha por trás malidade!*

Malinar, *v.* Desconfiar (do lat. *malignāre*)[SM].

Malino, *adj.* Irrequieto; maldoso; mau; traquinas; travesso (arc.). *É-me o sinhor nã lo conhece, isto é muito malino [...]*[1339].

Malote, *n.m.* Caixa de madeira onde são embalados os ananases para exportação (de *mala + -ote*)[SM].

Maluco, *n.m.* Nome antigamente dado a uma pequena moeda de bronze, mal cunhada, daí o nome, criada em Angra do Heroísmo pela Junta Provisória e que a Regência, pelo Decreto de 5 de Abril de 1830, ordenou que fosse recebida e corresse como moeda da rainha[1340]. Tinha o valor de 80 mas circulava por 100 réis.

Malva-brava, *n.f. Bot.* Nome vulgar da *Lavatera cretica,* disseminada por todas as ilhas.

Malvão-da-rocha, *n.m. Bot.* Planta vascular, endémica dos Açores, também chamada chamada *malvaísco* e *malvavisvo* (*Pericallis malviflora*).

Mamadeira, (de *mamar + -deira*) **1.** *n.f.* Espécie de 'boneca' feita de pano, com açúcar, que se dava antigamente às crianças para adormecerem. Nalgumas ilhas embebiam-na com vinho de cheiro para melhor adormecerem. **2.** *n.f.* 'Boneca' de pano, usada na feitiçaria, com várias coisas (arruda, aipo, alecrim, alhos roxos, malaguetas, etc.) que é batida com um pau e depois queimada após as rezas.

[1339] Luís Bernardo Leite de Ataíde – *Etnografia Arte e Vida Antiga dos Açores.*

[1340] Francisco Gomes – *Ilha das Flores:: da Redescoberta à Actualidade.*

LINDA COLLECÇÃO POPULAR DE COMEDIAS EM VERSO !
No. 4
OS MARTYRES DA GERMANIA
DRAMA SACRO EM 3 ACTOS E 4 QUADROS
Enversado pelo já falecido cantor popular
JOSE IGNACIO FARIAS
Natural da freguezia de Santo Antonio.
LIVRARIA PORTUGUEZA (Editora)
—de—
MANUEL CAPETO & CO.
195 Prightman Street, Fall River. Mass.

Mamado, *adj.* Acabado; enfraquecido; esgotado; definhado (ext. de *mamado*): *O primeiro deu cachada; / Só galhos tiveram no segundo, / Que a vinha estava mamada*[1341].

Mamãe, *n.f.* Mamã (contrac. de *minha mãe*, ou onom. da linguagem infantil?)[T]: *P'ra te falar verdade / Eu por mim queria-te bem. / Mas não é da vontade / Do pai nem de mamãe*[1342]. Indevidamente registado nos dicionários como brasileirismo.

Mamantão, *adj.* Mimado; aquele que *crama* com frequência[F]. Na sua passagem pelas Flores, Raul Brandão regista: *Traz uma pequena pela mão, que se esconde atrás dela. –É muito mamantona – explica.*

Mamão, (de *mamar* + *-ão*) **1.** *adj. e n.m.* Palerma; parvalhão; toleirão. No Cont. chama-se 'mamão' a um burro de um ano, talvez, por isso, no Minho também tenha o mesmo significado que tem nos Açores. **2.** *adj.* Diz-se daquele que gosta de mamar, de viver à custa dos outros: *Ai tanto que ele roubou / Roubaste a vida inteira / Como é que Portugal se aguentou / Com um mamão desta maneira*[1343]. **3.** *n.m. Taur.* Denominação do touro enquanto está dependente do leite materno para sobreviver[T].

Mamar, (do lat. *mammāre*) **1.** *v.* Ordenhar; tirar o leite às vacas; o m.q. ordenhar[SM]. **2.** *v.* Mamar a vaca também pode significar ordenhar uma vaca alheia às escondidas do dono[SM,T]. **3.** *v. fig.* Por ext. se diz também do que pretende viver à custa de outrem[T].

Mamar, é na moagem, *exp.* Expressão muito frequente na Terceira, que significa uma pessoa não estar disposta a doar qualquer bem sem ser pago pelo seu justo valor: *[...] resmungou entre dentes: – Mamar... é na moagem!*[1344].

Mamar na isca, *exp.* Diz-se do peixe que morde mal a isca.

Má-maré, *n.f.* O m.q. má sorte[T].

Mamã s'abence, *exp.* Minha mãe a sua bênção, na pronúncia de S. Miguel.

Mama-vacas, *n.m.* Assim se chama o vento nordeste pela crença de que é causador de as vacas secarem o leite[T].

Mamoca, *adj.* Parvalhão; tolo (de *{mamão}*?)[T].

Mamona, *n.f.* Fruto do *Capucheiro*.

Mamote, *n.m.* Bezerro que ainda mama na vaca (de *mamar* + *-ote*).

Mamulão, *n.m.* Tumefacção subcutânea de significante tamanho (de *{mamulo}* + *-ão*).

Mamulo, *n.m.* Tumefacção subcutânea; inchaço localizado; o m.q. mâmula (de *mama* + *-ulo*)[F].

Manada, *n.f.* Abundância; grande quantidade (de *manado*, braçado)[P].

[1341] Do *Vilão* de *Mártires da Germânia*, Comédia de autor desconhecido.

[1342] *Dança dos Namorados*, enversada por Joaquim Farôpa.

[1343] Da *dança* carnavalesca (Terceira) *O Juízo Final*, da autoria de Hélio Costa.

[1344] Carlos Enes – *Terra do Bravo*.

Mança, *n.f.* Mancheia de espigas[T].
Mancal, *n.m.* Pedra sobre a qual assenta o *tramonhado* de madeira e as mós, na atafona[Fl].
Mancebo, (do lat. *mancipĭu-)* **1.** *n.m.* Objecto formado por um tabuleiro ou prato de madeira ou de ferro, com uma haste curva na borda, de onde se suspendia a candeia por cima do prato destinado a receber qualquer pingo de azeite ou fragmento de morrão destacado da torcida[P,T]. **2.** *n.m.* Cepo ou caixote com areia, tendo de um lado uma haste vertical com cerca de metro e meio de comprido com furos para nele se pendurar a candeia que, assim, se pode colocar à altura que se quiser[P]. **3.** *n.m.* Flor do jarro roxo[P,T]. **4.** *n.m.* Nome que nalgumas freguesias de S. Jorge também se dá às *vésperas,* bolos.
Manchear, *v.* Fazer *manchos;* o m.q. *emanchear* (de *{mancho}* + *-ear)*[SM].
Mancheia, *n.f.* Grande quantidade (de *mão* + *cheia*). *Uma mancheia de vezes:* muitas vezes; *uma mancheia de tempo:* muito tempo.
Manchinha, *n.f.* Molho pequeno (de *mancheia* + *-inha)*[Fl]. No Alentejo, 'manchinha' é uma pequena quantidade. Em Santa Maria este termo é usado no masculino, *manchinho.*
Manchinho, *n.m.* Pequeno molho (de *mancheia* + *-inho*): *Dois manchinhos de milho correspondem a uma gavela*[1345].
Mancho, *n.m.* Feixe que se consegue abarcar com a mão[SM,T]: *[...] manchos amarelos, que é a quantidade de espigas que a mão pode abranger*[1346].
Mandado de Deus, 1. *n.m.* Coisa muito grande, desconforme[T]. **2.** *n.m.* Nome que em S. Jorge foi dado ao cataclismo de 9 para 10 de Junho de 1757 que destruiu a Vila da Calheta e fez mais de 1000 mortos nesta ilha e 11 no Pico. O *Mandado de Deus*[1347] foi provavelmente o mais violento terramoto de que há memória nos Açores, tendo sido o responsável pela formação das actuais *fajãs,* nomeadamente a Fajã da Caldeira de Santo Cristo. Desses grandes deslizamentos resultou um enorme maremoto que atingiu todas as ilhas do Grupo Central.
Mandador, *n.m.* Indivíduo que grita – que *manda* – as *vozes* dos *balhos* regionais, imprescindível na Chamarrita para lhe dar vivacidade no andamento.
Mandalete *(lê),* *n.m.* Recado de pouca importância (alt. de *mandarete)*[Fl,T].
Mandamentos, *fig.* Na Terceira chama-se *cinco mandamentos* aos cinco dedos das mãos: *passar os cinco mandamentos:* o m.q. furtar[1348].
Mandante, *n.m.* Recado; volta[Fl]: – *O miúdo foi às Angústias fazer um mandante.*
Mandar os foguetes e apanhar as canas. *exp.* Fazer a festa completa, como por exemplo, ao contar uma anedota, rir-se perdidamente da sua piada, sem ser acompanhado pelos ouvintes[F].
Mandar p'a trás, *exp.* Devolver. É decalque semântico do inglês *to send back.*
Mandar um osso de presente, *exp.* Oferecer uma coisa de pouco valor[SM].
Mandar, *v.* Gritar as *vozes* nos *balhos* regionais, o que é feito pelo *mandador.*
Mandarina, *n.f.* *Bot.* Variedade de citrino *(Citrus reticulata),* no Cont. chamado 'clementina'. Os Espanhóis chamam-lhe 'mandarina-clementina'. Erradamente registado nos dicionários apenas como brasileirismo.

1345 Isabel Pereira da Costa – *Santa Maria – Açores – Um Estudo Dialectal.*
1346 Raul Brandão – *As Ilhas Desconhecidas.*
1347 'Mandado', antigamente, tinha o significado de recado. No Algarve, ainda hoje se ouve dizer 'fazer mandados' em vez de fazer recados.
1348 Também chamam aos dedos das mãos *um cabo e quatro soldados.*

Mandarineira, *n.f. Bot.* Árvore de fruto da Família das Rutáceas, que dá as *mandarinas* (de *{mandarina}* + *-eira*).

Mandar para uma beirada, *exp.* Enviar para um mau lugar[Sj].

Mandil, *n.m.* Pano grosseiro para esfregar ou limpar (do ár. *mandil*, lenço)[T]. Adágio: *Em Abril águas mil / coadas por um mandil*[T], variante do conhecido provérbio: *Abril / Águas mil / Coadas por um funil.*

Mandrião, *n.m.* Era vestuário das mulheres, um roupão que cobria apenas meio corpo[SJ].

Mandunguim, *n.m.* Amendoim, sua corruptela profunda[T]: *Hoje há toiros na Sarreta, / São de fama, coisa braba! / O amor é mandunguim, / Come-se e nunca se acaba*[1349]. Var.: *manduína*[SM].

Manear-se, *v. refl.* Andar depressa; apressar-se; aviar-se; mexer-se[SM,T]: – *Para dares uma prova de que não estás a ficar velho, de que ainda te maneias muito bem [...]*[1350].

Maneija, *n.m.* Capataz; chefe (do am. *manager*). É *calafonismo*. Também muito usado na Madeira.

Maneio, *n.m.* Uma das maneiras de jogar ao pião (deriv. regr. de *manear*). No *maneio*, é posto no chão um pião velho e cada um dos jogadores atira o seu pião que apara na mão a rodar; depois, tenta bater com ele no pião que está deitado – se não lhe tocar, perde[T].

Maneira, *n.f.* Abertura posterior e vertical da saia a partir do cós (do lat. vulg. *manuarĭa*, o que está ao alcance da mão)[P]. Antigamente também se chamava *maneira* à abertura feita no lado do *capote* para permitir a entrada da mão na algibeira.

Maneto *(ê)*, *adj.* Indivíduo que tem a falta de um braço (de *mão* + *-eto*)[Fl].

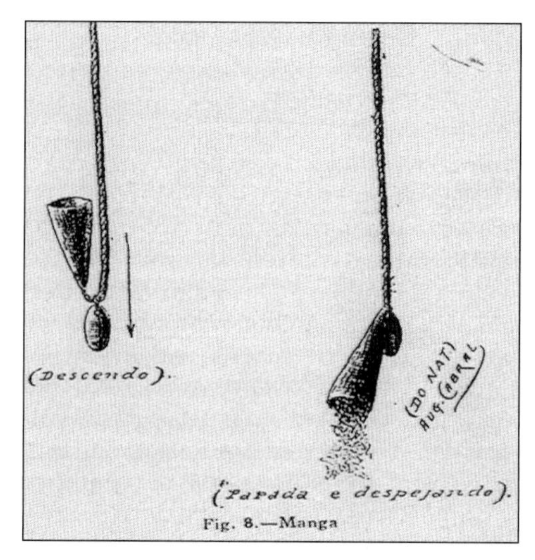

Manga: Desenho de Augusto Cabral

Manga, (do esp. *manga*, do lat. *manĭca*) **1.** *n.f.* Aparelho subsidiário do *enchalavar*, com a forma de uma pirâmide cónica, com 3 a 4 polegadas de diâmetro e 8 a 10 de altura, feito de pano escuro, azul ou preto, para escapar melhor à vista da tintureira[1351], com uma chumbada na ponta, preso por um fio de 3 a 4 mm de diâmetro, que vai cheio de engodo, puxando-se energicamente quando chega à zona desejada para engodar[SM]. Também se usa muito a *manga* na pesca de fundo. **2.** *n.f.* Caminho ladeado de vedações, que se vai estreitando para obrigar o gado a encaminhar-se no sentido desejado[T]. Muito usado na Terceira para encaminhar o gado bravo, os touros.

Manga-d'água, 1. *n.f.* Chuveiro forte anunciado por nimbo[Sj]. **2.** *n.f.* O m.q. tromba-d'água[F].

Manga da camisa revessa, *exp. Na Ladeira Grande* (Terceira), *viram uma manga do*

[1349] Vitorino Nemésio – *Festa Redonda.*
[1350] Ângela Furtado Brum – *Contos Tradicionais Açorianos.*

[1351] A tintureira é o grande inimigo das linhas de pesca, sendo o tubarão mais frequente nas águas dos Açores.

avesso a que dão o nome de manga da camisa revessa [...][1352].

Mangalassa, *n.f.* Vadiagem (de *manga* + *lassa*, lassa, fem. de *lasso*, frouxo). *À mangalassa:* a modo de vadio. Diz-se, por exemplo, duma camisa mal vestida, mal centrada no corpo, ou com um ombro mais alto do que o outro: *[...] estirado na areia, à mangalassa, batendo uma bisca ou um truque*[1353]. Nota.: Esta palavra vem grafada em todos os dicionários consultados com a f. 'mangalaça', o que torna difícil recuar à sua etimologia.

Mangalha, (de *manga* + *-alha*) **1.** *n.f.* Mulher grande[T]. **2.** *adj.* Velhaca[T]: *Tem ar de sonsa, mas sempre foi uma mangalha*[1354].

Manganão, *adj.* Diz-se do que é magano; mariola (corrupt. de *maganão*, por epêntese)[F].

Manganita, *n.f.* Inflamação dos olhos, blefarite[SM].

Mangar, *v.* Enganar (do romani *mangar*, mendigar)[P].

Mangote, *n.m.* Espécie de manga para protecção do braço do ceifeiro (de *manga* + *ote*)[T].

Mangra, (do lat. *macŭla-*, mancha) **1.** *n.f.* Doença dos vegetais provocada por um fungo que se desenvolve devido à humidade[StM]. No Cont. dá-se este nome à ferrugem dos trigos e na Madeira ao oídio[1355]. **2.** *n.f. fig.* Indolência; preguiça (ext. de *mangra*)[StM]: *– Estás cá com uma mangra hoje!*

Mangueira, *n.f.* Tromba d'água no mar (de *manga* + *-eira*)[SM]. Realmente, ao ver-se ao longe, uma tromba-d'água parece uma enorme manga contorcendo-se na superfície do mar!

Mangueiro, *n.m.* Trabalhador que nas ceifas usava mangas postiças, *mangotes* (de *manga* + *-eiro*)[T].

Mania, *n.f.* O m.q. presunção; vaidade. E. Gonçalves regista-o com o mesmo significado.

Maniada, *adj.* Diz-se da fêmea animal, excitada com o cio, com um comportamento adoidado (de *mania* + *-ada*).

Maniado, *adj.* Adoidado; neurasténico; que tem pouco juízo (de *mania* + *-ado*).

Maniar-se, *v. pron.* Zangar-se[Sj].

Mánica, *n.f.* Máquina, sua corruptela (met.)[SM,T]: *E, demás, cada qual é que sabe lá as forças da sua mánica!*[1356].

Maniento, *adj.* Presunçoso; vaidoso (de *mania* + *-ento*).

Manila, *n.f. Bal.* Corda de linho do arpão que está enrolada na *selha*.

Maninha, *adj.* Estéril; que não pode ter filhos (de *maninho*)[1357]: *[...] passaram-se os anos, e a respeito de descendência nada que se visse: chegou inté a constar que a Ti Miquelinas era maninha...*[1358]. E. Gonçalves regista-o com o mesmo significado no Algarve.

Manjaricão, *n.m.* O m.q. manjericão: *Manjaricão à janela, / Menina não o apanhais; / Dá-lhe o vento, bole a frança, / Cuido que me chamais*[T].

Manjericão, *n.m.* *Moda* tradicional cantada em várias ilhas.

Manjuada, *n.f.* Monda para estrume (de *manjua* + *-ada*)[SM]. 'Manjua' é palavra antiga – do fr. ant. *manjue*, comida – com o significado de alimento.

Manjuca, *n.f.* O m.q. comida. No Cont. também se usavam os termos 'manja' e 'manjua' (do fr. ant. 'manjue'). No Algarve dá-se o nome de 'majua' à sardinha de passagem.

Manjunga, *n.f.* O m.q. *água-viva*[C].

Manoco, *n.m.* Novelo feito com os restos dos fios utilizados na tecelagem[SM].

1352 J. H. Borges Martins – *Crenças Populares da Ilha Terceira I.*

1353 Vitorino Nemésio – *O Mistério do Paço do Milhafre.*

1354 Carlos Enes – *Terra do Bravo.*

1355 Antigamente este termo era usado por todo o país com o significado de doença em geral, mazela.

1356 Luís Bernardo Leite de Ataíde – *Etnografia Arte e Vida Antiga dos Açores.*

1357 O termo 'maninho' deriva do lat. *maninu-*, estéril e, no Continente, é geralmente usado para designar um terreno não cultivado, estéril.

1358 Cristóvão de Aguiar – *Raiz Comovida.*

Manqueira, *n.f.* Doença dos pés dos animais, com supuração, antigamente era tratada com bosta de vaca aplicada localmente (de *manco* + *-eira*)[Sj,T]..

Mansidade, *n.f.* Diz-se do tempo muito calmo com mar *estanhado*; o m.q. mansidão (de *manso* + *<-i->* + *–dade*)[C,F].

Manso, *adj.* Diz-se do tempo bonançoso (do lat. vulg. *mansu-*)[C,F].

Manso como o azeite, *exp.* Diz-se do mar muito manso, *estanhado*.

Manso como um coelho criado em casa, *exp.* Muito manso; dócil.

Graf Zeppelin

Manta de retalhos, n.f. Nome que um dos passageiros do Graf Zeppelin[1359] chamou à paisagem reticulada dos campos da Terceira vista do ar, pela divisão das pastagens em cerrados se parecer com esse tipo de manta. Aliás, este aspecto é semelhante nas outras ilhas, onde também predomina o minifúndio: *Assim quadriculado, entre muros altos de basalto, o Arquipélago parece uma colmeia, onde um enxame trabalha afanoso*[1360].

Manteiga de pé de porco, *n.f.* Restos da banha de fritar os torresmos misturado com as aparas dos mesmos. Usava-se antigamente para barrar as fatias de pão.

Manteiga de porco, *n.f.* O m.q. banha de porco[SM,StM]. Adágio: *Depois do porco morto, é que se sabe quanta manteiga dá*[StM].

Manteiga de vaca, *n.f.* Manteiga, para distinguir da *manteiga de porco*.

Manteigueiro, *n.m.* O m.q. manteigueira, recipiente em que se leva a manteiga à mesa (de *manteiga* + *-eiro*)[T].

Mantéu, (do fr. ant. *mantel*) **1.** *n.m.* O m.q. ressol, o epíploon do porco[F]. **2.** *n.m.* O m.q. cueiro, faixa de pano com que se envolviam as pernas e as nádegas do bebés[Sj]. Também chamado *saiote*[Sj].

Manto (Postal antigo)

Manto, *n.m.* Trajo regional constituído por uma comprida saia de merino preto ou azul escuro, e de capelo da mesma fazenda amarrado na cintura, cobrindo a cabeça e o tronco (do lat. tard. *mantu-*)[T]. Os irmãos Bullar descrevem-no assim:

[1359] O Graf Zeppelin (LZ 127) foi um dirigível fabricado pela empresa Luftschiffbau-Zeppelin GmbH, na Alemanha, sendo o maior dirigível da história até a data de sua construção em 1928. O seu primeiro voo aconteceu nesse ano, ligando Frankfurt a New York, e durou 112 horas.

[1360] Armando Narciso – *Terra Açoreana*.

Uma donzela trazia cobertura preta, que parecia um vestido de bombazina voltado da cintura para a cabeça e guarnecido de renda preta[1361]. Mas, as mulheres jovens e solteiras também o usavam, sendo, contudo, de cor vermelha, como retrata uma aguarela do séc. XIX presente no Museu de Angra do Heroísmo. Já Gaspar Frutuoso descreve o manto nas *Saudades da Terra* ao referir-se a Dona Violante do Canto quando embarcava da Terceira para Espanha: *[...] vestida de baeta negra e com um grande capelo.* O manto chegou a ser usado por homens como disfarce quando desconfiavam que as mulheres lhes faltavam ao respeito e queriam descobrir a verdade ou quando pretendiam falar com as amantes.

Manto divino, *n.m.* Nome que em alguns lugares também se dá à Bandeira do Espírito Santo.

Mantulho, *n.m.* O m.q. *cambulhão* e *pêlo*[T]. Termo tb. usado no Alentejo.

Mão, (do lat. *manu-*) **1.** *n.f.* Cabo do malho[SM]. **2.** *n.f.* Vassoura sem cabo[SM].

Mãozinha do Senhor Esprito Santo, *n.f.* Nome que em alguns lugares se dá ao *Ceptro* do Espírito Santo.

Mapa, *n.m.* Esfregona (do am. *mop*).

Maquear, *v.* Mirar; observar; estar de olho posto; 'galar' (prov. contrac. de *macaquear*)[StM]: – *Aquele rapaz 'tá-te maqueando, Maria!*

Maqueta (*Màquê*), **1.** *n.f.* Bolso; algibeira[P]. **2.** *n.m.* Mercado (do am. *market*).

Maquia, *n.f.* Medida para sólidos correspondente a 1/6 do alqueire (do ár. *makilâ*, medida para grãos)[Sj,SM,T].

Maquiar, *v.* Imaginar; urdir (corrupt. de *maquinar*)[Sj].

Máquina, *n.f.* Nome antigamente dado à desnatadeira do leite[F].

Máquina de torcer, *n.f.* Utensílio destinado a torcer as linhas de pesca, também chamado *engenho* e *torcideira*.

[1361] Joseph e Henry Bullar – *Um Inverno nos Açores.*

Mar, *n.m.* *Náut.* Banco de peixe[SM,T]: *Os pescadores de S. Miguel conhecem differentes paragens mais ou menos abundantes de peixe a que chamam «mares». Ha os «mares de peixe de azeite», e os «mares de peixe de comer».*[1362].

Mar aberto, *n.m.* O m.q. mar cavado[Sj].

Maracoto, *n.m.* Nome vulgar do peixe denominado *Centrolabrus caeroleus*, também chamado *bodião-verde*.

Marafim, *n.m.* Marfim, sua corruptela por epêntese: *Dava-te tanto dinheiro / que nã tem conta nem fim / e as telhas do meu telhado / que são d'oiro e marafim*[1363]. Também usado no Alentejo. José Leite de Vasconcelos recolheu em Portalegre a seguinte quadra: *O tocador de manchête / Tem dedos de marafim, / Tem olhos de enganar, / Não m'had'enganar a mim.*

Marafona, (do ár. *mara haina*, mulher enganadora) **1.** *n.f.* Cara feia; careta; momice; trejeito: – *Ele fez marafonas para a gente se rir*[T]. **2.** *n.f.* Escultura tosca.

Marajana, *n.f.* Trapaça[T].

Maralha, *n.f.* *deprec.* Gente de fraco valor moral; o m.q. canalha.

Maranho, *n.m.* Pessoa que se traja mal (ext. de *maranho*)[T]. Nota: Maranho é um enchido da Beira Baixa, nomeadamente das zonas de Oleiros, Proença-a-Nova e Sertã, feito com bucho de carneiro, que é enchido com carne de cabrito, chouriço e arroz, perfumado com folhas de hortelã e cozido em água.

Marau, (do fr. *maraud*, finório, maroto) **1.** *n.m.* Rapariga que tem atitudes de rapaz. **2.** *adj.* atrevido; mariola[Fl].

Maravilho, *n.m.* Discórdia; questão (CF).

Marcafento, *adj.* Adoentado[StM]. É variante de *malacafenho* ou *malacafento* – ambos derivados de *malaca*, designação genérica de qualquer doença.

[1362] Armando Silva – *Ethnographia Açoriana.*

[1363] *A Bela Infanta* – Versão recolhida pelo Autor nas Flores.

Mar chão, *n.m.*. Mar calmo, sem qualquer rebentação, lembrando um verdadeiro piso completamente plano, um verdadeiro chão[F].

Mar banzeiro, *exp.* Ondulação longa e de fraca altura[T].

Marcadeira, *n.f.* Utensílio agrícola utilizado para marcar os regos – daí o nome (de *marcar* + *-deira*) –, que era construído de madeira e com um formato muito semelhante à grade da lavoura, sendo, como esta, os seus componentes designados por *vanços* e *cabeceiras* e os dois braços, tal como no arado, eram chamados *rabos*. Num dos *vanços* estavam dispostas quatro *sachas* e no outro quatro *dentes* de madeira, semelhantes aos da grade.

Marcas, (do germ. *marka*, sinal, fronteira) **1.** *n.f. pl.* Pontos de referência em terra utilizados pelos *marítimos* para localizar, através dos enfiamentos, um determinado pesqueiro no mar alto, a *Pedra*. **2.** *n.f.* Cada um dos movimentos dos dançarinos das *Danças de Entrudo*[T].

Marchano, *n.m.* Boi ou cavalo de uma só cor, que tem apenas uma malha de cor diferente.

Marchante, *n.m.* Indivíduo que mata o porco, no dia da *matança*; o m.q. *matador* (do fr. *marchand*)[T]: *Acabada a refeição saem os homens para fora a apanhar o porco, e o marchante é que deve pegar-lhe nas orelhas*[1364].

Março matou a mãe, *exp. fig.* Provérbio baseado no facto de em Março muitas vezes chover depois de fazer sol[Fl].

Mar com garbulhada, *exp.* Diz-se do mar picado[C].

Mar com ovelhas pastando, *exp.* O m.q. *mar ovelhado* e *mar encarneirado*[SM].

Mar com pampulhada, *exp.* O m.q. *mar com garbulhada*[C].

Mar cruzado, *exp.* Mar com ondulação vinda de lado, na trajectória da embarcação.

Mar de fora, *exp.* Mar com ondulação vinda do oceano, de fora da ilha, daí o nome.

Mar de levadia, *exp.* Mar com ondulação forte e larga[1365].

Mar de rosas, *exp.* Mar manso, como se as ondas fossem dóceis pétalas de suaves rosas.

[1364] Inocêncio Romeiro Enes – *Tradições e Festas Populares da Freguesia dos Altares.*

[1365] Levadia é termo ant. que significava movimentação agitada do mar.

Mar desencontrado, *exp.* Mar com ondulação vinda de várias direcções.
Mar de S. João, *exp.* O m.q. *mar estanhado*. Tem este nome por ser por altura da celebração deste santo que costuma haver mais calmaria nos Açores.
Mar de vaga, *exp.* Mar com ondas largas e altas.
Mar de vaga grossa, *exp.* O m.q. mar cavado.
Mar de vaga longa, *exp.* Mar com vagas de grande comprimento.
Mar do norte, *n.m.* Nome que os marítimos do Pico e do Faial dão à ondulação que rebenta ao longo da costa leste do Faial e na Madalena do Pico, prenúncio de aproximação de vento SW[1366].
Mareação, *n.f.* Náusea provocada, p. ex., pelo embalar constante de uma embarcação (de *marear* + *-ção*). Por ext., tonturas[F]. No Alentejo utiliza-se o termo 'almareio' com o mesmo sentido.
Mareado, *adj.* Enjoado (part. pas. de *marear*).
Marear, (de *mar* + *-ear*) **1.** *v.* Enjoar, ficar nauseado a bordo de uma embarcação, sem chegar, contudo, a vomitar[F]. **2.** *v.* Andar sem destino[SM]. No Alentejo usa-se também com os dois sentidos. No Algarve, com o mesmo significado, usa-se muito o termo 'almarear' e seus derivados: 'almareio', 'almareado'.
Maré a roubar, *exp.* Diz-se que a maré está a roubar quando retira o engodo de junto da isca.
Maré-cheia, *n.f.* O m.q. praia-mar.
Maré-de-cabeça, *n.f.* Também chamada *maré-de-cabeço* e *maré-redonda*, é uma maré forte, acontecida em novilúnio ou plenilúnio, apresentando grandes amplitudes[F].
Maré-de-quartos, *n.f.* Ao contrário da *maré-de-cabeço*, é uma maré de fraca amplitude, acontecendo ao meio-dia e à meia-noite quando a Lua está em quarto crescente ou em quarto minguante.
Marelo, *n.m.* Nome de bovino de pelagem amarela (afér. de *amarelo*)[T].
Maré-seca, *n.f.* O m.q maré-vazia; baixa-mar. Termo também muito usado no Brasil.
Maresia, *n.f.* Diz-se do mar bravo, tocado pelo vento, a bater nas costas da ilha.
Mar espelhado, *exp.* Mar muito manso, com a superfície lembrando um espelho.
Mar estanhado, *exp.* Mar muito manso, praticamente sem ondulação, com a superfície tão lisa como uma placa de estanho, daí o nome.

Mareta *(ê)*, Ondulação pequena e rebelde (do it. *maretta*, pequena onda)[F].
Maré-vazia, *n.f.* O m.q. baixa-mar[F].
Mar falso, *n.m.* Incha que se forma repentinamente junto à costa[T].
Margaião, *adj.* Diz-se da pessoa gorda[C]. Diz-se também da pessoa sem vergonha[C].
Margarida-brava, *n.f.* *Bot.* Planta herbácea perene, endémica das ilhas, ausente

[1366] M. M. Sarmento Rodrigues – *Ancoradouros das Ilhas dos Açores*.

em Santa Maria e na Graciosa[1367], cientificamente denominada *Bellis azorica*.
Margem, *n.f.* O m.q. *fajã*[C].
Margulhador, *n.m.* Mergulhador, sua f. antiga[F]. Fernão Mendes Pinto (1510-1583) escreve[1368]: *[...] mãdamos a terra buscar margulhadores, os quais por dez cruzados que lhe deraõ, foraõ logo de margulho onde estaua a ancora [...].*
Margulhar, *v.* O m.q. mergulhar[F]: *margulhar ao saragaço; margulhar às lapas.* Do Romance *O Banheiro*, recolhido em 1977: *[...] já vejo que o senhor / num barril quer margulhar*[1369].
Margulho, *n.m.* O m.q. mergulho, sua forma antiga: – *Aquilo deu um mistério d'um margulho, qu'o fundo do Canal inté estremeceu!*[1370].
Maria-nã-caias, *exp.* O m.q. *tem-te nã caias*[T].
Márica, *n.f.* O m.q. *alvião-de-arrancar-lenha* (do am. *mattock*)[Sj].
Mariconço, *adj.* Maricão; maricas. Também usado no Alentejo.
Mariense, *adj. e n.* Natural da Ilha de Santa Maria.
Marinha, *n.f.* O m.q. sereia: *Escutai, se quereis ouvir / Um rico, doce cantar; / Devem de ser as Marinhas / Ou os peixinhos do mar / – Elle não são as Marinhas / Nem os peixinhos do mar, / Deve ser Dom Duardos / Que aqui nos vem visitar*[1371]. Nota: Este nome dado nos Açores às sereias é derivado de 'Fadas Marinhas', nome inventado por Gil Vicente, como se pode comprovar na seguinte quadra da *Comédia da Rubena*, em que escreve, referindo-se às sereias: *Vae logo ás ilhas perdidas / Na mar das penas ouvinhas, / Traze trez Fadas marinhas / Que sejam mui escolhidas.*
Mariota, *n.f.* Construção feita com canas de milho, em forma de cone[Sj]. Cp.: Antigamente dava-se o mesmo nome a um capote curto com capuz usado pelos Moiros (do ár. *marlota*).
Mariscar, *v.* Diz-se dos peixes que vêm comer às poças de água junto ao mar (de *marisco* + *-ar*)[T].
Marítimo, *n.m.* Aquele que vai habitualmente à pesca de lancha; pescador profissional encartado (do lat. *maritĭmu-*). Nas pequenas ilhas são raros os *marítimos* unicamente dependentes da pesca; o povo dos Açores é predominantemente agricultor e, aquele que vai à pesca, nos dias de ressaca, é vê-lo a trabalhar nos campos e a andar atrás do gado.
Marítimo-da-terra, *n.m.* O m.q. vendilhão de peixe[SM]. Na Terceira era chamado *Nabiça*.
Marítimo-do-mar, *n.m.* O pescador propriamente dito, o que anda no mar[SM].
Marjar, *v.* Lavrar a terra pela primeira vez (corrupt. de *margear*)[Fl].
Marmaço, *n.m.* Ar abafadiço, pesado e quente[StM,SM]; o m.q. mormaço. *Marmaço* vem registado em vários dicionários como sendo termo Algarvio. Se aceitarmos que grande parte dos primeiros povoadores da primeira Ilha e de S. Miguel foram levados do Algarve, entende-se que só nesta ilha e na de Santa Maria se diga *marmaço*, ao contrário das outras onde se usa o termo mormaço: *[...] caía um marmaço de infernizar corpo e alma, tempo de agonia*[1372].
Marmanjo, *adj. e n.m.* Finório; insolente; malandro; mariola; patife[T].
Marmurar, *v.* Murmurar, sua corruptela por dissimilação[Sj,T]. Além de se ouvir

---

1367 Paulo A. V. Borges e col. – *Listagem da Fauna e Flora Terrestre dos Açores.*
1368 Fernão Mendes Pinto – *Peregrinação.*
1369 Manuel da Costa Fontes – *Romanceiro da Ilha de S. Jorge.*
1370 Vitorino Nemésio – *Mau Tempo no Canal.*
1371 Do *Romance Dom Duardos*, numa das suas versões. O romance Dom Duardos foi escrito por Gil Vicente e vulgarizado em folhas volantes no séc. XVI. É curioso que o Dr. João Teixeira Soares recolheu-o integralmente em S. Jorge, cerca de 400 anos mais tarde, transmitido oralmente.
1372 Cristóvão de Aguiar – *Raiz Comovida.*

noutras regiões do país é usado também na linguagem popular da Galiza: 'Marmurai marmuradores/ Non farteis de marmurar, / Que anque vos saltem os ollos / Teño de rir e cantar'[1373].

Maroiço, 1. *n.m.* O m.q. remoinho. **2.** *n.m.* Nódulo subcutâneo; *íngua;* tumor[SM,T]. **3.** *n.m.* Nó da madeira[SM,T]. **4.** *n.m.* Resíduo gorduroso à volta das tripas dos animais. **5.** *n.m.* Amontoado de pedra (fragmentos escoriáceos de basalto), de forma grosseiramente cónica ou piramidal, disposto em camadas, formando grandes degraus. Os *maroiços*, empilhados meticulosamente no decurso das gerações, são muito abundantes particularmente na Ilha do Pico, pela necessidade que houve de limpar os terrenos das muitas pedras aí existentes, para que se tornassem agricultáveis, aquando do início da cultura dos cereais – as suas partes laterais são construídas de pedras maiores e o enchimento interno é feito com a restante pedra mais miúda. V. Barros regista-o no Alentejo (Beja) com o último significado.

Maromba, 1. *n.f.* O m.q. Jamanta *(Mobula tarapacana).* **2.** *n.f.* Escultura que ornamentava a proa dos navios de vela. Na Terceira, quando davam à costa, de algum navio naufragado, costumavam colocá-las por cima das vergas dos portões das quintas. **3.** *n.f.* Nome que na Terceira também se dá ao *maio.* **4.** *n.f. fig.* Mulher baixa, gorda e malfeita[Fl]. Augusto Gomes regista *Maromba* como mulher sem graça, mal trajada e que tem a sua origem analógica nas *marombas* antigamente colocadas na proa dos veleiros. Vitorino Nemésio, em *Paço do Milhafre,* refere-a com um significado diferente, como rapariga graciosa, bonita: *[...] linda comò sol, que só parcia mesmo a maromba do cromo que o Finório barbeiro tem na tenda!*

Marombar, *v.* Andar com más intenções (de *maromba* + *-ar*)[T].

[1373] Quadra da Galiza.

Maroto, *n.m.* Lenço de linho, bordado a matiz, que as *esposas* da Terceira bordavam para oferecer aos namorados e que eles ostentavam vaidosamente sob a gola da jaqueta caindo em bico pelas costas, nos arraiais, nos *bodos*, nas *iluminações* e nas touradas à corda: *Na ponta deste maroto / O teu nome está bordado; / Dentro do meu coração / Tenho-te a ti retratado*[1374].

Marouca, *n.f.* Mania[SM]: – *Tens cada marouca nessa cabeça!* Cp.: Na Galiza usa-se o adj. 'marouco' para designar aquele que é desordenado.

Marouço, *n.m.* O m.q. *maroiço*[SM].

Mar ovelhado, *exp.* Mar com muitas *ovelhas* (ver *ovelhas*). Também chamado *mar encarneirado.*

Marquesa, *n.f.* O m.q. *cama de estado*[T].

Marqueta *(ê)*, *n.f.* O m.q. mercado (do am. *market*): *Minha mãe, coitadinha, ganhou munto vintém a fazê trocida de fio. [...] Agora?! Nem se ganha prà marqueta!*[1375].

Marrã, (de *marrão*) **1.** *n.f.* Porca adulta[F]. **2.** *n.f.* Carne de porco salgada[C]. Cp.: Em certas regiões do Cont. chama-se 'marrã' à carne de porco fresca.

Marradeira, (de *marrar* + *-deira*) **1.** *n.f. Taur.* Utensílio feito com dois cornos embolados e encaixados num toro de madeira destinado ao treino dos capinhas. **2.** *n.f. fig.* Par de cornos, falando de infidelidade[T]: *Se lhe deres palha, quanta queira, / Ele do pé de ti nunca sai. / Não lhe dês uma marradeira / Como eu dei ao teu pai*[1376].

Marrajana, *n.f.* Intrujice; trapaça[T].

Marralha, *n.f.* Trocos de pouco valor[SM]: – *Só trago marralha na algibeira, nã dá pra isso!* *Jogar à marralha:* jogar a trocos[SM].

Marralhão, *adj.* Cabeçudo; teimoso (de *marralhar* + *-ão*)[T].

Marralheiro, *adj.* Astucioso; manhoso (do cast. *marrullero,* astucioso). *De onde vem*

[1374] Quadra do folclore terceirense.

[1375] Vitorino Nemésio – *Mau Tempo no Canal.*

[1376] Da dança de pandeiro *A Força das Sogras,* de Hélio Costa.

este senhor, / Que entra tão marralheiro? / Abri-me lá essa porta, / deitae-m'o para o chiqueiro[1377]. V. Barros regista-o com o significado de "indivíduo indolente; adoentado". Idalécio Cação regista-o com o significado de teimoso, difícil de convencer. Dias de Melo utiliza-o com o significado de vagaroso: *[...] o barco arrastava-se marralheiro [...]*[1378].

Marralho, *n.m.* Aquele que bate mais afastado do alvo a atingir, em certos jogos[P].

Marrão, *n.m.* Porco macho e adulto, ao contrário do Cont. onde 'marrão' significa porco pequeno que já deixou de mamar[1379]. Fem.: *marrã* ou *marroa*.

Marrão-de-corda, *n.m.* Bácoro já crescido[SM]. Este nome deriva do facto de, ao ser transportado de um lado para o outro, ir amarrado com uma corda.

Mar rastejado, *exp.* Diz-se do mar *espelhado* ou *estanhado* que apresenta rastos devidos a correntes fracas de superfície.

Marreca, (de *marreco*) **1.** *n.f.* Nome que no Faial também se dá à *cagarra* (*Calonectris diomedea*). **2.** *n.f.* Nome que em S. Jorge se dá à galinhola (*Scolopax rusticola*). **3.** *n.f.* O m.q. corcunda.

Marreco, *n.m.* Nome que também se dá ao Diabo[T].

Marrinzinho, *n.m.* Leitão (corrupt. de *marrãozinho*)[SM].

Marrolho, *n.m. Bot.* Nome vulgar do *Marrubium vulgare*, planta parecida com a hortelã.

Marteiro, *n.m.* O m.q. martírio. Registado por CF como açorianismo, é termo deriv. do lat. *martyrĭu-*, há muito em des. no Continente.

Mártele, *n.m.* Mártir, sua f. antiga, com paragoge[T]: – *Aquele pescador tem sido sempre um mártele nas mãos do mestre!*

Marujo, (de *mar* + *-ujo*) **1.** *n.m.* Indivíduo vindo da América ou do Brasil[Fl]. Termo em desuso. **2.** *n.m.* Nome muitas vezes atribuído aos cães[T].

Marvalha, *n.f.* Pequena faúlha[F]. Usa-se quase sempre este termo quando se fala num corpo estranho que entra num olho. No Cont. usa-se o termo 'maravalhas', tv. derivado do lat. *mala folĭa* – folhas inúteis – para designar aparas de madeira, acendalhas.

Marvoa, *adj.* Diz-se da vaca com uma cor preta muito escura, também chamada *retinha*[T].

Más, *adv.* Mais, sua corruptela: – *Nã m'afromentes más com essa história!* Moisés Pires regista-o com a mesma grafia: 'ten más de 20 anhos'.

Mascarado, **1.** *n.m.* Aquele que se veste e põe máscara pelo Carnaval (part. pas. subst. de *mascarar*). **2.** *adj.* Diz-se do gado com a testa e/ou o focinho brancos (part. pas. de *mascarar*)[Sj,T].

Mascarados da corda, *n.m.* Nome que antigamente se dava aos quatro homens que seguravam a corda do touro nas touradas à corda da Ilha Terceira, devido ao facto de trazerem sempre uma viseira. Maximiliano de Azevedo[1380] escreve:. *A viseira que lhes ocultava a parte superior do rosto, é que originou a denominação de mascarados da corda com que o povo da ilha então os designava.*

Mascote, (do fr. *mascotte*) **1.** *n.f.* Pulseira de prata ou ouro, com uma placa para gravar o nome[SM]. **2.** *n.f.* Nome de vaca de estimação, geralmente a que guia o rebanho nas mudanças de pastagem[F,T].

Masmorra, *n.f.* Apatia; indolência (ext. de *masmorra*[1381])[SM]. Termo antigo aqui conservado.

[1377] Teófilo Braga – *Cantos Populares do Arquipélago Açoriano.*

[1378] Dias de Melo – *Vida Vivida em Terras de Baleeiros.*

[1379] Em Santa Maria, ao contrário, este termo significa, como no Cont., porco pequeno, bácoro.

[1380] Maximiliano de Azevedo – *História das Ilhas.*

[1381] Masmorra era um celeiro subterrâneo que os Moiros aproveitavam para encarcerar as pessoas; em sentido figurado, é um aposento sombrio e triste.

Massa-adubada. *n.f.* Toda a massa que leva ovos e açúcar tal como a *massa-sovada*.
Massa-da-noite, *n.f.* Variedade de pão feito de *massa-sovada*[SJ].
Massa-de-bichos, *n.f.* Variedade de biscoito da Graciosa feito com farinha, banha, açúcar, leite, canela e erva-doce.
Massa-de-pimenta, *n.f.* O m.q. *calda-de--pimenta*[SM].
Massa-de-São-Miguel, *n.f.* Variedade de pão de *massa-sovada*[SJ].

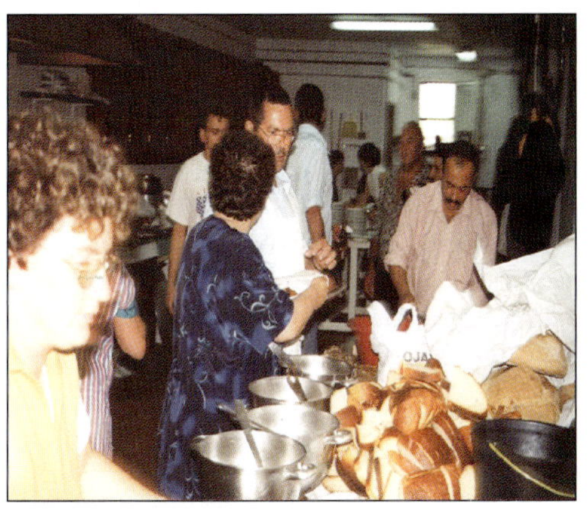

Massa-sovada em Jantar do E. Santo

Massa-sovada, *n.f.* Aplica-se este nome a um conjunto de pães em cuja preparação intervêm, além da farinha de trigo, quantidades variáveis de ovos, açúcar e manteiga ou banha. Em certos lugares, para perfumar a massa, usa-se a *erva-santa* ou *erva-de-Nossa-Senhora* (*Anthoxanthum odoratum*). A massa chama-se *sovada* pelo facto de ser atirada com violência contra a amassaria, sendo como que sovada: *[...] a massa é várias vezes batida, demandando um esforço de mãos e braços, próprio duma verdadeira 'agressão'. Mas vale a pena*[1382]. Inadequadamente, é às vezes referida em certas publicações como 'massa cevada', havendo mesmo quem defenda esta adjectivação pelo facto de ser cevada com manteiga. Nas Flores também é chamada *massa-de-ovo*, e no Faial *massa-de-leite*.
A *massa-sovada* foi levada pelos portugueses para muitas partes do Mundo, nomeadamente para o Havai, onde é grande a percentagem da população portuguesa (açoriana), e aí lhe chamam 'sweet bread', sendo presença de honra à hora do chá.
Massadeira, *n.f.* Mesa ou armação de cimento sobre a qual é colocada a selha onde é amassado o pão[Fl]; o m.q. *amassadeira* e *amassaria* (afér. de *amassadeira*).
Massaga, *n.f.* Muitas e diversas coisas[T].
Massagada, *n.f.* Grande quantidade de coisas sem importância (de *{massaga}* + *-ada*). É termo muito usado na Terceira: *Demorei-me lá em baixo a arrumar aquelas massagadas d'oitro tempo [...]*[1383].
Massame, (de *massa* + *-ame*) **1.** *n.m.* Argamassa destinada à construção, outrora de barro e areia, hoje de cimento e areia ou *bagacina*. **2.** *n.m.* O m.q. *massames*; grande quantidade de qualquer coisa: – *Tenho rezado massame de terços e tu ouviste-me [...]*[1384].
Massames, Muito: grande quantidade: – *Fui ao peixe e trouxe massames!* [F]. Var.: *Massame*.
Massapé, *n.m.* Pozolana dos Açores (CF). É termo também usado no Norte do Brasil para designar solos pretos argilosos. Termo de orig. duvidosa, segundo alguns derivado de *massa* + *-pé*, pelo facto de se pegar aos pés.
Massapez, *n.m.* Terra barrenta; o m.q. *massapé*[T].
Massaria, *n.f.* O m.q. *amassaria* e *massadeira* (afér. de *amassaria*)[Fl].
Massieira, *adj.* Admirador; apaixonado; entusiasta[T]: – *Se João é um massieira pelos toiros, Maria é massieira por modas à antiga.*
Mastigo, *n.m.* Comida (deriv. regr. de *mastigar*)[T]: – *Sempre que vou pró mar levo uma panadinha c'o mastigo.*

1382 J. Almeida Pavão – *Nugas Linguísticas II.*

1383 Vitorino Nemésio – *Mau Tempo no Canal.*

1384 Cristóvão de Aguiar – *Raiz Comovida.*

Mastro, *n.m.* Pau grosso que atravessa o moinho de vento e onde, no exterior, se prendem as *grades*. Nos moinhos de palheta, o mastro, que é pequeno e de ferro, também é chamado *veio do mastro*[Fl].

Mastro da Aleluia, *n.m.* Também chamado *Mastro grande*, é nome que na Terceira se dá a um mastro, muitas vezes entalado no buraco de uma velha mó de pedra enterrada no chão para esse mesmo efeito, em que é içada, todos os domingos das sete semanas do Espírito Santo, a Bandeira do *Império*.

Mastrunço, 1. *n.m. Bot.* O m.q. mastruço, nome vulgar do *Lepidium sativum*, que se acredita ter efeitos medicinais (*masturtĭu-*). No Faial também a utilizam para introduzir nas garrafas de anis em vez da rama do funcho. **2.** *n.m. fig.* Pessoa desajeitada[Sj].

Masura *(Mà)*, *n.f.* Maldade (de *má* + <-s-> + *-ura*): – *Tanta masura naquele corpinho!*

Matacão, (de *matar* + *-cão*) **1.** *n.m.* Osso limpo da carne, o osso esburgado – no plural, *matacães*[T]. **2.** *n.m. cal.* Mulher grande e malfeita de corpo[T].

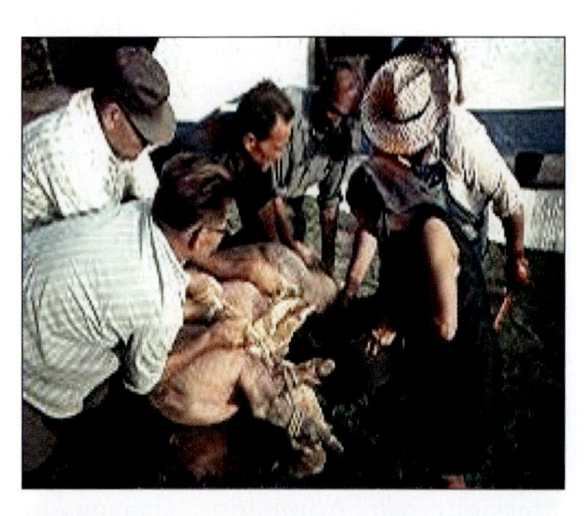

Matação do porco (anos 80, séc. XX)

Matação, *n.f.* Em Santa Maria chama-se *matação* do porco e não *matança* como nas outras ilhas (de *matar* + *-ção*)[1385]: *Toda a casa mata o seu porco, do Natal até aos Reis. A matação é a maior festa familiar que reúne parentes e vizinhos*[1386]. O termo *matação* veio certamente do Algarve, onde E. Gonçalves o regista também.

Matação do gado, Abate das reses para a festa do Espírito Santo, sempre ao ar livre e na sexta-feira anterior ao domingo da festa: *As reses [...] passam pelas ruas do povoado, enfeitadas de fitas e flores, ao som de cantos e instrumentos músicos, tal como os touros se imolavam a 'Júpiter Tonante' ou como o famoso 'boeuf grass' que, em plena idade média, percorria as ruas de Paris e visitava os severos magistrados do Palais de Justice*[1387].

Matadela, *n.f.* O m.q. matadura (de *matar* + *-dela*)[T].

Matador, *n.m.* O homem que mata o porco no dia da *matança*; o m.q. *marchante* (do lat. *mactatōre-*): *Amarrados de pés, mãos e focinho, vão sentindo a lâmina entrar até ao coração, dirigida por mão de mestre, o matador [...]*[1388]. Antigamente, ao matador, pelo menos nalgumas freguesias, era sempre oferecido, como recompensa pelo trabalho, um bocado de carne e de toucinho do porco.

Matar a baleia, *exp. Bal.* Operação efectuada após a *baleia* estar *arpoada*, depois de emergir. Era sempre feita com a *lança*, que lhe abria golpes penetrantes e profundos, dirigidos de preferência à região torácica, provocando hemorragia interna que lhe ia retirando as forças. Mesmo assim, havia baleias que resistiam várias horas a esta tortura, por vezes tristemente presenciada pela cria – o *cafre* – que, para não atrapalhar a operação, era ferida com a *lança* para que se afastasse. Antigamente, nalgumas ilhas, esta operação era feita pelo *oficial*, que passava para a proa, enquanto o *tran-*

[1385] Na Beira Baixa, nomeadamente em Proença-a--Velha, também lhe dão o mesmo nome.

[1386] Jaime de Figueiredo – *A Ilha de Gonçalo Velho.*

[1387] Luís da Silva Ribeiro – *Os Festejos do Espírito Santo.*

[1388] Luís Bernardo Leite de Ataíde – *Etnografia Arte e Vida Antiga dos Açores.*

cador assumia o comando do *bote baleeiro*. Esta operação era, sem dúvida, a mais perigosa e exigia uma destreza enorme por parte dos baleeiros pois o cachalote, na ânsia de se libertar chegava a atingir os *botes* com a cauda, tendo-se registado alguns acidentes graves, com a destruição dos mesmos e mesmo com a morte de baleeiros. Embora este cetáceo seja muito dócil, sendo ferido tem tendência natural a defender-se, tendo sido registados casos de atacar o bote também com a boca.

Matar o bicho, *exp.* O m.q. matar saudades; o m.q. *matar o desconsolo*[F].

Matar o desconsolo, *exp.* Consolar-se a comer alguma coisa que há muito se não provava: *Se me dava algum desconsolo por figos, era lá que o ia matar*[1389].

Matar um piolho em cima da barriga, *exp.* Diz-se que se pode matar um piolho em cima da barriga quando se comeu muito e a barriga está bem cheia e dura[F].

Mata-vacas, *n.m.* Vento nordeste[SM]. Na Terceira e no Faial também se lhe chama *esfola-vacas*, porque delas só se lhes aproveita a pele: *Doido varrido, o vento nordeste (o mata-vacas) deambulava pelos caminhos desertos de Pedreira*[1390].

Matéria, *n.f.* Pus que acompanha, p. ex., as feridas infectadas ou os abcessos. Embora registado nos dicionários, nunca o ouvi no Continente.

Matias, *n.m.* Tolo[F]. Nas Flores reza o provérbio: *Não há Pedro tolo / nem Matias discreto*[1391]. Em certos lugares do Cont., com o mesmo sentido, usa-se o nome 'Anastácio'.

Matias Leal, Cantiga do folclore das ilhas do grupo ocidental, característica pelo seu ritmo arcaico, composta de várias quadras satíricas como as que se seguem: *Matias Leal / Toda a noite andou / C'um rato na boca / E nunca o matou!*

Mato, (de *mata*) **1.** *n.m.* Parte mais alta das ilhas, mais sombria e húmida, os terrenos baldios e outros terrenos de altitude que ficam situados para além da poeticamente chamada *barreira da bruma*[F]. No Corvo também se chama *concelho*. **2.** *n.m.* O m.q. *urze (Erica scoparia azorica)*[Sj,T]. Passa pró mato!: safa daqui para fora!

Matracada, *n.f.* Ruído intenso; grande barulho (part. pas. fem. subst. de *matracar*). Também usado na Madeira com este significado.

Matraquia, *n.f.* Aparelho; engenhoca (de *matraca + -ia*)[Sj]: – *Essa matraquia trabalha bem afinadinha!*

Matricular por filho, *exp.* O m.q. perfilhar uma criança[SM].

Matulo, *n.m.* Tumefacção; tumor; o m.q. *mamulo* (do ár. *maftula*). Cp.: No Alentejo usa-se o termo 'matulão' com o mesmo significado.

Mau fogo te pegue, *exp.* Expressão de enfado, o m.q. 'o diabo te leve'[T]: *Apanhou um grande susto, "Mau fogo te pegue, seu estupor", mas não recuou*[1392].

Mau tempo como um testo, *exp.* Mau tempo a valer[F].

Maúça, *n.f.* Constipação; resfriado[SM]: *[...] muita cautela com as resfriagens, vissem lá bem se apanhavam alguma maúça*[1393].

Maunça, *n.f.* Monte de espigas; quantidade; ajuntamento (do lat. *manutĭa*, pl. de *manutĭum*)[Sj].

Mauzíssimo, *Superl. absol. sintét.* de mau[F]: – *Tem 'tado um tempo mauzíssimo por cá!*

Mavioso, *adj.* Comovido; desgostoso (f. afer. de *amavioso* ← *amavio + -oso*)[F]: *Lançou-le a faca às goelas / Redondo caiu no chão; / A mulher de maviosa / Deu-lhe um flato esmoreceu, / Ó cabo d'alguns minutos / Ao pé do marido morreu*[1394]. Este termo

1389 Cristóvão de Aguiar – *Um Grito em Chamas*.
1390 Cristóvão de Aguiar – *Trasfega*.
1391 Armando Cortes-Rodrigues – *Adagiário Popular Açoriano*.
1392 Carlos Enes – *Terra do Bravo*.
1393 Cristóvão de Aguiar – *Raiz Comovida*.
1394 Quadra de uma tragédia recolhida pelo Autor na Ilha das Flores.

adquiriu aqui um significado um pouco divergente do original.

Maxunga, *n.f.* Mixórdia[T]: – *Ist' é que vai prá qui uma maxunga que ninguém s'intende!*

Mazagalho, *n.m.* Nome que antigamente davam ao ajuntador de espigas, na apanha do milho nas terras[SM].

Mazanza, *adj.* e *n.m.* Malandro; preguiçoso[SM]: – *Aquele sujeito sempre foi um mazanza.*

Mazota *(à)*, *adj.* O m.q. mazinha[T]: – *Ele não é coisa doce, mas ela também é mazota!*

Mazarulho, *n.m. Godelhão*; matulo (de orig. obsc.)[Sj]. Usado em certas regiões do país com o significado de novelo mal ajeitado.

Mê, *pron. poss.* Meu, sua corruptela, sempre que usado antes de consoante[1395]: *mê pai, mê tio, o mê trabalho.* Usa-se um pouco por todo o lado, talvez mais no Sul do país.

Meano, *adj.* Diz-se do bovino quando tem pêlo branco na zona genital[T].

Meanças, *n.f.* Renda de milho em que metade era para o rendeiro e metade para o dono da terra (do v. *mear*, dividir ao meio)[Sj].

Miniatura feita por João Caldeira (Flores)

Mecha, (do fr. *mèche*) **1.** *n.f.* Fósforo; o m.q. *palhito*: *O homem não sabia se deveria acender a candeia, nem atinava com as mechas*[1396]. **2.** *n.f.* Nome por que era conhecido o antigo *palhito* de enxofre[1397]. **3.** *n.f.* O m.q. madeixa: *Uma mecha de cabelo voava-lhe com o lenço encarnado*[1398].

O termo 'mecha' deriva do lat. *myxa*, pavio de candeeiro, pelo fr. *mèche*.

Mèchemalã, *n.m.* Variedade de doce, uma espécie de rebuçado (do am. *marsh-mallow*): – *lá na Amerca comia poderios de mèchemalã!*

Mechim, *n.m. Mechim* é palavra empregada para designar todas as espécies de máquinas: o *mechim* de moer carne, o *mechim* de cortar cabelo, o *mechim* de debulhar trigo, o *mechim* do carro; o *mechim* do relógio… e até, em sentido figurado, o *mechim* do peito, o coração (do am. *machine*). Não é um termo apenas usado pelos emigrantes da América – generalizou-se por toda a parte na linguagem corrente: *[…] voltando ao tal mechim de limpar o cu, eu inté me lembrei de trazer um para o naião do Dindim das Bonecas, sempre agarrado às blicas de cada um […]*[1399].

Meda *(é)*, *n.f.* Quantidade pequena; feixe; o m.q. *paile* (do lat. *meta-*)[C,Sj].

Medidas cortadas, *n.f.* Medidas feitas pelos comerciantes depois da adopção do sistema métrico, sendo menores do que as medidas antigas da região, daí o nome[P].

Medo de que o milhafre lhe cobice a pomba, *exp. fig.* Receio de que lhe aconteça alguma desgraça[SM]: *Vivendo entre o conforto e sossego do afastamento de milhafre que lhe cobiçasse a pomba […]*[1400].

Mei, 1. *pron.* Meu[F,SM]. **2.** *n.m.* Meio[F,SM]: – *É quaise mei-dia e ele sim chegar!* Com este significado, Moisés Pires regista-o com a mesma grafia.

1395 Nas Flores cheguei a ouvi-lo mesmo antes de vogais: *mê amor.*

1396 P.e Nunes da Rosa – *Pastorais do Mosteiro.*

1397 Antigamente, no Continente, chamava-se 'mecha' a um pedaço de pau impregnado de enxofre com que se transportava o fogo de uma fogueira para outra.

1398 Vitorino Nemésio – *Mau Tempo no Canal.*

1399 Cristóvão de Aguiar – *Raiz Comovida.*

1400 Costa Barreto – *A Lenda das Sete-Cidades.*

Mei(*o*) **dia e meio,** *exp.* Meio dia e meia hora. É expressão também muito frequente no Brasil.
Mei(*o*) **dia na Graciosa.** *exp.* Expressão utilizada, em tom de graça, quando se ouve um burro a zurrar[1401].
Mei(*o*)**-dia-rachando,** *exp.* Doze horas em ponto, sem tirar nem pôr[F]. Antigamente era confirmado quando o sol não fazia sombra num pau fincado verticalmente na terra.
Mei'água, *n.f.* Espécie de telheiro baixo onde se guardava o carro de bois[Fl]. O nome vem-lhe da forma do telhado, em meia-água.
Meia-bola, *n.f.* Copo de vinho de meio quartilho[T]: – *Pra mim meia-bola, pra este amigo uma branquinha!*
Meia coroa, *n.f.* Antiga moeda de 50 centavos[P].
Meia-da-moira, *n.f.* Meia de algodão ou de lã, de preferência comprida, onde se guarda a *moira* na pesca da *veja*[F].
Meia galha, *n.f.* Lua quando está em quarto crescente ou minguante[Fl].
Meia-loja, *n.f.* Piso inferior de uma casa construída em terreno inclinado ou desnivelado, utilizado para armazenamento e apoio às actividades rurais[T].
Meia pataca, 1. *n.f.* Moeda antiga com o valor de $600 réis – ver *pataca.* **2.** *n.f.* Nome dado à moeda de cinquenta centavos, em meados do séc. passado[SM]. Também era chamado *meio escudo forte.*
Meia perna, *n.* Coxo; o m.q. *salta-poças*[F].
Meia-quarta, *n.f.* Medida de capacidade para secos, equivalente a 1/8 do alqueire.
Meidia, *n.m.* Meio-dia (mei[*o*]dia): – *É meidia rachando... Toca a prècurar o jantarinho!*
Meio-da-casa, *n.m.* Quarto da entrada da casa camponesa; aposento principal, servindo de sala de visitas[Sj,SM,T]: *No quarto do meio-da-casa encontrava-se exposto o Espírito Santo*[1402]. Também era chamado *casa-do--meio*[T]. No Continente, nomeadamente na região da Gândara davam-lhe o nome de 'meia sala'[1403].
Meio escudo forte, *n.m.* O m.q. *meia pataca*[SM].
Meio escudo fraco, *n.m.* Nome dado à moeda de 40 centavos[SM]. Também se lhe dava o nome de *duas serrilhas.*
Meio-irmão, *n.m.* Ver *Irmão-inteiro.*
Meio-mordomo, *n.m.* O m.q. *meio-irmão,* falando das festas do Espírito Santo. Era aquele que, no tempo em que se cultivava o trigo na Ilha, contribuía com 25 pães para a festa do *Império.* O que contribuía com 50 chamava-se *Mordomo* – noutras freguesias chamado *Irmão-inteiro* – e o que apenas dava 12 chamava-se *Quarto-mordomo* – nas outras chamado *Quarto-irmão.*
Meio-sargo, *n.m.* O m.q. *palmeiro,* falando do tamanho do sargo (*Diplodus sargus*)[F].
Meirinho da Serra, *n.m.* Indivíduo que zelava pela conservação da floresta. Gaspar Frutuoso refere-o, p. ex., no Corvo como aquele que vigiava para que se não caçassem pássaros na época de criação e para que não entrassem na Ilha ratos, trazidos pelos barcos vindos das Flores.
Mei'tolo, *adj.* Atoleimado; pouco inteligente: – *Mei'tolo sou eu, ele é completamente tolo!*
Meixa, *n.f.* Ameixa, sua corruptela por aférese[C].
Mel, *num. card.* Mil[T]: *[...] ũa canoa valia 90 mel-réis... o aprêlho, 80. Faz 175 mel-réis [...]*[1404].
Mela, *n.f.* Em Santa Maria uma *mela* equivale a três molhos de trigo[1405].

1401 Recorde-se que, da Ilha Graciosa, noutros tempos, eram vendidos para as outras ilhas muitos burros, daí a origem da expressão.

1402 Luís Bernardo Leite de Ataíde – *Etnografia Arte e Vida Antiga dos Açores.*

1403 Gabriel Frada – *Namoro à Moda Antiga.*

1404 Vitorino Nemésio – *Mau Tempo no Canal.*

1405 Isabel Pereira da Costa – *Santa Maria – Açores – Um Estudo Dialectal.*

Melada, *adj.* Diz-se da cebola quando, ao refogar-se, fica translúcida (part. pas. fem. de *melar*).

Melado, *adj. fig.* Diz-se do tempo quente e húmido (part. pas. de *melar*, sua ext.)SM.

Meladura, *n.f.* Orvalho miúdo (de *melar* + *-dura*)SM.

Melancão, *adj.* Vagaroso nas acções; indolente (corrupt. de *molengão*)T. Usado na Madeira com o mesmo significado.

Melário, *n.m.* A parte superior do cortiço; a inferior chama-se *ninho* (de *mel* + *-ário*)T.

Melar-se, *v. pron.* Penar; sofrer (de *mela* + *-ar*)SM.

Melassada, *n.f.* O m.q. *malassada*SM.

Melgueira, (do lat. *mellicarĭa-*) **1.** *n.f.* Grande desordem e sujidadeC. **2.** *n.f.* O que sai das tripas dos porcos quando são lavadasC.

Melgueiro, *adj.* Carinhoso; derretido; meigo; mimoso; ternoT. *É uma criança melgueira:* é uma criança mimosa.

Melguice, *n.f.* Mimo. *Fazer melguices:* fazer mimosT.

Melhora, *adv.* MaisP: *[...] era aquela coisa linda daqueles botes, melhora de trinta, de velas erguidas [...]*[1406]. É termo exclusivo do Pico.

Melindre, *n.m.* Bolo de farinha de trigo, ovos e açúcar (do cast. *melindre*)T. No Cont., melindre é um bolo em que entra mel.

Mel-no-bico, *n.m. Bot.* Nome que no Faial se dá ao figo 'pingo de mel'; o m.q. *lâmpada*.

Melro, (do lat. *merŭlu-*, por *merŭla*, com met.) **1.** *n.m.* Também chamado *melro-preto* e *melro-negro*, o melro-preto açoriano, *Turdus merula azorensis*, é semelhante à sua espécie europeia, distinguindo-se desta apenas na coloração. Está presente em grande abundância em todas as ilhas[1407]. *Ser melro de bico amarelo:* Ser exigente, difícil de contentarSM. **2.** *n.m.* Cantiga antiquíssima, outrora cantada nas Flores: *O melro canta na faia, / Escutai o que ele diz; / Quem faz o mal que o pague, / Nanja eu que não o fiz.*

Mélroa, *n.f.* *Fêmea* do melro (do rad. de *melro*, *melr-* + *-oa*). Na Terceira havia uma famosa cantadeira das canções tradicionais a quem chamavam *Mélroa* ou *Melra Preta* pela sua linda voz de soprano (lírico). Leite de Vasconcelos – *Opúsculos, vol. VI* – regista a mesma grafia no concelho da Figueira da Foz.

Melro-da-baleia, *n.m.* Ave marinha de cor escura, cientificamente denominada *Oceanodroma castro*, também chamada *alma-de-mestre, angelito, melrinho-da-baleia, paínho-da-Madeira* e *paínho-das-tempestades*.

Melro-preto, *n.m.* Apodo atribuído aos seminaristas em Angra, por vestirem a batina negra. Também chamados *estorninhos* pela mesma razão.

Melura, *n.f.* Corrupt. de *melúria* por síncope, por sua vez, metátese de *lamúria*: *[...] de trombas descidas, sem meluras, nem mostrar os dentes*[1408].

Mêm deveras, *exp.* A sério, na linguagem de S. Miguel: – *Ele 'tava falando mêm deveras, não era brincando!*

Memente, *n.m.* Indivíduo malandro, que não gosta de fazer nadaSM.

Memo *(ê), pron.* Mesmo, sua corruptela: *mêmo nan sou dos mais esquecidos, e q'ando pego a discorrer ninguém me tem mão*[1409].

Memória, *n.f.* Anel de ouro ou de prata usado pelas mulheres com o trajo de cerimóniaT.

Menente, *adj.* Espantado; estupefactoSM: *[...] ficavam menentes com tantas lindezas, aquilo é que se chamava tocar sem fífias [...]*[1410]. J. Almeida Pavão[1411] arrisca a

---

1406 Dias de Melo – *Vida Vivida em Terras de Baleeiros.*

1407 Transcrito de *Aves Nativas dos Açores.*

1408 Luís Bernardo Leite de Ataíde – *Etnografia, Arte e Vida Antiga nos Açores.*

1409 João Ilhéu – *Gente do Monte.*

1410 Cristóvão de Aguiar – *Raiz Comovida.*

1411 J. Almeida Pavão – *Aspectos Populares Micaelenses no Povoamento e na Linguagem*

hipótese de se tratar de uma corruptela de demente.

Meneses, *n.m. pl.* Toque dos sinos para indicar que morreu alguém[Fl].

Meninas, *n.f. pl.* Dança terceirense, alegre e viva, de passos ligeiros e pulados, ritmicamente marcada pelos rasgados da *viola da terra* em tom de Ré M: *Eu vou cantar as meninas, / Que é uma moda engraçada, / É uma das modas mais finas, / Sendo ela bem balhada.* Júlio Andrade regista também um *balho* com o mesmo nome no Faial e no Pico e o P.e José Fraga regista outro nas Flores.

Meninho, *n.m.* Menino[T]. Fem.: *meninha.*

Menino, 1. *n.m.* Forma de tratamento familiar correntemente utilizado no dia a dia[F]: – *Ó menino, sim, sempre foi assim!* **2.** *adj.* Mínimo, em relação aos dedos[Fl].

Menino-da-cruz, *n.m.* Criança que leva uma pequena cruz, nos *ranchos de romeiros* de S. Miguel.

Menino-da-mesa, 1. *n.m.* Criança de 4 a 8 anos de idade, protagonista da *coroação,* nas festas do Espírito Santo em S. Jorge. **2.** *n.m.* Criança de 10 a 12 anos que coroa na igreja em substituição do Imperador[StM]. *É costume dar-se este lugar a uma criança de gente distinta, como sinal de honra*[1412].

Meninos…, meninos…, loc. interj. Forma de chamar os pintainhos[SM].

Meninos-vão-prà-escola, *n.m. Bot.* Planta que floresce no Outono, na altura do início das aulas, por isso também chamada *tristeza-de-estudante.* De nome científico *Brunsvigia rosea*[1413], nalguns lugares tem o nome de *bordão-de-S. José* e *beladona.* Também chamada *dona-bela* (met. de beladona).

Menistra *(Me), n.f.* Mesinha de cabeceira.

Mentes, *adv.* O m.q. *emmentes.*

Mentiredo, *n.m.* Muitas mentiras [Fl].

Meote, *n.m.* O m.q. peúga (de *meia* + *-ote*)[SM,T]. CF regista-o erradamente como açorianismo. Leite de Vasconcelos regista-o na linguagem de Sacoias, no Norte do país, com o significado de 'meia de homem'. Guilherme Simões regista o termo 'meiote' com o mesmo significado.

Mé que, *exp.* Como que; de maneira que[SM]: – *Mé que vou dar um jambe inté lá!*[1414].

Meraconia, *n.f.* Aborrecimento; tristeza (corrupt. de *merencoria,* f. ant. de melancolia)[F].

Merca, *n.f.* Compra (deriv. regr. de *mercar*)[SM]: *[…] dos que vêm ao domingo fazer mercas à cidade*[1415].

Mercar, *v.* Comprar (do lat. *mercāri,* negociar)[P,Sj,SM,T]: – *Merca as abóbras! Merca as abóbras!*[1416]. Nalgumas das ilhas dos Açores não é de uso corrente. Adágio: *Em Deus ajudando / vai em Julho mercando*[P].

Merciana, *n.f. Moda* tradicional das ilhas do grupo oriental, não sendo cantada nas outras ilhas: *Merciana, minha negra, / Vai fiar teu algodão, / Que estes rapazes de agora / Prometem saias, não dão.*

Merdalheiro, *adj.* Diz-se do indivíduo desmazelado e porco; porcalhão (de *merdalha* + *-eiro*)[T].

Merdonço, *n.m.* Porcaria; coisa sem importância.

Merenda, *n.f.* Refeição ligeira oferecida aos Foliões depois das *alvoradas* em casa de quem *alumia* o Espírito Santo, composta geralmente por *massa-sovada,* bolos secos, vinho, chá ou café.[F].

Merendeira, *n.f.* O m.q. *brendeiro* (de *merenda* + *-eira*)[SJ,T]: *As raparigas […] fazem da massa pequenas merendeiras que oferecem aos namorados*[1417]. No Alentejo chama-se 'merendeiro' a um pequeno pão confeccionado para a merenda.

1412 Padre Joaquim Chaves Real – *Espírito Santo na Ilha de Santa Maria.*

1413 Sin.: *Amaryllis belladonna.*

1414 Urbano de Mendonça Dias – *"O Mr. Jó"*

1415 Luís Bernardo Leite de Ataíde – *Etnografia Arte e Vida Antiga dos Açores.*

1416 J. H. Borges Martins – *Crenças Populares da Ilha Terceira II.*

1417 Inocêncio Romeiro Enes – *Tradições e Festas Populares da Freguesia dos Altares.*

Mergulho de cabeça, *exp.* Mergulho com os braços estendidos para a frente e a cabeça para baixo.
Merrar, *v.* Dormitar de pé ou sentado (corrupt. de *marrar* e sua ext.)[Sj].
Merraxo *(Mè)*, *n.m.* Marraxo, espécie de tubarão, frequentemente visto nas nossas águas, da *fam.* dos lamnídeos, cientificamente denominado *Lamna nasus*, também vulgarmente conhecido noutros locais pelo nome de 'anequim' e 'sardo'[F].
Mesa, (do lat. *mensa-)* **1.** *n.f.* A parte central da canga de bois[StM]. Nalgumas ilhas é chamaddo *camalhão.* **2.** *n.f.* Sobrado do *cafuão*[SM]. **3.** *n.f.* Estrutura onde está montado o rodízio. **4.** *n.f.* Cada uma das pranchas horizontais presas, no tear, às pernas[SM].
Mesão, *n.m.* Armário de cozinha, sucessor moderno da velha *amassaria*[Fl].
Mescla, (deriv. regr. de *mesclar)* **1.** *n.f.* Mistura de barro e areia, outrora utilizada na construção das habitações; argamassa. Actualmente a mescla é feita com cimento e areia ou cimento e bagacina: *Essa mescla mais bem amassada, ó estudante...*[1418]. Também se ouve pronunciar *mescra.* **2.** *n.f.* Mistura, termo usado na produção do tabaco: *Preparação do Blend (mescla) – os strips dos vários tipos de tabaco, que constituirão a mistura final do cut rag, são misturados*[1419].
Messegeiro, *n.m.* Arrieiro; burriqueiro (CF).
Mesteque, *n.m.* O m.q. espirro (da exp. *Dominus tecum*). Termo também usado no Brasil, pelo menos em Santa Catarina[1420].
Mestra, (do lat. *magistra-*) **1.** *n.f.* Designação dada às professoras das antigas escolas régias: *Havia antigamente uma mestra que, em vez de ensinar as pequenas a ler, dava lições de feitiçaria*[1421]. **2.** *n.f.* O m.q. *Mestra-da-Função.*

[1418] Cristóvão de Aguiar – *Ciclone de Setembro.*
[1419] Paulo Rosa et al. – *Tabaco / uma planta de outro mundo.*
[1420] Manuel de Paiva Boléo – *A Língua Portuguesa do Continente, dos Açores e do Brasil.*
[1421] J. H. Borges Martins – *Crenças Populares da Ilha Terceira I.*

Mestra-da-Função, *n.f.* Mulher que assume o encargo de confeccionar a ementa das Funções do Espírito Santo[Sj,StM,T]: *Fartura é naqueles dias! Cozido e alcatra a amigos e compadres, nas panelas de arroba mexidas pela mestra-da-Função*[1422]. Var.: *Mestra-de--Função, Mestra-de-Funções.*

Mestra-do-tear (Foto: João Ilhéu)

Mestra-do-tear, *n.f.* Mulher que trabalhava no tear caseiro[T].
Mestrar, *v.* Trabalhar por amadorismo num ofício[T].
Mestre, (do lat. *magistru-*, pelo fr. ant. *maistre)* **1.** *n.m.* Aquele que dirige os *Romeiros,* em S. Miguel, e a quem todos obedecem e beijam filialmente a mão. É ele que faz as preces nas igrejas visitadas, pede pousada para os companheiros e dá o sinal de partida e de descanso ao grupo. Escolhido pela maior parte da população da sua freguesia, deverá ser um cristão piedoso, em tudo modelar, com qualidades de chefe e conhecedor das verdades da fé. **2.** *n.m.* Aquele que dirige uma *dança do Entrudo*[1423], também chamado *Puxador*[T]. **3.** *n.m.* Folião que *arma* as cantigas que os outros dois vão repetindo, sendo

[1422] Vitorino Nemésio – *Mau Tempo no Canal.*
[1423] Em muitas freguesias a função de mestre passa de pais para filhos.

também o tocador do tambor[G]. Na Graciosa, os *Mestres das Folias* eram quase sempre cantadores de fama: *Divino Espírito Santo, / Que dais a quem vos vai ver? / Aos solteiros boa sorte, / Aos casados bom viver*[1424].

Mestre-da-dança, *n.m.* Aquele que comanda as danças de Carnaval[T]: *O mestre da dança, de espada em punho, desferindo golpes de magia, vinha à frente e ia atrás abrindo caminho para que a dança pudesse penetrar no meio da multidão*[1425].

Mestre-da-viola, 1. *n.m.* Tocador principal da viola da Terceira, o que faz os *ponteados*[T]: *E se entre os homens o «mestra da viola» goza de prorrogativas e benesses de que os outros não se gabam, para as mulheres constitui objecto de sedução ou pelo menos de comprazimento*[1426]. **2.** *loc. adj.* Sabido; velhaco (ext. de *Mestre-da-viola*)[T].

Mestre-de-espada, *n.m.* Aquele que dirige as *danças do Entrudo*.

Mestre-do-balho, *n.m.* O mandador dos *balhos* tradicionais, aquele que escolhe a sequência das modas do *Balho Direito*, p. ex., e o que manda as *vozes* destinadas a dirigir a coreografia[T].

Mestre dos Foliões, *n.m.* Nome do *Folião* que toca o tambor e que inicia os cânticos[F].

Mestre-rei, *n.m.* O m.q. professor primário[1427].

Mestre-sá, *n.m.* O m.q. *Mestre-sala*[StM].

Mestre-sala, *n.m.* *Ajudante* do *Imperador*, nas festas do Espírito Santo[StM], que tem a função de dirigir o cortejo que procede o transporte dos *pães de mesa* e das *roscas* para o *teatro*[1428]. Dos três, é um dos *Briadores*, aquele que tem sob as suas ordens os outros dois.

Mesura, (do lat. *mensūra-*) **1.** *n.f.* Cortesia; vénia: *Tu deixa-te de mesuras; / Desta vez não podemos falhar. / Como eu tenho medo de andar às escuras... / Tu entra, eu fico a vigiar*[1429]. **2.** *n.f.* Generosidade. Arcaísmo aqui conservado. Fazer mesuras: exagerar-se em vénias.

Mètade, *n.f.* Pron. de metade[F]: – *Home, más de mètade das batatas fou pra botá fora.* Nota: No séc. XIV-XV a grafia de [metade] era *meetade*.

Meter de novo, *exp.* Diz-se dos tubérculos quando começam a criar novos rebentos, o que deteriora a sua qualidade[F].

Meter minhocas na cabeça, *exp.* O m.q dar que pensar. Tb. abreviado para *meter minhocas*: *Isto está-me cá a meter uma minhocas... / Então eu não sou ninguém? / És o macaco, o teu papel é andar de crocas, / Ao lado do Tarzan*[1430].

Meter os bois no carro, *exp.* Prender os bois ao carro usando a canga[F].

Meter-se no buraco, *exp.* Diz-se do mero (*Epinephelus marginatus*) quando, depois de aferrado, se refugia dentro de qualquer abrigo no fundo do mar, 'oiriçando o espinhaço' e traçando a cauda, o que o torna difícil de capturar.

Método do ovo. Antigamente, as carnes do porco, nomeadamente as destinadas aos enchidos, eram temperadas em selhas contendo água com os temperos e aí ficavam durante alguns dias. Geralmente adicionava-se 1 kg de sal por cada 10 litros de água, mas havia muita gente que, para calcular a salinidade da água, usava o chamado *método do ovo* ou *método da batata*, que consistia em colocar no líquido um ovo fresco ou uma batata, adicionando e dissolvendo sal até que ele – ou ela – flutuasse. Estes métodos também se aplicavam antigamente em relação ao peixe de salmoura.

1424 Quadra das *Folias* do Espírito Santo da Graciosa.
1425 Hélio Costa – *O Carnaval dos Bravos*.
1426 João Ilhéu – *Nota Etnográficas*.
1427 Termo recolhido por M. Alice Borba na Ribeirinha, Terceira, não sendo de uso generalizado.
1428 João Leal – *As Festas do Espírito Santo nos Açores*.
1429 Do bailinho carnavalesco *Os Capangas*, de Hélio Costa.
1430 Da dança de pandeiro *O Grito do Tarzan*, de Hélio Costa.

Meu, *(n.m.)* Muitas vezes, ao referirem-se aos maridos, as mulheres dizem 'o meu': *– Lá im casa quim manda é o meu, ê nã tenho voz activa!*

Meu Bem, *n.m. Moda* tradicional cantada nas *ilhas-de-baixo,* com variações de ilha para ilha: *Ó meu bem se tu te fores / Como dizem que te vais, / Deixa-me o teu nome escrito / Numa pedrinha do cais.*

Meu dito, meu certo, *exp.* O m.q. 'meio dito, meio feito', ou, 'dito e feito'T: *Isto foi a cruz que ele tirou do pescoço e varejou para o chão. Meu dito, meu certo*[1431].

Meu ti(o) **pisou-se,** *exp.* Expressão utilizada para indicar indignação de alguém em resposta a pequena provocaçãoT: ... *– Mas se le tocam no filho com a ponta de um dedo, aí jasus..., mei ti pisou-se!*

Mexer os carrinhos, *exp.* Comer depressa.

Mexidoiro, *n.m.* Pau liso que serve para espalhar as brasas no forno (de *mexer* + *-doiro*)Sj,T.

Mexil, *n.m.* Régua de madeira que une as aivecas do arado (de *mexer* + *-il*)T. No Cont. usa-se com o mesmo significado o termo 'mexilho'.

Mexilhão, *adj.* Diz-se daquele que mexe em tudo; o m.q. mexelhão (de *mexelhar* + *-ão*, com dissimil.).

Mèzinha, *n.f.* Além do significado universal, em S. Miguel é utilizado na acepção de mesquinho.

Microeive, *n.m.* Microondas (do am. *microwaves*). Não é de uso generalizado.

Migalha, (de *miga* + *-alha*) **1.** *n.f.* Nome que se dá em S. Miguel às ofertas destinadas à arrematação do *Império* do Espírito Santo. Para conseguir a *migalha* a *Folia* vai pelas casas a pedir, cantando, o que se chama *correr a migalha.* **2.** *n.f. fig.* Breve lapso de tempo: *Esperar uma migalha por alguém*T.

Migalheiro, *n.m.* Mealheiro, sua corruptelaT: *Éramos Deus cos anjos / Naquele carrinho traseiro, / Chegadinhos uns prós outros / Coma moeda em migalheiro*[1432]. Também usado na linguagem pop. do Alentejo.

Mijacão, (de *mijar* + *cão*) *n.m.* Abcesso ou tumor que aparecia nos pés de quem andava descalço, acreditando-se ser desencadeada pelo contacto com urina de cavalo: *Tanto mal me fez o beijo / Que fui ter com o cirurgião, / Deu o beiço em crescer / E nasceu um mijacão*[1433].

Mijão, *adj.* Diz-se do tempo continuamente chuvoso (de *mijar* + *-ão*)SM: *– Este tempo assim mijão nã deixa secar a roupa!*

Mijar claro, *exp.* Emitir a urina clara, muito diluída. Adágio: *Quem mija claro / não carece de doutor*Sj.

Mijar fora do testo, *exp.* Não respeitar as normas estabelecidas. No Cont., com sentido parecido, também se diz 'mijar fora do penico'[1434].

Mijarete, *n.m.* O m.q. esguicho (de *mijar* + *-ete*)T.

Mijeira, *n.f.* O m.q. mijadela (de *mija* + *-eira*)T: *[...] a abóbora desapareceu e ele sentiu uma mijeira pelas costas abaixo*[1435].

Mijinha(o) do menino Jesus, *n.f.* Aguardente ou qualquer licor que se oferece na época do Natal: *[...] o menino persistindo em mijar licor de variados sabores caseiros – a sagrada mijinha do Menino Jesus*[1436].

Milfurada, *n.f. Bot.* Subarbusto endémico dos Açores, também chamado *malfurada* e *furada,* cientificamente denominado *Hypericum foliosum.* Em S. Miguel diz-se: *Na noite de S. João, todas as ervas são bentas, só a milfurada não.*

Milha, *n.f.* O pé de milho depois da colheita (de *milho*)T.

Milhafrada, *n.f.* Bando ou grupo de milhafres; o m.q. *bilhafrada* (de *milhafre* + *-ada*)SM.

1431 J. H. Borges Martins – *Crenças Populares da Ilha Terceira II.*

1432 Vitorino Nemésio – *Festa Redonda.*

1433 Manuel Machado Nogueira (o *Tio Nogueira*), in *Improvisadores da Ilha Terceira.*

1434 Guilherme Augusto Simões – *Dicionário de Expressões.*

1435 J. H. Borges Martins – *Crenças Populares da Ilha Terceira I.*

1436 Cristóvão de Aguiar – *Trasfega.*

Milhafre, *n.m.* O *queimado* ou milhafre *(Buteo buteo rothschildi)* é uma ave de plumagem escura, com o peito listrado de castanho-escuro e o abdómen com listras amarelo-torrado numa base canela a canela-creme e com o dorso de coloração castanho-ferrugenta uniforme, possuindo uma cauda acastanhada e curta com 8 a 12 bandas escuras[1437]. Nos Açores, é a única ave de rapina diurna, muito importante no controlo de certas pragas como, p. ex., os ratos. Apesar de ser o resultado de um erro de identificação, o Arquipélago dos Açores, se acreditarmos na história, deve o seu nome ao milhafre; de facto, os primeiros povoadores depararam-se com uma elevada densidade populacional destas aves e, ao confundi-las com os açores (*Accipiter gentilis*), aves de rapina existentes em Portugal continental e muito frequentes na Europa, assim designaram o arquipélago em sua homenagem.[1438]: *[...] acharom huma ylha que agora se chama de Sancta Maria despovorada com muytos açores. E virom outra e forom a ella que agora se chama de Sam Miguel também despovorada, e chea d'açores e assi acharom a Terceyra e outras com muytos açores pello qual a estas ylhas ficou o nome dos açores*[1439]. O milhafre subsiste em todas as ilhas, excepto nas Flores e no Corvo. Falando do Corvo, Raul Brandão anota: *[...] Em primeiro lugar não há na ilha nenhum animal nocivo: nem mesmo o milhafre, que deu o nome ao arquipélago, se atreve a passar o largo canal do Pico às Flores e Corvo*[1440]. Se a descoberta do Arquipélago se tivesse iniciado pelas ilhas do grupo ocidental qual lhe teria sido o nome atribuído?

Milhagre, *n.m. fig.* Acontecimento raro (milagre, do lat. *miracŭlu-*, com metát.). Entra muitas vezes na expressão *ser milagre*, ser acontecimento raro, ouvida frequentemente por todas as ilhas.

Milhã-grada, *n.f. Bot.* Planta vascular distribuída por todas as ilhas, também vulgarmente chamada *pé-de-galo*, cientificamente denominada *Echinochloa crus-galli*.

Milheiro, *n.m.* O m.q. milhar; unidade de contagem para objectos, por exemplo na a venda de lenha em achas, na venda de chicharro seco, etc. (do lat. *milliarĭu-*, que contém o número mil)[T].

Milho. A cultura do milho só se iniciou no Arquipélago no séc. XVII. O milho grosso foi trazido para Portugal por Cristóvão Colombo[1441]. É originário do México e foi utilizado durante milhares de anos pelas civilizações pré-colombianas, nomeadamente pelos Astecas, os Incas e os Maias.

Milho basto, *n.m.* Milho semeado muito junto – daí o nome – e destinado apenas ao corte para a alimentação do gado[F,Fl,SM,T].

Milho-branco, *n.m. Bot.* Espécie de milho alto, chegando a atingir os 2.2 metros de altura, com espiga grande, de semente grada e sabugo fino, sendo dos mais cultivados em certas ilhas. Nome científico: *Zea mays*.

Milho-de-estralar, *n.m.* O m.q. *milho-freira* ou *milho-de-pomba*[Sj].

Milho-de-semente-alta, *n.m. Bot.* Espécie de milho cultivado nas terras de menor elevação e mais abrigadas[Sj].

Milho-de-semente-baixa, *n.m. Bot.* Espécie de milho cultivado nos terrenos mais elevados e ventosos[Sj].

Milho-de-maçaroca, *n.m. Bot.* Espécie de milho grado, de cana alta, trazido do Minho no séc. XVI, onde aí se chamava 'espiga', também presente na Guiné, de onde terá sido tazido no séc. XV. Viterbo, no verbete 'maçaroca', regista: *No tempo d'el-rei D. João II, e no descobrimento da*

1437 R. Martins, A. Rodrigues e R. Cunha – *Aves Nativas dos Açores*.

1438 Transcrito da obra citada anteriormente.

1439 Valentim Fernandes Alemão – *Ylhas dos Açores*.

1440 Raul Brandão – *As Ilhas Desconhecidas*.

1441 Antes disso só havia no país o milho miúdo e milho-painço, trazidos da China e do Japão.

Guiné, dizem alguns que descobriram os Portugueses o milho grosso de maçaroca donde o trouxeram a Portugal e que se principiou a cultivar nos campos de Coimbra, donde passou a todo o Reino.

Milho-de-pomba, *n.m. Bot.* O m.q. *milho-freira* (*Zea mays everta*)[SM].

Milho-de-vassoura, *n.m. Bot.* Variedade de milho, no Continente chamado 'sorgo-vassoura' (*Sorghum dochna*) cujas espigas se utilizavam antigamente para fazer vassouras.

Milho-do-ar, *n.m.* Milho que seca ao ar livre, na *tolda*, empregado para semente e para comida para os animais[Fl].

Milho-encoiro, *n.m.* Maçaroca sem folha, com os grãos à vista[T].

Milho estraçoado, *n.m.* Grãos de milho reduzidos a farinha muito grossa, antigamente feito com a ajuda do moinho-de-mão, que, entre outros fins, é destinado à alimentação dos pintos. No Cont. chama-se 'milho partido'.

Milho-freira, *n.m. Bot.* Milho de grão miúdo, utilizado para fazer as pipocas; o m.q. *milho-de-pomba*. Em S. Miguel chamam-lhe *milho-de-freiras*. Oriundo do México, no Brasil é chamado 'milho-pipoca'. Cientificamente é denominado *Zea mays everta.*

Milho-gigante, *n.m. Bot.* Milho de espiga grossa e de grão favado[Sj].

Milho-mole, *n.m.* Milho que não foi seco no forno[Fl].

Milho-mulato, *n.m. Bot.* Milho vermelho, noutros lugares também chamado milho-rei. Tal como noutros locais do país, durante as descamisadas, quem encontrava uma maçaroca de *milho-mulato* tinha o direito de distribuir beijos por toda a assembleia.

Milho para os Santos, *n.m.*. Maçarocas de milho cozidas pelos *Santos*[StM].

Milho-rafeiro, *n.m.* Nome que em S. Jorge se dava a uma espécie de milho mais resistente à alforra, mas pouco cultivado por ser muito rijo e difícil de moer.

Milhor, *adj.* Melhor, sua f. antiga. D. Duarte, n'*O Leal Conselheiro*, escreve: *[...] que mylhor pera mim era sofrer aquella com paciencia e virtuosa maneira.*

Milho torrado, *n.m.* Milho seco, torrado no forno quando se cozia o pão, havendo quem lhe adicionasse açúcar para ficar mais apetitoso, comendo-se, p. ex., aquando do bordejo de S. João[F].

Mim, *pron. pess.* Especialmente em S. Miguel usa-se muito [mim] em lugar de [eu] como nas seguintes frases: *pra mim se consolá a comer; pra mim ficá más aconchegado; pra mim andá melhor: [...] quando responderes não fales nas dolas manda a cruzinha do costume que é pra mim saber se as arrecebeste [...]*[1442].

Mimóira, *n.f.* Memória. E. Gonçalves regista-o na linguagem algarvia.

Minado, a, Apanhado por; derivado de; por causa de; resultante de – Minado a uma doença; minado a uma cólica[T]: *O qu'ê penei por esse mundo, minado à minha má cabeça!*[1443].

Mindim, *adj.* Mínimo, falando dos dedos[SM]. No Algarve é chamado 'mimim'.

Mingado, (part. pas. de *mingar*) **1.** *adj.* Minguado. **2.** *adj.* Triste (ext. de *mingado*)[Sj].

Mingante, *adj.* O m.q. minguante[Sj]: – *A Lua 'tá im quarto mingante!*

Mingar, *v.* Minguar, sua f. antiga[Sj].

Mingau, *n.m.* Nome que no Faial se dava ao milho mole, moído na atafona-de-mão para fazer papas, nas Flores chamadas *papas-grossas* (do tupi *mi'ngau*, comida pegajosa).

Míngua, *n.f.* Diferença; falta; prejuízo. *Fazer míngua:* fazer falta. É geralmente usado na negativa: *Não me faz míngua*: não me faz diferença[P,T].

Minha, *(n.f.)* Alusão do homem quando se refere à esposa: – *Lá im casa quim manda é a minha, e nela quim manda sou eu...!* Na

1442 Cristóvão de Aguiar – *Raiz Comovida.*

1443 Vitorino Nemésio – *O Mistério do Paço do Milhafre.*

Terceira também dizem: <u>*Mulher a minha:*</u> que significa 'a minha mulher'.

Minhoto, *n.m.* Inhame pequeno; o m.q. *bispo*[SM]. Segundo Arruda Furtado[1444] o termo envolveria uma sátira aos 'colonos' do Minho.

Mintiroso, *adj.* Mentiroso, sua forma antiga: *[...] A Deusa Giganteia, temerária, / Jactante, mintirosa e verdadeira*[1445]. Do Romance intitulado *O Ladrão*[1446]: – *Mentes, mintiroso, / Que vens de casa d'amiga, / Os beijos que le davas / na rua ouvia.*

Minuto d'hora, *n.m.* O m.q. minuto: – *Maus raios os partam! Estupores que nunca estão quietos um minuto d'hora!*[1447].

Misaravle, *adj.* Miserável, sua corruptela por assimilação e metátese: *É-me, pois o sinhor pensa que um home misaravle que só tem numa bestinha o seu sachinho, se nã andar im riba dela com a vardasca*[1448]. Var.: *Misarable*[Sj].

Misarento, *adj.* O m.q. miserável[Sj,T].

Misca, *n.f.* O m.q. *nisca.*

Miscra, (deriv. regr. de *miscrar*, misturar) **1.** *adj.* Qualidade de lã proveniente da mistura de lã branca e preta[Fl]. **2.** *adj.* Raça de galinhas de cor acinzentada, no Cont. chamada 'pedrês' e no Brasil 'carijó'[Fl].

Misericórdia, *interj.* Expressão muito frequente no falar das ilhas, particularmente na Ilha Terceira: *Algum dia, no meu tempo de rapariga, se ia para um casamento de calça, com a gadelhas por riba dos olhos? Misericórdia!!! Está o Mundo p'ra se acabar...*[1449].

Missa da coroação, *n.f.* Missa das festas do Espírito Santo, onde há a *coroação.*

Missa da cova, *n.f.* O m.q. *missa dos anojados*[Sj].

Missa das sopas, *n.f.* Nome que se dá em S. Jorge a uma ligeira missa cantada pelas festas do Espírito Santo, antecedendo a coroação.

Missa de alma, *exp.* Missa celebrada no dia seguinte ao funeral[Fl].

Missa do desanojo, n.f. O m.q. *missa dos anojados*[Sj].

Missa do pêlo, *n.f.* Missa que antigamente se celebrava às cinco horas da manhã[T]: o m.q. *missa das almas*[T]: *Tinha aqui uma velhota do Vale Farto que, quando ia à missa do pêlo, sentia uma cantoria muito grande [...]*[1450].

Missa dos anojados, *n.f.* Missa geralmente efectuada no dia seguinte ao enterro de uma pessoa[Sj].

Missa do vestido de alma, *n.f.* Missa feita uma semana após o enterro[StM]. Tem este nome pela crença de que a alma do morto se deve apresentar diante de Deus com um vestido novo e de festa, comprado expressamente para o efeito e envergado durante a missa por um parente próximo do morto, escolhido de acordo com a vontade deste.

Mistério, (do lat. *mystĕrĭu-*) **1.** *n.m.* Terreno coberto de escórias de lava, quase despido de vegetação: *São os chamados mistérios: rios de lava de antigos vulcões, onde só o pinheiro bravo vive e cresce*[1451]. Gaspar Frutuoso, na sua importante obra *Saudades da Terra*, escrita entre 1580 e 1591, já fala no 'mysterio' quando se refere ao terramoto ocorrido na Ilha do Pico em 1562-64 que a despovoou em parte pelo abandono de muita gente. Na Terceira, no sentido de terreno calcinado, também se chama *brês.* **2.** *n.m.* Grande quantidade de qualquer coisa: *mistério* de gente ou *mistérios* de gente; apanharam um *mistério* de peixe: – *Eia com Nosso Senhor, tal mistério!*[1452]. Nas Flores

---

1444 Arruda Furtado – *Materiaes para o Estudo Anthropológico dos Povos Açorianos.*

1445 Luís de Camões – *Os Lusíadas.*

1446 Recolhido por Elsa Mendonça em S. Jorge.

1447 Manuel Ferreira – *O Barco e o Sonho.*

1448 Luís Bernardo Leite de Ataíde – *Etnografia Arte e Vida Antiga dos Açores.*

1449 Augusto Gomes – *Cozinha Tradicional da Ilha Terceira* (Falas da Tia Gertrudes).

1450 J. H. Borges Martins – *Crenças Populares da Ilha Terceira I.*

1451 Armando Narciso – *Terra Açoreana.*

1452 João Ilhéu – *Gente do Monte.*

diz-se, quase sempre, e com o mesmo sentido, *grandeza*. No Faial também se pronuncia *bestério*. Em S. Miguel também se diz *mistério de Nosso Senhor*: – *Ah sinhô, aquilho era uma cousa fêa, um mistério de Nosso Senhor!*

Místico, (de *misto* + *-ico*) **1.** *adj.* Comum; indiviso; misto; misturado[T]. **2.** *adj.* Sensível[T].

Mistura, 1. *n.f.* O m.q. sêmea[P]. Segundo Lacerda Machado, o nome tem origem em misturar-se uma pequena quantidade de sêmea no *bolo* para o amaciar. **2.** *n.f.* O m.q. *doçura*[Sj].

Mitra, *n.f.* Uropígio; o m.q. sobrecu[Sj,T]. Deve o nome à sua semelhança anatómica.

Mitra da carrada, *n.f.* Parte dianteira de uma carrada de lenha com rama, que se prolongava para cima em diagonal ascendente, dando-lhe o curioso aspecto de uma mitra[Sj].

Miudeiro, *adj.* Impertinente; exigente; miudinho, no sentido de minucioso por excesso (de *miúdo* + *-eiro*)[Sj,SM,T].

Miudezas, *n.f. pl.* Produtos da terra cultivados em pequena quantidade (de *miúdo* + *-eza*, pl.)[Fl].

Moagem, *n.f.* Moinho movido a motor (de *moer* + *-agem*).

Mobilha, *n.f.* Mobília, sua corruptela. Ver tb. *mobilhar*.

Mobilhar, *v.* Mobilar. *Duma velha que serrei, / Uma casa mobilhei / Para quando me casar [...]*[1453]. Nota: Esta palatalização também se ouve nas falas populares de Miranda do Douro.

Mocho, *adj.* Diz-se do indivíduo que lhe falta uma perna (ext. de *mocho*)[Fl].

Mocidade, *n.f.* Abundancia (CF).

Moço-de-parar, *n.m.* O m.q. namorado[T].

Moço, *adj.* Novo: – *És más moço c'á mim*[Fl].

Moda de Ajudar, *n.f.* Moda de *balho* em que existe coro, como, por exemplo, a *Charamba*, a *Lira*, o *S. Macaio*[T].

[1453] J. H. Borges Martins – *As Velhas*.

Moda dos Frades, *n.f.* *Moda* tradicional das Flores, também chamada *Pezinho Encaracolado*: *À roda, frades à roda, / À roda deste convento, / Que agora há uma moda, / Frades fora, freiras dentro.*

Moda, *n.f.* *Balho* ; canção popular (do lat. *modu-*, pelo fr. *mode*).

Moderno, (do lat. tard. *modernu-*, moderado, recente) **1.** *adj.* Bonançoso (geralmente em referência ao estado do tempo). Nas Flores diz-se: *Trovão no Inverno, / tempo moderno*. **2.** *adj.* Sossegado, moderado de maneiras (quando se refere a pessoas, geralmente a crianças)[F,SM]. Também pode significar excelente.

Modjero, *adj.* Tempo ou lugar húmido[1454].

Moeda Insulana. Moeda em uso nos Açores e na Madeira, retirada neste arquipélago em finais do séc. XIX, tendo permanecido nos Açores até 1931[1455]. Tinha um ágio médio inferior à moeda portuguesa de 25%[1456], por exemplo 600$000 réis insulanos representavam apenas 480$000 na moeda continental.

Moega, (do lat. *molaeca*, fem. subst. de *molaecu-*) **1.** *n.f.* Caixa com a forma de uma pirâmide quadrangular, com o vértice para baixo, onde vai caindo o grão para o *olho* da mó. **2.** *n.f.* Orifício por onde entra o grão nos moinhos de mão[T]. **3.** *n.f.* Conjunto de peças ou *monte da atafona*[SM].

Moeira, *n.f.* Pá de malhar milho (do lat. *manuarĭa-*)[1457]. Cp.: Em certas regiões do Continente dá-se o mesmo nome ao cabo do mangual.

[1454] Retirado de Guilherme Augusto Simões – *Dicionário de Expressões*.

[1455] O Dec. Lei n.° 19869, de 2 de Junho de 1931, unificou a moeda em todo o território.

[1456] Esse ágio era do gosto da população por pagarem menos impostos, 25% menos do que se fosse em moeda forte.

[1457] Retirado de Guilherme Augusto Simões – *Dicionário de Expressões* (termo retirado de Obra de Teófilo Braga).

Gravura em madeira séc XVI – J. Amman

Moenda, (do lat. *molenda*) **1.** *n.f.* Saco feito de tecido grosseiro e de cor branca, cheio milho ou de farinha, levada ou trazida do moinho[F,Fl]: – *O moleiro já vem aí com o burro carregado de moendas!* Em S. Miguel e no Cont., pelo menos em certas regiões, este termo aplica-se, à própria pedra que mói, à mó. No entanto, há referências a *moenda*, com o mesmo significado que tem nas ilhas dos Açores, em alguns textos literários como, por exemplo, de Aquilino Ribeiro[1458] *[...] atrás das jumentas mansarronas, carregando as moendas de porta em porta.* Na região de Cantanhede (freguesia de Fervença, onde outrora havia muitos azenhas), 'arranjar moenda' significava angariar novos fregueses para moer cereais, indo o moleiro de casa em casa para tal fim[1459]. Nas Flores diz-se: *Moinho parado / não cobra moenda*[1460]. **2.** *n.f.* Chumaceira do carro de bois[Sj].

Moer à frade, *exp.* Moer no moinho-de--mão. Tem esta designação pelo facto de se estar com a mão no cabo, no *frade*[T].

Mofedo *(fê),* *n.m. Bot.* Espécie de musgo existente na Terceira (*Polytricum* spp.) e que abunda nos terrenos de *biscoito*, formando tapetes ou almofadas, absorvendo muita humidade – por tal facto, é aproveitado para se colocar na superfície dos vasos com plantas ornamentais, a fim de conservar a sua humidade: *[...] algares sem fundo, tépidos e vestidos de mofedo*[1461].

Mofina, *n.f. pl.* Hemorróidas[F].

Mofino, (tv. do ár. *mûhim*, doentio) **1.** *adj.* Avarento; infeliz; sovina; vil (arc.). Do 'Romance' *O Macaco Sem Rabo*, transcreve-se: *[...] mas o mofino do homem / dar a camisa negou*[1462]. Aquilino Ribeiro regista-o também na linguagem beirã: *[...] meteu-se numa cardenha e aí terminou os dias mofina e abandonada*[1463]. **2.** *adj.* Enfezado; pouco desenvolvido[StM].

Moganga, *n.f.* O m.q. *mogango*.

Mogango, *n.m. Bot.* Certa espécie de abóbora *(Cucurbita pepo)*; o m.q. *moganga* e *bogango*. No Alentejo também é utilizado o mesmo termo, sempre no masculino. <u>Mogango sem cabeçalho</u>: Indivíduo gordo e desajeitado[SM].

Moinha, (de *moer*, tv. com infl. de *farinha*) **1.** *n.f.* Casca do trigo e restos de palha que o vento leva quando se está a joeirar[C]. **2.** *n.f.* Impurezas que ficam na joeira depois de sair a semente[C].

Moinho, *n.m.* O m.q. remoinho, sua f. aferética[C].

Moinho a berrar, *exp.* Barulho que faz o moinho quando lhe falta o grão, devido ao atrito entre as duas pedras[SM].

Moinho-a-braço, *n.m.* O m.q. moinho-de--mão[T].

1458 Aquilino Ribeiro – *Estrada de Santiago.*

1459 Júlio *Moleiro*, moleiro de Fervença – Comunicação Pessoal.

1460 Armando Cortes-Rodrigues – *Adagiário Popular Açoriano.*

1461 Vitorino Nemésio – *Corsário das Ilhas.*

1462 Manuel da Costa Fontes – *Romanceiro da Ilha de S. Jorge.*

1463 Aquilino Ribeiro – *Terras do Demo.*

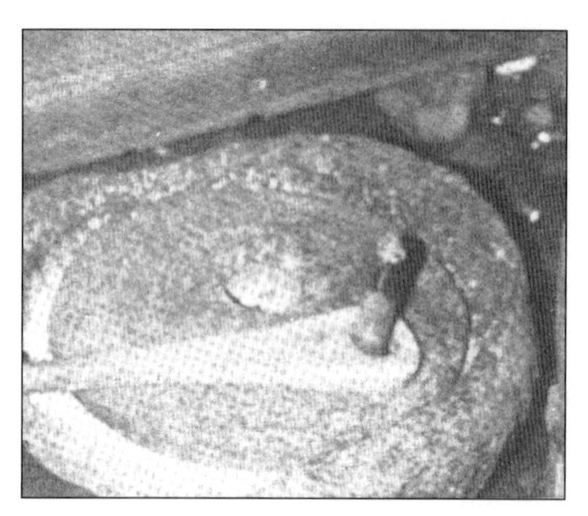

Moinho-de-mão com o respectivo frade

Moinho-de-mão, *n.m.* Pequeno moinho constituído por duas pedras sobrepostas e adaptadas uma na outra, sendo a superior movida através de um cabo – o *frade* – fixado à parte superior e lateral e que tem no centro um orifício medindo cerca de 10 centímetros por onde se vai deitando o cereal. Presente em todas as ilhas, na Terceira era mais desenvolvido, com um aspecto semelhante à atafona. Nota: Antigamente, os *moinhos-de-mão* foram os únicos moinhos isentos do pagamento de sisa. Os capitães donatários tinham o monopólio de todos os outros moinhos.

Moinho do engodo, *n.m.* Moinho feito de alumínio, igual ao que se usa(va) na cozinha para moer carne, usado nas lanchas para moer o engodo.

Moio, *n.m. fig.* Riqueza (do lat. *modĭu-*)[T]. Em certas freguesias da Terceira, se chove no dia do casamento são *moios* a cair à sua porta[1464].

Moio de anos, *n.m. fig.* Emprega-se este termo para se referir à idade de 60 anos, daí, o provérbio de S. Miguel: *Moio, só de trigo ou de dinheiro.*

Moio de campo, *n.m.* O m.q. hectare: *[...] procurou compensar essa falta arroteando algumas dezenas de hectares (à moda da ilha: moios de campo)*[1465].

Moira, 1. *n.f.* Pequeno caranguejo negro *(Pachygrapsus marmoratus)* muito abundante nos rolos das ilhas, que serve de isco vivo para a pesca da *veja* e de outros peixes, apanhado entre os pequenos calhaus do rolo[F]. Nalgumas ilhas é chamado *caranguejo-negro, caranguejo-moiro* e *caranguejo-pequeno.* **2.** *n.f.* Afér. de salmoira: – *Más três dias de moira e as vejas 'tão prontas pra se pôrim ao sol!*

Moira-rola, *n.f.* Caranguejo, nome vulgar de *Eriphia spinifrons.*

Moirajaca, *n.f.* Variedade de caranguejo[T].

Moirão, (de orig. obsc.) **1.** *n.m.* Estaca grossa cravada verticalmente no centro da eira onde se enfia a *arça* da *cobra.* Dão-lhe o mesmo nome na Madeira[1466]. **2.** *n.m.* Peça cilíndrica solidamente encastrada no leito da proa do bote baleeiro, destinada não só a amarrar o cabo para o seu reboque mas também para passar uma volta à linha do arpão no sentido de travar o andamento à baleia trancada. **3.** *n.m.* O que fica no meio da roda, no *balho* da Ciranda (ext. de *moirão*): *Ó Ciranda, ó Cirandinha, / Vamos nós a cirandar;/O moirão está no mei(o) da roda, / Já hoje nã(o) apanha par*[1467]. Var.: *Mourão.*

Moirinho-moirão, *n.m.* Papão[SM]: Após arrancar o dente podre com uma linha de coser, era recitada a seguinte rima: *Moirinho-moirão, toma lá o teu podre e dá cá o meu são!* repetido até o sangue estancar[1468]. Na Terceira atirava-se o dente para cima do telhado e dizia-se: *Mourão, mourão, pega lá um dente podre e dá para cá um são*[1469].

Moirisca, (de *moirisco*) **1.** *n.f.* Representação teatral, também chamada *mouriscada:*

1464 J. H. Borges Martins – *Crenças Populares da Ilha Terceira II.*

1465 Vitorino Nemésio – *Corsário das Ilhas.*

1466 Jorge de Freitas Branco – *Camponeses da Madeira.*

1467 Quadra da moda regional *Ciranda,* recolhida nas Flores.

1468 Cristóvão de Aguiar – *Raiz Comovida.*

1469 Inocêncio Romeiro Enes – *Tradições e Festas Populares da Freguesia dos Altares.*

[...] as mouriscadas representavam, numa viva tradição, os combates simulados de mouros com cristãos[1470]. Na Madeira davam-lhe o nome de 'Bailinho dos Vilões'. **2.** *adj.* Nome de galinha, com penas brancas e pretas: *As galinhas mouriscas, raça poedeira que a rosa do Sol não cobre outra igual, eram as mais varelas da crista*[1471]. Var.: *Mourisca*[C,SM]. No Continente, à *galinha moirisca*, chama-se 'galinha pedrês' e no Brasil, 'galinha carijó'. **3.** *n.f.* O m.q. *moiriscada.*

Moiriscada, *n.f.* Composição teatral popular dramática da Ilha de S. Miguel, trazida para os Açores por volta do séc. XVI (de *moirisco* + *-ada*). Este nome foi, mais tarde, substituído por *Reisada* e, depois, por *Comédia* ou *Drama.*

Moirisco, (de *moiro* + *-isco*) **1.** *adj.* Nome que se dava a uma variedade de linho, trazido inicialmente para o Arquipélago. **2.** *adj.* Diz-se do galináceo salpicado de preto e branco. Var.: *Mourisco*[SM].

Moiro, *n.m.* Criança não baptizada[Sj]; o m.q. *pagão*[Sj,T].

Mojo *(ô)*, *n.m.* Conjunto da glândula mamária e dos tetos das fêmeas ruminantes. Var.: *Monjo*[SM].

Molancão, *adj.* Diz-se de um animal ou de um indivíduo mole, sem energia (corrupt. de *molengão*)[F].

Molar, *adj.* Diz-se do pêssego que larga bem o caroço (de *mole* + *-ar*).

Molarisco, *adj.* Termo não usado na linguagem comum. Utilizado numa rima infantil da Terceira: *Francisco, molarisco, / Varre a casa e apanha o cisco.*

Moldear, *v.* Adaptar; arranjar (corrupt. de *moldar*)[Fl].

Molear *(i)*, *v.* Exercer a arte de moleiro[Sj]: *Já sei moliar / Como um bom moleiro, / No moinho do milho / E lá no alveiro*[1472].

Moledo, *n.m.* Pedra de grande tamanho. No Algarve, 'moledo' ou 'moledro' é um pequeno monte de pedras.

Moleira, (de *mole* + *-eira*) **1.** *n.f.* Cabeça[F]. *Dar na moleira:* dar na veneta. **2.** *adj.* Diz-se da vaca fácil de ordenhar, em cujos tetos basta uma pequena força para fazer sair o leite[F]. O antónimo é *dureira.*

Moleiro, *n.m.* Nome vulgar dado a uma espécie de golfinho – *Grampus griseus.*

Molestado, *adj.* Abatido; triste; sofrido (part. pas. de *molestar*): – *José Ambrósio anda muito molestado desde que le morreu o vizinho!*

Moleste, *n.m.* Mal; prejuízo (deriv. regr. de *molestar*). *Não fazer moleste:* não fazer mal[SM,T]: *[...] bua noute e bua viage desejo a vosoria e que chegue à cedade sim moleste ninum*[1473].

Molete, *n.m.* O m.q. *pão alvo* (do fr. [pain] *mollet* que significa 'pão mole')[T]. No Minho chama-se 'molete' ao pão quando é cozido com outros a que adere e ao conjunto de moletes dá-se o nome de 'pada'.

Molha, *n.f.* Nome que em certas ilhas do Grupo Central se dá a um guisado feito com carne (deriv. regr. de *molhar*).

Molha de carne, *n.f.* Variedade de prato de carne de porco gorda guisada com batatas, típico do Faial, também conhecida pelo nome de *Carne de Molha*[1474]. É prato muito apreciado pelos turistas que visitam a Ilha.

Molha de pé, *n.f.* Petisco feito por ocasião da matança do porco, à base do pé e da perna do porco, cozidos em água aromatizada com pimenta, canela e louro[P].

Molha de pés no forno, *n.f.* Variedade de prato feito com os pés do porco assados no forno depois de temperados alguns dias antes[P].

1470 Luís Bernardo Leite de Ataíde – *Etnografia, Arte e Vida Antiga nos Açores.*

1471 Cristóvão de Aguiar – *Raiz Comovida.*

1472 *Teresa Moleira,* recolhida em S. Jorge por Elsa Mendonça.

1473 Luís Bernardo Leite de Ataíde – *Etnografia Arte e Vida Antiga dos Açores.*

1474 Maria Odette Cortes Valente – *Cozinha de Portugal.*

Molhanca, *n.f.* Muito molho (de *molho* + *-anca*)[Fl]. No Cont. chama-se 'molhança' e 'molhanga'.
Molhar a palavra, *exp. fig.* Sorver apenas uma pequena quantidade, geralmente de vinho[F].
Molhe, *n.m.* Variedade de arroz cozinhado com restos de sangue do porco, no dia da *matação*[StM].
Molhelha, *n.f.* Almofada usada pelos homens em cima do ombro para apoio da carga a transportar (do lat. *mollicŭla-*, coisas moles)[T].
Molheta, *n.f.* Pequeno molho (de *molho* + *-eta*): *[...] e o marido sentado na cozinha a amarrar tabaco às molhetas*[1475].
Molhete, *n.m.* O m.q. *molheta*; pequeno molho (de *molho* + *-ete*)[T]: *Umas fazem florinhas de papel, outras arranjam molhetes de faias, que os homens foram buscar ao mato na véspera [...]*[1476].
Molhinho (Mò), (de *molho* + *-inho*) **1.** *n.m.* Atado feito com a casca do milho, destinado à comida para o gado que está no palheiro durante o Inverno[Sj]. **2.** *n.m.* Quando os velhos já estão parados em casa, apenas vendo os dias a passar, costuma-se dizer que estão pr'ali num molhinho: *Em uma Sexta-feira Santa, sentada num molhinho de ossos num canto da cozinha [...]*[1477]. **3.** *n.m.* Espécie de enchido feito com os miúdos de ovelha ou de cabra que, depois de temperados com alho, sal, cominhos, hortelã, malagueta e vinagre, são enrolados num pequeno rectângulo do bucho, atado com as próprias tripas[P]. Os *molhinhos* são tradicionalmente feitos pelas festas do Espírito Santo. Na Beira Baixa também os fazem e chamam-lhes 'molhinhos' ou 'maranhos'.

[1475] J. H. Borges Martins – *Crenças Populares da Ilha Terceira II.*
[1476] Inocêncio Romeiro Enes – *Tradições e Festas Populares da Freguesia dos Altares.*
[1477] Cristóvão de Aguiar – *Raiz Comovida.*

Molho, *n.m.* Variedade de enchido de Santa Maria, feito com língua, febra, orelha e coração, tudo metido no bucho do porco. Os *molhos* são uma versão mariense dos 'maranhos' ou 'molhinhos' da Beira Baixa[1478].
Molho-cru, *n.m.* O m.q. *molho de vilão* e *molho verde*[F].
Molho-de-feijão, *n.m.* Feijão guisado com linguiça[Sj,SM].
Molho-de-fígado, *n.m.* Petisco feito no próprio dia da matança do porco, sendo uma espécie de estufado em que entra fígado do porco, toucinho e febras cortados aos bocadinhos, coração, língua, tudo lentamente cozinhado num pequeno *caldeirão* enquanto os homens vão desmanchando o porco[F]. O m.q. *caçoilha*. No Alentejo chama-se 'cachola'.
Molho-de-unhas, *n.m.* Prato feito com favas *escoadas*, temperadas com azeite, vinagre, alho, cebola e massa de malagueta. Costumava ser vendido nas tascas das touradas à corda, petiscado sem talheres, à mão, *à unha*, – daí o nome.
Molho-de-vilão, *n.m.* Molho feito com alho, salsa, azeite e vinagre ou vinho branco[SM]; o m.q. *molho- cru* e *molho-verde*.
Molho-pardo, *n.m.* Guisado, geralmente de ave, em que se incorpora, quase no fim da cozedura, o sangue dessa ave misturado com vinagre para que não coagule. É um nome também muito usado no Brasil. Em Portugal continental é mais conhecido pelo nome de 'molho de cabidela'. Também, à galinha guisada com arroz em que se adiciona o sangue chama-se 'arroz de cabidela'.
Mona, *n.f.* Terra escura, solta e fraca[T].
Monchique, *n.m.* Ilhéu da Ilha das Flores, aqui registado por ser o recife mais ocidental dos Açores, e da Europa.
Monco, *adj.* Surdo-mudo[Fl].
Monço, *n.m.* Moço, sua corruptela. É muito ouvido nas Flores, onde tanto pode

[1478] Os maranhos da Beira Baixa são feitos com carne e vísceras de carneiro ou de cabrito.

significar filho, irmão, ou referir-se a um moço qualquer.

Monda, *n.f.* Erva daninha (deriv. regressiva de *mondar*). O termo nunca é utilizado para indicar o acto de mondar, sempre a planta que precisa de ser mondada[F,T]: *O turista que nos vem visitar / Consola-se a apreciar / Um concelho cheio de frescura; / Piscinas muito asseadas / E valetas enfeitadas / Com monda da minha altura*[1479].

Monde, *n.m.* Causa; modo, sua corruptela[T]: *Vamos lá por monde da demandada de água*[1480].

Monete, *n.m.* Nome de penteado que consiste em amarrar o cabelo atrás da cabeça (do cast. *moño* + *-ete*)[Sj].

Mónica, *n.f.* O m.q. nêspera[SM]. Nome apenas usado em S. Miguel. Var.: *móquina*[SM].

Moniqueira, *n.f.* O m.q. nespereira, *Eriobotrya japonica* (de {*mónica*} + *-eira*)[SM]: – *Peçam facês lá na quinta do senhor Tinxeira umas folhas de moniqueira para se enfeitar a tenda*[1481]. Segundo Carreiro da Costa, a nespereira foi introduzida em S. Miguel pelo Barão da Fonte Bela por volta de 1810 como árvore de ornamentação, tendo-se rapidamente propagado, pelas boas condições que encontrou nos terrenos da ilha.

Monje, *n.m.* O m.q. *bojo*, falando dos instrumentos músicos.

Monjo, *n.m.* O m.q. *mojo*[SM].

Monograma, *n.m.* Uma das *marcas* das *danças de Entrudo* da Terceira.

Montão, *n.m.* Monte de trigo para secar; conjunto de *paveias* (de *monte* + *-ão*)[T].

Monte, *n.m.* Conjunto de casas no meio rural (do lat. *monte-*)[Sj,T]: *O Monte, crista, povoada de casas [...], é um das mais representativas particularidades da paisagem jorgense*[1482]. *Home do monte:* homem do campo[T]. *Impérios do monte*: *Impérios* das freguesias rurais[T]. *De monte*: Diz-se da medida de sólidos acaculada[C].

Monteco, *n.m.* Casa pequena[1483].

Monte da atafona, *n.m.* Caixa de pedra onde estão as mós da atafona.

Monte do lagar, *n.m.* Conjunto de peças do lagar do vinho[T].

Monte do moinho, *n.m.* Conjunto das peças e da mesa do moinho[T].

Monte-mór, *n.m.* No Pico chamava-se *monte-mór* a uma soldada do melhor peixe apanhado, que pertencia a todos os pescadores, sendo vendida e o produto destinado a comprar aguardente. Segundo Lacerda Machado, por várias vezes a Câmara das Lajes do Pico tentou proibir este acto mas sem resultado.

Montinho, estar num, *exp.* Estar anquilosado, sem se poder mexer, geralmente pela muita idade[F,T]: *[...] e a pequena ficou num montinho, que dava a impressão que tinha os ossos desnorteados*[1484].

Móquina, *n.f.* O m.q. *mónica*, nêspera (met.)[SM].

Mora, *n.f.* Motocicleta (do am. *motor-bike*). Não é de uso generalizado.

Moraçaca, *n.f.* Moto; motocicleta (do am. *motorcycle*). É *calafonismo*.

Mora-rume, *n.m.* Autocaravana (do am. *motor-room*). É *calafonismo*.

Morcego, *n.m.* Regista-se a palavra apenas para referir que, quando os Açores foram descobertos, encontraram quase todas as aves e insectos presentes na Europa, mas apenas um mamífero – o morcego. A espécie encontrada nos Açores é cientificamente designada pelo nome de *Nyctalus azoreum*.

1479 Do bailinho carnavalesco *Salazar vem à Terra*, de Hélio Costa.

1480 J. H. Borges Martins – *A Justiça da Noite na Ilha Terceira*.

1481 Urbano de Mendonça Dias – *"O Mr. Jó"*

1482 Elsa Mendonça – *Ilha de S. Jorge*.

1483 Guilherme Augusto Simões – *Dicionário de Expressões* (retirado de Obra de Teófilo Braga).

1484 J. H. Borges Martins – *Crenças Populares da Ilha Terceira I*.

Morceleira, *n.f.* Tripa do porco correspondente ao cólon (de *morcela* + *-eira*)[C]. Também se chama *tripa-morceleira*[C].

Mordoma, *n.f.* Mulher que trabalha na preparação das festas do Espírito Santo, como Ajudante da *Mestra*[SJ]: *O Senhor Espírito Santo / Ele aqui vai à relvinha, / Vai ajudar as mordomas / A peneirar a farinha*[1485].

Mordomia, (de *mordomo* + *-ia*) **1.** *n.f.* Festa dos *Impérios* no que respeita à alimentação e *pensões*[SM]. **2.** *n.f.* Grandiosa festa com muita abundância de iguarias (ext. de *mordomia*)[SM].

Mordomo, (do lat. mediev. *maiore – domu-*, criado maior da casa) **1.** *n.m.* Um dos *Irmãos* escolhidos ou eleitos para realizarem as festas *(Bodos)* nos domingos de Pentecostes e Santíssima Trindade – quando há mais do que um, chama-se *procurador* ao principal. **2.** *n.m.* Tesoureiro ou secretário da Irmandade. **3.** *n.m.* Aquele que trata dos negócios da Irmandade dos pescadores, na Terceira. **4.** *n.m.* Cada um dos sete indivíduos que ajudam o *despenseiro* nas festa do Espírito Santo, abatendo reses, cortando carne, tratando da despensa, etc.[SM]. **5.** *n.m.* Cada um dos chefes de família da freguesia que o *Cabeça* da festa do Espírito Santo convida para o auxiliaremem no desempenho das suas obrigações e contribuírem para as despesas com géneros e dinheiro.

Mordomo do fogo, *n.m.* Indivíduo que, nas festas do Espírito Santo, tem a seu cuidado a aquisição dos foguetes e do fogo de artifício para a festa desse ano[T].

Mordomo do vinho, *n.m.* Cada um dos três ou quatro mancebos nomeados para tomar conta do vinho e dos tremoços nas festas do Espírito Santo[SJ].

Moreão *(i)*, (de *moreia* + *-ão*) **1.** *n.m.* Espécie de moreia (*Gymnothorax unicolor*), de cor acastanhada – por isso também chamado *moreão-castanho* – óptimo para comer frito dado só possuir a espinha central[F]. **2.** *n.m. fig.* Pénis[SM].

[1485] Quadra da Ilha de S. Jorge.

Enchelycore anatina (Foto: Ricardo Cordeiro)

Moreia-brisa, *n.f.* Ver *moreia-víbora* (*Enchelycore anatina*)[SM].

Moreia-negra, *n.f.* O m.q. *moreia-preta* (*Muraena augusti*).

Moreia-pintada, *n.f.* Uma das espécies de moreias existentes nas ilhas – *Muraena helena*. É uma das variedades mais vistosas de moreia, de cor amarelo-vivo pintalgada de manchas pretas, sendo a única variedade de moreia que muitas pessoas comem, extremamente gorda e que, por isso, geralmente é cozinhada em fritura muito lenta para deixar trespassar essa gordura. Na região Centro do país, onde às vezes se encontra nas peixarias, chamam-lhe 'moreira'.

Moreia-preta, *n.f.* Peixe, cientificamente denominado *Muraena augusti*, facilmente pescado junto à costa, muitas vezes nos próprios *rolos*. Os pescadores aproveitam para apanhar moreias quando aviam o peixe junto à água, no rolo, com um anzol iscado com as tripas do próprio peixe ou, idealmente, com um bocado de tentáculo de polvo. As moreias são extremamente vorazes, deslizando como cobras pelas pedras acima, às vezes até ficarem completamente fora de água. Há quem as apanhe prendendo-as pela parte da cabeça – para que não possam morder[1486] –

[1486] As moreias são extremamente agressivas quando provocadas, tentando logo morder com os

com um *pexeiro*, depois de atraídas com o polvo. A moreia esfaimada vem cega atrás do isco, por isso, chegamos a apanhá-las à mão, agarrando-as rapidamente pelo meio do corpo ao mesmo tempo que se as atira para cima do rolo – algumas delas, como autênticas cobras, metem-se por entre as pedras do rolo, desaparecendo para sempre. Havia uma maneira muito curiosa de apanhar as moreias, embora não fosse usada com frequência: furávamos uma cana de bambu, retirando a parte interior junto dos nós, e uma das pontas era afiada em chanfre, de forma a fazer dois bicos; era então enfiado um arame ou um *nalho* forte dobrado pelo seu interior de maneira a fazer um laço ao sair pela ponta chanfrada. A mão esquerda (em dextros) segurava na cana e a direita nas duas pontas do fio, permitindo apertar ou aumentar o diâmetro do laço. Quando a moreia vinha enguiçada pelo engodo, o laço, bem largo, era-lhe enfiado, até um pouco atrás da cabeça, sendo o seu corpo apertado com firmeza ao puxar com toda a força as duas pontas do fio.

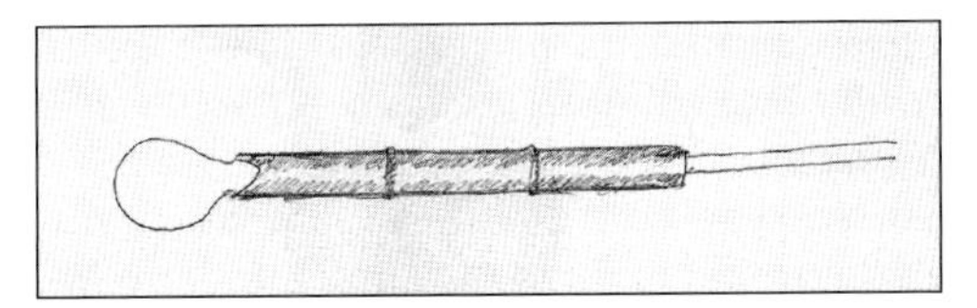

Cana com laço de apanhar moreias

A *moreia-preta* geralmente é usada na alimentação depois de bem temperada com sal e alho, e frita, embora alguns a cozinhem estufada ou em caldeirada. Só é aproveitada a parte anterior ao *umbigo*, ou seja, as postas 'abertas'. Antigamente, na casa dos mais pobres, era *escalada*, salgada e seca para ser consumida durante o Inverno[1487]. Nota: Em 2006, a *moreia-preta* (*Muraena augusti*) e a *moreia-pintada* foram consideradas como pertencentes à mesma espécie – *Muraena helena*. No entanto, a questão continua em discussão[1488].

Moreia-víbora, *n.f.* Moreia muito agressiva depois de provocada e que chega a atingir um metro de comprimento[F]. Cientificamente é denominada *Enchelycore anatina*. Em S. Miguel é chamada *moreia-brisa*.

Mormaço, *n.m.* Tempo húmido e pesado, característico dos Açores (de *mormo* + *-aço*). *O tempo está nublado e morno, de visibilidade amaciada: o que aqui nos Açores nós chamamos mormaço*[1489]. J. Almeida Pavão, ao referir-se às influências do meio insular no povo, escreve: *A presença envolvente, monótona, obsidiante e quase ubíqua do mar; o céu na sua inconstância definida pelas nuvens, com as suas aparições mais caprichosas: ambos hão-de produzir uma impressão similar nas manifestações anímicas dos habitantes*[1490]. Var.: *Marmaço*[StM,SM].

Mormo *(ô)*, *n.m.* Azémola; besta ordinária[SM,StM]: *Chega-te pr'àqui grandessíssimo môrmo do corisco*[1491].

Mornaça, (de *mornar* + *-aça*) **1.** *n.f.* Tempo quente e húmido ou o seu efeito asteniante que provoca nas pessoas. **2.** *adj.* Indolente; lento; pasmado; vagaroso nos movimentos, qualidade por que é conhecido o açoriano em geral.

Mornacento, *adj.* O m.q. *mornaça*; mandrião; preguiçoso (de *{mornaça}* + *-ento*).

Morra, *n.f. cal.* Cabeça[C].

Morraça, *n.f.* Chuva miúda e constante (de orig. obsc.)[C,T]. No Alentejo, 'morraçar' é cair chuva miudinha.

seus afiados dentes. Na sabedoria popular, a dentada da moreia é perigosa porque facilmente se complica de infecção; pessoalmente e por experiência própria, não tenho essa ideia.

[1487] Em Peniche, segundo me informaram, é escalada, leva umas pedras de sal e é posta ao sol e ao ar durante um dia – dizem que fica 'enjoada'–, sendo comida depois de frita. Como a consideram muito saborosa dão-lhe o nome de 'leitão do mar'.

[1488] Ricardo Cordeiro – Comunicação Pessoal.

[1489] Vitorino Nemésio – *Corsário das Ilhas*.

[1490] J. Almeida Pavão – *Aspectos Populares Micaelenses no Povoamento e na Linguagem*.

Morrão, *n.m.* Algodão parcialmente queimado, um dos componentes do *isqueiro* de antigamente.

Morrasco, *n.m.* Cascalho miúdo[SM]. Cp.: No Cont., 'morraça' tem significado semelhante.

Morrer com os olhos pregados ao mundo, *exp.* Diz-se da pessoa que morre com os olhos abertos[T].

Morrer moirinho, *exp.* Diz-se da criança que morreu sem ter sido baptizada[Sj].

Morrinha, 1. *n.f.* Chuva muito leve e calma; chuvisco persistente e leve. Nalguns locais do Cont., com o mesmo significado, usa-se o termo 'morrinhice'. **2.** *n.f. fig.* Pessoa impertinente. **3.** *n.f.* Bebedeira.

Morrinha de caixão à cova, *n.f.* Grande bebedeira[T].

Morrinhar, *v.* Cair *morrinha* (de *morrinha* + *-ar*).

Morrinhento, *adj.* O m.q. *morrinhoso* (de *morrinha* + *-ento*).

Morrinhoso, *adj.* Diz-se do tempo de chuva miudinha e persistente (de *morrinha* + *-oso*).

Mortalaço, *adj.* Mole; sem vivacidade (de *mortal* + *-aço*). Em S. Miguel diz-se *Março / mortalaço,* como antigamente se dizia no Cont. 'Páscoa em Março, ou fome ou mortaço'.

Mortório, (de *mortuório,* do lat. *mortuōrum*) **1.** *n.m.* Aplicação de multas, após os enterros, aos membros da Irmandade que, tendo obrigação de participar, não compareceram[Fl]. **2.** *adj.* Esquecido; demorado. Diz-se que uma coisa está em *mortória* quando está demorada, esquecida[T].

Mosca-azul, *n.f.* O m.q. varejeira *(Calliphora erythrocephala),* também chamada *moscão*[C].

Mosca-lambideira, *n.f.* Pequena mosca dos equídeos *(Hippobosca equidea),* também chamada *mosca miúda* e *mosca verde*[C].

Mosca-miúda, *n.f.* O m.q. *mosca lambideira*[C].

Moscão, (de *mosca* + *-ão*) **1.** *n.m.* Pequena mosca que fustiga os bovinos, à volta dos chifres e dos olhos e, muitas vezes, os fazem *estranhar,* pela sua grande quantidade[F]. Extremamente resistente, para se matar é preciso arrancar-lhe a cabeça. Aqui, o sufixo não tem carácter aumentativo. **2.** *n.f.* O m.q. *mosca azul*[C].

Moscaredo, *n.m.* Grande quantidade de moscas; moscaria (de *mosca* + *-aredo*)[Fl]. Nota: O sufixo irregular [*-aredo*] aparece nas ilhas do Grupo Central indicando grande quantidade.

Moscas impertinentes, *exp.* Diz-se que as moscas estão impertinentes quando vêm pousar repetidamente nas pessoas e não as largam, também sendo frequente dizer-se que estão *pegajosas,* isto geralmente acontecendo no tempo sombrio que anuncia chuva, daí os provérbios: *Mosca impertinente / chuva sente*[SM] e *Mosca impertinente, / chuva de repente*[Sj].

Mosca-verde, *n.f.* O m.q. *mosca-lambideira*[C].

Mosquedo, *n.m.* Nuvens miúdas que aparecem em grupo (ext. de *mosquedo*)[SM].

Mosqueiro, *n.m.* Enfeite de papel colorido dependurado nas casas durante o Carnaval (de *mosca* + *-eiro*)[T]: *[...] eram feitos com folhas de papel fino de variadas cores e depois pendurados nos tirantes das casas, o que embelezava bastante os tectos interiores*[1492].

Mossa, (do lat. *morsa,* mordida) **1.** *n.f.* Cada uma das duas ranhuras na parte inferior e lateral externa dos *canzis* da canga de bois[StM,SM,T,Fl], também chamada *mossa do tamoeiro.* Em S. Miguel também é chamada *fêmea.* **2.** *n.f.* *Sinal* de marcação do gado, sendo uma incisão em forma de arco no bordo da orelha[T].

Mossa do tamoeiro, *n.f.* Cada uma das duas cavidades no bordo superior da parte central da canga dos bois[StM]. Em S. Miguel dão-lhe o nome de *cave do tamoeiro.*

1491 Luís Bernardo Leite de Ataíde – *Etnografia Arte e Vida Antiga dos Açores.*

1492 Hélio Costa – *O Carnaval dos Bravos.*

Mostradas, *n.f. pl.* Couves finamente cortadas, como se faz para o caldo verde, cozidas temperadas com banha[P].
Mostrador, *n.m.* Balcão envidraçado de um estabelecimento comercial (do lat. *monstratōre-*, aquele que mostra)[SM,T].
Mostreta, *n.f.* Excrescência carnuda, uma *mostreta* de carne, por exemplo (de *mostra* + *-eta*)[Sj,T].

Motim dos Inhames. Nome por que ficaram conhecidos os motins que, em finais do séc. XVII (1697), ocorreram na Ilha de S. Jorge, em especial na Vila da Calheta e nas freguesias da Ribeira Seca e do Norte Pequeno, como protesto contra o pagamento do dízimo sobre a produção de inhame[1493]. Do Castelo de S. João Baptista chegaram a ser destacados para a Ilha 50 soldados e foram presos muitos lavradores; o Capitão-mor da Calheta, Gonçalo Pereira Machado, natural da Ribeira Seca, considerado o cabecilha dos motins, foi levado para Lisboa, onde acabou por morrer na prisão do Limoeiro. Ainda hoje se fala nestes motins, que são representados na heráldica da Ribeira Seca pelo desenho de um inhame no seu brasão.
Motreta *(ê)*, *n.f.* Parte grossa do ventre do porco junto às pernas[C].
Moucho, (corrupt. de *mocho*) **1.** *adj.* Diz-se do gado não tem cornos desde nascença. **2.** *n.m. fig.* Marido enganado pela mulher. **3.** *n.m.* Pessoa muito calada[SM].
Mouco, *adj.* Diz-se do *caldo* feito com abóbora, batatas e couves[Sj].
Mourão, *n.m.* Pau do centro da eira[C]. Ver também *moirão*.
Moutão, *n.m.* Tronco de madeira chumbado na parte superior do varadouro onde se prendem as lanchas, servindo também de apoio nos actos de arriar e varar (ext. de *moutão*, moitão)[C].
Mover, *v.* Abortar, falando de animais (do lat. *movēre*)[Sj,T]. JPM regista-o num dos seus variados sentidos, com o significado de "parir abortando".
Movilha, *n.f.* Mobília, sua corruptela[Fl].
Muchel, *adj.* O m.q. *chouriço-mouro*[SM].
Muda, *n.f.* As *mudas* são os movimentos anuais das populações da zona do Topo, na Ilha de S. Jorge (deriv. regr. de *mudar*)[1494]. São deslocações do seu habitat usual para as *Fajãs* e *Nortes*, povoações de ocupação temporária situadas respectivamente na costa sul e na costa norte de S. Jorge. Estas mudas são feitas duas vezes por anos, uma no Verão e outra no Inverno e estão ligadas ao movimento dos animais e com a necessidade de dispo-

1493 As despesas da Guerra da Restauração motivaram o aparecimento de um novo imposto chamado 'dízimo das miunças e ervagens', que atingiu também os inhames – anteriormente considerados comida de pobres – e que taxava em 1/10 todas as produções agrícolas. O seu aparecimento gerou profundo repúdio entre os jorgenses que cultivavam as rochas e as fajãs com grande quantidade de inhames, para consumo próprio e para exportação para a Terceira.

1494 As *mudas* estão em declínio desde o sismo de 1980 que destruiu as habitações de grande parte dos *nortes*.

nibilizar tratamentos e fazer as colheitas nesses locais de tão bons e produtivos terrenos.

Mudança, *n.f.* Procissão que se faz em S. Miguel, à volta do Campo de S. Francisco, num sábado – por isso chamado *sábado da mudança* –, para trazer a imagem de Santo Cristo do claustro do Convento da Esperança para o Santuário da Esperança.

Mudança da Bandeira, *exp.* Cortejo para levar as insígnias do Espírito Santo de uma casa para outra[SM]: *A pombinha vai voar / A esta hora do dia; / Sei que ela vai poisar / Numa outra moradia*[1495].

Mudança da Coroa, *exp.* Cortejo em que se faz a mudança da *Coroa* do Espírito Santo de casa de um *Irmão* ou do *Império* para casa de outro *Irmão* que deve servir no ano seguinte. É geralmente feita com a presença das Bandeiras mas sem acompanhamento dos Foliões[F]; o m.q. *mudança do Esprito Santo* e *passagem da Coroa.*

Mudança do gado, *exp.* Na maioria das ilhas, em que predomina o minifúndio, o gado tem que ser mudado de pastagem, quando se acaba a erva, para outra relva em que, entretanto, já cresceu nova erva. É a mudança do gado. A este acto de conduzir o gado de uma pastagem para outra chama-se *mudar gado.*

Muito, *adj.* Este adjectivo, nas ilhas dos Açores, muitas vezes não assume o plural, quando antecede a palavra ano, como na frase que se segue: *Já não me lembra muito bem! Isto também já foi há muito ano!*[1496]. O mesmo se passa com o adjectivo 'tanto': *Isso foi há tanto ano!*

Muja, *n.f.* Tainha pequena *(Chelon labrosus)*[1497], até cerca de 200 g (corrupt. de *mugem*). Na Póvoa do Varzim chama-se 'mujos' tanto às tainhas como aos robalos pequenos[1498]. Tal como noutros lados, a tainha gosta de andar na foz e nos estuários das ribeiras, chegando mesmo a subi-las se têm bom acesso.

Mulata, *n.f.* Maçaroca vermelha (de *{mulato}*)[Fl].

Mulato, (de *mulo* [= híbrido] + *-ato*) **1.** *adj.* Diz-se do milho vermelho[Fl]. **2.** *adj.* Diz-se do gado bovino com o pêlo de um preto não carregado e sem brilho[T].

Muleta *(ê)*, (do cast. *muleta*) **1.** *n.f.* Cada um dos dois paus com uma espécie de estribo na extremidade inferior, colocado mais ou menos alto consoante a perícia de cada um e que eram usados como brincadeira das crianças e que as tornavam, pelo menos fisicamente, da mesma estatura dos adultos. O m.q. andas. **2.** *n.f.* Alavanca que se adapta ao cabo da mó. **3.** *n.f.* o m.q. *pau-de-carreto*[T]: – *Antigamente, na Terceira, os Nabiças acartavam o peixe em duas cestas carregadas numa muleta, uma atrás, outra à frente.*

Mulher a minha, *exp.* O m.q. *minha*[T].

Mulher aberta, *n.f.* O m.q. *mulher de virtude*[SM].

Mulher da sua casa, *exp.* Mulher de respeito, que não anda largada fora de casa[Sj].

Mulher de porta aberta, *n.f.* O m.q. prostituta[T]: *E eu, que inté ali tinha stado ao pé dũa mulher de porta aberta, daí por diante tomei-lhe um rospeito que, maior, só o que tenho à minha Estrudes*[1499]. Aquilino Ribeiro regista em *O Malhadinhas* a exp. 'moça de porta aberta' com o mesmo sentido.

Mulher de virtude, *n.f.* mulher que lê a sina; bruxa: *Quando uma criança não está protegida com amuletos e começa a definhar lentamente, os pais, aconselhados por uma mulher de virtude [...]*[1500].

1495 Primeira das quadras cantadas pelos Foliões de S. Miguel na *mudança da Bandeira.*

1496 J. H. Borges Martins – *A Justiça da Noite na Ilha Terceira.*

1497 Há várias espécies de tainhas, difíceis de diferenciar pelos menos experientes, sendo a *Chelon labrosus* a mais frequente.

1498 A. Santos Graça – *O Poveiro.*

1499 Vitorino Nemésio – *O Mistério do Paço do Milhafre.*

1500 J. H. Borges Martins – *Crenças Populares da Ilha Terceira I.*

Mulher-do-monte, *n.f.* Mulher do campo, para diferenciar da que vive nas vilas e cidade. Correia de Melo[1501], ao descrever uma tourada à corda, escreve: *[...] a gritaria estrídula das mulheres do monte ante a emergência das quedas e colhidas [...].*

Mulher que não presta, *exp.* Mulher desonesta do ponto de vista sexual: *Havia uma Conceição Pacheca, uma mulher da vida [...] que metia homes em casa. [...] a casa da tal mulher que não prestava [...]*[1502].

Mun, *adj.* Muito, ou melhor, mui, sua corruptela, ou f. apocopada de *{munto}*[F,StM]: – *Home ei n'àpanhei más nenhũa moira porque já 'tá o rolo mun catado!*

Munto, *adj.* Muito, sua corruptela: – *Cum este vento de riba da terra faz munto frio c'a gente fica toda incarrilhadinha.*

Munto grandíssemo, *exp.* O m.q. *grandessíssimo*[Fl].

Murganha, *n.f. fig.* Partes pudendas da mulher.

Murganheira, *n.f.* Ratoeira pequena para apanhar *murganhos* (de *murganho* + *-eira*)[Fl,T].

Murganho, *n.m.* Rato ainda jovem (do lat. *muricanĕu-*)[F]. Nunca se diz ratinho, ou rato pequeno mas, sempre, *murganho.* Adágio: *Gato velho gosta de murganho.* É termo também muito usado no Minho.

Murna, *n.f.* Mancha de bolor, geralmente nas paredes[Sj]. Cp.: 'Murra' é nome que se dá a uma mancha da pele provocada pelo calor.

Muro, *n.m.* Bitola de madeira destinada a medir o tamanho da malha das redes[T].

Muro de leiva, *n.m.* Muro feito com leivas arrancadas à terra, sobrepostas umas sobre as outras até atingir uma altura suficiente para impedir que o gado o salte. Era costume usado em S. Jorge, nos terrenos onde escasseava a pedra.

Murricóio, *adj.* Asténico; prostrado (corrupt. de *merencório,* f. ant. de melancólico)[P].

Múseca, *n.f.* Música, sua corruptela; filarmónica[T]: – *Hoje, na iluminação, vai tocar a múseca da Ribeirinha.*

Musga, *n.f.* O m.q. *muja*; tainha pequena[Fl]: – *Hoje na Doca estava dando munta musga, mas era miudinha!*

Musgão, (de *musgo* + *-ão*) **1.** *n.m. Bot.* Designação dada a formações muscíneas de várias espécies do género *Sphagnum* que abundam nas partes altas das ilhas, onde a humidade é muito elevada. Nas Flores, formam extensos tapetes acompanhando a ondulação do terreno, formando amontoados a que é dado o nome de *burrecas*, por esse aspecto ondulado[1503]. Em S. Miguel chama-se *leiva* e, no Faial, *tufo*: *[...] Sucedem-se as moutas de queiró e o musgão que absorve e conserva a humidade como esponjas*[1504]. **2.** *n.m.* O m.q. *erva-corra, erva-patinha* e *erva-do-calhau*[F].

Musgar, *v.* Queimar o pêlo do porco; o m.q. chamuscar. Termo também muito usado no Alentejo com o mesmo significado (de *musgo* + *-ar*).

Musgo, (do lat. *muscu-*) **1.** *n.m.* O m.q. *musgão*[C]. **2.** *n.m.* O m.q. sargaço[T]: *[...] foram duma vez com um carro de bois ao areal da Praia buscar musgo para caldear nas terras*[1505].

Musgo-do-calhau, *n.m.* O m.q. *erva-corra.*

Musgo-do-mar, *n.m.* O m.q. *erva-corra.*

Música, *n.f.* O m.q. filarmónica; banda de música [C,F]. Var.: *Múseca.* Moisés Pires regista-o com o mesmo significado.

Música-velha, *n.f.* Em várias localidades dos Açores chama-se *Música-velha* à filarmónica mais antiga do lugar, sendo a *Música-nova* a mais recentemente criada. É expressão, aliás, usada um pouco por todo o país.

1501 Correia de Melo – *Memória Poética Àcerca das Touradas que em Uma Ilha do Atlântico Usão* (in *Festas Populares dos Açores*).

1502 J. H. Borges Martins – *A Justiça da Noite na Ilha Terceira.*

1503 "Burreca" era termo antigo que significava corcunda.

1504 Raul Brandão – *As Ilhas Desconhecidas.*

1505 J. H. Borges Martins – *Crenças Populares da Ilha Terceira I.*

N

Nã, *adv.* Não, sua f. arcaica. O [não] só se usa quando isolado, p.ex., *ele disse que não.* De resto, em posição proclítica, é sempre utilizado o *nã*: *nã quero, nã sei, nã senhor.* Repare-se nesta expressão muito usada nas Flores: – *Nã quero… Nã senhô, não!*

Nabada, *n.f.* Doce de Santa Maria feito com cabeças de nabo, amêndoas e açúcar (de *nabo* + *-ada*).

Nabejar, *v.* Falar no Diabo; praguejar (de *{nabo}* + *-ejar*, nabo, aten. de Diabo)[T].

Nabiça, *n.m.* Antigo vendilhão ambulante de peixe[T]: *Pelo Caminho de Baixo, àquela hora, apenas um ou outro nabiça passava, carregado de peixe, gemendo o vime dos cestos nos paus de carrêto*[1506]. Segundo Luís da Silva Ribeiro, esta designação provém possivelmente do antigo imposto chamado 'nabo', 'nabão', que Viterbo regista com a grafia 'nabám', imposto esse que pagavam os pescadores nos portos onde iam e que era, de cada navio, lancha ou outra embarcação, um peixe. A maioria dos *nabiças* provinha da freguesia piscatória de S. Mateus e eram conhecidos por alcunhas como *Galhéu, Escarcalha, Subica, Chinelo. Muitos destes "Nabiças", que eram figuras populares com o seu comércio ambulante, animavam as touradas, como hábeis "capinhas" desafiando os touros*[1507].
Ser como o frade nabiça (que tudo o que vê tudo cobiça): ser ambicioso, ser invejoso[T].

Nabo, *n.m.* Atenuação de Diabo[C]. No Corvo dizia-se: *Ei nabo estoura; na boca duma moura.* Raça-do-nabo: o m.q. *raça-do--diabo*[C,F].

Nabo inglês, *n.m.* Nome vulgar dado de uma das espécies de nabo (*Brassica napus*)[SM].

Nação, 1. *n.f.* O m.q. nascimento. Adágios: *O que é de nação / inda que se cure, / nunca fica são* ou, *quem é torto de nação / tarde ou nunca fica são.* **2.** *n.f.* América do Norte. *Gente da Nação:* gente da América, os Americanos (do am. *Nation*).

Nacer, *v.* Nascer, sua f. antiga[SM,T]. Garcia de Resende, na *Crónica de D. João II*, escreve: *Naceo aos três dias do mês de Mayo […].*

Nada, *n.m.* O m.q. *nica*[StM]: – *Dá-me um nada dessa linguiça pra acabar este pão!*

Nadichinha, *n.m.* O m.q. nadinha[T]: – *Inquiosta um nadichinha ao luade pra iquilhibriá melhió!*

Nafragado, *adj.* Apressado; atarefado (corrupt. e ext. de *naufragado*)[SM]: – *Anda sempre nafragado, dum lado pro outro!*

Nágua, *n.f.* Saiote (afér. de *anágua*)[P].

Naia, *adj.* Diz-se daquele que tem jeitos de *naião*.

Naião, 1. *adj.* Homossexual; invertido; maricão (de *Naia* + *-ão*)[1508]: *[…] só mesmo o Dindim das Bonecas […] um naião de*

[1506] João Ilhéu – *Gente do Monte.*

[1507] João A. Gomes Vieira – *Os Açorianos e as Pescas 500 Anos de Memória.*

[1508] Antigamente havia em Angra uma família de apelido Naia, em que quase todos os homens eram efeminados – daí a origem do termo.

primeira, mão leve e macia [...][1509]. **2.** *adj.* Idiota; palerma; o m.q. *anjó*[P].

Naice, *adj.* Bonito (do am. *nice*). *É uma naice garla:* é uma rapariga bonita; *é um naice bóia:* é um rapaz bonito; *é tanto naice:* é tão bom[1510]. Adjectivo corrente na linguagem *calafoniana.*

Naifa, *n.f.* Canivete ; faca ; navalha (do am. *knife*). Termo também muito usado actualmente no calão continental português. Var.: *Naife.*

Nailho, *n.m.* O m.q. náilon (do am. *nylon*). Quando se fala em linhas de pesca, nomeadamente da pesca amadora, diz-se sempre *nailho* e nunca 'seda', como frequentemente se ouve dizer no Continente.

Naitegão, *n.m.* Roupa de dormir (do am. *night gown*). Com a vinda de muita roupa da América, de lá veio também na *encomenda* o termo estropiado, *naitegão* ou *naitigão.* Em S. Miguel também se pronuncia *làtigão, làtigante, naitigame* e *naitigane.*

Naitigane, *n.m.* O m.q. *naitigão*[SM]: *[...] vejam agora vocês, cá está o naitigane que a Escolástica mercou na tal estoa*[1511].

Nalgada, *n.f.* Palmada nas nádegas (de *nalga* + *-ada*). Nas ilhas não se emprega correntemente o termo 'nádegas' ou 'nalgas' – sempre *quartos* –, embora se utilize correntemente o termo *nalgada,* por alguns pronunciado *nelgada*[F].

Os dicionários consultados registam-no como termo pouco usado na linguagem comum. Nos Açores é muito frequente. Moisés Pires regista-o com as grafias 'nalgada' e 'analgada'.

Namorar à janela, *exp.* Fase do namoro em que o namorado ainda não tinha autorização para entrar em casa.

Namorar por carta, *exp.* O que se fazia muitas vezes entre namorados distantes, antes da era telefónica acessível a todos.

1509 Cristóvão de Aguiar – *Raiz Comovida.*

1510 Este último é com influência gramatical anglo-americana sobreposta – so good.

Nanja, *adv.* Não; nunca (de *não* + *já*). *Nanja eu:* eu é que não; *antes assim que nanja:* antes assim do que pior. *Nanja por isso:* exp. usada como resposta a um agradecimento. *Nanja o filho de mê pai:* não contem comigo; *Nanja qu'ê saiba:* não que eu saiba. Quadra popular: *O melro canta na faia / Escutai o que ele diz / Quem fez o mal que o pague / Nanja eu, que não o fiz*[F]. É termo usado por todo o lado, mas a cair em desuso.

Não achar palavras de boca, *exp.* O m.q. não ter palavras para exprimir um sentimento profundo[SM]: *Por dentro, não acho palavras de boca para te dizer o que sentia*[1512].

Não ser de deitar água a pintos, *exp.* Não ser para brincadeiras.

Não é miudinha, *loc. interjec.* Expressão exclamada quando uma criança espirra[T]. Com o mesmo sentido se diz: *Prós anjinhos!*

Não estar de lapas, *exp.* Diz-se do mar quando está mexido, bravo. Com o mar bravo, não é aconselhável ir às lapas, pelo perigo de ser levado pelas ondas. Esta expressão também se usa muito, em sent. fig., para designar aquele que não está bem disposto, que está irritado: *Quando o mar não estava de lapas – como dizia a mulher – o Matesinho tornava-se impertinente, pegando por via de tudo*[1513].

Não se importar com ninguém, *exp.* Expressão que tem o sentido de 'não se perder de amores por outra pessoa', não ter interesse em outra pessoa. Muito usada entre namorados: *Não me importo com ninguém / Amo-te até morrer. / Se tu me quiseres bem / Devias de compreender*[1514].

Não foi por querer, foi por mais não poder, *exp.* Rima utilizada em tom de graça

1511 Cristóvão de Aguiar – *Raiz Comovida.*

1512 Cristóvão de Aguiar – *Marilha.*

1513 Vitorino Nemésio – *O Mistério do Paço do Milhafre.*

1514 *Dança dos Namorados,* enversada por Joaquim Farôpa.

quando se magoa alguém de forma ligeira mas sem intenção de fazê-lo[F].

Não-me-esqueças, *n.f. Bot.* Nome vulgar da *Myosotis azorica*, espécie protegida pela Convenção de Berna e pela Directiva Habitats.

Não passa do chão, *exp.* Expressão utilizada quando cai alguma coisa no chão. Em seu lugar também se usa a expressão *não passa dali.*

Não pôr os ovos todos na mesma galinha, *exp.* Não investir tudo só num negócio[F].

Não regular bem do juízo, *exp.* O m.q. *não ter os alqueires bem medidos.*

Não ser bem-bem, *exp.* Não ser bem atinado do juízo; ser meio tolo: *Tu estás, certamente, a gozar! / Ou, então, não és bem-bem; / Hei, pá, vai lá cheirar / No rabo a tua mãe*[1515].

Não ser certo do juízo, *exp.* O m.q. ser doido.

Não ser um saco de farinha, *exp.* Expressão utilizada com o sentido de poder apanhar chuva sem fazer mal.

Nã te digo nem te conto, *exp.* Expressão muito usada com o mesmo sentido de 'nem queiras saber'.

Não ter as cinco rasoiras bem medidas, *exp.* Não ser bem atinado do juízo[T]: [...] *a Chica Gadanha não tinha as cinco rasoiras bem medidas. Acreditava em tudo quanto lhe diziam*[1516].

Não ter bom nariz, *exp.* Ser de mau feitio, carrancudo[T]: *É que tu não tens bom nariz, / Para aquele que olha e pensa, / Só me pareces um juiz / A rasgar uma sentença*[1517].

Não ter gordura para coalhar, *exp.* Não suportar o frio, por ser magro[T]. Tem origem no facto de se expor a gordura das matanças dos porcos ao frio para melhor coalharem.

[1515] Da dança de pandeiro *O Muro da Vergonha*, de Hélio Costa.

[1516] Augusto Gomes – *Cozinha Tradicional da Ilha Terceira* (Falas da Tia Gertrudes).

[1517] Quadra de Leonardo Nunes Pires (o *Galanta*), in *Improvisadores da Ilha Terceira.*

Não ter onde cair morto, *exp.* O m.q. ser um indivíduo *sem leira nem beira.*

Não ter vergonha na puta da cara, *exp.* É uma expressão frequente, sem conotação ética[F]: – *Aquele alma do diabo nã tem vergonha nenhũa na puta da cara!*

Não usar farelo, *exp.* O m.q. não ter papas na língua[F].

Não ver um boi à frente do nariz, *exp.* Ser pouco esperto, pouco inteligente[F,Fl].

Nariz, *n.m.* Gancho metálico no cabeçalho do carro de bois destinado à *silga*[T].

Narrador, *n.m.* Personagem recente das *danças do Entrudo*, que entra em cena após o *Mestre* cantar o *assunto* (do lat. *narratōre-*). Vem ao centro da dança narrar (contar) o que se vai passar. Segundo J. Bretão, trata-se *de um elemento perfeitamente desnecessário e metido a martelo na forma das danças.*

Narrador de casos, *n.m.* Contador de contos e lendas: *Ainda hoje, apresentam-se em número relativamente elevado os 'narradores de casos' que se encontram pelas várias aldeias açorianas [...]*[1518].

Nascer empelicado, *exp.* Diz-se da pessoa afortunada[SM,T]. Alude ao facto de algumas crianças nascerem com uma película envolvendo a cabeça, o que era considerado de bom agoiro[1519]. Antigamente, costumavam secar essa película e dividi-la ao meio, enterrando uma das partes e deitando a outra ao mar, para que a criança fosse feliz em terra e no mar.

Nateiro, *n.m.* Terra boa; nata da terra (de *nata + -eiro*)[Sj,SM]. Nomeadamente em S. Jorge, dá-se este nome às terras das fajãs, por serem muito férteis.

[1518] Carreiro da Costa – *Esboço Histórico dos Açores.*

[1519] Os recém-nascidos, particularmente os que nascem um pouco antes do tempo, vêm revestidos – não só na cabeça mas também no resto do corpo – por uma película esbranquiçada e caseosa, vulgarmente conhecida por 'vérnix' e que actualmente não se costuma retirar porque se reabsorve passado pouco tempo, além de lhe conferir protecção térmica.

Natural, *n.m.* Natureza (do lat. *naturāre-*): *As Flores é a minha terra / Eu não posso negá-lo; / Quem nega a sua terra / Nega o seu natural*[1520]. Adágio: *Quem maltrata um animal, / não é de bom natural*[SM].

Navalhão, *n.m.* O m.q. cutelo (de *navalha* + *-ão*)[F]: – *Eu por mim nã gosto do cabrito cortado com o navalhão, fica com muntos ossinhos esfarelados!*

Navegador solitário, *n.m.* O m.q. *aventureiro solitário.*

Navegar a pão de milho, *exp.* Navegar à força dos braços, no tempo em que o *jantar* era um bocado de linguiça, ou um ovo cozido, e meio pão de milho! Usava-se muito esta expressão na pesca de lancha, quando não havia motor, e a sua deslocação era feita a remos.

Naveta, *n.f. Náut.* Pequeno utensílio que serve para remendar as redes de pesca (de lat. *navis,* navio, + *-eta*).

Navio da fruta, *n.m.* Navio que transportava a laranja dos Açores, por exemplo, para Londres, nos tempos áureos da sua cultura nas ilhas, também chamado *Navio da laranja.*

Navoeiro, *n.m.* Nevoeiro, sua corruptela[Fl,T]. Nas Flores pronuncia-se *nèvoeiro.* Na Terceira, para o nevoeiro desaparecer, os rapazes dizem: *Sai-te navoeiro, / Pra trás daquele oiteiro, / Que lá está o teu irmão / Com um saco de dinheiro*[1521].

Neblinar, *v.* Chuviscar quase imperceptivelmente (de *neblina* + *-ar*). Também muito usado no Brasil.

Nebrinar, *v.* O m.q. *neblinar.*

Necite, *n.f.* Procissão (JPM).

Negaça, (do cast. *añagaza*) **1.** *n.f.* Isca[T]. **2.** *n.f.* Pano branco que esconde um anzol para a pesca do polvo[Fl]. **3.** *n.f.* Pássaro morto amarrado num pau espetado no chão, destinado a atrair outros pássaros para serem caçados[SM].

Negaçar, *v.* Fazer movimentos com a *negaça* para atrair o polvo (de *negaça* + *-ar*)[Fl].

Negalha, *n.f.* Variedade de ponto usado pelas tecedeiras (de *negalho,* do lat. *ligacŭlu-*)[T].

Neinar, *v.* Amimar as crianças para adormecê-las (de *{neinem}* + *-ar*)[T]. *Estar-se neinando:* o m.q. estar-se marimbando.

Neinem, *n.m.* O m.q. oó: *Fazer neinem*: o m.q. dormir; o m.q. fazer óó (infantil). – *Agora o menino vai fazer neinem prá amanhã acordar cedo!*

Neja, *adv.* Nanja, sua corruptela[Sj].

Nem, *conj.* Como; tal como: – *Home, havia lá na festa gente nem bicho!* Esta forma de construção gramatical é extremamente frequente na Terceira.

Nem à mão de Deus Padre, *exp.* De maneira nenhuma[Fl]: – *Ele nã quer quemer nem à mão de Deus Padre..., aquilho é qu'é um fastio!*

Nem sequer, agora cá, *exp.* Expressão muito usada no Pico usada em sentido de aprovação. Ex: – *Home, isto é pra ficar entre nós, não é pra comentar com outros!; – Nem sequer, agora cá!*

Nenhũa, *pron.* Nenhuma, sua f. arcaica: *[...] pois he certo que não podião emprehender sinco homeñs, outra nenhũa fação mais do que erão mandados*[1522].

Nenhures, *adv.* Em nenhuma parte (de *nenhum* com influência de 'algures' e 'alhures')[T].

Nepa *(ê),* *n.f. pl. Bal.* Espécie de luva feita de brim que antigamente era utilizada pelos *oficiais* dos *botes baleeiros* para proteger a mão do atrito da linha que tinha que ser travada no *lògaéte* (do Am *nap*): *Um deles tem nas mãos, para se não cortar, um pano chamado nepa, por onde a corda passa e pelo moirão, pau saliente à proa, que chega a fazer fumo com o atrito*[1523]. Gabriel Frada regista o mesmo nome na gíria dos pescadores do bacalhau: *[...] as "nepas"*

[1520] Quadra recolhida pelo Autor nas Flores.

[1521] J. H. Borges Martins – *Crenças Populares da Ilha Terceira II.*

[1522] P.e Manuel Luís Maldonado – *Fenix Angrence.*

[1523] Raul Brandão – *As Ilhas Desconhecidas.*

(uma argolas de borracha para enfiar nas mãos quando se pesca "à linha"[1524].

Nervos, *n.m. pl.* Nervosismo; nervoso (este ou aquele *tem muitos nervos!). É* termo inadequadamente utilizado por todo o país.

Neta de massa-sovada, *n.f.* Pequeno bolo de *massa-sovada*[SM].

Netinho, *n.m.* Bolo de milho (CF).

Neto, (do lat. vulg. *neptu-*) **1.** *n.m.* Sarmento das plantas: – *É preciso cortar os netos à laranjeira da porta de casa antes qu'ela comece a amar'lecer!* Na Madeira chamam-lhe 'refilho'. **2.** *n.m.* Bolo de farinha de milho cozido no caldo de couves[SM]; o m.q. *papicha*. **3.** *n.f. pl.* Rasgos feitos com o *picão* nas mós, a par dos *bisnetos*, para elas moerem com maior eficiência[SM].

Nevado, *n.m.* Nome de bovino com uma cor de fundo salpicada de pequenas manchas brancas (part. pas. subst. de *nevar*)[T].

Neve, (do lat. *nive-*) **1.** *n.f.* O m.q. nevoeiro[C,F]: – *O caminho do mato estava cheio de neve – nã se via um boi à frente do nariz!* **2.** *n.f.* Orvalho miúdo[SM]. Nota: Neve, propriamente dita, não existe nos Açores a não ser em elevações proeminentes como no cimo da montanha do Pico (2351 m) e do Pico da Vara (1103 m) em S. Miguel.

Neve barbuda, *n.f.* Nevoeiro acompanhado de orvalho[SM].

Neve seca, *n.f.* Nevoeiro sem orvalho[SM].

Nevoa, *n.f.* O m.q. névoa (CF).

Nèvoeiro, *n.m.* Pron. de nevoeiro[F]: – *Onte, no cabo de cima das Roças, nèvoeiro nã faltava, não!*

Nevoeiro de S. João, *n.m.* Nevoeiro diáfano que aparece nas proximidades do mar por altura das festas de S. João, formando imagens de variados contornos, antigamente, no início do povoamento, tornando fértil a imaginação humana, que imaginava à distância ilhas fantasmas a que davam nomes diferentes consoante a sua posição.

1524 Gabriel Frada – *Lobos do Mar.*

Nha, *pron.* O m.q. minha (corrupt. de *enha*, f. arc. de *minha*). *Éme! Nha mãe lá sabe como me fez, mesmo estando de costas*[1525]. Tb. muito ouvida no Alentejo e Algarve.

Nhor *(ô)*, *interj.* Contrac. de senhor. Usado quase sempre em caso de dúvida na audição, para seja repetida a pergunta: – *Nhor?! Nã intindi o que 'tava dezendo!* Usado também no feminino – Nhòra – quando a interlocutora é uma mulher.

Nĩ, *conj.* Nem: – *Ele nã está nĩ cá nĩ lá! Anda sempre num laricá.*

Nica, *n.f.* Fragmento; bocadinho; o m.q. *nisca* (tv. do lat. *nichil*, por *nihil*, nada). *Nica de gente:* um indivíduo muito pequeno[1526] (Na Póvoa de Varzim diz-se 'chiniquinho'[1527]). *Daqui a nica:* daqui a pouco. *Como o nica-nã-poisa:* desassossegado, que não pára em ramo verde[T]. *Uma nica de nada:* quase nada. *O que te vou contar é uma nica picante, não pode ser dito na frente de uma mulher*[1528]. Adágio: *De homem pobre e nulher rica / sempre sobra uma nica*[SM]. Termo diária e frequentemente usado em todas as ilhas, também muito usado no Alentejo. Em Santa Maria, como o mesmo sentido, diz-se *nada: – Dá-me um nada de pão!*

Nicado, *adj.* Diz-se do fruto picado pelos pássaros; picado pelo bico de uma ave (part. pas. de *nicar*).

Nicão, *n.m.* Grande nicada (de *nicar* + *-ão*): *Nessa tiveste razão, / Nunca fizeste* (mal) *na Terceira. / Mas quem te der um nicão / Tem a morte à cabeceira*[1529].

Nicar, (de *nico* + *-ar*) **1.** *v. fig.* Comer muito pouco, apenas uma *nica*. **2.** *v.* No jogo infantil do pião, é ferir o pião com o bico de outro[F].

1525 João de Melo – *Gente Feliz com Lágrimas.*

1526 Nas Flores é alcunha de um grande pescador, de fraco porte.

1527 A. Santos Graça – *O Poveiro.*

1528 Cristóvão de Aguiar – *Raiz Comovida.*

1529 Quadra de Leonardo Nunes Pires (o *Galanta*), in *Improvisadores da Ilha Terceira.*

Nico, (de *nica*) **1.** *n.m.* Picada com o bico; **2.** *n.m.* Pancada com ferrão do pião[1530]. **3.** *n.m.* O m.q. *nica*: – *Dá-me um nico de pão de milho pra acompanhar estas lapas.*

Nico no ar, *n.m.* Variedade de jogo do pião: são feitos dois riscos no chão, a cinco ou seis metros de distância um do outro; entre eles *abaixa-se* um pião e os jogadores, próximo dele, deitam os seus piões de lado tentando empurrá-lo para fora dos riscos; se não consegue, os outros jogadores racham-lhe o pião à pedrada[T].

Nicotice *(ò), n.f.* Coisa sem importância; esquisitice (de *nico* + <-*t*-> + -*ice*)[Sj,T]. Termo usado com o mesmo significado no Alentejo.

Nimbrejo, *n.m.* Pequeno calo duro[C].

Ninguém de gente, *loc. adj.* Figura insignificante no tamanho[T].

Ninha, *adj.* Diz-se da ovelha criada jundo do gado bovino (de *ninho*)[Sj].

Ninho, *n.m.* Parte inferior do cortiço (ext. de *ninho*)[T].

Ninũ, *pron. indef.* Nenhum, na pronúncia pop. de S. Miguel: *Coração, coraçãozinho, / Como o meu não há ninũ: / Este meu coraçãozinho / Gosta de pouco e bum*[SM].

Nisca, *n.f.* O m.q. *nica*.

Nisquinha, *n.f.* Dim. de *nisca: o Ti José Pascoal era, por vezes, um nisquinha mais azedo ao apreciar o feitio ardido de Vavô*[1531]. Na Madeira também se usa o dim. 'nisquito': *[…] chamavam os garotos para lhes dar um nisquito de carne e um gole de vinho*[1532].

Nitreira, *n.f.* Recinto tapado onde é guardado o estrume do gado para não secar (do lat. *nitrārĭa*-) [Fl].

No Alto Daquela Serra. Cantiga de roda antigamente muito cantada no Faial: *No alto daquela serra / Está um lenço de mil cores, / Está dizendo viva, viva, / Morra quem não tem amores.*

Nó, *n.m.* O nó mais simples, também chamado *nó direito*[F]. No Continente chama-se 'nó singelo'.

Nó bòline, *n.m.* Nó muito usado para amarrar as embarcações, também chamado no Continente 'lais-de-guia' (bòline, do fr. *bouline*).

Nobre Imperador, *n.m.* Nome que em Santa Maria se dá ao *Imperador* das festas do Espírito Santo: *O imperador, que pela folia é sempre tratado por nobre imperador, é que tem o cargo da funcção*[1533].

Nó cego, *n.m.* O nó mais simples dado duas vezes, *cego* pela grande dificuldade em desfazê-lo depois de bem apertado[F].

Nó-da-guela, *n.m.* O m.q. *nó-das-maçãs*, maçã-de-Adão, nó-de-Adão ou pomo-de-Adão, ou seja, a parte superior da cartilagem tireoideia, mais proeminente no homem do que na mulher[Sj,SM]: *Pegou nũa náfe, / cortou-lhe o nó-da-guela*[1534]. Em S. Jorge também se chama *nouco-da-goela* ou *nouco-da-garganta*.

Nó de baulinho, *n.m.* Nome que na Terceira se dá ao nó chamado 'lais de guia'.

Nó de corrida, *n.m.* Nó efectuado para, quando se puxar, apertar cada vez mais. Também chamado *nó de correr*[F].

Nó direito, *n.m.* O m.q. nó simples ou *nó*.

Nó-das-maçãs, *n.m.* O m.q. pomo-de-adão, saliência anatómica da cartilagem tireóide[Fl]. Segundo a tradição, Adão, ao engolir a primeira dentada da maçã dada por Eva, ficou com ela atravessada na garganta e, como castigo, todos os homens herdaram o referido nó.

Noite das Candeias, *n.f.* Noite a seguir ao dia da Senhora das Candeias, a 2 de Fevereiro[T]. Nessa noite, segundo a cren-

---

[1530] Na Semana Santa nunca se jogava ao pião porque isso significaria dar *nicos* na cabeça de Nosso Senhor[T].

[1531] Cristóvão de Aguiar – *Raiz Comovida.*

[1532] Thierry Proença dos Santos – *Comeres e Beberes Madeirenses.*

[1533] Padre Joaquim Chaves Real – *Espírito Santo na Ilha de Santa Maria.*

[1534] Manuel da Costa Fontes – *Romanceiro Português do Canadá (Tens um filho sem marido).*

dice popular, os *diabretes* saem do mar[1535]: *Na noite das Candeias, ninguém saía de casa com medo dos diabretes. Nessa noite, as pessoas trancavam as portas e as janelas e penduravam atrás delas objectos mágicos como ferraduras, [...] chaves machas*[1536]. Também chamada *noite dos fariseus*[T].

Noite de Finados, *n.f.* Noite de 2 de Novembro em que se crê que as almas dos mortos saem das campas e andam pelos caminhos em procissão – a chamada *procissão das almas* –, com velas acesas[T].

Noite dos fariseus, *n.f.* O m.q. *noite das Candeias*[T].

Noite dos labregos, *n.f.* O m.q. *noite das Candeias*[T]: *E na noite dos labregos, estava à porta a fiar, com uma criança ao colo e sentiu arrastar correntes na ribeira*[1537].

Noiva, *n.f.* Nome dado à rapariga depois do casamento[Fl,Sj]. Mantém este nome enquanto na freguesia não se casa outra. Aliás, aos dois, enquanto se não casa outro casal, diz-se que estão noivos. À rapariga, enquanto namora, não se diz que está noiva, diz-se que está *pedida*[Sj].

Noivado, *n.m.* Nome que se dá a uma cerimónia tradicional feita pelas festas do Espírito Santo na freguesia da Lomba (Flores), no dia seguinte ao *Jantar*, na qual uma rapariga sorteada de entre as casadoiras presentes sai pelas ruas até encontrar o primeiro homem que lhe venha ao encontro e que terá de servir de "noivo".

Nojença, *n.f.* Nojice; o m.q. *nojência* (de *nojo* + *-ença*)[F].

Nojência, *n.f.* O m.q. nojice (de *nojo* + *-ência*). Também usado na Madeira.

No lugar de, *exp.* O m.q. 'em vez de', expressão muito usada em todas as ilhas: *E o vento, no lugar de correr direito, deu em andar de roda, em redemoinho*[1538].

Nome-feio, *n.m.* O m.q. palavrão[F].

Nona, *n.f.* O m.q. anona e *coração-de-negro* (fruto da *Annona cherimola*)[T].

Nortes, *n.m. pl.* Povoações de ocupação temporária na costa norte de S. Jorge (ver *muda*).

Nossa Senhora te guie, *exp.* *Na crença popular chama-se ao meteoro que passa uma estrela que cai, e para que não arrase a terra, diz-se: Nossa Senhora te guie*[1539]. Também cheguei a ouvir a expressão quando passava ao largo da Ilha um transatlântico.

Nosso, *pron. poss.* Em todo o Arquipélago, em tratamento familiar, faz-se frequentemente preceder o nome do pronome possessivo *nosso(a)*, muito especialmente em relação aos filhos: *o nosso José, a nossa Maria João, a nossa Mariana...*: – *Olha, 'tou sintindo os passos dela..., é a nossa Maria João que vem chegando!* Nas Flores isso também é frequente em relação a amigos íntimos: – *Antão cma vai o nosso amigo José Vintura?* ou, *Eih, nosso amigo, dá cá um grande abraço!*

Nosso Senhor aceite por esmola, *exp.* Expressão dita em certas freguesias, por altura dos peditórios para o Espírito Santo ou para a igreja, quando se recebia a esmola, ao que era respondido[T]: – *E a vossemecê as suas passadas*[1540].

Nosso Senhor fique, *exp.* Forma de despedida frequente. Resposta: – *E vaia consigo!*

Nosso Senhor lha dê sem perigo, *exp.* Imploração das mulheres do Pico quando os homens arriavam à *baleia*.

Nosso Senhor lhe dê paciência para passar a saudade, *exp.* Expressão dirigida a anojados, ao mesmo tempo que se lhes dá um aperto de mão.

1535 A data da entrada e da saída dos diabretes do mar varia, na Terceira, de freguesia para freguesia.

1536 J. H. Borges Martins – *Crenças Populares da Ilha Terceira II.*

1537 J. H. Borges Martins – *Crenças Populares da Ilha Terceira II.*

1538 J. H. Borges Martins – *Crenças Populares da Ilha Terceira II.*

1539 Teófilo Braga – *O Povo Português nos Seus Costumes, Crenças e Tradições.*

1540 Inocêncio Romeiro Enes – *Tradições e Festas Populares da Freguesia dos Altares.*

Nosso Senhor nos mande boa noite e nos amanheça com a sua graça, *exp.* Forma de despedida depois das Trindades batidas. Resposta do interlocutor: – *E dê paz e sossego a todo o fiel cristão!*[T].

Nosso Senhor nos aparte em bem, *exp.* Expressão dita quando duas pessoas se afastam depois de terem estado a conversar; a outra responde: – *E nos acuda com a sua graça!*[T].

Nosso Senhor t'enguie pra bem, e à minh'alma também, *exp.* Expressão muito usada no Faial quando se avista uma estrela cadente.

Notas, *n.f. pl.* Notícias (do am. *notice*): – *Á Maria, o maleiro já passou. Tiveste boas notas da Amerca?*

Nouco, *n.m.* Parte da maçaroca que está presa ao milheiro[T].

Nouco-da-garganta, *n.m.* Saliência anatómica da cartilagem tireóide; o m.q. *nó-da--guela*[Sj]. Var.: *Nouco-da-guela.*

Novelão, *n.m. Bot.* Nome que em S. Miguel se dá à flor da hortênsia (de *novelo* + *-ão*). *Por trás de cada novelão azul espreita um vate incompreendido [...]*[1541]. No Faial também lhe chamam *novelo*. Na Madeira chamam-lhe 'noveleiro'.

Noveleira, *n.f.* O m.q. hortênsia (de *novelo* + *-eira*)[Fl].

Novelo, (do lat. *globellu-*) **1.** *n.m.* O m.q. *giga*[C]. **2.** *n.m. Bot.* O m.q. hortênsia, a sua flor[Fl].

Novelo-da-China, *n.m.* Nome que se dá à flor da hortência, também abreviado para *novelo*[Fl].

Novena, *n.f.* Contrato de leite; compra da mesma quantidade de leite diária (de *noveno*)[SM].

Noveteiro, *adj.* Diz-se daquele que gosta de dar uma novidade; bisbilhoteiro; mexeriqueiro; noveleiro[Sj].

Novilha, *n.f.* Gueixa que pariu pela primeira vez (de *novilho*)[SM].

[1541] Cristóvão de Aguiar – *Marilha.*

Novilho, *n.m. Taur.* Denominação do touro de lide entre os três e os quatro anos de idade (do cast. *novillo*)[T].

Novo, *adj.* Além do significado habitual, diz-se do filho com o mesmo nome do pai, por exemplo, Manuel Silva *Novo*, para distinguir do pai, Manuel Silva, dito *Velho*; o m.q. júnior[F]. Fazer-se novo com...: o m.q. matar o desejo de...[P].

Noz, *n.f.* Articulação (pela semelhança de uma das suas partes com o fruto). A noz do quarto: a cabeça do fémur; a noz do rabo: a saliência anatómica que corresponde à proeminência do cóccix, pelos mais descarados chamada *noz do cu*; o m.q. *tranquinha do cu*[F].

Nueza, *n.f.* O m.q. nudez (de *nu* + *-eza*)[T]. Termo antigo que tb. persiste no Brasil e na linguagem actual da Galiza.

Numbro, *n.m.* Número, sua corruptela. Como em todo o lado, também se ouve pronunciar *númaro*.

Num-num, gaitinha ou buzina-de-cana

Num-num, *n.m. Mús.* (de orig. onom.) Instrumento músico artesanal feito pelos próprios rapazes, também chamado *gaitinha* e *buzina-de-cana*, que consistia num bocado de cana, ainda verde, em que poupava um dos nós e no extremo oposto se fazia uma chanfradura até chegar à película interna, que não deveria destruir-se.

Soprava-se do lado aberto, ao mesmo tempo que se emitia um som – *num-num* – variável consoante a melodia. Meu pai contava-nos que antigamente uns rapazes, aí pela idade das *sortes*, se juntaram e formaram uma espécie de banda de música de *num-nuns*, imitando os naipes respectivos da filarmónica, com uma sonoridade muito agradável de se ouvir. Var.: *Nu-nu*.
Nuve, *n.f.* Nuvem, sua forma antiga[C,F].
Nuvem da Prainha, *n.f.* Nome que os marítimos do Pico dão a uma nuvem comprida, alongada, partindo das proximidades do cume do Pico para NE, sinal certo de temporal para breve. É curioso notar que é o vento NE o único que enche o Pico de nuvens do quadrante oposto[1542].
Nuvem-de-trovão, *n.f.* Nuvem escura que anuncia trovoada[SM]; o m.q. *nuvem-grossa*.
Nuvem-grossa, *n.f.* O m.q. *nuvem-de--trovão*[SM].
Nuvens-castelas, *n.f. pl.* Nuvens acumuladas; cúmulos.

[1542] M. M. Sarmento Rodrigues – *Ancoradouros das Ilhas dos Açores*.

O

Oácha, *n.f.* Anilha que protege o coução do aperto do parafuso de orelhas, no carro de bois (do am. *washer*)[C].
Ó altos céus sem princípio, *exp. interjec.* Exclamação muito ouvida exprimindo indignação[F].
Ó anjo, cal-te, *loc. interjec.* O m.q. cala-te menino[T].
O das calças largas, *n.m.* O Diabo[F].
Obei, *interj.* Palavra que vem registada por quase todos os autores com a grafia 'ubei'. É muito usada em Santa Maria[1543] e nalgumas ilhas do Grupo Central: *Só ouvia tiros! Obei, diabo! Estes estupores a dar tiros por aí fora!*[1544]. Nas Flores diz-se *uei*. Ver tb. *Ubei*.
Obra, *n.f.* Fezes, no sentido do produto de obrar: – *O filha-da-puta do cachorro foi fazer a sua obra mêmo no meio do atalho por onde a gente passa!*
Obra perfeita, *n.f.* Coisa muito bonita, muito bem feita[F]: – *Aquela rapariga é ũa obra perfeita, benz'à Dês!*
Obrigação, *n.f.* O m.q. família: *A todos eu cumprimento / Com grande satisfação: / Viva o senhor e a senhora / E toda a obrigação!*[1545] E. Gonçalves regista-o também na linguagem algarvia. Antigamente, era forma habitual de tratamento, do criado para o amo, a seguinte expressão: *Vossa senhoria como vai e mais a sua a obrigação?*
Ò cabante, *exp.* Depois de [Fl]: – *Só ò cabante de um ano é que o chemarim prá Amerca!*

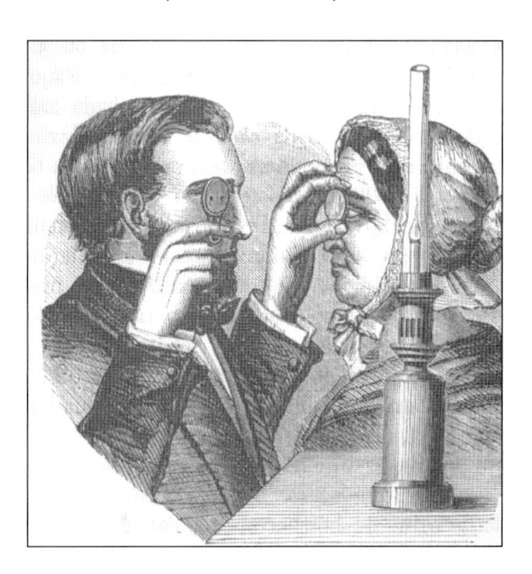

Ocles, *n.m. pl.* Óculos, sua corruptela.
Ocles pretos, *n.m.* O m.q. óculos escuros[F].
Oculista, *n.* O m.q. caixa d'óculos[T].
Óculo, (do lat. *ocŭlu-*, olho) **1.** *n.m. Náut.* Instrumento constituído por uma caixa de madeira quadrangular e alta, com um vidro na sua parte inferior, destinado a observar o fundo do mar, estando o pescador dentro de uma lancha e em fundo

[1543] Segundo reza a tradição, será derivada de 'o Bei', nome de um chefe de pirataria que por várias vezes atacou Santa Maria, embora nesta Ilha também se use simplesmente 'Bei' como interj. de espanto. Ver tb. *Bei*.
[1544] J. H. Borges Martins – *A Justiça da Noite na Ilha Terceira*.
[1545] Quadra do *Charambão*.

baixo, perto da costa. **2.** *n.m.* Um dos nomes que se dá ao buraco redondo da viola da Terceira.

Ocupada, *adj.* Grávida, falando da mulher (part. pas de *ocupar,* sua ext.)[T].

O diabo que te pegue, *exp.* O m.q. 'que te leve o diabo'[T]: *A mulher, já farta de ouvir tanta vez a mesma conversa, vira-se para ele e diz: – Olha, o diabo que te pegue*[1546].

Òdipous, *adv.* Depois, sua corruptela[SM]: *[...] mas òdipous nã vanha o senhor pra cá com músecas e sermãs*[1547]. Var.: *Òdepois; òspous; òdespous.*

Oei, *int.* Ver *Uei!*

Oeramelã, *n.f.* Melancia (do am. *watermelon*): *– Lá na Amerca a oeramelã é doce c'má açucre – consola a comer!*

O Esprito Santo te acrescente, *exp.* O m.q. *Deus te acrescente,* fala das mulheres quando acabavam de amassar o pão.

Oeste Negrão, *n.m.* Mar das Antilhas (do am. *Western Ground*): *A mim, qu'andei um ano no Ariôche, três no Oeste Negrão e dois nos Japanis!*[1548].

Ofendido, *adj.* Parcialmente partido; rachado (ext. de *ofendido*): *Um dos pés da cadeira partiu-se mas, se reparares, já estava ofendido aqui.* Utiliza-se também para designar os ossos rachados, ou seja, com fractura incompleta.

Oferecimento, 1. *n.m.* Grupo de quadras dirigidas aos donos das casas, nos ranchos de Anos Bons (de *oferecer + -mento*): *Bons anos e anos bons, / Dai-nos outros melhorados; / Cristo Deus nosso Senhor / Perdoai nossos pecados.* **2.** *n.m.* Um dos cânticos das Alvoradas[F]: *No mais alto destes ramos / Estava a Virgem Maria, / Estava com Jasus nos braços, / Seus peitos dar-Le queria*[1549].

[1546] J. H. Borges Martins – *Crenças Populares da Ilha Terceira I.*

[1547] Luís Bernardo Leite de Ataíde – *Etnografia Arte e Vida Antiga dos Açores.*

[1548] Vitorino Nemésio – *Mau Tempo no Canal.*

[1549] Uma das quadras do *Oferecimento* de uma *Alvorada* da 3.ª-feira das Flores.

Oficial, *n.m. Bal.* Mestre ou arrais do bote *baleeiro* (do lat. *officiāle-*).

Oficial da Igreja, *n.m.* Coveiro[Sj]: *No cemitério, o oficial da igreja (o coveiro), junto à cova, espera em silêncio a chegada do féretro*[1550].

Oficial mecânico, *n.m.* Nome que as antigas Posturas Municipais de Angra davam ao moleiro.

Oficiar, *v.* Executar uma tarefa; fazer um trabalho (de *ofício + -ar*): *Agarrei-lhe pelas patas traseiras, meu Pai pelas da frente e o Ti Gadelha oficiou à sua rica vontade*[1551].

Ogual, *adj.* Igual, sua corruptela[SM]:– *Ogual, poderá haver lá, melhor é que não!*[1552].

Ôh-ôh, *interj.* Voz para o gado beber[T].

Oh, menino, sim, *loc. interjec.* Expressão de concordância com o interlocutor: – *Oh menino, sim! É tal e qual tu 'tás dezendo!*

Oiriçado, *adj.* Abespinhado; encolerizado (part. pas. de *oiriçar*).

Oirina, *n.f.* O m.q. urina[F]: *Enquanto eu comer bem / E tiver boas oirinas / Estou cagando pros médicos / E pràs suas medicinas*[1553]. Nota.: grafia no sXIV = *ourina.*

Oirinar, *v.* O m.q urinar.

Oitava, *n.f.* Segunda-feira a seguir ao Domingo de Espírito Santo[F].

Oitavo, *n.m.* O m.q. *peso,* falando dos quinhões da carne do Espírito Santo[F].

Oitonado, *adj.* Diz-se do *çarrado* depois de se *oitonar* (part. pas. de *{oitonar}*)[F,Sj].

Oitonar, *v.* O m.q. *outonar*[F,Fl,Sj].

Oitono, (de *Outono*) **1.** *n.m.* Nome dado ao tremoço e à fava que se enterram em verde, antes de frutificar, para adubar a terra. **2.** *n.m.* Seara de semeadura (trevo, tremoço, centeio, cevada) destinada à alimentação do gado no Outono, servindo também como um meio para adubar a terra nos restos que ficam: *A minha vaca lavrada / Está lá em cima no oitono / Dá sete canadas de leite / E ainda nã contenta o dono*[1554].

[1550] Elsa Mendonça – *Ilha de S. Jorge.*

[1551] Cristóvão de Aguiar – *Raiz Comovida.*

[1552] Urbano de Mendonça Dias – *"O Mr. Jó"*

[1553] Quadra dos *Desafios* da Terceira.

[1554] Quadra recolhida nas Flores.

Oitro, *pron. indef.* Outro, sua corruptela[T]: *Está muito bem, o senhor tem rezão… os tempos são oitros*[1555].

Oivir, *v.* Ouvir: – *Oive cá, setenta e três! A gente tem que ir amanhen òs toiros a Badajoz, nem que o diabo arrebente!*[1556].

O lá de baixo, *n.m.* O Diabo[F]: – *Que leve O lá de baixo prás profundas do Inferno!*

Olariques, *interj.* O m.q. olaré. Var.: *Olaroques*[SM].

Olé, *interj.* Interjeição utilizada para terminar os *balhos* tradicionais, geralmente só usada na *Chamarrita*[F] (abrev. de *tirolé*). Na Pico gritam *Olé* ou *Olètri*.

Óleo da farinha, *n.m.* O m.q. flor da farinha[C].

Óleo da cabeça, *n.m. Bal.* Ver *Espermacete*.

Óleo de espermacete, *n.m. Bal.* Óleo que impregna o tecido conjuntivo do órgão de espermacete do cachalote.

Óleo dos ossos, *n.m.* O m.q. medula óssea[SM].

Olh'agora, *exp.* Expressão muito frequente nas ilhas. Do folclore: *Olha agora, o milho verde / O segredo que sabia! / Guardar a água na ponta / Para beber durante o dia.*

Olha *(ô)*, *n.f.* Diz-se da gordura dispersa em gotículas na superfície de um líquido[F]. Em S. Miguel dá-se-lhe o nome de *olho*, daí o adágio: *A criada é que come o olho da panela*[SM].

Olhada, *n.f.* Aparecimento transitório do Sol numa aberta de nevoeiro (part. pas. fem. subst. de *olhar*, sua ext.)[Sj].

Olhal, *n.m.* Buraco em forma elipsoidal da roda do carro de bois, também chamado *ouvido* (de *olho* + *-al*)[SM].

Olhar atravessado, *exp.* Olhar de soslaio, o contrário de *olhar direito*, de frente: Quadra pop.: *Olha para mim direito, / Não olhes atravessado; / Quero saber pra meu jeito / Se és solteiro ou casado.*

Olhar de rabo d'olho, *exp.* O m.q. *olhar atravessado*; olhar de soslaio[F].

Olhar direito, *exp.* Olhar de frente; olhar nos olhos.

Olhar para a comida, *exp.* Diz-se que se fica a olhar para a comida quando ela é pouca[F]: – *Tanta comida, pra quê?*; – *Home, nã queria que vocês ficassim a olhar prá comida!*

Olheirada, *n.f.* Aparecimento transitório do Sol numa aberta em céu nevoento; o m.q. *olhada* (de *olho* + *-eiro-* + *-ada*)[Sj].

Olheiro, *n.m.* Homem que toma conta das terras de um senhorio (de *olhar* + *-eiro*)[SM].

Olho, (do lat. *ocŭlu-*) **1.** *n.m.* Orifício da mó superior dos moinhos. **2.** *n.m.* O m.q. *alvado*. **3.** *n.m.* o m.q. *olha*[SM].

Olho da atafona, *n.m.* O orifício da mó onde vai caindo o cereal[SM]. Na Terceira chamavam-lhe *olho da mó*.

Olho da mó, *n.m.* Abertura no centro da mó superior da atafona por onde vai entrando o grão; o m.q. *olho da atafona*[T].

Olho de lapa morta, *loc. adj.* Diz-se da pessoa pouco activa[SM]: – *Aquilho é um olho de lapa morta qu'anda sempre a dormir im pé!*

Olho-de-boi, 1. *n.m.* Nuvem pequena que corre a meio de outra branca e que indica vento e chuva[SM]. **2.** *n.m.* Diz-se do Sol quando aparece com um halo à sua volta, devido à presença de nuvens altas, sendo sinal de borrasca eminente, nomeadamente de chuva grossa[SM]. **3.** *n.m. Bot.* Variedade de uva grada[SM]. **4.** *n.m.* Pequeno círculo com as cores do arco-íris que aparece a oeste, anunciador de tempestade[C,Sj]; **5.** *n.m.* Pequena abertura circular para dar claridade às casas[SM].

Olho-de-guincho, *n.m.* O m.q. arco-íris[SM].

Olho de perdiz, *n.m. Taur.* Nome que se dá ao touro que tem coloração avermelhada à volta dos olhos, à semelhança da perdiz[T].

Olho na faca, olho na lapa, *exp.* O m.q. *olho na lapa, olho da vaga*.

Olho na lapa, olho na vaga, *exp.* Estar atento a duas coisas ao mesmo tempo[F].

[1555] Augusto Gomes – *Cozinha Tradicional da Ilha Terceira* (Falas da Tia Gertrudes).

[1556] Vitorino Nemésio – *O Mistério do Paço do Milhafre*.

Olhos de boga cozida, *exp.* Olhos sem expressão[T]: *Olhos de boga cozida, / Barbatanas de encharéu, / Tuas orelhas parecem / Duas lapas do ilhéu*[1557].

Olhos piscos, *exp.* Olhos semicerrados (piscos, de *piscar*)[T]: *[...] endireitei-me todo, e em pé, pregado à chaleira, de olhos meios piscos p'ra que a ressalga nã me cegasse*[1558].

Olhos Pretos, *n.m. pl.* *Moda* tradicional da Terceira, de beleza incomparável, levando alguns a admitir-lhe uma origem erudita: *Olhos pretos são gentios, / São gentios da Guiné, / Da Guiné por serem negros, / Gentios por não ter fé.*

Ólólólólólóison, *interj.* Final de cantoria dos Foliões[Fl].

Oh, mãe querida, *loc. interj.* Expressão muito usada nas Flores, sempre em sinal de espanto.

O mar comer a terra, *exp.* Diz-se do mar muito bravo[F]: – *Á Jesé querido, nã te chegues munto pra baixo do rolo que o mar parece que quer comer a terra!*

Ombreira, *n.f.* Nome dado a cada pedra lateral que delimita a boca do forno (de *ombro* + *-eira*)[Sj].

O melhor da festa é esperar por ela, *exp.* Expressão muito usada nas ilhas dos Açores, com algum fundo de verdade.

O mestre é que vai ao leme, *exp.* Expressão que significa: é o senhor que manda, tudo o que disser tem razão[F].

Onda morta, *n.f.* O m.q. *suel*[C].

Onde há gente há o perigo, *exp.* Adágio que expressa a presença do perigo em todo o lado[F].

Ôndia, *n.f.* Onda, sua corruptela por epêntese[F,T]: *Nas ôndias do teu cabelo / Adormeci a sonhar / Sonhos belos num desvelo / E eu acordado a sonhar.* Moisés Pires regista-o também na linguagem de Miranda.

Ont'àgora, *loc. adv.* O m.q. ainda agora; ainda há pouco (de *ante-* + *agora*, com corruptela por influência de *onte*)[F].

Onte, *adv.* Ontem. Quadra pop.: *O nosso bem-querer / Não é d'hoje nem é d'onte / É da semana passada / De quando tu foste à fonte*[F]. Na Terceira diz-se: *Vira-te pra onte!*

Ó pelo ê, *loc. interj.* O m.q. *peluei*, Deus nos livre[SM]. Quadra pop.: *Dá voltas à saudade, / Quem manda voltar sou ê. / Se a saudade não volta, / Ó mê Deus, ó pelo ê*[SM].

Operação de barriga aberta, *exp.* Intervenção cirúrgica com laparotomia obrigatória: *[...] no respeitante a um empréstimo de que ela precisava para custear uma operação de barriga aberta*[1559].

O Pico desgastou o vento, *exp.* Expressão usada quando a parte mais alta da Ilha do Pico se desfaz do *capelo* e não chega a seguir-se o vento forte que geralmente acontece quando há *capelo* na Ilha.

O Pico não fala verdade, *exp.* Da experiência de gente ligada à meteorologia, acredita-se que o tempo que faz na parte mais alta da Ilha do Pico antecede em cerca de 24 horas as condições climatéricas da sua parte mais baixa. Por isso não se passar sempre, há o provérbio representado por esta expressão. Aliás, na transição das estações não se deve confiar muito no que a Montanha aparenta[1560].

Opinoso, *adj.* O m.q. opiniático; aferrado à sua posição ou à sua vontade; obstinado; teimoso (corrupt. de *opinioso*)[T].

O pior lá de casa sou eu, *exp.* Expressão frequentemente utilizada na saudação habitual, para dizer que toda a família está de perfeita saúde, melhor ainda do que o próprio[F].

O primeiro de Agosto é o primeiro de Inverno, *exp.* Adágio outrora mais verdadeiro do que actualmente, pelas relativamente recentes mudanças do clima.

1557 Quadra de Maria Augusta de Castro Borges (a *Maria Augusta*), in *Improvisadores da Ilha Terceira.*

1558 João Ilhéu – *Gente do Monte.*

1559 Cristóvão de Aguiar – *Um Grito em Chamas.*

1560 M. M. Sarmento Rodrigues – *Ancoradouros das Ilhas dos Açores.*

O porco está seco, *exp.* Quando estavam a chamuscar e a preparar o porco no dia da matança, as mulheres costumavam servir aos homens copinhos de aguardente e figos passados – quando queriam outra rodada os homens costumavam gritar: *O porco está seco!*[T].

O que é que isto vai dar, *exp.* O m.q. 'o que é que vai acontecer": – *Com este governo assim, nã se sabe o que é que isto vai dar!*

O que vier morre, *exp.* O m.q. 'ingiro qualquer coisa que me derem'.

Ora agora, *loc. interj.* Expressão de espanto: – *Ora agora! Como é que aparceste aqui?!*

Oraçá (ó), *n.m. Araçá,* sua corruptela[F]. Ouve-se muito em várias ilhas.

Oraçal, *n.m.* O m.q. *araçá,* sua corruptela[SM].

Oraçaleiro, *n.m.* O m.q. *araçaleiro (Psidium cattleyanum),* sua corruptela[F,Fl].

Oração, *n.f.* Nome que também se dá a cada um dos cânticos dos Foliões.

Oração serrada, *n.f.* Oração de Nossa Senhora de Monte Serratte[T].

Oraclaseta, *n.f.* Retrete (do am. *water-closet*). É *calafonismo.*

Ora se não, *loc. interj.* Claro que sim: – *Ele chegou a te pedir o dinheiro?: – Ora se não! Aquilho por dinheiro é cma gato por charro!*

Oravia, *n.f.* O m.q. *aravia,* sua corruptela[SJ].

Ora Viva a Pândega, *Balho* de roda antigamente *balhado* no Pico: *Ora viva a pândega, / Ó i ó á! / Como esta pândega, / não há, não há!*

Orbe, *n.m.* Esfera em prata dourada que encima a *Coroa* do Espírito Santo e na qual assenta a pomba de asas estiradas (do lat. *orbe*).

Orde, *n.f.* Ordem, sua corruptela: *[...] vosoria já sabe que estou às suas ordes sempre pra tudo o que for preciso e esteja na minha mão*[1561].

Ordenhar, *v.* JPM regista-o como termo da Ilha do Corvo, com o significado de 'sacar um peixe pelo arame'. Nunca o ouvimos com este sentido[1562].

Orego, *n.m.* Orégão, sua corruptela: *Retira-te dessa porta / Meu pé de orego acamado, / Pra que trazes na lembrança / O que não te dá cuidado?*[1563].

Ovelha-de-ovelha, *n.f.* Nome vulgar da *Salpichroa origanifolia,* presente em todas as ilhas excepto o Pico e o Corvo.

Orelha-do-mar, *n.f.* O m.q. *lapa-burra (Haliotis tuberculata).* Nota: *Haliotis,* em latim, significa orelha.

Orelha-rachada, *n.f.* *Sinal* de marcação do gado, sendo uma fenda pouco aberta do bordo da orelha para o centro[T].

O respeito emigrou para a América, *exp. fig.* Expressão utilizada perante uma cena de falta de respeito[SM].

Órfão, *adj.* Diz-se do cortiço quando morre a abelha mestra[T].

Orvalheira, *n.f.* Chuva miudinha (de *orvalho* + *-eira*). Termo também usado na região de Setúbal com significado semelhante.

Orvalheiro, *n.m.* O m.q. *orvalheira.*

Orvalho de Santa Teresinha, *n.f. Bot.* Nome vulgar da *gypsophila* spp., no Brasil chamada 'chuveirinho branco'[Sj].

Ós depois, *loc. adv.* Depois: *Oitros comem as coivinhas promeiro e o conduto ós depois*[1564]. Var.: *óspois; ó despois.*

O Senhor Esprito Santo fique, *exp.* Expressão sempre dita pelo *Rei da Coroa* ou pelos *Foliões* quando saem de uma casa, pelas festas do Espírito Santo[F]. A resposta é sempre a mesma: – *E vá consigo, também!*

O Senhor lhe fale na alma, *exp.* O m.q. *Deus lhe dê céu: [...] da rabeca bem gemidinha, ninguém melhor a sabia fazer gemer que o velho Racha, o Senhor lhe fale na alma*

[1561] Luís Bernardo Leite de Ataíde – *Etnografia Arte e Vida Antiga dos Açores.*

[1562] João Saramago – Comunicação Pessoal.

[1563] Quadra da Chamarrita.

[1564] Augusto Gomes – *Cozinha Tradicional da Ilha Terceira* (Falas da Tia Gertrudes).

por tanta alegria que espalhou [...][1565]. No Continente usa-se muito a expressão 'Deus lhe fale na alma' com o mesmo sentido.

Ó sim, O emigrante, contagiado pela construção gramatical americana, nunca diz simplesmente sim, mas sempre *ó sim*, ou, o que é mais frequente, *ó iá*.

Osso da baleia, *n.m. Bal.* O m.q. barba da baleia (por decalque semântico de *whalebone* – osso, em inglês, significa também espinha de peixe, cartilagem).

Ossos-miúdos, *n.m. pl.* Costelas[SM]: – *Hoje tenho dores nos ossos-miúdos.*

Ougá, *interj.* O m.q. *uga*[C]. *[...] As raparigas acodem com as cabeças oferecendo-nos leite espumoso e morno e gritam às vacas: – Ougá trigueira! – para elas porem os pés a par e as ordenharem melhor*[1566].

Ouh nabo, estoira, *exp.* Expressão jocosa com que os das Flores pretendem caricaturar a pronúncia e com que tentam achincalhar os Corvinos[F].

Ouraçaleiro, *n.m.* O m.q. *aracaleiro*, sua corruptela.

Ourela, *n.f.* Cada um dos lados da rede de arrastar (do lat. vulg. *orella-*, por *orŭla-*, dim. de *ōra-*, beira)[T].

Ouriçado, *adj.* Zangado; o m.q. *oiriçado* (part. pas. de *ouriçar*).

Ouriçar-se, *v. pron.* Abespinhar-se; assanhar-se; zangar-se (de *ouriço* + *-ar*): – *Ouriçou-se todo cando le falei na renda que tinha pra pagar!* Usado um pouco por todo o lado: *O Tenente ouriçava-se todo, sem lhe tornar resposta*[1567].

Ourina, *n.f.* O m.q. urina sua f. antiga[F]: *[...] pequenos cascalhos que se formam nos rins, chegão á bexiga, e são expulsos com as ourinas*[1568].

Outeiro, (ext. de *outeiro*) **1.** *n.m.* Monte de pedras feito nos quintais para arrumar as pedras apanhadas no desbravar do terreno[SM]. **2.** *n.m.* Lugar alto numa freguesia e topónimo de quase todas as ilhas.

Outonado, *adj.* Diz-se da terra depois de se *outonar* (part. pas. de *{outonar}*)[SM,T].

Outonar, (de *outono* + *-ar*) **1.** *v.* Preparar a terra para as culturas, semeando-as com tremoço, fava, ou outra semente, que, a certa altura do crescimento, é enterrada algum tempo antes das culturas definitivas. Este modo de fertilização começou no início do séc. XVI, quando as terras começaram a ficar esgotadas devido às repetidas plantações de trigo. É termo usado em todas as ilhas, embora nas *ilhas-de-baixo* – excepto o Corvo – se pronuncie quase sempre *oitonar*.

Outono, *n.m.* Cereais que são semeados no Outono para estrumar as terras; o m.q. *oitono*.

Outro Arquipélago. Nome dado antigamente às ilhas do Grupo Ocidental, pela sua grande distância em relação às restantes ilhas.

Ova da lapa, *n.f.* O m.q. barriga da lapa[F].

Ovas, *n.f. pl.* Conjunto dos ovos de um peixe.

Ovelha, *n.f.* Regista-se esta entrada apenas para referir que as ovelhas foram o primeiro gado lançado nos Açores, por ordem do Infante D. Henrique, em 1449. Só a Ilha das Flores chegou a possuir, no séc. XVIII, cerca de 20 mil ovelhas.

Ovelha-calafona, *n.f.* Nome que no Pico se dá a um prato servido na noite da consoada, depois da missa do galo. É feito com uma ovelha cortada aos pedaços, embrulhada na própria pele *desfolada* depois de ter sido tosquiada, e assada numa cova feita na terra que tem no fundo brasas e lenha verde, parcialmente tapada com erva[1569].

1565 Dias de Melo – *Vida Vivida em Terras de Baleeiros.*

1566 Raul Brandão – *As Ilhas Desconhecidas.*

1567 Aquilino Ribeiro – *O Malhadinhas.*

1568 Pedro L. N. Chernoviz – *Diccionario de Medicina Popular.*

1569 Maria Odette Cortes Valente – *Cozinha de Portugal.*

Ovelha-ninha (Foto: Elsa Mendonça)

Ovelha-ninha, *n.f.* Ovelha criada junto com o gado bovino[Sj].
Ovelhado, *adj.* Diz-se do mar quando tem *ovelhas*; o m.q. *ovelhudo*[C].
Ovelha marcada, *n.f.* Ovelha assinalada na orelha, para se distinguir das demais à solta no mato. Cada um tem o seu *sinal* para marcar as ovelhas (ver *sinais*).
Ovelhas, *n.f. pl. fig.* Nome dado ao branco rebentar das ondas no mar alto devido ao vento, dando ao longe imagens semelhantes a ovelhas brancas[F]. É também utilizado com o mesmo significado o termo *carneiros*. Os franceses também lhes chamam *moutons*. Em S. Miguel é costume dizer-se: *mar com ovelhas pastando*.
Ovelhudo, *adj.* O m.q. *ovelhado*[C].
Ouvido, *n.m.* O m.q. *olhal*[SM].
Ouvidor, *n.m.* Responsável eclesiástico dum concelho (do lat. *auditōre-*, o que ouve)[P].
Ouvidoria, *n.f.* Jurisdição do *ouvidor*, que coincide com a área do concelho (de *ouvidor* + *-ia*)[P].
Ovo atravessado, *n.m.* Diz-se que tem o ovo atravessado quando a galinha não consegue pôr o ovo por estar em má posição na cloaca. É 'diagnosticado' com o toque rectal efectuado com o dedo mindinho, aproveitando, nessa altura, para a sua reposição (operação geralmente efectuada pelas mulheres, até pela delicadeza do respectivo dedo).
Ovo da mimória, *n.m.* Para que uma criança tenha boa memória dá-se-lhe o primeiro ovo de uma galinha, o chamado *ovo da mimória*[T].
Ovo frito, *n.m.* O m.q. ovo estrelado.
Ovos reais, *n.m. pl.* Variedade de doce conventual da Ilha de S. Miguel, feito à base de fios de ovos cozidos e regados com uma calda. Na Galiza chamam-lhes 'huevos hilados'.

P

Pá, (do lat. *pala-*) **1.** *n.f. Bal.* Parte posterior da mandíbula da *baleia*, de forma espalmada lembrando uma pá. **2.** *n.f.* Parte terminal do braço da viola da terra onde estão enfiadas as cravelhas. A designação de pá é mais utilizada pelos construtores de violas; a gente chama-lhe geralmente *cravelhal*. **3.** *n.f.* Lâmina do sacho. **4.** *n.f. Bal.* O m.q. *pagaia*F. **5.** *n.f.* O m.q. palma, falando da mão: *[...] e em vez de picá-lo na pá duma mão, espetou-lhe na cara*[1570].

P-à-pá Santa Justa, *exp.* O m.q. 'tim-tim por tim-tim'.

Pachocada, *n.f.* Mistura desordenada de coisas, de palavras ou de atitudesF.

Pachocadeiro, *adj.* Diz-se daquele que tem o hábito de *pachocar* (de *pachocada* + *-eiro*)F.

Pachocar, *v.* Criar desavenças entre pessoas; mexericar (de orig. obsc.)F.

Pachola, *n.m.* Arrogante; soberbo; fala-baratoF. No Brasil também é usado com o significado de presunçoso.

Pachorra, *n.f.* Atrevimento; importunação; incómodoF: *Pedia desculpa da pachorra, mas sempre gostava de saber se o vestido novo tinha vindo*[1571].

Pachorreiro, *adj.* Pachorrento (de *pachorra* + *-eiro*)T: *Era todo pachorreiro e pousava-lhe os olhos com curiosidade de alguém que se vê um bicho*[1572].

Paciença, *n.f.* Paciência, sua corruptela por síncopeF,Fl,T. Ainda hoje é diariamente utilizada a loc. interjec. de resignação *Oh, paciença!*: – *Oh, paciença, coitadinho!*; Perante o conformismo exagerado da gente das Flores, Raul Brandão contesta: *Paciência não! Eu sou um impaciente que não compreendo a paciência diante da desgraça, da escravidão ou da dor. Paciência nem diante do céu!*[1573]. Esta pronunciação foi trazida certamente do Alentejo, onde assim é usual pronunciar-se.

Pacoeta, 1. *n.f.* Graçola; desculpa sem fundamento. **2.** *n.f.* Narrativa alegre para passar o tempoT: *Cuntava-me as suas pacoetas assantadinho na borda do incorete incalhado*[1574].

Padaço, *n.m.* Pedaço, sua corruptela por assimilação: – *Prá sopa de couves com feijão ficá sab'rosa, tem que levá um bom padaço de toicinho da barsa!* Carne de padaço: a carne de porco que tem pouco toucinhoT. Um padaço d'home: um homem alto e forte. Em S. Miguel diz-se: – *Anda, padaço d'asno!* Do 'Romance' *Bela Infanta*, numa das suas versões: – *Cala-te malcriado, / Seu padaço de patife*[1575].

[1570] J. H. Borges Martins – *Crenças Populares da Ilha Terceira I.*

[1571] Nunes da Rosa – *Pastorais do Mosteiro.*

[1572] Vitorino Nemésio – *Mau Tempo no Canal.*

[1573] Raul Brandão – *As Ilhas Desconhecidas.*

[1574] Vitorino Nemésio – *Mau Tempo no Canal.*

[1575] Manuel da Costa Fontes – *Romanceiro da Ilha de S. Jorge.*

Pá de abarbar, *n.f.* Nome que em S. Jorge se dá a cada uma das quatro pás que são colocadas na *caliveira* para o acto de *abarbar* o milho.

Padeira, (de *padeiro*) **1.** *n.f.* Mulher que coze o pão nas festas do Espírito Santo. **2.** *n.f. fig.* Rabo grande de mulher: – *Aquela monça tem cá uma padeira que nunca más a gasta!* Na Madeira usa-se o termo 'padaria' com o mesmo significado.

Padeiria, *n.f.* Padaria, sua corruptela (por infl. de *padeiro*)F.

Padejar, (de pá sob a f. rad. *pad-* + *-ejar*) **1.** *v.* Remar, tal como faziam os remadores dos *botes baleeiros*. **2.** *v. fig.* Nadar mal, como fazem os cães, a modo que a *padejar*F.

Pá de queinar, *n.f.* Pá de madeira destinada a juntar o grão na eira (queinar, corrupt. de *coinar*)T.

Padinha, 1. *n.f.* Conluio; convívio; agrupamento de patuscosSM. **2.** *n.f.* Pão de trigo pequeno feito para as crianças (de *pada* + *-inha*)SM.

Pá do bucho, *n.f.* Estômago; região epigástrica: – *Levou um coice na pá do bucho qu'até alevantou os pés do chão!* Passar à pá do bucho: ingerir alimentos com sofreguidãoT.

Padrezinho, *n.m.* *Balho* de roda antigamente dançado nas folgas do Pico: *Aqui ajoelho, padre, / Aos pés do meu confessor, / Cheio de arrependimento, / Mas não deixo o meu amor.*

Padrinho, *n.m.* Nome que no Faial se dá ao sogro. Antigamente era hábito tratá-lo por *senhor pai.*

Padrinho de Céu, *n.m.* Nome que no Faial se dava quando o padrinho de uma criança era um santo.

Pãezinho, *n.m.* Dim. de pão, pãozinhoT: *[...] e eu à espera da farinha para cozer o pãezinho*[1576].

Pagaia, *n.f. Bal.* Pequeno remo de haste curta e pá larga usado quando o *bote baleeiro* já estava perto da *baleia*, em substituição dos remos, ao mesmo tempo que se substituía o leme pelo *remo de esparrela*, imediatamente antes do acto de *trancar*. Também se chama *pá*. É termo de origem africana, também usado na Galiza. Os franceses chamam-lhe 'pagaie'.

Pagão, *n.m.* Criança não baptizada; o m.q. *moiro* (ext. de *pagão*)Sj,T. Também se diz *pagãozinho*. No Alentejo chama-se 'moirinho'.

Pagar o borde, *exp.* Pagar a hospedagem (*borde*, do am. *board*). Var.: *Pagar o bordo.*

Pai d'home, *exp.* Expressão muito usada em S. Jorge: *Ouve-se com frequência, quando conversam homens da mesma condição tratarem-se, também, por hóme e, se algum se refere, por exemplo, ao pai do outro dizer: Pai d'hóme como vai? Pai d'hóme era uma bela criatura*[1577]. Esta expressão também pode ser usada, numa forma trocista, quando se encontra um desconhecido, na seguinte frase: – *Como vai pai d'home?*

Pai do céu querido, *exp.* Expressão muito usada de forma exclamativa aquando de dificuldade ou de espantoF.

Pai dos pobres do Faial. Nome antigamente dado a Carlos Guilherme Dabney pelas suas acções de benemerência em prol dos mais desfavorecidos. Tanto ele como sua esposa, D. Francisca Pomeroy Dabney, muito contribuiram para minimizar a miséria de muitos pobres, nomeadamente no nefasto ano de 1859 em que a fome impiedosa fustigava muita gente do Faial e do Pico. Chegaram mesmo a pedir ajuda aos seus compatriotas americanos, distribuindo pela população necessitada as suas dádivas.

1576 J. H. Borges Martins – *Crenças Populares da Ilha Terceira II.*

1577 Elsa Mendonça – *Ilha de S. Jorge.*

Paile, *n.m.* Monte de achas de lenha[C]. O m.q. *meda*. Nas Flores usa-se a palavra *palho*, com significado semelhante.

Paínho-da-Madeira, *n.m.* A mais pequena ave marinha dos Açores, também chamada *paínho-das-tempestades*[1578], essencialmente pelágica, solitária fora da época da reprodução, voa baixo junto ao mar, aí descansando e dormindo. Sendo muito frequente no início do povoamento – era caçada em grandes quantidades durante a noite –, hoje apenas nidifica nalguns ilhéus desabitados, ao abrigo dos predadores, nomeadamente o Ilhéu da Vila, em Santa Maria, e os ilhéus de Baixo e da Praia, na Graciosa. Cientificamente é denominada *Oceanodroma castro*. Também é conhecido pelos nomes de *melro* ou *melrinho-da-baleia*, porque se alimenta de parasitas dos cachalotes velhos (várias espécies de piolhos do género *Cyamus*), e por *alma-de-mestre, ave-mestre* e *angelito*. Nas Flores já ouvi chamar-lhe *maçarica* e *passarica*.

Painoca, *adj.* Pateta; tonto[T]: – *Home, nã ligues, aquilho é um painoca tolo c'mós pés...!*

Paio, *n.m.* O m.q. empadão (do am. *pie*).

Paipo, (do am. *pipe*) **1.** *n.m.* Cano do navio, a chaminé. **2.** *n.m.* O m.q. *pipo*.

Pairado, (part. pas. de *pairar*) **1.** *adj.* Sustentado; saciado[Sj]. **2.** *adj.* O m.q. *tenteado*[T]. Estar pairado: diz-se do tempo ou do estado de saúde, quando melhora[T]: – *Nestes últimos tempos esteve aborrecido, mas já está mais pairado*[1579].

Pairar, (do provençal ant. *pairar*, suportar) **1.** *v.* Alimentar; sustentar[Sj]. **2.** *v.* Melhorar, falando do tempo ou da saúde[T]: *E a tensão como está? / Achas que vai pairar? / Ou anda como andava cá, / Sempre difícil de controlar?*[1580].

Paivada, *n.f.* Concha de sopa[Sj].[1581]

Pajem da Coroa, *n.m.* O m.q. *Rei da Coroa*, aquele que transporta a *Coroa* do Espírito Santo na salva[T]: *Ó meu nobre Imperador, / Faz favor de ajoelhar, / Meu nobre pajem da coroa, / Faz favor de o descoroar*[1582]. Nalgumas ilhas também é chamado *Vedor*.

Pajem do coxim, *n.m.* Aquele que, nas festas do Espírito Santo, leva à igreja a almofada onde se ajoelha o *Imperador*[SM].

Pala, (do lat. *pala-*, pá) **1.** *n.f.* Parte da galocha que cobre o peito do pé[T]. **2.** *n.f.* Primeira folha a aparecer na terra aquando da germinação de uma semente[SM]. **3.** *n.f.* Pequena sala de visitas; sala (do am. *parlour*).

Palachemas, *n.f.* pl. Cobertas de cabeceira bordadas (do am. *pillow-shams*). Não é de uso generalizado.

Palaio, (do cast. *Pelayo*) **1.** *n.m.* O m.q. paio, enchido de porco em tripa larga[C,SM]. Quadra pop.: *Com tanto pra derreter, / Ei d'espanto inté caio; / Agora estou pra ver / Se m'ófreces um palaio*[SM]. **2.** *n.m.* *fig.* Pessoa grande e gorda. Em Trás-os--Montes também é usado com o mesmo significado.

Palame, 1. *n.m.* Amontoado de ervas e lenha para fermentação e estrume[SM]. **2.** *n.m.* Tanque para curtir peles[SM]. **3.** *n.m.* Mulher preguiçosa, indolente[P]. **4.** *adj.* Diz-se da pessoa friorenta. Var.: *Palamo* e *pelame*.

Palanca, (do cast. *palanca-*) **1.** *n.f.* Barrote; tranca[SM]: *[...] Atirei-lhe uma palanca / Bateu-lhe certa na anca / Sai-te burra pró caminho*[1583]. **2.** *n.f.* O m.q. *rede*, falando do

---

[1578] É ave capaz de enfrentar as mais temíveis tempestades de Inverno, sendo, contudo, indefesa em relação a gatos, ratos e outros predadores levados pelos povoadores para as ilhas.

[1579] Carlos Enes – *Terra do Bravo*.

[1580] Do bailinho carnavalesco *A Júlia na Graciosa*, de Hélio Costa.

[1581] Termo recolhido no Topo (S. Jorge) por Olímpia Faria, não generalizado.

[1582] Quadra da folia do Espírito Santo terceirense.

[1583] Do *Pezinho da Vila*, de S. Miguel.

palanquim de transporte de doentes^F. Aqui, provavelmente este nome é derivado da *palanca* onde amarrava a *rede*, que os homens transportavam às costas, um à frente e outro atrás. Ver tb. *Rede*.
À palanca: modo de transporte de cargas, prendendo-as num *pau* apoiado sobre o ombro, uma pessoa à frente, outra atrás.
Palãinque, *n.m.* Palanque, sua corruptela^T: *Atirei-te um lenço branco, / Chiinho de milho aberto; / Dizia-se nos palãinques: / 'O casamento está perto...'*[1584].
Palear, *v.* Equilibrar; remediar; viver nem bem nem mal, *tenteado*^Fl,Sj,T: – *Vai-se paleando conforme se pode..., c'm'a Deus quer!*
Palha, *n.f.* Medida de volume para água^T. Dar palha à dança: costume que consistia em espalhar palha no trajecto a percorrer por uma *dança* do Entrudo com a intenção de a desfeitear^T. Dar palha aos toiros: deitar palha no touril para desfeitear o criador dos touros e o Mordomo^T.
Palhaça, 1. *adj.* Dizia-se da casa com tecto de palha (de *palha* + *-aça*)^T. A sua grafia antiga era *palhasa* pelo que antigamente, nas escrituras, vinha mencionada *caza palhasa*[1585]. No Faial chamavam-lhe *casa palhoça*. **2.** *n.m.* O m.q. palhaço (de *palhaço*)^Fl.
Palhada, *n.f.* Palha misturada com farinha e água, usada na alimentação do gado durante o Inverno, quando rareiam as ervas (de *palha* + *-ada*)^Fl.
Palha-de-amarrar-vinha, *n.f. Bot.* Planta perene, glabra e robusta, com menos de 1 m de altura, presente em S. Miguel, Pico, Faial e Flores, de nome científico *Carex pendula*[1586].
Palheira, *n.f.* Pequeno e tosco palheiro (de *palha* + *-eira*)^F.

Foto: Elsa Mendonça

Palheiro, (de *palha* + *-eiro*) **1.** *n.m.* Casa de pedra solta, antigamente coberta de palha de trigo, que serve em geral como arrecadação das alfaias agrícolas e da *comida* para os animais. Muitas vezes também incluía um espaço próprio para abrigar o carro de bois. **2.** *n.m.* Casa do *curral* onde dorme o porco^Fl. **3.** *n.m.* O m.q. estábulo, divisão contígua à casa de habitação ou na sua parte inferior onde o gado permanecia amarrado na manjedoura. Tal como noutras regiões de Portugal, servia também como meio de aquecimento da casa no Inverno. Ainda hoje existe nas freguesias.
Palheiro de bóbeda, *n.m.* Palheiro cuja porta faz um arco na sua parte superior (bóbeda, corrupt. de *abóbada*)^Fl.
Palhiço, *n.m.* Folha que cobre a espiga-de-milho (de *palha* + *-iço*)^SM.
Palhito, (de *palha* + *-ito*) **1.** *n.m.* O m.q. fósforo: *E vamos botar uma lata de petróleo pla porta dentro, largar um palhito até pegar o fogo em tudo!*[1587]. Na Madeira é chamado 'palhete'. **2.** *n.m.* Paus das cartas de jogar. **3.** *n.m. fig.* Corno. Pregar os palhitos: ser infiel ao companheiro. Var.: *palhique*^SM. Leite de Vasconcelos *(Opúsculos – VI)* regista este termo, com o mesmo signifi-

1584 Vitorino Nemésio – *Festa Redonda*.
1585 Escritura do séc. XVII: *[...] hua caza palhasa terreira cõ seu quintal citta nesta ditta cidade [...]*.
1586 Erik Sjögren – *Plantas e Flores dos Açores*.
1587 J. H. Borges Martins – *A Justiça da Noite na Ilha Terceira*.

cado de fósforo, na linguagem do concelho de Bragança.
Palho, *n.m.* Uma quantidade de coisas dispostas umas em cima das outras, *p.ex.*, um *palho* de cartas, um *palho* de tábuas[F] (de *palha*).
Palhoco *(ô), adj.* Idiota; pateta; tonto (de *palha* + *-oco*)[Sj,SM,T]. *Nuno, sempre o mesmo palhoco, ficara com os dedos enfiados na boca, como um perfeito mamado*[1588].
Palhouco, *adj.* O m.q. *palhoco.*
Palmadeira, *n.f.* Pá de madeira usada na confecção do queijo, para partir a massa depois de coalhada (de *palma* + *-deira*)[Sj].
Palma do pé, *n.f.* Planta do pé[Fl].
Palmas, *n.f. pl.* Cantiga de roda de antigamente: *São palmas, são palmas, / São palmas batidas; / Mas isto não são palmas, / São glórias fingidas.*
Palmas-alhas, *n.f. pl.* Folhas secas de alho, usada nos defumadouros contra o mau olhado[SM].

Palmeiros e sarguetes (Foto: Durval Silva)

Palmeiro, *n.m.* Sargo médio, com peso entre 150 e 500 g (de *palmo* + *-eiro*). Quando mais pequeno chama-se *sarguete*[F].
Palmito, *n.m. Bot.* Nome vulgar da *Ixia paniculata*, também chamada *jacinto*[P] e *alfenim*[Fl].

[1588] João de Melo – *Gente Feliz com Lágrimas.*

Palmo craveiro, *n.m.* Antiga medida linear equivalente a 12 polegadas[1589], ou seja, cerca de 30 centímetros.
Palristo, *adj.* Aparvalhado; espantado: *A menina é mun nova, mais diz coisas ò grave qu'eu inté fico palristo!*[1590].
Pamonha, *adj.* e s. Indivíduo cínico, hipócrita, manhoso; indivíduo capaz de rastejar para alcançar os seus fins (do tupi *pámuña*, pegajoso)[F].
Pa mór dês, *exp.* Modo de pronunciar 'por amor de Deus'[T].
Pampar, *v.* Dar à bomba (do am. *to pump*), o m.q. *pampear.*
Pampear, *v.* O m.q. *pampar*[SM].
Pampeiro, *n.m.* Nuvem negra anunciadora de tempestade (de *pampa* + *-eiro*)[T]: *[...] só os pampeiros teimavam em rolar, pesados e molangueirões, afogando o sol de todo*[1591].
Pampo, *n.m.* Bomba (do am. *pump*).
Pampoilha-brava, *n.f.* O m.q. papoila (*Papaver rhoeas*)[Sj].
Pampulada, *n.f.* Pancada forte[SM]: – *Por mór do impeno, a porta só fecha com uma boas pampuladas!*
Pampulhada, *n.f.* O m.q *garbulhada*[C].
Pana, (do am. *pan*) **1.** *n.f.* Alguidar, seja de plástico ou de alumínio. **2.** *n.f.* Forma de fazer bolos[SM].
Panada, *n.f.* Trouxa; qualquer coisa de tamanho médio e embrulhada (de *pano* + *-ada*): *Com a panada do dinheiro em o bolso derreado dos casacos [...]*[1592]. Usa-se muito também o seu diminutivo, *panadinha*. No Norte do país, uma 'panada' é uma certa quantidade: uma 'panada de erva' é uma 'abada de erva'.

[1589] A polegada é uma unidade de comprimento muito usada no sistema imperial de medidas britânico, equivalente a 2.54 centímetros e que em Potugal geralmente se arredonda para 2.50 centímetros.
[1590] Vitorino Nemésio – *Mau Tempo no Canal.*
[1591] João Ilhéu – *Gente do Monte.*
[1592] P.e Nunes da Rosa – *Pastorais do Mosteiro.*

Panasqueiro, *adj.* Bem vestido; janota (de *panasco* + *-eiro*)[SM]. Adquiriu aqui um significado antónimo.

Pancada, (de *panca* + *-ada*) **1.** *n.f.* Esticão dado com a corda, nas corridas à corda, para obrigar o touro a parar[T]: *O toiro, quando saiu, / Com a pancada, estacou: / Assim o meu coração, / Quando te viu, parou*[1593]. O da pancada: o pastor que vai à frente, na corda, e que, por isso, aguenta o primeiro choque da corda ao esticar. Nas touradas gritam muitas vezes – *Pancada aí!* – para que os pastores segurem o touro[T]. Ser da pancada: ocupar o lugar de maior perigo numa contenda (pancada, ext. de *pancada*, da corda)[T]. **2.** *n.f.* Nome que se dá ao puxão que o peixe dá na linha quando é aferrado. Consoante a *pancada*, muitos pescadores já sabem de que peixe se trata.

Pancada da viola, *n.f.* Movimento da mão direita sobre as cordas da *viola da terra*, produzindo harpejos, diferente de tocador para tocador; na *pancada da viola* há, p.ex., os que a compasso ritmado batem com a ponta dos dedos no tampo da viola o que provoca um som seco em cada tempo forte da Chamarrita e lhe transmite uma certa vivacidade particular: *No relvado se vai armando o – balho – na cadência e pancada da viola, velha amiga da gente micaelense*[1594].

Pancada de água, *exp.* Aguaceiro forte e de curta duração; bátega. É expressão também muito usada no Brasil. No Continente, embora não se ouça frequentemente também é usada como confirma Eça de Queirós[1595]: *[...] uma tarde de chuva Natário fizera uma visita ao padre Silvério – sob o pretexto que o pilhara ali uma pancada de água e que se vinha recolher um instante.*

Pancadas de meia-noite, *exp.* Muita pancadaria: *Levou pancadas de meia-noite pelo lombo fora sem ter tafulho*[1596].

Pancadaria, *n.f. fig.* Embate violento e repetido duma embarcação contra as ondas do mar bravo, como que a sofrer uma autêntica pancadaria (ext. de *pancadaria*)[F].

Pandão, *n.m.* O m.q. par; combinação[SM]: – *Essa camisa faz pandão com as calças.*

Pandeiro de chocalhar, *n.m.* Nome que se dá no Faial ao pandeiro das festas do Espírito Santo.

Pandeiro, *n.m. Mús.* Espécie de pandeireta, nalguns lugares sem peles, com um aro metálico ou de madeira, sendo as soalhas feitas às vezes com moedas antigas de cobre (do cast. *pandero*, do lat. tard. *pandorius*). É utilizado nas *Folias* do Espírito Santo em várias ilhas e corresponde aos 'trinchos' que antigamente se usavam nas Folias da Beira Baixa[1597]. Falando dos Foliões, João Ilhéu escreve[1598]: *Outro traz na mão um pandeiro que acompanha com seu tilintar festivo os rufos do tambor tocado pelo terceiro Folião.* O pandeiro é utilizado também pelo *Mestre* nas *danças* e *bailinhos* do Entrudo, sendo a origem dos seus nomes: *bailinho de pandeiro* e *dança de pandeiro.*

Pandolga, *n.f.* O m.q. baloiço[C]. Em certas regiões do país, usado com significado diferente, também se pronunciava 'pandolga' mas o rotacismo acabou por vencer – pandorga.

Pandoreza, *adj.* Termo não usado na linguagem comum. Utilizado em rima infantil da Terceira: *Teresa, pandoreza, / Varre a casa e põe a mesa.*

Pandulheira, *n.f.* Alça onde se prende a linha de pesca na variante chamada *barqueira* (de *{pandulho}* + *-eira*)[T].

Pandulheiro, *adj.* Barrigudo (de *{pandulho}* + *-eiro*)[T].

1593 Vitorino Nemésio – *Festa Redonda.*

1594 Luís Bernardo Leite de Ataíde – *Etnografia Arte e Vida Antiga dos Açores.*

1595 Eça de Queirós – *O Crime do Padre Amaro.*

1596 J. H. Borges Martins – *Crenças Populares da Ilha Terceira II.*

1597 Ernesto Veiga de Oliveira – *Instrumentos Musicais Populares Portugueses.*

1598 João Ilhéu – *Nota Etnográficas.*

Pandulho, (alt. de *bandulho*) **1.** *n.m.* Barriga grande; pança; o m.q. bandulho. **2.** *n.m. Náut.* Pedra que segura a rede de pesca enquanto é feito o lanço[T]. *Pandulho de barro, pandulho de loiça* ou *pandulho de oleiro*[SM]: peso das redes de pesca usados antigamente, antes das actuais chumbadas. Em Peniche, os pescadores também chamam 'pandulho' a um calhau que põem nas redes. No Algarve chama-se 'ambude' ou 'pandulho' a uma espécie de isco feito em geral com minhocas e usado para pescar eirós[1599]. **3.** *n.m. Náut.* Pedra amarrada na ponta da linha de pesca, servindo de chumbada[G,Sj]. Embora não venha registado nos dicionários consultados, excepto o de JPM, é termo usado com este significado um pouco por todo o país, desde o litoral até ao interior (pesca dos rios). Por exemplo, em Vila Franca de Xira, antigamente, nas fábricas de telha, os operários coziam os *pandulhos* de barro, às escondidas dos patrões, para clandestinamente os venderem aos pescadores das redondezas. Com o mesmo significado é usado pelos pescadores da Galiza.

Pane, *n.f.* Avaria num veículo automóvel (do fr. *panne*)[F].

Panelão, *n.m.* O m.q. *caldeirão* (de *panela* + *-ão*)[T].

Pangaia, *n.f.* Pessoa mal vestida, desmazelada e preguiçosa (de *pangaio*): *Ora vejam as pangaias, mal dando a salvação a uma pessoa*[1600].

Panino, *n.m.* Dim. de pano; o m.q. paninho. É f. também usada no Algarve.

Pano da terra, *n.m.* Pano tecido na ilha, em teares caseiros[T]: *As calças e o colete são de «pano da terra», castanho ou preto, tecido com a lã dos carneiros nos teares caseiros*[1601].

Pano de sinais, *n.m. Bal.* Pano branco que o *vigia da baleia* utilizava para comunicar a posição do cachalote às embarcações no mar. Geralmente, eram dois panos do tamanho de um lençol que, conforme as posições em que eram estendidos e as suas seguintes deslocações, continham mensagens que os baleeiros entendiam; às vezes eram associados a fogueiras acesas ao redor do posto de vigia[1602]. O vigia *começa os sinais, guiando as embarcações. Estende um pano branco e a lancha começa a guinar para BB. Guinou mais de 90.° e o pano branco ainda lá está: mete então para EB. Quando o pano branco, o «sinal», desaparece, mantém-se o rumo desse momento. Se o pano se aguenta durante uma volta completa é porque as baleias estão ali mesmo e os botes que larguem a balear*[1603]. Com a chegada das transmissões radiofónicas, estes sinais foram abandonados. Nota: Na citação anterior BB significa bombordo e EB estibordo.

Pano de tufo, *n.m.* Parede singela de alvenaria[T].

Pano de vara, *n.m. Náut.* Vela que antigamente era usada nas lanchas, içada no mastro através de uma vara a ele presa com argolas[Fl].

Panóia, *adj.* Estúpido; parvo[Sj].

Pansão, *n.f.* Pensão, sua corruptela. Sem fastio nem pansão: sem nada que o apoquente[T].

Pantesma, (afér. de *{alpantesma}*) **1.** *adj.* O m.q. *palhoco*; pateta[SM,T]. **2.** *n.m.* O m.q. *alpantesma*; fantasma[T]: *E vinham com aqueles mantos, pareciam uns pantesmas*[1604]. Em certas freguesias da Terceira chama-se *pantesma* a um vulto branco que aumenta e diminui de volume lentamente. Cp.: No

1599 Eduardo Brazão Gonçalves – *Dicionário do Falar Algarvio.*

1600 Manuel Ferreira – *O Morro e o Gigante.*

1601 João Ilhéu – *Notas Etnográficas.*

1602 As fogueiras destinadas a produzir *fumos* eram geralmente feitas apenas quando os *botes baleeiros* estavam a grande distância da terra e os baleeiros não conseguiam ver bem os panos e as suas indicações.

1603 M. M. Sarmento Rodrigues – *Ancoradouros das Ilhas dos Açores.*

1604 J. H. Borges Martins – *A Justiça da Noite na Ilha Terceira.*

Norte do país – e também nalguns lugares do Algarve, provavelmente importado de lá de cima[1605]– usa-se o termo 'pantasma', segundo M. Paiva Boléo, citando Schuchardt, o [p] não correspondendo ao *ph* latino, mas resultando de influência de *espantar*.

Pantouco, *adj*. Idiota; pateta; toleirão; o m.q. *palhoco*[SM].

Pão adubado, *n.m.* Pão que leva ovos e açúcar; o m.q. *massa-sovada*[F].

Pão-alvo, *n.m.* Pão de trigo, feito de farinha passada pela peneira fina[T]: *Não há pão como o pão-alvo, / Nem cheiro como o de funcho, / Não há amor como o meu, / Que nunca toma caruncho*[1606].

Pão-bento, *n.m.* Pão benzido, distribuído como esmola por ocasião de festas religiosas[SM].

Pão, carne e vinho, tudo dá toicinho, *exp.* Expressão proferida quando alguém se mostra com certa apreensão na realização de uma tarefa[T].

Pão-d'água, *n.m.* Pão de trigo, sem ovos nem açúcar. Na Terceira, difere do *pão de trigo* ou *alvo* apenas no seu formato, tendo uma forma mais alongada, a que se chama *forma de tranca*[1607]. É este pão que é usado nas *sopas do Esprito Santo*, cozido uns dias antes para endurecer e desidratar, ficando com maior poder de absorção do caldo da carne, por isso também lhe chamam *pão-de-bodo*. *Esgalhar pão d'água*: discutir acaloradamente[T].

Pão-da-Ilha, n.m. O m.q. *pão-de-lapas*[T].

Pão-das-almas, *n.m.* Pequeno pão que se colocava à porta ou à janela, destinado a ser levado pela primeira pessoa que passasse, ou a ser dado a um pobre pelas almas do purgatório[SM]. Ver também *esmola-perdida*.

Pão-da-Vitória, *n.m.* Pão ázimo feito apenas com farinha de trigo, água e sal, benzido pelo padre no Domingo da Trindade, que se guardava durante muito tempo para se utilizar num gesto simbólico de fé[F]. Ficava duro mas nunca abolorecia, devido à ausencia de fermento. Conhecido também pelo nome de *Pão-de-Bodo*. Nas viagens entre o Corvo e as Flores, p. ex., as pessoas levavam uma pequena fatia desse pão sagrado, que esmigalhavam e iam atirando para o mar, com o sentido de Deus lhes dar uma boa viagem. O mesmo faziam os marítimos, quando atravessavam o canal Flores-Corvo, se o vento se alevantava e o mar enfurecia, no sentido de o temporal se amainar: *Não é raro ver-se o seu lançamento ao mar, em pequenas parcelas, nos dias em que este oferece perigo para a entrada de embarcações no porto*[1608]. Também se recorria ao *Pão-da-Vitória* em caso de doença grave.

Costume semelhante havia na Europa. Durante a adoração, na Missa do Galo, as mulheres depositavam na igreja doces caseiros, que logo trocavam por 'Pão Bento' ou 'Pão de Natal', de que levavam sempre um pedaço que servia de amuleto para ser usado apenas em caso de doença grave. Ver tb. *Cerimónia do Pão-da-Vitória*. Nota: Esta tradição só é conhecida nas duas ilhas do Grupo Ocidental.

Pão-de-Bodo, 1. *n.m.* O m.q. *pão-d'água*[T]. **2.** *n.m.* O m.q. *Pão-da-Vitória*[F].

Pão-de-cabeça, *n.m.* Pão de trigo, ligeiramente temperado, destinado aos membros da irmandade, nas festas do Espírito Santo[SJ,SM]: *Ao lado do império fica a despensa, de onde saem cestos de pão de cabeça e cântaros de vinho distribuídos em profusão*[1609].

[1605] Antigamente houve muita emigração do Norte do país para o Algarve, o que muito influenciou os seus falares, particularmente em certas zonas.

[1606] Quadra do folclore terceirense.

[1607] Augusto Gomes – *Cozinha Tradicional da Ilha Terceira*.

[1608] Lino Santos e José Trigueiro – *Espírito Santo na Ilha das Flores*.

[1609] Francisco E. O. Martins – *Espírito Santo na Terceira* in *Festas Populares dos Açores*.

Pão-de-calo, *n.m.* Pão de mistura, também dito *pão de caulo*[T]. O m.q. *pão-de-rala* e *pão-de-rolão.*

Pão-de-casa, *n.m.* Pão caseiro, amassado e cozido em casa[T].

Pão-de-caulo, *n.m.* O m.q. *pão de calo* e *pão-de-rala*[T].

Pão-de-esmola, *n.m.* Pão de trigo, ligeiramente temperado, distribuído durante as festas do Espírito Santo pelas casas mais pobres, escolhidas por cada um dos *imperadores*[SJ].

Pão-de-fatias, *n.m.* Pão de trigo que, depois de bento, é distribuído em fatias aos rapazes que se incorporam nas coroações[SM].

Pão-de-jantar, *n.m.* Pequeno pão feito com os restos da massa da cozedura e que leva chouriço sem pele e torresmos brancos[SM].

Pão-de-ladrão, *n.m.* Em S. Miguel chama-se *pão-de-ladrão* ao pão virado de sola para o ar, o que se nunca deve fazer pois, segundo a crença popular, dá azar.

Pão-de-lapas, *n.m.* Nome que na Terceira se dá a um pão de trigo que, depois de lhe ser retirado o miolo, é recheado com esse miolo misturado com lapas guisadas, previamente cortadas aos bocadinhos.

Pão-de-leite, *n.m.* Pão feito com farinha de trigo, leite, ovos, manteiga, gordura, e sal, semelhante à *massa-sovada* mas levando menos açúcar e mais leite, feito pelas festas do Espírito Santo[SM].

Pão-de-mesa, *n.m.* Grande pão, com cerca de 35-40 cm de diâmetro, feito pelas festas do Espírito Santo[1610]: *O pão de mesa é enorme, feito de farinha de trigo e preparado com leite. Acompanha o cozido e a alcatra*[1611]; *O jantar consta de sopa de carne, carne cozida [...], pão de mesa, de grandes dimensões (quatro por alqueire) [...]*[1612].

[1610] João Leal – *As Festas do Espírito Santo nos Açores.*

[1611] Hélder Pacheco – *Nós, Portugueses.*

[1612] Inocêncio Romeiro Enes – *Tradições e Festas Populares da Freguesia dos Altares.*

Pão-de-mistura, *n.m.* Pão confeccionado com duas partes de farinha de trigo para três de milho[SM].

Pão-de-rala, *n.m.* O m.q. *pão de rolão*[SM,T]: *[...] há lá nada que chegue aos charrinhos assados na sertã, com molho de vilão e pão de rala!*[1613]

Pão-de-rolão, *n.m.* Pão de fabrico semelhante ao pão de trigo, com a diferença de que é confeccionado com a farinha sem ser extraído o rolão [T]. Muitas vezes juntam-lhe ovos e açúcar.

Pão-de-rosca, *n.m.* Pão de trigo com a forma de uma trança[SM].

Pão-de-testa, *n.m.* Pão de trigo[Sj].

Pão-doce, *n.m.* O m.q. *massa-sovada.*

Pão-do-demónio, *n.m.* O m.q. *pão do diabo.*

Pão-do-diabo, *n.m.* Nome que é dado a um cogumelo venenoso[SM]; o m.q. *chapéu-do-demónio* e *pão-do-demónio.*

Pão-do-Monte, *n.m.* O m.q. *pão-de-lapas*[T].

Pão dos pobres, *n.m.* Ver *Batata-inglesa.*

Pão-d'ovo, *n.m.* Todo o pão que leva ovos, quase sempre adocicado[F].

Pão-leve, *n.m.* O m.q. pão-de-ló[SM,StM].

Pão por Deus, *n.m.* Oferta que se faz a afilhados ou a outras crianças no dia 1 de Novembro, por isso chamado *dia de pão por Deus*[P,T]. Na Terceira, no dia 1 de Novembro, o dia de todos-os-santos, os rapazes correm as casas a pedir o *pão por Deus* – quando não recebem nada, cantam: *Soca vermelha / Soca rajada / Tranca no cu / A quem não dá nada.* Em S. Miguel a cantiga era semelhante: *Tranca cá / Tranca lá / Tranca no cu / De quem não dá.* No Faial, antigamente os miúdos cantavam: *Uma coisinha de Pão por Deus / Por alminha dos seus. Pão por Deus, pedia Deus / Para dar aos filhos seus; / Não tem nada que nos dê, / Seja tudo pelo amor de Deus.* Para agradecer: *Seja por amor de Deus / E por alminha dos seus.*

Papa, *n.m.* O *papa* é o dia 11 de Novembro, o dia de S. Martinho, o dia de provar – *pa-*

[1613] Cristóvão de Aguiar – *Trasfega.*

par – o vinho novo[T]. O dia seguinte, a oitava, é o *rapa*.

Papagaio, *n.m.* Alcunha que os de S. Jorge dão ao natural da Calheta, freguesia desta ilha.

Papai, *n.m.* O m.q. papá (de *papá*)[T]: *[...] Meu pensamento / De si não sai, / Fale ao papai / Oiça o que ele diz*[1614]. Registado nos dicionários apenas como brasileirismo.

Papalvo, *n.m.* O m.q. *toutinegra vinagreira*[T]. No Alentejo chama-se papalvo à codorniz.

Paparela, *adv.* O m.q. *paparriba*; de barriga para o ar[SM].

Paparraça, *n.f.* Galinhola[SM]; o m.q. *corroa*.

Paparrão, *n.m.* Papo grande: Adágio: *De grão em grão / enche a galinha o paparrão*[SM].

Paparreta, *n.* Indivíduo pretensioso e ridículo (alt. de *paparrotão* através da f. *paparretão*)[T]: *Meia dúzia de paparretas / Com bem pouca instrução, / Que sem pás nem picaretas / Deitam a Câmara ao chão*[1615].

Paparriba, *adv.* De barriga para o ar (de *papo + arriba*)[SM]. É palavra antiga ainda aqui conservada.

Papas de arroz, *n.f.* O m.q. arroz-doce[F,Sj]. As *papas de arroz* são tradicionalmente servidas em algumas ilhas nos *jantares do Esprito Santo* e nos casamentos[1616].

Papas de gofe, *n.f.* Papas preparadas com farinha de milho depois de torrado[StM,SM]. Para preparar as *papas de gofe* é torrado o milho, que, depois de moído e peneirado, é misturado com leite, sendo feitas papas que podem ser adoçadas com açúcar. Parece terem sido importadas das Canárias: *As papas de 'gófio' são ainda uma especialidade alimentar muito usada nas Canárias, acompanhando peixe, carne e vegetais e algumas vezes adoçadas com mel e ornamentadas com 'glacé' e frutas cristalizadas, a servirem como sobremesa, a figurarem como 'Ex. Libris' da gastronomia daquela região*[1617].

Papas de rolo, *n.f. pl.* Papas de farinha de milho ainda tenro[F]. Têm este nome por serem feitas com o milho moído com um rolo de madeira.

Papas de serpentina, *n.f. pl.* Ver *Serpentina.*

Papas fritas, *n.f. pl.* Restos das papas feitas na véspera, aquecidas em banha de porco fervente[SM].

Papas-grossas, *n.f. pl.* Papas feitas com farinha de milho ainda tenro, mal seco, grosseiramente moído – daí o nome – num *moinho-de-mão* ou com um rolo de madeira, por isso também se chamam *papas de rolo*. Ficando com uma consistência firme, um pouco semelhante à gelatina, são cortadas aos bocados e comidas com leite. Em certas ilhas, muitas pessoas comem-nas no Domingo de Ramos e, antigamente, quando não as comiam e usavam outra comida, nunca comiam couves nesse dia porque acreditavam, se isso acontecesse, que andariam todo o ano cobertas de mosca[1618].

Papas-roladas, *n.f. pl.* O m.q. cuscuz[StM].

Papel, 1. *n.m.* Jornal (do am. *paper*, newspaper). **2.** *n.m.* Mortalha para fazer os cigarros à mão.

Papel de fumar, *n.m.* O m.q. mortalha.

Papeles, Corrupt. do plural de papel. Vir nos papeles: vir publicado nos jornais. É influência do am. *news paper*: – *Ele arrecebeu carta de chamada da irmã pra ir p'ro Canadar*

1614 *Dança do Falso Doutor* enversada por Francisco Luís de Melo, conhecido pelo apelido de Chico Roico (Terceira).

1615 Quadra de Manuel Borges Pecêgo (o *Bravo*), in *Improvisadores da Ilha Terceira.*

1616 Antigamente, o arroz não fazia parte da dieta diária das zonas rurais dos Açores, como sempre aconteceu no Continente, por não ser produto aqui cultivado, apenas sendo utilizado esporadicamente na canja e no arroz de galinha e para fazer arroz-doce, as *papas de arroz*. Era, pois, considerado um alimento de luxo, de um dia especial.

1617 Augusto gomes – *Cozinha Tradicional de Santa Maria.*

1618 Inocêncio Romeiro Enes – *Tradições e Festas Populares da Freguesia dos Altares.*

e tem andado a tratá dos papeles agora. Moisés Pires regista-o tb. nas falas populares da gente de Miranda do Douro.

Paperrinche *(pà)*, *n.m.* Espécie de chave de tubos, com a mesma origem do *macarrinche* (do am. *pipe wrench*).

Papia, 1. *n.f.* Bolo muito seco feito com farinha de milho torrada e perfumado com semente de funcho[Fl]. **2.** *n.f.* Pequeno bolo de farinha de milho, retirado da massa do *bolo* e que é assado nas brasas, no forno ou no *tijolo*, para dar às crianças quando se faz o *bolo*[P].

Papicha, (de *papa* + *-icha*) **1.** *n.f.* Bolo de farinha de milho cozido na panela juntamente com o caldo de couves, feito para substituir o pão que acabou[SM]. **2.** *n.f.* O m.q. *neto*[SM].

Papinha, *n.f.* Nome que em S. Miguel se dá a uma pequena ave também chamada *estrelinha, ferefolha* e *forfolha*. Ver *estrelinha*.

Papujão, (de *papujar* + *-ão*) **1.** *adj.* Diz-se do indivíduo com dificuldade na articulação da palavra, que fala como se estivesse a *papujar*[F]. **2.** *n.m.* Aquele que *papuja*.

Papujar, (de *papa*[s] + *-ujar*) **1.** *v.* Diz-se do barulho feito pelos movimentos dos peixes, com a boca à superfície da água, numa imagem semelhante a água a ferver[F]. **2.** *v. fig.* Pronunciar mal as palavras, falando de modo difícil de se perceber, como se tivesse a boca cheia de papas.

Pápula, *n.f.* O m.q. batata (do lat. *papŭla-*)[StM].

Paquessela, *n.f.* Armação de madeira usada nos equídeos para o transporte de latas de leite (do am. *packsaddle*)[Sj].

Paquesselo, *n.m.* Albarda (do am. *packsaddle*). Não é de uso generalizado.

Par, *prep.* Para, sua corrupt. por apócope, muito frequente na linguagem popular de várias ilhas: *Anda cá par dentro! Vamos lá par baixo! Ele foi lá par cima!*

Para a areia, *loc. interjec.* Expressão de desprezo[F]: *Vai-te falar dessa maneira pr'àreia*[1619].

Parada, *n.f.* Terminal de linha da pesca (part. pas. fem. subst. de *parar*). JPM regista-o indevidamente como brasileirismo.

Paradouro, *n.m.* Sistema destinado a fazer parar o moinho de rodízio; o m.q. *tábua* e *levadeira* (do rad. do part. pas. *parado* + *-ouro*).

Paragem do Corvo, *n.f.* Nome registado na documentação das naus do séc. XVI que vinham da Índia, que significava a paragem nas ilhas do Grupo Ocidental, antes de avançarem para Angra e depois Lisboa, isto pela sua posição nodal nessas viagens de retorno.

Paranho, *n.m.* Teia de aranha[SM,T]: *[...] e o umbigo era sarado com paranhos misturados com cinza da borralheira*[1620]. CF regista-o apenas como açorianismo. É termo também conhecido no Brasil, pelo menos em Santa Catarina, onde a influência açoriana é notável. Aquilino Ribeiro regista-o na linguagem beirã: *[...] a meio dos chichisbéus enfarruscados nos paranhos do forno [...]*[1621]. *Ter paranhos no tecto:* ter manias.

Parar quieto, *exp.* O m.q. aquietar-se: – *É rapaz, pára quieto um pouco, nã me dês cabo do juízo!* Este pleonasmo é muito frequente nas ilhas dos Açores.

Para trás mija a burra, *exp.* Expressão usada com sentido de incentivo para quem ameaça desistir de uma tarefa[F].

Parcar, *v.* Estacionar (do am. *to park*): – *Eh Joe, parca-me esse aramobil na cona de baixo, que a cona de cima está tomates fógui*[1622]. 'Tradução': Eh José, estaciona-me esse automóvel no piso de baixo, que o piso de cima está muito cheio.

1619 P.e Nunes da Rosa – *Pastorais do Mosteiro.*

1620 Cristóvão de Aguiar – *Raiz Comovida.*

1621 Aquilino Ribeiro – *Terras do Demo.*

1622 Cristóvão de Aguiar – *Passageiro em Trânsito.*

Parcela, *n.f.* Cada uma das ordens de cordas de um instrumento músico de corda e braço. Assim, por exemplo, a *viola de arame* tem cinco parcelas, afinadas nos seguintes tons decrescentes: Mi – Si – Sol – Ré – Lá, o bandolim tem quatro: Mi – Lá – Ré – Sol.

Pardal, *n.m.* O pardal comum – *Passer domesticus* – está amplamente distribuído, infestando todas as ilhas, vindo da Ilha Terceira para onde foi trazido do Continente no final dos anos sessenta do séc. XX[1623].

Pardela, 1. *n.f.* Pequeno pasto (Corrupt. de *pradela* por metát.)[T]. **2.** *n.f.* O m.q. cagarra *(Calonectris diomedea),* no Cont. também conhecida por 'pardela-do-bico--amarelo'.

Pardela-sombria, *n.f.* Também vulgarmente chamada *estapagado,* é uma ave marinha diurna com cerca de 35 cm de comprimento e um peso rondando os 350 g quando adulta. Tem o ventre branco, o dorso muito escuro e a cabeça quase negra, à excepção do pescoço e das faces abaixo dos olhos. No mar é gregário, seguindo ocasionalmente embarcações. Actualmente só existe no Corvo e nas Flores[1624]. Cientificamente é denominada *Puffinus puffinus.*

Páreas *(i), n.f. pl.* Secundinas da vaca (do lat. *parĕre,* parir)[C,P]. Na Terceira chama-se *livração.* No Corvo também lhe chamam *limpezas.*

Parecer um amar'icano, *exp.* Dizia-se dos homens bem vestidos, com bom aspecto, prósperos e de preferência gordos e lustrosos que nem texugos, tal como os emigrantes que visitavam as nossa Ilhas[F].

Parecer um poço de azeite, *exp.* Diz-se do mar quando está muito manso, *estanhado*[F].

Paredes, *n.f. pl.* O m.q. *ilhargas,* falando dos instrumentos músicos.

Parenta, *n.f.* Prima afastada; mulher da mesma consanguinidade[F].

Parente, *n.m.* Primo afastado[F]. No cumprimento habitual é sempre tratado por *parente* e não pelo nome próprio: – *Bom dia, parente, cma é que vai essa apostólica?* Nas Flores diz-se: *Parentes são os meus dentes e, ainda, às vezes, mordem-me a língua!* Falando da Beira Baixa, A. dos Santos[1625] regista: *Quando se emprega este termo na sua acepção mais geral, o qualitativo parente indica a pertença indeterminada de um indivíduo a uma família em sentido lato.* Segundo o mesmo autor, ao contrário dos Açores, isto era um tratamento de homens, não usado entre as mulheres: *[...] os homens uns para os outros é que dizem parente, nós não vamos dizer oh parente!* Na região de Cantanhede, nomeadamente em Ançã, também se usa no feminino, como pude constatar localmente.

Pares de vezes, *exp.* O m.q. várias vezes[T]: *Aconteceu, uns pares de vezes à saída de casa, estar uma vizinha à janela*[1626].

Pargo-de-entorta, *n.m.* Nome que nas Flores se dá aos pargos grandes, com 5 a 6 kg. Tem este nome pelo facto de ser pescado com um aparelho de um só anzol, a *entorta* ou *posteiro.*

Pargueiro, *n.m.* Anzol empatado em arame usado na pesca de peixes que com os dentes cortam o náilon (de *pargo* + *-eiro*)[SM].

Parlenda, *n.f.* Texto apresentado antes de iniciar as *danças do Entrudo,* geral-

---

1623 R. Martins, A. Rodrigues e R. Cunha – *Aves Nativas dos Açores.*

1624 A confirmação da nidificação desta ave nos Açores é muito recente – só em 1997 foram detectadas colónias de nidificação, apenas nas ilhas do Corvo e Flores, e as estimativas populacionais indicam a existência de cerca de 200 casais reprodutores, decorrendo o período reprodutor entre Fevereiro e Agosto. Antigamente. No séc. XVI, eram muito frequentes por todas as ilhas, sendo referidas por Gaspar Frutuoso com o nome de *estapagado.*

1625 Armindo dos Santos – *Heranças.*

1626 J. H. Borges Martins – *Crenças Populares da Ilha Terceira I.*

mente dito em quadras ou sextilhas (alt. de *parlanda*, por sua vez de *parlar* + -*anda*)[1627].

Parlenga, *n.f.* Lengalenga; sermão (ext. de *parlenga*)[SM].

Parófica, 1. *n.f.* Nexo; sentido[SM]: – *O que tu estás prá i dezendo não tem paróiica ninhũa!* **2.** *n.f.* Pessoa de condição humilde[SM].

Parola, *adj.* Falador (do it. *parola*, palavra)[T].

Parrame, *n.m.* Coisas espalhadas desordenadamente (corrupt. de *esparrame* por aférese)[F].

Parrameiro, *n.f.* O m.q. *bolo-de-sertã*[SM]. CF regista-o, na Ed. actual (1996), como açor., com origem etim. no fr. ant. *paramer*, e com o significado de pão de milho. Aliás, já o registara na 4.ª Ed. (1925) com o mesmo significado, como sendo termo da Ilha das Flores[1628].

Parrigil, *n.m.* O m.q. *parrogil*, perrexil, sua corruptela. Nota: Perrexil é palavra derivada do provençal ant. *pe[i]ressil*, que significava salsa.

Parrogil, *n.m. Bot.* Perrexil, sua corruptela (*Crithmum maritimum*)[F]. Planta herbácea, de folhas carnudas, permatissectas, de pétalas esverdeadas, da Família das Umbelíferas, espontânea em todas as costas das ilhas. Curiosamente, no Brasil, 'perregilo' é sinónimo de 'picles', aportuguesamento de 'pickles', e do nosso *curtume*. Jorge Amado (*Dona Flor*), quando se alarga em considerações gastronómicas, a propósito da escola de culinária de Dona Flor, refere-se várias vezes ao 'perregilo', no sentido da mistura de cebolinhas, bagos de uva, pedaços de cenoura e de couve-flor, etc.

Bóia riscada por onde será cortada

Parruca, 1. *n.f.* Vasilha de barro. **2.** *n.f.* Panela feita a partir duma bóia de alumínio depois de serrada horizontalmente na parte superior e o fundo achatado com o martelo, a parte mais pequena servindo de tampa, com as suas duas argolas de amarração servindo de pega[F]. Também lhe chamavam *bola de alumínio*, por ser feita deste metal e ser redonda. No Faial chamavam-lhe *bóia de alumínio*.

Partibanda, *n.f.* Muro à volta do telhado da casa que esconde a telha (corrupt. de *platibanda*)[Fl].

Partido particular, *n.m.* Antiga remuneração do médico quando contratado por particulares, outrora feita anualmente em moios de trigo; quando essa remuneração era feita pela Câmara Municipal chamava-se *partido municipal*[T].

Partir espiga, *exp.* Cortar a bandeira do milho[F]; o m.q. *quebrar espiga* e *quebrar pontas*. Em muitas ilhas chama-se *espiga* à bandeira do milho.

Partir o Ano, *exp.* Fazer a passagem do Ano Velho para o Ano Novo[Fl].

Parto da cadeirinha, *exp.* Antigamente, *era prática corrente as parturientes darem à luz, sentadas de pernas abertas numa cadeira sem tampo, colocada sobre um estrado ou uma mesa. Nesta posição, o pimpolho deslizava sem*

[1627] José Noronha Bretão – *As Danças do Entrudo – Uma Festa do Povo*.

[1628] Assim como todos os meus colaboradores naturais da Ilha, não tenho conhecimento deste termo como pertencendo à linguagem popular das Flores. É, sim, usado em S. Miguel com o significado apontado.

grandes dificuldades para as mãos da parteira[1629]. Prática antiga, o chamado 'parto de cócoras', muito comum entre os negros africanos, está a ser actualmente praticado em Centros especializados no Brasil e em Espanha.

Pasmacento, *adj.* Diz-se do tempo de grande calor (de *pasmar* + <-c-> + *-ento*)[SM].

Paspanão, *adj.* Lorpa; parvo (corrupt. de *paspalhão*)[F].

Passa cá asno, *loc. interjec.* Expressão usada pelos condutores de burros de S. Miguel para estimular os animais. Soava mais ou menos assim: *sacáióó!*

Passada, *n.f.* Degrau no interior do *poço batido* (part. pas. fem. subst. de *passar*)[Fl].

Passa daí, *loc. interjec.* O m.q. *passa fora*[T]: – *Passa daí! Ah, cão laparoso!*

Passa fora, 1, *loc. interjec.* Ordem aos cães para se afastarem[F]. **2.** *loc. interjec.* Exclamação de enfado, o m. que 'ora essa': *Passa fora! Tanta arenga por ũa cousa de nada!*[1630].

Passa lá pra fora, *loc. interjec.* O m.q. *passa fora!*; o m.q. *passa pra lá!*

Passada, *n.f.* Degrau no interior do *poço batido* (part. pas. fem. subst. de *passar*)[Fl].

Passageira, *n.f.* Mala de mão; saco de viagem (JPM)[C].

Passagem da Coroa, *exp.* O m.q. *Mudança da Coroa.*

Passaluca, *n.f.* Touca[1631].

Passante, *adv.* Além; depois: *Passante das casas:* além das casas; *passante das dez:* depois das dez horas; *passante d'isso*, etc. Usa-se muito em S. Miguel, provavelmente pela influência dos seus primeiros povoadores (Beira Baixa), embora se ouça também noutras ilhas. Nas *ilhas-de--baixo* nunca o ouvi. JPM regista-o como açor. com o significado de 'além'.

Passa pra lá, *loc. interjec.* Afasta-te!; Vai-te embora!: – *Ó burra, passa p'ra lá. Olha o diabo da burra que não me larga!*[1632].

Passar a mão à malheta, *exp. fig.* Roubar[T]: *Onde me cheirava a dinheiro, eu roubava [...] / Na hora de passar a mão à malheta / Quase sempre o que encontrava / Eram uns pretos no fundo da gaveta*[1633].

Passar bem, *exp.* Uma das formas de cumprimento, também ainda usada actualmente no Brasil[F].

Passar crianças por vime, *exp.* Antiga prática de curandice que consistia em passar, na véspera de S. João, uma criança *quebrada* (herniada) por um vime aberto a meio, operação feita por um João e uma Maria, acompanhada da seguinte reza: *Pega lá Maria, / Neste menino roto. / Pega lá, João, / No menino são*[1634].

Passar da mesa do Senhor, *exp.* Fazer a primeira comunhão[F].

Passar fome de rabo, *exp.* Passar muita fome[F]. Expressão também muito usada na Madeira.

Passarica, *n.f.* Nome vulgar do *Oceanodroma castro*[F].

Passar necessidades, *exp.* Viver com muitas dificuldades sob o ponto de vista económico.

Passar o mundo dos sentidos, *exp.* O m.q. desmaiar[F].

Passar os cinco mandamentos, *exp.* O m.q. furtar; roubar[T].

Pássara, *n.f.* Baço dos animais; o m.q. passarinha: *[...] paredes meias a pássara espalmada e esponjosa, a picar com as restantes peças da fressura*[1635]. Nas Flores chama-se *passarela.*

1629 Carlos Enes – *Terra do Bravo.*

1630 João de Melo – *Gente Feliz com Lágrimas.*

1631 Termo registado por M. Alice Borba, recolhido na Ribeirinha, Terceira, por mim desconhecido.

1632 J. H. Borges Martins – *Crenças Populares da Ilha Terceira I.*

1633 Da dança de pandeiro *O Funeral do Escudo*, de Hélio Costa.

1634 J. H. Borges Martins – *Crenças Populares da Ilha Terceira I.*

1635 Manuel Ferreira – *O Barco e o Sonho.*

Passarela, *n.f.* O m.q. *passara* (de {*pássara*} + *-ela*)[F].

Passarico, (de *pássaro* + *-ico*) **1.** *n.m.* O m.q. *espicho* 2. **2.** *n.m.* O m.q. *maçarico*[C].

Passarinha da orelha, *n.f.* O m.q. lóbulo da orelha[SM].

Passarinho de Nossa Senhora, *n.m.* O m.q. que arvéloa; lavandeira. É avezinha sagrada, a que ninguém faz mal. Quando Nossa Senhora fugia com o Menino para o Egipto, um *passarinho de Nossa Senhora* ia apagando as pegadas com a cauda e com o bico, tendo-lhe prometido a Senhora que nunca os homens lhe fariam mal – por isso, é pecado apanhar ou matar uma *labandeira*...

Passarouco, *n.m.* O m.q. gaivota (corrupt. de *passaroco*). Cientificamente é chamado *Larus cachinnans atlantis*. Nalgumas ilhas chamam-lhe *garça* e é a única ave marinha residente do Arquipélago. Nidifica em todas as ilhas, apresentando uma população local de cerca de 6500 indivíduos. Tem uma grande diversidade de habitats, desde ilhéus, lagoas e costas rochosas. Faz a sua alimentação de forma oportunista, ingerindo desde restos da pesca, lixo, etc. Chega a comer as crias dos garajaus, por isso são muito odiados por estes que, quando o avistam logo o atacam com fúria, e o *passarouco* teme essas investidas, afastando-se de imediato.

Passar pelo meio de duas pessoas, *exp.* Na crendice popular das ilhas, é de mau presságio porque lhes tira a sorte[F,T].

Passe, *n.m.* Finta feita ao toiro (deriv. regr de *passar*)[T]: *Eh toiro! Um passe, dois passes, oléé... oléé...*[1636].

Passe de guarda-sol, *n.m.* Uma das formas mais típicas de tourear os touros nas touradas à corda da Terceira. Em toda a história da tourada à corda sempre houve exímios capinhas na arte de tourear com um guarda-sol, sendo antigamente muitos deles *nabiças* de S. Mateus. Esta forma de divertimento é do agrado de toda a gente da Terceira, daí o adágio local: *Toirada sem guarda-sol não vale um caracol.*

Pássera, *n.f.* Pâncreas[SM]; o m.q. *pássara* e *passarela*: – *A modos que os diabéticos o que têm é ũa avaria na pássera!*

Pássero, *n.m.* Pássaro, sua corruptela por dissimilação[Fl].

Pasta de enchova, *n.f.* Nome que em Santa Maria se dá às talhadas de abóbora.

Pasta, *n.f.* Penteado liso sobre a testa[T].

Pastana, *n.f.* Pestana, sua corruptela por assimilação[Sj,T]. Quadra pop.: *Vossa testa é claro sol, / D'oiro são vossas pastanas, / Fazim perder os sintidos / A criaturas humanas*[Sj].

Pastel, *n.m. Bot.* Planta crucífera, anual ou bienal, *(Isatis tinctoria)*, de cujas folhas se extraía a isatina, que dava uma cor azul, por isso muito usada antigamente em tinturaria, também conhecida no Cont. pelo nome de 'pastel-dos-tintureiros'. O historiador António Lourenço da Silveira Macedo, natural da Horta (1818-1891), escreve na "História das Quatro Ilhas":

1636 Carlos Enes – *Terra do Bravo*.

A sua tintura era um lindo azul mui durador superior à do anil.
Já na Idade Média o pastel era cultivado em grande escala na Europa (onde se julga ter tido origem), nomeadamente na Espanha, França, Alemanha, Itália, Inglaterra, Flandres e Normandia. Em Portugal também se cultivou esta planta, nomeadamente nas áreas adjacentes à baía do rio Douro, onde, aliás, a *Isatis tictoria* era espontânea.
Nos Açores, a indústria do pastel, com sementes vindas de Flandres, foi iniciada por Josse van Huertere, capitão donatário do Faial, à frente de famílias flamengas que se radicaram nesta Ilha, logo se estendendo às outras ilhas dos Açores: *Aquelle Józ d Vtra se diz troxera as Ilhas, a semente do Pastel, e os modos da fabrica, e cultura dele*[1637]. Foi objecto de longa exportação para o estrangeiro, sobretudo para a Flandres, desde o séc. XV ao séc. XVII[1638]. *O pastel foi, na verdade, a primeira cultura de rendimento nos Açores [...]*[1639]. *As folhas da planta do pastel, depois de colhidas em determinadas condições eram trituradas nos chamados pisões ou engenhos. Daí resultava uma massa que, feita em bolas, era posta a secar. Depois, essas bolas eram derregadas com água em tulhas especiais – operação que denominavam 'granar o pastel' e após o que se obtinha um pó que, aplicado depois como anilina, produzia um azul muito fino e ajudava noutras circunstâncias a fixar o preto*[1640]. Já no ano de 1537, segundo carta de Pedro Anes do Canto enviada a D. João III, só a Terceira produziu 15 a 16 mil quintais de pastel e no ano seguinte estava prevista uma produção de 20 mil, o que veio a confirmar-se[1641]. Mais tarde, segundo o Arquivo dos Açores (XIII), em 1633 e 1639, respectivamente, S. Miguel terá exportado 24610 e 14255 quintais de pastel para a Inglaterra e Canárias. Tais lucros dava a cultura do pastel que as pessoas, em certa altura, passaram a cultivá-lo em grande escala, em detrimento do trigo e de outras culturas, apesar de haver um Regimento antigo que delimitava o seu cultivo à terça parte das sementeiras. Facto semelhante se terá passado na Madeira em relação à cultura da cana do açúcar.

Pasteleiro, (de *pastel* + *-eiro*) **1.** *n.m.* Terreno onde se cultivava o pastel. **2.** *n.m.* Indivíduo que cultivava o pastel: *Os primeiros pasteleiros que os Açores conheceram terão sido, no século XV, dois irmãos dos quais um se chamava Pêro e outro, de nome Luís Govarte ou Goulart, flamengo*[1642].
Nota: A perpetuar a memória da cultura do pastel, nos arredores da Horta (Faial) há um lugar designado por Pasteleiro.

Pastinha, *n.f.* Pequena nuvem branca anunciadora de mau tempo[SM].

Pasto, *n.m.* Cana do milho com as folhas, depois de retiradas a *espiga* e a maçaroca, que serve de *comida* para o gado (do lat. *pastu-*)[P].

Pata que o pôs, *exp.* O m.q. *puta que o pariu,* com moderação na linguagem! Rima popular: *Gosto muito de pato com arroz, mais a pata que o pôs*[F].

Pata, *n.f.* A extremidade proximal e achatada do anzol, também chamada *sapata,* sendo sua f. aferética.

Pata-bilharda, *n.f.* Jogo infantil que consta de uma pá de madeira para arremesso de um pequeno pau em forma de fuso, de grande leveza e mobilidade[SM].

1637 P.e Manuel Luís Maldonado – *Fenix Angrence.*
1638 A par da *urzela,* o pastel constituiu um dos principais produtos de exportação dos Açores durante esse espaço de tempo.
1639 Francisco Gomes – *A Ilha das Flores: da Redescoberta à Actualidade.*
1640 Carreiro da Costa – *Esboço Histórico dos Açores.*
1641 1 *quintal* equivalia a 4 arrobas, ou seja, 60 kg.
1642 Valdemar Mota – *Algumas Notícias sobre uma Erva Tintureira* (in *Os Açores e o Atlântico*).

Pataca, (do it. *patacca*) **1.** *n.f.* A Pataca colunária[1643] foi uma moeda de prata espanhola que antigamente teve curso autorizado no nosso país devido à escassez de moeda. O seu valor variou muito consoante o tempo e as condições económicas da época. Nos Açores, foram admitidas a correr oficialmente em 1833 (decretado em 3 de Julho pelo Duque de Bragança) por 1$200 réis. Nessa altura havia também a *meia pataca* por $600 réis, a *serrilha* colunária por $250 réis, a *serrilha* não colunária por $240 réis e o *quarto* por $60 réis. A moeda brasileira de três patacas passou também a correr com o valor de 1$200 réis[1644]. **2.** *n.f.* Mais tarde, tanto nos Açores como na Madeira, a *pataca* correspondia, em linguagem popular, ao escudo.

Pata-cega, *n.f.* O m.q. Cabra-cega, jogo infantil: *Pata-cega donde vem? Da fajã do moinho. Que traz pra comer? Pão e vinho*[1645].

Pata-choca, *n.* Sem préstimo: – *O Manel Gangão é um pata-choca sim jeito nenhum!*

Pataco falso, 1. *n.m. Apelido* do jorgense usada no Faial e no Pico, traduzindo a ideia de ser ressabiado e dissimulado; na Terceira é chamado *inhameiro* por cultivar e comer muitos inhames. A alcunha de *pataco falso* atribuída aos de S. Jorge estendeu-se a outras ilhas, pois cheguei a ouvi-la muitas vezes na Terceira. *Como um pataco falso:* falso como Judas; *estúpido como um pataco falso:* muito estúpido[T]. **2.** *n.m.* O *pataco*, moeda de cobre que valia 40 réis, foi criado pela Junta Governativa do Reino em 1811 e suprimido em 1882. Era sempre avultado o número de patacos falsos em circulação.

Patalu, *adj.* Em certas freguesias da Terceira chama-se ao vento Leste *vento patalu.* Nota: Pela má fama que tem o vento que sopra dessa banda, *patalu* será certamente corrupt. de *patalou*, termo em des. no Cont., o m.q. 'pataloto', que significa imbecil, palerma.

Patalugo-maior, *n.m. Bot.* Nome vulgar do *Leontodon filii.*

Patalugo-menor, *n.m. Bot.* Nome vulgar do *Leontodon rigens.*

Patameiro, *n.m.* Lodaçal; lamaçal (de orig. obsc.). V. Barros regista-o na linguagem alentejana e E. Gonçalves na algarvia.

Patanhar, *v.* Sujar com os pés (corrupt. de *patinhar*, por assimil.)[F].

Patear, *v. fig.* Morrer[T]; o m.q. *ir-se embora* e *dar à pata* (de *pata* + *-ear*).

Pateiro, *n.m.* Cana com cerca de um metro de comprido usada no *jogo da garalha*[T].

Pateto, *adj.* Admirado; atónito; boquiaberto; estupefacto (de *pateta*)[T]: *Ele foi abrir e ficou pateto quando viu o irmão às costas de um amigo*[1646].

Patifa, *n.f.* Fem. de patife[SM].

Patim, *n.m.* Topo de escada (de *pátio* + *-im*)[T].

Pátio do porco, *n.m.* O m.q. curral do porco[C,F]. No Corvo também lhe chamam *poço do porco.*

Patola, *adj.* Diz-se daquele que tem as mãos ou o pés grandes (de *pata* + *-ola*)[T].

Patrona, (do lat. *patrōna-*, pelo fr. *patronne*) **1.** *n.f.* Algibeira[Fl,T]. **2.** *n.f.* Sacola para o transporte da comida: *Já com leite na cabaça, / Pão de milho na patrona, / Vou dar um beijo às crienças, / Digo adeus à minha dona*[1647].

Patruça, *n.f.* Nome vulgar do peixe denominado *Kyphosus sectator.*

Patufaria, *n.f.* Patifaria, sua corruptela; maldade[F].

Patulhão, *n.m.* O m.q. *tábua-do-meio* (corruptela de *patilhão*).

Patusca, *n.f.* O m.q. *patruça*[F].

[1643] As Patacas colunárias têm este nome por terem representadas no reverso as colunas de Hércules a ladearem o escudo espanhol.

[1644] Francisco Nunes – *A Ilha das Flores – Da Redescoberta à Actualidade.*

[1645] Rima retirada de *O Falar Micaelense.*

[1646] J. H. Borges Martins – *Crenças Populares da Ilha Terceira I.*

[1647] Vitorino Nemésio – *Festa Redonda.*

Pau ardido, *n.m.* Sem préstimo[T], como um pau que, depois de ardido, para nada serve.
Pau-branco, *n.m. Bot.* Nome vulgar da *Picconia azorica.* A sua madeira, pela dureza, é ideal para trabalhar no torno de tornear. É uma espécie arbórea da mesma Família da oliveira (Oleáceas), característica da vegetação natural de baixa altitude das ilhas[1648].
Pau da luz, *n.m. Náut.* Nome dado ao pequeno mastro onde está colocada a luz, nas lanchas[Fl].
Pau das fitas, *n.m.* Marca das antigas *danças do Entrudo.* Na Terceira era uma vara comprida, com cerca de três metros, que tinha na extremidade superior um disco enfeitado, no qual estavam presas numerosas fitas de muitas cores cujas pontas livres eram seguradas pelos dançarinos, que subordinavam os movimentos à urdidura de uma trança que ia forrando inteiramente a vara, e depois, por uma nova série de movimentos em contrário, voltavam a despi-la completamente.
Pau de caiar, 1. *n.m.* Vara que se alarga na extremidade distal, e que tem no centro um buraco onde entra o cabo do pincel, sendo a extremidade deste amarrada à vara para melhor fixação. **2.** *n.m. fig.* Pessoa muito alta[T].
Pau de carga, *n.m.* O m.q. *pau de carreto.*
Pau de carreto, *n.m.* Pau ligeiramente curvo para levar ao ombro certas cargas, uma à frente e outra atrás, em equilíbrio, geralmente dentro de cestas com asa; o m.q. *muleta.* Nas Flores havia uma variante de pau de carreto, o chamado *pau do leite,* onde o pastor transportava duas latas de leite em equilíbrio.
Pau de filete, *n.m.* O m.q. poste da luz[SM].
Pau de rasoila, *n.m.* O m.q. rasoura[P]. No Corvo também é chamado *rasão, régua* e *tábua.*

[1648] Paulo Faria – Comunicação Pessoal.

Pau de sóis, *n.m.* Pau munido de uma corda que servia para atrelar ao carro de bois mais uma ou duas juntas de bois[Sj]. Fazia a mesma função da *silgadeira.*
Pau de toda a obra, *n.m.* Assim é chamada na Terceira a madeira da acácia.

Pau-de-varar, em primeiro plano

Pau-de-varar, *n.m.* Pedaço de madeira com uma reentrância no meio para a quilha dos barcos não sair, destinado a facilitar a deslocação da embarcação e impedir que essa quilha se gaste no contacto com o pavimento do varadouro. Depois de varadas, as embarcações ficam com a quilha apoiada em dois ou três desses paus[Sj,T]: *[...] um magote de pescadores rodeava a canôa, assente já nos paus de varar e nas escoras, pronta para a cerimónia*[1649]. Nas Flores é chamado *banco.* Em S. Jorge, o conjunto dos paus de varar tem o nome de *madeira.*
Pau do leite, *n.m.* Utensílio feito de madeira, com ligeira convexidade para se adaptar ao ombro e uma reentrância em cada extremidade para a colocação das

[1649] João Ilhéu – *Gente do Monte.*

asas das latas, destinado antigamente ao transporte do leite[F]. É, no fundo, um *pau de carreto*[1650].

Paveia, *n.f.* Molho de trigo cortado em *manças* e amarrado com uma palha torcida[SM,T].

Paz, *n.m. Irmão* do Espírito Santo, abaixo do *Tabuleiro* e com ele nomeado para ajudar o *Imperador*[Fl].

Pé, *n.m. fig.* Motivo; pretexto; razão: – *Os da Terceira arranjam sempre um pé para se advertirim.*

Peça da Malaca, *n.f.* Peça de artilharia, vinda da Índia, trazida para o Castelo de S. João Baptista em Angra, hoje presente no Museu Militar em Lisboa, cujo estrondo, ao disparar, se tornou célebre na cidade de Angra, servindo como padrão para se avaliar da intensidade de qualquer estrondo[T]: – *Deu um estrondo nem a Peça da Malaca!* João Ilhéu escreve: *Logo a seguir estoira um trovão, pior q'à peça da Malaca no tempo dos hespanhois*[1651].

Pecanino, *adj.* Pequenino, sua corruptela[F]: *De pecanino é que se troce o perpino!*

Peche, *n.f.* Defeito (corrupt. de *pecha*, por assimil.)[F]: – *'Tou munto contente c'o automóvle que o parente me arranjou no Continente, nã tem peche mêmo nenhuma!*

Pecheno, *n.m.* Criança pequena[SM]. Var.: *Petcheno* e *petenho*[SM].

Pechinchico, *adj.* O m.q. pechinchinho (de *{pechincho}* + *-ico*)[P].

Pechinchinho, (de *{pechincho}* + *-inho*) *adj.* e *n.m.* Pequenino, quase sempre, e afectivamente, em relação a uma criança: – *O pechinchinho da vizinha vê-se a crescer dia a dia!* –, embora também utilizado em relação a coisas pequenas: – *só quero uma rodela muito pechinchinha de linguiça pra buê meia bola.* Na Graciosa usa-se muito a contracção *chinchinho*, em S. Miguel pronunciada *chinchim.*

Pechincho, *adj.* e *n.m.* Pequerrucho.

Peco *(ê)*, **1.** *n.m.* Abatimento; definhamento moral; doença resultante de um mau olhado[T]. Quadra pop.: *Madressilva pompolosa / Dá-lhe peco na raiz; / Saiba Deus e todo o mundo / Que eu fui a que te quis*[T]. **2.** *adj.* Que não cresceu, falando da fruta[F].

Pedaço, *n.m.* Pequena propriedade rústica: – *O rapaz não é pobre de todo, o pai deixou-le uns pedaços!* Muitas vezes é pronunciado *padaço.*

Pedaços do Céu velho, *exp.* Grande temporal, sobretudo quando acompanhado de chuva intensa e trovoada[F].

Pedalar, *v. fig.* Gaguejar[Fl]: – *Coitado, desde que le pregarim aquele valente pulo, o rapaz pedala qu'é um caso sério!*

Pé-de-burro, *n.m.* Nome que em Santa Maria também se dá ao inhame. Tem este nome devido à semelhança entre os dois.

Pé-de-galinha, 1. *n.m.* Utensílio de jardinagem com o feitio do pé de galinha usado para juntar as ervas[SM]. **2.** *n.f. Bot.* Nome comum da *Digitaria sanguinalis*, presente em todas as ilhas com excepção da Terceira e Santa Maria[1652].

Pé-de-galo, 1. *n.m.* Grande bloco de cimento em forma de pé de galo colocado, em conjunto com outros iguais, em certos lugares estratégicos para servir de quebra-mar. **2.** *n.m.* Nome que também é dado à *milhã-grada* (*Echinochloa crus-galli*)[1653].

Pé-de-torresmo, *n.m.* Resíduos de carne que vão ficando no fundo da panela de derreter os torresmos e que são guardados envolvidos em banha. Eram aproveitados mais tarde para comer com pão, de preferência de milho, ou para misturar com a massa de pão para fazer biscoitos.

Pé-de-vento, *n.m.* Rajada de vento[SM].

1650 Enquanto o *pau de carreto*, em secção, é redondo, o *pau do leite* das Flores é quadrado.

1651 João Ilhéu – *Gente do Monte.*

1652 Paulo A. V. Borges e col. – *Listagem da Fauna e Flora Terrestre dos Açores.*

1653 Ruy Telles Palhinha – *Catálogo das Plantas Vasculares dos Açores.*

Pedida em casa, *exp.* Diz-se da rapariga cujo namorado já obteve o consentimento do pai para namorar em casa[F].

Pedir mindinhas, *exp.* Pedir as mãos de uma criança para pegar nela ao colo[Sj]. Nota: Esta curiosa expressão tem a sua origem na maneira como se convida a criança, geralmente fazendo-o com os dedos mindinhos esticados para que ela se agarre com as suas pequeninas mãos.

Pedir para as almas, *exp.* Devoção, de iniciativa popular, que antigamente se realizava nas freguesias da Terceira durante a Quaresma, em certos dias da semana, de noite, divergindo em alguns aspectos de um lado para o outro, prática que no Continente se chama 'encomendar as almas': *O costume de pedir para as almas, prática em que o clero não participava, foi um dos que vigorou nesta ilha até há cerca de meio século*[1654].

Pedir para trás, *exp.* Pedir que devolva. É decalque semântico do americano *to ask back*.

Pé do milho, *n.m.* Cana do milho.

Pedra, (do lat. *petra-*) **1.** *n.f.* o m.q. banco de pesca[F]; o m.q. *pedra de peixe*; pesqueiro profundo no mar, para onde as embarcações se deslocam, localizado com ajuda de referências em terra, as chamadas *marcas*, e classificado consoante o peixe aí encontrado – assim se chamam, p.ex., as pedras dos chernes, as pedras dos pargos, etc. Em S. Miguel e na Terceira a estes bancos chamam *mares*. Nota: Actualmente já muitas embarcações têm modernos aparelhos sistemas de navegação por satélite – o chamado GPS[1655] – que lhes permitem detectar com precisão todas as *pedras* escolhidas. **2.** *n.f.* O m.q. granizo. Chover-pedra nos Açores é o m.q. granizar. **3.** *n.f.* Unidade de peso de linho depois de fiado[T].

Pedra-de-aguilhão, *n.f.* Pedra basáltica que, ao partir, pela sua textura e rigidez, forma bicos como agulhas – daí o nome[F].

Pedra de cima, *n.f.* A mó superior das azenhas e atafonas. Na Madeira chama-se 'roda'. A inferior é a *pedra de baixo*.

Pedra de corredura, *n.f.* Mó superior do moinho de vento, a que gira, que 'corre'[SM].

Pedra de ferir, *n.f.* Pederneira; o m.q. *pedra de fuzil* ou *pedra de fogo*[SM].

Pedra de fogo, *n.f.* O m.q. *pedra de fuzil*.

Pedra de fuzil, *n.f.* Pedra muito resistente (sílex pirómaco) que, quando ferida com um fragmento de aço, produz faísca. O m.q. *pedreneira, pedra de fogo* e *pedra de ferir*.

Pedra de lavoura, *n.f.* Pedra trabalhada, lavrada, para cantaria[SM].

Pedra de lume, *n.f.* O m.q. corisco; raio; o m.q. *pedra dum lume*[SM] (ver *Corisco*): *[...] descarregou uma trochada, das de pé atrás, vociferando – 'desapega-te pedra d'um lume por i arriba'*[1656].

Pedra d'era, *n.f.* Pedra de ara[T]: *[...] passe a menina três vezes na pedra d'era, de maneira que ninguém a veja*[1657]. Esta pronúncia da 'pedra de ara' também é ouvida no Minho[1658]. Teófilo Braga confirma-o também: *[...] na superstição popular de Gaia, e em várias povoações do Minho, onde lhe chamam pedra d'era, é empregada como meio de um rapaz ser amado por qualquer rapariga*[1659].

Pedrado, (de *pedra* + *-ado*) *adj.* Aborrecido; castigado[SM]. **2.** Aflito; preocupado; apoquentado[SM,T].

Pedra dum raio, *loc. interjec.* O m.q. corisco; Diabo; o m.q. *pedra de lume* ou

---

1654 J. H. Borges Martins – *Crenças Populares da Ilha Terceira II.*

1655 Sigla de "Global Positioning System".

1656 Luís Bernardo Leite de Ataíde – *Etnografia Arte e Vida Antiga dos Açores.*

1657 J. H. Borges Martins – *Crenças Populares da Ilha Terceira II.*

1658 Francisco Martins Sarmento – *Contos e Lendas.*

1659 Teófilo Braga – *O Povo Português nos Seus Costumes, Crenças e Tradições.*

pedra dum lume[SM]: – *Oh, pedra dum raio, some-te da minha vista pra fora, corisco!*

Pedra-lume, *n.f.* O m.q. pederneira.

Pedra-pomba, *n.f.* Pedra vulcânica, porosa (pedra-pomes), que flutua na água, muito usada para desbastar calosidades[F,SM].

Cozendo o pão – De Livro de Horas (séc XVI)

Pedra queimada, *n.f.* Pedra vulcânica, avermelhada ou mais escura, muito abundante nas ilhas, de textura e densidade semelhante à pedra-pomes – quando desfeita é chamada *bagacina*, outrora muito utilizada para o pavimento das estradas, e na construção civil depois de misturada com cimento, sendo também aproveitada para o fabrico dos fornos, pela sua natural resistência ao calor: – *A melhor pedra pra fazer um forno de cozer o pão é a pedra queimada, assentada com mescla feita com barro!* Nalgumas ilhas chama-se *pedra mole*.

Pedra seca, *n.f.* O m.q. pedra solta: – *Antigamente, as primeiras casas eram feitas de pedra seca e nem reboco tinham, nem por fora, nem por dentro.*

Pedreneira, *n.f.* O m.q. pederneira, sílex pirómaco (do lat. *petrinarĭu-*). Antigamente, as *pedreneiras* encontravam-se nos rolos misturadas com as restantes pedras. Eram aproveitadas para produzir centelhas, ao serem percutidas com um pedaço de ferro, e acender um pavio de algodão ou de miolo de cana de milho depois de seco, sendo usada geralmente como acendedor de cigarros.

Pedrento, *adj.* Diz-se do céu com pastinha, do céu coberto de cúmulos (de *pedra + -ento*). Adágios: *Céu pedrento / Ou chuva ou vento*[Sj,T]; *Céu pedrento / Não tem assento*[SM].

Pedrês, *adj.* Que estala como pedra (de *pedra + -ês*).

Pedriz, *n.f.* Nome que em S. Jorge também se dá à codorniz (corrupt. de *perdiz*). Nota: Em S. Jorge, usam-se as seguintes formas divergentes de codorniz: *coderniz*, *cordeniz* e *corderniz*.

Pega chapéu, *loc. interjec.* O m.q. Essa é boa[T]: – *Pega chapéu! Era o qu'ele mer'cia!*

Pega diabo, *loc. interjec.* Ordem gritada aos cães[T]: *Com um simples assobio ou «falando-lhe» de longe, «pega diabo» ou «pega sumido!» o pastor indica ao cão a natureza da missão que tem que cumprir*[1660].

Pega sumido, 1. *loc. interjec.* Expressão utilizada para activar uma discussão acalorada[T]. **2.** *loc. interjec.* Ordem dada aos cães para procurarem um animal perdido ou tresmalhado do rebanho[T].

Pegaça, *n.f.* Mania[T]. Forte pegaça: grande mania[T].

Pegadilho, *n.m.* Ideia persistente e doentia; monomania (de *pegada + -ilho*)[SM]: – *Aquele pegadilho nã le sai do bestunto!*

Pegado, (part. pas. de *pegar*) **1.** *adj.* Maniado. **2.** *adj.* Diz-se daquele que retarda a fala[T]. **3.** *adj.* O m.q. *pegado de cabeça*, sua contracção: *Como pode acreditar que uma freguesia se ri? Só de gente pegada, livrai-nos, Senhor*[1661]. **4.** *adj.* O m.q. esturrado[F].

1660 João Ilhéu – *Notas Etnográficas*.
1661 Cristóvão de Aguiar – *Marilha*.

Pegado como a lapa à pedra, *exp.* Diz-se daquele que não sai ou não deixa uma coisa.
Pegado da fala, *loc. adj.* Diz-se daquele que gagueja muito: *Era surdo que nem uma porta, pegado da fala, quando se irritava [...]*[1662].
Pegado de cabeça, *loc. adj.* Alienado; doido: *Estás mas é pegada de cabeça e com repentes de paganismo [...]*[1663].
Pegado do juízo, *loc. adj.* O m.q. *pegado de cabeça*; doido: *A mãe ficou pegadinha do juízo*[1664].
Pega-lhe agora, *loc. interjec.* O m.q. agora já não há remédio[T]. Com significado idêntico também se diz na Terceira: *pega-lhe com um trapo quente!*
Pega-lhe na pomba, *exp.* Expressão usada principalmente pelos jovens, com um certo sentido de desprezo e/ou de brincadeira[T]. Quando passei pelo Liceu de Angra, era de uso corrente entre os estudantes.
Pegado no sono, *loc. adj.* Adormecido: *[...] deitou-se ao pé da mulher. Mas ela já estava pegada no sono*[1665].
Pegamento de cabeça, *n.m.* O m.q. endoidecimento.
Pegão, *n.m.* Rasgão (de *pegar* + *-ão*)[Sj].
Pégão, *n.m.* O troço que tem a maçaroca, falando da planta do milho[C].
Pegar, (do lat. *picāre*) **1.** *v.* Começar: **2.** *v.* O m.q. esturrar (pelo facto de pegar ao fundo da panela). **2.** *v.* O m.q. implicar: – *A pressora anda sempre a pegar c'o miúdo, nã o deixa im paz!* Na Madeira, com o mesmo sentido, diz-se 'peguilhar'. **3.** *v.* *Enticar*; meter à bulha: – *O rapaz está sempre pegando com o irmão..., sendo só dois filhos é sempre assim, são rivais! Que isto de filhos é assim: um é pouco, dois são rivais, três 'tá mun bom, quatro é demais!*
Pegar a, *v.* O m.q. *pegar de*; começar: *Tava--se o rapaz acabando de deitar, pegaram a bater à porta*[1666]. Com este significado é muito frequente o seu uso nas ilhas dos Açores. Quadra pop.: *Quando peguei a amar-te / Botei sortes à ventura; / Logo a fortuna me disse: / Mal d'amores não tem cura*[SM].
Pegar de, *loc. v.* Começar; iniciar; largar: *Pegava de sentir dentro de si qualquer coisa que a atraía para o macho*[1667].
Pegar de beber, *exp.* Começar a beber, no sentido de hábito, vício.
Pegar de cabeça, *exp.* O m.q. endoidecer: – *Dizim que Jesé Silveira pegou de cabeça quando foi obrigado a d'ir prá tropa prá Guiné!*
Pegar de conversa, *exp.* O m.q. conversar: *O Chico desvaneceu-se com o elogio, e pegaram de conversa um poder de tempo*[1668].
Pegar de galho, *exp. fig.* Permanecer muito tempo num lugar[T].
Pegar de ponta, *exp.* O m.q. tomar de ponta; implicar: – *Deu im pegar de ponta com o rapaz sim ele le ter feito mal ninhum!*
Pegar de salto, *exp.* Diz-se do peixe quando se atira à isca com grande velocidade[F].
Pegar de si, *exp.* O m.q. *pegar em si.*
Pegar direito, *exp.* É expressão muito usada nas ilhas, com o sentido de ir depressa, dirigir-se rapidamente, pôr-se a andar, tal como nas frases seguintes: *Ei! Ala pra baixo! Mas vocês peguem direitinhos pori abaixo e não olhem pra ninguém [...] Saltaram ambos prá carroça e pegaram direito!*[1669].

[1662] Carlos Enes – *Terra do Bravo.*
[1663] Cristóvão de Aguiar – *Um Grito em Chamas.*
[1664] Carlos Enes – *Terra do Bravo.*
[1665] J. H. Borges Martins – *Crenças Populares da Ilha Terceira I.*
[1666] Ângela Furtado Brum – *Contos Tradicionais Açorianos.*
[1667] Cristóvão de Aguiar – *Trasfega.*
[1668] João Ilhéu – *Gente do Monte.*
[1669] J. H. Borges Martins – *A Justiça da Noite na Ilha Terceira.*

Pegar em si, *exp.* Resolver-se a: – *Ainda pego em mim e vou mas é até à Amerca!*
Pegar na fala, 1. *exp.* Gaguejar; tartamudear[C,F,Sj,T]. Var.: *Pegar da fala*: *E Nazaré, que se pega um pouco da fala, com aqueles seus dentinhos miúdos [...]*[1670]. **2.** *exp.* O m.q. refilar[P].
Pegar no sono, *exp.* O m.q. adormecer: – *Ultimamente ele tem tido munta dificuldade im pegar no sono.*
Pegar o carro, *exp.* Dar na mania[T].
Pegar-se como lapa, *exp.* Ser demorado, pegajoso, nas conversas; demorar-se a sair dum local.
Pegar-se de gadelha, *exp.* Brigar com encarniçamento[1671].
Pega-te um fogo que te leva o Diabo, *exp.* Expressão de desejo de maldição em resposta a ofensa de outrem: *Pega-te um fogo que te leva o diabo, bruxa de não sei que te diga!*[1672].

Pego ao longe

Pego, *n.m.* O mar alto junto à linha do horizonte (contrac. de *pélago*): *[...] quando os nossos olhos deixarem de voltar-se tristes / para o vapor sumindo-se na linha do pego [...]*[1673]. Santos Graça (*Poveiro*) refere-o como termo da Póvoa de Varzim inserido na exp. 'o mar quebra ao pego', com o significado de "mal se forma a vaga, lá muito ao longe".
Pegueiro, *adj.* Brigão (de *pegar* + *-eiro*)[Sj]: – *É um rapaz munto pegueiro, sempre a meter-se im brigas com os oitros!*
Pèguim, *n.m. Bal.* Pequeno balde de madeira de cedro que fazia parte da palamenta do *bote baleeiro,* munido duma aduela maior que serve de pega, com água destinada a molhar a *linha* que passa no *cepo* para não se incendiar devido ao atrito (do am. boat-*peggin*). Também lhe chamavam *pèguinho*[Fl].
Peita, *n.f.* Cada um dos tetos dos animais (de *peito*)[T]: *[...] bote petróleo nas peitas da porca e quando chegar à última peita a porca vai dar um ronco [...]*[1674].
Peitada, *n.f.* O conjunto dos tetos dos animais (de *{peita}* + *-ada*)[SM].
Peito da canga, *n.m.* Nome que no Faial se dava ao bordo inferior e arredondado do *camalhão* da canga de bois, noutras ilhas chamado *barriga* ou *bojo da canga.*
Peitoeira, *n.f.* O m.q. *peitogueira*[T].
Peitogueira, *n.f.* Afecção, geralmente aguda, que atinge o tracto respiratório, acompanhada de tosse; bronquite aguda ou exacerbação de bronquite crónica[F,Sj,T] (de *peito,* em deriv. incom.). Arcaísmo aqui conservado. Gil Vicente escreve: *[...] Se estivera de maneira, / sem ser rouca, bradara eu! / cadarrão e peitogueira*[1675]. Nas *Pastorais do Mosteiro* de Nunes da Rosa: *Logo se lhe tinha posto uma peitogueira sobre os bofes.*
Peixão, 1. *n.m.* Goraz, com peso até cerca de 1200 g. Maior chama-se apenas *goraz,*

[1670] Vitorino Nemésio – *Corsário das Ilhas.*
[1671] Usa-se a expressão geralmente quando se trata de mulheres.
[1672] João Ilhéu – *Gente do Monte.*
[1673] Pedro da Silveira – *Quatro Poemas da Antemanhã.*
[1674] J. H. Borges Martins – *Crenças Populares da Ilha Terceira I.*
[1675] Gil Vicente – *Farsa de Inês Pereira.*

pequeno é o *carapau* que, nos Açores não é o peixe referido com o mesmo nome no Cont. – o chicharro. **2.** *n.m. fig.* Mulher 'sexy', boazona, *um peixão!*

Peixe-aguilhão, *n.m.* O m.q. espadarte (*Xiphias gladius*)[F]. O nome provém da sua configuração anatómica, a face anterior terminando em bico.

Peixe-balão, *n.m.* Pequeno peixe pescado acidentalmente junto à costa, cientificamente denominado *Spheroides marmoratus*; o m.q. *peixe-sapo* e *sapo*.

Peixe bravo, *n.m.* Também chamado *peixe de pele azul* e *peixe de sangue*, refere-se a todo o peixe sem escama larga, tal como o *bonito*, a *serra*, a *cavala*, a *albacora*, etc.[1676]. Acredita-se que é malévolo para a saúde de alguns – *mau para o sangue* –, sendo responsável por muitas erupções cutâneas pruriginosas, raramente com efeitos histamínicos mais graves. Por isso, ainda hoje, antes de ser utilizado na alimentação, é geralmente passado por muitas águas até a carne ficar bem branca, sem vestígios de sangue[F]. Realmente, como pude comprovar, há muitas pessoas que desenvolvem reacções urticariantes após a sua ingestão, seja bem sangrado ou não.

Peixe-cão, *n.m.* Espécie de bodião (*Bodianus scrofa*), também chamado *Gaio* e *Viola*.

Peixe corsário, *n.m.* Designação dos peixes que só estão nas águas dos Açores durante a época mais quente, como é o caso dos tunídeos[StM,SM]. Em analogia com os antigos corsários, chegam, tratam da sua vida e depois seguem caminho.

Peixe de azeite, *n.m.* Antigamente chamado todo o peixe do qual se extraía óleo destinado à iluminação.

Peixe de bufo, *n.m.* Todo o anfíbio que *bufa* como a baleia.

[1676] Em algumas ilhas também incluem neste grupo a sardinha.

Peixe de cima d'água, *n.m.* O m.q. peixe de superfície.

Peixe de corrico, *n.m.* Amostra utilizada na pesca do corrico, também chamada *gigo* ou *giglo*.

Peixe de salga, *n.m.* Peixe destinado a ser salgado e seco ao sol. Prestam-se a isto variados peixes: albacora, bonito, cavala, chicharro, congro, moreia, veja, etc.

Peixe de sal preso, *n.m.* Peixe escalado e salgado[Fl].

Peixe de sangue, *n.m.* O m.q. *peixe bravo*.

Peixe de São Pedro, *n.m.* Nome que se dava nas Flores a uma soldada de pescado oferecida pelos pescadores para a festa deste santo. Consistia no décimo peixe apanhado. *Para identificar com exactidão esse exemplar e para que não fosse confundido com outro, era-lhe cortado o rabo. Esta forma de promessa religiosa caiu em desuso nos últimos anos*[1677].

Peixe-diabo, *n.m.* Nome que em algumas das ilhas se dá à jamanta (*Mobula tarapacana*).

Peixe do fundo, *n.m.* Peixe que vive no fundo do mar tal como o congro, a moreia, a veja, etc., todo o peixe demersal ou pelágico.

Peixe-lagarto, *n.m.* Espécie de peixe dos Açores cientificamente denominado *Synodus saurus*.

Peixe-Lua, *n.m.* Peixe presente no mar dos Açores, cientificamente denominado *Mola mola*. É o maior peixe ósseo do mundo, podendo atingir mais de 3 metros de comprimento e pesar mais de 2000 kg. Tem uma fisionomia muito bizarra, mas é gracioso ao nadar e muito dócil. Está sempre repleto de parasitas[1678], que são um pitéu para os *paínhos-das-tempestades*, que o catam quando se vem deitar à superfície da água.

[1677] João A. Gomes Vieira – *Os Açorianos e as Pescas 500 Anos de Memória*.

[1678] Já foram identificados mais de 50 espécies de parasitas na pele deste peixe.

Peixe-galo, *n.m.* Peixe com a barbatana dorsal lembrando a crista de um galo, cientificamente denominado *Zeus faber*.
Peixelim, *n.m.* Nome que as comunidades açorianas da América também davam à *gata* (peixe) depois de curada – ver *Gata* 1. Cp.: No Continente, dá-se o nome de 'pichelim' ao 'carocho' (peixe cientificamente denominado *Centroscymnus coelolepis*) depois de curado ao sol.
Peixe manso, *n.m.* Peixe branco, menos sanguíneo que o *peixe bravo*, de escama mais larga. Ex.: Bodião, salema, sargo, veja, etc. Entram também nesta designação peixes sem escama como o congro e as moreias.
Peixe mau, *n.m. Bal.* Designação baleeira corrente de mamífero marinho de grande porte que, andando próximos das manadas de cachalotes, se confundia com os mesmos e que, por vezes, os *vigias* pouco experimentados não conseguiam distinguir à distância, dando falsos alarmes da presença de *baleia*.
Peixe-maricas, *n.m.* Nome que antigamente se dava ao enxaréu, por ser um peixe de difícil captura, muito esquivo a qualquer tipo de isca[F].
Peixe-pau, *n.m.* Pequeno peixe cientificamente denominado *Capros aper*.
Peixe-piloto, *n.m.* Nome que se dá ao peixe que acompanha as jamantas, também chamado *romeiro*, cientificamente chamado *Naucrates ductor*.
Peixe-porco, *n.m.* Peixe, cientificamente denominado *Balistes carolinensis*, actualmente muito abundante, que chega mesmo a infestar as águas de pouca profundidade, causando enfado aos pescadores pela sua voracidade, não permitindo a pesca de outros peixes onde aparecem, geralmente em grandes cardumes.

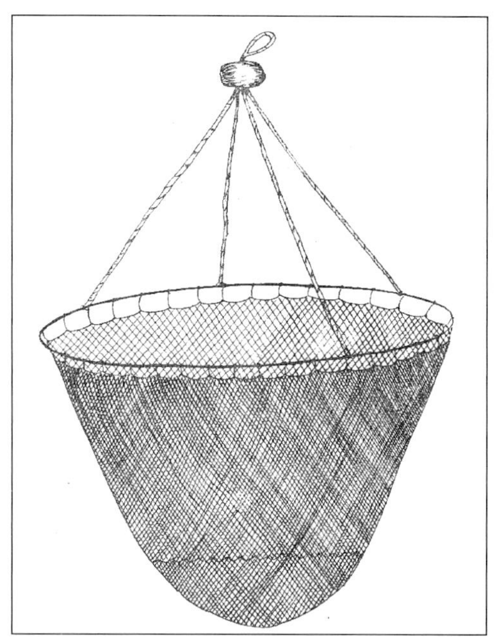

Enchelavar de peixe-rei (Fátima Baptista)

Peixe-rei, *n.m.* Pequeno peixe de cores alegres que habita as costas das ilhas, o macho do que cientificamente se denomina *Thalassoma pavo*[F]. Nalgumas ilhas chamam-lhe *rainha* e, na Madeira, 'cagão'.
Peixe-sapo, *n.m.* Peixe de pequenas dimensões (*Spheroides maculatus*), pescado acidentalmente junto à costa, não utilizável na alimentação, crendo-se até ser causador da morte dos gatos que acidentalmente o comam[F]. Por graça, os pescadores, quando o vêem pescar, dizem: – *Já tens peixe para os gatos!* Também é chamado *peixe-balão* e *sapo*[F].
Peixe-vermelho, *n.m.* O m.q. *boca-negra* (*Helicolenus dactylopterus*). No Pico e em S. Jorge dá-se este nome ao bagre ou cântaro (*Pontinus kuhlii*).
Pela sua saúde, *exp.* Usa-se muito nos Açores esta expressão, às vezes dita 'pela sua saudinha': – *Eh, sinhô! Pela sua saúde, deixe-me passar a navalhinha*[1679].

[1679] João de Melo – *Gente Feliz com Lágrimas*.

Pelada, (part. pas. fem. subst. de *pelar*) **1.** *n.f.* Alopécia localizada, podendo ser devida a queimadura – a *peladela*. **2.** *n.f.* O m.q. os médicos chamam *Alopecia areata*. **3.** *n.f.* Nome de mulher com alopécia global[F].

Peladela, *n.f.* O m.q. queimadura, quase sempre usado em vez desta (de *{pelar}* + *-dela*).

Pelado, (part. pas. de *pelar*) **1.** *adj.* Queimado; escaldado: – *Deixou cair um tacho de água a ferver e ficou com uma perna toda pelada!* **2.** *adj.* Calvo; careca[C].

Peladura, *n.f.* Queimadura (de *{pelar}* + *-dura*)[T]: *Ela, para bem de tratar da peladura, teve de cortar a combinação [...]*[1680].

Pelame, *n.m.* O m.q. *palame*[SM].

Pelangana, *n.f.* Espécie de tigela, feita de pele de carneiro, antigamente usada para comer a sopa (dissimil. de *palangana*[1681])[F].

Pelar, *v.* O m.q. queimar (de *pele* + *-ar*): – *Na brincadeira, pelou o monço com a ponta do cigarro!* É um termo frequentemente usado, sempre em vez de escaldar ou queimar. Falando nos buracos feitos na terra, nas Furnas, onde se cozem os alimentos, Cristóvão de Aguiar (*Grito em Chamas*) escreve: *Servem para neles se cozer o de-comer no aconchego do ventre sagrado daquela terra de bafo quente, pelando mesmo.* Adágio das ilhas: *Quem brinca com o lume, pela-se.*

Pelar erva, *exp.* Cortar erva ou apanhá-la à mão[Sj].

Pelego, *n.m.* Pele de carneiro curtida com a lã que antigamente era muito usada como resguardo nos berços das crianças (de *pele* + *-ego*)[StM]. Registado no dicionários consultados apenas como brasileirismo.

Peleijar, *v.* Discutir muito e *de rijo*; repreender as crianças, gritando; o m.q. pelejar[F,SM].: *Os nossos filhos, sempre que peleijo com eles, encolhem-se, tremem de medo*[1682]. Nota: Grafias ant.: 'peleyjar', 'pelleijar'.

Pelhanca *(pi)*, *n.f.* O m.q. *pelhancra*[T].

Pelhancra *(pi)*, *n.f.* Pele descaída, mole e pendente, própria dos velhos e dos que emagreceram muito; o m.q. *pelhanca*[F]. Na linguagem popular continental também se diz 'palangana', 'pelangana', 'pelanga', etc. Víctor Barros regista-o com a grafia 'pelengana' e E. Gonçalves com a grafia 'pelharanca'.

Pélia, *n.f.* Pele, sua corruptela por epêntese e dissimilação[F,Fl,Sj]. *De má pélia:* ruim, mau.

Pelingrino. *n.m.* Desgraçado; insignificante; mendigo; servo de Deus (corrupt. de *peregrino*)[F,Sj,T]. V. Barros regista-o no feminino, com o significado de pessoa que tem mau aspecto. Leite de Vasconcelos (*Opúsculos VI*) regista-o na linguagem de Favaios (Alto-Douro) e Moisés Pires regista a f. 'pelegrino' nas falas de Miranda do Douro.

Pelinho, *n.m.* Criança rechonchuda[T].

Pêlo, 1. *n.m.* O m.q. *cambulhão*[T]. **2.** *n.m.* Porção de manteiga fresca sem sal, com cerca de meio quilo, que antigamente se vendia na cidade de Angra embrulhada numa folha de couve[T]. **3.** *n.m.* Balde (do am. *pail*).

Pélo eu, *loc. interj.* O m.q. 'ai de mim'[StM]. Cp. com *Apeluei*.

Peloiro, *n.m.* Bilhete do sorteio do Espírito Santo. O *Irmão* que fica com o *peloiro* tem o direito a *levantar a Coroa*, isto é, levá-la para casa[Fl]. Var.: *Pelouro*.

1680 J. H. Borges Martins – *Crenças Populares da Ilha Terceira I*.

1681 Este termo será de origem espanhola, por sua vez, segundo Corominas, terá origem no latim hispânico *palangana*, nome das bacias usadas pelos garimpeiros de ouro, derivado do ibérico *palaga*, pepita de ouro. O termo palangana também é usado na Galiza com o mesmo significado de bacia de lavar as mãos ou de tigela, mas também podendo significar grande quantidade de comida. No Algarve usa-se o termo 'pelengana' para designar um prato fundo, alguidar.

1682 João de Melo – *Gente Feliz com Lágrimas*.

Pelossinal, *n.m.* Persignação (do início da reza: pelo sinal da santa Cruz...): – *Vamos prá cama mas antes é preciso fazer o pelossinal!* E. Gonçalves regista-o também na linguagem algarvia. Rima infantil recolhida nas Flores: *Pelossinal / Do Pico Real, / Comi toicinho / E nã me fez mal. / Se mais tivesse, / Mais comia; / Adeus senhor Padre, / Até outro dia!*

Pelouro, *n.m.* Bilhete de papel onde é inscrito um nome, enrolado e colocado num saco ou chapéu, destinado à eleição do *Mordomo* do Espírito Santo. Depois de os *pelouros* estarem todos dentro desse saco, geralmente é uma criança a retirar um deles para o sorteio. Var.: *Peloiro.*

Pelôuvar, *n.m.* Camisola de lã (do am. *pull-over*). Var.: *Pelóver.*

Pelúcia, *n.f.* O m.q. peliça (do lat. *pilucĭu-*, de *pilu-*, pêlo)[Sj]: – *Diz que veio d'Amerca cheio de dolas! Onte até comprou um casaco de pelúcia prá mulher!*

Peluei, *interj.* O m.q. 'Deus nos livre' ou, 'seria uma desgraça que tal acontecesse'. Corrupt. de *apelo eu*, sendo usado unicamente em S. Miguel. Quase sempre registada com a grafia [peluei], sem atender à origem etimológica da palavra: *Aquederrei, aquederrei, que o Ti Rosado vem morto, peluei, meu Deus, peluei, peluei, que gente não é nada de um instante para o outro*[1683]. Nalgumas ilhas, troçam dos de S. Miguel dizendo: – *Ei, peluei!*, pronunciado com [l] 'molhado'. Expressão semelhante a este idiotismo frásico de raiz arcaica da Ilha do Arcanjo aparece no teatro vicentino (*Auto da Feira*): *Senhor apello eu disso.* Var.: *Apeloei, peloei, ó pelo ê.*

Penado, *n.m.* O m.q. rodízio[SM].

Penar os olhos da cara, *exp.* Ter grande dificuldade: *Duma ocasião, um homem penou os olhos da cara para bem de chegar à cidade*[1684].

[1683] Cristóvão de Aguiar – *Raiz Comovida.*

[1684] J. H. Borges Martins – *Crenças Populares da Ilha Terceira I.*

Penar trabalhos, *exp.* Ter enorme dificuldade em executar uma tarefa difícil[T]: *Que eu hoje já peno trabalhos p'ra rilhar uma côdea de pão*[1685].

Penar um monte de trabalhos, *exp.* O m.q. *penar trabalhos*[T].

Pêncho, *n.m.* Pensão; reforma (do am. *pension*).

Pendão, *n.m.* Imbecil; pateta[SM]: *Tal pendão que nã sabe fazê nada!*

Pendente *(Pin)*, *n.m.* O m.q. brinco; arrecada[Fl]: – *Cum aquele pindentes tã cumpridos, a moça inté parece ũa cigana!*

Pendimento, *n.m.* Inclinação; preferência (do v. *pender*)[SM]: – *Sempre teve um pendimento pr'á porquidade!*

Pendricalho, *n.m.* Berloque; pingente. No Faial pronuncia-se *pandricalho* (corrupt. de *penduricalho*). Var.: *Pandricalho*[Fl].

Pendureza *(pin)*, *n.f.* O m.q. pingente[T] (de *pendurar* + *-eza*).

Peneirar, *v. fig.* O m.q. orvalhar (ext. de *peneirar*)[C]. CF regista-o com este significado apenas como brasileirismo.

Peneira-alva, *n.f.* Peneira que separa o rolão fino ou sêmea.

Peneira-alva / rala, *n.f.* Peneira que separa o rolão.

Peneira-rala, *n.f.* Peneira que separa o farelo.

Peneireiro, *adj.* Avarento (de *peneira* + *-eiro*)[SM]. O termo deriva de *peneira*, com o sentido de miséria. Var. *eneirento* [SM].

Peneirento, (de *peneira* + *-ento*) **1.** *adj.* O m.q. *peneireiro*[SM]. **2.** *adj.* Diz-se daquele que tem muita mania, muitas peneiras. Com este significado também é usado na Madeira.

Peneiro, (de *peneira*) **1.** *n.m.* Pequena rede com um cabo de madeira utilizada para tirar o peixe – geralmente o chicharro – das redes grandes[Fl]. **2.** *n.m.* Instrumento doméstico, feito com quatro tábuas estreitas, unidas em forma de rectângulo, que

[1685] Augusto Gomes – *Cozinha Tradicional da Ilha Terceira* (Falas da Tia Gertrudes).

é colocado nas bordas do alguidar para apoiar a peneira no acto de peneirar[SM]. Nas Flores utilizam-se duas canas, sobre as quais a peneira desliza em movimentos de vaivém. **3.** *n.m.* O m.q. orvalho (ext. de *peneira*)[SM].

Penero, *n.m.* Termo erradamente registado por JPM como açorianismo com o significado de orvalho. Trata-se de confusão (pela pronúncia local) com o termo *peneiro,* que, este sim, em S. Miguel tem esse significado.

Penhora, (ext. de *penhora*) **1.** *n.f.* Pessoa pouco prestável[SM]. **2.** *n.f.* Aborrecimento; arrelia; maçada[SM].

Penico, *n.m.* Alcunha que davam em S. Miguel aos habitantes da Povoação, pelo número de bacios de barro aí fabricados.

Pensão, (do lat. *pensiōne-*) **1.** *n.f.* Cuidado: – *Estou com muita pensão, que ele não há maneira de chegar do mar!* **2.** *n.f.* Obrigação; encargo: *Quem herda os bens, / é que herda as pensães*[1686]. **3.** *n.f.* Trabalho[T]: – *Tenho tido muita pensão e 'inda nã tive tempo de te tratar do assunto!* **4.** *n.f.* Defeito[F,Sj]: *De p… e de ladrão / todas as famílias têm pensão*[1687]; **5.** *n.f.* Oferta de pão, carne e vinho dada pela festa do Espírito Santo; o m.q. *esmola*: *[…] vão percorrendo as ruas entregando em cada porta as pensões, que competem a cada um dos da irmandade*[1688]. Em Santa Maria, às *pensões* também dão o nome de *flores*.

Pensionado, *adj.* Estragado; partido (part. pas. de *{pensionar}*)[Fl]. Nas Flores pronuncia-se *apensionado*.

Pensionar, *v.* Estragar; partir (de *pensão* + *-ar*)[Fl].

Pente de bananas, *n.m.* Conjunto de várias bananas ainda ligadas à parte do tronco principal do cacho, com o rude aspecto de um pente.

Pentear a terra, *exp.* Passar a grade da lavoura na terra com os dentes para baixo (ext. de *pentear*)[SM]; o m.q. *gradear de dentes*.

Pentear com o mesmo pente, *exp.* Tratar igualmente as pessoas: – *Eu cá penteio os meus filhos com o mesmo pente, o que dou a um dou a todos.*

Pepe, *n.p.* O m.q. José. Pepe é designação de José em espanhol.

Pepino-do-mar, *n.m.* No Cont. chamado 'holotúria', é um equinoderme com a forma de um pepino, daí o nome, frequente nos fundos do mar das ilhas, cientificamente denominado *Holothuria forskali*. No Pico é chamado *caralhote*.

Pequeninho, *n.m.* F. irregular do dim. de pequeno (suf. dim. *–inho*).

Pequeno, *n.m.* Moço; filho; rapaz: – *O nosso pequeno mai' novo 'tá a ficá espifgadote!*

Percinta, *n.f.* Tira de couro com cerca de 15 a 20 cm de largura que reforça a pala da galocha e é presa a esta por um ou três ilhoses dispostos em triângulo ou em linha (corrupt. de *precinta* e sua ext.)[T].

Perder o bezerro, *exp.* Diz-se da vaca quando tem um móvito[C,F].

Perder o juízo, 1. *exp.* Desatinar; perder a paciência. Utilizado geralmente em relação às crianças irrequietas, que fazem perder a paciência ao Diabo. **2.** *exp.* Ficar desorientado, desvairado, louco: *Quando a mãe dos rapazes se levanta, que vê os carros com o trigo na banda de fora da porta, ia perdendo o juízo. Já se vê, coisas de feiticeiras*[1689].

Perder o miolo, *exp.* O m.q. perder o juízo: *Isto é de perder o miolo / Só se eu fiz alguma asneira / Querem ver que nem um tolo / Se safa desta brincadeira*[1690].

1686 Armando Cortes-Rodrigues – *Adagiário Popular Açoriano*.

1687 Pensão, no sentido de defeito, terá a ver com os aleijados da guerra que recebiam uma pensão, tal como termo *apensionado*, muito usado ainda actualmente nas Flores.

1688 Teófilo Braga – *O Povo Português nos Seus Costumes, Crenças e Tradições*.

1689 J. H. Borges Martins – *Crenças Populares da Ilha Terceira I*.

1690 Da *dança* carnavalesca (Terceira) *O Juízo Final*, da autoria de Hélio Costa.

Perder os cinco sentidos, *exp.* Enlouquecer; o m.q. *pegar de cabeça.*
Perder os sentidos, *exp.* Desmaiar; perder a consciência[F].
Perde venda quem não tem que venda, *exp.* Adágio das Flores que significa que quem pouco tem pouco alcança.
Perdigoto, *n.m.* Cria da codorniz[SM]. No Continente dá-se o mesmo nome à cria da perdiz. Perdigoto deriva do lat. *perdicottu,* dim. de *perdīce,* perdiz.
Perdoação, *n.f.* Perdão (de *perdoar* + *-ção*)[Sj]: – *O pecado da gula nã tem perdoação!* Antigamente também se usava a palavra 'perdoamento', com o mesmo significado.
Perfeiteza, *n.f.* Boniteza (de *{perfeito}* + *-eza*)[SM]. Adágio: *Não é a perfeiteza que vai ao moinho: / o que lá entra é milho e trigo*[SM].
Perfeito, (do lat. *perfectu-*) **1.** *adj.* Bonito; elegante. **2.** *adj.* Bem nutrido: – *Onte arrecebemos carta com fotografias de nossos primos da Amerca, e eles 'tão bem perfeitos, benz'os Deus!* Usado por todas ilhas.
Perfeito de mãos, *loc. adj.* Habilidoso[F].
Perigar, *v.* Abortar involuntariamente[Fl].
Perigo, *n.m.* O m.q. abortamento involuntário[Fl,Sj,T]. Também usado com este sentido em certas regiões do Continente.
Perna e meia. *n.m.* Perneta, coxo; o m.q. *meia perna.*
Perna, (do lat. *perna-*) **1.** *n.f.* Cada um dos paus que, na vertical, suportam a armação do *cafuão*[SM]. **2.** *n.f.* Cada um dos paus ao alto que formam o tear[SM]. **3.** *n.f.* Cada um dos paus de madeira que formam as asnas da empena da estufa de ananases[SM]. **4.** *n.f. fig.* Bebedeira[T].
Pernada, *n.f.* Dito ofensivo; resposta indelicada (ext. de *pernada,* pontapé)[SM].
Perneta, *adj.* Diz-se do indivíduo com falta de uma perna (de *perna* + *-eta*)[F]. CF regista-o apenas como brasileirismo.
Pernóstico, *adj.* Cheio de si; bem falante[T]. Termo também usado na linguagem popular continental. No Brasil diz-se do que gosta de empregar termos difíceis mas que não lhes conhece bem o significado, aplicando-os mal.
Perpino, *n.m.* Pepino, sua corruptela por epêntese[F].
Perquidade, *n.* Pessoa pequena, atrasada no crescimento, aplicando-se geralmente a crianças (corrupt. de *porquidade*)[StM]: *[...] em geral, aplica-se à criança com um grau de crescimento e desenvolvimento físico bastante pequeno para a sua idade*[1691].
Perregilo, *n.m. Bot.* Perrexil, sua corruptela.
Perrinquinho, *adj.* De aspecto insignificante; com pouco interesse[T]. Cp. com 'pequerricho'.
Perseguido, *adj.* Muito preocupado (part. pas. de *perseguir,* sua ext.)[Sj].
Persinar-se, *v. refl.* O m.q. persignar-se, sua f. arcaica[T]: *Eu me persino / Com o sangue de Cristo, / Com Jesus à bela luz [...]*[1692].
Perto e bom caminho, *exp.* Expressão usada para indicar que qualquer lugar está facilmente acessível[F].
Perua, *n.f. fig.* Bebedeira[T]. Albino Lapa regista-o no calão continental.
Pesadelo da mão furada. Nalgumas freguesias da Terceira, o povo crê que o pesadelo é causado pela alma de uma criança que morreu afogada e que tem um furo na palma da mão. E, contra o pesadelo há várias orações, variantes das seguintes: *Pesadelo da mão furada, / Três vezes passou o mar / Com a unha alevantada, / Pra lá, pra cá / E pra lá é que vaia. / Não tenhas tal poder / Que em cima de mim descaias*[1693]; *Pesadelo da mão furada / De unha acotovinhada / Passa o mar três vezes, / Três para cá, três para lá, / Fica-te na parte de cá*[1694]. Em S. Jorge foi recolhida a seguinte: *Minha*

1691 Arsénio Puim – *O Baluarte de Santa Maria* (Maio de 1985).
1692 J. H. Borges Martins – *Crenças Populares da Ilha Terceira II.*
1693 J. H. Borges Martins – *Crenças Populares da Ilha Terceira II.*
1694 Inocêncio Romeiro Enes – *Tradições e Festas Populares da Freguesia dos Altares.*

mãe me disse / Não tivesse medo do pesadelo, / Que ele tem a mão furada, / E a unha revoltada, / A língua a ferro cortada / A boca a Balião/; / Assim faça Deus àqueles / Que contra nós estão[1695]. Cp.: O 'Fradinho-da-mão--furada' é uma personagem mítica de uma das lendas portuguesas, uma espécie de duende caseiro. É um ser que tanto concede favores e benefícios como engana e prega partidas. Tem na cabeça um barrete encarnado, entra nos quartos de dormir, durante a noite, através do buraco da fechadura das portas e escarrancha-se à vontade em cima das pessoas, tapando--lhe a boca para lhes dificultar a respiração, frequentemente causando grandes pesadelos.

Pesado, *adj. fig.* Muito bêbado; grosso[F].

Pesca da baleia, *exp.* Expressão muitas vezes ouvida em lugar da espressão correcta: caça da baleia.

Pescada-dos Açores, *n.f.* Peixe, no Continente chamado 'maruca do Mediterrâneo', de nome científico *Molva dipterygia macrophthalma*.

Pesca de fundo, *n.f.* Pesca de espécies pelágicas como, p. ex., o congro, o cherne, o goraz, o pargo: *A pesca do fundo, como é designada a pesca de espécies demersais ou pelágicas [...] nas últimas décadas passou a ser exportada quer para o Continente e ainda para o 'mercado da saudade', implantado nas áreas de fixação da emigração açoriana dos E.U.A. e do Canadá*[1696].

Pescadeira, (de *pescar* + *-deira*) **1.** *n.f. deprec.* Mulher ignorante e pretensiosa[1697]. **2.** *n.f.* Fem. de pescador[T].

Pesca de pé, *exp.* O m.q. *pesca de pedra*. Tem este nome porque os pescadores geralmente pescam de pé, antigamente munidos com compridas canas de bambu.

[1695] Olímpia Soares de Faria – *O Nosso Falar Ilhéu*.
[1696] João A. Gomes Vieira – *O Homem e o Mar – Embarcações dos Açores*.
[1697] Termo fornecido por J. A. Gomes Vieira, que o terá ouvido em Vila Franca do Campo (S. Miguel).

Pesca de pedra, *exp.* Pesca feita nas *baixas* e calhaus grandes junto da costa, alguns deles por isso adquiriram o nome de pesqueiros.

Pesca de roda, *exp.* Pesca usando a *roda da pesca*[C,F].

Pesca de salto e vara, *exp.* Pesca artesanal feita nos Açores e que consiste na captura dos tunídeos com grossa cana de bambu – a que no Faial e no Pico se chama *trolho* ou *vesdasca*, em S. Miguel *varejão* e nas Flores *varão* –, linha grossa, anzol sem *barba* (barbela), tendo como isca o chicharro vivo. Também chamada *pesca americana*, por ter sido trazida da América pelos pescadores de lá regressados.

Pescal, *n.m.* Espécie de cunha, também chamado *cunha-do-frade*, para abrir e fechar o arado[SM]; o m.q. *fechal* (de *pescaz*).

Pesca americana, *n.f.* O m.q. *pesca de salto e vara*.

Pescante, (de *pescar* + *-ante*) **1.** *adj.* Capaz de pescar. Refere-se quase sempre às linhas de pesca, assim, uma linha é mais ou menos pescante consoante o seu maior ou menor poder de apanhar peixe. **2.** *adj. fig.* Maricas[T].

Pesca porca, *exp.* Nome que os pescadores dão à pesca do bonito. Este peixe, ao ser apanhado, é agarrado debaixo do braço oposto ao que segura a cana de pesca, acabando por ficar o pescador todo ensanguentado, daí a origem desta expressão.

Pescar ao corrico, *v.* Pesca efectuada com 'amostra' de peixe a deslizar lentamente nas águas. No Cont. também se chama 'pescar de corrica'. Em certos lugares do Continente chama-se 'cirrar' ao acto de pescar ao corrico.

Pescar de lancha, *exp.* Pescar dentro de uma embarcação marítima.

Pescar de leve, *exp.* Pescar com linha sem chumbada, como em certas ilhas se pesca aos sargos[Fl].

Pescar de roda, *exp.* Pescar utilizando a *roda da pesca*[F].

Pescar no rolo, *exp.* Pescar a partir do próprio *rolo*, p. ex., às vejas e aos sargos, com um *caniço* comprido[F].

Péses, *Pl.* de pés. Na Terceira diziam: em riba dos péses: o m.q. acocorado, e ir arriba dos péses: o m.q. ir fazer cocó, traduzindo a posição adequada ao acto, nas condições de antigamente!

Carro de distribuição das esmolas do E. Santo

Peso, (do lat. *pensu-*) **1.** *n.m.* O m.q. chumbada[T]. **2.** *n.m. fig.* Pancadaria: Levar peso é apanhar pancadaria[T]. **3.** *n.m.* Designação dada antigamente ao dólar americano: *Com uns pesos que o irmão lhe mandara da América, comprou um tecido cinzento-escuro e mandou fazer um vestido comprido, na costureira*[1698]. **4.** *n.m.* Utiliza-se também este termo para designar a quantidade de carne, equivalente a cerca de 2 kg, distribuída pelas casas no sábado de Espírito Santo[F]. Cp.: Em Tomar faz-se, de quatro em quatro anos, a Festa dos Tabuleiros, que se tornou, aliás, no símbolo *ex libris* da cidade. A sua origem está no culto do Espírito Santo e, na segunda-feira após o cortejo, há a distribuição dos pães dos tabuleiros, da carne e do vinho pelos mais necessitados, cada oferta chamada 'Pêza', sendo o peso da carne tb. 2 kg..

Pesqueira, (de *pesqueiro*) **1.** *n.f.* Local onde se vende peixe fresco. **2.***n.f.* Local onde se prepara e se salga o peixe[F].

Pessegamas, *n.f. pl.* Muita quantidade de pêssegos[Fl].

Pessêgo, *n.m. Bot.* Pêssego, sua corruptela[P]. É muito rara nos Açores a alteração na acentuação das palavras – esta é uma delas, ouvida no Pico.

Pêssego-de-aparta, *n.m.* Também chamado *aparta-caroço*, é uma variedade de pêssego que se abre facilmente ao meio e larga o caroço com facilidade.

Pêssegos, *n.m. pl.* Moda antigamente cantada e dançada em S. Jorge, apenas por homens, à porta de quem matava o porco: *Pêssegos, senhora, pêssegos, / Pêssegos, não quero mais; / Por causa dos pesseguinhos / Fogem as raparigas aos pais.*

Pessoa de arca aberta, *n.f.* Nome que se dá à pessoa que *vê em aberto*[T].

Pessoa de cortesia, *n.f.* Pessoa de cerimónia; pessoa importante[Sj]: *Na mesa considerada de honra sentam-se os noivos, padre, padrinhos e pessoa de* cortesia *(de mais cerimónia)*[1699].

Pessoa de mais aquela, Pessoa de certa importância [P,SM]: *Relógio, somente em casa do senhor padre ou pessoa de mais aquela [...]*[1700]; *– O Mr. Doctar está mais aquela,*

[1698] Carlos Enes – *Terra do Bravo.*
[1699] Elsa Mendonça – *Ilha de S. Jorge.*
[1700] Dias de Melo – *Vida Vivida em Terras de Baleeiros.*

é um boia, filha da mã, ningam diz a idade que tam![1701].

Pessoa de remate, Pessoa séria e bem comportada[F]. O m.q. pessoa *arrematada.*

Pessoa do monte, *n.f.* Pessoa das freguesias[T]: *Este senhor* (José Orlando Bretão) *ensinou também que, afinal, gostar de danças não era coisa só das pessoas do monte*[1702].

Pessoal, *n.m.* Tal como no calão do resto do país, também é usado este termo para designar as pessoas em geral: *Adeus belo pessoal / Não tenho mais que vos diga / Vou fazer ponto final / Esta é a última cantiga*[1703].

Pessoa muito sobre si, Pode ter várias conotações: a maior parte das vezes pode querer significar um indivíduo com uma personalidade forte, mas, facilmente, essa expressão adquire uma tonalidade depreciativa, significando aquele que não liga nada a ninguém, emproado, soberbo, vaidoso[F].

Pessoua, *n.f.* Pessoa, sua corruptela por epêntese[Fl].

Petcheno, *n.m.* O m.q. *pecheno*[SM]. Nota: Esta pronúncia castelhana do grupo consonântico [ch] também é frequente nalgumas regiões do Continente, como frequentemente se ouve ainda actualmente, p. ex., no distrito de Castelo Branco[1704].

Peteira, *n.f.* O m.q. *espadana* (*Phormium tenax*)[Sj].

Petenho, *n.m.* O m.q. *pecheno*[SM].

Petinga, **1.** *n.f.* Conversa desagradável; rabugice[SM]. **2.** *n.f.* Trabalho moroso[SM]. **3.** *n.f.* Chuva miudinha[SM].

Petingada, *n.f.* Porção de coisas miúdas (de *petinga + -ada*)[T].

Petingil, *n.m.* Nome dado a uma qualidade de chita[F].

[1701] Urbano de Mendonça Dias – *"O Mr. Jó"*

[1702] Fernanda Ávila – *Carnaval* (Diário Insular, Ano LXI, n.° 18635, de 17/02/2007).

[1703] Da *dança A Sentença de Salomão*, da autoria de Maria Angelina de Sousa, mais conhecida por Turlu.

[1704] Donde vieram muitas famílias para S. Miguel no início do povoamento.

Petingoso, (de *petinga + -oso*) **1.** *adj.* Rabugento; aborrecido na conversação[SM]. **2.** *adj.* Demorado; moroso. **3.** *adj.* Diz-se do tempo de chuva miudinha[SM]; o m.q. *petinguento.*

Petingueiro, *adj.* Exigente; minucioso (de *petinga + -eiro*)[T].

Petinguento, *adj.* O m.q. *petingoso* (de *petinga + -ento*)[SM].

Petiscada, *n.f.* Comezaina; petisqueira (de *petisco + -ada*): – *Com as cracas e os caranguejos fizemos cá ũa petiscada que durou até às tantas.* Nota: De uso muito frequente nos Açores, não o encontrámos registado nos dicionários consultados.

Petiscar lume, *exp.* Percutir a *pedreneira* com o fuzil de aço para fazer saltar faísca e fornecer lume para acender o cigarro[T]: *Ti Amaro foi buscar atrás de uma pedra a sua lanterna de furta-fogo, petiscou lume e pousou-a num rebordo da bancada*[1705]. No Cont. dizia-se apenas 'petiscar' ou 'iscar' com o mesmo sentido.

Pé-trocado, *n.m.* Variedade de ponto antigamente usado pelas tecedeiras[T].

Petroixo, *n.m.* Troixa pesada; o m.q. trafoixo[SM].

Petruvado, *adj.* Perturbado, sua corruptela[SM]: *O quê? pois o senhor já está petruvado?, acrescentando o Gata a sorrir [...]*[1706]. Grafia ant. = *perturvado.*

Peúga, *n.f.* Polaina de pano de lã azulado fabricado localmente, abotoada por fora e sobre a qual se cruzavam as correias das *albarcas*[P].

Peúga-te vaca, *exp.* Grito do pastor no início da ordenha da vaca para que ela afaste a perna para trás e descubra o *mojo*[Sj]. Nas Flores diz-se apenas *Uga!*

Peúgo, *n.m.* O m.q. peúga; meia[C,F].

Pevide, *n.f.* Placa que se desenvolve na superfície inferior da língua das galinhas e que as fazem deixar de comer[F].

[1705] Vitorino Nemésio – *Mau Tempo no Canal.*

[1706] Luís Bernardo Leite de Ataíde – *Etnografia Arte e Vida Antiga dos Açores.*

Peviteiro, *n.m.* Interior do fruto das curcubitáceas, p. ex. a abóbora, onde se alojam as sementes[F]. Var.: *Puviteiro.*

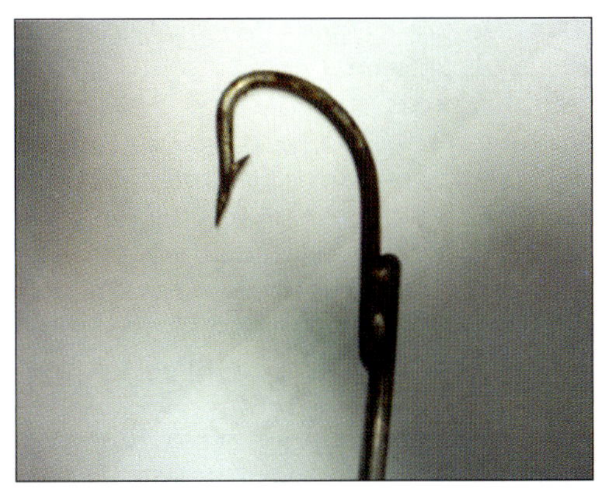

Pexeiro, extremidade distal

Pexeiro, *n.m.* O m.q. bicheiro (de *peixe* + *-eiro*)[F]. Instrumento feito com um anzol grande, firmemente atado com arame a um cabo de madeira, ou soldado a uma vareta de ferro (idealmente, de aço inoxidável), destinado a agarrar o peixe graúdo ainda na água, para impedir que *pingue* no mar depois de ferrado e também para ajudar a puxá-lo para cima. No Corvo e no Faial é pronunciado *puxeiro,* certamente por influência de *puxar.*

Pexinho, *n.m.* Dim. de peixe[F]: – *Quim dera um pexinho fresco p'o nosso jantar!*

Pexona, *n.f.* O m.q. *bonito* e *cachorra*[P].

Pezinho, *n.m. Balho* regional, com vozes masculinas e femininas cantando quadras de sete pés, acompanhadas pela *viola da terra,* violão e, quando havia, também por uma rabeca, de andamento lento e de compasso 4/4[1707]. Na Ilha de S. Miguel há uma versão particular do *Pezinho,* chamada *Pezinho da Vila* e cantada em sextilhas sempre em tom jocoso: *Minha sogra tem-me reixa / E de mim foi fazer queixa / À Vila da Povoação / Por eu ter chamado à filha / Papo seco de serrilha / E petisco da manhã(o).* Na Terceira há o *Pezinho dos Bezerros,* de uma beleza incalculável, também cantado em quadras de sete pés e geralmente acompanhado por uma charanga: *Os bezerros enfeitados / De bolinas amarelas / Eu também quero saüdar / As meninas das ginelas.*

Tal como a *Chamarrita,* o *Pezinho* pode ser *de Cima, do Meio* e *de Baixo,* consoante a sua posição na escala da viola (ver *Chamarrita*).

Pezinho do Balho, *n.m.* Nome que na Terceira se dá ao *Pezinho,* moda tradicional de *balho,* para distnguir do *Pezinho dos Bezerros.*

Pezinho da Vila, *n.m. Moda* tradicional de S. Miguel com sextilhas de sete pés e conteúdo de índole satírica: *Minha sogra é uma raia, / Vive na Lomba da Maia / Em frente do meu jardim; / A todos chama canalha, / Antes a língua lhe caia / Do que ela chamar a mim.*

Pezinho de Cima, *n.m.* Um dos Pezinhos cantados e *balhados* nas Flores (Ré Maior).

Pezinho de Roda, *n.m.* O m.q. *Moda dos Frades*[F].

Pezinho dos Bezerros, *n.m.* Moda tradicional da Terceira tocada e cantada na sexta-feira da matança do gado. Antigamente o acompanhamento musical era feito com violas, rabeca, clarinete e contrabaixo, acompanhados pelos ferrinhos, actualmente é feito por uma charanga. Quadra do Pezinho: *Quando oiço o Pezinho / Lembra-me uma bezerrada, / Faz lembrar o pão e o vinho, / A carne e a massa sovada*[T].

Pezinho Encaracolado, *n.m.* Moda tradicional das Flores, também chamada *Pezinho de Roda* e *Moda dos Frades.*

Pfumo, *n.m.* Tira de tecido negro usado na manga esquerda em sinal de luto (corrupt. de *fumo*)[Fl].

Pia, (do lat. *pila-,* almofariz, tina) **1.** *n.f.* Recipiente de pedra destinado à comida

---

[1707] Segundo César das Neves (*Cancioneiro de Músicas Populares*), terá nascido à beira-mar, cantando-se antigamente nos botequins e casas de orgia dos portos do Continente e das ilhas.

dos porcos – a *pia do porco*[T]. Nas Flores, S. Miguel, noutras ilhas e na Madeira é chamado *gamelão*. **2.** *n.f.* Tanque de lavar a roupa – a *pia da roupa*. **3.** *n.f.* Lugar onde se lava a loiça – a *pia da loiça*. **4.** *n.f.* Reservatório onde o gado bebe água nas pastagens[Sj]. Nota: Também se dá o nome de *pia de porco* a qualquer coisa com aspecto sujo e mal arranjada.

Piaça, *n.f.* Balcão coberto; o m.q. *varanda*[Fl,SM] (do it. *piazza*). Nota: Embora de origem italiana, esta palavra foi trazida para os Açores pelos emigrantes da América do Norte (do am. *piazza*).

Piaço, *n.m.* Tipo de respiração sibilante típica das crises agudas da asma brônquica e da bronquite asmatiforme (de *pio* + *-aço*)[F]. *Tirar o piaço*: o m.q. matar.

Piadade, *n.f.* Piedade, sua f. ant.:– *Maneiate, Piadade! Leva-m'ò varadoiro a saca do pão e a froca…*[1708]. António Ferreira (1528--1569) escreve: *Piadosa obra faz ao que está preso*.

Piadoso, *adj.* Piedoso, sua f. antiga.

Pial do lume, *n.m.* Armação de pedra ou tijolo perto da lareira onde se cozem os alimentos (pial, corrupt. de *poial*): *No pial do lume, o pote de barro da Vila aguarda de pé*[1709].

Piano, *n.m. fig.* Bebedeira: *Apanhou cá um piano qu' inté bailhava a chamarrita só num pé!* Também se diz *apanhar uma pianola*[Fl].

Pião, *n.m.* Eixo das mós, também chamado *veio*; haste vertical de madeira, com uma espiga em cada extremidade, que gira e, por meio duma engrenagem, faz girar a mó da atafona.

Pião de dois bicos, *exp. fig.* Pessoa de duas caras[Sj].

Pião do milho, *n.m.* Nalgumas freguesias da Terceira e de S. Miguel chama-se *pião do milho* à *burra do milho*: Vitorino Nemésio (*Corsário*) define-o assim: *[…] pirâmides feitas de quatro paus de álamo ou de pinho, em cujas travessas ou ripas se bifurcam as cambadas ou cambulhões de socas (espigas) de milho, defendidos dos ratos por quatro polainas de zinco aplicadas aos esteios das pirâmides. São os 'piões de milho', alegria e orgulho do lavrador.*

Pião dos nicos, *n.m.* Assim é chamado o pião que *abaixa*, ou seja, o pião que se põe no chão para os outros jogadores atirarem o seu pião sobre ele. Nalguns lugares também se chama *pião das nicas*.

Piar, *v. fig.* Desejar; pedir[T]:– *O Sr. Anastácio estava piando pra sabê notícias d' Amerca!* Em S. Miguel diz-se: – *'Tás piando pra levar uma coça, corisco dum cabrã!*

Piaú, *n.m.* Franguinho; pinto (de orig. onom.)[SM].

Pibi, **1.** *n.m.* O m.q. galinha, em linguagem infantil [F,Fl]. **2.** *n.m.* O m.q. pipi; vulva de menina[F]. **3.** *interj.* Maneira de chamar as galinhas, dito repetidamente[F,Fl]: – *Pibi! Pibi! Pibi!*

Piça, (do am. *piece*) **1.** *n.f. Bal.* Tira de toucinho da *baleia* para o derretimento. Var.: *Pice*. **2.** *n.f.* Bocado. **3.** *n.f.* Corte de tecido.

Picaba, *n.f.* Busca de terrenos próprios para a agricultura[1710].

Picaço, *n.m.* Acesso de tosse irritativa e recorrente provocada, p. ex., por uma inflamação das vias aéreas superiores (corrupt. de *pigarro*, por infl. de *piaço*)[F].

Picada, (de *pico* + *-ada*) **1.** *n.f.* Acto de retirar as pedras de um terreno para limpá-lo e cultivá-lo[SM]. **2.** *n.f.* Badalada do sino[Sj].

Picadeiro, (de *picar* + *-deiro*) **1.** *n.m.* Tábua ou cepo de picar o engodo, podendo servir também para cortar o peixe em postas[Sj,T]. **2.** *n.m.* Estância de madeiras[SM]. Segundo Helena Montenegro, a sua origem é devida ao facto de a primeira estância ter sido construída num picadeiro.

Picadilho, *n.m.* Pacote de tabaco picado na fábrica com que se fazem os cigarros

---

[1708] Vitorino Nemésio – *Mau Tempo no Canal*.
[1709] Cristóvão de Aguiar – *Marilha*.
[1710] Retirado de Guilherme Augusto Simões – *Dicionário de Expressões*.

à mão (de *picado* + *-ilho*): *Cada vez que me lembro: / Um pai que tem um filho, / E que no dia do bodo / Oferece um picadilho*[1711].

Picado, *n.m.* Pacotilha de tabaco cortado em fio; onça; o m.q. *picadilho* (part. pas. subst. de *picar*) **1. 2.** *adj.* Moído (part. pas. de *picar*): – *Esse ingodo, pra não incher só a barriga ao peixe, tem que ser bem picado!*

Picanço, *n.m.* Espinho, de roseira, de silva, etc. (de *pico* + *-anço*)[SM]: – *Eh sinhô, aquilho pica de vardade, tem cada picanço mais afiadinho do que o picanço dũa silva!*

Picão, (de *pico* + *-ão*) **1.** *n.m.* Espécie de martelo destinado a picar as mós dos moinhos. **2.** *n.m.* Alcunha daquele que tem o nariz grande[T].

Pica-porte, *n.m.* Espécie de aldraba, geralmente de ferro, na parte de fora da porta de entrada das casas, para se chamar quem está dentro (de *picar* + *porta*). Também se pronuncia. *[...] o home, que era de palavra, veio-nos bater ao pica-porte, estava a gente ainda ceando o caldinho de couves aferventadas*[1712]. Var.: *Pica-porta*. *Deixar a porta no pica-porte:* Não fechar a porta à chave.

Picar, (do lat. vulg. piccāre) **1.** *v.* Cobrir o lanço nas arrematações[StM]. **2.** *v.* Untar com azeite o bico ou o olho dos figos para amadurecerem mais depressa[T]. **3.** *v.* O m.q. *botar cantiga*[SM]. **4.** *v.* Avinagrar, falando do vinho; o m.q. *tomar pique*[P].

Picarato, *adj.* e *n.m.* O m.q. *Picaroto* e Picoense (JPM).

Picardo, *n.m.* Bovino de cor branca com pequenas malhas pretas ou de outra cor[Sj,T]. Quando se trata de uma vaca dessa cor, também se chama *sara*[T].

Picar engodo, *exp.* Moer engodo, para a pesca[F].

Picaroto, *adj.* e *n.m.* Designação popular corrente do indivíduo natural da Ilha do Pico, o Picoense (de *Pico*, top., + <*-r-*> + *-oto*): *Os picarotos são os mais destemidos homens do mar do arquipélago, tisnados, secos, graves e leais*[1713].

Pichado, *adj. Náut.* Dizia-se antigamente dos cabos e redes de pesca após serem tratados com piche (part. pas. de *pichar*).

Picheleiro, *n.m.* Apodo dos habitantes da Vila do Nordeste de S. Miguel atribuído pelos da Fazenda.

Picho, *n.m.* Contrac. de carrapicho[T].

Pico, (deriv. regr. de *picar*) **1.** *n.m.* Designação aplicada não só a numerosos cones secundários que borbulham em torno dos vulcões principais, mas ainda a muitas elevações de terreno, de outra origem, mesmo que não tenham a forma que o nome indica. Os picos são sem conta em todas as ilhas, desde o imponente Pico da Vara, a mais alta montanha de S. Miguel, com 1103 metros, até aos piquinhos que cercam a Caldeira, na Terceira[1714]. *Foi aqui que a porca furou o pico?* ou, *a porca já furou o pico?:* não se pode fazer esta pergunta aos de Água de Pau, em S. Miguel, por ser considerada uma grave provocação. As pessoas arrenegam-se e as mulheres, enfurecidas, levantam as saias e apontam para o baixo-ventre, dizendo: – *Não, fou aqui!* Reza certa lenda que um pastor, ao perder uma porca, depois de muito procurar, acabou por encontrá-la do lado oposto ao pico onde se encontrava – espantado, exclamou: – *Ou! A porca furou o pico!!!* Do teatro popular: *Água d'alto, povo rico, / Na de pau não perguntar / Se a porca furou o pico, / Porque aborrecido fico, / Não vos quero garrear....!*[1715]. **2.** *n.m.* Picareta; o m.q. *pique*. **3.** *n.m. pl.* Grande quantidade[Fl]: – *Hoje tenho picos de coisas pra fazer!* De pico: Diz-se da medida de sólidos acaculada[C].

Pico Pequeno, *n.m.* Nome que nos Açores se dá ao ponto mais alto da ilha do Pico,

1711 Quadra de Manuel Machado Alves (o *Machado*), in *Improvisadores da Ilha Terceira*.

1712 Cristóvão de Aguiar – *Raiz Comovida*.

1713 Raul Brandão – *As Ilhas Desconhecidas*.

1714 José Agostinho – *Nomenclatura Geográfica das Ilhas dos Açores*.

1715 Excerto de uma *Comédia* de S. Miguel.

situado a 2351 metros acima do nível do mar e a cerca de 5 km de distância deste. Falando dele, o Contra-Almirante Sarmento Rodrigues escreve[1716]: *As nuvens que vemos* (no Pico Pequeno) *denunciam o tempo que ali faz e que por aquelas altitudes anda em regra avançado mais de um dia em relação ao nível do mar. Por outras palavras, o vento que lá sopra, e que a presença das nuvens nos revela, deve estabelecer-se cá em baixo cerca de 24 horas depois.*

Picor, *n.m.* O m.q. picante (de *pico* + *-or*)[SM]: – *No chouriço da Povoação usa-se pimenta--da-terra que nã tenha muito picor, que é pra que os das ilhas-de-baixo lha consiguem comer!*

Picos, *n.m. fig.* Grande quantidade; o m.q. *poderios* e suas variantes[StM]: – *Estamos há picos de tempo à tua espera, aconteceu-te algũa coisa?*

Picota, *n.f.* O m.q. *maçanico* e *maçarico*[Sj].

Picundro, *adj.* Rabugento[1717].

Pidir, *v.* Pedir, sua f. arcaica[Fl,T]: – *Vinha pidir à vizinha se m'emprestava mei' quilho de açucre!*

Pijela, *n.f.* Resto insignificante, p. ex., de comida (corrupt. de *pagela*). Às pijelas: o m.q. aos poucos[Sj,T].

Pilar, Nome que se dá em S. Miguel a uma variedade de sopa de favas tenras.

Pilé, *n.f.* Instrumento de suplício (corrupt. de *polé*). Assim reza o provérbio recolhido em S. Miguel: *Em dia de S. Tomé,*[1718] */ vão os porcos à pilé.*

Pilhado, *adj.* Abundante; cheio[SM]: – *Aquela moniqueira 'tá pilhada de mónicas est'ano!*

Pilhantra, *adj.* Diz-se do indivíduo de má índole (corrupt. de *pilantra*)[T]. 'Pilantra' é termo do cal. brasileiro com o mesmo sentido.

Pilhar fôlgo, *exp.* O m.q. respirar[Sj]: – *Ele já nim pilha o fôlgo, 'tá caige a morrer!*

Pilhasca, *adj.* Aquele que tem propensão para pregar partidas; gracejador; o que anda sempre bem disposto[T]: *Mas os frades que eram uns bons pilhascas, viram logo que a rapariga era meia atolangada*[1719].

Piloto, *adj.* Cego de um olho; zarolho[SM]. CF regista-o no calão continental.

Pimenta, *n.f. Bot.* O m.q. malagueta (do lat. *pigmenta*, pl. de *pigmentu-*)[SM].

Pimenta-da-larga, *n.f. Bot.* Variedade de pimenteiro com que é feita a pimenta--moída ou a calda de pimenta, pouco picante[SM].

Pimenta-da-terra, *n.f. Bot.* Fruto da *Solanum pseudocapsicum*, pimenteira comum em S. Miguel, donde é feita a *calda-de-pimenta* e a pimenta moída.; o m.q. *pimenta--da-larga*[SM].

Pimenta-de-corno, *n.f. Bot.* O m.q. malagueta[SM].

Pimenta-de-corno-de-cabra, *n.f. Bot.* O m.q. *pimenta-de-corno.*

Pimenta-puta, *n.f. Bot.* Malagueta redondinha e muito picante, *raivosa*[SM].

Pimenta-putinha, *n.f. Bot.* O m.q. *malagueta-puta* e *pimenta-puta*[Fl].

Pimenta-vermelha, *n.f. Bot.* O m.q. malagueta[SM].

Pimpar, *v.* Ganhar; vencer, falando das cantigas aos *desafios* (sínc. de *pimponar*, por sua vez de *pimpão* + *-ar*)[T].

Pinabara, *n.f.* Pasta feita de amendoim torrado, açúcar e água (do am. *peanut butter*): *A pinabara é um véri naice doce!* Também é pronunciado *pinabera.*

Pinabera, *n.f.* O m.q. *pinabara.*

Pinarreta, *adj.* O m.q. traquinas[SM].

Pinça, *n.f.* Pequeno peixe encontrado junto à costa, *cientificamente* denominado *Coris julis*[F]. Nalgumas ilhas chamam-lhe *peixe-rei.*

1716 M. M. Sarmento Rodrigues – *Ancoradouros das Ilhas dos Açores.*

1717 Termo recolhido por Olímpia Faria em S. Jorge, não encontrado nos outros trabalhos por nós consultados.

1718 Dia 21 de Dezembro.

1719 Augusto Gomes – *Cozinha Tradicional da Ilha Terceira* (Falas da Tia Gertrudes).

Pincel de caiar, *n.m.* Pincel com que antigamente se caiavam as casas. Até meados do séc. XX em geral ninguém comprava pincéis já feitos. Apanhava-se *bracéu* (*Festuca petraea*), que se punha a secar à sombra. Quando seco, juntava-se uma certa quantidade de plantas, consoante o tamanho pretendido, todas com a parte da raiz para o mesmo lado, e amarrava-se a outra ponta com um atilho ou uma tira de *espadana*, bem apertado. O cabo, feito de um ramo fino de qualquer árvore, era aguçado numa das pontas, a mais grossa, e enfiado à pressão no centro do atado. A seguir eram aparadas ambas as pontas e aquela que ficava livre (correspondente ao lado da raiz) era batida com um maço até ficar com as pontas bem sedosas. Estava feito o pincel mas, antes de se começar a caiar, era passado várias vezes numa superfície áspera para mais sedoso ficar.

Pincelado, *adj.* Caiado (part. pas de *{pincelar}*)[P]: – *Dá gosto ver a casinha assim bem pincelada pr'arreceber o senhor Esprito Santo!*

Pincelar, (de *pincel* + *-ar*) **1.** *v. fig.* Corricar com uma cana de pesca num pesqueiro, movimentando a ponta de um lado para o outro[1720]. **2.** *v.* O m.q. caiar[P]. Ver *caiar.*

Pinchadinho, O m.q. puladinho; saltadinho (do *v. pinchar*)[P].

Pinchão, *n.m.* Peça da atafona, ligada à moega, que no seu movimento de abanar regula a saída do grão (de *pinchar* + *-ão*)[Sj].

Pinchar, (do lat. *pinctiāre*) **1.** *v.* Pular; saltar: *Pego no chicote e dei-lhe umas boas quele pinchava comã macaco!*[1721]. **2.** *v. fig.* Singrar na vida: *Tinha casas e serrados / Isso era um tal pinchar / E aos pobres dos empregados / Quanto lhes estavas a pagar?*[1722].

Pinchavelho, *n.m.* Pequena peça ou dispositivo; coisa sem importância (de *pincho* + *chavelha*, com haplologia). Não sendo registado nos dicionários consultados, é usado também no calão do Continente com o mesmo significado. <u>*Não valer um pichavelho*</u>: não valer nada.

Pinche, (corrupt. de *piche*, do ingl. *pitch*) **1.** *n.m.* Breu: *No pinche da noite é que se fazem certas coisas.* **2.** *n.m.* Escuridão: – *Está um pinche cmo breu.*

Pincho, *n.m.* Pulo; salto (deriv. regr. de *pinchar*). <u>Rima pop</u>.: *Piolho na lama, / Piolho na cama, / Dá um pincho, / Põe-se em França.* Do 'Romance' *Frei João* recolhido por Costa Fontes: *Frei João que tal ouviu / punha pinchos que nem cabra*[1723]. Regista-se o termo, assim como *pinchar*, não pela originalidade mas pela frequência do seu uso nas ilhas.

Pindrar, *v.* Pendurar, sua corruptela[SM]: *[...] pindravim aquilo de maneira a não entrar a água [...]*[1724].

Pingalhão, *n.m.* Menosprezo; chacota; troça[T]. <u>*Fazer pingalhão*</u> é fazer troça.

Pingalhar, *v.* O m.q. chuviscar e *pingalhotar* (de *pingalho* < *[pinga* + *-alho]* + *ar*)[SM].

Pingalhotar, *v.* Chover em pequena quantidade; chuviscar; o m.q. *pingalhar* (de *pingalho* + *<-t->* + *-ar*)[SM].

Pingão, *adj.* Diz-se do tempo chuvoso (de *pingar* + *-ão*).

Pingar, (do lat. *pendicāre*, frequentativo de *pendere*, estar pendurado) **1.** *v.i.* Bater, falando das horas[T]: *Estão pingando as sete.* **2.** *v. pron.* Esforçar-se; passar trabalhos para realizar uma tarefa (nesta acepção relaciona-se com o pingar do suor devido ao esforço): – *Hás-te pingar todo pra arran-*

1720 Antigamente, antes do aparecimento dos modernos *carretos* de lançamento, pescava-se o peixe grado usando uma cana forte ou mesmo um *varão*, com linha grossa, anzol iscado com isca branca ou com uma rabada de congro, movida de um lado para o outro para atrair o peixe... A este acto – pela semelhança – dava-se o nome de *pincelar*, e à cana chamava-se *pincel*.

1721 J. H. Borges Martins – *A Justiça da Noite na Ilha Terceira.*

1722 Da *dança* carnavalesca (Terceira) *O Juízo Final*, da autoria de Hélio Costa.

1723 Manuel da Costa Fontes – *Romanceiro da Ilha de S. Jorge.*

1724 Maria Clara Rolão Bernardo – *O Falar Micaelense* (Fonética).

jar papeles pra d'ir pr'Amerca[T]. **3.** *v. intr.* Termo rotineiramente utilizado na pesca, quando um peixe se liberta já no ar e cai novamente no mar, como um verdadeiro pingo[F]: – *Pingou, e agora? Tivesses-o empexeirado!!* **4.** *v. intr.* Tombar; cair morto: – *Depois de ter tido o achaque, o Silveira, pingava-lhe o braço sim força pra o levantar!* Usa-se também por todas as ilhas, disfarçado na expressão 'dou-te que te pingo'. Com este sentido, foi importado do Alentejo, onde ainda hoje se usa.

Pingarelho, *n.m.* Coisa insignificante; coisa sem valor; o m.q. *pinchavelho*[F]. Usado sempre em relação a objectos, nunca em relação a pessoas.

Pingo, (deriv. regr. de *pingar*) **1.** *n.m.* Percentagem dada pelo agricultor ao taberneiro para lhe vender o vinho, consistindo em 1 *pote* por cada pipa[P]. **2.** *n.m.* Gordura de porco.

Pingoa, *n.f.* o m.q. *burra do milho*[Fl].

Pingos de tocha, *n.m.* Variedade de doce conventual da Ilha de S. Miguel, feito à base de ovos, recebendo este nome por se parecerem com os escorridos de tochas ardentes.

Pingo do demónio, *loc. adj.* Mafarrico, maldito; malvado; o m.q. *raça do diabo*: *Eh pingos do demónio, sumam-se, sumam-se já daqui para fora, que já não tenho aço e estou hétega de tanto vos sofrer...*[1725].

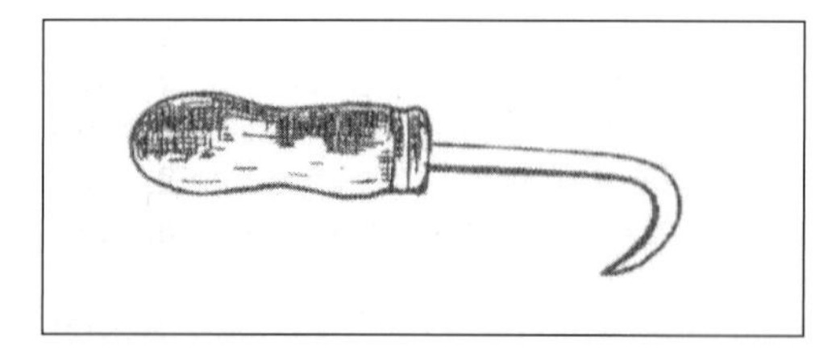

Pinguelim

Pinguelim, *n.m. Bal.* Gancho de curto cabo destinado a apanhar os bocados de toucinho, as *piças*, que eram muito escorregadias para apanhar à mão. Var.: *Pinguinho*[P], *piriquito*[Sj].

Pinguinho, (de *pingo* + *-inho*) **1.** *n.m.* O m.q. *pinguelim*[P]. **2.** *n.m. Bal.* O m.q. *batedor*[Sj].

Pinho, 1. *n.m.* Mola de prender a roupa (do am. *pin*)[F,Fl,Sj]. Em S. Miguel chama-se *prego* e *pregadeira*. **2.** *n.m. Bal.* Delgada cavilha de madeira que mantém fechada a *caixa* do arpão, para melhor penetrar no cachalote, quebrando-se depois do acto de *trancar*, quando o arpão é puxado pela resistência da linha, o que permite a sua abertura e uma maior capacidade de retenção (do am. *pin*). **3.** *n.m.* O m.q. pinha, falando da infrutescência do pinheiro (de *pinha*)[Sj].

Pinho-resinoso. *n.m.* Madeira de planta conífera, semelhante ao pinheiro, não resinada, vinda da América e extremamente resistente ao tempo – ainda hoje se conservam alguns dos velhos soalhos das casas do séc. XVIII[F].

Pinho do arpão, *n.m. Bal.* Cavilha de madeira fina que segura a barba do *arpão-da-baleia*, que se parte com a arpoagem permitindo a barba abrir-se e segurar a presa.

Pinho do choque, *n.m. Bal.* Peça metálica que atravessa os queixos do bote para manter o curso da linha, saindo pelo choque quando é arpoada a baleia. (do am. *chock-pin*).

Pinote, 1. *n.m.* Amendoim (do am. *peanut*): – *A comê pinotes e a buê cerveja preta, não há nenhum que se encoste a mim!* **2.** *n.m.* Pulo; trambolhão (de *pino* + *-ote*). Andar aos pinotes: ir aos trambolhões. É termo também usado com este sentido no Continente: *Tantos pinotes dê ele na caldeira de Pêro Botelho como pragas que lhe roguei já.*[1726].

Pinta, *n.f. chul.* Partes pudendas da mulher; vagina: *[...] antes a Mouca que parava pelas Quatro Canadas, um fedor de a gente desabalar, mas aldemenos não deixava de não*

[1725] Cristóvão de Aguiar – *Raiz Comovida*.

[1726] Aquilino Ribeiro – *Terras do Demo*.

ser uma mulher com uma pinta cabeluda como as outras[1727]. V. Barros regista-o também no Alentejo com o significado de vagina. Var.: *Pintcha*[SM]. Cp.: Pinta é uma pequena mancha...

Pintado, *n.m.* Nome dado à espécie de golfinho cientificamnte denominada *Stenella frontalis*.

Pintar, *v.* O m.q. pintalgar: Adágio: *Quando as amoras começam a pintar / deixa o melro de cantar.*

Pintar o demónio, *exp.* O m.q. 'pintar a manta'[T]: *[...] as feiticeiras foram a casa dele, trouxeram-no para a praça e pintaram o demónio com ele, que o deixaram bem atordoado*[1728].

Pintar o faneco, *exp.* O m.q. 'pintar a manta': – *O pequeno é estreloiçado de todo; pinta o faneco, até na escola, e ninguém tem coarage pra le dezê nada!*

Pintar o macaco, *exp.* Fazer tropelias; o m.q. 'pintar a manta': *Diga o povo o que disser, / Eu vou despejar o saco: / Vais casar com uma mulher / Que já pintou o macaco*[1729].

Pintassilgo, *n.m.* Pequena ave que atinge pouco mais de 13 cm de comprimento, introduzida há poucos anos nos Açores, cientificamente denominada *Carduelis carduelis parva*.

Pintcha, *n.f.* Ver *pinta*[SM].

Pinto, *n.m.* *Massa-sovada,* bolo ou outro pão que saia do forno com o miolo mal cozido (ext. de *pinto...* ao sair do ovo!)[SM].

Pintos do ar, *n.m.* Designação genérica dos pássaros[SJ].

Piolhar, *v.* O m.q. orvalhar (de {*piolho*} + *-ar*)[SM]. Var.: *Pioulhar*.

Piolho, *n.m.* Chuva miúda (ext. de *piolho*)[SM].

Piolho da baleia, *n.m. Bal.* Pequeno crustáceo parasita do cachalote, do género *Cyamus,* muito apetecido pelo pássaro chamado *melro-da-baleia*.

Piorra, (de *pião* + *-orra*) **1.** *n.f.* Pião pequeno. **2.** *n.f.* Construção semelhante ao *pião do milho* destinada a pendurar palha[SM]; *Fig.* Mulher pequena e mexida – quando é mesmo muito pequena diz-se *piorrinha*. Usa-se com o mesmo significado no Continente; Eça de Queiroz escreve[1730]: *[...] a eguazita é uma piorrita, mas fina.*

Pioulhar, *v.* O m.q. orvalhar[SM].

Pioulho, *n.m.* Piolho *(Pediculus capitis)*[C].

Pioulho-do-mato, *n.m.* Carraça do cão *(Dermacentor* spp.)[C].

Pipa, *n.f.* No Pico, a pipa – unidade – são oito *barris*.

Piparote, *n.m. Mús.* Pancada com os dedos da mão direita no tampo da *viola da terra* em certas modas populares, nomeadamente a *Chamarrita,* marcando os tempos fortes da sua música (ext. de *piparote*).

Pipicha, *n.m.* O m.q. chichi (infantil)[P]: – *Vai primeiro fazer o teu pipicha, meu menino!*

Pipo, *n.m.* Boquilha; cânula do irrigador (do am. *pipe*)[1731].

Pique, 1. *n.m.* Azedume (deriv. regr. de *picar*). Tomar pique é azedar: – *Este vinho que ficou no garrafão já está a tomar pique!* **2.** *n.m. Bal.* Carangueja do mastro dos *botes baleeiros* (do am. *peak,* peaked gaff). **3.** *n.m.* Picareta (do fr. *pique*)[F]. *Trabalho de pá e pique:* trabalho duro, como o de pá e picareta.

Piquete, (do fr. *piquet*) **1.** *n.m.* Chocalho pequeno usado especialmente nas cabras e nas vacas alfeiras[T]. Termo utilizado no Alent. com o mesmo significado. **2.** *n.m.* Serviço de pouca monta[SM]. **3.** *n.m.* Pequena dívida[P,SM].

Piranda, *n.f.* Espécie de bola sobre a qual assenta o cata-vento do moinho de vento[Fl].

[1727] Cristóvão de Aguiar – *Raiz Comovida*.

[1728] J. H. Borges Martins – *Crenças Populares da Ilha Terceira I*.

[1729] Da *dança* carnavalesca (Terceira) *Casamento Desfeito por um Velho,* enversada por Joaquim Farôpa.

[1730] Eça de Queiroz – *Os Maias*.

[1731] É pronunciado *pipo* e não *paipo* como seria de esperar, embora também empreguem o termo *paipo* com o mesmo significado.

Pirata, *n.f.* Boina (ext. de *pirata*)[SM]: *[...] ou porque o rapaz tinha um andar mais escanchado, levava a pirata ou o chapéu mais à banda, tinha os colarinhos da camisa encardidos e as pontas viradas para riba, o cu das calças roto ou remendado – fosse pelo que fosse, tudo lhes servia de caçoada [...]*[1732].

Pirataria. Durante muitos anos, as ilhas dos Açores foram alvo apetecido dos piratas oriundos de vários lugares do mundo, nomeadamente do Norte de África e do Norte da Europa, às vezes em poderosas armadas, com vista a roubar as riquezas por aí passadas, nomeadamente as vindas das Índias, cujas caravelas necessitavam de se abastecer de água e de mantimentos. Tal como a Madeira, todas as ilhas do Arquipélago eram alvo dos corsários, mas eram as mais isoladas as preferidas, como, p. ex., as Flores e o Corvo. Além de assaltarem as casas e roubarem o ouro das igrejas, às vezes até incendiavam tudo, tendo as pessoas, indefesas, que se refugiar nos matos, escondidas dos assaltantes. Na Terceira, além do cão – o *rabo-torto* –, os habitantes chegaram a servir-se dos touros para afastar os intrusos, tal como o fizeram contra a invasão dos Espanhóis na Batalha da Salga. Há, todavia, algumas excepções. Os Corvinos, p.ex., chegaram a ter uma relação muito cordial com esses corsários, dando-lhes víveres e água em troco de roupas e de outras coisas úteis. Armando Narciso, em 1932, dá-nos uma imagem interessante da pirataria[1733]: *A pirataria infesta o Arquipélago. Vem no encalço das armadas que trazem riquezas das Índias. Alta noite, os sinos pelos campanários além, tocam a rebate. São os corsários. Ás armas! É uma barafunda infernal. Corre gente de todos os lados. Das pobres casas de colmo, saem os camponeses armados de forcados e foices de lavoira. Veem defender as suas mulheres, os seus filhos, os seus haveres. Na escuridão, que só o incêndio ilumina, trava-se a peleja de morte. O sangue corre. Há gritos de raiva e uivos de dôr. A manhã desponta. Os piratas fogem. As velas dos seus navios bordejam ao longe, como as asas enormes e abertas das aves de rapina. Os celeiros ficam vasios. As pratas da igreja foram roubadas pelos ímpios. Mas a vida volta ao ramerrão do costume. E como as tristezas esquecem, pelo ano fora veem as festas e romarias onde o povo canta e baila.*

Piriquito, *n.m.* O m.q. *pinguelim*[Sj].

Pirracento, *adj.* Diz-se daquele que gosta de pregar partidas, de fazer pirraças; o m.q. pirraceiro (de *pirraça* + *-ento*): *Enquanto os homes chamuscavam, as mulheres distribuíam cálices de aguardente. Eu que era muito pirracenta, costumava encher os cálices com água*[1734].

Pirto, *n.m.* A parte mais curta do mangual (corrupt. de *pírtigo*)[SM].

Pirum, *n.m.* Peru, sua corruptela[Sj,T]: *Escrevi na branca areia / Com a pena de pirum: / Nove, oito, sete, seis, / Cinco, quatro, três, dois, um*[1735]. Var.: *Pirungo, pirugo.*

Pisa, *n.f.* Recipiente feito de pedra ou escavado no solo, destinado a pisar o barro (deriv. regr. de *pisar*)[T].

Pisadela, *n.f.* Pequena lesão traumática efectuada por qualquer agente, mesmo que não seja o pé (de *{pisar}* + *-dela*)[F].

Pisado, *adj.* O m.q. magoado, mesmo que não seja pelos pés (part. pas. de *{pisar}*)[F].

Pisão, (de *pisar* + *-ão*) **1.** *n.m.* Engenho antigamente usado para a trituração das folhas do pastel, também chamado *engenho*. **2.** *n.m.* O m.q. engaço, falando das uvas depois de pisadas[Fl].

Pisar, *v.* Magoar (do lat. *pinsāre*)[F,Fl]: *Estás a pisar o monço!; pisou-se com uma pedra; caiu e pisou-se na cabeça; os sapatos pisam-me os pés.* Refere-se a qualquer tipo de traumatismo mesmo sem ser relacionado com os

---

1732 Cristóvão de Aguiar – *Raiz Comovida.*

1733 Armando Narciso – *Terra Açoreana.*

1734 Augusto Gomes – *Cozinha Tradicional da Ilha Terceira* (Falas da Tia Gertrudes).

1735 Quadra do folclore de S. Jorge.

pés. É conhecida a expressão usada na Terceira: *Mei Ti pisou-se*, o que quer dizer mais ou menos isto: 'não se lhe pode tocar': – *Se lhe tocam no filho com a ponta de um cabelo, ai jasus, mei Ti pisou-se!* Nota: Nos lugares por onde passei no Continente, só ouvi esta palavra com o sentido apontado no concelho de Estarreja, distrito de Aveiro.

Pisca, (do cast. *pizca*) **1.** *n.f.* Pequena quantidade; o m.q. *nica* e *nisca*. **2.** *n.f.* Pequeno período de tempo; o m.q. pouco: *Há pisca, ao sair da cancela, mal topei com o ti'António [...]*[1736].

Uma pisca de gente: uma pessoa muito pequena. Em S. Miguel e na Terceira também se diz um *pisco, um pisco de gente.*

Pisco, *n.m.* O m.q. *pisca*[SM,T].

Piso, *n.m.* Arranhão; escoriação; esfoladela[T] (deriv. regr. de *{pisar}*).

Pisquinha, *n.f.* Dim de pisca: – *Podes chegar uma pisquinha más à frente que nã tocas na parede!*

Pista, *n.f.* O m.q. aeroporto[F]: – *Home, hoje 'tá bem bom, o vento está no endireito da pista, vai ser ũa aterrage asseada!*

Pistla, (do am. *picture*) **1.** *n.f.* Fotografia; gravura. **2.** *n.f. fig.* Mulher bonita.

Como refere Naír Borges[1737], a palavra 'pistla' é principalmente usada quando se refere aos calendários americanos, onde vêm geralmente figuras de raparigas bonitas, sendo considerado um elogio dizer-se que uma rapariga é uma *pistla*.

Pitafe, *n.m.* Defeito, atribuído quer a pessoas, quer a objectos; nódoa na reputação, nomeadamente na honra das mulheres; pecha (corrupt. do arc. *bitafe*, f. pop. de *epitáfio*): *[...] naquele corpinho ainda talente não se encontrava nenhum pitafe, nem isto sequer de gordura*[1738]. *[...] nim vá alomiar aí pra baxo que a alimarinha tã pitafe*[1739]. *Não ter pitafe nenhum* é ser perfeito: *[...] o senhor Chiquinho, benza-o Deus, está aí sem pitafe nenhum. Bem parecido, gordo e perfeito que faz gosto...*[1740].

Por vários dicionaristas vem registado indevidamente como sendo açorianismo. No Alentejo também é comummente usada a expressão 'pôr pitafe a', o que quer dizer apontar defeitos. E. Gonçalves regista-o também na linguagem algarvia com o mesmo significado. Var.: *pitafo; pitafre.*

Pitafre, (epênt. de *pitafe*) **1.** *n.m.* Pequeno pedaço de terra sem valor[C]. **2.** *n.m.* O m.q. *pitafe*, sua corruptela.

Pitarda, *n.f.* Cabra ou vaca que dá leite pela primeira vez[SM].

Pitchencho, *adj.* Pequeno[SM]. Cp. com *petcheno.*

Pite, *n.f.* Folha da *piteira* desfiada (*Phormium tenax*)[Fl].

Piteira, 1. *n.f.* Boquilha de fumar (do rad. *pit*, de pitar, + *-eira*). Registado nos dicionários consultados apenas como brasileirismo. **2.** *n.f.* O m.q. *espadana* (*Phormium tenax*)[Fl].

Piteiro, *adj.*e *n.m.* Aquele que bebe muito; bêbado (de *piteira* + *-eiro*, com haplologia)[Fl,T]: *Nesses dias ele bebia uns copinhos a mais. Ficava meio piteiro, cantava que era um disparate*[1741]. Cp.: No Continente 'piteireiro' é aquele que bebe demais – 'piteira' em calão continental é aguardente de figo.

Piúa, *interj.* Exclamação de repulsa, de nojo[F]. Também se ouve dizer *fiúa!*

Piúga, *interj.* O m.q. *uga*[Sj,T]. Na Terceira, além de *piuga*, também se diz *uga.*

Plaineta, *n.m.* Estrela; tudo o que brilha no firmamento (corrupt. de *planeta* por epêntese)[Fl].

1736 João Ilhéu – *Gente do Monte.*

1737 Naír Borges – *Influência Anglo-Americana no Falar da Ilha de S. Miguel.*

1738 Cristóvão de Aguiar – *Raiz Comovida.*

1739 Luís Bernardo Leite de Ataíde – *Etnografia Arte e Vida Antiga dos Açores.*

1740 João Ilhéu – *Gente do Monte.*

1741 Augusto Gomes – *Cozinha Tradicional da Ilha Terceira* (Falas da Tia Gertrudes).

Plangana, *n.f.* Tigela; terrina (sinc. de *palangana*)[T].
Plimente, Pronunciação estropiada de Plymouth, cidade dos EUA.
Plombeta, *n.f.* O m.q. *Prombeta* (*Trachinotus ovatus*).
Poaceira, *n.f.* O m.q. poeira[F].
Pobrar, *v.* Palavra, hoje em desuso, registada em documentos antigos relativos aos Açores e que significava povoar.
Pobre de pedir, *n.m.* O m.q. mendigo[StM,SM,T]: *Nos dias santos, um ou outro pobre de pedir beija o óbolo e dá graças a Deus*[1742].
Pobrinho, *adj.* Dim. de pobre; pobrezinho: *E, no berreiro da filharada miúda, malhava na pobrinha que nem numa estriga de linho*[1743]. Adivinha: *Quem é, quem é o pobrinho que, quando não tem água, bebe água e quando tem água bebe vinho*[1744].

Poção da Ribeira do Moinho (Flores)

Poção, *n.m.* Poço grande (de *poço* + *-ão*): – *No poção da Ribeira do Moinho é que se apanham grandes iroses.*

Poço (*ô*), *n.m.* Reservatório de água, geralmente rectangular, outrora feito de pedra e revestido de cal amassada com barro, numa escavação feita na terra, ficando quase ao mesmo nível desta (do lat. *putĕu-*)[F]. É feito nas pastagens das ilhas, destinado ao abastecimento de água para o gado bovino, alimentado por um *rego* feito na própria terra e que conduz a água a partir de uma nascente ou de uma ribeira. No Cont., um poço é uma perfuração circular iniciada no solo até atingir um lençol de água. Aqui, o equivalente a um *poço* chama-se um *tanque*.
Poço batido, *n.m.* Cisterna quadrangular ou rectangular, construída em alvenaria, com um depósito ovalado semi-enterrado, rebocado interiormente com argamassa de barro, cuja abertura abobadada provoca na superfície exterior um dorso longitudinal. A recolha das águas das chuvas faz-se por meio de orifícios nas abas que ladeiam o dorso e o acesso à água da cisterna é feito através de uma abertura num dos topos, geralmente com degraus[1745]. No Faial também lhe chamam *poço de balcão*. Geralmente, os *poços batidos* ficavam muitas vezes perto da eiras, que para eles escoavam a água das chuvas. A princípio eram cobertos com palha, em forma de cone, depois faziam a sua cobertura com pedra, dando-lhe uma forma de abóbada. Os seus degraus, devido à humidade, eram muito escorregadios, chegando mesmo a haver quedas e mortes por afogamento na sua utilização[1746].
Poço de balcão, *n.m.* O m.q. *poço batido*[Fl].
Poço de maré, *n.m.* No Pico e no Faial, pela escassez de água corrente, foram feitos poços, escavados nas rochas até chegar aos veios de água que correm para o

[1742] Jaime de Figueiredo – *A Ilha de Gonçalo Velho*.
[1743] Vitorino Nemésio – *O Mistério do Paço do Milhafre*.
[1744] Resposta: O moleiro, significando que quando há seca não mói, não tendo dinheiro para supérfluos.
[1745] Horta – Faial – *Inventário do Património Imóvel dos Açores* (Glossário).
[1746] Maria de Fátima F. Baptista – *Ilha do Faial. Contribuição para o Estudo da sua Linguagem, Etnografia e Folclore*.

mar; devido à proximidade deste, a água acumulada ressente-se da influência das marés, podendo mesmo ficar salobra. Definido no Dec. Regulamentar Regional n.° 24/2006/A, Cap. IV, Art. 10 como: "um poço, de secção quadrangular ou aproximadamente circular, para a captação de veios de água que correm em galerias subterrâneas com pendente para o mar, executado junto à costa e onde a água acumulada se ressente da influência das marés, apresentando por vezes um grau de salinidade apreciável".

Poço do esterco, *n.m.* Pequeno recinto delimitado por um murete, junto à parede exterior da *atafona* ou do *palheiro*, destinado a depósito de estrume[C,Fl].

Poço do porco, *n.m.* O m.q. curral do porco[C].

Póda pous, *loc. interjec.* O m.q. homessa; com o que tu vens agora![C] Raul Brandão regista-o com a grafia 'poda puz' talvez por mau entendimento da pronúncia dos Corvinos.

Podão, (de *podar* + *-ão*) **1.** *n.m.* Navalha curta. **2.** *n.m. fig.* Pessoa desajeitada; pessoa que faz mal o seu ofício; o m.q. *xaboca*.

Podar as unhas, *exp.* O m.q. cortar as unhas[T]: – *Aquele naião inté vai à mãe do cura pra ela le podar as unhas!*

Podeira, *adj.* Diz-se da galinha que põe ovos; assim, a galinha pode ser *boa* ou *má podeira* (corrupt. de *poedeira*)[SM].

Poder, *n.m. fig.* Grande quantidade: – *Lá im baixo, na festa, aquilho era um poder de gente qu'até ũa pessoa mal se conseguia mexer!* Também se diz *poderes, poderio, poderios, poderiz* e *podrigo*. Em Santa Maria, com o mesmo significado, também se diz *picos*.

Poderes, *adv.* Grande quantidade. Termo muito usado em todas as ilhas. *Mas ele queria um rapaz para fazer mandaletes e vieram poderes*[1747]; *Teu pai já está a bufar há poderes de tempo*[1748].

Poderios, *adv.* Grande quantidade; abundância: *O marido mandava-lhe centos de dólares e poderios de roupas novinhas do trinque*[1749].

Poderiz, *adv.* O m.q. *poderios*[SM,StM]: *Estão ambos ritaire e têm poderiz de dólares*[1750].

Podoiro *(Pò)*, *n.m.* Pequeno esfregão; trapo (de *pó* + *-doiro*)[P].

Podouro, *n.m.* Lugar onde as galinhas põem os ovos (sínc. de *poedouro*)[SM].

Poeiral, *n.m.* Grande quantidade de poeira; poeirada (de *poeira* + *-al*)[F]: *[...] e isso era um poeiral pelos ares que nem terra a ferver*[1751].

Pogenca, *n.* e *adj.* Acanhado; irresoluto; o m.q. *badouco*[SM]: – *Se ele nã fosse tã pogenca já se tinha casado.*

Poia, *n.f.* Cagalhão; excremento; *presente* (de *poio*): – *Só pra desfeita largou uma grande poia de merda na soleta da porta da cozinha!* Em calão continental usa-se com o mesmo significado 'poio'; 'poia' designa a mulher muito baixa e gorda.

Poio, *n.m.* Aglomeração basáltica, geralmente com a parte superior arredondada (do lat. *podĭu-*)[Sj].

Poipar, *v.* Poupar[F]: – *Á Jesé, é preciso poipá no conduto senão tu na fim só comes o pão sim nada!*

Pois agora, *loc. interjec.* O m.q. 'então como havia de ser!'[T]: – *Ele ficou reinando e desancou-te... Pois agora!*

Poisar, *v.* O m.q. pôr[T]. Na Terceira diz-se: *a galinha já poisou o ovo!*

Polícia, *n.m. cal.* Nome que se dá ao chicharro-caneco em certos lugares de S. Miguel: *Cobre-se o fundo de um tacho com azeite [...] deitando-se então os chicharros canecos (também denominados polícias) [...]*[1752].

Polígono-de-jardim, *n.m. Bot.* Pequena planta rastejante, de folhas lanceoladas e

---

[1747] Ângela Furtado Brum – *Contos Tradicionais Açorianos.*

[1748] Carlos Enes – *Terra do Bravo.*

[1749] Cristóvão de Aguiar – *Raiz Comovida.*

[1750] Cristóvão de Aguiar – *Marilha.*

[1751] P.e Nunes da Rosa – *Pastorais do Mosteiro.*

[1752] Augusto Gomes – *Cozinha Tradicional da Ilha de S. Miguel.*

ligeiramente peludas, que dá uma flor cor-de-rosa; é uma planta introduzida nos Açores, considerada invasora, presente em todas as ilhas excepto o Corvo e Graciosa, cientificamente chamada *Polygonum capitatum*[1753].

Polim, *n.m.* Cada um dos espeques que suportam o granel.

Polimento, *n.m.* Espécie de verniz, feito à base de goma-laca diluída em álcool, geralmente aplicado com boneca (de *polir* + *-mento*). É o verniz ideal para os instrumentos músicos, por não lhes alterar a ressonância. É aplicado com uma boneca, sempre a cobrir áreas diferentes para não se pegar a ela, ajudado com uma pequena quantidade de óleo de rícino ou outro, para a boneca melhor deslizar. Actualmente, já muitos aplicam um verniz acrílico especial, que também não altera o som dos instrumentos músicos, embora ainda haja muitos construtores que preferem o antigo polimento aplicado com a boneca, que lhes dá um aspecto mais clássico.

Politica, *n.f.* Civilidade; cortesia; delicadeza[P].

Político, 1. *adj.* Correcto; bem falante. Falar político é falar com palavras caras, de difícil compreensão. Luís da Silva Ribeiro conta que para Angra do Heroísmo foi, há muitos anos, um continental bem-falante, que no fim do dia se deliciava a falar, na *venda,* para os presentes que por ali ficavam até altas horas; um dia alguém perguntou a um deles por que ficavam tantas horas presos a ouvir o homem, ao que ele respondeu: – *Á senhô, a gente nã entende nada do que ele quer dizer, mas eu gosto imenso de ouvir aquela maneira de falar político!* **2.** *adj.* De relações cortadas; zangado. Estar político é, pois, estar zangado com outro, de relações tensas[F,SM]. Afonso Praça regista 'andar político' com o mesmo sentido.

[1753] Paulo Faria – Comunicação Pessoal.

Polo, *prep.* Pelo, sua f. arcaica (var. de *polla*)[T]: *Eles foram polo mar; vamos polos atalhos; entrei polas bandas do Fanal.* Já Gil Vicente rimava: *Vou polo alguidarinho / A candeia e o saquinho, / E veredes labaredas;* e Camões: *Da Lũa os claros raios rutilavam / Polas argênteas ondas Neptininas [...].* Esta forma também existe ainda hoje nas falas da Galiza.

Polvo-bravo, *n.m.* Em S. Miguel chamado *polvo-brisa,* é um molusco muito parecido com o polvo comum – *Octopus vulgaris* – que se acredita ser venenoso para consumo alimentar[1754], de consistência elástica, muito avermelhado, ao ser pescado aumenta muito de tamanho e apresenta oito tentáculos muito finos e compridos[F]. Osw biólogos marinhos chamam-lhe *Octopus macropus.* Tem sido apanhado, tanto junto à costa como na pesca de fundo, alguns exemplares medindo mais de 1 metro de comprimento. Apesar do seu comprimento, tem pouco peso – cerca de 400 g para um animal de 1 metro. Os pescadores referem ser muito agressivo – segundo relatos de vários pescadores, ao ser apanhado luta desesperadamente usando dois ou mais dos seus longos tentáculos como se fossem chicotes. Tem uma cor típica, mais escuro que o *O. vulgaris* e é difusamente pintalgado de branco. Além de *polvo-brisa* também lhe chamam *polvo-ladrão* e *polvo-malandro,* pelo facto de aumentar muito de tamanho quando é pescado. Ao contrário da crença popular, os biólogos marinhos dizem ser muito tímido e inofensivo, por isso é menos visto junto à costa[1755].

Polvo-brisa, *n.m.* O m.q. *polvo-bravo*[SM].

Polvo-ladrão, *n.m.* O m.q. *polvo-bravo.*

Polvo-malandro, *n.m.* O m.q. *polvo-bravo.*

[1754] Nas Flores já houve quem o cozinhasse de modo semelhante ao polvo vulgar e as pessoas não sofreram qualquer tipo de intoxicação alimentar.

[1755] João Gonçalves (Biólogo marinho) – Comunicação pessoal.

Apanhando polvos, na maré vazia (Flores)

Polvre *(ô), n.m.* Polvo, sua corruptela (*Octopus vulgaris*). A pesca (caça) do polvo é quase sempre feita nos calhaus e nas poças marítimas da costa, com um caranguejo amarrado na ponta de um pau, ou apenas com uma *isca branca*, ou mesmo um simples pano branco – uma *negaça* – que se vai introduzindo no fundo desses locais, para atrair as vítimas que, quando detectadas, primeiro se *fisgam* e depois se *empexeiram*. Para fazê-lo sair dos buracos é usada a *fisga* ou *fisgote*, em movimentos repetidos de perfuração, até que o molusco comece a emitir, primeiro os tentáculos, e depois o resto do corpo, acabando por ser caçado pelo *pexeiro*. É um modo tradicional de caça ao polvo ainda hoje conservado nas ilhas. Como o polvo gosta muito de caranguejo, é frequente ser apanhado na pesca das vejas, em que se usa um pequeno caranguejo como isca.

Pomba, *n.f. fig.* O m.q. orgão sexual masculino [F,T]: *Houve na América do Norte, / Um caso muito forte / Que foi aqui conhecido: / Uma americana ciumenta / Pegou numa ferramenta, / Cortou a pomba ao marido [...]*[1756].

Pomba do Esprito Santo, *n.f.* Símbolo do Espírito Santo, colocado nos *Ceptros*, nas *Coroas* e na extremidade superior das Bandeiras do Espírito Santo.

Pomba do Império, *n.f.* O m.q. 'pomba do Esprito Santo': *Sobre a cómoda alteia-se o oratório, velha herança familiar, onde se veneram os santos de maior devoção e a pomba do império, toda florida de perpétuas*[1757].

Pombaredo, *n.m.* Muitos pombos (de *pomba + -aredo*)[Fl].

Pombinha, (de *pomba + -inha*) **1.** *n.f.* Emblema do Espírito Santo. **2.** *n.f.* Nome que em S. Miguel se dá a uma pequena bandeira das festas do Espírito Santo que figura na despensa[1758]. **3.** *n.f.* Nome que se dá à vaca toda branca[T]. **4.** *n.f.* Saliência lanceolada e recortada nos cantos das *beiras* das casas[SM]. **5.** *n.f.* Pénis de menino; o m.q. bliquinha: *Pode-me cortar um pé, um braço, uma orelhinha, / O nariz, uma perna ou o dedo polegar; / Tudo menos a pombinha, / Que eu preciso dela para mijar*[1759]. **6.** *n.f.* Parte superior da cauda dos bovinos, junto ao rabo[T].

Pombo-da-rocha, *n.m.* O *pombo-da-rocha* açoriano, muito semelhante ao da espécie europeia – *Columba livia* –, é uniformemente mais escuro e um pouco mais pequeno (entre 33 e 35,5 cm), com uma tonalidade mais acastanhada e a cabeça com um cinzento bem escuro. É cientificamente denominado *Columba livia atlantis* e está largamente presente em todas as ilhas[1760].

Pombo-ladrão, *n.m.* Espécie de pombo que tem este nome pela sua capacidade de seduzir as pombas de um pombal e levá-las para outro[SM]; o m.q. *pombo-mariola*.

Pombo-mariola, *n.m.* O m.q. *pombo-ladrão*[SM].

Pombo-torcaz, *n.m.* Pombo semelhante à espécie europeia diferenciando-se desta

---

1756 J. H. Borges Martins – *As Velhas*.

1757 Jaime de Figueiredo – *A Ilha de Gonçalo Velho*.

1758 Armando Cortes-Rodrigues – *Espírito Santo na Ilha de S. Miguel*.

1759 Da dança de pandeiro *A Batalha da Salga ao Contrário*, de Hélio Costa.

1760 R. Martins, A. Rodrigues e R. Cunha – *Aves Nativas dos Açores*.

por apresentar no peito uma tonalidade rosada mais intensa e ter uma cor mais escura na cabeça e região uropigial. De nome científico *Columba palumbus azorica* é mais claro que a subespécie madeirense (*Columba palumbus maderensis*), medindo ambos entre 39 e 43 cm. Distribui-se por todas as ilhas do Arquipélago, à excepção das Flores e do Corvo[1761].

Pomplo, *n.m.* Sarmento de videira ou de outra planta (corrupt. de *pâmpano*).

Ponchinha, *n.f.* O m.q. ponche (de *ponche* + *-inha*)[F]: – *O vizinho nã se vaia imbora sim buber más uma ponchinha!*

Pondurar, *v.* Pendurar, sua corruptela[Fl]. Nas Flores ouve-se também *pondrar*.

Ponião, *n.m.* Opinião, sua f. aferética[T]: *Você passa e não me fala, / Leva do seu ponião; / Olhe lá não escorregue, / Não dê com o bico no chão*[1762].

Ponioso, *adj.* Opinioso, sua corruptela por aférese e dissimilação[SM].

Ponta da orelha, da, *loc.* Uma coisa *da ponta da orelha* é uma coisa excelente, deliciosa. E. Gonçalves regista-o também no Algarve. Geralmente, quando se refere esta expressão, leva-se o dedo polegar e o indicador ao lóbulo da orelha puxando-o.

Ponta, *n.f.* Bandeira do milho (do lat. *puncta-*)[SM].

Pontalete, (de *pontal* + *-ete*) **1.** *n.m.* Extremidade bifurcada dos *fugueiros*, no carro de bois, sobre a qual assenta o *travessão* (ext. de *pontalete*)[Fl]. **2.** *n.m.* Piparote; pancada[SM].

Pontalhão, *adj.* Divertido; engraçado (de *ponto* [no fem.] + *-lhão*): – *Aquele gajo é um pontalhão, 'tá sempre a dezê das suas!*

Ponteado, *n.m.* Cada uma das notas simples dedilhadas na viola (part. pas. subst. de *pontear*). A viola *ponteada* é a viola dedilhada, as cordas tocadas nota a nota a delinear a melodia ou o contracanto, para distinguir da viola *rasgada*, tocada em arpejos repetidos. Ao contrário da guitarra portuguesa, que, na melodia, é dedilhada com o indicador, assim como a viola terceirense, a *viola da terra* é geralmente dedilhada com a unha do dedo polegar. João Ilhéu escreve[1763]: *Nos bailes de mais nomeada havia dois tocadores de viola: o primeiro que fazia o «ponteado» e o segundo – o mestre – a quem competia «mandar» o baile e, por esse motivo, fazia só o acompanhamento.*

Nemésio acompanhando Laureano C. dos Reis

Ponteado da Terceira, *n.m.* Dedilhado melódico feito na *viola da Terceira* em contra-canto em relação à melodia cantada. É mais frequente nas modas da Terceira, encadeando as frases musicais numa beleza tamanha. Entre outros, Laureano Correia dos Reis, natural do Desterro, Angra, foi um exímio tocador e *Mestre-da-viola* da Terceira que muito contribuiu para enriquecer o folclore e fez escola na Ilha.

Pontear, *v.* Dedilhar a melodia ou o contra-canto na *viola da terra* (de *ponto* + *-ear*).

Ponteira, (de *ponta* + *-eira*) **1.** *n.f.* Linha colocada na ponta da cana de pesca (*caniço*), que se estende por vários nós para se poder recuperar o peixe no caso

1761 R. Martins, A. Rodrigues e R. Cunha – *Aves Nativas dos Açores.*

1762 Teófilo Braga – *Cantos Populares do Arquipélago Açoriano.*

1763 João Ilhéu – *Notas Etnográficas.*

de a ponta da cana se partir[F]. Na Terceira chama-se *rijeira*. **2.** *n.f.* Ponta de latão com a extremidade redonda que se enrosca nas pontas dos cornos do gado vacum para impedir que fira ao arremeter. Na Terceira é chamada *conteira*. **3.** *n.f.* Ponta de latão que se enrosca nos bordões e aguilhadas: *Com mais relevo, os feitores dirigem a faina agrícola e empenham a aguilhada de ponteira*[1764].

Pontenear *(ni), v.* Dar pontos[Fl].

Ponto da água, *n.m.* O m.q. *seitia,* dos moinhos[SM].

Ponto, (do lat. *puncto*) **1.** *n.m.* Espécie de irmandade, formada por um certo número de casas, nas festas do Espírito Santo em S. Jorge[1765]. **2.** *n.m.* O m.q. pontaria. Fazer ponto é fazer pontaria. Recorde-se que um dos significados de 'ponto' é mira. **3.** *n.m.* Nó que é dado nas varas da vinha para as prender à estaca ou à rede da armação da latada[SM]. **4.** *n.m.* O m.q. *pontalhão*: – *Aquele rapaz é um ponto…, sempre a fazer rir os outros!*

Ponto-marcado, *n.m.* O m.q. *pestana,* dos instrumentos músicos.

Pontuda, *adj.* Diz-se da espiga-de-milho que tem poucos grãos na ponta (de *ponta* + *-uda*)[SM].

Popa, *n.f.* O m.q. nádega (ext. de *popa*)[C].

Popa da perna, *n.f.* O m.q. barriga da perna[SM]. Cp.: A popa, entre outras coisas, é a parte posterior das embarcações marítimas.

Por 'li, *loc. adv.* Por ali.

Por 'qui, *loc. adv.* Por aqui: – *Por 'qui abaixo já cambrelou Manel Feno quando andava ao bracéu na rocha!*

Por alma da caixa velha, *exp.* Em grande quantidade: – *Meterim-se com ele mas levarim pancadaria por alma da caixa velha!* Var.: *Por alma duma caixa velha.*

Pôr ao coaro, *exp.* Pôr ao sol depois de passada por sabão e anilina, falando da roupa clara. Ver tb. *Coarar.*

[1764] Jaime de Figueiredo – *A Ilha de Gonçalo Velho.*
[1765] João Leal – *As Festas do Espírito Santo nos Açores.*

Pôr embaraços, *exp.* Criar dificuldades; pôr obstáculos: *Não cases com ele / Hei-de te pôr embaraços. / Tenho razão de valer / De impedir os teus passos*[1766].

Pôr em cara, *exp.* Censurar alguém por um acto praticado; encarecer um serviço prestado[T]; o m.q. *dar em cara.*

Pôr o maroto na algibeira, *exp.* Antigamente era costume os rapazes que tinham namorada (*esposada*) colocar um lenço bordado – o *maroto* – na algibeira da *jaqueta,* com as pontinhas de fora, às vezes acompanhado de uma rosa, para indicar o seu compromisso[T]: *Menino, se quer saber / Como é que se namora, / O maroto na algibeira / Com as pontinhas de fora.*

Pôr o pé fora da atiradeira, 1. *exp.* Diz-se do animal que põe o pé do lado de fora da corda que o mantém junto ao arado[F]. **2.** *exp. fig.* Ser infiel no casamento. Na Madeira, com este sentido, usa-se a expressão 'saltar a laje'.

Por si, O m.q. *em si;* vossemecê[F]: – *Por si é que sabe o que me há de pagar.*

Por i, *loc. adv.* Por aí (arc.): – *Tanto gostou da ilha que foi por i ficando e nunca más abalou!*

Por 'mor de, *loc. prep.* Por amor de; por causa de. Generalizado por todo o país, também aqui forçosamente ainda presente.

Porca criadeira, *n.f.* Porca destinada à criação; porca com leitões.

Porca de criar, *n.f.* Porca de reprodução; o m.q. *porca criadeira.* Na Madeira é chamada 'mãezana'.

Porcareia, *n.f.* Porcaria, sua corruptela por epêntese[SM]: *[…] naquela lama e naquela porcareia, porque a vaca suja, urina […]*[1767].

Porcatar, *v.* Aperceber; dar conta (corrupt. de *precatar*)[T]: *[…] estava a dar de comer ao porco e quando se porcata, outro ao pé dela,*

[1766] *Dança dos Namorados,* enversada por Joaquim Farôpa.
[1767] Maria Clara Rolão Bernardo – *O Falar Micaelense* (Fonética).

com vontade de morder a saia[1768]. Moisés Pires regista-o também na linguagem mirandesa. Var.: *Procatar*[T].

Porco da raça, *n.m.* O m.q *cachaço*[C].

Porco de língua. *loc. adj.* Diz-se daquele que profere muitos palavrões; malcriado; mal-educado[F].

Porcos o focem, *exp.* Expressão imprecatica contra alguém que se quer mal[T]: – *Aquele bandalho – porcos o focem! – nunca havera era de ter nascido!*

Porcos que foçam na mesma pia, *exp. fig.* Pessoas que levam uma vida pouco honesta, em harmonia completa.

Porco-Sujo, *n.m.* Aten. de Diabo[T]: *Mê dito mê feito, o diabo pegou-lhe, e se os outros nã se maneiam em cortar a linha, êle tinha ido p'la borda fora atraz do pôrco sujo*[1769]. Aquilino regista-o tb. na linguagem beirã: *Fugia que me pelava das horas do Porco-Sujo [...]*[1770].

Poribido, *adj.* Proibido, sua corruptela[T]. Corruptela ouvida um pouco por todo o lado.

Porigui, *n.m. deprec.* Em calão americano, é o português ou os portugueses (do am. *portuguese*): *Um dia o Capitão chamou-me à ré e disse: 'Pórigui! Falta-me um home ò tub, charape! Vais tu...*[1771]. Var.: *Poriguise*.

Poriguise, *n.m. deprec.* O m.q. porigui: *O americano, ao ver-se livre do poriguise, abancou com os outros a dar ao dente*[1772].

Por-mode, *loc. adv.* Por causa[P]. Var.: *Pramode; que mode*[P].

Pôr na imaginação, *exp.* O m.q. imaginar; conceber na imaginação[T]: – *Ponha o senhor na sua imaginação: uma noite negra com'as profundas, um ventinho carpinteiro de cortar a orelha rente [...]*[1773].

Porqueiro, *adj.* Indivíduo de mau carácter (do lat. *porcarĭu-*, porqueiro)[T].

[1768] J. H. Borges Martins – *Crenças Populares da Ilha Terceira I.*

[1769] João Ilhéu – *Gente do Monte.*

[1770] Aquilino Ribeiro – *O Malhadinhas.*

[1771] Vitorino Nemésio – *Mau Tempo no Canal.*

[1772] Carlos Enes – *Terra do Bravo.*

[1773] João Ilhéu – *Gente do Monte.*

Porquidade, *n.f.* Porquice; porcaria; sujidade (de *porco* + *<-i->* + *-dade*)[F,SM,T].

Porra *(ô), n.f. chul.* O m.q. esperma[F]. Antigamente era termo interdito na linguagem comum, um palavrão dos piores, nunca pronunciado na frente de crianças ou de mulheres, ao contrário de certas regiões do Cont., onde é utilizado rotineiramente sem essa má conotação.

Porra-tonta, *loc. adj.* Pateta; insignificante; atrasado mental; molengão. É exp. frequentemente usada na Terceira e em S. Jorge, embora se ouça esporadicamente nas falas de outras ilhas.

Porreta, *adj.* Bom; porreiro (de *porra* + *-eta*): – *O Calcinha é um gajo porreta!*[SM].

Porrete, *n.m. Náut.* Cacete com uma das extremidades mais fina, onde se pega, destinado a matar os peixes graúdos dentro das embarcações de pesca (de *porra* + *-ete*)[Sj]. Também chamado *cacete*[Fl,Sj].

Pôr-se nas suas tamanquinhas, *exp.* Darse ares de importância[T].

Porta, *n.f.* Sinal de marcação do gado.

Porta, à, *loc. adv.* Junto à casa de habitação. Diz-se, por exemplo, do gado que está no palheiro junto à casa, que está *à porta*: *O gado [...] Anda durante o verão, dia e noite, nas relvas; só de Inverno o trazem para a porta e o metem no palheiro*[1774].

Portada, *n.f.* Cada uma das duas portas de madeira que antigamente fechavam as janelas das casas, antes do aparecimento das vidraças (de *porta* + *-ada*). Algumas das portadas tinham uns furos para entrar alguma luz e permitir a ventilação da casa. Ainda no segundo quartel do séc. XIX havia muitas casas com janelas sem vidraças, como registaram os Irmão Bullar.

Portal, *n.m.* Abertura numa parede de pedra solta, fechado com cancela de madeira ou, muitas vezes, com pedras sobrepostas numa única fila para mais fácil abertura (de *porta* + *-al*)[F]. Cada vez que o

[1774] Raul Brandão – *As Ilhas Desconhecidas.*

gado entra ou sai da relva, é *esborralhado* e depois novamente reconstituído.

Portal das vacas, *n.m.* Recinto onde se ordenham as vacas[Sj].

Porta prá copeira, *exp. interjec.* Expressão antiga gritada ao mesmo tempo que era arrombada a porta de uma casa cujo dono tinha feito alguma coisa menos digna[T]. Era expressão frequente no tempo da *Justiça da Noite* e tinha a sua origem no facto de a *copeira* ficar na parede interior do *meio-da-casa*, em frente à porta da rua, para onde a porta era projectada.

Portas do enchelavar, *n.f.* As duas aberturas de lado na parte superior do *enchelavar*.

Porteirar, *v.* Falar à porta das 'vendas': *De noite esquecia-se pelas lojas a porteirar e a borrichar*[1775].

Portelho, *n.m.* Cancela; pequena porta (corrupt. de *portelo*)[F].: *E o António Inácio lá do portelho do moinho*[1776].

Portinhola, *n.f.* O m.q. braguilha (de *portinha* + *-ola*). É termo também usado no Alentejo e Algarve, e levado para o Brasil, onde se usa correntemente com este sentido.

Pós anjinhos, *loc. interjec.* Expressão exclamada quando uma criança pequena espirra[T]. Com o mesmo sentido também se ouve dizer: *Não é miudinha!*[T].

Possívele, *adj.* Possível, sua corrupt. por paragoge: *Oh! mê Deus! Será possivle / Que uma moça sem postigo / Entenda as coisas à toa / Que um home moi cá consigo?!*[1777].

Posta aberta, *n.f.* Nome que se dá à posta retirada da parte ventral do peixe, chamando-se à que se faz a partir da parte do peixe correspondente à região posterior ao *umbigo*, *posta fechada*.

Posteiro, *n.m.* Ver *Entorta*.

Postela, *n.f.* Crosta de ferida. Usado também no Alentejo. Embora se veja assim grafada, a grafia mais correcta desta palavra deveria ser *pustela*, já que deriva de *pus*, ou melhor, de *pústula*. Não vem registado nos dicionários de língua portuguesa consultados. Na Galiza também é usada com o mesmo significado. Isaac Estravís[1778] regista-o na f. 'postela', com o mesmo significado de 'postema'.

Postema, *n.m.* O m.q. recalcamento; ferida moral (corrupt. de *apostema* por aférese, e sua extensão)[T]: – *Adoeci só de criar postema por não poder desabafar*.

Pôste-ófas, *n.m.* Correio (do am. *post-office*). *Calafonismo*, não generalizado.

Postigo, (do lat. *postīcu-*, porta de trás) **1.** *n.m.* Pequeno vidro colocado na porta de entrada das casas primitivas dos Açores, única fonte de luz para dentro, dado as casas não possuírem janelas. **2.** *n.m.* Cantiga de roda de antigamente: *Falei contigo / Da janela pro postigo, / Falei com ela / Do postigo prá janela...* **3.** *n.m.* *Taur.* Pequena porta situada na parte de cima do *caixão de embolação* do toiro[T].

Pote, (do fr. *pot*) **1.** *n.m.* Vasilha feita de madeira de cedro, tronco-cónica, com uma asa e com a capacidade de cerca de 5 a 8 canadas (10 a 16 L), que servia para o transporte de água[P,Sj]; o m.q. *caneca-da-água*. **2.** *n.m.* O m.q. *cofre*[T]. **3.** *n.m.* Unidade de líquidos correspondente a 5 canadas (cerca de 10 L)[Fl,P]. **4.** *n.m.* *Bal.* Grande caldeiro de ferro fundido, com cerca de 300 galões americanos, que tinha um bordo achatado para geminar com outro numa fornalha, destinado ao derretimento do toucinho do cachalote a céu aberto (do am. *pot*).

Poteira, *n.f.* Batata (do am. *potato*). Não é de uso generalizado.

Poucachinho, *adj. n.m.* e *adv.* Poucochinho: *Encontrei um sapato teu / No cimo da Grota do Vale, / Com poucachinho mais, dava / Moradia para um casal*[1779].

[1775] Vitorino Nemésio – *O Mistério do Paço do Milhafre.*

[1776] P.e Nunes da Rosa – *Pastorais do Mosteiro.*

[1777] Vitorino Nemésio – *Festa Redonda.*

[1778] Isaac Alonso Estravís – *Dicionário da Língua Galega.*

[1779] Quadra de José Francisco da Terra (*O Terra*), da Terceira, in *Improvisadores da Ilha Terceira.*

Poucachinho, forma popular derivada de *poucacho*, usada um pouco por toda a parte. É dim. irregular de pouco: de *pouco + -achinho*, dim. de *acho*.
Povaredo, *n.m.* Grande quantidade de gente (de *povo + -aredo*)[Fl]: *Oh, home, aquilho era um mistério de gente, povaredo cma se formigas fôssim!*
Povide, *n.f.* Pevide, sua corruptela[T]: *Há quem tire as povides muito bem, mas eu então nân estou com estes cuidados*[1780].
Pracer, *v.* Parecer sua corruptela por síncope e metátese[SM]: *Dei um beijo na minha amada / Ao pé da porta da rua, / Ela ficou desmaiada, / Que o Sol pracia a Lua*[1781].
Praga, *n.f.* Os pássaros do campo, a passarada que come as sementes (do lat. *plaga-*, calamidade): *-Home, dês que troixeram esses malvados desses pardais do Continente, essa praga ruim quer dá cabo de tudo!* Vir de praga ruim: ser descendente de má gente[T].
Praia, *n.f.* *Balho* regional, muito ouvido nas ilhas do grupo ocidental, embora também cantada em S. Miguel, com ritmo semelhante ao das chamarritas (compasso 6/8): *Olha a praia, olha a praia, / Olha a praia onde ela fica; / Fica na Ribeira Larga, / Presa com laços de fita.*
Praiano, *adj.* Natural da Praia da Vitória (do top. *Praia + -ano*)[T].
Pra mim, *exp.* Exp. usada em vez de 'para eu', na Terceira e muito mais frequentemente em S. Miguel: *Isto é pra mim comer, pra mim fazer, pra mim levar...*
Pra-mode, *loc. adv.* Por causa[P]. Var.: *Pormode; que-mode*[P].
Prancha, *n.f.* Cada um dos paus horizontais do *estaleiro* (do fr. *planche*)[SM].
Prancheta, *n.f.* Tábua rectangular que tapa a parte superior do cortiço, sobre a qual se põe uma pedra para melhor segurança (de *prancha + -eta*)[T].
Pranta, *n.f.* Planta, sua f. arcaica[T].
Prantado, *adj.* Plantado: – *Toda a tarde o santo homem esteve pr'àli prantado naquele banco do jardim!*
Prantar, *v.* Colocar; pôr; plantar, sua f. antiga[P,T]. Frei Luís de Sousa escreve: *Foram-se roçando os matos, arroteando a terra por entre os penedos, prantando árvores frutíferas*[1782]. Ouvido ainda nas falas dos mais idosos: *[...] prantava-se ele à cancelinha da porta do caminho, a boina bem puxada sobre os olhos (sinal de temporal a esborralhar-se) [...]*[1783]. Var.: *Prentar*[T]. Do 'Romance' *A Senhora da Missão*, recolhido por Costa Fontes: *A senhora da Missão / diz qu'havera cá tornar / a prentar a manjarona / que deixou no seu altar*[1784]. Aquilino Ribeiro (1885-1963) regista-o também na linguagem beirã da sua geração: *Ainda que má cuanheira, era muito mexida a prantar uma toalha e a servir o comer.*[1785]
Prantina, *n.f.* Pranto generalizado (de *panto + -ina*)[F]. Às vezes o termo é utilizado para designar um falso pranto, só da boca para fora. É termo também utilizado no Brasil: *Essa prantina me tira a coragem*[1786]. No Alentejo usa-se o termo 'carpintina' com o mesmo sentido. Inadequadamente registado nos dicionários como apenas brasileirismo.
Prá-qui, *loc. adv.* Para aqui; aqui. Usa-se neste contexto: – *Que estás fazendo? – Nada, estou prá-qui descansando!*
Prateleira, *n.f.* Nome que antigamente se dava à *amassaria* (de *pratel + -eira*)[C].
Prática, *n.f.* Conversa; prelecção (do gr. *praktiké*, pelo lat. tard. *practĭca-*)[P].
Praticar, *v.* O m.q. conversar (de *prática + -ar*)[P,T].
Prático, *n.m.* Marítimo desempenhava antigamente as funções actualmente da responsabilidade do Piloto de Barra, nomeada-

[1780] Augusto Gomes – *Cozinha Tradicional da Ilha Terceira* (Falas da Tia Gertrudes).
[1781] Quadra do *Balho Furado* de S. Miguel.
[1782] Frei Luís de Sousa – *História de S. Domingos.*
[1783] Cristóvão de Aguiar – *Raiz Comovida.*
[1784] Manuel da Costa Fontes – *Romanceiro da Ilha de S. Jorge.*
[1785] Aquilino Ribeiro – *Terras do Demo.*
[1786] Afrânio Peixoto – *Maria Bonita.*

mente, nos portos onde os navios não atracavam, assinalar o local onde os navios deveriam ancorar (do gr. *praktikós*, pelo lat. *practĭcu-*). Quadra pop.: *Já não sei dos pescadores… / Quem se enjeita chega a isto! / Caiu a Casa do prático! / Ardeu o Sior Santo Cristo!*[SM].

Pratinhos do Natal, *n.m.* Pequenos pratos ou pires com sementes de trigo, ervilhaca ou tremoço a que se junta um pouco de água para germinarem por altura do Natal junto ao presépio – por isso, também se chamam *pratinhos do presépio*. No Algarve e na Madeira chamam-lhes 'searas'. Tradicionalmente, estas sementes são postas a germinar no dia 8 de Dezembro.

Prato, *n.m.* Nome que em S. Jorge também se dá à *bandeja* ou *salva*, que sustenta a *Coroa* do Espírito Santo.

Prato de abarbar, *n.m.* Cada uma das peças da *caliveira* destinadas, como o seu nome indica, à função de *abarbar*. Em S. Jorge – onde ao acto de *abarbar* também se chama *aterrar* – chamavam-lhe *aterradeiras* e *pás de aterrar*.

Pratos, *n.m. pl.* Também chamados *testos*, são címbalos feitos de latão ou de ferro, presos no centro por uma correia de cabedal onde se enfiam os dedos médios, o da mão esquerda quase sempre fixo, o da direita o percutor, isto para os manidestros. Correspondem aos 'chim-chins' das antigas feiras beiroas, donde tiveram certamente a sua origem[1787]. Os seus ritmos são muito semelhantes ao toque do tambor que acompanha a *Folia*, às vezes mais abreviados.

Precate, *n.m.* Cortesia exagerada; cumprimento fingido; o m.q. *salameque* (deriv. regr. de *precatar*, sua ext.)[F].

Precateiro, *adj.* Diz-se daquele que, para atingir os seus fins, usa falsos argumentos (de *{precate}* + *-eiro*)[F].

Precatel, *n.m.* Rei imaginário dos contos populares açorianos.

Precepito, *n.m.* Agitação; confusão; desordem (deriv. regr. de *precipitar*, com assimil.)[SM]: *Vosoria que desculpe o impurrisinho que le derim, mas isso às vezes neste precepito […]*[1788].

Precisão, (do lat. *praecisiōne-*) **1.** *n.f.* Carência; necessidade: *[…] que ela não se demorasse muito porque tinha muita precisão delas*[1789]. **2.** *n.f. pl.* Necessidades fisiológicas; o m.q. *preciso*. É termo muito usado em S. Miguel: *Eu fui de Lisboa a Sintra / A casa da Tia Jacinta / Pra me fazer uns calções; / Mas a pobre criatura / Esqueceu-se da abertura / Para as minhas precisões*[1790]. Na realidade, contudo, o plural de *precisão*, na linguagem da gente iletrada, é *precisães*.

Preciso, *n.m.* Necessidade, fisiológica; dejecção. Fazer os precisos: o m.q. defecar; fazer as necessidades.

Prefeição, *n.f.* Perfeição, sua corruptela por metátese: – *Senhora Santa Catarina, / mostrai vossa oração; / dizei-nos quem vos foi digno / d'acabar em prefeição*[1791].

1787 Ernesto Veiga de Oliveira – *Instrumentos Musicais Populares nos Açores*.

1788 Luís Bernardo Leite de Ataíde – *Etnografia Arte e Vida Antiga dos Açores*.

1789 J. H. Borges Martins – *Crenças Populares da Ilha Terceira I*.

1790 Quadra do *balho* regional de S. Miguel *Pezinho da Vila*.

1791 Manuel da Costa Fontes – *Romanceiro Português do Canadá (Santa Catarina)*.

Prefeito, (corrupt. de *perfeito,* por metátese) **1.** *adj.* Bem posto; bonito; desempenado. **2.** *adj.* Bem nutrido. É usado ainda hoje por todas as ilhas com estes significados – as pessoas letradas pronunciam o termo correctamente, 'perfeito', mas todos o usam com o mesmo sentido na linguagem corrente. Era um adjectivo muito utilizado em relação aos emigrantes, os *amar'icanos* quando, no tempo da miséria, a maioria da nossa gente do campo era magra devido ao trabalho árduo e à alimentação hipocalórica, eles apareciam *prefeitos* e lustrosos, gordos que nem texugos![1792]: – *Eu bem te vejo só, / bem bonita bem prefeita; / dizei-me, minha menina, / se já queres viver sujeita*[1793].
Pregaceiro *(Prè),* n.m. Barulho; gritaria; pregaria (de *pregar* + *<-c->* + *-eiro*)[Sj].
Pregadeira, (de *pregar* + *-deira*) **1.** *n.f.* O m.q. *prego-da-roupa*[SM]. **2.** *n.f.* Alfinete--de-dama[Sj].
Pregão do meio, *n.m.* O segundo pregão ou proclama do casamento[T].
Pregar um pulo, *exp.* O m.q. apanhar um susto. Tem origem no pulo dado, devido ao susto.
Pregatório, *n.m.* Purgatório, sua corruptela: *Rezemos outro Padre Nosso e outra Avé Maria pelas benditas almas que sofrem nas penas do Pregatório*[1794]. *Var.: prègatório* e *prigatório.*
Prego de galocha, *n.m.* Pequeno prego de cabeça larga com que se pregava a pala da galocha no *soco*[T].
Prego-da-roupa, *n.m.* Mola da roupa[SM]; o m.q. *pinho* e *pregadeira.*
Pregueiro, *n.m.* Aparelho de pesca usada em S. Miguel na pesca da abrótea, cherne, congro, moreia, etc.: *É um cordel de 4 millimetros de diametro e de 0^{m},40 de comprimento, tendo uma alça em cada chicote*[1795].
Preguntar *(è), v.* Perguntar, sua corruptela: *O Sol prèguntou à Lua / Quando havera amanhacer / À vista dos olhos teus / Que vem o Sol cá fazer*[1796]. *Vais ò Garnel e prèguntas ò sr. Roberto se quer que o ajudes a tirar a mala da loje*[1797].
Prejuízo, *n.m.* O m.q. *perigo,* aborto[Fl].
Prejunto, *n.m.* Presunto, sua corruptela[SM]. <u>Nota</u>: Haverá aqui influência do [s] beirão, exagerado na pronúncia?
Premideira, *n.f.* Pedal do tear; o m.q. premedeira (de *premer* + *-deira,* com dissimil.). <u>Nota</u>: Grafia antiga= *premideyra.*
Prenda de anel, *n.f.* Pessoa maliciosa ou de mau carácter, má bisca[T].
Prendedor, *n.m.* Gancho do cabelo (de *prendido,* com reposição da vogal temática + *-or*)[Sj]. Cp.: No Brasil dá-se o mesmo nome à mola de prender a roupa.
Prenha como uma gata, *exp.* Em estado avançado de gravidez[F].
Prenta, *n.f.* Plantio de batateira-doce (corrupt. de *planta,* ou melhor, de *pranta,* sua f. antiga)[T].
Preparo, (deriv. regr. de *preparar*) **1.** *n.m.* Conjunto de roupa que veste a criança[Fl]. **2.** *n.m.* Conjunto do lençol, das almofadas e do travesseiro[Fl]. **3.** *n.m.* Peça de um instrumento qualquer[SM]: **4.** *n.m.* Móveis de uma casa: *Temos um grande preparo: / Quatro cadeiras de pau / E um cachãozinho de estopa / Com penas de garajau*[1798].
Preparos, *n.m. pl.* Apetrechos, falando da pesca (deriv. regr. de *preparar,* pl.). <u>Adá-</u>

[1792] Enquanto até ao séc. XVI a alimentação de quase toda a gente era feita sem sacarose e pobre em gorduras, a partir do séc. XVI, passou a ser rica nesses nutrientes nas casas mais favorecidas, nascendo uma associação entre gordura e prestígio social e, por outro lado, entre pobreza e magreza – gordura é formosura! –, associação só destronada num avançado séc. XX.
[1793] Manuel da Costa Fontes – *Romanceiro Português do Canadá (Na Escola de Cupido).*
[1794] J. H. Borges Martins – *Crenças Populares da Ilha Terceira II.*
[1795] Armando Silva – *Ethnographia Açoriana.*
[1796] Quadra do folclore terceirense, celebrizada pelo popular cantor Zé da Lata (José Martins Pereira).
[1797] Vitorino Nemésio – *Mau Tempo no Canal.*
[1798] Vitorino Nemésio – *Festa Redonda.*

gio: *Quem não tem preparos, / não vai ao mar alto*[P].

Presa *(ê), n.f.* Ladeira íngreme (do lat. *prehensa-*)[Sj,T]: *Lá ia ele, tuca, tuca / Pela prêsa do Ferrão*[1799].

Prèscurar, *v.* Procurar, sua corruptela; perguntar: – *O patrão prèscurou por ti mas tu já tinhas saído ont'à tarde!*

Presente, (do lat. *praesente-*) **1.** *n.m.* Além do significado universal, refere-se particularmente a uma oferta de carne do porco da matança destinada aos amigos ou a quem se deve favores. Na Terceira, p. ex., geralmente constava de um bom naco de carne, um pedaço de toucinho e uma morcela. **2.** *n.m. fig.* Cagadela: – *O gata Sissi fez o seu presente mesmo im cima do tapete da cozinha.*

Presépio de lapinha, *n.m.* Artigo de artesanato típico da Ilha de S. Miguel, sendo um presépio feito com base em pequenas conchas, depois ornamentado com flores secas, musgo, conchas, búzios e diversos crustáceos. Pode ser apresentado numa caixa, redoma ou mesmo num oratório.

Presunto, *n.m.* Chouriço feito com carnes finas do porco, metidas na pele da bexiga[SM].

Pretender, *v.* Pertencer, sua corruptela[F,Fl,Sj,T]: *Aquilo a modo que já pretende ao Porto Martins*[1800].

Preto, *n.m. Moda* tradicional, conhecida no Pico, Faial e Flores, certamente importada do Brasil[1801]: *Eu sou mulato da China, / Boneco de enfeitiçar; / Quando chego ao pé das brancas / Também as sei abraçar.*

Preto como um morrão, *exp.* Expressão depreciativa usada para referir um indivíduo muito queimado pelo sol, principalmente para o sexo feminino, isto na época em que era moda as raparigas serem brancas e rosadas[F]. Var.: *Preto como um tição.*

Preto-lavrado, *n.m.* Nome de bovino de cor preta com malhas brancas[T]. Também chamado apenas *lavrado*[F].

Preto-mulato, *loc. adj.* Diz-se do gado preto e com a espinha ou a ponta do focinho amarela[T].

Prezado, *adj.* Bem apresentado, todo senhor de si, com um certo orgulho na sua figura, presunçoso: *Vinha todo prezado e de gravata preta ao pescoço*[1802]. Tem um significado um pouco diferente do habitual no português corrente.

Prigatório, *n.m.* Purgatório, sua corruptela[F]. É costume agradecer a alguém dizendo: *Seja pelas almas do prigatório!* ou, *Seja p'l'alminha dos seus!* ou, *Seja pela sua saúde e de todos os seus!* ou ainda, *Seja tudo por mór de Deus!*

Primas, *n.f. pl.* As primeiras duas e mais delgadas cordas da *viola da terra* ou da guitarra portuguesa: *A viola sem a prima / É como a filha sem pae: / Cada corda seu suspiro, / Cada suspiro seu ai*[1803]. Nota: Nunca se ouve este nome no singular. Se se refere a uma das duas primeiras cordas destes instrumentos diz-se, p. ex., *rebentou-me uma das primas*, e não 'rebentou-me uma prima'.

Primeira moda, *n.f.* Nome que se dá, nos textos das *danças do Entrudo*, à Entrada ou Saudação: *Tais partes são a Saudação ou Entrada que é indicada nos textos como primeira moda, à qual se segue de imediato o assunto*[1804].

Primeiro Bodo, *n.m.* O Bodo do Espírito Santo feito no Domingo de Pentecostes[T].

Primos, filhos de irmãos, *exp.* Primo em primeiro grau, também dito *primo direito*: – *Eu e João Orlando somos primos filhos de irmãos.*

1799 Vitorino Nemésio – *Festa Redonda.*

1800 J. H. Borges Martins – *A Justiça da Noite na Ilha Terceira.*

1801 A primeira emigração dos Açores foi dirigida ao Brasil.

1802 Cristóvão de Aguiar – *Um Grito em Chamas.*

1803 Teófilo Braga – *Cantos Populares do Arquipélago Açoriano.*

1804 José Noronha Bretão – *As Danças do Entrudo – Uma Festa do Povo.*

Primo direito, *exp.* O m.q. *primos, filhos de irmãos.*

Princês, *n.m.* Príncipe. Como designação depreciativa de príncipe, era também usado no Continente: *[...] os princeses que numa taça de água fria, enramada de lilaseiros em flor se bochechavam e bebiam pela concha das mãos transparentes [...]*[1805].

Priôlo (Pyrrhula murina) em selo dos Açores

Priôlo, *n.m.* Pequena ave em vias de extinção, cientificamente denominada *Pyrrhula murina*, espécie endémica e única de S. Miguel, confinada actualmente apenas à parte Este da Ilha, mais propriamente ao Pico da Vara e ao Planalto dos Graminhais – Serra da Tronqueira. É conhecida também pelo nome de *Dom-fafe de São Miguel*[1806]. Já Gaspar Frutuoso[1807] assinala a sua presença em S. Miguel: *[...] e há outros que se chamam prioles, na serra, maiores que tentilhões, quase tão grandes como estorninhos e de cor parda [...].* No séc. XIX esta ave era abundante na parte oriental da ilha e foi considerada responsável por devorar as flores das laranjeiras, uma cultura dominante nessa altura, tendo os Serviços Agrícolas instituído um prémio por cada ave abatida; no final desse século uma doença dizimou os pomares de laranjeiras de S. Miguel e as aves foram-se tornando cada vez mais raras, calculando-se que actualmente existam apenas 100 a 120 casais[1808].

Prisão, 1. *n.f.* Gancho de cabelo[P]. **2.** *n.f.* Mola de pendurar a roupa; o m.q. *alfinete, pinho*[C,F,SM].

Prisão de ventos, *n.f.* Prisão de ventre, sua corruptela[T]: *Não há velha que não queira / Ter um curso de enfermeira / E saber da medicina. / E até, se for analista, / Deve ter a obra em vista / E o serviço da urina. / Receitar medicamentos / Duns que não pagam despacho. / Quem não tem prisão de ventos, / É só calças pra baixo*[1809].

Probe, *n.m.* Pobre, sua f. arcaica[T]: – *Ah sinhor, semos cá uns probes sim leira nim beira!*

Procatado, *adj.* Cauteloso; prudente (corrupt. de *precatado*)[T]: *Mas sempre procatado pra nã fervê em pouca-i-água*[1810].

Procatar, *v.* O m.q. *porcatar* (corrupt. de *precatar*)[T]: *Botavam os sacos p'ra cima e, quando se procatavam, uma saca caía em riba duma roda, outra no cabeçalho [...]*[1811].

Proceder, *v.* Crescer[Fl]: – *De há ano pra cá o miúdo procedeu bastante!*

Procissão das águas, *n.f.* Procissão que se faz em S. Bento, na Ilha Terceira, em que também vão as *Coroas* do Espírito Santo, tal como aconteceu antigamente numa noite tempestuosa – um *castigo* –, em que a chuva caiu num dilúvio aterrador, motivando a saída das *Coroas* numa prece angustiosa.

1805 Aquilino Ribeiro – *Via Sinuosa.*
1806 R. Martins, A. Rodrigues e R. Cunha – *Aves Nativas dos Açores.*
1807 Gaspar Frutuoso – *Saudades da Terra.*
1808 R. Martins, A. Rodrigues e R. Cunha – *Aves Nativas dos Açores.*
1809 J. H. Borges Martins – *As Velhas.*
1810 Vitorino Nemésio – *O Mistério do Paço do Milhafre.*
1811 J. H. Borges Martins – *Crenças Populares da Ilha Terceira I.*

Procissão dos Abalos (Arq. Diário Insular)

Procissão dos Abalos. Procissão que sai à rua no Raminho, Altares e Serreta (Terceira) todos os anos no dia 31 de Maio. Presta homenagem às violentas crises sísmicas do Vulcão da Serreta acontecidas em 1867. No Raminho, p. ex., percorre, ao longo de cerca de 6 km, ruas e canadas, desde a igreja até à ponta da freguesia, levando, entre outras, a imagem do Senhor dos Passos, bem como *Coroas* do Espírito Santo, pedindo penitência durante todo o percurso. É o tributo dado pelos homens à imprevisibilidade da Natureza.

O que torna peculiar esta procissão é que as pessoas vão vestidas com os seus trajes de trabalho e não, como nas restantes procissões, com traje domingueiro.

Procurador, *n.m.* Mordomo principal, que leva a *Coroa* e toma conta do dinheiro nos *Bodos* dos domingos de Pentecostes e da Santíssima Trindade (do lat. *procuratōre-*)[T].

Procurador das Almas, *n.m.* Aquele que dirige as preces e as rezas durante a marcha dos *Romeiros* de S. Miguel e recebe os pedidos de orações feito pelas pessoas. É um dos *Romeiros* escolhidos pelo *Mestre* a quem compete receber os pedidos de oração nos lugares por onde passa e enumerá-los pelas contas do rosário, substituí-lo numa ou noutra prática e fixar a tonalidade do canto dos *Romeiros*.

Profissionado, *adj.* Profissional; entendido na matéria[SM].

Profundas, *n.f. pl.* O m.q. profundeza (de *profundo*)[F]: – *Ó maldito, quem te dera nas profundas do Inferno! Consumido sejas tu nas profundas...!*

Profundezas, *n.f.* Profundidade (de *profundo + -eza*, pl.): – *Há-des d'ir parar às profundezas do Inferno se nã te converteres, alma do diabo!* É termo sempre referido no plural.

Prombeta, *n.f.* Peixe presente nas águas dos Açores, também chamado *cabra* e *plombeta*, cientificamente designado *Trachinotus ovatus*.

Prometer, *v.* Permitir[F]: – *Já nã te posso acompanhá a esses lugares – a minha idade já nã promete!*

Pronto em dia, *exp.* Arruinado; despachado; destruído[SM,T]: *Quem se deixava inganzar por elas* (as *sereijas*) *estava pronto em dia, porque eram falsas*[1812]; *[...] um home morria chupado, tíseco da espinha, pronto im dia!*[1813].

Proparar, *v.* Preparar, sua corruptela: *Que Deus há-de dar coragem / Para esta dor disfarçar. / Já vou mandar proparar / Os cavalos para a viagem*[1814].

Própio, *adj.* Próprio, sua f. arcaica: – *É'me, isso já não é própio prá tua idade, toma tino nessa mioleira!*

Propósita, *n.f.* Proposta, sua corruptela.[SM]: *Ela bota logo de lá a sua propósita que dece prá ameitada*[1815].

1812 Luís Bernardo Leite de Ataíde – *Etnografia Arte e Vida Antiga dos Açores.*

1813 Urbano de Mendonça Dias – *"O Mr. Jó"*

1814 *História do Duque de Brabante e Genoveva Sua Filha.*

1815 Luís Bernardo Leite de Ataíde – *Etnografia, Arte e Vida Antiga nos Açores.*

Prosa, *adj.* Prezado; presumido (do lat. *prosa-)*[T]: – *O Fialho é um grande prosa, cunversa fiada nã le falta – o pió é ós despois cumprir!*
Prós anjinhos, *loc. interj.* Exclamação feita quando uma criança espirra[T].
Prouvela, *n.f.* Dito engraçado; léria (corrupt. de *parouvela* por síncope)[SM].
Provar os torresmos, *exp.* Chama-se *provar os torresmos* a uma refeição dada no dia seguinte ao da *matação,* à base de carne do porco abatido na véspera[StM].
Provavle, *adj.* Provável, sua corrupt. por metátese: – *É mun provavle que inda até ao alpardecer dê alguma camada de chuva!*
Prove, *n.m.* O m.q. *probe,* f. arcaica de pobre[T]: *E antrar na vila a esta hora, c'o esta menina... uns proves pescadores coma gente...*[1816]. O termo é registado também na linguagem popular da Madeira de há poucos anos atrás: *Inda nã vi nenhum feitor que fosse assim tão sem caridade pa c'o prove*[1817]. Este termo fazia parte da linguagem corrente do séc. XVI: *Eis que por beber dos pais ficam proves*[1818].
Provimento da mesa, *n.m.* Nome que em Santa Maria se dá a um grande pão chamado *pão-de-mesa,* de um alqueire ou mais, uma *rosca* de três quartas, uma bandeja com pãezinhos chamados *brindeiros bentos* e um frasco de vinho, que colocam numa mesa para serem benzidos pelo padre, nas festas do Espírito Santo[1819].
Provimento do burro, *n.m.* Tudo o que diz respeito à *aparelhação* deste animal[Sj].
Prufeito, *adj.* Perfeito, sua corruptela[T]: *Pois ele era um homem tanto prufeito, tanto asseado e ficou tísico [...]*[1820]. *Var.: Prefeito, purfeito.*

[1816] Vitorino Nemésio – *Mau Tempo no Canal.*
[1817] Thierry Proença dos Santos – *Comeres e Beberes Madeirenses.*
[1818] Gil Vicente – *Maria Parda.*
[1819] Padre Joaquim Chaves Real – *Espírito Santo na Ilha de Santa Maria.*
[1820] J. H. Borges Martins – *Crenças Populares da Ilha Terceira I.*

Pruma, *n.f.* Pluma, sua f. arcaica; chuvisco; fio[T].
Prumeiro, *adj.* Primeiro, sua corruptela[Sj,T]: Quadra pop.: *À minha porta 'tá lama, / À tua fica lameiro; / Quem quiser falar de mim / Há-de olhar pra si prumeiro*[Sj]. Moisés Pires regista-o também na linguagem mirandesa.
Prumo, *n.m.* Peça de formato tubular, geralmente feita de metal, que é fixada no centro da eira para servir de eixo de rotação[C]. Nalgumas ilhas é chamado *moirão.*
Ptá, *interj.* Uma das maneiras de chamar os porcos quando dito repetidamente[Fl]: – *Ptá! Ptá! Ptá!*
Puado, *n.m.* Almofada de couro eriçado de pontas de arame, com que se cardava o linho (JPM).
Pucra, *n.f.* Púcara, sua corruptela por síncope: *Pelo amor de Deus, tira, tira a pucra do lume, se não eu morro*[1821]. Também assim pronunciado na Madeira.
Pucro, *n.m.* Púcaro, sua corruptela por síncope. Nota: Púcaro deriva do lat. *pocŭlum.*
Pudim de coalhada, *n.m.* Variedade de pudim feito a partir de leite coalhado, daí o nome[G]: – *Ó Octávio, o chinchinho consolou-se a comer o pudim de coalhada!*
Puita, *n.f.* Puta, sua corruptela[T]: – *O que é que aquelas puitas andam a fazer a estas horas fora de casa?!*[1822].
Pula, pula, pula, pula... (dito com muita rapidez) *exp. interjec.* Maneira de chamar as galinhas (de *pula,* do fr. 'poule', galinha)[F]: – *Pula!, pula!, pula!, pula!*
Pulaiéte, *interj. Bal.* O m.q. 'rema para a frente com energia!' (do am. *pull ahead*): *[...] o grito de coragem soprado em surdina aos seis homens – Pulaiéte! Pulaiéte!*[1823] Var.: *Pulàéte!*
Pule, Pule, Pule,... Ver *Pula, pula,...*[Sj].

[1821] J. H. Borges Martins – *Crenças Populares da Ilha Terceira I.*
[1822] J. H. Borges Martins – *Crenças Populares da Ilha Terceira I.*
[1823] Vitorino Nemésio – *Mau Tempo no Canal.*

Puleado, *n.m.* Movimento executado com as pernas, levantadas, durante a marcha de entrada, usado nas *danças de espada* feitas no Carnaval (de *pulo*).

Pulgão do calhau, *n.m.* Insecto muito semelhante e pouco maior do que uma pulga, que aparece entre as algas do calhau, nomeadamente nas que estão nas conchas das lapas, e que salta como as pulgas: *[...] o fundo do barco ficou composto, por milagre, com aquela morganage, a morrer aos pulos, como pulgão do calhau*[1824].

Pulga-piolho. *n.m.* Jogo infantil antigamente muito praticado por rapazes[T].

Pulguito, *n.m.* Pulga pequenina (de *pulga* + *-ito*).

Pulo, (deriv. regr. de *pular*) **1.** *n.m.* Mergulho na água, com os pés para baixo[F]. **2.** *n.m.* Susto (pelo salto, o pulo devido ao susto). *Pregar um pulo:* o m.q. apanhar um susto. *Ferver de pulo:* o m.q. ferver em cachão, falando de um líquido, geralmente da água.

Pum-pum, *n.m.* O m.q. pingue-pongue[Fl]: – *Eles agora nã quérim outra coisa..., passim as tardes a jogar pum-pum!*

Pundurado, *adj.* Pendurado, sua corruptela[SM]: *[...] e aquele milho era ali pundurado, donde aguentava todo o ano [...]*[1825].

Pur, *interj.* Uma das maneiras de chamar as galinhas, dito repetidamente[Fl]: – *Pur! Pur! Pur!*

Purfeito, *adj.* Perfeito, sua corruptela por dissimilação; bem nutrido[T]: – *Chegárim todos d' Amerca purfeitos e anafados – ah! terra santa, de tanta fartura!* Var.: *profeito; prefeito.* Moisés Pires regista-o também na linguagem popular mirandesa.

Pustela, *n.f.* Crosta de ferida (do lat. vulg. *pustella*)[F]. Também ouvida na linguagem pop. do Alentejo e na linguagem actual da Galiza, embora os dicionaristas a registem com a grafia 'postela' e 'bostela'.

[1824] Luís Bernardo Leite de Ataíde – *Etnografia Arte e Vida Antiga dos Açores.*

[1825] Maria Clara Rolão Bernardo – *O Falar Micaelense* (Fonética).

Puta da cara, *exp.* Expressão muito usada em todas as ilhas, sem má conotação ética, em frases como estas: *não tens vergonha na puta da cara..., faz tu com a puta da cara..., levou na puta da cara...*

Puvide, *n.f.* Pevide, sua corruptela: *Na barriga duma velha, / Vi nascer uma goiaba / Enxertada num damasqueiro. / Nasceu uma puvide de abóbra / Outra puvide de melão / E, do lado, um morangueiro [...]*[1826].

Puxadeira, *n.f.* O m.q. *pica-porte* (de *puxar* + *-deira*)[C].

Puxador, (de *puxar* + *-dor*) **1.** *n.m.* Aquele que *puxa* um *balho* antigo[T]. **2.** *n.m.* Na Terceira também se chama *Puxador*[1827] ao *Mestre* das *danças do Entrudo.* Aparece sempre munido de um apito, com uma espada ou um pandeiro na mão e vestido rigorosamente, com chapéu engalanado, com plumas, camisa de folhos e lantejoulas, e calça escura debruada a ouro. Uma *dança* pode ter um segundo puxador.

Puxador do terço, *n.m.* Aquele que, na reza do terço, a dirige.

Puxar, (do lat. *pulsāre*, empurrar) **1.** *v. Mús.* Cantar uma frase musical, que é repetida pelo coro: *[...] o mestre, por deferência, é quem vai puxando adiante e os demais respondem em coro [...]*[1828]. **2.** *v.* Dirigir, p. ex., um *balho* ou uma *dança de Carnaval.*

Puxar da fala, *exp.* O m.q. gaguejar[F]: – *Ele puxa um bocadinho da fala!* No Faial também se ouve dizer *puxar na fala.*

Puxar pelo ar, *exp.* Ter dispneia e arfar: *Cando apanha a peitogueira, puxa plo ar qu'é um dó d'alma vê-lo!*

Puxar pela educação, *exp.* Ser bem-educado; ser correcto nas falas com outrem: *Tu já me estás a ofender... / Puxa pela tua educação. / Que é que tu tens a ver, / Se o vestido é dela ou não?*[1829].

[1826] J. H. Borges Martins – *As Velhas.*

[1827] Tem este nome por ser ele quem puxa realmente a dança.

[1828] P.e José Luís de Fraga – *Cantares açorianos.*

[1829] Da dança de pandeiro *A Força das Sogras,* de Hélio Costa.

Puxavante, *n.m.* Aperitivo (de *puxar* + *avante*)[T]. Também usado em outros lugares do país e na Galiza, com o mesmo significado.
Puxeiro, *n.m.* O m.q. bicheiro; *pexeiro* (de *puxar* + *-eiro*)[C,Fl].
Puxoso, *adj.* Escrupuloso; com exagero de asseio (de *puxar* + *-oso*)[SM]. Adágio: *Na tigela do puxoso / é que cai o argueiro*[SM]. Dias de Melo, na linguagem do Pico, regista-o com o significado de caprichoso.
Puzinhar, *v.* Espezinhar, sua corruptela[StM]: – *Ele, então, tem muito a mania de puzinhar os mais fracos!*

Q

Q'al, *pron.* Qual, sua corruptela: *Q'al é que foi o resultado? Nã alembro q'al é que foi o dia!* No plural, *q'ales*: *Q'ales foram os homes que arriaram à baleia?*

Q'al quê, *loc. interjec.* O m.q. agora cá!: – *Foste tu que malhaste naquele desgraçado?*, – *Q'al quê!*, *'tás maluco, eu era capaz de tal coisa?*

Q'alquer, *pron.* Qualquer. O pl. é *q'aisquer* ou *q'alesqueres.*

Qsse, *interjec.* Voz para açular os cães: – *Qsse... Qsse... Qsse! Pega leão! Qsse... Qsse!* Em certos lugares do país, usa-se a interj. 'Aça' que, segundo alguns, será precursora do verbo 'açular'. Na França e em Inglaterra usa-se uma exp. parecida com a dos Açores: 'Kiss-kiss!'.

Quadra (S. Jorge) num passado distante

Quadra, *n.f.* Quadrado que os *Irmãos* do Espírito Santo fazem com as *Varas* para delimitar os que transportam as insígnias nas coroações; o m.q. *quadro* (do lat. *quadra-*, forma quadrada)[T].

Quadrar, *v.* Pôr em quadras[SM]: *Conheci na Fajã de Baixo o Sr. Luís Dinis [...], que foi quem* quadrou *aquelas duas comédias*[1830].

Quadrilhar, *v.* Formar um quadrado com 4 homens (de *quadrilha* + *-ar*)[F]. Usava-se este termo no *mato*, no *dia do fio*, e isso fazia-se para apanhar as ovelhas e *marcá-las.*

Quadrilheiro, *n.m.* Ver *quardilheiro* (do cast. *cuadrillero*).

Quadro, *n.m.* Quadrado formado por quatro *Varas*, nos cortejos do Espírito Santo, dentro do qual vão as pessoas que levam as insígnias; o m.q. *quadra* (do lat. *quadru-*, um quadrado)[Fl].

Quaise, *adv.* Quase[F]: – *Era já quaise mei dia quando o sinhô padre chegou – e ainda levou pra riba d'um'hora pra terminá a missa!* <u>Nota</u>: Na sua f. arcaica – aquando do início do povoamento dos Açores –, [quase] apresentava um [i] 'epentético'. Aqui se manteve até hoje.

Qual isso, qual carapuça, *exp.* O m.q. cá nada: – *Perguntas-me se o Lusitânea vai ganhar?! Qual isso qual carapuça!*

Quando Deus for servido, *exp.* O m.q. 'quando Deus quizer': – *Home, há-de-se morrer quando Deus for servido, pous é Ele quim manda!*

[1830] Teófilo Braga – *O Povo Português nos Seus Costumes, Crenças e Tradições.*

Quando nasceste, já comia côdeas de pão de milho, *exp.* Expressão usada em tom de superioridade para designar uma maior experiência de vida[F].
Quando o Chico vier da areia. *exp.* Nunca mais, demorar muito[F]: – *Ele vai-te pagar o que te deve... quando o Chico vier d'areia!*
Quanto mais tolo mais peixe, *exp.* É costume dizer-se este adágio quando um indivíduo que pouco ou nada sabe da arte da pesca, no grupo de pescadores, apanha mais do que os outros[F].
Quantos vão de rancho? *exp.* É habitual quando os *Romeiros* de S. Miguel chegam às freguesias ser-lhes feita esta pergunta para se saber quantos são, para a sua divisão nas casas acolhedoras.
Quardilheiro, *n.m.* Quadrilheiro, sua corruptela[F]. Antiga denominação do Ajudante do *Juiz do Mato,* escolhido por este para ajudar na condução do gado ovino para o curral[1831], mais recentemente chamado *Cabo* (de *quadrilhar,* 4 homens formando um quadrado para manter as ovelhas juntas).
Quarta, (do lat. *quarta- [pars],* quarta parte) **1.** *n.f.* Medida agrária, valendo a quarta parte de um alqueire. **2.** *n.f.* Medida de capacidade para secos, feita de madeira e equivalente a 1/4 do alqueire.
Quartada, *n.f.* Rabo grande (de *{quartos}* + *-ada*)[T]: *A senhora tem cá uma quartada / Que parece um bolo de massa cevada, / Na altura em que está a tufar*[1832].
Quarteiro, (de *quarta* + *-eiro*) *n.m.* Aquele que vendia cereal ou farinha às *quartas*[SM].
Quartel, (do fr. *quartier*) **1.** *n.m.* Pequena divisória formada por muros feitos de pedra solta, destinada ao cultivo da vinha[StM]. Em conjunto com outros forma grandes reticulados aparentemente regulares como acontece na encosta da baía de S. Lourenço (Santa Bárbara) em Santa Maria. Noutras ilhas são chamados *currais, curraletas e curraletes.* **2.** *n.m.* Parte do *mojo* da vaca correspondente a cada um dos tetos[C].
Quartema, *adj.* Nome que se dá em S. Miguel à quarta *dominga* a seguir à Páscoa. A quinta chama-se *quintema* e a sexta *sextema.*
Quarteta, Ver *Rimas à quarteta.*
Quarto da Imperatriz, *n.m.* Pequena divisão suplementar da *copeira* onde se instala a *Imperatriz* durante o *dia de Império*[StM].
Quarto das doenças, *n.m.* O m.q. *quarto de estado.*
Quarto de banho, *n.m.* Por todas as ilhas, e com certa propriedade, se usa este termo em vez de 'casa de banho'. No Continente ouve-se quase sempre dizer 'casa de banho' – reminiscência de 'casinha'?
Quarto de entrada, *n.m.* Uma das divisões das casas açorianas, onde se guardava por vezes os cereais e os legumes secos[SM].
Quarto de estado, *n.m.* Quarto de casal – nas casas pobres correspondia à sala – que só era utilizado em ocasiões especiais, aquando de alguma visita importante ou da ocorrência de doença em alguém da família[SM,T]. Por este motivo também se chamava *quarto das doenças*. A. Cortes-Rodrigues define-o assim[1833]: *Quarto de cama onde se concentra o luxo da pobreza; geralmente: barra, comoda, oratorio e quadros religiosos, na parede, esfaiscados (com moldura). Só em caso de doença é habitado.*
Quarto de serão, *n.m.* Pequena sala onde se passa o serão, hoje em dia a ver-se televisão[SM].
Quarto do Esprito Santo, *n.m.* Divisão principal da casa, profusamente enfeitada de flores, onde é montado um *altar* num dos seus cantos para ser instalada a *Coroa* do Espírito Santo[StM].
Quarto-irmão, *n.m.* Ver *Irmão-inteiro.*

1831 Pedro da Silveira – *A Respeito dos Sinais e o Livro dos Sinais das Lajes das Flores.*

1832 Do bailinho carnavalesco As *Paixões do Tio Miguel,* de Hélio Costa.

1833 Armando Cortes-Rodrigues – *Espírito Santo na Ilha de S. Miguel.*

Quarto mingante, *n.m.* Quarto minguante[Sj].

Quarto, *n.m.* O m.q. nádega[F,SM]: *Papá, atrás, dava-lhes tais ripadas por aqueles quartos abaixo que era mesmo de meter dó*[1834]. Usado tb. em relação aos animais: Na ferra dos novilhos *[...] empunhava o ferro e aplicava-o, em brasa, no quarto traseiro do novilho*[1835]; Cp.: No Algarve chama-se 'quartas' às partes traseiras do porco. Noutros locais, chama-se 'quartos traseiros' às nádegas.

Quatrenho, *adj. Taur.* Diz-se do touro de lide quando tem quatro anos, sendo considerado já adulto (do cast. *quatreño*)[T].

Quebrada, 1. *n.f.* Grande desmoronamento de terra (part. pas. fem. subst. de *quebrar*). De grandes *quebradas* se formaram as *fajãs*, nomeadamente as belas fajãs de S. Jorge. Usa-se com o mesmo significado na Madeira. **2.** *n.f.* Nome de aparelho de pesca usado, p. ex., na pesca da abrótea, bagre, etc. (part. pas. fem. subst. de *quebrar*)[Sj]. **3.** *adj.* Diz-se da cebola quando fica translúcida, ao ser refogada; o m.q. *melada* (part. pas. de *quebrar*).

Quebrado, *adj.* O m.q. herniado; Diz-se do que sofre de *quebradura* (part. pas. de *quebrar*). Nota: Quando este adjectivo é usado em relação a uma criança pequena, geralmente é referido o seu diminutivo, *quebradinho* ou *quebradinha*.

Quebradouro, *n.m.* Abertura ao longo da levada do moinho que serve para regular a quantidade de água a passar (de *quebrar* + *-douro*)[SM].

Quebradura, *n.f.* O m.q. hérnia (do lat. *crepatūra-*). Era termo outrora generalizado a todo o país. Antigamente, recorria-se com frequência aos curandeiros para que curassem a criança *rendida* com rezas. Também, no dia de S. João, um João e uma Maria levavam-na ao mar e passavam-na em três marés, dizendo a seguinte quadra: *Toma lá Maria, / Que te dá João / O menino cobrado / P'ra mo dares são.*

Quebrançoso, *adj.* Que quebra com facilidade; frágil; quebradiço (de *quebrança* + *-oso*)[T]. É termo antigo ainda conservado nas ilhas.

Quebranteira, *n.f.* Mulher que lança mau-olhado; bruxa; o m.q. *cobranteira*[SM] (de *quebranto* + *-eira*).

Quebra pra trás, *loc. interjec.* O m.q. *ao contrário!* Ver *Contrário, ao.*

Quebrar, *v.* Diz-se da maré quando começa a descer para baixa-mar (do lat. *crepāre*): *– O mar está-se a acalmar, é sinal que a maré já está a quebrar.*

Quebrar a amizade, *exp.* Acabar com a amizade, deixar de ser amigo.

Quebrar espiga, *exp.* Partir os caules do milho logo acima da maçaroca[F].

Quebrar o jejum, *exp.* Tomar a primeira refeição leve no início do dia. No campo, muitos pastores quebravam o jejum ao comerem um bocado de pão de milho com uma *tapa* de leite da vaca acabada de ordenhar.

Quebrar pontas, *exp.* O m.q. *partir espiga* e *quebrar espiga.*

Queda, *n.f.* O m.q. tacão ou salto do calçado (os *sapatos de queda alta,* p.ex.). Do 'Romance' *Frei João* recolhido por Costa Fontes[1836]: *O Marido caminhou, / a rainha se arraiou. / sapatinho de qued'alta / no seu pezinho calçou.*

Quedo *(ê),* *adj.* Quieto (do lat. *quiētu*)[F]. Este arc. também ainda é usado em certas regiões do Cont., nomeadamente no Algarve[1837].

Queijeiro, *n.m.* Alcunha que em S. Miguel se dá ao natural de S. Jorge, por nessa ilha se fabricarem muitos queijos.

Queijo-branco, *n.m.* Queijo caseiro, para diferenciar do *queijo-de-peso,* vendido nas *lojes.*

1834 João de Melo – *Gente Feliz com Lágrimas.*

1835 João Ilhéu – *Notas Etnográficas.*

1836 Manuel da Costa Fontes – *Romanceiro da Ilha de S. Jorge.*

1837 Eduardo Brazão Gonçalves – *Dicionário do Falar Algarvio.*

Queijo-de-peso, *n.m.* Queijo grande, com cerca de 6-7 kg, que se vende ao peso, às talhadas[SM,T]: *Quando se excediam no consumo do açúcar ou do queijo-de-peso, o sermão fervia nas prelhas*[1838].
Queijo do capelão, *n.m.* Grande queijo oferecido pelos lavradores de Santa Maria, na época do Espírito Santo, ao padre da sua freguesia, fabricado com a produção conjunta do leite de um dia.
Queijo frescal, *n.m.* O m.q. queijo fresco[Fl].
Queimada, *n.f.* O m.q. *mistério*; campo coberto de *pedra queimada* (part. pas. fem. subst. de *queimar*)[Sj,T].
Queimado, (part. pas. subst. de *queimar*) **1.** *n.m.*. Alcunha dada nas Flores ao natural da freguesia de Ponta Delgada, nas Flores. Segundo Pierluigi Bragaglia, a alcunha terá vindo de outras ilhas, dirigida a todos os Florentinos, devido à deflagração de grandes incêndios na Ilha, o último dos quais em Ponta Delgada, *destinatária final da fama de terra queimada, assim como também são queimados os seus filhos*[1839]. **2.** *n.m.* Queima das as ervas daninhas, mato, *queiró*, etc., para se fazer a semeadura, o que no Cont. se chama 'queimada'. **3.** *n.m.* O m.q. milhafre. **4.** *adj.* Esperto e agarotado; **5.** *adj.* Falso; traiçoeiro; velhaco (na acepção de milhafre)[SM]; **6.** *n.m. fig.* Pessoa amiga de fazer partidas (na acepção de milhafre): – *Aquele queimado está sempre a inventar das suas!*[T]. **7.** *adj.* O m.q. perdido: – *Emprestaste-le 20 euros, boa!, esses 'tão queimados, nunca más os vês!*; **8.** *adj.* Safado; patife (na acepção de milhafre): *Pobre da Ilha Terceira! / Coitado de quem é mãe! / Mesmo se um filho é queimado, / Teve as dores... quere-lhe bem!*[1840]. **9.** *adj.* Zangado: – *José ficou queimado por dentro quando o outro o provocou daquela maneira!*[T].
Queimar o espírito, *exp.* Exp. usada na feitiçaria: *Quando se trata dum espírito que torna ao local do suicídio, realiza-se, para o afastar, um defumadouro de malaguetas, palhas de alho, incenso, sal e alecrim. A esta prática chamam queimar o espírito, sendo as cinzas, provenientes dos materiais, postas numa encruzilhada entre as onze horas e a meia-noite*[1841].
Queimo, *n.m.* Cada um dos paus que prendem o trilho, usado antigamente para debulhar o trigo à canga[Fl].
Queimor, n.m. Sabor picante dos alimentos (de *queimo* + *-or*): *Os canários e o queimor da molhanga estavam tão saborosos e puxavantes que o Ti Luz Cruz foi perdendo a conta dos meios quartilhos emborcados*[1842].
Queinar, *v.* Juntar os grãos do trigo na eira (corrupt. de *coinar*)[T]. 'Coinar' é termo alentejano que significa limpar com o 'coino', uma vassoura feita de hastes secas de certas plantas. Na Madeira diz-se 'acoanhar'[1843]. *Vassoura de queinar:* vassoura de varrer a eira[T]. Na Terceira, para menosprezar alguém, diz-se: *Nem para uma vassoura de queinar serve!*
Queinhar, *v.* O m.q. *queinar*[T].
Queique, **1.** *n.m.* *Bal.* Balde de madeira usado no bote baleeiro (do am *cage*). **2.** *n.m.* Bolo (do am. *cake*).
Queiro, *adj.* Diz-se do chamado dente do siso; o m.q. queixeiro (de *queixo* + *-eiro*, com síncope)[C]: – *Já te nasceu o dente queiro?* Termo antigo também ainda usado no Brasil. CF regista-o apenas como ant. e brasileirismo.
Queiró, **1.** *n.f.* Arbusto largamente disseminado pelas ilhas, com excepção de Santa Maria, Graciosa e Corvo, cientificamente denominado *Daboecia cantabrica azorica*. **2.** *n.f.* Nas Flores e Corvo chama-se *queiró* à *Erica scoparia azorica*, popular-

1838 Carlos Enes – *Terra do Bravo.*
1839 Pierluigi Bragaglia – *Concelho de Santa Cruz: Roteiro Histórico e Pedestre.*
1840 Vitorino Nemésio – *Festa Redonda.*
1841 J. H. Borges Martins – *Crenças Populares da Ilha Terceira II.*
1842 Cristóvão de Aguiar – *Raiz Comovida.*
1843 Jorge de Freitas Branco – *Camponeses da Madeira.*

mente chamada *urze* ou *vassoura*, outrora muito utilizada para acender as lareiras e na chamusca dos porcos, actualmente espécie protegida: *[...] As minhas cataratas sobre antes / conservam, que ventura! a mesma voz; / os toitos em cantares incessantes / constroem sempre os ninhos nas queirós*[1844]. No Algarve chama-se 'queiró' à *Erica umbellata*[1845]. Em certas regiões do Continente também se chama 'queiró' à urze.

Queiro, *n.m.* O m.q. *rapa*[P]. Note-se a sua acentuação em [ei].

Queiroga, *n.f.* O m.q. *queiró*.

Queisse, *n.m. Bal.* Cavidade existente na cabeça do cachalote, cheia de espermacete (do am. *case*).

Queixada, *n.f.* O m.q. bochecha (de *queixo + -ada*).

Queixadas do bote, *n.f. pl. Bal.* Ver *queixos do bote*.

Queixo, *n.m.* Homem sisudo, austero[SM].

Queixos do bote, *n.m. pl. Bal.* A parte mais saliente do bojo do *bote beleeiro*. É o correspondente à 'bochecha' nos navios. Também se chamam *queixadas do bote*.

Queixumento, *adj.* Que se queixa muito; 'queixinhas' (de *queixume + -mento*). É usado na Galiza com igual significado. No Brasil usa-se o termo 'queixumeiro' com significado semelhante.

Quelafetar, *v.* Calafetar, sua corruptela. Operação destinada a preencher com calafeto (estopa do linho, mais tarde algodão), entre outras coisas, as fissuras deixadas entre as tábuas no encascar das embarcações.

Que lê, *exp.* Que eu lhe. Muito usado em certas ilhas, nomeadamente na Terceira: *Ao depois... se vossemecê quere que lê diga, nã sei como foi*[1846].

Quem caçara, *exp.* O m.q. 'quem pudesse ter', 'quem pudesse alcançar'[SM]: *[...] mas, tirante o pitafe do frio, a terra da América era mesmo abençoada por Deus, quem caçara um home ter podido sair daqui para fora [...] quem caçara esse tempo outra vez [...]*[1847].

Quem mais jura mais mente, *exp.* Expressão muito utilizada quando alguém jura a verdade de um facto: *Fala-me de outro feitio, / Pois quem mais jura mais mente. / Ele não tem esses costumes / Porque não é teu parente*[1848].

Quem mexe no lume mija na cama, *exp.* Ameaça feita aos garotos para não mexerem nas brasas da lareira[F].

Quem nã tivesse mais, *exp.* Na minha infância, ouvia frequentemente esta expressão, geralmente da parte das mulheres, ao apreciar uma criança pequena, sem pecados, querendo significar isso mesmo, o desejo de quem não tivesse mais pecados!

Quem pega que eu largo, *exp.* Expressão muito usada em feitiçaria para afastar o feitiço[SM,T]: *[...] saía para o quintal e sentava--se em cima da parede a gritar desta maneira: Quem pega que eu largo? Quem pega que eu largo?*[1849]. *Na ilha de S. Miguel, o que tem pacto* (com o Diabo) *não pode morrer, à espera de que alguém queira aceitar os seus poderes; no estertor julgam que essa pessoa diz:* – Quem pega que eu largo! *É preciso que alguém diga:* – Pega aquela tranca da porta! *para que ela possa morrer*[1850].

Quem sabe, *loc.* Usa-se muito, nomeadamente em relação a crianças, no sentido de 'a sério?', 'de verdade?': – *Vais comer um coisinha de bolo ainda fresquinho? / – Nã senhòra, não! / – Quem sabe?!, 'tás-te a fazê rogado?*

Quem te dera no céu e eu aos teus pés, *exp.* O equivalente a dizer 'que asneiras estás *prá i* a dizer' (ou a fazer) [F].

[1844] João dos Santos Silveira – Do poema *No Pátrio Ninho*.

[1845] Fernando Santos Pessoa e col. – *Plantas do Algarve*.

[1846] João Ilhéu – *Gente do Monte*.

[1847] Cristóvão de Aguiar – *Raiz Comovida*.

[1848] Quadra de José Caardoso Simões (o *Simões*), in *Improvisadores da Ilha Terceira*.

[1849] J. H. Borges Martins – *Crenças Populares da Ilha Terceira I*.

[1850] Teófilo Braga – *O Povo Português nos Seus Costumes, Crenças e Tradições*.

Quem vai ao ar... perde o lugar, *exp.* Diz-se de alguém que perdeu uma boa oportunidade.
Quem vai ao vento... perde o assento, *exp.* Exp. com o mesmo sentido da anterior.
Que-mode, *loc. adv.* Por causa[P]. Var. *Por-mode; pra-mode*[P].
Que nem mate, *exp.* Expressão comparativa, quase sempre dita em tom depreciativo, utilizada em expressões como a seguinte[T]: *Ele é tolo que nem mate!*
Quente, *adj.* Embriagado; grosso: *Estou quente, mas ainda estou de maneira que tiro o fundo a uma ragafa com esta espingarda!*[1851].
Queredo, *interj.* de admiração ou de reprovação; o m.q. credo, sua corruptela: – *Queredo! Ainda nã acabaste de fazer os teus trabalhos de casa!* Nas Flores pronuncia-se *caredo.*
Querer comer a terra, *exp. fig.* Diz-se do mar muito bravo: – *Hoje, o mar parece que quer comer a terra!* Var.: *Querer comer a pedra*[F].
Querer crer, *exp.* Acreditar: *Como a mãe da criança não queria crer naquelas coisas [...]*[1852]. Esta expressão é muito frequente no discurso diário: – *Queres crer qu'ei levei más d'um hora à espera qu'ele chegasse?;* – *Nã queres crer qu'ele se impinou pra mim, o filha-da-mãe?*
Querido, *n.m.* Forma de tratamento usado rotineiramente em S. Miguel, mas também um pouco por todas as ilhas, nestas particularmente pelas mulheres, sem a conotação familiar habitualmente existente no Continente: – *Á querida, a tua casa depois de caiada ficou linda!*
Questã, *n.f.* Questão[F,Fl]: – *Hom'ele vá-se habituá à Amerca, é só uma questã de tempo, bota sintido ao qu'ê te estou dezendo!*
Questódio, 1. *n.m.* Custódio, sua corruptela. **2.** *n.m. fig.* Aquele que espreita sorrateiramente os namorados nas suas práticas amorosas (ext. de *custódio*)[T].
Queto, *adj.* O m.q. quieto: – *'Tá queto aí rapaz!!! Acomeda-te!!!*
Quiá, *interj.* Chamamento dos porcos quando dito repetidamente[Fl]: – *Quiá! Quiá! Quiá!*
Quilha, *n.f. Bal.* Variedade de orca migradora que passa no mar dos Açores, sobretudo durante a Primavera; o m.q. baleia assassina (do am. *killer* whale).
Quilho, *n.m.* Pron. de quilo (medida de peso)[F]: – *Home, pesa-me aí mei quilho de pinotes pra levá pros monços comerim.*
Quinau, *n.m.* Dar quinau é ter resposta pronta[T].
Quincas, *n.p.* Tratamento familiar ou amigável de 'Joaquim'[1853].
Quinhão de esmola, *n.m.* Porção de carne de vaca destinado à *esmola* do Espírito Santo[T]: *[...] as rezes são abatidas e a carne retalhada para a sopa, o cozido e a alcatra do jantar, e para os «quinhões de esmola» a distribuir pelos pobres da freguesia*[1854].
Quinhão do santo, *n.m.* À parte da receita da pesca que é destinada, na Terceira, à irmandade de São Pedro Gonçalves, chamam-lhe os marítimos o *quinhão do santo.* Em S. Jorge os marítimos também faziam a sua festa na segunda-feira de Espírito Santo, a que chamavam *dar as suas mesas,* reservando das suas pescarias os lucros de uma *soldada* a que davam o mesmo nome, o *quinhão do santo*[1855].
Quinino, *n.m.* Pequenino, sempre referido a uma criança ou a um animal jovem (contrac. de *pequenino,* com assimil.): – *Ó quinino, anda cá meu menino lindo!*
Quinta, (do lat. *quintāna-*) **1.** *n.f.* O m.q. pomar. Terreno geralmente limitado por

[1851] J. H. Borges Martins – *A Justiça da Noite na Ilha Terceira.*
[1852] J. H. Borges Martins – *Crenças Populares da Ilha Terceira I.*
[1853] Retirado de Guilherme Augusto Simões – *Dicionário de Expressões.*
[1854] João Ilhéu – *Notas Etnográficas.*
[1855] P.e Manuel de Azevedo da Cunha – *Festas do Espírito Santo na Ilha de S. Jorge.*

bardos de árvores que o protegem dos ventos[SM]. **2.** *n.f.* Casa de campo[T].

Quinta das tabuletas, *n.f. fig.* O m.q. cemitério[F,Fl]. A. Praça regista-o.

Quinta do senhor Padre, *n.f.* Nome que por graça se dá ao cemitério[F]. Na Madeira chamam-lhe 'Ilha da minhoca'.

Quintada, (de *quinto* + *-ada*) **1.** *n.f.* Terra plantada em quincunce[SM]. **2.** *n.f.* Plantação de árvores em quincunce[SM].

Quinta-feira dos brindeiros, *n.f.* Nome que se dá em Santa Maria à quinta-feira de Ascensão, assim chamada por ser o dia da festa do Espírito Santo em que se distribui a cada um dos empregados e pelos *Irmãos* um pequeno pão chamado *brindeiro*[1856].

Quintema, *adj.* Ver *Quartema.*

Quique, *n.m.* Pontapé (Do am. *kick*): – *Levou um quique no traseiro qu' inté viu estrelas ao mei dia!*

Quíri, *n.m.* Gatinho (do am. *kitty*). É *calafonismo.*

Quitar, (do lat. *quitāre,* alt. de *quietāre*) **1.** *v.* Impedir; proibir[T]: *Mê pai deixa-me ir? – Nã te quito. Mãis olha qu'os guardas ando im riba da gente*[857]. **2.** *v.* Tirar: *Agradeço minha tia, / Não posso esmola pegar; / El-Rei me quitou as mãos / Para esmola não pegar*[1858].

1856 Padre Joaquim Chaves Real – *Espírito Santo na Ilha de Santa Maria.*

1857 Vitorino Nemésio – *Mau Tempo no Canal.*

1858 Do *Romance Dom Pedro Menino,* versão da Ilha de S. Jorge (in *Cantos Populares do Arquipélago Açoriano*).

R

Rabada, (de *rabo* + *-ada*) **1.** *n.f.* O m.q. nalgada; palmada[C,Sj]. **2.** *n.f.* Isca usada na pesca de *varão* ou de *agulheira*, tanto numa como noutra, feita de corrico[F,Sj]. No caso do *varão* costuma chamar-se *pincelar* em vez de corricar. Tem este nome porque muitas vezes se usava a rabada de um peixe, quase sempre do congro. **3.** *n.f.* Nome que antigamente se dava à parte de trás da carrada, quando o carro de bois vinha carregado com lenha de rama, esta descendo até tocar no chão[Sj].
Rabalvo, *n.m.* Nome de bovino cuja cauda apresenta pêlos brancos na cauda (de *rabo* + *alvo*)[T].
Rabanho, (assimil. de *rebanho*) **1.** *n.m.* O m.q. rebanho. **2.** *n.m. fig.* Grande quantidade de pessoas, um *rabanho* de gente[F].
Rabanada, *n.f.* O m.q. rajada, falando do vento (de *rabo* + <*-n-*> + *-ada*)[C].
Rabanudo, *adj.* Diz-se daquele que se pavoneia no andar (de *rabo* + <*-n-*> + *-udo*)[T].
Rabão, *n.m.* O m.q. *rabilo e rabilho* (*Thunus thynus*)[SM].
Rabate, *n.m.* Tambor de criança (corrupt. de *rebate* por assimil., sua ext.)[Fl].
Rabear, (de *rabo* + *-ear*) **1.** *v.* Dirigir o carro de bois para trás para o virar[C]. **2.** *v.* Dar a volta ao arado ou à grade da lavoura (de *rabo* + *-ear*)[SM]. **3.** *v.* Andar atrás das moças: *Mas tu, à hora que vens, / Foi coisa que aconteceu; / Tu andas é rabeando / Cá pelo Porto Judeu*[1859].

[1859] Quadra de José Francisco da Terra (*O Terra*), da Terceira, in *Improvisadores da Ilha Terceira*.

Rabecão, *n.m.* Espécie de viola baixo, com quatro cordas, também chamado *violão-baixo* (de *rabeca* + *-ão*).
Rabeja, *n.f.* Resto; parte final (de *rabo*). Estar pela rabeja é estar no fim, a acabar qualquer coisa – os restos[F]: – *Vamos a poipar no açucre pous ele está pela rabeja e ninguém sabe quando é que o Carvalho Araújo torna a vir!*[1860]. No Alentejo, com o mesmo sentido, usa-se a expressão 'estar nas gavelas'[1861].
Rabelo, *n.p.* Rebelo[F]: – *Antigamente botava-se o leite todo na fábrica de Martins e Rabelo!*
Rabequista, *adj.* Na Terceira é alcunha de indivíduo pouco ágil (de *rabeca* + *-ista*)[1862].
Rabete *(bê)*, **1.** *n.m.* Coelho (do am. *rabbit*). **2.** *n.m.* Dim. de rabo (de *rabo* + *-ete*)[F]: – *O menino tem o rabête todo assadinho!*
Rabiadouro, *n.f.* Corda presa à grade da lavoura em que o lavrador segura para *rabiar* (de *rabiar* + *-douro*).
Rabiça, *adj.* Diz-se da batata-doce de inferior qualidade – *batata rabiça* –, que se aproveita para deitar aos porcos[T].
Rabichel, *n.m.* O m.q rabo; nádegas[SM].

[1860] Antigamente, nas Flores, ao meter a carne salgada na *barsa*, punha-se o rabo quase no fundo da vasilha, como uma espécie de marca, para se saber quando a carne estava a chegar ao fim, ao aparecer o rabo – daí a expressão.
[1861] Vítor Barros e Lourivaldo Guerreiro – *Dicionário de Falares do Alentejo*.
[1862] Os rabequistas populares rareiam nos Açores e os que há geralmente são pouco hábeis, daí a adjectivação!

Lançando a tarrafa – Desenho de Augusto Cabral

Rabicho, (de *rabo + -icho*) **1.** *n.m.* Linha que prende a tarrafa à mão do pescador. **2.** *n.m.* Nome de bovino com pêlos compridos na cauda[T]. Cp.: No Brasil chama-se 'rabicha' a uma tira de couro com que se prendem os caldeirões sobre a trempe.

Rabiçote, *n.m.* Rabo do arado que o lavrador empunha quando lavra a terra; o m.q. rabiça (de *rabiça + -ote*)[SM].

Rabilho, *n.m.* Ver *alvacória*.

Rabilo, *n.m.* O m.q. *rabilho* (*Thunnus thynnus*), também chamado *rabão*.

Rabina, *adj. 2 gén.* Endiabrado; travesso (de *rabo + -ina*)[T]. No Cont. usa-se o termo 'rabino'.

Rabinho de ciclone, *n.m.* Vento muito forte mas que não atinge, contudo, a intensidade de ciclone[Fl].

Rabissaca, *n.f.* Rajada de vento (alt. e ext. de *rabisseco*, por infl. de *ressaca*)[SM]: – *Já qualquer rabissaca o deita abaixo!* Cp.: Em certas regiões do país dá-se o mesmo nome a uma digressão feita às escondidas ou à pressa.

Rabiz, *adj.* Nome que na Terceira se dá à impigem, derivado de *rabiar*, visto ser uma erupção cutânea com tendência para alastrar. Ver também *impiz*. Var.: *Rabija*.

Rabo de ciclone, *n.m.* Ventania forte: *De ambos os lados do mar-oceano, levantou-se um rabo de ciclone que ia varrendo tudo*[1863]; o m.q. *rabinho de ciclone*.

Rabo-de-gato, 1. *n.m. Bot.* Designação dada a várias espécies de plantas do género *Equisetum*[1864]. **2.** *n.m. Bot.* Nome comum da planta cientificamente denominada *Phleum pratense*, apenas presente no Faial, S. Jorge e S. Miguel[1865].

Rabo-do-arado, *n.m.* Parte do arado, a *rabiça*[T].

Rabona, *adj.* Diz-se da rês sem cauda ou com ela muito curta (de *rabo + -ona*)[T].

Rabo-torto, 1. Alcunha dada aos naturais da Terceira: *Eles, de torna, chamavam-nos rabo-tortos – que assim ostentavam os cães de guarda que tínhamos, variedade de buldogue espanhol*[1866]. **2.** *n.m.* Nome que também davam na Terceira ao *cão de fila*[1867]. Este nome tem origem no facto de estes cães apresentarem irregularidade na articulação dos primeiros ossos coccígeos, produzindo um desvio na direcção da cauda com a aparência de um S.

Rabuçado, *n.m.* Rebuçado, sua corruptela[F]: – *Á pai, o nosso menino deve de 'tar no céu, comendo gamas e rabuçados!!*

Rabuge, (corrupt. de *rabugem*) **1.** *n.f.* Doença dos cães e dos porcos, uma espécie de sarna[T]. **2.** *n.f.* Inflamação dos olhos dos gatos, principalmente quando são de cor branca[F].

Rabujar, *v.* Entreter-se a fazer pequenos trabalhos (de *rabugem + -ar*)[F]: – *Apesar de velho, ainda vou rabujando um coisinha lá em casa.* Deverá ter a ver com *rabuja*, teimosia; ficaria com o mesmo sentido se fosse dito: 'apesar de velho, ainda vou teimando em fazer qualquer coisinha lá em casa'.

1863 Cristóvão de Aguiar – *Passageiro em Trânsito*.

1864 Paulo Faria – Comunicação Pessoal.

1865 Paulo A. V. Borges e col. – *Listagem da Fauna e Flora Terrestre dos Açores*.

1866 Vitorino Nemésio – *Corsário das Ilhas*.

1867 Cruzamento do chamado cão da terra com o buldogue, antigamente muito divulgado na Terceira.

Rabuscar, *v.* Rebuscar, sua corruptela[F,T]: *Depois, deram em rabuscar na casa e acharam a roupa dele!*[1868].

Raca, 1. *n.f.* Espantalho sonoro destinado a afastar os pássaros das colheitas (de origem onomatopaica). É composta de uma roda dentada, movida pelo vento, que impele uma pequena vela que por sua vez faz bater uma palheta de cana causando um barulho estridente[1869]. **2.** *n.f. pl.* Argolas que prendem a vela do barco à retranca e à carangueja[T].

Raça, *adj.* Imprecação indicativa de irritação contra alguém; atenuação de *raio;* maldito[F]: – *O raça do monço não pára um instante!* E. Gonçalves regista-o também no Algarve.

Raça de nada, *exp.* Absolutamente nada[SM]: – *Fui ao peixe mas nã apanhei raça de nada!*

Raça do diabo, *n.m.* O m.q. *alma do diabo,* talvez com atenuação: – *O raça do diabo do cão entrou na cozinha e deixou o tapete cheio de pulgas!*

Raça do nabo, *n.m.* O m.q. *raça do diabo*[C,F].

Raça do Ramo Grande, *exp.* Raça autóctone de bovinos com origem na Terceira, mas actualmente criada em pastoreio livre em todo o arquipélago. Tem este nome por ter sido muito numerosa no Ramo Grande, planície do nordeste da Terceira situada no concelho da Praia da Vitória. Antigamente, antes do uso dos tractores agrícolas, era a raça dominante destinada ao trabalho da lavoura, actualmente só alguns lavradores ensinam os bois a trabalhar, apenas para mostrá-los em desfiles etnográficos. Esta raça tem origem em bovinos trazidos pelos primeiros povoadores, nomeadamente do Alentejo, sendo, segundo alguns, descendente da famosa raça mertolenga, originária da região de Mértola.

Ração, *n.f.* Comida que se leva para o trabalho no campo (do lat. *ratiōne*)[C].

Racas, *n.f. pl.* Ver *Raca* 2.

Rachar a amolha, 1. *exp. fig.* Dizia-se antigamente quando alguém atravessava a área de actuação de uma *dança do Entrudo*[T]. **2.** *exp. fig.* O m.q. acertar em cheio[T]. Esta exp. tem origem no jogo do pião. Ver também *Amolha.*

Rachar a verdade, *exp.* Dizer tudo às claras, sem rodeios[T].

Radieira, *n.f.* Aquecedor eléctrico (do am. *radiator*). Não é de uso generalizado.

Raeiro, (de *raio* + *-eiro*) **1.** *adj.* Que tem maus costumes ou mau génio[SM]: *Alevanta a pouta – já temos cá dentro um dez réis de peixe e o raeiro do vento está pegando im coiçaria*[1870]. **2.** *adj.* Brincalhão; folgazão[SM].

Rafado, *adj.* Rapado; raro (part. pas. de *rafar*). Diz-se, p. ex., de um artigo que rareia no mercado[SM].

Rafega, *n.f.* Leve rajada de vento; refrega; o m.q. *refega*[T]. No Cont. diz-se também 'rafada' e em Espanha 'ráfaga'.

Ragafa, *n.f.* Garrafa, sua corruptela por metátese[T]: *[...] mulheres com sacas na mão [...] com ragafas de vinho, aquilo é um tal andar [...]*[1871].

Raiado, (de *raia* [=risca] + *-ado*) **1.** *adj.* De várias cores. **2.** *adj.* Diz-se do bovino que tem, em forma de raio, manchas de outra cor na pelagem[T].

Raieiro, *adj.* O m.q. *raeiro*[SM].

Raife, *n.m.* Espingarda ou pistola (do am. *rifle*).

Railuque, *n.m.* Rainúnculo, sua corruptela (*Ranunculos asiaticus*)[Sj].

Rainha, *n.f.* Peixe de pequeno porte – *Thalassoma pavo,* fêmea –, de cores vivas e brilhantes, encontrado frequentemente nas grandes poças de água e junto à costa[F]. Nalgumas ilhas chama-se *torcida.* Nas Flores, o macho é o *peixe-rei.*

Rainha da festa, *n.f.* Cada uma das meninas que, nas festas do Espírito Santo, é encarregada de transportar a *Coroa*[F].

1868 J. H. Borges Martins – *A Justiça da Noite na Ilha Terceira.*

1869 Luís da Silva ribeiro – *A Cultura do Trigo.*

1870 Luís Bernardo Leite de Ataíde – *Etnografia Arte e Vida Antiga dos Açores.*

1871 Maria Alice Borba Lopes Dias – *Ilha Terceira – Estudo da Linguagem e Etnografia.*

Rainha-do-mar, *n.f.* Nome que no Faial se dá à abrótea, por ser um peixe muito fino.
Raio d'alcance, *n.m.* Braço ou tentáculo de lula que serve de isca[Fl].
Raio do diabo, *n.m.* O m.q. demónio[F]: – *O raio do diabo do tempo 'tá rofe a valer!*
Raite, *n.m.* O m.q. passeio (do am. *ride*). Termo que se mantém pelas ilhas.
Raitear *(iar)*, *v.* O m.q. passear (de *{raite}* + *-ear*): – *Gosto muito de raitear de mota à tardinha!* É termo que se mantém em todas as ilhas.
Raituel, *n.m. Bal.* Baleia preta, cientificamente denominada *Embalaena glacialis* (do am. *right whale*). Var. : *Ràtuel, raituela.*
Raivaço, *n.m.* Cólera; enfurecimento; fúria (de *raiva* + *-aço*)[SM]. Adágio: *O burro com o raivaço vira-se à albarda*[SM].
Raivar, *v.* O m.q. *draivar: – Ei lá ando a raivar num aramobil*[1872].
Raivosa, *adj.* Diz-se da malagueta muito picante (ext. de *raivosa*)[F].
Rajeira, *n.f. Náut.* O m.q. *corrico*[C].
Rala, (de *ralo*) **1.** *n.f.* Pão integral[T]. **2.** *n.f.* Peneira para os farelos [SM]. No Cont. 'rala' é farinha grossa, rolão.

Desenho de L. de Ataíde

Ralo, (do lat. *rallu-*) **1.** *n.m.* Janela de pequenas dimensões: *[...] cheguei-me ao ralo – dizem as meninas*[1873]. **2.** *n.m.* Grade de varandas formada por réguas de madeira de cedro cruzadas; o m.q. adufa. **3.** *n.m.* Uma das malhagens da rede da pesca, do *arrastão,* com cerca de três polegadas[T]. **4.** *adj.* Espaçado; raro[Fl,Sj]: – *É ralo esse home passar cá im casa.*
Raloca, *n.f. Bal.* Forqueta para o remo do *bote baleeiro* (do am. *rowlock*).
Ramada, (de *ramo* + *-ada*) **1.** *n.f.* Conjunto de *cambulhões* de milho sem casca – *milho-encoiro* – que se dependuram em canas sobre os tirantes da casa[T]. **2.** *n.f.* Rua perpendicular à entrada do *Império* do Espírito Santo, onde evolucionam, nos domingos de festa, os *Cavaleiros* e os *Foliões*[Sj]. **3.** *n.f.* O m.q. *arramada*[Fl,P]: *O nosso Imperador / Vem chegando à ramada, / Traz a Coroa no Prato, / Vem todo cheio de graça*[1874].
Ramal, *n.m. Sinal* de marcação do gado.
Ramal de baixo, *n.m.* Parte inferior da orelha da ovelha, junto da inserção na cabeça onde se faz a *marca; ramal de cima* é a parte superior da orelha[T].
Ramal-fendido, *n.m. Sinal* de marcação do gado, pouco usado, composto do *ramal* mais a *fendida.*
Ramal-tronchado, *n.m. Sinal* de marcação do gado composto por um *ramal* mais uma *troncha*[1875].
Ramalhar, (de *ramalho* + *-ar*) **1.** *v.* Gradar um terreno plantado de milho, quando as plantas são ainda pequenas[C]. **2.** *v. fig.* Ir passando como Deus quer; o m.q. *rolar 2*[Sj]. É usado sempre no gerúndio: – *Vai-se práqui ramalhando!*
Ramalho, *n.m.* Nuvem comprida e fina; o m.q. cirro (ext. de *ramalho*)[C]. O m.q. *ramangalho.*
Ramangalho, *n.f.* O m.q. *ramalho*[C].
Rameira, *n.f.* Ramagem de árvores (de *ramo* + *-eira*)[Fl].

1872 Urbano de Mendonça Dias – *"O Mr. Jó"*

1873 Raul Brandão – *As Ilhas Desconhecidas.*

1874 Quadra do folclore do Faial recolhida por Maria de Fátima Baptista.

1875 Os Corvinos pronunciam *ramal tronchudo.*

Ramela, *n.f.* O m.q. remela. Adágio: *À moça da tua terra, limpa-lhe a ramela e casa com ela.*
Rameloso, (de *ramela* + *-oso*) **1.** *adj.* O m.q. remeloso. **2.** *adj. fig.* Diz-se do indivíduo insignificante.
Raminho de ciclone, *n.m.*. Vento forte, às rajadas[SM].
Raminho de trombose, *n.m.*. Termo recente, utilizado para designar um episódio de Acidente Vascular Cerebral, vulgarmente chamado Trombose, mas de pequena importância.
Ramo, *n.m.* Vara especial, encimada por uma decoração floral, usado nas festas do Espírito Santo (do lat. *ramu-*)[SJ].
Ramo-feito, *n.m.* Cantiga dos *Foliões* efectuada no Sábado de Espírito Santo, quando percorrem a freguesia a distribuir as *esmolas*, apenas executada nas casas de pessoas mais importantes, nomeadamente a do Rei da Coroa ou a do Imperador[F]: *Quem me dera um ramo feito / Das mãos de Nosso Senhor, / Também dizemos que viva / O nosso nobre Imperador.*
Rampa, *n.f.* O m.q. *barroca* (do fr. *rampe*)[C].
Rancho, 1. *n.m.* Fazenda; herdade (do am. *ranch*). **2.** *n.m.* Manada; vara de porcos (do am. *ranch*)[T]. **3.** *n.m.* Grupo de crianças ou de homens que, na época do Natal canta versos em honra do menino Jesus (do cast. *rancho*)[Fl]. Nas Flores também se chama *ronda*. **3.** *n.m.* Grupo de animais (ext. de *rancho*): *[...] apareceu uma galinha com um rancho de pintos, a piarem, a piarem [...]*[1876].
Rancho da fruta, *n.m.* Nos tempos áureos da cultura da laranja em S. Miguel, os rapazes empregados na sua apanha deslocavam-se para as quintas em grupo a que chamavam 'ranchos da fruta': *À noitinha, eram as aldeias embaladas pelo rumorejo dos ranchos da fruta que regressavam da faina diária*[1877].

[1876] J. H. Borges Martins – *Crenças Populares da Ilha Terceira I.*
[1877] Luís Bernardo Leite de Ataíde – *Etnografia Arte e Vida Antiga dos Açores.*

Rancho dos Reis, *n.m.* Agrupamento musical que percorre a freguesia, cantando quadras tradicionais pelas casas[T]: *Patriarca S. José, / Acendei o fogareiro, / Porque dizem que é nado / O bom Jesus verdadeiro.* Equivalente ao que no Continente se chamam 'as Janeiras'. Na Terceira, os *Ranchos dos Reis* eram constituídos por um grupo de tocadores, com viola da terra, violão, clarinete, cornetim, trombone e ferrinhos que acompanhavam cantadores, às vezes cantando a duas vozes, quase sempre em 'terceiras'. *Os componentes do grupo iam semi-embuçados num chale de lã em volta do pescoço e chapéu de feltro, ainda que o frio não o justificasse. Começava a cantar-se na rua, frente à porta da casa que estava sempre fechada, bem como as portadas das janelas, nenhuma luz se vendo do exterior*[1878].
Rancho de Romeiros, *n.m.* Ver *Romeiros* (S. Miguel). Os *ranchos de Romeiros* constituem-se por freguesia e já chegaram a integrar cerca de duzentos *romeiros*, embora a maioria deles integre entre os 20 e os 100.
Rancho melhorado, *n.m.* Refeição requintada, preparada com todos os cuidados (por influência da gíria militar)[F]. No Cont. ouve-se às vezes dizer 'jantar melhorado'.
Rangalho, *n.m.* Farrapo[T].
Ranhoso, *n.m.* Aten. de Diabo[T].
Ranzelar, *v.* Resmungar; ranzinzar (corrupt. de *razoar*?)[C,F].
Ranzoar, *v.* Diz-se do cão quando rosna baixinho[F].
Rapa, 1. *n.f. Bot.* Arbusto muito ramificado, de folha perene, sendo uma planta nativa dos Açores, introduzida na Madeira, cientificamente denominada *Calluna vulgaris*. Antigamente, na Terceira, havia pessoas que viviam da venda da *rapa*, em pequenos molhos, vendidos em Angra, de porta em porta, para acender o lume. **2.** *n.f.* Vestido liso que as mulheres usam em

[1878] João Ilhéu – *Notas Etnográficas.*

casa; o m.q. bata; penteador; robe (do am. *wrapper*). **3.** *n.m.* O *rapa* é o dia 12 de Novembro, a oitava de S. Martinho[1879] – este chamado *papa* (deriv. regr. de *rapar*)[T]. Adágio: *S. Martinho, Bispo, S. Martinho, Papa, S. Martinho, rapa*[T].

Rapá, *n.m.* Rapaz, sua corruptela[Fl,T]: – *Eh rapá, tu não hás-de sair e mais aquele rapaz, porque ele é lobisome*[1880]. Também se ouve dizer *repá*. Leite de Vasconcelos regista-o com a mesma grafia na linguagem barraquenha: *[…] que um rapá le trôce na palma da mão*[1881].

Rapada, *n.f.* O m.q. alopecia; queda de cabelo (part. pas. fem. subst. de *rapar*): – *Já viste a tua cabeça? Ai tal rapada por cima!*[1882].

Rapadeira, (de *rapar* + *-deira*) **1.** *n.f.* Pequeno instrumento provido de uma lâmina, destinado a rapar o pêlo do porco depois de chamuscado[C,F,Fl]. **2.** *n.f.* Instrumento semelhante ao anterior destinado a rapar o barro antigamente usado na construção civil[F]. **2.** *n.f.* Instrumento semelhante aos anteriores destinado a rapar algas para engodar às salemas[F].

Rapa-de-pedra, *n.f.* O m.q. *urzela (Rocella tinctoria)*.

Rapado, *adj.* Diz-se da medida de sólidos rasa – quando não é *rapada*, diz-se *em caculo*: *meia-quarta rapada; meia-quarta em caculo.*

Rapadura, *n.f.* Restos da massa de fazer o pão que ficam nas paredes do alguidar[F]; o m.q. *esfregadura* (de *rapar* + *-dura*). Moisés Pires regista-o (no pl.) com o mesmo sentido na linguagem de Miranda do Douro.

Rapa-língua, *n.f. Bot.* Planta perene, trepadeira e lenhosa na base, presente em todas as ilhas, na Madeira, nas Canárias e no Sul de Espanha, cientificamente denominada *Rubia agostinhoi*[1883]. Também é chamada *raspa-língua* e *ruiva*.

Raparigo, *n.m.* Rapaz efeminado; o m.q. *zabela* (de *rapariga*)[SM].

Rapaz do barco, *n.m.* Rapaz ajudante dos tripulantes de um barco[SM]: *Os barcos grandes […] levam 9 homens e 2 rapazes. Estes rapazes teem por missão fazer engodo, preparar isca, arrumar certas miudezas do barco, etc. Ha creanças que começam a acompanhar os paes para o mar aos 5 e 6 anos*[1884].

Rapioca, *n.f.* O m.q. bebedeira[T].

Rapludo, *n.m.* Jogo de cartas[Fl].

Rapolho, 1. *n.m.* Repolho, sua corruptela. **2.** *n.m. fig.* Bebedeira[Sj,T]: – *Apanhou cá um rapolho na venda de João Dias que media o caminho todo de banda a banda!*

Raposa, (do lat. *rapu-*, pelo cast. *raposa*) *n.f.* Vasilha de madeira usada no transporte de uvas por altura das vindimas[SM].

Raposo, 1. *n.m.* Conjunto de raízes que crescem nos regos de água[T]. **2.** *n.m.* Nome que se dá ao boi todo cinzento[T].

Rapujar, *v.* O m.q. pastar na relva[P].

Ràroei, *adv.* Depressa; imediatamente (do am. *right away*). Pronuncia-se também *ràloei*: – *A mulhé nã tinha nada pro jantá mas pegou na farinha e no leite e fez as papas num ràroei!*

Rasa, *n.f.* O m.q. *rasoira*[F].

Rasão, *n.f.* O m.q. *pau de rasoira*[C]. Pelo rasão: Diz-se da medida de sólidos rasa[C].

Rascasso, *n.m.* Nome vulgar de peixe-escorpião, cientificamente denominado *Scorpaena maderensis*, parecido com o rocaz (*Scorpaena scrofa*) mas atingindo maior tamanho.

Rasga, *n.m.* Espécie de 'reco-reço', é um instrumento músico artesanal feito de uma cana seca com cerca de 30 cm de comprimento, na qual se fazem com a navalha algumas mossas; segura-se com uma mão, passando com a outra, por

---

1879 Quando se comem os restos, se rapam os tachos.

1880 J. H. Borges Martins – *Crenças Populares da Ilha Terceira I.*

1881 J. Leite de Vasconcelos – *Filologia Barranquenha.*

1882 J. H. Borges Martins – *Crenças Populares da Ilha Terceira I.*

1883 Erik Sjögren – *Plantas e Flores dos Açores.*

1884 Armando Silva – *Ethnographia Açoriana.*

cima das mossas, outro pedaço de cana mais delgado[T]. Era um instrumento também usado antigamente em certas danças populares.

Rasgada, *adj. Mús.* Diz-se da viola da terra tocada em harpejos. Já o ouvi também na Zona Centro do país.

Rasgado, *n.m. Mús.* Arpejo na *viola da terra,* uma das maneiras de tocar a *viola da terra.* As cordas são tangidas todas ao mesmo tempo, geralmente com a unha do polegar[1885], em acordes consoante se desenvolve a melodia. A viola *rasgada* usa-se sempre na moda da *Chamarrita,* a mais colorida de todas as músicas folclóricas dos Açores. Dada a duplicação das primeiras três cordas e a triplicação das duas últimas produz um som cheio de intensidade e de brilho. A viola toca-se *em rasgado* ou *rasgada* quando é a única a acompanhar, podendo ser dedilhada ou *ponteada* quando existe mais do que uma a tocar.

Rasgar folha, *exp.* Tirar a bandeira ao milho[SM]; o m.q. *descabeçar.*

Raso de roupa, *exp.* Diz-se daquele que tem muita roupa vestida[Fl].

Rasoila, *n.f.* O m.q. *rasoira,* a medida de alqueire[Fl]. No Faial havia a *rasoila* de 1 alqueire, de 1/2 alqueire e de 1 quarta.

Rasoira, *n.f.* Medida de sólidos que corresponde a 1 alqueire (de *raso* + *-oira*)[T]. No Cont., a 'rasoira' é o pau direito e redondo que serve para tirar o cogulo das medidas de secos, não a medida em si. Nos Açores, à rasoira propriamente dita, chama-se *pau de rasoira* ou *pau de rasoila.* Em S. Miguel também lhe chamam *pau do litro.* Var.: *Rasoura*[C].

Rasteiro, *n.m.* Nome frequentemente atribuído aos cães pequenos[T].

Ratais, *n.m. pl.* Grande quantidade de ratos[Fl].

[1885] Tanto o *rasgado* como o *ponteado* da viola da terra são, em certas ilhas, feitos com a unha do polegar.

Ratalhada, *n.f.* Grande quantidade de ratos[T]: *Quando se porcata, era tanta ratalhada a correr duma banda para a outra [...]*[1886].

Ratão, (de *rato* + *-ão*) **1.** *n.m.* Personagem cómico/burlesca das *danças do Entrudo,* também chamado *Velho,* que declama frases 'picantes' embora sem ofensa dos bons costumes[1887]. Na Terceira, o *Ratão* começou por ser um elemento fora da dança que afastava o público e dizia piadas, fazendo no fim da exibição uma colecta, sendo conhecido pelo nome de *Velho da arreda* e tendo passado depois a integrar o conjunto, marcando e separando as cenas, nalguns casos intervindo como personagem, sendo sempre o último no enredo, a finalizar com a moral do *assunto*[T]: *O ratão entrava no quarto, manobrando a sua bengala, e com alguns gracejos de improviso ia aconchegando as pessoas para os lados, para que houvesse espaço suficiente para a dança*[1888]. **2.** *n.m. Besugo* pequeno. Este nome é-lhe atribuído pelo facto de alimentar-se como um rato, não comendo a isca, mastigando-a, como que 'ratando-a'. **3.** *n.m.* Peixe cartilagíneo, semelhante à raia, também chamado *uja* e *uje,* de nome científico *Dasyatis pastinaca.*

Ratão-águia, *n.m.* Peixe cartilagíneo, semelhante à raia, de nome científico *Myliobatis aquila.*

Rateiro, (de *rato* + *-eiro*) **1.** *n.m.* Peixe das costas das ilhas, pequeno e, nalgumas ilhas, geralmente não utilizado na alimentação. Nas Flores tem este nome, noutras ilhas chama-se *bodião-verde* e *maracoto.* Os biólogos dão-lhe o nome de *Centrolabrus caeruleus.* **2.** *n.m.* Homem que procede à desratização: *Aqui chegou o rateiro, / Com as suas alpergatas, / Que por mui pouco*

[1886] J. H. Borges Martins – *Crenças Populares da Ilha Terceira II.*

[1887] No país, um dos significados de *ratão* é cómico, engraçado.

[1888] Hélio Costa – *O Carnaval dos Bravos.*

dinheiro / Vem matar ratos e ratas[1889]. **3.** *n.m. fig.* Rapaz ou homem esperto.
Ratinhar, *v.* Comer uma quantidade muito pequena de um alimento; o m.q. mordiscar. É termo tb. muito usado na gíria dos pescadores, significando o acto de o peixe não engolir completamente a isca, limitando-se a mordiscá-la ligeiramente, muitas vezes dando cabo dela. O *peixe-sapo* (*Spheroides maculatus*) é especialista nisso!
Ratinhar do peixe, *exp.* O m.q. *garrear do peixe*[SM]. No Alentejo usa-se o termo ratinhar com o mesmo significado, regatear.
Rato-de-canavieira, *n.m.* Espertalhão; finório[SM]; o m.q. *rato fino.*
Rato-do-augueiro, 1. *n.m.* Indivíduo andrajoso[T]. **2.** *n.m.* Indivíduo envelhecido precocemente[T].
Rato-fino, *n.m.* O m.q. *rato-de-canavieira*[SM].
Rato-de-quinta, *n.m.* No tempo da cultura intensiva da laranja em S. Miguel, dava-se o nome de *ratos-de-quinta* aos larápios que a furtava, também chamados *ladrões de fruta.*
Rautilha, *n.f.* Casa velha[SJ]: *O que pode ficar ao pastor, que vive pobre numa rautilha, é alguma criação muito mal criada*[1890]. É termo exclusivo da Ilha de S. Jorge.
Razar, *v.* Rezar, sua corrupt. por assimilação[Fl]: – *Quando morre ũa pessoa, os amigos e a familha ajuntam-se todas as noites pra razar a novena das almas ou o terço de contas.*
Razon, *n.f.* Razão, sua f. arcaica[F,Sj]: *Chorava a Dona Silvana, / Chorava, que razon tinha, / Acordou seu pai da cama, / O pranto que ela fazia*[1891].
Razora, *n.f.* Navalha de barba (do am. *razor*). Não é de uso generalizado.
Realejo, *n.m.* O m.q. caixinha de música (do cast. *realejo*)[F].
Real puta que o pariu, *exp.* Expressão usada para acentuar ainda mais a expressão depreciativa *puta que o pariu*[F].
Realengo, *n.m.* Peixe das águas dos Açores, também chamado rei (CF).
Rebaceiro, *adj.* O m.q. *rabanceiro*[P].
Rebaldaria, *n.f.* Confusão; tropelia; zaragata: – *Na festa de Espírito Santo à noite foi uma rebaldaria que metia medo... Nem as cadeiras ficaram inteiras!*
Rebanceiro, *adj.* Diz-se daquele que come muito: *C'mo sinhô bem sabe, ê nunca fui rebanceiro!* Lacerda Machado regista-o no Pico com a grafia *rebaceiro.*
Rebarba, *n.f.* Erecção sexual masculina pronunciada e mantida (de *re* + *barba*). Ouvido um pouco por todo o país.
Rebate, *n.m.* Inflamação da mama da mulher parturiente (ext. de *rebate*)[Sj,SM,T]. Era tratado antigamente com um emplastro de excremento do recém-nascido, aplicado localmente. Var.: *Rebate de leite*[T]. O *rebate* também era conhecido por *mal da dada,* uma das doenças muitas vezes tratada por curandeiros que a curavam com rezas como a que se segue[T]: *Eu te benzo rebate bravo, / Com o fumo da minha albarda. / O mal por onde entrou / Por aí saia*[1892]. Em S. Jorge dizia-se: *Cama de palha e travesseiro de albarda / Por onde este mal entrou, por lá saia* (ao mesmo tempo que se benzia três vezes a pessoa com um ramo verde molhado em água)[1893].
Rebateira *(bà), n.f.* Doença passageira (de *rebate* + *-eira*)[C].
Rebatina, à, *loc.* Por um preço muito baixo[P]: – *Aquilho foi tudo vendido à rebatina, era mêmo pra despachar!*
Rebeca. *n.f.* Violino (de *rabeca*).
Rebeco *(bê), n.m.* Lugar retirado em caminho não iluminado (de *re-* + *beco*)[Sj,T].
Rebendita, *n.f.* Vingança (alt. de *rebentina*)[Sj,T]: *Quando vem o vento norte / Me sacode a janela / Só me diz por rebendita / Gostas dela! Gostas dela!*[1894]. Esta palavra

---

1889 Cristóvão de Aguiar – *Um Grito em Chamas.*
1890 Raul Brandão – *As Ilhas Desconhecidas.*
1891 Início do Romance S. Silvana, recolhido em S. Jorge por Elsa Mendonça.
1892 J. H. Borges Martins – *Crenças Populares da Ilha Terceira I.*
1893 Olímpia Soares de Faria – *O Nosso Falar Ilhéu.*
1894 Vitorino Nemésio – *Festa Redonda.*

não vem registada nos dicionários de português consultados. É também usada na Madeira mas com o significado de 'fazer algo com maldade' ou da 'acção de contrariar propositadamente'.

Rebentação de fogo, *n.f.* O m.q. rebentação de vulcão: *[...] os muitos milagres atribuídos ao Espírito Santo, nas épocas calamitosas dos terramotos e «rebentações de fogo» que espalham a desolação e o terror por todas as ilhas*[1895].

Rebentão, *n.m.* Ladeira muito íngreme (de *rebento* + *-ão*)[SM,T]: *E eles – sempre a caminhar e sempre depressa, depressa, subindo e descendo rebentões de estafar cavalos possantes [...]*[1896]. Var.: *Arrebentão.*

Rebentar, *v.* Ganhar tamanho, falando do pão quando está a cozer no forno (ext. de *rebentar*)[T]: *– À querida, para o pão rebentar não há cma que botar ũas areiazinhas de sal no forno!*

Vulcão dos Capelinhos, no Faial, em 1957

Rebentar fogo, *exp.* O m.q. começar a actividade, falando de um vulcão: *No 1.° de Maio de 1808 [...] rebentou fogo na freguesia de Santo António, elevando a considerável altura pedras incandescentes de enorme grandeza [...]*[1897].

Rebentina, (de *rebentar* + *-ina*) **1.** *n.f.* Acesso de cólera, de raiva; sacão de fúria: *[...] quando buscara um aparo e sozinha se vira entre as rebentinas da madrinha, que a aborreciam, e as esquivanças de Benedita, que a desolava*[1898]. **2.** *n.f.* Vingança[SM]: *– Só por rebentina é que quis ficar com o filho!* É termo antigo ainda aqui usado, no 2.° caso alterado. Aquilino também o usa na sua linguagem popular: *Não fales à rebentina, primo, que me derrancas a alma*[1899].

Rebimbar, (ext. de rebimbar) **1.** *v.* Ter a primazia[SM]. **2.** *v.* Ripostar; teimar[SM].

Rebiteso, *adj.* Enérgico; forte; rijo[Sj]: *– Ele é rebiteso..., não há nada que o bote abaixo.* Deverá ser termo importado do Algarve, onde se usa o termo 'rabiteso' com o mesmo sentido.

Rebocar a baleia, *exp.* Trazer o cachalote, depois de morto, para terra. Antigamente isto era feito a poder da força de remos do bote baleeiro, levando às vezes mais do que um dia para chegar à terra, nos casos em que o animal tinha levado o bote para muitas milhas de distância. A partir da época da motorização das *lanchas da baleia,* eram estas que o rebocavam com mais rapidez até junto da fábrica. Atrás da baleia seguem muitas vezes esqualos atraídos pelo sangue que da baleia vai saindo, aproveitando de vez em quando para dar a sua dentada.

Reboiço, Vento circular quando acontece no mar provocando remoinho na água[T]. Fazer reboiço: provocar agitação.

Reboitalho, **1.** *n.m.* O m.q. rebotalho; aquilo que fica depois de escolhida a sementeira, os restos que não têm tamanho ou qualidade para serem consumidos[F,Sj,SM]. Serve para designar, por exem-

[1895] João Ilhéu – *Notas Etnográficas.*
[1896] Dias de Melo – *Pedras Negras.*
[1897] João Ilhéu – *Notas Etnográficas.*
[1898] Manuel Ribeiro – *Batalha nas Sombras.*
[1899] Aquilino Ribeiro – *O Malhadinhas.*

plo, as batatas pequenas e as *retalhadas* que restam depois da escolha da colheita, sendo então aproveitadas para a alimentação dos porcos. **2.** *n.m. fig.* Gente de má índole[F]: – *O milhor é nã ligar àquela gente, aquilho é só reboitalho!* **3.** *n.m.* Pessoa mal vestida[SM]. Nota: Grafia no sXVI = *reboutalho*. Na Galiza também se pronuncia, a par de 'rebotalho', 'reboutalho'.

Recado, *n.m.* Personagem cómica das representações teatrais populares da Ilha de S. Miguel, também chamada *Licença*.

Recaídela, *n.f.* O m.q. recaída (de *recaída* + *-ela*)[Fl].

Recancha, *adj.* Diz-se do que tem as pernas arqueadas; escanchado[T].

Reção, 2. *n.f.* Ração, sua corruptela por dissimilação. **2.** *n.f.* Em S. Miguel dá-se o nome de *reção* ou *pensão* a cada lote de carne de 2 kg destinado a oferecer aos *Irmãos*, nas Flores chamado *peso*.

Recebedoria, *n.f.* Tesouraria da Fazenda Pública. Termo que também se usava antigamente em certas regiões do Cont. (de *recebedor* + *-ia*).

Rechão, *n.m.* Parte plana de um terreno junto a um declive (ext. de *rechão*)[C]. Nas Flores pronuncia-se *rochão*.

Reclamo, 1. *n.m.* Personagem das representações teatrais populares da Ilha de S. Miguel que provoca os comentários desabridos do *Velho*. **2.** *n.m.* Primeira parte de uma *Comédia*, em que é exposto o assunto da peça[SM].

Reco, *n.m.* Porco[SM]. No Norte do país também dão este nome ao porco: *O leitor provavelmente não encontra no Dicionário o termo reco. O povo de Trás-os-Montes e de porção da Beira Alta, dá aquele nome, cuja etimologia ignoro, aos cevados*[1900]. Aquilino Ribeiro confirma o seu uso: *E tanto teima o filho duma grandessíssima reca, que eu, na minha boa sinceridade, estendo a mão para o copo*[1901].

Recoleta *(ê), n.f.* Parte do forno de cozer o barro[SM]. Na região de Aveiro chama-se 'recoleta' a um barracão anexo à casa com telhado de uma só vertente.

Recolher dentro, *exp.* Expressão muito usada em Santa Maria, p. ex., em relação a um abcesso que não supura espontaneamente, a uma dor que não passa, a qualquer doença que não cura. Pode também referir-se a uma doença do foro psíquico, a um recalcamento[1902]. Var.: *Recolher adentro*[StM].

Recuso, *n.m.* O m.q. queixa (CF). Ex. Fazer um *recuso* à polícia[T].

Transportando uma rede (Madeira, séc. XIX)

Rede, *n.f.* Nas Flores chamava-se *rede* a uma espécie de machila ou palanquim improvisada no momento com cobertores atados numa vara (idealmente de bambu por ser leve), antigamente destinada ao transporte dos doentes, aos ombros, pelos atalhos de penetração da ilha desde as freguesias até ao Hospital.

Rede de amanjoar, *n.f.* O m.q. *rede de ameijoar*[T].

Rede de ameijoar, *n.f.* Rede de emalhar utilizada na pesca[Fl].

Rede de arrastar, *n.f.* Variedade de rede de pesca, também chamada *arrastão*, que

1900 Camilo Castelo Branco – *O Bem e o Mal*.

1901 Aquilino Ribeiro – *O Malhadinhas*.

1902 Arsénio Puim (*Baluarte de Santa Maria*, Janeiro de 1988).

é posta junto da costa e, depois de algum tempo no mar, é puxada para terra; em S. Miguel chama-se *tresmalho*. A *rede de arrastar* tem cerca de 90 braças de comprimento por cinco de altura, variando a sua malha, consoante a medida, formada de *ralos, meios ralos* e *bastos*[T].

Rede de chicharro, *n.f.* Rede de pesca com 9 a 10 metros de comprimento por 8 de largura, malha de meia polegada de lado, fio de 2 mm de diâmetro, lançada transversalmente ao barco através de 3 varas de 5 a 6 metros de comprimento, tendo cada uma na extremidade um pequeno moitão, por onde enfia um cabo, cujo chicote amarra a uma vara intencionalmente arqueada, a qual está ligada a tralha da rede[1903].

Rede de espera, *n.f.* Pequena rede de ameijoar geralmente lançada de terra com a ajuda de varas compridas espetadas na rocha, com moitões nas extremidades por onde correm os cabos[Fl]. Tem este nome por ficar no mar durante algumas horas, às vezes durante a noite inteira.

Redil, *n.m.* O m.q. curral, falando das ovelhas do mato (de *rede* + *-il*)[F].

Redoiça, *n.f.* Agitação; briga; desordem; guerra (alt. de *retoiça*)[F].: – *O gueixo lavrado não aumenta nada, anda sempre na redoiça com o boi preto!* 'No retouço' é loc. arc. que significava 'a pular', 'a saltar': *Sim, muchacho sobejava! / Era um zote tamanhouço! / E eu andava no retouço / tão rouca que não falava*[1904].

Redol, *n.m.* Redor, sua corruptela[T]. De redol ou ó redol: *loc. adv.* em volta de[T]: *Era a cara mai' linda qu'havia nas ilhas ò redol!*[1905].

Redolho, 1. *n.m.* Diz-se do fruto serôdio[Sj,SM,T]. **2.** *adj.* Diz-se do filho que veio tardiamente, que já não era esperado[SM]. Em S. João da Pesqueira chama-se 'redolho' ao cacho de uvas pequeno que fica para trás na vindima. Noutras regiões dá-se este nome ao centeio serôdio. É palavra de orig. contrv., segundo alguns derivada do cast. *redrojo*, fruto ou flor tardia. Nos Açores, é muitas vezes pronunciado *rodolho*.

Redonda, *adj.* Diz-se da farinha mais grossa[SM]: – *A gente, se quer a farinha mais redonda, afasta as pedras do moinho mais um poucachinho usando a agulha.*

Redondo, 1. *adj. fig.* Muito gordo, como se fosse redondo: – *A filha de João Estácio, ó depous de ter familha, ficou redonda c'má mãe!* **2.** *n.m.* *Balho* tradicional do Pico. Curiosamente, ao contrário de todos os *balhos* tradicionais, não é cantado, apenas tocado instrumentalmente. **3.** *n.m.* O m.q. *eito*, falando da apanha da *moira*[F].

Redouço, *n.m.* Baloiço, também chamado *arredouça* e *àrredouça*[SM]. Antigamente, em certas freguesias de S. Miguel, quando as crianças tinham coqueluche (tosse convulsa), iam em numerosos grupos, companhadas por fortes homens, para uma matas bem arejadas, onde se armavam *redouços* nas árvores para que elas se sentissem aliviadas com a deslocação do ar provocada pelo seu intenso balançar.

Reduto, *n.m.* Quintal; terreno pertencente à casa de moradia[P,Sj,T].

Refasteleiro, *adj.* Diz-se do indivíduo muito activo, irrequieto e turbulento[Sj].

Refegão, *n.m.* Tufão de vento (de *refega* + *-ão*)[Sj].

Refesto, *n.m.* O m.q. festo, vinco dos tecidos[C].

Refiar, *v.* Torcer o nariz em sinal de desagrado.

Refinfar, *v.* Exceder; ultrapassar[T]: – *Este é ruim, mas o irmão refinfa!*

Reflexo, *n.m.* O m.q. *eirado*[C].

Refolgadoiro, *n.m.* Abertura por onde o vulcão respira (de *{refolgar}* + *-doiro*)[Sj].

Refolgar, *v.* Tomar fôlego; respirar com rapidez (taquipneia); o m.q. resfolegar.

[1903] Armando Silva – *Ethnographia Açoriana.*
[1904] Gil Vicente – *Farsa de Inês Pereira.*
[1905] Vitorino Nemésio – *Mau Tempo no Canal.*

Reforçado, *adj.* Forte; saudável; valente (part. pas. de reforçar)[Fl].
Reforços, *n.m. pl.* O m.q. *forças.*
Reformado do Castelo, *exp.* Diz-se do militar aposentado[T].
Reformar o crescente, *exp.* Antigamente, em casas de poucas pessoas, a cozedura do pão era feita uma vez por semana, sendo retirado da massa cerca de 50 g para ser usada como fermento na semana seguinte; nessa altura, geralmente na véspera, era acrescentada farinha, cerca de 1 kg, e água, amassando-a, para ser usada no dia seguinte como *crescente.* Nalgumas das ilhas diz-se *reformar o fermento.*
Reformar o fermento, *exp.* O m.q. *reformar o crescente.*
Refrescar, *v.* Meter o pão duro, depois de borrifado com água, no forno ainda quente para o tornar macio[C]. Antigamente, esta operação também era feita num tacho com água a ferver (ver *estimar*).
Refrescar a moira, *exp.* Meter a *meia-da-moira* na água fresca do mar para lhe dar ânimo e aguentar-se viva até ao fim do dia[1906].
Refuga, *n.f.* Cabra jovem, antes de dar leite[SM]; o m.q. *chibana* (de *refugo*).
Refunfelho, *adj.* Resmungão. 'Refunfar', em linguagem pop. da Beira, é resmungar. *Era uma velha refunfelha....*
Regalhão, *n.m.* O m.q. camalhão[Sj].
Regata de botes, *n.f.* Prova competitiva de remo e vela que se faz na *semana dos baleeiros* do Pico, em que várias corporações da Ilha mostram como se manobra com destreza os elegantes *botes baleeiros.*
Regato, *n.m.* Sulco na atafona ou no palheiro para facilitar a limpeza do estrume feito pelo gado[Fl].
Reger, *v.* Ir bem ao parecer; ser próprio; calhar bem[Sj,T]: *Este vestido não me rege, já nã tenho idade pra coisas tã claras!*
Regimento, *n.m.* Organização[Fl]. No Faial diz-se *ter bom regimento, ter má regimento,* com o sentido de ter boa ou má organização.
Registo, (do lat. medv., *registru-,* pelo fr. *registre)* **1.** *n.m.* Pequeno quadro religioso que o povo pregava nas paredes, nos teares, etc., para afugentar as coisas ruins. Na Terceira também se pronuncia *registro.* **2.** *n.m.* Imagem de um santo a que são coladas pratas de várias cores, flores feitas de escamas, fitas, etc., que lhe dão um certo relevo e um grande colorido, sendo tudo depois emoldurado e envidraçado[1907]. São célebres os registos do Senhor Santo Cristo dos Milagres: *Pondo, então, os seus olhos num registo do Senhor Santo Cristo dos Milagres, recolhido em si mesmo logo fica elevando pró céu o pensamento*[1908]. **2.** *n.m.* Mostrador do relógio[SM]. **3.** *n.m.* Peça da atafona que permite aproximar ou afastar as mós para tornar a farinha mais ou menos fina; o m.q. *agulha.*
Registro, *n.m.* O m.q. *registo*[T]. Nota: O termo registo deriva do lat. med. *registru-,* pelo fr. *registre.*
Rego das mamas, *n.m.* Sulco inter-mamário[F].
Rego do rabo, *n.m.* Sulco internadegueiro[F].
Régua, *n.f.* O m.q. *pau de rasoira*[C].
Regueira, *n.f.* Chapa de ferro que circunda a borda do pégão, no moinho de vento, e que permite que a caixa gire sobre a base. Também chamado *trilho de ferro*[Fl].
Rei, 1. *n.m.* Nome que se dá ao *Mestre* de algumas *danças* carnavalescas, o *Rei da dança.* **2.** *n.m.* O m.q. *maioral,* falando nas *Cavalhadas* de S. Miguel. **3.** *n.m.* Antónimo de *marralho,* em certos jogos [P].
Rei da Coroa, *n.m.* Aquele que nas festas do Espírito Santo é o portador da *Coroa* do Espírito-Santo.

1906 De notar que a pesca da *veja* é feita nos meses quentes de verão, embora recentemente, com as mudanças climáticas, se faça fora desta época.

1907 Esta curiosa expressão da arte religiosa popular foi inicialmente de criação freirática.

1908 Luís Bernardo Leite de Ataíde – *Etnografia Arte e Vida Antiga dos Açores.*

Reigada, *n.f.* O m.q. arreigada, sua f. aferética.
Reina, *n.f.* O m.q. *reinação* (deriv. regr. de *reinar*)[Sj]. Usado na Madeira com o mesmo significado.
Reinação, *n.f.* Desespero; teimosia; zanga (de *reinar* + *-ção*)[T].
Reinaço, *n.m.* O m.q. *reinação* (de *reinar* + *-aço*)[T].
Reinadiamente, *adv.* Alegremente; vivamente: *[...] na cozinha balhava-se reinadiamente nessa noite*[1909].
Reinar, *v.* Zangar; dar o cavaco. Estar reinando é estar zangado, *fazer reinar* é fazer zangar, provocar. É muito usado em S. Jorge, S. Miguel e na Terceira, embora também seja usado noutras ilhas: *[...] se precisava de mim para fazer algum mandado e não me encontrava à mão, meu Pai ficava reinando de génio*[1910]; *Não me façam reinar, tomim caitela!*[1911]. Na Terceira, para aumentar ainda mais a ira de alguém, diz-se: *Reina preto!*
Reinosar, *v.* Barafustar; refilar[Sj].
Reinoso, *adj.* Enfurecido; irado; zangado (de *reinar* + *-oso*)[SM]: *– Ficou tã reinoso qu'inté pulos dava!*
Rei preto, *n.m.* Nome que se dava na freguesia da Lomba, Ilha das Flores, a uma tradição acontecida depois dos Reis – depois de 6 de Janeiro – e se prolongava por 3 ou 4 dias: trajavam e tisnavam um indivíduo de preto que comandava um grupo de pessoas, percorrendo a freguesia a cantar pelas portas.
Reiro, *adj.* Diz-se do boi que é cangado no lado oposto àquele em que foi ensinado a cangar e, desse lado, não consegue trabalhar bem[C]. No Alentejo usa-se o termo 'erreiro' (de *errar* + *-eiro*), que designa o animal que, emparelhado, só trabalha bem de um lado, donde derivará certamente o termo corvino.
Reisada, *n.f.* Forma de teatro popular (ver *Moiriscada).*
Reises, *n.m. pl.* Reis: *– Im nossa casa o presépio só é desmanchado ó depous dos Reises.*
Reises do Porto, *n.m. pl.* Ver *Reises novos.*

Cantando os Reises em S. Miguel (séc. XIX)

Reises Novos, *n.m. pl.* Cantiga entoada pela altura dos Reis, de melodia vulgar, com uma segunda parte chamada *chacota*, para diferenciar dos *Reises Velhos*, que apresentam uma primeira parte de melodia mais arcaizante, com alguma dificuldade técnica vocal pela extensa tessitura, e uma segunda parte de melodia com características mais recentes chamada *Reises do Porto*[T].
Reises Velhos, Ver *Reises Novos.*
Reis Magos. Nome que se dá em certas freguesias da Terceira quando no céu aparecem três estrelas juntas.
Reixa, *n.f.* Briga; questão; raiva intensa; rexa; rixa (do lat. *rixa-*): *Minha sogra tem-me reixa / E de mim foi fazer queixa / À Vila da Povoação / Por eu ter chamado à filha / Papo seco de serrilha / E petisco da manhã(o)*[1912].
Rejeito, *n.m.* O m.q. calcanhar[Fl].

1909 Luís Bernardo Leite de Ataíde – *Etnografia Arte e Vida Antiga dos Açores.*
1910 Cristóvão de Aguiar – *Raiz Comovida.*
1911 Luís Bernardo Leite de Ataíde – *Etnografia Arte e Vida Antiga dos Açores.*

1912 Sextilha do Pezinho da Vila da Ilha de S. Miguel: na pronúncia de S. Miguel manhã resulta mais ou menos em 'manhão', daí a rima.

Rejeito, de, *loc adv. De rejeito* é o m.q. horizontalmente, de forma rasante[T].
Relâmpado, *n.m.* Relâmpago, sua f. antiga[T].
Relampaguejar, *v.* O m.q. relampaguear e relampejar (de *relâmpago + -ejar*)[C].
Relampe, *n.m.* Relâmpago, sua corruptela[T]. Também se pronuncia *relâmpego*.
Relampo, *n.m.* O m.q. relâmpago (alt. de *relâmpado*)[C,T].
Releixo, *n.m.* Parte do eixo do carro de bois, cilíndrica, que está na chumaceira (do esp. *releje*)[Sj].
Relheira, *n.f.* Sulco no terreno provocado pelas rodas de um carro de bois (de *relha + -eira*)[T]. CF regista-o com o mesmo significado mas no masculino, 'relheiro'. Em Trás-os-Montes chama-se 'relheira' a uma pancada (levas uma relheira...).
Relho, *adj.* Velhíssimo (f. sincopada de *revelho: re[ve]lho*)[T]. Em linguagem pop. continental usa-se a expressão 'velho e relho' com o mesmo significado.
Relica, *n.f.* Defeito encoberto (corrupt. de *relíquia*)[SM]: *– Pra ser tão barato tam que ter relica!*
Relingamento, *n.m. Náut.* Corda que orla as velas do barco: há o *relingamento* do pano, o *relingamento* da gibra (de *relinga + -mento*)[T].
Reliquiaria, *n.f.* O m.q. *arrelique*, relíquia[T]. CF regista-o como açor. com o significado de guisado.
Reloge, *n.m.* Relógio, sua corruptela. O dim. é *relogesinho*. Também é pronunciado *relojo*[T]: *– Se 'tás descontente c'o a vida, deixa ficar o reloge e atira-te da rocha abaixo!* Nos Açores, pelo menos antigamente, todos os que punham termo à vida, aqueles que o tinham, deixavam ficar o relógio, pela sua importância e raridade.
Relva, (deriv. regr. de *relvar*) **1.** *n.f.* Erva rasteira. **2.** *n.f.* Pastagem delimitada por muro de pedra e/ou hortênsias[1913].

[1913] Mais de 40% da superfície do Arquipélago está actualmente transformada em pastagens para o gado.

Rema, *n.m. Moda* tradicional cantada no Faial e nas Flores, em versões muito diferentes. Do Faial: *Rema para lá lanchinha, / Lanchinha de quatro remos, / Se quereis alguma coisa / Lá em terra falaremos.* Das Flores: *Olha quem rema, / Torna a remar, / Lanchinha nova / No meio do mar.* Aliás, Santa Maria também tem uma versão do *Rema* com letra igual à das Flores.
Remadura, *n.f. Bal.* Conjunto dos remos do *bote baleeiro* (de *remar + -dura*)[Sj].
Remanchear, *v.* Andar devagar; demorar na execução de um trabalho (prov. alt. de *remansear*)[Sj,T].
Remanguesa, *n.f.* O m.q. *capoeirinha*[Fl,P].
Remate, *n.m.* Gesto; bom governo. Uma mulher de remate é uma mulher governada e de juízo[T]. *Oh moça, toma remate! Não vês que o dia é grave?!*[1914].
Remedeio, *n.m.* O necessário à alimentação; passadio (deriv. regr. de *remediar*)[T]: *– Home n' Amerca não é c'm aqui, que o que se ganha mal vai dando pro remedeio!*
Remédio-da-botica, *n.m.* Remédio comprado na farmácia, para distinguir do remédio *caseiro*.
Remédio-de-garrafa, *n.m.* Medicamento cujo modo de apresentação é uma suspensão ou um xarope[SM,T]: *Só os ricos [...] de doutor à porta e remédios de garrafa, por colher de sopa [...]*[1915].
Remelhor, *adj.* Bem melhor; muito melhor (de *re- + melhor*): *– A Amerca sempre foi muito remelhor cos Brasiles!*[1916]. Termo também usado pelos nossos escritores quinhentistas, nomeadamente Gil Vicente.
Remendado, *adj. Taur.* Diz-se do touro que apresenta manchas de outra cor que parecem remendos (ext. de *remendado*)[T].
Remo da alvorada, *n.m. Náut.* Remo do meio de uma embarcação de pesca.
Remo da boga, *n.m. Bal.* O remo do *bote baleeiro* que comanda a remada da embar-

[1914] Vitorino Nemésio – *Corsário das Ilhas*.
[1915] Manuel Ferreira – *O Morro e o Gigante*.
[1916] Urbano de Mendonça Dias – *"O Mr. Jó"*

cação (*boga*, corruptela de *voga*). É o mais curto remo do bote e o último de trás, ficando em frente do Mestre.

Remo de esparrela, *n.m. Bal.* Leme de governo do *bote baleeiro*, quando se armava remos; é o maior remo do *bote* – 6,7 a 7 metros de comprimento –, munido de um punho que era manobrado pelo oficial arrais. Era armado quando o *bote* já estava muito perto da *baleia* e permitia uma velocidade de comando maior do que o leme, permitindo desvios da embarcação de quase 180 graus.

Remo do arpoador, *n.m. Bal.* O m.q. *remo do trancador*.

Remo do bau, *n.m.* No *bote baleeiro* é o segundo remo a contar da proa[Sj].

Remo do trancador, *n.m. Bal.* O primeiro remo da proa do *bote baleeiro*, a estibordo, sendo mais curto e leve para não cansar o trancador, que devia manter toda a força para o 'nobre' acto de trancar a baleia.

Remolho, *n.m.* O m.q. sossego (ver também *Haja remolho*)[SM].

Remorto, *adj.* Esquecido (de *re-* + *morto*)[Sj].

Rendedura. *n.f.* Hérnia (de *render* + *-dura*): *– Da tanta força que fez apanhou ũa rendedura nas partes baixas!*

Rendeiro, *adj.* Diz-se do porco ou de outro animal que se alimenta de imundícies[SM].

Render-se, *v. refl.* Sofrer uma hérnia abdominal após um esforço[F].

Rendido, *adj.* Que sofre de hérnia; o m.q. *quebrado* (part. pas. de *render*). No Minho, usa-se com o mesmo significado o adj. 'roto'[1917].

Renido, *adj.* Renhido, sua corruptela[T]: *Em terra de dois partidos / Ambos eles bem renidos / Parece coisa do demónio [...]*[1918].

Renquim, *n.m.* Espécie de marraxo que vive nas camadas de água superficiais, podendo, no entanto, descer até aos 750 metros de profundidade. Nos Açores, está presente durante todo o ano. Cientificamente denominado *Isurus axyrinchus*, é apanhado esporadicamente na pesca de fundo, sendo de cor cinzenta, corpo robusto e fusiforme (melhor, escombriforme), com cinco grandes fendas branquiais e com focinho curto e cónico, que faz lembrar uma albacora. Voraz predador, pode chegar a atingir os 4 metros de comprimento e um peso de 500 kg. Em Portugal continental dão-lhe variados nomes, tais como: 'anequim', 'arrequim', 'cão', 'marraxo', 'peixe-cão', 'sardo', etc.

Repá, *n.m.* Rapaz, sua corruptela[Fl,T]: *– É repá, a gente vamos é p'ra casa e é já!*[1919].

Repairo, *n.m.* Reparo, sua f. arcaica[T]. Gil Vicente escreve: *Se não tens outro repairo / cant' eu não sei que te diga.*

Reparado, *adj.* Diz-se do bovino que não vê bem de um olho[T].

Repasso, *n.m.* O m.q. ponto de tecido[T]. São variados os *repassos* utilizados nos tecidos, tais como *fiampua, lançadeira, negalha, sargeira, teia-cheia*, etc.[1920].

Repatanado, *adj.* Sacudido no andar[Sj,SM,T]. V. Barros regista-o nas falas alentejanas com o significado de refastelado, aqui sendo corruptela de *repetenado*.

Repelego *(lê)*, *n.m.* Repelão; repelo (de *repelo* + *-ego*)[T]: *Botámos fora o traquete, mas a ventaneira vinha aos repelegos e era atreito a virar o barco*[1921].

Repeludo, *adj.* Arisco; espantadiço; impaciente (de *repelir* + *-udo*)[StM]: *– A rapariga é sacudida, muito repeluda! Assim os rapazes só fogem dela!*

Repender, *v.* Arrepender, sua f. ant.: *Perdoa-me meu rico homem, / A acção que eu*

1917 Guilherme Augusto Simões – *Dicionário de Expressões*.

1918 Da *dança* de Entrudo *Batalha da Salga* enversada por Alberto Machado Toste, mais conhecido pelo nome de Alberto Brasileiro.

1919 J. H. Borges Martins – *Crenças Populares da Ilha Terceira I*.

1920 Luís da Silva Ribeiro – *Indústrias Terceirenses de Carácter Artístico e Sua Valorização*.

1921 João Ilhéu – *Gente do Monte*.

cometi / Quando te troquei por outro, / Mil vezes me rependi [...][1922].

Repenicado, 1. *adj.* Diz-se da pessoa arrebitada, vaidosa. **2.** *adj.* Diz-se daquele que 'fala pelos cotovelos'[F]. **3.** *adj.* Diz-se do beijo sonoro, o beijo repenicado: *Pensando não ser notado, / Dei-te um beijinho à pressa; / Saiu-me repenicado, / Fui apanhado, homessa!*[1923].

Repenique, *n.m.* O m.q. piada (Deriv. regr. de *repenicar*)[Sj].

Repeniquento, *adj.* Rezingão (de *repenique* + *-ento*)[T]: – *A mulhé de Horácio Freijoeira é muito repeniquenta, q'alqué coisa q'a gente le diga responde assanhada c'm'uma bicha-fera!*

Repentina, *n.f.* Raiva; fúria (corrupt. de *rebentina*, por infl. de *repente*)[SM].

Repica, *interj.* Grito do mestre das lanchas ao içar das velas[C,F]: *Para içar a vela os homens agarram-se à urraca, puxando-a até que o mestre de repente grita, por causa do vento: – Repica! Repica! – para eles atravessarem a verga*[1924].

Répio, *n.m.* Avarento; somítico[C].

Repisa, (deriv. regr. de *repisar*) **1.** *n.f.* Afronta; desfeita; injúria[SM]: *Eu já vi nascer o Sol / Numa estufa de ananases; / Inda t'has-de arrepender / Das repisas que me fazes*[1925]. **2.** *n.f.* Desforra; vingança: – *Ele fez aquilho só por repisa!* **3.** *n.f.* Coalho para o leite[SM]: – *Este resto do leite vai levá umas gotinhas de repisa pra se fazê um queijinho.*

Repisadeiro, *adj.* Provocador (de *repisar* + *-deiro*) [SM].

Repisão, *n.m.* Indivíduo teimoso (de *repisar* + *-ão*) [SM].

Repolho, *n.m. fig.* Bebedeira[T]: – *No dia de S. Martinho o Ezequiel apanhou um tal repolho, ai tal morrinha de caixão à cova!*

Repor uma dança, *exp.* Voltar a ensaiar uma *dança* já saída em anos anteriores, o que raramente é feito[T].

Reposta, *n.f.* Resposta, sua f. arcaica[T]. Também ainda se usa no Brasil. Camões escreve: *[...] perguntavam / Pela Arábica língua, donde vinham, / Quem eram, de que terra, que buscavam, / Ou que partes do mar corrido tinham? / As discretas repostas que convinham*[1926]. Do teatro popular micaelense: *Aqui lhe quero contar / O modo que para mim tiveste; / Da reposta que me deste*[1927]. Note-se que a palavra 'resposta' deriva do lat. *reposĭta-*, particípio passado feminino de *reponĕre*, entregar.

Reque, *n.m.* Ancinho (do am. *rake*).

Requerer os espíritos, *exp.* Expressão usada na feitiçaria em que o exorcista chama o espírito que está na pessoa para saber o que quer, no sentido de libertá-la[T]. Isto é feito com o auxílio de várias rezas, como a que se segue: *Eu te requeiro, em nome de Deus, que me digas quem és e ao que vens porque tudo o que eu poder fazer, faço*[1928].

Reques, *n.m. pl.* Farrapo; trapo (do am. *rags*): *Coitadinha, são reques mandados pelas tias, mas já se chama mau gosto*[1929].

Requesta, *n.f.* Petição (deriv. regres. de *requestar*)[T]. Com este significado, é arcaísmo aqui conservado. Também ainda usado no Brasil.

Requinta, (deriv. regr. de *requintar*) **1.** *adj.* Diz-se da viola de reduzidas dimensões (ver *Viola-requinta*). **2.** *n.f.* Nome que em S. Miguel se dá a cada grupo de duas cordas da *viola da terra*.

Ré-ré, *n.m.* O m.q. reco-reco[SM].

Reseima, *n.f.* Arrelia; inquietação (deriv. regr. de *{reseimar}*): *Mas, infim, mais dez*

1922 Da peça *Marido e Mulher*, do teatro popular de S. Miguel.

1923 Quadra do Autor.

1924 Raul Brandão – *As Ilhas Desconhecidas*.

1925 Quadra de S. Miguel (Nordeste), registada por Leite de Vasconcelos em *Mês de Sonho*.

1926 Luís de Camões – *Os Lusíadas*.

1927 *O Martírio do Amor* – Comédia *enversada* por Vasco da Cunha Amaral.

1928 J. H. Borges Martins – *Crenças Populares da Ilha Terceira II*.

1929 Manuel Ferreira – *O Morro e o Gigante*.

réis, menos dez réis, pous la vá sim reseima cá par dento[1930].

Reseimar, *v.* Apoquentar; arreliar; inquietar[SM]: – *O corisco dum cabrã diz aquelas coisas só pra me reseimar!*

Resguardado, *adj.* Santificado (part. pas. de *resguardar*). Dia resguardado: o m.q. dia santificado[Fl].

Résia, *adj.* Diz-se da medida de sólidos rasa[C].

Resmangueza, *n.f.* Vento incerto e variável[P].

Rèsminés, *adv.* À justa; na medida certa; rente; o m.q. resvés[C,F,Sj,T]: – *O pai, zangado, atirou-le, sim siqué pensá, c'o que tinha na mão – um'enxada –, que le passou rèsminés por riba da cabeça, e ele só sintiu o zuniar do cabo por riba do toitiço!* No Algarve diz-se 'à rés' ou 'à rezinha' com o mesmo sentido.

Resoluto, (do lat. *resolūtu-*, part. pas. de *resolvēre*) **1.** *adj.* Conservado; *perfeito*; de bom aspecto[C,F]. Termo utilizado com um significado um pouco diferente do português falado no Continente, referindo-se quase sempre a idosos: – *O Ti Antóin' Jacinto ainda está bem resoluto, benza-o Deus!* **2.** *adj.* Enérgico; forte; saudável[F,Fl,Sj]: – *Oh, Maria, tens um pequeno resoluto que consola a ver!* **3.** *adj.* Decidido; obstinado[C,T]: *[...] e rezolutos todos a dar batalha despuzerão que pera mais segurança da enuestida se aiuntasse todo o gado vacum que por aquelles campos ouuesse*[1931].

Resolve, *n.m.* Revólver, sua corruptela[T]: – *Isto por mor de se despachá num instante, ê chego a pé dele, pego no resolve, dou-le um tiro na mioleira, ós despois intrego-me à autoridade e 'tá tudo resolvido!* Não o vi registado nos dicionários consultados; curiosamente vem mencionado com o mesmo significado no Dicionário de sinónimos da Porto-Editora.

[1930] Luís Bernardo Leite de Ataíde – *Etnografia, Arte e Vida Antiga nos Açores.*

[1931] P.e Manuel Luís Maldonado – *Fenix Angrence.*

Resolvido, *adj.* De boa saúde; em forma; resoluto (part. pas. de *resolver*, sua ext.)[Sj]: – *O senhor está resolvido cma parece?*

Resondar, *v.* Insultar; ofender[SM]: – *Antão quando bebe um calzins a más é um tal resondar toda a gente, o sanabagana!*

Respinguento, *adj.* Que respinga; que dá más respostas; o m.q. respingão (de *respingar* + *-ento*).

Respiro, *n.m.* O m.q. *esparto* (deriv. regr. de *respirar*).

Responder, v. Prestar declarações em tribunal: *E os outros foram responder?*[1932].

Responder em tribunal, *exp.* Ver responder.

Responder p'a trás, *exp.* O m.q. responder. É um decalque semântico do americano *to talk back*: – *Eu cheguei-le a escrevê pra Amerca mas ele nunca respondeu p'a trás.*

Resposta, (do lat. *reposĭta-*) **1.** *n.f.* Cada uma das responsáveis pelos três estalos secos e rápidos do foguete após o seu estrondo principal (daí, o nome)[F]. Um *foguete* dá três estrondos e nove respostas, três para cada um. Antigamente, os miúdos abriam os invólucros dos *foguetes* e retiravam as *respostas* que, com o lume de um cigarro, atiravam para a calçada, às vezes, sem a rapidez desejada[1933] e lá lhe *arrebentavam* nos dedos ...com as devidas consequências! **2.** *n.m.* Personagem das representações teatrais populares da Ilha de S. Miguel.

Ressacaria, n.f. O m.q. ressaca (de *ressacar* + *-ia*).

Ressalga, *n.f.* Água do mar que, nos temporais, o vento impele, pulverizando-a e fazendo-a cair sobre as terras, com maus

[1932] J. H. Borges Martins – *A Justiça da Noite na Ilha Terceira.*

[1933] A resposta consiste numa pequena quantidade de pólvora envolvida por um papel que amarra na ponta num pequeno rastilho de tamanho variável para que cada uma delas rebente em tempos diferentes. Quando esse rastilho é pequeno, pouco depois de se lhe largar lume, explode quase imediatamente.

resultados para as culturas; o m.q. *rocio* (deriv. regr. de *ressalgar*).
Ressalgor, *n.m.* Gosto muito salgado (*ressalg*[ado sab]*or*)SM: – *Este peixe tem um ressalgor que nã se pode comer!*
Ressalmeada, *adj.* Diz-se da rapariga que se ofende facilmente com piroposSM.
Ressol, *n.m.* Epíplon do porcoF: – *Tira um coisinha desse ressol pra começares a fazer o molho de fíguedo!*
Ressol da albacora, *n.m.* Nome que nas Flores se dá às tripas da albacora. Cp.: Nos Açores e em certas regiões do país chama-se 'ressol' ao epíplon do porco.
Resteiro, n.m. O m.q. *restelo* (de *resto* + *-eiro*)SM.
Restelar, *v.* Rastelar, sua corruptela, falando do acto de tirar a estopa do linhoSj.
Restelo, *n.m.* Peça do tear que serve para montar a teia (corrupt. de *rastelo*, do lat. *rastellu-*, idem)Sj.
Retalhar, *v.* Cortar acidentalmente (de *re-* + *talhar*)F. Termo habitualmente utilizado aquando da *apanha* das batatas, quando a enxada corta acidentalmente alguma batata na colheita (*batata retalhada*). Também se *retalham* com uma faca as batatas e os inhames para a ração dos porcos.
Retelho, *n.m.* Acto de retelhar; o m.q. retelhação (deriv. regr. de *retelhar*)T.
Retenido, *adj.* Cingido; justo (part. pas. do lat. *retinēre-*, reter, impedir, não deixar mover): – *Essas calças ficam-te munto retenidas no rabo!*
Retinha, *adj.* O m.q. *marvoa* (corrupt. de *retinta*)T.
Retinto, *adj. Taur.* O m.q. *albardado*T.
Retoiçar, *v.* Brincar alegremente (do cast. *retozar*): – *Aqueles bezerros não aumentam nada porque estão sempre a retoiçar…* Nota: No Cont. ouve-se mais a pronúncia 'retouçar' e 'retouço'.
Retoiço, *n.m.* Alegre brincadeira (deriv. regr. de *retoiçar*)P,Sj,T: – *Aqueles pequenos nã parim quietos, 'tão sempre no retoiço e ainda se vão pisar!*
Retraçada, (part. pas. fem. subst. de *retraçar*) **1.** *n.f.* O m.q. retraço, falando de restos de comida que se dá aos porcos. **2.** *n.f.* Pequenos restos de tecido sem valorSM.
Retraço, *n.m.* Resto da erva depois de uma relva ter sido comida pelos bovinos (deriv. regr. de *retraçar*).
Retranca, *n.f.* Corda que no *estaleiro* serve para amarrar o pau para serrar (ext. de *retranca*)SM.
Retrancar, *v. Bal.* Trancar a baleia com um segundo *arpão*, isto efectuado por outro *bote* da mesma armação baleeira (de *re-* + *trancar*)Sj.
Retratista, *adj.* Intrometido na vida dos outrosSM.
Retrincamento, *n.m.* Maldade; malícia (de *retrincar* + *-mento*)SM: – *Só por retrincamento é que ele le fez esta maldade!*
Retume, *n.m.* O m.q. laranja azeda (*Citrus arantifolia*)Fl. Ver *retundo*.
Retundo, *adj.* Diz-se de uma variedade de laranja azeda, também chamada *tangerino*; o m.q. limão galego (*Citrus arantifolia*)F. No Faial pronuncia-se *retume*.
Reval, *n.m.* SomSM: *O reval da castanhola, / E tamem o do pandeiro, / São linguage de cartola, / Com voz de vinho de cheiro*[1934].
Revedor dos Bardos, *n.m.* Indivíduo escolhido entre os que tinham licença para criar gado no baldio, nomeado pela Câmara Municipal com as seguintes funções: fiscalizar a boa conservação dos bardos e tapumes, distribuir o seu trabalho de conservação pelos criadores de gado em proporção da quantidade de gado de cada um e acusar à autoridade os transgressores nesta matériaF. O seu serviço era gratuito e a aceitação do cargo obrigatória, sob pena de multa de 6$00 e da suspensão da licença de ter gado no baldio em caso de recusa do cargo ou do seu mau desempenho[1935].

1934 Luís Bernardo Leite de Ataíde – *Etnografia Arte e Vida Antiga dos Açores*.
1935 Pedro da Silveira – *A Respeito dos Sinais e o Livro dos Sinais das Lajes das Flores*.

Reveria, *n.f.* Revelia, sua f. arcaica[T]: *Toquem harpas e violas / E sinos à reveria, / Para entrar a senhora, / Senhora Dona Maria*[1936].

Revirada, *n.f.* Nome que na Terceira se dá ao acto de revirar as pedras roladas do calhau para apanhar os caranguejos pequenos que servem para isca (part. pas. fem. subst. de *revirar*). Nas Flores, ao acto de apanhar esses caranguejos, aí chamados *moiras*, chama-se *catar moira* ou *apanhar moira*.

Revirar o capucho, *exp.* Diz-se do acto de virar ao contrário a parte ventral do polvo para lhe retirar as tripas. Quando isso é feito no *rolo* e essas tripas vão sendo levadas pelo movimento do mar, particularmente em certas fases da maré – melhor quando a maré vai a descer –, aparecem inúmeras moreias esfomeadas. Também se diz *virar o capucho*.

Revolver penedos, *exp. fig.* Tratar de um assunto complicado com rapidez e energia[SM].

Rexa, *n.f.* O m.q. rixa (do lat. *rixa-*)[T]. E. Gonçalves e V. Barros registam-no, respectivamente, no Algarve e no Alentejo.

Rezã, *n.f.* O m.q. *rezão*[F]. Em S. Miguel insere-se na pronúncia local.

Rezado, *adj.* Diz-se de um assunto escrito ou dito em verso[Sj]: – *Já nã sou capaz de dizer essa estória rezada..., tanto linda que ela era!*

Rezão, 1. *n.f.* Razão, sua f. arcaica: *[...] e como não o fizerão não havia rezão que os desculpasse de manemos e cobardes*[1937]. **2.** *n.f.* Palavra feia, ofensiva ou obscena; o m.q. *coisa-feia*[P]. À rezão de: ao preço de: – *Ele parece que 'tá vindendo a batata à rezão de 30 cêntimos o quilho!*

Rezar o Terço, *exp.* Cerimónia feita durante a semana nas casas onde está a *Coroa* do Espírito Santo: *O Terço [...] compõe-se de Cinco Mistérios, terminando cada qual por um Pai Nosso e dez Ave-Marias, cantados em coro, ora pelas mulheres ora pelos homens, uma Savé-Rainha e uma Ladainha, findando com os evocativos: «Espírito Santo Deus, misericórdia! Imaculada Mãe de Deus, rogai por nós!»*[1938]. Segundo alguns autores, o Terço, tal como é rezado nas festas do Espírito Santo, não tem uma origem canónica, tratando-se de obra de leigos.

Rezinga, (deriv. regr. de *rezingar*) **1.** *adj.* Rabugento; rezingão; *rezinguento*[T]. **2.** *s.* Indivíduo maçador[SM].

Rezinguento, *adj. e n.m.* O m.q. rezingão; rabugento (de *rezingar* + *-ento*).

Riba, *n.f.* Cima. A riba: *loc. adv.* acima; a riba de: *loc. prep.* acima de; de riba de: *loc. prep.* de cima de; em riba de: *loc. prep.* em cima de; para riba: *loc. adv.* para cima; por riba: *loc. adv.* por cima, por riba de: *loc. prep.*: por cima de. História burlesca: conta-se que, antigamente, os do Pico queriam chegar à Lua. Assim, *acartaram* para a ponta mais alta do pico todos os cestos que na Ilha havia, empilhando-os uns por riba dos outros até acabar; como já não tinham mais cestos e muito ainda faltava, grita um dos presentes: – *Eh home, o melhor é ir tirando dos de baixo e pondo por riba dos de cima!*

Rima infantil: *Minha avó de lá de riba / Tem uma tábua na barriga; / Quando chove toca nela, / Passa cão vem cá cadela*[F]; *Minha avó de lá de riba / Tem gatinhos amarelos / Enfiados numa linha, / Toca, toca campainha*[T]. Nota: O uso de [riba] em vez de [cima] é quase sempre ouvido na boca dos mais idosos.

Ribanceira, *n.f.* Ripa íngreme e elevada; terreno prestes a cair; terreno que caiu, por exemplo, depois de grande chuvada (de *ribança* + *-eira*, *ribança*, por sua vez, de *riba* + *-ança*)[F].

Ribeira de fogo, *n.f.* Lava incandescente descendo as encostas das ilhas aquando das rebentações de fogo: *Em uma noite estando o vigário da Urzelina em guarda de*

[1936] Do *Romance da Má-Nova*, versão da Ilha de S. Jorge (in *Cantos Populares do Arquipélago Açoriano*).

[1937] P.e Manuel Luís Maldonado – *Fenix Angrence*.

[1938] João Ilhéu – *Notas Etnográficas*.

sua igreja, sendo já 11 horas e meia, pegou a observar umas ribeiras de fogo, que vinham correndo pelo monte abaixo, e tocando a fogo apenas acudiram 6 ou 8 pessoas, que acompanharam o Santíssimo para a ermida do Senhor Jesus, para onde na mesma noite fez trasladar todas as imagens, vasos sagrados e vestes sacerdotais[1939].

Rica cara, *n.f.* Tratamento familiar muito usado em S. Miguel: *[...] isto de pombas, minha rica cara, só servem para duas coisas: dar despesa e deixar sem cerimónia uma poia de caca no ladrilho da casa*[1940]; *Caso te apanhe, minha rica cara, cabrejando com a canhota, já sabes o que te espera*[1941].

Rico da minh'alma, *exp.* Nos Açores usam-se muito estas exclamações: *Oh, rico pai da minh'alma, Oh, rica mãe da minh'alma, Oh, rica filha da minh'alma...* Rico, no sentido de querido: *Oh, rica mãe da minha alma, / Dae-me um pinguinho d'água, / Que eu trago os meus bofes secos*[1942].

Rico, *adj.* Querido: *Ah mê rico filho que te vás imbora p' Amerca e ê nã te ponho más a vista im cima, valha-me o Sinhô Santo Cristo dos Milhagres!* Nota: Regista-se o termo não por ser exclusivo dos Açores mas pela frequência com que é usado nas suas ilhas.

Riga, *n.f.* Nome que se dá ao pinho branco do tampo da frente da *viola da terra*[1943].

Rigado, *adj. Bal.* Aparelhado; com todos os apetrechos (do am. *rigged*): – *A lancha está rigada, toca a navegar!*

Rigar, (do am. *to rig*) **1.** *v.* Albardar[C]. **2.** *v.* Colocar uma carga num animal. **3.** *v.* Aparelhar, p.ex., um barco de pesca.

Rigar o bote, *exp. Bal.* Aparelhar o *bote baleeiro* com toda a palamenta de navegação e de caça (*rigar*, do am. *to rig*).

Rigular, 1. *adj.* Regular, sua corruptela[T]: – *Com'é que vai essa apostólica?*; – *Home, rigular, o pió lá de casa sou eu!* Moisés Pires regista-o com a mesma grafia. **2.** *v.* Costumar[Fl]: – *ũa pessoa no campo rigula comer três vezes por dia: é o almoço, o jantar e a ceia.*

Rijeira, *n.f.* O m.q. *ponteira* (de *rijar* + *-eira*)[T] (*v. ponteira* 1).

Rijo, de, *loc.* Alto; duro; intensamente; com força. Assim diz-se frequentemente: 'falar de rijo', 'chamar de rijo', 'bater de rijo': *Os vizinhos, paredes meias, [...] acordam os da parte de baixo [...] malhando-lhes de rijo à porta*[1944]. *Acudam que me matam, acudam que me matam – e a velha gritava muito de rijo*[1945]. E. Gonçalves regista-o também no Algarve.

Rijo no oivir, *exp.* Diz-se do que ouve mal[F].

Rilhar, *v.* Na Terceira diz-se que as vacas *rilham* quando não se deixam ordenhar sem terem o bezerro junto de si. Se isso acontece, amarram-lhe o bezerro à mão – *rilho* – de maneira que ele não possa chegar com a boca à teta: *Ordenho as vacas paridas / rilho o guexo aparto o toiro [...]*[1946].

Rilheira, *n.f.* Sulco que fazem num terreno as rodas de um carro (corruptela de *relheira, de relha + -eira*). Com o mesmo significado é usado no Brasil. No Cont., na região da Beira Litoral, é usado com o mesmo significado mas no masculino, 'rilheiro'.

Rilheiro, 1. *n.m.* Remoinho de água. **2.** *n.m.* Aplica-se também este termo quando o peixe grado, carnívoro, cerca o peixe miúdo, nomeadamente o chicharro,

---

1939 Descrição do padre João Ignácio da Silveira (1767-1852), de S. Jorge, referindo-se ao chamado *Vulcão da Urzelina* que em 1808 destruiu esta freguesia.

1940 Cristóvão de Aguiar – *Raiz Comovida.*

1941 Cristóvão de Aguiar – *Um Grito em Chamas.*

1942 Do *Romance Silvana Desamparada*, versão da Ilha de S. Jorge (in *Cantos Populares do Arquipélago Açoriano*).

1943 Riga é nome dado no Continente à madeira de carvalho usada em tanoaria. Tem este nome por ser procedente da cidade russa de Riga.

1944 Manuel Ferreira – *O Barco e o Sonho.*

1945 Ângela Furtado Brum – *Contos Tradicionais Açorianos.*

1946 Vitorino Nemésio – *Festa Redonda.*

que se aperta chegando a sair fora de água[P]. *Caminhou para diante para fazer peixe para a canastra e deu com um rilheiro de chicharros*[1947]. Com estes significados é arcaísmo ainda conservado no arquipélago.

Rimas à quarteta, *exp.* Rimas com versos cruzados em 1.ª-3.ª e 2.ª-4.ª (a, b, a, b). Ex.: *De quatro versos apenas / Se ensaia a quadra a rimar, / Que me liberta das penas / Se a alma está a chorar*[1948].

Rincão, *n.m.* Veio de pedra nas pedreiras ou nos terrenos (do ár. vulg. *rukún*, pelo cast. *rincón*)[T].

Ringar, *v.* Tocar, falando de campainha, sino, telefone (do am. *to ring*): *Eh, boss, se alguém ringar, tel him wait, cause mim ir a casinha fazer cagalhoto*[1949].

Ringelo, *adj.* Incomodativo; irritante; maçador (de *ringer* + *-elo*)[Sj].

Ringue, *n.m.* Aro; argola (do am. *ring*).

Rinzes, *n.m. pl. Bal.* Atilhos que passam em buracos, destinados a encurtar a vela; o m.q. rizes (tv. por infl. do am. *rings*).

Riquinho, (de *rico* + *-inho*) **1.** *adj.* Bonitinho[SM,T]. É um termo muito mais usado em S. Miguel, diríamos quase característico das suas falas, embora se possa ouvir ocasionalmente noutras ilhas: – *Tens uma uma filha tã riquinha!*; – *A tua casa é tã riquinha!* **2.** *n.m.* Em S. Miguel é também forma de tratamento: – *É riquinho, vai-me ali buscar aquele serrote!*

Rir para a Lua, *exp.* Segundo antiga crença popular, as mães que tiverem filhos pequenos nunca deveriam rir para a Lua, pelo perigo deles ficarem nervosos: – *Ah Maria, inquanto o teu filho for pecanino nunca rias prá Lua pous ele pode vir a pegar na fala... Isto é verdade!*

Riscado, 1. *adj.* Diz-se do gado, de cor preta ou amarela e com riscas brancas (part. pas. de *riscar*). **2.** *n.m.* Nome dado ao boi *riscado* (part. pas. subst. de *riscar*).

Riscar, *v.* Fazer regos na terra com o arado de pau (do lat. *resecāre*, tirar cortando)[Fl].

Rissalho, *n.m.* O m.q. toucinho[C]. No Corvo – e em S. Miguel – também se chama *tassalho* ao toucinho de porco.

Ritaia, *adj.* Aposentado; reformado (do am. *retired*): *Estão ambos ritaia e têm massames de dólares*[1950]. Var.: *Ritaire.*

Ritual baleeiro, *n.m.* Manifestação religiosa feita na Ilha do Pico pela festa da Senhora de Lourdes, protectora dos baleeiros, que consiste na passagem, feita pelos baleeiros em volta da imagem da Virgem, de uma *linha-da-baleia*, transmitindo publicamente a ligação e a devoção à sua padroeira, sendo o *trancador* o primeiro a vincular o seu apreço, seguindo-se a restante *companha*[1951].

Rizar, *v.* Dar mais vela, aumentando o tamanho da vela consoante a intensidade dos ventos (do it. *rizzare*, erguer)[1952].

Roaz, *n.m.* Espécie de golfinho presente nos Açores, também chamado *roaz-corvineiro*, muito sociável, curioso e activo, cientificamente denominado *Tursiops truncatus*. Antigamente era caçado nas ilhas do Grupo Central para aproveitamento da carne, destinada a isca e a engodo para a pesca, a restante sendo seca ao sol para servir de alimento aos porcos[1953].

Rôba, *n.f.* Borracha (do Am *rubber*): *[...] trabalha num chape de rôba na cidade de Batefete e até dizem que já é bossa*[1954].

Roberto, 1. *adj.* Diz-se daquele que é amigo de fazer troça de tudo[SM]. **2.** *adj.* Diz-se da criança irrequieta[SM]. Segundo Almeida Pavão[1955], é corrupt. de *rebelde.*

[1947] Raul Brandão – *As Ilhas Desconhecidas.*
[1948] Quadra do Autor.
[1949] Cristóvão de Aguiar – *Raiz Comovida.*

[1950] Cristóvão de Aguiar – *Um Grito em Chamas.*
[1951] José Carlos Garcia – *Semana dos Baleeiros.*
[1952] Termo colhido no Faial por M. Fátima Baptista, com significado contrário ao usado no Continente.
[1953] João A. Gomes Vieira – *Os Açorianos e as Pescas 500 Anos de Memória.*
[1954] Cristóvão de Aguiar – *Trasfega.*
[1955] J. Almeida Pavão – *Aspectos Populares Micaelenses no Povoamento e na Linguagem.*

Roca, *n.f.* O m.q. *cana-roca* (*Hedycium gardnerarum*).
Roca-da-velha, *n.f.* O m.q. *cana-roca* (deturp. de *roca-de-Vénus*)[SM].
Roca-de-velha, *n.f.* O m.q. *roca-da-velha*[T]: *Tinha muita roca de velha porli dentro*[1956].
Roça de fumo, *n.f.* Fumo muito grosso, denso e negro[P].
Roca-do-vento, *n.f. Bot.* O m.q. *cana-roca* (*Hedychium gardnerarum*)[SM].
Roçalho, *n.m. Náut.* Parte da rede de pesca que roça o fundo, na qual se prendem as chumbadas (de *roçar* + *-alho*)[T].
Rocaz, *n.m.* Peixe vermelho, com muitos espinhos na cabeça e no dorso, cientificamente denominado *Scorpaena scrofa*[1957]. Possui uma grande boca, em proporção ao corpo, e mesmo pequenino, com cerca de 10 cm, consegue engolir o caranguejo com que se pesca a *veja*, enganando muitas vezes os pescadores que, ao sentir a picada do peixe, pensando ser uma grande *veja*, lhe dão uma *aferradela* valente, trazendo pelos ares o pequenino peixe, às vezes até desequilibrando-se e caindo! No Cont. chama-se 'rascasso', 'roncaz' e 'serrão'. *Vermelho como um rocaz*: Diz-se da pessoa com a cara ruborescida.
Rocha, *n.f.* Encosta altaneira que separa a terra do mar, tendo como limite superior a linha cimeira chamada *borda da rocha* (do lat. vulg. *rocca-*, pelo fr. *roche*). A *rocha* tem um significado importante para os Açorianos: é na *rocha* que se apanham os pombos e (antigamente) as cagarras, a lenha para o Inverno e o *parrogil* para fazer o *curtume*. É alomeando a rocha que se amaldiçoa um adversário: – *Home, vai-te botar pela rocha abaixo!* E há até alguns que nunca lá foram, daí o adágio: *Os padres nunca morrem na rocha, / porque nunca lá vão*[C].

1956 J. H. Borges Martins – *A Justiça da Noite na Ilha Terceira.*
1957 O *rocaz* é um peixe de excelente sabor, o ideal para saladas, simulando bem as saladas de *cavaco* ou de lagosta.

Rochão, *n.m.* Grande monte isolado[SM]; o m.q. rechã; o m.q. *rechão*, sua corruptela[F].
Rocio, n.m. O m.q. *ressalga* (deriv. regr. de *rociar* e sua ext.)[F,P].
Roda, (do lat. *rota-*) **1.** *n.f.* Nome que no Faial também se dá à bicicleta. Nesta ilha, diz-se *andar de roda* em vez de andar de bicicleta[1958]. **2.** *n.f.* Hospício dos expostos[T]. **3.** *n.f.* Peça da atafona, um disco dentado, horizontal, na parte inferior do *pião*, que lhe passa pelo centro.
Roda armada, exp. O m.q. *balho* de roda[T]: *[...] uma roda armada de mulheres a dançar e a cantar, tudo feiticeiras*[1959].
Roda cheia, *loc. interjec.* Marcação de *balho*[F].
Rodada, *adj.* Diz-se da medida de sólidos rasa[Fl]. Quando não se passa o pau para a nivelar chama-se *acaculada* ou *cheia*.

Roda da pesca – Colecção do Autor

Roda da pesca, *n.f.* Instrumento feito de madeira destinado à pesca do fundo, com uma espécie de bobina larga – a *roda* – onde é enrolado arame, antigamente de ferro galvanizado, hoje quase sempre de aço inoxidável. Encaixada numa forquilha que se prende na borda da embarcação, o seu eixo prolonga-se para um dos

1958 Esta sinédoque só aparece nesta Ilha.
1959 J. H. Borges Martins – *Crenças Populares da Ilha Terceira I.*

lados numa manivela que serve para enrolar ou desenrolar o arame. Pesca-se *de roda* aos chernes, aos pargos e gorazes, aos meros, às garoupas. Uma modalidade recente de pesca com a roda é a pesca das garoupas ao corrico – feita com uma baixada constituída por duas amostras de tipo borboleta, terminada numa chumbada esférica com cerca de meio quilo, tocando levemente o fundo com a lancha em andamento muito lento[F]. A *pesca de roda* começou a ser utilizada nas Flores – a primeira ilha a usar este sistema – a partir dos anos 20-30 do século XX. Só depois de 1960 é que se estendeu às outras ilhas.[1960].

Roda da proa, *n.f.* Parte curva da proa das embarcações, feita de madeira resistente[1961], onde também vão ser pregadas as tábuas laterais.

Roda de balanço, *n.f.* A roda que, na *roda de fiar*, está ligada ao pedal[SJ].

Roda de fiar, *n.f.* Usada nas Flores, Corvo, Graciosa, S. Jorge, Pico, Faial e Terceira, nunca referida em S. Miguel[1962]. Havia dois tipos de roda de fiar a lã: a *roda de mão*, desaparecida há muito, e a *roda de pedal*. Desconhece-se a sua origem, pois era muito pouco usada no Continente e mesmo na Península Ibérica e pouco se sabe quanto à época da sua introdução nos Açores. LSR[1963] acredita ter sido importada dos países do Norte da Europa, onde era muito utilizada e com os quais os Açores tinham algumas relações de comércio.

Roda-do-capote, *n.f.* Nome que se dá à parte litoral da ilha, da beira-mar até cerca de 300 metros de altitude[T]: *Ainda hoje é na «roda-do-capote» que se encontra a quase totalidade das povoações*[1964].

Rodar, (do lat. *rotāre*) **1.** *v.* Mudar de direcção, falando do vento[F]; o m.q. *rondar*: – *Parece-me que o vento está rodando pra sudoeste, as nuves assim o indicam!*; o m.q. *virar*. **2.** *v.* Puxar as brasas do forno para a *borralheira*, servindo-se do *rodo*, daí o nome[SM]. **3.** *v.* Uma das *marcas* das *danças de Entrudo* da Terceira.

Rodelada, *n.f.* Cada quadrado de uma terra ocupada por uma só cultura (de *rodela* + *-ada*)[C].

Rodelhão, 1. *n.m.* O m.q. *íngua*[C]. **2.** *n.m.* Amontoado[Sj]. Rodelhão no estômago: Má disposição devida a má digestão[Sj].

Rodilha, (do cast. *rodilla*) **1.** *n.f.* Argola onde se enfia a estaca de prender o gado[T]. **2.** *n.f.* Parte do eixo do carro de bois que fica entre o *cubo* e o *currume* [SM]. **3.** *n.f.* Parte do *penado*, no moinho de rodízio, onde se encaixam as *penas* contra a *pela*[SM]. **4.** *n.f.* Pequeno saco de pano, que tem a sua origem nas 'bullas romanas' e que serve para se colocar os produtos destinados a tratar ou evitar o *cobranto*: *As rodilhas, de tamanhos e formas variadas, usam-se penduradas ao pescoço das crianças e dos adultos por um cordão ou pregadas com alfinete na roupa interior, ou debaixo da almofada ou colchão*[1965].

Rodo *(Rô)*, (do lat. *rutru-*) **1.** *n.m.* Utensílio de madeira, rudemente semelhante a um sacho, que serve para juntar o grão na eira[T]: *O grande rodo, como o remo duma galera, remexe lá dentro as maçarocas de grão muito amarelo*[1966]. **2.** *n.m.* Utensílio de madeira, semelhante ao anterior, que serve para puxar as brasas do forno para fora. **3.** *n.m.* O mesmo tipo de utensílio mas de maior tamanho usado para endireitar os caminhos, muito usado antigamente

---

[1960] João A. Gomes Vieira – *Os Açorianos e as Pescas 500 Anos de Memória*.

[1961] Antigamente era usada a madeira de cedro. Actualmente esta planta é protegida.

[1962] Curiosamente, Gaspar Frutuoso faz uma breve referência dela nessa ilha ao falar do terramoto de Vila Franca do Campo ocorrido em 1522.

[1963] Luís da Silva Ribeiro – *Contribuições à Etnografia Açoriana*.

[1964] João Ilhéu – *Notas Etnográficas*.

[1965] J. H. Borges Martins – *Crenças Populares da Ilha Terceira I*.

[1966] Armando Narciso – *Terra Açoreana*.

quando eram de bagacina. **4.** *n.m.* Curva da estrada[F,P]. No Minho também é usado com este significado[1967].

Rodolha, *adj.* De inferior qualidade, falando da laranja (corrupt. de *redolha*).

Rõe, *adj.* Ruim, sua corruptela[Sj]. Nalguns lugares pronuncia-se *rum*. Ver tb. *Rum*.

Rofe, *adj.* Mau; áspero (do am. *rough*). Este termo é utilizado sempre em relação à Natureza: – *O mar tá rofe, ti Amaro... ũa carneirada solta*[1968]. No Cont. usa-se o termo 'rofo', derivado do lat. *rufu-*, que significa possuir asperezas.

Rói-anzóis, *n.m.* Nome vulgar de peixe cientificamente denominado *Ophioblennius atlanticus atlanticus*. Trata-se de um pequeno caboz que vive nas água dos Açores até aos 15 metros de profundidade e, apesar de pequeno, o macho é extremamente agressivo quando está a guardar o ninho.

Roibar, *v.* Roubar: *Quérim tirar o pão a quem no ganha com suor: Vão roibar pra ũa istrada!*[1969].

Roico, *adj.* Rouco, sua corruptela[T]: *Já não canto mais cantigas; / Estou roico, vou-me calar: / Quem tem amores caiporas / Só lhe apetece gritar!*[1970].

Roipa, *n.f.* Roupa, sua corruptela[F,T]: *[...] pegou na mala, meteu a sua roipinha lá dentro e andou!*[1971].

Rol das caboucas, *n.m.* O m.q. *rol das sopas*[StM].

Rol das sopas, *n.m.* Registo do nome das pessoas das casas onde são distribuídas as sopas do Espírito Santo[StM], também chamado *rol das caboucas*, pelo facto de as sopas serem transportadas em *caboucas*.

Rola, 1. *n.f.* Rolo de madeira que o moleiro utiliza, junto com o pé de cabra, para remover a mó do moinho. **2.** *n.m.* *Balho* tradicional do Faial, com coreografia muito semelhante à do *Cá Sei*: *Rola, rola passarinho, / Meu canarinho cinzento, / Eu hei-d'ir à tua porta, / Quer chova quer faça vento.*

Rolar, (do fr. *rouler*) **1.** *v.* O m.q. sofrer[Fl]: – *As mágoas que eu rolei já nã têm conta!* **2.** *v. fig.* Andar nem bem nem mal; ir vivendo como se pode[F]: – *Home cma vais?;* – *Home, vai-se rolando, cma Deus quer!* Nesta expressão, é muito usado nas Flores. Em S. Jorge, com o mesmo sentido, diz-se *vai-se ramalhando*.

Rolar pedra, *exp.* Expressão muito usada nas Flores particularmente na caça da *moira*, a isca preferida das *vejas*. Significa retirar as pedras do rolo, debaixo das quais está o pequeno caranguejo. As pedras maiores, pelo seu peso têm que ser roladas, às vezes por dois pescadores, daí a origem da expressão.

Roleiro, *adj.* Diz-se do barco ou navio que muito balança no andamento (de *rolar* + *-eiro*): – *O Lima anda mais ou menos, melhor do que o ronceiro do Carvalho Araújo, mas é munto roleiro.*

Rolheiro, 1. *n.m.* Monte dos molhos de cereal que se faz junto à eira[C]. **2.** *n.m.* O m.q. *rilheira*[Sj].

Rolo, *n.m.* Conjunto das pedras roladas das costas marítimas das ilhas (do lat. *rotŭlu*, pelo fr. ant. *rôle*).

Rolo da isca, *n.m.* Nome que antigamente se dava à torcida usada para acender o cigarro, incendiada pela faísca da pedreneira quando percutida pelo fuzil.

Romana, *n.f.* O m.q. chinela de enfiar os dedos[C]: – *Á piqueno, vai ao meu quarto e traz-me as romanas qu'estão debaixo da barra da cama!*

Romance, (do provençal *romans*, escrito em língua romana) **1.** *n.m.* Composição poética medieval, transmitida oralmente, versando assuntos históricos, heróicos, morais ou sentimentais, muito em voga no séc. XV na Península Ibérica, nessa

---

1967 Guilherme Augusto Simões – *Dicionário de Expressões*.

1968 Vitorino Nemésio – *Mau Tempo no Canal*.

1969 Vitorino Nemésio – *Mau Tempo no Canal*.

1970 Vitorino Nemésio – *Festa Redonda*.

1971 J. H. Borges Martins – *A Justiça da Noite na Ilha Terceira*.

altura trazidos para os Açores e aqui conservados até hoje com enorme pureza, dado o isolamento das ilhas. São exemplos o *Conde Iano, Dona Silvana, Dom Duardos, Silvana Desamparada, O Conde da Alemanha* e tantos outros habilmente registados por Teófilo Braga e outros autores. Em S. Jorge também se chama *aravia*. **2.** *n.m.* Cântico preparatório executado pelos Foliões fora da porta da casa onde se canta a Alvorada[F]. **3.** *n.m.* O m.q. telenovela[P]: – *Ó Maria, vamos prá sala que 'tá na hora do romance!*

Romance de Vila Franca, *n.m.* Extenso Romance relatando os acontecimentos drásticos do terramoto que soterrou a primeira capital de S. Miguel, pela primeira vez publicado por Teófilo Braga, sendo a mais antiga peça de literatura oral recolhida nos Açores. O seu título completo é "Romance que fez d'algumas mágoas, e perdas que causou o temor de Vila Franca do Campo": *Em Vila Franca do Campo / Que de nobre precedia / Na ilha de São Miguel / A quantas vilas havia, / Era de mil e quinhentos / E vinte e dois que corria, / Vinte e dois dias de Outubro [...] Inda não amanhecia, / Começou a tremer a terra, / Mais do que outras vezes tremia / E a dar fortes balanços / Parecendo maresia [...].*

Romania, *n.f.* Também pronunciado *Rosmania*, é um arbusto que dá um pequeno fruto avermelhado e adocicado, frequente nas zonas altas vulgarmente designadas por 'matos'[F]. Nalgumas ilhas é chamada *uva-da-serra, uva-do-mato* e *uva-do-monte*. Cientificamente é denominado *Vaccinium cylindraceum*. Antigamente com os seus bagos fazia-se doce.

Romaria a pão e água, *n.f.* Romaria de S. Miguel em que a alimentação adquire um acentuado valor penitencial, em resultado da promessa de algum *Romeiro*.

Romaria da Quaresma, *n.f.* Um dos hábitos mais remotos da Ilha de S. Miguel que ainda hoje perdura (ver *Romeiros*), também chamado *Visita das Casas de Nossa Senhora*. Na Terceira, depois de abandonadas durante muitos anos, foram reiniciadas no ano de 2007.

Romaria, *n.f.* O m.q. *Romaria da Quaresma*, sua forma mais usual na linguagem micaelense.

Romeira, *n.f.* O m.q. *bicha-cadela*[T].

Romeiro, *n.m.* Nome que também se dá ao *peixe-piloto* (*Naucrates ductor*) que acompanha as jamantas e os tubarões.

Romeiros (S. Miguel). Rancho de peregrinos ou penitentes que, na semana da Quaresma, percorre a pé, sob a direcção do *Mestre*, que pode ser assistido por um *Contra-mestre*, todos os santuários da Ilha de S. Miguel onde haja uma imagem exposta ao culto da Virgem Maria, rezando e entoando cânticos devotos pelo caminho; a origem da penitência parece ligar-se ao vulcanismo, nomeadamente ao grande terramoto de 1522 que soterrou Vila Franca do Campo e à erupção da Lagoa do Fogo em 1563. Além do *Mestre*, há os *Guias* que dirigem o itinerário a percorrer e um *Procurador das Almas*, que dirige as preces e as rezas durante a marcha e recebe os numerosos pedidos de orações que no percurso fazem as pessoas, algumas delas cantadas, nomeadamente a célebre *Ave Maria dos Romeiros*. Todos os ranchos de *Romeiros* seguem a mesma orientação na caminhada, seguindo o movimento dos ponteiros do relógio para que nunca se cruzem na caminhada. Pernoitam na freguesia onde os surpreende a noite, distribuindo-se pelas casas dos vizinhos, que sempre há quem os queira receber[1972]. Os primeiros a serem recolhidos são as crianças, e depois os outros, e o último de todos é o *Mestre*. Sete dias se seguem pelas capelas de toda a ilha, até recolherem à sua Paróquia, onde se despedem uns dos outros cristãmente. Os *Romeiros* têm de observar cer-

1972 No passado, as pernoitas eram passadas em *cafuas* situadas nas imediações das freguesias.

tas normas, nomeadamente confessar-se e comungar no dia da partida e conservar o estado de graça para que possam comungar, assistir à missa todos os dias, rezar cantando o Pai-Nosso e a Ave-Maria segundo tonalidade própria, tradicional dos séculos, obedecer e acatar as ordens do *Mestre*, visitar todas as igrejas e ermidas onde se venere a Santíssima Virgem na Ilha de S. Miguel, levar um lenço de lã na cabeça, um xaile para agasalho, uma saca para comida *(cevadeira)*, um terço do rosário e um bordão. Obrigatoriamente, não podem fumar com o rancho em marcha, entrar em qualquer loja, fazer penitências especiais sem autorização do pároco, abandonar o rancho sem licença do *Mestre*, visitar parentes e amigos nas freguesias por onde passam, levar consigo bebidas alcoólicas ou sair de noite depois de recolhidos[1973].
O trajo do *romeiro* tem a sua simbologia: O *xale* simboliza o manto que cobriu Jesus no Calvário, o *lenço*, a coroa de espinhos, a *cevadeira*, a cruz que o Senhor transportou, e o *bordão*, o ceptro que lhe meteram na mão.

Romeiros (Terceira). Antigamente, na Ilha Terceira também chegou a haver *Romeiros* que percorriam todas as igrejas das freguesias, já referidos por Gaspar Frutuoso[1974]: *Nos Altares [...] havia um homem chamado Frutuoso Dias que não sei se ainda é vivo, o qual pelas endoenças [...] corria todas as igrejas da dita ilha [...] começando em S. Jorge e Santa Bárbara e acabando nos Altares [...]*, Persistia ainda no séc. XVIII, como se depreende do relato do P.e António Cordeiro[1975]: *E não obstante ser toda a Terceira tam permeavel que em menos de vinte e quatro horas se anda toda à roda, pelos devotos do Santíssimo, desde que se expõem o Senhor em Quinta-feira da Semana Santa, até se acabar o ofício de Sexta-feira, e a pé por lavradores devotos, que andam aquelas dezassete légoas em redondo [...]*. A realização de peregrinações com grupos de romeiros na Terceira terá terminado pouco tempo depois da crise sísmica da Serreta em 1867, altura em que começaram a realizar-se outro tipo de manifestações religiosas como as *procissões dos abalos*, ainda hoje feitas nas freguesias dos Altares, Raminho e Serreta. Ainda existem vestígios dessa tradição, como a Casa dos Romeiros de Santa Bárbara, que fica perto da Ermida de Nossa Senhora da Ajuda. Presentemente esta tradição está em vias de recuperação: *Cerca de duas dezenas de homens percorreram os caminhos da fé em redor da ilha Terceira, durante quatro dias, recuperando a tradição dos romeiros que andava perdida, há mais de um século. Com o xaile para abrigar e o bordão como ajuda, a caminhada foi-se fazendo, sem que o cansaço do corpo pudesse superar a determinação que vai na alma daquele grupo de homens de diferentes idades e vivências. Ora cantando, ora rezando, ao longo de todo o percurso, com o terço na mão, deram uma expressão à sua fé que vai em contra ciclo com o materialismo que grassa nos nossos dias*[1976].

Ronção, *adj.* Indolente; mandrião; o m.q. ronceiro[F]: – *O ronção do monço de Maria Fena levou toda a manhã pra cavar nim mètade do quintal!*

Roncolho, *adj.* Bravo, falando dos bois que são mal castrados[F]: – *Aquele boi, desde que o dono o capou, é munto roncolho, ninguém se pode chegar a ele qu'ele arremete logo!* Ver tb. *Roncoso.*

Roncoso, *adj.* O que sofre de hidrocelo[SM]. Cp.: Note-se, por curiosidade, que 'roncolho' é adjectivação de animal monórquido.

Ronda, *n.f.* Nas Flores chama-se *ronda* a um agrupamento musical que percorre as

1973 Regulamento dos Romeiros de S. Miguel.
1974 Gaspar Frutuoso – *Saudades da Terra.*
1975 P.e António Cordeiro – *História Insulana.*
1976 Separata do Diário Insular n.° 18669, de 24 de Março de 2007.

freguesias na época do Natal, composto de vozes acompanhadas por instrumentos, geralmente a *viola de arame*, o violão e o violino, às vezes um tambor e uns ferrinhos, cantando quadras populares tradicionais (do ár. *rubtâ*, pelo cast. *ronda*). Nalgumas freguesias chamam-lhe *Ranchos de Ano Novo e Reises*, podendo ser quase espontâneos, improvisados à pressa, ou previamente ensaiados, neste caso ligados a uma filarmónica ou à capela da igreja. Visitam todas as casas, excepto as que estejam de luto ou, antigamente, as que tivessem filhos ausentes na tropa. Depois de se aproximarem silenciosamente da porta da casa, os seus cantares eclodem subitamente no silêncio da noite fazendo despertar os que às vezes, serenamente esperando, já dormitam. Ao entrar em casa, junto do presépio, acabam o cântico desejando as *Boas Festas* e um *Bom Ano*, repetidos pelos donos da casa que finalmente servem ao grupo figos passados e aguardente ou outra bebida, bolos e rebuçados. Cp.: Leite de Vasconcelos[1977] regista o mesmo termo, recolhido no Concelho de Bragança, com a seguinte definição: "percurso que bandos de rapazes fazem de noite, pelo lugar, cantando de rijo".

Rondar, *v.* Mudar de direcção, quando se fala do vento: *Com mais fé, tomam logo o grosso remo, pelo qual toda a noite puxarão, salvo o caso de o vento querer rondar*[1978].

Rópia, *n.f.* Rompante. De rópia: de rompante[T]. JPM regista-o como reg. minhoto e trasmontano. É usado nos Açores, nomeadamente na Terceira. Aquilino Ribeiro regista-o com o mesmo significado na linguagem beirã: *Ao jogo dele, sempre tonto e alto, todo de rópia, opus o meu, baixo, curto e todo de rapidez*[1979].

Roqueira, (de *roca* + *-eira*) **1.** *n.f.* Foguete com vários estalidos[SM,StM]: *A roqueira subia buzinante e, ruidosa, mui alto deflagrava*[1980]. **2.** *n.f.* Na Terceira, LSR[1981] define as roqueiras como *minúsculos canhões feitos com canos de espingardas velhas, montados em pequenas carretas ou reparos de madeira, em tudo semelhantes aos das peças de ferro ou bronze de carregar pela boca* que serviam nas festas religiosas para anunciar o começo do sermão. Pelos acidentes graves que às vezes causavam – chegavam a rebentar o cano e a causar ferimentos –, foram proibidas a partir de 1818. A 'roqueira' era um antigo canhão de ferro cujos projécteis eram pedras.

Roqueira de lágrimas, *n.f.* O m.q. foguete de lágrimas[SM]: *[...] a arrotar bombãos e roqueiras, mas roqueiras de lágrimas de arrancar aahhhhhs! de pasmo dos circunstantes*[1982].

Rosa-de-bem-querer, *n.f. Bot.* Flor do sabugueiro (*Sambucus nigra*)[SM].

Rosado, (part. pas. de *rosar*) **1.** *adj.* Diz-se do forno do pão depois de quente, quando tem a cor rosada, altura de pôr o pão ou outros alimentos a cozer[SM]. **2.** *adj.* Diz-se do alimento depois de *rosar*: – *Depois do chambão estar rosado é que se vai deitando água e uma coisinha de vinho branco.*

Rosa-do-Japão, *n.f. Bot.* Na Terceira dá-se o nome de *rosa-do-japão* à camélia[1983]. Noutros lugares é nome que se dá à hortênsia, também chamada *novelo-da-China*.

Rosar, (de *rosa* + *-ar*) **1.** *v.* Acto culinário que consiste em passar na frigideira, com gordura bem quente, os bocados grandes de carne destinados aos assados, no sentido de coagular as proteínas superficiais da carne, criando uma carapaça que impede a saída dos seus sucos[F]. No *Cont.*

1977 J. Leite de Vasconcelos – *Opúsculos – vol. VI.*

1978 Luís Bernardo Leite de Ataíde – *Etnografia Arte e Vida Antiga dos Açores.*

1979 Aquilino Ribeiro – *O Malhadinhas.*

1980 Luís Bernardo Leite de Ataíde – *Etnografia Arte e Vida Antiga dos Açores.*

1981 Luís da Silva Ribeiro – *Roqueiras.*

1982 Onésimo Teotónio Almeida – *Sapateia Americana.*

1983 Recorde-se que a cameleira também se chama *japoneira* e *roseira-do-Japão.*

chama-se 'alourar'. **2.** *v.* Ter cor, falando do pão que está a cozer[Fl].
Rosário de namorados, *n.m.* Modalidade de sorte de S. João, tradicional de S. Miguel, que consiste em enfiar numa linha papelinhos enrolados com nomes de raparigas e noutra papelinhos com o nome de rapazes; deixando ficar na rua durante a noite, de manhã vêem os que estão abertos e retiram ora uns ora outros para formar novo rosário de pares, futuros casais.
Rosca, 1. *n.f.* Bolo de *massa-sovada* feita pelas festas do Espírito Santo: *As roscas do santo Espírito são aos montões – levadas pelas mulheres em tabuleiros*[1984]. **2.** *n.f. fig.* O m.q. bebedeira: *– Apanhou cá uma rosca que trombicava aqui e ali, mal s'aguentando d'im pé!*
Roseira, *n.f.* O m.q. hortênsia[F].
Roseira-do-Japão, *n.f.* Nome que nalgumas ilhas se dá à cameleira ou japoneira.
Roseiro, *adj.* Diz-se do gado mesclado de amarelo e branco (de *rosa* + *-eiro*)[T].
Roseta, *n.f.* Variedade de brinco que tem a forma de uma flor (de *rosa* + *-eta*)[C,F,Fl,Sj].
Rosmania, *n.f.* O m.q. *romania* (*Vaccinium cylindraceum*).
Rosquilha, *n.f.* Espécie de biscoito, de *massa-sovada,* com forma circular, que é distribuído nos Bodos e Jantares do Espírito Santo (de *rosca* + *-ilha*): *[...] Fui correr bodos contigo, / Troixe a rosquilha no braço, / Pão de cabeça à capota, / Alfenim no teu regaço*[1985].
Rosquilha de aguardente, *n.f.* Variedade de pão de *massa-sovada,* moldado em forma de rosca e que leva aguardente. Apenas feita na Graciosa e em S. Jorge.
Rosquinha de alqueire, *n.f.* Grande rosquilha de *massa-sovada*[T].
Rosquilha de quarta, *n.f.* Grande rosquilha feita com uma *quarta* de farinha de trigo[T]: *[...] duas rosquilhas de quarta, largas nem rodas de moinho, prendiam-se dos olhos num apetite*[1986].

[1984] Raul Brandão – *As Ilhas Desconhecidas.*
[1985] Vitorino Nemésio – *Festa Redonda.*
[1986] João Ilhéu – *Gente do Monte.*

Rosquilha de serviço, *n.f* Grande rosquilha de massa-sovada feita por altura das festas do Espírito Santo[T]: *Uma oferta curiosa é a das chamadas «rosquilhas de serviço», que são duas, de massa sovada, mandadas cozer pelo mordomo ou procurador, de meio alqueire de trigo cada uma, enfeitadas de flores e que ficam no Império à disposição dos devotos que as pedem para pagar a promessa, indo ajoelhar a certa distância do Império com a rosquilha à cabeça e, rezando, arrastam-se até junto do altar e aí a entregam com algum dinheiro. Finda a festa, são partidas em «toros» (rodelas) e cada um deles oferecido a um dos vogais da mesa da irmandade. O irmão que as oferece é denominado «Irmão esmoler»*[1987].
Rosquilha fervida, *n.f.* Variedade de biscoito tradicional da Ilha de S. Jorge, cuja *massa-sovada* leva álcool e, antes de ser posto no forno, é fervido em água, donde lhe vem o nome[1988].
Rostro, *n.m.* Rosto, sua f. arcaica: *Eram* (as 'sereijas') *raparigas muito perfeitas de rostro fermoso, com cabeleiras compridas e douradas, de corpo e peito alvos de neve, mas que, da cintura para baixo, eram peixes cobertos de escamas verdes*[1989].
Roto *(Rô),* (do lat. *ruptu-*) **1.** *adj.* Inclinado; extremamente vocacionado[F]: *– Aquilho é uma cabeça rota prá música, nasceu pra isso e pronto, não há más que ver!* **2.** *n.m.* Buraco; falha no terreno: *[...] às vezes ainda é tempo de salvar uma vaca caída numa grota ou um bezerro entalado num roto de bagacina*[1990].
Rótula, *n.f.* Nome que também se dava à *varanda de ralos* (do lat. *rotŭla-*)[T].
Roubado, *adj. fig.* Termo frequentemente utilizado na pesca, para indicar que o peixe não foi apanhado pela boca mas,

[1987] João Ilhéu – *Notas Etnográficas.*
[1988] Maria Odette Cortes Valente – *Cozinha de Portugal.*
[1989] Luís Bernardo Leite de Ataíde – *Etnografia Arte e Vida Antiga dos Açores.*
[1990] Vitorino Nemésio – *Corsário das Ilhas.*

acidentalmente, por qualquer outra parte do corpo, como que roubado ao mar (part. pas. de *roubar*).
Roubar um peixe, *exp.* Apanhar um peixe sem ser pela boca, apanhado ao acaso quando se puxa a linha apara cima[F].
Rougama, *n.f.* O m.q. *ruama*[P].
Roupa, (do lat. vulg. *raupa-)* **1.** *n.f.* Fato de homem. **2.** *n.f.* Tecido: *um cortinado de roupa*, por exemplo[F].
Roupa d'Amerca, *n.f.* Roupa que antigamente todos os emigrantes enviavam para os familiares e muitos traziam também quando vinham de visita aos Açores. Tinha um cheiro característico, o chamado *cheiro a roupa d'Amerca.*
Roupa d'alma, *n.f.* Esmola que se dá a uma pessoa necessitada, sendo da melhor roupa que o falecido deixou[1991]; consiste numa vestimenta completa, incluindo roupas brancas interiores, que o pobre veste, indo depois ouvir uma missa por alma do falecido[Fl,T]: *A esmola consiste numa vestimenta inteira dos pés à cabeça. É costume dar a roupa melhor que a pessoa tinha em uso. Se não estiver em bom estado, compram uma nova. A roupa de alma deve ser entregue a quem ele (falecido) prometeu, porque, sendo doada a outro, o espírito dele tornará ao mundo para fazer cumprir a sua vontade*[1992]. Var.: *Coberta de alma; vestimenta de alma.*
Roupa de dentro, *n.f.* O m.q. roupa interior: – *Ó depois daquela bátega, ficou todo alagado até à roupa de dentro!*
Roupa de trânsio, n.f. Ver *roupa de trazer.*
Roupa de trazer, *n.f.* O vestuário que se usa habitualmente nos dias de semana[F]. Em S. Jorge chamam-lhe *roupa de trânsio.*
Roupa de ver a Deus, *n.f.* Trajo domingueiro: *[...] lá se botaram a caminho, roupinha de ver-a-deus, e seguiram no endireito da Abelheira*[1993].
Roxo paixão, *loc. adj.* Roxo acentuado, da tonalidade dos paramentos da semana santa.
Rozeima, *n.f.* Ódio; rancor[SM]. No Cont. é usado no masc., 'rozeimo', com o mesmo significado.
Rua da atafona, *n.f.* Cova onde era colocado o estrume retirado da atafona[Fl].
Rua da casa, *n.f.* Terreno que corre paralelamente à frente da casa, onde geralmente é plantada a figueira e está a *burra do milho*[Sj,T].
Rua das galinhas, *n.f.* O m.q. curral das galinhas[T].
Rua do porco, 1. *n.f.* Atalho que conduz à pocilga do porco[T]. **2.** *n.f.* O próprio curral do porco[P,Sj,T].
Ruama, 1. *n.f.* Peixe miúdo; petinga[F,T]: *[...] nas covetas e pocinhas do calhau, deitavam redes de trapos à ruama desinquieta*[1994]. Cp.: Na Bairrada, *ruão* é estrume miúdo. **2.** *n.f. fig.* Rancho de filhos[T]. **3.** *n.f. pej.* Pessoa de má índole ou de baixa condição social[Sj,T]. Var.: *Arruama, rougama.*
Rubim, *n.m. Bot.* O m.q. *Cana-roca* (*Hedychium gardnerarum*)[SM].
Ruinzinho, *adj.* Dim. de ruim, muito usado na linguagem pop. da Terceira: *Ele, como era ruinzinho, para lhe tirar a cisma da cabeça [...]*[1995].
Ruiva, *n.f. Bot.* O m.q. *Rapa-língua* (*Rubia agostinhoi*).
Ruíva, *adj.* Ruiva. Nas Flores a uma localidade situada numa ponta chamam-lhe, curiosamente, *ruíva,* com o significado de ruiva – a *Ponta Ruíva.*
Ruivas, *n.f. pl.* Nuvens vermelhas que, quando aparecem a oeste na hora do poente, são anunciadoras de bom tempo, e se aparecem ao nascente anunciam

---

1991 Esta usança foi levada para o Brasil pelos emigrantes açorianos, nomeadamente para o Rio Grande do Sul.

1992 J. H. Borges Martins – *Crenças Populares da Ilha Terceira II.*

1993 Cristóvão de Aguiar – *Raiz Comovida.*

1994 João Ilhéu – *Gente do Monte.*

1995 J. H. Borges Martins – *Crenças Populares da Ilha Terceira II.*

chuva[T]: Adágio: *Ruivas ao nascente, chuva de repente.*

Rum, (*corrupt. de ruim*) **1.** *adj.* Pouco inteligente, que aprende mal. **2.** *adj.* Diz-se do inhame ou da batata de má qualidade que, mesmo bem cozidos, ficam como que encruados[F]. Cp.: É curioso que, no Minho e na Beira Alta, ruim pronuncia-se como monossílabo – 'rúim'[1996]. Idalécio Cação regista também nas falas gandarezas a palavra 'ruim' como um monossílabo nasalado. Moisés Pires regista-a em Miranda com a grafia 'rúin'. No Norte do país, nomeadamente em Brunhoso, usa-se também o termo 'rõe' com o mesmo significado, que CF regista. Nas freguesias rurais do Faial também é a pronúncia de ruim[1997].

Runção, *n.f.* Fortaleza física[Fl].

Runçoso, *adj.* Forte[Fl].

Runir, v. Reunir, sua corruptela[T]: *Lá se runiram os homes* [...][1998].

1996 J. Leite de Vasconcelos – *Opúsculos – vol. VI.*

1997 As freguesias rurais do Faial são as que mais influência têm das falas do Norte do país.

1998 J. H. Borges Martins – *A Justiça da Noite na Ilha Terceira.*

S

S. Rafael. Hospício dos alienados da Terceira, também chamado, devido à cor, Casa Amarela. – *Home, se tu continuas com essa cisma assim a crescer inda vás pará a S. Rafael!*
Sabão, *n.m. fig.* Admoestação; censura (do lat. *sapōne-)*[F]: *A ruminar o sabão que lhe passara o reitor*[1999]. Com este significado tb. é usado na linguagem pop. continental.
Sábedo, *n.m.* Sábado, sua corruptela por dissimilação[F,Sj].
Sabedura, *n.f.* Sabedoria (de *saber +-dura*): *[...] Inté o senhor padre-cura / Que é home de sabedura / Nunca tal havera visto*[2000].
Sabença, *n.f.* Sabedoria (do lat. *sapientĭa*)[SM,T]. Usada também na linguagem pop. do Continente.
Saber, (do lat. *sapēre*) **1.** *v.* Dar comida, falando dos animais e/ou tratar da sua higiene[F]. Assim, diz-se: *saber do gado, saber das galinhas, saber do porco.* **2.** *v.* Repreender, bater; *dar a criação*[SM]: *Ah, cachorrinho, que quando o teu Pai chegar vai-te saber... Sabia, sabia, que ainda sinto certas dores na cova da lembrança*[2001].
Saber a ginjas, *exp.* Diz-se do alimento delicioso: – *Nã sei se foi por nã comer há muito tempo mas estas lapinhas souberam-me a ginjas!*
Sabino, *adj.* Esperto; resoluto (de *sábio*)[SM].
Saborralhado, *adj.* Salpicado (part. pas. de *soborralhar*).
Saborralhar, *v.* Salpicar e esfregar com alguma coisa (corrupt. de *soborralhar*): *Os chicharros, depois de consertados, são saborralhados com sal, calda de malagueta e alhos esmagados [...]*[2002]. Soborralhar é palavra derivada de *soborralho + -ar* e soborralho deriva de *sob- + borralho.*
Sabroso, *adj.* Saboroso, sua corrupt. por síncope[F,Fl]: – *Este pão caseiro é más sabroso que não o da loje!*
Sabugo, (do lat. vulg. *sabūcu-*) **1.** *n.m.* Espiga-de-milho depois de debulhada; carolo[F,Sj], na Terceira chamada *soco* e, em S. Miguel, *carrilho.* Na minha infância, com dois *sabugos,* fazendo-lhes uma reentrância na extremidade mais fina para fingir o pescoço e aplanando a base com uma navalha, presos um ao outro por uma tosca canga, imaginava-se uma junta de bois, que se passeava brincando pelos caminhos amarrada a um cordel, gritando as *vozes* ouvidas aos mais velhos: *Anda lavrado! Àrrecu trigueiro! Pás trás gigante! Fora boi anda!* Antigamente usava-se muito os sabugos para acender o lume da lareira, por serem altamente combustíveis. Também eram aproveitados para se lavarem os grandes caldeirões que muitas vezes criavam ferrugem e se

[1999] P.e Nunes da Rosa – *Pastorais do Mosteiro.*
[2000] Do *Moda* micaelense *O Pezinho da Vila.*
[2001] Cristóvão de Aguiar – *Ciclone de Setembro.*
[2002] Augusto Gomes – *Cozinha Tradicional da Ilha de Santa Maria.*

usavam no derretimento do toucinho dos porcos. **2.** *n.m.* O m.q. chifre[SM].

Saca, *n.f.* O m.q. escroto (de *saco*)[F,T]. Correspondente ao termo utilizado no Cont., 'bolsa'. É também utilizado o termo *saca-das-bolas* quando se refere ao conjunto completo! *A tua avó era moleira, / Com jeito de farinheira / É que fazia maquias. / E meu avô, já velhinho, / Às vezes, ia a caminho / Levar-lhe as sacas vazias. / Tua avó para se rir, / Lá um dia se passou, / Que chegou a sacudir / A saca de meu avô*[2003].

Saca-buana, *n.f.* Saca de serapilheira utilizada para o transporte de produtos agrícolas[SM]. Tem este nome por ser uma saca de adubo vazia[2004].

Saca da Amerca, *n.f.* Saca antigamente enviada pelos familiares emigrados na América com roupas e coisas diversas: *Aparecem então os vestidos comprados nas lojes à mistura com os chegados nas sacas da Amerca*[2005].

Saca-vazia, *n.m.* O m.q. *freguês-do-fiado*[SM].

Sacada, *n.f.* Janela saliente; varanda (part. pas. fem. subst. de *sacar*)[T].

Sacáióó, *interj.* Estropiação de 'passa cá asno'[SM]: *O burriqueiro toma então a verdasca, pica o burro e vociferando o eterno 'sacáióó' põe-se a caminho da cidade*[2006].

Sacana, *n.f.* Masturbação masculina. Termo altamente obsceno, sempre omitido na presença de menores e de mulheres, ao contrário de certas regiões do Cont. onde faz parte da linguagem corrente do povo. Cp.: CF, num dos seus sentidos, regista-o com o significado de "indivíduo que masturba outro".

Saçardote, *n.m.* Sacerdote, sua corruptela por assimilação[T]. Moisés Pires regista-o também na linguagem de Miranda do Douro.

Saçaricar, *v.* Ver *Sassaricar*.

[2003] J. H. Borges Martins – *As Velhas*.
[2004] Adubo em algumas ilhas chama-se *buana*.
[2005] Elsa Mendonça – *Ilha de S. Jorge*.
[2006] Joseph e Henry Bullar – *Um Inverno nos Açores*.

Sacatear, *v.* Vaguear de um lado para o outro. Usa-se muito quando alguém insiste teimosamente (corrupt. de *saracotear*)[F]: *Tanto andou e sacateou que conseguiu o que queria!*

Sacotear, *v.* O m.q. *sacatear*. JPM regista-o apenas como brasileirismo.

Sacha, *n.f.* Espécie de sacho, mais pequeno e estreito, geralmente para pequenos trabalhos à volta de casa[F]. No Faial chama-se *sacheta*.

Sacheta, *n.f.* Sacho pequeno para cortar o pé do milho; o m.q. *sacha* (de *sacho* + *-eta*)[Fl].

Sacho de abarbar, *n.m.* Cada uma das peças da *caliveira* destinadas a *abarbar*[Fl]. Nas Flores chama-se *prato de abarbar*.

Sacho de S. Miguel, *n.m.* Nas *ilhas-de-baixo* chama-se *sacho de S. Miguel* a uma enxada de lâmina fina e larga e de cabo curto, fabricado e importado da Ilha de S. Miguel. Falando de S. Miguel, os irmãos Bullar registam: *O sacho vulgar da ilha tem o cabo curto, a que está presa, numa das extremidades, formando ângulo agudo, larga lâmina*[2007].

Sacnana, 1. *n.m.* Aquele que está abaixo do bossa, do capataz; aquele que transmite as ordens superiores (do am. *second hand*, segundo chefe): – *O filho do Marajana tem-se amanhado bem lá na Amerca; dizim que já é o sacnana da fábrica de injarroba onde 'tá trabalhando!* **2.** Segunda mão (do am. *second hand*): uma estôa de sacnana é uma loja de coisas usadas. Como facilmente se deduz, faz parte de linguagem *calafoniana*.

Saco, (do gr. *sákkos*, pelo lat. *saccu-*) **1.** *n.m.* Saca de linho feita no tear caseiro, destinada somente ao transporte de trigo para o moinho. Media cerca de 120 cm de altura e 40 cm de largura, tendo duas listas longitudinais azuis com cerca de 1 cm cada uma, com uma capacidade de 6 alqueires *rapados*, cerca de 60 kg. Fazia parte do enxoval da noiva, trazendo as suas ini-

[2007] Joseph e Henry Bullar – *Um Inverno nos Açores*.

ciais bordadas para que o moleiro as pudesse identificar. Nos casamentos a pé, eram nestes sacos que se ia arrecadando as ofertas de trigo durante o percurso para a igreja[T]. **2.** *n.m.* Antiga medida de cereais correspondente a 6 alqueires[SM]. **3.** *n.m.* O m.q. *cofre 2*[Fl].

Saco de açúcar, *n.m.* Antigamente o açúcar era enviado para as ilhas em sacos de serapilheira de 75 kg, vendido nas mercearias aos quilos, embrulhados em papel pardo, o chamado papel de embrulho. O sal também era embalado da mesma maneira, em sacos de serapilheira mais grosseira, com peso de 80 kg e a farinha ia em sacos brancos, pesando cada um 50 kg, ambos vendidos a retalho também embrulhados em papel de embrulho.

Sacristoa, *n.f.* Fem. de sacristão[T].

Sacudir, *v.* Embalar, falando das crianças (ext. de *sacudir*)[Fl]. Cp.: Em certos lugares do Continente, em vez de embalar, diz-se 'abanar'.

Sacudir o barridoiro, *exp. fig.* O m.q. dar à língua[Sj].

Safada, *adj.* Diz-se da medida de sólidos rasa (part. pas. fem. de *safar*)[C].

Safadeza, *n.f.* O m.q. diabrura (de *safado* + *-eza*).

Safar, *v. Náut.* Evitar perigos na costa, como, p. ex., baixios.

Safate, *n.m.* Açafate, sua corruptela por aférese[C].

Safnebóis, n.m. O m.q. *salfenbore*.

Saga, *n.f.* Cata; procura. À saga de: em cata de[P,T]: – *Andou toda a tarde à saga do pedreiro e nã chegou a incontrá-lo!* A grafia mais correcta deveria ser *çaga*.

Sagão, *n.m.* O m.q. saguão[F,Sj].

Sage, *adj.* Prudente ; moderado nos actos e palavras (do fr. *sage*)[T]. Arcaísmo aqui conservado. Viterbo regista-o com os seguintes significados: Prudente, sábio, honesto, virtuoso. Var.: *Sages*.

Saguão *(Sà)*, *n.m.* Vestíbulo das casas que dá entrada à porta principal, nas antigas casas de *alto-e-baixo*, sendo de lajes ou empedrado e conduzindo à escada interior de aceso ao andar de cima (do ár. *ustuán*, pelo cast. *zaguán*, idem)[C,F,Sj]. Var.: *Sagão*.

Sai-de-cá, *n.m.* O m.q. *sai-de-casa*[Fl].

Sai-de-casa, *n.m.* O m.q. 'side-car', falando das motocicletas (do am. *side-car*)[F].

Saia-de-balão, *n.f.* Também chamada simplesmente *Balão*, era uma saia que antigamente as raparigas mais abastadas da Ilha das Flores vestiam sobre outras duas saias menos rodadas, tendo por debaixo uma calça de linho ou de algodão do mesmo comprimento das saias, com folhos engomados. Com esta saia usavam uma espécie de corpete muito ajustado ao corpo[2008].

Saia de ombros, *n.f.* Saia feita de fina lã, com uma barra de cor diferente, tão rodada que se trazia às costas como uma capa e podia unir-se no peito[T].

Saia de Picota, *n.f.* Vestimenta usada nas últimas décadas do séc. XIX pelas mulheres de maior pobreza da Ilha das Flores e que consistia numa saia rodada de pano grosso, azul-escuro ou preto, tendo o cós listrado de vermelho. Colocavam-na sobre os ombros, acolchetada no pescoço, cobrindo-lhe o corpo até ao joelho. Por debaixo dela vestiam um casaco largo de estopa ou de lã com mangas justas nos pulsos, e uma saia do mesmo pano ou de chita que lhes chegava aos pés. Completava este traje um lenço de paninho ou de chita que lhes cobria a cabeça, atando-o por debaixo do maxilar inferior[2009].

Saída, *adj.* Diz-se da fêmea animal, geralmente falando das vacas, quando está com o cio: *Fazia tenção de vender uma gueixa saída, em ordem de ser tomada pelo touro, o padreador*[2010].

Saiduóque, *n.m.* Passeio das ruas (do am. *side walk*). É *calafonismo*.

Sãingue, 1. *n.m.* Sangue: – *Noitro tempo, quando esquartejavam as baleias e as puxa-*

2008 Apontamentos sobre o Traje das Flores
2009 Apontamentos sobre o Traje das Flores
2010 Cristóvão de Aguiar – *Um Grito em Chamas*.

vam plo varadoiro acima, o mar ficava da cor do sãingue... **2.** *n.m.* Congestão cerebral, nos suínos[T]. *Fazer sãingue*: sofrer hemorragia. Oração antiga para estancar o *sãingue*[T]: *Estava Lucas e Mateus ceifando em prédios seus. Cortou-se Lucas, disse Mateus: tanto sãingue nas tuas veias coma Deus teve nas suas ceias; tanto sãingue morto coma Deus teve no Horto; tanto sãingue forte coma Deus teve na sua morte.*

Saínte, à, *loc. adv.* À saída: *Mê pai estava à minha espera à saínte do varadoiro e metê-me uma pataca na mão: Toma lá prà viagem*[2011].

Saio, *n.m.* O m.q. combinação, falando de roupa interior de mulher; saiote de mulher; combinação de flanela (do lat. *sagu-*)[SM,T].

Saiote, *n.m.* O m.q. *mantéu* 2.

Saipo, *n.m.* Sapo, sua corruptela. Na Madeira também se chama 'saipos' aos 'sapos' ou 'sapinhos', micose frequente da boca das crianças pequenas a que os médicos chamam 'candidíase', por ser provocada pelo fungo chamado *Candida albicans*.

Sair a via, *exp.* O m.q. sofrer um prolapso rectal[F].

Sair o Esprito Santo, *exp.* Ter sido indicado, por sorteio, para desempenhar as funções de *Imperador* das festas do Espírito Santo[T]: *O Imperador, logo que recebe a notícia de lhe «ter saído o Espírito Santo» na extracção dos «pelouros» (sorteio) realizado à porta do «triato» no Domingo da festa, começa a preparar-se para cumprir com o possível rigor a missão a que voluntariamente se obriga por espaço de uma semana*[2012].

Sair o Esprito Santo todo o ano, *exp. fig.* Diz-se do marido enganado pela mulher[T]: *– O testinha de osso de Jesé Sarnalha saiu-le o Esprito Santo todo o ano!; – Home, diz que sim, parece que ela le pôs uma chapéu de vaca!*

Sala, *n.f.* Nome que antigamente se dava ao espaço do *meio-da-casa* destinado ao *balho*, pelas festas do Espírito Santo, quando a *Coroa* estava numa casa particular[T]: *Um pequeno espaço livre, ao centro da já de si acanhada quadra, é destinado à «Charamba» ou «Balho», e denomina-se «sala»*[2013].

Salameque, *n.m.* Bajulação; cortesia exagerada; o m.q. *precate* (corrupt. de *salamaleque*[2014])[F]: *– Quando cumprimenta o senhor Padre é sempre cheia de salameques!*

Salão, *n.m.* Sala de estar[P]: *– O melhor é entrarmos pro salão que isto aqui não é lugar pra receber ninguém!*

Salema, *n.f.* Peixe da Família dos Esparídeos (*Sarpa salpa*), de cor clara com listas douradas, também conhecido no Cont. pelo nome de 'choupa', 'mucharra' e 'sama'. É um peixe de difícil captura, apanhado com uma isca constituída por uma alga[2015], enfiada num anzol pequeno, com seda muito fina e com uma cana própria (ver *caniço-das-salemas*). A salema dos Açores não tem o cheiro nauseabundo da salema que se apanha nos mares do Continente, isto devido à natureza dos fundos do mar. Anda sempre em cardume alimentando-se de plantas marinhas quando adultas – os juvenis alimentam-se de crustáceos – e é uma espécie hermafrodita, em que os machos se transformam com o tempo em fêmeas. Segundo alguns, é o melhor peixe para engodo e isca, depois de *sorrobalhado* nas brasas. A suas tripas negras são consideradas do melhor para engodo para vários peixes, nomedamente para sargos, meros, etc.

Salfenbore, *n.m.* Espécie de baleia muito grande, do Atlântico e do Pacífico, que tem a parte ventral amarela e que chega a atingir os 100 pés de comprimento, cientificamente denominada *Balaenoptera musculus* (do am. *sulfur-bottom*). Var.: *Sàfnebóis* e *Safnebora*.

2011 Vitorino Nemésio – *Mau Tempo no Canal*.

2012 João Ilhéu – *Notas Etnográficas*.

2013 João Ilhéu – *Notas Etnográficas*.

2014 Salamaleque, do ár. *as-salam*H*alaik*, saudação entre os Turcos (a paz esteja contigo).

2015 Nas Flores chama-se *cravina*. A salema também pode ser pescada tendo como isca a erva-corra.

Salgado, *n.m.* Nome de bovino mesclado de branco ou cinzento; o m.q. *cardim* e *saro*[T].

Salganhada, *n.f.* Confusão; mixórdia; trapalhada[P]. Na linguagem pop. do Cont. existe o termo 'salgalhada', com o mesmo significado.

Salgar a boca com lapas, *exp.* Comer uma pequena quantidade de lapas cruas, apenas para provar[F]: – *Home, coma este torrãozinho de lapas, nim que seja só pra salgar a boca!*

Salgueiro, 1. *n.m. Bot.* Planta arbórea muito resistente à salmoura, por isso usada para fazer bardos nas terras junto ao mar, de nome científico *Tomarix gallica.* **2.** *adj.* Diz-se do bovino finamente mesclado de preto e branco, ficando com um tom acinzentado, grisalho[Sj].

Salinero, *adj. Taur.* Diz-se do touro que apresenta uma mistura de pêlo branco com pêlo colorau[T].

Salipa, *n.f.* O m.q. *selipa*[Fl].

Salmoira, (do lat. *sale-*, sal + *muria-*, água salgada) **1.** *n.f.* Água saturada de sal que se forma quando se introduzem os peixes em sal, antes de serem postos ao sol para a secagem; o m.q. *moira.* **2.** *n.f.* Também se designa com este nome a brisa salgada vinda do mar: – *Esta casa tem uma rica vista para o mar mas, no Inverno, os vidros estão sempre cheios de salmoira.*

Salpicado, *adj. Taur.* Diz-se do touro caracterizado por ser *cardeno* com manchas brancas irregulares, grandes e pequenas (part. pas. de *salpicar*)[T].

Salpicar, *v.* Atirar a massa (mistura de cimento, areia e água) à parede usando a colher: – *Salpicar com a mão direita ainda vai mas com a esquerda... vai mas é tudo pro chão!* No Continente chama-se 'chapiscar'.

Salpim, *n.m.* Capote curto, de grande cabeção, antigamente usado em S. Miguel, também chamado *susalpim.*

Salsa-burra. *n.f. Bot.* Planta espontânea distribuída por todas as ilhas dos Açores[2016], cientificamente denominada *Daucus carota azorica.*

Salsada de S. Martinho, *n.f.* Teófilo Braga[2017] define-a como um agrupamento tangendo "latas, chocalhos e cascavéis", indo pelas portas chamar os irmãos borrachos, usando-se um sermão burlesco, com texto em latim macarrónico, como, p. ex., o que se segue: *Mar confacto, miseriato és / É de zurrato és / É de canos, canos inibotes / E de ni fermi ni grão ni cota!*

Salsão, *n.m.* O m.q. aipo. Ver *aipo-macho.*

Salsaparrilha, *n.f. Bot.* Planta medicinal (*Similax* sp.), com propriedades depurativas, considerada venenosa para o gado: – *Á sinhora, a gente aqui tratam essa plantinha por salsaparrilha mas ela é venenosa para os animais, a modos que serve é pra remédio prà bexiga!*

Salsa Salseirinha, *n.f.* Roda de crianças de antigamente.

Salseirada, (de *salseiro* + *-ada*) **1.** *n.f.* Chuva de pouca duração mas tocada pelo vento. Na Terceira também lhe chamam *surreeiro.* **2.** *n.f.* Entrada de água do mar numa embarcação quando navega com vento de frente e mar picado.

Salseiro, (de *salso* + *-eiro*) **1.** *n.m.* Chuvada. **2.** *n.m.* Respingos de ressaca do mar. **3.** *n.m. fig.* Confusão; mistura[Sj]. **4.** *n.m. fig.* Confusão de gente[P]. *Fig.* Meter-se ao salseiro: atirar-se à aventura[T].

Salta-poças, *n.* O m.q. *meia perna*[F]. No Cont. chama-se 'salta-pocinhas' a um indivíduo que não pode estar quieto.

Saltão, *adj.* Diz-se do gado arisco, que salta facilmente as paredes para sair das pastagens (de *saltar* + *-ão*). Quando isso acontece, é peado.

Salta-podão, *n.m.* Ponta da haste nova da vinha que é deixada com um ou dois rebentos, após a poda[SM].

2016 Paulo A. V. Borges e col. – *Listagem da Fauna e Flora Terrestre dos Açores.*

2017 Teófilo Braga – *O Povo Português nos Seus Costumes, Crenças e Tradições.*

Saltar, *v.* Diz-se do vento quando muda bruscamente de quadrante; quando essa mudança é mais lenta diz-se *rodar* ou *virar* (do lat. *saltāre*).

Salto, *n.m.* Ir, embarcar ou fugir *de salto* era fugir clandestinamente para a América nas antigas baleeiras que regressavam àquele país, embarcando geralmente pela calada da noite (de *saltar*, saltar de cima da pedra para dentro da embarcação). Também se dizia *embarcar pelo alto*.

Saluçar, *v.* O m.q. soluçar[Sj,T].

Saluço, *n.m.* Soluço, sua f. arcaica (do lat. vulg. *suggluttĭu-*). Camões escreve: *E, co seu apertando o rosto amado, / Que os saluços e lágrimas aumenta, / Como minino da ama castigado, / Que quem no afaga o choro lhe acrescenta, […]*[2018]. Em certas aldeias do Continente, quando uma criança soluça diz-se: 'Saluço vai, saluço vem, / Manda--se pra quem o não tem'.

Salva, (deriv. regr. de *salvar*) **1.** *n.f.* A *salva*, também chamada *pregão*, é uma solicitação efectuada em tom arrastado pelo *mestre* ou pelo *alembrador das almas* para a reza de certas orações nas *romarias* de S. Miguel. **2.** *n.f.* Taça de prata lavrada, com pé, onde assenta a *Coroa* do Espírito Santo, também chamada *bandeja* e *prato*: *Coroa e ceptro descansam na «Salva» que se compõe de um prato liso com cercadura em relevo, ao qual está preso um suporte ou pé, tudo na mesma prata batida*[2019].

Salva-brilhante, *n.f. Bot.* Planta de jardim, no Continente também chamada 'salva vermelha dos jardins', de nome científico *Salvia splendens*.

Salvar, *v.* Saltar[T]: – *O mar era tanto qu' inté salvou a rocha!*

Salve-Rainha dobrada, *n.f.* Cântico, construído a partir da Salve Rainha, praticado nas festas do Espírito Santo[SJ].

Samaca, *adj.* Aparvalhado; desatento[SM]: – *vinha tã samaca que nim te vi!* Na Terceira com sentido muito semelhante usa-se o termo *samouco*.

Samarra, *n.f.* Espécie de casaco de tecido grosso, com gola forte, bom para proteger do frio (do basco, *zamar*, pele de carneiro, pelo cast. *zamarra*).

Sameadura, *n.f.* O m.q. semeadura (de *samear* + *-dura*)[F,Sj].

Samear, *v.* Semear, sua f. arcaica. Em *Os Lusíadas*, Camões escreve: *Contra os povos que são de Cristo amantes; / Entre vós nunca deixa a fera Aleto / De samear cizânias repugnantes*.

É termo actualmente usado nas ilhas dos Açores: *Ele mandou charruar com bois aquele campo para depois samearem de milho*[2020].

Samear à cavadela, *exp.* Semear com uma enxada[Fl].

Samiguel, *n.m.* Nome que nas ilhas-de--baixo se dá aos de S. Miguel: *Anda cá pra fora samiguel! […] Eh! Vim cá! Vim cá tê comigue!*[2021]; *[…] não faltavam caranguejos nem lapas para puxar vinho e cantigas, na venda do Samiguel*[2022].

Samioulha, *n.m. deprec.* Um dos *apelidos* que se dá aos de S. Miguel[F].

Samouco, *adj.* Aparvalhado[T]: – *O que é que estás vendo em mim com esse olhar samouco?*

Sampal, *n.m.* Copo grande[2023].

Samuscar, *v.* Chamuscar, sua corruptela[F,Fl,Sj,SM]. E. Gonçalves regista-o também no Algarve. Esta despalatalização nesta palavra aparece em quase todas as ilhas.

Samusco, *n.m.* Acto de *samuscar* (deriv. regr. de *{samuscar}*): – *Não se metam todos ao samusco que ficam quentes para a lavadura*[2024].

2018 Luís de Camões – *Os Lusíadas*.

2019 João Ilhéu – *Notas Etnográficas*.

2020 J. H. Borges Martins – *A Justiça da Noite na Ilha Terceira*.

2021 J. H. Borges Martins – *A Justiça da Noite na Ilha Terceira*.

2022 Vitorino Nemésio – *O Mistério do Paço do Milhafre*.

2023 Vocábulo recolhido M. Alice Borba nos Altares, Terceira, não generalizado.

2024 Manuel Ferreira – *O Barco e o Sonho*.

Sanababicha, *n.m.* O m.q. 'filho da puta', mas desprovido de seu conteúdo ético, talvez mais 'filho da mãe' (do am. *son of a bitch*). É correntemente usado em todas as ilhas, como nos seguintes exemplos: – *O sanababicha do gato subiu acima da mesa e foi roubar um carapau já aviado!; – A sanababicha da gueixa não há maneira de apanhá bezerro!; – Tenho uma sanababicha duma dor no quarto direito desde que caí sobr' ele!* Com o mesmo significado se usa também o termo *sanabagana*, também trazido das terras da América.

Sanabagana, *n.m.* O m.q. que *sanababicha*, talvez um pouco mais moderado! (do am. *son of a gun*).

Sanaclause, *n.m.* O m.q. Pai Natal, S. Nicolau (do am. *Santa Claus*); o m.q. *Santiclousa*. Nota: Santa Claus é contracção de Santus Nicholaus.

Sandeiro, *n.m.* Cavalo velho e ruim (Corrupt. de *sendeiro*, do lat. *semitarĭu-*)[T]: *O que é que estás a dizer? / Será isso verdadeiro? / É dum homem se benzer / E ficar como um «sandeiro». / O Joaquim ainda vai ser / «Imperador» em solteiro*[2025].

Sanêta, *n.m.* Senador (do am. *senator*). É *calafonismo*.

Sanfona, *adj.* Maçador; rezingão (ext. de *sanfona*)[T].

Sanfonar, *v. fig.* Insistir; teimar (de *sanfona + -ar*)[SM]: *Isso inté parece mal! Esse sanfonar está avexando o sinhô deitor! Pous a levá!*[2026].

Sangrar-se em saúde, *exp.* Mostrar-se comprometido; revelar faltas de que ainda não o acusaram[T]. Em Santa Catarina, no Brasil, diz-se 'Sangrar na veia da raiva'.

Sangue alto, *n.m.* Ter o sangue alto é ter a tensão arterial elevada. É um decalque semântico do chavão *'high blood pressure'*.

[2025] Sextilha de *Dança*, de nome não citado, registada por João Ilhéu em *Notas Etnográficas*.

[2026] Luís Bernardo Leite de Ataíde – *Etnografia Arte e Vida Antiga dos Açores*.

Sangue grosso, *n.m.* O m.q. hipercolesterolemia e/ou hipertrigliceridemia. *Ter o sangue grosso* é ter o colesterol e/ou os triglicerídeos plasmáticos elevados.

Sanguinho, *n.m. Bot.* Planta endémica dos Açores e da Madeira, dispersa por todas as ilhas, excepto Graciosa[2027], cientificamente denominada *Frangula azorica*. O nome deve-se à cor da sua madeira, cor de sangue (*sangue + -inho*). Embora apareça geralmente acima dos 500 metros de altitude, nas ilhas do grupo Ocidental (Flores e Corvo) é comum ser observada a altitudes mais baixas. Em algumas das ilhas, aparece em grande quantidade, daí a origem do topónimo, p. ex., em S. Jorge, a Fajã do Sanguinhal.

San Macaio, *n.m. Balho* tradicional dos Açores, de andamento lento, geralmente tocado em tonalidade de Sol Maior (Corrupt. de *São Macário*): *San Macaio deu à costa / Nas pedras da Fajãzinha, / Toda a gente se salvou, / Só morreu uma galinha.*

Sansurro, *n.m.* O m.q. *esfregalho*[2028].

Sant'Antão, Sant'Antão, *loc. interjec.* É usada esta repetida exclamação, p. ex., quando nasce um bezerro ou se mima um animal, como a desejar: Sant'Antão te guarde, te livre de males![F] *Passei pelas vossas vacas / Bebi leite e deu-me sono / Sant'Antão vos guarde as vacas / E mais o senhor seu dono*[2029].

Santa Luzia dos olhos, *loc. interjec.* O m.q. 'valei-me Santa Luzia!'[T]: – *Ai Jasus – Santa Luzia dos olhos! – qu'isto hoje está um pedaço de céu velho!*

Santa-cruzense, *adj.* Natural, pertencente ou relativo a Santa Cruz das Flores ou a Santa Cruz da Graciosa (de *Santa cruz*, top., + *-ense*).

[2027] Paulo A. V. Borges e col. – *Listagem da Fauna e Flora Terrestre dos Açores*.

[2028] Termo recolhido por M. Alice Borba nos Altares, Terceira, desconhecido no resto dos Açores.

[2029] Quadra recolhida nas Flores.

Santafolhos, *n.m. pl.* Interior do ventre do porco[T]. Também se lhe chama *fato*.

San Gonçalo, *n.m.* Nas ilhas, o culto de São Gonçalo de Amarante ficou pelo *Balho de San Gonçalo*, mas com letra desnaturada, mais alusiva a um pecador maroto do que a um santo: *San Gonçalo já é velho, / É velho e maganão; / Quando passa pelas moças / Arrefia e aperta a mão.*

Santiana, *n.f.* Cantiga entoada pelos baleeiros das Flores, ao compasso lento da remada, depois universalmente estendida a todas as embarcações de pesca, cantada sem acompanhamento instrumental, ao ritmo da remada e inspirada nas velhas canções dos baleeiros americanos, onde se notam reminiscências da sua língua: *Quando o meu mestre me manda / Arrear a velazinha / Sempre me vai alambrando / As monças da Fajanzinha* (versos intervalados pela exclamação: *Ilrou, Santiana*)[2030]. À medida que as lanchas se aproximavam, movidas a remos, deslizando lenta e silenciosamente até ao porto e se ouviam cada vez mais nitidamente as vozes lentas mas entusiasmadas dos pescadores, todos se alegravam na convicção de uma abundante pescaria: *O vento norte, bramindo / Faz andar o mar picado, / Faz andar o marinheiro / Sobre o convés enjoado.*

A confirmar a origem da canção, regista-se o refrão de outra versão da Santiana da mesma Ilha: *Pelo broduei, do broduei, mesura* (pelo 'broadway', do 'broadway', mesura).

Santiclousa, O m.q. Pai Natal (do am. *Santa Claus*).

Santo, *n.m. fig.* O m.q. corno; homem traído pela mulher[F], daí o provérbio das Flores: *Santo sim, / mas do Céu.*

Dardanus calidus (Foto: Ricardo Cordeiro)

Santola, *n.f.* Além do crustáceo (*Maja squinado*), é nome que nas Flores se dá ao pequeno crustáceo que se mete na casca de um búzio, o vulgarmente chamado 'casa-alugada', de nome científico *Dardanus calidus*. Os Espanhóis chamam-lhe 'cangrejo ermitaño'.

Santo nome de Jasus, *exp.* Exclamação de espanto muito frequente na linguagem popular[F]: – *Onte à noite choveu que foi enorme… Santo nome de Jasus!*

Santopeia, *n.f.* O m.q. centopeia. É termo antigo e usado por todo o país. Na novela *A Filha do Arcediago* (1855), Camilo Castelo Branco escreve: *[…] uma ladainha de títulos em que os menores insolentes eram camafeu, troxa de ovos, e santopeia.*

Santo véu, *n.m.* Nome que também se dá à Bandeira do Espírito Santo[StM].

Sanzinha, *adj.* e *n.f.* O m.q. virgem; rapariga que nunca experimentou os prazeres mais 'profundos' do sexo (de *sã* + <-z-> + *-inha*)[F].

São Balião, *n.m.* Santo Emiliano, sua corruptela[SJ]: *Minha mãe me disse / Não tivesse medo do pesadelo / Que ele tem a mão furada / […] A boca de São Balião; / Assim faça Deus àqueles / Que contra nós estão*[2031].

2030 Recolhida pelo Autor em Ponta Delgada das Flores.

2031 Excerto da *Oração* contra o pesadelo, recolhida na Calheta de S. Jorge pelo Padre Manuel Azevedo da Cunha.

São da vida, *exp.* Bem intencionado[T]: *[...] a mulher sã da sua vida, virou atrás, pousou o pote na soleta da porta e lá foi matar o desconsolo*[2032].

São Lourenço barbas de ouro, exp. Os marítimos do Corvo antigamente, nas travessias do canal, faziam uma ladainha a São Lourenço para que mandasse vento para a vela; quando essa aragem surgia, levantavam pano e lá seguiam, dizendo: *São Lourenço barbas de ouro*. Se a aragem não aparecia, exclamavam: *Velho São Lourenço barbas de burro!*[2033].

São Pedro a mudar os trastes, *exp.* Expressão que por brincadeira se diz quando faz trovões.

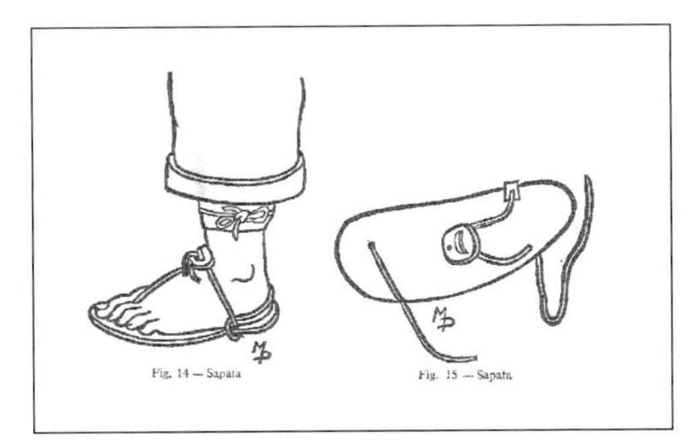

Sapata (Desenho de Maduro Dias)

Sapata, (de *sapato*) **1.** *n.f.* Calçado usado antigamente pelos *homens do campo*, constituído por um pedaço de sola, mais modernamente por um bocado de pneu de automóvel, preso ao pé por correias de couro[T]. Nos anos sessenta do séc. passado era de uso corrente na Terceira. Também era chamada *albarca*. **2.** *n.f.* Conjunto das folhas inferiores do pé do tabaco[SM]. **3.** *n.f.* Parte achatada da base do anzol destinada a impedir que o estorvo se desprenda. **4.** *n.f.* Porção de uma grande pedra junto ao mar, baixa e saliente[F]; **5.** *n.f.* Nome de vaca com a unha larga[T].

Sapateia, *n.f.* O último da sequência dos *balhos* regionais terceirenses: *Aqui vai a sapateia / Para o balho se acabar; / Senhora com quem balhei / Bem me queira desculpar*[2034].

Sapateiro, *adj.* Diz-se das cabras destinadas ao abate – *gado sapateiro* (JPM). Ver *Gado sapateiro*.

Sapatos da moda, *n.m.* Nome que antigamente se dava aos sapatos que só se usavam nos domingos e dias de festa, comprados nas lojas; durante a semana eram usadas as galochas e as sandálias[Fl].

Sape, *interj.* Exclamação usada para enxotar os gatos: *O amor é um gato bravo / Que arranha os corações; / Sape gato!, nã m'arranhes, / Nã quero teus arranhões!*[2035]. Usada um pouco por todo o lado, até em Espanha, onde se pronuncia 'Zape'.

Sapo, *n.m.* O m.q. *peixe-sapo* (*Spheroides maculatus*)[F].

Saquinha, 1. *n.f.* *Bal.* Nome que os baleeiros davam à saca onde levavam o pão e o conduto para comer durante a faina. **2.** *n.f.* Dim. de *saca*, escroto. *Ser um caga-na-saquinha*: ser de fraca figura, sem préstimo nem aparência de jeito[T].

Saquinha das ervas, *n.f.* Pequena saca com ervas várias que antigamente se pendurava na parte de dentro da porta da rua das casas, para evitar os maus-olhados e afugentar as feiticeiras[T].

Sara, *adj. e n.f.* Nome de bezerra ou de vaca de cor mesclada, também chamada *picarda*[T]: *Um lavrador tinha uma bezerra sara que era um luxo bravo*[2036].

Saragaço, *n.m.* *Bot.* Alga avermelhada existente no mar dos Açores, distribuída por quase todas as ilhas[2037], de nome cien-

2032 J. H. Borges Martins – *Crenças Populares da Ilha Terceira I*.

2033 João A. Gomes Vieira – *Os Açorianos e as Pescas 500 Anos de Memória*.

2034 Primeira das quadras da Sapateia.

2035 Quadra do folclore das Flores.

2036 J. H. Borges Martins – *Crenças Populares da Ilha Terceira I*.

2037 Parece não existir na Graciosa nem em Santa Maria.

tífico *Pterocladia capillacea.* A partir dos anos sessenta do séc. XX, foi uma grande fonte de riqueza para muitas ilhas. O *saragaço* era apanhado à mão, junto à costa ou mesmo de mergulho livre, posto a secar ao sol e depois vendido ao quilo, chegando a atingir preços elevados. É procurado para a extracção de ágar-ágar, uma substância usada na composição de produtos farmacêuticos, cosméticos, na alimentação e na investigação científica. Os chineses utilizam-na para dela extrair gelatina usada na 'sopa de ninho de pássaros'. O termo *saragaço,* corrupt., por epêntese (anaptixe), de *sargaço,* é também muito usado no Alentejo. Numa das cantigas alentejanas ouve-se: "Eu já vi nascer o Sol / Por detrás dum saragaço [...]". A apanha do sargaço diminuiu muito, até praticamente se extinguir. Na Terceira, recentemente está em vias de recomeçar a sua comercialização.

Saragaço arrojado, *n.m.* Sargaço que é arrancado pela ressaca do mar e trazido até aos rolos, às vezes em grande quantidade[F]. Quando amansa o mar, fica depositado nos rolos – antigamente era juntado e transportado em cestos de vime pelos atalhos das rochas acima, carregado em carros de bois, e levado até às terras de semeadura para servir de estrume. Na década de 60 do séc. passado começou a ser procurado em muitas ilhas para o seu comércio. Ver também *saragaço.*

Saragasso, *n.m. Bot.* Planta herbácea, endémica dos Açores, distribuída por todas as ilhas, excepto Graciosa e Santa Maria, de nome científico *Luzula purpureo-splendens*[2038]. Também pronunciado *sarragasso*[2039].

Saralho, *n.m.* Homem vestido de mulher (JPM)[F].

Saramago, *n.m.* Nome de bovino que nunca engorda[T]. Segundo LSR será por influência da comparação popular '*magro como um saramago*'.

Saramargo, *n.m.* Nome que na Terceira também se dá ao saramago[2040].

Sarão, *n.m.* Serão, sua corruptela[F]. Nas Flores também significa para os pescadores ir à noite, às vezes até altas horas da madrugada, à pesca de lancha: – *Onte, a gente foi fazer sarão p'ro Cabeço de Franciscão e apanhou dois grandessíssimos meros, três pargos e quatro crongos!*

Sarapaté, *n.m.* O m.q. sarrabulho (corrupt. de *sarapatel,* do cast. *zarapatel*)[SM]. – *Home, pra mim o milhó da matança é a altura de comê o sarapaté com uma nica de pão de milho e um bom cope de vinho de cheiro! – consola a gente cá por dentro!*

Sarapilheira, *n.f.* Tecido grosseiro e resistente de que eram feitas sacas, as *sacas de sarapilheira,* em S. Miguel chamadas *sacas de lona,* que serviam para transportar mercadorias (corrupt. de *serapilheira,* do lat. *sirpicularia,* cesto de junco). Ao tempo em que me criava, era costume os lavradores enfiarem o fundo das sacas, um lado metido dentro do outro, formando uma es-pécie de manto-e-capelo que cobria a cabeça e caía pelas costas, servindo-lhes de protecção ao corpo tanto para um carreto como para se abrigarem da chuva; em S. Miguel, dizia-se que *levava a saca de lona pelo capelo.*

Sardo, *adj. Taur.* Diz-se do touro que apresenta uma mistura de pêlos brancos, pretos e vermelhos e/ou que tem pequenas manchas irregulares dessa cor (do cast. *sardo*)[T].

Sargeira, *n.f.* Variedade de ponto usado pelas tecedeiras[T].

[2038] Erik Sjögren – *Plantas e Flores dos Açores.*

[2039] Ruy Telles Palhinha – *Catálogo das Plantas Vasculares dos Açores.*

[2040] O saramago uma espécie de nabo silvestre muito amargoso, daí o nome. Quando se aproveita para sopa, é necessário escaldá-lo antes de ser posto a cozer.

Pescando aos sargos (Flores)

Sargo, *n.m.* Peixe, cientificamente denominado *Diplodus sargus*[2041]. Aplica-se este nome ao sargo com mais de 500 g, *sarguete* ao sargo pequeno até cerca de 100-150 g e *palmeiro* ao sargo médio, de 150 até cerca de 500 g. Diz a sapiência popular[SM]: *O sargo é bom quando as canas espigam*[2042]. A pesca do sargo faz-se geralmente no Inverno, quando o peixe está mais gordo e o mar mais mexido. O sargo é um peixe muito esperto que foge logo que detecta a presença do homem. Até a própria cana de pesca tem que esconder-se da sua visão quando o mar está mais transparente. Actualmente uma das melhores iscas para a sua pesca é a carne do bonito, que muitos congelam no fim do Verão para usar durante o Inverno. Antigamente, quando não havia carne de *baleia* – a melhor isca para os sargos –, apanhavam-se cagarras que eram picadas e salgadas, retirando-se as partes de melhor carnadura para fazer as iscas.

Sargo velho, *loc. adj. fig.* Matreiro[F]: – *O Miguel Silva, aquilho é um sargo velho, nã deixa passar ũa!*

Sarguete, *n.m.* Sargo pequeno, com peso inferior a cerca de 150 g (de *sargo* + *-ete*).

Sarilho, *n.m.* Cana atravessada por pequenos paus em são pendurados os enchidos de porco no fumeiro (do lat. *sericŭlu-*)[SM,T].

Sarna, *adj.* Diz-se da pessoa incomodativa, maçadora, rabugenta (ext. de sarna)[T]: – *Aquele fulano é um sarna que nã deixa ninguém im paz!*

Sarnalha, n.f. O m.q. sarralha ou serralha *(Sonchus oleraceus)*, erva muito procurada para alimentar os coelhos[F]. No Cont. também lhe chamam 'leitaruga', 'leituga', 'serralha-macia', 'serralha-mansa' e 'serralhinha'. Há uma outra espécie de *sarnalha*, usada para o mesmo fim, de folhas mais ásperas, no Cont. usada como erva medicinal, que os botânicos chamam *Sonchus asper*.

Sarnar, *v.* Rabujar; repisar (de *sarna* + *-ar*)[Sj,T]. Usado com o mesmo significado no cal. continental.

Sarnelha, *n.f.* Parte do lombo dos peixes junto à barbatana dorsal (corrupt. de *cernelha*[2043]).

Sarnica, *adj.* Impertinente; maçador; o m.q. *sarna* (deriv. regr. de *{sarnicar}*)[T]. Na Madeira chama-se 'sarnica' a uma erupção cutânea.

Sarnicar, *v.* Aborrecer; importunar (de *sarna* + *-icar*): *É preciso picar agora o cafre que anda aí sarnicando, desairido, mas, caitela com esta apartação, haja tino nã matim a petinga, que amanhã pode vir a ser alguãe*[2044].

Saro, 1. *n.m.* Nome de boi preto levemente mesclado de branco ou acinzentado; o m.q. *salgado*[T]. **2.** *n.m.* Indivíduo com o cabelo ruivo e branco[T]. Termo também usado no Algarve com o mesmo significado[2045]. **3.** *adj.* Designação do porco preto, ou

2041 Nos Açores, a espécie mais frequente é o *D. sargus cadenati*, aparecendo em pequeno número o *D. vulgaris*, este predominante no Continente.

2042 Armando Cortes-Rodrigues – *Adagiário Popular Açoriano*.

2043 Provavelmente derivada do lat. *cernicŭla*, pl. de *cernicŭlum*, separação dos cabelos no ponto mais alto da cabeça.

2044 Luís Bernardo Leite de Ataíde – *Etnografia Arte e Vida Antiga dos Açores*.

2045 José Pedro Machado – *Grande Dicionário da Língua Portuguesa*.

ligeiramente mesclado de branco, usada também no Algarve[2046].

Sarongo, *adj.* Apático; impassível; inerte[T]: *De dia para dia, foi ficando mais sarongo, com os braços moles como papas*[2047].

Sarrabulho, 1. *n.m.* O m.q. *debulho* e *serrabulho*[F]. **2.** *n.m. fig.* Confusão; desordem; guerra sangrenta: *Vamos embora! Vamos embora, que isto pode dar sarrabulho!*[2048]. Nota: No sentido figurado do termo terá certamente a ver com o sangue que entra na composição do sarrabulho.

Sarração, *n.f.* Cerração; neblina densa[F,Sj]. *Sarrar* é f. ant. de cerrar, assim como *çarrar*.

Sarrar, 1. *v.* Serrar, sua f. antiga. **2.** *v. fig.* Conversar demoradamente; o m.q. *fazer farelo* (ext. de *serrar*)[F,P,T].

Sarraria, *n.f.* Oficina onde se serra lenha e madeira: *Os da sarraria [...] brigaram que foi um causo sério, com o dono da lenha*[2049].

Sarrazina, *adj.* Teimoso; rabugento (corrupt. de *serrazina*)[T].

Sarrazinar, *v.* Teimar; rabujar (corrupt. de *serrazinar*)[T].

Sarrazinice, *n.f.* Teimosia; rabugice (de *{sarrazinar}* + *-ice*)[T].

Sarreta, (corrupt. de *serreta*) **1.** *n.m.* Habitante da Serreta, freguesia do norte da Ilha Terceira; serretense. **2.** *adj.* Simplório; o m.q. *serreta*[T].

Sarrilha, *n.f.* O m.q. *serrilha*.

Sascadela, *n.f.* O m.q. entaladela (de *{sascar}* + *-dela*). É um termo que ouvi apenas nas Flores e no Faial. Na primeira ilha referida, é de uso diário, ainda bem presente na linguagem actual: nunca se diz entaladela mas sempre *sascadela*.

Sascado, *adj.* Entalado; apertado com força entre duas coisas (part. pas. de *{sascar}*)[F,Fl].

Sascar, 1. *v.* Entalar; trilhar; pisar; contundir[F,Fl]: *ficou com um dedo sascado debaixo duma pedra; sascou-se ao fechar a porta.* **2.** *v.* É também muito utilizado em relação aos tocadores de viola ou violão que *sascam* as cordas contra os *trastes*: *– Sasca na corda de Mi, no terceiro traste, e tens a nota de Sol.*

Sassaricar, *v.* Brincar; folgar; divertir-se[T]: *É o que mais pode saltar, / Neste país rico e moderno; / Vaiam lá sassaricar / Pr'ás profundas do inferno*[2050]. Registado nos dicionários, com a grafia 'saçaricar', apenas como brasileirismo. Será palavra derivada de *sassar* (peneirar) + suf. frequentativo *–icar*.

Sastifeito, *adj.* Satisfeito, sua corruptela por metátese[F,Fl,Sj]. É f. popular usada um pouco por todo o país.

Sateira, 1. *n.f.* A parte da azenha que comprime a água. **2.** *n.f. fig.* Rabo grande de mulher[F].

Saudade, *n.f.* Cantiga tradicional açoriana cantada em todas as ilhas, com várias versões na letra e na melodia:. Variante do Faial: *A palavra saudade, / Quem seria que a inventou? / O primeiro que a disse / Com certeza que chorou.*

Saudação, (do lat. *salutatiōne*) **1.** *n.f.* Primeira parte de uma *dança do Entrudo*, também chamada *Entrada*, em que são dirigidos os cumprimentos às pessoas presentes – é indicada nos textos como *Primeira Moda*. **2.** Tal como em todo o país, diz-se *Bom dia*, *Boa tarde* e *Boa noite*, servindo de marco a estas saudações o meio-dia e as trindades: *– Dês le dê munto bom dia!; – Munto bom dia!; – Uma munto boa noite!; – Munto boa tarde, senhòra!*

Saúdar, *v.* Saudar, sua pron. na Terceira: *[...] Eu também quero saúdar / As meninas das ginelas*[2051].

2046 Eduardo Brazão Gonçalves – *Dicionário do Falar Algarvio*.

2047 Carlos Enes – *Terra do Bravo*.

2048 J. H. Borges Martins – *A Justiça da Noite na Ilha Terceira*.

2049 J. H. Borges Martins – *A Justiça da Noite na Ilha Terceira*.

2050 Do bailinho carnavalesco *S.O.S. Tia Chica*, de Hélio Costa.

2051 Do *Pezinho dos Bezerros* (Terceira).

Saúde, *n.f.* Cântico efectuado nas Flores, geralmente pelas festas do Espírito Santo, realizado pelos *Foliões* (sem acompanhamento rítmico, ao contrário das *Folias*) no fim dos jantares, depois de já bem *alegrinhos*; com um copo de vinho na mão, em solo ou em coro, cantam: *Senhora da Graça / Tem uma cabaça / De canada e meia / Pra buber à ceia /...Não venda, não venda, não venda, senhór!* ... E todos bebem mais um copinho de vinho! Da outra *ponta*, outro recomeça a cantoria, ornamentada pelos típicos 'arabescos' melódicos, com este tema: *Escrivões e juízes / Com suas marrafas / Também vão à venda / Despejar as garrafas /...Não venda / não venda / Não venda, não venda, senhór!* Nota: E. Gonçalves regista no falar algarvio a expressão 'deitar saúdes' com o significado de fazer brindes em forma de quadra.

Scáfe, *n.m.* Cachecol (do am. *scarf*). É *calafonismo.*

Scri, *n.m. Bal.* Coador de ferro na ponta de um cabo comprido, que servia para tirar os torresmos dos caldeiros (do am. *screen*).

Sebe, *n.f.* Tapume feito de vime com que é cercado o tabuleiro dos carros de bois para amparar a carga (do lat. *sepe-*): *E a grande sebe, barriguda e farta, transborda de maçarocas loiras*[2052]. No Faial também se chama *cancela.*

Sebe dos Bodos, *n.f.* Sebe especial feita de vime descascado, formando um toldo que é coberto por uma colcha de tear branca ou de chita vermelha enramada, orladas de folhas e presas à sebe com laços de fita[T]. Esta sebe só e usada nos dia de *Bodo,* daí o seu nome.

Sebricada, *adj.* Diz-se da batata-doce quando é muito irregular, cheia de bicos[Fl].

Se cair não passa do chão, *exp.* Expressão utilizada quando alguém sugere que uma coisa possa cair.

Secarrão, *adj.* Diz-se do vento que sopra dos lados do Norte (de *seco + -arrão*)[T].

Sécia, *n.f.* Menina bem vestida (de *sécio*)[T]. Registado nos dicionários com o significado de mulher presumida.

Sécio, *adj.* Maluco; tolo[P]: – *Pareces sécio... Nã vês que te podias ter magoado ao atirareste de tã grande altura?!* Aqui, adquiriu um significado divergente do português padrão.

Sècramento, *n.m.* Sacramento, sua corruptela[F]: *Oh, que noite tão escura / Ao rigor de todo o tempo, / Assim se expirou ũa alma / Sem o Santíssimo Sècramento*[2053].

Sedanho, *n.m.* O m.q. centopeia (corrupt. de *sedenho* e sua ext.)[T].

Sedeira, *n.f.* Tábua do tear onde se senta a tecedeira (de *seda + -eiro*)[SM].

Sedenho, *n.m.* Corda delgada, áspera e resistente, feita de sedas da cauda das reses (de *seda + -enho*)[C,P,T].

Segoviana, *n.f.* Nome que se dava nos Açores, em meados do séc. XVIII, ao quarto de serrilha (moeda).

Segundas, *n.f. pl.* Nome que se dá às cordas de Si da *viola da terra.*

Segundo-avô, *n.m.* O m.q. bisavô[SM]: – *Ó rapazinho, respeita a velhice qu'ê já dava pra sê tê segundo-avô!*

Segundo Bodo, *n.m.* O m.q. *Bodo* do Espírito Santo feito no Domingo da Trindade[T].

Segundo-neto, *n.m.* O m.q. bisneto[SM].

Segurelha, *n.f.* Haste de ferro presa à mó superior da atafona e que a faz girar por meio do carritel[Sj,T].

Seicinco, *n.m.* O m.q. *seis-e-cinco*[T]: *Uma pata-choca que não valia um seicinco furado a arrastar a galocha antes de embarcar [...]*[2054].

Seirão, *n.m.* Cada um dos dois cestos de vime, tecidos gémeos, que se colocavam nos burros e mulas para transportar cargas (de *seira + -ão*)[P,SM,T]: – *Aquilho teve munta piada! Tomás Travasso meteu cada*

2052 Armando Narciso – *Terra Açoreana.*

2053 Da Oração *A Intercessão de Maria* recolhida pelo Autor em Ponta Delgada das Flores (da *Folia* do Espírito Santo).

2054 Carlos Enes – *Terra do Bravo.*

um dos gémeos pequeninos nos seirões do burro e vinha todo embevecido a passeá-los plo caminho adiente! Em S. Miguel, o pl. é *seirãs*.

Seis-vinténs, *n.m.* Antiga moeda de 10 centavos.

Seis-e-cinco, 1. *n.m.* Antiga moeda de níquel, de 100 réis 'fortes', que, em moeda 'fraca', valia 125 réis ou 6 vinténs e 5 réis. **2.** *n.m.* O m.q. 10 centavos, em meados do séc. XX[SM,T]. **3.** *n.m. fig.* Coisa de muito pouco valor.

Seitia, *n.f.* Abertura no fundo do *cubo*, por onde a água é projectada sobre as penas, no moinho de rodízio[SM]. Var.: *Seitilha*.

Seja apresentado na mesa do Céu, *exp.* Forma de agradecimento[Sj].

Seja pla alma dos que lá estão, *exp.* Expressão de agradecimento, também usada na formulação de um pedido.

Seja pla alma dos seus, *exp.* Expressão de agradecimento ao receber uma oferta, ou ao formular um pedido: *Tio pelo amor de Deus / E pela alma dos seus, / Peço para me ajudar. / Minha noiva foi raptada / E pela maneira usada / Deve ser para a matar*[2055].

Seja pla intenção do sinhor e dos seus, *exp.* Forma de agradecimento[Sj].

Seja plas almas do pregatório, *exp.* Expressão muito usada como forma de agradecimento e que também se exclama quando, ao comer, cai um pedaço de comida da boca. Var.: *Seja plas alminhas do pregatório*.

Seja pla sua intenção, *exp.* Forma de agradecimento[Sj].

Seja pla sua saúde, *exp.* Expressão ainda hoje usada diariamente, no sentido de agradecimento a dádiva ou a algum favor recebido[F]. Var.: *Seja pela saúde dos seus!, Seja pla sua saúde e pla alma dos seus!, Seja pela sua saudinha!*

Seja tudo pelo amor de Deus, *exp.* É muito usada em todas as ilhas esta forma de agradecimento: *[...] dei-lhe café, pão e carne, que aceitou e agradeceu com o habitual 'seja tudo pelo amor de Dês'*[2056].

Sela de cruzetas, *n.f.* Sela de madeira dos burros e mulas que termina em cima numa cruzeta[F]. No Corvo chamavam-lhe *sela de galhetas*.

Mula com sela de galhetas (Foto: Almeida Langhans)

Sela de galhetas, *n.f.* O m.q. *sela de cruzetas*[C].

Selada, 1. *n.f.* Salada, sua corruptela por dissimilação: – *Sabe munto bem no verão uma seladinha de perpino!* **2.** *adj.* Diz-se da vaca com a espinha muito curvada[T]. Moisés Pires regista-o com o primeiro significado no falar mirandês.

Selado, 1. *adj.* Muito direito, mais do que isso, em lordose (part. pas. de *selar*); **2.** *adj.* Emproado; soberbo (ext. de *selado*)[F]. **3.** *adj.* Diz-se do boi com a espinha muito curvada.

[2055] Da *dança* carnavalesca (Terceira) *Sempre o Amor*, da autoria de Jorge Rocha.

[2056] Luís Bernardo Leite de Ataíde – *Etnografia Arte e Vida Antiga dos Açores*.

Seleira, *n.f.* Sela do burro (de *sela* + *-eira*)[SM].
Selha, (do lat. *sitŭla*) **1.** *n.f. Bal.* Depósito quadrangular na *canoa baleeira* onde se encontra a *linha do arpão*[Fl]. **2.** *n.f.* Parte de madeira, no moinho de vento, assente sobre os *cambeiros* e que envolve a parte superior da pedra e que tem, como uma selha, arcos de ferro zincado à sua volta[Fl,SM].

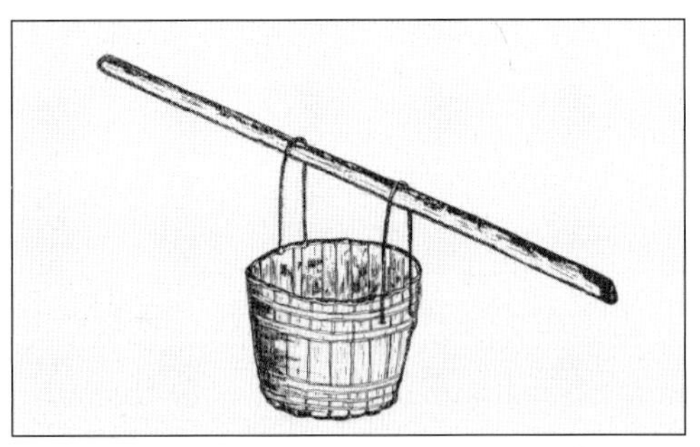

Selha com palanca (extraído de Augusto Gomes*)

Selha com palanca, *n.f. Bal.* Selha com pau de palanca antiagamente destinada à recolha do *azeite da cabeça* do cachalote.
Selha de maciar, *n.f. Bal.* Selha de transporte do toucinho de baleia *maciado*.
Selha do banho geral, *n.f.* Grande selha onde antigamente se tomava *banho geral*, uma vez por semana, geralmente aos sábados à noitinha[F]. Durante a semana só se lavava diariamente as mãos e os pés, estes antes do deitar, e as partes mais delicadas!
Selipa, *n.f.* Chinela de quarto; sapato leve de sola de borracha e de pano por cima (do am. *slipper*). Var.: *Chelepa, chelipa, selipo, sulipa*. Termos de uso actual e generalizado. Às *selipas*, na Madeira chamam-lhes 'sapatinhas da manhã'[2057].
Selipo, *n.m.* O m.q. *selipa*[C].
Sem leira nem beira, *exp.* Diz-se daquele que não tem onde cair morto; o m.q. 'sem eira nem beira'[F].

* *O Peixe na Cozinha Açoriana.*
2057 António Gomes – Comunicação Pessoal.

Sem mais aquelas, *exp.* Sem cerimónia: *[...] e repetidas insistências para que tudo me autorizasse sem mais aquelas*[2058].
Sem tom nem som, *exp.* Diz-se de um rancho mal ensaiado, com vozes desafinadas e os tocadores desencontrados[T].
Semana da Pombinha, *n.f.* Nome que também se dá em S. Miguel à Semana da Pascoela. Ver tb. *Festa da Pombinha*.
Semana do Esprito Santo, *n.f.* Semana em que se fazem as manifestações tradicionais da festa do Espírito Santo de um determinado *Império*, nomeadamente as orações, as Alvoradas, a matança do gado, a distribuição das esmolas, etc.
Semana do Mar. Período de festa realizado anualmente na cidade da Horta entre o primeiro e o segundo domingos de Agosto, dedicado à vida e às actividades marítimas, de cunho marcadamente cultural e amplamente conhecida a nível nacional e internacional[2059]. Teve origem em 1975 a partir da realização da Regata Portsmouth → Horta, em que os velejadores estrangeiros muito apreciaram a hospitalidade da gente do Faial, e actualmente recebe gente de todo o mundo. É certamente o maior evento turístico do Faial e um dos mais importantes dos Açores.
Semana dos baleeiros. Festa anualmente feita desde 1985 nas Lajes do Pico, com a duração de uma semana, em louvor de Nossa Senhora de Lourdes [2060].
Semana Maior, *n.f.* O m.q. Semana Santa[F]. Adágio das Flores: *Na Semana de Ramos enxuga os teus panos, que, na Semana Maior, ou choverá ou fará sol.*

2058 Luís Bernardo Leite de Ataíde – *Etnografia Arte e Vida Antiga dos Açores.*
2059 Recorde-se que a cidade da Horta é um local de encontro de todos os iatistas do mundo.
2060 O culto de Nossa Senhora remonta a 1882 quando, nos primeiros tempos da caça à baleia, no regresso à terra, o mar piorou muito e os baleeiros fizeram uma prece à Santa que foi imediatamente atendida com acalmia das ondas.

Sem dizer chi porco, *exp.* Sem se despedir, quando alguém se ausenta se dizer adeus[Sj].

Semear ao rego, *exp.* Deitar as sementes grão a grão no rego feito na terra, trabalho muitas vezes feito pelas mulheres[C].

Semear o morto, *exp.* Antigamente, em S. Miguel, quando morria uma pessoa, punham por cima dela uma porção de cinza misturada com sal torrado, ao mesmo tempo que diziam as seguintes palavras: *Quando esta cinza embarrelar / E este sal temperar, / É que hás-de cá voltar.* Esta cerimónia, chamada *baptizado de cinza,* tinha a intenção de fazer com que o morto não voltasse a este mundo. Para *semear o morto* também era preciso ir atrás do caixão até ao cemitério deixando cair escondidadamente sal misturado com cevada[2061].

Semeninhos, *adj.* O m.q. *semeninos*[Fl]: – *O Ti Alfredo 'tá munto semeninhos, tamém já é munta a idade!*

Semeninos, *adj.* Adoentado; definhado; magricela; magrinho[F]. Dim. de *{semenos}.*

Semenos, *adj.* Mau; de má qualidade (corrupt. de *somenos*)[F,Fl]. Por ext. também se diz do animal magro e de mau aspecto, p. ex., *o porquinho este ano é tã semenos.* Nalguns lugares, também é pronunciado 'somenos': *Assim fez o rei, deu ao filho do pescador um navio somenos e com pouca tripulação e ao filho do conselheiro deu um navio bem preparado*[2062]. **2.** *adj.* Adoentado[Fl,T]: – *Ti José Ambrósio tem andado mun semenos, tamém a idade já é munta!*

Semente de S. João, *n.f.* Nome que em certas freguesias da Terceira se dá à semente do feto[2063].

Sementeiro, *n.m.* O m.q. sementeira (de *semente + -eiro*)[Sj]: *Comida a erva, dá-se início ao siminteiro*[2064].

Semiscarúnfio, *adj.* Adoentado; fraco; insignificante (de orig. expres.)[SM,T]. Também se diz do tempo, quando incerto, tristonho. Usado na linguagem pop. continental com significados semelhantes.

Senhá, *n.f.* No tratamento directo e seguido do nome próprio, a forma senhora soa *senhá* ou *sinhá*[Fl,SM].

Senhara, *n.f.* O m.q. senhora; dona[SM]: *[...] tinha por obrigação respeitar o senhor, a senhara, os meninos e as criadas*[2065]; *Mas as Sinháras na praça / Ai Jasus! Ai que desgraça! / Mostrim pernas sãe receio*[2066]. Em S. Miguel, ao refrir-se a uma mulher mais humilde diz-se sempre *sinha.* Nota: Esta palavra, além do Brasil, foi também adoptada pelas línguas indígenas das costas de África

Senhor, *interj.* Resposta instintiva ou forma de tratamento de filho para pai, ou de jovem para homem adulto, quando por eles são chamados. Falando do Corvo, Carlos Medeiros escreve, citando as falas de um Corvino com mais de 80 anos, em 1979[2067]: «*Quando um homem velho ia trabalhar por conta dum mais novo este tratava-o por senhor e aquele respondia por tu, pois por ser mais rico não era por isso mais importante*». *Éh senhor!:* forma de chamamento quando se desconhece o nome de um homem. Nos Açores, em geral, diz-se sempre sim senhor, nã senhor, sim, meu senhor, nã senhor, não, geralmente pronunciado *sim senhô, nã senhô, sim, mê sinhô, nã senhô, não.*

Senhora *(ò),* **1.** *n.f.* Pron. de senhora. Nos Açores nunca se pronuncia 'senhôra',

---

[2061] Teófilo Braga – *O Povo Português nos Seus Costumes, Crenças e Tradições.*

[2062] Ângela Furtado Brum – *Contos Tradicionais Açorianos.*

[2063] Aí há a crença que o feto só dá semente na noite de S. João, daí o nome.

[2064] Elsa Mendonça – *Ilha de S. Jorge.*

[2065] Cristóvão de Aguiar – *Raiz Comovida.*

[2066] Luís Bernardo Leite de Ataíde – *Etnografia Arte e Vida Antiga dos Açores.*

[2067] Carlos L. Medeiros – *Primórdios do Comunitarismo numa Ilha Atlântica – O Corvo* (in *Os Açores e o Atlântico*).

como no Continente, mas *senhòra* ou *sinhòra*: *Quando para aqui entrei, / O relógio deu nove horas: / Tenham muito boas noites, / Meus senhores e senhoras*[2068]. Regista-se a palavra apenas para referir que, nela, o [o] é sempre aberto, tal como na Madeira e no Brasil – senhòra – e não fechado como na maior parte do Continente[2069]. O mesmo acontece nalguns dos países de expressão portuguesa, antigas colónias de Portugal. **2.** *interj.* Resposta imediata de filho para mãe, ou de jovem para mulher mais velha, quando por elas são chamados. Moisés Pires regista-o também na linguagem de Miranda.

Senhora Dona Maria, *n.f.* Roda de crianças de antigamente: *A senhora D. Maria / Está na idade de casar, / E por isso aqui na roda / Escolha o par que lhe agradar.*

Senhora Imperatriz, *n.f.* Esposa do *Imperador*, nas festas do Espírito Santo.

Senhora mãe, *exp.* Forma de tratamento quando se dirige à mãe, em desuso, ainda presente no folclore: *Senhora mãe mun bem cantam / Aqueles homens do mar; / Vão cantando, vão rezando, / Seguindo seu navegar*[2070].

Senhor Barqueiro, *n.m.* Cantiga de roda de crianças antigamente muito cantada no Faial: *O senhor barqueiro / Que me deixe lá passar, / Tenho filhos pequeninos, / Não os posso sustentar.*

Senhor compadre e **senhora comadre,** Tratamento antigamente utilizado no Faial em relação aos padrinhos dos filhos quando o seu estatuto social era mais elevado.

Senhor Esprito Santo, *exp.* Nome que quase sempre se trata o Espírito Santo: *a casa do Senhor Esprito Santo, a festa do Senhor Esprito Santo, as alvoradas do Senhor Esprito Santo,* etc.

Senhor pai, *exp.* Forma de tratamento, em desuso, quando se dirigia ao pai. Há bem poucos anos, na Beira-Baixa, Distrito de Castelo Branco, na vila de Idanha-a-Nova, presenciei esta forma de tratamento familiar. No Faial, antigamente, também se dava este tratamento ao sogro, e à sogra, *senhora mãe.*

Senhor pai e **senhora mãe,** Modo como eram tratados os sogros no Faial, para distinguir dos pais verdadeiros[2071]. Em S. Jorge tratam-nos por pais na presença e por sogros na sua ausência[2072].

Senhor Trinchante, *n.m.* Nome que antigamente se dava ao *Alferes da Bandeira* quando andava a distribuir comida nos arraiais do Espírito Santo[Sj].

Senó, *n.m.* Neve (do am. *snow*). Var.: *Senou.*

Sentar o nome, *exp.* Fazer a assinatura[Fl]: – *Antigamente havia munta gente que nã sabia sentar siquer o seu nome!*

Sentença, *n.f.* Decisão; opinião (do lat. *sententĭa*)[F]. *Cada vez que mija, dá uma sentença:* diz-se daquele que é inconstante nas decisões, que muda de ideias frequentemente[F].

Sentir arelo, *exp.* Sentir a autoridade de alguém[Sj]. Nota: *Arelo,* corrupt. de ourelo, era nome que se dava antigamente a um tecido grosseiro com que se faziam chinelos.

Sentir comichão no nariz, *exp.* Antigamente havia a crença popular que se se sentisse comichão na ponta do nariz era sinal de calote ou de visitas; se fosse no ânus era sinal de mau tempo[2073].

Sequeiro, (do lat. *siccarĭu-*) **1.** *n.m.* Terreno seco. **2.** *n.m.* Doença de algumas árvores[T].

2068 P.e Manuel de Azevedo da Cunha – *Notas Históricas I*: Lira Açoriana.

2069 Leite de Vasconcelos regista a mesma pronúncia na região de Vimioso, no Norte do país.

2070 Quadra da *Santiana*, moda do folclore das Flores.

2071 Maria de Fátima Baptista – *Dissertação de Licenciatura em Filologia Românica*

2072 Elsa Mendonça – *Ilha de S. Jorge.*

2073 Inocêncio Romeiro Enes – *Tradições e Festas Populares da Freguesia dos Altares.*

Se queres ver crescer uma batata, fala--lhe em português, *exp.* Esta expressão era muito usada pelos Americanos, quando se referiam à grande capacidade de trabalho dos Açorianos. Desde o Porto de New Bedford ao Vale de S. Joaquim, o Açoriano era uma trabalhador incansável, não se poupando a nada para angariar o dinheiro – que nunca tinha tido oportunidade de realizar na miséria de sua terra natal.

Sequisso, *adj.* Seco (tv. corrupt. de *sequioso*)[Sj]: – *O tempo, nesta altura, vai muito sequisso!*

Sequista, *adj.* Maçador; secante (de *secar* + *-ista*)[SM]. CF regista-o apenas como bras., com o mesmo significado.

Seramago, *n.m.* Saramago, sua corruptela, nome vulgar de erva selvagem, comestível, anual ou bienal, da Família das Crucíferas (*Cochlearia armoracia*). Antigamente, em tempos de carestia, quando rareavam as verduras, o saramago era utilizado por alguns para fazer sopa. Contudo, como é uma espécie de nabo silvestre de folhas amargas, necessitava de ser escaldado antes de se cozinhar, para perder esse amargor[2074]. A sua sopa tem um gosto muito semelhante ao da sopa de nabo.

Ser amigo com, *exp.* O m.q. ser amigo de: *Olha cá, tu és muito amigo do José do Couto? – Sou bem amigo com ele!*[2075].

Ser à mod'ámar'icana, *exp.* Estar com tudo à farta; estar sem nada a faltar[F]. Tem origem na riqueza que traziam os emigrantes da América, onde chegavam traziam fartura de tudo: – *Hoje o jantar é à mod'amar'icana – ó raite! – é rancho melhorado!*

Seranzeiro, *adj.* O m.q. serandeiro (de *seranzar* + *-eiro*)[F]. 'Seranzar' é, em linguagem pop., seroar.

Serão da manhã, *exp.* O m.q. amanhecer[Sj]: – *Ó sinhor, a gente pesca ao chicharro é quaise sempre aos serães da manhã..., qu'é cando dá mais peixe!*

Ser a pura da vardade, *exp.* Ser a verdade absoluta: – *Home, o qu'ei te estou dezendo é a pura da vardade, pós acarditá na minha palavra!*

Ser a rir, *exp.* O m.q. ser a brincar: *A tia não se agonei, eu fiz isto foi a rir...*[2076].

Ser certo da cabeça, *exp.* Ser ajuizado; estar no seu perfeito juízo[F]: – *Ó monço, tens às vezes coisas que parece que não és bem certo da cabeça!*

Ser como a mão de Deus, *exp.* Diz-se de um remédio ou de uma cura que actuou rápida e eficazmente[F]: – *Home, tomei aqueles comprimidos e foi cma mão de Dês, passou--me logo a peitogueira!*

Ser coma lume, *exp.* Ir a toda a pressa: *O home era comã lume por aquelas escadas abaixo, adiente dele*[2077].

Ser como a folha do almo, *exp.* Ser inconstante nas ideias[F]: – *O Manel do Cabeço é com' a folha do almo, muda de openião em cada bafuja.* Era expressão muito utilizada depois do 25 de Abril de 1974 para acusar aqueles que mudavam de partido consoante a conveniência do momento.

Ser como a mosca no leite, *exp.* Ser muito teimoso[T]: *O pior é que ele é como a mosca no leite / É teimoso nem um macho*[2078].

Ser das pontas, *exp.* O m.q. ser óptimo; o m.q. 'ser da ponta da orelha', de onde deriva a expressão[T].

Ser de bom alamento, *exp.* Ser fácil de tratar[Sj].

Ser de borda dura, *exp.* Ser decidido, firme, teso: *Ele era um home pacato, mas era de borda dura*[2079].

2074 Por isso, na Terceira, lhe chamam *saramargo*.

2075 J. H. Borges Martins – *A Justiça da Noite na Ilha Terceira*.

2076 J. H. Borges Martins – *Crenças Populares da Ilha Terceira I*.

2077 J. H. Borges Martins – *A Justiça da Noite na Ilha Terceira*.

2078 Do bailinho carnavalesco *A Genica da Velhice*, de Hélio Costa.

2079 J. H. Borges Martins – *A Justiça da Noite na Ilha Terceira*.

Ser de escachar, *exp.* Ser muito bom, ser óptimo[F]: – *A festa de Esprito Santo da Fazenda foi de escachar! Milhó nã podia ser!*
Ser de gritos, *exp.* Ser muito bom[T]: – *Esta fruta é de gritos, consola a comer!* Expressão muito usada na Terceira.
Ser de morrer, *exp.* Ser excelente[F]: – *Um polvinho bem guisado, oh, rapaz...., é da gente morrer!*
Ser de orelha furada, *exp.* Ter muita experiência[T]: *[...] Sou d'orelha furada!; Seis meses de Ariôche válim pro'vinte aqui*[2080].
Sereija, *n.f.* Sereia, sua corruptela[SM]: *[...] apareciam nesse mar, sentadas nas vagas, a pentearem-se, umas moças a que chamavam – "Sereijas" – e vinham do fundo do mar botando cantigas malinas e tão lindas como se fossem deitadas pelos anjos*[2081].
Serenado, *adj.* Bonito; cuidado; *perfeito* (de *sereno* + *-ado*)[SM]. Leite de Ataíde afirma que este sentido do termo terá origem na feitiçaria: *Dos divinos serenos da noite ou da madrugada, tão referidos e utilizados pela feitiçaria, vem o emprego desta palavra, por certo*[2082].
Serenar, *v.* O m.q. *bentar.*
Serenico, *n.m.* Chuva miudinha (de *sereno* + *-ico*)[SM]. No Alentejo chamam-lhe 'muje--muje'.
Ser feio, *exp.* O m.q. ser exagerado: – *Home, aquilho choveu que foi feio, poderes d'água por aquela ribeira abaixo!*
Sericaia, *n.f.* Variedade de doce de colher da Graciosa feito com açúcar, leite, ovos e canela[2083].
Serigaita, *n.f.* Mulher faladora, embirrenta, espevitada[T]. Nas Flores significa uma mulher pequena, insignificante. Segundo alguns autores, é palavra derivada do asturiano *xirigata* que significa algazarra, vozerio.
Ser mau para si próprio, *exp.* Expressão muito usada para referir aquele que não tem cuidado com a saúde, geralmente referindo-se ao que *usa* uma pinguinha a mais, muitas vezes dita *ser mau pra ele.*
Ser mestre no balear, *exp.* Ser um grande baleeiro, o que era motivo de orgulho destes destemidos homens.
Ser o focinho da morte, *exp.* Ser muito feio[T]: *Bom daquele que se conhece, / Também eu sou dessa sorte. / As caretas que tu fazes! / És o focinho da morte*[2084].
Serpentina, 1. *n.f. Bot.* O m.q. *jarro-bravo* e *jarro-dos-campos* (*Zantedeschia aethiopica*). Também se chama *serpentina-brava* e *jarroca*, na Madeira 'bigalhó'[2085]. Tem uma folhas muito parecidas com as do inhame (pertence, tal como este, à Família das Aráceas). Do seu rizoma moído, em S. Miguel fazem-se papas, as chamadas *papas de serpentina*. Antigamente, engomavam--se certas peças de vestuário e cortinas utilizando a *serpentina*. **2.** *n.f.* Também se chama vulgarmente *serpentina* ao *Arum italicum*, também chamado *serpentinola* e *jarro.*
Serpentinola, *n.f.* O m.q. *serpentina* 2 (*Arum italicum*).
Serra, (do lat. *serra-*) **1.** *n.f.* Nome dado nos Açores a certos vulcões com *caldeiras* como, por exemplo, a Serra de Santa Bárbara na Ilha Terceira e a Serra de Água de Pau em S. Miguel. **2.** *n.f.* Designação também aplicada, e com muito mais propriedade, a dorsos montanhosos que em muitos casos parecem não ser outra coisa que não sejam fragmentos de antigas orlas de *caldeiras*[2086]. **3.** *n.f.* Peixe cientificamente denominado *Sarda sarda* (*m.* no

---

[2080] Vitorino Nemésio – *Mau Tempo no Canal.*
[2081] Luís Bernardo Leite de Ataíde – *Etnografia Arte e Vida Antiga dos Açores.*
[2082] Luís Bernardo Leite de Ataíde – *Etnografia Arte e Vida Antiga dos Açores.*
[2083] Sericaia é também uma iguaria fina de Malaca. No Brasil é uma espécie de creme muito saboroso.
[2084] Quadra de Maria Augusta de Castro Borges (a *Maria Augusta*), in *Improvisadores da Ilha Terceira.*
[2085] Os Espanhóis dão-lhe vários nomes, entre eles 'sarpintina' e 'serpentina'.
[2086] José Agostinho – *Nomenclatura Geográfica das Ilhas dos Açores.*

Cont. – 'o Serra', tb. chamado 'sarrajão' e 'bonito de dorso litrado'). É espécie migradora, ocorrendo nos Açores entre Março e Outubro. Geralmente apanhada de corrico, de lancha, o seu peso médio é de cerca de 3 a 4 kg, embora tenham sido registadas pescas nos Açores de exemplares com mais de 10 kg. Mesmo que seja de pequeno porte, a *serra*, pescada na modalidade de corrico, dá muita luta porque, ao contrário da anchova e da bicuda, tem tendência a mudar de rumo frequentemente, chegando a tomar um rumo contrário ao da embarcação. **4.** *n.f.* O m.q. *cafuão*SM: *[...] tínhamos a serra de guardar o milho*[2087]. **5.** *n.f.* Monte de milho ou erva seca que é feito na pastagem para silagemSM; monte que se forma na eira com o trigo acabado de debulharSj. **6.** *n.f.* Terrenos elevados do interior da ilha; m.q. *mato*Sj. Ver *Mato 1.* **7.** *n.f.* Nome que antigamente se dava aos montes de sargaço postos nas terras para depois as adubarFl.

Serra de batata, *n.f.* Estrutura de madeira para guardar a batata-branca na terra onde foi colhidaSM.

Serração da velha, *n.f.* Tipo de vindicta popular que se registava antigamente na Quaresma e em que se parodiavam as velhas que porventura manifestassem desejo de casar. Folia levada do Continente, onde se praticava antigamente por quase todo o país. Actualmente esta tradição está a ser recuperada no Continente.

Serrador, *n.m. fig.* CaloteiroSj. Adágio de S. Jorge: *Casado te veja eu, e a contas com serrador.*

Serrano, *n.m.* O Habitante de Santa Bárbara, em Santa Maria (de *Serra*, top., + *-ano*).

Serrar, *v. fig.* Conversar demoradamente (ext. de *serrar*). Ver também *Farelo 2.*

Serreta, *adj.* Simplório, muitas vezes pronunciado *sarreta*T.

[2087] Maria Clara Rolão Bernardo – *O Falar Micaelense* (Fonética).

Serrilha, *n.f.* Nome que antigamente se dava à moeda de 20 centavos: *Toma lá esta serrilha, / Tu não a deixes atrás / Compra-me de salsa parrilha*[2088]. CF regista-o como açorianismo, definido como moeda de 2 tostões[2089]. Também se pronuncia *sarrilha* e *serrilho.* O nome vem-lhe de ser dentada a toda a volta, serrilhada. Ver também *pataca.*

Serrilho, *n.m.* O m.q. *serrilha*Fl.

Serrote, *n.m. deprec.* Alcunha que em S. Miguel se dá ao natural de Vila Franca do Campo.

Sertã. *n.f.* Frigideira (do lat. *sartagĭne*)F. Diz-se quase sempre sertã, não frigideira.

Ser uma boa alcatra, *exp.* Ser uma pessoa de má índoleT.

Ser uma coisa a maior, *exp.* Ser uma coisa desmedida: *Um deles, vendo que aquilo era uma coisa a maior, vai e diz: – Vocês larguem isso da mão, que isso são feiticeiras...*[2090].

Ser uma ternura, *exp.* O m.q. ser uma dor de alma, meter dóStM: – *É uma ternura ver aquela desgraçada sem uma serrilha pra comprar comidinha prás crianças!* Expressão exclusiva da Ilha de Santa Maria.

Ser um empada, *exp.* Ser uma pessoa indolente, sem actividade.

Ser um homem como um cabeço, *exp.* Ser um homem bem constituído. A mesma exp. se emprega quanto a uma mulher *desempenada* e bonita: – *É uma mulher como um cabeço*F.

Ser um luxo bravo, *exp.* Ser uma coisa de grande valorT: *Um lavrador tinha uma bezerra sara que era um luxo bravo*[2091].

[2088] *Drama de D. Inês de Castro – Enversado* por Jacinto de Faria, natural de S. Miguel.

[2089] Enquanto no Cont. as dezenas de centavos se designavam por tostões (1 tostão = 10 centavos), nos Açores sempre se disse centavos, nunca tostões. Isto é explicado pelo facto de, até à reforma de 1911, as moedas açorianas terem tido um ágio de 25% em relação às do Continente, ou seja, o 'tostão' – 100 réis – valia no Arquipélago 125 réis.

[2090] J. H. Borges Martins – *Crenças Populares da Ilha Terceira I.*

[2091] J. H. Borges Martins – *Crenças Populares da Ilha Terceira I.*

Servente, *n.m.* Aquele que serve à mesa na *copeira*, nas festas do Espírito Santo (do lat. *ser-viente*, que serve)[StM].
Serventias, *n.f. pl.* Órgãos genitais dos animais (de *servente* + *ia*, pl.)[SM].
Serviço, (do lat. servitĭu-, servidão) **1.** *n.m.* Um navio *fazer serviço* ou *fazer o serviço* não era mais do que descarregar e carregar as mercadorias e o gado, desembarcar e embarcar os passageiros, quando eram navios mistos: – *Onte o mar estava tã mau que o Carvalho Araújo nã chegou a fazer serviço no Corvo!* **2.** *n.m.* Nome que em Santa Maria se dá a uma oferta levada num prato ou numa bandeja, por altura das festas do Espírito Santo, e que consta de um pedaço de *pão-de-mesa* ou de rosca, um *pão-leve* e *biscoitos encanelados*.
Serviço da Coroa, *exp.* Nome que em S. Jorge se dava à distribuição de doces na tarde do domingo de festa do Espírito Santo: *De tarde, às três hora, começa o serviço da coroa, com doces, cavacas, argolas, pão-leve e espécies de fantasiada forma*[2092].
Serviço do Imperador, *n.m.* Distribuição das esmolas que se fazia debaixo da *arramada*[Fl]. Ver tb. *arramada*.
Servidão, *n.f.* Caminho que atravessa uma propriedade alheia, sendo a sua única via de acesso (do lat. *servitudĭne-*)[Sj].
Servir, *v.* Caber, quase sempre utilizado em vez deste (do lat. *servīre*): – *Isto nã serve aqui dentro, ou queres meter a igreja na sacrestia?*
Servir Coroas, *exp.* O m.q. 'servir o Espírito Santo'[T]: *A gente vai servir coroas este ano [...]*[2093].
Servir no Castelo, *exp.* Prestar serviço militar; estar na tropa[T]. Nota: O *Castelo* é o Castelo de S. João Baptista, em Angra, onde está instalado o quartel do Regimento n.° 17.

[2092] P.e Manuel de Azevedo da Cunha – *Festas do Espírito Santo na Ilha de S. Jorge.*
[2093] J. H. Borges Martins – *Crenças Populares da Ilha Terceira II.*

Servir o Esprito Santo, *exp.* Dar um *Jantar* e *Esmolas* em Sua honra[F,Fl]: *Não chorem.... de aqui a meia dúzia de anos havemos de servir o Senhor Espírito Santo*[2094].
Servo de cabaça, *n.m.* O m.q. servo de Deus; simplório[Sj].
Sessego, *n.m.* Sossego[T]. Nota: *Sessegar* é f. ant. de sossegar.
Sestiz, *n.f.* O m.q. *setil*[C].
Sete-cidades, *n.f. pl.* Nome que se dá às pequenas ilhotas do *Caldeirão* do Corvo. Descrevendo o *Caldeirão*, Frei Diogo das Chagas (1575-1667) escreve: *[...] uma grande lagoa, que parece um mar, que dentro em suas águas divide sete ilhas, a que chamam sete cidades, umas compridas, outras redondas, que se andam por seus canais de água, estando todas em roda cercadas da mesma água, às quais vão os naturais a nado, a recrear-se, a buscar pássaros, em jangadas de pau*[2095]. Falando do mesmo, Raul Brandão[2096] escreve: *Lá no fundo reluz um lago com algumas ilhotas verdes – o ilhéu do Morcego, o ilhéu do Mato, as ilhas do Manquinho, do Braço, do Bracinho e do Marreca, que figuram o arquipélago.*
Sete-estrelas, O m.q. Sete-Estrelo[2097], constelação das Plêiades[C].
Setial, (por *sitial*, do lat *situ-*, lugar, + *-al*) **1.** *n.m.* Espécie de altar onde se coloca a *Coroa* do Espírito Santo[SM]. **2.** *n.m.* Pano ornamental provido de um folho que serve para encimar um altar[T].
Setil, *n.m.* Armadilha feita de canas, rudemente semelhante a uma gaiola sem fundo, que se armava de modo semelhante ao da *loisa*, para apanhar pássaros[F,Fl]. No Corvo é chamada *sestiz* e na Terceira pronuncia-se *sutil*. Ver também *loisa*.

[2094] P.e Nunes da Rosa – *Pastorais do Mosteiro.*
[2095] Frei Diogo das Chagas – *Espelho Cristalino em Jardim de Várias Flores.*
[2096] Raul Brandão – *As Ilhas Desconhecidas.*
[2097] Nome vulgar da constelação de Plêiades, próxima da constelação do Touro, cúmulo estelar que fica a 500 anos-luz, do qual se vêem cerca de 7 estrelas à vista desarmada, daí o nome.

Setilha, *n.f.* Abertura no fundo do *cubo* por onde a água é projectada sobre as *penas* do *penado* no moinho de rodízio (de *setia*)[SM].

Sevada, *adj.* Como é muitas vezes erradamente pronunciado e escrito o termo *sovada*, quando se fala em *massa-sovada*. Nota: Certamente, este erro terá a ver com a frequência com que nos Açores se labializa o [e] átono em muitas palavras, nomeadamente *sovada*.

Sevado, *adj.* O m.q. ensebado; seboso: – *Ó home, nã leves esse casaco qu'ele já tem as golas sevadas que até parece mal!* Nota: Antes do séc. XV, a palavra 'sebo' era grafada na f. *sevo*.

Sevandilha, *n.* Pessoa muito servil, que rasteja se for preciso (corrupt. de *sevandija*, do cast. *sabandija*)[T]: – *Aquele fulano é um sevandilha sim carácter de espécie nenhum!*

Sevar, *v.* Tornar sujo, *sevado* (de sebo, na f. arcaica, *sevo*, + *-ar*).

Seve, *n.f.* O m.q. sebe (do lat. *sepe-*)[Fl,Sj,SM]: *[...] e aqui é a seve do carro*[2098].

Sevete, *n.m.* Parte de trás da sebe do carro de bois, que é amovível para se poder colocar as cargas (de *{seve}* + *-ete*)[Sj].

Sevilhana, (de *sevilhano*) **1.** *n.f.* Nome que no Pico se dá ao *talhão* de barro onde antigamente se guardava a água na cozinha. **2.** *n.f.* Nome que em S. Jorge se dá a uma cesta de vime onde se colocam os inhames na mesa.

Sevote, *n.m.* A porta de trás da seve do carro de bois (de *{seve}* + *-ote*)[C].

Sexta-feira de gueixos, *n.f.* Sexta-feira de Espírito Santo, dia da *matação* do gado para a festa, daí o nome[SM].

Sextema, *adj.* Ver *Quartema*.

Sêxtemo, *adj.* Sexto, sua corruptela[F,T].

Sezão, *n.m.* Descanso que se dá à terra antes da sementeira (corrupt. de *sazão*, do lat. *satione-*)[T]: *Depois de se enterrar o tramoço, é bom fazer uma sezão de uma a duas semanas antes de semear o trigo.*

Sifão, *n.m.* O m.q. sanita (pela presença do sistema utilizado para a retenção da água na sanita – o sifão)[F,P,T]: *Isto torna-se uma inquietação; / No dia que casei com o meu marido / Antes tivesse metido / A cabeça num sifão*[2099].

Silga, *n.f.* Corda destinada a ajudar a puxar um carro pesado. Usava-se este termo em relação ao carro de bois – quando ia muito carregado, era ajudado por outra junta de bois com uma canga, a *canga de silga*, e uma corda ou uma corrente, a *silga* ou *silgadeira*, ligada ao *nariz* do carro, puxando à frente daquele. Nota: *Silga* é alt. de *sirga*, derivada do esp. ant. *sirga*, seda.

Silgadeira, *n.f.* Corda ou corrente que liga a *canga de silga* ao carro de bois que é ajudado (alt. de *sirgadeira*)[Fl]. Ver *silga*.

Silvado, *adj.* Diz-se do bovino com pequenas mancha brancas na fronte, sendo o resto da cabeça escuro (de *silva* + *-ado*)[T]. Nome usado um pouco por todo o país.

Silvado-manso, *n.m. Bot.* Ver *silva-mansa*.

Silva-mansa, *n.f. Bot.* Planta de caules lenhosos, robustos e compridos, endémica dos Açores e distribuída por todas as ilhas, excepto a Graciosa, de nome científico *Rubus hochstetterorum*. Nalguns lugares também lhe chamam *silvado-manso*. É uma espécie de silva que dá uma amora maior e tem menos picos[F]. Às amoras também se dá o nome de *amoras amaricanas*. Frei Diogo das Chagas[2100] (1575-1667) refere-as nas Flores: *Muitas e boas frutas silvestres e em muita quantidade como são árvores de silvas de mato e que lá chamam 'silvas mansas' (por não terem tantos picões, como estas que vieram do Reino, para estas ilhas, as quais naquela ilha chamam*

2098 Maria Clara Rolão Bernardo – *O Falar Micaelense* (Fonética).

2099 Da dança de pandeiro *O Benjamim e a Santa do Facho*, de Hélio Costa.

2100 Frei Diogo das Chagas – *Espelho Cristalino em Jardim de Várias Flores*.

'silvas bravas' e não fazem caso do fruto) que são tão grandes como as amoreiras e maiores e tão bom e melhor sabor e quando maduras são de cor negra e quanto mais negra mais perfeita.

Silveiro, *n.m.* Nome dado ao boi com uma malha branca na fronte; o m.q. *estrelo*[T].

Simonte, *n.m.* Tabaco[SM]. 'Simonte' ou 'somonte', que deriva do adj. provinc. esp. *somonte* e que quer dizer 'grosseiro', 'ao natural', é o tabaco de pó fino feito com a primeira folha, antigamente usado para cheirar.

Sim sinhô, 1. *exp.* Exactamente; sim, senhor; certíssimo; combinado!: – *Sim sinhô, não há que falar más, 'tá tudo combinado!* **2.** *loc. interjec.* É também uma forma abreviada de saudação[F]: – *Sim sinhô!*, ou na sequência seguinte: – *Sim sinhô, toca a descansar!*

Sim-senhor, *n.m. fig.* Rabo: *Santa terra da Amer'ca, que se não fosse o louvar a Deus de rouparia enviada todos os anos, alguns ainda acabavam co'sim-senhor à mostra*[2101].

Sinal, *n.m.* Corte feito nas orelhas do gado bovino, caprino, ovino e porcino quando é lançado no *mato* ou na rocha (do lat. *signāle-*)[F]. Os *sinais* são registados no *Livro dos Sinais* das Câmaras Municipais, com a identificação dos respectivos donos, da freguesia e, às vezes, do lugar da sua residência, sendo muitas vezes transferidos de pais para filhos. Consoante o seu desenho, assim são chamados: *ameias* ou *meias, buraco, fendida, troncha, troncha-fendida, ponta-de-lança, ponta-de-lança-fendida, cabeça-de-virote, cabeça-de-virote-fendida, caimbo, farpa, folha-de-figueira, folha-de-figueira-fendida, forcada, forcada-fendida, guiada* e *guiada-fendida, mossa, porta, ramal, ramal-fendida, ramal-tronchado,* os doze últimos designados por *dianteiros* ou *traseiros* consoante eram feitos no bordo dianteiro ou traseiro da orelha[2102]. Antigamente acontecia esporadicamente as reses serem roubadas depois de lhes cortarem as orelhas assinaladas: *Um outro aspecto que motiva deliberações camarárias é o de gados furtados (a que foram cortadas as orelhas com os sinais dos donos) serem vendidos aos sapateiros para estes os curtirem e trabalharem*[2103].

Sinal da baleia, *n.m. Bal.* O m.q. *sinal de baleia à vista*: *Pouco depois da nove horas deu o sinal da baleia. Corremos todos às canoas*[2104].

Sinal de baleia à vista, *exp.* Sinal dado pelo *vigia-da-baleia* quando detectava no oceano o bufo do cachalote: *Houve períodos em que o sinal era dado por um búzio, mais tarde apareceu o foguete – 'a bomba'. O vigia podia colocar a bandeira preta (baleia à vista), a bandeira branca (botes de outros portos fora) ou preta e branca (baleia à vista e botes fora)*[2105].

Sinal de emparelhar, *n.m.* Nome que antigamente se dava ao sinal dado por fumos, que o *vigia* da *baleia* fazia para orientar os baleeiros na orientação da localização da baleia, quando era feito em número de dois, num determinado alinhamento para lhes indicar o rumo certo a seguir.

Sinal de prevenção, *n.m. Taur.* Nome que se dá nas touradas à corda ao acto de enviar para o ar um *foguetão,* para indicar a saída de cada touro e avisar as pessoas para se acautelarem e procurarem abrigo[T].

Singelo, *adj.* Ingénuo; pobre de espírito (do lat. *singellu-*)[Sj]: – *José Faustino é tã singelo que nã tem mais maldade que ũa criança de dous anos!*

Singlidofe, *n.m.* O m.q. pitada[StM] (do am. *single thing of*). Trata-se de um 'americanismo' apenas usado na Ilha de Santa Maria.

2101 Manuel Ferreira – *O Morro e o Gigante.*

2102 Pedro da Silveira – *A Respeito dos Sinais e o Livro dos Sinais das Lajes das Flores.*

2103 Maria Margarida de Sá Nogueira – *A Administração do Concelho de Vila Franca do Campo nos Anos de 1683-1686* (in *Os Açores e o Atlântico*).

2104 João Ilhéu – *Gente do Monte.*

2105 José Carlos Garcia – *Semana dos Baleeiros.*

Sinha, *n.f.* Senhora. No Brasil pronuncia-se 'sinhá': *[...] o pior castigo era sofrer a sinha Nazareth, sempre de atalaia, inté metia medo*[2106].

Sinhô, *n.m.* Senhor, sua corruptela. Utilizado muito frequentemente nas seguintes formas: *sim, sinhô; nã sinhô; mei sinhô; obrigado, sinhô; á sinhô!; ah sinhô, paciença!; oh, Sinhô do Cé(u); nã sinhô, não...*

Sinhô da cidade, *n.m.* Indivíduo bem posto, bem vestido, como os senhores da cidade[T].

Sino-saimão, *n.m.* Espécie de amuleto ou talismã, constituído por uma estrela de cinco ou de seis pontas, o símbolo de Salomão –signo-saimão, do lat. *signum Salomonis* – veio da Europa do Oriente e, na crença popular, livra de quebranto causado por mau-olhado, de bruxedo ou bruxaria, de feitiçaria, da acção do demónio, enfim, de qualquer coisa má. A estrela, inscrita numa circunferência era feita de metal ou de osso. É também representado nas colchas de tear, nos cabos das ferramentas, nos bordados, nas cangas de bois, na borda dos barcos de pesca, nas frontarias das casas, etc. Na Terceira, penduravam-no ao pescoço dos recém-nascidos ou prendiam-no no vestido[2107]. Como amuleto, só tem rival na cruz. Falando do Continente, Leite de Vasconcelos adianta: *Mas também o encontramos nos Açores [...] o mesmo sino-saimão dobrado [...] que constitui um tema ornamental de tecidos micaelenses (colchas)*[2108]. *Sino Samão, um dos motivos da arte micaelense, usado na velha tecelagem, quer na sua forma simples, quer na da referida estrela central, composta pela sobreposição de dois destes símbolos*[2109]. Var.: *Solimão.*

Sinosite *(ò),* *n.f.* Sinusite, sua corruptela. Ouve-se também por todo o país. A palavra correcta deriva de *sínus* + *-ite.*

Sinque, *n.m.* Cano de esgoto; *pia* de lavar a loiça na cozinha (do am. *sink*). Não é de uso generalizado.

Sintir, *v.* Sentir. Arcaísmo comummente utilizado nos Açores: – *sinti passos lá fora, sará tê pai que vem chegando?*

Siqueiro, *n.m.* Lugar imundo; porcaria (corrupt. de *chiqueiro*).

Siquer, *adv.* Sequer, sua f. arcaica: – *Nim siquer comes a fruta?* Nos Açores usa-se muito a construção *já siquer* que significa ainda bem: – *Home, já siquer que choveu um coisinha p'abrandar este maldito calor!*

Sista, *n.f.* Freira; irmã; mana (do am. *sister*. Termo da linguagem *calafoniana.*

Sisunite, *n.f.* Sinusite, sua corruptela por metátese [Sj].

Sivela. *n.f.* Instrumento usado pelos sapateiros e correeiros, sendo uma espécie de agulha encurvada, com um cabo, para abrir furos no cabedal e passar o fio de coser (corrupt. de *sovela,* do lat. *subella,* dim. de *subŭla*).

Slage, *n.f. Bal.* Cada uma das pequenas fatias em que eram cortadas as *piças* para serem postas a derreter nas caldeiras (do am. *slice*).

2106 Cristóvão de Aguiar – *Raiz Comovida.*

2107 Luís da Silva Ribeiro – *Amuletos Terceirenses.*

2108 José Leite de Vasconcelos – *Signum Salomonis.*

2109 Luís Bernardo Leite de Ataíde – *Etnografia Arte e Vida Antiga dos Açores.*

Slavónia, em baixo encalhado nas Flores

Slavónia, *n.m.* Nome de navio inglês de 10 606 toneladas e de 510 pés de comprimento, da Companhia Cunard Line, encalhado na Baixa Rasa do Lajedo, na Ilha das Flores, quando viajava de New York para Trieste, porto italiano, com 372 passageiros e 225 tripulantes, todos salvos e recolhidos pelos Florentinos em 1909. Trata-se de um nome que permanece na memória dos Florentinos, pela grande quantidade de bens que foram retirados do seu interior, nomeadamente louças, peças de mobília, pratas, roupas, talheres, etc., que ainda hoje existem nas casas particulares. No Museu das Flores pode admirar-se um belo louceiro do Slavónia, uma autêntica peça de arte. Até hoje, o *Slavónia* foi o maior navio naufragado nos mares dos Açores.

Slêpe, *n.m.* O m.q. *slipano* (do am. *slip*). É *calfonismo*.

Slipano, *n.m.* Combinação de seda; o m.q. *saio* (do am. *slipon*). Não é de uso generalizado.

Slipar, *v.* Dormir (do am. *to sleep*). Embora se possa utilizar esporadicamente, penso ser mais em tom de brincadeira, no tom que se diz em alguns lugares: 'ferrar o galho'.

Smàradiôgo, *exp.* O que se passa contigo. Estropiação de 'what is the matter with you': – *Smàradiôgo Djone, home que cara é essa num dia tã naice?!!!* Faz parte da linguagem *calafoniana*.

Snaipes, *n.m. pl.* O m.q. gambozinos (do am. *snipe*)[C]. Var.: *Snaipas*[F].

Sô, *n.m.* Senhor, sua corruptela, apenas quando precede nomes próprios[T]: – *O sô Manel Vintura é um senhô da cedade!*

Soalho, *n.m.* Leito do carro de bois (do lat. *solacŭlu-*, dim. de *solu-*, solo).

Soberba, *n.f.* Cólera; ira; zanga (do lat. *superbĭa-*)[P]. Aqui adquiriu um significado um pouco divergente do português continental.

Sôbolo, Sobre o (da prep. *sobre* + art. def. arc. *le*)[T]: Sôbola tarde: sobre a tarde; à tardinha; sôbolas ôndias: sobre as ondas. Fernão Mendes Pinto escreve na *Peregrinação* (1614): *As outras duas vindo ja sobola tarde destroçadas de toda a appellação dos remos [...].*

Desaparecido há séculos da linguagem corrente do Cont., manteve-se até há bem pouco tempo nos Açores. Ainda no 3.° quartel do séc. XX se ouvia frequentemente na Graciosa, na boca dos idosos. Numa das versões da *Nau Catrineta*, colhida em 1977, ainda se nota as suas reminiscências: *Lá vem um nau catrinino, / trazia muito que contar, / sete i-anos e um dia / sobre las ôndeas do mar*[2110].

Sobrano, *adj.* Com mais de um ano mas com menos de dois (de *sobre* + *ano*)[P,Sj]. Aplica-se geralmente este termo em relação aos *gueixos*. Há ilhas em que designa o gueixo com mais de 2 anos. No Gerês é nome que se dá ao boi com 3 ou 4 anos,

2110 Manuel da Costa Fontes – *Romanceiro da Ilha de S. Jorge.*

tb. se pronunciando 'sobreano'[2111]. Em certa freguesias de S. Jorge é nome que se dá ao gueixo com idade entre os 6 meses e 1 ano, o mesmo acontecendo nalguns locais do Continente, como atesta CF.
Sobreposto, *n.m. Náut.* Bocado de madeira pregado próximo do punho para que o remo fique *tareado* (part. pas. de *sobrepor*)[SM]. Ver também *tarear*.
Sobre si, 1. *exp.* Altaneiro; arrogante; emproado: *[...] e a Raquel, sempre sobre si, deu-me a ideia de que me olhou com olhos mais ternurentos*[2112]. **2.** *exp.* Introvertido[Sj]: – *É um rapaz muito calado, muito sobre si.*
Soca, *n.f.* O m.q. maçaroca (do tupi *soka*, rebento)[T]: – *Roubei socas de milho a minha mãe, para comprar jogadores de rifa*[2113].
Soca-de-milho, *n.f.* Maçaroca-de-milho; espiga-de-milho[T,SM].
Soca-de-pinho, *n.f.* O m.q. pinha[T]: – *Pr'acender a lareira não há milhor do que uma soca-de-pinho bem seca!*
Socado, (part. pas. de *socar*) **1.** *adj. fig.* Gordo e baixo[F,T]. CF regista-o apenas como brasileirismo. **2.** *adj. fig.* Enganado.
Sociedade dos dez, *n.f.* Nome que em S. Jorge se dava aos dez indivíduos encarregados de fazer o Bodo do Espírito Santo.
Soco *(sô)*, **1.** *n.m.* O m.q. galocha: – *Vou mas é calçar uns socos!* **2.** *n.m.* Rasto da galocha, outrora feito geralmente de madeira de cedro. **3.** *s.m* Parte interna da maçaroca na qual está implantado o grão[SM,T]. A esta última também se chama nalguns lugares *sabugo* e, na Terceira, *toco*.
Sôdes, Sois, também dito *sêdes*[T]: – *Se n'aproveitarem a oferta sôdes uns parvalhães!*
Sôfa, *n.f.* Divã; sofá (do am. *sofa*). É termo actualmente ouvido por muitas bandas.
Sôfa de esporim, *n.f.* O m.q. sofá de molas (do am. *sofa* e *spring*).

2111 Dicionário de José Pedro Machado.
2112 Cristóvão de Aguiar – *Marilha.*
2113 Carlos Enes – *Terra do Bravo.*

Sofrer, *v.* Aturar. Nos Açores, praticamente não se ouve o termo 'aturar' – é quase sempre dito 'sofrer': *Eu nã 'stou pra te sofrer; Já te sofri o bastante; Antes quero coçar uma camada de pulgas do que te sofrer a ti*, etc. Adágio: *Se teu pai é bom, / ama-o; / se teu pai é mau, / sofre-o*[F]. Três frases retiradas da literatura: *Sai-te daí para fora, sombra ruim, tua mulher que te sofra*[2114]; *Antes essa viagem sem regresso do que sofrer D. Caracola*[2115]; *[...] disse que não podia sofrer a mulher, que ela não queria fazer comida para ele e tal e coisa*[2116]. *É que minha mãe quando souber / Ninguém a vai sofrer*[2117].
Sogra, *n.f.* Rodilha feita de pano que as mulheres colocavam na cabeça para transportar cargas[Fl].
Soidade, *n.f.* Saudade, sua f. arcaica[2118]: *Como estará a minha filha, / Orenda minha, mulher vossa? / – Está cometida d'amores / A soidade vossa*[2119]. O seu uso mantém-se também na Galiza, assim como o adj. 'soidoso'.
Soidoso, *adj.* O m.q. saudoso.
Soisa, *n.p.* Sousa[F,Fl,P,T]: *Eu gosto muito do Soisa / Porque tem muito saber, / Mas o Raimundo já cantava / Antes do Soisa nascer*[2120].
Sol a brigar com a Lua, *exp.* Na Terceira diz-se que o Sol está a brigar com a Lua quando há um eclipse do Sol.
Sol-afogado, *exp.* Diz-se quando o Sol está encoberto pelas nuvens[T].

2114 Manuel Ferreira – *O Barco e o Sonho.*
2115 Cristóvão de Aguiar – *Marilha.*
2116 J. H. Borges Martins – *A Justiça da Noite na Ilha Terceira.*
2117 Da dança de pandeiro *A Fonte dos Mexericos*, de Hélio Costa.
2118 A palavra saudade, do lat. *solitāte*, que significa solidão, retiro, sofreu todas as tempestades através do tempo: de *só-e-dade*, passou por *soydade, soidade, soudade, suydade* e, agora, a sua forma actual.
2119 Manuel da Costa Fontes – *Romanceiro Português do Canadá (Florbela e Brancaflor).*
2120 Quadra de José Raimundo da Costa (o *José Raimundo*), in *Improvisadores da Ilha Terceira.*

Soldada, (de *soldo* + *-ada*) **1.** *n.f.* Quantidade de pescado que cabe a cada marítimo na divisão final. Antigamente, as *soldadas* eram atribuídas, uma a cada pescador, uma para o Mestre, outra para o dono da lancha (geralmente o Mestre), outra para os aparelhos e, eventualmente uma para o motor, no caso das 'modernas' lanchas motorizadas e uma para o gasóleo gasto. Havia certos mestres que chegavam a tirar *soldada* até para a *canastra*. Sendo 4 ou 5 soldadas atribuídas ao dono da lancha, o pescador fica um pouco prejudicado pelo que actualmente, alguns mestres atribuem apenas 2 soldadas ao equipamento. **2.** *n.f.* Na Terceira também se chamava *soldada* ao ordenado – *ganhos* – dos criados de lavoura.

Soldada do Santo, *n.f. Náut.* Quantidade de peixe que era retirada das pescarias, destinada a determinada devoção: *Os mais visados eram os Padroeiros tradicionais dos pescadores, entrando também o Padroeiro da paróquia. Ao Espírito Santo era atribuída uma soldada em várias ilhas, bem como ao Santíssimo Sacramento, para compra de azeite de oliveira para a lâmpada do Santíssimo*[2121]. Nas Flores a esta soldada chamava-se *Soldada de S. Pedro*, consistindo na arrematação do décimo peixe apanhado, o produto da sua venda sendo reservado para as despesas da festa de S. Pedro.

Sólea, *n.f.* Pau curvo que se liga num dos extremos à grade e ao trilho e no outro à canga dos bois[T]. CF regista-o com a grafia 'sola'. Dar sóleas: Ajudar uma junta de bois a puxar um carreto pesado, com outra junta puxando à frente[T]: *[...] num certo lugar os bois não puderam puxar mais o carro. Ele pediu ajuda a outra pessoa que foi com uma junta de bois dar sóleas*[2122]. Curiosamente o termo 'sola' deriva do lat. tard. *sola*, de *solĕa*, sandália.

Solecta *(léta)*, (corrupt. de *selecta*) **1.** *adj.* Diz-se da laranja de casca fina, que amadurece mais tarde[SM]. **2.** *adj.* Diz-se da pessoa fina, ou que assim se tenta mostrar[SM].

Soleta *(ê)*, *n.f.* Pedra em que assentam os umbrais da porta, paralela à verga; o m.q. soleira (de *solo* + *-eta*)[F,Fl,P,Sj,SM,T]: – *'Tava sentado na solêta da porta da cozinha com os olhos postos no vapor que se sumia lá ao longe... Sintia a alma más fria do que a própia solêta!*

Solimão, *n.m.* O m.q. *sino-saimão*[SM].

Sólio, *n.m.* O m.q. *trilhadeira*[SM].

Solitária, *adj. Bal.* O m.q. *viúva* (de *solitário*).

Solo *(Sô)*, (do lat. *solu-*) **1.** *n.m.* Parte inferior do pão[T]. E. Gonçalves regista-o com o mesmo significado no falar algarvio. Var.: *sola*. No Corvo também lhe chamam *côdea de baixo*. Segundo superstição popular, nunca se deve virar o pão de *solo* para o ar porque é sinal de cobranto ou de ter sido ganho desonestamente – em S. Miguel, quando isso acontece, chamam-lhe *pão de ladrão*. **2.** *n.m.* Laço que fica à superfície do leite depois de fervido[F].

Solteira, (de *solteiro*) **1.** *n.f. Bot.* O m.q. gerânio ou sardinheira (*Pelargonium* sp.)[StM,SM,T,Sj]: *Subo por um caminho entre figueiras-do-diabo e solteiras, como se chamam aqui as sardinheiras*[2123]. **2.** *adj.* Diz-se da terra abandonada, não cultivada[SM]. **3.** *n.f. pl.* Em S. Miguel chama-se *solteiras* às *couves aferventadas*. **4.** *adj.* O m.q. *viúva* e *solitária*.

Solteiro, *adj.* Diz-se de uma cultura simples que não foi consociada com outra (ext. de *solteiro*)[SM].

Solto, *adj.* Solteiro, sem responsabilidades de família (do lat. vulg. *soltu-*)[T]: – *Ó rapaz, aproveita agora enquanto solto, qu'ó depois já nã vai ser fácil d'ires pra lá!*

2121 João A. Gomes Vieira – *Os Açorianos e as Pescas 500 Anos de Memória*.

2122 J. H. Borges Martins – *Crenças Populares da Ilha Terceira I*.

2123 Raul Brandão – *As Ilhas Desconhecidas*.

Solvo, *n.m.* Sorvo, sua corruptela[F]: – *Dá-me um solvo desse sumo pra tirar o gosto do vinho!*
Somana, *n.f.* Semana[T]. Arcaísmo aqui conservado: *Dos michos desta somana / que dou, vilão, minha parte*[2124].
Sombra, *n.f.* O m.q. *encosto*. Ver *encosto*.
Sombreiro, *n.m.* Varanda tapada (de *sombra* + *-eiro*)[Fl].
Someiro, *adj.* O m.q. somítico (JPM).
Somenos, *adj.* Mau; de fraca qualidade; ruim (de *so-* + *menos*): – *O mar hoje 'tá somenos, nã dá pra apanhar um torrão de lapas!* Em certas ilhas, nomeadamente no Faial e nas Flores, pronuncia-se *semenos*.
Sòmentes, *adv.* Somente: – *Vais comer sòmentes essa nica de comida?!* Sòmentes isso: só isso[T]. Arcaísmo conservado no tempo: *Advertindo sòmentes que os Padres, que escreveram a memória, se enganaram [...]*[2125].
Someter, *v.* Meter por baixo de[T]. Arcaísmo aqui presente: *E logo os sacrifículos someteram fogo à lenha com feixes de vimes untados [...]*[2126].
Somítarro, *adj.* Muito somítico (JPM).
Somítego, *adj.* Avarento; sovina (corrupt. de *somítico* por dissimil. e abrandamento do [c] para [g]).
Sondes, Sois, 2.ª pessoa do pl. do v. ser[Sj]: *Menina, sondes o leite, / O leite também se come; / Mal empregada menina, / Dormir na cama sem home*[2127].
Soneiro, *adj.* Diz-se do tempo húmido e pesado (de *sono* + *-eiro*)[T]: – *Home com este tempo soneiro não apetece fazer nada, maldito bafão!*
Sonhar de rijo, *exp.* O m.q. sonhar alto: – *Desde que veio do Ultramar, o rapaz sonha de rijo toda a noite! Maldita guerra!*
Sono de S. João, *n.m.* Sono de longa duração[F]. Estar com o sono de S. João: diz-se de alguém que continua a dormir muito depois das horas habituais: – *Á rapaz, tei pai hoje parece que 'tá c'o sono de S. João!* Muito se tem falado no sono de S. João: No Continente canta-se: 'S. João adormeceu / Nas escadas do Colégio; / Deram as moças com ele, / S. João tem privilégio'. Em Espanha, na região da Andaluzia, há uma lenda relativa a este sono, que, para evitar os ruídos das festas no céu (alusão às trovoadas de Junho), o Senhor lhe deu um sono que dura três dias[2128].
Sonso, *adj.* O m.q. insonso, sua corruptela por aférese[C]: – *Hoje, o arroz 'tá sonso, nã sabe a nada!* Nota: Insonso deriva do lat. *insulsu-*, insípido, sem sal.
Sopa albardada, *n.f.* O m.q. *sopa frita*; fatia dourada[SM]. Nota: Um dos significados de albardar, em culinária, é cobrir (fatias) com ovos e açúcar, daí o adjectivo atribuído em S. Miguel às *sopas fritas*, às rabanadas.
Sopa azeda, *n.f.* Variedade de sopa tradicional de várias ilhas do Grupo Central, à base de feijão e de batatas, variando os restantes ingredientes de ilha para ilha. Em S. Miguel chamam-lhe *sopa de azedo*.
Sopa da manhã, *n.f.* Nome que em Santa Maria se dá à sopa distribuída logo de manhãzinha aos *Irmãos*, pelas festas do Espírito Santo.
Sopa de azedo, *n.f.* Variedade de sopa da Ilha de S. Miguel, também chamada *caldo de azedo*.
Sopa de função, *n.f.* Caldo de galinha, toucinho, linguiça, engrossado com gemas de ovos batidas e temperado com vinagre, lançado a ferver sobre fatias de pão[Sj].
Sopa de funcho, *n.f.* O funcho *(Foeniculum vulgare)*, no Cont. também chamado 'erva-doce', 'finóquio' e 'maratro', quando ainda tenro, é usado em todas as ilhas para fazer sopa. Nalgumas delas

2124 Gil Vicente – *O Clérigo da Beira*.
2125 Frei Luís de Sousa – *História de S. Domingos*.
2126 P.e Manuel Bernardes (sXVII-XVIII) – *Nova Floresta*.
2127 Quadra de S. Jorge.
2128 Teófilo Braga – *O Povo Português nos Seus Costumes, Crenças e Tradições*.

é cozido com batata-branca, noutras com feijão, levando quase sempre bocados de toucinho e/ou de banha.

Sopa de panela, *n.f.* Nome que se dá à sopa substancial, p. ex., a sopa de couves com feijão, na qual é cozido um grande osso da *barsa*.

Sopa de peixe, *n.f.* Nome que muitas vezes se ouve chamar ao caldo de peixe.

Vertendo o caldo no pão da sopa do E. Santo

Sopa do Esprito Santo, *n.f.* Caldo de carne de vaca, cozido com folhas de couve e perfumado com bastante hortelã quando se verte ainda fervente por cima de fatias de pão de trigo caseiro de preferência já cozido alguns dias antes: *Ó meu nobre Imperador, / Sois pessoa de nobreza; / Mandai vir a vossa sopa / Para honrar a nossa mesa*[2129]. / / / /

Sopa fresca, *n.f.* Petisco feito em S. Miguel pela matança do porco, que leva partes da cabeça do porco, pedaços de bofe, coração, bucho, batata, couves e bocados de pão de trigo e de milho[2130]. O nome advém-lhe de ser feita com carnes frescas, não salgadas.

Sopa frita, *n.f.* Rabanada[F,T]; o m.q. *sopa albardada, fatia dourada* e *fatia frita*. No Alentejo chamam-lhe 'fatia parida' e 'fatia parva'[2131].

Sopada, *n.f.* Murro; sopapo[F]: – *Levou cá uma sopada entre meio dos olhos que cambrelou logo sim dar um pio!*

Sopareda *(ê)*, *n.f.* Grande quantidade de sopas, referindo-se geralmente às *sopas do Esprito Santo*[Fl]: – *Home, aquilho é qu'era sopareda, um mistério de fartura qu'inté consolava a vista!*

Sopas aferventadas, *n.f. pl.* O m.q *couves aferventadas*: *Estava migando couves para as sopas aferventadas da ceia [...]*[2132].

Sopas de caldo amarelo, *n.f.* Nome que na Graciosa se dá a uma espécie de açorda que leva gemas de ovos batidas – que lhe dão o nome – e cujo líquido é vertido em cima de pão duro ou de duras *rosquilhas de véspera*.

Sopas de leite, *n.f.* Era o *jantar* do dia-a-dia da gente humilde: pão de milho ou de trigo migado numa tigela de leite quente, acompanhado por uma *pisca* de veja salgada passada por água e depois pelas brasas, ou um pedaço de queijo caseiro ou qualquer outra coisa que se inventasse para conduto. E, quando já nada havia para conduto, restava ainda o sonho de longínquas terras doiradas do além-pego, o bastante para consolar a alma triste e infernizada. E, particularmente, no dia da cozedura, uma vez por semana, cozia-se o pão que ainda vinha quente para a mesa – *pelando* os dedos –, ao mesmo tempo que aquecia o leite morno acabado de ordenhar do *mojo* da

2129 Quadra do folclore terceirense.

2130 Luís Bernardo Leite de Ataíde – *Etnografia Arte e Vida Antiga dos Açores.*

2131 Vítor Barros e Lourivaldo Guerreiro – *Dicionário de Falares do Alentejo.*

2132 Cristóvão de Aguiar – *Marilha.*

vaca[F]. O mesmo acontecia no dia em que se fazia o *bolo do tijolo* – mal era retirado do *tijolo*, era cortado aos bocados e metido no leite, aquecendo-o.

Sopas do Esprito Santo, *n.f. pl.* Refeição colectiva iniciada com a *Sopa do Esprito Santo*, seguindo-se um prato de carne de vaca cozida e/ou assada, acompanhada de pão, *massa-sovada*, vinho e, recentemente, refrigerantes. Pode ser reservada aos convidados do Imperador ou extensiva a toda a freguesia: *Já se comeram as sopas, / Troquei o cobre por prata, / Andai, andai, cavaleiro, / Trazei-nos carne de vaca*[2133]. Na Terceira também é da tradição, além das sopas e da carne cozida e assada, a típica *alcatra*. Nesta Ilha também era costume, no Domingo da festa, durante a manhã, fazer-se a distribuição da sopa do Espírito Santo, cozinhada em casa do *Imperador*, distribuída pelas casas em tigelas de louça de barro: *Nas grandes Funções das freguesias do campo, as tigelas de sopa são distribuídas por todas as casas, para o que as portas ficam apenas encostadas, permitindo assim que as raparigas, que andam logo de manhã a proceder à distribuição, entrem e despejem numa terrina, propositadamente posta sobre o estrado ou numa cadeira junto à porta da rua, o presente de que são portadoras*[2134]. Nalgumas ilhas também é da tradição a sobremesa de *papas de arroz*, ou seja, arroz-doce. Nota: Muitas vezes se ouve chamar-lhes *Sopas do Senhor Esprito Santo.*

Sopas do Império, *n.f. pl.* O m.q. *sopas do Esprito Santo*[StM].

Sopas do Senhor Esprito Santo, Ver *Sopas do Esprito Santo.*

Sopeado, *adj.* Sujeito; submetido (part. pas. de *sopear*)[Sj]. Termo antigo, aparecendo, p. ex., em Gil Vicente: *E mais sereis avisada / Que não me respondeis nada, / Em que ponha fogo a tudo, / Porque o homem sesudo / Traz a mulher sopeada*[2135].

Sopear, *v.* Reprimir; subjugar (de *so-* + *pé* + *-ar*)[Sj].

Sopeira, (de *sopa* + *-eira*) **1.** *n.f.* Tigela grande, de barro vidrado, que servia de terrina, ainda usada para a distribuição das sopas do Espírito Santo às casas de pessoas doentes ou que não se podem deslocar até ao local do *jantar*[T]. **2.** *n.f. deprec.* O m.q. criada de servir. **3.** *n.f.* O m.q. *rela.*

Sopeiro, (corrupt. de *cepeiro*) **1.** *n.m.* Tronco de árvore[SM]. **2.** *n.m.* Pé de vinha velho[SM].

Soquète, *n.f.* Peúga (do am. *sock*).

Sora, *n.f.* Soda, bebida gasosa; laranjada; sumo (do am. *soda*). Não é de uso generalizado.

Soro, *n.m.* Nome que também se dá ao leite depois de desnatado[F]. Geralmente aproveitado para deitar aos porcos, antigamente, nas casas mais pobres, muitas crianças se criaram bebendo esse líquido desenxabido.

Sorrobalhar, *v.* Assar levemente nas brasas (corrupt., por metátese, de *soborralhar*)[F,P]. Ver também *saborralhar.* Termo muito usado pelos pescadores, designando o acto de passar o produto que vai servir de isca pelas brasas, para ficar com um cheiro mais forte e melhor atrair os peixes.

Sorrobolhado, *n.m.* Nome que os pescadores do Faial dão ao peixe assado nas brasas, depois de aviado e passado pela água do mar (part. pas. subst. de *{sorrobalhar}*, com assimil.). Fazem este petisco mesmo no calhau, quando não têm tempo para ir comer a casa, entre duas pescarias.

Sortar, (de *sorte* + *-ar*) **1.** *v.* Resolver[T]. **2.** *v.* Destinar, dar sorte[SM]. Adágio: *O que Deus sorta no Céu, / na terra ninguém desfaz.*

Sorte, *n.f.* Maneira, modo: *Eu já fui alegre e cantante / E agora estou desta sorte / Já fui*

2133 P.e Manuel de Azevedo da Cunha – *Festas do Espírito Santo na Ilha de S. Jorge.*

2134 João Ilhéu – *Notas Etnográficas.*

2135 Gil Vicente – *Farsa de Inês Pereira.*

o retrato da vida / E agora sou o da morte[2136]. Regista-se pela frequência do seu uso.

Sorte macaca, *loc. interjec.* O m.q. sorte maldita[F].

Sorte da joeira, *n.f.* O m.q. *Sorte da peneira*[T].

Sorte de guarda-sol, *n.f.* Lide de um touro, nas touradas à corda, empunhando um guarda-sol[T].

Sorte da peneira, *n.f.* Prática de bruxaria que consiste em espetar os bicos de uma tesoura no arco de uma peneira, de modo que as extremidades fiquem afastadas, colocando-se duas pessoas, uma em frente da outra, suspendendo a peneira com o auxílio dos polegares colocados sob as argolas da tesoura, ao mesmo tempo que se diz: *Balha, balha, peneirinha, / Se for para eu casar, / Vira-te para mim / E, se não for, / Vira-te para o outro lado.* Se a peneira se vira para o lado oposto, a pessoa já não se casa naquele ano; se se torce um pouco para o lado, o casamento está apenas em mente[2137]. Também chamada *Sorte da joeira.*

Sortes, (de *sorte*) **1.** *n.f. pl.* Ir às sortes é ir à *inspecção* para o serviço militar. **2.** *n.f. pl.* Sorteio dos dirigentes da festa do Espírito Santo ou das pessoas a *alumiar a Coroa* durante o ano seguinte. **3.** *n.f. pl.* Nome dado às brincadeiras tradicionais das raparigas casadoiras por altura da festa de S. João, que consistia em colocar papelinhos ao *chereno* ou em água com nomes de rapazes com idade próxima da sua, para ver com quem casariam. Ver tb. *Chereno.*

Só-só, *interj.* Utilizada para estimular os bebés a pôr-se de pé quando começam a andar (só, sem apoio de outrem): – *Vamos a fazer só-só, vá meu menino!*

Sotar, *v.* Escampar; parar de chover[SM].

Sote *(ò)*, n.m. Sótão, sua corruptela; o m.q. *falsa*[Sj].

Sóteo, *n.m.* Sótão, sua corruptela[F,Sj].

Sotil, *adj.* O m.q. subtil[T]. É arcaísmo aqui conservado: *[...] uma balança tão sotil, e dereita [...]*[2138].

Sotorro, *n.m.* Batata enterrada em canteiros para semente, a *batata de sotorro* (de *soterrar*, cobrir com terra, enterrar)[SM].

Soudade, *n.f.* O m.q. saudade, sua f. antiga: *Está o mar estanhado, / Parece o pego mais perto; / Hoje, neste céu doirado, / Minhas soudades liberto.*

Soudoso, *adj.* O m.q. saudoso. Tanto este como o anterior são registados por Moisés Pires no falar mirandês.

Sovadeira, (de *sovar* + *-deira*) **1.** *n.f.* Banco onde é amassado o barro; o m.q. *banco de sovar*[SM]. **2.** *n.f.* Saca de tecido grosso e forte que os Romeiros de S. Miguel, p. ex., trazem a tiracolo com o farnel[SM].

Sovela, *adj.* Diz-se da pessoa de má-língua, maldizente (ext. de *sovela*)[SM]: – *São os dois tã sovelas cma já era o pai!*

Sovelão, *n.m.* Empurrão (ext. de *sovelão*)[SM]: *[...] inda onte apanhei um grandessíssime sovelã e, òdepous, uma trochada tesa por estes queixos*[2139].

Sovro, *n.m.* Sorvo, sua corruptela por metátese[F].

Speire, *n.m. Bal.* O m.q. *chipeiro* (do am. *spade*)[T].

Spica, *n.f.* Jornalista; repórter (do am. *speaker*). É *calafonismo.*

Spicar, *v.* Falar (do am. *to speak*): – *Munto spica aquela trameleira!*

Spiche, *n.m.* Discurso; palestra: o m.q. *spique* (do am. *speech*).

Spique, *n.m.* Discurso (do am. to *speak*).

Spôla, *n.m.* Bobina; carretel; carro de linhas grande (do am. *spool*).

Stàquine, *n.f.* Meia (do am. *stocking*): – *Á jesé, tens que mercar um ou dous pares de stàquines, qu' estas aqui nos calcanhares já parecim a rede que João de Brito apa-*

[2136] Quadra do folclore terceirense, magnificamente cantada por Zé da Lata.

[2137] Texto modificado de J. H. Borges Martins – *Crenças Populares da Ilha Terceira I.*

[2138] D. Duarte – *Leal Conselheiro.*

nha a ruama! Termo da linguagem *calafoniana*.
Stima, *n.m.* Navio (do am. *steamer*). Também pronunciado *estima*.
Strimbine, Feijão verde (do am. *string-bean*). Tal como a anterior, não é de uso generalizado.
Subedouro, *n.m.* Pedra saliente nas paredes dos terrenos destinada a facilitar a subida para ultrapassá-las (de *subidouro*, *subir* + *-douro*)[C]. Var.: *Assubedouro*[C].
Subença, *n.f.* Sua bênção[SM]: *[...] à ilharga esquerda da casa, pedia-lhe a bênção, Vavô subença, Deus te abençoe, meu rico home*[2140].
Subica, 1. *s.* Homem ou mulher sem valor. **2.** *n.f.* Partes pudendas da mulher[T]. Sendo no Continente apelido de pessoas, na Terceira, devido ao seu significado, nem como *apelido* se usa.
Subir e descer, *exp.* Uma das *marcas* das *danças de Entrudo* da Terceira.
Sueiro, *n.m.* Suor da ovelha (de *suor* + *-eiro*, com haplologia)[Fl]. No Brasil, 'sueira' é o m.q. suadela.
Suel, *n.m.* Calema; ondulação solta (Do am. *swell*). No Corvo também se chama *onda morta*.
Suera, *n.f.* Casaco de malha; camisola de lã (do am. *sweater*): *[...] se não fossem as sueras, os alvarozes e outros terminos, que cheiravam que consolava a coisas da América, a gente nem podia sair de casa por não ter que cobrir o corpo*[2141]. Termo actual e de uso generalizado.
Suera de gargalo, *n.f.* O m.q. camisola de gola alta[SM]: – *Eih sinhô, com o fri que 'tá hoje sabe tã ben esta suerinha de gargalo!*
Sueste, *n.m.* Chapéu de pano-cru, pintado com sucessivas camadas de tinta, antigamente usado pelos pescadores (de *su-* + *este*)[T]: *Um arrepio correu-me a espinha de baixo a cima, e tirando o sueste que trazia enterrado nas orelhas por 'môr da ventania, caí de joelhos no leito do barco, a rezar*[2142]. Registado nos dicionários com significado semelhante.
Sueta, *n.f.* Estiada[Sj,T] (de *sueto*, do lat. *suētu-*): <u>*Aproveitar uma sueta*</u>: o m.q. aproveitar o momento oportuno.
Suêvle, *n.m.* O m.q. *suêvo*. Var.: *Suevlo, suêvo*.
Suêvo, *n.m.* *Náut.* Destorcedor; pequeno instrumento de metal usado para impedir que as linhas de pesca se torçam (do am. *swivel*). Também se dá este nome aos destorcedores usados nos cabos de amarração das embarcações. Termo de uso frequente na gíria dos pescadores.
Suím, *n.m.* Balanço; oscilação (do am. *swing*). Não é de uso generalizado.
Sujigar, *v.* Amparar; aguentar; segurar[P].
Sume-te, *interj.* Desaparece! Também se ouve dizer: *Sume-te demóino!* e *Sume-te siqué!*[T].
Sumidoiro, (de *sumir* + *-doiro*) **1.** *n.m.* Agueiro; esgoto. **2.** *n.m.* O m.q. algar[T]. **3.** *n.m.* Nome que em S. Jorge também se dá ao outeiro de Santa Cruz, pelo facto *[...] da perda de uma eira, bois e de uma preta cativa, arrebatados por uma tromba marítima num dia 15 de Agosto*[2143], no início da colonização, acontecimento tomado como um *castigo*.
Sumiga, *n.f.* O m.q. batata (CF)[Sj]. Termo também usado na Madeira (JPM).
Sunfar, *v.* Fungar (de orig. onom.)[Sj].
Supreio, *n.m.* Ajuda; provimento (do v. *suprir*)[SM].
Suprior, *adj.* Superior, sua f. arcaica[2144]: – *O vejo grande, escalado, é munto suprior à veja!*

2139 Luís Bernardo Leite de Ataíde – *Etnografia Arte e Vida Antiga dos Açores*.
2140 Cristóvão de Aguiar – *Raiz Comovida*.
2141 Cristóvão de Aguiar – *Raiz Comovida*.
2142 João Ilhéu – *Gente do Monte*.
2143 P.e Manuel de Azevedo da Cunha – *Notas Históricas*.
2144 Grafia no séc. XV = *supprior*.

Surdo a final, *exp.* Completamente surdo[Fl].
Surdo que nem um prato, *exp.* Muito surdo; o m.q. *surdo a final*: *Há um velho que é c'mo mulato, / É surdo que nem um prato / Que até causa dó e aflição. / Já tem um corno partido / De levar tanta pancada / Contra as paredes do portão*[2145].
Surracho, *n.m.* Churrasco, sua corruptela[2146]: – *Home, com este bom tempo vamos mas é fazer um surracho com os frangos que estão na frisa!*
Surrado, *adj.* Finório; manhoso; sabido (ext. de *surrado*)[P].
Surrão, (do ár. *surra*, bolsa de dinheiro, pelo cast. *zurrón*) **1.** *n.m.* Nos *Ranchos--dos-Reis*, até meados do séc. XIX, era o homem, no geral de tipo cómico, que transportava a saca destinada a arrecadar as ofertas dadas (trigo, feijão, galinhas...)[T]: *Ó nobre dono da casa / Nós trazemos o surrão / Para vós nos oferecerdes / Pelo menos um capão*[2147]. **2.** *n.m.* Pessoa de má reputação; mulher depravada; prostituta[Sj,SM]: *Já a avó foi um surrão e a mãe não lhe ficou atrás*[2148].
Surreeiro, *n.m.* Chuva tocada pelo vento, também chamado *salseirada*[T].
Surriar, *v.* Fustigar; cair *surrio*[Sj].
Surrio, *n.m.* Aragem carregada de sal, fustigada pelo rebentar das ondas (deriv. regr. de *surriar*). O m.q. surriada[F].
Susalpim, *n.m.* Capote curto, de grande cabeção, antigamente usado em S. Miguel, também chamado *salpim* (JPM).
Suspender o Império, *exp.* Nome dado ao encerramento do ciclo das festas do Espírito Santo em determinado *Império*, antigamente sempre feito com a cerimónia do *Pão-da-Vitória*[F].
Suspensa, *n.f.* Dispensa, sua corruptela (por infl. de *suspender*?)[Fl].
Suspensal, *n.m.* O m.q. *dispensal*[Sj].
Sustança da terra, *n.f.* Tudo o que sirva de alimento para a terra[SM]. 'Sustança', em linguagem pop. significa força, vigor.
Sustância, (variante antiga de *substância*) **1.** *n.f.* Alimento nutritivo. **2.** *n.f.* Gosto pelo bem falar ou trajar: *Tem um falar muito à sustância; Vem muito bem vestido, todo puxado à sustância.* Moisés Pires regista-o também na linguagem actual de Miranda do Douro.
Susteima, *n.f.* Preocupação; mania[P].
Sutana, *n.f.* Adubo; o m.q. *buana*[SM].
Sute, *n.m.* Fato completo de mulher (casaco e, calça ou saia) (do am. *suit*). Var.: *suto*.
Sutil, 1. *n.m.* O m.q. *setil*[T]. **2.** *adj.* Delicado; leve (alt. de *subtil*, do lat. *subtīle-*)[Sj]: – *É muito sutil na sua conversa!* Nota: Esta f. sincopada também é usada actualmente no Brasil.
Suto, *n.m.* O m.q. *sute*, fato.

2145 J. H. Borges Martins – *As Velhas*.
2146 Parece-me ser termo recente, embora o tenha ouvido repetidamente nas Flores na boca de gente idosa.
2147 Quadra do folclore terceirense.
2148 Manuel Ferreira – *O Morro e o Gigante*.

T

Tá bunzinho cma parece? *exp.* Uma das formas de cumprimento[F]. A resposta: – *Vamos rolando, uns dias milhor, oitros dias pior… E vossemecê cma tem passado?*
Tá'i'asno, *interj.* Está parvo. É muito utilizado, particularmente no falar do povo de S. Miguel. Na peça do teatro popular de S. Miguel *D. Inês de Castro*[2149], bate um pajem à porta da sala onde estava sentado o Rei: – *Home, antre! Que é que fou?* – responde o pajem: – *Éh sinhô… Matarim D. Inês!* – responde o Rei… –*Matarim a Rainha?! Tá'i'asno, ou quê?!*
Tabaco-de-cheirar, *n.m.* O m.q. rapé[F].
Tabalião, *n.m.* Funcionário público que faz as escrituras e outros documentos; notário (corrupt. de *tabelião*)[F,T]: *Os filhos foram nesse dia falar com o tabalião e fizeram novas partilhas como era da vontade de pai*[2150]. Na época antes de Cristo, já entre os Romanos existiam os *tabelliones*, termo oriundo de *tabella*, derivado de *tabula* e do seu ofício, *a conficiendis tabulis*, que eram os que tratavam de passar a escrito os actos de direito privado das pessoas que o não sabiam fazer –, uma espécie de solicitador dos nossos dias. Moisés Pires[2151] regista-o na f. 'tabalion', que se aproxima muito da pronúncia da Ilha das Flores. Nota: Em documentos da Idade Média esta palavra aparece com a grafia 'tabaliom' (documentos de Caminha e de Viana do Castelo) e 'tabalyom' (documentos do Porto, Albufeira e Tavira, p. ex.)[2152].
Tabaqueira, *n.f.* O m.q. *Fona-de-porco (Solanum mauritianum).*
Tabardilho, *n.m.* Nome que antigamente se dava à varíola (do cast. *tabardillo*)[Sj]. Nota: 'Tabardilho' era nome que se dava na Península Ibérica, desde a Idade Média, ao tifo exantemático, que Amato Lusitano designava por 'pulicaris', e que hoje se sabe ser provocado por um agente designado por Rickettzia, em homenagem ao cientista que a descobriu, Howar Taylor Ricketts (1871-1910). Os galegos ainda hoje dão este nome – 'tabardilho', 'tabardillo' – a certos tipos de febres altas, nome actualmente já pouco usado no resto de Espanha.
Tabi, *n.m.* Pessoa gorda[Sj]. Cp.: 'Tabi' era nome dado a certo tecido grosso, derivado de *attābī*, nome de bairro de Bagdade onde ele se fabricava.
Tabua, *n.f.* O m.q. espadana (*Phormium tenax*)[SM]. Orig. contrv., segundo alguns do berbere *ta-*, pref. fem. + do lat. *buda*, junco.

2149 Peça de teatro representada no Teatro Angrense por volta dos anos 50 do século passado por um grupo de teatro popular de S. Miguel. Segundo me contava um familiar que assistiu ao desenrolar da peça, os actores, além do falar castiço, também declamavam as notas de entrada do texto, como, p. ex.: – *Antra pla porta do F e diz, Éh nosso Rei…*
2150 J. H. Borges Martins – *Crenças Populares da Ilha Terceira I I.*
2151 Moisés Pires – *Pequeno Vocabulário Mirandês – Português.*
2152 M. de Paiva Boléo – *Estudos de Linguística Portuguesa e Românica.*

Tábua, (do lat. *tabŭla-*) **1.** *n.f.* O m.q. *levadeira* e *paradouro*[SM]. **2.** n.f. O m.q. *pau de rasoira*[C]. No Corvo também se chama *régua*.

Tábua de maciar, *n.f. Bal.* Prancha de madeira montada na boca da *selha* destinada a *maciar* as tiras de toucinho de cachalote (*maciar*, do am. *to mince*).

Tábua de vante, *n.f. Náut.* Assento da proa dum barco[T].

Tabuado, *n.m.* Tábua estreita e comprida (do lat. *tabulātu-*)[F]. Nas Flores, a uma *relva* (pastagem) muito estreita e comprida, rimava alguém virando-se para o seu dono: – *Ó senhor Estanislau, o seu Maranhão é como este tabuado: comprido, estreito e delgado!*

Tábua do meio, *n.f. Bal.* Peça de madeira, nos *botes baleeiros*, que se arreia para melhor estabilidade quando o mar está mau ou para se meter mais vento, para descair menos, isto é, para o bote não se inclinar muito para o lado contrário ao do vento. É o que nos iates se chama 'tábua de bolina'. Os Americanos chamam-lhe 'contre board'. O m.q. *patulhão*.

Tabuga, 1. *n.f.* O m.q. *tabua* e *espadana* (*Phormium tenax*)[SM]: *As raparigas, sentadas num capacho de tabuga entrançada estendido sobre os tijolos da cozinha*[2153].

Tabulardão, (de *tabular*, do lat. *tabulāre-*, + *-dão*) **1.** *n.m. Bal.* Tábua larga e inteira que serve para reforçar o casco do *bote baleeiro* – fica saliente e é pintada de amarelo. **2.** *n.m. Bal.* Nome que os baleeiros do Faial davam a uma concavidade existente na proa da canoa baleeira destinada ao trancador apoiar a perna para não se desequilibrar.

Tabuleiro, (de *tábula* + *-eiro*) **1.** *n.m. Irmão* do Espírito Santo nomeado para ajudar o *Imperador* no dia da festa[Fl]: **2.** *n.m.* Oferta do Espírito Santo, consistindo em: uma grande posta de carne, duas *rosquilhas* pequenas, um *pão-leve* e um prato de biscoitos[StM]. **3.** *n.m.* Caixa onde vai caindo a farinha no moinho de vento[SM].

Tachada, *n.f. Bal.* Nome que se dava à quantidade de óleo de *baleia* derretido num caldeiro (de *tacho* + *-ada*)[StM].

Tachar, *v.* Colocar; pôr[Fl].

Taduco, *adj.* Diz-se daquele que apresenta demência senil; o m.q. *tarouco*[C].

Tafaia, *n.m.* Fogo (do am. *the fire*). É *calafonismo*.

Tafalhão, *adj.* Trapalhão; desastrado[T].

Tafonina, *n.f.* O m.q. *atafonina*, sua corrupt. por aférese[Fl].

Taful, de, *loc. adv.* À pressa[SM]. <u>Fazer tudo de taful</u>: fazer tudo à pressa.

Tafulho, *n.m.* Arranjo; concerto; remédio; solução: *O mar arrebentou co'êle de encontro ao calhau, segundo escutei. Nunca mais teve tafulho nenhum...*[2154]. <u>Dar tafulho</u>: acabar uma tarefa difícil ou entediosa. *Era homem de orgulho. / Foi bom acabar com ela, / Porque não tinha tafulho*[2155].

Taia, *n.f.* pneu (do am. *tire*). Ouve-se por muitas bandas.

Tainha, *n.f.* Peixe cientificamente denominado *Mugil cephalus*, conhecida noutros locais pelo nome de 'mugem' e de 'fataça', encontrada de preferência no zonas marítimas junto à foz das ribeiras. Quando pequena, até cerca de 200 g, é denominada *muja* e, média, até cerca de 700 g, *lambreja*[F]. Antigamente, nas Flores, quando a tainha aparecia com o lombo esbranquiçado dizia-se ser sinal de mau tempo[2156].

Tãinque, *n.m.* Depósito; tanque, sua corruptela[F,Fl,Sj]: – *Ele caminhou há poucachinho pra d'ir comprar gasolina, que já tinha o tãinque da mota vazio!*

Tairó, *n.m.* Peça do arado que se fixa ao *timão*[T].

Tairoca, *n.f.* Galocha[T]. CF regista-o com o significado de tamanco. De orig. obsc., em

2153 Cristóvão de Aguiar – *Um Grito em Chamas*.

2154 João Ilhéu – *Gente do Monte*.

2155 Do *Vilão* de *Mártires da Germânia*, Comédia de autor desconhecido.

2156 Rufino Silva – Comunicação Pessoal.

certas regiões do Continente também se chamava 'taroca'.

Tairocar, *v.* Andar batendo com as galochas no chão (de *tairoca* + *-ar*)[T]. Tb. usado em certas regiões do Continente.

Tal, *det. indef.* Para manifestar admiração perante a grandeza, em muitos locais dos Açores antecede-se o substantivo da palavra [tal], ou [forte], às vezes precedido de [ai]: *Ai tal chatice!; Ai tal pachorra!; Ai tal home!; Tal pena!; Forte avantage!; Ai tal tristeza!; Forte chuvada!; Forte mesa!; Ai tal fedor!* Na Terceira, é extremamente frequente: – *Ai tal pena não ter aqui à mão um galhinho de salsa para botar neste caldo*[2157].

Talafona, *n.m.* Telefonema (do am. *telephone*): *Onte tive um talafona de meu cunhado Frãique d'Amerca!*

Talafone, *n.m.* Telefone (Do am. *telephone*). *Fazer um talafone:* telefonar (por influência americana, 'to make a telephone call'): *[...] o talafone, que se punha para ali numa estreloiçada, se por acaso alguém queria dar uma palavrinha lá para casa*[2158].

Talão, (do fr. *talon*) **1.** *n.m. Náut.* Parte recta do anzol. **2.** *n.m.* Engano feito no lançar da rede, para o peixe malhar melhor[T].

Talassa, (do gr. *thálassa*) **1.** *s.* Pessoa estúpida[2159]: – *Ai tal talassa a Maria de Manel Feno!*[SM]. **2.** *s.* Pessoa peneirenta[SM]: *E a outra talassa? Cheia de peneiras e canutilhos, nem a princesa Magalona...*[2160].

Talaveja, *n.f.* Televisão (do am. *television*). É termo actual e de uso generalizado: – *Á Jesé querido, liga a talaveja que 'tá na hora do romance!* Nota: Nalguns lugares, mantendo a terminação [a], a palavra pertence ao género masculino – o *talaveja*: *Via os talavejas em casa dos amigos*[2161].

Talavejo, *n.m.* O m.q. *talaveja.*

Taleigada, *n.f.* Grande quantidade, especialmente de comida (de *taleigo* + *-ada*)[T]: *Sei de um saco de cantigas, / E mais uma taleigada: / E se as hoje canto todas / Amanhã não canto nada*[2162].

Taleio, *n.m.* Saco destinado a transportar cereais para o moinho, com excepção do trigo – para o transporte deste era usada a *saca* (corrupt. de *taleigo*)[T]. No Algarve pronuncia-se 'talego'[2163].

Talejo, *adj.* Apanhado. Termo usado na Terceira, no *jogo do apanhar*, e que significa que o miúdo se deixou apanhar – *ficou talejo.* Em S. Jorge chamava-se *pica-taleja* a um jogo e *jogar ao pica-talejo* é andar à pancadaria.

Talente, *adj.* Atrasado na maturação; verde[SM]: *[...] mais grande e forte do que eu, que parecia esmirrado e talente*[2164].

Tal esmola, *exp.* Ainda bem; que coisa bem feita. Usada muitas vezes na f. interj.: *Ai tal esmola*[Sj,T].

Talhadeira, *n.f. Bal.* Instrumento cortante usado no corte do toucinho do cachalote (de *talhar* + *-deira*)[P]. Nota: O termo mais utilizado na gíria baleeira para designar a *talhadeira* era *chipeiro* e suas variantes, aportuguesamento do termo americano *spade.*

Talhão *(à)*, (de *talha* + *-ão*) **1.** *n.m.* Grande pote de barro, antigamente usado nas cozinhas como reservatório de água. Nota: Tal como noutros locais do país, quando morria alguém da casa, era costume esvaziar o *talhão*, por se acreditar que a alma, uma vez saída do corpo, ia lá dentro banhar-se. No Pico chamavam-lhe *sevi-*

2157 J. H. Borges Martins – *Crenças Populares da Ilha Terceira I.*

2158 Cristóvão de Aguiar – *Raiz Comovida.*

2159 Talassa era designação depreciativa atribuída aos franquistas, também sendo designação do inimigo da República, do monárquico e, em geral, de todo o reaccionário.

2160 Manuel Ferreira – *O Morro e o Gigante.*

2161 Onésimo Teotónio Almeida – *Sapateia Americana.*

2162 Teófilo Braga – *Cantos Populares do Arquipélago Açoriano.*

2163 Eduardo Brazão Gonçalves – *Dicionário do Falar Algarvio.*

2164 Cristóvão de Aguiar – *Raiz Comovida.*

lhana[2165]. **2.** *n.m. deprec.* Alcunha de rapaz grande, mole e abrutalhado (ext. de *talhão*)[Fl,T]: – *Vós chamastes-me talhão. / Eu com isso me contento, / Tenho o fundo muito largo / Só em vós farei assento*[2166].

Talhar, *v.* O m.q. *atalhar*[2167]: – *Quanto mais cedo se talhar a doença mais fácil é curá-la!*

Talho, *n.m.* Corte; ferida incisa; golpe (deriv. regr. de *talhar*): *Quando se porcata, a pedra caiu e fez-lhe um talho na perna*[2168]. Termo ouvido um pouco por todo o país.

Tã, *adv.* Tão, sua f. antiga. O poeta português João Roiz Castell-Branco, que fez parte da Corte de D. Afonso V (séc. XV), fez esta composição, registada no Cancioneiro Geral de Garcia de Resende, da qual se transcreve apenas: *Senhora, partem tam tristes / Meus olhos por vós, meu bem [...] / Tam tristes, tam saudosos, / Tam doentes na partida, / Tam cansados, tam chorosos [...].*

Tamanca, *n.f.* Espécie de galocha, usada pelas mulheres, cuja parte superior, em vez de fechada, é feita com tiras (de *tamanco*)[Fl].

Tamangalhão, (de orig. expres.) **1.** *n.m.* Indivíduo de grande estatura; o m.q. *margaião*[C]. **2.** *n.m.* Pessoa grande e malfeita[C].

Tamarindo, *n.m.* O m.q. *tamarinho* (do ár. *tamar Hindi,* tâmara da Índia)[StM].

Tamarinho, 1. *n.m.* Nome que em Santa Maria se dá à groselha. **2.** *n.m.* Bebida confeccionada a partir das groselhas, também chamada *vinho de tamarinho*[StM].

Tambique, *n.m.* O m.q. *atambique*[Sj]. Cp.: No Cont. usa-se o termo 'tambica' para designar um peso, geralmente de chumbo, usado nas redes de pesca.

Tambor, 1. *n.m.* Aquele que toca o tambor nas *Folias* do Espírito Santo: *O tambor, que constituía o principal elemento da folia, era o que «botava» a cantiga improvisada, depois repetida pelos outros*[2169]. **2.** *n.m.* Nome também dado ao peixe-porco, pela sua forma arredondada (*Balistes carolinensis*)[SM].

Tambor da Folia, *n.m.* O m.q. *tambor do Esprito Santo.*

Tambor do Esprito Santo, *n.m.* Tambor da *Folia* do Espírito Santo, de tamanho médio e com bordões de corda macia na pele inferior, tocado na pele superior com duas baquetas[2170]. Também chamado *tambor da Folia.*

Tamborete, (do fr. ant. *tabouret,* com infl. de *tambor*) **1.** *n.m.* Cadeira de costas altas e assento de madeira[T]. **2.** *n.m.* Antiga cadeira larga e baixa feita de madeira de faia, de pinho-resinoso ou de acácia[Fl].

Tamém, *adv.* Também, sua corruptela, com o [b] assimilado à sua nasal antecedente: *Co zápete nas unhas, tamém eu...*[2171]. Moisés Pires regista a f. 'tamein' no falar mirandês. Var.: *Tamen*[F].

Tamen, *adv.* Também[F].

Tamiça, *n.f.* Corda feita de plantas secas, para segurar o bagaço quando está sob a pressão do *chincho* (JPM).

Tamujo, *n.m.* Arbusto de folhas perenes, geralmente com menos de um metro, considerado como endemismo dos Açores, cientificamente denominado *Myrsine retusa.*

Tampas da janela, *n.f.* Portas interiores da janela destinadas a evitar a claridade da rua[Fl].

Tanagem, *n.f.* Tratamento que antigamente se fazia a certas redes de pesca para a sua conservação: *As rêdes [...] são todas de linho fiado, e, excepto a tarrafa,*

[2165] Em S. Jorge, antigamente despejava-se o *talhão* da cozinha sempre que alguém morria, para que a alma não passasse na água ao deixar o corpo, costume também usado noutros lados.

[2166] Teófilo Braga – *Cantos Populares do Arquipélago Açoriano.*

[2167] Termo muitas vezes usado na feitiçaria.

[2168] J. H. Borges Martins – *Crenças Populares da Ilha Terceira I.*

[2169] J. Almeida Pavão – *Aspectos Populares Micaelenses no Povoamento e na Linguagem.*

[2170] As suas características variam de lugar para lugar.

[2171] Vitorino Nemésio – *Mau Tempo no Canal.*

devem tomar, uma vez cada anno, um banho de infusão de casca de faia (Myrica faya). Em uma dorna grande ajunta-se a casca d'aquella essencia, cortada em pequenos bocados, e lança-se sobre ella agoa a ferver. Assim se deixa estar, sem se lhe mecher, durante quatro ou cinco dias, findos os quais, e por sua vez mettida na dorna a rêde, que, depois de bem encharcada, se tira, e estende a seccar. Ao fim de dois dias está secca, e com um tom de tijolo escuro, que é conveniente para não afugentar o peixe[2172].

Tanaz, *n.f.* Tenaz, sua corruptela por assimilação[Fl,Sj]. Nota: Tenaz deriva do lat. *tenāce-*, que segura.

Tanco, *n.m.* Tanque, sua corruptela[T]: *O tal Visconde ainda fez lá uns tancos, encanou águas para aqueles tancos!*[2173].

Tanho, 1. *n.m.* Divisória de cana entrelaçada antigamente utilizada para dividir a casa rural, substituindo o tabique[SM]. Ver também *esteira*. Nota: Antigamente dava-se o mesmo nome a um assento de tábua e a uma esteira (CF). **2.** *n.m.* Caixa de zinco destinada a guardar o milho[Fl]. Nota: Antigamente o *tanho* do milho era feito de canas rachadas e entrelaçadas, tendo o nome sido adoptado para designar a vasilha de zinco modernamente usada.

Tanjão, *adj.* Estúpido; idiota; parvo (de *tanger* + *-ão*)[P]. No Continente, o povo dá esse nome a um indivíduo muito preguiçoso, que não gosta de mover palha.

Tangerino, *adj.* Diz-se de uma variedade de limão – *Citrus arantifolia* –, também chamado *retundo*[G]. Ver também *limão-tangerino*.

Tanoar, *v.* Bater (de *tanoa* + *-ar*).

Tanque da barsa, *n.m.* Salgadeira feita de cimento para salgar e conservar a carne do porco durante o ano (barsa, corruptela de *balsa*)[C].

[2172] Armando Silva – *Ethnographia Açoriana.*

[2173] J. H. Borges Martins – *A Justiça da Noite na Ilha Terceira.*

Tanque terreiro, *n.m.* Tanque não cimentado[SM].

Tânsela, *n.f.* Amígdala (do am. *tonsil*): – *O médeco disse qu' aquilho já nã tinha tafulho só com comprimidos – qu' o melhó era tirar-l'as tãnselas cá pra fora!* Var.: *Tansa.*

Tanto, *adv.* O m.q. tão: – *Ele andava tanto bem e de repente foi-s'abaixo das canetas!*; – *Desde que apanhei o gripo tenho oivido tanto mal!* Do *Romance da Silvana*, transcreve-se: *Tanto cego estava o pae, / Cuidava que era a filha [...]*[2174]. E do 'Romance' *Conde da Alemanha*: – *O diano te leve, filho, / mai lo leite que mamastes, / que um conde tanto belo / que a morte lhe causaste*[2175]. *Uma festa que se fez aqui esta noite que foi uma coisa tanto linda*[2176].

Nota: O adjectivo 'tanto', tal como o adjectivo 'muito', quando antecede a palavra 'ano', às vezes não assume o plural, como se mostra na frase seguinte, retirada de poema de Pedro da Silveira: – *Isso foi há tanto ano, / dantes do navio do açucre...* Muito frequente na linguagem popular.

Tãobem, *adv. e conj.* Também. Esta f. arcaica, embora ouvida em todas as ilhas, é muito frequente em S. Miguel. *Luiz de Lemos, que tãobem morreo solteiro, em 23 de Fevereiro de 1659; fallecendo em hum naufragio[...] morrendo tãobem, com elle, hum seu escravo [...]*[2177].

Tapa, *n.f.* O m.q. tampa (deriv. regr. de *tapar*)[F,Sj]: *Minha avó de lá de riba, / Tem uma tapa na barriga, / Quando chove toca nela, / Passa cão vem cá cadela*[2178].

Tapação, *n.f.* Falta de ar; asfixia (de *tapar* + *-ção*): – *Antão, ó depois qu'apanhei a peito-*

[2174] Do *Romance da Silvana*, recolhido em S. Jorge.

[2175] Manuel da Costa Fontes – *Romanceiro da Ilha de S. Jorge.*

[2176] J. H. Borges Martins – *Crenças Populares da Ilha Terceira I.*

[2177] Francisco Garcia do Rosário – *Memória genealógica das famílias faialenses.*

[2178] Rima infantil bem conhecida nas ilhas dos Açores.

gueira, é sempre uma tapação filha-da-mãe que nã me deixa im paz!

Tapada, (part. pas. fem. subst. de *tapar*) **1.** *n.f.* Também chamada *foro*, é uma pastagem do *Mato*, resultante da divisão do baldio, vedada por parede ou sebe de hortênsias, pertença das Câmaras Municipais, adquirida em regime de arrendamento anual[F]. Na Terceira é chamada *tapado*. **2.** *n.f.* Terreno vedado, normalmente destinado a pomar[SM].

Tapado, *n.m.* O m.q. *Tapada* 1[T].

Tapadoira, (de *tapar* + *-doira*) **1.** *n.f.* Tampa de ferro com que se tapa a boca do forno[Fl]. **2.** *n.f.* Porta de vime que fecha a parte de trás da sebe do carro de bois, também chamada *cancela de trás*[Fl]. Em S. Jorge chamavam-lhe *sevete* – dim. de *seve*.

Tapar, *v.* Abaixar e atar as varas da vinha[SM]; o m.q. *abater*.

Tapona *(pô)*, *n.f.* O m.q. bofetada, mas bem dada (de *tapa* [bofetada] + *-ona*)[F]. CF regista-o como pop. com o significado de pontapé, sopapo, pancada. Na Madeira também se usa com o significado de bofetada.

Tapume, *n.m.* Divisória entre duas terras feita de hortênsias, canas ou silvas[SM]; o m.q. *combro* 2 (do rad. de *tapar* + *-ume*).

Tara, *n.f.* Cada uma das peças semicirculares de madeira que são colocadas sobre o bagaço quando este vai ser prensado (do ár. vulg. *tárah*, parte do peso que se abate)[SM].

Taralhão, *adj.* Que fala atabalhoadamente[T].

Taralhouco, *adj.* Parcialmente demente, geralmente pela idade, trocando as ideias; o m.q. *tarouco* e *trabouco* (de *tara* + *louco*, com palat. do [l])[F]: – *Ti José Arseno está mun taralhouco, já nã diz coisa cum coisa!*

Taralhoz, 1. *adj.* Desajeitado. **2.** *adj.* Diz-se do indivíduo que não pronuncia bem as palavras[Sj].

Tardechinha, dim. de tarde; tardezinha[Fl]: – *À tardechinha é que é bom pra apanhar lulas e fazer um bom corrico!*

Tarde, do, *exp.* O m.q. serôdio; já fora do tempo[F]. Diz-se por exemplo *batatas do tarde, baleias do tarde, milho do tarde...*

Tarde de toiros, *exp.* Tarde em que há uma tourada à corda[T]: – *É'me, aquela gente da Terceira é malina prás touradas... No Verão chega a haver duas e três tardes de toiros por dia em freguesias diferentes!*

Tardinheiro, *adj.* Serôdeo, que vem depois do tempo próprio, geralmente falando-se de frutos (de *tardo* + *-inheiro* < *-inho* + *-eiro*)[Sj].

Tareado, *adj.* Com o peso igualmente dividido entre os dois lados, falando de uma carga dupla (part. pas. de *tarear*).

Tarear, *v.* Dividir uma carga para ficar com um peso igual em ambos os lados (de *tara* + *-ear*): *Para «tarear o remo», como os pescadores michaelenses dizem, prega-se-lhe, muito próximo do punho, um bocado de madeira, que se chama sobrepôsto, e em virtude do qual fica o remo quasi em equilíbrio*[2179]. Tarear é termo também usado no Minho e foi levado para o Brasil.

Tarecos, *n.m. pl.* Brinquedos. É sempre usado no plural[Fl]: – *O menino espalha os tarecos pela casa toda, ache-lá!*

Tarelo *(è)*, *adj. e n.m.* Tagarela (deriv. regr. de *tarelar*)[SM]. Usado em certas regiões do Cont. com o mesmo significado.

Tarelo *(ê)*, *n.m.* Juízo; tino: *Toma tarelo:* apanha juízo; *não tens tarelo nenhum:* não tens juízo nenhum[SM,T]: – *Vê se me calas essa boca, mulher. Tem um bocado de tarelo na cabeça e porte na língua, anda*[2180]. *[...] não lhe revelo o nome, acredito-o, é pessoa de tarelo [...]*[2181].

Taro, *n.m.* O m.q. inhame (do am. *taro*)[P].

Taroco, (de *toro* + *-oco*, com dissimilação) **1.** *n.m.* Bocado de madeira; troço[F]. **2.** *n.m. fig.* Homem baixo e gordo[F]. Nota: No Algarve dá-se o mesmo nome ao pé do milho depois de retiradas as maçarocas.

2179 Armando Silva – *Ethnographia Açoriana.*

2180 João de Melo – *Gente Feliz com Lágrimas.*

2181 Dias de Melo – *Vida Vivida em Terras de Baleeiros.*

Tarola, 1. *n.f.* Tambor usado nas festividades do Espírito Santo, de pequena altura e de timbre mais agreste do que o do tambor normal, tendo várias cordas de fio rijo colocadas em contacto com a pele inferior, responsáveis por esse timbre quando vibram em contacto com ela[F,SM]. **2.** *n.f.* Calçado feito artesanalmente, tendo uma sola de madeira rija com uma estreita faixa transversal de couro ou de tecido grosso onde enfia o pé[SM]: *Á sinhô, as tarolas, intigamente, era um calçado de luxo que as mulheres levavim à missa e as raparigas levavim pra namorar, não erim com'as galochas que serviam mais pro trabalho! Intigamente era assim, hoje 'tá tudo rico, já não há pé descalço!*

Tarouco, *adj.* Diz-se do indivíduo com demência senil e, por ext., todo aquele que é falho de memória (de *tara* + *louco*, com síncope): *Foi-se-lhe há muito a mãe (coitadinha! tarouca...)*[2182]. É termo também muito usado no Alentejo, onde também se diz 'estaroucado', 'destaroucado' e 'tramouco'[2183]. Usa-se também na Galiza com o mesmo significado.

Tarrabuzada, (de orig. expres.) **1.** *n.f.* Balbúrdia; desordem; espalhafato[SM]. **2.** *n.f.* Grande quantidade[SM]: – *Aquilho foi cá uma tarrabuzada de chicharro!*

Tarraçada, *n.f.* Barulho intenso (de *tarraço* + *-ada*)[Sj,T]: *Por fim, eles faziam era tarraçadas! Gente do copo como alguns que havia aí [...]*[2184]; *Se eu fosse o santo que manda o vento [...] / Eu fazia uma tarraçada medonha... / Eu arrancava os mastros, tascas [...]*[2185]. Cp.: Na linguagem pop. do Cont. 'tarraçada' significa grande quantidade de bebida.

Tarraço, (de *tarro* + *-aço*) **1.** *n.m.* Coisa sem valor. **2.** *n.m. fig.* Alcoólico. Bêbado como um tarraço: a cair de bêbedo; beber como um tarraço: ser um bebedolas. Na Madeira também se se dá este nome a um alcoólico. **3.** *n.m. pej.* Alcunha atribuída ao natural do Faial.

Fig. 11. – Tarrafa (no acto de ser puchada)

Desenho de Augusto Cabral

Tarrafa, *n.f.* Rede de pesca de arremesso antigamente muito usada nos locais onde o peixe está mais ou menos concentrado e, idealmente, parcialmente limitado por margens (do ár. *tarráha*, rede arrojadiça): *A tarrafa açoriana [...] é bastante diferente do apparelho do mesmo nome usado como rêde de cerco volante na pesca da sardinha no Porto e nas enseadas de Entre Cabos da Rocha e Espichel e de Setubal, mas é semelhante à tarrafa usada no rio Guadiana, nas proximidades de Mertola, onde, de resto, existem poucas e se usam raramente. Nos Açores é uma rêde de forma circular, tendo 2,5 a 3 metros. Em toda a volta da circumferencia, e a distancias de palmo, estão ligados uns pequenos chumbos, que, procurando a vertical logo que a rêde cahe na agoa. obrigam a fechar-se todo o apparelho. tomando então aspecto de um cone, cujo vertice está preso a um cordel de 8 a 10 millimetros de diametro, cuja extremidade fica em poder do pescador. A sua malha é de meia pollegada de lado e o seu fio de 1 a 1 1*$^{1/2}$ *milli-*

2182 Vitorino Nemésio – *Corsário das Ilhas.*

2183 Vítor Barros e Lourivaldo Guerreiro – *Dicionário de Falares do Alentejo.*

2184 J. H. Borges Martins – *A Justiça da Noite na Ilha Terceira.*

2185 Do bailinho carnavalesco *Os Santos Populares*, de Hélio Costa.

metro de diametro[2186]. Por levar várias chumbadas à sua volta, em alguns lugares do Continente é chamada 'chumbeira'.

Tarramotada, *n.f.* Grande barulho (de *terramoto* + *-ada*, com assimil.).

Tarrear, *v.* Ficar a terra nua, sem vegetação[F]; o m.q. *tarrejar*. Nas Flores diz o provérbio: *Em Janeiro sobe ao oiteiro; se vires verdejar, põe-te a chorar; se vires tarrear, põe-te a cantar.*

Tarrejar, *v.* O m.q. *tarrear*[T]. Na Terceira reza o provérbio: *Em Janeiro, sobe ao outeiro; se vires verdejar, põe-te a chorar; se vires tarrejar, põe-te a cantar*[2187].

Tarriar, 1. *v.* Brincar, mas deixando tudo desarrumado (em relação a crianças)[F]. **2.** *v.* Labutar arduamente sem nada conseguir fazer (em relação a adultos)[F].

Tarro, 1. *n.m.* No Corvo chamava-se tarro ao casco das cabaças[2188]. **2.** *n.m.* Recipiente de boca larga, feito de folha de flandres, destinado a aparar o leite da ordenha[Sj,T] – nalgumas ilhas chamam-lhe apenas lata do leite. **3.** *n.m.* No Corvo também se chamava *tarro* ao recipiente que era utilizado para impedir que os animais sujassem os cereais no trabalho na eira. Provérbio: *Água de barro e leite de tarro*[2189]. *Um tarro velho:* uma coisa velha sem valor.

Tasca, n.f. Lugar improvisado onde se vendem petiscos e bebidas nas festas e nas touradas à corda (deriv. regr. de *tascar*). Falando das tascas das touradas à corda, João Ilhéu escreve[2190]: *Reduzem-se quase todas a um coberto de lonas ou faias verdes, sob o qual corre um tosco balcão feito de tábuas apoiadas sobre cavaletes ou uma comprida mesa de pinho, sem qualquer cobertura, onde os canjirões abundam, de mistura com os pratos e tigelas contendo variados acepipes, tais como chicharros fritos com molho de vinagre e salsa picadinha, favas escoadas com alho e malagueta [...].*

Tasquinhar, (de *tasca* + *-inhar*) **1.** *v.* O m.q. petiscar[T]. **2.** *v. fig.* Bater com frequência[Sj,T]. Na Galiza também se usa com o significado de petiscar.

Tassalha, *n.f.* Boneca grande, de trapos[SM].

Tassalho, 1. *n.m.* Toucinho do porco[C,SM]. **2.** *n.m.* Toucinho de porco de fraca qualidade[SM]. **3.** *n.m.* Indivíduo apalermado[C,SM]: *[...] de pé descalço e ranho no nariz, as tassalhas [...] E a outra tassalha? Cheia de peneiras e canutilhos*[2191]. **4.** *n.m.* Pedaço grande. Também é empregado em relação a pessoas: *Um tassalho d'home* é um grande homem. **5.** *n.m.* Indivíduo sem jeito para nada. *Levar de tassalho:* levar debaixo do braço, como uma trouxa[T]. Nota: O termo *tassalho* é de orig. contrv., havendo quem proponha como étimo o termo cast. *tasajo*, por sua vez também de orig. duvidosa; na Galiza usam-se os termos 'tasallo' e 'tassalho' com o significado de pedaço grande de carne e de pedaço de carne seca e salgada ou defumada[2192]. Cp.: No Alentejo, com o significado de bocado, pedaço, usa-se o termo 'tarsalho'[2193].

'Tás-te criando, *exp.* Expressão usada no sentido de 'ainda és novo'[F]: – *Tu dizes que já és velho! Home, tu 'tás-te criando!*

Tatou, *n.m.* Desgraçado; toleirão; Zé-ninguém (de orig. expres.)[F].

Tazinador, *adj.* Maçador (de *{tazinar}* + *-dor*)[SM].

Tazinar, *v.* Aborrecer; maçar (corrupt. de *atazanar*)[SM].

2186 Armando Silva – *Ethnographia Açoriana.*

2187 Armando Cortes-Rodrigues – *Adagiário Popular Açoriano.*

2188 Antigamente, a gente servia-se das cabaças para o transporte do leite; tarro, no Cont., entre outros, significa o recipiente de recolha do leite na ordenha.

2189 Água de barro pelo facto de o barro deixar evaporar a água da sua superfície exterior e assim arrefecer a vasilha. Dizia-se também que o leite da cabaça era mais saboroso do que o trazido noutra espécie de vasilha.

2190 João Ilhéu – *Notas Etnográficas.*

2191 Manuel Ferreira – *O Morro e o Gigante.*

2192 Isaac Alonso Estravís – *Dicionário da Língua Galega.*

2193 Vítor Barros e Lourivaldo Guerreiro – *Dicionário de Falares do Alentejo.*

Tazinice, *n.f.* O m.q. traquinice (de *{tazinar}* + *-ice*)[SM].

Tch, *interj.* Maneira de chamar os cães, dito repetidamente[Fl]: – *Tch! Tch! Tch!*

Tchica, *n.f.* Frango; galinha (do am. *chicken*): – *Tchica é o caqui se alomeia por galinha: lá é tchica!*[2194]. *É calafonismo.*

Té, *prep.* Afér. de *até*[T]: – *Vai-s'andando por'i té que Dês queira!* Nota: Esta f. aferética de [até] poder-se-á considerar um arcaísmo. Antigamente grafava-se com a f. [thé]: *Animado nos memoraueis Sucessos da Ilha Terçeira desde o anno de 1500 thé o de 1600; [...] Chegaram as galés á terra sem serem vistas, que thé na despozicão das sentinelas essenciais, se ouue o Conde, como quem nenhũa experienca tinha da guerra*[2195]. Quadra popular açoriana: *Té os moiros da moirama / Festejam o S. João / Com violas e pandeiros / E canas verdes na mão.*

Té qui, *loc. adv.* Até aqui: – *Home nã me custou nada a distança, ei vim té qui, uns bocados a andar e oitros a pé...*

Antigo Teatro do Espírito Santo (L. de Ataíde)

Teatro, 1. *n.m.* O m.q. *copeira*[Sj]. **2.** *n.m.* O m.q. *Império.* O Padre Joaquim Real descreve assim o Teatro de Santa Maria: *Pequeno e simples alpendre onde se distribui o pão da mesa e a rosca. Alguns imperios não tem este alpendre mas sim um chamado Theatro, movel, de madeira que só serve no dia da funcção e que, acabada esta se desarma*[2196]. Em todas as ilhas os *Teatros* ou *Impérios* eram, no início do povoamento, feitos de madeira e desmontáveis, só montados na altura das festas do Espírito Santo. Só a partir de meados do séc. XIX começaram a ser construídos em alvenaria, com a ajuda da riqueza trazida pelos emigrantes.

Tecelhão, *adj.* Que gosta de meter à bulha (de *{tecer}* + *-lhão*)[T].

Tecer, *v.* Meter à bulha; provocar (ext. de *tecer*)[Sj,T].

Tecto de masseira, *n.m.* Tecto, quase sempre feito de madeira, constituído por cinco secções planas, quatro delas com a forma de trapézio isósceles, acompanhando a inclinação das águas do telhado, a quinta, rectangular, fazendo o remate superior horizontal. O nome vem-lhe da sua semelhança com a masseira de amassar o pão, invertida, claro[T].

Tecto, *n.m.* O m.q. telhado, as telhas mesmo[C,F]: – *O tecto da minha casa está mesmo precisando de ser retelhado!*

Teia-cheia, *n.f.* Variedade de ponto usado pelas tecedeiras[T].

Teixão, *n.m.* Cada uma das varas que servem de apoio para tecer a sebe de vimes do carro de bois[T]. O pl. é *teixães*[T].

Tejolo, *n.m.* Variedade de bolo feito no Pico por altura das festas do Espírito Santo. Também lhe chamam *bolo.*

Telefono, *n.m.* Telefone. Fazer telefono: telefonar (infl. da língua americana)[Fl]. Ver *talafone.*

Telha, *n.f.* Ver *bica.*

2194 Urbano de Mendonça Dias – *"O Mr. Jó"*

2195 P.e Manuel Luís Maldonado – *Fenix Angrence.*

2196 Padre Joaquim Chaves Real – *Espírito Santo na Ilha de Santa Maria.*

Telhado-de-tesoura, *n.m.* "Tecto formado por grossas traves (tirantes) apoiadas sobre as paredes, pelos barrotes (pernas de asna) unidos no cume, entre os quais se prega uma régua de madeira (livél)"[2197].
Telhão, *n.m.* Telha de tamanho superior às normais, usado para cobrir os cumes do telhado (de *telha* + *-ão*)[F].
Telhudo, *adj. fig.* Complicado; difícil (de *telha* + *-udo*)[Sj]: *Uma coisa telhuda*: uma coisa difícil.
Tem mão, *loc. interjec.* Maneira de chamar os animais domésticos, ao mesmo tempo que se lhes estende a mão[P].
Tempero, *n.m.* Alavanca que, no moinho de vento, baixa a pedra de cima, aproximando-a ou afastando-a da de baixo para permitir graduar a espessura da farinha (deriv. regr. de *temperar*)[Fl].
Tempo dos Impérios, *n.m.* Período de tempo consagrado aos *Impérios* do Espírito Santo[StM], evocando também, nas verbalizações das pessoas, uma fase demarcada do ciclo anual, onde são efectuadas as arrumações, as limpezas e a caiação das casas, o regresso do gado às pastagens, etc.[2198].
Tempo maeto, Ver *maeto*.
Temprano, *adv.* Cedo; antes do tempo próprio; o m.q. temporão (do lat. *temporanu-*)[2199].
Tempre, *n.f.* O m.q. trempe, cua corrupt. por metátese[Sj].
Tem-te mão, *loc. interjec.* O m.q. acautela-te! Toma cuidado![T]: – *Esse toiro não é de confiança, tem-te mão!*
Tem-te nã caias, *exp.* O m.q. estar em más condições de segurança, indeciso[SM,T]: *Aquela parede está tem-te nã caias*. Também é dito: *Tem-te Maria nã caias*[T].

2197 Definição de Luís da Silva Ribeiro.
2198 João Leal – *As Festas do Espírito Santo nos Açores*.
2199 Termo nunca ouvido nas restantes ilhas, registado por Isabel Pereira da Costa – *Santa Maria – Açores – Um Estudo Dialectal*. Não é de uso comum em Portugal ou na Galiza, sendo usado no resto de Espanha.

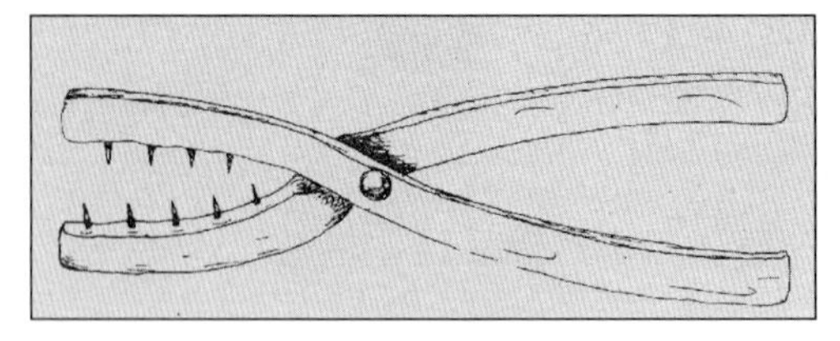

Tenazes (Desenho de Fátima Baptista)

Tenazes, *n.f. pl.* Tenaz, sua corruptela (tenaz, do lat. *tenāce-*, que segura). Instrumento feito de madeira, com duas peças articuladas por um eixo, tal como uma tesoura, cuja parte interior é munida de fortes dentes em ferro (*pregos de trave*), destinada a agarrar o peixe graúdo quando chegado à borda das embarcações[F].
Tença, *n.f.* Gratificação; recompensa (do lat. *tenentĭa*): *Eu dava uma grande tença / A quem me descobrisse / Remédio para esta doença / Para a saúde da condensa / Dava o quanto me pedisse*[2200].
Tenda, (do lat. tard. *tenda-*, barraca) **1.** *n.f.* Oficina de vários ofícios: a *tenda* do barbeiro, do ferreiro, do marceneiro, do sapateiro, etc. CF regista-o neste sentido como açorianismo e brasileirismo, com o significado de oficina de ferreiro. Contudo, E. Gonçalves regista-o com o mesmo significado no falar algarvio. **2.** *n.f.* O m.q. questão[T]: – *Tiveram os dois uma tenda e nunca mais falarim um com o outro!*
Tendal, (de *tenda* + *-al*) **1.** *n.m.* Toalha sobre a qual se põe o pão acabado de tender, antes de ir para o forno. **2.** *n.m.* Local onde jaz o corpo antes de ser enterrado (ext. de *tendal*)[F]. Cp.: CF num dos seus vários significados define-o como "grande quantidade de gente ou de animais mortos".
Tenente, *n.m.* Homem a quem a mulher é infiel (JPM). Também usado em Trás-os-Montes com o mesmo significado.

2200 *Imperatriz Porcina* – Comédia *enversada* por José Ignacio Farias.

Tenica, *n.f.* Briga; zanga[SM]: – *Ele e a mulher estão sempre naquela tenica desgraçada, valh'os Dês!*

Tenir, *v.* Tinir, sua f. arcaica: *[...] sentiram um reboliço medonho de correntes a tenir pela ribeira acima*[2201].

Tenor, *n.m.* Grande vaso de barro[SM] (do lat. *tenor*, de *tenēre*, conter)[2202]. Com este significado é arcaísmo conservado na região – Garcia Resende[2203] escreve: *Bebe mais çumo de vinha / do que leva hu tenor.* Fernão Mendes Pinto regista-o com o mesmo significado em *Peregrinação*. Termo usado no Alentejo com o mesmo significado[2204]. Em S. Miguel, a um vaso também se chama *teúdo* (teúdo, part. pas. de *teer*, ter, conter).

Tentadero, *n.m.* O m.q. tentadeiro, lugar murado destinado à festa brava (do cast. *tentadero*)[T].

Tentador, *n.m.* Aten. de Diabo[F].

Tenteado, *adj.* Nem bem nem mal; o m.q. *assim-assim* (part. pas. de *tentear*)[T]: – *Com'é que tens passado?, – Home..., tenteado, nã venha a pior!*

Tentear, *v.* Ajustar; igualar; moderar; proceder com cautela (de *tento* + *-ear*)[T]: *O preço está tenteado; estou-me tenteando para não gastar mais; tenteia-te home!* *Tentear, pra nã ficar mal*: acautelar-se para não sofrer consequências desagradáveis[T].

Tentilhão, *n.m.* Pequena ave, subespécie endémica dos Açores, cientificamente denominada *Fringilla coelebs moreletti*. Diferencia-se da espécie continental portuguesa por apresentar uma plumagem mais esbatida, uma mancha verde-azeitona no dorso e um tamanho mais reduzido. O tentilhão apresenta uma vasta área de distribuição na Europa. Na Macaronésia apresenta 5 subespécies endémicas, 3 no arquipélago das Canárias, 1 na Madeira (*Frigilla coelebs madeirensis*) e 1 nos Açores. Nas Canárias há ainda um tentilhão endémico (*Fringilla teydea*).

Tepe, *n.f.* Torneira (do am. *tap*) : *O Lexandrino quis por força tirar o retrato lavando as mãos pra vocês ficarem cientes que a gente aqui na Amerca não precisamos de aquecer a água ela já sai e de esguicho pela tepe fora*[2205].

Téques, *n.m. pl.* Contribuições; impostos; taxas (do am. *tax*): – *A gente lá na Amerca paga os téques e nã bufa! É calafonismo.*

Ter, *v.* O verbo ter é empregado inúmeras vezes com o sentido de estar ou haver[T]: *tinha ali dois barcos e agora já não tem nenhum; tem ali um rapaz à esquina.* Borges Martins regista-o repetidas vezes na voz dos seus entrevistados: *Tinha aqui uma criança de meses que não se criava bem*[2206].

Ter a cabeça defeituosa, *exp. fig.* Ter sido traído pela mulher; ter um grande par de cornos[T]: *Olha... com estas cenas monstruosas, / Que cada vez há mais maridos / Com as cabeças defeituosas*[2207].

Ter a casa cheia, 1. *exp.* Nas Flores, quando regressam os estudantes de fora da ilha, ou quando outros familiares regressam ao lar, nomeadamente os que estão na América, costuma-se dizer: *Isto é que é uma casa cheia!* ou, *Ó sr. fulano, tem a sua casa cheia!* ou ainda, *Engraçado, tem agora a casa cheia!*[2208]. **2.** *exp.* Diz-se daqueles que vivem bem ou na opulência[T].

Ter a casa pelos mais altos, *exp.* Ter a casa muito desarrumada[Sj].

Ter a hora cheia, *exp.* Ter os dias contados[Sj].

Ter a língua destravada, *exp.* Falar muito, às vezes sem medir bem as consequências das palavras[F].

2201 J. H. Borges Martins – *Crenças Populares da Ilha Terceira II.*

2202 Recorde-se que muitos dos nomes dados aos objectos resultam da sua qualidade de maior importância.

2203 Garcia Resende – *Cancioneiro Geral.*

2204 Vítor Barros e Lourivaldo Guerreiro – *Dicionário de Falares do Alentejo.*

2205 Cristóvão de Aguiar – *Raiz Comovida.*

2206 J. H. Borges Martins – *Crenças Populares da Ilha Terceira II.*

2207 Do bailinho carnavalesco *Os Excesso na Terceira*, de Hélio Costa.

2208 *Engraçado*, no sentido de afortunado.

Ter anos como pés, *exp.* Em São Miguel diz-se que o porco está bom para se matar quando tem quatro anos, na expressão: *O porco para ser saboroso tem que ter anos como pés.*

Ter assopros de baleia, *exp. fig.* Enfurecer-se[T].

Ter bicho-carpinteiro, *exp.* Estar muito irrequieto, tratando-se geralmente de uma criança: – *Maus raios os partam! Estupores que nunca estão quietos um minuto d'hora! Têm bicho-carpinteiro, estes diabinhos dos cornos!*[2209]. Também se usam as expressões *ter bicho-carpinteiro no corpo* e *ter bicho-carpinteiro no rabo.*

Terça, *n.f.* Terça parte dos bens dos progenitores atribuída ao filho que continue a viver com eles[C]. Nota: Devido ao êxodo provocado pela emigração, actualmente a *terça* é reservada a quem ficar a viver com o casal idoso, mesmo não sendo familiar.

Ter casas vazias, *exp. fig.* Diz-se daquele que dá mostras de ser maníaco, doido[T].

Ter cegueiras, *exp.* O m.q. ter vertigens[C]: – *Á mulher, d'há uns tempos pra cá, a modos cando estou estindendo a roupa, ao virar do pescoço, tenho cegueiras que quase m'amasso no chão!*

Terceira, *n.f.* Moda de *balho* do folclore da Graciosa: *A Terceira é boa terra, / Dá de comer a quem passa; / A quem não trouxer dinheiro / Água não lhe dão de graça.*

Ter dente de defunto, *exp.* Diz-se do negócio que se confronta com inúmeras dificuldades[SM]. Var.: *Ter osso de defunto.* Segundo Leite de Ataíde, a expressão filia-se nas feitiçarias do séc. XVI, em que eram usados dentes de defunto.

Ter em cada canto um Esprito Santo, *exp. fig.* Diz-se do rapaz que é leviano e tem várias namoradas ao mesmo tempo[T].

Ter Esprito Santo de orelha, *exp.* Encontrar quem diga as coisas por linhas travessas.

Terlica, *n.f.* Espécie de sandália com sola de madeira[Sj].

Ter má fundo, *exp.* Ser de maus fundos.

Ter mão em si, *exp.* Ser prudente; ter cautela.

Ter medo que se finar, *exp.* Ter muitíssimo medo: *Ela nunca o contrariava, porque tinha medo dele que se finava*[2210].

Ter muita balbúrdia na cabeça, *exp.* Estar confuso, p.ex., após uma noite de insónia[F].

Ter muita proa, *exp.* Ser emproado, soberbo[F].

Ter o Diabo no coiro, *exp.* Diz-se da pessoa que faz tropelias. Expressão também utilizada na Madeira.

Ter olhos de cobranto, *exp.* Ter capacidade de produzir quebranto numa pessoa.

Ter o Senhor Esprito Santo em casa, *exp.* Ter a *Coroa* e as outras insígnias do Espírito Santo em casa, geralmente durante uma semana.

Ter osso de defunto, *exp.* O m.q. *ter dente de defunto.*

Ter paranhos no tecto, *exp.* O m.q. ter manias na cabeça.

Ter pé, *exp.* Emprega-se a expressão para designar a profundidade da água em que se nada, significando que se toca com os pés no fundo com a cabeça de fora[F]. O m.q. *tomar pé.*

Ter tabaco no umbigo. *exp.* Ser inexperiente, muito jovem, como as crianças muito pequenas que apresentam resíduos escuros no umbigo[F,T]: – *O que fazes aqui? Ainda tens tabaco no umbigo*[2211].

Ter uma racha na cabeça, *exp.* Antigamente, na Terceira, a noiva, desde que era *apregoada* para casar, trazia sempre um lenço na cabeça. Em certas freguesias da Ilha acreditava-se que a razão deste costume era o facto de ela ter uma racha na cabeça que só sarava no dia do casamento!

2209 Manuel Ferreira – *O Barco e o Sonho.*

2210 J. H. Borges Martins – *Crenças Populares da Ilha Terceira II.*

2211 Carlos Enes – *Terra do Bravo.*

Ter uma sombra encostada, *exp.* Estar possuído por espíritos maus[T].
Ter um flato, *exp.* Ter vertigens; o m.q. *ter cegueiras*[C].
Ter um vago, *exp.* O m.q. ter um desmaio ou uma vertigem[C].
Ter vício de boca, *exp.* Ter o hábito de fumar mas sem inalar profundamente o fumo do tabaco; o m.q. fumar sem *tragar*[F].
Ter vida de Folião, *exp.* O m.q. 'viver à grande e à francesa'[T].
Terçol, 1. *n.m.* Fruto não desenvolvido. **2.** *n.m.* Filho que nasceu já depois dos pais terem uma certa idade[T]. **3.** *n.m.* Último filho de uma ninhada[P,SM,T]. Em certas regiões do país chamam-lhe 'benjamim' e 'caçula'.
Terminado, *adj.* Diz-se daquele que sabe governar a vida; *arrematado*; o m.q. determinado, sua f. aferética[Sj]: – *A Elsa é uma rapariga terminada que consola a ver, com a casa sempre asseadíssima!*
Terminar, *v.* Determinar; governar; orientar: *Mandei fazer um relógio / Do casco d'um caranguejo / Pra terminar os minutos / Do tempo que não te vejo*[2212]; *Vamos embora que esta gente quer-se terminar...*[2213]. Moisés Pires regista-o com o mesmo significado nos falares de Miranda.
Terminos, *n.m. pl.* Apetrechos; objectos de trabalho; utensílios: *[...] da amassaria, onde eu tinha, e ali estão para quem os quiser ver, os meus terminos*[2214]; *[...] se não fossem as sueras, os alvarozes e outros terminos, que cheiravam que consolava a coisas da América*[2215].
Términos, *n.m. pl.* Afazeres, trabalhos para terminar: – *Ó home, acaba os teus términos e vem cear!*
Terra, *n.f.* Terreno lavradio ou de pastagem; relva[F]: – *Comprei uma terra p'ás bandas das Canadinhas e, ao depois de a amançar, vai dar uma bela relva!*[2216].
Terra à vista, *loc. interjec.* Exclamação antiga, usada quando, por exemplo, o doente atacado de moléstia grave transpunha o momento culminante de perigo[2217].
Terra das malvas, *n.f.* O m.q. *terra do funcho*[Fl].
Terra de pão, *n.f.* Terreno destinado à cultura do trigo[C].
Terra de recosta, *n.f.* Nome que no Faial se dá a uma terra muito inclinada. Quando é inclinada e tem muita lenha dão-lhe o nome de *ladeira.*
Terra de relva, *n.f.* O m.q. pastagem[C].
Terra devassa, *n.f.* Terra sem vedação, aberta ao caminho[T].
Terra do bravo, *n.f.* Um dos apelidos da Ilha Terceira: *Eu fui à terra do bravo / Para ver se embravecia, / Quis bem a quem me quer mal, / Quis bem a quem não me queria*[2218].
Terra do funcho, *n.f.* O m.q. cemitério[Fl]; o m.q. *çarrado do funcho.*
Terra dos buxos, *n.f.* O m.q. *terra do funcho*[Fl].
Terra dos pés juntos, *n.f.* Cemitério: No Rio Grande do Sul chamam-lhe 'irmandade dos pés juntos'. *[...] era de um home ir encomendando com certa antecedência a alma ao Criador, porque o que tinha de mais certo era seguir depois no endireito da terra dos pés juntos*[2219].
Terra lavradia, *n.f.* Terreno situado no litoral das ilhas, com boa qualidade para a agricultura.
Terramoto, *n.m.* O m.q. relâmpago[Sj].
Terra pobre, *n.f.* Nome que antigamente se dava à terra não cultivável, destinada apenas aos rebanhos de ovelhas. Falando do início do povoamento da Terceira e referindo-se às *dadas* atribuídas aos lavra-

[2212] Quadra do folclore recolhida pelo Autor na Ilha das Flores.
[2213] Manuel Ferreira – *O Barco e o Sonho.*
[2214] Cristóvão de Aguiar – *Um Grito em Chamas.*
[2215] Cristóvão de Aguiar – *Raiz Comovida.*
[2216] Relva: o m.q. pastagem.
[2217] Luís Bernardo Leite de Ataíde – *Etnografia Arte e Vida Antiga dos Açores.*
[2218] Quadra do folclore terceirense.
[2219] Cristóvão de Aguiar – *Raiz Comovida.*

dores, João Ilhéu escreve[2220]: *A cada qual era distribuída determinada área de terreno, uma parte destinada a culturas, outra para matas, e uma terceira, constituída pelas chamadas «terras pobres», reservada a pascigo de rebanhos.*

Terraceira, (de *terra* + <-s-> + *-eira*) *n.f.* O m.q. poeirada[SM,T]: – *C'm' àquilho ' tá tudo ainda im terra batida, quando passa um automóvle é uma terraceira d'um home nim podê respirá!*

Terral, (de *terra* + *-al*) **1.** *adj.* Vindo dos lados da terra, falando do vento[F,P,SM]. **2.** *n.m.* Vento que sopra da banda da terra: *Tocado pelo terral brando que caía de cima das rochas altas*[2221]; – *Está quente do forno e não se atreveu a enfrentar o terral da tarde*[2222].

Terraredo, *n.m.* Muitas terras[Fl]: – *Só da parte do pai, aquilho é terraredo que nunca mais acaba!*

Terra solteira, *n.f.* Terra não cultivada[SM].

Terreira, *adj.* Diz-se da casa de um só piso[F,Sj]. Tem este nome pelo facto de as casas de antigamente terem um piso térreo. A de dois pisos é a de *alto-e-baixo.*

Terreiro, (de *terra* + *-eiro*) **1.** *n.m.* Largo; praça de uma povoação. É corrente na toponímia de todas as ilhas. **2.** *n.m.* Centro da casa onde se dançam os *balhos* populares[F]: *Mais devagar Ti' Lopes, assoprou um do terreiro*[2223]. **3.** *adj.* Diz-se de qualquer lugar cujo pavimento é de terra.

Terríbel, *adj.* Terrível, sua corruptela[T]: *Mas o tal Cândido era terríbel pra isso!*[2224]. Var.: *Terrible, terrívle.*

T'esconjuro, *interj.* T'arrenego: – *T'esconjuro, maldito gato, alma do diabo, fedorento!!, que nã tinhas más nada pra botá ao chão que nã fosse a minha linda terrina de loiça da Vilha?!*

Teso, *adj.* Cansado (do lat. *tensu-*)[P].

[2220] João Ilhéu – *Notas Etnográficas.*

[2221] P.e Nunes da Rosa – *Pastorais do Mosteiro.*

[2222] Cristóvão de Aguiar – *Trasfega.*

[2223] P.e Nunes da Rosa – *Pastorais do Mosteiro.*

[2224] J. H. Borges Martins – *A Justiça da Noite na Ilha Terceira.*

Mobula tarapacana (Foto: Ricardo Cordeiro)

Tesoira *(Ti), n.f.* O m.q. Jamanta, manta, ou ujamanta (*Mobula tarapacana*)[2225]. Peixe cartilagíneo, da Família Myliobatidae, com o corpo em forma de disco, semelhante ao das raias mas atingindo muito maior porte[2226]. Sobre ele, inventaram-se muitos mitos, talvez pelo seu grande tamanho, um deles na crença de que atacava as pequenas embarcações marítimas, envolvendo-as com as suas gigantescas abas e transportando-as consigo definitivamente para o fundo do mar. Talvez por isso em algumas ilhas lhe chamem *peixe-diabo.* As *tesoiras* são, contudo, inofensivas. Fazem-se acompanhar das rémoras[2227], juntas ao

[2225] Nos Açores existem 2 espécies de Jamantas: A *Mobula tarapacana,* mais facilmente encontrada nas zonas costeiras e de menor porte (até 3 metros de diâmetro) e a *Manta birostris,* que geralmente habita as zonas oceânicas e chega a atingir cerca de sete metros de envergadura, podendo também ocasionalmente ser vista junto à costa.

[2226] Podem atingir 8 m de envergadura e pesar 3 toneladas.

[2227] As rémoras (*Remora remora*) são peixes que, à medida que vai decorrendo o seu desenvolvimento, a 1.ª barbatana dorsal transforma-se num disco de sucção, que é usado para se fixar a outros peixes de grandes dimensões, tartarugas ou mesmo a navios, vivendo com eles em regime de comensalismo. Alimentam-se de copépodes, parasitas que infestam o seu hospedeiro, e dos seus restos alimentares. Antigamente os marinheiros acreditavam que elas detinham a marcha do navio.

corpo, na sua parte superior, uma de cada lado, e, pelos peixes-piloto (*Naucrates ductor*), nadando por baixo, em maior ou menor número. No Faial, chamam-lhes *marombas* (no Brasil *maromba* quer dizer sardinha grande!). Nas Flores dá-se o nome de *tisoira* à *Mobula tarapacana* pelo facto de, vista de cima da rocha, à distância, a sua parte anterior ao movimentar-se assemelha-se a uma tesoura a abrir e a fechar.

Tesoireiro, (do lat. *thesaurarĭu-*) **1.** *n.m.* Um dos *cabeças* da *Irmandade* que toma conta das receitas e das despesas[F]. **2.** *n.m.* O m.q. sacristão[F,Sj].

Testada, *n.f.* Parte de uma pastagem ou de um *çarrado* que fica adjacente a um caminho (de *testa* + *-ada*)[F]. *Fazer a testada:* limpar a *testada* das ervas daninhas, geralmente silva, *feito* e urze. *Varrer a testada: exp. fig.* O m.q. daí 'lavar as mãos'[T].

Testinha de osso, *n.f.* O m.q. *chapéu de vaca*.

Testo *(ê)*, (do lat. *testu-*) **1.** *n.m.* Cada uma das duas pranchas perpendiculares que ligam as três transversais na *grade de arar* – os *testos* da grade – também chamado *cabeceira*. **2.** *n.m.* Pedaço de louça ou de telha; o m.q. caco. **3.** *n.m.* No Faial chama-se testo ao prato onde come o cão e o gato. **4.** *n.m. fig.* Mulher que se comporta mal, do ponto de vista sexual[SM,T]. **5.** *n.m.* Variedade de biscoito feito na Terceira.

Mijar fora do testo: exp. fig. Abusar; exceder as normas.

Testo *(è)*, *adj.* Enérgico; firme; resoluto (de *testa*, com alt. da vogal temática *-a* para *-o*)[SM].

Testos *(è)*, *n.m. pl.* O m.q. *pratos*[F,StM]. Os *testos* são pequenos pratos de ferro ou de bronze, por vezes de tamanhos diferentes, que os Foliões das Flores e de Santa Maria usam nas festas de Espírito Santo a servir de acompanhamento rítmico, trazidos certamente pelas gentes da Beira-Baixa onde lhes chamavam 'chim-chim'[2228]. Segundo alguns, terão provavelmente uma origem mourisca.

Tetim, *n.m.* Barro vermelho-escuro que aparece em terreno de formação vulcânica[SM].

Teto *(ê)*, *n.m.* Mamilo dos irracionais. É de uso generalizado nos Açores.

Teúdo, *n.m.* O m.q. vaso[SM]. Nota: Teúdo é part. pas. do português antigo *teer,* ter, conter. Ver também *tenor*.

Ti, *n.m.* Tio. Generalizado por todo o país: *Ti João Jacinto da viola...*

Tia, *n.f.* Tratamento familiar, quando se refere a mulher velha, muito frequente na Terceira: *[...] E as tias mais velhinhas / Que nos queiram desculpar. / Para o ano há mais cantigas / Se nos quiserem convidar*[2229].

Tigela, *n.f.* O m.q. *concha*[C].

Tigelada de chicharros, *n.f.* Nome que na Faial se dá um uma espécie de caldeirada feita apenas com chicharros, antigamente feita em tacho de barro coberto com folhas de couve e no forno de lenha.

Tigelar, *v.* Dar forma ao pão com uma tigela antes de o meter no forno (de *tigela* + *-ar*)[SM].

Tigelona, *n.f.* Tigela grande (de *tigela* + *-ona*): – *Tantas saudades tenho de uma tigelona de sopas de pão de milho e leite!*

Tijolo do bolo, *n.m.* Peça feita de barro, de forma circular, com cerca de 40 cm de diâmetro e 4 cm de espessura, circundada por aro de ferro para lhe dar uma maior resistência, assente sobre a trempe ou fixado nas lareiras, destinada a cozer o *bolo* ou a assar peixe, ou torrar favas, depois de aquecido a lenha[F,Fl]. A sua função principal é, contudo, o cozimento do *bolo* que adquire assim o nome de *bolo do tijolo*[F]. *Nas Flores [...] cedo nasceu [...] a produção doméstica de grelhadores de barro, mais conhecidos por 'tijolos de bolo', que vieram substituir a laje de pedra [...]*[2230]. No Pico

2228 Ernesto Veiga de Oliveira – *Instrumentos Musicais Populares Portugueses.*

2229 J. H. Borges Martins – *As Velhas.*

2230 Francisco Nunes – *Ilha das Flores: da Redescoberta à Actualidade.*

é chamado *laje*. Na Madeira chamam-lhe 'caco'.

Tilha, *n.f.* Sobrado móvel das embarcações (do escand. *thilja*, pelo fr. *tille*)[Sj]. Nas Flores chama-se *estrado*. Nota: Aqui adquiriu um significado um pouco divergente do universal.

Timalho, *n.m.* Concerto; emenda; feitio; habilidade; jeito; juízo; tino (de *timo* + *-alho*)[SM,T]. *Não ter timalho:* não ter conserto; *Uma mulher de timalho*: uma mulher ponderada, de respeito[SM].

Timão, *n.m.* Parte do arado por onde puxam os bois; o m.q. temão (do lat. *timōne-*, por *temōne-*).

Tina, 1. *n.f.* Jogo de rapazes, com algumas semelhanças com o 'jogo do homem' dos garotos de Portalegre[P]. **2.** *n.f. Náut.* Recipiente de forma cúbica, montado no convés das embarcações de pesca, equipado com bombas mecânicas para a renovação da água do mar, servindo para manter vivo o peixe destinado à isca, geralmente na pesca dos tunídeos (do cast. *tina*). Veio substituir as velhas *canastras* que seguiam ao lado das lanchas de pesca. **3.** *n.f.* Recipiente feito de folha de flandres, antigamente usado para a lavagem dos pés (do cast. *tina*)[Fl].

Tinchão, *n.m.* Moda do folclore de S. Miguel (Furnas). *Ó Tinchão, Tinchão, / Ó Tinchão maldito, / Por causa do Tinchão / Perdi o meu cabrito.*

Tinhoso, (do lat. *tineōsu-*) **1.** *adj. deprec.* Alcunha que na Terceira se dá ao indivíduo natural da Graciosa. **2.** *s.m* Vento que sopra do lado da Graciosa[T]. **3.** *adj. deprec.* Alcunha que os de S. Miguel dão aos habitantes da Lagoa.

Tinta, *n.f.* O m.q. tareia[T]: *Tu vais apanhar uma tinta que te vais amolar!*[2231].

Tinteiro, *n.m.* Bolsa em que o polvo deposita uma substância de cor negra para sua defesa (de *tinta* + *-eiro*).

Tintura de ódio, *n.f.* O m.q. tintura de iodo, sua corruptela: *Um baleeiro tinha cortado um pé numa chipeira e ele vinha buscar 'tintura de ódio' e algodão*[2232]. Moisés Pires regista no falar mirandês a palavra 'iódio' com o mesmo significado.

Tintura-preta, *n.f.* O m.q. tintura de iodo[F].

Tintura-vermelha, *n.f.* O m.q. mercurocromo[F].

Tintureira, *n.f.* Nome vulgar do peixe plagióstomo da Família dos Carcarídeos, cientificamente denominada *Prionace glauca*, também conhecido no Cont. pelo nome de 'Tubarão azul', 'Valentina' e 'Quelha'. Os Espanhóis também lhe chamam 'tinturera' e 'tiburón azul' e os Americanos 'blue shark'. Antigamente acreditava-se que protegia as pessoas que à água caíssem, nadando amigavelmente à sua volta e, assim, protegendo-as do ataque de outros peixes, nomeadamente dos *marraxos*[F]. É, contudo, um tubarão muito agressivo. Em S. Miguel também se chama *boca-doce* e em Setúbal dão-lhe o nome de 'Veletina'. É uma das espécies de tubarão mais abundantes nas águas dos Açores[2233] sendo muitas vezes apanhada na pesca dirigida ao espadarte.

Tio, *n.m.* Na Terceira é muito frequente chamar a uma pessoa de certa idade tio ou tia, em vez de senhor, muitas vezes sem acrescentar o nome dela a seguir: – *A tia esteja descansada que já está tudo no seu lugar. [...] Não se cobrou nada. A tia descanse [...] A tia qu'entre para o ver [...] Na ilha Terceira [...] tem uma variante que é atribuída em família, para alguém que vem de outra ilha, que é amigo ou visitante, estimado por essa família ao qual chamam as crianças: Tio do Corvo, das Flores, do Faial*[2234].

2231 J. H. Borges Martins – *A Justiça da Noite na Ilha Terceira.*

2232 Vitorino Nemésio – *Mau Tempo no Canal.*

2233 A Tintureira é, aliás, o tubarão mais abundante a nível mundial.

2234 João A. Gomes Vieira – *Os Açorianos e as Pescas 500 Anos de Memória.*

Tipo, *n.m. Taur.* Linhas morfológicas e de atitude que definem uma ganadaria[T]. Um *toiro em tipo* é aquele que representa bem as opções do ganadeiro para a personalização dos seus animais, através das escolhas que faz em tenta de vacas e escolha dos sementais. Há tantos tipos quanto ganadarias e concebe-se como um conceito variável conforme as características que revelam: altos, baixos, largos, curtos, proporcionados, etc.

Tiquete, *n.m.* Bilhete (do am. *ticket*). Já é palavra também usada por todo o país, embora se veja registada nos dicionários com a f. 'tíquete', certamente por infl. da pronúncia inglesa. Var.: *Tiqueta.*

Tiradeira, *n.f.* Correia de cabedal ou de corda que se prende à canga (canguinha) e que mantém o animal em alinhamento quando lavra (de *tirar* + *-deira*). *Fig.* Pôr o pé fora da tiradeira: *exp. fig.* Ser infiel no casamento[F].

Tirana, *n.f. Balho* regional açoriano: *Tirana, atira Tirana, / Tirana, olé, olé, / Casar com mulher sem dote / É remar contra a maré.* Estar com a tirana: estar zangado, de má catadura[T].

Tirano, *adj.* Caricato; feio (ext. de *tirano*)[T].

Tirante, *n.m.* O m.q. trave (de *tirar* + *-ante*).

Tira-olhos, *n.m.* Nome que também se dá à libelinha; o m.q. *fura-olhos*[F].

Tirar, *v.* Ir buscar uma rapariga para bailar (ext. de *tirar*).

Tirar a folhada, *exp.* O m.q. desfolhar o milho. Depois de retiradas do tronco, as folhas do milho são atadas com um fio de *espadana* em *gavelas* e presas na parte superior daquele durante algum tempo, na intenção de secarem e serem armazenadas para no Inverno servirem de alimento, de *comida*, para o gado[F].

Tirar a rolha do fundo do mar, *exp. fig.* Deixar prender o aparelho de pesca no fundo e puxar desesperadamente na tentativa de desprendê-lo[F]. Em tom de chacota, o pescador vizinho exclama: -*Cuidado! Vais tirar a rolha do fundo do mar!!*

Tirar as sortes, 1. *exp.* Fazer o sorteio das pessoas destinadas a alumiar a *Coroa* do Espírito Santo nas sete semanas entre a Páscoa e o Pentecostes. **2.** *exp.* Fazer o sorteio dos homens que serão os *Imperadores* no ano seguinte, para dirigir um *Império.*

Tirar a tosse, *exp. fig.* Matar[T]: *Porque se o caçam ali, tiravam-lhe a tosse*[2235]. Orlando Neves[2236] regista a expressão com significado semelhante.

Tirar a vista, *exp.* O m.q cegar: – *Ias-me tirando a vista com essa maldita dessa aguilhada!*

Tirar casinhas, *exp.* Entrar nas casas dos amigos e beber do que lhes servem, pelo Carnaval[T].

Tirar ditos a limpo, *exp.* Clarificar uma situação[Sj].

Tirar milho para as novenas, *exp.* Expressão usada em certas freguesias rurais do Faial para designar o acto de percorrer as casas pedindo tudo o que queiram dar, para ser arrematado durante uma festa e o dinheiro servir para custear as suas despesas.

Tirar o sebo, *exp.* Matar: *E avisaram-no bem que ele não tornasse lá, que lhe tiravam o sebo!*[2237]. No calão continental tenho ouvido quase sempre 'limpar o sebo'.

Tirar o fato, *exp.* Escalar o porco, no dia da matança, desde o peito até ao rabo, tarefa que compete ao *matador*[SM].

Tirar o leite, *exp.* O m.q. mungir, ordenhar[Fl,T]: *[...] foi para os pastos tirar o leite à vaca e ele cheirava mal [...]*[2238].

Tirar o milho das almas, *exp.* Nome dado em algumas freguesias do Faial ao acto de, durante o mês de Novembro, andar um homem a percorrer as casas pedindo

---

2235 J. H. Borges Martins – *A Justiça da Noite na Ilha Terceira.*

2236 Orlando Neves – *Dicionário de Expressões Correntes.*

2237 J. H. Borges Martins – *A Justiça da Noite na Ilha Terceira.*

2238 J. H. Borges Martins – *Crenças Populares da Ilha Terceira I.*

esmolas que, depois de vendidas, o produto dessa venda é entregue ao padre que celebra uma missa pelas almas do purgatório.

Tirar o milho prá cova, *exp.* Tradição antiga em que o coveiro anualmente percorria a freguesia, recebendo uma quarta de milho ou equivalente em dinheiro, para que abrisse a sepultura quando necessário fosse[Fl].

Tirar o piaço, *exp.* O m.q. matar[F].

Tirar os clames do nariz, *exp.* Expressão equivalente a 'tirar macacas do nariz'.

Tirar o sol da cabeça, *exp.* Tratar uma insolação, o que antigamente era feito pelas *benzedeiras,* com certas práticas e rezas como a que se segue[T]: *Deus é Sol, / Deus é Lua, / Deus é claridade. / Primeiro Deus / Foi nado / Para, depois, este / Mal ser gerado. / Sol alvo e claro / Por onde entraste / Por aí saias*[2239].

Tirar palha, *exp.* Desfrutar; fazer zombaria, o equivalente ao calão continental 'gozar com'[F]: – *Toda a tarde teve a tirar palha com o desgraçado do José Faustino!*

Tirar peloiros, *exp.* Nome que se dá ao sorteio feito nas *Irmandades* para escolher os membros dirigentes[Fl].

Tirar uma rês, *exp.* O m.q. vender ou abater uma rês; arrolar uma rês no matadouro[F]: – *Na fim do ano, estou pensando im tirar dois gueixos p'a embarcar pra Lisboa.*

Tirolé, *Interj.* Termo utilizado pelo *mandador,* ou por outra qualquer pessoa, cantador, ou tocador, para terminar a *Chamarrita,* acrescentado de *já dá bastante,* às vezes abreviado para *olé, já dá bastante*[F]: *O tirolé para acabar*[2240]. Em certos lugares pronuncia-se *trilolé.*

Tiroleio, *n.m.* Antiga dança acompanhada pelo som de duas pedras, uma a bater na outra[SM].

Tisoiras, *n.f. pl.* O m.q. tesoura. Penso que será o equivalente a chamar 'binóculos' ao binóculo: – *Á Maria, alcança-me as tisoiras que estão aí im cima da menistra!*

Titio, *n.m.* Tio[SM]: – *Titio Laureano chega amanhã da Amerca!* CF regista-o apenas como brasileirismo.

Tô, *interj.* Maneira de chamar os cães, dito repetidamente[Fl]: – *Tô! Tô! Tô!*

Toada, *n.f.* Entoação; início da linha melódica de um trecho musical. Dar a toada: cantarolar as primeiras notas dum trecho musical para um coro afinar; o m.q. dar o tom.

Toalha de olhos, *n.f.* Toalha tecida no tear, com losangos[T].

Toca, *n.f.* Parte da planta que mergulha na terra[SM]; bolbo de uma planta[SM]. No Cont. chama-se *toco.*

Toca..., *exp.* É habitual nalguns lugares, ao passar por alguém, referir a situação do momento com saudações tais como: *toca a trabalhar c'um Deus!, Toca a descansar um pouco!* Moisés Pires regista, no falar mirandês, a *interj.* 'toca' com o mesmo sentido, nos exemplos: 'toca a comer!', 'toca a trabalhar!'.

Tocar lapas, *exp.* Antigamente usava-se as conchas das lapas grandes, das *lapas cadelas,* para fazer uma espécie de castanholas, que a rapaziada tocava: *[...] ouvindo-se com frequência, os rapazes dos mestres, no regresso a casa à tarde, tocá-las* (as conchas) *pelas ruas fazendo alguns deles prodígios de toques caprichosos e repenicados*[2241].

Tocar latas, *exp.* O m.q. *bater latas*[T].

Tocar o gado, *exp.* Conduzir o gado, com um toque de *aguilhada,* geralmente ao de

2239 J. H. Borges Martins – *Crenças Populares da Ilha Terceira I.*

2240 P.e Nunes da Rosa – *Pastorais do Mosteiro.*

2241 Luís Bernardo Leite de Ataíde – *Etnografia Arte e Vida Antiga dos Açores.*

leve e com certo carinho, sobre a parte lateral do lombo[F,T]: *Um homem vinha das terras a tocar os bois [...]*[2242].
Tocar sinal, *exp.* O m.q. dobrar a finados[F].
Tocar viola, *exp. fig.* Diz-se do cão ou do gato quando está a coçar as pulgas da barriga: – *O cão é lindinho, mas não é pro meu gosto..., 'tá sempre a tocar viola!! Deve de 'tar gafo de pulgas!*
Tocha, *n.f.* O m.q. *facho*[C].
Toco *(Tô)*, **1.** *n.m.* Maçaroca-de-milho já formada mas ainda não madura[SM]. **2.** *n.m.* Raiz lenhosa[SM]. **3.** *n.m.* O m.q. *soco* e *sabugo*[T].
Toda a vida e mais seis meses, *exp.* Por um tempo muito longo. É uma exp. muito usada em várias ilhas: – *Podes ficar com o qu'eu te estou dezendo, hás 'tá toda a vida e mais seis meses à espera qu'ele te pague!*
Todo aquele, *loc. adj.* Empertigado; vaidoso: *Andava ele a passear-se todo aquele com uma máquina de tirar retratos*[2243]. Também se diz muitas vezes da mulher que passa provocante, *toda aquela!*: – *A Francisquinha do sr. Nóia passou toda aquela – ai nã me toques! –, que par'cia uma daquelas que aparecim na talaveja a passar os vestidos das modas!*
Todos dois, *exp.* O m.q. ambos[SM]. É exp. trazida do Algarve, onde também se diz 'todos ambos'[2244]. Expressão também levada para o Brasil, onde ainda actualmente se usa.
Tôdolos, *pron. indef.* Todos os (de *todo* [pl.] + *lo* [pl.]). O fem. é *tôdalas*, embora nos Açores se ouvisse também pronunciar *tôdolas*. É arcaísmo que perdurou até aos nossos dias pois ainda há bem poucos anos era ouvido na boca dos mais velhos: – *Procurou por tôdolos lados mas nada encontrou!*

[2242] J. H. Borges Martins – *Crenças Populares da Ilha Terceira I.*
[2243] Cristóvão de Aguiar – *Um Grito em Chamas.*
[2244] Eduardo Brazão Gonçalves – *Dicionário do Falar Algarvio.*

No início do povoamento das ilhas dos Açores, pode ler-se numa Carta de D. Afonso V, datada de 1447, referindo-se à Ilha de S. Miguel: *[...] a todollos moradores que ora vivem e moram, ou morarem d'aqui em diante em esta ilha [...].* O P.e Maldonado escreve[2245]: *[...] as mercadorias foram despachadas, e descarregadas, que todolos dias pela menhã sedo, vão ter á dita Alfandega.* Esta f. assimilada – assimil. do [s] ao [l] – ainda há poucos anos era também ouvida em Trás-os-Montes.
Todo o porco tem o seu natal, *exp.* Adágio que significa: tudo o quanto nasce morre, tudo tem seu fim[F].
Toeiras, *n.f. pl.* As cordas da terceira parcela da *viola da terra*, compostas por um *bordão* e por uma corda, afinados à distância de uma oitava na nota sol (de *toar* + *-eira*).
Tofe, (do am. *tough*) **1.** *n.m. Bal.* Partes duras do tecido adiposo da *baleia* que antigamente não eram derretidas nas caldeiras, como, p. ex., as barbatanas e as partes do rabo, e que só passaram a ser aproveitadas quando foi introduzido o sistema de cozedura em 'autoclaves' sob a pressão do vapor. **2.** *adj. fig.* Diz-se da pessoa rija e magra (ext. de *{tofe}*).
Togle, *n.m. Bal.* Pequeno toro de madeira rija que segurava o cabo que atravessava o manto de toucinho quando o cachalote era esfolado (do am. *toggle*). Var.: *Togle; togno*[T].
Togno, *n.m. Bal.* O m.q. *togle.*
Togue, *n.m. Bal.* O m.q. *togle* (do am. *toggle*).
Toiça, *n.f.* Cepa; entrançado de raízes (tv. do pré-romano *taucia-*, cepa de árvore)[T]. No Cont. pronuncia-se quase sempre 'touça'.
Toirada sem guarda-sol / não vale um caracol, *exp.* Adágio terceirense que

[2245] P.e Manuel Luís Maldonado – *Fenix Angrence.*

bem demonstra o gosto do povo pela arte de tourear com um velho guarda-sol.

Toiro em tipo, *exp. Taur.* Touro que representa bem as opções do ganadeiro para a personalização dos seus animais. Ver também *tipo.*

Toita, 1. *n.f.* O m.q. cabeça; touta. **2.** *n.f.* O m.q. toitinegra, sua contracção[T].

Toitear, *v. fig.* Mexer-se muito; saltar (de *toito* + *-ear*)[P]: – *O rapaz nã pára um instante, está sempre a toitear!* Nota: O *toito* é uma avezinha que está sempre aos altos, daí a origem do termo.

Toitição, *n.m.* Pancada na parte de trás da cabeça, no *toitiço* (de *{toitiço}* + *-ão*)[F]; o m.q. toutiçada: – *Se te pões prá i a cramar sim rezão, levas-me um toitição tã grande qu' hás-de ter vuntade antão p'a chorar!*

Toitiço, *n.m.* Cabeça; toutiço. *Fig.* Juízo[F].

Toitinegra-de-barrete-preto, *n.f.* O m.q. *toito-vinagreiro.*

Toitinegra-vinagreira, *n.f.* Variedade melanística da toutinegra, também chamada *toitinegra-de-barrete-preto* e *toito-vinagreiro (Sylvia atricapilla atlantis)*, tem plumagem castanha, possuindo o peito e a cabeça completamente pretos. É da crendice popular que é o quinto touto numa postura de 5 ovos e que, se aparece a piar junto à porta de uma casa, anuncia desgosto[T]. Em S. Jorge também lhe chamam *chilra* e *chichilra.*

Toito, *n.m.* O m.q. toutinegra (*Sylvia atricapilla atlantis*)[2246]. Var.: *Touto*[SM].

Tolaço, *adj. e n.m.* Grande tolo; toleirão (de *tolo* + *-aço*)[F]. É termo em des. no Cont., ainda aqui presente: – *O tolaço do Joaquim Vintura deixou-se inganar plo cigano!*

[2246] R. Martins, A. Rodrigues e R. Cunha – *Aves Nativas dos Açores.*

Tolda de milho (Faial – anos 60 séc. XX)[2247]

Tolda, *n.f.* O m.q. *burra do milho*, feita com 3 ou 4 pés[Fl,SM]: *Nos Açores, na esfolhada do milho ficam algumas folhas na maçaroca, por onde elas se atam com um vencilho formando um mancho; e logo que estão muitos formados guarnecem-se com ele três paus que se espetam no campo em forma de barraca, a que se chama* tolda[2248].

Toldado, (part. pas. de *toldar*) **1.** *adj.* Indisposto; *mareado*; nauseado: – *Mal antrava no Carvalho Araújo sintia-me logo toldado.* **2.** *adj. fig.* Diz-se do tempo sombrio, com o céu carregado, cinzento. Usado um pouco por todo o lado.

Toldão, *n.m. Tolda* grande (de *{tolda}* + *-ão*)[SM].

Toldar, (de *toldo* + *-ar*) 1. *v.t.* Enjoar; nausear. 2. *v. pron.* Tornar-se escuro, sombrio.

[2247] Retirada de fotografia de Fátima Baptista, alterada.

[2248] Teófilo Braga – *O Povo Português nos Seus Costumes, Crenças e Tradições.*

Toldo, *n.m.* Armação feita de vime que substituía a sebe do carro de bois em dias de Bodo do Espírito Santo, indo coberta de colchas[T]: *[...] os lavradores do sítio reúnem os seus carros de bois cobertos de sebes de toldo [...]*[2249].

Toleira, *n.f.* Mania; tolice; tontice (de *tolo* + *-eira*): – *Agora deu na toleira de andar escondido atrás das portas!, mas podia sê pior...., podia dar pra roer roupa!*

Tolete *(lê)*, *n.m.* Espécie de cavilha feita de madeira rija e resistente, geralmente de buxo ou de araçaleiro, ou em ferro, fixada na borda das embarcações marítimas, no centro da chumaceira e destinada ao apoio e ao movimento do remo (do escandinavo ant. *tholler*, pelo fr. *tolet*).

Toliça, *n.f.* Tolice, sua corruptela[F]: – *Diz tanta toliça pl'aquela boca fora q'antes havera de 'tar calado!*

Toliçada, *n.f.* Grande tolice (de *tolice* + *-ada*)[SM]: *No tempo em que me criei ninguém se embalava com essas toliçadas*[2250]; *E, olha, rica cara, para mim mais não são que toliçadas de quem tem pouco com que se entreter*[2251].

Tolo, *n.m.* Palavra muito usada nas Flores com o significado de inculto, iletrado: – *Ei cá sou um tolo, nã me sei prenunciar sobre isso!*

Tolo como as pernas, *exp.* Contracção da *exp.* 'tolo como as pernas que o arrastam'.

Tolo como uma batata, *exp.* Muito tolo[F].

Tolota, *adj.* Tolinha, dim. de tola (de *tolo* + *-ota*)[T]: – *A rapariga é uma tolota, nunca há de ser nada na vida!*

Tomar baleia, *exp.* Caçar um cachalote: *Perdia-se menos tempo no caminho e nunca, como hoje acontece, se regressava ao porto, triste, sem «tomar» baleia!*[2252].

Tomar de ponta, *exp.* Implicar: passar a antipatizar: – *A professora tomou-o de ponta e agora todos os dias o chateia.* Orlando Neves[2253] regista a expressão 'andar de ponta' com o significado de andar zangado.

Tomar Nosso Senhor, *exp.* O m.q. comungar: *Se a mamã fizesse o favor / Eu ia a missa da madrugada / E como estou confessada / Tomava Nosso Senhor*[2254].

Tomar estado, *exp.* O m.q. casar.

Tomar pé, *exp.* O m.q. *ter pé*: *O mar tinha-se-lhe já transferido para o azul dos olhos, poceirões de não tomar pé*[2255].

Tomar peixe, *exp.* Apanhar peixe[T]: *Um homem da Terceira foi para o mar na noite de 28 de Outubro. O tempo passava, passava, mas nã havia maneira de o desgraçado tomar peixe. Só antão se alembrou que era a noite dos diabretes, a noite da ida dos diabretes para o mar!*[2256]. Gaspar Frutuoso, no séc. XVI, já usava esta expressão, registada nas *Saudades da Terra*, que os terceirenses ainda conservam actualmente.

Tomar pique, *exp.* O m.q. azedar: – *O vinho daquele garrafão, se nã se passa pra garrafas, vai tomá pique im pouco tempo.*

Tomar raiva, *exp.* Ficar com ódio[T]: *Uns dias depois, ela ficou doente e tomou raiva ao pai e à mãe e passava os dias fechada no quarto [...]*[2257].

Tomar sentido, *exp.* Prestar atenção; o m.q. *botar sentido*: – *Ó rapaz, toma bem sentido ao qu'eu te estou dezendo, qu'eu nã volto a repetir isto!*

Tomate-de-capucho, *n.m. Bot.* Variedade de fruto parecido com o tomate mas muito pequeno, revestido por uma folha (daí o nome) e que é comestível. Originário da América, no Cont. chama-se 'tomatinho-

2249 Francisco E. O. Martins – *Espírito Santo na Terceira* in *Festas Populares dos Açores*.

2250 Manuel Ferreira – *O Morro e o Gigante*.

2251 Cristóvão de Aguiar – *Um Grito em Chamas*.

2252 M. M. Sarmento Rodrigues – *Ancoradouros das Ilhas dos Açores*.

2253 Orlando Neves – *Dicionário de Expressões Correntes*.

2254 Da *dança* carnavalesca (Terceira) *Maria Vieira*, da autoria de Abel Costa.

2255 Cristóvão de Aguiar – *Marilha*.

2256 Fragmento da *Lenda dos Diabretes*.

2257 J. H. Borges Martins – *Crenças Populares da Ilha Terceira I*.

-de-capucho'. É o fruto da planta cientificamente denominada *Physalis pubescens*.
Tomateiro-de-capucho, *n.m. Bot.* Planta vascular, subespontânea em todo o arquipélago, também chamado *Capucheiro*, de nome científico *Physalis pubescens*. No Cont. chama-se 'tomateiro-bravo', tomateiro-do-diabo', 'tomateiro-de-lagartixa' e no Brasil camapu', 'camapum', 'camapum-de-estalo' ou 'bate-testa'.
Tonina, *n.f.* Toninha. Nas falas actuais do Algarve ainda se ouve pronunciar 'atonina', para designar a toninha. Antigamente apanhavam-se toninhas geralmente para engodo e isca, nomeadamente para a pesca dos sargos, embora em certas ilhas, como por exemplo no Pico, aproveitassem a sua carne para a alimentação. Nota: A palavra toninha deriva do lat. vulg *thunina-*, dim. de *thunnu-*, atum.
Toninha, *n.f.* Nome que também se dá ao golfinho. Contudo, a toninha *(Phocoena phocoena)* é de menor porte, tem um corpo mais entroncado e não possui bico, tendo uma cabeça pequena e arredondada. As toninhas são muito tímidas, vivendo sozinhas ou em pequenos grupos e raramente dão aqueles saltos acrobáticos típicos dos delfenídeos[2258]. Antigamente caçavam-se as toninhas como se caçava a baleia – com um arpão –, para lhe aproveitar a carne, nalgumas das ilhas destinada à alimentação: *Esta pesca é sempre feita á vela. Á proa vão dois trancadores, um a bombordo e outro a estibordo, que procuram principalmente attingir os animaes da frente, que são as* guias. *As toninhas que vem atraz estão certas, porque seguem sempre nas agoas as primeiras, dizem os nossos pescadores*[2259]. A Portaria 236/83 veio acabar com isto, ao proibir "a pesca, captura ou abate de mamíferos marinhos" bem como a sua comercialização. Todavia, nos Açores ainda hoje se caçam clandestinamente delfinídeos para vender a sua preciosa carne que chega a atingir na candonga preço elevado[2260].
Toninha-brava, *n.f.* Nome vulgar do *Tursiops truncatus*, espécie de golfinho também conhecido pelo nome de *Roaz-corvineiro*.
Tontaço, *adj. e n.m.* Atoleimado; pateta; o m.q. *tolaço* (de *tonto* + *-aço*)[T].
Tontiça, *n.f.* O m.q. tontura (de *tonto* + *-iça*): – *Passou-me uma tontiça pla cabeça e cambrelei de galhas pro ar!*
Topada, *n.f.* Ferida contusa num dedo do pé – geralmente o dedo grande, pela sua posição anatómica adiantada –, frequente quando as pessoas andavam descalças (part. pas. fem. substantivado de *topar*): *[...] nem sentia as topadas que ia dando de encontro às pedras mais salientes do chão terreiro do caminho*[2261]. Era termo generalizado por todo o país no tempo do pé descalço.
Tope, *n.m.* Laço que o noivo leva ao pescoço no dia do casamento (do fr. ant. *top*)[Fl].
Toqueiro, *n.m.* Folhas da espiga do milho, utilizadas na alimentação do gado (de *{toco}* + *-eiro*)[SM].
Tora, (de *toro*) **1.** *n.f.* Rodela de enchido de porco. **2.** *n.f.* O m.q. *toro*[T].
Torcer linhas, *exp. fig.* Ser desleal para outrem[SM]. Segundo Leite de Ataíde, terá origem nas linhas, novelos e meadas das feiticeiras "que tanto com eles podem tecer, como desenredar".
Torcer o pescoço, *exp. fig.* Dirigir o olhar; mirar: *Daí por diente o Dr. Valadão passava por mim e nem sequer torcia o pescoço. Ficámos mal por causa dessa trapaça*[2262].
Torcho, *n.m. Varejão* pequeno usada na pesca da albacora (metát. de *trocho*)[P].

2258 N. Farinha e F. Correia – Cetáceos dos Açores.
2259 Armando Silva – *Ethnographia Açoriana*.

2260 Tiago Salazar – *Morte Escondida nos Açores*.
2261 Cristóvão de Aguiar – *Raiz Comovida*.
2262 J. H. Borges Martins – *A Justiça da Noite na Ilha Terceira*.

Torcida, (part. pas. fem. subst. de *torcer*) **1.** *n.f.* Rolo entrelaçado de folhas de tabaco. **2.** *n.f.* O m.q. *rainha* (peixe, *Thalassoma pavo*). **3.** *n.f. fig.* Bebedeira: – *Pôs-se a caldear vinho com aguardente e traçado e na fim apanhou cá uma torcida que teve que ser levado a casa!* Albino Lapa regista-o com este sentido[2263].

Torcideira, *n.f.* O m.q. *engenho*, falando das antigas máquinas de torcer corda (de *torcer* + *-deira*, com dissimil.).

Torisco, *n.m.* O m.q. raio; relâmpago (alt. de *corisco*)[C,Sj]. Na Terceira é chamado *torrisco*.

Tormento, *n.m.* Dor, no sentido físico do termo; dor aguda e intensa (do lat. *tormentu-*)[F]: – *Esta noite tive tantos tormentos num dente que o raça-do-diabo nã me deixou dormir um instante!* Regista-se pela frequência do seu uso, quase sempre em vez de dor.

Torna-viagem, Nome que antigamente era dado aos primeiros emigrantes terceirenses do Brasil regressados à ilha. Tem um significado semelhante a 'retornado', falando dos regressados das antigas colónias portuguesas após o 25 de Abril de 1974.

Torno, *n.m.* Borbotão; jacto; jorro (do lat. *tornu-*): *De uma barroca coberta de fetos e musgos verdes, jorrava um torno de água fresca*[2264]. CF regista-o como arc. e ainda em uso nos Açores. É termo também ainda usado actualmente na Beira Baixa.

Toro, *n.m.* Pé de milho a que foi tirada a folha e a bandeira para amadurecer melhor (do lat. *toru-*, tronco de árvore)[Fl].

Torpeza, *adj. 2 gén.* Enfermiço; desprezível (de *torpe* + *-eza*)[Sj,T].

Torquês, *n.f.* Instrumento de ferro, de duas peças como uma tenaz, que serve para arrancar pregos (do fr. ant. *turquoises*)[F]. Com esta grafia é registado nos dicionários apenas como brasileirismo.

Torradinhas com Manteiga. Jogo de crianças de antigamente: *Torradinhas com manteiga, / Sai aqui, sai acolá; / Sai o cravo e mais a rosa, / Foram ambos passear.*

Torra-favas, *n.m. Náut.* Nome depreciativo dado aos fracos motores de popa das embarcações, que fazem muito barulho – como as favas ao serem torradas – e andam pouco[F].

Torrão de lapas, *n.m.* Pequena quantidade de lapas agarradas umas às outras, formando um verdadeiro torrão[F]: – *Vou-le deixar este torranzinho de lapas só pra salgar a boca e matar soudades!*

Torre, (do lat. *turre-*) **1.** *n.f.* Espécie de trapeira de grandes dimensões destinada a iluminar e ampliar o sótão, por vezes atravessando toda a cobertura desde a fachada ao tardoz, construída total ou parcialmente em madeira e possuindo um telhado próprio, de duas águas[Fl,P]. Na Terceira chama-se *torrinha*. **2.** *n.f.* Último andar de uma casa[P]. **3.** *n.f.* O m.q. sótão[C,P].

Torreão, (de *torre* + *-ão*) **1.** *n.m.* Monte feito com os pés de milho no meio da terra, depois de retiradas as espigas, as folhas e as maçarocas; o m.q. *tolda*[Fl]. **2.** *n.m.* Marca nas danças de arcos, praticadas no Faial pelo Entrudo, com o *Mestre*, ao centro do terreno, esperando que os pares se cruzem. **3.** *n.m.* Volume elevado sobre a cobertura de um imóvel, de planta rectangular e altura correspondente a um piso, construído em alvenaria e possuindo telhado próprio de quatro águas[Fl].

Torresmada, (de *torresmo* + *-ada*) **1.** *n.f. fig.* Asneira; disparate; obscenidade[Fl]: – *Desde que le derim aquele emprego na Vilha, parece um lóia, põe-se a falar político e antão é cada torresmada por aquela boca fora qu'é dum home bradar aos céus!* **2.** *n.m. fig.* Indivíduo estúpido, parvo, que só diz torresmadas: *Aquilo era mandado por gente grada! Não era por alguns torresmadas!*[2265].

2263 Albino Lapa – *Dicionário de Calão*.

2264 P.e Nunes da Rosa – *Pastorais do Mosteiro*.

2265 J. H. Borges Martins – *A Justiça da Noite na Ilha Terceira*.

Torresmar, *v. fig.* Dizer disparates; mentir descaradamente (de *torresmo* + *-ar*)[T].

Torresminho, *n.m. fig.* Moça anafada e bem feita, um *torresminho* (de *torresmo* + *-inho*)[SM].

Torresmo, (do cast. *torrezno*) **1.** *n.m. Bal.* Resíduo do toucinho de *baleia* depois de derretido, ficando com um aspecto alourado e encaracolado. Os *torresmos* eram então atirados para a fornalha, contribuindo também para combustível. **2.** *n.m. fig.* Rapariga nova e boazona[T].

Torresmo branco, *n.m.* Carne entremeada de porco cortada em bocados e derretida em banha[SM].

Torresmo da agonia, *n.m. fig.* Excremento do porco expulso no transe final da vida[SM,T]: *O porco sempre morreu, / Pra nos dar esta folia, / E quem será que comeu / O torresmo da agonia*[2266].

Torresmo de cabinho, *n.m.* Torresmo feito das costeletas do porco[Sj]. Nota: O cabinho vem a ser nada mais do que o osso da costeleta.

Torresmo de cancela, *n.m.* O m.q. costeleta de vinha-d'alhos[T]. Nota: Tem este nome pelo facto de se parecer a uma cancela, devido à presença do osso.

Torresmos de molho de fígado, Prato de S. Miguel confeccionado com entrecosto partido aos bocados, carne de porco, coração e rins, *cozidos* em banha[2267], a que, depois de escorrida esta, se adiciona o fígado cozido à parte, cortado em bocadinhos[2268].

Torrinha, *n.f.* O m.q. *torre* 1[T].

Torrisco, *n.m.* O m.q. raio, relâmpago (deriv. regr. de *torriscar*)[T]. Em S. Miguel chamam-lhe *corisco*. Ainda hoje existe a crença de que o raio é uma pedra de fogo que, ao cair na terra, se afunda sete braças[2269].

Torta, *n.f.* O m.q. omeleta (do lat. *torta-*, torcida). Feita com carne ou peixe, há duas variedades tradicionais nas ilhas, uma feita com lapas – a *torta de lapas* –, a outra com *erva-corra, erva-patinha* ou *erva-do-calhau*. Cp.: Na Galiza há o termo 'tortilha', do cast. *tortilla*, com o mesmo significado. Moisés Pires regista, no falar mirandês, o mesmo termo – 'torta' – com o significado de 'pastelão feito com ovos', e 'tortiêlha', com o significado de omeleta.

Torto, *adj.* Diz-se do touro com um olho vazado (do lat. *tortu-*)[T].

Tortura, *n.f.* Incómodo; transtorno (do lat. *tortūra-*)[T]. CF regista-o nesta acepção como provinc. minhoto.

Torvo, *adj.* Desassossegado; fatigado; inquieto; perturbado (do lat. *torvu-*)[T]. 'Torvar' – do lat *turbāre* – é perturbar-se, irritar-se.

Toscano, *adj.* O m.q. *taralhouco, tarouco* e *trabouco* (de *tosco* + *-ano*)[Sj]. No Corvo chama-se *taduco*.

Tosquiar, *v. fig.* Castigar fisicamente; censurar asperamente; descompor[SM]: – *Ó depois de fazeres uma coisa daquelas o qu'era d'esperar era que o patrão te tosquiasse a valer!*

Tosse bulsa, *n.f.* O m.q. *tosse de guincho*[Fl]. Nota: Bulsa é corruptela de *convulsa*, no Faial pronunciada *conbulsa* – com aférese.

Tosse de cão, *n.f.* O m.q. *tosse de guincho*[C].

Tosse de frio, *n.f.* Tosse devido a um resfriado; o m.q. bronquite aguda[T].

Tosse de guincho, *n.f.* O m.q. tosse convulsa[C,F,Sj]. No Algarve dão-lhe o nome de 'tosse de arrulho'[2270] e no Brasil 'tosse de guariba'. Há também quem lhe chame 'tosse comprida' e 'tosse ferina'.

Tossir, *v. fig.* Falar sem jeito; responder com atrapalhação: – *Estás prá i a tossir e ainda nã disseste nada de jeito!*

2266 Quadra do folclores terceirense.

2267 O que vulgarmente se designa por *cozer em banha*, tecnicamente chama-se 'fritura de imersão' ou 'grande fritura'.

2268 Augusto Gomes – *Cozinha Tradicional da Ilha de São Miguel.*

2269 J. H. Borges Martins – *Crenças Populares da Ilha Terceira II.*

2270 Eduardo Brazão Gonçalves – *Dicionário do Falar Algarvio.*

Toste, 1. *adj.* Esperto; fino. **2.** *adv.* Depressa[T]. Arcaísmo aqui conservado – D. João I, no *Livro da Montaria*, escreve: *Poderia mui toste cair em grande erro.*

Toucinho de barsa, *n.m.* Toucinho salgado da *barsa*[T].

Tourada à corda. Manifestação de carácter popular onde são corridos quatro touros embolados à usança tradicional. Trazidas pelos primeiros povoadores, as touradas existiram em várias ilhas[2271], tendo caído em desuso com o tempo. Actualmente só na Terceira esta tradição se mantém com fervor, excepto ocasionalmente numa ou noutra ilha se façam touradas com touros levados desta Ilha[2272]. Gaspar Frutuoso, o historiador do povoamento do Arquipélago, fala em touradas na Ilha de S. Miguel, efectuadas antes do abate dos touros, onde eram um divertimento nos primeiros tempos depois do início do povoamento[2273] – em 1670 uma postura da Câmara Municipal de Ponta Delgada proíbe aos carniceiros correrem as reses antes do abate.

O gosto dos terceirenses pelas touradas não é, pois, influência espanhola como já alguém referiu[2274]. As touradas populares da Ilha Terceira são feitas nos caminhos públicos onde os toiros correm presos a uma corda com cerca de 26 braças de comprimento, em cuja extremidade pegam 4 ou 5 homens – os chamados *homens--da-corda*[2275]. Vão a correr acompanhando o touro e, quando a coisa se complica por qualquer incidente mais ou menos grave com os que incitam o animal, firmam-se em conjunto e dão um esticão à corda para deter o touro, a que se chama *dar a pancada*. Em cada tarde de tourada são corridos quatro touros. Por lei, imediatamente antes da saída de cada touro para o caminho é mandado um *foguetão* e quando o touro é recolhido é enviado para o ar um foguete ou um *foguetão* de 2 estalidos[2276]. Antigamente, ainda dentro do *caixão*, o toiro era espicaçado com fortes aguilhões usados na extremidade das *aguilhadas* e *bordões* de defesa dos homens, mas esta bárbara prática foi proibida por lei, não só por uma questão de humanidade mas também porque isso causava muito dano às peles destinadas à curtimenta[2277].

As touradas à corda, efectuadas desde Maio até Outubro – antigamente às segunda ou quartas, hoje também noutros dias úteis da semana –, têm vindo a aumentar progressivamente, registando-se os seguintes números na Ilha Terceira, nos últimos 11 anos[2278]:

Ano	n.° de touradas
1996	183
1997	189
1998	203
1999	223
2000	238
2001	222
2002	227
2003	234
2004	254
2005	261
2006	262

2271 A notícia mais antiga sobre as touradas à corda é de 1622, aquando de grandes festividades realizadas pelos padres jesuítas do Colégio, para celebrarem a canonização de Santo Inácio de Loyola, fundador da sua Ordem.

2272 Sempre existiu um grande entusiasmo do povo terceirense pelas touradas à corda, de tal modo que antigamente os viúvos se abstinham de ir a qualquer festividade, excepto a estas touradas e às festas do Espírito Santo.

2273 Este costume terá certamente sido trazido pelos povoadores da Beira Baixa, local onde esta prática era corrente na Idade Média.

2274 Alfredo da Silva Sampaio – *Memoria da Ilha Terceira.*

2275 Luís da Silva Ribeiro – *As Touradas da Ilha terceira.*

2276 Portaria N.° 27/2003 de 17 de Abril.

2277 Já em meados do séc. XVII (1655) as Posturas do Concelho de Angra referem: *Nenhuma pessoa traga consigo aguilhada que passe o aguilhão de huma polegada, e quem trouxer pagará de couma outo sentos reis.*

2278 J.H. Toste Pimpão – *Balanço das Touradas à Corda / 2006* (Diario Insular de 1/11/2006).

Tourada à corda à beira-mar, *n.f.* Tourada à corda feita junto ao mar, nomeadamente em certos areais ou varadouros e cais anexos, na qual tanto os aficionados como os touros repetidamente se atiram para o mar, para gáudio de todos. É modalidade de tourada recente, iniciada na segunda metade do século passado.
Tourada de praça, *n.f.* Tourada feita na praça de touros, para distinguir da *tourada à corda.* Antigamente, na Terceira chegaram a ser feitas touradas em praças públicas: *Também na Praça Velha, defendida por tronqueiras e guarnecida de camarotes, se corriam, sendo toureadas a cavalo, entremeados de cavalhadas, danças e outras configurações. Assim, pelo menos se fez em 1746, por ocasião de se inaugurar a nova igreja da Misericórdia*[2279].

Tourada dos estudantes, *n.f.* Tourada feita pelos estudantes do Liceu de Angra, precedida de cortejo alegórico e que faz parte da tradição carnavalesca da Terceira. Teve início no final dos anos 20 do século XX – nessa altura o desfile saía das instalações do Liceu, no Convento de São Francisco, subia a Rua da Sé até ao Alto das Covas em direcção à antiga Praça de Touros de S. João.
Tourear de jaqueta, *exp. Taur.* Executar os *passes* ao toiro usando uma jaqueta[T]. Também chamado *tourear de samarra.*
Tourear de samarra, *exp.* O m.q. *tourear de jaqueta.*
Touril do caminho, *n.m.* Espaço onde antigamente circulavam as *vacas mestras*, auxiliares da embolação, armado junto ao local onde se faziam as touradas à corda[T]. Nota: Var tb. *Curral grande.*
Touto, *n.m.* O m.q. *toito* (*Sylvia atricapilla atlantis*).
Trabalhar à ligeira, *exp.* Trabalhar sem perfeição[T].
Trabalhar p'ró bispo, *exp.* Trabalhar de graça[T].
Trabalho a molhado, *exp.* Trabalho com direito a alimentação, *almoço, jantar* e merenda, por conta do patrão[P]. O contrário é *trabalho a seco.*
Trabalho a seco, *exp.* Trabalho feito sem direito a alimentação[P].

Artesanato: Fernando Meireles (Flores)

Trabalho de mãos, *exp.* Artesanato geralmente feito por mulheres, que varia de

[2279] Luís da Silva Ribeiro – Touradas.

ilha para ilha, desde os trabalhos em miolo de figueira, em casca de milho, em tecido (bonecras), rendas e bordados, esteiras feitas de junco, chapéus de palha de trigo (*abeiros*), etc. Os homens dedicam-se mais a fazer miniaturas de alfaias agrícolas (carros de bois, grades, arados), barcos, miniaturas em lata (latas do leite, p. ex.).

Trabalho de pá e pique, *exp.* Trabalho duro, como o de pá e picareta.

Trabanacle, *n.m.* Estrado com pés que serve de altar do Espírito Santo nas casas de campo (corrupt. de *tabernáculo*)[T]. Var.: *Trabanaco*[T].

Trabanaco, *n.m.* Ver *trabanacle*. Nota: Na Terceira também se chegou a chamar *trabanaco* ao estrado do *meio-da-casa*.

Trabouco, *adj.* Confundido nas ideias; esquecido; *avariado da cabeça*[F]; o m.q. *tarouco* e *taralhouco*. No Alentejo e no Algarve, usa-se o termo 'tramouco' com o mesmo significado, daí provavelmente a sua origem.

Trabunhado, *n.m.* Mesa da atafona onde se punham os taleigos, também chamado *tremonhado* e *travinhado*[T].

Trabuzana, 1. *n.f.* Alvoroço; balbúrdia; barulho[Fl,SM,T]: *Ele sentiu aquela trabuzana, acendeu a luz e abriu a janela*[2280].

Trabuzanada, (de *trabuzana* + *-ada*) **1.** *n.f.* Grande *trabuzana*[T]. **2.** *n.f.* Grande quantidade; volume excessivo[SM]. **3.** *n.f.* Mau tempo; tempestade. Em certos locais do Continente dá-se o mesmo nome à menstruação.

Traça, 1. *n.f.* O m.q. caruncho (deriv. regr. de *traçar*)[C]. **2.** *adj.* Diz-se do indivíduo maldizente; intriguista (driv. regr. de *traçar*, no sentido de 'cortar na casaca')[T].

Traçadela, *n.f.* Corte traumático na pele, geralmente causado pela boca de um animal ou por uma ferramenta cortante (de *traçar* + *-dela*)[F].

[2280] J. H. Borges Martins – *A Justiça da Noite na Ilha Terceira.*

Traçado, 1. *n.m.* Bebida feita da mistura de outras duas. Nas Flores, p.ex., é feita a partir de aguardente e anis, elaborada no momento pelo taberneiro, misturando os dois num copo pequeno – em S. Miguel chama-se *caldeadinha*. **2.** *n.m.* Instrumento agrícola, espécie de *foice-roçadoira* de lâmina direita[C]. **3.** *adj.* Cortado transversalmente. **4.** *adj.* Diluído; misturado[F]. **5.** *adj.* Diz-se do vento quando sopra perpendicularmente à pista do aeroporto[F]: – *Hoje decerto a SATA nã vai vir com o vento assim traçado na pista!*

Traçalho, *n.m.* Naco; pedaço de pão ou de carne (de *traço* + *-alho*). CF regista-o apenas como brasileirismo com o mesmo significado. V. Barros regista-o com o mesmo significado nos falares do Alentejo.

Tração, *adj.* Intriguista, mexeriqueiro[SM]; o m.q. *traça* (de *traça* + *-ão*).

Traçar, *(do lat. tractiāre,* arrastar) **1.** *v.* Atorar; cortar em golpes transversais. **2.** *v.* Misturar.

Traçar mescla, *exp.* Misturar cal com areia[T].

Traçar uma bebida, *exp.* Misturar uma bebida noutra. Nas Flores *traça-se* o vinho com cerveja e o *traçado* é uma mistura de aguardente com anis, num copo pequeno.

Trachada, (corrupt. de *trochada*) **1.** *n.f.* Cacetada; pancada violenta e rápida; paulada; trancada[F]. **2.** *n.f. fig.* Cefaleia pulsátil intensa; dor aguda[F]: – *Essa coisa a que chámim enxaqueca, é cada trachada na cabeça qu'é dum home dar im doido!*

Tracista, *adj.* Diz-se daquele que gosta de implicar com os outros; brincalhão; gozão (de *traçar* + *-ista*)[Sj].

Traço, *n.m. Bal.* Trajecto que a baleia faz imersa (deriv. regr. de *traçar*). Consoante a maior ou menor extensão que percorre debaixo de água, assim se diz que dá *traços* grandes ou *traços* curtos.

Trafegância, *n.f.* Confusão; desordem (de *trafegar* + *-ância*)[Sj].

Trafegar, *v.* Maltratar; o m.q. estrafegar, sua f. aferética[Sj].

Trafego *(ê)*, **1.** *n.m.* Acto de trafegar (deriv. regr. de *{trafegar}*)Sj. **2.** *n.m. fig.* Lide; trabalho (alt. de *tráfico*)Sj.
Trafulhão, *n.m.* Grande trafulha (de *trafulha + -ão*).
Tragaça, *n.f.* Acto de tragar o fumo do tabaco; o m.q. tragada (de *tragar + -aça*)SM: *[...] e fumar uma cigarrada em conjunto, isto é, um dava uma tragaça e passava o cigarro ao outro até voltar ao mesmo*[2281].
Tragada, *n.f.* O m.q. *tragaça* (part. pas. fem. subst. de *tragar*). Termo também muito utilizado no Brasil, registado nalguns dicionários de português apenas como brasileirismo.
Tragadela, *n.f.* Acto de tragar o fumo do tabaco; o m.q. *tragaça* (de *tragar + -dela*).
Tragalhandaças, *adj. 2 gén.* Pessoa muito alta e desajeitada no andarT.
Tragar, *v.* Ver *tragar o fumo.*
Tragar o fumo, *exp.* Inspirar o fumo do cigarro até aos pulmões. Na diferença, há os que só fumam o cigarro sem inspirar profundamente o fumo, o chamado *vício de boca.*
Trager, *v.* Trazer, sua forma antigaT.
Traginar, *v.* Maquinar; tramarT: *Que será que andas a traginar? / Isto cheira-me a marmelada...*[2282]. Traginar é verbo antigo, em desuso no Continente, que significava carregar mercadorias, carrear. Aqui adquiriu um significado diferente.
Traidor, *n.m.* Sapato (ver *enforcadeira*), traidor pelo facto de, ao usá-lo pela primeira vez, ferir ou magoar o pé, trair o donoF. Não é de uso corrente na Ilha das Flores.
Traiol, *n.m. Bal.* Pequena unidade de derretimento dos produtos da *baleia,* nos portos onde não existia fábrica (do am. *trywork*)P: *Os traiós são constituídos por caldeiros encastrados na pedra vulcânica e aconchegados com cimento em estruturas rectangulares, possuindo cada um a sua fornalha que se podia fechar com uma chapa de ferro deslizando numa calha horizontal, sendo o fumo puxado por um fumeiro atrás da fornalha e conduzido a uma chaminé comum. [...] um traiol de dois caldeiros podia estar ocupado durante vários dias com uma única baleia, dependendo do seu tamanho*[2283].
Trajado, *adj.* Além do significado generalizado, de 'vestido', também significa consertado, restaurado, sendo rotineiramente usado nas Flores (part. pas. de *{trajar}*): – *'Tá mun cuntente porque já tem o mechim da mota trajado!*
Trajar, *v.* Consertar qualquer coisa; restaurar (ext. de *trajar* – dar-lhe novo traje, novo aspecto)F: – *Á menino, sei irmão tem munta hab'lidade p'a trajar os mechins das motas e das lanchas – benza-o Dês! –, sai d'reitinho ao avô Soares, Dês le dê céu!*
Trajo de ver a Deus, O m.q. trajo domingueiroSM.
Tralha, (do lat. *tragŭla-*, rede) **1.** *n.f. Náut.* Cabos que prendem a vara à boca do *enchelavar.* **2.** *n.f.* Cordas que prendem as redes de pescaFl. **2.** *n.f.* Conjunto de ferramenta ou material destinado a um misterT.
Trambela, *n.f.* O m.q. *tramela* (do lat. *trabella-*)Sj.
Trambete, *n.m.* Tamborete, sua corruptelaFl.
Trambicar, *v.* Tropeçar (corruptela de *trompicar*)SM. Var.: *Trampicar; trombicar*SM.
Trambolhão, *adj.* Diz-se do mar quando está picado (de *trambolho + -ão*)F,C: – *Home, o mar onte 'tava trambolhão, foi pancadaria sempre até ao Corvo!*
Trambolho, *n.m.* Peça de madeira que era colocada na pata dianteira das vacas quando estas eram *saltonas,* para lhes dificultar o movimento. Também se chamava *galocha.*
Tramela, (do lat. *trabella-*, dim. de *trabe-*, trave) **1.** *n.f. n.f.* Peça de madeira com

---

2281 Cristóvão de Aguiar – *Raiz Comovida.*
2282 Do bailinho carnavalesco As *Paixões do Tio Miguel,* de Hélio Costa.
2283 N. Farinha e F. Correia – *Cetáceos dos Açores.*

entalho na ponta que serve para segurar uma porta impedindo que se feche com o vento. **2.** *n.f. fig.* Língua. Dar à tramela: dar à língua; tagarelar. No Algarve diz-se 'tramelejar'[2284].

Tramela de correr, *n.f.* Peça de madeira antigamente usada para fechar as portas das casas, antes de haver as fechaduras de ferro, que, em vez de rodar num eixo, corria transversalmente para a ombreira da porta, entrando numa cavidade compatível. Até há poucos anos era a fechadura usada nas portas da rua das casas do Corvo, nunca se tendo registado, até essa altura, nenhum roubo na Ilha.

Tramelão, *n.m.* Cada uma das corrediças de madeira que trancam as portas do caixão de embolação do toiro (de *tramela* + *-ão*)[T].

Tramelar, *v.* Dar à tramela; falar muito (de *tramela* + *-ar*).

Trameleira, *n.f.* Mulher linguaruda, que gosta de *dar à tramela* (de *tramelar* + *-eira*)[SM]. No Pico diz-se: *Em casa, nem fumo, nem goteira, nem mulher trameleira,* e em S. Miguel: *Terra de encosto / e mulher trameleira / nunca deu casa, / nem ao menos eira*[2285]. Também usado no Alentejo[2286].

Traminal, *n.m.* O m.q. *tramonhado*[T].

Traminhal, *n.m.* O m.q. *traminal* e *tramonhado*[T].

Tramoçada, *n.f.* O m.q. tremoçada, sua f. antiga (de *{tramoços}* + *-ada*).

Tramocilha, *n.f.* Espécie de tremoço, também usado para *oitono*[Fl].

Tramocinho, *n.m.* Tremoço curtido (de *{tramoço}* + *-inho*)[T]: – *Eh sinhô, venda-me um prato de tramocinho pra eu d'ir buê ũa bia!*

Tramoço, *n.m.* Tremoço, sua f. antiga: – *Pra bem do tramoço ficar sab'roso, é preciso ajuntar à auga salgada um coisinha de mijo de velha! Sabia disso?*

Tramoia, *adj.* Enredador; de má fé (do cast. *tramoya*)[T].

Tramonhado, *n.m.* Abertura da frente dos moinhos por onde vai saindo a farinha (corrupt. de *tremonhado*). Na Terceira também se chama *apanhadeira* e em S. Miguel *traminal.*

Trampa, *adj.* e *n.m.* Vadio (do am. *trampe*): – *Aquele nã quer mecha, é só andá com'um trampa dum lado p'o outro sim fazê nada, a fumar e a buêr!*

Trampolina, *n.f.* Acto impetuoso; extravagância; maldade; travessura (de *trampolim*)[T]: *[...] fez lá umas trampolinas. Deu uma cacetada lá num e coisa, quele abaixou a orelhas pra baixo!*[2287].

Tramujo, *n.m. Bot.* Arbusto de folhas perenes, geralmente inferior a 1 m, presente em todas as ilhas, sendo o único membro da Família das Myrsináceas na flora europeia, cientificamente denominado *Myrsine africana.*

Tranca, 1. *n.f. Taur.* Trave cilíndrica de madeira que passa por dois buracos dos tampos laterais do *caixão de embolação* do touro e fica atravessada por cima do cachaço do touro[T]. **2.** *n.f.* Correia que passa pela traseira do burro para segurar a albarda[Fl].

Trancada, (de *tranca* + *-ada*) **1.** *n.f.* Pancada forte com um pau[F]. **2.** *n.f. fig.* Relação sexual, cópula desprovida de afectividade.

Trancadela, (de *tranca* + *-dela*) **1.** *n.f.* O m.q. trancada; paulada: *[...] deu-lhe uma trancadela que o filho tombou aos pés dele*[2288]. **2.** *n.f. fig.* Dor aguda; o m.q. *trachada.*

Trancador, *n.m. Bal.* O m.q. arpoador, aquele que *tranca* a *baleia* (de *{trancar}* + *-dor*): *Formidável, soberba de beleza é a rude*

2284 Eduardo Brazão Gonçalves – *Dicionário do Falar Algarvio.*
2285 Armando Cortes-Rodrigues – *Adagiário Popular Açoriano.*
2286 Vítor Barros e Lourivaldo Guerreiro – *Dicionário de Falares do Alentejo.*
2287 J. H. Borges Martins – *A Justiça da Noite na Ilha Terceira.*
2288 J. H. Borges Martins – *Crenças Populares da Ilha Terceira I.*

missão do trancador![2289]. Os trancadores eram sempre homens robustos, com grande força muscular para bem desempenharem o *nobre* acto de *trancar* a baleia. Nalgumas ilhas, enquanto os baleeiros só ganhavam durante a época da caça, os *trancadores* tinham remuneração permanente, tal como também tinha o oficial do bote baleeiro.

Trancar, (de *tranca* + *-ar*) **1.** *v.t. Bal.* Arpoar a baleia, operação efectuada pelo *trancador*: *Quem tranca, mata – é a norma*[2290]. **2.** *v. pron.* Atirar-se para cima de alguém; agarrar-se violentamente a outro numa briga: – *Pensas qu'ele arrecuou? Não! Trancou-se im cima dele e, se nã acode alguém dava-le cabo do toitiço!* **3.** *v. refl.* Situar-se; dirigir-se. Neste caso é muito usado em relação ao vento: – *O vento trancou-se a toda a força do lado do sul!*

Trancar a baleia, *exp.* Ver *Arpoar a baleia.*

Trancar à moleta, *exp. Bal.* Trancar o arpão sem o arremessar, cravando-o no corpo do cachalote sem o chegar a largar, isto quando a *baleia* estava quase encostada ao *bote*[Sj].

Trancar um mergulho, *exp.* O m.q. mergulhar[P].

Trancoeira, *n.f.* O m.q. *trancoeiro*[T].

Trancoeiro, *n.m.* Parte curva da canga que fica entre os *canzis* e onde assenta o pescoço do boi[C,T,StM]. Nas Flores, Faial e em S. Jorge chamam-lhe *cangueira* e na Terceira *trancoeira.*

Tranglomango, *n.m.* Doença renitente, geralmente atribuída a feitiçaria; perda; mal (de orig. expres.). *Deu-lhe o tranglomango:* aconteceu-lhe mal; perdeu-se; levou-o o Diabo. Noutras regiões do país pronuncia-se 'tanglomanglo', 'tanglomango' e 'tangromangro' e no Brasil 'tângoro-mângoro'. Na Galiza dizem 'tángano-mángano', embora também se ouça pronunciar 'tanglomanglo'. Teófilo Braga[2291] refere ser nome de divindade que, como decaída, conserva o espírito malévolo que persiste nas superstições populares.

Tranquinha-do-cu. *n.f.* O m.q. cóccix[F]: *Ele dizia que não era nada, que não era nada e, afinal, tinha a tranquinha-do-cu quebrada!*[2292].

O Transal na pista das Flores

Transal, *n.m.* Nome do avião de carga, um turbo-hélice de grande capacidade de transporte e de reduzidas exigências de operacionalidade – a pista das Flores tinha inicialmente apenas uma extensão de 800 metros – que mensalmente transportava mercadoria entre a França e as Flores, com escala em Santa Maria, destinada aos franceses em serviço nas Flores.

Trânsio, *n.m.* Uso diário (corrupt. de *trânsito*)[Sj]. Em S. Jorge diz-se: *andar a trânsio* (ser usado diariamente), *roupa de trânsio* (roupa de uso diário).

Trapaça, *adj. e n.m.* Intrujão; trapaceiro (de *trapa* + *-aça*): – *Cuidado cum ele, aquilho é um trapaça de primeira linha.*

2289 Luís Bernardo Leite de Ataíde – *Etnografia Arte e Vida Antiga dos Açores.*

2290 Manuel Ferreira – *O Morro e o Gigante.*

2291 Teófilo Braga – *O Povo Português nos Seus Costumes, Crenças e Tradições.*

2292 Da tradição oral da Ilha das Flores –recolha do Autor.

Trapear, *v.* Labutar arduamente, insistindo sempre; tentar fazer um trabalho desajeitadamente (de *trapo* + *-ear*)F. Diz-se também do animal que caiu por uma ribanceira abaixo e depois tenta a todo o custo voltar a subir, *trapeando* até conseguirF. Nada tem a ver aparentemente com o significado do português continental.

Trapeira, *n.f.* Conjunto constituído por uma janela vertical elevada sobre o telhado e pela estrutura (paredes e cobertura) que permite utilizá-la[2293]; o m.q. *gateira* (de *trapa* + *-eira*).

Trapilha, *n.m.* Embusteiro; malandro; tratante (de *trapilho*, sua ext.): *Jesus manda a maldição / A quem tanto ensarilha. / Seu garoto, patifão, / Seu malandro, seu trapilha / Diga qual é a razão / De querer deixar minha filha*[2294].

Traque, 1. *n.m.* O m.q. peido, talvez um pouco menos ruidoso, mais delicado! (de orig. onom.): *Uns diziam que era um grito / Outros que era um arroto / Ah maroto padre Brito / Ah padre Brito maroto!*[2295]. **2.** *n.m.* Camião (do am. *truck*). Também se ouve dizer *traque-mechim*, não sendo, contudo, de uso generalizado.

Traquear, *v.t.* Guiar um camião (do am. *to truck*): – *Quando a gente embarca pr'Amerca, o que me custa muito é traquear os carrinhos de mão da bagagem no aeroporto pois eles não andim direitos, a modo c'as rodas parecim desconjuntadas!* **2.** *v. refl.* O m.q. *manear-se*SM.

Traquelejar, *v.* Bater repetidamente por causa do ventoSj: – *Aquela persiana está traquelejando há más de ũa hora!*

Traquete, 1. *n.m.* O m.q. alcunha, em S. Jorge. Noutras ilhas chama-se *apelido* e *abrasão*. **2.** *n.m.* Bocado; fatiaSM: – *Dá-me um traquete de massa-sovada pr'adoçá a boca!* **3.** *n.m.* Traque de fraca intensidade, leve ventosidade (de *traque* + *-ete*): – *Deste um traquete, meu menino?*F. Andar a traquetes e Fugir a traquetes: o m.q. fugir a toda a pressa[2296]. Alguns dicionaristas registam a expressão como um açorianismo. No Algarve ouve-se muito a loc. 'a traquetes', ou 'em traquetes' que significa atrapalhado, 'à rasca', aplicada em expressões como esta: 'Tenho-me visto em traquetes para acabar este maldito trabalho!'.

Trasantonte, *adv.* Trasantontem ou trás-ante-ontem; o dia anterior ao de anteontem (de *trás* + *ante* + *{onte}*).

Traseada, *n.f.* Grande número de carros de bois, uns atrás dos outros (de *trás* + <-e-> + *-ada*).

Traseiro, *adj.* Diz-se do *sinal* de marcação do gado quando é feito no bordo de trás da orelha do animal (de *trás* + *-eiro*): – *O meu sinal, que já vinha de meu avô, é uma troncha-fendida, traseira.*

Traste, (do lat. *tra[n]stru-*, travessa) **1.** *n.m.* O m.q. trasto ou ponto, dos instrumentos músicos, antigamente feitos de tripa, depois, de latão e ultimamente já fabricados propositadamente para tal fim e vendidos nas lojas comerciais, ao metroF. **2.** *n.f. fig.* Mulher *semenas*, de má reputaçãoF.

Trastejar, *v.* O m.q. mobilar (de *traste* + *-ejar*)T: *No guião da Ribeirinha / Vê-se a firmeza do moço / Para trastejar a casa / E pôr a corda ao pescoço*[2297]. Usada tb. na linguagem popular do Continente: *Trastejámos aquela casa da rua Feia, Vossorias sabem, aquela onde hoje a Carraxeta vende cigarros e palitos*[2298].

Tratado a ferro frio, *exp.* Tratado sem qualquer anestesiaF.

2293 Horta – Faial – *Inventário do Património Imóvel dos Açores* (Glossário).

2294 Da *dança* carnavalesca (Terceira) *Casamento Desfeito por um Velho*, enversada por Joaquim Farôpa.

2295 Quadra satírica recolhida pelo Autor na Ilha das Flores.

2296 Tem a sua origem nos 'traquetes', as velas grandes das embarcações, que dão velocidade ao seu andamento.

2297 Vitorino Nemésio – *Festa Redonda*.

2298 Aquilino Ribeiro – *O Malhadinhas*.

Tratar, *v.* Alcunhar; chamar: *Era um que tratavam pelo 'Mal Casado'!*[2299].
Tratar mal de boca, *exp.* Descompor; dizer coisas desagradáveis[T]: – *Nã le pagou o que devia e ainda o tratou mal de boca, o sanababicha!*
Traulitada, (de *traulito* + *-ada*) **1.** *n.f.* Pancada leve; açoite. **2.** *n.f. fig.* Acto sexual, cópula, talvez um pouco ligeira ou executada à pressa, não chegando a ser uma verdadeira *trancada!*[F].
Trauto, *n.m.* Contrato; trato[T]. Viterbo regista este arcaísmo com o mesmo significado.
Travadeira, *n.f.* Corda que passa pela frente da *cancela,* no carro de bois, para segurar ou travar (de *travar* + *-deira*)[Fl].
Travado, *adj.* Diz-se do que não tem a língua desembaraçada, por via de o seu freio estar hipertrofiado (part. pas. de *travar*).
Travadura, *n.f.* Corda que serve para ligar os fueiros do carro de bois quando este vai carregado (de *travar* + *-dura*)[C,T].
Travessa, (do lat. *transversu-*) **1.** *n.f.* Cada um dos paus que ligam os bancos da grade da lavoura. **2.** *adj.* Diz-se da vaca que tem o pêlo todo preto[T].
Travessão, (de *travessa* + *-ão*) **1.** *n.m.* Vara sobre a qual assentava a carga, no carro de bois, quando era tirada a *cancela*[Fl]. **2.** *n.m. Taur.* Travessa que liga as *trouxas* do *caixão de embolação* do toiro[T].
Travesseira, *n.f.* O m.q. almofada (de *travesseiro*)[C,F].
Travinco, 1. *n.m.* Criança muito mexida, inquieta[SM]: – *Isto é que é um travinco, nunca pára quieto!* **2.** *n.m.* Indivíduo que gosta de inventar histórias, de dizer graças[SM].
Travinhado, *n.m.* Mesa da atafona onde se punham os taleigos, também chamado *trabunhado* e *tremonhado*[T].
Trazer, O pretérito perfeito deste verbo era assim conjugado[F]: *Truce, troiveste, troive, troivemos –, troiverum ou troiverim.*

[2299] J. H. Borges Martins – *A Justiça da Noite na Ilha Terceira.*

Var.: *Truce, trouveste, trouve, trouvemos, trouveram: [...] quando o Ti Marchaninho, já não conheceste, chegou uma ocasião de visita da terra da América, trouve consigo uma geringonça engraçada, toda a gente abria a boca de pasmo em o homem pondo aquela engenhoca a girar*[2300].
Trazer em dizer, *exp.* O m.q. costumar dizer[Sj]: – *Coma se traz em dizer, im bom português falando, este país é uma desgrácia!*
Trazer uma visita, *exp.* Vir visitar alguém e trazer uma oferta, antigamente sendo quase sempre uma galinha[T].
Trazido do Pico numa cestinha, *exp.* Expressão antigamente muito usada no Faial para explicar às crianças donde tinha vindo um recém-nascido. Se a casa ficava perto de uma ribeira, dizia-se que tinha *vindo pla ribeira abaixo*[2301].
Treato, *n.m.* O m.q. *teatro.* Moisés Pires regista-o com o mesmo significado no falar mirandês.
Treatro, *n.m.* Pequena construção destinada ao culto do Espírito Santo, constituída por um volume quadrangular, coberto de telha, normalmente aberto nos lados e na frontaria onde a cobertura é suportada por pilares[2302] (aliteração de *teatro*)[StM].
Trebola, *n.f.* O m.q. cachalote (JPM). Termo também usado no Brasil.
Treição, *n.f.* Traição, sua f. arcaica[T]: Escreve Camões: *E nesta treição determinavam / Que os do Luso de todo destruíssem [...]*[2303].
Trejeito, *n.m.* Enfeite; bugiganga. Em S. Miguel usa-se o diminutivo, *trejeitinho.*
Tremalho, *n.m.* Jeito (corrupt. de *timalho*)[SM]: – *Nã tem tremalho nenhum nã nos acompanhares nesta romaria!*

[2300] Cristóvão de Aguiar – *Raiz Comovida.*
[2301] Maria de Fátima F. Baptista – *Ilha do Faial. Contribuição para o Estudo da sua Linguagem, Etnografia e Folclore.*
[2302] Vila do Porto – Santa Maria – *Inventário do Património Imóvel dos Açores* (Glossário).
[2303] Luís de Camões – *Os Lusíadas.*

Tremelência, *n.f.* Tremedura; tremura (do v. *tremelear*): *Eu também ando com tremelências na mão direita*[2304].

Tremer a passarinha, *exp.* Assustar-se; tremer de medo[SM]. O m.q. *tremer da passarinha.*

Tremer da passarinha, *exp.* O m.q. *tremer a passarinha*[T].

Tremonhado, *n.m.* O m.q. *trabunhado* (de *tremonha* + *-ado*).

Tremor de terra, *n.m.* Sismo de fraca intensidade – os de grande intensidade chamam-se *abalos*[T].

Três vinténs, Antiga moeda de cinco centavos.

Três-ameias, *n.f. pl.* Nome que no Corvo se dava ao *sinal* de marcação do gado, nas Flores chamado *ameias.*

Tresandar, *v.* Afligir; transtornar (de *tres-* + *andar*)[T].

Tresantonte, *adv.* Trasantontem, sua corruptela[F,T].

Tresdobro *(dô),* *n.m.* O m.q. triplo; três vezes mais (de *três* + *dobro*)[T]: *[...] e como ja nestes annos se achauão no tresdobro do que d antes forão*[2305]. Na Terceira também se diz *trêstantos.* Nota: Embora não seja palavra de uso frequente, no Continente ouvia-se pronunciar com [o] aberto, 'tresdóbro'.

Tresladar, *v.* Escrever o que se tem na memória (corrupt. e ext. de *transladar*)[Sj].

Tresmalho, *n.m.* O m.q. *rede-de-arrastar* (deriv. regr. de *tresmalhar*)[SM]: *Esta rêde de cercar é o maior aparelho usado pelos pescadores michaelenses, e que elles empregam em enseada onde os fundos sejam regulares, afim de que a rêde não pegue ao ser arrastada*[2306].

Trespassar, *v.* O m.q. refogar (de *tres-* + *passar*): *Picam-se a cebola e o alho e trespassam-se no azeite, só até a cebola ficar melada!*

Trêstantos, *n.m. O m.q. tresdobro;* o triplo[T].

[2304] Cristóvão de Aguiar – *Um Grito em Chamas.*

[2305] P.e Manuel Luís Maldonado – *Fenix Angrence.*

[2306] Armando Silva – *Ethnographia Açoriana.*

Treze Verdades. As *Treze Verdades* é uma oração que o povo julga infalível contra as tentações do Diabo, também chamada *Oração do Anjo Custódio*[T].

Triato, *n.m.* O m.q. *Teatro* ou *Império*[2307], nome que antigamente se dava aos *Impérios* do Espírito Santo, pequenos edifícios com traça arquitectónica de capelas ou ermidas, edificados a dois ou três metros do chão, quase sempre no centro da freguesia e destinados a guardar e expor as insígnias: a *Coroa,* o *Ceptro* e a *Bandeira*[T]. Estes edifícios surgiram nos finais do séc. XVIII, a substituir as primitivas construções que eram feitas de madeira, uma espécie de estrado, desmontável: *O «Triato» mais rudimentar, não era mais que um simples estrado de madeira ornamentado com faias e colchas de tear, no qual armavam um altar em que ficavam expostas a coroa e a bandeira, durante os dias de festividade*[2308].

Triatro, *n.m.* O m.q. *triato.* Em S. Jorge, Pico e Faial chama-se *Cadafalso.*

Tricana, *n.f.* Nome antigamente dado a uma espécie de galocha de madeira coberta de pano[Sj].

Trídio, *n.m.* Últimos três dias das novenas feitas pelas festas dos padroeiros das freguesias, cuja vivência se intensifica nessa altura (corrupt. de *tríduo,* do lat. *tridŭu-*)[Fl].

Trigar-se, *v. pron.* Apressar-se; comportar-se de maneira apressada (do lat. *tricāre*)[T]. Arcaísmo ainda há poucos anos de uso corrente nas ilhas. Na *Crónica de D. João I,* Fernão Lopes escreve: *Entom se trigou Nun'Álvares de andar mais rijo [...].*

Trigo. A cultura do trigo iniciou-se nos Açores logo no início do povoamento; em poucos anos, dada a grande produtividade da terra descansada[2309], dava para

[2307] Triatro será corruptela de teatro ou, como alguns defendem será derivado de "Tri", Trindade.

[2308] João Ilhéu – *Notas Etnográficas.*

[2309] Damião de Góis (1502-1574), referindo-se à grande produtividade das ilhas, em relação à cultura do trigo, afirma: *[...] que muitas vezes recolhem os lavradores de hum alqueire de semeadura vinte e trinta.*

consumo local e para exportação[2310], sendo no início armazenado nas chamadas *covas* (ver *Cova*). *Desde finais do séc. XV, até como nova estratégia do Poder Central, os Açores foram-se afirmando como o grande produtor de trigo, sendo que esses cereais destinavam-se a mercados que se tinham tornado compradores regulares desde finais do séc. XV: Madeira, Lisboa e Praças do Norte de África*[2311]. A produção era tanta que o seu preço era baixíssimo, como refere Frutuoso: *[...] tam barato o davam os lavradores, como quasi de graça [...]*[2312]. O trigo sempre foi uma fonte de riqueza para os Açorianos. No dia do casamento a noiva transportava simbolicamente uma pequena quantidade de grãos no regaço. Quando chegavam a casa, os noivos dirigiam-se ao quarto de cama e a noiva colocava o véu em cima da cama, deitando nele o trigo trazido, para que nunca sentissem faltas nem tristezas[2313].

Trigo-branco, *n.m.* Nome que em S. Jorge se dava a uma espécie de trigo de grado grão.

Trigo-da-terra, *n.m.* Espécie de trigo cultivado na Ilha, com semente guardada de ano para ano[Sj]. Também chamado *trigo-rústio.*

Trigo-de-fora, *n.m.* Designação dada ao trigo importado para semente[Sj].

Mas, se por volta de 1500, por cada semente lançada à terra se colhiam 60, cinquenta anos depois essa resposta era de 15 a 20 sementes, o que obrigou os lavradores a passar *outonar* as terras esgotadas.

2310 O Arquipélago açoriano começou a exportar trigo logo a partir do 3.° quartel do séc. XV.

2311 Rui Nepomuceno – *História da Madeira.*

2312 Durante o séc. XVI, contudo, independentemente da sua expansão, há frequentes crises, a tal ponto de em 1508 Gaspar Frutuoso as assinalar em S. Miguel, referindo que os habitantes tiveram que alimentar-se de rolão. Em finais desse século, com a conquista da Terceira pelos Espanhóis, essa crise ainda vem a agravar-se mais, necessitando Angra de importar o cereal das ilhas-de-baixo.

2313 Inocêncio Romeiro Enes – *Tradições e Festas Populares da Freguesia dos Altares.*

Trigo-do-Egipto, *n.m.* Nome que se dava a uma espécie de trigo escuro[Sj].

Trigo do exame, *n.m.* Nome que se dava antigamente ao trigo necessário para o mantimento das ilhas, estipulado por lei para que, na ganância de grandes lucros, os produtores não exportassem tanta quantidade que depois faltasse para o consumo local. *Assim, toda a exportação de trigo só se fazia com a exibição de licença camarária, consultando-se sempre os granéis «para que a terra não fique desprovida»*[2314]. Isto aconteceu a partir de meados do séc. XVI, quando começou a escassear a produção de trigo, não só por um certo esgotamento das terras mas, principalmente, pela cultura do *pastel* – e, nalguns lugares, da *urzela* –, cultura essa que era preferida pelos produtores por ser muito mais rentável.

Trigo e farelo do mesmo saco, *exp.* Diz-se dos que são da mesma laia[F].

Trigo-mantano, *n.m.* Espécie de trigo de grão arredondado e grado, também chamado *trigo-mantão*[Sj].

Trigo-mantão, *n.m.* Ver *trigo-mantano.*

Trigo rústio, n.m. O m.q. *trigo-da-terra*[Sj]. *Rústio* será certamente corruptela de *rústico.*

Trigoso, *adj.* Apressado; ligeiro (de *triga* + *-oso*)[T]. Arcaísmo conservado nas ilhas: *Essa zorra, essa malina / Se lhe correras trigosa, / Não fizera essa chacina: / Porque mais corre a Mofina / Vinte vezes que a raposa*[2315].

Trigueiro, *n.m.* Nome de um boi de cor escura ou preto (de *trigo* + *-eiro*). Se, na junta de bois de trabalho, havia outro de cor clara, por exemplo, *lavrado* de branco e cor de tijolo, era o *Damasco*[F].

Trilhadeira, *n.f.* Varal que liga o trilho à canga da junta que o puxa na debulha (de *trilho* + *-deira*)[SM]. O m.q. *sólio.*

2314 Alberto Vieira – *O Comércio de Cereais dos Açores para a Madeira no Século XVII* (in *Os Açores e o Atlântico*).

2315 Gil Vicente – *Auto da Mofina Mendes.*

Trilho de ferro, *n.m.* O m.q. *regueira*.
Trilolé, *interj.* O m.q. *tirolé*, voz para acabar um *balho* popular, quase sempre utilizado na Chamarrita, muitas vezes seguido de *já dá bastante*[F]: *Subi ao Céu numa linha, / Para baixo num barbante, / Senhores que estão balhando: / Trilolé, já dá bastante*[2316].
Trincadeira, *n.f.* Tudo o que se pode comer, trincar (de *trincar* + *-deira*): *Meu pai era muito rico, / Co'isso 'tava contente; / Graças a Deus não faltava / A trincadeira p'ò dente*[2317].
Trincadeiras, *n.f. pl.* Espécie de castanholas, bivalves, feitas de madeira de buxo, pau-preto ou laranjeira (de *trincar* + *-deira*, trincar no sentido de recortar)[SM]. Podem ser *machas*, de concavidade interior mais funda e com som mais grave, ou *fêmas*, menos fundas e com som mais agudo: *Minha sogra lapareira, / De tênica a sarnicar, / Parece uma trincadeira, / Num arrudo repnicar.* L. Bernardo de Ataíde[2318] escreve: *[...] em movimentação constante e agitada, trazendo, atreladas nos dedos grandes das mãos, as trincadeiras, de buxo ou de pau-preto, presas com cordões de cor rematados com pompons de vária tonalidade.*
Trincado, *adj.* O m.q. triturado (part. pas. de *{trincar}*)[T]: – *O milho há-de ser bem trincado por mor das papas ficarem sabrosas!*
Trincafiado, *n.m.* Nome que se dava antigamente à *baixada* de um aparelho que era feita de algodão e arame, destinado aos peixes que cortam os fios com os dentes (part. pas. subst. de *trincafiar* < de *trinca* + *fio* + *-ar*)[Sj].
Trinca-lêndeas, *n.f. deprec.* Pessoa aborrecida, piegas[SM].
Trinca piolhos, *n.m.* Dedo polegar[Fl]: *Dedo mindinho / Seu vizinho / Pai de todos / Fura bolos / Trinca piolhos.*

[2316] Última quadra de uma das *Chamarritas* das Flores.
[2317] Manuel da Costa Fontes – *Romanceiro Português do Canadá (O gozo da minha infância).*
[2318] Luís Bernardo Leite de Ataíde – *Etnografia Arte e Vida Antiga dos Açores.*

Trincalhos, *n.m.* O m.q. sino (CF).
Trincar, (do provençal *trencar*, cortar) **1.** *v.* Triturar (ext. de *trincar*)[T]: – *O senhor compra uma púcara de barro, uma carteira de alfinetes, melaguetas [...] vaia à porta da cozinha com um martelo e trinca a púcara e tudo bem trincado [...]*[2319]. **2.** *v.* Magoar (ext. de *trincar*)[P,Sj,T].
Trincha, (de *trincho*) **1.** *n.f.* O m.q. formão[F]. **2.** *n.f.* Parte de madeira que cobre as mós na azenha[SM]. **3.** *n.f.* CF regista-o, num dos seus significados, como açorianismo, com o significado de 'colarinho da camisa'.
Trinchante, *n.m.* O que leva a *Coroa* na ida do Espírito Santo para a igreja e na volta traz a *salva* onde a *Coroa* ia pousada, quando o *Imperador* leva a *Coroa* na cabeça (de *trinchar* + *-ante*)[StM,T]. É assim chamado por ser quem trincha a carne para o jantar da festa. *O Trinchante é a primeira dignidade da 'equipagem'. Tem por distintivo, bem como os briadores, um lenço de seda branca ou de côr, cahido sobre os hombros e atado em volta do pescoço, e uma toalha de folhos, engomada, guarnecida de largos bordados e com uma grande fita vermelha cahida, pregada no braço esquerdo á maneira de manípulo. Quando no exercício de suas funções, usa também uma toalha dobrada, ao pescoço em forma de estóla*[2320].
Trinche, *n.m.* Forma para fazer os queijos, também chamada *chicho* e *chincho* (deriv. regr. de *trinchar*)[Fl]. Nota: Em certos lugares do Continente chama-se 'trincho' à tábua que suporta os queijos que estão dentro dos chinchos.
Trinchete, *n.m.* Faca de grandes dimensões, com cabo de madeira (do fr. ant. *trinchet*, hoje *tranchet*)[P]. No Cont. dá-se o mesmo nome a uma faca de ponta fina e relativamente curva, usada pelos sapateiros.

[2319] J. H. Borges Martins – *Crenças Populares da Ilha Terceira I.*
[2320] Padre Joaquim Chaves Real – *Espírito Santo na Ilha de Santa Maria.*

Tripa-da-linguiça, *n.f.* O m.q. *tripa-linguiça*[C].
Tripa-da-morcela, *n.f.* O m.q. *tripa-morceleira*[C].
Tripa-do-cu, *n.f.* A tripa do porco correspondente ao recto, também chamada *tripa-do-rabo*[C].
Tripa-do-rabo, *n.f.* O m.q. *tripa-do-cu*[C].
Tripa-ensacada, *n.f.* O m.q. vólvulo, doença do foro cirúrgico que consiste numa obstrução intestinal, acompanhada de dores de tipo cólica, provocada por torção do intestino em torno do mesentério, também conhecido popularmente no Cont. por 'nó-na-tripa' e 'volvo'.
Tripa-gaiteira, *n.f.* O intestino grosso, talvez devido às *gaitadas* que possa ensaiar!
Tripa-linguiça, *n.f.* Tripa do porco correspondente ao intestino delgado[C]. O m.q. *tripa-linguiceira* e *tripa-da-linguiça.*
Tripa-linguiceira, *n.f.* O m.q. *tripa-linguiça*[C].
Tripa-morceleira, *n.f.* Tripa do porco correspondente ao cólon[C].
Tripa-morcilheira, *n.f.* O m.q. *tripa morceleira*[C].
Tripas, *n.f. pl.* Conjunto das sementes e do tegumento que as prende, em certos frutos como, por exemplo, o melão e a abóbora[T].
Tristeza-de-estudante, *n.f.* Ver *meninas--vão-prá-escola.*
Tristura, *n.f.* O m.q. tristeza (*de triste* + *-ura*): – *Ó mulher da grande tristura, / de que tindes o pesar?*[2321]. Não sendo frequente na linguagem coloquial actual, Gil Vicente usava-o com frequência: *E nos laços infernais, / e nas redes de tristura / tenebrosas / da carreira, que passais, / não caiais:/siga a vossa fermosura / as gloriosas*[2322].
Tritar, *v.* Oferecer um copo de vinho (JPM).

[2321] *Romanceiro da Ilha de S. Jorge* – Pranto da Senhora.
[2322] Gil Vicente – *Auto da Alma.*

Triza, *n.f.* Icterícia, sua corruptela profunda[T]: *Para curar a 'triza' a um recém-nascido, estende-se uma fralda mijada ao sol*[2323]. Moisés Pires regista a f. 'trízia' no falar mirandês. Nota: A icterícia do recém-nascido na maioria das vezes é 'fisiológica' e passa em pouco tempo, por isso o acto descrito, das crenças do povo, dava sempre resultado.
Troca, (deriv. regr. de *trocar*) **1.** *n.f.* Soro que é separado do leite quando se faz a sua desnatação (deriv. regr. de *trocar*)[C,F,Sj]. Tem este nome pelo facto de o lavrador levar o leite inteiro para desnatar e trazer, em troca, o respectivo soro. **2.** *n.f.* Líquido que vai saindo quando a manteiga é batida. Antigamente havia muita gente que fazia a manteiga em casa. O leite era desnatado na máquina e a sua nata era batida dentro da própria lata que o transportava; quando atingia o estado desejado era-lhe juntado o sal, continuando-se a bater até ele se dissolver. Geralmente era feita em quantidades moderadas, variando consoante o número de pessoas, por não haver os meios de refrigeração actuais que hoje a conservam durante muito mais tempo. Ver também *Caneca da manteiga.*
Trocalatins, Estrop. de Tranquility, cidade americana, na linguagem dos primeiros emigrantes, ainda analfabetos.
Troca ao centro, *exp.* Uma das *marcas* das *danças de Entrudo* da Terceira.
Trocas de mão, *exp.* Troca de trabalho entre os lavradores, ajudando-se mutuamente[StM].
Trocer, *v.* Torcer, sua corruptela (e todo o verbo é conjugado nesta metátese!)[F]: – *Ei nã te disse que nã fosses?! Pois agora aí tens o resultado... um pé trocido!!*
Troço, *n.m.* O m.q. *cabeço* 2.
Trocho, *n.m.* O m.q. *varão,* falando na cana de pesca do peixe grado (tv. do lat.

[2323] J. H. Borges Martins – *Crenças Populares da Ilha Terceira II.*

truncŭlu-)[Fl]. No Pico ouve-se muitas vezes pronunciar *torcho*.
Trofe, *n.m.* O m.q gamelão do porco (do am. *trough*)[C].
Trogalho, *n.m.* Coisa ou pessoa pesada e desajeitada[P].
Troiver, O m.q. trouxer: *O Sabastião a modos que troive poderios de dolas da Amerca e vai dar um Jantar do Esprito Santo pra toda a freguesia – adiente vá ele!* Nota: Recorde-se que 'trouver' é f. arc. de trouxer.
Trólei, *n.m.* Linha de pesca munida vários anzóis, cuja linha principal fica colocada horizontalmente perto do fundo do mar (do am. *troll*). Antes do aparecimento das modernas linhas de *nailho*, a linha principal era de arame, de várias espessuras consoante a dimensão do peixe a que se destinava, sendo os anzóis presos àquela com fio de sapateiro, mais apropriado para o estorvo e mais maleável para o movimento livre da isca, como se costuma dizer na gíria dos pescadores, mais *pescante*[2324].
Trolha, *n.f.* Trave mais grossa que passa pelo *meio-da-casa* e sobre a qual assentam as outras; é a viga cumeeira da casa[C,Fl].
Trolho, *n.m.* *Caniço* grosso para a pesca dos bonitos[Fl]. Nas Flores chama-se *varão*. No Faial também lhe chamam *verdasca*.
Tromba, *n.f.* Focinho do burro (do ant. alto alem. *trumpa*, trompa)[Sj].
Trombeteiro, *n.m.* Peixe *(Macroramphosus scolopax)* cuja parte anterior termina num bico, lembrando uma trombeta – daí o nome.
Trombicar, *v.* Tropeçar, desequilibrando-se um pouco (corrupt. de *trompicar*)[F]. Var.: *Trambicar; trampicar*[SM].
Tromento, *n.m.* Dor; sofrimento (metátese de *tormento*)[F]. Usa-se muito em lugar de dor: – *Esta noite tive tantos tromentos num dente que nim consegui siqué pegá no sono!*
Trompaço, (de *trompa*, por *tromba*, + *-aço*) **1.** *n.m.* O m.q. *topada*[Sj,T]. **2.** *n.m.* Encontrão; tropeção[T]. CF regista-o apenas como brasileirismo com este último significado.
Trompicar, (do cast. *trompicar*) **1.** *v.* Tropeçar[F,SM]. **2.** *v. fig.* Atrapalhar; prejudicar[T]. E. Gonçalves regista-o no falar algarvio, sendo também usado em Trás-os-Montes e Vítor Barros no de Trás-os-Montes. Com o significado de tropeçar também é usado na Madeira.
Troncha, (de *troncho*, do lat. *truncŭlu-*, pedaço de tronco) **1.** *n.f.* Trave mestra no vigamento de uma casa; o m.q. *guinda*[SM]. **2.** *n.f.* Cada uma das travessas que ligam os *banzos* na grade da lavoura[SM]. **3.** *n.f.* *Sinal* de marcação do gado[F].
Troncha-fendida, *n.f.* Um dos *sinais* de marcação do gado, sendo composto por uma *troncha* e uma *fendida*[F].
Tronchar, *v.* Desfolhar, falando das plantas (ext. de *tronchar*)[SM].
Troncho, *n.m.* Caixa de madeira dos moinhos, afunilada na parte inferior onde vai descendo o cereal para ser moído (do lat. *truncŭlu-*)[SM].
Trono, (do gr. *thrónos*, assento, pelo lat. *thronu-*, idem) **1.** *n.m.* Altar com degraus, coberto por toalhas brancas rendadas, onde no cimo se coloca a *Coroa* do Espírito Santo ladeada por velas ou lamparinas de azeite e jarras com flores. Em alguns lugares é chamado altar ou altarinho do Esprito Santo. *O trono do Espírito Santo simboliza, mais que o trono real, o trono celeste, que é o lugar de Deus*[2325]. **2.** *n.m.* Nome que se dá a cada um dos andares do bolo dos noivos[Fl].
Tronqueira, (de *tronco* + *-eira*) **1.** *n.f.* Entrada de um terreno, p.ex., uma quinta, com madeiros laterais e ao alto do portal, encimados por fina parede. **2.** *n.f.* Peça de madeira ligada à *almanjarra* da atafona, na qual se prendia a canga do animal[T].

2324 Humberto da Rosa Garcia – Comunicação Pessoal.

2325 Aurélia Armas Fernandes e Manuel Fernandes – *Espírito Santo em Festa*.

Tropinquim, *n.m.* O m.q. topada; tropeção[SM]: *[...] ningã se livra de dar por esse grotilhinzinho abaixo um tropinquinzinho*[2326].

Trouchada, *n.f.* Cacetada; paulada (corrupt. de *trochada*)[T]: *Se ela tornar a largar o seu marido, que lhe davam umas trouchadas*[2327].

Trouche, *n.m.* O m.q. *trocho* e *torcho*[Fl].

Trouvo, *adj.* Na Terceira, quando o tempo está de chuva, diz-se que *o tempo está trouvo* (de *trovão*?).

Trouxa, (do cast ant. *troja*, de *trojar*, carregar) **1.** *n.f.* Saca com roupa vinda da América[Fl]. **2.** *n.f. Taur.* Cada um dos dois barrotes ou pranchas pregados aos lados do *caixão de embolação* do toiro e ligados na sua parte superior a uma travessa (*travessão*) da qual se suspende uma roldana[T].

Trovão seco, *n.m.* Aos grandes estrondos provocados pelos sismos, no Pico chamavam antigamente *trovões secos*. Referindo-se ao terramoto de 1718 ocorrido no Pico, um escritor anónimo escreve em 1881 *[...] se sentirão por muitos dias grandes tremores de terra e uns estrondos tão espantosos... a que elles chamão trovões secos*[2328].

Trovisco-macho, *n.m. Bot.* Arbusto com ramos robustos, de folhas lisas e estreitas, endémico dos Açores onde está presente em todas as ilhas excepto Santa Maria e Graciosa, de nome científico *Euphorbia stygiana*[2329].

Troçol, *n.m.* Terçol, sua corruptela; terçolho[Sj].

Trufa, *n.f.* Forma de penteado que antigamente usavam as mulheres e que consistia no apanhado de todo o cabelo no alto da cabeça, formando uma espécie de carrapito, preso por ganchos de vários modelos (do fr. *truffe*).

Trunfar, *v.* Fazer vida de rico (de *trunfo* + *-ar*)[F]. Nas Flores, diz o provérbio: *Quem não tem, não trunfa.*

Trusses, *n.f. pl.* O m.q. cuecas: – *Veste uma trusses lavadas que essas já métim nojo!* Var.: *trussas*[SM].

Tubeado *(bi)*, *adj.* Confuso nas ideias; estonteado; esturvinhado (corrupt. de *titubeado* por aférese)[C,F]: – *Home, dês que bati cum a cabeça na trave da palheira tenho andado mun tubeado da caiximónia, a modos cma mareado!*

Tufo, (do lat. *tufu-*, alt. do lat. cl. *tofu-*) **1.** *n.m.* Cinzas de vulcão solidificadas; rocha. **2.** *n.m.* No Faial chama-se *tufo* a uma espécie de musgo frequente nas partes altas da ilha, o mesmo a que noutras ilhas se chama *musgão* e *leiva*. *Pano de tufo:* parede delgada de alvenaria[T].

Tumbão, *n.m.* Tempo pesado e abafado, anunciador de chuva (de *tumba* + *-ão*)[SM].

Tutia, *n.f.* CF regista-o com o significado de peixe dos Açores.

2326 Luís Bernardo Leite de Ataíde – *Etnografia Arte e Vida Antiga dos Açores.*

2327 J. H. Borges Martins – *A Justiça da Noite na Ilha Terceira.*

2328 in *Vulcanismo Histórico da Ilha do Pico,* de João Carlos Nunes.

2329 Erik Sjögren – *Plantas e Flores dos Açores.*

U

Ũa, *art. ind. fem.* Uma, sua f. arcaica: *Isto dizendo, os barcos vão remando / Pera a frota, que o Mouro ver deseja; Vão as naus ũa a ũa rodeando, / Por que de todas tudo note e veja*[2330]. Correntemente ainda usado em todas as ilhas. Nota: Antigamente a palavra [um] também se grafava [hũ] e [uma] grafava-se [hũa]: *[…] as quais reliquias dice o senhor Bispo que erão do Santo Lenho da Cruz e hũ pequeno […] Seria pela hũa hora depois do meio dia tempo em que achaurão algũs mortos, e muitos feridos*[2331].

Uai, *interj.* Exclamação de espanto[C,F]: *Uai! Uai ! Louvado Deus*[2332].

Ubei, *interj.* Traduz admiração, censura, espanto, surpresa. É muito usada na Terceira: *Olha pró caminho – 'Ubei!, diabo! Vai por aí fora um home que corre nem um foguete!*[2333].

Ubei, menina!, para tratamento familiar *Ubei, menina, que me dizes?* Diz-se também *Ubei, credo!* ou somente *Bei!*, usando-se *Ubei, senhor!,* para tratamento mais cerimonioso. Também se diz *Ubei-ubei!*: *Ubei, ubei! Bem diz o ti'António que não andas em ti…*[2334]. Na Ilha de S. Jorge diz-se *Ubei, credo* ou *Ubei, credo andar!* com o sentido de indignação. Dias de Melo regista-o com a grafia 'obei': *Obei, home! Prò senhor americano nunca falta peixe!*[2335].

Uei, *Interj.* Exclamação característica da Ilha das Flores, também usada no Corvo. Podendo dizer-se apenas *Uei!*, com o sentido de 'Oh!', pode exprimir um reforço do que vem a seguir. *Uei sim!*: pois claro, certamente; *Uei não!*: claro que não; Indignação: *Uei, home!*: homessa ou *Uei-im!*: surpresa: *Uei im! Pois há penitências bonitas?*[2336].

No Brasil são utilizadas as *interj.* *Uai* e *Ué* que também exprimem espanto ou admiração. Na Terceira e noutras ilhas, usa-se a *interj.* *Ubei* ou somente *Bei*. Leite de Ataíde[2337] regista a interj. exclamativa e repulsiva *Oei*, com o exemplo "oei com tanta maçada", acrescentando: *o mesmo que arre, é o 'oei' que o diabo disse, uma vez, à mãe, num momento de enfado, versão que surpreendi na narrativa de um caso, um conto.* Urbano de Mendonça Dias[2338] regista a frase: – *Oei! Mas intances isso foi de repente!* Nota: A região do Douro é a única do resto do país onde também se usa a interjeição de espanto 'uei'.

Uei pá, *loc. interj.* Expressão muito usada na Terceira seja como forma de chamamento ou como manifestação de espanto.

[2330] Luís de Camões – *Os Lusíadas.*
[2331] P.e Manuel Luís Maldonado – *Fenix Angrence.*
[2332] P.e Nunes da Rosa – *Memorial do Convento.*
[2333] J. H. Borges Martins – *A Justiça da Noite na Ilha Terceira.*
[2334] João Ilhéu – *Gente do Monte.*
[2335] Dias de Melo – *Pedras Negras.*
[2336] P.e Nunes da Rosa – *Pastorais do Mosteiro.*
[2337] Luís Bernardo Leite de Ataíde – *Etnografia Arte e Vida Antiga dos Açores.*
[2338] Urbano de Mendonça Dias – *"O Mr. Jó"*

Nota: Penso que aqui, a prótese do [u] é feita de maneira algo semelhante à epêntese da mesma vogal em variadíssimas palavras, muito frequente nesta Ilha.

Uga, *interj.* Voz utilizada pelo pastor quando a vaca coloca a pata traseira um pouco adiantada, incomodando-o na ordenha, por ocultar o *mojo*. Com um leve toque na perna do animal, o pastor ordena *Uga!*, e a vaca, já ensinada, corrige imediatamente a posição do membro, deslocando o membro para trás e descobrindo o *mojo*[F]. Segundo LSR, será aférese de *peúga*. Realmente, em S. Jorge, em vez de *uga*, os pastores dizem: – *Peúga-te vaca!* Idalécio Cação regista-o também na Gândara como interj. gritada pelos malhadores das eiras para acertar a malhada. Em Trás-os-Montes também se usa a mesma interj. com o sentido de 'Avante! Para a frente!'. Cp.: Em cal. do Continente usa-se o verbo 'ugar' com o sentido de gritar.

Ugalha, *n.f.* O m.q. igualha[T]: – *Nã contes cõmigo qu'ei nã sou da tua ugalha!* É termo também usado popularmente em certas regiões do Continente.

Uja, *n.f.* Espécie de raia grande e negra no dorso, esbranquiçada no ventre, confundida com a Jamanta *(Mobula tarapacana)* e, por isso, nalguns locais de Portugal denominada 'ujamanta' ou 'urjamanta'. No Cont. é também conhecida pelos nomes de 'chucho', 'ujo', 'manteiga', 'raia-de--aguilhão', 'rato', 'rato-do-mar', 'ratona', 'ratão' e 'usga'. Cientificamente é denominada *Dasyatis pastinaca*. Var.: *Uje*.

Últimos 12 dias do ano. Antigamente, acreditava-se que os últimos 12 dias do ano reflectiam os 12 meses do ano seguinte. Arruda Furtado (*Materiaes para o Estudo dos Povos Açorianos*), ao falar da Ilha de S. Miguel, escreve: *Os nossos camponeses acreditam piamente que os últimos dias de Dezembro são a imagem fiel dos doze meses do ano seguinte, e que o estado das novidades desse ano será regulado pelo modo porque cresceram o trigo, o milho e as favas que fez germinar, como é costume, dentro de um prato para enfeitar o Natal.*

Umágia, *n.f.* Imagem, sua corruptela[P].

Uma labandeira a atentar um queimado, *exp. fig.* Expressão usada quando uma pessoa muito fraca provoca outra muito mais forte.

Umbigo, (do lat. *umbilīcu-*) **1.** *n.m.* Nome que vulgarmente se dá ao ânus dos peixes[F]. Do peixe-porco, p. ex., diz-se que só se aproveita a parte do *umbigo* para trás, da moreia e do congro, só se aproveitam do *umbigo* para a frente. Geralmente ouve-se pronunciar *imbigo*. **2.** *n.m.* Buraco das antigas canecas de madeira (ext. de *umbigo*)[P].

Umbigo de boi, *n.m.* Corda que liga o trilho a um tronco de madeira a que se prendem os bois, com a canga, na eira[T].

Um cabo e quatro soldados, *exp.* Os cinco dedos das mãos[T]. No Continente utiliza-se a frase quando se refere à mão predisposta a roubar[2339].

Um dezasseis, *exp.* Nome que se dá a um copo com a capacidade de 0.625 dl, ou seja, 1/16 do litro.

Um louvar a Deus, *loc.* Expressão dita e frequentemente ouvida aquando de grande dádiva ou de grande quantidade: *Est'ano a nossa pereira 'tá carregadinha que é um louvar a Deus!; Home, já siqué, tanta falta fazia, mas, graces ao Divino, choveu que foi um louvar a Deus!*

Um diz não quer, outro diz dá cá, *exp.* O m.q. 'não falta quem queira', quando alguém recusa uma oferta[F].

Unde, *adv.* Onde[Fl]: *Matias Leal / Tem uma atafona / Unde mói a burra / Mai'la sua dona*[2340]. Nota: Recorde-se que o adv. [onde] deriva do lat. *unde*, que significa 'de onde'.

[2339] Orlando Neves – *Dicionário de Expressões Correntes*.

[2340] Quadra do folclore faialense.

Unha na palma, *n.f.* Apodo antigo atribuído à gente de S. Miguel[2341]. À primeira vista, parecendo de tonalidade depreciativa[2342], *a phrase unha na palma no séc. XVI não tinha ainda o sentido mau que lhe damos hoje; significava força de pulso e não ladroeira*[2343].

Unhas, *n.f. pl. fig.* O m.q. mãos: *Cair nas unhas; meter nas unhas.* Ir nas unhas: o m.q. ir a pé[SM]: – *Perdi a camioneta, agora tenho que d'ir nas unhas!*

Untar, *v.* O m.q. *engraxar* (de *unto* + *-ar*)[C].

Untar a figueira, *loc.* O m.q. *untar os figos*[P].

Untar os figos, *exp.* Tocar o olho dos figos com toucinho ou *azeite-doce* para lhes acelerar a maturação[P]. Var.: *Untar a figueira*[P].

Unto, *n.m.* Toucinho que serve para temperar a sopa (do lat. *unctu-*, óleo)[T]: *Dá Nosso Senhor unto a quem tem toucinho*[2344].

Upa-só-só, *loc. interjec.* Expressão familiar dirigida às crianças para que se ponham de pé sem auxílio[T].

Urbana, *n.f.* Autocarro que faz a carreira dentro da cidade, atingindo às vezes as freguesias mais próximas, para distinguir do autocarro que vai para as freguesias distantes, em viagens menos frequentes, a chamada *camioneta da carreira* (de *urbano*)[T]. Nalgumas ilhas chama-se *urbana* ao autocarro que liga a vila às freguesias[F,P].

Urdideira, *n.f.* Dobadoura com cerca de 2 metros de altura onde se doba o linho (JPM).

Urinar virado para a Lua, *exp.* Há a crença de que se um homem urinar virado para a Lua, os filhos nascem defeituosos[2345].

Urpado, *adj.* Entumecido; inchado (corrupt. de *opado*)[SM].

Urze, *n.f. Bot.* Também chamada *urze-do--mato*, é uma planta vascular, endémica e disseminada por todas as ilhas, também chamada *mato, urze-do-mato* e *vassoura*, de nome científico *Erica scoparia azorica*[2346]. Em S. Miguel também lhe chamam *barba--do-mato*. No Corvo e Flores é chamada *queiró*. Falando de Ponta Delgada de S. Miguel, os irmãos Bullar escrevem: *Os moradores das ruas haviam-nas varrido de antemão com ramos de urze, de que se servem como vassouras, cerimónia que nos restantes dias fica em geral a cargo dos porcos, dos cães e das galinhas, que são excelentes varredores*[2347]. Antigamente a sua rama era utlizada na extracção de colorantes, dando uma cor verde. Nota: Actualmente a *Erica azorica* é espécie protegida pela Convenção de Berna (DL n.° 316/89) e pela Directiva Habitats (DL n.° 226/97).

Urzela, *n.f. Bot.* Planta espontânea, é uma espécie de líquen tintorial *(Rocella tinctoria)*, também vulgarmente chamada *rapa-de-pedra*, que fornece, consoante as espécies, uma cor azul-violácea ou acastanhada, frequente em certas ilhas, muito utilizada antigamente em tinturaria, cujo produto era exportado para a Inglaterra, Flandres e França[2348]. Contudo, a sua cultura nunca se aproximou da dimensão da cultura do pastel. *A urzela avança sempre, cobre tudo, montes, pedras, ferro, taludes da estrada, ficando tudo das mesma cor e na mesma uniformidade*[2349]. Havia às vezes quem confundisse esta tintureira com o pastel (*Isatis tinctoria*), como nos relata Valdemar Mota[2350]: *Parece que, por vezes, se confundia muito o pastel com a urzela, esta uma outra espécie tintureira [...] de produção indígena e espontânea nos Açores, e, também,*

2341 P.e António Cordeiro – *História Insulana.*

2342 Em calão continental português, 'unha na palma' significa tendência para o roubo.

2343 Teófilo Braga – *Cantos Populares do Arquipélago Açoriano.*

2344 Provérbio ouvido nos Açores.

2345 J. H. Borges Martins – *Crenças Populares da Ilha Terceira II.*

2346 *Erica scoparia* spp. *azorica* (Hochst) D.A. Webb.

2347 Joseph e Henry Bullar – *Um Inverno nos Açores.*

2348 O seu comércio só durou até ao séc. XVIII.

2349 Raul Brandão – *As Ilhas Desconhecidas.*

2350 Valdemar Mota – *Algumas Notícias sobre uma Erva Tintureira – O Pastel no Povoamento dos Açores* (in *Os Açores e o Atlântico*).

muito comercializada nos mercados do exterior para fins tintureiros, apreciada pela sua cor castanho-avermelhado. A cultura da urzela começou logo nos princípios do povoamento: *Sabe-se, entretanto, que se colhia já em finais do século XV, nomeadamente em Santa Maria, cuja produção nos anos de 1490, 1492, 1496 e 1497 cifrou-se em 507 quintais e 2 1/2 arrobas*[2351].

Urzelina, (de *urzela* + *-ina*) **1.** *n.f.* Terreno semeado de urzela. **2.** *top.* Freg. de S. Jorge, até ao final do séc. XVII chamada Urzelinha[2352], tendo esse nome devido à muita *urzela* que nela existia.

Usai-dela, *n.f.* O m.q. 'erva-formigueira', também chamada 'erva-das-lombrigas' (*Chenopodium ambrosioides*), presente em todas as ilhas [2353]. Var.: *Zaidela.*

Usar, (do lat. vulg. *usāre*, frequentativo de *uti*, usar) **1.** *v.* Comer ou beber qualquer coisa: *E agora, meu amigo, / Usa tudo quanto possas; / O chouriço vai comigo / É o da tripa mais grossa*[2354]. Da Graciosa o adágio: *Usar mas não abusar.* **2.** *v.* Costumar: – *A gente usa a peneirar a farinha pra nã engranzoar!* Nota: Em alguns dicionários consultados, registado como açorianismo, vem inadequadamente definido como 'dar muito de comer'. Houaiss regista-o inadequadamente como termo da Ilha das Flores.

Usar das galinhas, *exp.* Dar de comer às galinhas[F]. Para chamar as galinhas grita-se muito depressa: *Pula!, pula!, pula!, pula!*; para chamar os pintainhos: *Bibi!, bibi!, bibi!, bibi!*, ou *Bi...bi..bi..bi..bi..bi..bi!*

Utar, *v.* Joeirar; o m.q. outar (do lat. *optāre*, escolher)[Sj].

Utrero, *n.m. Taur.* Denominação do touro de lide quando tem três anos de idade, considerado novilho (do cast. *utrero*)[T].

U-u, *interj.* Grito de chamamento ao chegar a casa de alguém, quase exclusivamente utilizado pelas mulheres, entoando o *U-u!* em duas tonalidades, geralmente com intervalo musical de terceira menor[F,Sj]: *U-u! Dá-se licença vizinha?*

Uva-da-serra, *n.f. Bot.* Arbusto endémico dos Açores, aparecendo em todas as ilhas excepto a Graciosa, no Pico chegando a surgir até aos 1800 metros, de nome científico *Vaccinium cylindraceum*. Também é chamada *uva-do-monte, uva-da-serra* e *romania.*

Uva-de-cheiro, *n.f. Bot.* Uva típica dos Açores, da casta americana 'Isabelle', por vezes chamada *Isabel* ou *Isabela*. No Cont. é chamada 'uva morangueira', aqui havendo regiões que ainda fazem o 'vinho morangueiro', actualmente desaconselhado, e mesmo proibido o seu consumo pela presença de malvina e de álcool metílico[2355], este último um neurotóxico cientificamente reconhecido! A uva-de-cheiro só foi introduzida nos Açores nos finais do séc. XIX devido ao ataque da filoxera *(Phyloxera vitifoliae)*[2356] que dizimou toda a vinha tradicional.

Uva-do-mato, *n.f. Bot.* O m.q. *uva-da-serra.*

Uva-do-monte, *n.f. Bot.* O m.q. *uva-da-serra.*

Uva-isabel, *n.f. Bot.* O m.q. *uva-de-cheiro.*

Uveira, *n.f.* Nome que também se dá à *romania* (*Vaccinium cylindraceum*)[2357].

2351 Avelino de Freitas de Meneses – *Os Açores e o Domínio Filipino.*

2352 Nos Açores não é rara a substituição da sufixação [-inha] por *[-ina]*: *canina, tonina*, etc.

2353 Paulo A. V. Borges e col. – *Listagem da Fauna e Flora Terrestre dos Açores.*

2354 Quadra das *Janeiras* de S. Miguel.

2355 A *malvina* é a responsável pelo seu tom violáceo e a presença de *metanol* resulta do facto de as uvas 'Isabelle' terem elevada acidez, pouco açúcar e uma película rica em pectina, esta última desdobrando-se em metanol pelo efeito de enzimas naturais da uva.

2356 A filoxera é uma espécie de pulgão, com pouco mais de 1 milímetro de comprimento, que suga a raiz das videiras, acabando por matar a plantação. Esta praga difundiu-se na Europa entre 1863 e 1885 e deu cabo de quase todos os vinhedos, tendo chegado a Portugal em 1865, começando pela região do Douro e estendendo-se a todo o país, devastando todos os vinhedos excepto os de Colares, porque a filoxera não se desenvolve nos terrenos de areia. Em 1872 chegou à Madeira e, poucos anos depois, aos Açores. Esse 'pulgão' veio da América onde foi descoberto por volta de 1854.

2357 Ruy Telles Palhinha – *Catálogo das Plantas Vasculares dos Açores.*

V

Vaca da segunda vez, *n.f.* Vaca quando tem a segunda cria[Sj]. Quando tem a primeira chama-se *gueixa da primeira vez.*
Vaca de cima, *n.f.* Vaca brava que vive com os touros[T].
Vaca de grande, *n.f.* Vaca que não emprenhou, que não teve bezerro[Sj].
Vaca de mão, *n.f.* Nome que em S. Jorge se dá à vaca tratada em casa.
Vaca de sinal, *n.f.* As *vacas de sinal,* também chamadas *guias* e *chocas,* são as vacas que, na Terceira, vão à frente dos touros e os conduzem nas mudanças de local. Levam obrigatoriamente um chocalho de cobre no pescoço. Ver também *choca 1.*
Vaca de ventre, *n.f.* Também chamada *vaca de leite,* é a vaca destinada à reprodução[T].
Vaca mestra, *n.f.* Também chamada *choca, guia* ou *vaca de sinal,* é nome que se dá na Terceira à vaca que, junto com outras, é especialmente ensinada a acompanhar os touros, conduzindo-os ao curral ou à *manga.*
Vaca parida, *n.f.* O m.q. vaca prenha[Fl].
Vaca procurando, *exp.* Em Santa Maria, diz-se que a vaca está procurando quando ela está com o cio.
Vacas, *n.f. pl.* As *Vacas* eram antigamente muito *balhadas* no Pico, sendo por alguns considerado um *balho* de origem flamenga. Eram *balhadas* com os braços levantados, representando os galhos das vacas. Conhecidas também no Faial, embora em versão diferente, nas Flores eram dançadas pelos *Foliões* em frente da *Coroa,* nos Impérios do Espírito Santo: *Ai, ai, que venho das vacas, / Ai, ai, que das vacas venho, / Ai, ai, que venho sem leite, / Ai, ai, que sem leite venho.* Para findar o *balho* era gritado pelo *Mandador*: *Tirolé!* ou *Chega ao palheiro!*
Vadio, *n.m.* Terreno inculto (corrupt. de *baldio*)[T]: *É porque não queriam que os pobres criassem o gado no vadio*[2358]; *Eu cá sou pastor da rapa! / Rapo fome e rapo frio / Quando, de bordão às costas, / Vou pâr' dentro, pò Vadio!*[2359].
Vagar, *n.m.* Disponibilidade; tempo[F]: – *Tenho muito vagar pra fazer isso durante o sarão!*; – *Nã tenho vagar pra andar metido nessas passeatas!*
Vagatura, *n.f.* Oportunidade; tempo (de *vagar* + *-tura*)[Sj].
Vago, *n.m.* O m.q. vertigem; desmaio (do lat. *vacŭu-*, vazio). <u>Ter um vago</u> é ter uma vertigem ou sofrer um desmaio[C]. No Corvo, com o mesmo sentido, usa-se a exp. *ter cegueiras.*
Vai cagar para o calhau, *exp.* O m.q. *vai cavar batatas.*
Vai cavar batatas, *exp.* O m.q. 'vai bugiar!'
Vai cma canela fina. *exp.* O m.q. 'come-se com muito agrado'[F], porque, como se diz no Corvo, *canela grossa, nem ao meu burro*[2360].

2358 J. H. Borges Martins – *A Justiça da Noite na Ilha Terceira.*
2359 Vitorino Nemésio – *Festa Redonda.*
2360 Armando Cortes-Rodrigues – *Adagiário Popular Açoriano.*

Vaidor, *n.m.* Nas festas do Espírito Santo de S. Miguel, é o que leva a *Coroa* para a igreja, trazendo no regresso apenas a taça (corrupt. de *vedor*).

Vai lá caçar, *exp.* O m.q. 'vai bugiar'.

Vaitarreca, *interj.* O m.q. credo, Deus me livre[SM] (corrupt. de *vade retro*[2361]).

Vai-te cão, *loc. interjec.* O m.q. 'sume-te diabo'.

Vai-te com seiscentos diabos, *exp.* Expressão de repulsa, de irritação dirigida a alguém que importuna[F,Fl].

Valada, *n.f.* O m.q. *grota* (de *valado*)[C].

Valado, *n.m.* O m.q. vale (do lat. *vallātu-*)[T]: *[...] Vou cumprir o meu dever. / Adeus terra, adeus montes, / Adeus valados e fontes / Até que eu te torne a ver*[2362].

Valcão, *n.m.* Balcão, sua corruptela[Fl,Sj,T].

Valdio, *n.m.* Baldio, sua corruptela[Fl,T].

Valente, *adj.* Com alto valor calórico, falando de alimentos (do lat. *valente-*, robusto)[Fl]: – *O feijão assado cum toicinho é uma comida munto valente, o pió é ó depois p'a quim está ao pé!*

Valentinho, *adj.* Ainda com forças[F]. Termo geralmente referido em relação aos idosos: *Ó Ti Antóinh' Ricardo, vossemecê ainda 'tá bem valentinho prá sua idade, Nosso Sinhô le dê munta saudinha!*

Valhaco, *adj.* Velhaco, sua corruptela por assimilação[F,Fl,T]: – *Aquele Jesé Beatriz é um valhaco da pió espece, c'um ar de sonsinho sabe bem levá o charro ao seu enchelavar!* Nas Flores diz-se: *Pra valhaco, valhaco e meio!*

Valhaquinha, *n.f.* Mulher de má índole (de *{valhaco}* + *-inha*)[T].

Valoemos, em, *exp.* Em vão[F]. *Ir em valoemos:* ir em vão (corrupt. da loc. adv. de mod. ant. *em vê-lo-emos*)[2363]: – *A gente fou ao peixe tã longe mas im valoemos – sorte macaca! –, nim siqué apanhou uma vejinha pra matá o deconsolo!*

Vanço, 1. *n.m.* Cada uma das três pranchas transversais de madeira que constituem a *grade de arar*[T]. **2.** *n.m.* Nome dado a cada prancha da *marcadeira*[Sj].

Vandaraga, *n.p.* Pron., pelos de S. Jorge, de 'van der Hagen', um flamengo natural de Bruges, de nome Wilhelm van der Hagen (Guilherme da Silveira)[2364], também pelo povo chamado *Casmaca*, primeiro povoador do Topo em S. Jorge, vindo das Flores no último quartel do séc. XV: *E porque outrosi aquelle seu apelido Brandath ou Vandarago (como algũs querem)*[2365].

Vantal, *n.m.* Avental, sua corruptela por aférese e assimilação[Fl].

Vão, *n.m.* O m.q. hipocôndrio[T]: – *Costuma-me dar ũas dores aqui no vão direito, dizim qu'é da vesicla..., nã sei...*

Vapor, (do lat. *vapōre-*) **1.** *n.m.* Navio[2366]: *Para ti / que ficas parado / a olhar o vapor que se some no pego / e depois vergas a cabeça para a terra / e a ela arrancas um pão que sabe a sonhos mortos*[2367]. **2.** *n.m.* Nuvem comprida (ext. de *vapor*)[SM].

Vapor da carreira, 1. *n.m.* Navio que fazia a ligação periódica entre as ilhas, e entre estas e o Continente: *Embarcaram a francesa, / foi no vapor da carreira; / chegando ao pé do Faial, / voltou logo à Terceira*[2368]. **2.** *n.m. fig.* Em S. Miguel dá-se este nome a uma bisbilhoteira, por *acartar* os mexericos de lado para lado.

Vaquinha, *n.f.* O Dicionário da Academia de Ciências de Lisboa (2001) regista-o

2361 *Vade retro* foi uma expressão usada por Jesus Cristo quando Pedro o censurou por não ter vaticinado a sua própria morte.

2362 Quadra de Manuel Coelho Bernardo (o *Manuel Bernardo*), in *Improvisadores da Ilha Terceira.*

2363 É expressão quase em desuso.

2364 As famílias com o apelido Silveira, regra geral, descendem deste flamengo que espalhou a sua descendência por todas as ilhas excepto a Graciosa, onde os Silveiras aí estabelecidos constituem um ramo dos Silveiras portugueses.

2365 P.e Manuel Luís Maldonado – *Fenix Angrence.*

2366 Tem este nome pelo facto de os antigos navios serem movidos por uma máquina a vapor.

2367 Pedra da Silveira – Do poema: *Para Ti que Ficas Parado.*

2368 Manuel da Costa Fontes – *Romanceiro Português do Canadá (A mulher do José do Canto).*

como variedade de gado bovino da Ilha do Corvo. No início do séc. XX ainda havia uma raça de gado no Corvo que se destacava pela sua baixa estatura (cerca de um metro de altura) e por ser bom produtor de leite (no Museu de Ponta Delgada há dois exemplares empalhados)[2369].

Vara, (do lat. *vara-*) **1.** *n.f.* Antiga medida agrária linear, de 11 dm[Sj,T]. Em S. Miguel distinguiam a *Vara Grande*, de 12 palmos, da *Vara Pequena*, com 10 palmos, esta medida apenas usada no concelho da Ribeira Grande[2370]. **2.** *n.f.* Pau comprido e cilíndrico que os *Irmãos* do Espírito Santo transportam durante as coroações; aqui, as *Varas* podem também seguir ligadas umas às outras a formar quadrados – as *Quadras* – dentro dos quais vão aqueles que transportam as insígnias (vide *Varas do Esprito Santo*). **3.** *n.f.* Pau grosso com a ajuda do qual se lança o *enchelavar*[Fl].

Vara branca, *n.f.* Ver *Varas do Esprito Santo.*

Vara da burra, *n.f. Náut.* Vara que se usa na vela dos barcos para aproveitar certos ventos[T].

Vara de emparar, *n.f. Náut.* Vara comprida com uma haste e um gancho na ponta que serve para segurar e afastar as embarcações do cais; o m.q. croque[F]. Em certas regiões do Cont. chama-se 'muleta'.

Varas do Esprito Santo. Inspiradas nas antigas Varas Municipais e dos juízes[2371], são varas de madeira polida que estão presentes nos cortejos, geralmente em número de 12, medindo cerca 1.5 metros de comprimento e, nalgumas ilhas, encimadas por um suporte no qual é possível colocar uma vela, acesa no momento da coroação. Algumas são decoradas com fitas brancas e vermelhas, outras com sete fitas de cores diferentes, simbolizando os sete dons do Espírito Santo. Em algumas *Irmandades* há uma Vara mais comprida, sem suporte de vela, que é entregue pelo *Imperador* a uma pessoa de respeito para manter a ordem do cortejo. Em certos lugares esta Vara chama-se *enxota-porcos*[2372]. Na Terceira há certa divergência do que foi dito, como escreve João Ilhéu: *As varas brancas destinam-se aos parentes e são geralmente em número limitado (seis), tendo na parte superior um coto de vela e um laço de fita com um raminho de flores acerca de um palmo abaixo da extremidade superior. As varas vermelhas, com uma pomba pintada a branco, são destinadas aos restantes convidados e distribuem-se em grande número*[2373]. Nas Flores, as Varas eram pintadas de verde claro ou de branco, com as extremidades de azul-escuro, *as quais, ainda há menos de um século, eram levadas à laia de cajado, rememorando as canas verdes que os antigos usavam nestes festejos e que hoje servem para formar um quadrado onde caminham as pessoas que conduzem a Coroa e a bandeira*[2374].

Antigamente, no tempo da Rainha Santa, segundo relata o frade franciscano Frei Manuel da Esperança (1666) ao descrever as festas de Alenquer, as pessoas levavam canas verdes em vez de varas: *[...] sai da igreja do espírito Santo o dito imperador com*

[2369] João Saramago – Comunicação Pessoal.

[2370] O aparecimento da *vara pequena* tem a seguinte origem: O Conde da Ribeira Grande queria a todo o custo que o filho fosse morgado mas, como não tinha a área de terrenos exigida na altura para tal, encurtou a vara de 12 para 10 palmos, tal como se usava nas restantes ilhas, assim conseguindo os seus objectivos; daí para cá, passou a haver as duas medidas diferentes na Ilha de S. Miguel.

[2371] A 'vara' sempre foi um símbolo da governança, tendo sido usada por corregedores, juízes, vereadores e pelos temidos almotacés, os inspectores camarários de pesos e medidas que fixavam o preço dos géneros.

[2372] Reminiscência do passado em que os animais andavam soltos pelas ruas, o que ainda acontecia em cidades como Ponta Delgada nos princípios do séc. XIX, e era preciso afastá-los para o cortejo passar.

[2373] João Ilhéu – *Notas Etnográficas*.

[2374] Lino Santos e José Trigueiro – *Espírito Santo na Ilha das Flores*.

muitas festas e trombetas, grande multidão de gente com canas verdes nas mãos [...][2375].
Varado, *adj.* Diz-se do barco quando é puxado para terra e fica apoiado nas escoras (part. pas. de *varar*).
Vara do cume, *n.f.* O m.q. espigão, falando do cume das casas[Sj].
Vara do Mordomo, *n.f.* Vara que o *Mordomo* leva nas festas do Espírito Santo[SJ].
Varagem, *n.f. Náut.* Acto de varar (de *varar* + *-agem*).
Varanda, *n.f.* O m.q. *piaça*[Fl].
Varanda de ralos, *n.f.* Varanda com grade feita de madeira entrelaçada, antigamente quase sempre feita de madeira de cedro[T].

Pescando de varão aos bonitos nas Flores[2376]

Varão, (de *vara* + *-ão*) **1.** *n.m. Náut.* Cana de pesca grossa, actualmente feita de uma cana de bambu a que se tiram as folhas e se corta a ponta até cerca de 2/3 do comprimento, seca à sombra para não rachar, utilizada geralmente na pesca do bonito ou da albacora, mas também na *pesca de pedra*, para peixe graúdo[2377], p.ex., a anchova[F]: *Nas Flores a pesca do alto, duma abundância extraordinária, é quase sempre à linha ou à cana – pesca de varão*[2378]. No Faial é chamado *trolho* e *verdasca*, em S. Jorge *vardejão* e, em S. Miguel, *varejão*. Antigamente, na Graciosa, estes *varões* eram feitos de varas de álamo, araçaleiro, marmeleiro e nespereira[2379]. **2.** *n.m.* Haste metálica que liga as duas mãos da *caliveira*[Fl].
Varar, *v.* Retirar a embarcação do mar, para o *varadoiro* (do lat. mediev. *varāre*[2380]). Antigamente, nos pequenos portos das ilhas, muitas pessoas aguardavam, à tardinha, a chegada das lanchas de pesca. No final da descarga, todos ajudavam a *varar* a lancha; à voz do Mestre: – *Ei-a! Vamos embora! Todos à ũa, agora! Vá!* E, a lancha avançava, com a quilha apoiada nos *bancos* ou *paus de varar* alinhados, mais uns centímetros na força conjugada e ritmada dos presentes.
Vardade, *n.f.* Verdade, sua corruptela por assimilação[F]: – *Ele disse, e é bem vardade!* Ser a pura da vardade: ser a verdade completa, sem tirar nem pôr.
Vardasca, 1. *n.m.* Atrevido. **2.** *n.f.* Verdasca, sua corruptela por assimilação. **3.** *n.f.* Bocado de cana ou de vime destinado a malhar produtos mais frágeis, quando não era necessário usar o mangual[Fl]. **4.** *n.f.* O m.q. *varão*, falando da cana de pesca destinada à pesca dos tunídeos e de outros peixes de grande porte[Fl].
Vardascada, *n.f.* Verdascada, sua corruptela por assimilação; vergastada (de {*vardasca*} + *-ada*): *O padre foi lá, deu-lhe umas vardascadas com umas correias de Santo agostinho* [...][2381].

2375 Frei Manuel da Esperança – *História Seráfica*.
2376 Foto de João Gomes Vieira.
2377 Antigamente, nas Flores, muito antes do aparecimento das modernas canas de lançamento, a pesca à anchova, quando se fazia *de pedra*, era feita com um *varão* munido de grossa linha e anzol grande, fazendo a isca andar de um lado para o outro, com movimentos repetitivos, uma variante do que hoje se chama corrico. A estes movimentos chamava-se *pincelar* e, por ext., ao varão chamava-se *pincel*.
2378 Raul Brandão – *As Ilhas Desconhecidas*.
2379 João A. Gomes Vieira – *Os Açorianos e as Pescas 500 Anos de Memória*.
2380 Antigamente, para segurar as caravelas fora de água, era costume escorá-las com varas de ambos os lados, daí o nome – varar.
2381 J. H. Borges Martins – *Crenças Populares da Ilha Terceira I I*.

Vardascada de água, *n.f.* O m.q. aguaceiro[Sj]: – *Foi uma vardascada d'água memo a sério, num instante fiquei todo alagado!*

Vardascar, *v.* Dar *vardascadas* em (corrupt. de *verdascar*): *A família tinha sempre em casa água benta e uma palma benta para o vargastar*[2382]. Antigamente também se dava este nome ao acto de bater a lã sobre uma esteira com uma delgada vara para que se tornasse mais macia.

Vardasco, *n.m.* O m.q. *vardascada* (driv. regr. de *{vardastar]*)[StM].

Vardejão, *n.m.* O m.q. *trolho, varão, vardasca* e *varejão*[Sj].

Vareiro, *adj.* Diz-se do touro que tem o corpo demasiadamente comprido (de *vara* + *-eiro*)[T].

Vareja, *n.f.* O m.q. mosca varejeira (deriv. regr. de *varejeira*).

Varejão, (de *varejar* + *-ão*) **1.** *adj. Apelido* do indivíduo de pernas grandes[T]. **2.** *adj. Apelido* do que está sempre a tremer[C,F]. **3.** *n.m.* O m.q. *trolho, varão* e *verdasca*[P,SM]: *[...] os varejões de canna da India teem 3,5 a 4,5 metros de comprimento, mantendo na ponta um marmeleiro de 1 metro de comprimento, com 8 a 10 millimetros de diametro maximo, e a cujo extremo mais delgado se liga uma linha de 2 a 2,5 braças e de 2,5 a 3 millimetros de diametro, na qual está empatado o anzol. O peixe miudo, vivo, que serve de isca, é anzolado pelo lombo*[2383].

Varejar, *v.* Atirar; arremessar (de *vara* + *-ejar*)[Sj,T]: *[...] a cruz que ele tirou do pescoço e varejou para o chão*[2384]. CF regista-o, com o mesmo significado, apenas como brasileirismo.

[2382] J. H. Borges Martins – *Crenças Populares da Ilha Terceira II.*

[2383] Armando Silva – *Ethnographia Açoriana.*

[2384] J. H. Borges Martins – *Crenças Populares da Ilha Terceira II.*

Pescaria de vejas nas Flores

Varejar um peixe, *exp.* Pescar um peixe que dá muita luta, no *caniço* a vergar constantemente[F].

Varejo, *n.m.* Arremesso de uma coisa com violência (deriv. regr. de *varejar*): – *O pobre do home ia descansadinho no seu caminho, e veio o arrelampado do rapaz naquela mota, levou um tal varejo que se foi imborcar por riba do curral de José Inácio!*

Varela, *adj.* Volúvel (de *vara* + *-ela*)[SM]: *O meu João, dizia ela, não é varela da cabeça como essa gente o pinta; nem sai de casa, coitadinho, inté me farto de reinar com ele*[2385]. Em S. Miguel, reza o provérbio: *Há três espécies de homens: Varão, manda ele e ela não; Varela, manda ele e manda ela; Varunca, manda ela e ele nunca.*

Variado, *adj.* Alienado; louco; o m.q. *avariado* (part. pas. de *variar*): *cá na minha ideia, o rapaz apanhou uma grande pancada no íntimo e ficou variado por dentro*[2386]. É termo também muito usado na Madeira.

Variança, *n.f.* Acompanhamento da *Coroa* na *coroação* do Espírito Santo, em que os homens levam *Varas* nas mãos[T].

Variar, *v.* Delirar, dizer coisas sem nexo devido à febre ou à idade: -*O velhinho ainda está bem conservado, mas já vareia*

[2385] Cristóvão de Aguiar – *Raiz Comovida.*

[2386] Cristóvão de Aguiar – *Raiz Comovida.*

muito! Da *dança* carnavalesca *Casamento Desfeito por um Velho*, da autoria de Joaquim Sales: *[...] Diz-me se estás ainda / Pelo que há tempos te disse [...] Ora se estou, meu querido / Meu juízo não varia [...].*
Varjal, *n.m.* Cada uma das estacas ou tutores para segurar as videiras.
Varredoura, *n.f.* Farinha, sêmea e farelo que caem no chão e que o moleiro varre para aproveitar para porcos (de *varrer* + *-doura*)[SM].
Varrer a testada, *exp. fig.* O m.q. 'lavar daí as mãos'. Ver *testada.*
Vasconceiro, *adj.* Impostor; piegas (de *{vasconço}* + *-eiro*)[P].
Vasconço, *n.m.* Impostura; pieguice[P]. Nota: Aqui adquiriu um significado diferente do português corrente.
Vasqueta, *n.f.* O m.q. *basquete*, cesta (do am. *basket*).
Vassoira, *n.f.* O m.q. urze *(Erica scoparia azorica)*: *O Pico Pacheco tinha era vassoiras! Agora está numa mata, mas no tempo era vassoiras!*[2387].
Vassoura de queinar, *n.f.* Vassoura rala de hastes de gilbardeira (*Ruscus aculeatus*) destinada a separar a palha miúda na eira, para distinguir da *vassoura de varrer a eira.* Também pronunciado *bassoura de queinhar*[T]. Nota: *Queinar* ou *queinhar* é o m.q. coinar, termo usado no Alentejo, derivado de *cóino.*
Vassoura de varrer a eira, *n.f.* Vassoura feita de *urze* ou de uma certa variedade de espiga-de-milho *(milho-de-vassoura)* destinada à limpeza final da eira.
Vavó, *n.f.* Avó[SM]: *Vavó Luzia, inquieta, só dizia: Eih comadre, desabafe, diga pra aí qualquer coisinha, quando não, pego de cabeça*[2388].
Vavô, *n.m.* Avô[SM]: *[...] na tenda de tanoeiro de meu avô José dos Reis, à ilharga esquerda da casa, pedia-lhe a bênção, Vavô subença, Deus te abençoe, meu rico home [...]*[2389].

[2387] J. H. Borges Martins – *A Justiça da Noite na Ilha Terceira.*
[2388] Cristóvão de Aguiar – *Raiz Comovida.*
[2389] Cristóvão de Aguiar – *Raiz Comovida.*

Vaza, (deriv. regr. de *vazar*) **1.** *n.f.* Pia de águas sujas, feita de pedra, geralmente situada nas cozinhas[T]. **2.** *n.f.* Espaço antes da abertura do forno de cozer o pão[C,Sj].
Vazado, *adj.* Diz-se do animal que está com diarreia, com *vazaneira* (part. pas. de *vazar*)[C,F].
Vazaneira, *n.f.* O m.q. diarreia (de *vazar* + *<-n->* + *-eira*)[C,F].
Vazante, (de *vazar* + *-ante*) **1.** *adj.* Minguante, em relação às fases da Lua[C,Fl]. **2.** *adj.* A baixar, em relação às marés[F].
Vedor *(è)*, *n.m.* O m.q. *Págem da Coroa* (de *ver* + *-dor*)[SM,T]: *[...] o vedor que transportava numa taça o cetro e a coroa*[2390].
Veia, *n.f.* Aveia, sua corruptela por aférese[C,Fl,Sj].
Vei cá, *exp.* Forma de chamamento do gado (corrupt. de *vem cá*)[Sj]: *Vei... cá chapado pa canga, anda daí..., calçado!*[2391].

Pescaria de vejas

Veja *(è)*, **1.** *n.f.* Peixe (*Sparisoma cretense*) que habita largamente as costas das ilhas e que *escalado* e *salgado* é algo semelhante ao bacalhau, embora não atingindo as suas dimensões. O macho atinge maior

[2390] Costa Barreto – *A Lenda das Sete-Cidades.*
[2391] Elsa Mendonça – *Ilha de S. Jorge.*

tamanho e é todo cinzento-escuro, a fêmea é vermelha, ou vermelha com malhas cinzentas e amarelas. e cinzento. Na Terceira e na Madeira dão-lhe o nome de *bodião*, no Continente chama-se 'papagaio-velho'. É um peixe muito apreciado nas ilhas, tradicionalmente utilizado na alimentação e cozinhado de várias maneiras: cozido, estufado *(caldeirada de veja)*, assado no forno, frito, grelhado nas brasas ou na chapa. Noutros locais chamam-lhe *papagaio-velho* e *velha*[2392]. As vejas, tradicionalmente, são pescadas com um *caniço* comprido, com cerca de 4 a 5 metros, provido de linha de *nalho* n.° 0.45-0.50[2393], chumbada acima do anzol, servindo de isca a *moira*. Além da *moira*, a veja também pode ser pescada com camarão cru, embora a *moira* seja a melhor isca para este tipo de pesca. Antigamente, quando não se conseguia apanhar *moira*, para substitui-la apanhavam-se gafanhotos ou pequeninos ouriços que se encontravam nos buracos do calhau. Actualmente encontra-se a *veja* à venda nas peixarias do Continente com o nome que é conhecida na Terceira, 'bodião'. **2.** *n.f. fig.* Mulher ou rapariga boazona[F]: *Fulana é uma grande veja!*

Vejar, *v.* O m.q. ver (JPM)[F].

Vejo *(è)*, *n.m. Sparisoma cretense*, macho. Nas ilhas em que tem este nome, esta espécie de peixe é sempre chamada *veja*, no feminino. Diz-se *ir às vejas, apanhar vejas, engodar às vejas*, etc. Nunca se diz ir aos vejos. O masculino só serve para identificar o macho.

Vejota, *n.f.* Veja pequena (de *{veja}* + *-ota*)[F].

Vela grande, *n.f. Bal.* Também chamada *vela latina*, como o nome indica, é a vela maior do bote baleeiro, situada atrás e controlada pelo *Mestre* ou pelo remador da popa. A vela da proa chama-se *bujarrona*.

Vela, *n.f.* O m.q. supositório (ext. de *vela*)[SM].

Velada, *n.f.* O m.q. *levada*, sua corruptela por metátese[F].

Veleiro, *n.m.* Utensílio antigamente destinado a fazer velas de iluminação (de *vela* + *-eiro*)[P].

Velga, *n.f.* Cada um dos regos paralelos e espaçados feitos no terreno lavrado, para que a semente se espalhe com a possível igualdade[Sj,SM]. No Alentejo chamam-lhe 'belga' ou 'velga', termo que virá do cast. 'embelga'.

Velhaco, *adj.* Nome dado aos habitantes de Santa Bárbara em Santa Maria, *sobretudo quando usado pelos marienses residentes a Oeste dos Picos*[2394].

Velhas, *n.f. pl.* Cantiga de escárnio e maldizer exclusiva da Terceira, cada intervenção composta por uma sextilha – os dois primeiros tercetos bisados – arrematada por uma quadra, procurando ridicularizar velhas e velhos: *Tua avó Maria Luísa / Jogava bem à baliza / Disso ela se gabava; / Um dia com o meu avô / Ela inté apostou / Que a bola nunca lá entrava. / Meu avô marca um castigo, / Manda a bola bem mandada, / Bateu-lhe abaixo do imbigo, / Deixou tua avó toda inchada.*

2392 A Fauna Marítima – Principais Espécies nas Águas Portuguesas.

2393 Antigamente usava-se o *nalho* 0.60 e havia mesmo quem pescasse com 0.70, embora alguns usassem a *baixada* onde se estorva o anzol, abaixo da chumbada, de linha mais fina. Actualmente usam-se linhas mais finas, não só porque o peixe está cada vez mais finório mas também porque as modernas linhas são muito mais resistentes – um náilon 0.35 pode chegar a resistir a uma força superior a 20 kg.

2394 Isabel Pereira da Costa – *Santa Maria – Açores – Um Estudo Dialectal.*

Velho, (do lat. *vetŭlu-*) **1.** *adj.* Além do significado universal, emprega-se este adjectivo para distinguir um pai do filho com o mesmo nome, por exemplo, José Claudino *Velho*, para distinguir do filho, José Claudino, este, por sua vez, chamado José Claudino *Novo*[F]. **2.** *n.m.* Personagem cómica das representações teatrais populares da Ilha de S. Miguel, também chamado *Palhaço* e *Bobo*. Era, para a generalidade do público, a personagem mais apreciada das *Embaixadas*. Dava sempre a entrada a cada um dos *Cavaleiros* que o acompanhava, era ele que começava e que finalizava a recitação, com graçolas e facécias ou contando uma história cómica e desconchavada: *[...] é o velho que, atrás deles vem com máscara, sujo, lambuzado, de bordão sempre pronto para a paulada, para zurzir as aldeias desta Ilha*[2395]. **3.** *n.m.* Personagem cómica das Danças de Entrudo, também chamado *Ratão*[T]: *Ali na canada do Morro / Aquele caso se deu, / Quero dezer òs senhores, / Foi ũa burra que morreu*[2396]. **4.** *n.m.* O m.q. coco; fantasma; papão[F,T]: *[...] porque é que choras? – É porque vem um velho daquela janela p'ra cá*[2397].

Velho de fricassé, *n.m. deprec.* Homem velho que se quer parecer novo[SM].

Velho da arreda, *n.m.* Nome que se dava na Terceira, por volta dos anos 30 do século passado, ao *Ratão*, o *Velho* das danças carnavalescas, que fazia uma colecta no final da actuação da dança[2398].

Velhos. Personagens do Carnaval, os *velhos* percorrem as freguesias em bandos, visitando as casas, roubando aqui e ali, uma *malassada* ou um bolo, enfim, o que à mão encontram que sirva de petisco[StM].

Velho São Lourenço barbas de burro, *exp.* Ver *São Lourenço barbas de ouro*.

Velida, *n.f.* Mancha esbranquiçada e permanente na córnea do olho, provocada por traumatismo ou ulceração; o m.q. belida e leucoma. *Não foi esta que apareceu com uma velida num olho?*[2399]. Nota: O termo *velida* tem a sua origem no lat. *vēlu-*, ligado ao verbo *velare* que significa cobrir com véu. No Cont. é mais comum a f. 'belida', embora em certos lugares também se pronuncie 'velida', f. que não vem registada nos dicionários consultados, salvo no de JPM.

Venda, *n.f.* O m.q. mercearia, muitas vezes servindo também de tasca (deriv. regres. de *vender*)[SM,T]: *Uma noite, um cantador entrou numa venda, onde os homens se juntavam a conversar e a jogar*[2400].

Vender a arte ao demónio, *exp.* Expressão da feitiçaria que significa, através de certos actos, ver-se livre da sua arte.

Vender fardos, *exp.* Alardear grandezas; engrandecer-se[P]. No Pico, usa-se o termos *fardos* com o significado de bazófias, fanfarronadas.

Vender o gato sete vezes, *exp. fig.* Diz-se da pessoa que vende as coisas mais do que uma vez – daí o provérbio de S. Jorge:

2395 Luís Bernardo Leite de Ataíde – *Etnografia Arte e Vida Antiga dos Açores*.

2396 José Noronha Bretão – *As Danças do Entrudo – Uma Festa do Povo*.

2397 J. H. Borges Martins – *Crenças Populares da Ilha Terceira II*.

2398 Tinha este nome porque uma das suas primitivas funções era arredar as pessoas que eventualmente estivessem incomodando o desempenho da *dança*.

2399 Manuel Ferreira – *O Barco e o Sonho*.

2400 J. H. Borges Martins – *Crenças Populares da Ilha Terceira II*.

Este homem é como o outro, que vende o gato sete vezes.

Vendilhão, *n.m.* Homem que vende peixe pela rua, transportando-o em dois cestos num pau de carreto (de *vender* + *-ilho-* + *-ão*)[SM]. Na Terceira chamavam-lhe *nabiça*.

Veneno de sargo, *exp. Náut.* Nome dado às iscas *caranguejadas*, ou seja, às iscas que ficam em contacto com caranguejo desfeito, para tomarem o seu gosto e terem um maior poder de atracção do peixe. Na Ilha do Pico, ainda lhe juntam mel ou figos passados.

Veneno dos sargos, *n.m.* O m.q. *veneno de sargo*. Também se dava este nome à *carne de baleia*, o melhor isco para a pesca dos sargos[F]. Actualmente, acabada a caça da baleia, usa-se muito para isca a carne do bonito, pelo que muitos pescadores, profissionais ou não, congelam vários desses peixes para a pesca do sargo no Inverno.

Venerar, *v.* Ferir. Venerar um dedo: ferir um dedo[Fl]. Aqui, a palavra adquiriu um significado totalmente diferente do português padrão.

Veniaga, 1. *n.f.* O m.q. legume[StM]: *Aos legumes dão-lhe o nome de veniagas, sendo muito frequente ouvir-se falar em sopa de veniagas*[2401]. Este termo adquiriu aqui um significado diferente. **2.** *n.f.* Produtos agrícolas semeados nos intervalos do milho[C]. Nota: Veniaga é termo esquisito, derivado do malaio *bernyága*, que significa mercadejar, no Cont. usado com o significado de artigo vendível, mercadoria, em sent. fig., falcatrua, trapaça[2402].

Venial, 1. *adj.* O m.q. venenoso[T]. **2.** *adj.* Fácil[T]. Nota: Aqui adquiriu um sentido diferente.

Veniavle, *adj.* O m.q. *venial*, venenoso[T].

2401 Augusto Gomes – *Cozinha Tradicional da Ilha de Santa Maria*.

2402 O malaio (-português) era uma língua franca, que teve origem no séc. XVI, um dialecto colonial e comercial em que predominavam elementos portugueses e malaios. A esta linguagem crioulo-românica também se chamava 'indo-português.

Vental, *n.m.* Avental, sua corruptela por aférese[Fl,T]. Sempre ouvi dizer avental ou *avantal*, e esta engraçada rima: *Basta só um avental / pra tapar o principal.*

Ventaneira, (do lat. *ventāna-*, lugar onde passa o vento, + suf. *-eira*)[T]. **1.** *n.f.* O m.q. ventania[T]: *Botámos fora o traquete, mas a ventaneira vinha aos repelegos e era atreito a virar o barco*[2403]. **2.** *n.f. fig.* O m.q. hemorroidal.

Vento, *n.m.* Antigamente chamavam *ventos* às fendas que apareciam na madeira de cedro por causa do seu crescimento defeituoso devido aos ventos fortes: G. Frutuoso, falando dessas árvores, escreve: *[...] têm muitas fendas por dentro, a que chamam os oficiais ventos, porque os ventos as fizeram*[2404].

Vento carpinteiro, *n.m.* Nome que na Terceira se dá ao vento que sopra de Sueste: *[...] uma noite negra com'as profundas, um ventinho carpinteiro de cortar a orelha rente [...]*[2405]. Ver tb. *Carpinteiro* e *Crapinteiro*.

Vento da Galera, *n.m.* Vento que sopra dos lados da Ponta da Galera[SM].

Vento da terra, *n.m.* O vento que sopra do lado da terra; o m.q. *terral*.

Vento das mulheres, *n.m.* Nome que no Porto Judeu (Terceira) se dá ao vento norte.

Vento de baixo, *n.m.* No Corvo é o vento sul. Ver também *vento de cima*.

Vento de cima, 1. *n.m.* Na Terceira, nos lugares em que o mar fica a norte e a terra ao sul, chama-se *vento de cima* ao vento norte e *vento de baixo* ao vento sul. O mesmo se usa dizer na Vila Nova do Corvo.

Vento de entre montes, *n.m.* O vento que sopra de entre o Monte da Guia e o Monte Queimado, na Horta[Fl].

Vento de terra fora, *n.m.* O que se chama no Faial ao vento que sopra das bandas do Pico.

2403 João Ilhéu – *Gente do Monte*.

2404 Gaspar Frutuoso – *Saudades da Terra*.

2405 João Ilhéu – *Gente do Monte*.

Vento do mar, *n.m.* O vento que sopra das bandas do mar.
Vento dos tinhosos, *n.m.* Na Terceira chama-se *vento dos tinhosos* ao vento noroeste, que sopra dos lados da Graciosa[2406].
Vento-encanado, *n.m.* O m.q. corrente de ar[F]: – *cá por mim, tenho munto medo do vento-encanado, pous já sei qu'é peitogueira certa!* Na Terceira e em S. Miguel diz-se ventos encanados: *Comunica o portão para um canal de ventos encanados*[2407].
Vento formigueiro, *n.m.* Vento sueste que sopra dos lados das Formigas[SM].
Vento gaiteiro, *n.m.* Em certas freguesias da Terceira chama-se *vento gaiteiro* ao vento leste[T].
Vento geral, *n.m.* Vento brando, sem *rafegas*[P].
Vento Leste, *n.m.* É vento temido em muitas ilhas. Na Terceira, por exemplo, há o provérbio: *Vento Leste é pior do que a peste* e nas Flores ouve-se muitas vezes dizer: *Vento Leste, nem boa caça nem boa pesca*; no Pico diz-se: *Vento Leste não dá nada que preste* e em S. Miguel: *Com tempo Este, não caces nem pesques.* Em certas freguesias da Terceira chamam-lhe *vento patalu* (ver *patalu*) e, noutras, *vento gaiteiro.*
Vento mareiro, *n.m.* Vento que sopra do lado do mar[F,T].
Vento noruega, *n.m.* Vento áspero e frio, correspondente ao 'vento barbeiro' de certas regiões do Continente.
Vento patalu, *adj.* Ver *Vento Leste* (ver também *patalu*).
Vento tecido, *n.m.* Vento que traz chuva[F].
Ventos encanados, *n.m. pl.* Ver *vento-encanado.*
Vento terral, *n.m.* Vento que sopra de cima da terra, também chamado *brisa-da-terra.* Muitas vezes o nome é abreviado para somente *terral*: *[…] e lá vinha ele, alta madrugada, saca de lona pelo capelo por via do terral […]*[2408].
Vento terreal, *n.m.* O m.q. *vento terral*[F].
Ventrecha, *n.f.* Partes da barriga dos peixes, depois de escalados (do lat. *ventriscŭla-*)[T]. CF define-o como posta de peixe imediata à cabeça.
Ventreja, *n.f.* Posta de peixe logo a seguir à cabeça (corrupt. de *ventrecha*)[SM].
Ver em aberto, *exp.* Diz-se daqueles que possuem dons proféticos ou vêem nos doentes as causas dos seus males[T]: *Quando uma pessoa chora no ventre materno, diz-se que há-de ver em aberto e curar toda a espécie de males, contando que a mãe não descubra*[2409]. Cp.: Em S. Miguel *entreaberto* é um bruxo.
Ver estrelas ao mei*(o)* **dia,** *exp.* Ficar atordoado[F]: – *Levas-me uma fueirada no mei da testa que inté vais ver estrelas ao mei dia!*
Ver moscas pelos olhos, *exp.* Ter muita dificuldade; 'ver-se à rasca'[T]: *Boca de cebola insonsa, / Fama da Ilha Terceira, / Hás-de ver moscas pelos olhos / Para venceres o Nogueira*[2410].
Ver o porco, *exp.* Convite feito por um casal, em sinal de amizade, à *vizinhança de perto*, para ver e apreciar o porco antes da sua matança[StM]. Quando isso não acontece, comentam: *fulano e fulano não se dão, nem sequer se convidam para ir ver o porco*[2411].
Ver o rabo do porco, *exp.* Estar a acabar[F]. A origem desta expressão é curiosa. Antigamente, guardava-se a carne do porco numa salgadeira, vulgarmente chamada *barsa* (corrupt. de *balsa*), e, no fundo desta era sempre colocado o rabo do porco –, por isso, quando este aparecia, era sinal de se estar a acabar o conduto, daí a ex-

---

2406 Na Terceira chama-se *tinhosos* aos da Graciosa.
2407 Cristóvão de Aguiar – *Um Grito em Chamas.*
2408 Cristóvão de Aguiar – *Raiz Comovida.*
2409 J. H. Borges Martins – *Crenças Populares da Ilha Terceira II.*
2410 Quadra de Manuel Machado Nogueira (o *Tio Nogueira*), in *Improvisadores da Ilha Terceira.*
2411 João Leal – *As Festas do Espírito Santo nos Açores.*

pressão. Nas Flores há outra expressão com o mesmo sentido: *Estar pela rabeja.*

Verba, *n.f.* O m.q. berma, falando da estrada[F].

Verdadeiro, *n.m.* Traficante de burros e cavalos (JPM)[SM].

Verdasca, *n.f.* Pau de madeira forte para a pesca da albacora[Fl]; o m.q. *varão, vardejão, varejão* e *trolho* (de *vergasta,* por infl. de verde).

Verdegar, *v.* Passear sem destino; andar na vida airada[SM].

Capa da 1.ª. Ed. da Revista Verdelho

Verdelho, *n.m.* Casta da uva branca tradicional das ilhas, oriunda das ilhas do Chipre, sendo as mais famosas as do Pico e as da Terceira, produzindo – ao contrário das castas do Minho – vinho maduro, branco e seco, com graduação alcoólica entre 15 e 17 graus, que depois de envelhecido é um excelente aperitivo ou digestivo. Chegou a ser exportado para a Rússia no tempo das Cortes Imperiais. Um forte ataque de oídio, em meados do séc.XIX, destruiu praticamente todas as plantações de vinha, afectando intensamente a economia da Ilha. Actualmente a sua produção é reduzida.

Verdenaz, *n.m. Bot.* Planta invasora e competitiva com a floresta nativa, cientificamente denominada *Clethra arborea*[SM]. Como na Madeira, também é chamada *Folhadeira* (ver *Folhadeira*).

Verde vende o desgraçado quando a fome aperta, *exp.* Provérbio das Flores que significa que na aflição se vende tudo por qualquer preço.

Verdisela, *n.f.* O m.q. *corriola* (*Convolvulus arvensis*).

Verdizela, (de *verde* + <-z-> + *-dela)* **1.** *adj.* Impertinente; rabugento[T]. **2.** *n.f.* Pequeno pau que segura o isco na armadilha chamada loisa: *Eu vou por aqui abaixo / Coma quem nã quer a coisa; / Quem toca na verdizela / Fica debaixo da loisa*[2412].

Verdugo, *n.m.* Nalgumas ilhas chama-se *verdugo* ao *lambaz,* o pequeno peixe cientificamente chamado *Coris julis.*

Verduoso, *adj.* Ainda verde, falando dos frutos; verdoso, sua corrupt. por epêntese[Sj]: – *Ninguém coma a fruta d'Adão verduosa porque fica com a boca a modos cma quim como inhame cru!*

Verga *(ê),* (do lat. *virga-,* ramo flexível e delgado) **1.** *n.f.* O m.q. arame, termo sempre usado em vez deste[F]: – *A cancela, bem amarradinha com uma verga forte, ainda há de durar munto tempo!* Também é usado na Madeira com este significado. **2.** *n.f.* Pedra que forma a parte superior da boca do forno[Sj].

Verga-de-aguilhão, *n.f.* O m.q. arame farpado[F]: – *Agora com as cercas modernas ligadas à bateria, graces a Dês que já não é preciso gastar dinheiro im verga-de-aguilhão pr'aguentá o gado nas terras!* No Faial chama-se *verga-farpada.*

[2412] Quadra da Ilha da Madeira, onde também se usa o termo.

Verga-farpada, *n.f.* O m.q. arame farpado[Fl]. Nas Flores chama-se *verga-de--aguilhão.*

Vergonheira, *n.f.* Grande vergonha; coisa ou situação que provoca vergonha (de *vergonha + -eira*)[T]: *Porque é mesmo de pasmar / Esta grande borracheira. / Trata já de casar / Que isto é uma vergonheira*[2413]. Termo levado para o Brasil, onde ainda se usa.

Vergonhoso, *adj.* O m.q. envergonhado[Fl]: *– O rapaz foi criado longe de toda a gente e inda hoje é munto vergonhoso!*

Vermelhão, *n.m. Bot.* O m.q. *Invejosa (Echium plantagineum).*

Vermelho, *n.m.* Nome de bovino com cor amarelada (amarelo-torrado)[T].

Vermelho como um rocaz, *exp.* Ruborizado da face.

Verniza, *adj. 2 gén.* O m.q. *verdizela*[T].

Verruma, *n.f.* Verruga, sua corruptela[C,Fl]: *– Jesé Varajão cunseguiu fazer desaparcer as verrumas dos dedos cum água dũa bateria dum automovle! Fou c'má mão de Deus!*

Verrumão, *adj.* e *n.m.* Indivíduo sem jeito para fazer nada, desajeitado; operário reles; sarrafaçal (de *verruma + -ão*)[P,T].

Vertude, *n.f.* Virtude, sua f. arcaica[SM]. Faz parte também da linguagem popular do Alentejo.

Vèruel, Muito bem (do am. *very well*)[2414]. É *calafonismo.*

Vesgalha, *adj.* Vesgo; cego; o m.q. *vesgueta* (de *vesgo + -alha*)[SM]: *– 'Tás vegalha ou què?!*

Vesguento, *adj.* Pegajoso; viscoso (de *vesgo + -ento*)[T].

Vesgueta, *adj.* O m.q. vesgueiro; cego; vesgo (de *vesgo + -eta*)[SM].

Véspera, 1. *n.f.* Espécie de bolo duro, pouco doce, marcado com chavões, que é feito no Pico, em S. Jorge e na Graciosa pela festa do Espírito Santo, também chamado *bolo de véspera* ou *rosquilha de véspera*: *São de massa-sovada, repenicados ou serrilhados na circunferência, com chavões numa das superfícies, representando uma coroa, uma pomba, uma cruz ou uma flor*[2415] (a cruz dos chavões é a cruz da Ordem de Cristo). Recebem este nome por serem distribuídos a horas de véspera. Falando das *vésperas* da Graciosa, Carreiro da Costa[2416] escreve: *[...] são uma espécie de biscoito, cuja massa, muitíssimo dura e impossível de comer seca, é feita de farinha de trigo, ovos e leite. Algumas vezes com banha, mas nunca com açúcar. Servem para depois migar no leite, comendo-se amolecidas. Têm a particularidade de apresentarem na face superior diversos ornamentos feitos com beliscaduras de pinça e com impressões de artísticos chavões de madeira, representando iniciais de nomes, folhagens, e até uma coroa como símbolo do Espírito Santo – chavões esses muito semelhantes aos usados em S. Jorge e no Alentejo.* **2.** *n.f.* No Faial dá-se este nome a uma rosquilha relativamente pequena feita de massa sovada.

Véspora, *n.f.* Véspera, sua f. arcaica[T].

Vespra, *n.f.* Vespa, sua corruptela[SM]: *– As vespras atáquim munto os animais, principalmente as vaquinhas quando estão amarradas à corda!* Nota: Grafia de 'vespa' no séc. XVI = *vespera.*

Véstia, *n.f.* Fato de homem; casaco (de *veste + -ia*)[T]; o m.q. *jaleca*[SJ]: *Eu tenho uma véstia de merda / O forro de cagalhões / Para mais graça lhe dar / Os peidos são os botões*[2417]. A *véstia* tinha precisamente o mesmo feitio da jaleca alentejana, sem qualquer ornato e, em vez dos botões, tinha pequenas bolas do mesmo pano de lã, usando-se desabotoada.

Vestido de príncipe, *exp.* Muito bem arreado, como era o caso dos *Embaixadores*

2413 Da *dança* carnavalesca (Terceira) *Casamento Desfeito por um Velho,* enversada por Joaquim Farôpa.

2414 Termo da linguagem *calafoniana.*

2415 P.e Manuel de Azevedo da Cunha – *Notas Históricas I.*

2416 Carreiro da Costa – *Espírito Santo na Ilha Graciosa.*

2417 Quadra satírica recolhida pelo Autor nas Flores.

que faziam o prólogo das *Embaixadas* de S. Miguel. Ver também *Embaixada*.

Vestimenta, *n.f. fig.* Carga de porrada: *Cande a gente te mandarmos parar, era pra te dar uma vestimenta!*[2418].

Vestimenta d'alma, *n.f.* O m.q. *roupa d'alma*[T]: *Foram lá, e o pai dela falou que queria a sua vestimenta d'alma, que eles nunca tinham dado*[2419].

Véu do Divino Esprito Santo, *n.m.* Nome que em alguns lugares também é dado à Bandeira do Espírito Santo: – *Que o Senhor Esprito Santo te cubra com o Seu santo véu!* Além deste, também lhe é dado o nome de *manto divino*.

Véu do porco, *n.m.* Epíploon do porco; *mantéu*[Sj].

Vexado, *adj.* Empanturrado; com a 'pança' repleta; saciado (part. pas. de *vexar*)[SM]: – *Comeu tanta batata-doce e linguiça que ficou tã vexado que só lh'apetecia era drumir!* Com este significado, é termo usado apenas em S. Miguel. Note-se, contudo, que um dos significados de vexar é encher, sobrecarregar. Var.: *avexado*[SM].

Vezes miúdas, *exp.* Muitas vezes, ao contrário de *vezes ralas* que quer dizer poucas vezes[Fl]: – *Se eu o conheço?! Home, semos amigos cma marrães, vamos vezes miúdas ao peixe na minha lancha e não há Natal que não o convide pra ver o porco!*

Vezes ralas, *exp.* Ver *vezes miúdas*.

Via, 1. *n.f.* Causa: <u>*por via de:*</u> por causa de: – *Foi por via dele que eu tive que vir da Amerca pra cá.* **2.** *n.f.* O m.q. recto[T]: <u>*Sair a via:*</u> o m.q. sofrer um prolapso rectal.

Viador, *n.m.* O m.q. *Copeiro* e *Trinchante* (corrupt. de *vereador*)[Fl,T]: *Em certas freguesias* (da Terceira) *havia uma dignidade – o «Trinchante» ou «Viador», a quem incumbia a missão de cortar as carnes*[2420].

Viage, *n.f.* Viagem, sua corruptela por apócope. *Para cima, custa... Para baixo até a cabra manca faz viage*[2421].

Vi-cá, *interj.* Chamamento de animais, dito repetidamente (corrupt. de *vem cá*)[F,Fl,T]: *Vi-cá, vi-cá!, vi-cá!*

Viceira, *n.f.* O m.q. vício[SM]: – *Deu agora na viceira de roer nas unhas!*

Vício de boca, *n.m.*. Ter o vício de boca é fumar mas sem inspirar o fumo até aos pulmões, apenas o hábito, a chucha! <u>Nota</u>: É pequena a quantidade de nicotina absorvida na mucosa oral, não sendo propriamente um vício, mas um hábito.

Vicse, *n.m.* Pomada milagrosa para todos os males, boa para as gripes quando esfregada no peito, para as dores reumatismais...; e até para inalar directamente do frasco quando o nariz está entupido (do nome comercial *Vicks*).

Vida de Marujo, Antiga cantoria do Faial e das Flores: *Andar à chuva e aos ventos, / Quer de verão, quer de inverno; / Parecem o próprio inferno / As tempestades! / Don, don*[2422].

Vidália, *n.f. Bot.* Arbusto endémico do arquipélago, com a particularidade de ser a única planta do género *Azorina*. Está disperso por todas as ilhas e cientificamente é denominado *Azorina vidalii*.

Vidro da febre, *n.m.* O m.q. termómetro de avaliar a temperatura corporal[Fl].

Vieiro, *n.m.* Nome dado aos veios de carne que aparece entre o toucinho do porco, p. ex., nos torresmos (do lat. *venariu-*) – ext. de *vieiro*[F].

Vigairo, *n.m.* Vigário, sua f. arcaica[T].

Vigia, (deriv. regr. de *vigiar*) **1.** *n.m.* Aquele que vigiava, que detectava a *baleia*, nos tempos da sua caça[2423]: *O fulcro de toda a actividade baleeira dos Açores está nos*

2418 J. H. Borges Martins – *A Justiça da Noite na Ilha Terceira*.

2419 J. H. Borges Martins – *Crenças Populares da Ilha Terceira II*.

2420 João Ilhéu – *Notas Etnográficas*.

2421 Raul Brandão – *As Ilhas Desconhecidas*.

2422 Júlio Andrade – *Bailhos, Rodas e Cantorias*.

2423 Actualmente restam poucos vigias, apenas os que se dedicam à detecção do cetáceos que os barcos vão mostrar aos turistas.

vigias. Colocados no alto dos montes, têm na sua mão os destinos da pesca e dos pescadores. Mal luz o buraco, o vigia levanta-se da cama e olha o mar. Decide logo se poderão ou não as embarcações «arriar», no caso de haver baleia à vista[2424]. Antes do aparecimento das modernas vias de comunicação, dos radiotransmissores, o *vigia da baleia* enviava para o ar um foguete, ou melhor, uma *bomba*, assim assinalando a descoberta de uma nova *baleia*, indicando a sua posição com grandes panos brancos, semelhantes a lençóis, que dispunha na relva, consoante essa posição, em código preestabelecido entre ele e os baleeiros. A partir de meados do séc. passado, o aparecimento dos aparelhos de radiotelefone veio facilitar muito essa comunicação. **2.** *n.f.* Pequeno abrigo, geralmente de um só piso[2425], com uma ranhura larga e pouco alta aberta para o lado do mar – a *janela* – e uma pequena porta nas suas traseiras, instalada em falésia sobranceira ao mar para poder observar um vasto horizonte. Nela havia um ou mais homens munidos de potentes binóculos para detectar qualquer sinal de *baleia à vista*. Desde há anos que, no Pico e Faial, algumas das *vigias* foram reactivadas no sentido de detectar cetáceos, agora não para os matar mas para os mostrar de perto aos turistas, a que os Americanos chamam 'whale-watching'. **3.** *n.f.* Flutuador de cortiça da rede de arrastar[Fl,T]. **4.** *interj.*: O m.q. repara; olha. Muito utilizado em algumas freguesias da Ilha das Flores, para os lados da Fajã Grande: – *Vigia! 'Tás vendo o memo que eu?, pous aquilho não é o sinhô padre António descendo o atalho da Ponte?!* O P.e Nunes da Rosa, em *Pastorais do Mosteiro*[2426], repete-o várias vezes: *Vigia! Pois com quem há-de ser?; Vigia! O Senhor dorme?; Vigia! Que são horas.*

Vigiar a praga, *exp.* Espantar os pássaros das culturas, o que geralmente era feito por um miúdo, uma mulher ou então um *Zé-da-véstia* qualquer. Nota: Nos Açores chama-se *praga* aos pássaros do campo.

Vila Baleeira, *top.* Cognome das Lajes do Pico, por ter sido um dos maiores centros baleeiros dos Açores.

Vilão, (do lat. vulg. *villãnu-*) **1.** *n.m.* Parte do espectáculo e personagem do elenco do teatro popular micaelense, esta última também chamada *Guia* pelo facto de guiar ou dirigir o diálogo quando dialoga com outra personagem denominada *Resposta*. O *vilão*, parte do espectáculo, é uma cena ou episódio sem conexão com as outras partes, de carácter acentuadamente humorístico ou satírico, em que entram três figurantes – o *Vilão*, o *Reclamo* e o *Velho*. **2.** *adj.* Forreta; grosseiro.

Vilha, 1. *n.f.* Vila, sua corruptela[F]. **2.** *n.* No Pico chama-se *vilha* ao habitante das Lajes.

Vilhão, *adj.* Vilão, sua corruptela. O fem. é *vilhoa*: *Havia uma tia, já velhota, que era muito rica, mas muito vilhoa*[2427].

Vim cá, *interj.* Dito repetidamente, é chamamento dos animais (corrupt. de *vem cá*)[F]: *Vim-cá!, vim-cá!, vim-cá, vim-cá!, mei lindo bezerrinho!*

Vim-d'alho, *n.m.* O m.q. vinha-d'alhos[Fl].

Vime bruto, *n.m.* Nome dado ao vime ainda com a casca, usado, p. ex., para fazer cestos[Fl].

Vinagre, *n.m.* Nome de touro de pelagem amarelada; o m.q. *marelo* (do cast. *vinagre*)[T]. Termo usado um pouco por todo o país com este significado.

Vinagreira, *n.f.* O m.q. toitinegra-vinagreira *(Sylvia atricapilla atlantis)*: *A ave-negreira, a que o povo chama vinagreira e é*

2424 M. M. Sarmento Rodrigues – *Ancoradouros das Ilhas dos Açores.*

2425 No Pico havia *vigias* com dois andares, embora raras.

2426 O Mosteiro é uma pequena freguesia das Flores para os lados da Fajã Grande.

2427 J. H. Borges Martins – *Crenças Populares da Ilha Terceira I.*

o pássaro mais pequeno da ilha, canta como um rouxinol[2428].

Vinaigre, *n.m.* Vinagre, sua corrupt. por epêntese (do lat. *vinu-*, pelo cat. *vinagre*): – *O segredo prá caldeirada de peixe ficar sabrosa e desenjoativa é no fim botar umas colheres de sopa de vinaigre pouco antes de apagar o lume.*

Vinha-resistente, *n.f.* Videira enxertada em pés *(barbados)* de espécie que se não deixa atacar pela filoxera[T]. Ver nota de rodapé de *uva-de-cheiro*.

Vinhada, *n.f.* O m.q. vinha-d'alhos[F], molho para conservar e temperar as carnes e os peixes, feito com água, vinho ou vinagre, folhas de louro, sal e malagueta (de *vinho* + *-ada*)[F]: – *Im nossa casa não se come ninhuma carne que nã fique im vinhada d'um dia pro outro!*

Vinhateiro, (de *vinha* + *<-t->* + *-eiro*) **1.** *n.m.* Homem que dirige os trabalhos nas vinhas, hortas e pomares[SM]. **2.** *n.m.* Caseiro que cuida de uma quinta[SM].

Vinhático, *n.m.* Árvore de folha perene *(Persea indica)*, chegando a atingir 20 metros de altura, endémica dos Açores, Madeira e Canárias, existente também no Brasil, donde foi trazida, muito apreciada pela sua excelente madeira. Também chamado 'vinhático-das-ilhas' e 'loureiro-real' – em S. Miguel tb. lhe chamam *vinhoto* –, é uma árvore leguminosa presente em todas as ilhas, excepto Corvo e Graciosa.

Vinha velha, *n.f.* Terra de outros[P].

Vinher, Vier. O futuro imperfeito do verbo vir é assim conjugado: vinher, vinheres, vinher, –, –, vinheram; e o pretérito imperfeito: vinhesse, vinhesses, vinhesse, –, –, vinhessem: – *Se amanhã vinher o Carvalho Araújo há de trazê fartura de farinha e d'açucre, que tanta falta faz à gente!*

[2428] Raul Brandão – *As Ilhas Desconhecidas*, falando do Faial.

Vinho abafado, *n.m.* Tipo de vinho adocicado, com fermentação parcial, interrompida pela adição de álcool ou de aguardente[SM].

Vinho abafadinho, *n.m.* Variedade de vinho feito em Santa Maria apenas para uso de cada um, não sendo comercializado.

Vinho da escolha, *n.m.* Vinho feito da uva de menor qualidade, de segunda escolha[SM].

Vinho de cheiro, *n.m.* Vinho produzido a partir da *uva-de-cheiro* – no Cont. conhecida por 'uva morangueira', o vinho por 'vinho morangueiro' ou 'vinho americano' –, aromático, gostoso e de fraco grau alcoólico (entre 6 a 10%), recentemente proibido pela presença de álcool metílico, considerado neurotóxico[2429]. É óptimo para acompanhar o petisco de lapas cruas comidas com pão de milho. São afamados o vinho do Pico e o dos Biscoitos, Pesqueiro e Porto Martins na Terceira, o da Caloura em S. Miguel e o de algumas zonas da Graciosa e de S. Jorge, sendo de boa qualidade pela própria natureza de seus áridos terrenos. *Da cepa nasce o ramo, / Do ramo nasce o cacho, / E deste vinho de cheiro / Às vezes nasce um borracho*[2430]. O P.e António Cordeiro (1641-1722)[2431], natural da Terceira, ao falar na Ilha de S. Jorge, escreve: *[...] porque, ainda que se queimaram tantas vinhas com o fogo dos tremores, contudo nestas ilhas se planta e dá o melhor vinho entre o biscoito queimado; e assim o desta ilha é generoso e buscado.* Em certas ilhas, tal como no Cont., antigamente davam às crianças pequenas bonecas embebidas em vinho para melhor adormecerem: *[...] para já não falar do que pena em chin-chim, criado ao deus-dará, chupando bonecas de pano com recheio de*

[2429] Essa proibição está actualmente a ser revista pelas dúvidas do seu conteúdo.

[2430] Quadra do folclore de S. Miguel.

[2431] P.e António Cordeiro – *História Insulana*.

pão de milho embebido em água ou vinho de cheiro[2432].

Vinho de estufa, *n.m.* Os irmãos Bullar definem-no assim: *Produz-se [...] uma execrável bebida, ardente, forte e embriagante, da cor e do sabor do xerez escuro, mais forte e menos seca do que o 'cape', chamada vinho de estufa, por ser preparada em estufa ou coisa semelhante e exportada em grandes quantidades para a Inglaterra e a América*[2433].

Vinho de tamarinho, *n.m.* Bebida feita a partir da infusão de groselhas em álcool, com ou sem adição de sacarose[StM]. Em Santa Maria chama-se tamarinho à groselha. *[...] durante o período da 'lei seca' nos Estados Unidos da América do Norte [...] foram enviadas para os nossos emigrantes naquele país, muitas garrafas daquela bebida* (vinho de tamarinho), *dentro de pães leves e bolos de massa-sovada*[2434].

Vinho doce, *n.m.* Sumo da uva acabada de espremer, antes de iniciar a fermentação.

Vinho dos Casteletes, *n.m.* Vinho que tornou famosa a Ilha de S. Jorge. Já era feito no lugar dos Casteletes (freguesia da Urzelina) em 1571 e durou cerca de 3 séculos, tendo acabado em 1884 quando as videiras foram atacadas por um oídio (*Oidium tukeri*).

Vinho mole, *n.m.* Sumo da uva antes de se iniciar a fermentação; o m.q. *vinho doce*[Sj]. Registado nos dicionários como regionalismo. Numa Carta de D. Afonso V, em 1478, que se refere ao vinho verde de Ponte de Lima, pode ler-se: *[...] que nhuua pessoa assy da villa como de fora de qualquer estado e condiçom que seja nom mete nhenhum vinho mole nem cozido pêra reggatar em mente hi ouuer vinho na villa [...].*

Vinhoto, *n.m.* Nome que também se dá ao *vinhático* (*Persea indica*)[SM].

Vinho velho, *n.m.* O vinho já completamente fermentado, para distinguir do *vinho novo* ou *vinho doce*[T].

Viniaga, *n.f.* O m.q. banho (JPM)[F].

Viola, 1. *n.f.* Também chamada *viola da terra, viola de arame* ou *viola de corações,* é um instrumento músico semelhante à guitarra clássica, mais estreito e de ilhargas um pouco mais altas, tendo no tampo, em vez do buraco redondo desta, dois corações (segundo alguns representando o amor – do que parte e do que fica). Possui, contudo, apenas cinco ordens de cordas ou *parcelas,* na seguinte ordem decrescente: $Mi_4 - Si_3 - Sol_3 - Ré_2 - Lá_2$; as primeiras ou *primas* (Mi) e as *segundas* (Si) são duplas, as terceiras ou *toeiras* (Sol) são compostas por uma corda de aço e um bordão afinados com uma oitava de distância, e os dois restantes bordões (Ré e Lá) são acompanhados de mais duas cordas de aço afinadas em uníssono e oitavadas destes. Antigamente, a afinação era um pouco diferente, as *primas* eram afinadas em $Ré_4$[2435], sendo as actuais cordas de aço feitas em arame de latão – *cordas amarelas* –, com um timbre bem mais característico do que o das de agora, apesar de menos resistentes ao esforço e à afinação. Nas *ilhas-de-baixo,* ainda há bem poucos anos havia quem descesse esse tom às *primas* para tocar certos *balhos* antigos – dizia-se 'afinar à moda de S. Miguel'. *Até há recentes anos, a viola era muito comum em todo o arquipélago, fazendo mesmo parte do enxoval do noivo e do mobiliário doméstico de 50% dos casais, vendo-se geralmente no lugar de honra da casa, em cima da cama dos donos, sobre a colcha, para se proteger da humidade*[2436]. **2.** *n.f.* O m.q. *gaio* e *peixe-cão (Bodianus scrofa).*

2432 Cristóvão de Aguiar – *Raiz Comovida.*

2433 Joseph e Henry Bullar – *Um Inverno nos Açores.*

2434 Augusto Gomes – *Cozinha Tradicional da Ilha de Santa Maria.*

2435 Ainda hoje se mantém, pelo menos para certas modas de S. Miguel.

2436 Ernesto Veiga de Oliveira – *Instrumentos Musicais nos Açores.*

Viola boieira, *n.f.* Viola com dimensões superiores à *viola da terra*.

Viola da Terceira (15 cordas)

Viola da Terceira. A *viola da Terceira* é diferente da das outras ilhas. Enquanto a *viola da terra* tem 12 cordas distribuídas por cinco parcelas, a da Terceira tem 15[2437], distribuídas por seis parcelas, por isso se chama na Terceira *viola de seis parcelas*, afinadas de modo semelhante à da guitarra clássica (Mi_4-Si_3-Sol_3-$Ré_2$-$Lá_2$- - Mi_2); o seu tampo, em vez dos dois corações da *viola da terra*, apresenta apenas um orifício redondo semelhante ao da guitarra clássica, chamado *óculo, boca, buraco* ou *espelho*, e o braço é mais curto[2438], dificultando um pouco a dedilhação para as notas mais agudas. Apesar desta limitação, tem havido grandes tocadores de viola da Terceira, ponteando-a com grande destreza. Laureano Correia dos Reis foi um deles, tendo mesmo feito escola, dando aulas daquele instrumento na Fanfarra Operária por volta dos anos 60 do séc. passado. Nota: Em S. Jorge também se toca a viola de 15 cordas[2439].

Viola da terra, *n.f.* Ver *Viola*.

Viola de arame, *n.f.* O m.q. *viola da terra*. Tem este nome herdado do tempo em que as suas cordas eram de arame amarelo e que lhe dava um timbre característico, diferente do encordoamento actual, feito de cordas de aço, que lhe dá um timbre mais metálico, embora de mais brilho e com maior resistência à afinação. *A viola está dezendo: / – Anda para mim ó querida! / Vem-me ajudar a passar / Estes dois dias de vida!*[2440].

Viola de corações, *n.f.* Ver *viola de dois corações*.

Viola de dois corações, *n.f.*. Outra das designações da viola açoriana, também chamada apenas *viola de corações*.

Viola de seis parcelas, *n.f.* Ver *viola terceirense*.

Viola inteira, *n.f.* A viola de tamanho normal para um adulto.

Viola requinta, *n.f.* Cordofone de reduzidas dimensões, também conhecido pelos nomes de *Cavaquinho, Machete* e *Machinho*, reproduz os sons uma oitava superior à da 'viola inteira' e serve para reforçar a melodia ou para embelezar o canto com o emprego de acordes tonais em cada canção. Diria que, em melodia, faz o papel que o flautim executa em relação à flauta, nas bandas de música e orquestras. Tem uma forma semelhante à da *viola da terra*, o seu ponto é dividido em 14 ou 16 tastos e é armada com quatro cordas duplas, afinadas em quintas tal como o bandolim, ou seja, Mi-Lá-Ré-Sol. Ver tb. *Machete*. Nota: Antigamente em S. Miguel fazia-se uma variante deste cordofone que, em vez de quatro cordas duplas, se armava

---

[2437] Na Terceira chegaram a ser feitas violas com 18 cordas.

[2438] O braço da *viola da Terceira* tem apenas dez pontos sobre este e oito sobre o tampo, ao passo que a *Viola da terra*, tal como a guitarra clássica, tem doze pontos no braço e nove a dez a partir do tampo.

[2439] Certamente para lá levada pela gente da migração que houve da Terceira para esta Ilha.

[2440] Quadra recolhida pelo Autor nas Flores.

com seis cordas simples e a que se dava o mesmo nome.
Violão baixo, *n.m.* Cordofone de grandes dimensões, chegando a atingir 1,60 m de comprimento, também chamado *rabecão*: era armado com quatro cordas simples e com a seguinte afinação: Lá-Ré-Sol-Si ou Mi-lá-Ré-Sol (do grave para o agudo) e tinha 24 pontos de escala.
Violão, *n.m.* Instrumento músico semelhante à viola francesa ou guitarra clássica, de fabrico artesanal nas ilhas, quase sempre ligeiramente mais largo e de caixa menos profunda, com as mesmas seis cordas afinadas na igual sequência: Mi_4-Si_3-Sol_3-$Ré_2$-$Lá_2$-Mi_2. Veiga de Oliveira[2441] descreve-o assim: *[...] instrumento de caixa com enfranque que no continente se chama 'viola', pelos técnicos 'guitarra clássica', e que em todos os países europeus compete o étimo de guitarra.*
Vir, O pretérito perfeito simples deste verbo é[F,Fl]: *vim, vinheste, veio, vinhemos, –, vinherum ou vinherim.*
Vira, *n.f.* Bocado de pano de lençol com renda, usado na cama durante o dia em substituição do lençol (deriv. regr. de *virar*)[Fl].
Vira a mão, *loc. interjec.* Ordem que os *homens-da-corda* gritam para mudar de posição, nas touradas à corda[T].
Virado, *adj.* O m.q. morto[T].
Virar, *v.* Mudar de direcção, falando do vento; O m.q. *rodar*: *– Eu acho que o vento já virou pra norte – amanhã vai está frio cma burro!*
Vir à advertência, *exp.* O m.q. vir à memória; lembrar-se: *– Veio-me agora à advertência que nã cheguei a pôr a carta no correio!*
Vir com os pés nas mãos, 1. *exp.* Brindar com presentes: *Mas já cá teve hoje as suas visitas do Capelo; trouxeram-lhe este grande pão de massa-sovada... Duas galinhas... Enfim, vieram com os pés nas mãos*[2442]. Nota: A oferta levada, muitas vezes uma galinha, era geralmente transportada presa pelos pés, daí origem da expressão. **2.** *exp.* Em S. Miguel, tem outro sentido, significando vir com pezinhos de lã, silenciosamente, cautelosamente.
Vir da casa do diabo, *exp. fig.* Vir de muito longe.
Vir de carrinho, *exp. fig.* Vir de propósitos escusados, sem conseguir o que deseja[T].
Vir de praga ruim, *exp.* Ser descendente de gente ordinária[T].
Vira-discos, *n.m.* O m.q. gira-discos, sua corruptela[Fl].
Vir nos papeles, *exp.* Ver *papeles*.
Virar baraço, *exp.* Utiliza-se este termo quando se retira a rama da batateira-doce do contacto com a terra, para que não adquira raízes ao longo dos seus compridos caules e produza mais – menos rama e mais batata[F].
Virar de banda, *exp.* Virar de pernas para o ar[F]. É expressão muito usada também em sentido figurado, como na seguinte frase: *– Home, im casa de Jesé Camona o mau cheiro era tanto qu'era dum home virar de banda!*
Virar leiva, *exp.* Lavrar a terra virando as leivas com as ervas para baixo, para apodrecerem[Fl]. À terra assim trabalhada diz-se que fica a *fumar* ou a *apodrecer*.
Virar o bucho, 1. *exp.* Diz-se que o peixe *virou o bucho* quando é pescado a grande profundidade, tal como acontece com o cherne, chegando à superfície com a bexiga natatória a sair pela boca, isto devido à grande diferença de pressão[F]. Com o mesmo sentido se dia *deitar* ou *botar o bucho de fora.* **2.** *exp. fig.* Matar; dar cabo de: *[...] se eu sonhasse que o meu Miguel / Me tivesse feito uma afronta dessas; / Ele decerto não ia gostar, / Porque eu era capaz de lhe virar / O bucho às avessas*[2443].

[2441] Ernesto Veiga de Oliveira – *Instrumentos Musicais Populares Portugueses.*

[2442] Vitorino Nemésio – *Mau Tempo no Canal.*
[2443] Do bailinho carnavalesco As *Paixões do Tio Miguel,* de Hélio Costa.

Virar o capucho, *exp.* Ver *Revirar o capucho.*

Virar o leite na máquina, *exp.* Ir à máquina desnatadeira para desnatar o leite: – *Deixa-me ir embora qu'ainda tenho que virar o leite na máquina!*

Virar roupa do avesso, *exp.* Operação antigamente muitas vezes feita na roupa usada para renová-la, descosendo-a pelas costuras e voltando a cosê-la depois de virada do avesso. Frequentemente, para que ficasse com uma cor uniforme, a roupa era depois tingida com métodos naturais como, p.ex., usando colorantes extraídos da rama de urze (verde), de musgo das paredes e da faia-da-terra (castanho), do lírio (amarelo), da ruivinha (vermelho), da casca da fava (preto), da casca do cedro (cinzento-avermelhado), da cebola (amarelo-claro), da folha do tabaco (castanho-claro), da casca da nogueira (verde-seco), etc.

Virar-se a alguém, *exp.* O m.q. virar-se para alguém[T]: *E o meu afilhado é que contava que o Luís que se virou ao home da sobrinha e disse [...]*[2444].

Vir a si, *exp.* Recuperar a consciência perdida: *Nisto, deitaram um lambião de lume que ela deu um grito e desmaiou. Quando veio a si, então é que se lembrou que era a noite dos diabretes*[2445].

Vir das vacas, *exp.* Regressar a casa depois da ordenha das vacas[Sj]: *[...] a mulher ergue-se da cama para fazer a açorda ou o caldo que o marido almoçará antes de ir para o trabalho ou logo que venha das vacas*[2446].

Virge, *n.f.* Virgem, sua corrupt. por apócope: *Santa Barba Virge, / Santa Barba bendita / No céu está escrita / Com papel e água benta; / Livrai-nos desta tormenta*[2447].

[2444] J. H. Borges Martins – *A Justiça da Noite na Ilha Terceira.*

[2445] J. H. Borges Martins – *Crenças Populares da Ilha Terceira II.*

[2446] Elsa Mendonça – *Ilha de S. Jorge.*

[2447] Uma das orações para afastar a trovoada.

Virote, (do port. ant. *vira* + *-ote*) **1.** *n.m.* Rapaz atrevido, irrequieto; vivo[T]. **2.** *n.m.* Pessoa muito trabalhadora[T]: *A rapariga cuidava da casa toda, era mesmo um virote!* **3.** *n.f.* Bocado de vime com que se viram as tripas dos porcos para as lavar[T]: (os intestinos do porco) *são virados com um vime, a que chamam virote*[2448]. Cp.: 'Virote' era uma seta curta e grossa.

Virze, *n.f.* Virgem, sua corruptela: *Quero-te bem, rapariga, / Como o cego quer ao saco; / És como a Virze Maria / Sentada no trabanaco*[2449].

Visavô, *n.m.* Bisavô, sua corruptela[Fl]. E. Gonçalves regista-o também no falar algarvio.

Visgo, *n.m.* Herbácea perene, chegando a atingir 30 cm de altura, que aparece junto à costa de todas as ilhas, excepto da do Pico, de nome científico *Tolpis succulenta*[2450]. No Cont. chamam-lhe 'visco'.

Visita, *n.f.* Presente de casamento[StM].

Visita ao Mordomo, *n.f.* Visita ao *Mordomo* do Espírito Santo, que convidou para a sua *função,* levando-lhe qualquer alimento, geralmente açúcar, manteiga..., para contribuir e aliviar as despesas daquela[T].

Visita da saúde, *n.f.* Tem o mesmo significado do que no Cont. se chama, em sentido figurado, o 'canto do cisne', ou seja a sensação de bem estar e de aparente melhoria daquele que está prestes a morrer[2451], tal como o cisne no seu harmonioso canto antes de morrer – em Cantanhede chamam-lhe as 'melhoras da morte'. *Tão espertinha e agora quase a passar-se, foi com certeza a visita da saúde, que todo o moribundo recebe antes de*

[2448] Maria Odette Cortes Valente – *Cozinha de Portugal.*

[2449] Vitorino Nemésio – *Festa Redonda.*

[2450] Erik Sjögren – *Plantas e Flores dos Açores.*

[2451] Actualmente já tem uma explicação fitopatológica, sendo devida a libertação de certas hormonas do corpo que, numa última tentativa, tentam abanar o organismo contra o stress da doença.

morrer[2452]. JPM regista-o com o mesmo significado.
Visita das casas de Nossa Senhora, Ver *Romarias da Quaresma* e *Romeiros.*
Visita de noivos, *n.f.* Visita aos recém--casados, levando uma prenda.
Visita de nojo, *n.f.* Visita a uma família enlutada, por não se ter tido oportunidade de ir ao funeral[T].
Visitar capelinhas, *exp.* Percorrer as tascas, bebendo em todas elas.
Visitar casinhas. *exp.* O m.q. *tirar casinhas*[T].
Visitas, *n.f. pl.* Cumprimentos. Nos Açores diz-se muito, e antigamente era comum em todas as cartas, mandar *visitas* a alguém: *Dá visitas a teu irmão, que nã m'esqueci dele.*
Vista, *n.f.* O m.q. *barra da casa*[StM]. Tal como esta, é sempre usado no plural.
Vítima, *n.f.* O m.q. *alambrança;* presente[SM]. Muitas das vezes, a *vítima* é uma galinha!
Viúva, (do lat. *vidŭa-,* viúva) **1.** *n.f.* Espécie de abrótea cientificamente denominada *Gaidropsarus guttatus.* **2.** *adj. Bal.* Diz-se da baleia quando aparece sozinha; o m.q. *solteira* e *solitária*: *– Ei-la! Pela proa! [...] – Parece viúva... a maldita...*[2453].
Viúva-da-pedra, *n.f.* O m.q. *bacalhau-dos-Açores.*
Viva o Mordomo novo, *loc. interj.* Expressão de saudação quando é eleito o *Mordomo* nas *sortes* das festas do Espírito Santo[T]. Geralmente alguém aclama também: *– E viva o velho!*
Viva o novo, *loc. interj.* Aclamação do povo nas festas do Espírito Santo aquando da eleição do *Despenseiro* ou *Depositário,* pela primeira vez eleito[SM].
Viva o velho, *loc. interj.* Aclamação do povo nas festas do Espírito Santo aquando da eleição do *despenseiro* ou *Depositário,* quando é eleito para mais um mandato[2454].
Viva, senhor, *loc. interjec.* Saudação corrente, quando se saúda uma pessoa de respeito.
Viver, O presente do indicativo é assim conjugado: *vivo, veves, veve, vivemos, –, vévem: [...] – A gente veve do mar... Se tamos munto tempo im terra, ũa quarta de milho ainda s'amanha [...]*[2455].
Vivo como um alho, *loc. adj.* Vivaço: *– O miúdo é vivo como um alho, benza-o Deus!*
Vivório, *n.m.* Animação; alegria (da interj. *viva* + *-ório*)[T].
Vivouro, (da interj. *viva* + *-ouro*) **1.** *n.m.* Divertimento; festa[SM]. Na Terceira chama-se *vivório.* **2.** *n.m.* Pessoa de muita vivacidade[SM].
Vizinhança de perto, *n.f.*. Conjunto de quatro ou cinco casas mais próximas de um dado grupo doméstico, quando o povoamento é irregular e disperso[StM].
Vizinho de perto, *n.m.* Aqueles que habitam na *vizinhança de perto*[StM].
Vizinho do pé da porta, *n.m.* O m.q. *vizinho do portal da porta*[T]: *Deus me livre se eu falava mal / De uma vizinha do pé da porta*[2456].
Vizinho do portal da porta, *n.m.*. Vizinho que mora nas redondezas de uma casa[StM]. Em S. Miguel chama-se 'vizinho de ao pé da porta': *[...] e foi com o homem convidar os vizinhos de ao pé da porta, para verem o porco*[2457].
Voador, *n.m.* Espécie de tunídeo. Ver *alvacória.*
Você, *pron.* Regista-se esta dicção pronominal somente para referir que, embora seja a contracção de 'vossemecê', por sua vez 'de vossa mercê', nunca é usado nas ilhas dos Açores, a não ser recentemente

2452 Cristóvão de Aguiar – *Raiz Comovida.*
2453 Manuel Ferreira – *O Morro e o Gigante.*
2454 Armando Cortes-Rodrigues – *Espírito Santo na Ilha de S. Miguel.*
2455 Vitorino Nemésio –*Mau Tempo no Canal.*
2456 Do bailinho carnavalesco *A Genica da Velhice,* de Hélio Costa.
2457 Manuel Ferreira – *O Barco e o Sonho.*

e apenas por habitantes continentais aí radicados nos tempos de agora. Antigamente, era até ofensa, se dirigida aos mais velhos: *Ó sinhóra, c'ando a gente im conversa chega a tratar-se por você é sinal c'os ânimos já nã tão bũs*[2458]. Segundo refere Teófilo Braga, quando se recebia o tratamento de você, retrucava-se: *Você é estrebaria, / Nela se come e nela se cria, / Com dez réis de palha por dia*. No princípio do século passado também ainda era assim em muitas regiões do Continente. Nessa época, num jornal de Trás-os-Montes saiu um dia uma entrevista em que o entrevistado dizia ser uma palavra interdita no tratamento habitual na sua terra, nem sequer se usava mesmo em caso de zanga entre duas pessoas.

Vomecê, *pron.* Contrac. de vossemecê. No Faial ouve-se pronunciar *vomecêa*.

Vocês, Na Terceira, as raparigas tem o hábito de chamar uma pelas outras dizendo *Ó vocês* ou, *Ó vocês, adeus!* Mas, nem só elas, Borges Martins regista-o repetidamente nos falares das suas historietas: – *Ande, vocês, ver esta tia da parte de cima cma está p'raí a gritar. Ande vocês, depressa...[...] – Ande vocês depressa p'ra lá*[2459]; *Ei! Bote vocês a mão àquele garoto, já!*[2460]; – *Ah vocês, já está a ficar quase de noite e ainda temos muito caminho para andar*[2461].

Voda *(ô)*, *n.f.* Nome que nas Flores antigamente se dava às festas do Espírito Santo. Nota: *Voda* é f. arcaica de *boda*.

Volta, (deriv. regr. de *voltar*) **1.** *n.f.* Mudança do gado durante o Inverno, dos baldios para lugares mais abrigados[SM]. **2.** *n.f.* O m.q. curva, falando das estradas e dos caminhos[StM]: – *As voltas do Castelo são voltas aferropeadas!*

Volta à Ilha, *n.f.* Aranzel que foca todos os nomes das freguesias e lugares da Ilha do Faial, outrora cantado pelos ranchos populares para entreter as distâncias entre uma e outra casa onde havia altares armados por ocasião dos Anos Bons e Reis[Fl]: *Acendi o meu balão / na ponte da Conceição, / e, olhando para o ar, / subi acima da Pilar. / Seguindo por i abaixo / bati comigo no Facho; / para comprar uma saia / desci abaixo à Praia [...].*

Voltar a seco, *exp.* Expressão usada antigamente nos Ranchos dos Reis da Terceira, quando as pessoas das casas visitadas não ofereciam nenhuma bebida, o que raramente acontecia; o Rancho ia até uma casa, voltando para trás, *a seco*, se lhe não era oferecido nada.

Vomecê, *pron.* Contrac. de vossemecê: *Vomecê o que é que vinha fazer aqui? – Eu vinha buscar aqueles bois que era para a gente debulhar trigo! – Vomecê vaia-se embora e não os leva hoje!*[2462].

Vormelho, *adj.* Vermelho, sua corruptela: *Ela riu-se munto, vormelha como ũa brasa, e pregou a medalhinha no seio*[2463].

Vossemecê, *pron.* Contrac. de *vossa mercê*. É tratamento que se dirige a uma pessoa de respeito. Nos Açores nunca ninguém ouviu tratar os pais ou avós, ou outras pessoas de respeito, por você, como é habitual ouvir-se na região em que actualmente estou vivendo, Cantanhede. E, também, com o devido respeito, em S. Jorge se diz: *Senhor Diabo, com vossemecê, nem bem, nem mal*. Na Galiza também se usa esta contracção, mas dirigida a pessoas de média condição.

Vossioria, *pron.* O m.q. *vossoria*[T]: – *A gente usava calça preta e bota de cano nas paradas, Vossioria intende...!*[2464].

[2458] Elsa Mendonça – *Ilha de S. Jorge*.

[2459] J. H. Borges Martins – *Crenças Populares da Ilha Terceira I*.

[2460] J. H. Borges Martins – *A Justiça da Noite na Ilha Terceira*.

[2461] Carlos Enes – *Terra do Bravo*.

[2462] J. H. Borges Martins – *Crenças Populares da Ilha Terceira I*.

[2463] Vitorino Nemésio – *O Mistério do Paço do Milhafre*.

[2464] Vitorino Nemésio – *O Mistério do Paço do Milhafre*.

Vossoria, *pron.* Contrac. de Vossa Senhoria (*Voss*[a Senh]*oria*): *[...] para ir às primeiras é toliça porque, como vossoria muito bem sabe, não há nada pior para esta cousa do mercar e vander do que dar logo o beiço à sujeição*[2465]. Usava-se também na Beira Litoral: *Imaginem Vossorias que um dia eu e meu sogro botámos até Aveiro no negócio [...] Agora deitem Vossorias consultas e digamme*[2466]. Aliás, antigamente era frequentemente ouvido por todo o lado em linguagem popular nas falas dirigidas a pessoas da alta nobreza.

Voto da Câmara, *n.m.* No Faial, em 24 de Abril de 1672, aquando de um grande terramoto ocorrido entre o Capelo e a Praia do Norte, os nobres, por terem escapado a ele, tiveram a ideia de instituir uma Irmandade em louvor do Espírito Santo. O voto, de que constava missa, sermão e procissão, era participado pelo corpo da Câmara Municipal e deveria repetir-se todos os anos. É o Presidente da Câmara que leva a *Coroa* à igreja no domingo de Espírito Santo e, após a missa, segue-se a coroação. No cortejo incorporam-se todos os funcionários da Câmara e o povo em geral. Actualmente já não há *Jantar* no *Império*. No Faial, também se chamava *Voto da Câmara* ao facto de antigamente todos os funcionários da Câmara Municipal da Horta irem anualmente a pé e descalços à freguesia da Praia do Almoxarife, promessa feita pela Câmara aquando de uma *rebentação de fogo* entre Santa Luzia e Bandeiras, no Pico, em que a lava era tanta que avançava pelo mar fora, vindo já a meio canal em direcção à Praia, quando o povo desceu até ao mar com a imagem de Santo Cristo, altura em que subitamente parou o fogo e tudo acalmou[2467].

Vou d'ir, *exp.* O m.q. *vou ir*[F].

Vou ir, *exp.* O m.q. irei[F,Fl,P]: – *S'amanhã tivé bom tempo, vou ir dar uma arriada às vejas!* Nota: Esta redundância também aparece nalguns lugares de Cont. e é muito frequente no Brasil. Cp.: Em certas regiões do Cont. usa-se muito a exp. 'ir sair', em vez de 'sair'.

Vozes, 1. *n.f. pl.* Gritos dos mandadores dos *balhos* tradicionais, para orientar e conduzir os pares na coreografia. Assim se mandam as *vozes*: *Abre a roda / Mãozinhas / Adiente / Adiente e foge / Estraladinho / Dança ou balha tudo / Vamos ao centro / Vai rolando / Fica rasteirinho / Vai-se embora / Abre a roda / Adiente, outra senhora / Ao contrário, ou quebra prás avessas / Vamos à praia, ou vamos com as senhoras a passeio / Homens por fora, senhoras por dentro / Homens dentro, senhoras fora / Um homem à frente / Uma senhora à frente / duas senhoras à frente / Coroa os pares / Coroa as senhoras / Entranceia ou tranceia / Vamos embora.* Nas ilhas do grupo ocidental, a Chamarrita é terminada com a voz *Tirolé, Trilolé* ou *Olé, já dá bastante.* **2.** *n.f. pl.* Também se chamam vozes aos incitamentos dirigidos aos animais durante as lides da lavoura: *Arrecu pa trás!* (recua para trás)... *Fora boi anda! Pás-trás Gigante!* (para trás Gigante)[F].

Vrido, *n.m.* Vidro, sua corruptela[SM]. Mais uma metátese das que frequentemente surgem nestas falas: – *Só im vridos podia aqui montar uma estôa que havera de ser das melhores, que im vridos não há como lá!*[2468].

Vurme, *n.m.* O m.q. peçonha (JPM).

2465 Luís Bernardo Leite de Ataíde – *Etnografia, Arte e Vida Antiga nos Açores.*

2466 Aquilino Ribeiro – *O Malhadinhas.*

2467 Apoiado em texto de Maria de Fátima F. Baptista – *Ilha do Faial. Contribuição para o Estudo da sua Linguagem, Etnografia e Folclore.*

2468 Urbano de Mendonça Dias – *"O Mr. Jó"*

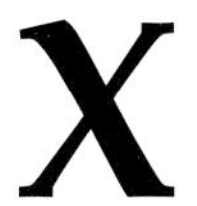

Xaboca, *adj.* Aquele que faz as coisas de uma maneira tosca; imperfeito[F]. No Brasil, 'xaboqueiro' tem o mesmo significado. No Cont. usa-se o termo 'xabouco' com significdo semelhante.

Xadrês, *n.m.* Uma das *marcas* das *Danças de Entrudo* da Terceira.

Xalde, *n.m.* Xale, sua corruptela[T]: *Uns levavam uma jaquetas pla cabeça... Outros levavam xaldes* [...][2469].

Xaldre, *n.m.* Xale, sua corruptela[Sj].

Xale-de-ponta, *n.m.* Xaile dobrado de forma triangular, antigamente usado por cima da cabeça como sinal de luto pesado[Fl].

Xale-de-toalha, *n.m.* Xaile dobrado em forma de rectângulo, usado quando o luto é mais leve[Fl].

Xardado, *adj.* Queimado; tostado (part. pas. de *{xardar}*)[Sj].

Xardar, *v.* O m.q. tostar (de *xarda* + *-ar*)[Sj]: *– Eu acho que o forno está quente de mais pra secar o milho..., é capaz de xardá-lo!* Nota: Xarda: o m.q. *sarda*, efélide, de cor escura.

Xaréu, *n.m.* O m.q. enxaréu (*Pseudocaranx dentex*).

Xaveca, *n.* Pessoa insignificante, de fraca aparência; o m.q. chiola (de *xaveco*, sua ext.)[SM,T].

Xaveco, (do ár. *xabbáq*, pequeno navio) **1.** *n.m.* Barco ou navio velho em más condições de navegar: *O Terra Alta é um chaveco qu'havera mas era de ser botado no lixo!* **2.** *n.m.* Coisa velha inutilizada[T]. JPM regista-o com o mesmo significado apenas como brasileirismo.

[2469] J. H. Borges Martins – *A Justiça da Noite na Ilha Terceira.*

Xereno, *n.m.* O m.q. *chereno*, ar húmido da madrugada que salpica as ervas (corrupt. de *sereno*, do lat. *serēnu-*): *Na sepultura do meu bem / Aplantam-se flores aos molhos / O xereno que lhes dá / É a água dos meus olhos*[2470].

Xi, *interj.* Usada para afastar os animais: *[...] sacudia o porco com os pés 'xi porco!, xi porco!, lá p'ra fora!'*[2471].

Xias, *n.* Em Angra do Heroísmo empregava-se o termo *xias* para designar uma pessoa desconhecida, também dito *xias d'Agualva*[T].

Xingado, *adj.* Lixado; tramado (part. pas. de *xingar*)[T]: *Olha! A gente tamos xingados! Mas o que é?! Eu vi um home em cima do Pico Pacheco!*[2472].

Xingar, *v.* Aborrecer; bater; insultar; tramar (do quimbundo *xinga*, insultar, ofender)[SM]. CF regista-o apenas como brasileirismo com o significado de insultar com palavras, zombar.

Xôa, *adj.* Certo; exacto (do am. *sure*). Termo correntemente utilizado pelos emigrantes *amar'icanos*.

[2470] Quadra do folclore açoriano.

[2471] J. H. Borges Martins – *Crenças Populares da Ilha Terceira I.*

[2472] J. H. Borges Martins – *A Justiça da Noite na Ilha Terceira.*

Xô, queimado, *loc. interjec.* O m.q. sai-te daqui!: *Pai e mãe diz: – "Xô, queimado!" / Como quem tem criação: / Os ovos levam pegado / O sangue do coração*[2473].

Xuliar, *v.* O m.q. *dar sóleas* (ver *sólea*). Corrupt. de *auxiliar* por aférese e dissimilação.

2473 Vitorino Nemésio – *Festa Redonda.*

Z

Zabel, *n.p.* Isabel, sua corruptela por aférese[FIT]: – *Eh senhor, eu vou perguntar à inha Zabel, qu'ela é que sabe dessas coisas!*
Zabela, *n.m.* Homem efeminado, também chamado *Zabelinha*[SM,T]; o m.q. *amela* (corrupt. de *Isabel*)[SM].
Zabelão, *adj.* Maricão[SM,T] (de *{Zabela}* + *-ão*): *[...] como é que um zabelão daqueles se ajeitava a emprenhar uma mulher*[2474].
Zagre, *n.m.* Dermatose que aparece especialmente na face e na cabeça das crianças provocada por dermatófitos; o m.q. usagre, sua f. aferética (do cast. *usagre*)[Sj].
Zaidela, *n.f.* O m.q. *usai-dela* (*chenopodium ambrosioides*)[F]: – *Vou-te fazer um chazinho de zaidela pra ver se te mato essas lombrigas!*
Zambre, *adj.* Zarolho (do lat. vulg. *strambus*, vesgo). Cp.: No Cont. 'zambo' ou 'zambro' é o que tem as pernas tortas, o que os médicos chamam 'joelho valgo' (do lat. *genu valgum*). Também se diz do cavalo que, ao andar, desvia uma das pernas para fora. Na Galiza também se usa o termo com os mesmos significados.
Zampralhão, *adj.* Mal amanhado; desajeitado[T].
Zangalhar, *v.* Abanar; ceder; mover-se. Diz-se de uma coisa que não está firme no seu lugar[Sj,T]. Será provável corrupt. de *zangarilhar*. No Corvo pronuncia-se *zangalear*.
Zangalear, *v.* Ver *zangalhar*[C].
Zangarelho, *n.m.* Objecto sem importância[F]: – *Ei dava bem este zangarelho se mo levassem daqui pra fora!*

[2474] Cristóvão de Aguiar – *Raiz Comovida.*

Zangarilhão, *n.m.* Figura cómica de *Velho* nas comédias populares (de *zangarilhar* + *-ão*).
Zango, *n.m.* Zângão, sua corruptela. Por todo o lado, zango é forma pop. de zângão: *Se não foi gente da sua casa foi um zango, foi o Vargas, foi o Diabo, quero lá saber!*[2475].
Zanguizarra, *n.f.* Algazarra; tumulto (de orig. expres.)[SM]. É forma pop. também presente no Cont.: *Não que a zanguizarra dos mosquitos os estorvasse: estavam avezados*[2476].
Zanolho, *adj.* Vesgo; zarolho[T]. JPM regista-o como termo trasmontano.
Zanzo, *adj.* Abananado; aparvalhado; confuso: *Caldo de pedra? Perguntou a pequena muito arregalada. Sim, menina, é só o que a gente podemos comer. Antão é que a rapariga ficou mesmo zanza de todo*[2477].
Zape, *n.m.* Instante; momento; tempo que demora uma pancada; o m.q. *alma dum instante* (de orig. onom.): – *Vou a casa num zape e já volto!* Nas Flores diz-se também *zape amar'cano* com o mesmo sentido. Var.: *Zapsse.*
Zape amar'cano, *n.m.* Ver *Zape.*
Zapsse, *n.m.* O m.q. *zape*: – *Aquilo lá é tudo num zapsse! Levanta-se abaixa-se, abaixa-se, levanta-se!*[2478].

[2475] Aquilino Ribeiro – *Terras do Demo.*
[2476] Aquilino Ribeiro – *São Banaboião, Anacoreta e Mártir.*
[2477] Augusto Gomes – *Cozinha Tradicional da Ilha Terceira* (Falas da Tia Gertrudes).
[2478] Urbano de Mendonça Dias – *"O Mr. Jó"*

Zarabona, *n.m.* O m.q. relojoeiro (CF). Guilherme Simões[2479] regista-o como termo da Ilha das Flores.
Zaranza, 1. *adj.* Atabalhoado. **2.** *adj.* Diz-se do que tem um andar incerto[T].
Zarolha, *adj.* Desequilibrado mental[Fl].
Zenuada, *n.f.* Zumbido (corrupt. de *zoada*)[Fl]: – *O sinhô Manel elhectricista diz que vezes miúdas tem cá ũa zenuada nos oividos..., sará da atenção 'tar alta?!*
Zeripela, *n.f.* Erisipela, sua corruptela por metátese e síncope[Sj].
Zimbreiro, n.m. Bot. Nome que nos Açores também se dá ao Cedro-do-mato (*Juniperus brevifolia*): *[...] Aparecem árvores muito baixas: o magestoso cedro é um arbusto a que chamam zimbreiro. O vento não o deixa crescer, torce-se, geme, tem cem anos e seis palmos de altura*[2480].
Zimbro, *n.m.* O m.q. *zimbreiro*.
Zinaibro, *n.m.* Azebre; verdete (corrupt. de *azinhavre*).
Zipela, (corrupt. de erisipela) **1.** *n.f.* Erisipela, sua contracção[SM]. **2.** *n.f. fig.* Vinho de fraca qualidade; zurrapa[SM].
Zipla, *n.f.* O m.q. erisipela[SM,T].
Ziplão, *n.m.* O m.q. *zirpelão*[SM].
Zirpela, *n.f.* O m.q. erisipela, sua corruptela. Uma das variantes da benzedura da *zirpela*[2481]: *Indo Deus por um caminho, encontrou Paulo. – De onde vens Paulo? – Venho de Roma. – Que é que há por lá, Paulo? – Zirpela e zirpelão. – Volta atrás, Paulo, vai curar essa gente. – Com quê, Senhor? – Com líquido de pasto, e pasto do monte, e água da fonte, e melhor se acharia, em nome de Deus e da Virgem Maria.* A *zirpela* benze-se com uma pena de galinha embebida em *azeite-doce*.
Zirpelão, *n.m.* Erisipela extensa (de *{zirpela}* + *-ão*).
Zirpelina, *n.f.* O m.q. erisipela (de *{zirpela}* + *-ina*)[T].

[2479] Guilherme Augusto Simões – *Dicionário de Expressões*.
[2480] Raul Brandão – *As Ilhas Desconhecidas*.
[2481] Alice Borba – *Ilha Terceira – Estudo da Linguagem e Etnografia*.

Zirpelona, *n.f.* O m.q. erisipela (de *{zirpela}* + *-ona*)[T].
Zoada, (part. pas. fem. subst. de *zoar*) **1.** *n.f.* Barulho; bulha de água[Sj,T]. **2.** *n.f.* Zumbido nos ouvidos[F]. **3.** *n.f.* Marulho das ondas[Sj,SM]. *A ribeira, quando corre, / No meio faz a zoada; / Quem tem amores não dorme / O sono da madrugada*[2482].
Zoar, *v.* Ouvir-se, correr o boato (ext. de *zoar*): – *Isto não é nenhuma novidade, começou-se a zoar há más dum mês que te ias casar!*
Zolzia, *n.f.* Grade de fasquias adaptada à abertura de uma janela para evitar a claridade e o calor excessivos (corrupt. de *gelosia*)[Fl].
Zorze, *n.p.* Jorge, sua f. arcaica[Fl].
Zuniar, *v.* Sibilar; zumbir (corrupt. de *zunir*): – *Quando a enchova sintiu o anzol nos queixos e se largou por aquele mar fora, numa guita danada – ah home! –, até o nailho zuniava que consolava a ouvir!*

... Home está-me zuniando uma coisa aqui nos oividos! Vamos mas é zarpar, que isto parece que já se está acabando...

[2482] Teófilo Braga – *Cantos Populares do Arquipélago Açoriano*.

BIBLIOGRAFIA GERAL

A Fauna Marinha. Principais Espécies nas Águas Portuguesas. Lisboa: Ministério da Defesa Nacional. Comando Naval da Marinha, 1998.

AGOSTINHO, José – *Nomenclatura Geográfica das Ilhas dos Açores*. Angra do Heroísmo, 1937.

AGUIAR, Cristóvão de

- *A Tabuada do Tempo*. Coimbra: Edições Almedina, SA, 2007.
- *Ciclone de Setembro*. Lisboa: Editorial Caminho, 1985.
- *Emigração e Outros Temas ilhéus*. Ponta Delgada: Eurosigno Publicações, Lda., 1991.
- *Um Grito em Chamas*. Lisboa: Edições Salamandra, 1995.
- *Marilha*. Lisboa: D. Quixote, 2005.
- *Passageiro em Trânsito*. Ponta Delgada: Signo, 1988. 1.ª Ed. Lisboa: Edições Salamandra, 1994. 2.ª Ed.
- *Raiz Comovida*. Lisboa: Editorial Caminho, 1987, 2.ª Ed.; D. Quixote, 2003, 3.ª Ed.
- *Trasfega*. Lisboa: D. Quixote, 2003. 2.ª Ed.

ALEMÃO, Valentim Fernandes – *Descrição das Ilhas do Atlântico (1507)*. Ponta Delgada: Arquivo dos Açores, vol. I, 1878.

ALMEIDA, Carlos – *Portuguese Immigrants*. San Leandro. Califórnia, 1978.

ALMEIDA, Gabriel de – *Cavalhadas de S. Pedro em S. Miguel*. In «Fastos Açorianos», n.° 174, Lisboa, 1889.

ALMEIDA, José Alfredo Ferreira – *A Viola de Arame nos Açores*. Ponta Delgada: [e.a.], 1990.

ALMEIDA, Onésimo Teotónio – *Sapateia Americana*. Lisboa: Círculo de Leitores, 2001.

AMADO, Jorge – *Dona Flor e os Seus Dois Maridos*. Porto: Colecção Mil Folhas, 2002.

ANDRADE, Júlio – *Bailhos, Rodas e Cantorias*. Edição Subsidiada Pela Comissão de Recolha e Divulgação do Folclore do Distrito da Horta. Lisboa, 1960.

ARAÚJO, Miguel C. – *A Festa da Tosquia na Ilha do Corvo*. Angra do Heroísmo: «Açoriana», vol. I, n.° 4, 1937.

ASSOCIAÇÃO CULTURAL LAJENSE – *Apontamentos sobre o 'Traje das Flores'*. Lajes das Flores: Revista Municipal das Lajes das Flores – 2002-2003, p. 117-121.

ATAÍDE, Luís Bernardo de

- *Etnografia Artística (S. Miguel)*. Ponta Delgada, 1818.
- *Etnografia, Arte e Vida Antiga nos Açores*. Coimbra: Biblioteca Geral da Universidade de Coimbra, 1973-1976, – 4 v.
- *Influência da Feitiçaria na Linguagem do Povo Micaelense*. Ponta Delgada, 1945.
- *Reminiscências da Vida Antiga em S. Miguel*. Ponta Delgada, 1928.

AVELAR, José Cândido da Silveira – *A Ilha de S. Jorge – Apontamentos para a sua História*. Horta, 1902.

BAPTISTA, Maria de Fátima Freitas – *Ilha do Faial –Açores. Contribuição para o Estudo da sua Linguagem, Etnografia e Folclore*. Coimbra: Dissertação de Licenciatura em Filologia Românica [s.l.], [s.n.], 1970.

BARREIROS, João Pedro – *Grandes Predadores Pelágicos Costeiros dos Mares dos Açores* (Internet).

BARRETO, Costa – *A Lenda das Sete-Cidades*. Porto: Oficinas Gráficas SOTIPO, 1949.

BERNARDO, Maria Clara Rolão; MONTENEGRO, Helena Mateus – *O Falar Micaelense*. Mirandela: João Azevedo Editor, 2003.

BORGES, Naír Odete da Câmara – *Influência Anglo-americana no Falar da Ilha de S. Miguel (Açores)*. Coimbra: Instituto de Estudos Românicos, 1960. (Supl. II da "Revista Portuguesa de Filologia").

BOLÉO, Manuel de Paiva

- *A língua portuguesa do Continente, dos Açores e do Brasil (Problemas de colonização e povoamento)*. Coimbra: Separata da Revista Portuguesa de Filologia, vol. XVIII, 1983.
- *Brasileirismos (Problemas de Método)*. Coimbra: Coimbra Editora, Limitada, 1943.
- *Estudos de Linguística Portuguesa e Românica*, vol. I, tomo I. Coimbra: Acta Universitatis Conimbriguensis, 1974.
- *Estudos de Linguística Portuguesa e Românica*, vol. I, tomo II. Coimbra: Acta Universitatis Conimbriguensis, 1975.
- *Filologia e História – A emigração açoriana para o Brasil*. Coimbra: Separata de «BIBLOS», Vol. XX, 1945.
- *Metodologia do estudo etimológico de palavras antigas e modernas*. Coimbra: Separata das Lições de Linguística Portuguesa (II Parte), 1964.
- *Relações da Linguística com a Etnografia e o Folclore*. Coimbra: Separata da Revista Portuguesa de Filologia, Vol. XIX, 1989.

BRAGA, Teófilo

- *Cantos Populares do Arquipélago Açoriano*. Coligidos e Anotados por Teófilo Braga. Nova Ed. conforme a de 1869. Prefácio de J. Almeida Pavão. Ponta Delgada: Direcção Regional dos Assuntos Culturais da Secretaria de Estado da Educação e Cultura do Governo dos Açores, 1982.
- *Contos Tradicionais do Povo Português*. Lisboa: Texto Editora, 2003.
- *O Povo Português nos Seus Costumes, Crenças e Tradições*. Lisboa: D. Quixote, 1994-95. – 2 v.

BRAGAGLIA, Pierluigi

- *Roteiro dos Antigos Caminhos do Concelho Lajes das Flores Açores*. Ilha das Flores: Câmara Municipal de Lajes das Flores, 1994.
- *Concelho de Santa Cruz das Flores – Roteiro Histórico e Pedestre*. Ilha das Flores: Câmara Municipal de Santa Cruz, 1999.
- *História dos Lacticínios da Ilha das Flores*. Ilha das Flores: Câmara Municipal de Lajes das Flores, 1997.

BRANCO, Jorge Freitas – *Camponeses da Madeira – as bases materiais do quotidiano no Arquipélago (1750-1900)*. Lisboa: D. Quixote, 1987.

BRANDÃO, Raul

- *Os Pescadores*. Lisboa: Ulisseia, [s.d.].

– *As Ilhas Desconhecidas*. Lisboa: Editorial Comunicação, 1988.
BRETÃO, José Noronha – *As Danças do Entrudo Uma Festa do Povo. Teatro popular da Ilha Terceira*. Angra do Heroísmo: Direcção Regional da Cultura., 1998.
BRITO, Raquel Soeiro de – *A Ilha de S. Miguel – Estudo geográfico*. Lisboa, 1955.
BRUM, Ângela Furtado
– *Açores, Lendas e outras Histórias*. Ponta Delgada: Ribeiro & Caravana Editores, 1999.
– *Contos Tradicionais Açorianos*. Ponta Delgada: João Azevedo Editor, 2003.
BULLAR, Joseph; BULLAR, Henry – *Um Inverno nos Açores*. Lisboa: Ed. do Instituto Cultural de Ponta Delgada, 3.ª Edição, 2001.
CABRAL, Augusto – *Desenhos que ilustram a obra Ethnographia Açoriana, da autoria de Armando da Silva* (in Rev. Portvgalia, 1903).
CABRAL, Joaquim de Chaves – *Festas do Espírito Santo na Ilha de Santa Maria*. Ponta Delgada: Arquivo dos Açores, vol. XIV, 1983.
CABRAL, Lisete (Biblioteca de Santa Maria) – Comunicação Pessoal.
CAMÕES, Luís de
– *Obras Completas*. Prefácio e notas do Prof. Hernâni Cidade. Lisboa: Livraria Sá e Costa, 1962, 3.ª Ed.
– *Os Lusíadas*. Prefácio de Álvaro Júlio da Costa Pimpão: Apresentação de Aníbal Pinto de Castro, Lisboa: Ministério dos Negócios Estrangeiros. Instituto Camões, 2003, 5.ª Ed.
CAMPBELL, Andrew – *Fauna e Flora do Litoral*. Porto: Guias Farpas. Expo, 1998.
CAMPOS, Viriato – *Sobre o Descobrimento e Povoamento dos Açores*. Odivelas: Europress Editores e Distribuidores. Colecção Europamundo, [s.d.].
CARVALHO, Maria Armanda da Cunha Albino – *Satão – Estudo da Linguagem, Etnografia e Folclore das Suas Freguesias*. Coimbra: Dissertação de Licenciatura em Filologia Românica. Biblioteca do Instituto de Linguística e Literatura Portuguesa da FLUC: C – 3 – 4 – 34.
CASTELO BRANCO, Camilo – *A Brasileira de Prazins*. Introd. Maria Fernanda de Abreu. Lisboa: Ulisseia, D.L., 1994.
CHAGAS, Diogo das – *Espelho Cristalino em Jardim de Várias Flores*. Secretaria Regional da Educação e Cultura e Universidade dos açores, 1989.
CHAVES, Coronel Francisco Afonso – *As Festas de S. Marcos Nalgumas Ilhas dos Açores*. Ponta Delgada: Insulana. v. XIV, 1958.
CHAVES; F. Afonso – *Espírito Santo nas Flores e Corvo*. Ponta Delgada: Arquivo dos Açores, vol. XIII, 1982.
CHAVES, P.e Serafim de – *Império – Função do Divino Espírito Santo na Ilha de Santa Maria – Açores*. Câmara Municipal de Vila do Porto.
CORDEIRO, Carlos
– *Insularidade e Continentalidade – Os Açores e as Contradições da Regeneração (1851--1870)*. Coimbra: Livraria Minerva, 1992.
– *História Insulana das Ilhas a Portugal Sujeitas no Oceano Ocidental*. Lisboa: Typ. Panorama, 1866.
CORDEIRO, Ricardo (Biólogo Marinho) – Comunicação Pessoal.
CORTES-RODRIGUES, Armando
– *A Vila*. Vila Franca do Campo, 1961.
– *Adagiário Popular Açoriano*. Angra do Heroísmo: Secretaria Regional da Educação e Cultura, Antilha, 1982. – 2 v.

– *As Festas do Espírito Santo na Ilha de S. Miguel*. Ponta Delgada: Arq. dos Açores, 14 – 1983, p. 299-311.
COSTA, Carreiro da
– *Esboço Histórico dos Açores*. Ponta Delgada: Instituto Universitário dos Açores, 1978.
– *Espírito Santo na Ilha do Faial*. Ponta Delgada: Insulana, vol. XIII. 1957.
– *Espírito Santo na Ilha Graciosa*. Ponta Delgada: Insulana, vol. XIII, 1957.
COSTA JR, Félix José da; MONJARDINO, José Ignácio d'Almeida; DRUMOND, Francisco Ferreira – *Memória Histórica do Horrível Terramoto de 15.VI.1841 que Assolou a Vila da Praia da Vitória*. Terceira: Ed. da Câmara Municipal da Praia da Vitória, 1983.
COSTA, Hélio – *Hélio Costa Autor do Carnaval dos Bravos*. Angra do Heroísmo: BLU Edições, 2003.
COSTA, Isabel Pereira da – *Santa Maria – Açores – Um Estudo Dialectal* (Mestrado em Linguística Portuguesa). Coimbra: Faculdade de Letras da Universidade de Coimbra, 1994.
COSTA, José Ricardo Marques da – *O Livro dos Provérbios Portugueses*. Queluz de de Baixo: Editorial Presença, 2004.
COUTINHO, Paula – *Doença de Machado-Joseph. Estudo Clínico, Patológico e Epidemiológico de Uma Doença Neurológica de Origem Portuguesa*. Porto, 1994.
CUNHA, Celso; CINTRA, Lindley – *Nova Gramática do Português Contemporâneo*. Lisboa: Edições João Sá da Costa, Lda., 1984.
CUNHA, Manuel de Azevedo da – *Festas do Espírito Santo na Ilha de S. Jorge*. Lisboa, 1906.
CUPIDO, Mário – *Os Árabes – Influências Culturais na Gândara – A Língua*. Mira: Rev. Cultural de Mira e da Gândara. Edição do Jornal Voz de Mira, n.° 2, 1999.
DACOSTA, Fernando; BARROS, J. – *Corvo, A Ilha da Sabedoria*. Corvo: Câmara Municipal do Corvo, 1995.
DELGADO, Manuel Joaquim – *A Linguagem Popular do Baixo Alentejo*. Beja: [s.n.], 1951.
DIAS, Eduardo
– *Património Vegetal dos Açores – Uma Análise Descritiva*. Atlântida, v. XLVI, 2001, p. 251-268.
– *Ecologia e Classificação da Vegetação Natural dos Açores*. Angra do Heroísmo: Cadernos de Botânica – Herbário da Universidade dos Açores, 2001.
DIAS, Francisco José –*Cantigas do Povo dos Açores*. Angra do Heroísmo: Instituto Açoriano de Cultura, 1981.
DIAS, Maduro – *Melodia Intima e Poemas de Eiramá*. Angra do Heroísmo: Direcção Regional dos Assuntos Culturais – Direcção Regional da Educação e Cultura: Colecção Gaivota, 1985.
DIAS, Maria Alice Borba Lopes – *Ilha Terceira – Estudo da Linguagem e Etnografia*. Angra do Heroísmo: Secretaria Regional da Educação e Cultura. Direcção Regional dos Assuntos Sociais, 1982.
DIAS, Urbano de Mendonça
– *'O Mr. Jó'*. Vila Franca do Campo, 1943.
– *A Vida de Nossos Avós*. Vila Franca do campo, 1946.
DIONÍSIO, Manuel – *Costumes Açorianos*. Horta: Museu da Horta. Câmara Municipal da Horta, 1937.
DRUMMOND, Francisco Ferreira – *Anais da Ilha Terceira* (4 vol.). Reprodução fac-similada da edição de 1850. Angra do Heroísmo: Secretaria Regional da Educação e Cultura, 1981.

ENES, Carlos – *Terra do Bravo*. Angra do Heroísmo: Instituto Açoriano da Cultura, 2005.

ENES, Inocêncio Romeiro – *Tradições e Festas Populares da Freguesia dos Altares (Ilha Terceira)*. Angra do Heroísmo, 1988.

FARIA, Olímpia Soares de – *O Nosso Falar Olhéu (Ilha de S. Jorge – Açores)*. Angra do Heroísmo, BLU Edições, 1997.

FARINHA, Nuno; CORREIA, Fernando – *Cetáceos dos Açores*. Mirandela: João Azevedo Editor, 2003.

FERNANDES, Aurélia Armas; FERNANDES, Manuel – *Espírito Santo em Festa*. Desenhos de Eduardo Moreira. (s.l.; s.n.), 2006 (Coimbra: Gráfica de Coimbra).

FERRAZ, Rogério R. – *A Exploração dos Invertebrados Marinhos nos Açores*. Mundo Submerso N.° 37, Ano III, Dezembro de 1999.

FERREIRA, António – *Castro (Poemas Lusitanos)*. Introdução e Notas de Silvério Augusto Benedito. Lisboa: Biblioteca Ulisseia de Autores Portugueses, 1998.

FERREIRA, António de Brum – *Geodinâmica e Perigosidade Natural nas Ilhas dos Açores*. Finisterra, XL, 2005, p. 103-120.

FERREIRA, Manuel
- *O Barco e o Sonho*. Ponta Delgada: [e.a.], 1989, 3.ª Ed.
- *O Morro e o Gigante*. Ponta Delgada: [e.a.], 1990.

FERREIRA, P.e Ernesto – *Reminiscências do Teatro Vicentino nos Açores*. Angra do Heroísmo: Açoreana, vol. II, fasc. 8, 1940.

FIGUEIREDO, Jaime de – *A Ilha de Gonçalo Velho*. Lisboa, 1954.

FLORES, Horácio (Médico, natural das Flores) – Comunicação Pessoal.

FONTES, Manuel da Costa – *Romanceiro da Ilha de S. Jorge*. Coimbra: Acta Universitatis Conimbricensis, 1983.

FORJAZ, Victor Hugo, Ed. e coord. – *Atlas Básico dos Açores*. Ponta Delgada: OVGA. Observatório Vulcanológico dos Açores, 2004. 2.ª ed.

FRADA, Gabriel
- *Lobos do mar*. Mira: Suplemento Voz de Mira, 25 de Julho de 1997.
- *Namoro à Moda Antiga*. Lisboa: Colibri, 1992.

FRAGA, Padre José Luís de – *Cantares Açorianos*. Angra do Heroísmo: Separata da Revista Atlântida, v. 1, 1963.

FRUTUOSO, Gaspar – *Saudades da Terra* – Livro IV. Ponta Delgada, 1922.

GALLAGHER, Les; PORTEIRO, Filipe; DÂMASO, Carla – *Guia do Consumidor dos Peixes Açoreanos*. Universidade dos Açores – Departamento de Oceanografia e Pescas, 2006.

GARCIA, Humberto Rosa – *Tardes de amena cavaqueira*. Dei este nome às demoradas conversas que tive com este ancião octogenário, natural da Horta, grande pescador amador e contador de estórias que, por motivos familiares, se deslocou no fim da vida para a região de Cantanhede e que conheci por motivos de doença.

GARCIA, José Carlos – *Semana dos baleeiros*. Lajes do Pico, 1998.

GARRET, Almeida – *Romanceiro*. Selecção, Organização, Introdução e Notas de Maria Ema Tarracha Ferreira. Lisboa: Ulisseia, 1997.

GIRÃO, Aristides Amorim – *Bacia do Vouga: estudo geográfico*. Coimbra: Dissertação de doutoramento em Ciências Geográficas, 1922.

GOMES, Aldónio, CAVACAS, Fernanda – *A Vida das Palavras – Léxico*. Clássica Editora, C E – Editora Associados, Lda. 1.ª Edição, 2004.

GOMES, António (Médico, natural da Madeira) – Comunicação Pessoal.

GOMES, Augusto
- *A Alma da Nossa Gente. Repositório de Usos e Costumes da Ilha Terceira, Açores.* Angra do Heroísmo: Secretaria Regional da Educação e Cultura – Direcção Geral dos Assuntos Sociais, 1993.
- *Cozinha Tradicional da Ilha de S. Miguel.* 2.ª Edição. Angra do Heroísmo: Região Autónoma dos Açores. Secretaria Regional da Educação e Assuntos Sociais. Direcção Regional da Cultura, 1987.
- *Cozinha Tradicional da Ilha de Santa Maria.* Angra do Heroísmo: Secretaria Regional da Educação e Assuntos Sociais. Direcção Regional da Cultura, 1990.
- *Cozinha Tradicional da Ilha Terceira.* Angra do Heroísmo: Secretaria Regional de Educação e Cultura. Direcção Regional dos Assuntos Culturais, 1982.
- *Danças de Entrudo nos Açores.* Angra do Heroísmo: BLU Edições, 1999.
- *O Peixe na Cozinha Açoriana e Outras Coisas Mais.* Angra do Heroísmo: [e.a.], 2001.

GOMES, Francisco António N. P.
- *A Caça à Baleia nas Flores.* Ilha das Flores: Câmara Municipal de Lajes das Flores, 1992.
- *Flores e Corvo – O «Outro» Arquipélago.* Ilha das Flores: Câmara Municipal de Lajes das Flores, 1989.
- *O Canal da América.* Ilha das Flores: Câmara Municipal das Lajes das Flores, 1991.
- *A Ilha das Flores: Da Redescoberta à Actualidade (Subsídios para a sua História).* Ilha das Flores: Câmara Municipal das Lajes das Flores, 1997.
- *A Ilha das Flores: Da Redescoberta à Actualidade (Subsídios para a sua História). 2.ª Edição (Revista e ampliada).* Ilha das Flores: Câmara Municipal das Lajes das Flores, 2003.

GOMES, Maria Gabriela de Oliveira – *Indústria Baleeira em Santa Maria (1937-1966).* Atlântida, v. XlVIII, 2003. – p. 171-202

GRAÇA, A. Santos – *O Poveiro.* Lisboa: D. Quixote, 1992.

GRAÇA, Natália Maria Lopes Nunes da – *Formas do Sagrado e do Profano na Tradição Popular. Literatura de Transmissão Oral em Margem (Concelho de Gavião).* Lisboa: Colibri, 2000.

HEINZELMANN, Willy. *Açores / Azores, Portugal.* Basileia, Suiça: [e.a.], 1980.

ILHÉU, João
- *A Viola de Arame na Vida, no Folclore e no Cancioneiro das Ilhas.* Atlântida, v. II (1958), pág. 116-124.
- *Gente do Monte.* Angra do Heroísmo, 1932.
- *Ilha Terceira – Notas Etnográficas.* Angra do Heroísmo: Instituto Histórico da Ilha Terceira, 1980.

Inventário do Património Imóvel dos Açores – *Inventário do património imóvel dos Açores*: Lajes – Flores/ [coord.] Jorge A. Paulus E Ed. – [S. Miguel]: Direcção Regional da Cultura: Instituto Açoriano de Cultura: Câmara Municipal das Lajes das Flores, 2006.

Inventário do Património Imóvel dos Açores – *Inventário do património imóvel dos Açores*: Madalena do Pico: Lajes / [coord.] Jorge A. Paulus E Ed. – [S. Miguel]: Direcção Regional da Cultura: Instituto Açoriano de Cultura: Câmara Municipal da Madalena do Pico, 2001.

Inventário do Património Imóvel dos Açores – *Inventário do património imóvel dos Açores*: Pico: Lajes / [coord.] Jorge A. Paulus E Ed. – [S. Miguel]: Direcção Regional da Cultura: Instituto Açoriano de Cultura: Câmara Municipal de S. Roque do Pico, 2000.

Inventário do Património Imóvel dos Açores – *Inventário do património imóvel dos Açores*: Terceira. Praia da Vitória / [coord.] Jorge A. Paulus E Ed. – [S. Miguel]: Direcção Regional da Cultura: Instituto Açoriano de Cultura: Câmara Municipal da Praia da Vitória, 2004.

Inventário do Património Imóvel dos Açores – *Inventário do património imóvel dos Açores*: Vila do Porto de Santa Maria [coord.] Jorge A. Paulus E Ed. – [S. Miguel]: Direcção Regional da Cultura: Instituto Açoriano de Cultura: Câmara Municipal de Vila do Porto, 2005.

Inventário do Património Imóvel dos Açores – *Inventário do património imóvel dos Açores*: Vila Nova do Corvo [coord.] Jorge A. Paulus E Ed. – [S. Miguel]: Direcção Regional da Cultura: Instituto Açoriano de Cultura: Câmara Municipal de Vila Nova do Corvo, 2001.

LANGHANS, F.P. de Almeida – *Ofícios Antigos Subsistentes nas Ilhas dos Açores*. Angra do Heroísmo: Secretaria Regional de Educação e Cultura, 1985.

LEAL, João – *As Festas do Espírito Santo nos Açores – Um Estudo de Antropologia Social*. Lisboa: D. Quixote, 1994 (a 1.ª Ed. é de 1606).

LEÃO, Duarte Nunes de – *Ortografia e Origem da Língua Portuguesa*. Introdução, Notas e Leitura de Maria Leonor Carvalho Buescu. Lisboa: Imprensa Nacional - Casa da Moeda, 1983.

LIMA, Gervasio – *A Pátria Açoreana*. Angra do Heroísmo: Tipografia Editora Açoreana, 1928.

LINO, Augusto Santos; TRIGUEIRO, José Arlindo Armas – *Espírito Santo na Ilha das Flores (Preservação Histórica)*. Santa Cruz das Flores: Editado por José Arlindo Armas Trigueiro, 2007.

Listagem da Fauna (Mollusca e Arthropoda) e Flora (Bryophyta, Pteridophyta e Spermatophyta) Terrestres dos Açores / Editado por Paulo A. V. Borges... [et al.]. Horta: Direcção Geral do Ambiente: Universidade dos Açores, 2005.

LOPES, Frederico – *Touradas e Romarias*. Angra do Heroísmo, 1929.

MACEDO, António Lourenço da Silveira – *História das Quatro Ilhas que Formam o Districto da Horta* (3 vol.) Horta. [*fac-simile* da edição de 1871]: Região Autónoma dos Açores, Secretaria Regional da Educação e Cultura, Direcção Regional dos Assuntos Culturais, Angra do Heroísmo.

MACHADO, Frederico – Caldeiras Vulcânicas dos Açores. Atlântida, v. I, Abril-Maio, 1957.

MAIA, Clarinda de Azevedo – *Os Falares do Algarve (Inovação e Conservação)*. Coimbra: Separata da Revista Portuguesa de Filologia, vol. XVII, tomos I e II, 1975.

MARTINS, António M. de Frias – *Açores, Ilhas de Azul e Verde*. [s.l.] Ribeiro & Caravana Editores, 2000.

MARTINS, Francisco Ernesto de Oliveira – *Festas Populares dos Açores*. Região Autónoma dos Açores – Imprensa Nacional – Casa da Moeda, 1985.

MARTINS, J. H. Borges

– *A Justiça da Noite na Ilha Terceira*. Ilha Terceira, Açores: BLU Edições, 2006.

– *As Velhas – Cantigas de Escárnio e Maldizer*. Angra do Heroísmo: BLU Edições, 1996.

– *Crenças Populares da Ilha Terceira I*. Lisboa: Edições Salamandra, 1994.

– *Crenças Populares da Ilha Terceira II*. Lisboa: Edições Salamandra, 1994.
– *Improvisadores da Ilha Terceira (suas Vidas e Cantorias)*. Angra do Heroísmo: Direcção Regional dos Assuntos Culturais, Secretaria Regional da Educação e Cultura, 1989.

MARTINS, Rui de Sousa
– *A Cerâmica Modelada Feminina dos Açores*. Angra do Heroísmo: Direcção Regional da Cultura, 1999.
– *Ceramologia Açoriana*. Atlântida, v. XLIV, 1998-1999.
– *Construções de Falsa Abóbada nas Paisagens de Pedra Seca da Madalena do Pico*. *In* Madalena do Pico – Inventário do Património Imóvel dos Açores.
– *Contribuição para o Estudo da Luminária Popular Açoriana (Pico, S. Jorge e Terceira)*. Ponta Delgada: Arquipélago – Série Ciências Humanas., 1984.

MARTINS, Rui; RODRIGUES, Armindo; CUNHA, Regina – *Aves Nativas dos Açores*. Mirandela: João Azevedo Editor, 2002.

MATEUS, Maria Helena Mira Mateus; BRITO, Ana Maria; DUARTE, Inês; FARIA, Isabel Hub e FROTA, Sónia; MATOS, Gabriela; OLIVEIRA, Fátima; VIGÁRIO, Marina; VILLALVA, Alina – *Gramática da Língua Portuguesa*. Lisboa: Editorial Caminho, 2003.

MELO, Dias de
– *Pedras Negras*. Lisboa: Edições Salamandra, 2003.
– *Vida Vivida em Terras de Baleeiros*. Angra do Heroísmo: Secretaria regional de Educação e Cultura, 1983
– *Vinde e Vede*. Lisboa: Editorial Ilhas, 1979.

MELO, João de – *Gente Feliz com Lágrimas*. Lisboa: D. Quixote, 1988.

MENDES, Cândida; Dias, Eduardo – *Ecologia e Vegetação das Turfeiras de Shagnum SPP*. Angra do Heroísmo: Cadernos de Botânica, 5. Editor Eduardo Dias, 2001.

MENDES, Hélder Fonseca – *Festas do Espírito Santo nos Açores – Proposta para Uma Leitura Teológico-Pastoral*. SerSilito – Empresa Gráfica, Lda., 2001.

MENDONÇA, Elsa Brunilde Lemos de – *Ilha de S. Jorge (Subsídio para o estudo da Etnografia, Linguagem e Folclore Regionais)*. Boletim do Instituto Histórico da Ilha Terceira, XIX-XX. Angra do Heroísmo, 1961-62.

MENDONÇA, Vanda – *O Manto Terceirense*. Separata do Diário Insular, Ano LXI, n.° 18708, de 06/05/2007.

MENESES, Avelino de Freitas de – *Os Açores e o Domínio Filipino (1580 – 1590)* 2 vol. Angra do Heroísmo: Instituto Histórico da Ilha Terceira, 1987.

MESSIAS, Rui – *Paulo Henrique Silva – Fascínio pelas Cagarras*. Angra do Heroísmo: Separata do Diário Insular n.° 18729, de 27/05/2007.

MODESTO, Maria de Lourdes – *Cozinha Tradicional Portuguesa*. Lisboa / S. Paulo: Editorial Verbo, 1982.

MONIZ, António – *Para Uma Leitura de Mau Tempo no Canal de Vitorino Nemésio: Um Enigma a Decifrar*. Lisboa: Editorial Presença, 1996.

MONTEREY, Guido de – *Terceira (Açores) – A Ilha de Jesus Cristo*. Ver Açor, Lda., 2006.

MORAES, A. A. de
– *A Insulana e a sua Frota*. Atlântida, v. XLV, 2000, p. 11-110
– *Os Carregadores Açoreanos e a sua Frota*. Atlântida, v. XLIV, 1998-1999, p. 13-67.

MOURA, Mário Fernando Oliveira
– *Cacos Falantes: Azulejos de Corda seca e de Aresta das Terras do Ex-mosteiro de Jesus da Ribeira Grande*. Ribeira Grande: Amigos dos Açores, 1998.

– *Memórias dos Moinhos da Ribeira Grande*. Ribeira Grande: Amigos dos Açores, 1997.

NARCISO, Armando – *Terra Açoreana – Monografia Romântica*. Lisboa: Edições Paulo Guedes, 1932.

NEMÉSIO, Vitorino
- *Corsário das Ilhas*. Lisboa: Imprensa Nacional – Casa da Moeda, 1986.
- *Mau Tempo no Canal*. Imprensa Nacional – Casa da Moeda, [s.d].
- *Obras Completas*, Vol. I – Poesia. Imprensa Nacional – Casa da Moeda, [s.d.].

NEPOMUCENO, Rui – *História da Madeira – Uma visão actual*. Porto: Campo das Letras, S.A., 2006.

NUNES, João Carlos – *Vulcanismo Histórico da Ilha do Pico*. Atlântida, v. XLIV: 1998-1999, p. 319-330.

NUNES, João Carlos; FORJAZ, Victor – *Rochas da Ilha do Pico*. *in* Madalena Pico. Inventário do Património Imóvel dos Açores.

OLIVEIRA, Ernesto Veiga de – *Instrumentos Musicais Populares dos Açores*. Lisboa: Fundação Calouste Gulbenkian. Serviço de Música, 1986.

OLIVEIRA, Ernesto Veiga de; GALHANO, F., PEREIRA, B.
- *Construções Primitivas em Portugal*. Lisboa: D. Quixote, 1988.
- *Actividades Agro-Marítimas em Portugal*. Lisboa: D. Quixote, 1990.

Os Açores e o Atlântico (Séculos XIV-XVII). Angra do Heroísmo: Boletim do Instituto Histórico da Ilha Terceira, vol. 41, 1983.

PACHECO, Hélder – *Nós, Portugueses*. Ed. dos Laboratórios Bial, 1991.

PAÇO, Afonso do – *Etnografia Vianesa (Colectânea de Trabalhos de Etnografia)*. Introdução e recolha de José Luís Branco. Viana do Castelo: Câmara Municipal de Viana do Castelo, 1994.

PALHINHA, Ruy Telles – *Catálogo das Plantas Vasculares dos Açores*. Lisboa, 1966.

PAVÃO, J. Almeida
- *Aspectos Populares Micaelenses no Povoamento e na Linguagem* Ponta Delgada: Instituto Cultural de Ponta Delgada, 1977.
- *Nugas Linguísticas II*. Ponta Delgada: Instituto Cultural de Ponta Delgada, 2000.

PESSOA, Fernando Santos, PINTO, José Rosa, ALEXANDRE, José Rocha – *Plantas do Algarve com Interesse Ornamental (Algarve's plants whith ornamental interest)*. Lisboa: Edições Afrontamento, 2004.

PIMENTEL, P.e Guilherme António – *Livro dos Sinais do Concelho das Lajes das Flores*. Ilha das Flores: Revista Municipal das Lajes das Flores, n.° 1, 1997, p. 38-47.

PIMPÃO, J. H. Toste – *Balanço das Touradas à Corda/2006*. Angra do Heroísmo: Diário Insular, n.° 18532, Ano LX, 1/11/2006.

PINTO, Fernão Mendes – *Peregrinação*. Lisboa: Imprensa Nacional – Casa da Moeda, 1988, 3.ª Ed.

PINTO, J. M. de Castro – *Novo Prontuário Ortográfico*. Lisboa: Plátano Editora, 1998.

QUEIROZ, Eça de
- *A Ilustre Casa De Ramires*. Lisboa: «Livros do Brasil», [s.d.].
- *O Crime do Padre Amaro*. Porto: Colecção Mil Folhas (Público), 2002.
- *Os Maias*. Lisboa: «Livros do Brasil», [s.d.].

REGO, Victor Dias – *Uma Terra... Uma Gente – Açores*. Furnas. Ed. Tur'arte. Edição Patrocinada pela Fábrica de Tabaco micaelense. S. Miguel – Açores, 1991.

REAL, Padre Joaquim Chaves – *Espírito Santo na Ilha de Santa Maria*. Ponta Delgada: Arquivo dos Açores, vol. XIV, 1927.
RIBEIRO, Aquilino
– *O Malhadinhas*. Lisboa: Bertrand, 1994.
– *Quando ao Gavião Cai a Pena*. Lisboa: Bertrand, 1985.
– *Terras do Demo*. Lisboa: Bertrand, 1963.
RIBEIRO, Luís da Silva
– *A Casa das Abelhas na Ilha Terceira*. Porto: Portucale – XVIII, 1945 [2483].
– *A Cultura do Trigo*. Ponta Delgada: Correio dos Açores, n.° 3654, 1932.
– *A Lenda dos Diabretes*. Ponta Delgada: Correio dos Açores, n.° 3796, 1933.
– *A Paisagem e o Folclore Açoriano*. Angra do Heroísmo: Atlântida, v. XV (3), 1971.
– *Americanismos na Linguagem Popular dos Açores*. Porto: Portucale – XIV (82-83), 1941.
– *Amuletos Terceirenses*. Angra do Heroísmo: Açoreana – IV (3), 1946.
– *Arcaísmos na Linguagem Popular da Ilha Terceira*. Angra do Heroísmo: Boletim do Instituto Histórico da Ilha Terceira – 1, 1943.
– *As Galochas*. Porto: Portucale – XII (69., 1939.
– *As Touradas da Ilha Terceira (Açores)*. Angra do Heroísmo: Açoreana – IV (4), 1949.
– *Benquerenças e Malquerenças*. Angra do Heroísmo: Açoreana – III (2), 1943.
– *Cangas de Bois nos Açores*. Angra do Heroísmo: Açoreana – II (1), 1938.
– *Carros do Espírito Santo*. Ponta Delgada: Ínsula, 2.ª Série III (1), 1934.
– *Casas Juncadas*. Angra do Heroísmo: Boletim do Instituto Histórico da Ilha Terceira – 2, 1944.
– *Celeiros Subterrâneos*. Ponta Delgada: Boletim da Comissão Reguladora dos Cereais do Arquipélago dos Açores – 4., 1946.
– *Etnografia Jurídica da Ilha Terceira*. Lisboa: Rev. Lusitana XXX, 1937.
– *Festas de Maio na Ilha Terceira*. Angra do Heroísmo: Boletim do Instituto Histórico da Ilha Terceira – 14, 1956.
– *Indústrias Terceirenses de Carácter Artístico e Sua Valorização*. Angra do Heroísmo: Boletim do Instituto Histórico da Ilha Terceira – 13, 1955.
– *Linguagem Popular da Ilha Terceira*. Angra do Heroísmo: Açoreana – 1 (1), 1934.
– *Linguagem Popular*. Ponta Delgada: Correio dos Açores, n.° 3716 e n.° 3731, 1933.
– *Medicina Popular*. Ponta Delgada: Correio dos Açores, n.° 3678, 1933.
– *Nomes de Ventos e do Diabo*. Angra do Heroísmo: Boletim do Instituto Histórico da Ilha Terceira – 2, 1944.
– *Notas de Etnografia da Terceira*. Lisboa: Rev. Lusitana – 36, 1938.
– *Notas Sobre a Pesca e os Pescadores na Ilha Terceira*. Angra do Heroísmo: Açoreana – I (3), 1938.
– *Notas Sobre a Vida Rural na Ilha Terceira (Açores)*. Lisboa: Rev. Lusitana – XXXIII, 1935.
– *O Cigarro de Folha de Milho*. Angra do Heroísmo: Boletim do Instituto Histórico da Ilha Terceira – 12, 1954.
– *O Pastoreio na Ilha Terceira*. Angra do Heroísmo: Boletim do Instituto Histórico da Ilha Terceira – 1, 1943.

[2483] A Obra de Luís da Silva Ribeiro foi reunida em 4 vol. pelo Instituto Histórico da Ilha Terceira e pela Secretaria Regional da Educação e Cultura aquando do centenário do seu nascimento (1982).

– *O Trajo Popular Terceirense*. Angra do Heroísmo: Açoreana – 1 (2), 1939.
– *Os Festejos do Espírito Santo*. Angra do Heroísmo: Jornal de Angra, 4 de Junho, 1933.
– *Pesca e Pescadores*. Ponta Delgada: Correio dos Açores, n.° 3919, 1933.
– *Rimas Infantis*. Angra do Heroísmo: Boletim do Instituto Histórico da Ilha Terceira – 2, 1944.
– *Romeiros da Terceira*. Ponta Delgada: Correio dos Açores (14/07), 1942.
– *Roqueiras*. Angra do Heroísmo: Boletim do Instituto Histórico da Ilha Terceira – 1, 1943.
– *Touradas Terceirenses*. Ponta Delgada: Correio dos Açores (12/06), 1942.
– *Touradas*. Angra do Heroísmo: Diário Insular (19/10), 1947.
– *Um Ar*. Angra do Heroísmo: Boletim do Instituto Histórico da Ilha Terceira – 3, 1945.
– *Alfenim*. Angra do Heroísmo: Boletim do Instituto Histórico da Ilha Terceira, 6, 1948.

RODRIGUES, M. M. Sarmento – *Ancoradouros das Ilhas dos Açores*. Lisboa: Instituto Hidrográfico do Ministério da Marinha, 1967, 3.ª Ed.

ROSA, Eduardo Ferraz da – *A Devoção ao Divino Espírito Santo na Historiografia e na Cultura Portuguesa*. Atlântida, v. XLIV, 1998-1999.

ROSA, Paulo. – *Chá / Uma Bebida da China*. Mirandela: João Azevedo Editor, 2004.

ROSA, P.e Nunes da – *Pastorais do Mosteiro (Prosas)*. Angra do Heroísmo, 1976, 2.ª Ed.

ROSA, Paulo; CORREIA, F.; FARINHA, N. – *Tabaco / Uma planta de outro mundo*. Mirandela: João Azevedo Editor, 2003.

ROSÁRIO, Francisco Garcia do – *Memória genealógica das famílias faialenses*. Angra do Heroísmo: Instituto Açoriano de Cultura, 2005.

SÁ, Daniel de – *Açores Monumental*. Rio de Mouro: Everest Editora, imp. 2003. Ed. bilingue em português e inglês.

SALAZAR, Tiago – *Morte Escondida nos Açores*. Revista V., n.° 13, Março de 1999.

SALDANHA, Luiz – *Fauna Submarina Atlântica*. Lisboa: Europa-América, 1995.

SANTOS, Armindo dos – *Heranças. Estrutura Agrária e Sistema de Parentesco numa Aldeia da Beira Baixa*. Lisboa: D. Quixote, 1992.

SANTOS, Lino Augusto; TRIGUEIRO, José Arlindo Armas – *Espírito Santo na Ilha das Flores (Preservação Histórica)*. Santa Cruz das Flores [e.a.], 2007.

SANTOS, Thierry Proença dos – *Comeres e Beberes Madeirenses*. Porto: Campo das Letras, S.A., 2005.

SARAMAGO, João – *Le parler de l'ile de Corvo*. Grenoble: Universté de Stendhal-Grenoble III. Centre de Dialectologie; Lisboa: Universidade de Lisboa. Centre de Linguistica, 1992., il. graf. tab. mapas.

SARMENTO, Francisco Martins – *Contos e Lendas*. Rev. de Guimarães, n.° 100, p. 235-295, 1990.

SILVA, Armando – Ethnographia açoriana: a alfaia marítima da ilha de S. Miguel. Porto: Portugália. Tomo 1, fasc. 4 (1903), 834-846.

SILVA, Cristóvão; MORAIS, Manuel Mendes de – *Jogos Tradicionais Portugueses*. Colecção Educativa. Série J. Ministério da Educação Nacional. Direcção Geral do Ensino Primário, 1967.

SILVA, Maria Celeste dos Reis Marques da – *Contribuição para o Estudo Linguístico, Etnografia e Folclore do Concelho de Vila Nova de Ourém* (Tese de Licenciatura). Coim-

bra: Biblioteca do Instituto de Linguística e Literatura Portuguesa da FLUC: C – 3 – 5 – 36.
SILVEIRA, João dos Santos – *Poemas*. Ponta Delgada: [e.a.], 1984.
SILVEIRA, Pedro da
– *A Respeito de Sinais e o «Livro dos Sinais» das Lajes das Flores*. Ilha das Flores: Revista Municipal das Lajes das Flores, n.° 1, Ano de 1997, pág. 34-37.
– *Fui ao Mar Buscar Laranjas*. Angra do Heroísmo: Direcção Regional da Cultura, [s.d.].
SJÖGREN, Erik – *Plantas e Flores dos Açores* (Plants and Flowers of the Azores – Pflanzen und Blumen der Azoren). Graphic Design & Technical Editor, 2001. Ed. Patrocinada pela Direcção Geral da Cultura.
TEBBLE, Norman – *British Bivalve Seashells*. London: Museum (Natural History), 1966.
TOMAZ, Jacob – *Subsídios Para o Cancioneiro Popular da Ilha das Flores*. Ilha das Flores: Câmara Municipal das Lajes das Flores, 1986.
TORRES, José de – *Fastos açorianos*. Ponta Delgada: Panorama, t. XIII, 1856.
TRIGUEIRO, José Arlindo Armas
– *Cronologia Histórica Florentina do Século XX (Alguns Acontecimentos Importantes)*. Ilha das Flores: "O Monchique", Sep. n.° 25, 21 de Dezembro de 1999.
– *Filarmónicas das Flores (Subsídios Históricos)*. Ilha das Flores: Câmara Municipal de Santa Cruz das Flores, 1998.
– *Mestre 'João Ti'Ana' ou João Gomes Vieira*. Ilha das Flores: Revista Municipal das Lajes das Flores, n.° 3, 1998/99, p. 23-26.
– *Retalhos das Flores – Factos Históricos do Século XX*. Ilha das Flores: Câmara Municipal de Lajes das Flores, 2003.
– *Um Dia 'de S. Vapor' em Lajes das Flores*. Ilha das Flores: Revista Municipal das Lajes das Flores, 1998-1999, p. 10-14.
VALENTE, Maria Odette Cortes – *Cozinha de Portugal (Açores e Madeira)*. Lisboa: Temas e Debates, 1997.
VASCONCELOS, J. Leite de
– *Filologia Barranquenha. Apontamentos Para o Seu Estudo*. Lisboa: Imprensa Nacional – Casa da Moeda, 1981. Reimpressão fac-similada da Edição de 1955.
– *Mês de Sonho*. Lisboa: Livraria Universal de Armando Tavares, 1936.
– *Opúsculos*. vol. VI – Dialectologia. Lisboa: Imprensa Nacional – Casa da Moeda, 1985, v. 6, Parte II.
– *Signum Salomonis – A Figa – A Barba em Portugal*. Lisboa: D. Quixote, 1996.
– *Teatro Popular Português* (vol. III – Açores). Coimbra: Acta Universitatis Conimbricensis, 1974.
VEIGA DE OLIVEIRA, Ernesto – *Festividades Cíclicas em Portugal*. Lisboa: D. Quixote, 1984, 3.ª Ed.
VERDELHO, Evelina – *Linguagem Regional e Linguagem Popular no Romance Regionalista Português*. Lisboa: Instituto Nacional de Investigação Científica: Centro de Linguística da Universidade de Lisboa, 1982.
VENABLES, Bernard – *Baleia! Baleia! Whale Hunters of the Azores*. Alfred A. Knopt. New York, 1969 (in *Indústria Baleeira em Santa Maria*).
VICENTE, Gil
– *Auto da Alma*. Porto: Porto Editora, 1997.
– *Os Autos das Barcas*. Lisboa: Europa-América, 1987.

– *Teatro de Gil Vicente* / introd. Gilberto Moura. – 6.ª Ed.: Ulisseia, D.l. 2001 – (Biblioteca Ulisseia de Autores Portugueses). – Contém: Auto da Índia, Auto da Barca do Inferno, Auto da Barca do Purgatório e Farsa de Inês Pereira.

VIEIRA, João A. Gomes

– *Família Dabney – Memória de Um Legado (The Dabney Family – Memory of a Legacy).* Trad. AP – Gabinete de Tradutores e Intérpretes. Lisboa: Intermezzo-Audiovisuais, 2005.

– *Homens, Baleias e Embarcações.* Ilha das Flores: Ed. do Museu das Flores, 1991.

– *O Homem e o Mar – Artistas Portugueses do Marfim e do Osso dos Cetáceos – Açores e Madeira. Vida e Obras.* Trad. George Ritchie, Jaqueline Mynott, Paul Covill. Lisboa: Intermezzo-Audiovisuais, 2003.

– *O Homem e o Mar – Embarcações dos Açores.* Trad. George Ritchie, Jaqueline Mynott, Paul Covill. 2002.

– *O Homem e o Mar – Os Açorianos e a Pesca Longínqua nos Bancos da Terra Nova e Gronelândia.* Trad. Jacqueline Mynott, Paul Covill e AP Tradutores. Lisboa: Intermezzo-Audiovisuais, 2004.

– *O Homem e o Mar – Os Açorianos e as Pescas 500 Anos de Memória.* Lisboa: Intermezzo-Audiovisuais, 2006.

– *Scrimshaw – Uma Forma de Artesanato a Bordo.* Ilha das Flores: Rev. Municipal das Lajes das Flores, 2002-2003, p. 112-115.

VILHENA, Maria Assunção – *Gentes da Beira Baixa. Aspectos Etnográficos do Concelho de Proença-a-Nova.* Lisboa: Colibri. Sociedade e Quotidiano, 1995.

Violante: 450 anos do nascimento de D. Violante do Canto / introd. Carlos Manuel Martins do Vale César – Angra do Heroísmo: Presidência do Governo Regional dos Açores. Direcção Regional da Cultura, 2007.

DICIONÁRIOS CONSULTADOS

Dicionários de referência:

Dicionário da Língua Portuguesa Contemporânea. Academia das Ciências de Lisboa. 2 vol. Editorial Verbo. Lisboa, 2001.
Grande Dicionário da Língua Portuguesa. Cândido de Figueiredo. 2 vol. Bertrand Editora. Venda-Nova, 1996.
Grande Dicionário da Língua Portuguesa. José Pedro Machado. 12 vol. Amigos do Livro Editores. Lisboa, 1981.
Lello Universal. Dicionário Enciclopédico em 2 Volumes. Lello Editores. Porto, 1997.

Outros dicionários consultados:

Breve Diccionario Etimológico de la Lengua Castellana. Joan Corominas. Editorial Gredos. Espanha, 1973.
Diccionario da Lingua Portugueza. Etymologico – Prosodico e Orthografico. (10.ª Ed.). Lisboa, 1911.
Diccionario de Medicina Popular e das Sciencias Accessorias para uso das Familias. Pedro Liuz Napoleão Chernoviz (5.ª Ed.). Paris, 1878.
Diccionario dos Synonimos – Poetico e de Epithetos da Lingua Portugueza. J. – I. Roquette e José da Fonseca. Paris, 1863.
Diccionário General Ilustrado de la Lenga Española. Publicaciones Y Ediciones SPES, S.A. Barcelona, 1945.
Dicionário da Língua Galega. Isaac Alonso Estravís. Sotelo Blanco Edicións, S.L. Santiago de Compustela, 1995.
Dicionário da Linguagem da Marinha Antiga e Actual. Com.te Humberto Leitão e J. Vicente Lopes – Edições Culturais da Marinha, (4.ª Ed.). Lisboa, 1990.
Dicionário de Calão. Albino Lapa. Prefácio de Aquilino Ribeiro. Lisboa, 1959.
Dicionário de Expressões Correntes. Orlando Neves. Editorial Notícias. Lisboa, 2000.
Dicionário de Expressões Populares Portuguesas. Guilherme Augusto Simões. Publicações Dom Quixote. Lisboa, 1993.
Dicionário de Latim – Português. A Gomes Ferreira. Porto Editora. Porto, [s.d.].
Dicionário de Sinónimos – Compilação da Tertúlia Edípica, 2.ª Ed. Porto Editora, Lda. Porto, 1977.
Dicionário de Português – Latim. Porto Editora, Porto 1976.
Dicionário de Termos Linguísticos. Associação Portuguesa de Linguística. Organizado por Maria Francisca Xavier e Maria Helena Mateus. Edições Cosmos. Lisboa, 1990.

Dicionário do Palavrão. Orlando Neves e Carlos Pinto Santos. Editorial Notícias. Lisboa, 2001.
Dicionário dos Verbos Portugueses – Conjugação e Regências. Emídio Silva e António Tavares. Porto Editora, Lda. Porto, 1998.
Dicionário Houaiss da Língua Portuguesa. 6 vol. Círculo de Leitores. Lisboa, 2002.
Dicionário Houaiss de Sinónimos e Antônimos. António Houaiss. Editora Objectiva. Rio de Janeiro, 2003.
Dicionario Xerais da Lingua. Dirección Xeral de Manuel Bragado Rodriguez. Edicciones xerais de Galicia, S.A. Vigo, 2004.
Elucidário das Palavras, Termos e Frases. Frei Joaquim de Santa Rosa de Viterbo. Ed. crítica por Mário Fiúza. Livraria Civilização. Porto, 1993.
Grande Dicionário da Língua Portuguesa. Porto Editora. Porto, 2004.
Grande Enciclopédia Portuguesa e Brasileira. Editorial Enciclopédia, Lda. Lisboa, 1981.
Nôvo Diccionário da Língua Portuguêsa. Cândido de Figueiredo. 2 vol. Livraria Editora Tavares Cardoso & Irmão. Lisboa, 1899.
Novo Diccionário da Língua Portuguesa. Cândido de Figueiredo. Imprensa Portugal-Brasil. Lisboa, 1925.
Novo Dicionário Compacto da Língua Portuguesa. António de Morais Silva. 8.ª Ed. Editorial Confluência. Mem Martins, 1994.
Novo Dicionário da Língua Portuguesa. Cândido de Figueiredo. 2 vol. Livraria Bertrand. Lisboa, 1939.
Novo Dicionário de Dificuldades da Língua Portuguesa. Vasco Botelho de Amaral. Editôra Educação Nacional, Lda. Pôrto, 1943.
Novo Dicionário do Calão. Afonso Praça. 3.ª Ed. Casa das Letras / Editorial Notícias. Cruz Quebrada, 2005.
The New International Webster's Comprehensive Dictionary of the English Language. Trident Press International, 1998.
Vocabulário Português de Origem Árabe. José Pedro Machado. Editorial Notícias. Lisboa, 1991.
Webster's Third New International Dictionary, 1993. Published by Könemann Verlagsgesellschaft MBH Bonner STR. Cologne.

Glossários e outros

Dicionário de Falares do Alentejo. Vítor Fernando Barros e Lourivaldo Martins Guerreiro. Campo das Letras – Editores, S.A. Porto, 2005.
Dicionário do Falar Algarvio. Eduardo Brazão Gonçalves. 2.ª Ed. aumentada. Algarve em Foco Editora. Lisboa, 1996.
Dicionário dos Falares de Trás-os-Montes. Campo das Letras – Editores, S.A. Porto, 2002.
Falas da Ilha das Flores – Vocabulário Regional. João Barcelos. Ed. do Autor, 2001.
Glossário Baleeiro da Ilha das Flores. João A. Gomes Vieira, *in O Homem e o Mar – Embarcações dos Açores.*
Glossário (da baleia). Maria Gabriela de Oliveira Gomes, in *Indústria Baleeira em Santa Maria (1937-1966)*, 2003.
Glossário de Regionalismos e Formas Dialectais Açorianas. António Moniz, *in* 'Para Uma Leitura de Mau Tempo no Canal' de Vitorino Nemésio.

Glossário de Termos Gandareses. Idalécio Cação. Colecção Cal Viva. Ed. Patrocinada pela Associação de Municípios da Gândara. Cantanhede, 2002.

Glossário de Termos Recolhidos entre os Moleiros da Ribeira Grande. Mário Fernando Oliveira Moura, *in* Memórias dos Moinhos da Ribeira Grande. Amigos dos Açores. Ribeira Grande. S. Miguel. Açores, 1997.

Glossário de Termos dos Açores, in *O Barco e o Sonho,* de Manuel Ferreira.

Glossário de Termos Utilizados nos Açores, in *Raiz Comovida,* de Cristóvão de Aguiar.

Glossário Marítimo dos Açores. João A. Gomes Vieira, in *O Homem e o Mar – Os Açorianos e as Pescas 500 Anos de Memória.*

Ilha Terceira – Estudo da Linguagem e Etnografia. Maria Alice Borba Lopes Dias. Angra do Heroísmo: Secretaria Regional da Educação e Cultura. Direcção Regional dos Assuntos Sociais, 1982.

Pequeno Vocabulário Mirandês–Português. Moisés Pires, S.D.R. Edição da Câmara Municipal de Miranda do Douro, 2004.

Santa Maria-Açores – Um Estudo Dialectal. Isabel Pereira da Costa. Mestrado em Linguística portuguesa. Faculdade de Letras da Universidade de Coimbra, 1994.

Vocabulário Regional Colhido no Concelho das Lajes do Pico. Francisco Soares de Lacerda Machado. Imprensa da Universidade de Coimbra. Coimbra, 1917.